민법강의 ❺

계약법

김대정

박영사

이 책을 존경하는 은사이신 김욱곤 선생님께 바칩니다.

머리말

이 책은 민법전 제3편(채권) 제2장(계약)을 중심으로 한 계약법의 과제를 「계약법총론」, 「권리이전형계약」, 「대차형계약」, 「노무제공형계약」, 「그 밖의 유형의 계약」의 5개 장(章)으로 나누어 체계적으로 정리하고 해설한 교과서이다. 저자는 민법의 재산법 분야를 민법총칙(민법강의1), 물권법(민법강의2), 담보물권법(민법강의3), 채권총론(민법강의4), 계약법(민법강의5), 부당이득·불법행위법(민법강의6)으로 나누어 교과서를 집필하고 있는 중인데, 이 책은 저자의 민법강의 시리즈의 제5편에 해당한다. 이 책에 이어서 물권법(민법강의2), 민법총칙(민법강의1), 담보물권법(민법강의3), 부당이득·불법행위법(민법강의6)의 순서로 민법시리즈의 출간을 마무리할 예정이다.

지난 2007년에 도서출판 피데스에서 「계약법(상)」을 출간하였었으나, 출판사의 사정으로 끝내 완간되지 못하고 출판계약이 종료되고 말았다. 이번에 박영사와 출판계약을 체결하고 계약법 전반에 걸친 원고를 새로 써서 이 책을 출간하게 되었다.

계약법은 민법전에 규정되어 있는 전형계약만 15개에 달하며, 계약자유의 원칙상 인간의 모든 생활관계를 규율하는 가장 방대한 법분야라고 할 수 있다. 그러므로 계약법의 모든 쟁점을 간단한 교과서에 담아낸다는 것은 사실상 불가능하다. 더욱이 '적은 지면에 모든 것이 다 들어있는 콤팩트한 교과서'를 원하는 독자들과 출판사 측의 모순된 요구를 충족시킨다는 것은 저자의 능력 밖의 일일 뿐만 아니라 저자가 지향하는 '수준 높은 체계서'와도 상충되는 일이다. 그러나 민법교과서 시리즈의 성공적인 출간을 위해서는 반드시 충족하지 않으면 안 되는 일이기에, 저자는 간략하고 압축적인 표현을 사용하여 문장을 구성하고, 꼭 필요한 부분을 제외하고는 과감하게 원고에서 삭제함으로써 책의 분량을 상당히 줄일 수 있었다. 물론 이 책에는 아직도 과다하게 기술된 부분이 있는 반면에, 연구와 서술이 부족한 부분도 있는 것이 사실이다. 이 점은 독자제현들의 비판과 고견을 경청하여 향후 개정하고 보충하여 나갈 수밖에 없을 것이다.

저자는 이 책을 통하여 독자들이 우리 계약법에 대한 보다 깊은 이해에 도달할 수 있기를 희망하였다. 이러한 저자의 집필의도를 달성하기 위하여 이 책은 계약법의 주요 쟁점에 대하여 제도의 연혁과 입법례, 그리고 가능한 자료를 통하여 우리 민법의 입법자의사를 밝히고자 노력하였다. 또한 민법의 해석론으로서 모든 중요쟁점에 대한 학설과 판례의 입장을 일목요연하게 정리하고 이에 대한 저자의 검토의견을 붙이는 것을 원칙으로 하였다. 이러한 민법학의 연구방법을 「비교·연혁적 방법론」이라고 부를 수 있을 것이다. 이러한 필자의 서술방식은 초학자들에게는 다소 생소하고 어려울 수 있으므로, 법과대학생이나 로스쿨 학생들은 연혁과 입법례에 대한 설명은 건너뛰고 해석론에 관한 학설과 판례를 중심으로 공부하면 충분할 것이다.

이 책은 많은 분들의 도움과 격려에 힘입은 바 크다. 특히 이 책의 내용 중 '계약의 일반적 효력'과 '계약해제' 등 계약법총론의 상당 부분은 은사이신 성균관대학교의 김욱곤 명예교수님의 학문적 업적을 정리하여 소개한 것에 지나지 않는다고도 할 수 있다. 따라서 김욱곤 교수님과의 개인적인 인연과 가르침이 없었다면 이 책은 아마 세상에 나올 수 없었을지도 모른다. 다시 한 번 김욱곤 교수님의 은혜에 감사드리며 늘 건강하시기를 기원하는 바이다. 그리고 이 책이 출간되기까지 늘 곁에서 나에게 용기와 희망을 불어 넣어주었던 사랑하는 아내 박영균 여사에게도 감사한다.

끝으로 어려운 여건에도 불구하고 이 책의 출판을 허락하여 주신 박영사의 안상준 대표님과 이 책의 출판을 위하여 여러 가지로 애써주신 이영조 팀장님, 그리고 이 책의 편집과 교정을 맡아서 정말 많은 수고를 해주신 박가온 편집위원님 등 박영사 관계자 여러분께 진심으로 감사의 말씀을 드린다.

2020. 8. 31.

관악구 성현동 서재에서,

저자 씀

차 례

제1장 계약법총론

제1절 계약의 의의와 종류

제2절 계약의 성립

제3절 계약의 효력

제4절 계약의 해제와 해지

제2장 권리이전형계약

제1절 증여계약

제2절 매매계약

제3절 교환계약

제 3 장 대차형계약

제1절 소비대차계약

제2절 사용대차계약

제3절 임대차계약

제3절 여행계약

제4절 현상광고계약

제5절 위임계약과 사무관리

제6절 임치계약

제 5 장 그 밖의 유형의 계약

제1절 조합계약

제2절 종신정기금계약

제3절 화해계약

주요 참고문헌 및 인용약어

* 각주에서의 문헌의 인용은 가나다 순으로 기재하되, 연구논문과 주석서 기타 단행본을 교과서보다 우선적으로 인용하는 것을 원칙으로 하였다.

1. 국내문헌 (가나다순)

〈교과서〉

郭潤直, 債權各論, 第六版, 博英社, 2003 (곽윤직)
郭潤直, 債權各論, 新訂修正版, 博英社, 2002 (곽윤직(신정판))
金基善, 韓國債權法各論, 第三全訂版, 法文社, 1988 (김기선)
김상용, 채권각론, 화산미디어, 2009 (김상용)
金疇洙, 債權各論, 三英社, 1992 (김주수)
김증한/김학동, 債權各論, 第7版, 博英社, 2006 (김증한/김학동)
金亨培, 債權各論(契約法), 新訂版, 博英社, 2001 (김형배)
송덕수, 채권법각론, 제4판, 박영사, 2019 (송덕수)
양창수, 민법입문, 제6판, 박영사, 2015 (양창수)
양창수/김재형, 계약법, 박영사, 2010 (양창수/김재형)
尹喆洪, 債權各論, 全訂版, 法元社, 2009 (윤철홍)
오시영, 債權各則, 학현사, 2010 (오시영)
李銀榮, 債權各論, 第4版, 博英社, 2004 (이은영)
李正烈, 契約法重解(總論), 피데스. 2019 (이정렬(총론))
李正烈, 契約法重解(各論), 피데스, 2019 (이정렬(각론))
李太載, 債權各論, 改訂版, 進明文化社, 1990 (이태재)
張在賢, 債權法各論, 경북대학교출판부, 2006 (장재현)
池元林, 民法原論, 제2판, 弘文社, 2019 (지원림)
黃迪仁, 債權法各論, 韓國放送通信大學, 1991 (황적인)

〈민법주석서〉

郭潤直(編輯代表), 民法注解[Ⅻ] 債權(5), 博英社, 1999 (민법주해(12))
郭潤直(編輯代表), 民法注解[XIII] 債權(6), 博英社, 1999 (민법주해(13))
郭潤直(編輯代表), 民法注解[XIV] 債權(7), 博英社, 1999 (민법주해(14))
郭潤直(編輯代表), 民法注解[XV] 債權(8), 博英社, 1999 (민법주해(15))
郭潤直(編輯代表), 民法注解[XVI] 債權(9), 博英社, 1999 (민법주해(16))
朴駿緖(編輯代表), 註釋民法[債權各則(1)], 韓國司法行政學會, 1999 (주석민법(1))

朴駿緖(編輯代表), 註釋民法[債權各則(2)], 韓國司法行政學會, 1999 (주석민법(2))
朴駿緖(編輯代表), 註釋民法[債權各則(3)], 韓國司法行政學會, 1999 (주석민법(3))
朴駿緖(編輯代表), 註釋民法[債權各則(4)], 韓國司法行政學會, 1999 (주석민법(4))
金龍潭(編輯代表), 註釋民法[債權各則(1)], 韓國司法行政學會, 2016 (제4판주석민법(1))
金龍潭(編輯代表), 註釋民法[債權各則(2)], 韓國司法行政學會, 2016 (제4판주석민법(2))
金龍潭(編輯代表), 註釋民法[債權各則(3)], 韓國司法行政學會, 2016 (제4판주석민법(3))
金龍潭(編輯代表), 註釋民法[債權各則(4)], 韓國司法行政學會, 2016 (제4판주석민법(4))

〈판례해설서〉

金旭坤(執筆代表), 民法判例解說Ⅲ [債權總論], 經世院, 1995 (민법판례해설Ⅲ(채권총론))
김재형, 민법판례분석, 박영사, 2015 (민법판례분석)
윤진수, 민법기본판례, 弘文社, 2016 (민법기본판례)
송덕수/김병선, 민법핵심판례210선, 박영사, 2019 (민법핵심판례 210선)

〈민법제정 및 개정자료〉

民事法硏究會 編, 「民法案意見書」, 一潮閣, 1957 (민법안의견서)
民議院法制司法委員會民法案審議小委員會, 「民法案審議錄上卷」, 1957 (민법안심의록)
國會事務處, 「第26回 國會定期會議 速記錄」, 1957 (국회속기록)
民法改正案硏究會 編, 「民法改正案意見書」, 三知院, 2002 (민법개정안의견서)
民法中改正法律案(2004.11. 정부안으로 국회에 제출된 것) (2004년 민법개정안)
법무부 민법개정자료발간팀 編, 「2004년 법무부민법개정안(채권편·부록)」, 법무부, 2012/12 (민법개정총서(4))
명순구, 「실록 대한민국 민법 3」, 法文社, 2010 (명순구(실록))
법무부, 「2013년 법무부민법개정시안」, 2013/8 (2013년 민법개정시안)
磯部思郎/服部誠一, 民法辭解, 日本立法資料全集 別卷6, 信山社出版, 1997 (民法辭解)
廣中俊雄 編著, 民法修正案(前三編)の理由書, 有斐閣, 1987 (民法修正案理由書)
岡松參太郎, 註釋民法理由下卷(債權編) 第九版, 有斐閣書房, 1899 (註釋民法理由(下))
柚木馨, 「滿洲民法讀本」, 新京滿洲有斐閣, 1942 (滿洲民法讀本)
星野英一 編輯代表, 民法講座5 契約, 有斐閣, 1985 (民法講座5)
前田達明 編, 史料民法典, 成文堂, 2004 (史料民法典)
廣中俊雄/星野英一編, 民法典の百年Ⅲ 個別的觀察(2) 債權編, 有斐閣, 1998 (民法典の百年)

〈외국법자료〉

崔秉祚, 「로마법강의」, 博英社, 1999 (최병조(로마법))
玄勝鍾, 「로마法」, 一潮閣, 1989 (현승종(로마법))
막스 카저 著/尹喆洪 譯註, 「로마法制史」, 法元社, 1998 (로마법제사)

Rolf Knütel 著/申有哲 옮김, 「로마법산책」, 法文社, 2008 (로마법산책)
玄勝鍾/曺圭昌, 「게르만法」, 第3版, 博英社, 2001 (현승종/조규창(게르만법))
명순구 역, 「프랑스민법전」, 法文社, 2004 (명순구(프랑스민법))
梁彰洙 譯, 2008년판 독일민법전(총칙·채권·물권), 博英社, 2008 (양창수(독일민법))
법제처, 스위스 민법, 법제자료 제64집, 법제처, 1974 (스위스민법)
법제처, 스위스 채무법, 법제자료 제79집, 법제처, 1976 (스위스채무법)
김민동 역, 이탈리아채권법, 2011, 고려대학교출판부 (이탈리아채권법)
박영복 편집대표, EU사법(Ⅰ), 2009, 한국외국어대학교출판부 (EU사법(Ⅰ))
박영복 편집대표, EU사법(Ⅱ), 2010, 한국외국어대학교출판부 (EU사법(Ⅱ))

2. 일본문헌

鳩山秀夫, 日本債權法各論(上卷), 增訂版, 岩波書店, 1935 (鳩山秀夫(上))
鳩山秀夫, 日本債權法各論(下卷), 增訂版, 岩波書店, 1932 (鳩山秀夫(下))
石田文次郎, 債權各論講義, 弘文堂書房, 1942 (石田文次郎)
我妻榮, 債權各論 上卷(民法講義Ⅴ1), 岩波書店, 1978 (我妻榮(上))
我妻榮, 債權各論 中卷一(民法講義Ⅴ2), 岩波書店, 1979 (我妻榮(中1))
我妻榮, 債權各論 中卷二(民法講義Ⅴ3), 岩波書店, 1979 (我妻榮(中2))
來栖三郎, 契約法「法律學全集21」, 有斐閣, 1990 (來栖三郎)
末川博, 契約法下(各論), 岩波書店, 1975 (末川博)
廣中俊雄, 債權各論講義, 第四版, 有斐閣, 1978 (廣中俊雄)
三宅正男, 契約法(總論), 青林書院新社, 1978 (三宅正男(總論))
三宅正男, 契約法(各論)上卷, 青林書院新社, 1978 (三宅正男(各論))
石田穰, 民法Ⅴ(契約法), 青林書院新社, 1982 (石田穰)
鈴木祿弥, 債權法講義, 改訂版, 創文社, 1990 (鈴木祿弥)
石外克喜 編, 契約法「現代民法講義5」, 法律文化社, 1991 (石外克喜)
星野英一, 民法概論Ⅳ(契約), 良書普及會, 1994 (星野英一)
內田貴, 民法Ⅱ 債權各論, 第2版, 東京大學出版會, 1999 (內田貴)
大村敦志, 基本民法Ⅱ 債權各論, 有斐閣, 2003 (大村敦志)
平野裕之, 民法總合5(契約法), 信山社, 2007 (平野裕之)
加藤雅信, 新民法大系Ⅳ 契約法, 第2版, 有斐閣, 2007 (加藤雅信)
加藤一郎/米倉明編, ジュリスト增刊「民法の爭點」, 有斐閣, 1978 (民法の爭點)
內田貴/大村敦志編, Jurist增刊「民法の爭點」, 有斐閣, 2018 (民法の爭點(2))

谷口知平 編, 注釈民法(13) 債權(4), 有斐閣, 1968 (일본주석민법(13))
柚木馨/高木多喜男 編, 新版注釈民法(14) 債權(5), 有斐閣, 1993 (일본주석민법(14))
幾代通/廣中俊雄 編, 新版注釈民法(15) 債權(6), 有斐閣, 1989 (일본주석민법(15))
廣中俊雄 編, 新版注釈民法(15)別册, 有斐閣, 1993 (일본주석민법(15별책))

幾代通 編, 注釈民法(16) 債權(7), 有斐閣, 1968 (일본주석민법(16))
鈴木祿彌 編, 新版注釈民法(17) 債權(8), 有斐閣, 1993 (일본주석민법(17))

3. 프랑스문헌

Jean Carbonnier, Droit civil, Tome 4 (Les Obligations), 16e éd, PressesUniversité de France, 1992 (Carbonnier)

Jacques Ghestin, Traité de droit civil(Les obligations/Le contrat), L.G.D.J., 1980. (Ghestin)

Jacques Ghestin/Bernard Desché, Traité des contrats(La vente), L.G.D.J., 1990. (Ghestin/Desché)

Gabriel Marty/Pierre Raynaud, Droit civil Tome Ⅱ 1er vol. (Les Obligations), Sirey, 1962. (Marty/Raynaud)

Henri et Leon Mazeaud/Jean Mazeaud/Michel de Juglart, Leçons de droit civil, tome Ⅲ, 5 éd., Éditions Montchrestien, 1979. (Mazeaud/Juglart)

4. 독일문헌

Hans Brox & Wolf－Dietrich Walker, Besonderes Schuldrecht, 27.Aufl., Verlag C.H.Beck, 2002 (Brox/Walker)

Wolfgang Fikentscher/Andreas Heinemann, Schuldrecht, 10.Aufl., De Gruyter Recht, 2006 (Fikentcher)

Karl Larenz, Lehrbuch des Schuldrechts Ⅰ Allgemeiner Teil, 14.Aufl., Verlag C.H.Beck, 1987 (Larenz(Ⅰ))

Karl Larenz, Lehrbuch des Schuldrechts Ⅱ/1, Besonderer Teil, 13.Aufl., Verlag C.H.Beck, 1986 (Larenz(Ⅱ－1))

Karl Larenz/Claus－Wilhelm Canaris, Lehrbuch des Schuldrechts Ⅱ/2, Besonderer Teil, 13.Aufl., Verlag C.H.Beck, 1986 (Larenz(Ⅱ－2))

Dieter Medicus, Schuldrecht Ⅰ Allgemeiner Teil, 13.Aufl., Verlag C.H.Beck, 2002 (Medicus(Ⅰ))

Dieter Medicus, Schuldrecht Ⅱ Besonderer Teil, 9.Aufl., Verlag C.H.Beck, 1999. (Medicus(Ⅱ))

Erman Bürgerliches Gesetzbuch Handkommentar, Band Ⅰ, 11.Aufl., 2004 (Erman Kommentar)

Münchener Kommentar zum BGB, Band 2a(Schuldrecht Allgemeiner Teil §§ 241－432), 4.Aufl., Verlag C.H.Beck, 2003 (Münchener Kommentar(2))

Münchener Kommentar zum BGB, Band 3(Schuldrecht Besonderer Teil §§ 433－610), 4.Aufl., Verlag C.H.Beck, 2004 (Münchener Kommentar(3))

Münchener Kommentar zum BGB, Band 4(Schuldrecht Besonderer Teil §§ 611－704), 4.Aufl., Verlag C.H.Beck, 2005 (Münchener Kommentar(4))

Staudingers Kommentar zum BGB, Buch 2(Recht der Sculdverhältnisse §§ 315－656), Verlag Sellier/de Gruyter 2003－2005 (Staudinger Kommentar)

Staudingers Kommentar zum BGB(Wiener UN－Kaufrecht), Verlag Sellier/de Gruyter 2005 (Staudinger

Kommentar(CISG))

5. 스위스문헌

Theo Guhl, Das Schweizerische Obligationenrecht, 9.Aufl., Schulthess, 2000 (Guhl)

Heinrich Honsell, Schweizerisches Obligationenrecht Besonderer Teil 5.Aufl., Stämpfli Verlag AG Bern, 1999 (Honsel)

Kommentar zum schweizerlichen Privatrecht(Obligationnenrecht I, Art. 1~529 OR), 2.Aufl., Helbing & Lichtenhahn Verlag AG, 1996 (OR Kommentar)

Berner Kommenter, Kommentar zum schweizerlichen Privatrecht, Stämpfli Verlag AG Bern, 1997 (Berner Kommenter)

6. 영미문헌

A.G. Guest(General Editor), Benjamin's Sale of Goods, 3rd ed., Sweet & Maxwell Ltd. London, 1987 (Benjamin)

Peter Birks(Editor), English Private Law, Vol. II, Oxford University Press, 2000 (Birks)

H. G. Beale(general editor), Chitty on contracts, 28th ed., Vol. 1(general principles), Vol. 2(specific contracts), Sweet & Maxwell Ltd. London, 1999 (Chitty)

일러두기

1. 판결의 인용

(1) 국내판결의 인용

■ 판결의 표시는 기본적으로 대법원에서 공식적으로 사용하고 있는 법원공보의 판결표시례에 따라 선고법원, 선고연월일 및 사건번호, 출전의 순으로 표시하되, 판결선고년도의 표시는 서기년으로 환산하여 표기하였다. (편의상 선고 뒤에 콤마 ","를 붙임)

예) 대법원 1962.4.26.선고, 4293민상1542 판결(집10②민248)

■ 판결의 출전은, 아래의 약부호사용례에 따라서 그 판결이 게재된 법원공보, 대법원판례집, 판결원본등본집, 대법원판결요지집 등의 순서에 따라서 한 가지의 출전만을 표시하는 것을 원칙으로 하되, 법원도서관에서 배포하는 법고을DVD, 법고을LX에 수록된 판례 또는 대법원의 종합법률정보 사이트, 로앤비 사이트 등 인터넷에서 쉽게 검색할 수 있는 판결의 경우에는 출전의 표시를 생략하였다.

■ 약부호사용례

집11①민22 : 대법원판례집 제11권 제1집 민사편, 22면
공1992·2365 : 법원공보 1992년 발간, 2365면
공596호1234 : 법원공보 제596호, 1234면
민판집52-369 : 대법원민사판결원본철 제52집, 369면
민결집61-114 : 대법원민사결정원본철 제61집, 114면

■ 판결의 요지는 대법원판례집 또는 법원공보에 수록된 판결요지를 그대로 인용함을 원칙으로하되, 필요에 따라 저자가 편집하였다.

(2) 일본판례의 인용

일본판례의 경우는 선고법원, 선고년월일, 판결의 출전의 순으로 표기하되, 선고연월일은 서기년으로 환산하여 표기하고 사건번호는 생략하였다.

예) 일본대심원 1921.12.15.판결(민록27집2160) : 大審院 民事判決錄 第27輯 2160頁
일본최고재 1959.11.26.판결(민집13권12호1526) : 最高裁判所 民事判決集 第13卷 第12號 1526頁

2. 법령의 인용 및 약어표

(1) 국내법령의 인용

민법은 본문의 경우를 제외하고는 법률의 표시 없이 인용하고, 그 밖의 특별법은 다음과 같은 약칭

을 사용하여 인용하되, 원래의 법명을 인용하는 경우에는 띄어쓰기를 사용하였다.

가등기담보법 : 가등기담보 등에 관한 법률(1983.12.30. 법률 제3681호)

대부업법 : 대부업의 등록 및 금융이용자 보호에 관한 법률(2002.8.26. 법률 제6706호)

(2) 외국법령의 인용

외국법령은 다음과 같은 약부호를 사용하여 인용하였다.

C.c. Art. 1134 : Code civil Article 1134 (프랑스 민법 제1134조)

BGB §286 Ⅳ : Bürgerliches Gesetzbuch §286 Absatz (4) (독일민법 제286조 제4항)

ZPO §913 : Zivilprozeßordnung §913 (독일민사소송법 제913조)

OR Art. 110 : Obligationsrecht Artikel 110 (스위스채무법 제110조)

ZGB Art. 30 : Schweizerisches Zivilgesetzbuch Artikel 30 (스위스민법 제30조)

ABGB §1355 : Allgemeines Bürgerliches Gesetzbuch (오스트리아민법 제1355조)

CISG : United Nations Convention on Contracts for the international sale of Goods(1980) (UN국제동산매매법)

PECL : The Principles of European Contract Law(1998) (유럽계약법원칙)

PICC(UNIDORIT) : Principles of International Commercial Contracts(1994) (국제상사계약원칙)

(3) 법령약어표

가등기담보법 : 가등기담보 등에 관한 법률(1983.12.30. 법률 제3681호)

가맹사업거래법 : 가맹사업거래의 공정화에 관한 법률(2002.5.13. 법률 제6704호)

가족관계등록법 : 가족관계의 등록 등에 관한 법률(2007.5.17. 법률 제8435호)

공익법인법 : 공익법인의 설립·운영에 관한 법률(1975.12.31. 법률 제2814호)

공정거래법 : 독점규제 및 공정거래에 관한 법률(1990.1.13. 법률 제4198호)

국가계약법 : 국가를 당사자로 하는 계약에 관한 법률(1995.1.5. 법률 제4868호)

국가유공자법 : 국가유공자 등 예우 및 지원에 관한 법률(1984.8.2. 법률 제3742호)

국토이용계획법 : 국토의 계획 및 이용에 관한 법률(2002.2.4. 법률 제6655호)

금융실명법 : 금융실명거래 및 비밀보장에 관한 법률(1997.12.31. 법률 제5493호)

남녀고용평등법 : 남녀고용평등과 일·가정 양립지원에 관한 법률(1987.12.4. 법률 제3989호)

노동조합법 : 노동조합 및 노동관계조정법(1996.12.31. 법률 제5244호)

대부업법 : 대부업의 등록 및 금융이용자 보호에 관한 법률(2002.8.26. 법률 제6706호)

도시정비법 : 도시 및 주거환경정비법(2017.2.8. 법률 제14567호로 전부개정)

물가안정법 : 물가안정에 관한 법률(1975.12.31. 법률 제2798호)

마약류관리법 : 마약류관리에 관한 법률(2000.1.12. 법률 제6146호)

방문판매법 : 방문판매 등에 관한 법률(2002.3.30. 법률 제6688호)

민사소송인지법 : 민사소송 등 인지법(1990.12.31. 법률 제4299호로 전부개정)

보증인보호법 : 보증인 보호를 위한 특별법(2008.3.21. 법률 제8918호)

복권법 : 복권 및 복권기금법(2004.1.29. 법률 제7159호)

부동산가격공시법 : 부동산 가격공시 및 감정평가에 관한 법률(2005.1.14. 법률 제7335호)
부동산등기특조법 : 부동산등기 특별조치법(1990.8.1. 법률 제4244호)
부동산실명등기법 : 부동산 실권리자명의 등기에 관한 법률(1995.3.30. 법률 제4944호)
부재선고법 : 부재선고 등에 관한 특별조치법(1967.1.16. 법률 제1867호)
부정경쟁방지법 : 부정경쟁방지 및 영업비밀보호에 관한 법률(1986.12.31. 법률 제3897호)
사행행위규제법 : 사행행위 등 규제 및 처벌특례법(1991.3.8. 법률 제4339호)
산림법 : 산림자원의 조성 및 관리에 관한 법률(2005.8.4. 법률 제7678호)
상가임대차법 : 상가건물임대차보호법(2001.12.29. 법률 제6542호)
소송촉진법 : 소송촉진 등에 관한 특례법(1981.1.29. 법률 제3361호)
시설물안전법 : 시설물의 안전 및 유지관리에 관한 특별법(2017.1.17. 법률 제14545호로 전부개정)
실화책임법 : 실화책임에 관한 법률(2009.5.8, 법률 제9648호로 전부개정)
약관규제법 : 약관의 규제에 관한 법률(1986.12.31. 법률 제3922호)
응급의료법 : 응급의료에 관한 법률(2000.1.12. 법률 제6147호로 전부개정)
입목법 : 입목에 관한 법률(1973.2.6. 법률 제2484호)
자동차손배법 : 자동차손해배상 보장법(1999.2.5. 법률 제5793호)
장기이식법 : 장기 등 이식에 관한 법률(1999.2.8. 법률 제5858호)
장사법 : 장사 등에 관한 법률(2007.5.25. 법률 제8489호)
전자상거래법 : 전자상거래 등에서의 소비자보호에 관한 법률(2002.3.30. 법률 제6687호)
전자어음법 : 전자어음의 발행 및 유통에 관한 법률(2004.3.22. 법률 제7197호)
집합건물법 : 집합건물의 소유 및 관리에 관한 법률(1984.4.19. 법률 제3725호)
징발재산법 : 징발재산정리에관한특별조치법(1970.1.1. 법률 제2172호)
토지보상법 : 공익사업을 위한 토지 등의 취득 및 보상에 관한 법률(2002.2.4. 법률 제6656호)
퇴직급여법 : 근로자퇴직급여 보장법(2005.1.27. 법률 제7379호)
채무자회생법 : 채무자 회생 및 파산에 관한 법률(2005.3.31. 법률 제7428호)
친일재산귀속법: 친일반민족행위자 재산의 국가귀속에 관한 특별법(2005.12.29. 법률제7769호)
하도급거래법 : 하도급거래 공정화에 관한 법률(1984.12.31. 법률 제3779호)
할부거래법 : 할부거래에 관한 법률(1991.12.31. 법률 제4480호)
화재보험법 : 화재로 인한 재해보상과 보험가입에 관한 법률(1973.2.6. 법률 제2482호)

제 1 장

계약법총론

제 1 절　계약의 의의와 종류

[1]　Ⅰ. 계약의 의의

1. 넓은 의미의 계약

넓은 의미에서 「계약」(Vertrag; convention)이라 함은 '사법상의 법률효과 발생을 목적으로 하는 2인 이상의 당사자의 합의에 의하여 성립하는 법률행위'를 총칭한다. 즉, 넓은 의미의 계약은 「단독행위」와 구분하기 위한 민법총칙상의 개념으로서, 좁은 의미의 계약인 「채권계약」(Schuldvertrag; contrat)뿐만 아니라 물권의 변동을 목적으로 하는 「물권계약」(dinglicher Vertrag), 물권 이외의 재산권의 변동을 목적으로 하는 「준물권계약」, 혼인과 같이 가족법상의 법률관계의 변동을 목적으로 하는 「신분계약」[1] 등을 포함하는 개념이다.

(1) 계약에 관한 법적 규율 : 입법례

1) 독일민법

독일민법은 「광의의 계약」(Vertrag)에 관한 통칙을 민법총칙 편에 규정하고(BGB §§145~157), 채권 편에 다시 좁은 의미의 채권계약에 관한 일반적 규정을 두고 있다(BGB §§305~361). 또한 독일민법은 광의의 계약과 협의의 계약을 모두 'Vertrag'이라고 부르고 있으나, 광의의 계약 중 특히 물권계약은 '아이니궁(Einigung)'이라고 하여 다른 계약과 용어상 구분하고 있다(BGB §873 Ⅰ).[2] 또한 독일민법은 '토지소유권 양도에 요구되는 물권적 합의'를 특히 '아우플라쑹

---

1) 이를 「가족법상의 계약」이라고도 한다(곽윤직, 6; 김상용, 4 참조).

2) 독일민법 제873조(물권적 합의와 등기에 의한 취득) (1) 토지에 대한 소유권을 양도하거나 토지에 권리를 설정하거나 그 토지상의 권리를 양도하거나 그 권리에 부담을 설정하기 위해서는 법률에 다른 규정이 없는 한 권리변동에 관하여 권리자와 상대방 사이의 합의 및 토지등기부에의 권리변경의 등기를 요한다.

(Auflassung)'이라고 하여 '일반적 물권계약'인 「Einigung」과 용어를 구별하여 사용함과 동시에, Auflassung은 반드시 양도인과 양수인이 동시에 관할기관에 출석하여 의사표시를 하여야 성립하는 것으로 규정하고 있다(BGB §925).[3)]

2) 스위스채무법

스위스는 민법을 일반민법전(Zivilgesetzbuch: ZGB)과 채무법(Obligationenrecht: OR)으로 분리하는 입법주의를 취하고 있는데, 채무법(OR)에서 채권계약에 관하여 규정하고(OR Art. 1~40),[4)] 넓은 의미의 계약에 관하여는 일반민법전(ZGB)에서 채권계약에 관한 채무법의 규정을 준용하고 있다(ZGB Art. 7).[5)]

3) 프랑스민법

프랑스민법(Code civil: 이하 C.c.로 약칭)은 원칙적으로 협의의 채권계약을 'contrat'라고 부르고, 광의의 계약을 '합의'를 의미하는 'consentement' 또는 'convention'이라고 하여 구별하여 사용하고 있으나, 양자의 용어 구분은 뚜렷하지 않으며, 법전상으로는 물론 학문적으로도 혼용되고 있다.[6)]

4) 일본민법

일본민법[7)]은 형식은 독일민법 초안을 모범으로 하였으나 실질적으로는 프랑스민법의 학설과 판례를 입법화하였다고 할 수 있는 일본구민법(이른바 '브와쏘나드 민법')을 토대로 하여 이를 수정한 것으로서 프랑스민법의 영향을 강하게 받은 법전이다. 그러나 일본민법은 프랑스민법이나 독일민법과는 달리 민법전 제3편(채권)에서 채권계약에 관한 일반적 규정을 두고 있을 뿐 광의의 계약에 대한 통칙은 두고 있지 않다. 또한 용어상으로도 광의의 계약과 협의의 계약(채권계약)을 구별하고 있지 아니하다. 이 점에서 일본민법은 독일민법이나 프랑스민법과 다른 독창성이 있다고 할 수 있는데, 「민법수정안이유서」는 광의의 계약과 좁은 의미의 계약(채권계약)을 용어상 구별하지 아니한 이유에 대하여 다음과 같이 기술하고 있다(밑줄은 저자 주).[8)]

---

3) 독일민법 제925조(토지소유권 양도의 합의) (1) 제873조에 의하여 토지소유권의 양도에 요구되는 양도인과 양수인의 토지소유권 양도의 합의(Auflassung)는 당사자 쌍방이 관할기관에 동시에 출석하여 표시되어야만 한다. 모든 공증인은 Auflassung을 접수할 권한이 있으나, 다른 기관의 관할권에는 영향이 없다. Auflassung은 재판상화해 또는 기판력 있는 파산계획에서도 역시 행하여질 수 있다.

4) 스위스채무법 제1조(A. 계약의 체결 I. 합치된 의사표시 1. 원칙) (1) 계약의 체결을 위하여서는 당사자 상호 간의 합치된 의사표시를 요한다. (2) 위 의사표시는 명시적이거나 묵시적인 것일 수 있다.

5) 스위스민법 제7조(채무법의 일반규정) 계약의 성립, 이행 및 소멸에 관한 채무법의 일반규정은 다른 사법상의 법률관계에 대해서도 준용된다.

6) 주석민법(1)/김욱곤, 34 참조.

7) 「일본민법」은 1896.4.27. 법률 제89호로 제정되어 1898.7.16.부터 시행되었는데, 1912.3.18.에 공포된 조선총독부의 제령(制令) 제7호(朝鮮民事令)에 의하여 1912.4.15.부터 1959.12.31.까지 우리나라에 시행된 바 있다. 본서에서는 이를 「구 의용민법」이라고 칭하기로 한다.

제2장 계약

(이유) 본 장은 재산편 제2부 제1장 제1절에 해당한다. 기성법전[9]은 재산편 제2부를 3장으로 나누어 제1장에서는 합의 기타 의무의 원인을, 제2장에서는 의무의 효력을, 제3장에서는 의무의 소멸을 각각 규정하였다. 그리고 각종의 계약에 관하여는 이를 재산취득편 중에 규정하였다. 이러한 배치법이 이론상 반드시 타당함을 잃은 것이라고 말할 수는 없다. 다만, 이를 일관시키기 위해서는 각종의 계약을 들어 의무의 원인에 관한 장(章)에 두지 않을 수 없는데, 과연 그렇다면 그 번잡함이 적지 않을 것이다. 그러므로 본안에서는 다른 이상(理想)에 기하여 주로 편찬상의 편리를 저울질하여 먼저 채권 그 자체에 관한 규정을 둔 연후에 그 원인을 열거하는 순서를 채택하였다.

기성법전에서는 「합의」라는 문자를 사용하여 당사자의 의사의 합치에 기한 의무의 원인을 나타냈으나, 「합의」라는 문자는 계약 그 자체를 지시하기보다는 오히려 계약의 요소인 당사자의 의사의 투합을 나타내는 데 사용하는 것이 타당하다. 그리하여 그 의사의 투합에 의하여 생기는 법률행위를 일러 「계약」이라고 칭하여야 할 것이다. 다만, 일본에서는 채무의 원인인 '계약'과 다른 법률관계를 발생시키는 것을 목적으로 하는 '합의'와의 사이에 용어의 차별이 없고, 또한 이를 규정할 필요가 없으므로, '계약'이라는 말을 광의로 사용하는 것으로 규정하였다. 그러므로 본안에서 사용하는 '계약'이라는 말은 기성법전의 '합의'라는 문자와 그 의의가 다르지 않다고 해석하여야 할 것이다.

즉, 일본민법은 채무의 발생원인인 「계약」을 나타내는 용어를 '합의(consentement)'라고 규정하고 있었던 일본구민법의 용어사용방법을 수정하여 "합의"는 '계약의 요소인 당사자의 의사의 합치'를 가리키고, 그 '의사의 합치에 의하여 생기는 법률행위'를 "계약(contrat)"이라고 칭하기로 한 것이다. 또한 입법자는 '채무의 발생원인'인 「계약」(채권계약: 좁은 의미의 계약)과 '다른 법률관계를 발생시키는 것을 목적으로 하는 「합의」(광의의 계약)'를 용어상 구별하지 않고 모두 "계약"이라는 용어를 사용하여 부르기로 한 것이다.

(2) 우리 민법의 입장 및 해석론상의 과제

우리 민법은 일본민법과 마찬가지로, 민법전 제3편(채권)에서 채권계약에 관한 일반적 규정을 두고 있을 뿐 광의의 계약에 대한 통칙을 두고 있지 않으며, 용어상으로도 광의의 계약과 좁은 의미의 계약(채권계약)을 구별하고 있지 아니하다. 이 점에서 우리 민법은 독일민법이나 프랑스민법 등 유럽대륙의 민법전과 다르다고 할 수 있는데, 이는 구 의용민법의 입법주의를 그대로 계승한 것이라고 할 수 있다. 문제는 이와 같이 광의의 계약에 대한 통칙을 두고 있지 않은 우리 민법하에서도 독일민법이나 스위스채무법과 마찬가지로, '채권계약에 관한 일반규정을 물권계약 등 광의의 계약에 대하여 유추적용할 수 있는가?' 하는 것인데, 이에 대해서는 '채권계약에 관한 민법의 일반규정은 그 성질에 반하지 않는 한 물권계약 등 광의의 계약에 관하여 널리 유추적용할 수 있다'고 하는 데 학설의 견해가 거의 일치한다.[10]

8) 「民法修正案理由書」, 438~439 참조.
9) 여기서 "기성법전"이라 함은 일본구민법(이른바 '브와쏘나드 민법')을 가리킨다(이하 같음).
10) 주석민법(1)/김욱곤, 34; 민법주해(12)/이주흥, 5; 곽윤직, 6; 김상용, 4; 양창수/김재형, 5 참조.

2. 좁은 의미의 계약 : 채권계약

좁은 의미에서 「계약」이라 함은 '채권관계의 발생을 목적으로 하는 복수 당사자의 합의에 의하여 성립하는 법률행위', 즉 채권계약(Schuldvertrag; contrat)을 말한다. 이와 같이 '채권관계를 발생시키는 원인행위'인 「계약」과 '계약을 원인행위로 하여 발생하는 법률효과인 법률관계'를 의미하는 「채권관계」(Schuldverhältnis)는 개념상 구별된다고 보는 것이 통설적 견해이다.[11] 다만, 학설 중에는 「계약」을 '계약당사자 사이의 포괄적인 법률관계'라고 정의하고, '통설이 말하는 법률행위로서의 계약은 계약적 법률관계를 발생시키는 계약체결행위를 의미하는 것으로서 용어상 구분하여 사용하여야 한다'는 견해도 있다.[12] 이는 계약을 법률요건이 아닌 '법률효과'로 보는 견해라고 할 수 있는데, 이는 법률요건으로서의 법률행위를 단독행위와 계약으로 구분하는 법률행위의 체계를 혼란케 할 가능성이 있을 뿐만 아니라, 전술한 입법자의 의사에도 반하는 주장이라고 생각된다. 따라서 본서에서는 「계약」은 '합의에 의하여 성립하는 법률행위의 일종'이라고 보는 통설적인 용어사용례에 따르기로 한다.

(1) 복수 당사자의 의사표시

계약이 성립하기 위해서는 대립하는 복수의 당사자가 존재하고, 각 당사자의 의사표시가 존재하여야 한다. 그리고 계약에서 복수 당사자의 의사표시는 순차적으로 이루어지는 것이 보통인데, 선행하는 의사표시인 청약이 뒤따르는 의사표시인 승낙을 내용적으로 유도하는 인과성(因果性)을 갖는다는 점이 그 특징이다. 그러나 후술하는 바와 같이, 동일한 내용의 복수의 의사표시인 청약이 동시에 이루어짐으로써 계약이 성립하는 교차청약(交叉請約)의 경우도 있다(533조).

(2) 합 의

계약은 합의에 의하여 성립하는 법률행위이므로, 계약이 성립하기 위하여서는 '서로 대립하는 양 당사자의 의사표시의 합치', 즉 「합의」가 있어야 한다. 여기서 '어느 경우에 합의가 있다고 할 것인가?' 하는 문제가 발생하는데, '합의가 있다고 할 수 있기 위해서는 양 당사자의 표시행위로부터 추단되는 이른바 「표시상의 효과의사」가 그 내용에 있어서 객관적으로 서로 일치하여야 할 뿐만 아니라(객관적 합치), 일방 당사자의 의사표시가 상대방의 의사표시와 결합하여 계약을 성립시키려는 의의를 가지는 것이어야 한다(주관적 합치)'는 것이 통설적 견해이다. (☞ 제2절 「계약의 성립」)

---

11) 주석민법(1)/김욱곤, 35; 민법주해(12)/이주흥, 9; 곽윤직, 6; 김상용, 4; 김형배, 21; 양창수/김재형, 3 참조.

12) 이은영, 3 참조. 그 밖에 '계약을 법률행위로서의 의미뿐만 아니라 법률관계로서의 의미도 지닌다'고 보는 절충적 견해를 취하는 학자도 있다(장재현, 3 참조).

(3) 법률행위

계약은 당사자가 의욕한대로의 법률효과를 발생시키는 법률행위, 즉 서로 대립적인 의미를 가지는 당사자의 의사표시를 구성요소로 하는 법률요건이다.[13] 계약이 「법률행위」라는 것은 계약이 사적 자치를 실현하는 법제도로서, 당사자가 법률효과를 공권력의 통제를 받지 않고 자유롭게 형성해 나갈 수 있다는 것을 의미한다. (☞ 민법총칙 편, 제6장 제1절 「법률행위의 의의와 종류」)

[2] Ⅱ. 계약의 종류

1. 전형계약과 비전형계약

(1) 의 의

1) 전형계약 : 유명계약

민법전 제3편(채권) 제2장(계약)에 규정되어 있는 15가지 유형의 계약을 「전형계약(典型契約)」(typischer Vertrag)이라고 하는데, 전형계약은 각각 매매, 증여 등의 특별한 이름이 붙여져 있다는 점에서 이를 「유명계약(有名契約)」(benannter Vertrag; contats nommés)이라고도 한다.

2) 비전형계약 : 무명계약

「계약자유의 원칙」상 민법전에 규정되어 있지 아니한 사항을 내용으로 하는 계약도 얼마든지 체결될 수 있는데, 이와 같이 민법전에 규정되어 있지 아니한 계약을 「비전형계약(非典型契約)」(atypischer Vertrag)이라고 한다. 예컨대, 시설대여(리스)계약, 의료(진료)계약, 중개계약, 출판계약, 숙박계약, 프로스포츠 선수 또는 연예인의 전속계약, 방송출연계약, 방송광고계약 등과 같이, 경제가 발전하고 사회가 복잡해짐에 따라서 비전형계약의 유형은 급속히 늘어가는 추세에 있다. 비전형계약은 민법상 특별한 이름이 붙여져 있지 않다는 의미에서 「무명계약(無名契約)」(nichtbenannter Vertrag; contrats innommés)이라고도 한다.[14]

(가) 무명계약의 종류

(A) 계약집합체인 무명계약 자본주의경제가 고도로 발전함에 따라서 '몇 가지의 계약 유형이 결합한 복잡한 형태의 계약'이 등장하게 되는데, 이러한 형태의 계약을 「계약집합체」(groupes de contrats)라고 한다.[15] 이러한 계약집합체가 무명계약임은 물론인데, 이는 다시 몇

---

13) 이를 "계약체결"이라고 하여 계약적 법률관계를 의미하는 "계약"과 용어상 구별하여 사용하는 견해도 있음은 전술한 바와 같다(이은영, 3 참조).

14) 최근 프랑스와 일본에서는 '무명계약에 관한 일반이론을 수립하여야 한다'는 주장이 제기되고 있는데, 이에 관한 상세는 大村敦志, 「典型契約の性質決定」(有斐閣, 1997), 152 이하 참조.

15) 大村敦志, 상게서, 155 참조.

개의 계약유형이 결합하여 불가분적인 하나의 계약을 형성한 경우인 「혼합계약」과, 여러 개의 계약의 단순한 결합체라고 보아야 하는 경우인 「계약의 연립」 또는 「계약의 결합」으로 구분할 수 있다.[16)]

(B) **혼합계약** 「혼합계약(混合契約)」이라 함은 '몇 개의 계약유형이 결합하여 불가분적인 하나의 계약을 형성한 계약'을 말하는데, 이는 다시 어떤 전형계약의 구성요소와 다른 전형계약의 구성요소가 혼합된 것(예컨대, 가정교사로 일하면서 그 대가로 방을 사용하는 계약은 위임과 임대차의 혼합계약이라고 할 수 있다)과, 어떤 전형계약의 구성요소와 어떠한 전형계약에도 속하지 않는 사항이 혼합되어 있는 계약(예컨대, 식당 등 공중접객업소에서 노무를 제공하는 대가로서 손님으로부터 팁을 받을 수 있는 기회를 주는 것을 내용으로 하는 계약과 같은 경우는 고용계약과 무명계약과의 혼합계약이라고 할 수 있다)이 있다.

'혼합계약에서는 구체적으로 어떠한 법규정을 적용할 것인가?' 하는 것이 문제된다. 이에 대하여는, 혼합계약의 구성요소 중에서 가장 주요한 것을 찾아내어 그 구성요소를 규율하는 전형계약에 관한 규정을 적용하는 방법(흡수주의), 관계되는 전형계약에 관한 규정을 분해한 후 이를 다시 결합하여 문제되는 혼합계약에 적용하는 방법(결합주의), 당해 계약과 가장 가까운 전형계약을 찾아내어 이를 유추적용하는 방법(유추주의) 등이 주장되고 있으나,[17)] 혼합계약의 성질에 따라 위의 적용방법을 선택적으로 사용하는 것이 타당하다고 생각된다.[18)]

이에 대한 판례의 입장도 일률적인 것은 아니다. 예컨대, 판례는 ① '당사자의 일방이 상대방의 주문에 따라 자기 소유의 재료를 사용하여 만든 물건을 공급할 것을 약정하고 이에 대하여 상대방이 대가를 지급하기로 약정하는 계약'인 「제작물공급계약」은 그 제작의 측면에서는 도급의 성질이 있고 공급의 측면에서는 매매의 성질이 있는 매매와 도급의 혼합계약이라고 보아야 할 것인바, 그 계약에 따라 제작·공급하여야 할 물건이 대체물인 경우에는 매매에 관한 규정이 적용되어야 할 것이나, 기계장치와 같이 대체가 어렵거나 불가능한 부대체물의 공급을 목적으로 하는 경우에는 그 제작이 계약의 주목적이 되어 도급의 성질을 띠는 것이므로 매매에 관한 규정은 적용될 수 없다'고 함으로써(대법원 1996.6.28.선고, 94다42976 판결 등),[19)]

---

16) 김형배, 79 참조.

17) 제4판 주석민법(1)/김기창, 52~53 참조.

18) 同旨: 김형배, 80 참조. 학설 중에는 기본적으로 유추주의에 따라야 한다고 하면서도, '법률행위 및 계약에 관한 통칙적 규정을 적용하는 외에, 비슷한 전형계약에 관한 규정을 그 취지와 조리에 따라 유추적용하되, 구체적인 경우에 있어서의 당사자의 의사에 부합하고 또한 사회적으로 시인될 수 있도록 하여야 한다'는 견해도 있다(곽윤직, 27 참조).

19) 판례평석: 김민중, "제작물공급계약", 「로스쿨계약법」(청림출판, 2006/3), 620 이하. 같은 취지: 대법원 1987.7.21.선고, 86다카2446 판결; 대법원 1990.3.9.선고, 88다카31866 판결; 대법원 2006.10.13.선고, 2004다21862 판결; 대법원 2010.11.25.선고, 2010다56685 판결.

「흡수주의」를 취하고 있다고 할 수 있으나,[20] ② '시설대여(리스)계약의 법적 성질은 임대차계약과 형식상 유사하지만 그 실질은 대여시설을 취득하는 데 소요되는 자금에 관한 금융의 편의를 제공하는 것을 본질적인 내용으로 하는 물적 금융이고, 임대차계약과는 여러 가지 다른 특질이 있기 때문에, 이에 대하여는 민법의 임대차에 관한 규정이 바로 적용되지 않는다'고 함으로써(대법원 1996.8.23.선고, 95다51915 판결 등),[21] 「유추주의」를 배제하고 혼합계약인 리스계약에 적합한 새로운 규범을 법관이 찾아낼 것을 주문한 사례도 있다.

(C) **계약의 연립** 혼합계약은 단일한 계약임에 반하여, 몇 개의 계약이 결합한 복잡한 형태의 계약을 「계약의 연립」 또는 「계약의 결합」(Vertragsverbindungen)이라고 한다.[22] 예컨대, 어떤 회사가 상인에게 점포를 임대하면서 자기 회사가 제조한 물건을 판매하도록 약정하는 경우에는 임대차와 계속적 공급계약으로서의 매매가 서로 결합관계에 있게 된다. 이 경우에는 각각의 계약유형에 대하여 관련규정이 적용되어야 하므로 특별한 문제는 발생하지 않는다.

(2) 전형계약에 관한 민법규정의 지위

1) 특별법에 의한 전형계약의 발달

사회가 진보하고 거래관계가 복잡해져서 민법전의 전형계약에 관한 규정이 거래관계를 규율하는 데 적합하지 못한 경우가 발생하게 되면, 거래의 관행에 의하여 새로운 비전형계약이 발달하게 된다. 따라서 이러한 새로운 비전형계약을 규율하는 특별법이 필요하게 되고, 특별법이 제정되면 이들 비전형계약은 「특별법상의 전형계약」이 된다. 상법상의 전형계약인 상호계산(상법 72~77조)·익명조합(상법 78~86조)·합자조합(상법 86조의2~86조의9)·대리상(상법 87~92조의3)[23]·중개(상법 93~100조)[24]·위탁매매(상법 101~113조)·운송·보험 등과 신탁법에 의한 신탁계약, 신원보증법에 의한 신원보증계약 등이 그 좋은 예이다.

2) 민법상 전형계약의 적용범위 축소

20세기에 들어오면서 자본주의경제체제의 폐해인 자본의 집중과 그에 따른 「부의 독점」

---

20) 제4판 주석민법(1)/김기창, 53 참조.
21) 판례평석: 김상채, "리스계약의 법적 성질", 재판실무연구1996(광주지방법원, 1997/1), 339 이하; 최인석, "금융리스계약의 법적 성질과 리스회사의 하자담보책임", 판례연구 13집(부산판례연구회, 2002/2), 493 이하. 같은 취지: 대법원 1986.8.19.선고, 84다카503·504 판결; 대법원 1990.5.11.선고, 89다카17065 판결; 대법원 1994.11.8.선고, 94다23388 판결; 대법원 1997.10.24.선고, 97다27107 판결; 대법원 1997.11.28.선고, 97다26098 판결; 대법원 1999.9.3.선고, 99다23055 판결; 대법원 2013.7.12.선고, 2013다20571 판결.
22) 김형배, 79 참조.
23) 대리상계약은 위임계약의 일종이므로, 민법과 상법의 위임에 관한 규정이 적용된다(임중호, 「상법총칙·상행위법」, 408 참조).
24) 「중개」라 함은 '중개인이 제3자와 교섭을 개시하여 제3자와 위탁자 사이에 계약이 체결되도록 결정적인 영향을 미치는 행위를 하는 것'을 말한다(임중호, 「상법총칙·상행위법」, 418 참조).

이라는 병리현상을 시정하여 사회적·경제적 약자의 생존권을 보장하기 위하여 각국은 종래의 자유방임주의에서 벗어나 국가권력이 경제에 적극적으로 개입하는 정책을 취하게 되었는데, 이에 따라 종래 개인의 자치에 맡겨져 있던 사법의 영역에도 국가권력이 적극적으로 간섭하게 되었다. 그 결과 민법상의 전형계약은 많은 특별법에 의하여 그 내용이 실질적으로 변화하였을 뿐만 아니라, 그 적용범위도 현저히 축소되게 되었다. 예컨대, ① 고용에 관한 민법의 규정은 노동법의 발달에 따라 그 적용범위가 상시 5인 미만의 근로자를 사용하는 사업 또는 사업장,[25] 그리고 동거하는 친족만을 사용하는 사업 또는 사업장이나 가사사용인에 대하여서만 적용되는 것으로 축소되었으며(근로기준법 11조 1항),[26] ② 임대차에 관한 민법의 규정도 주택이나 상가건물에 관한 한 「주택임대차보호법」(1981.3.5. 법률 제3379호로 제정: 이하 「주택임대차법」으로 약칭)과 「상가건물임대차보호법」(2001.12.29. 법률 제6542호로 제정: 이하 「상가임대차법」으로 약칭)에 의하여 그 적용이 배제되고 있으며, 농지의 경우에는 농지법(2007.4.11. 법률 제8352호)에 의하여, 그리고 임야의 경우에는 「산림자원의 조성 및 관리에 관한 법률」(2005.8.4. 법률 제7678호로 제정: 이하 「산림법」으로 약칭)에 의하여 그 적용이 배제되고 있기 때문에, 민법이 직접 적용되는 임대차관계는 동산의 임대차 정도에 지나지 않는 실정이다. 또한 ③ 도급계약에 관한 민법의 규정도 건축법(2008.3.21. 법률 제8974호로 전부개정)과 주택법(2003.5.29. 법률 제6916호로 제정) 등의 특별법에 의하여 그 적용이 크게 제한을 받고 있으며, ④ 소비대차에 관한 민법의 규정도 이자제한법(2007.3.29. 법률 제8322호)·「대부업의 등록 및 금융이용자 보호에 관한 법률」(2002.8.26. 법률 제6706호로 제정: 이하 「대부업법」으로 약칭)을 비롯한 금융관계특별법에 의하여 그 적용이 제한되고 있다. 심지어는 가장 기본적인 매매계약조차도 「국토의 계획 및 이용에 관한 법률」(2002.2.4. 법률 제6655호: 이하 「국토계획법」으로 약칭)·농지법·「독점규제 및 공정거래에 관한 법률」(1990.1.13. 법률 제4198호: 이하 「공정거래법」으로 약칭) 등의 특별법에 의하여 많은 제한이 가해지고 있는 실정이다.

2. 쌍무계약과 편무계약

(1) 쌍무계약의 개념

「쌍무계약(雙務契約)」(synallamatischer Vertrag; contrat synallamatique)은 「편무계약(片務契約)」

25) 다만, 상시 4명 이하의 근로자를 사용하는 사업 또는 사업장에 대하여서도 대통령령으로 정하는 바에 따라 근로기준법의 일부규정이 적용되고 있다(근로기준법 11조 2항, 동법시행령 7조, 별표 1 참조).

26) 근로기준법 제11조(적용범위) ① 이 법은 상시 5명 이상의 근로자를 사용하는 모든 사업 또는 사업장에 적용한다. 다만, 동거하는 친족만을 사용하는 사업 또는 사업장과 가사사용인에 대하여는 적용하지 아니한다. ② 상시 4명 이하의 근로자를 사용하는 사업 또는 사업장에 대하여는 대통령령으로 정하는 바에 따라 이 법의 일부 규정을 적용할 수 있다. ③ 이 법을 적용하는 경우에 상시 사용하는 근로자 수를 산정하는 방법은 대통령령으로 정한다.

(einseitiger Vertrag; contrats unilatéraux)의 대립적 개념인데, 편무계약과 쌍무계약의 구별기준에 대하여는 학설이 대립하고 있다.[27)]

1) 학 설

(가) 제1설 : 대가적(對價的) 채무부담설

이는 쌍무계약을 '당사자가 서로 대가적 의미를 가지는 채무를 부담하는 계약'이라고 정의하는 견해로서 종래의 다수설이다.[28)] 이 견해는 "당사자 쌍방이 부담하는 채무가 대가적 의미를 가진다"는 것은, '서로 급부를 하여야 한다는 것이 의존관계를 갖고 있어서, 甲이 채무를 부담하는 것은 乙이 채무를 부담하기 때문이고, 乙이 채무를 부담하는 것은 甲이 채무를 부담하기 때문이라는 것과 같이, 채무의 부담이 교환적 원인관계에 서는 것을 가리키는 것'이며, 그 채무의 내용인 급부가 객관적·경제적으로 꼭 같은 가치를 가져야 한다는 것은 아니라고 한다.[29)] 이 견해는 「편무계약(片務契約)」(einseitiger Vertrag; contrats unilatéraux)을 '당사자 일방만이 채무를 부담하거나, 또는 쌍방이 채무를 부담하더라도 그 채무가 서로 대가적 의미를 갖지 않는 계약'이라고 정의하는데,[30)] 이에 따르면 전형계약 중에서 유상계약인 매매·교환·임대차·고용·도급·조합·화해와 유상의 소비대차·위임·임치는 쌍무계약에 속하며, 무상계약인 증여·사용대차와 무상의 소비대차·위임·임치계약은 편무계약에 속하게 된다. 다만, 현상광고의 경우, 그 법적 성질을 계약으로 보는 견해(계약설)와 단독행위로 보는 견해(단독행위설)가 대립하고 있는데, 「계약설」에 의하면 현상광고는 유상계약이면서 편무계약이라는 결론이 된다.

(나) 제2설 : 상인적(相因的) 채무부담설

이는 쌍무계약을 '당사자 쌍방이 상인적으로 대가적 의의를 가진 채무를 부담하는 계약'이라고 정의하는 견해인데, 여기서 쌍방의 채무가 상인적(相因的)이라는 것은 '쌍방의 채무가 서로 원인관계를 이루고 있다는 뜻'이라고 한다.[31)] 이 견해에 따르면, 편무계약은 '일방 당사자만이 채무를 부담하거나 쌍방이 채무를 부담하더라도 쌍방의 채무가 상호 원인관계를 이루고 있지 아니한 경우'를 의미하게 된다.

(다) 제3설 : 상호의존적(相互依存的) 채무부담설

이는 쌍무계약을 '당사자 쌍방이 상호의존적인 채무를 부담하는 계약'이라고 정의하는 견해인데, 이 견해는 '쌍무계약에서의 채무 상호 간의 대가성이란 쌍방의 채무가 상호의존적

27) 이에 관하여는 김증한, "쌍무계약에 관한 일고찰", 춘재현승종박사화갑기념논문집 「법사상과 민사법」, 1979, 323 이하; 제3판 주석민법(1)/김욱곤, 55 이하 참조.
28) 곽윤직, 27; 김증한/김학동, 11~12; 김형배, 82; 장재현, 62 참조.
29) 곽윤직, 27; 김증한/김학동, 12 참조.
30) 곽윤직, 27; 김증한/김학동, 12 참조.
31) 이태재, 38 참조.

인 견련관계(牽連關係)를 가진다는 것을 의미하는 것이고, 그 관계의 유무는 당사자의 주관을 기준으로 판단하여야 한다'고 한다.[32] 이 견해에 따르면, 편무계약은 '일방 당사자만이 채무를 부담하거나 쌍방이 채무를 부담하더라도 쌍방의 채무가 상호의존적 견련관계를 이루고 있지 아니한 경우'를 의미하게 된다.

(라) 제4설 : 목적적 의존관계설

이는 쌍무계약을 '당사자 쌍방이 목적적 의존관계(目的的 依存關係)에 있는 채무를 대립적으로 부담하는 것을 내용으로 하는 계약'이라고 정의하는 견해이다. 여기서 「목적적 의존관계」라 함은 '상호 간에 상대방의 채무를 발생시키기 위하여 자신이 그에 대응하는 채무를 부담하는 관계, 즉 「받기 위하여 준다(Do, ut des)」는 기능적 쌍무관계'를 말한다고 한다.[33] 이 견해에 따르면, 「편무계약」은 '일방 당사자만이 채무를 부담하거나 쌍방이 채무를 부담하더라도 쌍방의 채무가 「목적적 의존관계」를 이루고 있지 아니한 경우'를 의미하게 된다.

2) 판례의 입장

판례는 종래의 통설적 견해에 따라, '쌍무계약은 쌍방 당사자가 상호 대등한 대가관계에 있는 채무를 부담하는 계약으로서, 쌍방의 채무 사이에는 성립·이행·존속상 법률적·경제적으로 견련성을 갖고 있어서 서로 담보로서 기능하는 것을 가리킨다'고 한다(대법원 2000.4.11.선고, 99다60559 판결 등).[34]

3) 학설·판례의 검토

쌍무계약의 개념에 대하여 어떠한 견해를 취하는가에 따라서 편무계약의 개념도 달라지는 것은 당연하지만, 쌍무계약의 개념에 대한 정의를 달리한다고 하여 쌍무계약의 효력으로서 양 당사자에게 동시이행항변권이 인정되며, 위험부담이 문제된다는 점 등에 어떠한 차이가 발생하는 것은 아니다. 또한 어떠한 견해도 계약에 의하여 발생한 채무 상호 간에 밀접한 의존관계가 인정되는 경우에 한하여 쌍무계약성이 인정된다고 파악하는 점에서는 차이가 없다. 다만, 학설에 따라 쌍무계약성이 인정될 수 있는 '채무상호 간의 밀접한 의존관계'의 실질을 「대가적(對價的) 관계」, 「상인적(相因的) 관계」, 「상호의존적(相互依存的) 견련관계」, 「목적적(目的的) 의존관계」 등으로 달리 파악하고 있을 뿐이다. 즉, 쌍무계약의 개념에 관한 학설의 대립은 '쌍무계약성이 인정될 수 있는 채무상호 간의 밀접한 의존관계의 인정기준을 어떻게 설정할 것인가?' 하는 관점의 차이에 지나지 않는 것이며, 그 내용상의 실질적인 차이가

32) 제3판 주석민법(1)/김욱곤, 57 참조.
33) 양창수/김재형, 6 참조.
34) 판례평석: 민중기, "회사정리법 제103조 제1항 소정의 '쌍무계약'의 의미" 대법원판례해설 34호(법원도서관, 2000/11), 292 이하. 같은 취지: 대법원 1994.1.11.선고, 92다56865 판결; 대법원 2002.5.28.선고, 2001다68068 판결; 대법원 2004.2.27.선고, 2001다52759 판결; 대법원 2007.3.29.선고, 2005다35851 판결; 대법원 2007.9.6.선고, 2005다38263 판결; 대법원 2007.9.7.선고, 2005다28884 판결.

존재하는 것은 아니다.

이러한 관점에서 학설을 검토하면, 우선 ① 「대가적 채무부담설」은 '채무상호 간의 밀접한 의존관계'의 실질을 「대가적 관계」라고 표현하고 있으나, 이는 유상계약의 인정기준인 「대가적 의미를 가지는 출연」과의 혼동을 가져올 수 있으므로 적절하지 않다. ② 「상인적 채무부담설」은 채무상호 간의 밀접한 의존관계의 실질을 '상인성(相因性)'이라고 표현하고 있으나, 쌍방의 채무가 서로 원인관계를 이루고 있는 경우에 한하여 쌍무계약으로 인정하는 것은 쌍무계약의 범위를 지나치게 협소하게 인정하는 것이므로 적절하지 않다고 생각된다. 결국 채무상호 간의 밀접한 의존관계의 실질을 '상호의존적 견련관계'라고 표현하고 있는 「상호의존적 채무부담설」이 쌍무계약과 편무계약의 구별기준에 관한 학설로서는 가장 적절하다고 할 것이다. 최근 채무상호 간의 밀접한 의존관계의 실질을 '목적의존관계'라고 표현하고 있는 「목적적 의존관계설」이 제기된 바 있으나, 「상호의존적 채무부담설」과 실질적 차이를 가진, 차별성 있는 견해라고 보기는 어렵다.

(2) 구별의 실익

쌍무계약에서는 채무자에게 동시이행항변권(536조)이 인정되며, 위험부담의 문제가 발생하지만(537조, 538조), 편무계약에서는 동시이행항변권이 인정되지 아니하고, 위험부담의 문제도 발생하지 않는다는 점에서 양자를 구별할 실익이 있다.

3. 유상계약과 무상계약

(1) 의 의

「유상계약(有償契約)」(entgeltlicher Vertrag; contrats à titre onéreux)이라 함은 '당사자 쌍방이 서로 대가적 의미를 가지는 출연을 하는 계약'을 말한다. 이와 반대로 「무상계약(無償契約)」(unentgeltlicher Vertrag; contrats à titre gratuit)이라 함은 '당사자 일방만이 출연을 하거나 당사자 쌍방이 출연을 하더라도 그 출연이 서로 대가적 의미를 가지지 아니하는 계약'을 말한다. 이와 같이 유상계약과 무상계약의 개념은 출연(出捐)의 대가성 유무에 따른 구별이라는 점에 대하여는 학설이 일치하고 있다. 그러나 유상계약과 무상계약, 쌍무계약과 편무계약의 상호관계에 관하여서는 전술한 쌍무계약과 편무계약의 개념에 관한 학설대립의 결과 약간의 견해차이가 발생한다. 즉, 유상계약과 무상계약, 쌍무계약과 편무계약의 상호관계에 관하여 「상인적 채무부담설」 및 「상호의존적 채무부담설」은 종래의 통설적 견해인 「대가적 채무부담설」과 다른 견해를 취하고 있다.

(2) 유상계약과 무상계약의 구별기준

1) 「대가적 채무부담설」의 입장

종래의 통설적 견해인 「대가적 채무부담설」을 취하는 학자들은 '쌍무계약과 편무계약의 구별은 계약의 효과로서 발생하는 채무만을 대상으로 하여 그 채무가 서로 대가적 의미를 가지는가의 여부에 의하여 판단하지만, 유상계약과 무상계약의 구별은 보다 넓게 계약의 성립부터 그 효과로 발생하는 채무의 이행에 이르기까지의 전 과정을 대상으로 하여, 쌍방이 서로 대가적인 의미를 갖는 출연(出捐)을 하는가의 여부를 기준으로 하는 것'이라고 한다. 따라서 유상계약의 관념은 쌍무계약의 관념보다 넓은 개념이며, 쌍무계약은 전부 유상계약이지만 유상계약은 쌍무계약이 아닐 수도 있다고 한다. 예컨대, 현상광고를 계약으로 보는 견해(계약설)를 취하는 경우, 현상광고는 유상계약이지만 쌍무계약이 아니라 편무계약이 된다는 것이다.[35]

2) 「상인적 채무부담설」 및 「상호의존적 채무부담설」의 입장

쌍무계약을 '당사자 쌍방이 상인적(相因的) 채무를 부담하는 계약'이라고 정의하는 「상인적 채무부담설」은 통설과 마찬가지로 유상계약을 '쌍방 당사자가 상호 간에 대가적 의의를 가지는 재산상의 출연을 하는 계약'이라고 정의하면서도, 쌍무계약에서의 쌍방채무의 대가성은 비재산적 급부를 포함하여 당사자의 주관을 표준으로 하는 데 반하여, 유상계약에서의 대가성은 '사회관념상의 상당성'이라는 객관적 기준에 의하여 판단하여야 할 것이라고 한다. 즉, '쌍무계약과 유상계약은 그 대가성 여부를 판단하는 기준이 서로 다르기 때문에 쌍무계약과 유상계약의 개념을 일률적으로 비교하여 그 광협을 논할 수 없다'고 한다.[36] 한편 쌍무계약을 '당사자 쌍방이 상호의존적인 채무를 부담하는 계약'이라고 정의하는 「상호의존적 채무부담설」도 쌍무계약과 유상계약에서의 대가성의 의미를 동일한 것으로 이해해서는 안 되며, 유상계약에서의 대가성은 서로 대립하는 재산상의 이익에 관한 것으로 그 유무는 객관적 기준, 즉 경제적 거래관념에 의하여 판단하여야 할 것이므로 모든 쌍무계약이 유상계약이라고 할 수는 없다고 한다.[37]

쌍무계약과 유상계약의 개념에 대한 이러한 견해의 대립은 제561조의 부담부증여(負擔附贈與)의 법적 성질을 파악하는 데 큰 차이를 가져온다. 즉, 「대가적 채무부담설」에 따르면, 부담부증여는 당사자 쌍방이 모두 급부의무를 부담하지만 그 급부는 서로 대가적인 의미를 갖는 것이 아니므로 쌍무계약이라고 볼 수 없으며, 그 출연의 대가성도 인정되지 않으므로 무상계약이라고 한다.[38] 그러나 「상호의존적 채무부담설」은 '부담부증여는 출연의 대가성이 인

35) 곽윤직, 28; 김상용, 38; 장재현, 61 참조.
36) 이태재, 41~42 참조.
37) 제3판 주석민법(1)/김욱곤, 59 참조.

정되지 않으므로 무상계약이라고 보아야 할 것이나, 당사자의 의사 여하에 따라서는 쌍무계약이 될 수 있다'고 한다.[39)]

(3) 유상계약과 무상계약의 구별실익

유상계약과 무상계약을 구별하는 실익은 유상계약에는 매매에 관한 규정이 준용된다는 점에 있다(567조). 특히 유상계약에서는 매도인의 담보책임에 관한 제570조 이하의 규정이 적용되지만, 무상계약에서는 출연자에게 악의가 없는 이상 담보책임을 부담하지 않는다는 점에 그 구별의 의의가 있다(559조).

4. 낙성계약과 요물계약

(1) 의 의

「낙성계약(諾成契約)」(Konsensualvertrag; contrats consensuels)이라 함은 '당사자의 합의만으로 성립하는 계약'을 말한다. 이는 '당사자의 합의만으로는 성립하지 않고, 그 이외에 이행행위의 일부인 물건의 인도 기타의 급부가 있어야 비로소 성립하는 계약'을 의미하는 「요물계약(要物契約)」(Realvertrag; contrats réels)과 대립하는 개념이라고 할 수 있다. 즉, 낙성계약과 요물계약의 분류는 당사자의 합의, 즉 의사표시의 합치만으로써 계약이 성립하느냐, 합의 이외에 다른 특별한 법률사실이 있어야 비로소 계약이 성립하느냐를 기준으로 한 계약의 분류인데, 이러한 의미에서 「낙성계약」은 후술하는 「요식계약」과도 대립하는 개념이다.

「낙성계약의 원칙」이 확립된 근대민법에서는 특별한 규정이 없는 한 계약은 낙성계약이므로, 우리 민법상의 계약도 원칙적으로 낙성계약으로 보아야 한다. 다만, 현행민법상 현상광고[40)]의 법적 성질에 대하여는 계약으로 보는 견해(계약설)와 단독행위로 보는 견해(단독행위설)가 대립하고 있는데, 「계약설」에 의하면 현상광고는 광고자의 광고라는 특수한 형태의 청약과 그 광고에서 정한 행위(지정행위)의 완료에 의한 상대방의 승낙에 의하여 성립하는 계약으로서 요물계약의 성질을 가진 것이 되므로,[41)] 현상광고는 전형계약 중 유일한 요물계약이 된다고 할 수 있다. (☞ 제4장 제4절 「현상광고계약」)

전형계약은 아니지만 질권설정계약(330조)·대물변제계약(466조)[42)]·보증금계약[43)] 등이 요

38) 장재현, 61; 황적인, 35 참조.

39) 제3판 주석민법(1)/김욱곤, 59 참조.

40) 「현상광고」라 함은 '광고자가 어느 행위를 한 자에게 일정한 보수를 지급할 의사를 표시하고, 이에 응한 자가 그 광고에 정한 행위를 완료함으로써 그 효력이 생기는 계약'을 말한다(675조).

41) 이태재, 311~312 참조.

42) 통설과 판례는 대물변제를 계약으로 보고 있으나, 사견으로는 '대물변제는 계약이 아니라 변제의 일종으로 보아야 할 것'이라고 생각한다. (☞ 채권총론 편, 제3장 제7절 「변제 이외의 채권의 소멸사유」)

43) 어인의, "보증금", 고시연구 21권 3호, 1994/3, 14 이하 참조.

물계약으로 해석되고 있다.[44]

(2) 연혁 및 입법례

소비대차·사용대차·임치·질계약(質契約)을 요물계약으로 다루었던 로마법을 계수한 프랑스민법과 독일민법 등 대륙법계 민법은 대체로 이들 계약을 요물계약으로 규정하고 있으며,[45] 프랑스민법과 독일민법의 영향을 받은 구 의용민법(일본민법)도 이들 계약을 요물계약으로 규정하고 있었다.[46] 그러나 우리 민법은 이들 계약을 낙성계약으로 규정한 스위스채무법[47]과 만주민법의 입법례에 따라서 이들 계약을 낙성계약으로 규정하고 있다.[48]

(3) 요물계약과 낙성계약의 구별실익

로마법에서는 요물계약과 낙성계약은 그 성립의 형식에서는 물론이고 소송절차에서도 달리 취급되는 것이었으므로 이를 구별할 실익이 있었다. 그러나 의사자치의 원칙이 인정되는 근대민법에서는 요물계약을 인정할 이론적 근거가 없으며, 설사 요물계약으로 규정하더라도 당사자가 이를 낙성계약으로 합의하면 이에 따라 합의만으로 계약은 성립할 수 있으므로, 양자를 구별할 실익은 그다지 크지 않다.[49] 이러한 의미에서 현행민법이 스위스채무법을 본받아 구 의용민법에서 요물계약으로 규정하고 있었던 소비대차·사용대차·임치 등의 계약을 낙성계약으로 규정한 것은 타당한 입법태도의 전환이라고 평가할 수 있다. 다만, 전술한 바와 같이 현행민법상으로도 현상광고와 대물변제, 질권설정계약 등은 요물계약으로 해석되고 있는데, 현상광고에서는 응모자가 '광고에서 정한 행위를 한 때'에(675조), 대물변제의 경우에는 채무자가 '다른 급여를 한 때'에(466조), 질권설정계약에서는 '질권설정자가 질물을 인도한 때'에(330조) 비로소 계약이 성립한다.

---

44) 이태재, 43 참조.

45) 상게서 참조.

46) 구 의용민법은 소비대차계약에 관하여, '소비대차는 당사자의 일방이 종류, 품등(品等) 및 수량이 동일한 물건을 반환할 것을 약속하여 상대방으로부터 금전 기타의 물건을 수취함으로써 그 효력이 발생한다'고 규정하고 있었으며(동법 587조), 사용대차(동법 593조)와 임치(동법 657조)에 관하여서도 각각 같은 취지의 규정을 두고 있었다.

47) 스위스채무법 제312조(A. 개념) 소비대차계약에 의하여 대주는 일정한 금액의 금전 기타 대체물의 소유권을 양도할 의무를 지며, 차주는 이에 대하여 동일한 종류와 수량 및 품질을 가진 물건을 반환할 의무를 진다.

48) 「민법안심의록」, 347 참조.

49) 곽윤직(신수판), 34 참조.

5. 요식계약과 불요식계약

(1) 의 의

'법률이 계약의 성립에 일정한 방식을 준수할 것을 요구하는 경우'가 있는데, 이를 「요식계약(要式契約)」이라 한다. 전술한 바와 같이, 우리 민법은 낙성계약의 원칙을 채택하고 있을 뿐만 아니라 민법의 일반원칙인 계약자유의 원칙은 방식(方式)의 자유를 내포하는 것이므로, 법률에 특별한 규정이 없는 한 계약은 불요식계약이다. 그러나 어음·수표행위와 같이 거래의 신속과 안전을 위한 경우(어음법 2조 1항, 13조, 25조, 31조, 76조, 77조, 수표법 2조 1항, 16조, 26조), 또는 보증계약(428조의2)[50]이나 혼인(812조)·이혼(836조)·입양(878조)과 같이 당사자의 신중한 결정이 요구되거나, 단체협약과 같이 분쟁의 방지를 위하여 명확한 의사표시가 필요한 경우(노동조합법 31조 1항)[51] 등의 경우에는 법률이 요구하는 일정한 방식을 준수한 경우에 한하여 계약이 성립한다.

(2) 요식계약과 불요식계약의 구별실익

특별한 방식을 갖출 필요 없이 당사자 사이의 합의만 있으면 성립하는 불요식계약과는 달리, 요식계약에서는 법률이 규정한 일정한 방식을 갖추지 못한 경우에는 당사자 사이에서 합의가 있더라도 계약은 불성립한다는 데 구별의 실익이 있다.

6. 무인계약과 유인계약

「무인계약(無因契約)」(abstrakter Vertrag)이라 함은 '계약의 원인(causa)을 이루는 기초적 법률관계가 존재하지 않거나 실효되더라도 계약의 효력에는 아무런 영향이 없는 계약'을 말한다. 이와는 반대로 '원인의 흠결이 계약의 효력에 직접 영향을 미치는 계약'을 「유인계약(有因契約)」(Kausalvertrag)이라고 한다. 무인계약은 거래의 신속과 안전을 특별히 보호할 필요가 큰 경우에 법률의 규정에 의하여 계약의 원인과 효력을 분리시켜 원인의 흠결이 계약의 효력에 영향을 미치지 않도록 하는 법기술이라고 할 수 있는데,[52] 독일민법과 같이 '당사자 일방이 타방 당사자에 대하여 일정한 채무를 부담한다는 것을 약속함으로써 무인(無因)의 채무를 부

---

50) 민법상의 보증계약은 원래 낙성계약이었으나, 2015.2.3. 민법이 개정되어 「보증인 보호를 위한 특별법」(2008.3.21. 법률 제8918호: 이하 「보증인보호특별법」으로 약칭) 제3조의 규정이 민법전에 편입됨으로써 민법상의 보증계약도 '보증의 의사가 보증인의 기명날인 또는 서명이 있는 서면으로 표시된 경우'에 한하여 효력이 발생하는 요식계약으로 전환되었다.

51) 노동조합법 제31조(단체협약의 작성) ① 단체협약은 서면으로 작성하여 당사자 쌍방이 서명 또는 날인하여야 한다.

52) 예컨대, 당사자의 합의에 의하여 대여금채무의 지급수단으로서 약속어음이 발행된 경우에는 약속어음 발행의 원인인 대여금채무가 존재하지 않더라도 어음법의 규정에 의하여 어음행위는 유효하다(어음법 78조 1항, 9조 1항).

담하는 것'을 인정하는 입법례도 있으나(BGB § 780),[53][54] 우리 민법에는 특별한 규정이 없으므로 우리 민법의 전형계약은 전부 유인계약이라고 해석되고 있다.[55] 다만, 계약자유의 원칙상 당사자가 무인계약을 내용으로 하는 무명계약을 체결하는 것은 가능하다.[56]

한편 민법은 제186조에서, "법률행위로 인한 물권의 득실변경은 등기하여야 그 효력이 생긴다"고 규정함으로써, 물권변동에 관하여 독일식의 형식주의(등기주의)를 채택하고 있다. 그러나 독일민법과는 달리 물권행위(물권계약)의 필요성 여부에 대해서는 명문규정을 두고 있지 않으므로, '우리 민법의 해석상 물권변동의 요건으로 등기 이외에 물권행위(물권계약)가 필요하다고 해석할 것인가?'에 대해서는 견해가 갈린다. 그러나 '물권변동의 요건으로 물권행위가 반드시 필요하다'고 해석하는 것이 통설·판례의 입장이다. 이러한 통설·판례의 입장에 따를 경우, 그리고 물권변동을 목적으로 하는 매매·교환·증여계약에 있어서는 채권계약이 물권행위(물권계약)의 원인행위로서의 의미를 가지게 되는데, '물권행위의 원인행위인 채권계약이 불성립·무효·취소·해제 등으로 인하여 실효된 경우에는 물권행위의 효력도 그에 따라서 무효가 되는가?' 하는 「물권행위의 무인성」(無因性) 여부에 대해서는 학설상 다툼이 있다. 이에 대하여, 판례는 '우리 민법의 해석상 물권행위의 무인성은 인정되지 않는다'는 입장을 확립하고 있다. (☞ 물권법 편, 제2장 제2절 「물권행위론」)

7. 예약과 본계약

(1) 의 의

「예약(豫約)」(Vorvertrag; Promesse)이라 함은 '당사자 사이에 장래 일정한 계약을 체결할 것을 미리 약속하는 계약'을 말한다. 그리고 예약에 기하여 장래에 체결되는 계약을 「본계약(本契約)」이라고 한다. 따라서 예약은 '본계약을 체결할 의무를 부담할 것을 내용으로 하는 계약'이라고 할 수 있는데, 예약에 기하여 장래 체결될 계약은 반드시 채권계약에 한하지 않으며, 물권계약이나 가족법상의 계약도 가능하다.[57] 예약은 장래에 체결될 본계약을 위하여 미리 상대방을 구속하여 둘 필요가 있는 경우에 행하여지며, 이에 의하여 예약상의 당사자 일방 또는 쌍방은 본계약을 체결할 의무를 부담하게 된다.

---

53) 독일민법 제780조(채무약속) 어떤 급부를 약속하는 계약에서 그 약속이 독자적으로 의무를 발생시키는 기초가 되는 경우(채무약속: Schuldversprechen)에는, 그 계약이 유효하기 위해서는 다른 방식이 정해져 있지 아니한 한 그 약속은 서면으로 이루어져야 한다. 전자적 방식으로 하는 약속은 배제된다.

54) 당사자의 약정에 의하여 무인채무를 부담하는 방법에는 새로이 독립한 채무를 부담하는 형식을 취하는 독일민법의 「채무약속」(BGB §780)과 종래의 채무관계를 청산한 결과로서 일정한 채무가 있음을 승인하는 「채무승인」(Schuldanerkentnis)(BGB §781)의 두 가지가 있다.

55) 이태재, 44 참조.

56) 곽윤직(신정판), 52; 이태재, 44 참조.

57) 同旨: 곽윤직, 32 참조.

〈참고〉 가계약

「가계약(假契約)」이라 함은 '정식의 계약체결에 이르기 전에 당사자들의 다양한 이해관계를 반영하는 합의'를 말한다.[58] 특히 최근에는 국제거래를 중심으로 정식계약의 체결에 앞서 「의향서」(Letter of Intent: LOI)[59] 또는 「양해각서」(Memorandum of Understanding: MOU) 등의 명칭으로 예비적 합의를 하는 경우가 많은데, 이들 예비적 합의의 법적 성질을 어떻게 볼 것인가 하는 것은 기본적으로 당사자의 의사해석의 문제라고 할 것이나, 일반적으로는 「가계약」에 해당한다고 말할 수 있을 것이다.

가계약의 유형은 당사자가 가계약을 체결하는 목적에 따라서 다양하지만, 판례는 '가계약은 정식계약을 체결하기 위한 준비단계에 불과한 것으로서 법적 구속력이 없다'는 입장을 취하고 있다(대법원 1992.8.18. 선고, 92다6266 판결).

(2) 예약의 종류

1) 쌍무예약과 편무예약

예약에서는 예약상의 권리자가 본계약 체결의 청약을 하면 상대방에게 승낙의무가 발생하는 것이 원칙인데, 본계약을 체결할 의무(승낙의무)를 예약당사자 쌍방이 부담하는 경우도 있고 당사자 일방만이 부담하는 경우도 있을 수 있다. 여기서 예약의 당사자 쌍방이 예약상의 권리자인 동시에 승낙의무자인 예약을 「쌍무예약(雙務豫約)」이라고 하고, 예약의 당사자 일방만이 예약상의 권리자이고 상대방은 승낙의무만을 부담하는 예약을 「편무예약(片務豫約)」이라고 한다.

2) 쌍방예약과 일방예약

계약자유의 원칙상 예약상의 권리자가 일방적으로 본계약 체결의 의사표시(예약완결권의 행사)를 하면 상대방의 승낙 없이도 본계약이 성립하도록 하는 내용의 예약도 가능한데, 이 중 당사자 쌍방이 예약완결권을 가지는 경우를 「쌍방예약(雙方豫約)」이라고 하고, 당사자 일방만이 예약완결권을 갖는 경우를 「일방예약(一方豫約)」이라고 한다.

(3) 예약의 법적 성질

민법은 매매의 일방예약에 관한 제564조를 제외하고는 예약에 관한 아무런 규정도 두고 있지 않다. 그러나 학설은 예약을 '당사자에게 본계약체결의무(본계약의 성립에 필요한 의사표시 혹은 급부행위를 할 채무)를 발생시키는 특수한 채권계약'이라고 보는 데 견해가 일치한다.

(4) 매매의 일방예약에 관한 제564조의 해석

"매매의 일방예약은 상대방이 매매를 완결할 의사를 표시하는 때에 매매의 효력이 생긴다"고 규정하고 있는 제564조의 해석을 둘러싸고 견해가 대립하고 있다.

---

58) 김동훈, "가계약", 「계약법의 주요문제」(국민대출판부, 2000/9), 98 참조.

59) 김동훈, "계약의향서(Letter of Intent)에 관한 연구", 저스티스 31권 1호(한국법학원, 1988/3), 50 이하.

1) 학 설

(가) 일방예약추정설

이는 '제564조에 의하여 매매의 예약은 일방예약으로 추정된다'고 전제하고, '매매에 관한 규정은 일반적으로 다른 유상계약에 준용되므로(567조), 유상계약을 본계약으로 하는 예약의 종류가 불분명한 경우에는 당사자 사이에 일방예약의 합의가 있는 것으로 추정하여야 한다'는 견해이다.[60]

(나) 추정부인설 : 「정지조건부 매매계약설」

이는 '상대방의 승낙도 없이 예약완결권자의 일방적인 의사표시만으로 본계약이 성립하게 되는 매매의 일방예약이 성립한다는 것은 계약이론에 반한다'는 이유를 들어, 매매의 일방예약에 관한 제564조를 입법론적으로 비판하고, '매매의 일방예약은 진정한 의미에서의 예약이 아니라 본계약인 완결권자의 예약완결의 의사표시를 조건으로 하는 정지조건부 매매계약에 불과하다'고 해석하는 견해이다.[61]

2) 판례의 입장

판례는 제564조에서 규정하고 있는 매매의 일방예약을 본계약이 아닌 예약의 일종으로 보고 있기는 하나, 일부학설의 주장과 같이 매매예약의 성질이 불분명한 경우에 이를 매매의 일방예약을 합의한 것으로 추정하는 규정으로 보고 있지는 않다(대법원 1988.2.23.선고, 86다카2768 판결 등).

3) 학설·판례의 검토

제564조는 문자 그대로 당사자 사이에서 매매의 일방예약이 합의된 경우의 효력에 관하여 규정한 것이며, 이를 확대해석하여 매매예약의 성질이 불분명한 경우에 이를 매매의 일방예약이 합의된 것으로 추정하는 규정이라고 보는 것은 타당하지 않다.

(5) 예약의 성립

1) 본계약이 무효인 경우

본계약이 불능을 목적으로 하거나, 강행법규 혹은 사회질서에 위반하는 사항을 내용으로 하는 계약이어서 무효인 경우에는 예약도 무효가 된다.

2) 본계약이 요식계약인 경우

'본계약이 일정한 방식을 요하는 요식계약인 경우에는 예약도 본계약의 방식에 따라야 하는가?' 하는 것이 문제된다. 그러나 이는 일률적으로 정할 것이 아니라, 본계약에 일정한 방식을 요구하는 이유가 무엇인가에 따라서 달리 다루어져야 할 것이다. 즉, 본계약에 일정

---

60) 곽윤직(신수판), 37; 김형배, 86 참조.
61) 이태재, 52 참조.

한 방식을 요구하는 이유가 당사자로 하여금 신중을 기하게 하려는 취지로서 소정의 방식을 준수하지 않는 경우에는 당사자를 구속하지 않으려 하는 것이라면, 예약도 본계약의 방식을 준수하여야 할 것이다. 예컨대, 서면에 의하지 아니한 증여 또는 보증의 예약은 각 당사자가 이를 해제할 수 있거나(555조), 예약으로서의 효력이 발생하지 않는다고 해석하여야 할 것이다(428조의2). 그러나 서면 등의 방식을 요구하는 이유가 거래의 안전을 위하여 이를 의사표시의 증거로 삼고자 하는 데 그치는 것이라면, 예약 자체는 그 방식에 따르지 않더라도 유효하게 성립한다고 할 것이다.

(6) 예약의 효력

예약은 그 종류에 따라 당사자의 일방 또는 쌍방에게 본계약을 체결할 채무를 발생시키는 계약이므로, 그 계약(예약)의 효력으로 발생하는 채무(본계약체결의무)의 효력도 다른 계약으로부터 발생하는 채무의 효력과 본질상 차이가 없다. 즉, 예약상의 권리자(채권자)가 본계약체결의 청약을 하였으나 예약상의 의무자(채무자)가 그에 따른 승낙의 의무를 이행하지 않는 경우, 채권자(예약상의 권리자)는 채무의 강제이행으로서 승낙에 갈음한 판결을 구할 수 있고(398조 2항), 예약을 해제할 수 있으며(544조), 손해가 발생한 경우에는 채무불이행으로 인한 손해배상을 청구할 수 있다(390조 이하).

8. 계속적 계약과 일시적 계약

(1) 의 의

「계속적 계약」(contrats successifs)이라 함은 '계약의 효력으로 발생하는 채권관계에서 급부의 실현이 시간적 계속성을 갖는 경우'를 말한다. 이에 반하여 「일시적 계약」(contrats in-stantanés)이라 함은 '일회적인 급부의 실현에 의하여 계약의 이행이 종료되는 경우'를 말한다(이러한 의미에서 일시적 계약을 「일회적 계약」이라고도 부른다). 일시적 계약(일회적 계약)에 의하여 발생하는 채권관계(이를 「일시적 채권관계」라고 한다)에서는 급부가 어떤 특정한 시점(이행기)에 행하여져야 하며, 그 이행으로써 채권관계는 소멸하는 데 반하여,[62] 계속적 계약에 의하여 발생하는 「계속적 채권관계」에서는 급부가 일정한 기간 동안 계속하여 행하여져야 하며, 채권관계는 이행에 의하여 소멸하는 것이 아니라 '기간의 경과'에 의하여 소멸하게 된다는 특징을 가진다.

어떤 계약이 「일시적 계약」(일회적 계약)인가 「계속적 계약」인가의 여부는 당해 계약의 효력으로 발생하는 채권관계가 계속적 채권관계로서의 특질을 가지고 있는지를 구체적으로

---

62) 일본의 학설 중에는 '1회의 이행으로 계약관계가 종료하는 계약'을 가리키는 법률용어로서 「단발적(單發的) 계약」이라는 용어를 사용하는 것이 타당하다는 견해도 있다(內田貴, 20 참조).

검토하여 결정하여야 하며, 일률적으로 어떤 계약이 계속적 계약에 속한다고 단정할 수는 없다. 예컨대, 소비대차·사용대차·임대차·고용·위임·임치·조합·종신정기금은 대체로 계속적 계약의 유형에 속한다고 할 수 있으나, 극히 단기간의 사용대차나 임대차 혹은 고용계약의 경우에는 이를 계속적 계약으로 다루어야 할 이유가 없으므로, 일시적 계약에 해당한다고 보아야 할 것이다.

(2) 계속적 계약관계의 특질

1) 급부의 시간적 계속성과 기간의 경과에 의한 계약의 소멸

일시적 계약(일회적 계약)에 의하여 발생하는 채권관계에서는 특정한 시점에 집중된 1회적 급부가 채권의 목적이며, 채무는 특정한 시점(이행기)에 일회적인 이행으로 소멸한다. 즉, 일시적 계약관계의 일반적인 종료원인은 급부의 이행이다. 이에 반하여, 계속적 계약에 의한 채권관계에서는 일정한 기간에 걸친 계속적인 급부가 채권의 목적이며, 채무는 계약관계가 존속하는 전 기간을 통하여 이행되어야 한다. 즉, 계속적 계약관계는 단순한 이행행위가 아니라 기간의 경과에 의하여 종료한다는 특징을 가진다.

2) 지분채권의 존재

계속적 계약에서는 정기적으로 발생하는 지분채권(支分債權)과 지분채권의 원천이 되는 기본채권이 함께 존재한다는 특징을 가진다. 예컨대, 임대차계약에서 임대인은 정기적으로 차임의 지급을 청구할 수 있는 차임채권을 가지게 되는데(618조), 이는 임대차계약의 효력으로서 임대인이 취득하는 기본채권으로서의 차임채권에서 파생되는 지분채권으로서의 차임채권이다.

3) 해지제도의 적용

민법은 쌍무계약에서 채무자가 그 귀책사유로 인하여 채무를 불이행하는 경우에는 채권자로 하여금 일방적으로 계약관계를 해소시킬 수 있는 권한을 부여하고 있는데, 이러한 제도를 계약의 「해지·해제」라고 한다(543조 이하). 학설상 논의는 있으나 통설·판례에 의하면, 계약의 「해제(解除)」(Rücktritt; résolution)라 함은 '채권자의 일방적 의사표시에 의하여 계약관계가 소급적으로 소멸하는 것'을 말하는데, 이는 일시적 계약의 경우에 한하여 인정된다(548조). 이에 반하여, 계속적 계약관계에서는 '채권자의 일방적 의사표시에 의하여 계약의 효력이 장래에 향하여 소멸하는 것'을 의미하는 「해지(解止)」만이 인정된다(550조).

4) 당사자 사이의 상호신뢰성의 요구

계속적 계약에서는 당사자 사이의 상호신뢰성이 일시적 계약에 비하여 강하게 요구되므로, ① 당사자에 관한 착오는 일반적으로 법률행위의 중요부분의 착오로 인정되어 계약을 취소할 수 있으며(109조), ② 임대차계약에서 임대인의 동의 없는 임차권의 양도·전대는 원칙적으로 금지된다(629조). 또한 ③ 위임계약에서 수임인이 사망하거나 파산 또는 금치산선고를 받은 경우에는 위임은 종료되는 것이 원칙이며(690조), ④ 조합계약에서 조합원의 사망·파산·금치산은 탈퇴의 원인이 된다(717조).

5) 계속적 계약에서의 사정변경의 원칙의 적용

장기간에 걸쳐서 계약관계가 지속되는 계속적 계약에 있어서는 「사정변경의 원칙」의 적용 여부가 문제되는 경우가 많다. 민법은 계약의 기초가 된 경제적 사정이 급격하게 변화하여 채무자로 하여금 본래의 채무를 그대로 이행케 하는 것이 부당하다고 인정되는 경우에 채무자가 사정변경을 이유로 하여 계약을 해제 또는 해지하거나 계약내용의 변경을 청구할 수 있도록 하는 규정들을 두고 있다(실정법상 사정변경의 원칙이 명문으로 인정된 전형적인 예로서는, 임대차계약에서 '임대물에 대한 공과부담의 증감 기타 경제사정의 변동으로 인하여 약정한 차임이 상당하지 아니하게 된 때'에 당사자에게 장래에 대한 차임의 증감청구권을 인정한 제628조의 규정이며, 그 밖에 증여자의 재산상태 변경을 이유로 증여계약의 해제를 인정하고 있는 제557조 등의 규정을 들 수 있다). 문제는 '이러한 명문규정이 없어도 채무자가 사정변경을 이유로 계약을 일방적으로 해소하거나 계약내용의 변경을 청구할 수 있다는 원칙인 이른바 「사정변경의 원칙」을 민법의 일반원칙으로 인정할 수 있는가?' 하는 것인데, 이에 대하여는 학설·판례가 대립하고 있다.[63] (☞ 제3절 「계약의 효력」)

6) 경제적 약자를 보호할 필요성

계속적 계약관계에서는 지속적으로 유지되는 법률관계 속에서 경제적 강자와 약자 간의 명령·복종의 지배관계가 형성될 가능성이 매우 높다. 예컨대, 임대차계약에서의 임대인과 임차인의 관계에 있어서는 임대인이 임차인을 지배하는 사실적 관계가 형성될 가능성이 매우 높다. 따라서 임차권을 강화하여 임차인을 보호할 필요가 있다. 특히 주택의 임대차에 관하여는 주택임대차법이 제정되어 임차인을 보호하고 있으나, 여전히 많은 문제가 남아있는 것이 그 좋은 예이다. 또한 고용계약에서는 고용주와 피용자 사이의 현격한 경제력의 차이로 인하여 지배·복종의 전근대적 인간관계가 형성될 위험성이 극도로 크다. 따라서 고용주와 피용자 사이의 실질적 평등을 확보하기 위한 법률적 배려가 요구되는데, 20세기에 들어와 노동법이 계약법과는 독립된 별개의 법 분야로서 비약적으로 발달하게 된 이유는 바로 여기에 있다.

7) 그 밖의 계속적 계약의 특수성

이 밖에 계속적 계약에서는 그 존속기간이 법률상 제한되는 경우가 많으며(임대차의 존속

63) 「사정변경의 원칙」에 관한 상세는 제3판 주석민법(1)/김욱곤, 255 이하; 拙稿, "「사정변경의 원칙」을 명문화한 민법개정시안 제544조의4에 관한 검토", 「민법개정안의견서」, 169 이하 참조.

기간을 제한하고 있는 제651조[64] 및 주택임대차법 제4조 등이 그 좋은 예이다), 보증금, 신원보증 등 채무의 이행을 확보하기 위한 담보제도의 필요성이 크며, 계약관계의 청산에서도 임차인의 부속물매수청구권(646조), 근로자의 퇴직금지급청구권(근로기준법 34조) 등의 특수한 문제가 발생한다.

64) 동조는 헌법재판소 2013.12.26.선고, 2011헌바234 결정에 의하여 위헌으로 결정되어 2016.1.6. 법률 제13710호에 의하여 삭제되었다.

제 2 절 계약의 성립

[3] Ⅰ. 서 설

계약이 유효하게 성립하기 위해서는 당사자 일방이 청약의 의사표시를 한 후 그 내용에 상응하는 상대방의 승낙의 의사표시가 행하여져야 함이 원칙이다. 그러나 계약은 시간적 선후관계를 이루고 있는 의사표시인 청약과 승낙에 의하여서만 성립할 수 있는 것은 아니다. 왜냐하면 당사자가 같은 내용의 청약을 행한 경우인 교차청약에 의해서도 계약은 성립하며(533조), 청약자의 의사표시 혹은 관습에 의하여 승낙의 통지를 필요로 하지 않는 경우에는 승낙의 의사표시로 인정되는 '사실'이 있는 때에도 계약은 성립하기 때문이다(이를 「의사실현에 의한 계약의 성립」이라고 한다)(532조). 그러나 청약과 승낙에 의하여 계약이 성립하는 경우는 물론이고, 교차청약에 의한 경우나 의사실현에 의하여 계약이 성립하는 경우까지도 계약은 모두 넓은 의미에서 당사자의 의사표시의 합치, 즉 합의에 의하여 성립하는 것이다.[1] 그런데 이러한 전통적 계약법이론과는 달리, 독일에서는 당사자 사이에 합의가 존재하지 않더라도 일정한 사실관계가 존재하는 경우에는 계약이 유효하게 성립한 것으로 다루자고 하는 이른바 「사실적 계약관계론」이 주장되고 있는바, 우리 민법하에서도 「사실적 계약관계론」의 수용 여부가 논의되고 있다.

---

1) 이러한 통설적인 설명에 대한 비판론으로서는 김기창, "청약의 구속력과 계약자유", 비교사법 12권 1호(한국비교사법학회, 2005/3), 87 이하 참조.

[4] Ⅱ. 계약의 성립요건과 사실적 계약관계론

1. 합 의

(1) 합의의 의의

「계약」이란 '2인 이상의 당사자의 서로 대립하는 의사표시의 합치, 즉 합의에 의하여 성립하는 법률행위'이므로, 계약이 성립하기 위해서는 반드시 당사자 사이의 합의가 있어야 한다. 다만, 독일민법학에서 논의되고 있는 「사실적 계약관계론」에 따르면, 당사자 사이에 합의가 없더라도 일정한 '사회정형적(社會定型的) 행위'에 의하여 계약이 성립하는 경우도 있을 수 있음은 후술하는 바와 같다. 여기서 계약의 성립요건으로서의 「합의」(Konsens; consentement)라 함은 '서로 대립하는 2개 이상의 의사표시가 합치하는 것'을 의미한다는 점과, 합의의 성립 여부는 당사자의 의사표시 해석의 문제라고 하는 데는 이설이 없다. 그러나 '구체적으로 어떤 경우에 당사자의 의사표시가 합치하여 계약이 성립되었다고 볼 것인가?' 하는 것은 반드시 명확하지 않은 경우가 많다. (☞ 민법총칙 편, 제6장 제5절 「법률행위의 해석」)

(2) 합의의 성립요건

'합의가 성립하였다고 하려면, 의사표시 해석의 결과 당사자 쌍방의 의사표시가 그 내용에서 객관적으로 합치하여야 할 뿐만 아니라(객관적 합치), 당사자가 서로 상대방의 의사표시와 합치하여 일정한 법률효과를 발생시키기 위하여 의사표시를 한다는 의미에서의 합치할 것(주관적 합치)도 필요하다'는 것이 통설적 견해이다.[2)]

1) 의사표시의 객관적 합치

합의가 성립되기 위해서는 우선 양 당사자의 의사표시가 객관적으로 합치하여야 한다. 여기서 「의사표시가 객관적으로 합치한다」고 함은 '의사표시의 내용이 객관적으로 일치하는 것'을 의미하는데(대법원 1998.8.21.선고, 98다17602 판결 등),[3)] 「의사표시의 내용이 객관적으로 일치한다」고 함은 '표시행위로서의 문자나 언어가 형식적으로 완전히 일치함을 의미하는 것이 아니라, 표시행위로부터 추단되는 효과의사의 내용(표시행위의 사회적 의미)이 객관적으로 일치하는 규범적 합의'를 의미한다.[4)] 만일 객관적으로 합치된 의사표시의 의미·내용에 대하여

---

2) 「로스쿨강의교재(계약법)」/최흥섭, 37; 곽윤직, 33~34; 김상용, 44; 김주수, 60; 김증한/김학동, 25; 장재현, 69 참조.

3) 같은 취지: 대법원 1994.8.26.선고, 93다28836 판결; 대법원 1994.9.13.선고, 94다17093 판결; 대법원 1998.1.20.선고, 97다43499 판결; 대법원 2000.3.10.선고, 99다70884 판결; 대법원 2002.1.25.선고, 2001다63575 판결; 대법원 2004.9.13.선고, 2003다57208 판결; 대법원 2007.11.29.선고, 2006다2490·2506 판결; 대법원 2010.1.28.선고, 2009다73011 판결; 대법원 2010.2.25.선고, 2007다85980 판결; 대법원 2011.4.28.선고, 2010다98412·98429 판결.

4) 同旨: 김형배, 93 참조.

당사자가 그 의미를 달리 이해하여 내심의 의사와 표시행위가 일치하지 않는 경우에는 착오에 의한 계약의 취소 여부가 문제될 수는 있으나(109조), 계약은 일단 유효하게 성립한다.

'의사표시가 객관적으로 합치되었다'고 할 수 있기 위해서는, 청약에서 제시된 사항이 상대방(승낙자)에 의하여 무조건적으로 수락될 것과, 계약의 본질적 요소에 관하여 양 당사자의 의사표시가 일치되어야 한다는 두 가지 요건이 충족되어야 한다.

(가) 청약에서 제시된 사항에 대한 무조건적 수락

'의사표시가 객관적으로 합치되었다'고 할 수 있기 위해서는 청약에서 제시된 사항이 승낙에 의하여 무조건적으로 수락되어야 한다(대법원 2003.4.11.선고, 2001다53059 판결 등).[5] 만약 그대로 받아들여지지 않으면 의사표시의 내용이 객관적으로 합치되었다고 할 수 없다. 예컨대, 甲이 乙에게 "내 컴퓨터를 50만원에 사라"고 청약하였는데, 乙이 아무런 단서 없이 "좋다"고 하면, 양 당사자의 의사표시는 객관적으로 합치되었다고 할 수 있다. 그러나 乙이 "좋다. 그러나 대금은 신용카드로 결제하겠다"고 단서 내지 조건을 붙여서 청약을 수락하였다면, 양 당사자의 의사표시는 객관적으로 합치되었다고 할 수 없다.

'합의에 의하여 기존의 계약의 효력을 소멸시켜 당초부터 계약이 체결되지 않았던 것과 같은 상태로 복귀시킬 것을 내용으로 하는 새로운 계약'인 「계약의 합의해제」가 성립하기 위해서는 계약의 효력을 소급적으로 소멸시키기로 하는 내용의 청약과 승낙이라는 서로 대립하는 의사표시가 합치될 것을 요하며, 이러한 합의가 성립하기 위해서는 당사자 쌍방의 표시행위에 나타난 의사의 내용이 서로 객관적으로 일치하여야 한다(대법원 1992.6.23.선고, 92다4130·92다4147 판결 등).[6] 그러므로 '당사자의 일방이 계약의 합의해제에 따른 원상회복 및 손해배상의 범위에 관한 조건을 제시한 경우, 그 조건에 관한 합의까지 이루어져야 합의해제가 성립된다'고 할 것이다(대법원 1996.2.27.선고, 95다43044 판결 등).[7] 만약 매도인이 매수인에게 매매계약의 합의해제를 청약하였는데, 매수인이 그 청약에 대하여 조건을 붙이거나 변경을 가하여 승낙한 때에는 그 청약의 거절과 동시에 새로 청약한 것으로 보아야 할 것이고(534조), 그로 인하여 종전의 매도인의 청약은 실효되기 때문이다(대법원 2002.4.12.선고, 2000다17834 판결 등).[8]

---

5) 판례평석: 이병준, "법률행위와 계약의 성립조건", 「로스쿨민법총칙」(청림출판, 2006/2), 242 이하. 같은 취지: 대법원 2012.4.26.선고, 2010다10689·10696 판결.

6) 판례평석: 김용덕, "임대차계약 합의해제의 요건", 민사판례연구(15)(민사판례연구회, 1993/5), 133 이하; 김경종, "임대차계약의 합의해제의 성립요건", 대법원판례해설 18호(법원행정처, 1993/6), 75 이하. 같은 취지: 대법원 1994.8.26.선고, 93다28836 판결; 대법원 2007.11.29.선고, 2006다2490·2506 판결; 대법원 2009.2.12.선고, 2008다71926 판결; 대법원 2011.2.10.선고, 2010다77385 판결.

7) 같은 취지: 대법원 2007.11.30.선고, 2005다21647·21654 판결.

8) 같은 취지: 대법원 2009.2.12.선고, 2008다71926 판결.

(나) 묵시적 승낙에 의한 합의

계약의 청약에 대한 승낙의 의사표시의 방법에 대해서는 특별한 규정이 없으므로, 묵시적 의사표시에 의한 승낙도 가능하다고 할 것이다. 문제는 '구체적으로 어떠한 경우에 묵시적 승낙이 있다고 볼 것인가?' 하는 것이다.

실제사례에서 「묵시적 승낙」은 계약의 합의해제(해제계약)와 관련하여 문제된 경우가 많은데, 판례는 '계약의 합의해제는 묵시적으로 이루어질 수도 있으나, 계약이 묵시적으로 합의해제되었다고 하려면 계약의 성립 후에 당사자 쌍방의 계약실현의사의 결여 또는 포기로 인하여 당사자 쌍방의 계약을 실현하지 아니할 의사의 합치가 있어야 하므로(대법원 1998.8.21.선고, 98다17602 판결 등),[9] 묵시적 합의해제가 인정되기 위해서는 계약이 체결되어 그 일부가 이행된 상태에서 당사자 쌍방이 장기간에 걸쳐 나머지 의무를 이행하지 아니함으로써 이를 방치한 것만으로는 부족하고, 당사자 쌍방에게 계약을 실현할 의사가 없거나 계약을 포기할 의사가 있다고 볼 수 있을 정도에 이르러야 하며, 이 경우에 당사자 쌍방이 계약을 실현할 의사가 없거나 포기할 의사가 있었는지 여부는 계약이 체결된 후의 여러 가지 사정을 종합적으로 고려하여 판단하여야 한다'는 입장을 취하고 있다(대법원 2011.2.10.선고, 2010다77385 판결 등).[10]

이러한 관점에서, 대법원은 ① 임대차계약에서 이미 지급된 임차보증금의 반환에 관하여는 아무런 약정도 하지 아니한 채 임대차계약의 합의해제만을 하였다는 것은 경험칙에 비추어 이례에 속하는 일이라는 이유로 임대차계약의 합의해제의 성립을 부정한 바 있으며(대법원 1992.6.23.선고, 92다4130·4147 판결), ② '매매계약에서 이미 지급된 계약금, 중도금의 반환 및 손해배상금에 관하여 아무런 약정도 하지 아니한 채 매매계약의 합의해제만을 한다는 것도 경험칙에 비추어 이례에 속하는 일이므로 인정할 수 없다'고 한 바 있다(대법원 1994.9.13.선고, 94다17093 판결 등).[11] 또한 ③ '골프장회사가 회원권 양수인의 회원자격을 부인하고 입회 거부의 의사표시를 하면서 그로부터 지급받은 명의개서료를 반환하였다고 하여 이를 입회계약의 합의해지의 청약으로 볼 수는 없다'고 판시한 바 있다(대법원 2000.3.10.선고, 99다70884 판결). ④ '甲이 乙로부터 토지와 건물의 소유권을 이전받는 대가로 토지에 설정된 근저당권의 피담보채무

9) 같은 취지: 대법원 1992.6.23.선고, 92다4130·4147 판결; 대법원 1994.8.26.선고, 93다28836 판결; 대법원 1994.9.13.선고, 94다17093 판결; 대법원 1995.8.25.선고, 94므1515 판결; 대법원 1996.2.27.선고, 95다43044 판결; 대법원 1998.1.20.선고, 97다43499 판결; 대법원 2000.3.10.선고, 99다70884 판결; 대법원 2002.1.25.선고, 2001다63575 판결; 대법원 2004.9.13.선고, 2003다57208 판결; 대법원 2010.2.25.선고, 2007다85980 판결.

10) 같은 취지: 대법원 1987.1.20.선고, 85다카2197 판결; 대법원 1988.10.11.선고, 87다카2503 판결; 대법원 1994.8.26.선고, 93다28836 판결; 대법원 1995.8.25.선고, 94므1515 판결; 대법원 1998.1.20.선고, 97다43499 판결; 대법원 2000.3.10.선고, 99다70884 판결; 대법원 2007.5.11.선고, 2005후1202 판결; 대법원 2010.2.25.선고, 2007다85980 판결.

11) 같은 취지: 대법원 2007.11.29.선고, 2006다2490·2506 판결.

등을 인수하기로 약정을 하였으나, 소유자 乙이 위 토지에 관하여 丙 명의로 소유권이전등기 청구권가등기를 경료한 채 甲에게로의 소유권이전등기를 지체하자 甲이 위 토지에 관한 가압류를 신청하였다면, 甲과 乙 사이에 약정을 해제하기로 하는 합의가 성립하였다거나 甲에게 계약을 실현할 의사가 없거나 계약을 포기할 의사가 있다고 볼 수 없고, 또한 가압류신청 전후의 여러 사정을 감안하면 가압류신청서를 제출한 사실만으로 甲의 이행거절의사가 명백하고 종국적으로 표시되었다고 단정하기도 어려우므로, 위 약정이 합의해제되었다거나 甲의 이행거절로 해제되었다고 볼 수 없다'고 한다(대법원 2011.2.10.선고, 2010다77385 판결). ⑤ '甲이 乙에게 서로 인접하여 함께 운영하던 학교 중 하나를 분리하여 교지(校地), 교사(校舍) 등을 증여하면서 그 학교의 교육상 필요한 변전소 등 시설물을 부지 한쪽으로 이전 설치한 후 해당 부지에 대한 소유권을 분할·이전등기해 주기로 약정하였으나, 그 합의의 해석을 둘러싸고 당사자 사이에 의견이 대립되던 중 변전소 등의 이전 장소를 구체적으로 협의하기까지 하였으나 변전소의 안전거리의 확정과 시설물의 이전장소의 지정 등의 점에서 의견이 대립되어 실행에 이르지 못하였고, 그 이후에는 당사자 쌍방이 위 합의 내용을 넘어 서로 계쟁부지에 대한 권리를 주장하여 오다가 결국 소송을 제기하게 되었고, 그 소송 과정에서도 甲은 위 합의가 여전히 유효함을 주장하였다면, 甲·乙 사이에서 위 합의의 효력을 소멸시키기로 의사가 합치되었다고 볼 수 없다'고 한다(대법원 1998.8.21.선고, 98다17602 판결).

(다) 계약의 본질적 요소에 대한 합의

합의가 성립하기 위해서는 양 당사자의 의사표시가 계약의 본질적 요소에 관하여 일치하여야 한다. 여기서 계약의 「본질적 요소」(essentialia negotii)라 함은, 예컨대 '매매계약에서의 목적물과 매매대금과 같이, 그 성질상 계약의 성립을 위한 필수적 요소'를 말한다. 따라서 본질적 요소에 관하여 합의가 없는 경우에는 계약은 성립하지 않는다(대법원 1997.1.24.선고, 96다26176 판결 등).[12] 다만, 계약의 본질적 요소에 관하여 당사자의 합의가 없더라도 거래의 관습이나 임의규정 등에 의하여 보충될 수 있고, 당사자가 이에 동의하거나 동의한 것으로 다루어질 수 있는 경우에는, 계약은 유효하게 성립한다고 해석하여야 할 것이다.[13] 이러한 법리를 명문으로 규정한 경우도 있다. 예컨대, 민법은 고용계약의 본질적 요소라고 할 수 있는 보수의 약정이 없더라도 고용계약이 유효하게 성립할 수 있음을 전제로, '보수 또는 보수액의 약정이 없는 때에는 관습에 의하여 지급하여야 한다'고 규정하고 있다(656조 1항).

판례도 '계약의 내용을 이루는 모든 사항에 관하여 의사의 합치가 있어야 하는 것은 아니지만, 계약의 본질적 요소라고 할 수 있는 중요한 사항에 관하여는 구체적으로 의사의 합

12) 판례평석: 이병준, "법률행위의 성립요건으로서의 급부목적물의 특정" 「로스쿨민법총칙」(청림출판, 2006/1), 248 이하.
13) 同旨: 송덕수, "합의와 불합의", 경찰대논문집 7집(경찰대학, 1988), 191 참조.

치가 있거나 적어도 장래 구체적으로 특정할 수 있는 기준과 방법 등에 관한 합의는 있어야 한다'는 입장을 취하고 있다(대법원 2001.3.23.선고, 2000다51650 판결 등).[14] 특히 매매계약에 있어서 ① '계약체결 당시 목적물의 가격이 확정되지 않았다 하더라도 그 확정방법과 기준이 정해진 경우(대법원 2009.3.16.선고, 2008다1842 판결 등),[15] 부동산매매에 관한 가계약서 작성 당시 목적물과 매매대금 등이 특정되고 중도금 지급방법에 관한 합의가 있는 경우에는 계약은 유효하게 성립한다'고 한다(대법원 2006.11.24.선고, 2005다39594 판결). 다만, '이 경우에 그 약정된 기준에 따른 대금액의 산정에 관하여 당사자 간에 다툼이 있는 경우에는 법원이 이를 정할 수밖에 없다'고 한다(대법원 2002.7.12.선고, 2001다7940 판결 등).[16] 그러나 ② 국가 또는 공공단체가 사경제의 주체로서 사인과 계약을 체결하는 경우에는 지방재정법 등 예산회계법령에 규정된 요건과 절차를 이행하여야 하며, 지방자치단체와 사인과 사이에 사법상의 계약 또는 예약이 체결되었다 하더라도 위 법령상의 요건과 절차를 거치지 아니한 계약 또는 예약은 무효라고 한다(대법원 1993.6.8.선고, 92다49447 판결 등).[17]

(라) 계약의 부수적 사항에 관한 합의

당사자 사이에 계약의 본질적 요소에 관한 합의만 있으면 그 이외의 부수적 사항에 관한 합의가 없더라도 계약은 유효하게 성립한다. 이 경우 이행의 장소·방법·시기 등 계약의 부수적 사항은 거래의 관습이나 임의규정의 보충에 의하여 규율된다(106조). 그러나 '계약의 부수적 사항이지만 당사자 일방이 특히 그 사항의 준수를 요구한 경우인 이른바 「유보된 부수적 사항」에 관한 합의가 없는 경우에도 계약이 성립한다고 할 것인가?' 하는 문제에 대해서는 입법례가 일치하지 않는다. 예컨대, 독일민법은 당사자 사이에 「유보된 부수적 사항」에 관한 합의가 없는 경우에 계약의 성립을 부정하고 있으나(BGB §154 I),[18] 스위스채무법은 유보된 부수적 사항에 관한 합의가 없더라도 계약은 원칙적으로 성립하는 것으로 추정하고 있다(OR Art. 2).[19] 이 문제에 관하여 명문규정이 없는 우리 민법하에서는 해석론이 갈릴 수 있으

14) 판례평석: 연기영, "계약의 성립을 위한 의사합치의 정도", 「로스쿨계약법」(청림출판, 2006/3), 187 이하. 같은 취지: 대법원 1993.6.8.선고, 92다49447 판결; 대법원 1997.1.24.선고, 96다26176 판결; 대법원 2002.7.12.선고, 2001다7940 판결; 대법원 2006.11.24.선고, 2005다39594 판결.

15) 같은 취지: 대법원 1996.4.26.선고, 94다34432 판결.

16) 같은 취지: 대법원 1993.6.8.선고, 92다49447 판결; 대법원 1997.1.24.선고, 96다26176 판결; 대법원 2009.3.16.선고, 2008다1842 판결.

17) 같은 취지: 대법원 1989.4.25.선고, 86다카2329 판결; 대법원 1993.11.9.선고, 93다18990 판결; 대법원 2004.1.27.선고, 2003다14812 판결; 대법원 2005.5.27.선고, 2004다30811·30828 판결; 대법원 2009.12.24.선고, 2009다51288 판결; 대법원 2010.11.11.선고, 2010다59646 판결.

18) 독일민법 제154조(공연한 합의의 하자; 증서의 흠결) (1) 당사자의 일방의 의사표시에 의하여 합의가 이루어져야 하는 것으로 표시된 경우에도 계약의 모든 점에 관하여 당사자가 합의에 이르지 않는 한 의심스러운 때에는 계약은 성립하지 않는다. 개별적 사항에 관한 합의는 비록 그것이 기록되었다 할지라도 역시 구속력이 없다. (2) 의도한 계약에 대한 증서의 작성이 약속된 경우에는, 의심스러운 때에는 증서가 작성될 때까지 계약은 성립하지 않는다.

나, '유보된 부수적 사항에 관하여 당사자의 합의가 없는 경우에는 계약은 불성립한다'고 해석하는 것이 타당하다고 생각된다.[20] 판례의 입장도 같다(대법원 2001.3.23.선고, 2000다51650 판결 등).[21]

2) 의사표시의 주관적 합치

(가) 의 의

통설에 따르면, 합의가 성립하기 위해서는 의사표시의 객관적 합치뿐만 아니라 의사표시의 주관적 합치가 필요하며, 여기서 「의사표시의 주관적 합치」라 함은 '의사표시가 상대방의 의사표시와 결합하여 계약을 성립시키려고 하는 것'을 말하며, 이는 '당사자의 의사표시가 서로 상대방에 대한 것이어서 상대방이 누구이냐에 관하여 잘못이 없는 것을 의미한다'고 한다.[22] 예컨대, 甲이 乙에게 '네 소유의 가옥을 당신에게 5,000만원에 매도하겠다'고 청약하였는데 제3자 丙이 甲에게 '내가 그 가옥을 5,000만원에 매수하겠다'고 한 경우, 甲의 의사표시와 丙의 의사표시는 객관적으로는 서로 합치하고 있으나 주관적 합치가 없으므로 계약은 성립하지 않으며, 丙의 매수 제의는 새로운 청약으로서의 의미를 가질 뿐이라는 것이다.

(나) 차명거래에서의 당사자의 확정

'타인의 이름을 빌려 계약을 체결하는 이른바 「차명거래(借名去來)」에 있어서 당사자는 누구라고 보아야 할 것인가?' 하는 것이 문제되는데, 이는 차명거래에 의한 계약의 유효한 성립을 전제로 하는 것이므로 「의사표시의 주관적 합치」의 문제라고 볼 수는 없으나, 편의상 여기서 이에 대하여 검토하기로 한다.

차명거래에 있어서는 의사표시의 객관적 합치 여부는 문제되지 않으나, 의사표시의 형식적 주체(계약명의자, 명의대여자)와 실질적 주체(출연자, 명의차용자)가 다르기 때문에, '합의에 의하여 성립한 계약의 효력이 과연 누구에게 귀속되어야 하는가?' 하는 문제가 발생한다. 즉, 「차명거래에 있어서의 당사자 확정」은 '합의에 의하여 성립한 계약의 효력이 귀속하는 자를 차명거래의 형식적 주체(계약명의자, 명의대여자)로 볼 것인가, 아니면 실질적 주체(출연자, 명의차용자)로 볼 것인가'의 문제이다. 이는 '은행 등 금융기관과 예금계약을 체결하면서 타인의 명의를 차용 또는 도용한 「차명예금계약」에서의 예금주(預金主)를 누구로 보아야 할 것인가?'와, '부동산거래에서 제3자를 내세워 제3자의 명의로 부동산을 매수하는 이른바 계약명의신탁에 있어서의 계약당사자를 누구로 보아야 할 것인가?'라는 두 가지 문제가 있다.

---

19) 스위스채무법 제2조(부수적 사항에 관한 의사표시의 합치) (1) 당사자가 모든 본질적 사항에 관하여 합의한 경우에는 부수적인 사항의 유보는 계약의 구속력에 장애가 되지 않는다고 추정된다. (2) 유보된 부수적 사항에 관하여 합의가 없는 경우에는 법관은 이에 관하여 법률행위의 성질에 따라서 판단하여야 한다.

20) 同旨: 송덕수, 전게논문(주 13), 193~194; 민법주해(12)/지원림, 188; 곽윤직, 39 참조.

21) 같은 취지: 대법원 2003.4.11.선고, 2001다53059 판결.

22) 곽윤직, 34; 김상용, 44; 김주수, 60; 김증한/김학동, 25 참조.

우선 전자에 관하여서는 「금융실명거래 및 비밀보장에 관한 법률」(1997.12.31. 법률 제5493호로 제정: 이하 「금융실명법」으로 약칭)이 차명예금계약을 금지하고(동법 3조),[23] 그 위반행위에 대하여 과태료를 부과하는 등(동법 7조),[24] 이른바 「금융실명제(金融實名制)」가 실시되고 있는데, 금융실명법이 그 위반행위의 효력에 대하여 이를 무효로 하는 명문규정을 두고 있지 않으므로 견해가 대립하고 있으나, 판례는 이를 단속규정으로 보아 차명예금계약의 효력은 유효한 것으로 보고 있다(대법원 2001.12.28.선고, 2001다17565 판결 등). 한편 후자에 관하여는 「부동산 실권리자명의 등기에 관한 법률」(1995.3.30. 법률 제4944호로 제정: 이하 「부동산실명법」으로 약칭)이 명의신탁약정의 효력을 무효로 규정하고, 명의신탁약정에 따라 행하여진 등기에 의한 부동산물권변동의 효력도 무효로 규정하고 있으나(동법 4조 1항, 2항 본문).[25] 계약명의신탁의 경우에는 부동산거래의 안전을 위하여 매도인이 명의신탁약정이 있다는 사실을 알지 못한 경우에는 명의신탁약정에 기한 물권변동의 효력을 유효로 규정함으로써(동법 4조 2항 단서), '명의신탁약정이 있었음을 모르는 매도인과의 관계에서는 명의수탁자가 완전한 매수인으로서의 권리와 의무를 부담하는 당사자가 된다'고 해석하는 것이 통설[26]·판례의 입장이다(대법원 1993.4.23.선고, 92다909 판결 등). 부동산거래에 있어서의 계약명의신탁의 문제는 민법총칙과 물권법 편에서 이미 상세히 다룬 바 있으므로, 여기서는 차명예금계약에서의 당사자의 확정의 문제만을 다루기로 한다. (☞ 민법총칙 편, 제6장 제8절 「통정허위표시」; 물권법 편, 제2장 제3절 「부동산물권의 변동」)

---

23) 금융실명법 제3조(금융실명거래) ① 금융회사등은 거래자의 실지명의(이하 "실명"이라 한다)로 금융거래를 하여야 한다. ② 금융회사등은 제1항에도 불구하고 다음 각 호의 어느 하나에 해당하는 경우에는 실명을 확인하지 아니할 수 있다. 1. 실명이 확인된 계좌에 의한 계속거래, 공과금 수납 및 100만원 이하의 송금 등의 거래로서 대통령령으로 정하는 거래 2. 외국통화의 매입, 외국통화로 표시된 예금의 수입 또는 외국통화로 표시된 채권의 매도 등의 거래로서 대통령령으로 정하는 기간 동안의 거래 3. 다음 각 목의 어느 하나에 해당하는 채권(이하 "특정채권"이라 한다)으로서 법률 제5493호 「금융실명법」 시행일(1997년 12월 31일) 이후 1998년 12월 31일 사이에 재정경제부장관이 정하는 발행기간·이자율 및 만기 등의 발행조건으로 발행된 채권의 거래 가. 고용 안정과 근로자의 직업능력 향상 및 생활 안정 등을 위하여 발행되는 대통령령으로 정하는 채권 나. 「외국환거래법」 제13조에 따른 외국환평형기금 채권으로서 외국통화로 표시된 채권 다. 중소기업의 구조조정 지원 등을 위하여 발행되는 대통령령으로 정하는 채권 라. 「자본시장과 금융투자업에 관한 법률」 제329조에 따라 증권금융회사가 발행한 사채 마. 그 밖에 국민생활 안정과 국민경제의 건전한 발전을 위하여 발행되는 대통령령으로 정하는 채권 ③ 실명거래의 확인 방법 및 절차와 그 밖에 필요한 사항은 총리령으로 정한다.

24) 금융실명법 제7조(과태료) ① 제3조·제4조의2 제1항 및 제5항(제4조의2 제1항을 적용하는 경우로 한정한다)·제4조의3을 위반한 금융회사등의 임원 또는 직원에게는 500만원 이하의 과태료를 부과한다. ② 제1항에 따른 과태료는 대통령령으로 정하는 바에 따라 금융위원회가 부과·징수한다.

25) 부동산실명법 제4조(명의신탁약정의 효력) ① 명의신탁약정은 무효로 한다. ② 명의신탁약정에 따른 등기로 이루어진 부동산에 관한 물권변동은 무효로 한다. 다만, 부동산에 관한 물권을 취득하기 위한 계약에서 명의수탁자가 어느 한쪽 당사자가 되고 상대방 당사자는 명의신탁약정이 있다는 사실을 알지 못한 경우에는 그러하지 아니하다. ③ 제1항 및 제2항의 무효는 제3자에게 대항하지 못한다.

26) 박동진, "부동산실명법 제4조에 의한 부동산명의신탁의 효력", 저스티스 32권 3호(한국법학원, 1999/9), 79; 양창수, "부동산실명법 제4조에 의한 명의신탁의 효력", 서울대법학 38권 1호(서울대법학연구소, 1997), 377 이하 참조.

(A) 판례의 입장

a) 금융실명제 실시 이전 이른바 금융실명제가 실시되기 이전의 판례는 '계약자유의 원칙상 차명거래는 자유로우며, 실질적 예금주와 차명예금주 사이의 차명거래약정과 이에 기한 금융기관과 실질적 예금주 사이의 차명예금계약도 완전히 유효하다'는 것을 전제로 하여, '차명예금계약에 있어서는 금융기관이 누구를 예금주라고 믿었는가에 관계없이 예금을 실질적으로 지배하고 있는 자를 예금주로 보아야 한다'는 입장을 확립하고 있었다(대법원 1995.8.22. 선고, 94다59042 판결 등).[27]

〈참고〉 금융실명제

1993.8.12. 대통령긴급명령 제16호(금융실명거래 및 비밀보장에 관한 긴급재정경제명령: 이하 「대통령긴급명령」으로 약칭)에 의하여 이른바 「금융실명제」가 실시되었다. 동 긴급명령의 골자는 대부분의 금융기관에 대하여, ① 거래자의 실명에 의하여서만 금융거래를 할 의무를 부과하고, ② 동 긴급명령이 시행되기 전에 금융거래계좌가 개설된 기존의 금융자산의 명의인에 대하여는 동 긴급명령 시행 후 최초의 금융거래시에 그 명의가 실명인지의 여부를 확인할 의무를 부과함과 동시에, ③ 실명확인을 하지 아니하였거나 실명이 아닌 것으로 확인된 기존금융자산의 지급·상환·환급·환매 등을 원칙적으로 금지하는 것이었다(동 긴급명령 3조). 그리고 동 긴급명령 제3조의 규정을 위반한 금융기관의 임원 및 직원에 대하여는 500만원 이하의 과태료가 부과되었다(동 긴급명령 13조).

대통령긴급명령 제16호에 의거하여 실시되고 있었던 금융실명제는 1997년 말에 발생한 외환위기로 인하여 중대한 전환점을 맞이하게 되는데, 대통령긴급명령 제16호는 1997.12.31. 법률 제5493호로 제정된 「금융실명법」에 의하여 폐지되고, 동법에 의한 새로운 내용의 금융실명제로 대체되어 오늘에 이르고 있다. 금융실명법은 금융기관이 실명확인을 하지 않아도 되는 경우가 대통령긴급명령보다 광범위하게 인정되고 있다는 점 이외에는 금융실명제에 관한 한 대통령긴급명령과 내용상 큰 차이가 없다(동법 3조 2항).

b) 금융실명제 실시 이후 금융실명제가 실시되자 판례는 차명예금(비실명예금)의 예금주에 관한 종래의 입장을 바꾸어, '금융기관이 예금명의자의 주민등록증을 통하여 실명확인을 하고 그 명의의 예탁금계좌를 개설한 경우에는, 그 예탁금의 예금주는 예금명의자로 보아야 하며(대법원 1998.1.23.선고, 97다35658 판결 등),[28] 예금명의자가 아니고 예금통장도 소지하지 않은 예금행위자에 불과한 자는 극히 예외적인 특별한 사정이 인정되지 않는 한 예금채권의 준점유자로도 인정할 수 없다'는 입장을 취하기 시작하였다(대법원 1996.4.23.선고, 95다55986 판결 등).[29] 다만, 금융실명제 실시 이후에도 판례는 한동안 '출연자와 금융기관 사이에 예금명의

27) 판례평석: 이창구, "예금주의 인정에 관하여", 대법원판례해설 8호(법원행정처, 1988/12), 85 이하. 같은 취지: 대법원 1988.12.27.선고, 88누10060 판결; 대법원 1992.6.23.선고, 91다14987 판결; 대법원 1995.8.22.선고, 94다59042 판결; 대법원 1996.6.14.선고, 94다57084 판결.

28) 같은 취지: 대법원 1998.11.13.선고, 97다53359 판결; 대법원 2007.6.14.선고, 2004다45530 판결 참조.

29) 판례평석: 정재규, "금융실명제하에서의 예금채권의 준점유자에 대한 변제의 인정 여부", 재판실무연구(광주지방법원, 1997/1), 204 이하. 같은 취지: 대법원 1998.1.23.선고, 97다35658 판결; 대법원 2000.3.10.선고, 99다67031 판결; 대법원 2002.6.14.선고, 2000다38992 판결; 대법원 2004.11.11.선고, 2004다37737 판결; 대법원 2005.6.24.선고, 2005다17877 판결; 대법원 2006.2.9.선고, 2005다63634 판결.

인이 아닌 출연자에게 예금반환채권을 귀속시키기로 하는 명시적 또는 묵시적 약정이 있는 특별한 사정이 있는 경우에는 출연자를 예금주로 보아야 한다'는 예외를 인정하였으며(대법원 1998.11.13.선고, 97다53359 판결 등),[30] '예금계약의 출연자와 예금명의자가 서로 다르고 양자 모두 예금채권에 관한 권리를 적극 주장하고 있는 경우로서 금융기관이 그 예금의 지급시는 물론 예금계약 성립시의 사정까지 모두 고려하여 선량한 관리자로서의 주의의무를 다하여도 어느 쪽이 진정한 예금주인지에 관하여 사실상 혹은 법률상 의문이 제기될 여지가 충분히 있다고 인정되는 때에는, 채무자인 금융기관으로서는 민법 제487조 후단의 「채권자 불확지(不確知)」를 원인으로 하여 변제공탁을 할 수 있다'는 입장을 취하였다(대법원 2004.11.11.선고, 2004다37737 판결). 한편 판례는 '금융실명법이 비실명거래행위를 금지하고, 비실명거래자에게 실명전환의무를 부과하며, 이를 위반하는 경우 금융기관의 임원 또는 직원에 대하여 과태료 부과처분을 하고, 실명전환의무위반자에게 과징금 부과처분을 하도록 규정하고 있다고 하더라도 비실명금융거래계약의 사법상 효력에는 영향이 없다'고 판시함으로써, '금융실명법의 규정은 강행규정이 아닌 단속규정에 불과한 것'으로 보고 있었다(대법원 2001.12.28.선고, 2001다17565 판결 등).

c) 대법원 2009.3.19.선고, 2008다45828 전원합의체판결 이후 대법원은 2009.3.19.선고, 2008다45828 전원합의체판결에 의하여 '본인인 예금명의자의 의사에 따라 예금명의자의 실명확인 절차가 이루어지고 예금명의자를 예금주로 하여 예금계약서를 작성하였음에도 불구하고, 예금명의자가 아닌 출연자 등을 예금계약의 당사자라고 볼 수 있으려면, 금융기관과 출연자 등과 사이에서 실명확인 절차를 거쳐 서면으로 이루어진 예금명의자와의 예금계약을 부정하여 예금명의자의 예금반환청구권을 배제하고 출연자 등과 예금계약을 체결하여 출연자 등에게 예금반환청구권을 귀속시키겠다는 명확한 의사의 합치가 있는 극히 예외적인 경우로 제한되어야 한다'고 판시하면서 이에 배치되는 범위에서 종전의 판례들을 폐기하였다(대법원 2009.3.19.선고, 2008다45828 전원합의체판결 등). 이는 출연자와 금융기관 사이에 예금명의자의 예금반환청구권을 배제하고 출연자 등과 예금계약을 체결하여 출연자 등에게 예금반환청구권을 귀속시키겠다는 명확한 의사의 합치가 있는 경우에는 출연자를 예금주로 하는 금융거래계약이 성립된 것으로 볼 수 있는 여지를 남긴 것이어서 종래의 판례의 입장을 전면적으로 전환한 것이라고 볼 수는 없으나, 실질적인 예금주인 출연자를 예금계약의 당사자에서 사실상 배제하는 효과를 가져와 금융실명제를 한층 강화하는 결과를 가져왔다고 평가할 수 있을 것

30) 판례평석: 김유진, "금융실명제하에서의 예금주의 인정", 민사판례연구(22)(민사판례연구회, 2000/2), 215 이하; 윤진수, "금융실명제 실시 후에 예금의 출연자를 예금주로 본 사례", 상사판례연구 4집(박영사, 2000/4), 99 이하. 같은 취지: 대법원 2000.3.10.선고, 99다67031 판결(판례변경); 대법원 2001.12.28.선고, 2001다17565 판결; 대법원 2002.2.26.선고, 99다68096 판결; 대법원 2005.6.24.선고, 2005다17877 판결; 대법원 2006.2.9.선고, 2005다63634 판결.

이다.[31)]

(B) **판례의 당부**(當否) 판례에 따르면, 금융실명제는 차명거래의 사법상의 효력에는 영향을 미치지 아니하는 행정법상의 단속법규에 불과한 것으로서, '출연자와 금융기관 사이에 예금명의자의 예금반환청구권을 배제하고 출연자 등과 예금계약을 체결하여 출연자 등에게 예금반환청구권을 귀속시키겠다는 명확한 의사의 합치가 있는 경우에는 출연자를 예금주로 하는 금융거래계약이 성립된 것으로 볼 수 있다'는 결론이 되므로, '금융실명제는 판례법리에 의하여 사실상 유명무실한 제도로 전락하게 되었다'는 비판[32)]도 가능하다 할 것이다. 그러나 명의신탁의 약정을 무효로 규정한 부동산실명법과는 달리, 금융기관에 공법상의 실명거래의무를 부과하고 그 위반행위에 대하여 과태료를 부과하는 데 그치고 있는(금융실명법 3조 1항, 7조) 금융실명법의 해석상 차명예금계약의 효력을 무효로 해석할 수 있는지는 의문이며, 입법론으로서도 차명예금계약의 사법상의 효력까지 부인하는 것이 반드시 바람직한 것인지는 의문이다.

3) 계약의 성립요건에 대한 증명책임

계약의 성립요건에 대한 증명책임은 계약관계에서 발생하는 권리를 주장하는 자가 부담한다. 즉, 계약상의 권리를 주장하는 자는 계약의 본질적 요소 및 유보된 부수적 요소에 관하여 합의가 이루어졌음을 증명하여야 한다.[33)]

(3) 불합의와 착오

양 당사자의 의사표시가 합치되지 않은 경우에는 계약은 성립하지 않는다. 즉, 계약은 불성립으로 끝나게 된다. 이와 같이 '의사표시가 합치하지 않음으로써 계약이 불성립으로 끝나는 경우'를 「불합의(不合意)」(Dissens)라고 한다. 「불합의」, 즉 합의가 이루어지지 않으면 계약은 성립하지 않으므로, 계약 성립 이후의 문제인 계약의 유효·무효는 문제되지 않으며, 무효행위의 추인(139조)이나 무효행위의 전환(138조)도 인정될 여지가 없다.

---

31) 판례평석: 오영준, "금융실명제하에서 예금계약의 당사자 확정 방법" 사법 8호(사법연구지원재단, 2009/6), 217 이하; 이문호, "금융, 부동산실명법(제) 소고", 인권과 정의 395호(대한변호사협회, 2009/7), 122 이하; 고재민, "예금계약의 당사자 확정", 판례연구 21집(부산판례연구회, 2010/2), 689 이하; 홍봉주, "금융실명제하에서의 예금주의 확정", 민사법학 46호(한국민사법학회, 2009/9), 403 이하. 같은 취지: 대법원 2011.5.13.선고, 2009도5386 판결; 대법원 2011.9.29.선고, 2011다47169 판결; 대법원 2013.9.26.선고, 2013다2504 판결.

32) 전경근, "예금계약에 관한 연구", 법학박사학위논문(서울대학교대학원, 1999), 162 이하; 송덕수, "금융실명제하에 있어서 예금계약의 당사자 내지 예금채권자의 결정", 판례실무연구(Ⅱ)(비교법실무연구회, 1998), 344 이하; 김유진, 전게논문(주 30), 215 이하; 윤진수, 전게논문(주 30), 99 이하; 정인숙, "금융실명제 시행 이후 예금계약상의 예금주", 실무연구Ⅳ(서울지법남부지원, 2005/12), 97 이하; 김재형, "금융거래의 당사자에 관한 판단기준", 저스티스 93호(한국법학원, 2006/8), 5 이하 참조.

33) 同旨: 송덕수, 전게논문(주 13), 198; 민법주해(12)/지원림, 190 참조.

1) 의식적 불합의

'당사자 쌍방이 계약을 체결하지 않았다는 점 또는 합의를 요하는 사항에 대하여 합의가 없음을 알고 있는 경우'를 「의식적 불합의」(bewußter Dissens)라고 하는데,[34] 이 경우에 계약이 불성립으로 끝난다는 점에 대하여는 이론이 없다. 다만, ① 계약의 본질적 요소가 아닌 계약의 부수적 요소에 관한 「의식적 불합의」의 경우에는 계약은 유효하게 성립한다는 점, ② 계약의 내용을 이루는 부수적 요소는 거래의 관습 또는 임의규정에 의하여 보충된다는 점, ③ 당사자가 특히 그의 준수를 요구하여 유보한 계약의 부수적 사항에 대하여서는 합의가 필요하며, 이에 관한 합의가 없는 경우에는 계약은 불성립으로 끝난다고 해석하는 것이 통설·판례의 입장이라는 점은 전술한 바와 같다.

한편 민법은 '승낙자가 청약에 대하여 조건을 붙이거나 변경을 가하여 승낙한 때에는 그 청약의 거절과 동시에 새로 청약한 것으로 본다'고 규정함으로써(534조), 승낙자의 별도의 의사표시가 없더라도 최초 청약자의 승낙만으로 계약이 성립하는 것으로 하여 무익한 절차의 반복을 피할 수 있도록 하고 있다.

2) 무의식적 불합의

(가) 의 의

「무의식적 불합의」(unwebußter Dissens)라 함은 '당사자는 합의가 이루어져 계약이 성립한 것으로 믿고 있으나 실제로는 합의가 존재하지 않는 경우'를 말한다.[35]

<설례 1> 상인 甲은 같은 종류의 물건을 판매하고 있는 상인 乙에게 자기의 물건을 12,000원에 매도하겠다는 청약을 하였는데, 乙은 甲이 자기한테서 그 물건을 12,000원에 사겠다는 취지의 청약을 한 것으로 잘못 알고, 甲의 청약에 대하여 승낙의 의사표시를 함과 동시에 자기의 물건을 甲에게 송부하였다. 甲과 乙 사이에 매매계약은 성립하는가?

「무의식적 불합의」의 전형적인 경우[36]에 해당하는 위 <설례 1>에서, 乙은 계약이 유효하게 성립한 것으로 오인하고 있으나, 甲과 乙 사이에 매매의 합의는 존재하지 않으므로 매매계약은 성립하지 않는다.

(나) 무의식적 불합의와 착오의 구별

무의식적 불합의가 있는 경우, 당사자는 불성립으로 끝난 계약을 합의에 의하여 계약이

34) 「의식적 불합의」를 「안 불합의」(offener Dissens)라고도 한다(황적인, "불합의", 성헌황적인교수정년기념논문집 「민법·경제법 논집」, 1995/5, 46 참조).

35) 「무의식적 불합의」를 「숨겨진 불합의」(Verstrekter Dissens) 또는 「숨은 불합의」라고도 한다(송덕수, 전게논문(주 13), 198; 김증한/김학동, 25 참조).

36) 독일판례에서 문제된 이른바 「석탄산 사건」(Weinsteinsäule-Fall; RGZ 104, 265)이다(송덕수, 상게논문, 211 참조).

성립하였다고 오신하게 되므로, 객관적 사실(계약 불성립)과 행위자의 주관적 인식(계약 성립)에 착오가 있는 경우라고 할 수 있다. 이와 같이 '무의식적 불합의의 경우에는 당사자의 인식에 착오가 존재하므로, 착오에 의한 법률행위(계약)를 취소할 수 있도록 규정하고 있는 제109조가 적용될 수 있는가?' 하는 것이 문제된다.

이에 대하여는, '제109조의 「착오에 의한 계약 취소」의 문제와 계약의 성립 여부에 관한 착오에 불과한 「무의식적 불합의」의 문제는 개념상 구별되어야 한다'는 데 견해가 일치한다.[37] 또한 효과 면에서도 무의식적 불합의와 착오는 큰 차이가 있다. 즉, 무의식적 불합의는 계약의 성립에 관계되지만, 법률행위의 착오는 계약의 성립을 전제로 하여 그 효력에 관계되는 것이다. 즉, 무의식적 불합의의 경우에는 계약은 불성립으로 끝나므로 계약의 유효·무효는 애당초 문제되지 않으나, 법률행위의 착오는 일단 유효하게 성립한 계약을 취소할 수 있는 것으로 만드는 것이라는 점에서 차이가 있다. 다만, 양자의 명백한 개념상의 구분에도 불구하고, 실제사례에서는 무의식적 불합의에 해당하는지(법률행위의 해석의 문제), 아니면 법률행위의 착오의 문제에 해당하는지(법률행위의 효력의 문제)의 여부가 불분명한 경우가 많다.[38]
(☞ 민법총칙 편, 제6장 제9절 「착오에 의한 의사표시」)

(다) 무의식적 불합의와 착오의 경합 여부

당사자 간의 합의의 존재 여부는 의사표시의 해석에 의하여 확정된다. 즉, 청약의 의사표시와 승낙의 의사표시가 의사표시의 해석에 의하여 객관적·규범적 의미에서 합치한 경우에는 당사자 사이에 합의가 존재하는 것으로 확정되어 계약은 성립한다. 예컨대, 위 <설례 1>에서 甲이 그 물건을 12,000원에 매도할 생각이었는데 청약서에 가격을 10,200원이라고 잘못 기재한 경우, 乙이 그 물건을 10,200원에 사겠다고 승낙하였다면 甲과 乙 사이의 합의에 의하여 매매계약은 10,200원으로 유효하게 성립한다(즉, 의사표시의 해석상 객관적·규범적 의미에서의 합의가 존재한다). 다만, 이 경우에는 甲이 제109조 제1항에 의하여 법률행위의 내용의 중요부분에 대한 착오를 이유로 계약을 취소할 수 있는지의 여부가 문제될 수 있을 뿐이다.

이와 같이 '당사자 일방이 자신의 의사표시의 착오를 이유로 계약을 취소할 수 있는가?' 하는 문제는 의사표시의 해석에 의하여 합의가 있다고 인정되어 계약이 성립한 이후에 비로소 문제되는 것이다. 다시 말하면, 계약의 성립과 효력의 문제는 ① 의사표시의 해석 → ② 합의의 존재(계약의 성립) 여부의 확정 → ③ 법률행위의 착오취소의 가능 여부의 확정의

---

37) 송덕수, 상게논문, 199~202; 민법주해(12)/지원림, 193; 「로스쿨강의교재(계약법)」/최흥섭, 39; 곽윤직, 35; 김주수, 61; 김증한/김학동, 25~26 참조.

38) 송덕수, 상게논문, 201~206 참조. 로마법에서는 착오의 문제를 합의의 성립 문제로 다루었으며, 근대민법 중에서도 프랑스민법은 착오를 합의를 무효로 만드는 원인으로 규정하고 있으나, 초기의 학설은 로마법의 입장에 따라 착오를 합의의 불성립 문제로 다루었다. (☞ 민법총칙 편, 제6장 제9절 「착오에 의한 의사표시」)

순서에 따라서 검토가 이루어져야 하는 것이므로, 무의식적 불합의라고 인정되어 계약이 불성립한 경우에는 의사표시의 착오에 기한 계약의 취소의 문제는 발생하지 않는다. 요컨대, 의사표시의 무의식적 불합의와 착오취소의 문제는 경합하지 않는다.

(라) 계약의 부수적 요소에 관한 무의식적 불합의

'무의식적 불합의가 계약의 본질적 요소에 관하여 존재하는 때에는 의식적 불합의의 경우와 마찬가지로 계약은 성립하지 않는다'는 점에 학설은 일치한다. 그러나 무의식적 불합의가 계약의 부수적 요소에 관하여 존재하는 데 불과한 때에도 계약이 성립하지 않는다고 할 것인지의 여부에 대해서는 견해가 갈린다. 학설 중에는 '무의식적 불합의는 그것이 아무리 경미한 사항에 관한 것이라 할지라도 계약을 불성립으로 이끈다'고 해석하는 견해도 있으나,[39] '무의식적 불합의에 대해서는 「일부무효의 법리」에 관한 제137조 단서의 규정을 유추적용함으로써 계약은 나머지 부분만으로 유효하게 성립한다'고 해석하거나,[40] '거래의 안전과 당사자의 이익을 이유로 계약의 성립을 긍정하여야 한다'고 해석하는 견해[41]가 지배적이다.

사견으로는, 경미한 사항에 관한 무의식적 불합의가 있다는 이유로 계약이 불성립한 것으로 해석하는 것은 계약이 성립하였다고 믿고 이행을 준비하는 당사자의 이익은 물론 거래의 안전을 해칠 우려가 있으므로, '계약의 부수적 요소에 관하여 무의식적 불합의가 존재하는 경우에는 원칙적으로 계약의 성립을 인정하는 것이 타당하다'고 생각한다. 이 점에서 '유보된 부수적 사항에 관하여 합의가 없는 경우에는 계약이 불성립한다'고 해석하여야 하는 것과는 차이가 있다. 참고로 독일민법은 이와 같은 법리를 명문으로 규정하고 있다(BGB §155).[42]

(마) 무의식적 불합의로 인하여 계약이 불성립한 경우의 손해배상책임

당사자 일방의 과실에 의하여 무의식적 불합의가 야기되어 계약이 불성립으로 끝난 경우, 계약이 유효하게 성립한 것으로 믿고 계약이행의 준비를 하는 등 자본과 노력을 투입한 상대방은 계약이 불성립으로 끝남으로써 계약교섭 및 이행준비를 위하여 투입한 제반비용을 헛되이 날리게 되는 손해를 입게 된다. '이 경우에 손해를 입은 당사자는 무의식적 불합의를 야기한 자에 대하여 계약이 유효하게 성립할 것으로 신뢰함으로써 헛되이 날리게 된 비용 상당액의 손해(이른바 「신뢰이익의 손해」)의 배상을 청구할 수 있는가?' 하는 것이 문제된다.

이에 대하여, 학설은 '원시적 불능을 목적으로 하는 계약에 있어서의 계약체결상의 과실

---

39) 곽윤직, 35 참조.
40) 황적인, 전게논문(주 34), 50; 민법주해(12)/지원림, 189; 이은영, 89; 장재현, 72 참조.
41) 송덕수, 전게논문(주 13), 208 참조.
42) 독일민법 제155조(숨은 불합의) 당사자가 체결하였다고 믿은 계약에서 합의가 이루어졌어야 하는 어떤 사항에 관하여 실제로는 합의가 없었던 경우에는 그 사항에 관하여 정함이 없더라도 계약이 체결된 것으로 인정되는 때에 한하여 그 합의는 유효하다.

책임을 규정하고 있는 第535조의 규정을 유추적용함으로써 상대방의 신뢰이익의 배상을 인정하여야 한다'는 견해와,[43] '무의식적 불합의를 야기한 것이 불법행위를 구성하지 않는 한 그 손해배상책임은 부정되어야 한다'고 해석하는 견해[44]가 대립하고 있다. 사견으로는 후자의 견해가 타당하다고 생각한다. 그 이유는, ① 계약을 체결하려는 자는 합의의 성립 여부에 대하여 주의할 의무를 부담하므로 계약의 성립을 오신함으로 인하여 받은 손해는 당사자 스스로 부담하는 것이 원칙이며,[45] ② '무효인 원시적 불능을 목적으로 하는 계약에 있어서의 신뢰이익배상을 인정하고 있는 第535조를 유추적용함으로써 무의식적 불합의를 야기한 자의 계약체결상의 과실책임을 인정하는 것은 유추해석의 한계를 벗어난다'고 할 것이기 때문이다. 따라서 무의식적 불합의의 야기가 불법행위를 구성요건을 충족하지 않는 한 그 손해배상책임은 부정되어야 할 것이다. (☞ [6]「계약체결상의 과실책임」)

2. 합의에 의한 계약의 성립

(1) 청약과 승낙에 의한 계약의 성립

1) 청 약

(가) 청약의 의의

「청약(請約)」(Antrag; offre)이라 함은 '대응하는 승낙의 의사표시와 결합하여 일정한 계약을 성립시킬 것을 목적으로 하는 일방적이고도 확정적인 의사표시'를 말한다.[46] 즉, 청약은 '계약의 성립요건인 합의의 구성요소인 의사표시'로서 계약이라는 법률요건의 구성요소인 법률사실에 지나지 않으므로, 청약의 의사표시만으로는 계약이 성립하지 않음은 물론이다.

(나) 청약의 성립요건

(A) 청약의 주체 후술하는 바와 같이, 청약의 상대방은 불특정인이라도 상관이 없으나, 승낙은 반드시 청약자에 대하여 행하여져야 하므로, 청약자가 누구인지는 명시될 필요가 있다. 그러나 거래의 성질상 반드시 청약자가 누구인지 알려져야 할 필요가 없는 경우에는「익명(匿名)의 청약」도 유효하다고 할 것이다.[47] 특히 '일정금액의 동전이나 지폐를 투입하면 정해진 상품이 자동으로 매수인에게 인도되도록 설계되어 있는 자동판매기를 설치하는 행위는 매매의 청약으로 해석하여야 하며, 이 경우에는 청약자가 누구인지 명시하지 않더라도 계약의 성립에는 지장이 없다'는 것이 일반적인 설명이다.[48] 그러나 이렇게 해석하는 경우에는

43) 이영준, "계약체결상의 과실책임의 법적 성질에 관한 연구", 춘재현승종박사화갑기념「법사상과 민사법」, 1979, 320; 황적인, 전게논문(주 34), 50; 민법주해(12)/지원림, 193; 김형배, 93 참조.
44) 송덕수, 전게논문(주 13), 210~213; 주석채권각칙(Ⅰ)/최공웅, 93; 곽윤직, 35 참조.
45) 同旨: 송덕수, 상게논문, 212; 주석채권각칙(Ⅰ)/최공웅, 93 참조.
46) 곽윤직, 35; 김증한/김학동, 31; 김형배, 98; 양창수/김재형, 26; 이은영, 78 참조.
47) 同旨: 곽윤직, 36; 김증한/김학동, 31; 김형배, 98; 이은영, 78 참조.

'청약자가 명시되어 있지 아니한 자동판매기에 정해진 금액을 투입하였는데 정해진 상품이 나오지 않거나 불량품이 나온 경우에는 누구를 상대로 계약책임을 물어야 하는가?' 하는 현실적인 문제가 발생하게 된다. 따라서 '익명의 청약을 유효하다고 해석하더라도 최소한 전화번호 등 책임소재를 파악할 수 있는 연락처 정도는 밝혀야 유효한 청약으로 볼 수 있다'고 해석하는 것이 타당하다고 생각한다.[49)]

(B) 청약의 상대방 예컨대, 자동판매기의 설치, 신문광고에 의한 청약, 버스정류소에서 노선버스가 손님을 기다리는 행위 등 불특정다수인을 상대방으로 한 청약도 유효하다. 특히 자동판매기에 의한 물건의 매매의 경우에는 자동판매기의 설치를 매매의 청약으로 보아야 할 것이므로, 상대방이 자동판매기에 돈을 넣고 선택을 끝냈을 때 승낙이 행하여진 것으로 보아야 할 것이다. 학설 중에는 이러한 해석은 자동판매기에 상품이 차있고 모든 기능이 정상적으로 작동한다는 것을 전제로 하는 것이므로, '만약 상품이 차있지 않거나 기계가 정상적으로 작동하지 않는 경우에는 계약은 성립하지 않는다'고 해석하는 견해도 있다.[50)] 그러나 이는 계약 불성립의 문제가 아니라 채무불이행의 문제라고 보아야 할 것이다.

(C) 확정적이고도 구체적인 의사표시 청약은 그 내용에 합치하는 승낙이 있으면 청약자가 따로 어떤 의사표시를 할 필요가 없이 즉시 계약을 성립시킬 것을 내용으로 하는 확정적 의사표시이다. 따라서 청약은 상대방의 승낙의 의사표시가 있으면 무조건 계약을 성립시켜도 좋다는 정도의 「확정적인 의사표시」이어야 하며(대법원 1998.11.27.선고, 97누14132 판결 등),[51)] 계약의 내용을 결정할 수 있을 정도의 구체적인 사항을 포함하고 있는 것이어야 한다(대법원 2003.4.11.선고, 2001다53059 판결 등).[52)] 즉, 청약의 의사표시는 그 내용이 이에 대한 승낙만 있으면 곧 계약이 성립될 수 있을 정도로 구체적인 것이어야 한다(대법원 1992.10.13.선고, 92다29696 판결 등).[53)]

(D) 청약과 「청약의 유인」의 구별 위에서 살펴본 바와 같이, 청약은 승낙의 의사표시와 결합하여 일정한 계약을 성립시킬 것을 목적으로 하는 확정적인 의사표시이므로, '타인으로 하여금 자기에게 청약하도록 유도하고자 하는 계약체결의 준비행위'인 「청약의 유인(誘引)」

48) 주석채권각칙(Ⅰ)/이태재, 124; 곽윤직, 36 참조.
49) 同旨: 이은영, 78 참조.
50) 민법주해(12)/지원림, 178; 곽윤직(신수판), 43 참조.
51) 같은 취지: 대법원 1992.10.13.선고, 92다29696 판결; 대법원 1993.10.22.선고, 93다32507 판결; 대법원 2003.4.11.선고, 2001다53059 판결; 대법원 2005.12.8.선고, 2003다41463 판결; 대법원 2012.4.26.선고, 2010다10689·10696 판결.
52) 판례평석: 이병준, "법률행위와 계약의 성립조건", 「로스쿨민법총칙」(청림출판, 2006/1), 242 이하. 같은 취지: 대법원 2001.6.15.선고, 99다40418 판결; 대법원 2005.12.8.선고, 2003다41463 판결; 대법원 2012.4.26.선고, 2010다10689·10696 판결.
53) 같은 취지: 대법원 1998.11.27.선고, 97누14132 판결.

(invitatio ad offerendum)과 개념상 구별된다. 표의자가 청약의 유인을 한 경우에는 상대방이 이에 응하여 청약의 의사표시를 하더라도 표의자가 다시 이에 대하여 승낙을 할 것인지의 여부를 결정할 수 있는 자유가 있으며, 표의자가 승낙의 의사표시를 한 때에 비로소 계약이 성립하게 된다. 따라서 어떠한 의사표시가 청약인가 아니면 청약의 유인에 불과한 것인가 하는 것은 계약의 성립 여부 내지는 계약의 성립시기를 정함에 있어서 중요한 의미를 가진다.

a) 양자의 구별기준 민법은 청약과 「청약의 유인」의 구별기준에 대한 명문규정을 두지 않고 이를 학설과 판례에 위임하고 있는바, 이는 결국 '표의자가 상대방의 승낙의 의사표시만 있으면 확정적으로 계약을 성립시키려고 하는 의사가 있다고 볼 것인가' 하는 의사표시의 해석 문제라고 할 수 있다. 그러나 실제거래에서 청약과 청약의 유인을 구별하는 것은 쉬운 일이 아닌데, 대체로 다음과 같은 기준에 의하여 청약과 청약의 유인을 구별하여야 할 것이다.

(ⅰ) **특정인에 대한 의사표시인지 여부** '의사표시가 특정인에 대한 것인가, 아니면 불특정인에 대한 것인가' 하는 것은 양자를 구별하는 기준이 될 수 있다. 특정인에 대한 의사표시는 청약이며, 불특정인에 대한 의사표시는 청약의 유인인 경우가 많기 때문이다. 다만, 불특정인에 대한 의사표시라고 하더라도 상대방의 개성을 묻지 않는 경우에는 청약이고 상대방의 개성을 중요시하여 상대방을 선택할 여지를 남겨 두고 있다고 볼 수 있는 경우에는 청약의 유인이다.[54] 「동산매매에 관한 UN협약」(Convention of International Sale of Goods: 이하 CISG로 약칭)은[55] '불특정인에 대한 의사표시는 원칙적으로 청약의 유인으로 본다'고 규정하고 있다(CISG Art. 14).[56] 따라서 불특정다수인이 볼 수 있도록 자기 집 앞에 '셋방 있음' 또는 '하숙 구함' 등의 내용을 적은 종이를 붙여놓는다든지, 구인광고나 상품카탈로그를 송부하는 행위 등은 일반적으로 「청약의 유인」으로 보아야 할 것이다.[57] 또한 열차·고속버스·여객선 등의 운행시간표 및 운임표를 게시하는 행위 등도 청약의 내용이 구체적으로 밝혀져 있기는 하나 이는 다만 승객에 대한 안내를 위한 것에 불과하므로, 「청약의 유인」으로 보아야 할 것이다.[58] 그러나 운임이 미리 결정되어 있고 미터기가 부착되어 있는 택시가 노상에서 손님을 기다리는 행위는 택시운송계약의 청약으로 보아야 할 것이다. 따라서 손님이 택시에 승차하는 것은

54) 同旨: 곽윤직, 36 참조.

55) 속칭 「국제통일매매법」이라고도 불리우는 CISG는 2005년에 국회의 비준을 얻어 국내법으로서 효력이 발생하였다.

56) CISG Art. 14 : (1) 1인 또는 그 이상의 특정인에게 통지된 계약체결의 제안은 그것이 충분히 확정적이고, 승낙이 있을 경우 그에 구속된다는 청약자의 의사를 표시하고 있는 경우에는 청약을 구성한다. 어떠한 제안이 물품을 표시하고, 명시적 또는 묵시적으로 그 수량과 대금을 지정하거나 또는 이를 결정하는 조항을 두고 있는 경우에는 그 제안은 충분히 확정적인 것이다. (2) 불특정다수인에게 통지된 제안은 그 제안을 한 자가 반대의 의사를 명확하게 표시하지 않는 한 단순한 청약의 유인으로 본다.

57) 同旨: 주석채권각칙(Ⅰ)/이태재, 125; 민법주해(12)/지원림, 177; 곽윤직, 36 참조.

58) 同旨: 주석채권각칙(Ⅰ)/이태재, 125; 민법주해(12)/지원림, 177; 곽윤직, 36; 양창수/김재형, 27 참조.

택시운송계약의 청약에 대한 승낙으로서의 의미를 가지므로, 손님이 택시에 승차하는 순간 이미 운송계약은 성립한다고 할 것이며, 운전기사가 이미 승차한 손님의 하차를 요구하는 형태의 이른바 '승차거부'는 운송계약상의 채무불이행이 된다고 할 것이다. 판례 중에는 전차가 정류소에서 발차 준비를 마치고 승객의 승차를 기다리는 것을 '운송계약의 청약의 유인'으로 본 사례가 있으나(대법원 1960.2.18.선고, 4291민상906 판결), 대중교통기관의 공공성을 고려할 때 그 타당성은 극히 의문이다.[59]

한편 '정찰가격이 표시된 상품을 진열하는 행위를 매매계약의 청약의 의사표시로 볼 수 있는가?' 하는 것이 문제되는데, 이 문제에 대해서는 스위스채무법과 같이 명문으로 청약의 효력을 인정하는 입법례도 있으나(OR Art. 7(3)),[60] 명문규정이 없는 우리 민법하에서는 이를 청약으로 보는 견해[61]와 청약의 유인으로 보아야 한다는 견해[62]가 대립하고 있다. 사견으로는, 손님이 진열된 상품을 선택하였더라도 이를 계산대에 제시하기 전까지는 제자리에 돌려놓을 수 있는 것이 거래의 현실임을 고려할 때, 상품을 진열하는 행위는 청약의 의사표시가 아니라 청약의 유인이라고 보는 것이 타당하다고 생각한다. 즉, '상점 측에서 정찰가격이 표시된 물건을 진열하는 행위는 매매계약의 청약의 유인에 불과하고, 손님이 선택한 물건을 계산대에 제시하는 행위가 매매의 청약에 해당하며, 계산원이 이에 응하여 계산을 종료한 때 승낙에 의하여 비로소 매매계약이 성립한다'고 보아야 할 것이다(손님이 대금을 지급하고 계산원으로부터 다시 물건의 인도를 받는 것은 매매계약의 이행으로서의 의미를 가진다고 할 것이다). 독일민법도 우리 민법과 마찬가지로 이 경우에 관한 명문규정을 두고 있지 않지만, 판례와 지배적인 학설은 이를 「청약의 유인」으로 보고 있다.[63]

(ⅱ) **계약의 내용에 대한 유보가 있는지 여부** '표의자가 계약의 내용에 대하여 유보를 하고 있는가'를 기준으로 하여 양자를 구별할 수도 있다. 즉, '표의자가 계약의 내용에 대하여 아무런 유보를 하지 않은 경우는 청약이며, 계약의 내용에 대하여 유보조항을 두고 있는 경우에는 「청약의 유인」이 된다'고 보아야 할 것이다(대법원 2003.4.11.선고, 2001다53059 판결 등).[64] 그러므로 상품의 견본을 송부하는 행위는 그 견본 자체를 표시된 가격으로 팔겠다는 확정적인 의사표시로 해석되거나 그러한 관습이 없는 한 「청약의 유인」으로 보아야 할 것이다.[65]

---

59) 학설 중에는 판례의 입장에 찬성하는 견해도 있다(양창수/김재형, 27 참조).
60) 스위스채무법 제7조: (3) 정찰가격을 표시하여 상품을 진열하는 행위는 보통 청약으로서의 효력이 있다.
61) 주석채권각칙(Ⅰ)/이태재, 126; 곽윤직, 36; 김상용, 47 참조.
62) 민법주해(12)/지원림, 178 참조.
63) Ermann Kommentar/Hefemehl, Rn.10 zu §145.
64) 판례평석: 이병준, "법률행위와 계약의 성립조건", 「로스쿨민법총칙」(청림출판, 2006/1), 242 이하; 김재형, 「민법판례분석」, 241 이하. 같은 취지: 대법원 2001.6.15.선고, 99다40418 판결; 대법원 2005.12.8.선고, 2003다41463 판결; 대법원 2012.4.26.선고, 2010다10689·10696 판결.
65) 同旨: 주석채권각칙(Ⅰ)/이태재, 125 참조.

(iii) **당사자 사이의 종래의 거래관계나 지방적 관습** 당사자 사이에서 이루어진 종래의 거래관계나 지방적 거래관행 등도 양자를 구별하는 기준이 될 수 있음은 물론이다.

b) 청약인지 「청약의 유인」인지가 문제된 사례 판례에 따르면, ① '입찰에 의한 공사계약에서 입찰공고는 청약의 유인이고, 건설업자들의 입찰은 청약이며, 낙찰선고는 계약의 승낙에 해당한다'고 한다(대법원 1978.4.11.선고, 78다317 판결). ② '국가가 「징발재산정리에관한특별조치법」(1970.1.1. 법률 제2172호로 제정: 이하 「징발재산법」으로 약칭)에 의하여 매수한 토지의 피징발자에게 한 환매권의 통지는 환매의 청약이 아니라 환매를 최고한 것에 불과하다'고 한다(대법원 1989.4.11.선고, 88다카13387 판결). ③ 근로자의 채용을 위한 입사시험의 공고는 근로계약의 청약의 유인이며, 입사시험에 응시하는 행위는 근로자의 회사에 대한 근로계약의 청약이라고 한다(대법원 1999.1.26.선고, 97다53496 판결). 또한 '근로계약에서 사용자가 계약직근로자 중 재계약대상자의 명단을 공고한 것은 재계약대상자로 선정하였다는 것일 뿐 계약 내용으로 될 구체적인 사항을 포함하고 있지 아니하므로, 근로계약(재계약)의 청약이라고 볼 수 없다'고 한다(대법원 1998.11.27.선고, 97누14132 판결). ④ '한국토지개발공사가 택지개발예정지구 내의 이주자택지공급대상자에 대하여 이주자택지공급계약을 체결할 것을 통보한 것은 계약의 요소가 되는 내용을 명시하고 있어 구체적이기는 하나, 공급대상자의 승낙에 의하여 바로 계약이 성립되는 확정적인 것이라고 볼 수 없으므로, 이주자택지공급계약의 청약으로 볼 수 없다'고 한다(대법원 1993.10.22.선고, 93다32507 판결). ⑤ '건설공사의 수급인과 하도급계약을 체결하려는 교섭당사자(하수급인이 되려는 자)가 견적서와 공사이행보증서 등을 수급인에게 제출하는 행위는 통상 수급인의 발주를 권유하는 영업행위의 수단으로서 「청약의 유인」에 불과한 계약체결의 준비·교섭행위에 해당한다'고 한다(대법원 2001.6.15.선고, 99다40418 판결 등).[66] ⑥ '상가나 아파트의 분양광고는 일반적으로 청약의 유인에 해당한다'고 한다(대법원 2007.6.1.선고, 2005다5812·5829·5836 판결 등).

▪ **상가나 아파트의 분양광고가 분양계약의 청약에 해당하는지 여부**(소극) 청약은 이에 대응하는 상대방의 승낙과 결합하여 일정한 내용의 계약을 성립시킬 것을 목적으로 하는 확정적인 의사표시인 반면 청약의 유인은 이와 달리 합의를 구성하는 의사표시가 되지 못하므로, 피유인자가 그에 대응하여 의사표시를 하더라도 계약은 성립하지 않고 다시 유인한 자가 승낙의 의사표시를 함으로써 비로소 계약이 성립하는 것으로서 서로 구분되는 것이다. 그리고 위와 같은 구분 기준에 따르자면, 상가나 아파트의 분양광고의 내용은 청약의 유인으로서의 성질을 갖는 데 불과한 것이 일반적이라 할 수 있다. 그런데 선분양·후시공의 방식으로 분양되는 대규모 아파트단지의 거래 사례에 있어서 분양계약서에는 동·호수·평형·입주예정일·대금지급방법과 시기 정도만이 기재되어 있고 분양계약의 목적물인 아파트 및 그 부대시설의 외형·재질·구조 및 실내장식 등에 관하여 구체적인 내용이 기재되어 있지 아니한 경우가 있

66) 판례평석: 拙稿, "건설공사의 하도급계약의 성립과 계약교섭의 부당파기로 인한 손해배상책임", 고시계 50권 10호, 2006/10, 47 이하. 같은 취지: 대법원 2003.4.11.선고, 2001다53059 판결.

는바, 분양계약의 목적물인 아파트에 관한 외형·재질 등이 제대로 특정되지 아니한 상태에서 체결된 분양계약은 그 자체로서 완결된 것이라고 보기 어렵다 할 것이므로, 비록 분양광고의 내용, 모델하우스의 조건 또는 그 무렵 분양회사가 수분양자에게 행한 설명 등이 비록 청약의 유인에 불과하다 할지라도 그러한 광고 내용이나 조건 또는 설명 중 구체적 거래조건, 즉 아파트의 외형·재질 등에 관한 것으로서 사회통념에 비추어 수분양자가 분양자에게 계약 내용으로서 이행을 청구할 수 있다고 보이는 사항에 관한 한 수분양자들은 이를 신뢰하고 분양계약을 체결하는 것이고 분양자들도 이를 알고 있었다고 보아야 할 것이므로, 분양계약 시에 달리 이의를 유보하였다는 등의 특단의 사정이 없는 한, 분양자와 수분양자 사이에 이를 분양계약의 내용으로 하기로 하는 묵시적 합의가 있었다고 봄이 상당하다. (대법원 2007.6.1.선고, 2005다5812·5829·5836 판결)[67]

(다) 청약의 효력

(A) 청약의 효력발생시기

a) 도달주의의 원칙의 적용 청약의 효력은 의사표시의 효력발생시기에 관한 「도달주의(到達主義)의 원칙」에 따라서 청약의 의사표시가 상대방에게 도달한 때에 그 효력이 발생한다(111조 1항). 그러므로 불특정인에 대한 청약은 불특정인이 알 수 있는 상태가 된 때에 비로소 그 효력이 발생한다.[68]

b) 청약 후 청약자가 사망하거나 제한능력자가 된 경우 청약의 의사표시를 발송한 후 그 의사표시가 상대방에게 도달하기 전에 청약자가 사망하거나 제한능력자가 된 경우에도 청약의 효력에는 아무런 영향이 없는 것이 원칙이다(111조 2항). 다만, '당사자 사이의 신뢰관계가 중시되어야 하는 위임(690조)·고용(657조)·조합(717조) 등과 같은 계속적 계약관계에서는 청약자의 지위가 상속인에게 승계되지 않는다'고 해석하여야 하므로, 청약자의 사망 또는 행위능력의 상실에 의하여 청약의 효력이 소멸한다고 할 것이다.[69]

c) 청약 후 상대방이 사망하거나 제한능력자가 된 경우 청약자가 청약의 통지를 발신한 후에 상대방이 사망한 경우에는 그 상속인이 상대방의 지위를 승계할 수 있는지의 여부에 따라서 청약의 효력도 결정된다.[70] 따라서 '당사자 사이의 신뢰관계가 중시되어야 하는 위임·고용·조합 등과 같은 계속적 계약의 경우, 청약의 통지를 발송한 후에 상대방이 사망한 경우에는 그 청약의 효력은 소멸한다'고 해석하여야 할 것이다.

청약자가 청약의 통지를 발신한 후에 상대방이 제한능력자가 된 경우는 청약의 효력의 문제가 아니라 청약상대방의 「의사표시 수령능력」의 문제로서, 청약상대방의 법정대리인이

67) 판례평석: 천종호, "아파트분양광고의 법적 성질과 분양계약에의 편입", 판례연구 20집(부산판례연구회, 2009/2), 121 이하; 윤진수, 「민법기본판례」, 370 이하. 같은 취지: 대법원 2014.11.13.선고, 2012다29601 판결; 대법원 2015.5.28.선고, 2014다24327·24334·24341·24358·24365·24372 판결.

68) 同旨: 곽윤직, 43 참조.

69) 同旨: 민법주해(12)/지원림, 180; 곽윤직, 44 참조.

70) 同旨: 주석채권각칙(Ⅰ)/이태재, 128; 민법주해(12)/지원림, 180; 곽윤직, 44 참조.

청약의 의사표시가 도달한 사실을 안 경우가 아니면 청약자는 제한능력자가 된 상대방에게 그 청약으로써 대항할 수 없다(112조).

(B) 청약의 구속력 청약의 효력이 발생하면 청약자는 임의로 이를 철회할 수 없다(527조). 이를 「청약의 구속력」이라고 한다. 원래 의사표시는 자유롭게 철회할 수 있음이 원칙이나, 청약은 상대방의 승낙이 있으면 즉시 계약을 성립시키는 효력이 있는 구체적이고도 확정적인 의사표시이므로, 민법은 청약상대방의 신뢰를 보호하고 거래의 안전을 유지하기 위하여 청약에 법적 구속력을 부여하여 철회할 수 없도록 한 것이다.[71] 다만, 청약의 구속력은 원칙에 불과하고 광범위한 예외가 인정되고 있으므로, '입법기술상으로는 청약을 철회할 수 있음을 원칙으로 하고 예외적으로 철회할 수 없는 경우를 규정하는 것이 오히려 타당하다'는 비판이 제기되어 왔다. 이러한 비판론에 부응하여 법무부 민법개정위원회의 「2013년 민법개정시안」은 청약의 철회가 가능한 것을 원칙으로 규정하고, 예외적으로 철회할 수 없는 경우를 규정하는 것으로 개정할 것을 제안한 바 있다(동 개정시안 529조).[72]

(C) 청약의 구속력이 배제되는 경우

a) 명문규정으로 청약의 철회를 인정한 경우 민법이 명문규정을 두어 청약의 철회를 인정한 경우는 다음과 같다. 즉, ① 제한능력자의 상대방은 제한능력자와 맺은 계약이 제한능력자 측에 의하여 추인되기 전까지는 자유롭게 그 청약의 의사표시를 철회할 수 있다(16조 1항). ② 채무인수계약 중 제3자(인수인)와 채무자 사이의 계약에 의한 채무인수는 채권자의 승낙이 있을 때까지는 그 청약의 내용을 변경하거나 철회할 수 있다(456조). ③ 현상광고에서 광고에 행위의 완료기간을 정하지 아니한 경우, 광고자는 그 행위를 완료한 자가 있기 전에는 그 광고와 동일한 방법으로 광고를 철회할 수 있다(679조 2항).

b) 민법의 해석상 청약의 철회가 인정되는 경우 청약에 구속력이 인정되는 것은 상대방의 신뢰를 보호하고 거래의 안전을 유지하기 위한 것이므로, 청약의 철회를 인정하더라도 상대방에게 불측의 손해를 입힐 우려가 없는 경우에는 제527조의 규정에도 불구하고 청약의 의사표시를 철회할 수 있다고 해석하여야 할 것이다.[73] 이러한 관점에서, 청약의 철회가능성 여

---

71) 이러한 통설적 견해에 대해서는, '청약과 승낙으로 표시되는 의사의 합치로 계약이 성립하고, 계약법상의 구제수단은 -불법행위나 부당이득에 대한 구제수단과는 달리- 그러한 당사자 의사의 구현을 제도적으로 보장하는 장치라는 설명은 강학상의 필요에 부응하기 위하여 창설된 허구에 불과할 뿐 아니라, 19세기적 시대 조류에 편승한 신념체계(개인주의적 사적 자치 이데올로기)의 표현에 불과하다'는 비판을 제기하는 견해가 있다(김기창, "청약의 구속력과 계약자유", 비교사법 12권 1호, 한국비교사법학회, 2005/3, 101 참조).

72) 「2013년 민법개정시안」 제529조(청약의 철회) ① 청약의 철회는 승낙의 의사표시가 발송되기 전에 상대방에게 도달하면 그 효력이 있다. ② 다음 각 호의 경우에는 청약을 철회할 수 없다. 1. 청약자가 승낙기간을 정하였거나, 청약을 철회하지 않겠다고 표시한 경우 2. 상대방이 정당한 이유로 청약이 철회되지 않으리라 믿고 행위한 경우

부가 문제되는 경우는 다음과 같다.

(i) **청약이 상대방에게 도달하기 전에 전화나 전신을 이용하여 이를 철회하는 경우** 청약의 의사표시가 상대방에게 도달하기 전에 전화나 전신 등을 이용하여 철회는 것은 가능하다는 데 견해가 일치한다. 이러한 경우에는 상대방에게 불측의 손해를 야기할 위험이 없을 뿐만 아니라, 제527조가 이러한 경우까지 철회의 가능성을 배제한다고 해석하기는 어렵기 때문이다.[74]

(ii) **청약의 의사표시에 철회의 가능성이 유보된 경우** 이 경우에 청약은 구속력이 없다. 즉, 청약의 구속력에 관한 제527조는 임의규정에 불과하다.[75] 참고로 독일민법은 이러한 취지(청약자 스스로 청약의 구속력을 배제할 수 있음)를 명문으로 규정하고 있다(BGB §145).[76]

(iii) **승낙기간을 정하지 아니한 대화자(對話者) 사이의 청약**[77] '이 경우에도 제527조의 규정을 적용하여 청약의 구속력을 인정할 것인가?' 하는 문제에 대해서는 견해가 갈린다. 이에 대하여, 독일민법(BGB §147)[78]과 스위스채무법(OR Art. 4)[79]은 대화자 사이의 청약의 구속력을 배제하는 명문규정을 두고 있다. 또한 구 의용민법(일본민법)은 승낙기간을 정하여 한 청약과 승낙기간을 정하지 아니한 청약의 경우를 구별하여, '승낙의 기간을 정하여 한 계약의 청약은 이를 취소할 수 없다'고 규정한 반면에(동법 521조 1항),[80] '승낙기간을 정하지 아니하고 격지자에게 한 청약은 청약자가 승낙의 통지를 받는 데 필요한 상당한 기간 동안은 이를 철회할 수 없다'고 규정함으로써(동법 524조),[81] '대화자 사이의 청약은 특별한 사정이 없는 한 구속력이 인정되지 않는다(즉, 대화의 종료에 의하여 청약은 승낙적격을 상실한다)'고 해석되고 있었다.[82] 그러나 현행민법은 격지자와 대화자의 경우를 구분하지 않고 청약의 구속력을 인정하고 있으므로(527조), '현행민법의 해석으로는 대화자 사이에서도 청약의 구속력이 인정되어야 한다'고

---

73) 同旨: 곽윤직, 44 참조.
74) 同旨: 주석채권각칙(Ⅰ)/이태재, 130 참조.
75) 同旨: 주석채권각칙(Ⅰ)/이태재, 130; 곽윤직, 44; 김주수, 68; 양창수/김재형, 36; 이은영, 82 참조.
76) 독일민법 제145조(청약에의 구속) 계약의 체결을 타인에게 청약한 자는 그 청약에 구속된다. 그러나 그가 구속성을 배제한 경우에는 그러하지 아니하다.
77) 여기서 「대화자 사이의 청약」이라 함은 '청약의 의사표시가 즉시 상대방에게 도달할 수 있는 경우'를 의미하므로, 실제 거리상으로는 멀리 떨어져 있더라도 전화, 컴퓨터통신 등 즉시 대화가 가능한 통신수단을 통하여 대화하는 경우도 「대화자 사이의 청약」이라고 보아야 할 것이다(同旨: 민법주해(12)/지원림, 202; 김형배, 97 참조).
78) 독일민법 제147조(승낙기간) (1) 대화자에 대한 청약은 즉시 승낙되어야 한다. 전화기 또는 다른 기술적 설비를 통하여 개인으로부터 개인에게 이루어진 청약에서도 역시 마찬가지이다.
79) 스위스채무법 제4조(승낙기간이 없는 청약) (1) 기간의 정함이 없는 대화자에 대하여 이루어지고 즉시 승낙되지 아니한 청약은 더 이상 청약자를 구속하지 아니한다.
80) 일본민법(구 의용민법) 제521조: ① 승낙의 기간을 정하여 한 계약의 청약은 취소할 수 없다. ② 청약자가 전항의 기간 내에 승낙의 통지를 받지 아니한 때에는 청약은 그 효력을 잃는다.
81) 일본민법(구 의용민법) 제524조: 승낙의 기간을 정하지 않고 격지자에게 한 청약은 청약자가 승낙의 통지를 받기에 상당한 기간 동안은 이를 취소할 수 없다.
82) 我妻榮(上), 60 참조.

해석하는 견해도 없지 않다.[83] 그러나 학설은 '현행민법상으로도 대화자 사이에서는 청약의 구속력을 인정할 필요가 없다'고 해석하는 견해가 지배적이다.[84] 대화자 사이에서도 청약의 구속력을 인정하여야 한다는 견해도 '우리 민법이 대화자 사이의 청약의 구속력을 배제하는 명문규정을 두지 않은 이상 예외를 인정할 필요는 없으나, 대화자 사이의 계약체결에서는 일방 당사자의 청약에 대해 상대방이 곧 승낙·거절·유예기간 요청 등의 의사를 명시적으로 또는 묵시적으로 표시하였다고 보아야 할 것이며, 청약의 상대방이 유예기간을 요청한 경우에는 청약자의 반대의 의사표시가 없는 한 청약은 계속 구속력을 갖는다'고 해석하고 있다.[85] 따라서 결론에 있어서는 실질적인 차이는 없다고 할 수 있다.

생각건대, 조문의 형식에 얽매여 상대방의 신뢰를 특별히 보호할 필요가 없는 대화자 사이에서까지 청약의 구속력을 인정할 필요는 없다고 할 것이다. 학설 중에는 상법은 대화자 사이에서의 청약의 구속력을 배제하는 명문규정을 두고 있음에 반하여(상법 51조),[86] 민법은 이러한 명문규정을 두고 있지 않다는 점을 근거로 들어, '청약의 구속력을 규정한 제527조는 대화자 사이에서도 적용되어야 한다'고 해석하는 견해가 있으나,[87] 상법의 규정을 반드시 민법의 특칙으로 보아야만 하는 것은 아니므로(즉, 민법의 해석을 반드시 상법의 규정과 반대로 하여야 한다는 논리는 성립하지 않는다), 상법 제51조와 같은 명문규정이 없더라도 민법의 해석상 같은 결론에 도달할 수 있다고 할 것이다. 요컨대, '대화자 사이에서는 특별한 의사표시가 없는 경우에는 대화의 종료에 의하여 청약은 효력을 잃는다'고 해석하여야 한다. 다만, 상대방이 유예기간을 요청하고 청약자가 이를 수락한 경우에는 예외적으로 청약의 구속력이 인정된다고 할 것이나, 이는 제527조가 적용된 결과가 아니라 임의규정인 제527조를 배제하겠다는 당사자의 합의의 효력에 의한 것이라고 보아야 할 것이다.

(ⅳ) **불특정인에 대한 청약** 학설 중에는 '불특정인에 대한 청약의 경우에도 청약의 구속력을 부인하여야 한다'는 견해가 있으나,[88] 이 경우는 상대방의 신뢰보호가 문제될 수 있으므로 원칙적으로 제527조가 적용된다고 보는 것이 타당하다고 할 것이다.[89]

(ⅴ) **청약의 기초가 된 사정이 변경된 경우** 학설 중에는 '청약의 기초가 된 사정이 청약 이후에 현저히 변경되어 청약의 구속력을 인정하는 것이 오히려 당사자의 형평에 반하는 결과

83) 이은영, 83 참조.
84) 주석채권각칙(Ⅰ)/이태재, 133; 민법주해(12)/지원림, 202; 곽윤직, 39; 김증한/김학동, 36; 양창수/김재형, 35 참조.
85) 이은영, 83 참조.
86) 상법 제51조(대화자간의 청약의 구속력) 대화자간의 계약의 청약은 상대방이 즉시 승낙하지 아니한 때에는 그 효력을 잃는다.
87) 이은영, 83 참조.
88) 민법주해(12)/지원림, 201; 곽윤직, 38 참조.
89) 同旨: 이은영, 83 참조.

가 되는 경우에는 사정변경의 원칙을 적용하여 청약의 철회를 인정하여야 한다'는 견해가 있으나,[90] 후술하는 바와 같이, 사정변경의 원칙을 적용함에는 신중을 기할 필요가 있다. (☞ 제3절「계약의 일반적 효력」)

(vi) **근로자의 퇴직의 의사표시** '근로자가 근로계약에 대한 합의해지의 청약으로서 퇴직의 의사표시를 한 경우에 그 철회가 가능한가?' 하는 것이 문제된다. 이에 대하여, 판례는 ① '사용자의 승낙에 의하여 근로관계의 종료의 효과가 발생하기 전에는 근로자가 퇴직의 의사표시를 철회하는 것이 사용자에게 불측의 손해를 주는 등 신의칙에 반한다고 인정되는 특별한 사정이 있는 경우를 제외하고는 근로자는 그 퇴직청약의 의사표시를 자유롭게 철회할 수 있다'는 입장을 확립하고 있다(대법원 1992.4.10.선고, 91다43138 판결 등).[91] 다만, ② '근로자의 사직의 의사표시는 특별한 사정이 없는 한 근로계약의 해지통고로 보아야 하므로, 근로계약의 해지를 통고하는 사직의 의사표시가 사용자에게 도달한 경우에는 그 의사표시를 철회할 수 없다'는 입장을 취하고 있으며(대법원 2000.9.5.선고, 99두8657 판결), ③ '근로자가 사직원을 제출하여 근로계약의 해지를 청약하는 경우, 그에 대한 사용자의 승낙의사가 형성되어 그 승낙의 의사표시가 근로자에게 도달하기 이전에는 청약의 의사표시를 철회할 수 있으나, 근로자와 사용자가 근로계약을 해지시키기로 합의하였다면, 합의 시에 근로자의 근로계약해지의 청약의 의사표시에 대하여 사용자의 승낙의사가 확정적으로 형성·표시되어 해지의사의 합치가 있었다고 할 것이므로, 이러한 경우 어느 일방 당사자가 임의로 이를 철회할 수는 없고(대법원 1994.8.9.선고, 94다14629 판결 등), 이는 명예퇴직의 경우와 같이 근로자와 사용자가 근로계약의 합의해지 시에 근로계약관계를 일정기간 경과 후 종료키로 약정한 경우에도 같다'는 입장을 취하고 있다(대법원 2000.7.7.선고, 98다42172 판결 등).[92] 또한 같은 취지에서, 판례는 ④ '공무원이 한 사직의 의사표시는 그에 터잡은 의원면직처분이 있을 때까지는 원칙적으로 이를 철회할 수 있는 것이지만, 의원면직처분이 있기 전이라도 사직의 의사표시를 철회하는 것이 신의칙에 반한다고 인정되는 특별한 사정이 있는 경우에는 그 철회는 허용되지 아니한다'고 한다(대법원 1993.7.27.선고, 92누16942 판결 등).[93]

학설 중에는 '민법이 제527조에서 청약의 구속력을 정한 취지는 청약자의 상대방이 청약

90) 민법주해(12)/지원림, 204; 이은영, 82; 황적인, 67 참조.

91) 판례평석: 김용균, "근로자의 퇴직 의사표시의 철회의 허용 여부", 대법원판례해설 17호(법원행정처, 1992), 289 이하; 박홍대, "사직원의 철회", 판례연구 5집(부산판례연구회, 1995/1), 416 이하; 박상훈, "근로계약의 합의해약 -사직서제출과 관련하여-", 사법논집 22집(법원행정처, 1991/12), 599 이하. 같은 취지: 대법원 1992.12.8.선고, 91다43015 판결; 대법원 1993.7.27.선고, 92누16942 판결; 대법원 1994.8.9.선고, 94다14629 판결; 대법원 2000.9.5.선고, 99두8657 판결.

92) 같은 취지: 대법원 1994.8.9.선고, 94다14629 판결; 대법원 2003.4.25.선고, 2002다11458 판결; 대법원 2003.6.27.선고, 2003다1632 판결.

93) 같은 취지: 대법원 2001.8.24.선고, 99두9971 판결.

에 대하여 승낙을 하기만 하면 당해 계약을 성립시킬 수 있다고 기대하고 있기 때문에 청약자가 당해 청약을 자의적으로 철회하여 그 기대를 저버리는 일이 없도록 하게 함으로써 상대방을 보호하고 이로써 거래의 안전을 확보하려 함에 있는 것이므로, 청약의 구속력을 규정한 제527조는 계약관계가 없는 당사자 사이에 새로운 계약관계를 창설하는 경우, 즉 계약 성립의 경우에 전형적으로 타당한 것이고, 역(逆)으로 종래 계속적인 인적 결합관계에 있는 근로계약 당사자 사이에 기존의 계약관계를 해소 종료시키기 위한 계약인 합의해지의 청약인 경우에 있어서는 그 철회를 자유로이 허용하더라도 상대방의 보호에 흠이 되는 것은 아니므로 위 법조의 적용을 부정하여도 상관이 없다'는 이유를 들어 판례의 입장에 찬성하는 견해가 있다.[94] 그러나 '기존계약관계의 합의해지의 청약의 경우에는 자유로운 철회를 허용하더라도 상대방 보호에 흠이 되지 않는다'는 논리가 언제나 성립할 수 있는 것인지는 의문이다.

생각건대, '근로계약의 합의해지의 청약으로서의 의미를 가지고 있는 근로자의 퇴직의 의사표시는 다른 청약의 의사표시와는 달리 원칙적으로 철회할 수 있다'는 판례의 법리는 근로자의 생존권 보호라는 측면에서 그 타당성이 승인되어야 할 것이나, 이는 청약의 구속력을 규정하고 있는 제527조를 정면으로 무시하는 결과가 된다는 점에서 문제가 있다고 할 것이다. 그러므로 근로기준법을 개정하여 이에 관한 근거규정을 마련하는 등의 조치가 필요하다고 생각된다.

(vii) **법인의 이사가 이사직을 사임하는 경우** 판례에 따르면, '법인의 이사가 이사직을 사임하는 행위는 근로자의 사직의 의사표시와는 달리, 상대방 있는 단독행위로서 사임의 의사표시가 상대방(법인)에게 도달함과 동시에 그 효력이 발생하고, 그 의사표시가 효력을 발생한 후에는 마음대로 이를 철회할 수 없다'고 한다. 다만, 이사가 사임서를 제출한 당시 즉각적인 철회 권유로 사임서 제출을 미루거나, 대표자에게 사표의 처리를 일임하거나, 사임서의 작성일자를 제출일 이후로 기재한 경우 등 사임의사가 즉각적이라고 볼 수 없는 특별한 사정이 있을 경우에는, 별도의 사임서 제출이나 대표자의 수리행위 등이 있어야 사임의 효력이 발생하고, 그 이전에 사임의사를 철회할 수 있다고 한다(대법원 2006.6.15.선고, 2004다10909 판결 등).[95] 또한 '법인이 정관에서 이사의 사임절차나 사임의 의사표시의 효력발생시기 등에 관하여 특별한 규정을 둔 경우에는 이사의 사임의 의사표시가 법인의 대표자에게 도달하였다는 사정만으로 곧바로 사임의 효력이 발생하는 것이 아니라 정관에서 정한 바에 따라 사임의 효력이 발생하는 것이므로, 이사가 사임의 의사표시를 하였더라도 정관에 따라 사임의 효력이 발생하기 전에는 그 사임의사를 자유롭게 철회할 수 있다'고 한다(대법원 2008.9.25.선고, 2007다17109

94) 김용균, 전게논문(주 91), 296 참조.

95) 같은 취지: 대법원 1993.9.14.선고, 93다28799 판결; 대법원 1998.4.28.선고, 98다8615 판결; 대법원 2007.5.10.선고, 2007다7256 판결; 대법원 2011.9.8.선고, 2009다31260 판결.

판결 등).

c) 소비자 보호를 위한 특별법상의 철회권제도(cooling-off system) 「특별법상의 철회권」이라 함은 경제적 약자인 소비자[96]를 보호하기 위하여 전개된 계약법이론의 하나로서, '외상구매의 유혹이나 판매원의 적극적인 권유에 이끌려 소비자가 충동적으로 계약을 체결하기 쉬운 할부매매나 방문판매와 같은 「소비자계약」에서 일정한 기간(이를 「숙고기간(熟考期間)」이라고 한다) 내에는 소비자가 자유롭게 청약의 의사표시를 철회하거나 계약을 일방적으로 소멸시킬 수 있는 권리(이를 「cooling-off권」이라고도 부른다)'를 말한다. 이는 영미법에서 발달한 제도인데, 우리나라도 1990년대 이후 소비자를 보호하기 위하여 제정된 「할부거래에 관한 법률」(1991.12.31. 법률 제4480호: 이하 「할부거래법」으로 약칭)과 「방문판매 등에 관한 법률」(2002.3.30. 법률 제6688호로 전면개정: 이하 「방문판매법」으로 약칭), 「전자상거래 등에서의 소비자보호에 관한 법률」(2002.3.30. 법률 제6687호로 제정: 이하 「전자상거래법」으로 약칭) 등에 의하여, 할부계약[97](할부거래법 8~10조)·방문판매[98] 또는 전화권유판매[99](방문판매법 8조, 9조)·다단계판매[100](방문판매법 17조, 18조)·통신판매[101](전자상거래법 2조 2호) 등에서 소비자의 계약철회권(cooling-off권)을 인정하고 있다. 여

---

96) 「소비자기본법」(2006.9.27. 법률 제7988호로 전문개정)은 "소비자"를 '사업자가 제공하는 물품 또는 용역(시설물을 포함한다)을 소비생활을 위하여 사용(이용을 포함한다)하는 자 또는 생산활동을 위하여 사용하는 자로서 대통령령이 정하는 자'라고 정의하고 있다(동법 2조 1호).

97) 할부거래법상 「할부계약」이란 '계약의 명칭·형식이 어떠하든 재화나 용역(일정한 시설을 이용하거나 용역을 제공받을 수 있는 권리를 포함한다)(이하 "재화등"이라 한다)에 관한 다음 각 목의 계약(제2호에 따른 선불식 할부계약에 해당하는 경우는 제외한다)을 말한다. 가. 소비자가 사업자에게 재화의 대금이나 용역의 대가(이하 "재화등의 대금"이라 한다)를 2개월 이상의 기간에 걸쳐 3회 이상 나누어 지급하고, 재화등의 대금을 완납하기 전에 재화의 공급이나 용역의 제공(이하 "재화등의 공급"이라 한다)을 받기로 하는 계약(이하 "직접할부계약"이라 한다) 나. 소비자가 신용제공자에게 재화등의 대금을 2개월 이상의 기간에 걸쳐 3회 이상 나누어 지급하고, 재화등의 대금을 완납하기 전에 사업자로부터 재화등의 공급을 받기로 하는 계약(이하 "간접할부계약"이라 한다)'을 말한다(할부거래법 2조 1호).

98) 「방문판매」란 '재화 또는 용역(일정한 시설을 이용하거나 용역을 제공받을 수 있는 권리를 포함한다. 이하 같다)의 판매(위탁 및 중개를 포함한다. 이하 같다)를 업(業)으로 하는 자(이하 "판매업자"라 한다)가 방문을 하는 방법으로 그의 영업소, 대리점, 그 밖에 총리령으로 정하는 영업장소(이하 "사업장"이라 한다) 외의 장소에서 소비자에게 권유하여 계약의 청약을 받거나 계약을 체결(사업장 외의 장소에서 권유 등 총리령으로 정하는 방법으로 소비자를 유인하여 사업장에서 계약의 청약을 받거나 계약을 체결하는 경우를 포함한다)하여 재화 또는 용역(이하 "재화등"이라 한다)을 판매하는 것'을 말한다(방문판매법 2조 1호).

99) 「전화권유판매」란 '전화를 이용하여 소비자에게 권유를 하거나 전화회신을 유도하는 방법으로 재화등을 판매하는 것'을 말한다(방문판매법 2조 3호).

100) 「다단계판매」란 '다음 각 목의 요건을 모두 충족하는 판매조직(이하 "다단계판매조직"이라 한다)을 통하여 재화등을 판매하는 것'을 말한다. 가. 판매업자에 속한 판매원이 특정인을 해당 판매원의 하위 판매원으로 가입하도록 권유하는 모집방식이 있을 것 나. 가목에 따른 판매원의 가입이 3단계(다른 판매원의 권유를 통하지 아니하고 가입한 판매원을 1단계 판매원으로 한다. 이하 같다) 이상 단계적으로 이루어질 것. 다만, 판매원의 단계가 2단계 이하라고 하더라도 사실상 3단계 이상으로 관리·운영되는 경우로서 대통령령으로 정하는 경우를 포함한다. 다. 판매업자가 판매원에게 제9호 나목 또는 다목에 해당하는 후원수당을 지급하는 방식을 가지고 있을 것(방문판매법 2조 5호)

기서는 할부계약에 있어서의 매수인의 철회권에 관한 할부거래법의 규정을 간략하게 살펴보는 데 그치기로 한다.[102)]

(ⅰ) **소비자의 철회권 행사기간** 할부거래에서 소비자는 할부거래법 제6조 제1항[103)]에 따른 계약서를 받은 날부터 7일(다만, 그 계약서를 받은 날보다 재화등의 공급이 늦게 이루어진 경우에는 재화등을 공급받은 날부터 7일이며, 거래당사자가 그보다 긴 기간을 약정한 경우에는 그 기간을 말한다) 이내에 할부계약에 관한 청약을 철회할 수 있다(동법 8조 1항 1호). 그러나 소비자가 할부거래법 제6조 제1항에 따른 계약서를 받지 아니한 경우, 할부거래업자의 주소 등이 적혀 있지 아니한 계약서를 받은 경우, 할부거래업자의 주소 변경 등의 사유로 제6조 제1항에 따른 계약서를 받은 날부터 7일 이내에 청약을 철회할 수 없는 경우에는 그 주소를 안 날 또는 알 수 있었던 날 등 청약을 철회할 수 있는 날부터 7일 이내에 할부계약에 관한 청약을 철회할 수 있다(동조 1항 2호). 또한 제6조 제1항에 따른 계약서에 청약의 철회에 관한 사항이 적혀 있지 아니한 경우에는, 소비자는 청약을 철회할 수 있음을 안 날 또는 알 수 있었던 날부터 7일 이내에 할부계약에 관한 청약을 철회할 수 있으며(동조 1항 3호), 할부거래업자가 청약의 철회

---

101) 「통신판매」란 '우편·전기통신, 그 밖에 총리령으로 정하는 방법으로 재화 또는 용역(일정한 시설을 이용하거나 용역을 제공받을 수 있는 권리를 포함한다. 이하 같다)의 판매에 관한 정보를 제공하고 소비자의 청약을 받아 재화 또는 용역(이하 "재화등"이라 한다)을 판매하는 것을 말한다. 다만, 방문판매법 제2조 제3호에 따른 전화권유판매는 통신판매의 범위에서 제외한다(전자상거래법 2조 2호).

102) 할부거래법 및 방문판매법상의 청약의 철회에 관하여는 홍천룡, "할부거래법에 관한 연구", 경남법학 7집(경남대법학연구소, 1992/9), 23 이하; 同, "할부거래법과 방문판매법에 대한 고찰", 남송한봉희박사 화갑기념 「현대민법의 과제와 전망」(밀알, 1994/6), 1091 이하; 권오승, "할부매매", 사법행정 385호(한국사법행정학회, 1993/1), 12 이하; 엄영진, "민법상의 매매와 할부매매", 고시계 40권 10호, 1995/10, 43 이하 등 참조.

103) 할부거래법 제6조(할부계약의 서면주의) ① 할부거래업자는 총리령으로 정하는 바에 따라 다음 각 호의 사항을 적은 서면(「전자문서 및 전자거래 기본법」 제2조 제1호에 따른 전자문서를 포함한다. 이하 같다)으로 할부계약을 체결하여야 한다. 다만, 「여신전문금융업법」에 따른 신용카드회원과 신용카드가맹점 간의 간접할부계약의 경우 제4호, 제5호 중 지급시기 및 제11호의 사항을 적지 아니할 수 있다. 1. 할부거래업자·소비자 및 신용제공자의 성명 및 주소 2. 재화등의 종류·내용 및 재화등의 공급 시기 3. 현금가격 4. 할부가격 5. 각 할부금의 금액·지급횟수·지급기간 및 지급시기 6. 할부수수료의 실제연간요율 7. 계약금 8. 재화의 소유권 유보에 관한 사항 9. 제8조에 따른 청약철회의 기한·행사방법·효과에 관한 사항 10. 제11조 제1항에 따른 할부거래업자의 할부계약의 해제에 관한 사항 11. 제12조 제1항에 따른 지연손해금 산정 시 적용하는 비율 12. 제13조에 따른 소비자의 기한의 이익 상실에 관한 사항 13. 제16조에 따른 소비자의 항변권과 행사방법에 관한 사항 ② 할부거래업자는 할부계약을 체결할 경우에는 제1항에 따른 계약서를 소비자에게 발급하여야 한다. 다만, 「여신전문금융업법」에 따른 신용카드회원과 신용카드가맹점 간의 간접할부계약의 경우 소비자의 동의를 받아 해당 계약의 내용을 팩스나 「전자문서 및 전자거래 기본법」 제2조 제1호에 따른 전자문서(이하 이 조에서 "전자문서"라 한다)로 보내는 것으로 대신할 수 있으며, 팩스나 전자문서로 보낸 계약서의 내용이나 도달에 다툼이 있으면 할부거래업자가 이를 증명하여야 한다. ③ 신용제공자는 제1항 제4호부터 제6호까지, 제9호, 제11호부터 제13호까지의 사항을 적은 서면을 소비자에게 발급하여야 한다. ④ 할부계약이 제1항 각 호의 요건을 갖추지 못하거나 그 내용이 불확실한 경우에는 소비자와 할부거래업자 간의 특약이 없으면 그 계약내용은 어떠한 경우에도 소비자에게 불리하게 해석되어서는 아니 된다.

를 방해한 경우에는 그 방해행위가 종료한 날부터 7일 이내에 할부계약에 관한 청약을 철회할 수 있다(동조 1항 4호).

소비자가 할부거래법 제8조 제1항에 따라 청약을 철회할 경우에는 동조 제1항에 따른 기간 이내에 할부거래업자에게 청약을 철회하는 의사표시가 적힌 서면을 발송하여야 하며(동법 8조 3항), 동조 제1항에 따른 청약의 철회는 청약을 철회하는 서면을 발송한 날에 그 효력이 발생한다(동법 8조 4항).

청약의 철회에 관한 할부거래법 제8조 제1항을 적용함에 있어서 계약서의 발급사실과 그 시기, 재화등의 공급 사실과 그 시기에 관하여 다툼이 있는 경우에는 할부거래업자가 이를 입증하여야 한다(동법 8조 5항).

소비자가 할부거래업자에게 간접할부계약에 관한 청약을 철회한 경우에는 할부거래법 제8조 제1항에 따른 기간 이내에 신용제공자에게 청약을 철회하는 의사표시가 적힌 서면을 발송하여야 한다(할부거래법 9조 1항). 만약 소비자가 신용제공자에게 동조 제1항에 따른 서면을 발송하지 아니한 경우, 신용제공자의 할부금지급청구를 거절할 수 없다. 다만, 신용제공자가 동조 제1항의 기간 이내에 할부거래업자에게 재화등의 대금을 지급한 경우 또는 신용제공자가 할부거래업자로부터 제10조 제4항에 따른 할부금청구의 중지 또는 취소를 요청받은 경우에는 소비자가 그 서면을 발송하지 아니한 경우라도 신용제공자의 할부금지급청구를 거절할 수 있다(동조 2항).

(ii) **소비자가 철회권을 행사할 수 없는 경우** 소비자에게 책임 있는 사유로 재화등이 멸실되거나 훼손된 경우(다만, 재화등의 내용을 확인하기 위하여 포장 등을 훼손한 경우는 제외한다), 사용 또는 소비에 의하여 그 가치가 현저히 낮아질 우려가 있는 것으로서 대통령령으로 정하는 재화등[104]을 사용 또는 소비한 경우, 시간이 지남으로써 다시 판매하기 어려울 정도로 재화등의 가치가 현저히 낮아진 경우, 복제할 수 있는 재화등의 포장을 훼손한 경우, 그 밖에 거래의 안전을 위하여 대통령령으로 정하는 경우[105]에는 청약의 철회를 할 수 없다. 다만, 할부거래업자가 청약의 철회를 승낙하거나 할부거래법 제8조 제6항[106]에 따른 조치를 하지 아니한

---

104) 할부거래법시행령 제6조(소비자가 청약의 철회를 할 수 없는 경우) ① 법 제8조 제2항 제2호에서 "대통령령으로 정하는 재화등"이란 다음 각 호의 어느 하나에 해당하는 재화등을 말한다. 1. 「선박법」에 따른 선박 2. 「항공안전법」에 따른 항공기 3. 「철도사업법」 및 「도시철도법」에 따른 궤도를 운행하는 차량 4. 「건설기계관리법」에 따른 건설기계 5. 「자동차관리법」에 따른 자동차 6. 설치에 전문인력 및 부속자재 등이 요구되는 것으로서 다음 각 목에 해당하는 재화를 설치한 경우 가. 「고압가스 안전관리법」 제3조 제4호에 따른 냉동기 나. 전기냉방기(난방겸용인 것을 포함한다) 다. 보일러

105) 할부거래법시행령 제6조(소비자가 청약의 철회를 할 수 없는 경우) ② 법 제8조 제2항 제5호에서 "대통령령으로 정하는 경우"란 다음 각 호의 어느 하나에 해당하는 경우를 말한다. 1. 할부가격이 10만원 미만인 할부계약. 다만, 「여신전문금융업법」에 따른 신용카드를 사용하여 할부거래를 하는 경우에는 할부가격이 20만원 미만인 할부계약을 말한다. 2. 소비자의 주문에 따라 개별적으로 제조되는 재화등의 공급을 목적으로 하는 할부계약

106) 할부거래법 제8조(청약의 철회) ⑥ 할부거래업자는 제2항 제2호부터 제4호까지의 규정에 따라 청약을

경우에는 제8조 제2항 제2호부터 제4호까지에 해당하는 경우에도 청약을 철회할 수 있다(동법 8조 2항). 할부거래법 제8조 제2항 각 호 중 어느 하나에 해당하는지 여부에 관하여 다툼이 있는 경우에는 할부거래업자가 이를 입증하여야 한다(동조 5항).

(iii) **철회권 행사의 효력** 소비자가 할부거래법 제8조에 따라 청약을 철회한 경우, 소비자는 이미 공급받은 재화등을 반환하여야 함은 물론이다(동법 10조 1항). 이 경우, 소비자로부터 재화등의 계약금 또는 할부금을 지급받은 자 또는 소비자와 할부계약을 체결한 자를 포함하여 할부거래업자는 재화를 공급한 경우에는 소비자로부터 재화를 반환받은 날부터 3영업일 이내에, 용역을 제공한 경우에는 제8조 제3항에 따른 청약을 철회하는 서면을 수령한 날부터 3영업일 이내에 이미 지급받은 계약금 및 할부금을 환급하여야 한다. 이 경우 할부거래업자가 소비자에게 재화등의 계약금 및 할부금의 환급을 지연한 때에는 그 지연기간에 따라 이자제한법에서 정한 이자의 최고한도의 범위에서 대통령령으로 정하는 이율(현재 연 15%)[107]을 곱하여 산정한 지연배상금을 함께 환급하여야 한다(동법 10조 2항). 소비자에게 이미 용역(일정한 시설을 이용하거나 용역을 제공받을 권리는 제외한다)이 제공된 때에는, 할부거래업자는 이미 제공된 용역과 동일한 용역의 반환을 청구할 수 없다(동법 10조 3항). 간접할부계약의 경우, 할부거래업자는 할부거래법 제8조 제3항에 따른 청약을 철회하는 서면을 수령한 때에는 지체 없이 해당 신용제공자에게 재화등에 대한 할부금의 청구를 중지 또는 취소하도록 요청하여야 한다. 이 경우, 할부거래업자가 신용제공자로부터 해당 재화등의 대금을 이미 지급받은 때에는 지체 없이 이를 신용제공자에게 환급하여야 한다(동법 10조 4항). 신용제공자가 할부거래업자로부터 할부금의 청구를 중지 또는 취소하도록 요청받은 경우, 신용제공자는 지체 없이 이에 필요한 조치를 취하여야 한다. 이 경우, 소비자가 이미 지불한 할부금이 있는 때에는 지체 없이 이를 환급하여야 한다(동법 10조 5항). 할부거래업자가 할부거래법 제10조 제4항에 따른 요청을 지연하여 소비자로 하여금 신용제공자에게 할부금을 지불하게 한 경우에는 할부거래업자는 소비자가 지불한 금액에 대하여 소비자가 환급받는 날까지의 기간에 대한 지연배상금을 소비자에게 지급하여야 한다(동법 10조 6항). 신용제공자가 할부거래법 제10조 제5항에 따른 환급을 지연한 경우, 신용제공자는 그 지연기간에 따른 지연배상금을 소비자에게 지급하여야 한다. 다만, 할부거래업자가 할부거래법 제10조 제4항에 따른 요청을 지연하여 신용제공자로 하여금 소비자에 대한 할부금의 환급을 지연하게 한 경우에는, 그 할부거래업자가 지연배상

철회할 수 없는 재화등에 대하여는 그 사실을 재화등의 포장이나 그 밖에 소비자가 쉽게 알 수 있는 곳에 분명하게 표시하거나 시용(試用) 상품을 제공하는 등의 방법으로 소비자가 청약을 철회하는 것이 방해받지 아니하도록 조치하여야 한다.

107) 할부거래법시행령 제7조(지연배상금의 이율) 법 제10조 제2항 각 호 외의 부분 후단에서 "대통령령으로 정하는 이율"이란 연 100분의 15를 말한다.

금을 지급하여야 한다(동법 10조 7항).

(iv) **소비자에게 불이익을 주는 행위의 금지** 할부거래업자 또는 신용제공자는 소비자가 청약을 철회함에 따라 소비자와 분쟁이 발생한 경우, 분쟁이 해결될 때까지 할부금 지급거절을 이유로 해당 소비자를 약정한 기일 이내에 채무를 변제하지 아니한 자로 처리하는 등 소비자에게 불이익을 주는 행위를 하여서는 아니 된다(할부거래법 10조 8항). 할부거래업자는 소비자가 할부거래법 제8조에 따라 청약을 철회한 경우, 이미 재화 등이 사용되었거나 일부 소비된 경우에는 그 재화 등을 사용하거나 일부 소비하여 소비자가 얻은 이익 또는 그 재화 등의 공급에 든 비용에 상당하는 금액으로서 대통령령으로 정하는 범위의 금액[108]을 초과하여 소비자에게 청구할 수 없다(동법 10조 9항). 할부거래업자는 소비자가 할부거래법 제8조에 따라 청약을 철회한 경우에 공급받은 재화 등의 반환에 필요한 비용을 부담하며, 소비자에게 청약의 철회를 이유로 위약금 또는 손해배상을 청구할 수 없다(동법 10조 10항).

이상에서 설명한 바와 같이, 할부거래법 등 소비자계약에 도입되어 있는 청약의 철회권(cooling-off권)은 '일방적 의사표시에 의하여 의사표시의 효력을 장래에 향하여 소멸시키는 형성권을 의미하는 우리 민법상의 「철회」(Widerruf)와는 그 법적 성질과 효력을 전혀 달리하는 것으로서, 그 효력 면에서는 소급효(계약의 소급적 소멸)가 인정되는 계약의 「해제」와 매우 유사하다. 그러므로 영어 "cooling-off"에 해당하는 우리말 법률용어는 "해제"라고 보아야 할 것이다. (☞ 제4절 「계약의 해제와 해지」)

(D) **청약의 구속력의 존속기간** 청약의 구속력이 존속하는 기간은 승낙기간을 정한 경우와 정하지 않은 경우로 나누어 살펴보아야 한다.

a) **승낙기간을 정한 청약의 경우** 이 경우, 청약자는 승낙기간 동안에는 청약의 의사표시를 철회하지 못한다. 그리고 청약자가 그 기간 내에 승낙의 통지를 받지 못한 때에는 청약의 효력이 상실되므로, 청약의 철회는 문제될 여지가 없다(528조 1항).

b) **승낙기간을 정하지 아니한 청약의 경우** 이 경우, 청약자는 상당한 기간 동안 철회하지 못한다. 또한 청약자가 상당한 기간 내에 승낙의 통지를 받지 못한 때에는 청약의 효력이 상실되므로, 이 경우에도 청약의 철회는 문제될 여지가 없다(529조).[109] 결국 '① 청약의 철회를

---

108) 할부거래법시행령 제8조(재화등이 일부 사용된 경우 등의 비용청구 범위) 법 제10조 제9항에서 "대통령령으로 정하는 범위의 금액"이란 다음 각 호의 어느 하나에 해당하는 금액을 말한다. 1. 재화등의 사용으로 소모성 부품을 재판매하기 곤란하거나 재판매가격이 현저히 하락하는 경우에는 해당 소모성 부품을 공급하는 데에 든 금액 2. 여러 개의 가분물(可分物)로 구성된 재화등의 경우에는 소비자의 일부 소비로 소비된 부분을 공급하는 데에 든 금액

109) 현행민법과는 달리, 구 의용민법은 '승낙의 기간을 정하지 아니하고 격지자에게 한 청약은 청약자가 승낙의 통지를 받는 데 상당한 기간 동안은 이를 취소(「철회」의 의미임: 저자 주)할 수 없다'고 규정함으로써(동법 524조), '승낙의 통지를 받는 데 상당한 기간'이 경과한 후에는 청약자가 철회할 수 있었다.

인정하는 명문규정이 있는 경우, ② 청약의 의사표시가 상대방에게 도달하기 전에 전화 등을 이용하여 철회하거나 철회 가능성이 유보된 청약의 경우, ③ 근로자의 근로계약의 합의해지에 대한 청약(퇴직)의 의사표시 등 청약의 철회가 인정되는 몇 가지 경우를 제외하고는 우리 민법하에서 청약의 철회가 문제될 여지는 없다.

(E) 청약의 승낙적격 : 청약의 실질적 효력

a) 의 의 청약의 효력이 발생하면 상대방의 승낙의 의사표시만 있으면 계약을 성립시킬 수 있게 된다. 이와 같이 '승낙에 의하여 계약을 성립시킬 수 있는 청약의 효력'을 「청약의 실질적 효력」 또는 「승낙적격(承諾適格)」이라고 한다. 그런데 승낙은 청약의 효력이 발생한 때부터 소멸할 때까지 행하여져야 하므로, 승낙적격의 문제는 결국 「청약의 존속기간」의 문제라고 할 수 있다.

b) 청약 수령자의 법적 지위(승낙의 자유와 그 제한) 청약의 수령자는 승낙에 의하여 계약을 성립시킬 수 있는 법적 지위에 있는데, 이러한 청약 수령자의 법적 지위는 승낙이라는 일방적 의사표시에 의하여 계약관계를 발생시킬 수 있는 지위이므로, 이를 형성권이라고 할 수 있다. 그러나 청약의 수령자가 승낙에 의하여 계약을 성립케 할 것인가의 여부는 전적으로 그의 자유에 속하는 것이며, 예약을 한 경우를 제외하고는 승낙 여부의 확답을 할 의무도 지지 않는 것이 원칙이다. 이를 「승낙자유의 원칙」이라고 한다. 즉, 청약은 청약 수령자에 대하여는 어떠한 구속력도 갖지 않는 것이 원칙이므로, 청약자가 청약에서 '일정한 기간 내에 이의를 하지 아니하면 승낙한 것으로 간주한다'는 뜻을 표시하였다고 하더라도 이는 상대방을 구속하지 아니하고, 그 기간은 경우에 따라 단지 승낙기간을 정하는 의미를 가질 수 있을 뿐이다(대법원 1999.1.29.선고, 98다48903 판결). 따라서 청약 수령자는 「현실청약」에 의하여 청약과 함께 송부된 물건을 수령할 의무가 없으며, 보관의무도 지지 않는다.[110] 다만, 체약강제(締約强制)가 이루어지는 영역에서는 승낙자유의 원칙이 배제되고 있으며, 상법은 정형적·반복적으로 행해지는 상사거래의 특징을 고려하여, 상인에 대하여 상시거래관계에 있는 자로부터 그 영업부류에 속한 계약의 청약을 받은 때에는 지체 없이 그 승낙 여부(諾否)의 통지를 발송할 의무(낙부통지의무)를 부여하고, 이를 해태한 때에는 승낙한 것으로 간주하는 규정을 두고 있다는 점에 주의할 필요가 있다(상법 53조).

c) 승낙기간이 정해진 청약의 승낙적격 승낙기간이 정해진 청약에서는 그 승낙기간 내에 한하여 승낙할 수 있다(528조 1항). 즉, 승낙기간이 경과하면 청약은 승낙적격을 상실한다. 이와 관련하여, 대법원판결 중에는 '부동산매도의 청약에서 즉시 매수의사를 밝힐 것을 요구하

110) 상법은 제60조에서 민법의 원칙에 대한 특칙으로서, '상인이 그 영업부류에 속한 계약의 청약을 받은 경우에 견품 기타의 물건을 받은 때에는 그 청약을 거절한 때에도 청약자의 비용으로 그 물건을 보관하여야 한다'고 규정하고 있다.

였음에도 불구하고 상대방이 1년 8개월이나 지나서 대금을 변제공탁하였다면, 청약은 이미 승낙기간을 경과하여 효력의 상실되었다'고 판시한 사례가 있다(대법원 1995.4.7.선고, 94다55668 판결). 또한 승낙은 승낙기간 내에 도달하여야 하므로(도달주의), 통상적으로는 승낙의 통지가 승낙기간 내에 도달할 수 있는 경우였다고 하더라도 실제로는 승낙기간이 경과한 후에 청약자에게 도달한 경우에는 계약은 성립할 수 없다(대법원 1994.8.12.선고, 92다23537 판결).111) 다만, 이러한 경우에는 승낙자가 계약의 성립을 신뢰하여 이행의 준비를 하는 등 불측의 손해를 입을 가능성이 많으므로, 청약자는 청약수령자에게 '지연의 통지'를 미리 발송한 경우를 제외하고는 지체 없이 '연착의 통지를 할 의무'가 있다(528조 2항). 만약 청약자가 연착의 통지를 하지 아니한 경우에는 승낙의 통지는 연착되지 아니한 것으로 간주되므로(528조 3항), 계약은 유효하게 성립한다. 또한 승낙기간이 경과된 후에 도달한 승낙이라 할지라도 청약자가 이를 새로운 청약으로 볼 수 있으므로(530조), 청약자가 다시 이에 대하여 승낙하여 계약을 성립시킬 수도 있다.

d) 승낙기간이 정해지지 아니한 청약의 승낙적격 승낙기간을 정하지 아니한 계약의 청약은 청약자가 상당한 기간 내에 승낙의 통지를 받지 못한 때에는 그 효력을 잃는다(529조). 즉, 상대방은 청약자가 승낙의 통지를 받는 데 필요하다고 인정되는 상당한 기간 내에 한하여 승낙할 수 있으며, 승낙의 통지는 상당한 기간 내에 청약자에게 도달되어야 한다(도달주의). 다만, 상당한 기간이 경과한 후에 도착한 승낙(연착된 승낙)도 청약자가 이를 새로운 청약으로 볼 수 있으므로(530조), 청약자는 이에 대하여 다시 승낙의 의사표시를 함으로써 계약을 성립시킬 수 있음은 승낙기간이 정해진 청약의 경우와 마찬가지이다. 여기서 "상당한 기간"이라 함은 '청약이 상대방에게 도달하여 상대방이 그 내용을 받아들일지 여부를 결정하여 회신을 함에 필요한 기간'을 가리키는데, 이는 구체적인 경우에 청약과 승낙의 방법, 계약내용의 중요도, 거래의 관행 등의 여러 사정을 고려하여 객관적으로 정하여야 할 것이다(대법원 1999.1.29.선고, 98다48903 판결).112)

(라) 청약의 소멸

청약은 상대방의 승낙의 의사표시와 결합하여 계약을 성립시킬 목적으로 행하여지는 의사표시이므로, 상대방의 승낙에 의하여 계약이 성립되면 청약은 그 목적을 달성하여 소멸한

---

111) 판례평석: 연기영, "연착된 승낙의 효력", 「로스쿨계약법」(청림출판, 2006/3), 183 이하.

112) 법무부 민법개정위원회의 「2013년 민법개정시안」은 청약의 승낙적격에 관한 제528조와 제529조를 삭제하고 제530조의 규정을 수정하여 이를 제530조에 옮겨 규정하는 내용의 개정안을 제안한 바 있으나, 이를 청약의 구속력에 대한 현행민법 규정과 비교해볼 때 의미 있는 변화라고 보기는 어렵다. 다만, 청약자의 승낙의 연착통지의무를 규정한 현행민법 제528조 제2항과 제3항의 규정이 「2013년 민법개정시안」에서 삭제됨으로써 도달주의의 원칙을 관철하여 청약자의 연착통지의무가 배제된 것으로 해석될 우려가 있다.

다. 그 밖에도 청약은 상대방의 거절, 승낙기간(상당한 기간)의 경과, 청약자의 철회 등으로 인하여 그 효력이 소멸한다.

2) 승 낙

(가) 승낙의 의의

「승낙」(Annahme; acceptation)이라 함은 '청약의 수령자가 청약에 응하여 계약을 성립시킬 목적으로 하는 의사표시'를 말한다.

(나) 승낙의 성립요건

(A) 청약자에 대한 의사표시　승낙은 특정한 청약자에 대하여 계약을 성립시킬 목적으로 하는 의사표시이므로 불특정인에 대한 승낙은 있을 수 없다. 즉, 승낙은 구체적인 청약에 대한 것이어야 하며, 이 점에서 승낙은 청약과 다르다.

(B) 승낙의 방법　승낙의 방법에 대해서는 아무런 제한이 없고 반드시 명시적인 것이어야 하는 것도 아니다(대법원 1992.10.13.선고, 92다29696 판결). 그러나 실제거래에서는 승낙자가 계약서에 서명하거나 서명·날인함으로써 승낙의 의사표시를 하는 것이 일반적이다.

(C) 청약의 내용과의 객관적 합치　승낙은 청약의 내용과 객관적으로 합치하여야 한다. 청약과 승낙의 「객관적 합치」의 의미에 대하여는 이미 전술하였으므로, 여기서는 그 설명을 생략하기로 한다.

(D) 승낙적격이 존속 중일 것　승낙은 청약이 효력을 가지는 기간, 즉 승낙적격의 존속기간 내에 행하여야 한다. 따라서 승낙적격이 소멸한 때(승낙기간을 정한 경우에는 승낙기간이 경과한 때, 승낙기간을 정하지 아니한 경우에는 '상당한 기간'이 경과한 때)에는 승낙을 하여도 계약은 성립하지 않는다. 그러나 연착된 승낙은 새로운 청약으로 볼 수 있으며(530조), 보통 그 기간 내에 도달할 수 있는 승낙임에도 불구하고 연착된 경우에는 청약자가 승낙자에 대하여 연착의 통지를 하지 않으면 연착된 승낙에 의하여 계약이 성립한다는 것은 전술한 바와 같다(528조 2항·3항).

(다) 승낙자유의 원칙과 그 제한 : 체약강제(締約强制)

청약의 수령자가 승낙을 하느냐의 여부는 전적으로 그의 자유에 속하며(승낙자유의 원칙), 청약의 수령으로 인한 어떠한 불이익도 받지 않는 것이 원칙임은 앞에서 살펴본 바와 같다. 그러나 체약강제가 행해지는 영역에서는 「승낙자유의 원칙」이 배제되며, 상시 거래관계에 있는 자로부터 그 영업부류에 속한 계약의 청약을 받은 때에는 지체 없이 그 낙부의 통지를 발송할 의무가 있는 상인이 이러한 청약에 대한 낙부통지의무를 게을리 하는 경우에는 승낙한 것으로 간주된다는 점도 전술한 바와 같다(상법 53조). 그러므로 이하에서는 현행법상 체약강제의 현황과 그 문제점에 관하여 간략하게 살펴보기로 한다.

(A) 체약강제의 의의 계약법에서 사적 자치의 원칙을 구현하는 법원리인 「계약자유의 원칙」은 20세기에 들어오면서 많은 제한을 받아 그 모습이 상당히 변형되고 있는데,[113] 그 대표적인 모습의 하나가 체약강제이다. 「체약강제」(Kontrahierungszwang)라 함은 '계약당사자의 일방 또는 쌍방이 법률에 의하여 계약을 체결할 의무를 부담하는 경우'를 말하는데, 주로 청약 수령자의 승낙의 자유를 제한하는 형태로 행해진다.

(B) 독점적 공익사업에서의 체약강제 전기(전기사업법 14조)[114]·가스(도시가스사업법 19조)[115]·수도(수도법 39조 1항)[116] 등 일반시민들의 일상생활에 필수적인 재화를 공급하는 사업 또는 우편(우편법 50조)[117]·통신(전기통신사업법 3조 1항)[118]·운송(화물자동차 운수사업법 12조 1항 2호)[119] 등의 중

---

113) '「계약자유의 원칙」의 현대적 변용'에 대하여서는, 임정평, "계약자유원칙론 형성소고", 경암홍천룡박사화갑기념 「민법의 과제와 현대법의 조명」, 1997/11, 389 이하 참조.

114) 전기사업법 제14조(전기공급의 의무) 발전사업자, 전기판매사업자 및 전기자동차충전사업자는 대통령령으로 정하는 정당한 사유 없이 전기의 공급을 거부하여서는 아니 된다.

115) 도시가스사업법 제19조(도시가스사업자의 공급 의무) ① 가스도매사업자는 제20조 제1항에 따른 공급규정에서 별도로 정한 사유나 그 밖에 정당한 사유 없이 일반도시가스사업자, 도시가스충전사업자 또는 산업통상자원부령으로 정하는 대량수요자에게 공급하기로 한 천연가스의 공급을 거절하거나 공급이 중단되게 하여서는 아니 된다. ② 제1항에도 불구하고 가스도매사업자는 제18조 제2항에 따라 산업통상자원부장관에게 제출하는 가스공급계획에 공급의무가 반영된 경우 외에는 자가소비용직수입자에 대한 천연가스 공급의무를 부담하지 아니한다. ③ 일반도시가스사업자는 다음 각 호의 어느 하나에 해당하는 경우를 제외하고는 그 허가받은 공급권역에 있는 가스사용자에게 도시가스의 공급을 거절하거나 공급이 중단되게 하여서는 아니 된다. 1. 가스공급시설의 설치가 필요한 지역으로 가스공급을 신청하는 가구 수가 시·도 고시로 정하는 수 미만인 경우 2. 철도·고속철도, 상·하수도, 하천, 암반 등 지형이 특수하여 가스공급시설 설치가 기술적으로 곤란하거나 시설의 안전확보가 곤란한 경우 3. 지리, 환경 등 지역여건을 감안할 때 가스공급이 부적절하다고 대통령령으로 정한 경우 4. 다른 법령에서 정하는 바에 따라 가스공급시설에 대한 공사가 제한되어 있는 경우 5. 그 밖의 정당한 사유가 있는 경우

116) 수도법 제39조(급수의무) ① 일반수도사업자는 수돗물의 공급을 원하는 자에게 정당한 이유 없이 그 공급을 거절하여서는 아니 된다. ② 일반수도사업자가 부득이한 이유로 일시 수돗물을 공급할 수 없는 경우에는 미리 그 구역과 기간을 정하여 공고하여야 한다. ③ 일반수도사업자는 수돗물의 공급을 거절하려는 경우에는 2개월 이상의 유예기간을 두고 공급 거절의 사유와 이를 시정하지 아니하면 수돗물의 공급을 거절한다는 사실을 서면으로 통지하여야 한다.

117) 우편법 제50조(우편취급거부의 죄) 우편업무에 종사하는 자가 정당한 사유없이 우편물의 취급을 거부하거나 이를 고의로 지연시키게 한 경우에는 1년 이하의 징역 또는 1천만원 이하의 벌금에 처한다.

118) 전기통신사업법 제3조(역무의 제공의무 등) ① 전기통신사업자는 정당한 사유 없이 전기통신역무의 제공을 거부하여서는 아니 된다. ② 전기통신사업자는 그 업무를 처리할 때 공평하고 신속하며 정확하게 하여야 한다. ③ 전기통신역무의 요금은 전기통신사업이 원활하게 발전할 수 있고 이용자가 편리하고 다양한 전기통신역무를 공평하고 저렴하게 제공받을 수 있도록 합리적으로 결정되어야 한다.

119) 화물자동차 운수사업법 제12조(운수종사자의 준수사항) ① 화물자동차 운송사업에 종사하는 운수종사자는 다음 각 호의 어느 하나에 해당하는 행위를 하여서는 아니 된다. 1. 정당한 사유 없이 화물을 중도에서 내리게 하는 행위 2. 정당한 사유 없이 화물의 운송을 거부하는 행위 3. 부당한 운임 또는 요금을 요구하거나 받는 행위 4. 고장 및 사고차량 등 화물의 운송과 관련하여 자동차관리사업자와 부정한 금품을 주고받는 행위 5. 일정한 장소에 오랜 시간 정차하여 화주를 호객하는 행위 6. 문을 완전히 닫지 아니한 상태에서 자동차를 출발시키거나 운행하는 행위 7. 택시 요금미터기의 장착 등 국토교통부령으로 정하는 택시 유사표시행위 8. 제11조 제20항에 따른 조치를 하지 아니하고 화물자동차를 운행하는 행위

요한 「독점적 공익사업」을 경영하는 자는 정당한 사유가 없으면 재화나 용역의 공급을 거절할 수 없다. 특히 이른바 「생존배려(生存配慮)의 영역」에 속하는 독점적 공익사업에 있어서의 체약의무는 모든 국민에게 인간다운 생활을 할 권리를 보장하고 국가에 대하여 사회복지를 증진할 의무를 부과하고 있는 헌법의 정신에 비추어 볼 때(헌법 34조 1항·2항), 법규에 명문규정이 없더라도 체약강제의 법리를 인정하여야 할 것이다.[120]

생존배려의 영역에서의 독점적 공익사업자가 법률상의 체약의무를 불이행한 경우에는 계약체결을 거절당한 수요자에 대하여 불법행위로 인한 손해배상책임을 져야 함은 당연하다(750조). 나아가 공급규칙 등의 약관 또는 법령에 의하여 체약강제가 인정되는 범위에서는 승낙의 의미를 가지는 이용자의 이용의 의사표시에 의하여 계약은 즉시 성립하는 것으로 보아야 할 것이므로, 이용자의 이용의 의사표시에도 불구하고 독점적 공익사업자가 재화의 공급이나 용역의 제공을 거절하면 즉시 채무불이행으로 인한 손해배상책임이 발생한다고 이론구성하는 것도 가능하다고 생각된다. 왜냐하면 독점적 공익사업의 경우에는 국가의 사업허가와 이용약관의 공표에 의하여 불특정다수인으로서의 일반국민에 대한 공급계약의 청약이 이미 이루어진 것으로 해석할 수 있기 때문이다.

(C) 공공적 또는 공익적 직무담당자에 대한 체약강제 공증인(공증인법 4조 1항)[121]·집행관(집행관법 14조)[122]·법무사(법무사법 20조)[123] 등의 공공적 직무를 담당하는 자 또는 의료인[124](의료법 15조)[125]·약사 또는 한약사(약사법 24조 1항)[126] 등의 공익적 직무를 담당하는 자는 정당한 이유

120) 同旨: 곽윤직, 13 참조. 이러한 의미에서, 명문규정이 없거나 삭제되었더라도 항공운송업자·해상운송사업자·항만운송사업자 등에게도 운송의무가 인정된다고 해석하여야 할 것이다.

121) 공증인법 제4조(촉탁 인수 의무) ① 공증인은 정당한 이유 없이 제2조에 따른 촉탁(이하 "촉탁"이라 한다)을 거절하지 못한다. ② 공증인이 촉탁을 거절하는 경우에는 촉탁을 한 자(이하 "촉탁인"이라 한다)나 그 대리인에게 거절의 이유를 알려야 한다.

122) 집행관법 제14조(직무 거절 금지) 집행관은 그 직무에 관한 명령 또는 위임을 정당한 이유 없이 거절할 수 없다.

123) 법무사법 제20조(위임에 따를 의무 등) ① 법무사는 정당한 사유 없이 업무에 관한 위임을 거부할 수 없다. ② 법무사는 당사자 한쪽의 위임을 받아 취급한 사건에 관하여는 상대방을 위하여 서류를 작성하지 못한다. 다만, 당사자 양쪽의 동의가 있는 경우에는 그러하지 아니하다.

124) 의료법 제2조(의료인) ① 이 법에서 "의료인"이란 보건복지부장관의 면허를 받은 의사·치과의사·한의사·조산사 및 간호사를 말한다. ② 의료인은 종별에 따라 다음 각 호의 임무를 수행하여 국민보건 향상을 이루고 국민의 건강한 생활 확보에 이바지할 사명을 가진다. 1. 의사는 의료와 보건지도를 임무로 한다. 2. 치과의사는 치과 의료와 구강 보건지도를 임무로 한다. 3. 한의사는 한방 의료와 한방 보건지도를 임무로 한다. 4. 조산사는 조산과 임부·해산부·산욕부 및 신생아에 대한 보건과 양호지도를 임무로 한다. 5. 간호사는 다음 각 목의 업무를 임무로 한다. 가. 환자의 간호요구에 대한 관찰, 자료수집, 간호판단 및 요양을 위한 간호 나. 의사, 치과의사, 한의사의 지도하에 시행하는 진료의 보조 다. 간호요구자에 대한 교육·상담 및 건강증진을 위한 활동의 기획과 수행, 그 밖의 대통령령으로 정하는 보건활동 라. 제80조에 따른 간호조무사가 수행하는 가목부터 다목까지의 업무보조에 대한 지도

125) 의료법 제15조(진료거부금지 등) ① 의료인 또는 의료기관 개설자는 진료나 조산 요청을 받으면 정당한 사유 없이 거부하지 못한다. ② 의료인은 응급환자에게 「응급의료에 관한 법률」에서 정하는 바에 따

없이 직무의 집행을 거절할 수 없다는 공법상의 의무가 부과되어 있다. 특히 의사의 진료거부는 종래 심각한 사회문제가 되어왔는데, 이들 공공적 또는 공익적 직무담당자가 직무의 집행을 거부하거나 진료거부 등의 위법행위를 한 경우에는 불법행위책임을 지는 것은 물론, 위에서 설명한 독점적 공익사업자의 체약의무 위반의 경우와 마찬가지로, 이미 계약이 체결된 것으로 간주하여 계약위반의 채무불이행책임이 성립한다고 해석할 수 있다고 할 것이다. 한편 변호사는 공공적 직무를 수행하는 자라는 점에서는 집행관이나 법무사와 같으나, 이들과는 달리 체약의무는 부과되고 있지 않으며, 오히려 일정한 경우에는 사건의 수임을 제한받고 있다(변호사법 31조).[127)]

(D) 위험시설 보유자에 대한 체약강제 ① 「화재로 인한 재해보상과 보험가입에 관한 법률」(1973.2.6. 법률 제2482호로 제정: 이하 「화재보험법」으로 약칭)은 여러 사람이 출입 또는 근무하거나 거주하는 건물로서 화재의 위험이 큰 특수건물(동법 2조 3호)[128)]의 소유자에게 그 특수건물의 화재로 인하여 발생한 손해에 대하여 무과실책임을 부과하는 한편(동법 4조),[129)] 이러한 손해배

라 최선의 처치를 하여야 한다.

126) 약사법 제24조(의무 및 준수사항) ① 약국에서 조제에 종사하는 약사 또는 한약사는 조제 요구를 받으면 정당한 이유 없이 조제를 거부할 수 없다.

127) 변호사법 제31조(수임제한) ① 변호사는 다음 각 호의 어느 하나에 해당하는 사건에 관하여는 그 직무를 수행할 수 없다. 다만, 제2호 사건의 경우 수임하고 있는 사건의 위임인이 동의한 경우에는 그러하지 아니하다. 1. 당사자 한쪽으로부터 상의를 받아 그 수임을 승낙한 사건의 상대방이 위임하는 사건 2. 수임하고 있는 사건의 상대방이 위임하는 다른 사건 3. 공무원·조정위원 또는 중재인으로서 직무상 취급하거나 취급하게 된 사건 ② 제1항 제1호 및 제2호를 적용할 때 법무법인·법무법인(유한)·법무조합이 아니면서도 변호사 2명 이상이 사건의 수임·처리나 그 밖의 변호사 업무 수행 시 통일된 형태를 갖추고 수익을 분배하거나 비용을 분담하는 형태로 운영되는 법률사무소는 하나의 변호사로 본다. ③ 법관, 검사, 장기복무 군법무관, 그 밖의 공무원 직에 있다가 퇴직(재판연구원, 사법연수생과 병역의무를 이행하기 위하여 군인·공익법무관 등으로 근무한 자는 제외한다)하여 변호사 개업을 한 자(이하 "공직퇴임변호사"라 한다)는 퇴직 전 1년부터 퇴직한 때까지 근무한 법원, 검찰청, 군사법원, 금융위원회, 공정거래위원회, 경찰관서 등 국가기관(대법원, 고등법원, 지방법원 및 지방법원 지원과 그에 대응하여 설치된 검찰청법 제3조 제1항 및 제2항의 대검찰청, 고등검찰청, 지방검찰청, 지방검찰청 지청은 각각 동일한 국가기관으로 본다)이 처리하는 사건을 퇴직한 날부터 1년 동안 수임할 수 없다. 다만, 국선변호 등 공익목적의 수임과 사건당사자가 민법 제767조에 따른 친족인 경우의 수임은 그러하지 아니하다. ④ 제3항의 수임할 수 없는 경우는 다음 각 호를 포함한다. 1. 공직퇴임변호사가 법무법인, 법무법인(유한), 법무조합(이하 이 조에서 "법무법인등"이라 한다)의 담당변호사로 지정되는 경우 2. 공직퇴임변호사가 다른 변호사, 법무법인등으로부터 명의를 빌려 사건을 실질적으로 처리하는 등 사실상 수임하는 경우 3. 법무법인등의 경우 사건수임계약서, 소송서류 및 변호사의견서 등에는 공직퇴임변호사가 담당변호사로 표시되지 않았으나 실질적으로는 사건의 수임이나 수행에 관여하여 수임료를 받는 경우 ⑤ 제3항의 법원 또는 검찰청 등 국가기관의 범위, 공익목적 수임의 범위 등 필요한 사항은 대통령령으로 정한다.

128) 화재보험법상 "특수건물"이란 '국유건물·공유건물·교육시설·백화점·시장·의료시설·흥행장·숙박업소·다중이용업소·운수시설·공장·공동주택과 그 밖에 여러 사람이 출입 또는 근무하거나 거주하는 건물로서 화재의 위험이나 건물의 면적 등을 고려하여 대통령령으로 정하는 건물'을 말한다(동법 2조 3호).

129) 화재보험법 제4조(특수건물 소유자의 손해배상책임) ① 특수건물의 소유자는 그 특수건물의 화재로

상책임을 담보하기 위하여 「신체손해특약부화재보험」에 가입하여야 할 체약의무를 부과하고 있다(동법 5조).[130] ② 「자동차손해배상보장법」(1999.2.5. 법률 제5793호로 전부개정: 이하 「자동차손배법」으로 약칭)은 자기를 위하여 자동차를 운행하는 자(자동차보유자)[131]에게 그 운행으로 다른 사람을 사망하게 하거나 부상하게 한 경우 그 손해를 배상할 책임을 부과하는 동시에(동법 3조),[132] 위 손해배상액을 지급할 책임을 지는 책임보험등에 가입하여야 할 체약의무를 부과하고 있다(동법 5조).[133] ③ 「원자력손해배상법」(1969.1.24. 법률 제2094호로 제정)은 위험시설인 원자력발전소

인하여 다른 사람이 사망하거나 부상을 입었을 때 또는 다른 사람의 재물에 손해가 발생한 때에는 과실이 없는 경우에도 제8조 제1항 제2호에 따른 보험금액의 범위에서 그 손해를 배상할 책임이 있다. 이 경우 「실화책임에 관한 법률」에도 불구하고 특수건물의 소유자에게 경과실이 있는 경우에도 또한 같다. ② 특수건물 소유자의 손해배상책임에 관하여는 이 법에서 규정하는 것 외에는 민법에 따른다.

130) 화재보험법 제5조(보험가입의 의무) ① 특수건물의 소유자는 그 특수건물의 화재로 인한 해당 건물의 손해를 보상받고 제4조 제1항에 따른 손해배상책임을 이행하기 위하여 그 특수건물에 대하여 손해보험회사가 운영하는 특약부화재보험에 가입하여야 한다. 다만, 종업원에 대하여 「산업재해보상보험법」에 따른 산업재해보상보험에 가입하고 있는 경우에는 그 종업원에 대한 제4조 제1항에 따른 손해배상책임 중 사망이나 부상에 따른 손해배상책임을 담보하는 보험에 가입하지 아니할 수 있다. ② 특수건물의 소유자는 특약부화재보험에 부가하여 풍재(風災), 수재(水災) 또는 건물의 무너짐 등으로 인한 손해를 담보하는 보험에 가입할 수 있다. ③ 손해보험회사는 제1항과 제2항에 따른 보험계약의 체결을 거절하지 못한다. ④ 특수건물의 소유자는 다음 각 호에서 정하는 날부터 30일 이내에 특약부화재보험에 가입하여야 한다. 1. 특수건물을 건축한 경우: 건축법 제22조에 따른 건축물의 사용승인, 주택법 제49조에 따른 사용검사 또는 관계 법령에 따른 준공인가·준공확인 등을 받은 날 2. 특수건물의 소유권이 변경된 경우: 그 건물의 소유권을 취득한 날 3. 그 밖의 경우: 특수건물의 소유자가 그 건물이 특수건물에 해당하게 된 사실을 알았거나 알 수 있었던 시점 등을 고려하여 대통령령으로 정하는 날 ⑤ 특수건물의 소유자는 제4항의 특약부화재보험에 관한 계약을 매년 갱신하여야 한다.

131) 「자동차보유자」라 함은 '자동차의 소유자나 자동차를 사용할 권리가 있는 자로서 자기를 위하여 자동차를 운행하는 자'를 말한다(자동차손배법 2조 3호).

132) 자동차손배법 제3조(자동차손해배상책임) 자기를 위하여 자동차를 운행하는 자는 그 운행으로 다른 사람을 사망하게 하거나 부상하게 한 경우에는 그 손해를 배상할 책임을 진다. 다만, 다음 각 호의 어느 하나에 해당하면 그러하지 아니하다. 1. 승객이 아닌 자가 사망하거나 부상한 경우에 자기와 운전자가 자동차의 운행에 주의를 게을리 하지 아니하였고, 피해자 또는 자기 및 운전자 외의 제3자에게 고의 또는 과실이 있으며, 자동차의 구조상의 결함이나 기능상의 장해가 없었다는 것을 증명한 경우 2. 승객이 고의나 자살행위로 사망하거나 부상한 경우

133) 자동차손배법 제5조(보험 등의 가입 의무) ① 자동차보유자는 자동차의 운행으로 다른 사람이 사망하거나 부상한 경우에 피해자(피해자가 사망한 경우에는 손해배상을 받을 권리를 가진 자를 말한다. 이하 같다)에게 대통령령으로 정하는 금액을 지급할 책임을 지는 책임보험이나 책임공제(이하 "책임보험등"이라 한다)에 가입하여야 한다. ② 자동차보유자는 책임보험등에 가입하는 것 외에 자동차의 운행으로 다른 사람의 재물이 멸실되거나 훼손된 경우에 피해자에게 대통령령으로 정하는 금액을 지급할 책임을 지는 「보험업법」에 따른 보험이나 「여객자동차 운수사업법」, 「화물자동차 운수사업법」 및 「건설기계관리법」에 따른 공제에 가입하여야 한다. ③ 다음 각 호의 어느 하나에 해당하는 자는 책임보험등에 가입하는 것 외에 자동차 운행으로 인하여 다른 사람이 사망하거나 부상한 경우에 피해자에게 책임보험등의 배상책임한도를 초과하여 대통령령으로 정하는 금액을 지급할 책임을 지는 「보험업법」에 따른 보험이나 「여객자동차 운수사업법」, 「화물자동차 운수사업법」 및 「건설기계관리법」에 따른 공제에 가입하여야 한다. 1. 「여객자동차 운수사업법」 제4조 제1항에 따라 면허를 받거나 등록한 여객자동차 운송사업자 2. 「여객자동차 운수사업법」 제28조 제1항에 따라 등록한 자동차 대여사업자 3. 「화물자동차 운수사업법」 제3조 및 제29조에 따라 허가를 받은 화물자동차 운송사업자 및 화물자동차 운송가맹사업

의 보유자에게 원자력사고로 인한 손해에 대한 무과실책임을 부과하고(동법 3조),[134] 「원자력손해배상책임보험계약」 및 「원자력손해배상보상계약」을 체결하거나 손해배상금을 공탁하는 등 손해배상조치의무를 부과하고 있다(동법 5조).[135]

(E) 명령된 계약 국가 또는 국가기관이 법률에 의거하여 특정인에게 일정한 물건을 일정한 조건으로 다른 특정인에게 매각 또는 임대할 것을 명령함으로써 당사자 사이에 마치 계약이 체결된 것과 같은 법률관계(매매나 임대차관계)가 성립하게 되는 경우가 있는데, 이 경우에 당사자 사이에 성립하는 계약을 「명령된 계약」(diktierter Vertrag)이라 한다.[136] '명령된 계약에서는 당사자의 합의 또는 법률의 규정이 아니라 국가의 행정명령이 채권관계의 발생원인이 되므로 이를 계약으로 볼 수 있는가?' 하는 의문이 제기될 수 있다. 그러나 후술하는 바와 같이 계약의 구속력의 기초를 반드시 당사자의 의사에서만 찾아야 할 이유는 없는 것이므로 「명령된 계약」도 계약으로 보아야 할 것이다. 따라서 법규에 특별한 규정이 없는 한 명령된 계약에 대해서도 계약의 효력에 관한 민법의 규정이 적용된다고 할 것이다. 과거 권위주의가 지배하던 군사독재정권하에서는 명령된 계약의 근거가 될 수 있는 법령이 꽤 있었으나,[137]

자 4. 「건설기계관리법」 제21조 제1항에 따라 등록한 건설기계 대여업자 ④ 제1항 및 제2항은 대통령령으로 정하는 자동차와 도로(「도로교통법」 제2조 제1호에 따른 도로를 말한다. 이하 같다)가 아닌 장소에서만 운행하는 자동차에 대하여는 적용하지 아니한다. ⑤ 제1항의 책임보험등과 제2항 및 제3항의 보험 또는 공제에는 각 자동차별로 가입하여야 한다.

134) 원자력손해배상법 제3조(무과실책임 및 책임의 집중 등) ① 원자로의 운전등으로 인하여 원자력손해가 생겼을 때에는 해당 원자력사업자가 그 손해를 배상할 책임을 진다. 다만, 그 손해가 국가 간의 무력 충돌, 적대 행위, 내란 또는 반란으로 인하여 발생한 경우에는 배상책임을 지지 아니한다. ② 원자력손해가 원자력사업자 간의 핵연료물질 또는 그에 의하여 오염된 것의 운반으로 인하여 생겼을 때에는 그 핵연료물질의 발송인인 원자력사업자가 그 손해를 배상할 책임을 진다. 다만, 그 손해배상책임에 관하여 원자력사업자 간에 특약이 있는 경우에는 그 특약에 따른다. ③ 제1항이나 제2항의 경우에는 같은 항에 따라 손해를 배상할 책임을 지는 원자력사업자 외의 자는 그 손해를 배상할 책임을 지지 아니한다. ④ 선박에 설치한 원자로의 운전등으로 인하여 생긴 원자력손해에 대해서는 상법 제769조, 제770조, 제773조, 제875조 및 제881조를 적용하지 아니한다. ⑤ 원자로의 운전등으로 인하여 생긴 원자력손해에 대해서는 「제조물책임법」을 적용하지 아니한다.

135) 원자력손해배상법 제5조(손해배상조치의무) ① 원자력사업자는 원자력손해를 배상하기 위하여 필요한 조치(이하 "손해배상조치"라 한다)를 하기 전에는 원자로의 운전등을 할 수 없다. ② 제1항에 따른 손해배상조치는 원자력손해배상 책임보험계약 및 원자력손해배상 보상계약의 체결 또는 공탁으로 한다.

136) 곽윤직, 14; 김상용, 15 참조.

137) 예컨대, ① 농림부장관이 "양곡수급의 차질 또는 급격한 곡가 변동으로 말미암아 식량사정의 악화 기타 경제적 혼란이 야기될 우려가 있을 경우에 이를 방지하기 위하여 필요하다고 인정하는 때" 국무회의의 심의를 거쳐 대통령의 승인을 얻어 양곡의 생산자·소유자·양곡매매업자·양곡가공업자에게 매도대상자·매도량·매도방법·매도가격 등을 지정하여 각기 보유하는 양곡을 매도할 것을 명할 수 있도록 규정하고 있던 「양곡관리법」(1963.8.7. 법률 제1386호로 제정, 1996.8.8. 법률 제5153호로 개정된 것) 제17조의 규정은 1999.1.21.의 개정법률(법률 제5665호)에 의하여 폐지되었으며, ② "비료의 급격한 가격앙등과 공급부족으로 안전영농에 차질이 발생할 우려가 있을 때"에 농림부장관이 비료업자에 대하여 일시적으로 그 시기 및 수량 등을 명시하여 생산·판매 및 수입에 관한 사항을 명하거나, "비료의 공급부족을 방지하기 위하여 긴급한 조치가 필요한 경우"에 일시적으로 그 시기 및 수량 등을 명시하여 수출

현재는 대부분 폐지되어 그 사례를 찾기 어렵다. 다만, 「국가유공자 등 예우와 지원에 관한 법률」(1984.8.2. 법률 제3742호로 제정: 이하 「국가유공자법」으로 약칭)은 국가보훈처장으로 하여금 국가유공자 중 취업지원 대상자를 대통령령으로 정하는 바에 따라 업체등에 고용할 것을 명할 수 있도록 규정하고 있는데(동법 34조 3항),[138] 이 규정에 따라 업체와 국가유공자 중 취업지원대상자 사이에 근로계약이 체결되면 이른바 「명령된 계약」이 발생한다고 할 수 있을 것이다.

(라) 승낙의 방식

현행민법상 승낙의 방법이나 방식에 대한 특별한 제한은 없다는 점은 전술한 바와 같다. 따라서 묵시적 의사표시에 의한 승낙도 가능하다. 예컨대, 청약의 상대방이 청약의 내용대로 주문된 물건을 송부하거나, 청약과 동시에 송부되어 온 물건의 대금을 지급하는 등 계약의 이행행위를 하는 경우에는 청약에 대한 묵시적 승낙을 한 것으로 해석된다. 다만, 승낙의 방법이 예약이나 청약, 또는 거래의 관습에 의하여 미리 정해져 있는 경우에는 그 방법에 의하여야 함은 물론이다.

이와 관련하여, 대법원판결 중에는 '계속적 물품공급거래계약에서 유효기간을 계약체결일로부터 1년으로 하되 채권자와 주채무자 사이에 이의가 없는 한 기간을 1년간씩 자동으로 연장하기로 약정하였다면, 계약기간 동안의 물품대금채무를 보증한 연대보증인도 특별한 사정이 없는 한 계약기간의 자동연장에 관하여 동의 또는 묵시적 승낙을 하였다고 보아야 한다'고 판시한 사례가 있다(대법원 1993.2.12.선고, 92다45520 판결 등).[139] 다만, '채권자와 주채무자 사이의 대리점계약기간이 쌍방의 해약의사표시가 없는 한 자동연장되는 것으로 약정된 경우라고 하더라도 실제로는 그 계약이 자동으로 갱신된 것이 아니라 매년 대리점계약과 연대보증계약이 매년 갱신 체결되는 등의 특별한 사정이 있는 경우에는, 연대보증계약의 자동갱신에 대한 묵시적

에 관한 사항을 명할 수 있도록 규정한 「비료관리법」(1976.12.31. 법률 제2985호, 1996.8.8. 법률 제5153호로 개정된 것) 제5조 제3항 및 제4항의 규정도 1999.3.31. 같은 법 개정법률(법률 제5947호)에 의하여 폐지되었다. 또한 ③ 농림부장관이 공익상 필요하다고 인정할 때 농업창고업자에 대하여 그 지정하는 농산물 또는 기타 물건의 임치를 받게 하고 임치물의 검사 기타의 행위를 할 것을 명할 수 있도록 규정하고 있었던 「농업창고업법」(1961.12.30. 법률 제906호) 제14조의 규정도 1996.8.14. 법률 제5160호로 폐지되었다.

138) 국가유공자법 제34조(보훈특별고용) ③ 국가보훈처장은 다음 각 호의 구분에 따라 취업지원 대상자를 대통령령으로 정하는 바에 따라 업체등에 고용할 것을 명할 수 있다. 1. 업체등이 제2항에 따른 통보를 한 경우: 업체등이 선택한 취업지원 대상자 2. 업체등이 대통령령으로 정하는 정당한 사유 없이 제2항에 따른 통보를 하지 아니한 경우(고용할 것을 명할 인원보다 적은 취업지원 대상자를 선택하여 통보한 경우를 포함한다): 국가보훈처장이 복수로 추천한 취업지원 대상자 중 선택한 사람 3. 제1항 단서에 따라 복수로 추천하지 아니한 경우: 국가보훈처장이 지정한 취업지원 대상자 ④ 국가보훈처장은 제3항에 따라 고용할 것을 명하는 경우에는 업체등을 지정하여 대통령령으로 정하는 바에 따라 해당 취업지원 대상자에게 취업할 것을 통지하여야 한다. ⑤ 제29조 제1항 제4호 및 제5호에 해당하는 사람을 제3항에 따라 업체등에 고용할 것을 명하는 경우 그 취업지원 연령의 상한 등은 대통령령으로 정한다.

139) 같은 취지: 대법원 1991.12.24.선고, 91다9091 판결; 대법원 1991.10.22.선고, 91다25932 판결.

승낙이 있는 것으로 볼 수 없다'는 것이 판례의 입장이다(대법원 1994.6.28.선고, 93다49208 판결). 또한 판례는 '제3자가 대여금채무를 지급하기 위하여 발행한 당좌수표를 채권자가 교부받았다거나, 그 당좌수표를 채권자에게 발행한 이후 제3자가 매월 이자를 채권자에게 지급하여 왔다는 사정 등만으로는 제3자가 대여금채무를 면책적으로 인수하였다거나 채권자가 채무자와 제3자 사이의 면책적 채무인수의 약정을 묵시적으로 승낙한 것으로 볼 수는 없다'고 한다(대법원 1998.3.13.선고, 97다52493 판결).

(마) 승낙의 효력발생시기 : 계약의 성립시기

(A) 문제의 소재 　계약은 청약과 승낙이라는 두 개의 의사표시의 합치에 의하여 성립하는 법률행위이므로, '승낙의 의사표시가 효력을 발생한 때에 계약이 성립한다'고 하는 것이 논리적이다. 대화자 사이의 계약 성립시기에 관하여는 민법에 특별한 규정이 없으므로, 「도달주의의 원칙」(111조 1항)에 따라서 '승낙의 의사표시가 상대방에게 도달한 때 승낙의 효력이 발생하고 계약이 성립한다'고 해석하는 데 이론이 없다. 그러나 격지자(隔地者) 사이의 승낙의 효력발생시기에 관하여서는 학설상 견해가 대립하고 있다.

이와 같이 격지자 사이의 승낙의 효력발생시기, 즉 계약의 성립시기에 관하여 견해가 대립하게 된 것은 민법의 규정상의 모순에 기인한다. 즉, 민법은 의사표시의 효력발생시기에 관하여 이른바 「도달주의의 원칙」을 취하고 있으며(111조 1항), 청약의 구속력에 관해서도 이러한 「도달주의의 원칙」에 따라 승낙기간을 정한 경우에는 그 승낙기간 내에, 승낙기간을 정하지 아니한 경우에는 상당한 기간 내에 청약자가 승낙의 통지를 받지 못한 경우에는 청약이 효력을 잃는 것으로 규정하고 있다(528조 1항, 529조). 그러므로 이들 규정에 따르면, 계약의 성립시기는 '승낙의 의사표시가 청약자에게 도달하여 그 효력을 발생한 때'라고 하여야 할 것이다. 그러나 민법은 계약의 성립시기에 관하여 '격지자 간의 계약은 승낙의 통지를 발송한 때 성립한다'고 규정하고 있다(531조). 이는 「도달주의의 원칙」에 입각하여 청약의 효력발생시기를 규정하고 있는 제528조 제1항 및 제529조와는 모순되게 「발신주의」를 취한 것인데, 계약의 성립시기(승낙의 효력발생시기)를 둘러싸고 해석론상의 견해가 대립하게 된 것은 이와 같은 민법의 규정상의 모순에 기인하는 것이다. 즉, 청약 수령자가 승낙기간 내에 또는 상당한 기간 내에 청약자에게 승낙의 의사표시를 발송하였으나 그 의사표시가 위 기간 내에 청약자에게 도달하지 아니한 경우, 제531조에 의하면 계약은 유효하게 성립한 것이 되지만, 제528조 제1항과 제529조에 의하면 청약의 효력이 상실됨으로써 결과적으로 계약은 불성립으로 끝나게 된다는 모순이 발생하게 된다.

(B) 입법례 　계약의 성립시기(승낙의 효력발생시기)에 관한 입법례는 일치하지 않는다.[140)]

140) 승낙의 효력발생시기와 계약의 성립시기에 관한 입법례의 상세는 김욱곤, "승낙의 효력발생시기에 관

a) **프랑스민법** 2016.2.10. 오르도낭스 제2016-133호로 개정되기 전의 프랑스민법(이하 「개정 전 프랑스민법」으로 약칭」)은 계약의 성립에 관한 일반규정을 두고 있지 않았으며, 개별적 계약에서 일관성이 없는 몇 개의 특별규정을 두고 있을 뿐이었다.[141] 예컨대, 프랑스민법은 증여계약의 효력발생에 관하여 수신주의(受信主義)를 취한 제932조,[142] 제3자를 위한 계약에 관하여 표백주의(表白主義)를 취하고 있다고 해석되는 제1121조,[143] 그리고 위임계약에 관하여 발신주의를 취하고 있다고 해석되는 제1985조[144] 정도의 규정을 두고 있을 뿐이었다. 이러한 상호 모순되는 특별규정들로부터 일반적 원칙을 도출한다는 것은 매우 어려우므로 '계약의 성립시기에 관한 일반규정을 제정할 필요가 있다'는 입법론이 제기되고 있었는데,[145] 이러한 주장에 따라 프랑스는 2016년에 민법을 개정하여 「도달주의」에 입각한 계약의 성립시기에 관한 일반규정을 신설하였다(C.c. Art. 1113,[146] 1121[147]).

b) **독일민법** 독일민법은 계약의 성립시기에 관한 명문규정을 두고 있지 않다. 다만, 독일민법은 총칙 편에 의사표시의 효력발생시기에 관하여 「도달주의의 원칙」을 취한 규정을 두고 있을 뿐이다(BGB §130 I).[148] 이에 따라 학설은 '계약의 성립에 있어서도 의사실현에 의한 경우(BGB §151)[149] 또는 공정증서에 의한 경우(BGB §152)[150]를 제외하고는 청약의 승낙적격에

한 일고찰", 성균관법학 5호(성균관대법학연구소, 1994/12), 145 이하 참조.

141) 김욱곤, 상게논문, 145~146 참조.

142) 프랑스민법 제932조: (1) 생전증여는 수증자가 명백한 표현으로 그것을 승낙한 날 이후에 비로소 증여자를 구속하고 효력을 발생한다. (2) 승낙은 그 원본이 보관되는 사후의 공정증서에 의하여 증여자의 생전에 이루어질 수 있다. 그러나 증여는 승낙을 인증하는 서면이 증여자에게 통지되는 날로부터 비로소 증여자에 대하여 효력이 있다.

143) 프랑스민법 제1121조: 제3자를 위한 약정이 자기 자신을 위하여 하는 약정의 조건이거나 혹은 다른 사람에게 하는 증여의 조건인 경우에는 제3자의 이익을 위한 약정도 할 수 있다. 이 약정을 한 당사자는 제3자가 수익의 의사표시를 한 경우에는 더 이상 그것을 철회할 수 없다.

144) 프랑스민법 제1985조: 위임은 공정증서에 의하거나 편지와 같은 사서증서에 의하여 부여할 수 있다. 그것은 또한 구두로도 부여될 수 있다. 그러나 증언에 의한 증거는 「계약 또는 합의에 의한 채무 일반」의 장(章)에 따른 경우에 한하여 인정된다. (2) 위임의 승낙은 묵시적일 수도 있고, 수임자가 그에게 부여된 사무를 집행함으로써 이루어질 수도 있다.

145) Ghestin, n° 252 et suv.; B. Starck, Droit civil obligations, litec Droit, n° 315~316. 계약의 성립시기에 관한 프랑스의 학설과 판례의 상세는 김욱곤, 전게논문(주 140), 146~149 참조.

146) 프랑스민법 제1113조: (1) 계약은 당사자가 의무를 부담하겠다는 의사를 표시하는 청약과 승낙의 만남에 의하여 성립한다. (2) 이 의사는 표의자의 선언 또는 분명한 행태에 의하여 야기될 수 있다.

147) 프랑스민법 제1121조: 계약은 승낙이 청약자에게 도달한 때에 체결된다. 그것은 승낙이 도달한 곳에 존재한다고 간주된다.

148) 독일민법 제130조(격지자에 대한 의사표시의 효력발생) (1) 타인에게 하는 의사표시는 그것이 격지자 사이에 행하여진 때에는 그 타인에게 도달한 때부터 그 효력이 발생한다. 의사표시는 그것이 상대방에게 도달하기 전이나 그와 동시에 철회의 통지가 상대방에게 도달한 때에는 효력이 없다.

149) 독일민법 제151조(청약자에 대한 의사표시가 없는 승낙) 승낙이 청약자에 대하여 표시되지 아니한 경우에도, 거래의 관습상 그러한 의사표시를 기대할 수 없거나 청약자가 이를 포기한 때에는 계약은 청약에 대한 승낙만으로써 성립한다. 이 경우에 청약이 그 효력을 잃는 시기는 청약 또는 제반사정으로부터 추단되어지는 청약자의 의사에 의하여 정해진다.

관한 독일민법 제146조 내지 제149조[151]의 해석상 승낙의 의사표시가 청약자에게 도달한 때에 승낙의 효력이 발생하고 계약이 성립한다'고 해석하고 있다.[152]

c) **스위스채무법** 스위스채무법도 독일민법과 마찬가지로 계약의 성립에 관한 명문규정은 두고 있지 않다. 그러나 학설은 '청약의 승낙적격에 관한 스위스채무법 제3조 내지 제5조,[153] 그리고 청약과 승낙의 철회에 관한 제9조[154]의 규정에 의하여, 청약과 승낙의 의사표시는 상대방에게 도달한 때로부터 그 효력이 발생하며, 청약의 의사표시는 상대방에게 도달하기까지는 철회할 수 있다'고 해석하고 있다. 따라서 스위스채무법은 승낙의 효력발생시기, 즉 계약의 성립시기에 관하여 독일민법과 마찬가지로 「도달주의의 원칙」을 채택하고 있다고 할 수 있다.[155]

한편 스위스채무법은 격지자 사이의 계약의 효력발생시기에 관하여는 발신주의를 취하여, '격지자 사이에 이루어진 계약은 승낙의 의사표시가 발송된 때로부터 그 효력을 발생한

---

150) 독일민법 제152조(공정증서에 의한 승낙) 양 당사자가 동시에 출석하지 아니한 채 계약이 공증되는 경우에는, 다른 특별한 규정이 없는 한 계약은 제128조의 규정에 의하여 행해지는 승낙의 공증에 의하여 성립한다. 이 경우에 제151조 제2문의 규정을 준용한다.

151) 독일민법 제146조(청약의 소멸) 청약은 청약자에 대하여 그것이 거절되거나, 제147조 내지 제149조의 규정에 따라서 제 때에 승낙되지 아니한 때에는 그 효력을 상실한다. 제147조(승낙기간) (1) 대화자에 대한 청약은 즉시 승낙되어야만 한다. 전화기 또는 다른 기술적 설비를 통하여 개인으로부터 개인에게 이루어진 청약에 있어서도 역시 마찬가지이다. (2) 격지자 사이에 이루어진 청약에 대한 승낙은 청약자가 통상적인 사정 아래서 답신의 도착을 기대할 수 있을 때까지 행하여져야만 한다. 제148조(승낙기간의 지정) 청약자가 청약의 승낙을 위한 기간을 정한 경우에는, 승낙은 그 기간 내에 한하여 행해질 수 있다. 제149조(연착된 승낙의 의사표시) 승낙의 의사표시가 청약자에게 늦게 도착한 경우에, 그것이 통상적인 운송의 경우에는 그에게 적기에 도착할 수 있었던 것이며 청약자가 이를 알았어야 하는 경우에는, 청약자가 미리 그 사실을 통지하지 않은 한 청약자는 그 의사표시를 수령한 후 지체 없이 승낙이 연착되었음을 승낙자에게 알려주어야 한다. 청약자가 이 통지를 지체하는 경우에는 그 승낙은 연착하지 아니한 것으로 유효하다.

152) 계약의 성립시기에 관한 독일민법의 해석론에 관한 상세는 김욱곤, 전게논문(주 140), 151 참조.

153) 스위스채무법 제3조(승낙기간이 있는 청약) (1) 타인에 대하여 계약의 체결을 위하여 청약을 행하고 승낙을 위한 기간을 둔 자는 그 기간이 만료될 때까지 청약에 구속된다. (2) 이 기간이 만료되기 전에 승낙의 의사표시가 청약자에게 도달하지 않은 경우에는, 청약자는 다시 자유로워진다. 제4조(승낙기간이 없는 청약) (1) 대화자에 대하여 기간을 정하지 아니하고 행한 청약은 즉시 승낙되지 않는 한 청약자를 더 이상 구속하지 않는다. (2) 계약당사자 또는 그 대리인이 직접 전화를 이용하는 경우에는, 대화자 간에 계약이 체결된 것으로 간주된다. 제5조(격지자 사이의 청약) (1) 격지자 사이에 기간을 정하지 않고 행해진 청약의 경우, 청약자는 정상적이고 적기에 발송한 때에는 그 회신의 도달을 기대할 수 있는 시점까지 구속된다. (2) 이 경우에 청약자는 자기의 청약이 적기에 도달한 것으로 전제할 수 있다. (3) 처음에는 적기에 발송된 승낙의 의사표시가 그 시각이 지난 후에 청약자에게 도착한 경우, 그가 구속되기를 원하지 않는다면 지체 없이 이를 승낙자에게 통지하여야 한다.

154) 스위스채무법 제9조(청약과 승낙의 철회) (1) 철회가 상대방에게 청약보다 먼저 또는 청약과 함께 도달한 경우, 혹은 철회가 상대방에게 더 늦게 도착하였으나 상대방이 청약에 대하여 알기 전에 철회가 먼저 알려진 경우에는, 청약은 행해지지 않은 것으로 간주된다. (2) 이는 승낙의 철회에서도 마찬가지이다.

155) 김욱곤, 전게논문(주 140), 151~154 참조.

다'고 규정하고 있는데(OR Art. 10),[156] 이 규정은 계약의 성립시기와는 아무런 관련이 없는 것이라고 한다.[157] 따라서 스위스채무법은 계약의 성립시기와 그 효력발생시기를 분리하여 계약의 성립시기(승낙의 효력발생시기)는 승낙의 도달 시를 기준으로 하고(도달주의), 계약의 효력발생시기는 승낙의 의사표시가 발송된 때를 기준(발신주의)으로 하는 매우 특이한 입법주의를 채택하고 있다.[158] 학설은 이처럼 스위스채무법이 계약이 성립하기 전에 계약의 효력이 발생하도록 규정한 이유를 '청약과 동시에 계약의 목적달성을 방해하지 말아야 할 소극적 의무를 부담하는 청약자와의 형평을 꾀하기 위하여 계약의 효력을 승낙의 발신 시로 규정함으로써 가능한 한 빨리 승낙자도 상응하는 계약상의 의무를 부담시킬 필요가 있기 때문'이라고 설명하고 있다.[159]

d) 일본민법 우리의 구 의용민법인 일본민법은 계약의 성립시기에 관하여, '격지자 사이의 계약은 승낙의 통지를 발한 때에 성립한다'고 규정하고 있으며(동법 526조),[160] 그 밖에도 계약의 성립에 관하여 우리 민법과 거의 대동소이한 규정을 두고 있다. 다만, 우리 민법은 청약의 구속력을 인정함과 동시에(527조), 승낙기간의 유무에 관계없이 승낙의 통지를 받지 못한 경우에는 청약의 효력이 당연히 상실되는 것으로 규정함으로써, 일단 효력이 발생된 청약의 철회 가능성을 원천적으로 봉쇄하고 있으나(528조 1항, 529조), 일본민법은 제한된 범위에서나마 청약의 철회를 인정하고 있다. 즉, 일본민법은 승낙기간을 정한 청약의 경우에는 철회를 금지하고, 승낙기간 내에 승낙의 통지를 받지 못한 경우에는 청약의 효력이 당연히 상실되는 것으로 규정함으로써 청약의 철회를 금지하고 있으나(동법 521조),[161] 승낙기간을 정하지 아니한 청약에 대하여서는 청약자의 철회에 의하여 비로소 청약의 효력이 소멸하는 것으로 규정하고 있다는 점에서(동법 524조),[162] 우리 민법과 차이가 있다. 또한 청약철회의 통지가 연착된 경우에 승낙자의 연착통지의무까지도 규정하고 있다는 점에서도 우리 민법과 차이가 있다(동법 527조).[163][164] 이와 같이 일본민법이 다른 대륙법계 민법들과는 달리, 계약의 성립시기

---

156) 스위스채무법 제10조(격지자 간에 체결된 계약의 효력발생) (1) 격지자 간에 체결된 계약은 승낙의 의사표시가 발송된 때로부터 그 효력을 발생한다.

157) 김욱곤, 전게논문(주 140), 153 참조.

158) Berner Kommentar, Art. 10, 1, p.50; Guhl, p.100; 김욱곤, 상게논문, 153 참조.

159) Berner Kommentar, Art. 10, Ⅲ, p.50.

160) 일본민법 제526조(격지자 간의 계약의 성립시기) ① 격지자 사이의 계약은 승낙의 통지를 발한 때에 성립한다. ② 청약자의 의사표시 또는 거래상의 관습에 따라 승낙의 통지를 필요로 하지 아니한 경우에는, 계약은 승낙의 의사표시로 인정되는 사실이 있었던 때에 성립한다.

161) 일본민법 제521조(승낙의 기간을 정한 청약) ① 승낙의 기간을 정하여 한 계약의 청약은 철회할 수 없다. ② 청약자가 전항의 청약에 대하여 전항의 기간 내에 승낙의 통지를 받지 아니한 때에는 그 청약은 그 효력을 잃는다.

162) 일본민법 제524조(승낙의 기간을 정하지 아니한 청약) 승낙의 기간을 정하지 아니하고 격지자에 대하여 한 청약은 청약자가 승낙의 통지를 받기에 상당한 기간을 경과하기까지는 철회할 수 없다.

163) 일본민법 제527조(청약의 철회의 통지의 연착) ① 청약취소의 통지가 승낙의 통지를 발한 후에 도달

를 '승낙통지를 발송한 때'로 규정함으로써 「발신주의」를 채택한 이유는 상공회의소 등 실업가의 의견에 따른 것으로서, 거래의 원활과 신속을 기하기 위함이었다고 한다.[165]

일본의 학설은 계약의 성립시기를 승낙의 효력발생시기와 결부시켜서 이해하는 데는 이설이 없으나, 승낙기간의 유무에 따른 차이를 인정하지 않고 발신주의를 취한 동법 제526조 제1항(우리 민법 531조에 해당)을 제한적으로 해석하는 견해(이를 「조건설」이라고 한다)와, 승낙기간의 유무에 따라서 발신주의에 관한 제526조 제1항을 제한하여 해석하는 정도를 달리하는 견해(이를 「발신원칙설」이라고 한다)가 대립하고 있다.

우선 「조건설」은 다시, ① '승낙의 효력은 승낙의 도달에 의하여 발생하지만(승낙의 효력발생에 대한 승낙도달설), 제526조 제1항에 의하여 승낙의 효력은 승낙의 발신 시로 소급되어 승낙발신 시에 계약이 성립하고 계약의 효력도 발생한다(계약성립에 대한 승낙발신설)'는 견해, ② '계약은 승낙의 통지가 도달한 때에 성립하지만, 일단 성립하면 그 계약의 효력은 승낙의 발신 시로 소급하여 발생한다'는 견해(승낙통지의 도달을 정지조건으로 하는 「정지조건설」), ③ '승낙은 발신에 의하여 불확정적인 효력이 발생하며, 그 도달에 의하여 효력이 확정되고 불도달에 의하여 완전히 그 효력을 잃는 것이므로, 원칙적으로 승낙의 발신과 동시에 승낙의 효력이 발생하고 계약은 성립하며, 승낙의 발신 후에는 철회가 불가능하다는 견해(불확정효력설) 등으로 나뉜다. 「발신원칙설」은 '승낙기간의 정함이 없는 경우에는 제526조에 의하여 승낙은 발신에 의하여 확정적으로 효력이 발생하지만, 승낙기간의 정함이 있는 경우에는 승낙의 도달을 필요로 한다'고 해석하는 견해인데, 이는 승낙기간 내에 승낙이 도달하지 않은 경우를 어떻게 해석할 것인가에 따라서 다시, ① '계약은 승낙의 발신만으로는 확정적으로 성립하지 않고 승낙의 통지가 청약자에게 도달한 때에 비로소 성립하지만, 계약은 발신 시로 소급하여 효력이 발생한다'는 견해(미필조건설), ② '승낙은 승낙기간 내에 도달하지 아니하는 것을 해제조건으로 하여 발신에 의하여 효력이 생기며, 계약의 성립도 같다'는 견해(해제조건설), ③ '승낙기간의 정함이 있는 경우에도 승낙은 발신에 의하여 확정적으로 효력을 발생하며, 일단 발신한 승낙은 그 도달 전에도 철회할 수 없으나, 승낙기간 내에 승낙이 도달하지 아니하면 청약의 효력이 소멸하기 때문에 계약은 결국 불성립으로 끝난다'는 견해(청약실효설) 등으로 나뉘고 있다. 이 중에서 '승낙기간 내에 승낙의 통지가 도달하지 않는 것을 해제

하였더라도 통상의 경우에는 그 전에 도달할 수 있는 때에 발송한 것임을 알 수 있는 때에는 승낙자는 지체 없이 청약자에 대하여 그 연착의 통지를 발하여야 한다. ② 승낙자가 전항의 통지를 태만히 한 때에는 계약은 성립하지 아니한 것으로 간주한다.

164) 계약의 성립에 관한 일본민법 규정에 관하여는 김욱곤, 전게논문(주 140), 154~155; 星野英一, "編纂過程から見た民法拾遺 -民法九二條·法例二條論, 民法九七條·五二六條·五二一條論-", 民法論集 第一卷(有斐閣, 1970), 184 이하 참조.

165) 「民法修正案理由書」, 415 참조.

조건으로 하여 승낙의 효력이 생기며 계약이 성립한다'고 해석하는 「해제조건설」이 다수설의 지위를 점하고 있다.[166)]

한편 2017.6.2. 법률 제44호에 의하여 개정된 일본민법(이하 「개정 일본민법」)은 계약의 성립시기에 관하여 '계약은 청약의 의사표시에 대하여 상대방이 승낙을 한 때에 성립한다'는 규정을 신설하였는데(동법 522조),[167)] 이로써 계약의 성립시기를 둘러싼 종래의 극심한 학설대립은 해소될 것으로 예상된다.

(C) 우리 민법에 있어서의 계약의 성립시기 우리 민법은 계약의 성립시기에 관하여, "격지자 간의 계약은 승낙의 통지를 발송한 때에 성립한다"고 규정하고 있다(531조). 이는 구 의용민법 제526조 제1항의 규정을 그대로 계승한 것인데, 이러한 사정으로 계약의 성립시기(승낙의 효력발생시기)에 관한 우리 민법의 해석론은 아직 일본민법학의 영향에서 벗어나지 못하고 있다. 즉, 국내의 학설은 크게 「발신주의설」과 「도달주의설」의 두 가지 견해가 대립되고 있으며, 「발신주의설」은 다시 「정지조건설」, 「해제조건설」, 「청약실효설」로 나뉘고 있으며, 구 의용민법하에서 다수설이었던 「해제조건설」이 지배적이라고 할 수 있다.

a) 발신주의설(發信主義說) 이는 '계약의 성립시기 = 승낙의 효력발생시기'라는 전제하에, 계약의 성립에 관하여 발신주의를 취한 제531조는 승낙의 효력발생시기에 관하여 발신주의를 규정한 것으로서, 의사표시의 효력발생시기에 관하여 「도달주의」의 원칙을 규정한 제111조 및 청약의 승낙적격(존속기간) 및 승낙의 효력발생시기에 관하여 「도달주의」의 원칙을 취하고 있는 제528조 제1항, 제529조에 대한 특칙으로서 보는 견해'를 총칭한다. 즉, 「발신주의설」은 승낙의 효력발생시기에 관하여, '제531조의 해석상 승낙은 발신에 의하여 효력이 발생하지만, 승낙의 의사표시가 승낙기간 내 또는 상당한 기간 내에 청약자에게 도달하지 않는 경우에는 제528조 제1항·제529조에 의하여 계약은 불성립으로 끝난다'고 해석하는 견해이다. 「발신주의설」은 다시 「정지조건설」, 「해제조건설」 및 「청약실효설」의 세 가지로 견해가 갈린다.

(i) 정지조건설(停止條件說) 이는 '승낙은 승낙의 통지가 승낙기간 내에 청약자에게 도달하는 것을 정지조건으로 하여 발신 시에 효력이 발생한다'고 해석하는 견해이다.[168)] 즉, '승낙의 통지가 승낙기간 내에 청약자에게 도달하면 승낙의 효력은 발신 시로 소급하여 발생하

---

166) 「해제조건설」은 梅謙次郎, 三猪信三, 我妻榮 등에 의하여 지지되었으며, 2차대전 후에는 柚木馨, 松坂佐一, 星野英一, 三宅正男 등에 의하여 지지됨으로써 다수설의 지위를 점하고 있다(일본주석민법(13)/谷川久, 158 이하 참조). 일본학설의 상세는 김욱곤, 전게논문(주 140), 156~163 참조.

167) 개정 일본민법 제522조(계약의 성립과 방식) ① 계약은 계약의 내용을 제시하여 그 체결을 청약할 의사표시(이하 「청약」이라 한다)에 대하여 상대방이 승낙을 한 때에 성립한다. ② 계약의 성립에는 법령에 특별한 정함이 있는 경우를 제외하고 서면의 작성 기타의 방식을 구비할 것을 요하지 아니한다.

168) 김상용, 53; 김형배, 106 참조.

고 이때에 계약이 성립하지만(531조), 승낙의 통지가 승낙기간 내에 청약자에게 도달하지 않으면 승낙의 효력은 소급하여 상실되므로(528조 1항, 529조), 계약은 불성립으로 끝난다'는 것이다.

(ii) **해제조건설**(解除條件說) 이는 '승낙의 효력은 승낙기간 내에 승낙통지의 불도달을 해제조건으로 하여 승낙통지를 발신한 때에 발생한다'는 견해이다.[169] 즉, '승낙통지를 발신한 때에 승낙의 효력이 발생하고 계약이 성립하지만(531조), 이러한 승낙의 효력은 불확정적인 것으로서 승낙통지가 승낙기간 내에 청약자에게 도달하면 승낙의 효력이 확정되지만, 승낙통지가 승낙기간 내에 도달하지 않는 경우(해제조건이 성취된 경우)에는 승낙의 효력은 승낙통지의 발신 시로 소급하여 상실되므로(528조 1항, 529조), 결국 계약은 불성립으로 끝나게 된다'는 것이다.

(iii) **청약실효설**(請約失效說) 이는 '승낙의 효력은 승낙통지를 발신한 때에 확정적으로 발생하며(531조), 승낙의 통지가 승낙기간 내에 청약자에게 도달하지 아니하더라도 승낙의 효력은 아무런 영향을 받지 아니하지만, 청약의 효력이 상실되므로(528조 1항, 529조) 계약은 결국 불성립으로 끝난다'고 해석하는 견해이다.[170]

b) 도달주의설(到達主義說) 이는 '계약은 승낙통지 발신 시에 성립하지만(531조), 승낙의 효력은 그 통지가 상대방에게 도달한 때에 발생한다'는 견해이다.[171] 이 견해는 '승낙의 효력은 의사표시의 효력발생시기에 관한 일반규정인 제111조와 제528조 제1항과 제529조의 규정에 따라서 승낙통지가 상대방에게 도달한 때에 발생한다'고 해석하여야 한다고 주장한다. 즉, 제528조 제1항 및 제529조는 도달주의의 원칙에 따른 규정이며, 제531조는 승낙의 효력발생시기를 규정한 것이 아니라 계약의 성립시기를 거래의 신속을 위하여 승낙통지의 발신 시로 소급시킨 규정이라는 것이다.[172] 즉, 이 견해는 '우리 민법은 스위스채무법과 마찬가지로 계약의 성립시기와 승낙의 효력발생시기를 분리하여 따로 규정한 것'이라고 한다.[173]

c) 학설의 검토 우선 어떠한 견해에 따르더라도 승낙통지가 승낙기간 내에 청약자에게 도달하지 않은 경우에는 계약은 불성립으로 끝나게 되므로(528조 1항, 529조), 승낙자가 승낙통지 불도달의 불이익을 부담한다는 점에는 차이가 없다. 다만, 어느 학설을 취하느냐에 따라서 승낙통지의 발신(도달) 여부에 대한 증명책임의 소재와 승낙 철회의 허용 여부가 달라진다. 즉, 증명책임의 소재에 있어서는 「해제조건설」이나 「청약실효설」을 취하는 경우에는 계약의 성립을 주장하는 자(승낙자)는 승낙통지의 발신 사실을 증명하면 충분하며, 계약의 성립을 부정하는 자(청약자)는 승낙기간 내에 승낙의 통지가 도달하지 아니하였다는 사실을 증명

---

169) 민법주해(12)/지원림, 217; 곽윤직, 43; 김증한/김학동, 42; 송덕수, 54; 이은영, 91 참조.
170) 김기선, 51 참조.
171) 김욱곤, 전게논문(주 140), 167~179; 이태재, 67~69 참조.
172) 김욱곤, 상게논문, 166; 이태재, 69 참조.
173) 이태재, 69 참조.

하여야 한다.[174] 그러나 「정지조건설」과 「도달주의설」을 취하는 경우에는, 계약의 성립을 주장하는 자(승낙자)가 승낙통지를 발송한 사실을 증명하여야 할 뿐만 아니라 승낙통지가 청약자에게 도달하였다는 사실까지 모두 증명하여야 한다.[175] 그리고 「발신주의설」을 취하는 경우에는 어떤 견해에 의하더라도 승낙통지의 발신 시에 불확정적이나마 이미 승낙의 효력이 발생하고 있으므로 승낙의 의사표시는 철회할 수 없다. 그러나 「도달주의설」을 취하는 경우에는 승낙의 통지가 청약자에게 도달하기 전에는 아직 승낙의 효력은 발생한 것이 아니므로 승낙의 의사표시를 철회할 수 있다.[176]

학설의 당부를 논하기에 앞서, 현행민법은 구 의용민법과 달리 일단 효력이 발생된 청약은 철회할 수 없으며(527조), 청약자가 승낙기간 또는 상당한 기간 내에 승낙의 통지를 받지 못한 경우에는 청약의 효력이 당연히 소멸하는 것으로 규정함으로써(528조 1항, 529조), 청약 철회의 가능성이 원천적으로 봉쇄되어 있다는 점에 유의할 필요가 있다.

① 「정지조건설」과 「해제조건설」은 '승낙기간 내에 승낙통지의 도달 또는 불도달을 법정조건으로 보아 조건 성취의 효력이 법률상 당연히 승낙통지 발신 시로 소급한다'고 해석하고 있으나, '이는 조건 성취의 소급효를 인정하지 않는 민법의 원칙(147조)에 부합하지 않는 해석'이라는 비판이 가능하다.[177] ② 「자기책임의 원칙」상 승낙 불도달의 위험은 승낙자가 부담하는 것이 타당하다고 할 것인데,[178] 증명책임에 있어서 승낙 불도달의 위험을 상대방인 청약자에게 전가시키는 결과를 초래하는 「발신주의설」은 형평에 어긋난다.[179] ③ 「발신주의설」은 계약이 성립하기 위해서는 승낙의 효력이 발생하여야 한다는 것을 전제로 하여, 계약의 성립시기를 승낙통지를 발송한 때로 규정하고 있는 제531조를 도달주의의 원칙을 규정한 제111조에 대한 특칙으로 해석하고 있으나, 승낙은 계약의 성립요건인 합의의 구성요소인 의사표시에 불과한 것이므로, 계약의 성립시기와 계약의 구성요소인 승낙의 효력발생시기는 이론상 별개의 문제라고 보아야 한다.[180] 계약의 성립시기(도달주의)와 계약의 효력발생시기(발신주의)를 분리하여 규정하고 있는 스위스채무법(OR Art. 10)을 보더라도 양자는 이론상 별개의 문제임을 알 수 있다(다만, 입법론으로서는 계약의 성립시기와 승낙의 효력발생시기를 일치시키는 것이 바람직하다고 생각한다). 학설 중에는 이론상으로는 「도달주의설」이 옳다고 하면서도 제531조가 거래의 신속을 위한 것임을 이유로 하여 「발신주의설」을 취하여야 한다는 견해도 있으

174) 김욱곤, 전게논문(주 140), 172; 곽윤직, 43; 송덕수, 53 참조.
175) 김욱곤, 상게논문, 171 참조.
176) 김욱곤, 상게논문, 172; 곽윤직, 43 참조.
177) 김욱곤, 상게논문, 168 참조.
178) 同旨: 이태재, 67 참조.
179) 상게논문, 172 참조.
180) 同旨: 김욱곤, 전게논문(주 140), 167; 주석채권각칙(Ⅰ)/이태재, 140 참조.

나,[181] 이는 잘못된 견해이다. 왜냐하면 어느 학설에 의하든 제531조의 해석상 계약의 성립 시기는 '승낙통지의 발신 시'라고 해석하지 않을 수 없으며, 승낙통지가 청약자에게 도달할 때까지는 승낙자가 불안한 지위에 있다는 점도 다를 바 없으므로, 어느 학설을 취하느냐에 따라서 거래의 신속 및 안전에 큰 차이가 생기는 것은 아니기 때문이다.[182] ④「청약실효설」은 '승낙기간 내에 승낙통지가 도달하지 않더라도 이미 발생한 승낙의 효력은 소멸하지 않으나, 청약의 효력이 소멸되므로 계약은 불성립으로 끝난다'고 주장하나 승낙은 청약의 유효를 전제로 하는 것이므로, 승낙기간 내에 승낙통지가 도달하지 않음으로써 청약의 효력이 소멸한 경우에는, 승낙의 효력을 논할 실익이 없다. 또한「청약실효설」이 주장하는 것처럼 승낙통지의 발송에 의하여 승낙이 효력을 발생하는 것이라면, 이 단계에서 승낙은 이미 청약과 결합하여 계약을 성립시킨 것이므로 청약은 독립한 존재의의를 상실하며, 그 이후에는 그 효력의 유무를 논의할 여지가 없게 된다. 즉, '승낙기간 내에 승낙이 불도달하는 경우, 승낙은 여전히 유효하나 청약만이 효력을 잃는다'는「청약실효설」의 주장은 법이론상 성립될 수 없다.[183]

「도달주의설」을 취하는 경우에는 '승낙통지가 청약자에게 도달하여 승낙의 효력이 발생하기 전인 승낙통지 시에 이미 계약이 성립한다는 것을 어떻게 설명할 것인가?' 하는 법이론상의 문제가 발생한다. 이에 대해서는, '승낙의 효력은 승낙통지가 청약자에게 도달한 때에 발생하나, 승낙의 통지가 승낙기간 내에 도달하여 효력을 발생한 이상 계약의 신속한 성립을 원하는 당사자의 의사를 존중하고 거래의 수요를 충족시키기 위하여, 승낙의 효력을 승낙통지의 발신 시로 소급하여 계약이 성립한 것으로 의제한 것이 제531조의 입법취지'라고 설명할 수 있다.[184]

「발신주의설」(「해제조건설」이나「정지조건설」에 한함)에 의하여 청약의 승낙적격에 관한 제528조 제1항·제529조, 그리고 계약의 성립시기를 승낙통지의 발송 시로 규정한 제531조에 대한 해석론을 수립하는 것도 불가능한 것은 아니다. 그러나 승낙통지의 도달 여부에 관한 증명책임은 승낙자가 부담하는 것이 형평의 원칙에 부합된다는 점, 승낙자에게 승낙통지의 철회 가능성을 열어두는 것이 보다 바람직하다는 점 등을 고려하면, 현행민법의 해석론으로서는「도달주의설」이 보다 합리적이라고 생각된다. 따라서 계약의 구성요소인 승낙의 효력은 일반원칙에 따라서 승낙의 의사표시가 승낙기간 내에 또는 상당한 기간 내에 청약자에게 도달한 때에 발생하지만(111조, 528조 1항, 529조), 계약은 제531조의 규정에 따라서 승낙의 통지를

181) 곽윤직, 43; 송덕수, 54 참조.
182) 同旨: 김욱곤, 전게논문(주 140), 169 참조.
183) 김욱곤, 상게논문, 169; 곽윤직, 43 참조.
184) 同旨: 김욱곤, 상게논문, 170 참조.

발송한 때에 소급하여 성립하고 그 효력을 발생하는 것으로 의제되는 것이라고 해석하여야 할 것이다. 이에 따라 '승낙의 도달 여부가 소송상 문제되는 경우에는 계약의 성립을 주장하는 자(승낙자)가 승낙기간 또는 상당한 기간 내에 승낙통지가 청약자에게 도달하였다는 사실을 증명하여야 하며, 승낙자는 승낙통지가 청약자에게 도달하기까지는 승낙의 의사표시를 자유롭게 철회할 수 있다'고 해석하여야 할 것이다.

입법론으로서는 계약의 성립시기에 관한 이러한 해석론상의 혼란을 없애기 위하여 계약의 성립시기(승낙의 효력발생시기)에 관해서도 도달주의의 원칙을 관철하는 것이 바람직하다.[185] 참고로 법무부 민법개정위원회의 「2013년 개정시안」은 계약의 성립시기를 도달주의에 입각하여 개정할 것을 제안한 바 있는데(동 개정시안 534조 1항),[186] 이는 승낙의 효력발생시기에 관한 「도달주의의 원칙」을 충실히 반영한 것이라고 할 수 있으며, 이는 타당한 입법제안이라고 생각된다. 만약 현행민법 제531조가 「2013년 민법개정시안」에 따라 개정된다면, 위에서 논한 계약의 성립시기에 관한 학설 대립은 소멸할 것으로 예상된다.

3) 계약의 경쟁체결

「계약의 경쟁체결(競爭締結)」이라 함은 '계약의 상대방이 되기를 원하는 자가 다수인 경우에 상대방으로 하여금 서로 경쟁하게 하여 그 중 가장 유리한 조건을 제시한 자와 계약을 체결하는 것'을 말한다. 이는 매매와 같은 쌍무계약에서 가장 유리한 조건으로 계약을 체결하려고 하거나 계약의 공정성을 확보하고자 하는 경우에 주로 이용되는데, 청약과 승낙에 의하여 계약이 성립되는 특수한 형태라고 할 수 있다.

계약의 경쟁체결에서의 문제는 '계약의 성립시기를 언제로 볼 것인가?' 하는 것인데, 이는 계약의 경쟁체결을 원하는 의사표시(통상적으로 광고에 의하여 행하여진다)를 청약으로 볼 것이냐, 아니면 청약의 유인에 지나지 않는 것으로 볼 것이냐에 달려있다. 즉, 경쟁체결에 붙이겠다는 의사표시를 청약으로 본다면, 가장 유리한 조건을 제시한 상대방의 의사표시를 승낙으로 보아야 하므로, '경쟁체결에 응한 자 중에서 가장 유리한 조건을 제시한 상대방의 의사표시가 도달한 때'를 계약의 성립시기로 보아야 할 것이다. 그러나 경쟁체결에 붙이겠다는 의사표시를 「청약의 유인」으로 본다면, 가장 유리한 조건을 제시한 자의 의사표시를 청약으로 보아야 하므로, '경쟁체결에 붙이겠다는 의사표시를 한 자가 승낙을 한 때에 계약이 성립한다'고 보아야 할 것이다.

계약의 경쟁체결에는 경매와 입찰의 두 가지 형태가 있는데, 각 경우에 대하여 구체적으로 살펴보기로 한다.

---

185) 계약의 성립시기에 관한 입법론에 대하여는 김욱곤, "승낙의 효력발생과 계약의 성립시기 -민법(재산법)개정의 착안점과 개정안을 보고-", 민사법학 19호(한국민사법학회, 2001/3), 294 이하 참조.

186) 「2013년 민법개정시안」 제534조(계약의 성립시기) ① 계약은 승낙이 청약자에게 도달한 때에 성립한다.

(가) 경매의 경우

「경매(競賣)」(Versteigerung; vente aux enchère; Auktion)라 함은 '매도인이 매수를 원하는 사람들에게 구두로 매수신청을 하게하고, 그중 최고가격으로 매수의 의사표시를 한 자에게 매도하는 것'을 말한다. 경매는 경매에 참가한 모든 자가 다른 경쟁자가 제시한 조건을 알 수 있도록 공개된 장소에서 구두로 이루어진다는 점에서 「입찰」과 개념상 구별된다.

경매는 국가기관에 의하여 이루어지는 「공경매(公競賣)」(öffentliche Versteigerung; vente publique)와 사인에 의하여 행하여지는 「사경매(私競賣)」의 두 가지로 나눌 수 있는데, 사적 자치가 허용되지 않는 공경매에 관하여는 민사집행법(80조 이하)과 국세징수법(61조 이하) 등에 의하여 상세히 규율되고 있으므로, 계약법에서는 사경매만이 연구대상이 된다.

경매에 붙이겠다는 의사표시를 매매의 청약으로 볼 것인가, 아니면 청약의 유인으로 볼 것인가 하는 문제는 그 의사표시의 해석에 달려있는 문제이다. 즉, 경매자의 경매에 붙이겠다는 의사표시가 이에 대응하는 최고가격의 신청이 있으면 반드시 계약을 성립시키겠다는 취지의 것으로 해석된다면 그 의사표시는 매매의 청약으로 보아야 할 것이지만, 불특정다수의 상대방이 제시하는 계약조건을 참작하여 승낙의 여부를 결정하겠다는 취지의 유보가 있는 경우에는 이를 청약의 유인으로 보아야 할 것이다.[187] 이 문제는 '값을 올려가는 경매'와 '값을 내려가는 경매'의 경우로 유형화하여 살펴보는 것이 편리하다.

(A) 값을 올려가는 경매 값을 올려가는 경매 중에서도 경매자가 가격을 제시하지 않고 단순히 경매의 의사표시만을 한 후 경매에 응한 자들의 최고가격의 제시를 기다리는 경우에는 경매의 의사표시는 청약의 유인에 지나지 않는다. 그러므로 이 경우에는 경매에 응한 자 중에서 최고가격을 제시한 자가 있더라도 다시 경매자의 승낙의 의사표시인 「경락(競落)」이 있어야 계약이 성립하게 되며, 특별한 의사표시가 없는 한 경매자가 승낙할 것인가의 여부는 그의 자유에 속하는 문제이다. 그러나 경매자가 경매의 의사표시를 하면서 최저가격을 제시한 경우에는 경매의 의사표시를 최저가격 이상이면 매도하겠다는 확정적인 의사표시, 즉 매도의 청약으로 보아야 한다. 따라서 경매에서 최고가격을 제시하는 것이 바로 승낙의 의사표시에 해당되며, 특별한 사정이 없는 한 계약은 최고가격이 제시된 때에 즉시 성립한다고 해석하여야 한다.[188] 그러나 실제의 경매에서는 경매자가 최고가를 3회 불러서 확인한 후 경락을 선언하는 것이 일반적이다.

(B) 값을 내려가는 경매 경매자가 일정한 가격을 제시하고 이에 응하는 자가 없는 경우에는 가격을 내려가는 방식으로 경매를 진행하는 경우도 있을 수 있는데, 이 경우에는 경매

187) 주석채권각칙(Ⅰ)/이태재, 126 참조.
188) 同旨: 민법주해(12)/지원림, 195; 곽윤직, 45; 김상용, 54; 송덕수, 55 참조.

의 의사표시를 매도의 확정적 의사표시, 즉 청약으로 보아야 할 것이다. 따라서 이 경우에는 경매에서 제시된 가격에 응하는 의사표시를 승낙으로 보아야 하고, 계약은 이 의사표시가 있은 때 성립한다고 해석하여야 할 것이다.[189] 그러나 실제로는 이러한 형태의 경매는 거의 이루어지지 않는다.

(나) 입찰의 경우

「입찰(入札)」(Submissionsangebot; adjudication)이라 함은 '계약체결을 원하는 자로 하여금 계약조건을 기재한 서면을 제출토록 하여 가장 유리한 조건을 제시한 자를 계약의 상대방으로 선정(이를 「낙찰(落札)」이라고 한다)하는 계약의 경쟁체결방법'을 말한다.[190] 입찰에서 응찰자는 다른 응찰자가 제시한 조건을 알 수 없다는 점과, 설사 응찰자가 이를 알았더라도 한번 제시한 자기의 조건을 수정할 수 없다는 점에서, 입찰은 경매와 다르다.

문제는 '입찰에 붙인다는 입찰자의 의사표시를 청약으로 볼 것인가, 청약의 유인으로 볼 것인가?' 하는 데 있다. 이 역시 결국은 의사표시의 해석에 달린 문제인데, 예외적인 경우도 있을 수 있지만 입찰에 붙인다는 의사표시는 청약의 유인에 해당되는 경우가 대부분이다(대법원 1977.2.22.선고, 74다402 판결). 따라서 '입찰에서는 응찰자의 응찰의 의사표시가 청약이며, 특별한 사정이 없는 한 그에 대한 승낙으로서 입찰자가 낙찰의 의사표시를 한 때 계약은 성립한다'고 해석된다(대법원 1978.4.11.선고, 78다371 판결). 이런 까닭에, 입찰에서는 입찰자가 반드시 낙찰을 하여야 할 의무(낙찰의무)가 있는 것은 아니며, 또한 낙찰을 하는 경우에도 반드시 가장 유리한 조건을 제시한 응찰자에게 낙찰하여야 하는 것도 아니다. 즉, 입찰자는 응찰자의 신용·자력의 유무 등을 종합적으로 고려하여 자유롭게 낙찰자를 선정할 수 있는 것이 원칙이다.[191] 다만, 거래의 실제에서는 낙찰의 의사표시와는 별개로 본계약을 체결하는 것이 일반적인데, 이러한 경우에는 낙찰의 의사표시에 의하여 입찰자에게 본계약체결의 의무가 발생하는 편무예약이 성립하는 데 그친다 할 것이다. 판례도 국가를 당사자로 하는 계약과 관련하여 이러한 법리를 확인한 바 있다(대법원 2006.6.29.선고, 2005다41603 판결 등).[192]

(2) 교차청약에 의한 계약의 성립

1) 교차청약의 의의

「교차청약(交叉請約)」이라 함은 '우연히 복수의 청약의 내용이 일치하는 경우'를 말한다.

---

189) 同旨: 민법주해(12)/지원림, 196; 곽윤직, 45; 김상용, 55; 송덕수, 55 참조.

190) 입찰은 민사집행법상의 강제경매 방법의 하나로서도 이용되는데, 이에 관하여는 민사집행법 제103조 이하 및 민사집행규칙 제61조 이하의 규정 참조.

191) 同旨: 민법주해(12)/지원림, 196; 곽윤직, 45; 김상용, 55; 송덕수, 55 참조.

192) 판례평석: 이범균, "국가를 당사자로 하는 계약에 관한 법률에 따른 낙찰자 결정의 법적 성질", 대법원판례해설 60호(법원도서관, 2006/12), 247 이하. 같은 취지: 대법원 1994.12.2.선고, 94다41454 판결.

<설례 2> 甲이 乙에게 '자기소유의 X부동산을 1,000만원에 매수하라'는 내용의 청약을 하였는데, 乙도 甲에게 'X부동산을 1,000만원에 사겠으니 매도하라'는 청약을 하였다. 甲과 乙 사이에 X부동산에 관한 매매계약이 성립하였다고 할 수 있는가?

'계약은 청약과 그에 대한 승낙에 의하여 성립한다'는 원칙을 엄격히 적용한다면, 위 <설례 2>에서 甲과 乙 사이에는 아직 매매계약이 성립하지 않으며, 甲 또는 乙은 다시 상대방의 청약에 대하여 같은 내용의 승낙을 하여야 할 것이다. 그러나 이는 무익한 절차의 반복을 강요하는 결과가 될 뿐만 아니라 甲과 乙 사이에 교차된 청약은 그 내용이 객관적·규범적으로 합치하며, 청약자들 모두가 계약의 성립을 원하고 있으므로, 실질적으로 당사자 사이에 합의가 있다고 할 수 있다. 민법은 '당사자의 의사를 존중하고 거래의 신속을 꾀하기 위하여 「교차청약」에 의한 계약의 성립을 인정하여야 한다'는 구 의용민법하에서의 학설·판례에 따라 제533조를 신설하여 교차청약에 의한 계약의 성립을 인정하고 있다.[193]

2) 교차청약에 의한 계약의 성립시기

민법은 '당사자 간에 동일한 내용의 청약이 상호교차된 경우에는 양 청약이 상대방에게 도달한 때 계약이 성립한다'고 규정함으로써(533조), 교차청약에 의한 계약의 성립시기에 관하여는 제531조의 원칙을 배제하고 도달주의의 원칙을 취하고 있다. 물론 이 규정이 없더라도 이론상 교차청약은 승낙에 의하여 계약이 성립하는 것이 아니므로, 제531조는 적용될 여지가 없다. 따라서 두 청약이 동시에 도달하지 않는 한, '계약은 나중에 도달한 청약이 상대방에게 도달하는 때에 성립한다'고 해석된다.[194]

(3) 의사실현에 의한 계약의 성립

1) 의사실현의 의의

「의사실현(意思實現)」(Willensbestätigung)이라 함은 '의사표시와 같이 일정한 효과의사를 외부에 표시할 목적으로 행하여진 것으로 볼 수는 없지만, 그로부터 일정한 효과의사를 추단할 수 있는 행위'를 말한다.[195] 즉, 그 자체로서는 의사표시라고 할 수 없는 행위이나 효과의사의 존재를 추단케 하는 행위를 말한다. 예컨대, 매도청약의 수령자가 청약과 함께 청약자가 송부해온 물건을 소비하거나 사용하는 행위, 또는 매수청약의 수령자가 매수주문을 장부에 기재하는 행위, 숙박업자가 숙박계약의 청약을 받고 방을 치우고 비워두는 등의 준비행위는

193) 제533조는 민법초안에는 없었으나, 국회의 심의과정에서 민사법연구회의 의견을 반영한 「현석호수정안」에 의하여 추가된 규정이다. 그 심의경과의 상세는 「국회속기록」 48호, 11; 명순구(실록), 327~329 참조.

194) 同旨: 주석채권각칙(Ⅰ)/이태재, 146; 민법주해(12)/지원림, 225; 곽윤직, 46; 김상용, 58; 김형배, 114; 송덕수, 58; 이은영, 97; 장재현, 90 참조.

195) 곽윤직, 47; 이은영, 94 참조.

매매계약이나 숙박계약의 청약에 대한 승낙의 의사실현행위라고 할 수 있다.

민법은 청약자를 보호하고 계약의 성립에 관한 당사자 사이의 분쟁을 피하기 위하여, 구 의용민법 제526조 제2항의 규정을 계승하여 의사실현에 의한 계약의 성립을 인정하는 명문 규정을 두고 있다(532조).

학설 중에는 의사실현행위를 승낙의 의사표시의 일종인 「추단적 의사표시」로 보는 견해가 꽤 많다(편의상 이 견해를 「추단적 의사표시설」이라고 칭하기로 한다).[196] 이 견해는 의사실현에 의한 계약의 성립을 인정한 제532조의 규정은 '청약자에 대하여 표시되지 아니한 승낙'이 있는 경우에도 계약의 성립을 인정하는 독일민법 제151조[197]의 규정에 따른 것으로 보고, '의사실현행위는 의사표시라는 점에서는 승낙의 의사표시와 차이가 없으나 청약자에 대하여 한 표시행위가 아니라는 점에서 승낙의 의사표시와 차이가 있을 뿐'이라고 주장한다.[198]

'의사실현행위를 의사표시의 일종으로 볼 것인가?' 하는 문제의 결론은 '의사표시의 본질을 어떻게 이해할 것인가?' 하는 문제와 결부되어 있으며, 그 결론에 따라 의사실현행위를 의사표시의 일종이라고 볼 수도 있을 것이다. 그러나 분명한 것은 우리 민법 제532조는 독일민법 제151조를 모범으로 하여 제정된 것이 아니라, 일본구민법 재산편 제307조 제1항[199]을 수정한 일본민법(구 의용민법) 제526조 제2항[200]의 규정을 계승한 것이라는 점이다. 그러므로 의사실현행위에 관한 우리 민법 제532조가 독일민법 제151조를 계수한 것임을 전제로 한 「추단적 의사표시설」은 타당하다고 볼 수 없다.

참고로 일본민법의 입법자 의사에 따르면, '매번 승낙의 통지를 발하여야 계약이 성립할 수 있는 불편을 없애고, 또한 문맹자도 계약을 할 수 있도록 배려하기 위해서 일본구민법 재산편 제307조의 규정을 수정하여, 청약의 상대방이 승낙의 통지를 발하지 아니한 경우라 하더라도 주문 받은 물건을 청약자에게 발송하거나 제조에 착수한 경우와 같이 승낙의 의사표시로 인정되는 사실이 있는 때에는 계약이 성립하는 것으로 하기 위하여 의사실현에 의한 계약성립에 관한 규정을 두었다'고 한다.[201]

---

196) 김상용, 56; 김증한/김학동, 48; 송덕수, 57; 양창수/김재형, 41 참조.

197) 독일민법 제151조(청약자에 대한 의사표시가 없는 승낙) 계약은 승낙이 청약자에 대하여 표시되지 아니한 경우에도 거래관행에 비추어 볼 때 그러한 승낙의 의사표시가 기대될 수 없거나 청약자가 이를 포기한 때에는, 청약의 승낙에 의하여 성립한다. 청약의 효력이 소멸하는 시점은 청약 또는 제반사정에 의하여 추정되는 청약자의 의사에 따라 정해진다.

198) 김증한/김학동, 48; 송덕수, 57; 양창수/김재형, 41 참조.

199) 일본구민법 재산편 제307조: ① 승낙은 서면, 구두 또는 용태로써 이를 할 수 있다. 다만, 이 마지막의 경우에는 달리 동의를 표시할 수단이 없을 것, 그리고 승낙할 의사의 확증이 있을 것을 요한다. ② 또한 승낙은 사정에 따라서 묵시에 의하여 성립할 수 있다.

200) 일본민법(구 의용민법) 제526조: ② 청약자의 의사표시 또는 거래상의 관습에 의하여 승낙의 통지를 필요로 하지 않는 경우에는 계약은 승낙의 의사표시로 인정되는 사실이 있는 때에 성립한다.

201) 「民法修正案理由書」, 440~445 참조.

(가) 묵시적 승낙과 의사실현행위의 구별

특별한 규정이 없는 한 계약은 묵시적 승낙에 의하여서도 성립할 수 있음은 전술한 바와 같은데, '의사실현행위와 묵시적 승낙은 어떻게 구별되는가?' 하는 것이 문제된다.

위에서 논한 바와 같이 반대의 견해도 있으나, 「의사실현행위」는 '승낙의 의사표시는 없으나 계약의 성립을 인정할 수 있는 승낙의 의사표시로 간주되는 사실행위'를 의미하는 것이므로, 묵시적으로나마 승낙의 의사표시를 한 경우인 「묵시적 승낙」과 개념상으로는 구별된다. 이와 같이 이론상 「묵시적 승낙」은 의사표시이나 「의사실현행위」는 의사표시가 아니므로, 묵시적 승낙에 의한 계약의 성립에는 제531조가 적용되어야 하나, 의사실현행위에 대해서는 제531조가 적용될 여지가 없다는 점에서 묵시적 승낙은 의사실현행위와 구별할 실익이 있다. 다만, 실제거래에서는 묵시적 승낙의 의사표시와 의사실현행위를 구별하기는 사실상 어렵다고 할 것이다.

(나) 「사실적 계약관계」와의 구별

「사실적 계약관계」는 '당사자의 의사 여부를 묻지 않고 대중교통기관에 탑승하는 행위와 같은 일정한 「사회정형적 사실행위」가 있는 경우에는 계약이 성립한 것으로 다루어지는 경우'를 가리키므로, 행위자에게 계약체결의 의사가 있는 경우인 「의사실현」과는 개념을 달리한다.

2) 의사실현에 의한 계약의 성립요건

(가) 청약자의 의사표시 또는 관습에 의하여 승낙의 통지가 필요 없을 것

(A) 청약자의 의사표시에 의하여 승낙의 통지가 필요 없는 경우 청약자의 의사표시에 의하여 승낙통지(승낙의 의사표시)가 필요 없는 경우에는 의사실현행위에 의하여 계약이 성립한다. 승낙의 의사표시가 필요 없다는 청약자의 의사표시는 묵시적인 것이라도 상관없다. 예컨대, 청약자가 매매의 청약과 함께 상품을 송부한다든지(이른바 「현실청약」의 경우), 계약의 즉각적인 이행을 요구하는 최고를 하는 등의 경우에는 승낙의 통지가 필요 없다는 청약자의 묵시적 의사표시로 볼 수 있을 것이다.[202)]

(B) 관습에 의하여 승낙의 통지를 필요 없는 경우 계약의 성립에 승낙의 통지가 필요 없다는 관습이 존재하는 경우에도 의사실현행위에 의하여 계약이 성립한다.

(나) 승낙의 의사표시로 인정되는 사실이 있을 것

'어떠한 사실이 승낙의 의사표시로 인정될 수 있는 사실인가?' 하는 것은 개개의 경우에 구체적으로 여러 가지 사정을 종합적으로 고려하여 결정할 수밖에 없는 문제이다. 그러나 일반적으로, ① 청약과 동시에 송부된 물품을 소비하거나 사용하는 행위와 같이, 계약상 취득할

---

202) 同旨: 민법주해(12)/지원림, 220; 곽윤직, 47; 김상용, 57; 송덕수, 57 참조.

권리를 행사하는 행위, ② 주문받은 상품을 송부하는 행위 등과 같은 채무의 이행행위, ③ 고객의 주문을 받고 이를 장부에 기재하거나 숙박의 청약에 대하여 객실을 청소하는 등의 행위와 같은 이행준비행위 등이 이에 해당한다고 할 수 있을 것이다.[203] 전술한 바와 같이, 이러한 의사실현행위를 묵시적 승낙의 의사표시로 보아야 한다는 견해도 있으며, 실제상 양자를 구별하는 것이 어렵기는 하지만, 개념상으로는 '승낙의 의사표시행위로는 볼 수 없으나 계약의 성립을 의욕하는 행위에 해당하는 사실행위'가 「의사실현행위」이므로, 의사표시에 해당하는 「묵시적 승낙」과 구별된다고 할 것이다.

3) 의사실현에 의한 계약의 성립시기

의사실현에 의한 계약의 성립시기는 의사실현의 사실이 발생한 때, 즉 "승낙의 의사표시로 인정되는 사실이 있는 때"이다(532조). 판례에 따르면, '금융기관의 직원이 예금자로부터 예금으로 받은 돈을 금융기관에 입금하지 아니하고 이를 횡령하였다고 할지라도 예금계약의 성립에는 영향이 없으며, 이 경우 예금계약의 성립시기는 예금자가 예금의 의사를 표시하면서 금융기관에 돈을 제공하고 금융기관이 그 의사에 따라서 그 돈을 받아 확인을 한 때에 성립한다'고 한다(대법원 1984.8.14.선고, 84도1139 판결 등).[204]

4) 의사표시, 특히 착오에 관한 규정의 적용 가능성

매매의 청약과 동시에 송부되어온 물건을 자기소유의 물건으로 착각하고 이를 소비하는 경우처럼, '승낙의 의사가 없는 사람이 외견상 승낙의 의사표시로 간주되는 사실행위를 한 경우에는 의사표시의 착오에 관한 제109조의 규정을 유추적용하여 계약을 취소할 수 있는가?' 하는 것이 문제된다. 이에 대해서는, ① 승낙의사가 없는 의사실현행위에 대해서도 일단 제532조를 적용하여 계약의 성립을 인정한 후 이를 착오에 관한 제109조의 문제로 다루어 그 취소의 가부(可否)를 살펴보아야 한다는 견해와,[205] ② 승낙의 의사가 전혀 없는 경우에는 계약은 성립하지 않으며, 불법행위·부당이득, 또는 점유자의 회복자에 대한 책임에 관한 규정에 의하여 해결하여야 한다는 견해[206]가 대립하고 있다.

의사표시의 본질에 관한 통설적 견해인 「표시주의」의 입장에서는 표의자의 내부심리적 요소에 불과한 사실적 의사는 의사표시의 본질적 구성요소가 아니며, 의사표시에서 중요한 것은 외부로 표시된 표시행위에 의하여 추단되는 효과의사이다. 이러한 관점에서 이 문제를 살펴보면, '청약의 상대방이 외견상 의사실현행위로 추단되는 행위를 한 경우에는 설사 승낙

---

203) 同旨: 민법주해(12)/지원림, 221~222; 곽윤직, 47; 김증한/김학동, 48 참조.

204) 같은 취지: 대법원 1977.4.26.선고, 74다646 판결; 대법원 1996.1.26.선고, 95다26919 판결; 대법원 2005.12.23.선고, 2003다30159 판결; 대법원 2006.12.21.선고, 2004다41194 판결.

205) 민법주해(12)/지원림, 222; 곽윤직(신정판), 56; 김상용, 58; 양창수/김재형, 41~42; 이은영, 96 참조.

206) 김형배, 112 참조.

의 의사가 없었다 하더라도 일단 제532조에 의하여 계약은 성립한다'고 해석하는 것이 타당하다고 할 것이다. 즉, 이 경우의 의사실현행위는 승낙의 의사표시와 같은 의미를 가지는 것이라고 할 수 있으므로, '의사실현의 기초를 이루는 사실에 관하여 착오가 있는 때에는 그 착오가 "법률행위의 내용의 중요부분의 착오가 있는 때"와 같은 정도의 의미를 가진다고 인정되는 경우라면, 착오에 관한 제109조의 규정을 유추적용하여 계약을 취소할 수 있다'고 해석하는 것이 타당하다고 할 것이다. (☞ 민법총칙 편, 제6장 제6절 「의사표시의 의의와 본질」)

3. 사실적 계약관계론

전통적인 계약법이론에 따르면, 계약은 청약과 승낙이라는 두 개의 의사표시의 합치인 합의에 의해서만 성립할 수 있으며, 합의에 의하여 성립한 계약은 당사자가 제한행위능력자이거나 의사와 표시가 일치하지 않거나 의사표시에 하자가 있는 등의 예외적인 경우를 제외하고는 즉시 효력이 발생한다. 그런데 독일민법학에서는 이러한 전통적 계약법이론에 수정을 가하여, '청약과 승낙에 해당하는 의사표시가 없더라도 당사자의 사실적인 행위 내지 용태(Verhalten) 또는 활동(Tätigkeit)에 의하여 계약이 성립할 수도 있음을 인정하고, 계약이 당사자의 제한행위능력 등에 의하여 효력을 상실한 경우에도 당사자 사이에 계약과 유사한 채권관계인 「사실적 계약관계」(faktische Vertragsverhältnis)의 성립을 인정하여야 한다'는 「사실적 계약관계론」이 주장되고 있다.

「사실적 계약관계론」은 원래 독일에서 나치즘이 기승을 부리던 1941년에 귄터 하우프트(Günter Haupt)의 교수취임강연의 제목(Über die faktischen Vertragsverhältnisse)에서 유래된 것인데, 이 강연에서 하우프트는 '사실적 계약관계는 그 성립의 면에서는 민법상의 계약과 다르지만 그 존속 내지 내용에서는 원칙적으로 계약과 같으므로, 계약법은 사실적 계약관계에 직접 적용되어야 한다'고 주장하였다. 우리나라에서도 이러한 내용의 「사실적 계약관계론」을 우리 민법의 해석론으로 도입할 수 있는지의 여부를 둘러싸고 한 때 치열한 논쟁이 벌어진 적이 있으나,[207] 현재는 이러한 주장은 자취를 감추었다.

(1) 독일의 「사실적 계약관계론」

1) 하우프트의 이론

하우프트는 '법률관계의 형성수단으로서 체약강제와 보통거래약관과 같이, 민법상의 계

207) 「사실적 계약관계론」의 도입을 주장한 대표적인 견해로서는 최종길, "사실적 계약관계에 관한 약간의 고찰 -법률행위의 무효·취소의 제한이론을 중심으로-", 서울대법학 5권 1·2호(서울대법학연구소, 1963/12), 40 이하를 들 수 있다. 이에 대한 비판론으로서는 이영준, "사실계약이론의 비판", 민사재판의 제문제(4), 1986/9, 60 이하; 김용한, "사실적 계약관계의 이론", 「재산법의 과제와 판례」(박영사, 1989), 242 이하 등을 들 수 있다.

약과는 다른 영역이 광범위하게 존재한다'고 하면서, 이를 「사실적 계약관계」라고 명명하고, 이를 합의에 의하여 성립하는 「민법전상의 계약」과 구별하였는데, 그는 다음과 같은 세 가지 사실적 관계에 의하여 사실적 계약관계가 성립한다고 주장하였다.[208)]

(가) 「사회적 접촉」에 의한 사실적 계약관계

당시 독일의 판례는 '호의동승(好意同乘)과 같은 무상의 운송계약에서 발생한 사고에 대하여 운전자가 면책되는 근거는 당사자 사이에 운전자의 책임을 면제한다는 묵시적인 합의가 있다는 점에 있다'고 이론구성하고 있었으나(묵시적 합의이론), 하우프트는 이러한 판례이론은 의제라고 비판하고, '호의동승의 경우에는 운전자와 동승자 사이의 사회적 접촉(sozialer Kontakt)이라는 사실적 관계에 의하여 계약이 성립하지만, 무임승차이므로 사고가 일어나더라도 운전자의 손해배상책임이 면제되는 것'이라고 주장하였다.[209)]

(나) 「공동체관계에의 편입」에 의한 사실적 계약관계

전통적인 계약법이론에 의하면, 당사자의 무능력, 의사의 흠결 또는 의사표시에 하자가 있는 경우에는 계약은 무효이거나 취소할 수 있는데, 이 경우 계약관계는 소급적으로 효력을 상실하게 되므로 당사자 사이의 법률관계는 부당이득의 법리에 의하여 처리할 수밖에 없게 된다. 그러나 부당이득의 법리에 의한 문제의 해결은 부당할 뿐만 아니라 불가능한 경우도 많은 것이 사실이다. 하우프트는 '조합·고용·임대차와 같은 일정한 계속적 계약관계에서는 「공동체관계에의 편입」(Einordnung in ein Gemeinschaftsverhältnis)에 의한 사실적 계약관계를 인정함으로써 무효인 법률관계를 이미 행하여진 사실적 급부와의 관계에서는 유효한 것으로 다루고, 계약관계의 무효·취소는 장래에 향하여서만 그 효력이 발생하는 것으로 다루어야 한다'고 주장하였다.

(A) 사실적 조합관계(faktische Gesellschaftsverhältnis)   이는 '조합계약이 무효인 경우의 조합원 사이의 법률관계'를 말한다. 즉, 회사가 설립된 이후에 설립행위에 하자가 있는 경우, 또는 조합관계에 하자가 있는 경우에 그 하자를 이유로 법률관계를 소급적으로 소멸시키는 것을 방지하기 위하여, 기존의 법률관계에 대하여는 회사 또는 조합관계가 유효하게 존재하는 것으로 다루고, 장래에 대해서만 조합관계를 해소시키려는 것이다.

(B) 사실적 고용관계(faktische Arbeitsverhältnis)   이는 '고용계약이 무효인 경우의 사용자와 피용자 사이의 법률관계'를 말하는데, 무효인 고용계약에 기하여 노무가 이미 공급된 경우에는 그 기초가 된 고용계약에 하자가 있는 경우라 할지라도 노무의 제공이라는 이미 실현된 사실적 관계에 법률적 효과를 부여함으로써 사용자 측의 무효·취소의 주장을 배제하고 노무

---

208) Günter Haupt, Über die faktischen Vertragsverhältnisse, Festschrift der Leipziger Juristen- fakultät für Heinrich Siber Bd. Ⅱ, 1943, SS. 1~37.

209) 김용한, 전게논문(주 207), 244; 곽윤직, 48~49; 황적인, 87 참조.

자의 보수지급청구권을 인정하기 위한 이론으로서, 독일노동법원에 의하여 지지되고 있다.[210]

(C) 사실적 임대차관계(faktische Mietverhältnis) 이는 '임대차계약이 무효인 경우의 임대인과 임차인 사이의 법률관계'를 말하는데, 임대차계약에 기하여 이미 목적물의 인도가 이루어져 임차인이 이를 사용·수익하고 있고, 임대인이 임차인으로부터 차임의 지급을 받고 있는 경우에는 비록 그 임대차계약에 하자가 있는 경우라 할지라도 법률관계의 소급적 실효(失效)를 허용하지 않고 장래에 대하여서만 실효를 인정하여야 한다는 이론이다.

(다) 「사회적 급부의무」에 의한 사실적 계약관계

「사회적 급부의무」(soziale Leistungsverpflichtung)에 의한 사실적 계약관계라 함은 '국가의 생존배려(Daseinsvorsorge)의 영역에서는 기업에 의한 급부의 사실상의 제공과 급부이용자의 사실상의 이용이라는 사실적인 급부의 이용관계에 의하여 계약이 성립한다'는 이론을 말한다. 이는 사실적 계약관계의 유형 중 가장 중요한 것으로서 많은 논쟁을 야기한 이론이다. 이에 따르면, '「생존배려」를 위한 급부관계는 누구나 원하는 경우 언제든지 계약관계를 맺을 수 있어야 하는데, 그러기 위해서는 대량적·집단적으로 체결되는 급부관계는 단일화되고 정형화될 필요가 있으므로, 계약의 내용은 요금표 및 보통거래약관에 의하여 정형화되고, 계약체결은 강제되며, 계약의 성립도 청약과 승낙에 의하여 성립하는 것이 아니라 급부의 사실상의 제공과 급부의 사실상의 이용에 의하여 성립한다'는 것이다. 즉, '수요자가 수도·전기·가스 등을 공급받고 있다는 사실 또는 기차·전차·버스 등 교통기관을 이용하고 있다는 사실 자체에 의하여 당사자의 합의의 존부(存否)와는 관계없이 계약은 성립한다'는 것이다.

2) 칼 라렌츠(Karl Larenz)의 「사회정형적 행위론」

하우프트의 이론은 나치시대의 독일민법학에 커다란 반향을 불러 일으켰는데, 라렌츠(Larenz), 지베르트(Siebert), 엣써(Esser), 지미티스(Simitis) 등의 민법학자들에 의하여 지지되었다. 그 중에서 라렌츠는 하우프트가 주장한 사실적 계약관계의 유형 중에서 특히 「사회적 급부의무에 의한 사실적 계약관계」만을 인정하였는데, 그는 이를 행위론의 차원으로까지 발전시킨 이른바 「사회정형적(社會定型的) 행위론」을 주장하였다.[211] 라렌츠에 따르면, '생존배려 영역에서의 급부의 이용관계는 당사자 사이의 의사표시의 합치에 의하여 성립하는 계약에 의하여 발생하는 것이 아니라, 급부의 사실상의 이용이라는 「사회정형적 행위」(Sozialtypisches Verhalten)에 의하여 성립한다'고 한다. 즉, '대량거래의 특성을 가지고 있는 생존배려 영역에서의 급부의 이용관계는 당사자의 합의가 없더라도 사회정형적 의의가 있는 사실상의 이용행

210) 황적인, 87 참조.

211) K. Larenz, Begründung von Schuldverhältnissen durch sozialtypisches Verhalten, NJW 1956, S. 1897 ff.

위가 있는 때에는 계약과 동일한 법률상의 효과가 생긴다'는 것이다. 또한 '사회정형적 행위에 있어서는 행위의사가 없고, 예컨대 요금표에 따른 요금의 지급의무를 부담하겠다고 하는 일정한 내용의 효과의사를 표시하고 있지 않으므로 취소의 문제는 발생하지 않으며, 착오를 이유로 행위를 취소하는 것도 불가능하다'고 한다. 따라서 「사회정형적 행위」에 의한 당사자 사이의 법률관계는 다음과 같이 처리해야 한다고 주장한다.

(가) 계약관계의 성립

'사회정형적 행위에 있어서 계약관계는 합의에 의해서가 아니라 사회정형적 의의가 있는 사실상의 이용행위가 있는 때, 즉 급부의 사실적 이용 시에 성립하며, 이러한 사실관계에 기하여 급부의 제공자와 이용자 사이에 계약상의 급부의무가 발생한다'고 한다. 그리고 '이러한 급부의 이용행위는 사회정형적인 사실행위이지만, 그 사회정형적인 의미로 인하여 마치 청약에 대한 승낙과 같이 평가된다'고 한다.

(나) 계약 구속력의 근거

'대량거래가 특징인 생존배려 영역에서는 누구나 동종의 급부를 이용하며, 통상 급부의 제공은 유상이라는 인식을 기초로 하여, 주관적으로는 이용자의 사실적인 이용의사, 객관적으로는 이용자의 사실적 이용행위 그 자체라기보다는 그에 의하여 법률상 구속력이 생긴다는 일반적인 법적 확신, 즉 사회정형적 행위를 근거로 하는 계약관계가 성립한다'고 한다. 따라서 '급부를 사실상 이용하는 자가 요금표에 따른 반대급부의무를 부담하는 것은 정형화된 급부를 이용하는 사회정형적 행위의 결과이므로, 급부이용자의 의무는 그의 의사와는 관계없이 발생하며, 그의 의사에 의하여 이를 배제할 수 없다'고 한다. 또한 '급부의 이용자에게 행위능력이나 행위의 사회정형적 의미를 통찰하는 능력도 필요하지 않다'고 한다.

3) 독일판례의 입장

독일연방최고법원(BGH)은 이른바 「주차장사건」[212]에 대한 1956.7.14.의 판결에서, '주차라는 사실로부터 계약은 성립했으므로, 피고는 요금표에 따른 주차요금의 지급의무를 진다'고 판시함으로써, 「사실적 계약관계론」을 채택하였다(BGHZ Bd.21, S.319).[213]

---

212) 사실관계 및 소송의 경과: 함부르크시는 공터로 사용되고 있던 시유지(市有地)를 유료주차장으로 지정하여 그 관리운영을 원고 X에게 위임하였다. 종래 무료로 위 공터를 주차장으로 사용하여 오던 인근 주민 피고 Y는 주차장감시원에게 '자기 차를 감시해 줄 필요가 없으며 주차료도 지급하지 않겠다'는 명시적인 계약거부의 의사표시를 사전에 명백히 하고 그 곳에 주차하였다. 그러자 X는 Y를 상대로 주청구로서는 부당이득을 이유로, 예비적 청구로서는 불법행위를 이유로 한 요금표에 의한 주차료의 지급을 청구하는 내용의 소를 제기하였다. 원심(OLG)은 공도(公道)의 이용에 대한 자동차통행료 기타 유사한 도로사용료를 징수하여서는 아니 된다는 법률의 규정(재정조정법 §13 I)을 이유로, 본건 주차료의 징수는 부당하다는 Y의 항변을 받아들여 X의 청구를 기각하였다. 그러자 X가 독일연방최고법원(BGH)에 상고하였는데, 독일연방최고법원은 본 판결로써 원심을 파기하고 X의 청구를 인용하였다. 최공웅, "사실적 계약관계이론", 저스티스 18권(한국법학원, 1985), 13 참조.

4) 독일에서의 「사실적 계약관계론」의 동향

(가) 긍정설

독일에서는 여전히 사실적 계약관계론을 '현대적 거래현상을 가장 적절하게 설명할 수 있는 이론'이라고 긍정적으로 평가하는 학자들이 많은데, 이들은 '조합계약 또는 고용계약과 같은 계속적 채권관계에서 당사자의 무능력, 의사의 흠결 등이 있는 경우에는 종래의 법률행위이론에 의하면 타당한 해결이 불가능하며, 집단적 거래라는 특성을 가진 생존배려의 영역에서의 급부의 사실적인 이용관계는 당사자의 계약체결의 의사표시가 없기 때문에, 종래의 법률행위이론에 의하면 이 문제를 포착할 수 없게 된다'고 비판하고, 사실적 계약관계론에 의하여 집단적 거래에서의 급부의 이용관계의 문제와 무효인 계속적 계약관계의 문제를 해결하고자 한다.

(나) 부정설

현재는 독일에서도 「사실적 계약관계론」에 대하여 반론을 제기하는 학자들이 많은데, 플루메(Flume), 레만(Lehmann), 니퍼다이(Nipperdey), 메디쿠스(Medicus) 등이 대표적이다. 이들은 대체로 '전통적인 계약법이론의 범주 내에서 사실적 계약관계론에서 문제된 사항을 설명할 수 있다'고 주장하고 있다.[214] 즉, 비판론자들은 '이른바 사회정형적 행위에 의하여 사실적 계약이 성립한다고 하는 경우에도 사실적 행위에 의하여 계약이 성립하는 것이 아니라 묵시적 의사표시 또는 의사실현행위에 의하여 계약이 성립하는 것으로 볼 수 있다'고 주장한다. 또한 「주차장 사건」의 경우처럼, '이용자가 요금지급의무에 대하여 처음부터 이의를 제기하면서 급부를 이용한 경우에 대해서는 「행위와 모순되는 이의(protestatio facto contraria) 금지의 원칙」에 따라서 계약이 성립하는 것으로 이론구성할 수 있다'고 한다. 즉, '이의를 제기하는 자의 사실적 행위가 신의칙에 비추어 이의와 일치하지 아니하는 때에는 그 이의는 고려되지 않으며, 이의는 자기의 행위와 일치되는 경우에만 그 행위가 특정의 의사표시로 해석되는 것을 저지할 수 있으므로, 특정한 의사표시를 추단할 수 있는 행위의 해석에 반하는 이의는 무시된다'는 것이다.

(2) 우리나라에서의 「사실적 계약관계론」의 동향

1) 학 설

우리나라에서도 과거 독일민법학의 사실적 계약관계론을 도입하여 사실적 계약관계를 계약이 성립의 한 유형으로 인정하는 견해가 있었으며,[215] 현재도 우리 민법의 해석론으로

213) 김용한, 전게논문(주 207), 245 이하 참조.
214) 독일의 「사실적 계약관계론」에 대한 비판적 견해에 대하여는 김용한, 상게논문, 250 참조.
215) 최종길, 전게논문(주 207), 40 이하; 김주수, 63~65; 「사실적 계약관계론」을 인정하면서도 행위능력과

사실적 계약관계론을 도입할 것을 신중하게 검토할 필요가 있다고 주장하는 견해가 있다.[216)]

(가) 긍정설

(A) 독일의 사실적 계약관계론을 처음으로 소개한 고(故) 최종길 교수는 계약을 「집단적 계약」과 「계속적 계약」으로 유형화하고, ① '「집단적 계약」의 영역에서는 당사자에게 자유의사에 기한 법률관계 형성의 가능성이 박탈되어 계약자유의 원칙은 적용될 여지가 없으므로, 계약의 일반론 및 법률행위의 중심적 요소인 의사표시에 관한 이론(의사표시의 흠결 및 하자)은 이미 그 중요성을 상실하고 있다'는 점과, '집단적 거래관계에서는 무능력자 개인을 보호할 이익 보다 일반거래의 안전을 보호할 이익이 앞서는 것이므로 무능력자보호에 관한 민법의 규정은 적용되지 않는다고 보는 것이 타당하다'는 점을 들어 '「사실적 계약관계론」을 우리 민법의 이론으로서 인정하여도 무방하다'고 주장하였다.[217)] 또한 ② '우리 민법상 조합·고용·임대차와 같은 계속적 계약관계는 해지에 의하여 장래에 향하여 그 효력을 소멸시킬 수 있을 뿐, 계약성립 시에 소급하여 계약의 효력을 소멸시키는 해제는 허용되지 않는다는 근본원칙은 한 걸음 더 나아가서 무효·취소의 일반법리에 의하여서도 계속적 계약관계를 소급적으로 실효케 할 수 없다는 근본사상을 내포하고 있다고 볼 수 있다'고 주장하면서, 계속적 계약관계에서의 사실적 계약관계론의 적용가능성도 시인하였다. 즉, '사실적으로 실현된 계속적 계약관계, 특히 사실상의 조합, 노동관계, 임대차관계 등은 그 계약의 기초에 하자가 있는 경우에도 일단 유효한 것으로 취급하여, 무효·취소의 일반원리가 적용되지 않는 것으로 보고, 무효·취소의 원인이 현존하여 계속적 계약관계를 지속할 수 없는 중대한 사유가 될 때에는 부득이한 사유로 인한 해지로써 그 사실적 계약관계를 장래에 향해서만 소멸케 하는 것이 우리 민법상 타당한 해석'이라고 주장하였다.[218)]

(B) 고(故) 곽윤직 교수는 '묵시의 의사표시의 추정이 부자연스럽고, 그렇다고 부당이득의 법리에 의한 처리도 적절하지 않은 때(바꾸어 말해서, 계약내용과 같은 급부의무를 부담케 할 필요가 있는 때)에는 사실적 계약관계를 도입해서 문제의 처리하는 것도 하나의 방법일 것'이라고 하면서도, '그러한 처리를 위한 법기술적 개념으로서 사실적 계약관계가 적절한지의 여부, 어디까지 이 개념을 사용할 것인지 등의 문제는 앞으로 사법학이 연구·검토할 과제라 할 것'이라고 하여, 매우 조심스럽게 사실적 계약관계론의 도입을 긍정하였다.[219)]

(C) 최공웅 변호사는 '기업 간의 대량거래와 생존배려의 영역에서는 현실적으로 사적 자

의 관계에서, '최소한도 자신의 행위의 사회유형적인 의미를 이해할 정도의 능력은 있어야 한다'는 견해도 있다[고상룡(민법총칙), 102 이하 참조].

216) 최공웅, 전게논문(주 212), 22; 곽윤직, 60~62 참조.

217) 최종길, 전게논문(주 207), 47~52 참조.

218) 상게논문, 64 참조.

219) 곽윤직, 61~62 참조.

치를 인정하기 어렵게 되었다'고 전제하고, '이와 같이 변화하는 현대사회에서 거래안전 보호와 신뢰보호라는 요청에 부응하기 위하여, 법률이론의 유연성 있는 해석과 대륙법적인 의사이론을 수정하는 법리가 필요한바, 영미계약법상의 「준계약」(quasi contract)과 「약속에 의한 금반언」(promissory estoppel)의 법리를 참고로 하여, 전통적인 계약법이론의 재검토와 함께 사실적 계약관계론을 현대계약법의 새로운 과제로서 연구하여야 한다'고 주장하였다.[220]

(나) 부정설(비판론)

(A) 고(故) 이호정 교수는 '종래의 사법체계와 사법이론이 그 수정 내지 발전적 형성을 통하여 대량거래의 현상을 적절히 규율할 수 있다면, 종래의 사법체계와 이론을 존중하는 것이 바람직하다'고 하여, 사실적 계약관계론의 도입을 반대하는 견해를 표하였다.[221]

(B) 이영준 변호사는 다음과 같은 이유를 들어 사실적 계약관계론을 비판하였다.[222] 즉, ① 제한능력자제도는 소수자 보호 및 구체적 타당성의 표현이며, 또 강행규정이므로 그의 적용을 배제하는 것은 허용될 수 없다. ② 생존배려 영역에서 의사표시에 관한 규정의 적용을 배제하자는 것은 실익이 없는 이론이다. 왜냐하면 생존배려의 영역에서의 법률관계는 대부분 공법관계이며, 그렇지 않은 경우에도 약관에 의하여 법률관계가 규제되고 있기 때문에 약관에 관한 착오를 이유로 계약을 취소할 수는 없기 때문이다. ③ 사실적 계약관계론은 당사자의 명시적 승낙거절에도 불구하고 급부의 수령이라는 사실만 있으면 계약이 성립된다고 이론구성할 수 있다는 장점이 있다고 주장하지만, 종래의 계약이론에 의하더라도 「포함적 의사표시이론」 또는 「모순표시행위이론」(protestatio facto contraria)에 의하여 충분히 설명될 수 있는 것이므로, 추가적으로 사실적 계약관계론을 인정할 필요가 없다. ④ 생존배려계약의 경우에는 사적 자치의 원칙을 고양하여 소비자를 보호하여야 하는데, 사실적 계약관계론은 이에 역행하는 것이므로 부당하다.

(C) 이은영 교수는 '사실적 계약관계론은 소비자의 일정한 행위에 그의 효과의사와는 무관하게 계약법상의 효과를 부여함으로써 우월한 독점기업의 지위를 더욱 강하게 하여 준다'고 비판한다.[223] 즉, ① 사실적 계약론은 공급조건에 무조건 법규범과 같은 효력을 인정하고, 소비자의 무능력이나 착오에 의한 취소권을 박탈함으로써 독점기업의 이익만을 일방적으로 보호한다. ② 사실적 계약론은 당사자의 자발적인 의무부담의 의사가 없음에도 불구하고 계약의 구속력을 인정하는 무리를 범하고 있으며, 민법규정의 적용을 배제하거나 새로운 제도를 신설할 것을 주장하지만, 의사표시에 관한 우리 민법의 규정은 독일민법에 비하여 표시의

220) 최공웅, 전게논문(주 212), 22 참조.
221) 이호정, "사회정형적 행위론의 연구(其1)", 경제논집 13권 1호(서울상대경제학회, 1974), 121 참조.
222) 이영준, 전게논문(주 207), 60~79 참조.
223) 이은영, 108 참조.

상대방이나 제3자의 이익을 보호하기 위한 보다 많은 규정을 두고 있다는 점을 고려할 때, 외국의 이론에 맹목적으로 추종하여서는 안 된다. ③ 약관규제법은 고객에게 명시되지 않았거나 내용이 불공정한 약관을 무효라고 규정하고 있음을 고려할 때(동법 3조, 6조 이하), 약관의 무조건적인 구속력을 이론적 전제로 하는 사실적 계약관계론은 폐기되어야 할 이론이다.[224]

2) 판례의 입장

판례 중에는 사실적 계약관계론을 정면으로 거론한 사례는 찾을 수 없으나, 대법원판결 중에는 '본래의 광업권자와 공동광업권자로 등록하여 광업을 공동으로 관리·경영하기로 하는 내용의 조합계약을 체결하여 그 조합이 사업을 개시하여 제3자와의 사이에 거래관계가 이루어지고 난 다음에는 조합계약체결 당시의 의사표시의 하자를 이유로 조합계약을 취소하여 조합 성립 전으로 환원시킬 수 없다'고 판시함으로써(대법원 1972.4.25.선고, 71다1833 판결),[225] 이른바 「사실적 조합관계」와 결론을 같이 하는 것이 있었다.

3) 학설·판례의 검토

사실적 계약관계론은 제한된 경우이기는 하지만 당사자의 의사에 기하지 아니하고 계약관계의 성립을 인정하는 이론이므로, 합의에 의해서만 계약이 성립할 수 있다고 하는 전통적 계약이론의 근본을 부정하게 될 위험이 있다. 왜냐하면 사실적 계약관계까지도 포섭하는 계약의 개념은 현재의 계약의 개념과 전혀 다른 개념이어야 하기 때문이다. 그러므로 사실적 계약관계론의 타당성 내지 현행민법의 해석론으로서의 도입가능성의 여부는 '전통적 계약개념을 부인하고 사실적 계약관계의 개념을 인정하지 않고서는 합리적인 계약관계의 법적 규율이 도저히 불가능한 상황이 존재하는가?' 하는 데 달려있다고 할 것이다.

이러한 관점에서 이 문제를 검토하면, 사실적 계약관계론을 우리 민법의 해석론으로 도입하는 것은 신중을 기할 필요가 있다고 생각된다. 그 이유는 위에서 살펴본 비판론자들의 지적이 대체로 타당하다고 할 것인데, ① 제한능력자제도는 제한능력자를 보호하기 위한 절대적인 강행규정이라 할 것이므로, 계속적 채권관계에서도 그 적용의 배제는 신중할 필요가 있다. ② 사실적 계약관계론에서는 당사자의 명시적인 승낙거절에도 불구하고 급부의 수령이라는 사실만 있으면 계약이 성립된다고 이론을 구성하지만, 이러한 경우는 「포함적 의사표시이론」 또는 「모순표시행위이론」 등 종래의 계약이론에 의하여서도 계약이 성립한다는 점을 설명할 수 없는 것은 아니다. ③ 사실적 계약관계론은 특히 생존배려의 영역에서 소비자의 효과의사와는 무관한 사실적 행위에 대하여 계약법상의 효과를 부여함으로써 소비자보호에 역행하는 결과를 가져오게 되고, 우월한 독점기업의 지위를 더욱 강화하여 주는 이론적 도구가 된다는 점

224) 상게서, 108 참조.
225) 판례평석: 한웅길, "사실적 계약관계", 민법판례해설 I (민법총칙), 96 이하 참조.

에서 찬성하기 어렵다.

[5] Ⅲ. 약관에 의한 계약의 성립

1. 서 설

(1) 약관의 개념

「약관」(Allgemeine Geschäftsbedingungen; conditions générales de vente)이라 함은 '그 명칭이나 형태 또는 범위에 상관없이 계약의 한쪽 당사자가 여러 명의 상대방과 계약을 체결하기 위하여 일정한 형식으로 미리 마련한 계약의 내용'을 말한다(약관규제법 2조 1호).

1) 계약의 한쪽 당사자에 의하여 미리 마련된 것

약관은 계약의 한쪽 당사자가 계약체결 이전에 미리 마련한 것이어야 한다. 따라서 당사자 쌍방이 합의하여 작성한 것인 경우에는, '약관'이라는 명칭을 사용하거나 인쇄된 것이어서 외형상 약관과 유사한 형태를 가졌다 하더라도 약관이라고 할 수 없다.[226] 그러나 반드시 한쪽 당사자가 스스로 약관을 만들어야 하는 것은 아니며, 타인에 의하여 이미 작성되어 있는 표준약관(모범약관) 등을 이용하는 경우도 약관에 의한 계약체결이라고 할 수 있다.[227] 또한 약관은 주로 기업에 의하여 이용되며, 약관에 관한 법률문제도 주로 시장을 독과점하고 있는 기업과 소비자 사이의 계약체결에 사용되는 약관에 관하여 발생하는 것이기는 하나, 개인이 작성하여 사용하는 약관도 있을 수 있다.[228]

2) 여러 명의 상대방과 계약을 체결하기 위한 것

약관은 여러 명의 상대방과 계약을 체결하기 위하여 사업자에 의하여 미리 작성된 것이어야 하므로, 특정한 계약을 위하여 마련한 것은 약관이라고 할 수 없다. 그러나 약관이 실제로 다수의 상대방과의 계약에 이용되었을 필요는 없으며, 사업자의 의도에 의하여 다수성(多數性)이 인정되면 충분하다.[229] 따라서 다수의 상대방과의 계약을 체결하기 위한 목적으로 작성된 것인 이상, 최초의 상대방에 대하여 이용된 것도 약관이 될 수 있으며, 아직 이용되지 아니한 약관도 추상적 규범통제를 위한 심사의 대상이 될 수 있다.[230]

---

226) 민법주해(12)/손지열, 300 참조.
227) 곽윤직, 19; 이은영, 54 참조.
228) 약관규제법은 '계약의 한쪽 당사자로서 상대 당사자에게 약관을 계약의 내용으로 할 것을 제안하는 자'를 「사업자」라고 칭하고(동법 2조 2호), '계약의 한쪽 당사자로서 사업자로부터 약관을 계약의 내용으로 할 것을 제안받은 자'를 「고객」이라고 칭하고 있는데(동법 2조 3호), 본서에서도 약관규제법의 정의에 따라서 이 용어를 사용하기로 한다.
229) 同旨: 이은영, 55 참조.
230) 민법주해(12)/손지열, 301 참조.

이와 관련하여, 대법원은 ① '지방자치단체가 택지개발사업에 참여한 약 30개의 건설업체와 사이에 택지공급계약을 체결할 것을 예정하여 운영규정상의 별지서식에 따라 만든 택지공급계약서는 지방자치단체가 다수의 상대방과 계약을 체결하기 위하여 일정한 형식에 의하여 미리 마련한 계약의 내용이 되는 것으로서 약관규제법 소정의 약관에 해당한다'고 판시한 바 있으며(대법원 1997.2.28.선고, 96다48312 판결), ② '한국공항공단이 정부로부터 무상사용허가를 받은 행정재산을 여러 임차인에게 전대하게 될 것을 예상하여 마련한 「사용승인조건」은 약관규제법 소정의 약관에 해당한다'고 판시한 바 있다(대법원 2003.10.24.선고, 2001다82514·82521 판결). 그러나 ③ '건설회사가 상가 및 그 부지를 특정인에게만 매도하기로 하는 내용의 상가매매계약서는 다수계약을 위해 미리 정형화된 계약조건이 아니므로, 약관규제법 소정의 약관에 해당하지 않는다'고 한다(대법원 1999.7.9.선고, 98다13754·13761 판결).

3) 계약의 내용이 되는 것

약관은 당사자의 합의에 근거하여 계약의 내용이 되는 것을 말하므로, 법령의 규정을 그대로 옮겨 적은 것은 약관이라고 할 수 없다. 또한 국제거래에서는 「공동해손(共同海損)에 관한 York Antwerf 규칙」, 「CIF 매매에 관한 Warsaw-Oxford 규칙」, 「선하증권에 관한 Harter 규칙」 등과 같은 국제적 통일규칙이 존재하는데, 이러한 통일규칙에 따르기로 규정한 계약조항은 약관이 될 수 있지만, 통일규칙 자체가 약관이 되는 것은 아니다.[231)]

판례는 '각급학교에서 징수한 수업료와 입학금의 반환사유에 관하여 규정한 구 「학교수업료및입학금에관한규칙」 제6조는 일반적 구속력을 가지는 법규명령이므로, 약관규제법이 적용되는 약관이라고 할 수 없다'고 한다(대법원 1998.1.23.선고, 97다25613 판결).

4) 그 명칭이나 형태 또는 범위와 무관

약관은 반드시 계약서 내에 포함되어 있을 필요가 없으며,[232)] 보험계약 체결 시에 사용되는 「보통보험약관」과 같이 계약서와 별도로 작성된 것이어도 상관없다. 계약서와 별도로 작성되는 약관의 경우에는 「거래규칙」이나 「공급규칙」 등 다양한 명칭을 붙이는 것이 통상적이나, 그 명칭 여하에 관계없이 위에서 설명한 약관으로서의 요건을 갖춘 경우에는 법률상 약관으로 다루어진다. 또한 약관은 반드시 조문의 형태를 갖출 필요는 없으며, 약관의 내용이 계약내용의 전부를 망라하고 있을 필요도 없다.[233)]

---

231) 同旨: 상게서, 301 참조.

232) 약관을 함께 인쇄하여 놓은 계약서를 「정형계약서(定型契約書)」(a standard form of contract)라고 한다(이은영, 46 참조).

233) 同旨: 민법주해(12)/손지열, 301; 이은영, 55 참조.

(2) 약관의 사회적 기능과 규제의 필요성

1) 약관의 사회적 기능

(가) 거래의 불편 해소

대량생산·대량소비를 특징으로 하는 현대의 자유시장경제체제 아래에서는 자연히 똑같은 내용의 계약체결이 대량으로 반복될 수밖에 없다. 그런데 수없이 반복되는 계약마다 사업자와 고객이 계약의 내용을 일일이 교섭하여 결정하여야 한다면 기업의 사무처리는 대단히 번거롭게 된다. 약관은 이와 같이 대량으로 발생하는 정형적이고도 반복적인 거래에 있어서 계약의 내용을 획일화함으로써 개별적으로 계약내용을 교섭함에 따르는 거래의 불편을 덜어주기 위하여 고안된 제도이다.

(나) 법규범의 공백 보충

민법 등 계약관계를 규율하는 실정법은 경제의 변화와 발전에 신속하게 대응하여 실제의 거래에서 발생하는 다양한 형태의 계약관계를 적절하게 규율하는 데 역부족이다. 오늘날 계속하여 새로운 상품이 개발되는 은행거래·보험거래·증권거래 등의 금융거래계약은 거의 전적으로 약관에 의존하고 있으며, 운송계약·여행계약·신용카드거래계약·공동주택분양계약 등 현대사회에서 중요한 역할을 담당하는 대부분의 거래도 약관에 의하여 규율되고 있는 것이 현실이다. 약관은 이와 같이 실제의 거래에서 발생하는 새로운 유형의 계약에 관한 실정법의 공백을 보충하고 구체화함으로써 거래의 수요를 충족시키는 중요한 기능을 수행한다.[234] 특히 국제적인 무역·금융·운송 등의 국제거래에 있어서는 공통의 거래규범으로서 통일약관에 의하는 것이 일반적이다.

2) 약관의 폐해와 규제의 필요성

약관이 비록 사업자에 의하여 일방적으로 작성되어 계약의 내용으로 고객에게 제안된다고 하더라도 약관에 의한 계약의 체결이 고객에게 법률상 강제되는 것이 아닌 한, 계약체결의 자유를 침해한다고 할 수는 없다. 그러나 이는 형식논리에 불과하며, 사업자가 독점기업이고 거래의 목적물이 생활필수품인 경우, 예컨대 전기·수도·가스 등 생존에 필수적인 재화의 공급계약, 철도·선박·항공기·버스 등의 운송계약, 우편·전신·전화·인터넷 등 각종 통신수단의 이용계약, 각종 은행거래계약, 각종 보험계약 등의 경우, 소비자로서 이러한 유형의 계약체결을 거부하는 것은 곧 '문명세계와의 단절'을 의미하는 것이므로, 경제적 약자인 소비자로서는 부득이 약관에 의한 계약체결을 받아들일 수밖에 없다(이를 「약관의 체약강제기능」이라고 한다). 따라서 약관에 의한 계약은 고객의 계약의 자유를 실질적으로 침해하는 결과를 가져오게 된다.

---

234) 민법주해(12)/손지열, 290 참조.

이와 같이 경제적 약자인 소비자가 경제적 강자인 기업 측이 제시하는 약관을 전면적으로 수용하지 않을 수 없는 계약[235]의 경우에는 약관 속에 면책조항 등 기업에 유리한 조항들이 삽입되어 소비자에게 불리하게 작용하기 쉽다. 따라서 경제적 약자인 소비자를 보호하고 계약당사자 사이의 실질적 평등을 보장함으로써 진정한 계약자유를 실현하기 위하여서는 약관에 대한 강력한 법적 규제가 요구된다 할 것이다.

(3) 각국의 약관규제의 현황

약관의 규제가 계약법의 일반문제로서 인식되게 된 것은 20세기에 들어와서인데, 특히 1960년대부터 각국은 약관규제에 대한 소극적인 태도에서 벗어나 특별법을 제정하거나 민법을 개정하여 약관을 규제하는 등 적극적인 자세를 취하기 시작하였다. 그중 가장 대표적인 입법이 1976년에 제정되어 현재는 민법전에 편입된 독일의 「구 약관규제법」(Gesetz zur Regelung des Rechts der Allgemeinen Geschäftsbedingungen, 1976: AGBG)이며,[236] 그 밖에 스웨덴의 「부당한 계약조건의 금지에 관한 법률」(1971), 영국의 「불공정계약조건법」(Unfair Contract Terms Act, 1977) 등을 들 수 있다.[237]

우리나라도 약관에 대한 규제를 강화하는 세계적인 추세에 발맞추어 1986.12.31.에 「약관의 규제에 관한 법률」(법률 제3922호: 이하 「약관규제법」으로 약칭)을 제정하여 시행하고 있다.[238]

2. 약관의 본질 : 약관의 구속력의 근거

'약관은 계약의 일방당사자인 사업자에 의하여 일방적으로 작성된 것에 불과한데, 이러한 약관이 계약의 내용으로서 당사자를 구속하는 법이론적 근거는 무엇인가? 하는 것은 약관의 본질에 관한 문제로서 매우 중요하다.[239]

(1) 학 설

1) 계약설(契約說)

이는 '약관은 당사자 사이의 합의에 의하여 계약의 내용을 구성하게 되므로, 이에 따라 당연

---

235) 프랑스에서는 경제적 약자인 소비자가 경제적 강자인 기업 측이 제시하는 약관을 전면적으로 수용하지 않을 수 없는 계약을 「부합계약(附合契約)」(contrat d'adhésion)이라고 부르고 있는데, 영미에서는 「표준형식계약」(a standard form of contract)라고 부른다(곽윤직, 38 참조).

236) 독일은 2001.11.26.의 민법개정(Unterlassungsklagen Gesetz, UKlaG)에 의하여 약관의 규제를 내용으로 하는 채권편 제2장(약관에 의한 법률행위상의 채권관계의 형성)을 신설함으로써, 약관규제법을 민법전에 통합하는 개혁을 단행하였다.

237) 각국의 약관규제에 관한 비교법적 연구는 이은영, 「약관규제법」(박영사, 1994), 13 이하 참조.

238) 약관규제법의 제정과정 및 입법이유에 관하여는 「소비자문제를 연구하는 시민의 모임」 편, 「약관규제의 입법」(1986) 참조.

239) 약관의 본질을 둘러싼 국내학설의 상세는 이은영, 전게서(주 237), 86 이하 참조.

히 구속력을 가진다'는 견해이다. 이 설에 의하면, ① 약관은 법규범이 아니므로 어떠한 개별 계약에도 당사자의 동의 없이 강제로 적용될 수 없으며, ② 약관은 사업자가 그 내용을 고객에게 명시하고 이에 의한다는 점을 밝힌 경우에 한하여 개별계약의 내용을 구성한다. ③ 당사자의 합의에 의하여 계약내용으로 편입된 약관이라 할지라도 법률과는 달리 정당성의 추정을 받지 않으므로, 그것이 공정성을 잃은 경우에는 효력이 없다고 해석하게 된다.[240]

「계약설」은 민법학계의 통설적 견해일 뿐만 아니라,[241] 독일민법(BGB §305 Ⅱ)과 우리 약관규제법이 채택하고 있는 입장이다.[242] 즉, 약관규제법은 사업자에게 고객이 약관의 내용을 쉽게 알 수 있도록 한글로 작성하고, 표준화·체계화된 용어를 사용하며, 약관의 중요한 내용을 부호, 색채, 굵고 큰 문자 등으로 명확하게 표시하여 알아보기 쉽게 약관을 작성하여야 할 의무(동법 3조 1항), 계약을 체결할 때에는 고객에게 약관의 내용을 계약의 종류에 따라 일반적으로 예상되는 방법으로 분명하게 밝히고, 고객이 요구할 경우 그 약관의 사본을 고객에게 내주어 고객이 약관의 내용을 알 수 있게 하여야 할 의무(동법 3조 2항), 그리고 약관에 정하여져 있는 중요한 내용을 고객이 이해할 수 있도록 설명할 의무(동법 3조 3항)를 부과하고 있을 뿐만 아니라, '약관에서 정하고 있는 사항에 관하여 사업자와 고객이 약관의 내용과 다르게 합의한 사항이 있을 때에는 그 합의 사항은 약관보다 우선한다'는 「개별약정 우선의 원칙」을 인정함으로써, 「계약설」의 입장을 취하고 있음을 명확히 하고 있다.

2) 규범설(規範說)

이는 약관규제법이 제정되기 전 상법학계의 통설적 견해였는데, '사업자가 약관의 내용을 고객에게 명시하였는지의 여부, 약관의 내용이 정당한지 여부, 당사자 사이에 약관의 내용과는 다른 개별약정이 있었는지 여부를 불문하고, 약관은 법률과 마찬가지로 당연히 구속력이 있다는 이론'이다. 이 설은 약관에 법적 구속력을 인정하는 근거를 둘러싸고 다시 「자치법설」과 「상관습설」, 계약설과의 「절충설」로 갈라진다.

(가) 자치법설(自治法說)

이는 '약관은 국가 안의 부분사회인 거래사회(거래단체)가 자주적으로 제정하는 자치법규로서 실효성과 법원성을 가지며, 계약법규의 불비를 보충하는 기능을 한다'는 견해이다.[243] 즉, 거래가 행해지고 있는 사회를 거래단체라고 상정하고, 약관은 거래단체에서 기업이나 제3자에게 위임하거나 기업자단체나 거래상대방단체가 협의하여 제정하는 자치법이라고 보는

---

240) 이은영, 51 참조.
241) 민법주해(12)/손지열, 304~305; 김형배, 52 참조.
242) 同旨: 양창수/김재형, 148 참조.
243) 안동섭, "일반거래약관의 본질과 규칙", 월간고시, 1982/7, 29; 박원선, 새상법(상)(수학사, 1962), 45; 차락훈, 상법(상)(고대출판부, 1966), 80 참조.

것이다.[244] 다만, 「자치법설」을 취하면서도 '독점기업의 일방적 이익을 위주로 하는 불공정한 내용의 약관은 법원성(法源性)을 인정할 수 없다'는 제한을 가하는 견해도 있었다.[245]

(나) 상관습설(商慣習說)

이는 '약관 그 자체를 상관습으로 인정한다는 의미가 아니라, 특정한 거래에서 약관에 의한다는 상관습에 의하여 약관의 구속력이 인정된다'는 설이다(白地商慣習說). 이 설은 '행정관청의 인가를 얻은 약관이라 할지라도 약관 그 자체로서는 일반적인 적용을 주장할 수 있는 법적 기초를 가진다고 볼 수는 없으나, 당해 분야의 계약은 그 약관에 의한다고 하는 관습법 내지는 상관습이 있다고 할 수 있으므로, 약관에 의한 계약의 구속력이 인정된다'고 한다.[246]

3) 절충설

이는 '원칙적으로 당사자의 약관 채택의 의사가 약관의 법적 구속력의 근거가 된다고 하여 「계약설」의 타당성을 기본적으로 인정하면서도, 약관작성이 법률에 의하여 기업의 의무로 되어 있는 경우에는 기업에게 법규범제정이 수권된 것'이라는 견해이다(이를 「다원설(多元說)」이라고도 한다).[247] 이 견해는 '법률이 특정의 기업에 대하여 약관의 작성의무를 부과하고, 감독관청에 의한 인가를 받은 후 그 약관에 따라서만 계약을 체결하여야 하는 것으로 할 뿐만 아니라, 다시 관할관청에 변경명령을 내릴 수 있는 권한을 주고 있는 때에는, 법률이 행정기관으로 하여금 필요한 사항을 규제할 법규를 직접 제정케 하는 대신에 행정관청의 통제하에 기업에게 법규의 제정을 수권하고 있는 것이라고 볼 수 있으며, 따라서, 이러한 경우에는 법률이 약관의 구속력의 근거라고 말할 수 있다'고 한다.[248]

(2) 판례의 입장

판례는 약관규제법이 제정되기 이전부터 일관하여 「계약설」에 의하여 약관의 본질을 파악하고 있다. 즉, 판례는 「계약설」의 입장에서 인가약관(認可約款)인 「전기공급규정」(전기사업법 17조)[249]과 「보통보험약관」(상법 638조의3)[250] 등의 법규범성을 부인하고, '이러한 약관이 계약당

---

244) 이윤영, "보통거래약관" 고시연구, 1976/8, 72; 강위두, "보통거래약관", 고시계, 1982/4, 83 참조.

245) 이병태, 상법(상)(법원사, 1976), 75; 채병묵/우홍구, 상법(상)(진명문화사, 1976), 75; 정희철, 상법학원론(상)(박영사, 1984), 49 참조.

246) 김용태, 상법(상)(박영사, 1970), 33; 서돈각, 상법(상), 58; 정무동, 상법강의(상)(박영사, 1981), 61; 박재우, 신상법(상)(학문사, 1981), 61; 손주찬, 상법(상)(박영사, 1985), 49; 최기원, 상법학개론, 1985, 24 참조.

247) 곽윤직, 41~42; 김주수, 49~50 참조.

248) 곽윤직, 42 참조.

249) 전기사업법(1999.2.8. 법률 제5830호로 개정되기 전의 것) 제17조(공급규정) ① 일반전기사업자는 전기요금 기타 공급조건에 관한 공급규정을 정하여 통상산업부장관의 인가를 받아야 한다. 이를 변경하고자 하는 경우에도 또한 같다. ② 통상산업부장관은 사회적·경제적 사정의 변경에 따라 일반전기사업자의 전기요금 기타 공급조건이 현저하게 부당하여 공공이익에 지장이 된다고 인정되는 경우에는 일반전기사업자에게 상당한 기간을 정하여 공급규정의 변경인가를 신청하도록 명할 수 있다. ③ 통상산업

사자에 대하여 구속력을 갖는 것은 그 자체가 법규범 또는 법규범적 성질을 가진 약관이기 때문이 아니라, 당사자 사이에서 이를 계약내용에 포함시키기로 합의하였기 때문'이라는 입장을 확립하고 있다(대법원 1983.12.27.선고, 83다카893 판결 등).[251]

■ **보통보험약관의 구속력의 근거와 그 배제요건** 보통보험약관이 계약당사자에 대하여 구속력을 갖는 것은 그 자체가 법규범 또는 법규범적 성질을 가진 약관이기 때문이 아니라, 보험계약 당사자 사이에서 이를 계약내용에 포함시키기로 합의하였기 때문이라고 볼 것인바, 일반적으로 당사자 사이에서 보통보험약관을 계약내용에 포함시킨 보험계약서가 작성된 경우에는 계약자가 그 보험계약의 내용을 알지 못하는 경우에도 그 약관의 구속력을 배제할 수 없는 것이 원칙이나, 다만 당사자 사이에서 명시적으로 약관에 관하여 달리 약정한 경우 또는 약관의 내용이 일반적으로 예상되는 방법으로 명시되어 있지 않다든가 또는 중요한 내용이어서 특히 보험업자의 설명을 요하는 경우에는, 위 약관의 구속력은 배제된다. (대법원 1990.4.27.선고, 89다카24070 판결)[252]

(3) 학설·판례의 검토

「법규범설」 중 「자치법설」은 약관을 일종의 법원(法源)으로 인정하려는 견해라고 할 수 있는데, 기업이 영업의 편의상 작성한 것에 불과한 약관을 법률의 수권도 없이 법원으로 인정한다는 것은 법이론적 근거가 없을 뿐만 아니라, 경제적 강자인 기업의 이익을 일방적으로 옹호하려는 시대착오적인 이론으로서 수긍할 수 없는 이론이다. 또한 「상관습설」은 '약관이 있는 때에는 그러한 약관을 계약의 내용으로 한다는 상관습이 존재한다'고 주장하나, 이 역시 기업의 이익을 옹호하기 위한 논리에 불과하여 타당성을 인정하기 어려우며, 설사 그러한 상관습이 존재한다고 하더라도 강행법규인 약관규제법이 제정되어 있는 현시점에서는 그러한 상관습의 효력을 인정할 수 없음은 명확하다.[253]

약관은 특정한 상대방이나 특정한 개별계약을 위하여 만들어진 것이 아니라는 점에서 법규범과 유사한 측면인 일반성을 가지고 있다. 그러나 약관의 규율대상은 특정한 사업자와 고객 간의 특정한 종류의 영업에 한한다는 점에서, 법규범의 일반성과는 이론상 구별되어야 한

부장관은 일반전기사업자가 제2항의 규정에 의한 기간 내에 변경인가를 신청하지 아니하는 경우에는 공급규정을 변경할 수 있다.

250) 상법 제638조의3(보험약관의 교부·명시의무) ① 보험자는 보험계약을 체결할 때에 보험계약자에게 보험약관을 교부하고 그 약관의 중요한 내용을 알려주어야 한다. ② 보험자가 제1항의 규정에 위반한 때에는 보험계약자는 보험계약이 성립한 날부터 1월내에 그 계약을 취소할 수 있다.

251) 같은 취지: 대법원 1987.2.10.선고, 86다카2094 판결; 대법원 1988.4.12.선고, 88다25 판결; 대법원 1992.12.24.선고, 92다16669 판결.

252) 판례평석: 권성, "산재보험급여대상자에 대한 자동차종합보험면책약관의 유효여부", 민사판례연구(13)(민사판례연구회, 1991/3), 176 이하; 양승규, "업무상 재해사고를 면책사유로 한 자동차보험약관의 효력", 서울대법학 31권 3·4호(서울대법학연구소, 1990/2), 262 이하. 같은 취지: 대법원 1985.11.26.선고, 84다카2543 판결; 대법원 1986.10.14.선고, 84다카122 판결; 대법원 1989.3.28.선고, 88다4645 판결; 대법원 1989.11.14.선고, 88다카29177 판결; 대법원 1990.4.27.선고, 89다카24070 판결; 대법원 2000.4.25.선고, 99다68027 판결.

253) 同旨: 곽윤직, 21; 김형배, 52 참조.

다. 즉, 약관은 그 자체로서는 아무런 법적 의의도 갖지 못하며, 그것이 개별계약의 내용으로 편입되었을 때에 한하여 비로소 법적 고찰의 대상이 되는 것이다. 또한 약관은 그 제정 주체의 측면에서도 법률의 아무런 수권도 받지 못한 사인에 의하여 작성되는 것이며, 그 내용상의 공정성을 확보하기 위한 아무런 절차가 마련되어 있지 않다는 점에서도 법규범과 구별된다.

전술한 바와 같이, 민법학계에서도 '특정분야에서 법률이 기업에 대하여 약관의 작성의무를 부과하고 감독관청에 의한 인가를 받은 후 그 약관에 따라서만 계약을 체결하여야 하는 것으로 하는 이른바 인가약관의 경우에는 법률이 기업에게 법규의 제정을 수권하고 있다'고 주장하는 견해가 없지는 않다.[254] 그러나 이러한 해석은 현행 약관규제법의 기본입장과 부합하지 않을 뿐만 아니라,[255] 이론상으로도 인가약관에 관한 법률의 규정은 약관에 의한 거래가 필수적인 분야에서 강도 높은 행정적 통제를 가하기 위하여 두어진 규정에 불과한 것이지, 법률이 개별기업에 법규 제정의 수권을 한 것으로 해석할 수는 없다고 할 것이다.

요컨대, 약관에 의한 계약의 구속력의 근거는 약관을 계약의 내용으로 편입하기로 하는 당사자의 합의에서 찾아야 할 것이다(계약설). 따라서 약관은 당사자 사이의 합의에 의하여 개별계약의 내용으로 편입된 경우에 한하여 법적 구속력을 갖는다. 또한 당사자 사이에 약관의 내용과는 다른 합의가 있는 경우에는, 그 합의에 의한 개별약정이 약관에 우선한다(이를 「개별약정우선의 원칙」이라고 한다). 이러한 관점에서 볼 때, 판례가 「계약설」의 입장을 확립하고 있는 것은 극히 당연하고 타당한 태도라고 할 것이다.[256]

3. 약관의 규제 : 약관규제법의 내용

(1) 약관규제법의 적용범위

약관규제법은 다른 법률에서 약관의 공정성을 보장하기 위한 특별한 규정을 두고 있는 경우 또는 거래의 성질상 약관규제법을 적용하는 것이 적절하지 않은 경우처럼, 일부 특수한 분야에 속하는 약관에 대하여는 약관규제법의 일부조항의 적용을 배제하거나(동법 15조), 혹은 전면적으로 약관규제법의 적용을 배제하고 있다(동법 30조 1항). 또한 약관규제법은 약관에 관한 일반법으로서의 성격을 가지는 것으로서, 동법 제2조 제1항에서 규정하고 있는 모든 약관에 대하여 적용되는 것이 원칙이지만, 약관에 대하여 다른 법률에 특별한 규정이 있는 경우에는 「특별법우선의 원칙」에 의하여 그 법이 우선적으로 적용된다(동법 30조 2항).

---

254) 곽윤직, 22~23 참조.

255) 同旨: 민법주해(12)/손지열, 305 참조. 즉, 약관규제법은 인가약관은 물론 행정관청 자신이 작성한 약관조차도 공정거래위원회에 의한 내용통제를 받도록 하고 있는데(동법 18조), 이는 인가약관이 결코 법규범이 될 수 없다는 단적인 표현이라고 할 수 있다.

256) 판례 중에는 「절충설」에 가까운 입장을 취한 것이 있으나(대법원 1989.4.25.선고, 87다카2792 판결), 그 후속판례에서는 이를 따르고 있지 않다.

1) 불공정약관무효조항의 적용만이 배제되는 경우

국제적으로 통용되는 약관이나 그 밖에 특별한 사정이 있는 약관으로서 대통령령이 정하는 경우에는, 면책조항 등 불공정한 약관조항을 무효로 규정하고 있는 동법 제7조 내지 제14조의 적용을 조항별·업종별로 제한할 수 있다(동법 15조).

(가) 국제적으로 통용되는 약관

약관규제법시행령은 국제적으로 통용되는 운송업, 금융업 및 보험업의 3개 업종의 약관에 대하여는 약관규제법 제7조 내지 제14조의 불공정약관무효에 관한 규정의 적용을 전부 배제하고 있다(동시행령 3조).[257] 약관규제법과 동법시행령이 이들 업종에서 불공정약관무효에 관한 규정의 적용을 전면적으로 배제한 이유는 이들 업종에서 국제적으로 통용되는 약관은 그 공정성이 국제적으로 승인되고 있다는 점과, 국내법인 약관규제법을 적용하여 이러한 약관을 무효화하는 경우에는 국제거래의 안정과 신뢰를 해할 우려가 있다는 점을 고려한 것이라고 할 수 있다.[258]

주의할 것은, ① 국제적인 운송업이나 금융업·보험업에서 사용되는 모든 약관에 대하여 약관규제법의 불공정약관무효에 관한 규정의 적용이 배제되는 것이 아니라, '국제적으로 통용되는 약관'에 한하여 위 규정의 적용이 배제되는 것이라는 점과(대법원 1994.12.9. 선고, 93다43873 판결), ② 불공정약관무효의 일반규정이라 할 수 있는 약관규제법 제6조의 규정은 이들 '국제적으로 통용되는 약관'의 경우에도 적용된다는 점,[259] 그리고 ③ 이들 '국제적으로 통용되는 약관'에 대한 약관규제법 제6조에 의한 내용통제는 법원에 의한 사법통제에 한하며, 공정거래위원회에 의한 시정조치(약관규제법 17조의2, 18조)나 행정기관인 공정거래위원회에 대한 심사청구(약관규제법 19조 이하) 등의 행정적 통제의 경우에는 적용되지 않는다는 점이다.[260]

(나) 국내약관 중 특별한 사정이 있는 약관으로서 대통령령이 정하는 경우

국내에서 사용되는 약관 중에서도 특별한 사정이 있는 경우로서 대통령령으로 정하는 경우에는 불공정약관조항의 무효에 관한 약관규제법 제7조 내지 제14조의 적용이 배제되는데(약관규제법 15조), 현재는 무역보험법에 의한 「무역보험약관」만이 이에 해당되는 것으로 되어 있다(동법시행령 3조 3호).

---

257) 약관규제법시행령 제3조(적용의 제한) 법 제15조에 따라 다음 각 호의 어느 하나에 해당하는 업종의 약관에 대해서는 법 제7조부터 제14조까지의 규정을 적용하지 아니한다. 1. 국제적으로 통용되는 운송업 2. 국제적으로 통용되는 금융업 및 보험업 3. 「무역보험법」에 따른 무역보험

258) 양명조, "약관의 규제에 관한 법률 -현상과 문제-", 민사판례연구(12)(민사판례연구회, 1990), 446 참조.

259) 민법주해(12)/손지열, 402 참조. 다만, '약관규제법 제15조의 규정에도 불구하고 국제적으로 통용되는 약관에 대해서는 동법 제6조의 적용도 배제되어야 한다'는 견해도 있다(손주찬, "약관규제법의 제정과 문제점", 「현대경제법학의 과제」, 630; 양명조, 상게논문, 446 참조).

260) 민법주해(12)/손지열, 403 참조.

2) 약관규제법의 적용이 전면적으로 배제되는 경우

약관이 상법 제3편(회사), 근로기준법 기타 대통령령이 정하는 비영리사업의 분야에 속하는 계약에 관한 것일 때에는, 약관규제법은 적용되지 않는다(약관규제법 30조 1항).

(가) 회사법 분야에 속하는 약관

회사의 설립, 주식의 모집, 회사의 운영, 신주청약, 사채모집 등 회사법 분야에 속하는 약관에 대하여는 약관규제법의 적용이 전면적으로 배제된다(약관규제법 30조 1항). 그 이유는 회사법 분야에 속하는 약관의 공정성에 관하여는 이미 상법에 의하여 충분히 배려되고 있을 뿐만 아니라, 단체법의 영역에 속하는 회사법의 특성상 사업자와 고객 간의 개별적 거래관계를 규율하는 약관규제법에 의한 규제가 적절치 않기 때문이다. 그러므로 회사에 관한 상법전 제3편의 규정뿐만 아니라 민법상의 비영리사단법인에 관한 규정이나 특별법상의 사단법인에 대해서도 약관규제법의 적용이 배제된다고 해석하여야 할 것이다.[261] 그러나 주식양도와 같이 회사법 분야에 속하기는 하지만 개별적 거래의 성격이 강한 경우에는, 약관규제법이 적용된다고 해석하여야 할 것이다.[262]

(나) 근로기준법 분야에 속하는 약관

근로자와 사용자 사이에서 체결되는 근로계약, 단체협약, 취업규칙 등 근로기준법 분야에 속하는 약관에 대하여도 약관규제법의 적용이 배제된다(약관규제법 30조 1항). 근로기준법 분야에서는 근로자의 생존권을 보호하기 위하여 일반적 거래법 분야와는 다른 독자적인 법원리가 지배하고 있을 뿐만 아니라, 그 약관내용의 적정 여부에 대하여서도 노동부 등 다른 행정관청의 감독을 받도록 되어 있으므로, 약관규제법에 의한 규제가 적절하지 않기 때문이다.[263] 판례도 '사업자가 다수의 상대방과 사이에 일정한 형식에 의하여 미리 마련한 계약서에 따라 체결한 계약이 근로기준법상의 근로계약에 해당될 경우에는 사업자의 소재지를 관할하는 법원을 관할법원으로 하는 내용의 재판관할 합의조항을 약관규제법에 의하여 무효라고 판단할 수는 없다'고 한다(대법원 2010.1.19., 2009마1640 결정).

(다) 기타 대통령령이 정하는 비영리사업의 분야에 속하는 약관

약관규제법은 회사법이나 근로기준법과 같은 단체법 분야에 속하는 약관 이외에, 대통령령이 정하는 비영리사업 분야에 속하는 약관에 대해서도 약관규제법의 적용이 배제될 수 있도록 규정하고 있으나(약관규제법 30조 1항), 현재로서는 약관규제법의 적용이 전면적으로 배제되는 비영리사업의 분야는 지정되어 있지 않다. 따라서 비영리사업 분야에 속한 것이라고 하여 약관규제법의 적용이 배제된다고 볼 수 없다(대법원 1999.4.27.선고, 97다24009 판결 등).[264]

---

261) 同旨: 제4판 주석민법(1)/김동훈, 218 참조.
262) 同旨: 민법주해(12)/손지열, 430 참조.
263) 상게서, 430 참조.

3) 약관규제법이 보충적으로만 적용되는 경우

예컨대, 방문판매·통신판매·다단계판매에서의 불공정한 계약의 효력을 부인하고 있는 방문판매법 제52조,[265] 할부거래에서 소비자에게 불리한 할부매매계약의 효력을 부인하는 할부거래법 제43조[266] 등과 같이, 특정한 거래 분야의 약관에 대하여 다른 법률에 특별한 규정이 있는 경우에는 그 규정이 약관규제법에 우선하여 적용된다(약관규제법 30조 2항). 이는 「특별법우선의 원칙」상 당연한 것이다(대법원 1998.11.27.선고, 98다32564 판결 등). 즉, 약관규제법은 약관규제에 관한 일반법으로서 방문판매법이나 할부거래법 등에 특별한 규정이 없는 사항에 관하여 보충적으로 적용될 수 있을 뿐이다.[267] 다만, 판례는 ① '보험자가 보험약관의 내용을 설명할 의무를 위반한 때에는 보험계약자가 보험계약을 취소할 수 있도록 규정하고 있는 상법 제638조의3 제2항은 "약관에 대한 설명의무를 위반한 경우에 그 약관을 계약의 내용으로 주장할 수 없다"고 규정하고 있는 약관규제법 제3조 제3항의 적용을 배제하는 특별규정이라고 할 수 없으므로, 보험약관이 상법 제638조의3 제2항의 적용대상이라 하더라도 약관규제법 제3조 제3항도 보험약관에 적용된다'고 한다(대법원 1998.11.27.선고, 98다32564 판결 등).[268] 또한 ② '국가를 당사자로 하는 계약을 체결하는 경우, "관계공무원은 국가와 계약을 체결하려고 하는 자로 하여금 계약금액의 100분의 10을 초과하는 금액을 계약보증금으로 납부하게 하여야 하고, 상대방이 계약상의 의무를 이행하지 아니할 경우 그 계약보증금을 국가에 귀속시켜야 한다"고 규정하고 있는 구 예산회계법 제79조 및 동법시행령 제121조, 제122조의 규정은 국가와 사인간의 계약관계에서 관계공무원이 지켜야 할 계약사무의 처리에 관한 필요한 사항을 규정한 국가의 내부규정에 불과할 뿐 국가가 당사자가 되는 계약의 약관에 관한 특별규정이라고 할 수 없으므로, 이 규정을 이유로 위 계약보증금 귀속에 관한 계약조항에 약관규제법의 적용이 배제된다고 볼 수 없다'고 한다(대법원 1999.4.27.선고, 97다24009 판결 등).[269]

---

264) 같은 취지: 대법원 1996.7.30.선고, 95다16011 판결.

265) 방문판매법 제52조(소비자 등에게 불리한 계약의 금지) 제7조부터 제10조까지, 제16조부터 제19조까지, 제30조부터 제32조까지의 규정 중 어느 하나를 위반한 계약으로서 소비자에게 불리한 것은 효력이 없다.

266) 할부거래법 제43조(소비자에게 불리한 계약의 금지) 제6조부터 제13조까지, 제15조, 제16조, 제22조의2, 제23조부터 제26조까지의 규정을 위반한 약정으로서 소비자에게 불리한 것은 효력이 없다.

267) 同旨: 민법주해(12)/손지열, 430 참조.

268) 같은 취지: 대법원 1999.3.9.선고, 98다43342·43359 판결.

269) 같은 취지: 대법원 2001.12.11.선고, 2001다33604 판결.

(2) 약관에 의한 계약의 성립

전술한 바와 같이, 약관은 당사자 사이의 합의에 의하여 개별계약의 내용으로 편입된 경우, 즉 「계약에의 편입」(Einbeziehung in den Vertrag)이 있는 경우에 한하여 계약으로서의 구속력을 가진다. 다시 말하면, 약관이 계약의 내용이 되기 위해서는 당사자 사이에 약관이 계약의 내용으로 편입된다는 사실에 관한 합의가 있어야 한다. 이와 같이 약관에 의한 계약도 합의에 의하여 성립한다는 점에서는 일반계약과 본질상 같다고 할 수 있으나, 일반계약에서는 청약자가 제시한 계약의 내용을 이루는 모든 사항에 관하여 합의가 있어야 계약이 성립하지만, 약관에 의한 계약의 경우에는 당사자 사이에 약관의 개별적 조항에 관한 합의는 필요치 않으며, 약관을 전체로서 계약 내용에 편입시킨다는 포괄적 합의만 있으면 계약이 성립한다는 점에 차이가 있다.

1) 계약에의 편입

(가) 계약에의 편입에 대한 당사자의 합의

약관이 계약의 내용이 되기 위해서는 사업자와 고객 사이에 약관이 계약의 내용으로 편입된다는 사실에 관한 합의가 있어야 한다. 즉, 약관을 계약의 내용으로 편입한다는 사업자의 제안(청약)을 고객이 동의(승낙)함으로써 '약관의 계약에의 편입'이 이루지는 것이다. 다만, 학설 중에는 '고객에 대한 사업자의 제안만 있으면 약관은 계약의 내용으로 편입되며, 편입에 대한 사업자와 고객의 합의(사업자의 편입의 제안과 고객의 동의)는 필요하지 않다'고 해석하는 견해도 있다.[270] 이 견해는, ① 독일민법의 규정(BGB §305 Ⅱ)[271]과 달리, 우리 약관규제법은 계약에의 편입요건으로서 고객의 동의를 명시적으로 규정하지 않고 있으며, ② 약관이 거래계에서 담당하는 사실상의 사회적 기능을 고려할 때 만약 그의 계약에의 편입을 무더기로 부인하면 거래의 혼란이 올 것이 우려된다는 점, ③ 약관규제의 중점이 약관의 명시(明示)에서 불공정조항의 무효로 옮겨가고 있으므로 구태여 편입의 요건을 엄격하게 할 필요가 없다는 점 등을 그 이유로 들고 있다.[272] 그러나 '이러한 주장은 약관의 구속력의 근거를 당사자의 합의에서 찾는 「계약설」의 근본취지를 무시하는 것이며, 사업자에 의한 약관의 남용을 방지하여 소비자를 보호하기 위하여 제정된 약관규제법의 입법취지에도 부합하지 않는 견해'라는

270) 이은영(개정판), 67 참조.

271) 독일민법 제305조(일반거래약관의 계약에의 편입) (2) 약관은 사업자가 계약체결 시에 다음 각 호의 요건을 갖추고 상대방이 그것이 효력을 가짐에 동의한 경우에 한하여 계약의 구성부분이 된다. 1. 고객에게 약관에 대하여 명확하게 지시하거나, 계약체결의 유형에 따라 명확한 지시가 지나치게 곤란한 경우에 한하여 계약체결장소에 명확히 볼 수 있는 게시를 통하여 약관을 지시하고, 또한 2. 사업자가 알 수 있는 상대방의 신체적 장애도 상당히 고려하여 고객에게 기대할 수 있는 방법으로 약관의 내용을 알 수 있는 가능성을 제공할 것.

272) 이은영(개정판), 67 참조.

비판을 면하기 어렵다.[273] 또한 이 견해에 따르면 사업자가 약관을 계약의 내용으로 할 것을 제안하는 것만으로도 약관의 계약에의 편입이 완료되므로, 고객이 사업자의 제안을 명백히 거부한 경우에도 약관에 의한 계약이 성립되는 결과가 되는바,[274] 이는 당사자의 합의에 의해서만 계약이 성립한다는 계약법의 기본원칙에 반하는 무리한 해석이다. 요컨대, 약관이 계약의 내용으로 편입되어 약관에 의한 계약이 성립하기 위하여서는 계약에의 편입에 대한 당사자의 합의는 반드시 요구된다고 해석하여야 할 것이다.

(나) 합의의 요건

여기서「계약에의 편입에 대한 당사자의 합의」라 함은 약관규제법 제2조의 해석상 '계약에의 편입에 대한 사업자의 제안과 그 제안을 받은 고객의 양해(諒解) 내지 승낙'을 의미한다.

(A) 사업자의 편입의 제안 사업자는 약관을 계약의 내용으로 할 것을 고객에게 제안하여 고객의 양해 내지 승낙을 받아야 한다. 다만, 사업자의 제안은 반드시 명시적인 것일 필요는 없으며 묵시적인 제안이라도 상관이 없다. 또한 사업자의 제안은 약관의 내용을 구체적으로 명시하지 않고 약관 전체를 포괄적으로 지시하는 것으로 충분하다.[275]

(B) 고객의 승낙 약관이 계약의 내용으로 편입되기 위하여서는 반드시 고객의 승낙이 있어야 하지만, 고객의 승낙은 명시적인 것일 필요는 없으며 묵시적 승낙도 가능하다. 또한 고객이 사업자의 제안에 대하여 적극적으로 반대하지 않고 양해하는 정도의 태도를 취한 경우에도 승낙으로 간주되어야 할 것이다.[276]

(다) 약관의 내용에 대한 부지(不知) 또는 착오

약관의 계약에의 편입에 대한 당사자의 합의는 '약관을 계약의 내용으로 편입시키기로 하는 합의'로서, 고객의 입장에서는 '계약 내용의 일정부분이 사업자의 약관에 의하여 채워지는 것을 승낙하는 것'이다.[277] 따라서 고객이 약관의 계약에의 편입을 승낙한 이상, 고객이 그 약관의 내용을 구체적으로 알았는지의 여부와는 관계없이 계약은 약관을 내용으로 하여 성립한다(대법원 1992.7.28.선고, 91다5624 판결 등).[278] 즉, 고객의 약관의 내용에 대한 착오의 주장은 허용되지 않는다. 약관내용의 부지나 착오는 보험계약에서 특히 많이 문제되는데, 판례는 '보험계약에서 약관의 내용이 일반적으로 예상되는 방법으로 명시되어 있지 않다든가 또는 중요한 내용이어서 특히 보험업자의 설명을 요하는 것이 아닌 한, 보험계약자가 위 약관내용

273) 同旨: 민법주해(12)/손지열, 310~312 참조.
274) 이은영(개정판), 67 참조.
275) 同旨: 민법주해(12)/손지열, 312~313 참조.
276) 同旨: 상게서, 314 참조.
277) 이러한 의미에서 편입에의 합의를「수권약정」또는「테두리약정」이라고 부르기도 한다(양창수/김재형, 149 참조).
278) 같은 취지: 대법원 1993.3.9.선고, 92다38928 판결; 대법원 1997.7.11.선고, 95다56859 판결.

을 자세히 살펴보지 아니하거나 보험업자의 설명을 듣지 아니하여 알지 못한다는 이유로 약관의 구속력에서 벗어날 수는 없다'고 한다(대법원 1989.11.14.선고, 88다카29177 판결 등).[279]

2) 약관의 명시·교부의무 및 중요내용 설명의무

(가) 약관내용의 명시의무(明示義務)

약관에 의한 계약을 체결하는 경우, 사업자는 고객에게 약관의 내용을 계약의 종류에 따라 일반적으로 예상되는 방법으로 분명하게 밝히고, 고객이 요구할 경우 그 약관의 사본을 고객에게 내주어 고객이 약관의 내용을 알 수 있도록 하여야 한다(약관규제법 3조 2항 본문). 이는 약관이 당사자의 합의에 의하여 계약에 편입된 것을 전제로 하여 고객에게 약관의 내용을 알릴 의무를 사업자에게 부여한 것이며, 이 의무의 이행에 의하여 비로소 약관이 계약에 편입되는 것은 아님은 전술한 바와 같다.[280] 다만, 여객운송업, 전기·가스 및 수도사업, 우편업, 공중전화 서비스 제공 통신업의 약관에 대하여는 사업자의 명시의무와 교부의무가 면제되고 있다(약관규제법 3조 2항 단서). 그러나 사업자의 명시·교부의무가 면제되는 약관규제법 제3조 제2항 단서에 규정된 네 가지 업종의 약관이라 하더라도 사업자는 영업소에 해당 약관을 비치하여 고객이 볼 수 있도록 하여야 한다(동법시행령 2조).

(A) 약관 내용의 명시방법　위에서 살펴본 바와 같이, 약관의 계약에의 편입에 대한 당사자의 합의는 묵시적으로도 성립할 수 있으나, 사업자는 약관의 구체적이고도 상세한 내용을 분명하게 밝혀야 한다. 또한 약관의 명시는 계약의 종류에 따라 일반적으로 예상되는 방법으로 행해져야 한다. 예컨대, 계약서와는 별도로 인쇄된 약관을 교부하거나, 입장권이나 승차권 등의 이면에 약관의 요지를 인쇄하여 교부하는 것, 계약이 체결되는 사업자의 영업소에 눈에 잘 띄도록 약관을 게시하거나 고객들이 마음대로 가져갈 수 있도록 비치하는 것, 자동판매기 등의 무인시설에 의한 청약의 경우에는 그 시설의 주변에 알아보기 쉽게 약관의 내용을 게시하는 것 등의 방법이 이에 해당한다고 할 수 있을 것이다.[281] 그리고 교부되거나 게시되는 약관은 평균인이라면 누구나 쉽게 이해할 수 있는 방법으로 표현되어야 한다. 약관규제법은 사업자에게 고객이 약관의 내용을 쉽게 알 수 있도록 한글로 작성하고, 표준화·체계화된 용어를 사용하며, 약관의 중요한 내용을 부호, 색채, 굵고 큰 문자 등으로 명확하게 표시하여 알아보기 쉽게 약관을 작성할 의무를 부과하고 있다(약관규제법 3조 1항). 따라서 약관이 번역문

---

279) 판례평석: 박용수, "종업원재해를 자동차보험의 대인배상에 관한 보험회사의 면책사유로 규정한 자동차종합보험보통약관의 효력", 대법원판례해설 12호(법원행정처, 1990), 67 이하; 정호열, "산재보험사고에 대한 자동차보험면책약관의 효력", 상사판례연구 2집(박영사, 1996/11), 240 이하. 같은 취지: 대법원 1990.4.27.선고, 89다카24070 판결; 대법원 1993.3.9.선고, 92다38928 판결; 대법원 2000.4.25.선고, 99다68027 판결.

280) 민법주해(12)/손지열, 316 참조.

281) 상게서, 316~317; 제4판 주석민법(1)/김동훈, 110 참조.

을 첨부하지 않은 채 외국어로 작성되었거나, 일반인이 이해하기 어려운 전문용어를 구사한 경우, 아주 작은 글씨로 인쇄되거나 눈에 잘 띄지 않는 장소에 게시되어 있는 경우(대법원 1990.4.27.선고, 89다카24070 판결) 등은 일반적으로 예상되는 방법으로 약관이 명시되었다고 할 수 없을 것이다.[282]

(B) 명시의무 위반의 효과 사업자가 약관내용의 명시·교부의무에 위반하여 계약을 체결한 때에는 사업자는 해당 약관을 계약의 내용으로 주장할 수 없으며(약관규제법 3조 4항), 약관의 명시의무를 위반한 사업자에게는 500만원 이하의 과태료가 부과된다(약관규제법 34조 2항 1호). 그러나 사업자가 명시의무를 위반하였다고 하여 약관이 계약의 내용이 아닌 것으로 변하는 것은 아니며, 사업자 측에서 그 약관을 계약의 내용으로 주장할 수 없을 뿐이다. 약관은 당사자의 계약편입의 합의에 의하여 이미 계약의 내용이 된 것이기 때문이다. 그러므로 고객이 그 약관의 효력을 주장하는 것은 가능하다고 해석된다.[283] 다만, 고객이 약관 중에서 자기에게 유리한 부분만을 유효하다고 주장하는 것은 허용되지 않는다.[284]

약관규제법 제16조는 '약관의 전부 또는 일부의 조항이 동법 제3조 제4항에 따라 계약의 내용이 되지 못하는 경우에도 계약은 나머지 부분만으로 유효하게 존속한다'고 규정함으로써 「일부무효의 법리」에 관한 민법 제137조에 대한 특칙을 인정하고 있다. 그러므로 사업자가 약관의 일부만을 명시한 경우에는 명시되지 아니한 약관조항의 효력을 주장할 수 없을 뿐 계약은 나머지 약관조항을 내용으로 하여 유효하게 성립한다(약관규제법 16조 본문). 다만, 유효한 부분만으로는 계약의 목적 달성이 불가능하거나 그 유효한 부분이 한쪽 당사자에게 부당하게 불리한 때에는 그 계약은 무효가 된다(동조 단서).

(C) 명시의무에 대한 증명책임 '약관내용 명시의무의 이행 여부에 대한 증명책임은 사업자가 부담한다'는 점에는 이론이 없으나, 그 증명의 정도에 대해서는 견해가 갈린다. 그러나 개별적인 고객에 대한 명시의무의 이행 사실을 사업자가 직접적으로 입증하여야 한다고 해석하는 것이 약관규제법의 입법취지에 부합하는 해석이라고 생각된다.[285]

(나) 약관사본의 교부의무

사업자는 약관의 명시의무와는 별도로 고객이 요구할 경우 그 약관의 사본을 고객에게 내주어 고객이 약관의 내용을 알 수 있게 하여야 한다(약관규제법 3조 2항 본문). 다만, 여객운송업, 전기·가스 및 수도사업, 우편업, 공중전화 서비스 제공 통신업의 네 가지 업종의 약관의 경우에는 사업자의 교부의무가 면제되고 있다는 점은 전술한 바와 같다(동조 2항 단서).[286] 한

282) 同旨: 민법주해(12)/손지열, 317 참조.
283) 상게서, 318 참조.
284) 상게서, 319 참조.
285) 同旨: 상게서, 319 참조.

편 여객운송업 중 철도운송의 경우에는 철도사업법에 의하여 그 운송약관을 영업소 기타 일반공중이 보기 쉬운 장소에 게시하여야 할 의무가 따로 규정되어 있다(철도사업법시행규칙 7조).[287] 한편 약관사본의 교부의무를 위반한 자에 대해서도 500만원 이하의 과태료가 부과된다(약관규제법 34조 2항 1호).

약관규제법은 사업자가 명시의무를 위반한 경우와 마찬가지로, 약관사본교부의무에 위반한 경우에도 당해 약관을 계약의 내용으로 주장할 수 없는 것으로 규정하고 있으나(동법 3조 4항), 이는 사업자에게 지나치게 가혹한 규정이라는 입법론적 비판이 있다.[288] 이 견해는 이러한 입법론적 비판에서 한 걸음 더 나아가, '사본교부의무만의 위반에 대하여는 약관규제법 제4항의 적용은 없다고 해석하는 것이 타당하다'고 주장하고 있으나,[289] 이익형량을 이유로 강행법규인 약관규제법의 명문규정에 반하는 이와 같은 해석론이 가능한지는 의문이다.

(다) 중요내용 설명의무

사업자는 계약의 성질상 설명하는 것이 현저하게 곤란한 경우를 제외하고 약관에 정하여져 있는 중요한 내용을 고객이 이해할 수 있도록 설명하여야 한다(약관규제법 3조 3항). 사업자가 약관의 중요내용 설명의무를 위반하여 계약을 체결한 경우에는 약관의 명시·교부의무 위반의 경우와 마찬가지로, 사업자는 해당 약관을 계약의 내용으로 주장할 수 없으며(동법 3조 4항), 500만원 이하의 과태료가 부과된다(동법 34조 2항 2호).

(A) 사업자의 설명을 요하는 약관의 중요내용 사업자가 설명하여야 하는 '약관에 정하여져 있는 중요한 내용'이란 무엇을 의미하는가? 이는 물론 당해 계약 및 약관의 해석 문제라 할 것이나, 일반적으로 말하면 '고객의 이해관계에 중대한 영향을 미치는 사항으로서 사회통념상 그 사항의 지(知)·부지(不知)가 계약체결의 여부에 영향을 미칠 수 있는 사항이 약관의 중요한 내용에 해당한다'고 할 수 있다.[290] 구체적으로는 급부의 변경, 계약의 해제사유, 사업자의 면책사유, 고객의 책임가중, 부제소합의 등에 관한 조항을 약관의 중요한 내용이라고 할 수 있을 것이다. 판례에 따르면, ① 보험계약에서 보험상품의 내용, 보험요율의 체계 및 보

286) 2012.8.13. 대통령령 제24033호로 약관규제법시행령이 개정되기 전에는 사업자의 교부의무가 면제되는 위 네 가지 업종의 약관이라 하더라도 사업자는 영업소에 약관을 비치하여야 할 뿐만 아니라, 고객의 요청이 있으면 해당 약관의 사본을 고객에게 교부하도록 규정함으로써(동 시행령 2조 2항 참조), 결과적으로 이들 업종에서도 사업자의 약관사본교부의무가 인정되고 있었으나, 동 시행령이 개정된 결과 이들 네 가지 업종에서는 약관사본교부의무가 폐지되었다.

287) 철도사업법시행규칙 제7조(철도사업약관의 신고 등) ③ 철도사업자는 제1항의 규정에 의하여 철도사업약관을 신고하거나 변경신고를 한 때에는 그 철도사업약관을 인터넷 홈페이지, 관계 역·영업소 및 사업소 등의 이용자가 보기 쉬운 장소에 비치하고, 이용자가 이를 열람할 수 있도록 하여야 한다.

288) 민법주해(12)/손지열, 318 참조.

289) 상게서, 318 참조.

290) 상게서, 320 참조.

험청약서상 기재사항의 변동(대법원 1998.6.23.선고, 98다14191 판결 등),[291] 보험자의 면책사유(대법원 2000.5.30.선고, 99다66236 판결 등),[292] 보험계약의 승계절차(대법원 1994.10.14.선고, 94다17970 판결), '위험직종 1급 또는 2급으로 분류되는 영업상 또는 비영업상 오토바이 사용자는 보험계약에 가입할 수 없다'는 조항(대법원 1995.8.11.선고, 94다52492 판결), ② 은행거래약관에 포함된 양도금지의 특약(대법원 1998.11.10.선고, 98다20059 판결), 근저당권설정계약에서 '물상보증인인 근저당권설정자는 연대보증인을 겸한다'는 조항(대법원 1994.9.30.선고, 94다13107 판결) 등은 설명의무의 대상인 약관의 중요한 내용에 해당한다. 그러나 ③ 「자동차종합보험보통약관」에서 대인배상에 관한 보험회사의 면책사유의 하나로 '피해자가 배상책임 있는 피보험자의 피용자로서 근로기준법에 의한 재해보상을 받을 수 있는 경우'를 들고 있는 조항(대법원 1990.4.27.선고, 89다카24070 판결), ④ 화재보험에서 폭발면책조항(대법원 1993.4.13.선고, 92다45261·45278 판결), ⑤ 한국전력공사의 「전기공급규정」상의 면책조항(대법원 1995.12.12.선고, 95다11344 판결 등),[293] ⑥ 피보험자동차의 양도에 관한 통지의무(대법원 2007.4.27.선고, 2006다87453 판결 등) 등은 설명의무의 대상인 약관의 중요한 내용이라고 볼 수 없다고 한다.

한편 판례는 '약관의 중요한 내용에 해당하는 사항이라고 하더라도 당해 거래에서 일반적이고 공통된 것이어서 고객이 충분히 예상할 수 있었던 것이거나, 이미 법령에 의하여 정하여진 것을 되풀이하거나 부연하는 정도에 불과한 사항이라면, 그러한 사항에 대하여서까지 보험자에게 명시·설명의무가 인정된다고 할 수 없으나(대법원 2000.7.4.선고, 98다62909·62916 판결 등),[294] 보험계약자나 그 대리인이 그 약관의 내용을 충분히 잘 알고 있다는 점은 이를 주장하는 보험자 측에서 입증하여야 한다는 입장을 취하고 있다(대법원 2001.7.27.선고, 99다55533 판결 등).[295]

(B) 중요내용 설명의무 위반의 효과 사업자가 설명의무를 위반하여 약관의 중요한 내용에 대하여 설명하지 아니한 경우의 효과는 명시·교부의무를 위반한 경우와 같다. 즉, 사업자가 약관의 중요한 사항에 대하여 설명을 하지 않고 계약을 체결한 때에는 해당 약관을 계약의

291) 같은 취지: 대법원 1992.3.10.선고, 91다31883 판결; 대법원 1994.10.14.선고, 94다17970 판결; 대법원 1997.9.26.선고, 97다4494 판결; 대법원 1998.4.10.선고, 97다47255 판결; 대법원 1998.6.23.선고, 98다14191 판결; 대법원 1999.3.9.선고, 98다43342·43359 판결; 대법원 2000.5.30.선고, 99다66236 판결; 대법원 2001.9.18.선고, 2001다14917·14924 판결; 대법원 2007.4.27.선고, 2006다87453 판결.

292) 같은 취지: 대법원 1994.10.25.선고, 93다39942 판결.

293) 판례평석: 엄기섭, "설명의무 있는 약관의 중요한 내용", 법률신문 2886호(법률신문사, 2000/5), 14. 같은 취지: 대법원 2002.4.12.선고, 98다57099 판결.

294) 같은 취지: 대법원 1998.11.27.선고, 98다32564 판결; 대법원 1999.5.11.선고, 98다59842 판결; 대법원 1999.9.7.선고, 98다19240 판결; 대법원 2003.5.30.선고, 2003다15556 판결; 대법원 2010.3.25.선고, 2009다91316·91323 판결; 대법원 2011.3.24.선고, 2010다96454 판결; 대법원 2012.6.28.선고, 2010다57466 판결.

295) 판례평석: 정영석, "선급 워런티약관의 효력과 약관의 설명의무", 해사법연구 15권 1호(한국해사법학회, 2003/6), 359 참조. 같은 취지: 대법원 2003.8.22.선고, 2003다27054 판결; 대법원 2007.4.27.선고, 2006다87453 판결; 대법원 2011.3.24.선고, 2010다96454 판결.

내용으로 주장할 수 없다(약관규제법 3조 4항). 다만, 약관의 명시·교부의무는 약관 전체가 그 대상이 되므로 그 의무위반의 경우에는 약관 전부의 효력이 문제가 되는 것이 원칙이나, 설명의무는 약관의 개별조항이 그 대상이 되므로 그 의무위반의 경우에도 당해 조항의 효력만이 문제가 된다는 점에서, 양자는 차이가 있다.[296]

3) 개별약정우선의 원칙

(가) 의 의

「개별약정우선(個別約定優先)의 원칙」이라 함은 '당사자가 약관을 계약의 내용으로 편입시키는 과정에서 약관의 내용과는 다른 약정(이를 「개별약정」이라고 한다)을 하는 경우에는 그 개별약정의 효력이 약관에 우선한다는 원칙'을 말한다. '약관의 구속력이 인정되는 근거는 당사자의 계약편입에의 합의에서 찾아야 한다'고 본다면(계약설), 당사자 사이의 개별적·구체적 합의가 일반적·추상적 합의에 우선한다는 것은 그 당연한 귀결이라 할 것이다.[297] 따라서 약관규제법이 제4조에서 '약관에서 정하고 있는 사항에 관하여 사업자와 고객이 약관의 내용과 다르게 합의한 사항이 있을 때에는 그 합의 사항은 약관보다 우선한다'고 규정한 것은 이러한 당연한 법리를 확인한 것에 불과하다.

(나) 「개별약정우선의 원칙」의 적용요건

개별약정우선의 원칙이 적용되기 위하여서는 우선 개별약정이 존재하여야 하는데, 개별약정은 반드시 서면에 의할 필요는 없으며 구두상의 합의로써도 충분하다. 또한 명시적 합의뿐만 아니라 묵시적 합의도 가능하다. 다만, 개별약정의 존재와 그 내용은 이를 주장하는 자가 증명하여야 한다.[298] 이와 관련하여, 판례는 ① '보험계약에서 사업자 혹은 그 대리인(특히 보험대리인 또는 보험외판원)이 계약체결 시에 약관의 내용과 다른 설명을 한 경우에는 그 설명된 내용이 개별약정이 되며(대법원 1989.3.28. 선고, 88다4645 판결 등),[299] ② 계약을 통하여 달성하고자 하는 당사자의 목적이나 계약체결 시에 당사자 사이에서 양해된 사항과 부합하지 아니하는 약관조항이 있는 경우에도 개별약정의 존재는 인정된다'고 한다(대법원 1989.8.8. 선고, 89다카5628 판결).

---

296) 민법주해(12)/손지열, 321 참조.

297) 상게서, 323 참조.

298) 상게서, 323 참조.

299) 판례평석: 손지열, "보험외판원의 잘못된 설명과 개별약정의 성립", 민사판례연구(12)(민사판례연구회, 1990/5), 237 이하; 우성만, "약관과 다른 보험모집종사자의 설명과 보험자의 책임", 판례연구 2집(부산판례연구회, 1992/2), 277 이하; 심상무, "개별약정에 의한 보통보험약관의 배제", 상사판례연구 3집(한국상사판례학회, 1989/11), 193 이하; 홍복기, "보통보험약관의 효력", 상사판례연구 3집(한국상사판례학회, 1989/11), 34 이하; 정호열, "보험모집인의 과대설명과 보험자의 책임", 상사판례연구 2집(한국상사판례학회, 1996/11), 31 이하.

■ **보험계약 체결 시 보험약관과 다른 내용의 약정을 할 수 있는지 여부**(적극) 보험계약은 당사자 일방이 약정한 보험료를 지급하고 상대방이 재산 또는 생명이나 신체에 관하여 불확정한 사고가 생길 경우에 일정한 보험금액 기타의 급여를 지급할 것을 약정함으로써 효력이 생기는 불요식의 낙성계약이므로, 계약 내용이 반드시 보험약관의 규정에 국한되는 것은 아니고, 당사자가 특별히 보험약관과 다른 사항에 관하여 합의한 때에는 그 효력이 인정된다. (대법원 1997.9.5.선고, 95다47398 판결)[300]

약관이 다른 종류의 계약을 위하여 마련된 것일 때에도, 실제로 사용된 약관에 의한 개별약정이 존재한다고 보아야 할 것이다. 예컨대, 중고자동차매매에 있어서 신품자동차의 매매약관이 사용된 경우에는 신품자동차매매약관에 의한 중고자동차매매의 개별약정이 존재하는 것으로 보아야 한다.[301] 또한 약관의 내용보다 개별약정이 오히려 고객에게 불리하게 되어 있는 경우라고 하더라도, 개별약정이 약관에 우선한다고 할 것이다.[302] 다만, 이 경우에는 사업자가 개별약정시에 합의내용에 관하여 명백한 표현을 사용하였는지의 여부와 고객에게 개별약정으로 인하여 다른 일반고객보다 불리한 지위에 서게 된다는 사실을 충분히 설명되었는지의 여부가 고려되어야 한다.[303]

(다) 개별약정우선의 효과

개별약정이 있는 경우에는 개별약정이 약관에 우선하여 적용된다(약관규제법 4조). 그러나 개별약정이 우선적으로 적용되더라도 해당 약관조항이 무효가 되는 것이 아니라, 개별약정과 충돌되는 범위에서 기능을 발휘하지 못하는 것뿐이다. 따라서 해당 약관조항은 여전히 다른 약관조항의 해석에 참고자료로 쓰일 수 있으며, 개별약정이 어떤 사유로 인하여 무효가 된 경우에는 기능이 정지되었던 해당 약관조항이 부활하여 계약내용을 규율하게 된다.[304]

(3) 약관의 해석원리

약관규제법은 제5조에서 "① 약관은 신의성실의 원칙에 따라 공정하게 해석되어야 하며 고객에 따라 다르게 해석되어서는 아니 된다. ② 약관의 뜻이 명백하지 아니한 경우에는 고객에게 유리하게 해석되어야 한다"고 규정함으로써, 종래 학설·판례에 의하여 인정되어 오던 약관해석의 3대원칙인 「신의성실의 원칙」·「통일적 해석의 원칙」·「작성자불리의 원칙」을 명문화하였다.

앞에서 살펴본 바와 같이, 약관의 본질은 법규범이 아니라 당사자의 합의에 그 효력의

---

300) 같은 취지: 대법원 1985.11.26.선고, 84다카2543 판결; 대법원 1989.3.28.선고, 88다4645 판결; 대법원 1991.9.10.선고, 91다20432 판결; 대법원 1998.10.13.선고, 97다3163 판결; 대법원 2003.7.11.선고, 2001다6619 판결; 대법원 2003.7.11.선고, 2001다6619 판결.

301) 同旨: 민법주해(12)/손지열, 324 참조.

302) 同旨: 상게서, 324; 이은영, 전게서(주 237), 110 참조.

303) 同旨: 이은영, 상게서, 110 참조. 그러나 '이러한 해석론은 사업자에게 과중한 의무를 지우게 된다'는 이유로 반대하는 견해도 있다(민법주해(12), 325(손지열) 참조).

304) 同旨: 민법주해(12), 325(손지열) 참조.

근거가 있는 계약이므로(계약설), 그 해석도 원칙적으로 계약의 일반적 해석원리에 따라야 할 것이다. 그러나 약관은 특정한 상대방과의 일회적 거래를 위한 것이 아니라 일정한 종류의 영업에서 발생하는 모든 거래, 즉 불특정다수의 상대방과의 거래에 적용되기 위하여 만들어진 것이므로, 그 해석에서도 약관의 이러한 특성이 고려되지 않으면 안 된다. 다만, 「약관해석의 3대원칙」은 어디까지나 약관의 특성을 고려한 계약의 일반적 해석원리의 변용(變容)일 뿐이라는 점을 잊어서는 안 될 것이다.[305]

1) 신의성실의 원칙

독일민법과 달리(BGB §157),[306] 우리 민법은 계약해석의 기준으로 「신의성실의 원칙」을 명문으로 규정하고 있지는 않다. 그러나 학설은 '신의칙이 계약해석의 기준이 되어야 한다'는 데 일치하고 있다. 그러므로 계약의 내용이 되는 '약관은 신의성실의 원칙에 따라 공정하게 해석되어야 한다'는 약관규제법 제5조 제1항의 규정은 이러한 당연한 계약해석의 법리를 밝힌 것에 지나지 않는다고 할 수 있다. 다만, 대등한 당사자 사이의 개별적 교섭에 의하여 그 내용이 정해지는 일반계약과 달리 약관은 경제적·사회적 강자인 사업자에 의하여 일방적으로 작성된 것이라는 점을 고려할 때, 약관에 의한 거래에서 당사자의 실질적 형평과 계약의 공정(公正)이 달성되기 위해서는 일반거래보다 더 높은 수준의 윤리적·도덕적 기준이 사업자에게 요구된다는 것이 약관해석의 준칙으로서의 신의성실의 원칙이 가지는 의의라고 할 수 있다.[307] (☞ 민법총칙 편, 제6장 제5절 「법률행위의 해석」)

(가) 신의칙의 적용순위

계약의 해석은 당사자가 의도한 목적, 거래의 관습, 임의법규 등의 순으로 그 기준이 되며(105조, 106조), 신의칙은 이와 같은 기준에 의하여 계약의 의미를 확정할 수 없는 경우에 보충적으로 해석의 기준이 된다.[308] 이는 약관을 내용으로 하는 계약의 해석에서도 마찬가지이다. 다만, 일반계약과는 달리 약관에 의한 계약에 있어서는 사업자가 의도한 계약의 목적에 절대적인 구속력을 부여할 수 없으며, 신의칙에 비추어 합리적이고 공정하다고 인정되는 범위 내에서만 해석의 기준으로 삼을 수 있을 뿐이다.[309] 따라서 약관의 해석에 있어서는 신의칙을 보충적 해석기준이라고만 할 수는 없다.

---

305) 민법주해(12)/손지열, 328; 이은영, 전게서(주 237), 103~105 참조.

306) 독일민법 제157조(계약의 해석) 계약은 거래의 관습을 고려하여 성실과 신의가 요구하는 바에 따라서 해석되어야 한다.

307) 민법주해(12)/손지열, 329~330 참조.

308) 법률행위해석에 관한 최근 학설의 동향은 남효순, "법률행위해석의 쟁점 -법률행위해석의 본질 및 방법에 관하여-", 서울대법학 41권 1호(서울대법학연구소, 2000/6), 146 이하; 윤진수, "계약해석의 방법에 관한 국제적 동향과 한국법", 민법논고 I (박영사, 2007/11), 225 이하 참조.

309) 민법주해(12)/손지열, 330 참조.

(나) 공정한 해석

약관의 해석은 사업자나 고객 중 어느 한 쪽의 이익에 치우치지 않도록 공정하게 이루어져야 한다(약관규제법 5조 1항).[310]

2) 「객관적 해석의 원칙」과 「통일적 해석의 원칙」

「객관적 해석의 원칙」이라 함은 '약관은 당사자의 주관적인 의사나 의도와는 관계없이 그 조항의 문언에 따라서 객관적으로 해석되어야 한다는 원칙'을 말한다. 약관규제법은 약관의 해석원리로서 「객관적 해석의 원칙」을 명문으로 규정하고 있지는 않으나, 이는 「신의성실의 원칙」의 파생원칙으로서 당연한 것으로 여겨진다.[311]

「객관적 해석의 원칙」의 당연한 결과로서, '동일한 약관은 고객이 누구인가에 관계없이 동일한 내용으로 해석되어야 한다는 원칙'이 도출되는데, 이를 「통일적 해석의 원칙」이라고 한다. 약관규제법은 "약관은 고객에 따라 다르게 해석되어서는 아니 된다"라고 규정함으로써(동법 5조 1항 후단), 「통일적 해석의 원칙」을 명문으로 규정하고 있다.

이와 같이 「객관적 해석의 원칙」과 「통일적 해석의 원칙」이 적용되는 결과, 약관의 해석에서는 구체적·개별적 당사자의 이해관계는 고려의 대상이 되지 않으며, 그 거래에 전형적으로 관여하는 집단의 총체적 이해관계가 고려의 대상이 된다.[312] 또한 약관의 해석에서는 개개 고객의 언어에 대한 이해가능성은 고려되지 않는다. 약관은 불특정다수인과 동일한 종류의 계약을 체결하기 위하여 사업자에 의하여 미리 마련되는 것이기 때문이다. 즉, 약관은 개개의 고객이 아니라, 거래에 참여하는 일반적 평균인의 이해능력과 언어관행을 기준으로 해석되어야 한다. 따라서 한국말을 전혀 모르는 외국인이 국내에서 한국어로 된 「자동차보험보통약관」이 적용되는 자동차보험계약을 체결한 경우에도 약관은 일반적 평균인의 한국어 이해능력을 기준으로 해석될 것이며, 그 외국인의 한국어 이해능력은 고려되지 않는다.[313] 또한 고객이 그룹별로 이해능력과 이해관계를 달리하는 거래집단을 형성하고 있는 경우에는 약관의 해석도 거래집단에 따라 달라질 수 있으나, 그러한 경우에도 당해 거래집단 내에서는 통일적인 해석이 이루어져야 한다.[314] 판례도 '보통보험약관의 해석은 개개 계약체결자의 의사나 구체적인 사정을 고려함이 없이 평균적 고객의 이해가능성을 기준으로 하되, 보험단체 전체의 이해관계를 고려하여 객관적, 획일적으로 해석하여야 한다'고 판시함으로써, 「객관적·

---

310) 약관규제법 제5조(약관의 해석) ① 약관은 신의성실의 원칙에 따라 공정하게 해석되어야 하며 고객에 따라 다르게 해석되어서는 아니 된다. ② 약관의 뜻이 명백하지 아니한 경우에는 고객에게 유리하게 해석되어야 한다.

311) 이은영, 전게서(주 237), 116 참조.

312) 민법주해(12)/손지열, 331 참조.

313) 이은영, 전게서(주 237), 120 참조.

314) 민법주해(12)/손지열, 333 참조.

통일적 해석의 원칙」이 약관계약의 해석준칙임을 밝히고 있다(대법원 1996.6.25.선고, 96다12009 판결 등). 이러한 관점에서, 판례는 ① '아파트단지 내 이삿짐 운반을 위해 장시간 주차한 화물차의 고가사다리를 이용한 이삿짐 운반작업 중 인부가 추락하여 사망한 경우, 차량의 운전과 관계없이 그 부착장치를 이용한 작업 중 발생한 위 사고가 보험약관의 객관적 해석상 운전자 상해보험에 의한 보상대상이 되는 보험사고로 볼 수 없다'고 판시한 바 있다(대법원 2009.5.28.선고, 2009다9294·9300 판결). 또한 ② '「가족운전자한정운전특별약관」 소정의 "배우자"에는 부첩관계의 일방에서 본 타방은 포함되지 않지만(대법원 1995.5.26.선고, 94다36704 판결 등),[315] '피보험자의 계모가 피보험자의 부(父)의 배우자로 실질적으로 가족의 구성원으로 가족공동체를 이루어 생계를 같이 하고 피보험자의 어머니의 역할을 하면서 피보험자동차를 이용하고 있다면, 「가족운전자한정운전특별약관」상의 "모(母)"에 포함된다'고 판시한 바 있다(대법원 1997.2.28.선고, 96다53857 판결).[316]

3) 작성자불리의 원칙

「작성자불리의 원칙」이라 함은 '약관의 뜻이 명백하지 아니한 경우에는 고객에게 유리하게 해석되어야 한다는 원칙'을 말한다(약관규제법 5조 2항). 이는 「의심스러운 때에는 작성자에게 불리하게」(in dubio contra stipulatoren)라는 계약해석의 일반원칙에서 나온 것으로서,[317] 약관규제법에 명문규정이 없더라도 인정될 수 있는 법리이지만, 사업자에 의하여 일방적으로 작성되는 약관의 해석에서 특히 중요한 의미를 가지는 것이므로 명문으로 규정한 것이다.[318] 따라서 사업자는 약관을 작성함에 있어서 모든 조항을 오해의 여지가 없도록 명백하게 표현하여야 하며, 객관적이고 공정한 해석의 결과 약관의 의미내용에 대하여 둘 이상의 해석이 가능한 경우에는 작성자에게 불리한 쪽으로 해석되는 불이익을 감수하지 않으면 안 된다(대법원 1996.6.25.선고, 96다12009 판결 등). 다만, 당해 약관의 목적과 취지를 고려하여 공정하고 합리적으로, 그리고 평균적 고객의 이해가능성을 기준으로 객관적이고 획일적으로 해석한 결과 그 약관 조항이 일의적으로 해석된다면, 그 약관 조항을 고객에게 유리하게 제한해석할 이유는 없다(대법원 2010.9.9.선고, 2007다5120 판결 등).[319] 이와 관련하여, 대법원은 ① '「자동차안전설계보험약관」 소정의 "자동차 소유자"에는 자동차를 매수하여 인도받아 자기를 위하여 자동차를 운

---

315) 판례평석: 최명규, "가족운전자한정보험과 부첩관계", 보험법률 5호(보험신보사, 1995/10), 8 이하. 같은 취지: 대법원 2009.1.30.선고, 2008다68944 판결.

316) 판례평석: 양승규, "가족운전자 한정운전 약관의 뜻과 계모의 지위", 손해보험 344호(대한손해보험협회, 1997/6), 113 이하.

317) 남효순, 전게논문(주 308), 164~167 참조.

318) 민법주해(12)/손지열, 333 참조.

319) 같은 취지: 대법원 1996.6.25.선고, 96다12009 판결; 대법원 1998.10.23.선고, 98다20752 판결; 대법원 2007.2.22.선고, 2006다72093 판결.

행하는 자는 물론이고, 부득이한 사유로 자동차의 소유명의를 제3자에게 신탁한 채 운행하는 명의신탁자도 포함된다'고 해석함이 상당하다'고 판시한 바 있으며(대법원 1996.6.25.선고, 96다12009 판결 등),[320] ② 「신용보증약관 제8조 제2항의 '채무자가 제3자를 위하여 부담한 보증채무 및 어음상의 채무 등'은 이를 '채무자가 제3자를 위하여 부담한 보증채무, 어음상의 채무 등'으로 해석할 수도 있으나, 다른 한편으로는 '채무자가 제3자를 위하여 부담한 보증채무 및 채무자가 제3자를 위하여 부담한 어음상의 채무 등'으로 해석할 수 있는 여지가 있고, "…어음상의 채무 등"이라고 함은 채무자가 제3자를 위하여 부담한 보증채무와 같은 종류의 것들이 더 있음을 나타내는 것으로 보여, 결국 약관작성자인 신용보증기금의 의사와는 달리 해석될 수 있어 그 뜻이 명백하지 아니한 경우에 해당하므로, 약관해석원칙에 따라 위 규정의 "…어음상의 채무"는 위 약관의 작성자에게 불리하게, 고객에게 유리하게 이를 '채무자가 제3자를 위하여 부담한 어음상의 채무'로 해석하여야 한다」고 판시한 바 있다(대법원 1998.10.23.선고, 98다20752 판결). 또한 ③ '바늘을 종양 안에 삽입한 다음 고주파영역에서 교차하는 전류를 통하게 하여 발생하는 마찰열로 종양세포를 괴사시키는 고주파절제술도 넓은 의미의 수술에 포함될 여지가 충분히 있으므로, 고주파절제술은 보험계약의 약관상 수술에 해당한다고 보아야 한다'고 판시한 바 있다(대법원 2011.7.28.선고, 2011다30147 판결).[321] 그러나 대법원판결 중에는 '자동차종합보험보통약관상 "보험증권에 기재된 피보험자 또는 그 부모, 배우자 및 자녀가 죽거나 다친 경우에는 보상하지 아니합니다"라는 면책조항의 "배우자"에 사실혼관계에 있는 배우자도 포함한다고 해석하는 것은 고객에게 불리한 해석이라고 볼 수 없다'고 판시한 사례가 있으며(대법원 1994.10.25.선고, 93다39942 판결 등),[322] '외국환은행이 「한국은행 총액한도대출관련 무역금융 취급세칙」과 그 세부사항을 정한 「한국은행 총액한도대출관련 무역금융 취급절차」에 따르지 않고 취급한 무역금융은 한국무역보험공사가 설정한 신용보증약관의 신용보증조건인 「신용보증부 대출금 종류」를 위반한 것이라고 보는 것이 위 신용보증약관의 목적과 취지를 고려한 공정하고 합리적인 해석이고, 그렇게 해석되는 이상 위 신용보증약관의 관련조항에 불명료한 점이 있다고는 볼 수 없어, 약관규제법 제5조 제2항에 정한 작성자 불이익의 원칙은 적용될 여지가 없다'고 판시한 사례도 있다(대법원 2010.9.9.선고, 2007다5120 판결 등).[323]

주의할 것은 '「작성자불리의 원칙」은 약관이 다의적(多義的)일망정 객관적 해석이 가능한

320) 같은 취지: 대법원 1998.10.23.선고, 98다20752 판결; 대법원 2005.10.28.선고, 2005다35226 판결; 대법원 2007.2.22.선고, 2006다72093 판결.

321) 판례평석: 윤진수, 「민법기본판례」, 354 이하. 같은 취지: 대법원 2005.10.28.선고, 2005다35226 판결; 대법원 2007.2.22.선고, 2006다72093 판결; 대법원 2010.9.9.선고, 2007다5120 판결.

322) 같은 취지: 대법원 1993.9.14.선고, 93다10774 판결.

323) 같은 취지: 대법원 1996.6.25.선고, 96다12009 판결; 대법원 1998.10.23.선고, 98다20752 판결; 대법원 2007.2.22.선고, 2006다72093 판결.

경우에 한하여 적용될 수 있는 원칙이므로, 약관의 조항이 지나치게 모호하거나 서로 모순되어 그 의미를 확정할 수 없는 경우에는 이 원칙은 적용될 여지가 없으며, 그 조항은 무효라고 해석하여야 한다'는 점이다. 대법원판결 중에는 '「자동차종합보험 보통보험약관」 중 '식물인간 등의 경우에는 자동차종합보험 대인배상보험금지급기준에 의하여 산출한 금액을 법률상의 손해배상액으로 본다'는 규정은 결국 '식물인간의 경우, 법률상의 손해배상액을 제한하겠다'는 취지의 규정이므로, 이는 '법에 의하여 손해배상책임이 인정되는 금액을 제한 없이 보험금으로 지급하겠다'는 취지의 약관 본문의 규정에 반하거나 모순되어 효력이 없다'고 판시한 사례가 있다(대법원 1990.5.25.선고, 89다카8290 판결).

4) 축소해석의 원칙 : 엄격해석의 원칙

「축소해석의 원칙」(Restriktionprinzip)이라 함은 '임의법규에 의하여 보장된 고객의 권리를 제한하는 약관의 규정은 엄격하게 축소하여 해석하여야 한다는 원칙'을 말한다. 이 원칙은 특히 고객에게 불리한 손해배상책임·하자담보책임·면책조항 등 사업자의 책임을 제한하거나 면제시키는 약관조항의 적용범위를 축소시킴으로써 고객을 보호하는 데 큰 역할을 한다. 특히 면책조항의 경우, 이를 일반적 면책조항으로 보아서는 아니 되며, 약관의 문언에서 명백하게 열거한 사유 이외에 사유에 적용해서는 안 된다. 이러한 의미에서 이를 「확장해석금지의 원칙」[324] 또는 「엄격해석의 원칙」이라고도 한다(대법원 1994.11.22.선고, 93다55975 판결).

실제사례에서 「축소해석의 원칙」(엄격해석의 원칙)이 문제된 사례는 보험약관의 면책조항과 관련된 경우가 많다. 예컨대, 판례는 '「자동차종합보험보통약관」에서 "피해자가 배상책임 있는 피보험자의 피용자로서 근로기준법에 의한 재해보상을 받을 수 있는 사람"인 경우를 보험자의 면책사유로 규정하고 있으나, 근로기준법상의 업무상재해라고 할지라도 산업재해보상보험법에 의하여 보상을 받을 수 없는 경우에는 위 약관 소정의 면책사유의 적용대상에서 제외된다'고 한다(대법원 1991.5.14.선고, 91다6634 판결 등).[325] 또한 대법원은 ① 프로야구 경기장에서 연고팀이 역전패 당한 것에 불만을 품은 1,000여 명의 관중들이 상대팀 선수들을 태우고 떠나려는 버스 앞을 가로막고 빈 병 등을 던지는 소동 중 위 버스에 의해 교통사고가 야기된 사안에서, '위 폭력사태가 그 일어나게 된 경위와 장소 및 사고발생 당시에 있어서의 폭력행사의 정도 등에 비추어, 자동차종합보험보통약관에 열거된 "소요"에 해당하는 것으로 보기는 어렵다'고 판시한 바 있으며(대법원 1991.11.26.선고, 91다18682 판결),[326] 같은 취지에서 '범민족대회에 참석하고자 하던 대학생들의 화염병시위가 화재보험보통약관이 보험자의 면책사유로 규

324) 민법주해(12)/손지열, 334; 이은영, 전게서(주 237), 127 참조.

325) 같은 취지: 대법원 1992.8.18.선고, 91다38297 판결; 대법원 1993.6.8.선고, 93다5192 판결.

326) 판례평석: 정진옥, "자동차보험약관상의 면책사유로서의 소요의 의미", 상사판례연구 5집(한국상사판례학회, 1992/11), 302 이하.

정하고 있는 "소요"에 해당하지 않는다'고 판시한 바 있다(대법원 1994.11.22.선고, 93다55975 판결). ② '기명 피보험자가 그 등록명의만을 변경하고 실제로는 그 자동차를 보유하여 운행지배를 하면서 직접 그 자동차를 운행하다가 사상 사고를 일으켜 손해를 발생시킨 경우는 자동차종합보험약관에서 규정한 "자동차의 양도로 보험자가 책임을 면하는 경우"에 해당하지 않는다'고 판시한 사례도 있고(대법원 1993.6.29.선고, 93다1480 판결 등),[327] ③ '학생들의 편의를 위하여 제공되고 그 이용학생들로부터 실비의 분담 차원에서 이용료를 받은 경우에는 「업무용자동차종합보험보통약관」 소정의 "피보험자동차를 요금이나 대가를 목적으로 계속적 또는 반복적으로 사용하는 경우", 즉 「유상운송」의 범주에 들어가지 않는다'고 판시한 사례 등이 있다(대법원 1995.5.12.선고, 94다54726 판결 등).[328]

「축소해석(엄격해석)의 원칙」은 그 적용결과가 작성자인 사업자에게 불리하게 작용한다는 점에서, 「작성자불리의 원칙」과 유사하다.[329] 그러나 '축소해석(엄격해석)의 원칙은 작성자불리의 원칙과는 달리 반드시 객관적인 해석의 불명확성이 요구되지는 않는다'는 점에서, 「작성자불리의 원칙」과 구별된다.[330] 그러므로 약관의 책임제한조항의 해석에는 작성자불리의 원칙과 축소해석의 원칙이 동시에 적용되게 된다.

〈참고〉 예문해석

「예문(例文)」이라 함은 '부동산의 임대차·전세·금전소비대차 등의 계약에서 일반적으로 관용되는 서식의 계약서에 삽입되어 있는 경제적 강자에게 일방적으로 유리한 조항'을 말하는데, 약관규제법이 제정되기 전의 판례는 부당하거나 불공정한 약관조항의 효력을 부인하기 위하여 당사자가 예문에 구속당할 의사가 없는 것으로 보아 그러한 문언을 무시하는 해석을 함으로써 결과적으로 경제적 약자를 보호하는 태도를 취하여 왔다(대법원 1970.9.27.선고, 70다1611 판결 등).[331] 이를 「예문해석(例文解釋)」이라고 하는데, 약관규제법이 제정된 이후에도 대법원은 계속해서 「예문해석의 법리」를 원용한 판결을 내고 있다.[332] 학설 중에는 신의칙을 근거로 이러한 판례의 입장을 긍정적으로 평가하는 견해도 있으나,[333] 판례이론을 비판적으로 수용하거나,[334] 비판적인 입장에서 대안을 제시하는 등으로[335] 견해가 갈리고 있다. 사견으로

327) 같은 취지: 대법원 2007.2.23.선고, 2005다65463 판결.

328) 판례평석: 박기동, "업무용자동차종합보험 보통약관의 유상운송행위면책조항의 해석", 대법원판례해설 23호(법원도서관, 1995/12), 198 이하. 같은 취지: 대법원 1997.10.10.선고, 96다23252 판결; 대법원 1999.1.26.선고, 98다48682 판결; 대법원 1999.9.3.선고, 99다10349 판결.

329) 이러한 이유로 「축소해석의 원칙」을 「작성자 불리의 원칙」의 파생원칙에 불과한 것으로 보는 견해도 있다(민법주해(12)/손지열, 335 참조).

330) 이은영, 전게서(주 237), 128 참조.

331) 같은 취지: 대법원 1970.12.29.선고, 70다2494 판결; 대법원 1979.11.27.선고, 79다1141 판결.

332) 대법원 1989.8.8.선고, 89다카5628 판결; 대법원 1990.7.10.선고, 89다카12152 판결; 대법원 1992.2. 11.선고, 91다21954 판결; 대법원 1997.5.28.선고, 96다9508 판결; 대법원 1997.9.26.선고, 97다22768 판결; 대법원 1997.11.28.선고, 97다36231 판결; 대법원 2000.3.28.선고, 99다32332 판결 등 참조.

333) 곽윤직(민법총칙), 377; 김기선(민법총칙), 239; 김용한(민법총칙), 274 등이 이에 속한다.

334) 고상룡(민법총칙), 425~426; 김증한/김학동(민법총칙), 294 등은 약관규제법과 무관하게 판례이론에 대하여 비판적인 입장을 취하고 있다.

335) 이영준(민법총칙), 309~316 참조.

는, 약관규제법이 제정된 현재로서는 위에서 살펴본 동법 제5조의 약관의 해석원칙(신의성실의 원칙, 객관적·통일적 해석의 원칙, 작성자 불리의 원칙, 축소해석의 원칙) 및 불공정약관조항을 무효로 규정하고 있는 약관규제법 제6조 이하의 규정 등의 의하여 부동문자로 인쇄된 계약서의 내용통제가 이루어지면 충분하다 할 것이므로, 판례의 예문해석이론은 이제 그 역사적 소임을 다한 것으로서 폐기되어야 할 이론이라고 생각한다.[336)]

(4) 불공정약관조항의 무효 : 약관의 내용통제

약관은 계약에의 편입을 통하여 계약의 내용이 되는 것이므로, 약관규제법에 특별한 규정이 없는 한 민법의 계약에 관한 규정이 적용된다. 따라서 약관의 내용이 강행법규에 반하거나(105조), 선량한 풍속 기타 사회질서에 반하는 사항을 그 내용으로 하는 경우(103조), 고객인 당사자의 궁박, 경솔 또는 무경험으로 인하여 현저하게 공정을 잃은 경우(104조)에는 약관을 내용으로 하는 계약(이하 「약관계약」이라고 약칭)은 무효가 된다. 또한 「약관계약」이 유효하더라도 계약의 효력으로 발생한 당사자의 권리의 행사와 의무의 이행은 신의에 좇아 성실히 하여야 하며, 권리는 남용하지 못한다(2조). 그러나 이러한 민법의 일반규정들은 사회적·경제적으로 대등한 당사자 사이의 자유로운 협상에 의하여 계약이 성립한다는 것을 전제로 하는 것이므로, 사업자에 의하여 작성되어 일방적으로 고객에게 제시되었을 뿐 당사자의 자유로운 협상의 여지가 거의 없는 「약관계약」에서는 민법이 전제로 하고 있는 당사자의 자유로운 협상에 의한 계약의 공정은 기대하기 어렵다. 그러므로 약관계약에서 고객의 신뢰를 보호하고 계약의 공정성을 확보하기 위해서는 약관의 내용통제를 목적으로 하는 특별한 제도가 필요하게 된다. 이러한 필요에 의하여 마련된 제도가 약관규제법 제6조 이하의 「불공정약관무효」제도이다.

1) 신의성실의 원칙 : 불공정약관무효의 일반원칙

「신의성실의 원칙」은 사법의 지도원리인 「사적 자치의 원칙」을 수정하는 법원리로서, 계약법뿐만 아니라 모든 사회적 접촉관계를 규율하는 일반원리라고 할 수 있으며, 특히 계약법의 영역에서 중요한 역할을 수행한다. (☞ 민법총칙 편, 제2장 제2절 「권리의 행사와 의무의 이행」)

(가) 약관의 내용통제 원리로서의 신의칙

약관계약에서도 '사업자는 약관을 작성할 때 신의칙에 따라서 상대방의 정당한 이익을 고려하여 당사자 사이의 이익의 균형을 깨뜨리지 않을 의무를 부담한다'는 원칙이 확립되어 있다. 약관규제법이 제6조 제1항에서, "신의성실의 원칙을 위반하여 공정성을 잃은 약관조항은 무효이다"라고 규정한 것은 이러한 원칙을 명문으로 확인한 것에 불과하다. 여기에서 말하는 「신의성실의 원칙」도 민법 제2조의 「신의성실의 원칙」과 본질적으로 같은 것이지만, 특

336) 同旨: 민법주해(12)/손지열, 297~298; 김상용(민법총칙), 504; 이은영(민법총칙), 422 참조.

히 사업자가 약관을 작성함에 있어서 자신의 이익뿐만 아니라 상대방인 고객의 이익도 함께 고려하여야 할 의무를 부담한다는 데 그 특별한 의의가 있다.

이와 관련하여, 대법원은 전원합의체판결로써 '① 약관규제법상 약관의 내용통제원리로 작용하는 신의성실의 원칙은 약관 작성자가 계약상대방의 정당한 이익과 합리적인 기대에 반하지 않고 형평에 맞게끔 계약조항을 작성하여야 한다는 행위원칙을 가리키는 것이며, ② 신의성실의 원칙에 반하는 약관조항은 사적 자치의 한계를 벗어나는 것으로서 법원에 의한 내용통제, 즉 「수정해석」의 대상이 되는 것일 뿐만 아니라, ③ 이러한 수정해석은 조항 전체가 무효사유에 해당하는 경우는 물론 조항 일부가 무효사유에 해당하고 그 무효부분을 추출 배제하여 잔존부분만으로 유효하게 존속시킬 수 있는 경우에도 가능하다'고 판시함으로써, 신의칙위반약관에 대한 법원의 수정해석에 의한 내용통제가 가능함을 선언한 바 있다(대법원 1991.12.24.선고, 90다카23899 전원합의체판결 등).[337] 또한 이 전원합의체판결에서 대법원은 ④ '자동차종합보험보통약관의 무면허운전면책조항을 문언 그대로 무면허운전의 모든 경우를 아무런 제한 없이 보험의 보상대상에서 제외한 것으로 해석하게 되면, 절취운전이나 무단운전의 경우와 같이 자동차보유자는 피해자에게 손해배상책임을 부담하면서도 자기의 지배관리가 미치지 못하는 무단운전자의 운전면허소지 여부에 따라 보험의 보호를 전혀 받지 못하는 불합리한 결과가 생기는바, 이는 보험계약자의 정당한 이익과 합리적인 기대에 어긋나는 것으로서 고객에게 부당하게 불리하고 보험자가 부담하여야 할 담보책임을 상당한 이유 없이 배제하는 것이어서 현저하게 형평을 잃은 것이라고 하지 않을 수 없으며, 이는 보험단체의 공동이익과 보험의 등가성 등을 고려하더라도 마찬가지라고 할 것이므로, 결국 위 무면허운전면책조항이 보험계약자나 피보험자의 지배 또는 관리가능성이 없는 무면허운전의 경우에까지 적용된다고 보는 경우에는 그 조항은 신의성실의 원칙에 반하는 공정을 잃은 조항으로서 무효라고 볼 수밖에 없기 때문에, 위 무면허운전면책조항은 위와 같은 무효의 경우를 제외하고 무면허운전이 보험계약자나 피보험자의 지배 또는 관리가능한 상황에서 이루어진 경우에 한

337) 판례평석: 양승규, "무면허운전면책규약의 적용범위", 법률신문 2114호(법률신문사, 1992/4), 15; 심상무, "자동차보험에 있어서 무면허운전면책조항", 사법행정 33권 6호(한국사법행정학회, 1992/6), 85 이하; 홍복기, "보험약관에 있어서 무면허운전조항의 해석", 상사판례연구 5집(한국상사판례학회, 1992/11), 51 이하; 조영상, "자동차종합보험보통약관의 무면허운전면책조항에 관하여", 법률신문 2184호(법률신문사, 1993/1), 15; 김정호, "무면허운전 면책조항의 적용범위", 고려대판례연구 6집(고려대법학연구소, 1994/6), 173 이하; 김동훈, "약관의 내용규제와 수정해석", 인권과 정의 223호(대한변호사협회, 1995/3), 67 이하; 양창수, "자동차보험약관의 무면허운전면책조항에 대한 내용통제", 민법연구 4권(박영사, 1997/1), 335 이하; 연기영, "약관의 수정해석", 「로스쿨계약법」(청림출판, 2006/3), 202 이하; 박종권, "자동차보험에서 무면허운전면책조항", 「로스쿨채권법」(청림출판, 2007/1), 481 이하. 같은 취지: 대법원 1993.3.9.선고, 92다38928 판결; 대법원 1993.11.23.선고, 93다41549 판결; 대법원 1996.5.14.선고, 94다2169 판결; 대법원 1999.11.26.선고, 98다42189 판결; 대법원 2000.10.13.선고, 2000다2542 판결.

하여 적용되는 조항으로 수정해석을 할 필요가 있다'고 판시하였다.

(나) 신의칙 위반으로 약관이 무효가 되기 위한 요건

약관의 특정조항이 신의칙에 반하여 무효가 되기 위해서는 그 내용이 불공정한 것이어야 하는데, 약관 내용의 공정성 여부는 약관을 통한 사업자의 이익과 고객의 이익을 비교·형량하여 그 이익의 균형이 이루어지고 있는가의 여부에 따라 판단하여야 한다. 이러한 이익형량을 위한 기준으로서는 정의와 형평의 관념, 경제적 측면에서의 등가성의 고려 등을 들 수 있을 것이나,[338] 이러한 추상적 기준에 의한 이익형량에는 어려움이 따르므로, 약관규제법은 제6조 제2항에서 불공정한 약관의 조항을 예시하고 있다. 즉, 약관에 ① 고객에게 부당하게 불리한 조항, ② 고객이 계약의 거래형태 등 관련된 모든 사정에 비추어 예상하기 어려운 조항, ③ 계약의 목적을 달성할 수 없을 정도로 계약에 따르는 본질적 권리를 제한하는 조항은 공정을 잃은 것으로 추정된다(약관규제법 6조 2항).

(A) 고객에게 부당하게 불리한 조항 고객에게 부당하게 불리한 조항의 1차적 판별기준은 '상당한 이유 없이 임의법규의 규율로부터 이탈한 조항'이라고 해석하는 것이 일반적인 견해이다.[339] 이와 관련하여, 판례는 ① '가맹거래계약에서 가맹본부가 아무런 제약 없이 언제라도 가맹점의 점포와 동일지역 내에 직영점을 개설하거나 가맹점을 둘 수 있도록 하는 조항을 두었다면, 이는 가맹점에 대하여 부당하게 불리한 조항으로 무효'라고 하며(대법원 2000.6.9.선고, 98다45553·45560·45577 판결),[340] ② '한국토지공사가 토지를 분양하면서 토지분양계약이 해제되었을 때 귀책사유의 유무를 불문하고 수분양자가 지급한 매매대금의 10%에 상당하는 계약보증금이 분양자인 한국토지공사에게 귀속되도록 정한 계약금 몰취(沒取) 규정은 고객인 수분양자에 대하여 일방적으로 부당하게 불리한 조항으로서 공정을 잃은 것으로 추정되어, 신의성실의 원칙에 반하거나 또는 계약해제 시 고객의 원상회복청구권을 부당하게 포기하도록 하는 조항으로서 무효'라고 한다(대법원 1999.3.26.선고, 98다33260 판결 등).[341] 또한 ③ '어음거래약정서에서 변제충당에 관한 조항을 두면서 채권자에게 무제한의 포괄적 충당권을 부여하면서도 그 순서와 방법의 기준 등을 전혀 규정하지 아니함으로써 채권자로 하여금 수시로 자의적으로 충당할 채무를 정할 수 있도록 하였을 뿐만 아니라, 채무자 또는 담보제공자로서는 충당되는 채무를 알 수도 없게 되어 있고, 심지어는 채권자가 자신에게 아무런 이익이 없으면서 채무자에게 불리한 순서와 방법으로 변제충당을 한다고 하여도 채무자가 이의를 할 여지도 없게 되어 있는 경우, 그 약관조항은 고객인 채무자 등의 정당한 이익을 완전히 무시하여 부당하게 불리한

338) 민법주해(12)/손지열, 348 참조.
339) 상게서, 349~350 참조.
340) 판례평석: 구재군, "편의점가맹계약의 해지", 판례월보 370호(판례월보사, 2001/7), 7 이하.
341) 같은 취지: 대법원 1998.12.23.선고, 97다40131 판결.

것으로서 신의성실에 반하여 공정을 잃은 조항으로서 무효'라고 하며(대법원 1999.12.28.선고, 99다25938 판결 등),[342] ④ '종합통장자동대출 방식의 대출에 관한 신용보증관계의 성립에도 건별 대출의 실행을 요구하는 신용보증기금의 약관 조항은 상당한 이유 없이 신용보증기금의 책임을 배제시키고 고객에게는 부당한 의무를 부담시키는 조항이므로, 그 약관 조항이 종합통장자동대출 방식의 대출에 관한 신용보증관계에도 적용된다고 보는 경우에는 그 조항은 고객에 대하여 부당하게 불리한 것으로 신의성실의 원칙에 반하여 공정을 잃은 조항에 해당하여 무효'라고 한다(대법원 2010.10.28.선고, 2008다83196 판결). ⑤ '창고업자에게 인정되는 권리인 유치권의 행사를 상당한 이유 없이 배제하는 내용의 약관조항은 고객에게 부당하게 불리하고 신의성실의 원칙에 반하여 공정을 잃은 것으로서 무효'라고 한다(대법원 2009.12.10.선고, 2009다61803·61810 판결).

(B) 고객이 예상하기 어려운 조항 '고객이 거래형태 등 관련된 모든 사정에 비추어 예상하기 어려운 조항(이를 「기습조항」 내지 「의외조항」이라고 한다)'은 공정성을 잃은 것으로 추정한다(동법 6조 2항). 독일민법은 이를 약관의 계약에의 편입요건의 문제로 다루고 있으나(BGB §305c Ⅰ),[343] 우리 약관규제법은 이를 약관의 내용통제의 문제로 다루고 있다. 이와 관련하여, 대법원은 ① '상가임대분양계약서에 "기부채납에 대한 부가가치세액은 별도"라는 조항에 의하여 수분양자가 이중으로 부가가치세를 부담하게 되는 결과가 되는 경우에는 상가임대분양계약서 중 기부채납에 대한 부가가치세 부담에 관한 부분은 고객이 계약의 거래형태 등 제반사정에 비추어 예상하기 어려운 조항에 해당하여 공정을 잃은 것으로 무효'라고 판시한 바 있으며(대법원 1998.12.22.선고, 97다15715 판결),[344] ② '상가건물의 임대인이 상가건물의 관리·운영에 필요한 「상가관리운영규칙」을 특별한 기준이나 절차 없이 일방적으로 제정 또는 개정할 수 있도록 규정하고 있는 약관조항은 고객에 대하여 부당하게 불리한 조항이거나, 고객이 계약의 거래형태 등 모든 사정에 비추어 예상하기 어려운 조항에 해당한다'고 판시한 바 있다(대법원 2005.2.18.선고, 2003두3734 판결).

2) 면책조항

약관규제법은 '계약당사자의 책임에 관하여 정하고 있는 약관의 내용 중에서, ① 사업자, 이행보조자 또는 피고용자의 고의 또는 중대한 과실로 인한 법률상의 책임을 배제하는 조항, ② 상당한 이유 없이 사업자의 손해배상 범위를 제한하거나 사업자가 부담하여야 할 위험을

342) 같은 취지: 대법원 2002.7.12.선고, 99다68652 판결.
343) 독일민법 제305의c조(의외조항 및 다의조항) (1) 약관의 조항은 그것이 제반사정, 특히 계약의 외부적인 현상 형태에 비추어 이례적이어서 약관사용자의 계약상대방이 고려할 필요가 없는 약관조항은 계약의 구성부분이 되지 아니한다.
344) 판례평석: 이원일, 대법원판례해설 31호(법원도서관, 1999/5), 285 이하 참조.

고객에게 떠넘기는 조항, ③ 상당한 이유 없이 사업자의 담보책임을 배제 또는 제한하거나 그 담보책임에 따르는 고객의 권리행사의 요건을 가중하는 조항, ④ 상당한 이유 없이 계약목적물에 관하여 견본이 제시되거나 품질·성능 등에 관한 표시가 있는 경우 그 보장된 내용에 대한 책임을 배제 또는 제한하는 조항은 무효로 한다'고 규정하고 있다(동법 7조).

이와 관련하여, 판례는 ① '업무용자동차종합보험약관 중 대인배상Ⅱ에서 "배상책임 있는 피보험자의 피용자로서 산재보험법에 의한 재해보상을 받을 수 있는 사람에 대하여는 보상하지 아니한다"고 규정한 면책조항은 자동차보험의 피보험자인 사업주의 피해근로자에 대한 자동차손해배상보장법 또는 민법 등에 의한 손해배상책임이 남아 있음에도 불구하고 보험자의 면책을 인정하여 피보험자에게 실질적으로 손해배상책임을 부담하게 하는 것이므로, 이는 고객인 보험계약자 및 피보험자에게 부당하게 불리할 뿐만 아니라 사업자인 보험자가 부담하여야 할 위험을 고객에게 이전시키는 조항으로서 무효'이며(대법원 2005.3.17.선고, 2003다2802 전원합의체판결 등),[345] ② '건설기계의 판매대리상에 불과한 판매회사에게 미회수 매매대금에 관한 무조건의 이행담보책임을 지우는 조항은 상당한 이유 없이 건설기계제조회사가 부담하여야 할 책임을 판매대리상에게 떠넘기는 것으로서 무효'라고 한다(대법원 2003.4.22.선고, 2000다55775·55782 판결).[346] 또한 ③ '자동차종합보험약관의 「자기신체사고손해」에서 음주운전면책약관은 보험사고가 전체적으로 보아 고의로 평가되는 행위로 인한 경우뿐만 아니라 과실(중과실 포함)로 평가되는 행위로 인한 경우까지 포함하는 취지라면, 과실로 평가되는 행위로 인한 사고에 관한 한 무효'라고 한다(대법원 1998.12.22.선고, 98다35730 판결 등).[347] 다만, 판례는 ① '보험약관 중 피보험자가 입은 손해에 대하여 보상한도액을 상한으로 하여 보험금을 지급하되 다른 보험계약에 의하여 전보되는 금액을 공제한다'는 취지의 이른바 「초과전보조항」은 '상당한 이유 없이 사업자(보험회사)의 손해배상의 범위를 제한하거나 사업자가 부담하여야 할 위험을 고객에게 이전시키는 조항에 해당하지 않는다'고 하며(대법원 2002.5.17.선고, 2000다30127 판결),[348] ② "한국전력공사의 전기설비에 고장이 발생하거나 발생할 우려가 있는 때 한국전

345) 판례평석: 양승규, "자동차보험약관 중 '산재사고' 면책조항의 효력", 손해보험 437호(대한손해보험협회, 2005/4), 36 이하; 임시규, "자동차종합보험약관의 업무상재해 면책조항", 민사재판의 제문제 14권(한국사법행정학회, 2005/12), 157 이하; 정용달, "업무용자동차종합보험계약약관의 업무상 재해 면책약관 중 산재보험 초과부분 면책조항의 효력에 관하여", 재판과 판례 14집(대구판례연구회, 2006/1), 255 이하; 연기영, "약관의 내용통제", 「로스쿨계약법」(청림출판, 2006/3), 208 이하; 박종권, "자동차종합보험약관의 업무상재해 면책조항", 「로스쿨채권법」(청림출판, 2007/1), 509 이하. 같은 취지: 대법원 2005.11.10.선고, 2005다39884 판결.

346) 판례평석: 손태우, "대리상에게 무조건 이행담보책임을 지우는 조항은 무효라는 사례", 상사판례연구 15집(한국상사판례학회, 2003/12), 809 이하.

347) 같은 취지: 대법원 2000.10.6.선고, 2000다32130 판결.

348) 판례평석: 양승규, "보험약관의 초과전보조항의 효력", 손해보험 416호(대한손해보험협회, 2003/7), 67 이하.

력공사는 전기의 공급을 중지하거나 그 사용을 제한할 수 있고, 이 경우 한국전력공사는 수용가가 받는 손해에 대하여 배상책임을 지지 않는다"고 규정하고 있는 「전기공급규정」의 당해 조항은 면책약관의 성질을 가지는 것으로서 한국전력공사의 고의 또는 중대한 과실로 인한 경우까지 적용된다고 보는 경우에는 약관규제법 제7조 제1호에 위반되어 무효이나, 그 외의 경우에 한하여 한국전력공사의 면책을 정한 규정이라고 해석하는 한도에서는 유효하다고 한다(대법원 2002.4.12.선고, 98다57099 판결 등).[349] 또한 ⑥ '자동차종합보험약관의 「자기차량 손해」에서 「음주·무면허 면책조항」은 불공정약관조항에 관한 약관규제법의 규정에 반하는 해석이라고 볼 수 없다'고 한다(대법원 1998.12.22.선고, 98다35730 판결 등).

3) 손해배상액의 예정에 관한 조항

약관규제법은 "고객에게 부당하게 과중한 지연 손해금 등의 손해배상 의무를 부담시키는 약관 조항은 무효로 한다"고 규정하고 있다(약관규제법 8조).

이와 관련하여, 대법원은 ① '「단순최저가낙찰제」에 의한 낙찰자결정방식에 따른 공사도급계약에서 "예정가격의 100분의 85 미만에 낙찰받은 자는 예정가격과 낙찰금액의 차액을 차액보증금으로서 현금으로 납부하고, 채무불이행의 경우 차액보증금을 발주자에게 귀속시키기로 한다"는 약관조항은 약관규제법에 저촉되지 않으나(대법원 2002.4.23.선고, 2000다56976 판결 등),[350] '낙찰자가 차액보증금을 현금에 갈음하여 건설공제조합 등이 발행하는 보증서로 납부하고자 하는 때에는 그 차액의 2배를 납부하게 하고 수급인의 채무불이행의 경우 계약보증금과 차액보증금을 발주자에게 귀속시키기로 하는 약관조항은 고객에게 부당하게 불리한 조항이거나 고객에게 부당하게 과중한 지연손해금 등의 손해배상의무를 부담시키는 조항으로서 약관규제법 제6조 제2항 제1호 또는 제8조에 저촉되어 무효'라고 판시한 바 있다(대법원 2000.12.8.선고, 99다53483 판결). 또한 ② '한국토지개발공사가 당첨자에게 계약체결을 강제하기 위한 수단으로 분양용지의 공급가액의 10%에 상당하는 분양신청금을 일방적으로 피고에게 귀속시키는 것을 내용으로 하는 약관조항은 고객인 당첨자에 대하여 부당하게 과중한 손해배상의무를 부담시키는 것으로서 무효'라고 판시한 바 있으며(대법원 1994.5.10.선고, 93다30082 판결 등),[351] ③ '임

---

349) 판례평석: 채동헌, "전기공급 중단의 경우 한국전력공사의 책임이 면제되지 않는 '고의에 준하는 중대한 과실'의 인정 여부", 대법원판례해설 40호(법원도서관, 2002/12), 526 이하. 같은 취지: 대법원 1995.12.12.선고, 95다11344 판결; 대법원 1996.5.14.선고, 94다2169 판결; 대법원 1997.2.25.선고, 96다37589 판결.

350) 판례평석: 윤경, "손해배상예정액과 위약벌의 구별 및 구 예산회계법상 차액보증금, 차액보증계약의 성질", 대법원판례해설 40호(법원도서관, 2002/12), 479 이하. 같은 취지: 대법원 2000.12.8.선고, 99다53483 판결.

351) 판례평석: 이희영, "약관규제법 제8조, 제6조에 위배되는 약관의 효력", 대법원판례해설 21호(법원행정처, 1994/11), 232 이하; 박창현, "약관으로 정한 손해배상예정조항이 약관규제법 제8조에 해당하여 무효인 경우 그 약관조항의 해석 및 효력", 판례연구 5집(부산판례연구회, 1995/1), 97 이하; 손지열,

대차계약 종료일로부터 인도 또는 복구된 날까지의 통상차임 및 관리비와 임대차보증금에 대한 월 1%의 비율에 의한 이자의 합산액의 2배를 배상액으로 정하고 있는 임대차목적물의 명도 또는 원상복구 지연에 따른 배상금조항은 고객인 임차인에 대하여 부당하게 과중한 손해배상의무를 부담시키는 조항으로서 무효'라고 판시한 바 있다(대법원 2008.7.10.선고, 2008다16950 판결). 다만, 판례는 ① '매도인을 위한 손해배상액의 예정에 관한 조항을 두면서 고객인 매수인을 위한 손해배상액의 예정에 관한 조항을 두지 않았다는 사정만으로는 약관조항이 고객에 대하여 부당하게 불리하다거나 신의성실의 원칙에 반하여 불공정하다고 보기에 부족하므로, 매도인 일방만을 위한 손해배상액의 예정조항을 두었다고 하여 곧 그 조항이 약관규제법에 위배되어 무효라 할 수는 없다'고 하며(대법원 2000.9.22.선고, 99다53759·53766 판결). 나아가 ② '고객에게 부당하게 과중한 손해배상책임을 부담시키는 조항이라는 이유로 약관조항이 무효가 된 이상, 그것이 유효함을 전제로 민법 제398조 제2항을 적용하여 적당한 한도로 손해배상예정액을 감액하거나, 과중한 손해배상의무를 부담시키는 부분을 감액한 나머지 부분만으로 그 효력을 유지시킬 수는 없다'고 한다(대법원 1996.9.10.선고, 96다19758 판결 등).[352]

4) 계약의 해제·해지에 관한 조항

약관규제법은 '계약의 해제·해지에 관하여 정하고 있는 약관의 내용 중에서, ① 법률의 규정에 의한 고객의 해제권 또는 해지권을 배제하거나 그 행사를 제한하는 조항, ② 사업자에게 법률에서 규정하고 있지 아니하는 해제권 또는 해지권을 부여하여 고객에게 부당하게 불이익을 줄 우려가 있는 조항, ③ 법률에 따른 해제권 또는 해지권의 행사요건을 완화하여 고객에 대하여 부당하게 불이익을 줄 우려가 있는 조항, ④ 계약의 해제 또는 해지로 인한 원상회복의무를 상당한 이유 없이 고객에게 과중하게 부담시키거나 고객의 원상회복청구권을 부당하게 포기하도록 하는 조항, ⑤ 계약의 해제 또는 해지로 인한 사업자의 원상회복의무나 손해배상의무를 부당하게 경감하는 조항, ⑥ 계속적인 채권관계의 발생을 목적으로 하는 계약에서 그 존속기간을 부당하게 단기 또는 장기로 하거나 묵시의 기간의 연장 또는 갱신이 가능하도록 정하여 고객에게 부당하게 불이익을 줄 우려가 있는 조항은 무효로 한다'고 규정하고 있다(동법 9조). 이와 관련하여, 판례는 ① '한국토지공사가 토지를 분양하면서 토지분양계약이 해제되었을 때 귀책사유의 유무를 불문하고 수분양자가 지급한 매매대금의 10%에 상당하는 계약보증금이 분양자인 한국토지공사에게 귀속되도록 정한 경우, 그 계약금 몰취 규정은 계약해제 시 고객의 원상회복청구권을 부당하게 포기하도록 하는 조항으로서 약관규제

"손해보상액산정약관조항에 대한 내용통제", 민사판례연구(18)(민사판례연구회, 1996/5), 1 이하; 오창수, "분양신청금귀속약관의 효력", 판례월보 309호(판례월보사, 1996/6), 7 이하. 같은 취지: 대법원 1996.9.10.선고, 96다19758 판결; 대법원 1999.3.26.선고, 98다33260 판결.

352) 같은 취지: 대법원 2009.8.20.선고, 2009다20475·20482 판결.

법에 위반하여 무효'라는 입장을 취하고 있음은 전술한 바와 같다(대법원 1999.3.26.선고, 98다33260 판결). 또한 ② '대리점계약의 연대보증에서 묵시의 기간 연장 또는 갱신이 가능하도록 규정한 약관조항은 고객인 연대보증인에게 부당하게 불이익을 줄 우려가 있으므로, 약관규제법 제9조 제6호에 위반되어 무효'라고 한다(대법원 1998.1.23.선고, 96다19413 판결).[353]

5) 채무의 이행에 관한 조항

약관규제법은 '채무의 이행에 관하여 정하고 있는 약관의 내용 중에서, ① 상당한 이유 없이 급부의 내용을 사업자가 일방적으로 결정하거나 변경할 수 있도록 권한을 부여하는 조항, ② 상당한 이유 없이 사업자가 이행하여야 할 급부를 일방적으로 중지할 수 있게 하거나 제3자로 하여금 대행할 수 있게 하는 조항은 무효로 한다'고 규정하고 있다(동법 10조). 이와 관련하여, 대법원은 '대규모 쇼핑몰 내 점포의 임대분양계약약관 중 "상가운영위원회와의 협의를 거쳐 매년 임대료를 인상할 수 있다"는 조항은 약관규제법 제10조 제1호의 「상당한 이유 없이 급부의 내용을 사업자가 일방적으로 결정하거나 변경할 수 있도록 권한을 부여하는 조항」에 해당한다'고 판시한 바 있다(대법원 2005.2.18.선고, 2003두3734 판결).[354]

6) 고객의 권익에 관한 조항

약관규제법은 '고객의 권익에 관하여 정하고 있는 약관의 내용 중, ① 법률에 따른 고객의 항변권, 상계권 등의 권리를 상당한 이유 없이 배제 또는 제한하는 조항, ② 고객에게 부여된 기한의 이익을 상당한 이유 없이 박탈하는 조항, ③ 고객이 제3자와 계약을 체결하는 것을 부당하게 제한하는 조항, ④ 사업자가 업무상 알게 된 고객의 비밀을 정당한 이유 없이 누설하는 것을 허용하는 조항은 무효로 한다'고 규정하고 있다(동법 11조).

7) 의사표시에 관한 조항

약관규제법은 '의사표시에 관하여 정하고 있는 약관의 내용 중, ① 일정한 작위 또는 부작위가 있을 경우 고객의 의사표시가 표명되거나 표명되지 아니한 것으로 보는 조항(다만, 고객에게 상당한 기한 내에 의사표시를 하지 아니하면 의사표시가 표명되거나 표명되지 아니한 것으로 본다는 뜻을 명확하게 따로 고지한 경우이거나 부득이한 사유로 그러한 고지를 할 수 없는 경우에는 그러하지 아니하다), ② 고객의 의사표시의 형식이나 요건에 대하여 부당하게 엄격한 제한을 두는 조항, ③ 고객의 이익에 중대한 영향을 미치는 사업자의 의사표시가 상당한 이유 없이 고객에게 도달된 것으로 보는 조항, ④ 고객의 이익에 중대한 영향을 미치는 사업자의 의사표시 기한을 부당하게 길게 정하거나 불확정하게 정하는 조항은 무효로 한다'고 규정하고 있다(동법 12조). 이와 관련하여, 대법원은 '"보험계약자 또는 피보험자가 개인용자동차보험보통약

---

353) 판례평석: 한강현, "대리점 계약의 연대보증인에 대한 보증기간 자동연장조항이 약관규제법에 위배되어 무효인지 여부", 재판과 판례 7집(대구판례연구회, 1998/12), 447 이하.

354) 판례평석: 하종대, 대법원판례해설 55호(법원도서관, 2005/12), 325 이하.

관에 따라 주소변경을 통보하지 않는 한 보험증권에 기재된 보험계약자 또는 기명피보험자의 주소를 보험회사의 의사표시를 수령할 지정장소로 한다"고 규정하고 있는 자동차보험특별약관의 조항은 보험회사가 보험계약자 또는 피보험자의 변경된 주소 등 소재를 알았거나 혹은 보통일반인의 주의만 하였더라면 그 변경된 주소 등 소재를 알 수 있었음에도 불구하고 이를 게을리 한 과실이 있어 알지 못한 경우에도 보험계약자 또는 피보험자가 주소변경을 통보하지 않는 한 보험증권에 기재된 종전 주소를 보험회사의 의사표시를 수령할 지정장소로 하여 보험계약의 해지나 보험료의 납입최고를 할 수 있다고 해석하게 되는 경우에는, 고객의 이익에 중대한 영향을 미치는 사업자의 의사표시가 상당한 이유 없이 고객에게 도달된 것으로 보는 조항에 해당하는 것으로서 무효라 할 것이므로, 위 특별약관조항은 위와 같은 무효의 경우를 제외하고 보험회사가 과실 없이 보험계약자 또는 피보험자의 변경된 주소 등 소재를 알지 못하는 경우에 한하여 적용되는 것이라고 수정하여 해석하여야 한다'고 판시한 바 있다(대법원 2000.10.10.선고, 99다35379 판결 등).[355]

8) 대리인의 책임가중 조항

약관규제법은 '고객의 대리인에 의하여 계약이 체결된 경우, 고객이 그 의무를 이행하지 아니하는 경우에는 대리인에게 그 의무의 전부 또는 일부를 이행할 책임을 지우는 내용의 약관조항은 무효로 한다'고 규정하고 있다(동법 13조). 이와 관련하여, 판례는 '약관규제법 제13조 소정의 "대리인"이라 함은 단순히 '본인을 위하여 계약체결을 대리하는 민법상 및 상법상의 대리인'을 뜻하는 것이므로, 계약이행자로서의 지위도 겸하고 있는 대리점은 여기에서의 "대리인"에 속하지 않는다'고 한다(대법원 1999.3.9.선고, 98두17494 판결 등).[356]

9) 소제기의 금지 또는 재판관할의 합의 등에 관한 조항

약관규제법은 '소송제기 등과 관련된 약관의 내용 중 고객에게 부당하게 불리한 소송 제기 금지 조항 또는 재판관할의 합의조항이나 상당한 이유 없이 고객에게 입증책임을 부담시키는 약관조항은 무효로 한다'고 규정하고 있다(동법 14조). 이와 관련하여, 판례는 '사업자의 영업소를 관할하는 지방법원으로 전속적 관할합의를 하는 내용의 약관조항이 고객에 대하여 부당하게 불리하다는 이유로 무효라고 보기 위해서는 그 약관조항이 고객에게 다소 불이익하다는 점만으로는 부족하고, 사업자가 그 거래상의 지위를 남용하여 이러한 약관조항을 작성·사용함으로써 건전한 거래질서를 훼손하는 등 고객에게 부당하게 불이익을 주었다는 점이 인정되어야 하며, 전속적 관할합의 조항이 고객에게 부당한 불이익을 주는 행위인지 여부는 그 약관조항에 의하여 고객에게 생길 수 있는 불이익의 내용과 불이익 발생의 개연성, 당사자들

355) 같은 취지: 대법원 2003.2.11.선고, 2002다64872 판결; 대법원 2007.9.21.선고, 2006다26021 판결.

356) 판례평석: 이원일, "약관의규제에관한법률 제13조 소정의 '대리인'의 의미" 대법원판례해설 32호(법원도서관, 1999/10), 467 이하. 같은 취지: 대법원 1997.2.25.선고, 96다24385 판결.

사이의 거래과정에 미치는 영향, 관계 법령의 규정 등 제반 사정을 종합하여 판단하여야 한다'는 기준을 제시하고 있다(대법원 2008.12.16., 2007마1328 결정 등).[357] 또한 대법원은 이러한 기준에 비추어, '대전에 주소를 둔 계약자와 서울에 주영업소를 둔 건설회사 사이에 체결된 아파트 공급계약서상의 "본 계약에 관한 소송은 서울민사지방법원을 관할법원으로 한다"라는 관할합의 조항은 민사소송법상의 관할법원 규정보다 고객에게 불리한 관할법원을 규정한 것이어서, 원거리에 사는 경제적 약자인 고객에게는 제소 및 응소에 큰 불편을 초래할 우려가 있으므로, 약관규제법 제14조 소정의 「고객에게 부당하게 불리한 재판관할의 합의조항」에 해당하여 무효'라고 판시한 바 있으며(대법원 1998.6.29., 98마863 결정 등),[358] 주택분양보증약관에서 '대한주택보증주식회사의 관할 영업점 소재지 법원'을 전속적 합의관할 법원으로 정한 사안에서, 위 회사의 내부적인 업무조정에 따라 위 약관조항에 의한 전속적 합의관할이 변경된다고 볼 경우에는 당사자 중 일방이 지정하는 법원에 관할권을 인정한다는 관할합의조항과 다를 바 없고, 사업자가 그 거래상의 지위를 남용하여 사업자의 영업소를 관할하는 지방법원을 전속적 관할로 하는 약관조항을 작성하여 고객과 계약을 체결함으로써 건전한 거래질서를 훼손하는 등 고객에게 부당하게 불이익을 주는 것으로서 무효인 약관조항이라고 볼 수밖에 없으므로, 위 약관조항에서 말하는 '위 회사의 관할 영업점 소재지 법원'은 주택분양보증계약이 체결될 당시 이를 관할하던 위 회사의 영업점 소재지 법원을 의미한다'고 판시한 바 있다(대법원 2009.11.13., 2009마1482 결정).[359]

10) 일부무효의 특칙

약관의 전부 또는 일부의 조항이 약관규제법 제3조 제4항에 따라 계약의 내용이 되지 못하는 경우(사업자가 약관의 명시·교부의무, 중요내용설명의무에 관한 3조 2항 또는 3항의 규정을 위반하여 계약을 체결함으로써 당해 약관을 계약의 내용으로 주장할 수 없는 경우), 또는 제6조 내지 제14조의 규정에 의하여 무효인 경우에도 계약은 무효가 되는 것이 아니라 무효인 약관의 조항을 제외한 나머지 부분만으로 유효하게 존속한다(약관규제법 16조 본문). 다만, 유효한 부분만으로는 계약의 목적 달성이 불가능하거나 그 유효한 부분이 한 쪽 당사자에게 부당하게 불리한 경우에는 그 계약은 무효로 한다(동법 16조). 이는 일부무효에 관한 민법 제137조의 특칙이

357) 판례평석: 김시철, "개별약정에 의한 관할합의의 허용범위와 법원이 관할합의 약관조항에 대하여 행하는 구체적 내용통제의 특성", 대법원판례해설 77호(법원도서관, 2009/7), 363 이하. 같은 취지: 대법원 2009.11.13., 2009마1482 결정.

358) 판례평석: 김병운, "약관에 의한 관할합의의 효력", 민사소송 2권 2호(한국민사소송법학회, 1999/2), 150 이하. 같은 취지: 대법원 1977.11.9., 77마284 결정; 대법원 1997.9.9.선고, 96다20093 판결; 대법원 2008.12.16., 2007마1328 결정.

359) 판례평석: 최병규, "부당한 재판관할약관에 대한 연구", 상사판례연구 23집 2권(한국상사판례학회, 2010), 295 이하.

라고 할 수 있다.

이와 관련하여, 판례는 '약관의 내용통제원리로 작용하는 신의성실의 원칙은 약관 작성자는 계약 상대방의 정당한 이익과 합리적인 기대 즉 합리적인 신뢰에 반하지 않고 형평에 맞게끔 약관조항을 작성하여야 한다는 행위원칙을 가리키는 것이며, 보통거래약관의 작성이 아무리 사적자치의 영역에 속하는 것이라고 하여도 위와 같은 행위원칙에 반하는 약관조항은 사적자치의 한계를 벗어나는 것으로서 법원에 의한 내용통제 즉 수정해석의 대상이 되는 것은 당연하며, 이러한 수정해석은 조항 전체가 무효사유에 해당하는 경우뿐만 아니라 조항 일부가 무효사유에 해당하고 그 무효부분을 추출·배제하여 잔존부분만으로 유효하게 존속시킬 수 있는 경우에도 가능하다'고 전제한 후, '자동차종합보험보통약관 소정의 이른바 무면허운전면책조항을 문언 그대로 무면허운전의 모든 경우를 아무런 제한 없이 보험의 보상대상에서 제외한 것으로 해석하게 되면 절취운전이나 무단운전의 경우와 같이 자동차보유자는 피해자에게 손해배상책임을 부담하면서도 자기의 지배관리가 미치지 못하는 무단운전자의 운전면허소지 여부에 따라 보험의 보호를 전혀 받지 못하는 불합리한 결과가 생기는바, 이러한 경우는 보험계약자의 정당한 이익과 합리적인 기대에 어긋나는 것으로서 고객에게 부당하게 불리하고 보험자가 부담하여야 할 담보책임을 상당한 이유 없이 배제하는 것이어서 현저하게 형평을 잃은 것이라고 하지 않을 수 없으며, 이는 보험단체의 공동이익과 보험의 등가성 등을 고려하더라도 마찬가지라고 할 것이므로, 결국 위 무면허운전면책조항이 보험계약자나 피보험자의 지배 또는 관리가능성이 없는 무면허운전의 경우에까지 적용된다고 보는 경우에는 그 조항은 신의성실의 원칙에 반하는 공정을 잃은 조항으로서 약관규제법에 비추어 무효라고 볼 수밖에 없기 때문에, 위 무면허운전면책조항은 위와 같은 무효의 경우를 제외하고 무면허운전이 보험계약자나 피보험자의 지배 또는 관리 가능한 상황에서 이루어진 경우에 한하여 적용되는 조항으로 수정해석을 할 필요가 있으며, "무면허운전이 보험계약자나 피보험자의 지배 또는 관리 가능한 상황에서 이루어진 경우"라고 함은 구체적으로는 무면허운전이 보험계약자나 피보험자 등의 명시적 또는 묵시적 승인 하에 이루어진 경우를 말한다'고 판시함으로써, 이른바 「수정해석」을 하고 있음은 전술한 바와 같다(대법원 1991.12.24.선고, 90다카23899 전원합의체판결 등).[360] 이는 계약의 해석원리로서 독일민법학에서 논의되고 있는 이른바 「효력유지적 축소」(geltungserhaltende Reduktion)의 법리를 인정한 것이라고 할 수 있는데(판례는 「수정해석」이라는 용어를 사용하고 있다).[361] 다만, 이러한 판례의 입장에 대해서는 '계약의 「수정해석」을 기도함으로써 약관규제법 제16조의 「일부무효의 특칙」을 대체하는 것이 과연 가능한가?'

360) 전게 주 337 참조.
361) 독일의 「효력유지적 축소」의 법리에 관하여서는 김동훈, 전게논문(주 337), 67 이하 참조.

에 대해서는 의문이 제기될 수 있다고 생각된다.

(5) 약관규제법 위반약관에 대한 행정적 규제

1) 불공정약관조항의 사용금지의무

사업자는 약관규제법 제6조부터 제14조까지의 규정에 해당하는 불공정한 약관조항(이하 「불공정약관조항」이라 한다)을 계약의 내용으로 하여서는 아니 된다(약관규제법 17조).

2) 공정거래위원회의 시정조치의 권고 및 시정명령

(가) 시정조치의 권고

사업자가 불공정약관조항을 계약의 내용으로 하여서는 아니 된다는 약관규제법 제17조의 규정을 위반한 경우에는, 공정거래위원회는 사업자에게 해당 불공정약관조항의 삭제·수정 등 시정에 필요한 조치를 권고할 수 있다(약관규제법 17조의2 1항). 시정조치의 권고는 그 내용을 명시한 서면으로 하여야 한다(동법시행령 4조).[362]

(나) 시정조치명령

공정거래위원회는 불공정약관조항의 사용을 금지한 약관규제법 제17조를 위반한 사업자가 ① 공정거래법 제2조 제7호의 「시장지배적 사업자」인 경우,[363] ② 자기의 거래상의 지위를 부당하게 이용하여 계약을 체결하는 경우, ③ 일반 공중에게 물품·용역을 공급하는 계약으로서 계약 체결의 긴급성·신속성으로 인하여 고객이 계약을 체결할 때에 약관 조항의 내용을 변경하기 곤란한 경우, ④ 계약당사자로서의 지위가 현저하게 우월하거나 고객이 다른 사업자를 선택할 범위가 제한되어 있어 약관을 계약의 내용으로 하는 것이 사실상 강제되는 경우, ⑤ 계약의 성질상 또는 목적상 계약의 취소·해제 또는 해지가 불가능하거나 계약을 취소·해제 또는 해지하면 고객에게 현저한 재산상의 손해가 발생하는 경우, ⑥ 제17조 제1항에 따른 권고를 정당한 사유 없이 따르지 아니하여 여러 고객에게 피해가 발생하거나 발생할 우려가 현저한 경우에는 사업자에게 해당 불공정약관조항의 삭제·수정 등 시정에 필요한 조치를 명할 수 있다(약관규제법 17조의2 2항). 이러한 공정거래위원회의 시정명령에 위반한 자는 2년 이하의 징역 또는 1억원 이하의 벌금에 처한다(약관규제법 32조).

이와 관련하여, 판례는 '그 자체로서는 불공정약관조항이 아니지만 불공정약관조항이 시정명령으로 삭제 또는 수정의 대상이 되면 그 조항과 독립하여 존속할 아무런 의미가 없는

---

362) 약관규제법시행령 제4조(시정 조치의 방식) 법 제17조의2에 따른 시정권고 또는 시정명령은 그 내용을 분명히 밝힌 서면으로 하여야 한다.

363) 공정거래법상 「시장지배적 사업자」라 함은 '일정한 거래분야의 공급자나 수요자로서 단독으로 또는 다른 사업자와 함께 상품이나 용역의 가격·수량·품질 기타의 거래조건을 결정·유지 또는 변경할 수 있는 시장지위를 가진 사업자'를 말한다. 시장지배적사업자를 판단함에 있어서는 시장점유율, 진입장벽의 존재 및 정도, 경쟁사업자의 상대적 규모 등을 종합적으로 고려한다(공정거래법 2조 7호).

약관조항에 대해서도 시정명령이 가능하다'고 한다. 다만, '공정거래위원회는 약관규제법 제17조의2 제2항의 규정에 따라 불공정약관조항에 대하여 소극적으로 그 불공정성을 제거하는 방향으로 삭제 또는 수정할 것을 명할 수 있을 뿐, 그 약관조항을 어떠한 내용으로 수정할 것을 명하는 등으로 적극적으로 계약당사자의 계약내용에 개입할 수는 없다'고 한다(대법원 2003.1.10.선고, 2001두1604 판결).

(다) 다른 사업자에 대한 불공정약관 사용중지 권고

공정거래위원회는 약관규제법 제17조의2 제1항 및 제2항의 규정에 따른 시정권고 또는 시정명령을 할 때 필요하면 해당 사업자와 같은 종류의 사업을 하는 다른 사업자에게 같은 내용의 불공정약관조항을 사용하지 말 것을 권고할 수 있다(약관규제법 17의2 3항).

(라) 시정조치의 방식

약관규제법 제17조의2에 따른 공정거래위원회의 권고나 시정명령은 그 내용을 명시한 서면으로 하여야 한다(동법시행령 4조).

3) 인가약관에 대한 공정거래위원회의 시정조치 요청 또는 권고

(가) 행정관청에 대한 시정조치의 요청

공정거래위원회는 행정관청이 작성한 약관이나 다른 법률에 따라 행정관청의 인가를 받은 약관(이를 「인가약관(認可約款)」이라고 한다)이 약관규제법 제6조부터 제14조까지의 규정에 해당된다고 인정할 때에는 해당 행정관청에 그 사실을 통보하고 이를 시정하기 위하여 필요한 조치를 요청할 수 있다(약관규제법 18조 1항).[364] 공정거래위원회로부터 시정조치의 요청을 받은 행정관청은 그 요청을 받은 날부터 60일 이내에 공정거래위원회에 서면(전자문서를 포함한다)으로 처리결과를 통보하여야 한다(동법시행령 5조 2항).

(나) 금융감독원에 대한 시정조치 권고

공정거래위원회는 은행법에 따른 은행의 약관이 약관규제법 제6조부터 제14조까지의 규정에 해당된다고 인정할 때에는 금융감독원에 그 사실을 통보하고 이를 시정하기 위하여 필요한 조치를 권고할 수 있다(약관규제법 18조 2항).[365] 공정거래위원회로부터 시정조치의 권고를 받은 행정관청이나 금융감독원은 그 권고를 받은 날부터 60일 이내에 공정거래위원회에 서면(전자문서를 포함한다)으로 처리결과를 통보하여야 한다(동법시행령 5조 2항).

---

364) 행정관청에 대한 공정거래위원회의 시정조치 요청은 그 내용을 명시한 서면으로 하여야 하며(약관규제법시행령 5조 1항), 공정거래위원회가 행정관청에 시정을 요청한 경우에는 약관규제법 제17조의2 제1항 및 제2항에 따른 시정권고 또는 시정명령은 하지 아니한다(동법 18조 2항).

365) 금융감독원에 대한 공정거래위원회의 시정조치의 권고는 그 내용을 명시한 서면으로 하여야 한다(약관규제법시행령 5조 1항).

4) 약관규제법 위반 여부에 대한 심사청구(審査請求)

(가) 일반약관의 심사청구

약관의 조항과 관련하여 법률상의 이익이 있는 자, 소비자기본법 제29조[366]에 따라 등록된 소비자단체, 한국소비자원 및 사업자단체는 약관규제법의 위반 여부에 관한 심사를 공정거래위원회에 청구할 수 있으며(약관규제법 19조),[367] 공정거래위원회는 심사대상인 약관 조항이 변경된 때에는 직권으로 또는 심사청구인의 신청에 의하여 심사대상을 변경할 수 있다(약관규제법 19조의2).

(나) 표준약관의 심사청구

(A) 사업자 및 사업자단체의 심사청구 사업자 및 사업자단체는 건전한 거래질서를 확립하고 불공정한 내용의 약관이 통용되는 것을 방지하기 위하여 일정한 거래 분야에서 표준이 될 약관의 제정·개정안을 마련하여 그 내용이 이 법에 위반되는지 여부에 관하여 공정거래위원회에 심사를 청구할 수 있다(약관규제법 19조의3 1항).[368]

(B) 소비자단체 등의 심사청구 소비자기본법 제29조에 따라 등록된 소비자단체 또는 같은 법 제33조에 따라 설립된 한국소비자원(이하 "소비자단체등"이라 한다)은 소비자 피해가 자주 일어나는 거래 분야에서 표준이 될 약관을 제정 또는 개정할 것을 공정거래위원회에 요청할 수 있다(약관규제법 19조의3 2항).

(C) 공정거래위원회에 의한 표준약관제정 및 심사청구의 권고

a) 사업자 및 사업자단체에 대한 표준약관의 제정 및 심사청구의 권고 공정거래위원회는 소비자단체 등의 요청이 있는 경우, 또는 일정한 거래 분야에서 여러 고객에게 피해가 발생하거나 발생할 우려가 있는 경우에 피해 발생 상황을 조사하여 약관이 없거나 불공정약관조항이 있는 경우, 법률의 제정·개정·폐지 등으로 약관을 정비할 필요가 발생한 경우에 사업자 및 사업자단체에 대하여 표준이 될 약관을 마련하여 심사 청구할 것을 권고할 수 있다(약관규제법 19조의3 3항).

---

366) 소비자기본법 제29조(소비자단체의 등록) ① 다음 각 호의 요건을 모두 갖춘 소비자단체는 대통령령이 정하는 바에 따라 공정거래위원회 또는 지방자치단체에 등록할 수 있다. 1. 제28조 제1항 제2호 및 제5호의 업무를 수행할 것 2. 물품 및 용역에 대하여 전반적인 소비자문제를 취급할 것 3. 대통령령이 정하는 설비와 인력을 갖출 것 4. 「비영리민간단체 지원법」 제2조 각 호의 요건을 모두 갖출 것 ② 공정거래위원회 또는 지방자치단체의 장은 제1항의 규정에 따라 등록을 신청한 소비자단체가 제1항 각 호의 요건을 갖추었는지 여부를 심사하여 등록 여부를 결정하여야 한다.

367) 약관규제법 제19조 제1항에 따른 약관에 대한 심사청구는 공정거래위원회에 서면이나 전자문서로 제출하여야 한다(약관규제법 19조 2항).

368) 이 경우, 공정거래위원회는 필요하다고 인정하는 경우에는 표준약관을 사용하고 있는 사업자 또는 사업자단체에 대하여 해당 약관의 운용상황을 제출하게 할 수 있으며, 심사청구를 받은 날부터 60일 이내에 심사결과를 신청인에게 알려야 한다(약관규제법시행령 5조의2).

b) 공정거래위원회에 의한 표준약관의 제정 공정거래위원회는 사업자 및 사업자단체가 약관규제법 제19조의3 제3항의 권고를 받은 날부터 4개월 이내에 필요한 조치를 하지 아니하면 관련 분야의 거래 당사자 및 소비자단체등의 의견을 듣고 관계 부처의 협의를 거쳐 표준이 될 약관을 제정 또는 개정할 수 있다(약관규제법 19조의3 4항).

c) 표준약관의 공시 및 사용권장 공정거래위원회는 약관규제법 제19조의3 제1항 또는 제4항에 따라 심사하거나 제정·개정한 표준약관을 공시하고, 사업자 및 사업자단체에 대하여 표준약관을 사용할 것을 권장할 수 있다(약관규제법 19조의3 5항). 공정거래위원회로부터 표준약관의 사용을 권장받은 사업자 및 사업자단체는 표준약관과 다른 약관을 사용하는 경우, 표준약관과 다르게 정한 주요 내용을 고객이 알기 쉽게 표시하여야 한다(동조 6항). 이를 위반한 자에게는 500만원 이하의 과태료를 부과한다(동법 34조 2항 2호)

d) 「표준약관 표지(標識)」의 제정 및 고시 공정거래위원회는 표준약관의 사용을 활성화하기 위하여 표준약관 표지를 정할 수 있고, 사업자 및 사업자단체는 표준약관을 사용하는 경우 공정거래위원회가 고시하는 바에 따라 표준약관 표지를 사용할 수 있다(약관규제법 19조의3 7항). 사업자 및 사업자단체는 표준약관과 다른 내용을 약관으로 사용하는 경우, 표준약관 표지를 사용하여서는 아니 된다(동조 8항). 이를 위반한 자에게는 5천만원 이하의 과태료를 부과한다(동법 34조 1항 1호). 사업자 및 사업자단체가 약관규제법 제19조의3 제8항을 위반하여 표준약관 표지를 사용하는 경우, 표준약관의 내용보다 고객에게 더 불리한 약관의 내용은 무효로 한다(동법 19조의3 9항).

5) 약관규제법 위반 여부에 대한 공정거래위원회의 조사 및 심의절차

(가) 위반 여부의 조사

공정거래위원회는 ① 약관규제법 제17조의2 제1항 또는 제2항에 따른 시정권고 또는 시정명령을 하기 위하여 필요하다고 인정되는 경우, ② 제19조에 따라 약관의 심사청구를 받은 경우에는 약관이 약관규제법에 위반된 사실이 있는지 여부를 확인하기 위하여 필요한 조사를 할 수 있다(약관규제법 20조 1항).[369] 약관규제법 제20조에 따른 공정거래위원회의 조사를 거부·방해 또는 기피한 자에게는 5천만원 이하의 과태료를 부과한다(동법 34조 1항 2호).

(나) 당사자 또는 이해관계인의 의견진술

공정거래위원회는 약관의 내용이 약관규제법에 위반되는지 여부에 대하여 심의하기 전에 그 약관에 따라 거래를 한 사업자 또는 이해관계인에게 그 약관이 심사대상이 되었다는 사실을 알려야 하며(약관규제법 22조 1항), 이 통지를 받은 당사자 또는 이해관계인은 공정거래위

---

369) 약관규제법 제20조 제1항의 규정에 따라 조사를 하는 공무원은 그 권한을 표시하는 증표를 지니고 이를 관계인에게 내보여야 한다(동법 20조 2항).

원회의 회의에 출석하여 의견을 진술하거나 필요한 자료를 제출할 수 있다(동조 2항). 공정거래위원회는 심사 대상이 된 약관이 다른 법률에 따라 행정관청의 인가를 받았거나 받아야 할 것인 경우에는 심의에 앞서 그 행정관청에게 의견의 제출을 요구할 수 있다(동조 3항).

(다) 불공정약관조항의 공개

공정거래위원회는 약관규제법에 위반된다고 심의·의결한 약관 조항의 목록을 인터넷 홈페이지에 공개하여야 한다(약관규제법 23조).

(라) 공정거래위원회의 심의·의결·불복절차에 관한 「공정거래법」의 준용

(A) 공정거래위원회의 심의·의결절차 약관규제법에 따른 공정거래위원회의 심의·의결에 관하여는 「공정거래법」 제42조(회의의사 및 의결정족수),[370] 제43조(심리·의결의 공개 및 합의의 비공개),[371] 제43조의2(심판정의 질서유지),[372] 제44조(위원의 제척·기피·회피)[373] 및 제45조(의결서 작성 및 경정)[374]의 규정을 준용한다(약관규제법 30조의2 1항).

(B) 불복절차 약관규제법에 따른 공정거래위원회의 처분에 대한 이의신청, 소송 제기 및 불복 소송의 전속관할에 대하여는 「공정거래법」 제53조(이의신청),[375] 제53조의2(시정조치

---

370) 공정거래법 제42조(회의의사 및 의결정족수) ① 전원회의의 의사는 위원장이 주재하며 재적위원 과반수의 찬성으로 의결한다. ② 소회의의 의사는 상임위원이 주재하며 구성위원 전원의 출석과 출석위원 전원의 찬성으로 의결한다.

371) 공정거래법 제43조(심리·의결의 공개 및 합의의 비공개) ① 공정거래위원회의 심리와 의결은 공개한다. 다만, 사업자 또는 사업자단체의 사업상의 비밀을 보호할 필요가 있다고 인정할 때에는 그러하지 아니하다. ② 공정거래위원회의 심리는 구술심리를 원칙으로 하되, 필요한 경우 서면심리로 할 수 있다. ③ 공정거래위원회의 사건에 관한 의결의 합의는 공개하지 아니한다.

372) 공정거래법 제43조의2(심판정의 질서유지) 전원회의 및 소회의의 의장은 심판정에 출석하는 당사자·이해관계인·참고인 및 참관인등에 대하여 심판정의 질서유지를 위하여 필요한 조치를 명할 수 있다.

373) 공정거래법 제44조(위원의 제척·기피·회피) ① 위원은 다음 각 호의 1에 해당하는 사건에 대한 심의·의결에서 제척된다. 1. 자기나 배우자 또는 배우자이었던 자가 당사자이거나 공동권리자 또는 공동의무자인 사건 2. 자기가 당사자와 친족관계에 있거나 자기 또는 자기가 속한 법인이 당사자의 법률·경영등에 대한 자문·고문등으로 있는 사건 3. 자기 또는 자기가 속한 법인이 증언이나 감정을 한 사건 4. 자기 또는 자기가 속한 법인이 당사자의 대리인으로서 관여하거나 관여하였던 사건 5. 자기 또는 자기가 속한 법인이 사건의 대상이 된 처분 또는 부작위에 관여한 사건 6. 자기가 공정거래위원회 소속공무원으로서 당해 사건의 조사 또는 심사를 행한 사건 ② 당사자는 위원에게 심의·의결의 공정을 기대하기 어려운 사정이 있는 경우에는 기피신청을 할 수 있다. 위원장은 이 기피신청에 대하여 위원회의 의결을 거치지 아니하고 결정한다. ③ 위원 본인이 제1항 각 호의 1의 사유 또는 제2항의 사유에 해당하는 경우에는 스스로 그 사건의 심의·의결을 회피할 수 있다.

374) 공정거래법 제45조(의결서 작성 및 경정) ① 공정거래위원회가 이 법의 규정에 위반되는 사항에 대하여 의결하는 경우에는 그 이유를 명시한 의결서로 하여야 하고, 의결에 참여한 위원이 그 의결서에 서명·날인하여야 한다. ② 공정거래위원회는 의결서 등에 오기, 계산착오, 그 밖에 이와 유사한 오류가 있는 것이 명백한 때에는 신청에 의하거나 직권으로 경정할 수 있다.

375) 공정거래법 제53조(이의신청) ① 이 법에 의한 공정거래위원회의 처분에 대하여 불복이 있는 자는 그 처분의 통지를 받은 날부터 30일 이내에 그 사유를 갖추어 공정거래위원회에 이의신청을 할 수 있다. ② 공정거래위원회는 제1항의 규정에 의한 이의신청에 대하여 60일 이내에 재결을 하여야 한다. 다만, 부득이한 사정으로 그 기간 내에 재결을 할 수 없을 경우에는 30일의 범위 안에서 결정으로 그 기간을

명령의 집행정지),[376] 제53조의3(문서의 송달),[377] 제54조(소의 제기),[378] 제55조(불복의 소의 전속관할)[379] 및 제55조의2(사건처리절차등)[380]를 준용한다(약관규제법 30조의2 2항).

6) 약관분쟁조정협의회에 의한 약관분쟁의 조정

(가) 약관분쟁조정협의회의 설치

불공정약관의 사용을 금지한 약관규제법 제17조를 위반한 약관 또는 이와 비슷한 유형의 약관으로서 대통령령으로 정하는 약관과 관련된 분쟁을 조정하기 위하여 「공정거래법」 제48조의2 제1항에 따른 한국공정거래조정원(이하 "조정원"이라 한다)에 약관분쟁조정협의회(이하 "협의회"라 한다)를 둔다(약관규제법 24조 1항).

(나) 약관분쟁조정협의회의 구성

협의회는 위원장 1명을 포함한 9명의 위원으로 구성하며(약관규제법 24조 2항), 협의회 위원장은 조정원의 장의 제청으로 공정거래위원회 위원장이 위촉한다(동조 3항). 협의회 위원장이 사고로 직무를 수행할 수 없을 때에는 협의회의 위원장이 지명하는 협의회 위원이 그 직무를 대행한다(동조 4항).[381]

연장할 수 있다.

376) 공정거래법 제53조의2(시정조치명령의 집행정지) ① 공정거래위원회는 이 법의 규정에 의한 시정조치명령을 받은 자가 제53조 제1항의 이의신청을 제기한 경우로서 그 명령의 이행 또는 절차의 속행으로 인하여 발생할 수 있는 회복하기 어려운 손해를 예방하기 위하여 필요하다고 인정하는 때에는 당사자의 신청이나 직권에 의하여 그 명령의 이행 또는 절차의 속행에 대한 정지(이하 "집행정지"라 한다)를 결정할 수 있다. ② 공정거래위원회는 집행정지의 결정을 한 후에 집행정지의 사유가 없어진 경우에는 당사자의 신청 또는 직권에 의하여 집행정지의 결정을 취소할 수 있다.

377) 공정거래법 제53조의3(문서의 송달) ① 문서의 송달은 행정절차법 제14조 내지 제16조의 규정을 준용한다. ② 제1항의 규정에 불구하고 국외에 주소·영업소 또는 사무소(이하 "주소등"이라 한다)를 두고 있는 사업자 또는 사업자단체에 대해서는 국내에 대리인을 지정하도록 하여 동 대리인에게 송달한다. ③ 제2항에 따라 국내에 대리인을 지정하여야 하는 사업자 또는 사업자단체가 국내에 대리인을 지정하지 아니한 경우에는 제1항에 따른다.

378) 공정거래법 제54조(소의 제기) ① 이 법에 의한 공정거래위원회의 처분에 대하여 불복의 소를 제기하고자 할 때에는 처분의 통지를 받은 날 또는 이의신청에 대한 재결서의 정본을 송달받은 날부터 30일 이내에 이를 제기하여야 한다. ② 제1항의 기간은 이를 불변기간으로 한다.

379) 공정거래법 제55조(불복의 소의 전속관할) 제54조(소의 제기)의 규정에 의한 불복의 소는 공정거래위원회의 소재지를 관할하는 서울고등법원을 전속관할로 한다.

380) 공정거래법 제55조의2(사건처리절차등) 이 법의 규정에 위반하는 사건의 처리절차등에 관하여 필요한 사항은 공정거래위원회가 정하여 고시한다.

381) 협의회 위원은 약관규제·소비자 분야에 경험 또는 전문지식이 있는 사람으로서 ① 공정거래 및 소비자보호 업무에 관한 경험이 있는 4급 이상 공무원(고위공무원단에 속하는 일반직공무원을 포함한다)의 직에 있거나 있었던 사람, ② 판사·검사직에 있거나 있었던 사람 또는 변호사의 자격이 있는 사람, ③ 대학에서 법률학·경제학·경영학 또는 소비자 관련 분야 학문을 전공한 사람으로서 「고등교육법」 제2조 제1호·제2호·제4호 또는 제5호에 따른 학교나 공인된 연구기관에서 부교수 이상의 직 또는 이에 상당하는 직에 있거나 있었던 사람, ④ 그 밖에 기업경영 및 소비자권익과 관련된 업무에 관한 학식과 경험이 풍부한 사람 중에서 조정원의 장의 제청으로 공정거래위원회 위원장이 위촉한다(약관규제법 24조 5항). 협의회 위원의 임기는 3년으로 하되, 연임할 수 있으며(동조 6항), 협의회 위원 중 결원이

(다) 약관분쟁조정협의회의 회의

협의회의 회의는 위원 전원으로 구성되는 회의(이하 "전체회의"라 한다)와 위원장이 지명하는 3명의 위원으로 구성되는 회의(이하 "분과회의"라 한다)로 구분되는데(약관규제법 25조 1항), 분과회의는 전체회의로부터 위임받은 사항에 관하여 심의·의결한다(동조 2항).[382] 조정의 대상이 된 분쟁의 당사자인 고객(소비자기본법 2조 1호에 따른 소비자[383]는 제외한다. 이하 이 장에서 같다)과 사업자(이하 "분쟁당사자"라 한다)는 협의회의 회의에 출석하여 의견을 진술하거나 관계 자료를 제출할 수 있다(약관규제법 25조 5항).

(라) 약관분쟁조정협의회 위원의 제척·기피·회피

(A) 협의회 위원의 제척 ① 협의회 위원 또는 그 배우자나 배우자였던 사람이 해당 분쟁조정사항의 분쟁당사자가 되거나 공동권리자 또는 의무자의 관계에 있는 경우, ② 협의회 위원이 해당 분쟁조정사항의 분쟁당사자와 친족관계에 있거나 있었던 경우, ③ 협의회 위원 또는 협의회 위원이 속한 법인이 분쟁당사자의 법률·경영 등에 대하여 자문이나 고문의 역할을 하고 있는 경우, ④ 협의회 위원 또는 협의회 위원이 속한 법인이 해당 분쟁조정사항에 대하여 분쟁당사자의 대리인으로 관여하거나 관여하였던 경우 및 증언 또는 감정을 한 경우, 협의회 위원은 해당 분쟁조정사항의 조정에서 제척된다(약관규제법 26조 1항).

(B) 협의회 위원의 기피 분쟁당사자는 협의회 위원에게 협의회의 조정에 공정을 기하기 어려운 사정이 있는 때에 협의회에 해당 협의회 위원에 대한 기피신청을 할 수 있다(약관규제법 26조 2항).

(C) 협의회 위원의 회피 협의회 위원이 약관규제법 제26조 제1항 또는 제2항의 사유에 해당하는 경우에는 스스로 해당 분쟁조정사항의 조정에서 회피할 수 있다(약관규제법 26조 3항).

(마) 약관분쟁조정절차

(A) 분쟁조정신청 불공정약관조항의 사용을 금지한 약관규제법 제17조를 위반한 약관 또는 이와 비슷한 유형의 약관으로서 대통령령으로 정하는 약관으로 인하여 피해를 입은 고객은 대통령령으로 정하는 사항을 기재한 서면(이하 "분쟁조정 신청서"라 한다)을 협의회에 제

생긴 때에는 제5항에 따라 보궐위원을 위촉하여야 하며, 그 보궐위원의 임기는 전임자의 남은 임기로 한다(동조 7항). 협의회의 회의 등 업무지원을 위하여 별도 사무지원 조직을 조정원 내에 둔다(동조 8항).

382) 전체회의는 위원장이 주재하며, 재적위원 과반수의 출석으로 개의하고, 출석위원 과반수의 찬성으로 의결한다(약관규제법 25조 3항). 분과회의는 위원장이 지명하는 위원이 주재하며, 구성위원 전원의 출석과 출석위원 전원의 찬성으로 의결한다. 이 경우 분과회의의 의결은 협의회의 의결로 보되, 회의의 결과를 전체회의에 보고하여야 한다(동법 25조 4항).

383) "소비자"라 함은 사업자가 제공하는 물품 또는 용역(시설물을 포함한다. 이하 같다)을 소비생활을 위하여 사용(이용을 포함한다. 이하 같다)하는 자 또는 생산활동을 위하여 사용하는 자로서 대통령령이 정하는 자를 말한다(소비자기본법 2조 1호).

출함으로써 분쟁조정을 신청할 수 있다. 다만, ① 분쟁조정 신청이 있기 이전에 공정거래위원회가 조사 중인 사건, ② 분쟁조정 신청의 내용이 약관의 해석이나 그 이행을 요구하는 사건, ③ 약관의 무효판정을 요구하는 사건, ④ 해당 분쟁조정사항에 대하여 법원에 소를 제기한 사건, ⑤ 그 밖에 분쟁조정에 적합하지 아니한 것으로 대통령령으로 정하는 사건의 경우에는 그러하지 아니하다(약관규제법 27조 1항). 공정거래위원회는 약관규제법 제27조 제1항에 따른 분쟁조정을 협의회에 의뢰할 수 있다(동조 2항). 협의회는 약관규제법 제27조 제1항에 따라 분쟁조정 신청서를 접수하거나 제2항에 따라 공정거래위원회로부터 분쟁조정을 의뢰받은 경우에는 즉시 분쟁당사자에게 통지하여야 한다(동조 3항).

(B) 자율조정의 권고 또는 조정안의 제시 협의회는 분쟁당사자에게 분쟁조정사항을 스스로 조정하도록 권고하거나 조정안을 작성하여 이를 제시할 수 있다(약관규제법 27조의2 1항). 협의회는 해당 분쟁조정사항에 관한 사실을 확인하기 위하여 필요한 경우 조사를 하거나 분쟁당사자에게 관련 자료의 제출이나 출석을 요구할 수 있다(동조 2항).

(C) 조정신청의 각하 협의회는 약관규제법 제27조 제1항 각 호의 어느 하나에 해당하는 사건(분쟁조정 신청이 있기 이전에 공정거래위원회가 조사 중인 사건, 분쟁조정 신청의 내용이 약관의 해석이나 그 이행을 요구하는 사건, 약관의 무효판정을 요구하는 사건, 해당 분쟁조정사항에 대하여 법원에 소를 제기한 사건, 그 밖에 분쟁조정에 적합하지 아니한 것으로 대통령령으로 정하는 사건)에 대하여는 조정신청을 각하하여야 한다(약관규제법 27조의2 3항).

(D) 조정절차의 종료 협의회는 ① 분쟁당사자가 협의회의 권고 또는 조정안을 수락하거나 스스로 조정하는 등 조정이 성립된 경우, ② 조정을 신청 또는 의뢰받은 날부터 60일(분쟁당사자 쌍방이 기간연장에 동의한 경우에는 90일로 한다)이 경과하여도 조정이 성립되지 아니한 경우, ③ 분쟁당사자의 일방이 조정을 거부하거나 해당 분쟁조정사항에 대하여 법원에 소를 제기하는 등 조정절차를 진행할 실익이 없는 경우에는 조정절차를 종료하여야 한다(약관규제법 27조의2 4항). 협의회는 약관규제법 제27조의2 제3항에 따라 조정신청을 각하하거나, 제4항에 따라 조정절차를 종료한 경우에는 대통령령으로 정하는 바에 따라 공정거래위원회에 조정신청 각하 또는 조정절차 종료의 사유 등과 관계 서류를 서면으로 지체 없이 보고하여야 하고 분쟁당사자에게 그 사실을 통보하여야 한다(동조 5항).

(E) 조정조서의 작성과 그 효력 협의회는 분쟁조정사항의 조정이 성립된 경우, 조정에 참가한 위원과 분쟁당사자가 기명날인한 조정조서를 작성한다. 이 경우, 분쟁당사자 간에 조정조서와 동일한 내용의 합의가 성립된 것으로 본다(약관규제법 28조 1항). 협의회는 조정절차를 개시하기 전에 분쟁당사자가 분쟁조정사항을 스스로 조정하고 조정조서의 작성을 요청하는 경우에도 그 조정조서를 작성한다(동조 2항).

(바) 분쟁조정의 특례(집단분쟁조정)

(A) 집단분쟁조정절차의 개시 약관규제법 제27조 제1항의 규정에도 불구하고 공정거래위원회, 고객 또는 사업자는 제28조에 따라 조정이 성립된 사항과 같거나 비슷한 유형의 피해가 다수 고객에게 발생할 가능성이 크다고 판단한 경우로서 대통령령으로 정하는 사건에 대하여는 협의회에 일괄적인 분쟁조정(이하 "집단분쟁조정"이라 한다)을 의뢰하거나 신청할 수 있다(약관규제법 28조의2 1항). 약관규제법 제29조 제1항에 따라 집단분쟁조정을 의뢰받거나 신청받은 협의회는 협의회의 의결로서 제3항부터 제7항까지의 규정에 따른 집단분쟁조정의 절차를 개시할 수 있다. 이 경우, 협의회는 분쟁조정된 사안 중 집단분쟁조정신청에 필요한 사항에 대하여 대통령령으로 정하는 방법에 따라 공표하고, 대통령령으로 정하는 기간 동안 그 절차의 개시를 공고하여야 한다(동조 2항).

(B) 집단분쟁조정의 당사자 협의회는 집단분쟁조정의 당사자가 아닌 고객으로부터 그 분쟁조정의 당사자에 추가로 포함될 수 있도록 하는 신청을 받을 수 있으며(약관규제법 28조의2 3항), 협의회의 의결로써 같은 조 제1항 및 제3항에 따른 집단분쟁조정의 당사자 중에서 공동의 이익을 대표하기에 가장 적합한 1인 또는 수인을 대표당사자로 선임할 수 있다(동조 4항). 협의회는 집단분쟁조정의 당사자인 다수의 고객 중 일부의 고객이 법원에 소를 제기한 경우에도 그 절차를 중지하지 아니하고, 소를 제기한 일부의 고객은 그 절차에서 제외한다(동조 6항).

(C) 보상계획서의 작성·제출의 권고 협의회는 사업자가 협의회의 집단분쟁조정의 내용을 수락한 경우에는 집단분쟁조정의 당사자가 아닌 자로서 피해를 입은 고객에 대한 보상계획서를 작성하여 협의회에 제출하도록 권고할 수 있다(약관규제법 28조의2 5항).

(D) 집단분쟁조정의 기간 등 집단분쟁조정의 기간은 약관규제법 제28조의2 제2항에 따른 공고가 종료된 날의 다음 날부터 기산한다(약관규제법 28조의2 7항). 그 밖에 집단분쟁조정의 절차 등에 관하여 필요한 사항은 대통령령으로 정한다(동조 8항).

(E) 집단분쟁조정 활성화에 필요한 연구 조정원은 집단분쟁조정 대상 발굴, 조정에 의한 피해구제 사례 연구 등 집단분쟁조정 활성화에 필요한 연구를 하며, 연구결과를 인터넷 홈페이지에 공개하여야 하며(약관규제법 28조의2 9항), 정부는 협의회의 운영, 업무 및 관련 연구에 필요한 경비를 조정원에 출연한다(동법 29조의2).

[6] Ⅳ. 계약체결상의 과실책임

1. 서 설

「계약체결상의 과실책임」(Verschulden bei Vertragsverhandlungen)이라 함은 '계약체결을 위한 준비단계 또는 계약의 성립과정에서 당사자의 일방이 자기의 책임 있는 사유로 인하여 상대방에게 손해를 준 경우에 상대방에 대하여 부담하여야 하는 손해배상책임'을 포괄적으로 지칭하는 용어이다.[384)]

민법은 제535조에서 "① 목적이 불능한 계약을 체결할 때에 그 불능을 알았거나 알 수 있었을 자는 상대방이 그 계약의 유효를 믿었음으로 인하여 받은 손해를 배상하여야 한다. 그러나 그 배상액은 계약이 유효함으로 인하여 생길 이익액을 넘지 못한다. ② 전항의 규정은 상대방이 그 불능을 알았거나 알 수 있었을 경우에는 적용하지 아니 한다"고 규정하고, 이 조문에 "계약체결상의 과실"이라는 제목을 붙여놓았다. 이는 구 의용민법은 물론 민법초안에도 없었던 조문인데, 민법 제정 당시 정부의 민법안에 대한 민법교수들의 의견을 담은 「민법안의견서」의 내용을 거의 그대로 차용한 이른바 「현석호수정안」이 국회심의과정에서 채택된 것이다. 현승종 교수에 의하여 작성된 제535조의 제안이유는 다음과 같다(한글로 변환하고, 띄어쓰기 등 오류는 바로잡음).[385)]

○ 이 유

이 계약체결상의 과실에 관하여는, 일찍이 예에링이 제창하였으며, 그 후의 학자들의 찬동을 얻게 된 것이다. 계약의 내용이 계약체결의 당초부터 객관적으로 불능한 경우, 다시 말하면, 원시적 불능에 관한 규정이다. 매매 기타의 유상계약에서는 계약의 내용의 일부가 원시적으로 불능한 경우에도 계약은 전부에 걸쳐서 유효하게 성립하며, 다만 문제는 담보책임으로 처리되는 일도 있지만(안 제563조 참조), 계약의 내용의 전부가 불능한 경우에는 그것을 목적으로 하는 채무는 성립할 수 없으며, 그 계약은 무효가 되지 않을 수 없다. 따라서 당사자는 손해배상채무도 부담하지 않게 된다. 그러나 그와 같이 무효한 계약을 체결하는 데 과실이 있는 자는, 상대방에 대하여 그 계약을 유효하다고 오신하였기 때문에 입은 손해를 배상할 의무만이라도 부담시키지 않는다면, 형평을 심히 잃는 결과가 된다. 무릇 사회에서 살고 있는 수많은 사람 가운데서 특히 특정의 사람을 골라서 계약관계에 들어가려고 하는 이상, 사회의 일반인에 대한 책임 즉 불법행위상의 책임보다는 훨씬 무거운 책임을 짊어지게 되는 것도 당연한 일이라고 하여야 할 것이다. 그렇다고 하면 과실로 인하여 무효한 계약을 체결한 자는 상대방이 그 계약을 유효한 것이라

---

384) 황적인, "계약체결상의 과실", 고시계 261호, 1978/11, 89; 주석채권각칙(Ⅰ)/전하은, 147 참조.

385) 「민법안의견서」, 160~162 참조. 정부의 민법안에 대한 국회 본회의의 심의에서는 국회 법제사법위원회(민법안심의소위원회: 위원장 장경근 의원)의 수정안과 현석호의원에 의하여 제안된 이른바 「현석호수정안」이 같이 심의되었는데, 「현석호수정안」은 정부의 민법안에 대한 민법학계의 의견을 밝힌 「민법안의견서」의 내용을 거의 그대로 수용한 것이었다. 따라서 동조는 초안이유서가 작성되지 아니한 우리 민법의 다른 조항이 대부분 그 제안이유가 명확히 밝혀져 있지 않은 것과는 대조적으로 제안이유가 명확하게 드러나 있다.

고 오신하였기 때문에 입은 손해를 배상할 책임이 있다는 이론이 생기게 될 것이다. 현행민법에는 이것에 관한 규정이 없지만, 근자의 학설은 거래에 있어서의 신의성실의 원칙을 이유로 하여 계약체결상의 과실이 있는 자에게 손해배상의무를 부담시키는 데 거의 일치하고 있다. 물론 이 책임을 묻는 데 불법행위의 이론을 적용할 수도 있을 것이다. 더욱이 안 제743조가 불법행위의 요건으로 위법행위를 들고 있으니, 불법행위의 성립을 인정할 수 있을 것이다. 그러나 신의성실의 원칙을 이유로 하는 계약상의 책임으로 하여, 그 거증책임, 이행보조자의 책임 등에 관하여도 일반의 불법행위보다 무거운 책임을 지우는 것이 훨씬 더 적절하리라고 생각된다. 계약체결상의 과실에 의한 책임을 인정하는 요건으로는, 계약의 일방의 당사자가 계약의 내용이 객관적으로 불능한 것을 과실로 알지 못하고, 상대방은 선의·무과실한 것이 필요하다. 또 그 효과로서는, 과실 있는 당사자는 상대방이 그 계약을 유효하다고 오신하였기 때문에 입은 손해, 다시 말하면 소극적 계약이익 또는 신뢰이익을 배상할 책임을 진다. 즉, 목적물을 검분(檢分)하러 간 데 사용한 비용, 대금지불을 위하여 받은 융자에 대한 이식(利息), 제3자로부터의 유리한 청약을 거절하였음으로 말미암아 생긴 손해 등을 배상하면 된다. 이행이익 또는 적극적 계약이익, 즉, 목적물의 이용이라든가 전매(轉賣)에 의한 이익 등은 포함하지 않는다. 그러나 신뢰이익이 지나치게 다액인 경우에는 이행이익을 한도로 할 것은 물론이다. 독일민법도 그 제306조에서는 「목적이 불능한 계약은 무효이다」라고 규정하고, 이어서 그 제307조에서는 이상과 같은 내용의 조문을, 따라서 전기(前記)의 신설을 바라는 조문과 같은 내용의 것을 규정하고 있다. 서서민법(瑞西民法)에는 그와 같은 규정은 없지만, 학설은 일반적으로 그것을 인정하고, 판례도 역시 그것에 따르는 경향을 보이고 있다. 형평의 원리의 실현이라는 견지에서나, 또는 일치된 학설과 선진입법례를 따른다는 의미에서나, 계약체결상의 과실에 관한 규정을 신설함이 옳을 것이다. <현승종>

이러한 기초자의사로부터, ① 현행민법 제535조는 원시적 불능을 목적으로 하는 계약이 무효임을 전제로 하는 규정이라는 점, ② 기초자는 신의성실의 원칙을 근거로 계약체결상의 과실이 있는 자에게 손해배상의무를 부담시켜야 한다는 데 거의 일치하고 있었던 당시의 통설적 견해에 따라 원시적 불능인 계약을 체결하는 데 과실이 있는 자에게 신뢰이익의 배상책임을 인정하는 것이 타당하다고 생각하였다는 점, ③ 기초자는 원시적 불능을 이유로 계약이 무효인 경우에는 불법행위의 성립을 인정할 수도 있으나, 입증책임이나 이행보조자책임 등에서 불법행위책임보다 상대방에게 유리한 계약책임으로 규정하는 것이 더 적절하다고 생각하였다는 점, ④ 제535조는 개정 전 독일민법 제307조를 모범으로 한 것이라는 점 등을 알 수 있다.

이와 같이 원시적 불능을 목적으로 하는 계약을 체결하는 데 과실이 있는 자에게 신뢰이익의 배상책임을 인정하고 있는 현행민법 제535조는 2002년 「채무법현대화법」에 의하여 개정되기 전의 독일민법(이하 「개정 전 독일민법」으로 약칭) 제307조 제1항의 규정[386]을 그대로 계

386) 개정 전 독일민법 제307조(소극적 이익) (1) 불능한 급부를 목적으로 하는 계약을 체결할 때에 급부의 불능을 알았거나 알았어야 할 자는 상대방이 계약의 유효를 믿었음으로 인하여 받은 손해를 배상할 의무를 부담한다. 다만, 계약이 유효함으로써 상대방이 가지는 이익액을 초과하지 못한다. 상대방이 불능을 알았거나 알 수 있었을 때에는 이 배상의무는 발생하지 않는다. (2) 전항의 규정은 급부의 일부만이 불능하고 계약이 가능한 나머지 부분에 대하여 유효한 경우, 또는 선택적으로 약정한 수 개의 급부 중의 하나가 불능인 경우에 이를 준용한다.

수한 것이라고 할 수 있다. 그런데 개정 전 독일민법 제307조는 조문의 제목을 「계약체결상의 과실책임」이라고 하지 않고 「소극적 이익」(negatives Interesse)이라고 붙이고 있었음에 비하여, 우리 민법 제535조는 같은 내용의 조문에 「계약체결상의 과실」이라는 일반적 명칭을 제목으로 붙이고 있는데, 이는 일종의 '입법상의 오류'라고 할 것이다. 왜냐하면 현행민법 제535조는 그에 관한 규정이 없었던 구 의용민법(일본민법) 하에서 학설상 도입의 필요성이 주장되고 있었던 독일에서 논의되고 있었던 계약체결상의 과실책임의 한 유형인 '계약이 무효·취소된 경우에 있어서의 계약체결상의 과실책임'의 일부에 불과한 '원시적 불능을 목적으로 하는 계약에서의 신뢰이익의 배상의무'를 규정한 것에 불과하기 때문이다. 즉, 현행민법 제535조는 독일민법학에서 발전되어 온 「계약체결상의 과실책임론」에서 다루어지고 있었던 계약체결상의 과실책임의 극히 일부분만을 규정한 것이다. 다시 말해서, 우리 민법은 계약체결상의 과실책임에 관한 일반규정을 두거나 계약체결상의 과실책임이 문제되는 여러 유형들에 관한 개별적 규정들을 망라해서 규정한 것이 아니라, 학설상 논의되고 있는 계약체결상의 과실책임의 여러 유형 중에서 극히 일부에 지나지 않는 '원시적 불능을 목적으로 하는 계약'에 있어서의 신뢰이익배상에 관한 규정만을 둔 것이다. 이러한 이유로 우리 민법의 해석상 제535조에서 명문으로 규정된 원시적 불능을 목적으로 하는 무효인 계약에 있어서의 계약체결상의 과실책임 이외에도 독일민법전에 규정되어 있거나, 독일의 학설·판례에 의하여 인정되고 있었던 다른 유형의 계약체결상의 과실책임도 제535조의 유추해석에 의하여 인정될 수 있는지의 여부가 문제되고 있다.

이에 대하여, 종래의 통설적 견해는 독일민법학의 통설·판례의 입장을 그대로 우리 민법의 해석론으로 도입하여, ① 계약체결 전(前) 단계에 있어서의 계약체결상의 과실책임, 즉 계약교섭의 부당파기 및 계약외적(契約外的) 법익의 침해로 인하여 손해가 발생한 경우, ② 착오 등을 이유로 계약이 무효·취소된 경우, ③ 유효하게 계약이 성립하였으나 당사자 일방의 설명의무위반으로 인하여 손해가 발생한 경우(이른바 「원치 않는 계약」)에 있어서의 계약체결상 과실책임도 인정하여야 한다고 주장한다.[387] 즉, 종래의 통설적 견해는 '계약의 교섭단계 내지 성립과정에서 당사자 일방의 귀책사유로 인하여 타방 당사자에게 손해를 가한 경우에도 제750조 이하의 불법행위책임을 물을 것이 아니라, 제535조의 유추해석에 의하여 인정되는 계약체결상의 과실책임을 인정하여야 한다'고 주장하는 것이다. 다만, 통설적 견해 중에는 '독일의 「계약체결상의 과실책임론」을 우리 민법의 해석론으로 전면적으로 수용하기보다는 선별적 내지 제한적으로 수용하는 것이 타당하다'는 입장을 취하는 견해도 적지 않다.[388] 이러한

387) 곽윤직(신정판), 88~96; 김기선, 41; 김주수, 77~79; 김현태, 14; 황적인, 91 참조.

388) 이영준, "계약체결상의 과실책임의 법적 성질에 관한 연구", 춘재현승종박사화갑기념 「법사상과 민사법」(국민서관, 1979/12), 291 이하; 서민, "계약체결상의 과실에 관한 연구", 사법행정 35권 10호(한국사

통설적 견해와는 달리, '독일민법학의 계약체결상의 과실책임론은 불법행위에 관하여 「제한적 열거주의」를 취한 독일불법행위법의 제도적 불비에 기인한 것으로서, 주로 계약체결의 전(前)단계인 계약교섭단계에서 발생하는 재산적 손해를 구제하기 위하여 학설·판례에 의하여 발전된 독일민법학 특유의 이론에 지나지 않으므로, 불법행위책임에 관한 포괄적 규정을 두고 있는 우리 민법하에서는 불필요한 이론'이라고 비판하는 견해(편의상 이를 「비판설」이라고 칭하기로 한다)가 제기되고 있다.[389] 「비판설」은 '종래의 통설적 견해가 우리 민법의 해석론으로서 도입하여야 한다고 주장하고 있는 계약체결상의 과실책임은 그 본질상 불법행위책임 또는 계약책임에 불과한 것이므로, 계약체결상의 과실책임을 독자적인 책임의 유형으로 인정할 수 없다'고 비판한다.[390] 이에 따라 최근의 학설의 논의는 독일민법학의 계약체결상의 과실책임론을 우리 민법의 해석론으로 수용한다는 전제 하에 그 책임의 본질 및 요건과 효과를 검토하는 차원에서 벗어나, '독일민법(특히 불법행위법)을 배경으로 하여 독일민법학이 발전시킨 계약체결상의 과실책임론이 과연 우리 민법의 해석론으로 수용될 수 있는가, 그리고 이를 수용한다면 어느 범위까지 수용할 것인가?' 하는 보다 근본적인 문제로 초점이 모아지고 있다.

2. 연혁 및 입법례

(1) 연 혁

계약체결 과정에서의 의무위반에 기한 책임을 인정한 최초의 입법례는 1794년의 「프로이센 일반란트법(ALR)」으로 알려져 있는데(ALR Ⅰ 5 §284, §285). 이러한 이유로 「계약체결상의 과실책임론」의 기원을 프로이센 일반란트법에서 찾는 견해도 있다.[391] 그러나 독일의 보통법학

법행정학회, 1994/10), 9 이하; 주석채권각칙(Ⅰ)/전하은, 147 이하; 김증한/김학동, 61~62; 김형배, 113 이하.

389) 최흥섭, "계약이전단계에서의 책임(소위 계약체결상의 과실책임)과 민법 535조의 의미 -특히 독일판례를 중심으로 한 비교법적 고찰-", 연람배경숙교수화갑기념논문집 「한국민사법학의 현대적 전개」, 1991, 555 이하; 양창수, "계약체결상의 과실", 민법연구 1권(박영사, 1991), 47 이하; 김준호, "독일의 계약체결상 과실제도의 우리 민법학에의 수용 요부", 경허김홍규박사화갑기념Ⅱ 「사법의 제문제」(삼영사, 1992), 257 이하; 서광민, "계약체결의 준비단계에서 발생한 사고에 대한 책임", 고시연구 256호, 1995/7, 166 이하; 이은영, 105 이하; 拙稿, "신뢰이익개념에 대한 재검토소고 -특히 계약체결상의 과실책임에 관한 민법 제535조를 중심으로-", 경허김홍규박사화갑기념Ⅱ 「사법의 제문제」(삼영사, 1992), 336 이하 참조.

390) 최흥섭, 상게논문, 555 이하; 양창수, 상게논문, 47 이하; 김준호, 상게논문, 257 이하; 서광민, 상게논문, 172 이하; 拙稿, 상게논문, 336 이하 참조. 이은영 교수는 「계약체결상의 과실책임」의 본질을 불법행위나 계약책임이 아닌 이른바 「신뢰책임(信頼責任)」으로 보는 입장이지만, '우리 민법하에서는 제535조에 포섭될 수 있는 원시적 불능, 착오취소의 경우를 제외하고는 별도로 「계약체결상의 과실책임」이라는 책임영역을 설정할 필요가 없다'고 하는 점에서, 「비판설」과 맥락을 같이 한다(同, 107 참조).

391) 김형배, 117 참조.

자 루돌프 폰 예링(Rudolf von Jhering)에 의하여 「계약체결상의 과실책임론」이 창안되었다고 보는 것이 일반적인 견해이다.[392] 예링은 1861년에 발표한 「계약체결상의 과실, 또는 무효 혹은 완성될 수 없는 계약에 있어서의 손해배상」[393]이라는 논문에서, '계약이 유효하게 성립하지 못한 경우에는 당사자에게 어떠한 책임도 발생하지 않는다'는 보통법상의 통설을 비판하고, '예컨대 착오로 인하여 계약이 무효인 경우에는 상대방이 그 계약이 유효하다고 믿었기 때문에 입은 손해인 「소극적 계약이익」(negatives Vertragsinteresse)을 배상하여야 한다'고 주장하였으며,[394] '매매의 목적물이 소멸하였다는 사정과 같이 계약이 무효가 될 사정이 없는지의 여부를 확인하지 아니하고 무효인 계약을 체결하는 것은 그 자체가 이미 과실'이라고 주장하였다.[395] 예링에 의하여 수립된 「계약체결상의 과실책임론」은 독일의 학설·판례에 의하여 지지되었을 뿐만 아니라, 그 후에 제정된 독일민법에 수용됨으로써 일본민법학과 우리 민법학에 큰 영향을 끼쳤다.

(2) 입법례

1) 독일민법

(가) 개정 전 독일민법

(A) 「계약체결상의 과실책임론」의 독일민법전에의 수용 1898년에 제정된 독일민법은 예링의 「계약체결상의 과실책임론」을 수용하되, 이를 일반적 법원칙으로 규정하지는 않고, 예링이 문제시한 경우들을 개별적으로 민법전에 규정하는 방법을 채택하였다. 즉, 독일민법은 ① 진의 아닌 의사표시를 이유로 계약이 무효이거나, 착오를 이유로 계약이 취소된 경우(BGB §122),[396] ② 무권대리를 이유로 계약이 무효인 경우(BGB §179 Ⅱ),[397] ③ 원시적 불능을 목적으로 함으로

392) 서민, 전게논문(주 388), 10; 北川善太郎, 「契約責任の研究」(有斐閣, 1963), 213~214 참조.

393) Rudolf von Jhering, Culpa in contrahendo, oder Schadensersatz bei nichtigen oder nicht zur Perfection gelanten Verträgen, JherJb 4, 1861, S.1 ff.

394) Dieter Medicus, Schuldrecht Ⅰ: Allgemeiner Teil, 10. Aufl., 1998, S.57.

395) 예링의 「계약체결상의 과실책임론」에 대한 상세는 이영준, 전게논문(주 388), 301 이하; 주석채권각칙(Ⅰ)/전하은, 148 이하; 최흥섭, 전게논문(주 389), 557 이하; 北川善太郎, 전게서(주 392), 199; 多田利隆, 「信頼保護における歸責の理論」(信山社, 1996), 137 이하 참조.

396) 독일민법 제122조(취소자의 손해배상의무) (1) 의사표시가 제118조에 의하여 무효이거나 제119조, 제120조에 의하여 취소된 때에는, 표의자는 의사표시가 상대방 있는 의사표시의 경우에는 상대방에 대하여, 기타의 경우에는 제3자에 대하여, 상대방 또는 제3자가 의사표시가 유효하다고 믿음으로써 받은 손해를 배상하여야 한다. 다만, 그 금액은 상대방 또는 제3자가 의사표시의 유효에 대하여 가지는 이익의 금액을 초과할 수 없다. (2) 피해자가 무효 또는 취소의 원인을 알았거나 과실로 인하여 모른 경우(알아야만 했을 경우)에는 손해배상의무는 발생하지 않는다.

397) 독일민법 제179조(무권대리인의 책임) (1) 대리인으로서 계약을 체결한 자는 그가 대리권이 있음을 증명하지 못하고 본인이 계약의 추인을 거절하는 한, 상대방의 선택에 좇아 이행 또는 손해배상의 의무를 진다. (2) 대리인이 대리권 없음을 알지 못한 경우에는 상대방이 그 대리권을 믿었음으로 인하여 입은 손해만을 배상할 의무를 진다. 그러나 그 배상액은 상대방이 계약의 유효함에 대하여 가지는 이익액

써 계약이 무효인 경우(개정 전 BGB §307),[398] ④ 강행법규위반을 이유로 계약이 무효인 경우(개정 전 BGB §309)[399]에 각각 신뢰이익의 배상을 인정하는 명문규정을 두었다.

(B) 학설·판례에 의한 「계약체결상 과실책임론」의 발전 독일에서는 민법전이 시행된 1900년 이후 학설과 판례에 의하여 계약체결상의 과실책임의 인정범위가 점차 확대되어 「계약체결상의 과실책임론」은 '계약에 기하거나 불법행위에 대한 책임을 계속적으로 발전시키고 보충하기 위하여 여러 가지 경우에 원용되는 일반조항을 내용으로 하는 하나의 통일적인 법제도'[400] 또는 '순수한 형평재판을 가능케 하는 만능도구'라고 하거나,[401] '관습법적 효력을 얻었다'고 평가되었다.[402] 특히 독일의 판례는 '기본적으로 모든 잠재적인 계약당사자에게는 상대방을 고려하여야 할 「전(前)계약적 의무」(vorvertragliche Pflichit)가 있다'는 전제에서 출발하여, 이러한 '「전(前)계약적 의무」를 유책하게 위반하고 이로 말미암아 상대방에게 손해를 끼친 자는 계약체결상의 과실을 이유로 손해배상책임을 부담한다'는 입장을 취하였다. 예컨대, 「융단사건」에 관한 1911.12.7.의 독일제국법원(RG)의 판결은 '계약을 준비하는 법률관계는 계약과 유사한 성격을 가지며 법률행위적 구속을 가져온다. 따라서 매도인은 구매의욕을 가진 자가 전시된 물건을 둘러보는 중에도 그 신체 및 소유물에 대한 주의의무가 발생한다'는 이유로 상점 주인에게 불법행위책임을 인정하였으며(RGZ 78, 238~239),[403] 제2차 대전 후에도 독일연방대법원(BGH)은 '계약체결상의 과실책임은 실정법을 보충하기 위하여 창안된 법정채권관계에서 유출된 책임이며, 이러한 법정채권관계는 계약교섭을 시작함으로써 생기고 거래의 상대방에 대하여 일반적으로 거래상 요구되는 주의의무를 부과한다'고 판시하였으며(1952.6.20.의 독일연방대법원판결), '계약체결상의 과실에서 나온 청구권은 계약 상담(商談)을 목적으로 타인의 세력영역 내에 들어가는 자의 특별한 신뢰 및 신의성실의 요청에 의하여 상대방에게 발생하는 행위의무에 의하여 정당화된다. 따라서 이 청구권은 신뢰보호의 필요성에 근거를 두고 있다'고 판시하였다(1973.2.22의 독일연방대법원판결).[404]

을 넘지 못한다. (3) 상대방이 대리권 없음을 알았거나 알았어야만 했을 경우에는, 대리인은 책임이 없다. 대리인의 행위능력이 제한된 경우에도 역시 대리인은 책임이 없다. 그러나 법정대리인의 동의를 얻어 대리행위를 한 때에는 그러하지 아니하다.

398) 전게 주 386 참조.

399) 개정 전 독일민법 제309조(법률위반의 계약) 계약이 법률상의 금지에 위반된 경우에는 제307조, 제308조의 규정이 준용된다.

400) Hans Stoll, Tatbestande und Funktionen der Haftung für culpa in contrahendo, FS für Ernst von Caemmerer, Tübingen, 1978, S.435. (정종휴 역, "계약체결상의 과실책임의 요건과 기능", 청헌김증한박사화갑기념논문집 「현대민법학의 제문제」, 박영사, 1981/5, 812에서 인용)

401) Peter Gottwald, Die Haftung für culpa in contrahendo, JuS 1982, 877. (서민, 전게논문(주 388), 11에서 인용)

402) Fikentscher, Rn.86, S.58.

403) 이 판결의 내용과 의미에 대한 상세는 최흥섭, 전게논문(주 389), 564; 서민, 전게논문(주 388), 11; 김준호, 전게논문(주 389), 264; 황적인, 전게논문(주 384), 98; 주석채권각칙(Ⅰ)/전하은, 222 참조.

(나) 2002년 개정 독일민법

2002.1.1.부터 시행된 「채무법현대화법」에 의하여 개정된 현행 독일민법은 채권관계에서의 상대방에 대한 배려의무를 규정한 제241조 제2항[405]을 신설하고, 계약체결상의 과실책임에 대한 일반규정이라고 할 수 있는 제311조 제2항[406]을 신설함으로써 독일의 학설·판례가 발전시켜온 「계약체결상의 과실책임론」을 독일민법전에 편입시키는 절차를 마침내 완성하였다.

(A) 채무자의 상대방에 대한 「배려의무」(Rücksichtpflicht)의 명문화 개정 독일민법은 계약체결상의 과실책임을 인정할 수 있는 법적 기초로서, 채권관계의 당사자에게 '상대방의 권리, 법익 및 이익을 고려할 것'을 내용으로 하는 일반적 의무인 이른바 「배려의무」를 명문화한 제241조 제2항을 신설하였다(BGB §241).

(B) 계약체결상의 과실책임에 관한 일반규정의 신설 개정 독일민법은 채권관계에서의 각 당사자의 상대방에 대한 배려의무를 규정한 제241조 제2항을 기초로 하여, '계약이 체결되기 전이라도 「계약교섭의 개시」(die Aufnahme von Vertragsverhandlungen), 「계약체결의 준비행위」(die Anbahnung eines Vertrags) 기타 이와 유사한 「거래상의 접촉」(ähnliche geschäftliche Kontakte)에 의하여 제241조 제2항 소정의 「배려의무」를 발생시키는 채무관계가 발생할 수 있다'는 내용의 제311조 제2항을 신설하였는데(BGB §311 Ⅱ), 이는 계약체결상의 과실책임에 관한 일반조항이라고 할 수 있다.

(다) 독일에서의 개정민법에 대한 비판론

독일민법의 채권편의 개정을 내용으로 하는 「채무법현대화법」의 입법과정에서 계약체결상의 과실책임에 관한 일반규정을 신설하는 안(案)에 대해서는 부정적인 의견이 많았으나,[407] 결국 계약체결상의 과실책임에 관한 일반규정인 제311조가 신설되었다. 그러나 독일에서는 여전히 개정민법 제311조 제2항에 대해서는 부정적인 평가를 내리는 학자들이 많다.[408] 비판

---

404) 계약체결상의 과실책임에 관한 독일연방대법원(BGH) 판례에 관한 상세는 이영준(역), "「계약체결상의 과실」에 관한 서독연방법원판례", 재판자료 4집(법원행정처, 1980/4), 363 이하 참조.

405) 독일민법 제241조(채무관계에 기한 의무) (2) 채무관계는 그 내용에 따라서 모든 당사자에게 상대방의 권리, 법익 및 이익을 고려할 것을 의무지울 수 있다.

406) 독일민법 제311조(법률행위 및 법률행위 유사의 채무관계) (2) 제241조 제2항에 기한 의무를 내용으로 하는 채무관계는 다음과 같은 것에 의하여서도 발생한다. 1. 계약교섭의 개시 2. 일방 당사자가 있을 수 있는 법률행위상의 관계의 발생을 고려하여 그 자의 권리, 법익 및 이익에 영향을 미칠 가능성을 상대방에게 부여하거나, 또는 이것을 위임하는 계약체결의 준비행위, 혹은 3. 이와 유사한 거래상의 접촉

407) Dieter Medicus, Verschulden bei Vertragsverhandlungen, Gutachten und Vorschlage zur Überarbeitung des Schuldrechts, Band 1, 1981, S.479 ff. 이에 대한 상세는 박영복, "계약체결전단계의 법규범화", 외법논집 10집(한국외대법학연구소, 2001/8), 104 이하 참조.

408) Barbara Dauner-Lieb, Das Neue Schuldrecht, C.F.Müller Verlag, Heidelberg, 2002, S.138 ff.; Claus Wilhelm Canaris, Schuldrechtsreform 2002, Verlag C.H.Beck München, 2002, S.718 ff.

론은 두 가지로 요약할 수 있는데, 첫째는 '개정민법 제311조 제2항의 규정이 너무나 추상적이어서 구체적인 사례의 해결에 별로 도움이 되지 못할 것'이라는 비판이고, 둘째는 '개정민법 제311조 제2항의 규정은 현재의 학설의 결론을 그대로 반영한 데 그치고 있어서, 결국은 규정이 없었던 상태와 차이가 없다'는 비판이다.

(라) 개정 독일민법이 다른 유럽국가에 미친 영향

독일민법학의 「계약체결상의 과실책임론」은 살레이유(Salleilles)를 통하여 프랑스민법학에도 알려졌는데,[409] 특기할 것은 이와 같이 독일민법학의 영향을 받은 프랑스의 이론이 1942년의 이탈리아 민법(Codice civile)의 개정작업에서 신의성실의 원칙에 따른 전(前)계약적 책임을 규정한 제1337조의 입법과정에 영향을 미친 것으로 평가되고 있다는 점이다.[410]

2) 국제상사계약원칙 : PICC

「국제상사계약원칙」(The UNIDROIT Principles of International Commercial Contracts, 1991: 이하 PICC로 약칭)[411]은 독일민법학의 영향을 받아 계약체결상의 과실책임의 일부유형에 관하여 명문규정을 두고 있다. 즉, PICC는 ① '계약이 취소된 경우에는 당해 계약 취소 사유를 알았거나 알았어야 했던 당사자는 상대방에 대한 신뢰이익의 손해를 배상하여야 할 책임이 있다'고 규정하고 있으며(PICC Art. 3.18),[412] ② '당사자는 자유로이 협상할 수 있고, 합의의 불도달에 대하여 책임을 지지 아니하는 것이 원칙이나, 악의로 협상하거나 협상을 중단한 당사자는 그로 인하여 상대방이 입은 손해를 배상할 책임을 진다'고 규정하고 있다(PICC Art. 2.1.15).[413] PICC의 공식주석서(Comment)에 따르면, 여기서 「악의의 교섭」(negotiations in bad faith)이라 함은 '신의성실과 공정거래의 원칙에 반하는 것'을 의미하며, '악의의 교섭 당사자의 책임은 상대방이 입은 손해의 범위로 제한되는바, 이는 교섭에 들어간 비용과 제3자와 다른 계약을 체결할 기회를 상실함으로써 입은 손해를 의미하며(이를 「신뢰손해」 또는 「소극적 이익」이라고 한다), 본래의 계약이 체결되었다면 얻었을 이익의 전보는 허용되지 않는다'고 한다.[414]

---

409) Salleilles, De la responsabilité précontractuelle, Rev. Trim. dr. civ. 1907, pp. 697; Viney, Traité de droit civil, Paris 1982, pp.196. (Canaris, a.a.O., S.719)

410) Canaris, a.a.O., S.719.

411) 「국제상사계약원칙(PICC)」은 1991년 「사법의 통일을 위한 국제협회」(International Institute for the Unification of Private Law: UNIDROIT)에 의하여 제정된 국제통일계약법이나, 강제적 법규범은 아니다.

412) PICC 제3.18조(손해배상) 계약이 취소되는지 여부와는 관계없이, 당해 계약의 취소 사유를 알았거나 알았어야만 했던 당사자는 상대방이 만약 계약을 체결하지 않았더라면 그가 있을 상태와 동일한 상태에 있도록 하는 손해배상을 할 책임이 있다.

413) PICC 제2.1.15조(악의의 교섭) (1) 당사자는 자유로이 협상할 수 있고 합의의 불도달에 대하여 책임을 지지 아니한다. (2) 그러나 악의로 협상하거나 협상을 중단하는 당사자는 그로 인하여 상대방이 입은 손해에 대하여 책임을 진다. (3) 특히 당사자가 상대방과의 합의에 도달할 의사도 없이 협상을 개시하거나 계속하는 것은 악의이다.

414) PICC Comment for Article 2.15. p.50.

3) 유럽계약법원칙 : PECL

1998년에 제정된 「유럽계약법원칙」(The Principles of European Contract Law, 1998 : 이하 PECL로 약칭)은 「신의성실 및 공정거래의무」에 관한 규정을 두고 있는데(PECL Art. 1:201),[415] 이는 계약당사자의 거래상의 신의성실 및 공정거래에 관한 일반규정이며, 또한 강행규정이라는 데 의미가 있다.

(가) 성실교섭의무(誠實交涉義務)를 위반한 당사자의 손해배상의무

PECL은 계약에 있어서의 당사자의 「신의성실 및 공정거래의무」 이외에도 당사자의 「협조의무」에 관한 일반규정을 두고 있는데(PECL Art. 1:202),[416] PECL은 이러한 당사자의 일반적 의무를 전제로 하여, '「성실교섭의무」에 위반하여 교섭하거나 교섭을 파기한 당사자는 그로 인하여 상대방이 입은 손해를 배상할 책임이 있다'고 규정함으로써(PECL Art. 2:301),[417] 독일민법학의 「계약체결상의 과실책임론」에서 문제된 「계약교섭의 부당파기」로 인한 손해배상책임을 인정하고 있다.[418]

(나) 착오·사기·강박 등을 이유로 계약을 취소한 경우의 손해배상의무

이밖에도 PECL은 착오·사기·강박·폭리 또는 부당이득을 이유로 계약을 취소하는 당사자의 상대방에 대한 손해배상청구권을 인정하고(PECL Art. 4:117(1)),[419] 상대방의 부정확한 정보제공으로 인하여 손해를 입은 당사자의 손해배상청구권을 인정하는 명문규정을 두고 있다(PECL Art. 4:117(2), 4:106).[420]

---

415) PECL 제1:201조(신의성실 및 공정거래) (1) 각 당사자는 신의성실 및 공정거래에 따라서 행위하여야 한다. (2) 당사자는 이 의무를 배제하거나 제한하지 못한다.

416) PECL 제1:202조(협조의무) 각 당사자는 계약에 완전한 효과를 부여하기 위하여 서로 협조하여야 할 의무를 진다.

417) PECL 제2:301조(신의성실에 반하는 교섭) (1) 당사자는 자유롭게 교섭할 수 있으며, 합의에 도달하지 못한 데 대하여서는 책임을 지지 아니한다. (2) 그러나 신의성실과 공정거래에 반하여 교섭하였거나 교섭을 파기한 당사자는 상대방이 그로 의하여 입은 손해를 배상할 책임을 진다. (3) 특히 어느 당사자가 상대방과 합의에 도달할 현실적인 의사를 가지지 아니하고 계약교섭을 개시하거나 혹은 계약교섭을 계속하는 것은 신의성실과 공정거래에 반하는 것이다.

418) 유럽계약법원칙에 있어서의 계약체결상의 과실책임에 관한 상세는 角川由和, "ドイツ債務法の現代化と「契約締結上の果實」(culpa in contrahendo)", 「ヨーロッパ私法の動向と課題」(日本評論社, 2003), 220 이하 참조.

419) PECL 제4:117조(손해배상) (1) 본 장(章)의 제요건하에서 계약을 취소하는 당사자는 상대방이 착오, 사기, 강박, 또는 폭리 또는 부당한 이득을 취득하는 것을 알았거나 알았어야만 했을 경우에는, 계약이 체결되지 아니하였던 것과 가능한 한 마찬가지 상태로 회복하는 데 소요되는 손해의 전보를 상대방에게 청구할 수 있다. (2) 당사자가 본장의 요건하에 계약의 취소권을 가지고 있으나 그 권리를 행사하지 않거나 혹은 제4:113조 또는 제4:114조에 의하여 그 권리를 상실한 경우에는, 제1항의 규정에 따라서 착오, 사기, 강박, 폭리 또는 부당한 이득의 취득에 의하여 받은 손실을 한도로 하여 손해가 전보될 수 있다. 당사자가 제4:106조의 의미에서 부정확한 정보의 제공으로 인하여 오도된 경우에도 마찬가지의 손해의 기준이 적용되어야 한다.

420) PECL 제4:106조(부정확한 정보) 상대방이 제공한 부정확한 정보에 의존하여 계약을 체결한 당사자는

3. 계약체결상의 과실책임의 법적 성질 및 인정근거

(1) 문제의 소재

종래의 통설적 견해는 독일의 「계약체결상의 과실책임론」을 우리 민법의 해석론으로 도입하여, 제535조에서 규정하고 있는 무효인 원시적 불능을 목적으로 하는 계약뿐만 아니라, 계약체결 전(前)단계에 있어서의 당사자 일방의 주의의무위반으로 인한 상대방의 생명·신체 등 계약외적 법익의 침해로 인하여 손해를 입은 경우, 계약교섭의 부당파기로 인하여 손해가 발생한 경우, 착오 등을 이유로 계약이 무효·취소된 경우, 계약은 유효하게 성립하였으나 계약 성립과정에서 당사자 일방이 설명의무를 위반함으로 인하여 상대방에게 손해가 발생한 경우 등에 이르기까지 광범위하게 「계약체결상의 과실책임」을 인정하여야 한다고 해석하고 있다.[421] 즉, 종래의 통설적 견해는 '우리 민법의 해석상으로도 계약의 교섭단계 내지 성립과정에서 당사자 일방의 귀책사유로 인하여 타방당사자에게 손해를 가한 경우에는 가해자에게 제750조 이하의 불법행위책임을 물을 것이 아니라 제535조의 유추해석에 의하여 인정되는 「계약체결상의 과실책임」을 물어야 한다'는 것이다. 그러나 이에 대해서는, '「계약체결상의 과실책임론」은 독일불법행위법의 불비에서 나온 이론에 불과하므로, 독일민법과 달리 불법행위에 관한 포괄적 일반규정을 두고 있을 뿐만 아니라, 판례가 사용자책임에서 사용자의 면책사유를 거의 인정하지 않는 우리의 불법행위제도 하에서는 독일의 이론을 계수할 필요가 없으며, 이는 불법행위책임으로 다루면 충분하다'는 「비판설」이 제기되고 있음은 전술한 바와 같다.

「비판설」에 의할 경우에는 '계약체결상 과실책임의 본질은 불법행위책임'이라는 결론에 도달한다.[422] 그러나 독일민법학의 「계약체결상의 과실책임론」을 그대로 우리 민법의 해석론으로 도입하고자 하는 종래의 통설적 견해를 취하는 경우에는 계약체결상의 과실책임의 법적 성질의 문제(즉, 계약체결상의 과실책임을 계약책임으로 볼 것인가, 불법행위책임으로 볼 것인가, 아니면 제3의 법정책임으로 볼 것인가 하는 문제)가 「계약체결상의 과실책임론」에 있어서 매우 중요한 논점으로 떠오르게 된다.

저자는 이미 「비판설」에 동조하는 입장에서 '계약체결상의 과실책임의 본질은 불법행위

비록 그 정보가 제4:103조 아래에서 착오에 기한 계약의 취소권을 발생시키지 않는다 하더라도, 그 정보를 제공한 당사자가 그 정보가 정확하다고 믿을만한 이유가 없는 한 제4:117조 제2항 및 제3항에 따라서 손해를 배상받을 수 있다.

421) 이영준, 전게논문(주 388), 291 이하; 조종현, "계약체결상의 과실책임", 청헌김증한박사화갑기념 「현대민법학의 제문제」, 1981, 477 이하; 주석채권각칙(Ⅰ)/전하은, 147 이하; 곽윤직, 91 이하; 김주수, 78~79 참조.

422) 다만, 「비판설」에 의하더라도 '계약의 성립과정에서 당사자 일방이 설명의무를 위반함으로 인하여 상대방에게 손해가 발생한 경우를 계약체결상의 과실책임의 문제로 다룰 수 있는가?' 하는 것이 이론상 문제될 수 있다.

책임으로 볼 것이며, 독일민법과 달리 불법행위책임에 관한 포괄적 일반규정을 두고 있는 우리 민법의 해석론으로서 굳이 독일민법학의 「계약체결상의 과실책임론」을 도입할 필요는 없으며, 입법론으로서도 계약체결상의 과실책임의 영역을 확대하는 새로운 규정을 신설할 것이 아니라, 오히려 기존의 제535조를 삭제하는 것이 타당하다'는 입장을 밝힌 바 있다.[423] 따라서 여기서 이 문제를 깊이 논의할 필요는 없을 것이나, 독자들의 편의를 위하여 이에 관한 국내의 학설을 간략하게 정리해 두기로 한다.

(2) 계약체결상의 과실책임의 본질

계약체결상의 과실책임의 본질(법적 성질)에 대해서는, 종래의 통설적 견해에 속하는 학자들 사이에서도 견해가 대립하고 있다. 즉, 계약체결상의 과실책임의 본질을 ① '계약책임의 일종으로 보아야 한다'는 견해(계약책임설),[424] ② '불법행위책임도 계약책임도 아닌 별개의 법정책임(형평책임)으로 보아야 한다'는 견해(법정책임설),[425] ④ '불법행위책임도 계약책임도 아닌 제3의 책임유형인 이른바 「신뢰책임」으로 파악하고자 하는 견해(신뢰책임설)[426] 등이 대립하고 있다. 이 중에서 계약체결상 과실책임을 계약책임의 일종으로 보는 「계약책임설」이 다수설이라고 할 수 있다.

이러한 종래의 통설적 견해와는 달리, 「비판설」은 '계약체결상의 과실책임은 본질상 불법행위책임에 해당하는 것이므로(다만, 계약이 유효한 경우, 이른바 「원치 않은 계약」에 있어서의 계약체결상의 과실책임은 본질상 계약책임의 일종이라고 한다), 이를 불법행위책임과 구별되는 독자적인 유형의 책임이라고 할 수 없다'고 한다.[427]

(3) 계약체결상의 과실책임의 인정근거

위와 같은 학설의 대립은 계약체결상의 과실책임의 이론적 근거에 관한 문제와 결부되어 논의되고 있는데, 계약체결상의 과실책임의 본질을 계약책임의 일종으로 보는 다수설은 대체로 '계약에 있어서의 신의칙상의 부수의무 위반'에서 그 이론적 근거를 찾고 있다. 즉, 계약

---

423) 拙稿, 전게논문(주 389), 336 이하; 同, "계약교섭의 부당파기로 인한 손해배상책임", 중앙법학 11집 3호(중앙법학회, 2009), 107 이하 참조.

424) 조종현, 전게논문(주 421), 477 이하; 황적인, 전게논문(주 384), 95; 곽윤직(신정판), 89; 김주수, 78 참조.

425) 이영준, 전게논문(주 388), 321; 김증한/김학동, 55; 김형배 교수는 '계약체결상의 과실책임은 「법률의 규정을 기초로 한 고유한 책임」, 다시 말하면 계약의 성립은 없으나 계약적 성질을 가진, 신의칙에 바탕을 둔 고유한 책임'이라고 하여, '계약책임에 가까운 법정책임'으로 파악하고 있다(同, 122 참조).

426) 서민, 전게논문(주 388), 20; 이은영, 107 참조. 「신뢰책임」의 일반이론에 대한 상세는 장재현, "민법상 신뢰보호에 관한 법리연구", 박사학위논문(성균관대학교대학원, 1990), 166 이하; 多田利隆, 전게서(주 395), 156 이하 참조.

427) 최흥섭, 전게논문(주 389), 555 이하; 양창수, 전게논문(주 389), 47 이하; 김준호, 전게논문(주 389), 257 이하; 서광민, 전게논문(주 389), 172 이하; 拙稿, 전게논문(주 389), 336 이하 참조.

체결의 전(前)단계라 할지라도 계약의 교섭단계에 들어가면 당사자 사이에 이미 신의칙에 기한 주의의무·보호의무·성실의무·기본채무 이외의 용태의무 등의 이른바 「부수의무」가 발생하므로, 이에 위반하여 상대방에게 손해를 입힌 경우에는 그 손해를 배상하여야 한다는 것이다.[428] 이들은 계약체결상의 과실책임의 이론적 근거로서 「신의칙상의 부수의무」를 들고 있을 뿐, 그 실정법적 근거에 대하여는 명확하게 언급하고 있지는 않다. 이와 달리, 계약체결상의 과실책임의 본질을 계약책임과는 성질이 다른 일종의 법정책임이라고 보는 견해(법정책임설)를 취하는 학자들은, ① '다른 유형의 계약체결상의 과실책임에 대해서도 무효인 원시적 불능을 목적으로 하는 계약에 있어서의 계약체결상의 과실책임을 규정하고 있는 제535조를 유추적용할 수 있다'고 주장하거나(제535조 유추적용설),[429] ② '제535조는 물론이고, 무권대리인의 이행 또는 손해배상책임을 규정하고 있는 제135조 제1항, 하자나 흠결을 알고 고지하지 아니한 증여자의 담보책임을 규정하고 있는 제559조 제1항 단서, 임차물의 수리를 요하거나 임차물에 대하여 권리를 주장하는 자가 있는 경우에 지체 없이 이를 임대인에게 통지할 임차인의 의무를 규정한 제634조 등을 종합적으로 유추적용함으로써 다른 유형의 계약체결상의 과실책임도 인정될 수 있다'고 주장하는 견해[430] 등이 있다.

4. 계약체결상의 과실책임의 유형

(1) 계약체결 전(前)단계에 있어서의 계약체결상의 과실책임

종래의 통설적 견해는 '계약체결을 위한 교섭에 착수하면 당사자 사이에는 계약체결이라는 공동의 목적을 위하여 서로 협력하여야 할 긴밀한 결합관계가 성립하기 때문에 상대방에게 손해를 가하지 아니할 의무가 있으며, 이 밖에도 계약교섭의 당사자는 상대방의 의사결정에 중대한 의의가 있는 사실을 설명할 의무 등을 포함한 신의칙상의 광범위한 의무를 부담하게 되므로, 계약체결을 위한 교섭단계에서는 신의칙상의 부수적 의무만이 존재하는 「기본적 급부의무 없는 채권관계」가 성립한다고 할 수 있으며, 이러한 의무의 위반은 「계약체결상의 과실책임」을 발생시킨다'고 한다.[431] 이를 「계약체결의 전(前)단계에 있어서의 계약체결상의

---

428) 곽윤직(신정판), 89~90 참조. 이영준 변호사는 '계약체결상의 과실책임은 계약체결 전 단계에 있어서의 협의행위나 거래관련관계의 개시 또는 법률행위를 목적으로 하는 사회적 접촉에 기한 행위의무(충실의무·보호의무) 위반의 효과이며, 그 책임의 법적 성질은 계약책임도 불법행위책임도 아닌 민법 제535조 및 제559조 제1항 단서 제634조의 유추해석에 기한 독자의 법정책임'이라고 주장한다(同, 전게논문(주 388), 321 참조).

429) 김형배, 136; 이은영, 112 참조.

430) 이영준, 전게논문(주 388), 321 참조.

431) 황적인, 전게논문(주 384), 97~98; 곽윤직(신정판), 91~93 참조. 다만, 통설에 속하는 학자들 중에도 '계약교섭의 부당파기의 경우에 한하여 계약체결상의 과실책임을 인정하여야 한다'고 해석하는 견해가 늘어나고 있음은 전술한 바와 같다(서민, 전게논문(주 388), 22~23; 주석채권각칙(Ⅰ)/전하은, 174 이

과실책임」이라고 하는데, 이는 다시, ① 상대방의 생명·신체·재산 등의 이른바 「계약외적(外的) 법익」을 침해한 경우와, ② 계약교섭을 부당하게 파기한 「계약교섭의 부당파기」의 두 가지 유형으로 나뉜다.

1) 상대방의 생명·신체·재산 등 「계약외적 법익」의 침해

과거에는 독일민법학의 영향으로 '계약의 교섭과정에서 신의칙상 당사자에게 요구되는 보호의무를 위반하여 상대방의 생명·신체·재산 등의 이른바 「계약외적 법익」을 침해한 경우[432]에도 「계약체결상의 과실책임」이 성립한다'고 해석하는 견해가 많았다.[433] 그러나 현재는 '이 경우는 「계약체결상 과실책임」이 아니라 불법행위책임의 일종으로 파악하여야 한다'는 견해(비판설)가 지배적이다.[434] 「비판설」은 ① 독일에서도 '이러한 유형의 계약체결상의 과실책임의 본질은 불법행위책임으로 보아야 한다'는 견해가 지배적이라는 점,[435] ② '독일민법에서는 불법행위의 성립요건으로 「타인의 권리에 대한 위법한 침해」가 요구되고 있으며(BGB §823 I),[436] 이때의 「기타의 권리」(ein sonstiges Recht)는 물권이나 인격권 등의 절대권을 의미하는 것으로 해석되고 있으나, 독일민법과는 달리 우리 민법상의 불법행위책임의 구성요건인 「고의 또는 과실로 인한 위법행위로 인하여 타인에게 손해를 가한 경우」(750조)는 절대권의 침해뿐만 아니라 널리 일반적인 재산손해를 포괄하는 개념이므로, 절대권이 아닌 일반적 재산권침해에 대하여 불법행위책임과 별도로 「계약체결상의 과실책임」을 인정할 필요가 없다'는 점,[437] ③ '독일민법은 사용자책임에서 사용자의 면책을 넓게 허용하고 있는 등 불법행위의 규정체제상의 결함을 지니고 있기 때문에(BGB §831),[438] 피해자의 보호를 위하여 본질상 불

하; 김형배, 123 참조).

432) 이에 관하여는 「융단사건」에 관한 1911.12.7.의 독일제국법원의 판결(RGZ 78, 239)과 「바나나껍질사건」에 대한 1961.9.26.의 독일연방최고법원의 판결(BGHZ 66, 51; NJW 1962, 31)이 유명하다. 이 판결들의 내용과 의미에 대하여는 황적인, 상게논문, 98; 이영준, 전게논문(주 388), 296 이하; 최흥섭, 전게논문(주 389), 564; 김준호, 전게논문(주 389), 264~268; 서민, 전게논문(주 388), 11; 주석채권각칙(Ⅰ)/전하은, 222~223 참조.

433) 황적인, 전게논문(주 384), 98; 이영준, 상게논문, 321; 조종현, 전게논문(주 421), 487 이하; 곽윤직(신정판), 91~93; 김주수, 79 등 참조.

434) 최흥섭, 전게논문(주 389), 557; 양창수, 전게논문(주 389), 55~56; 서민, 전게논문(주 388), 22~23; 주석채권각칙(Ⅰ)/전하은, 230~231; 김형배, 123; 이은영, 107 참조.

435) 최흥섭, 상게논문, 557; 양창수, 상게논문, 55; 서민, 상게논문, 22 참조.

436) 독일민법 제823조(손해배상의무) (1) 고의 또는 과실로 인하여 타인의 생명, 신체, 건강, 자유, 소유권 또는 기타의 권리를 위법하게 침해한 자는 그 타인에 대하여 그로 인하여 발생한 손해를 배상할 의무가 있다.

437) 최흥섭, 전게논문(주 389), 576; 서광민, 전게논문(주 389), 173; 서민, 전게논문(주 388), 23 참조.

438) 독일민법 제831조(사용자책임) (1) 타인을 어떤 사무에 사용한 자는 그 타인이 사무의 집행에 관하여 제3자에게 위법하게 가한 손해를 배상할 의무를 진다. 사용자가 피용자를 선임하는 데 있어서, 또한 기계 또는 기구를 장치하거나 또는 사무의 집행을 지휘함에 있어서 거래상 필요한 주의를 다한 때 혹은 이러한 주의를 하였어도 역시 손해가 생겼을 것인 때에는 배상의무는 발생하지 않는다. (2) 계약에 의하여 사용자를 위하여 제1항 제2문에 게기된 행위의 처리를 인수한 자도 동일한 책임을 진다.

법행위의 영역에 속하는 「계약외적 법익의 침해」를 부득이 「계약체결상의 과실책임론」에 의존하지 않으면 안 될 사정이 있다고 할 수 있지만, 우리 민법하에서는 그러한 필요성이 존재하지 않는다'는 점[439] 등을 이론적 근거로 들고 있다. 즉, 「비판설」은 ① '우리나라에서는 판례가 사용자책임에 있어서의 사용자의 면책(756조 1항 단서)을 거의 인정하지 않고 있으므로, 구태여 이행보조자책임에 관한 제391조를 적용하기 위하여 「계약체결상의 과실책임」을 인정할 필요가 없으며,[440] ② 증명책임의 측면에서도 최근의 판례는 「위험영역설」 등에 의한 증명책임의 완화 내지 전환을 불법행위책임에 확장하여 인정하는 경향이고, 이른바 「수단채무」에서는 채권자가 증명책임을 부담하므로,[441] 계약책임의 경우에도 항상 채무자에게 증명책임이 있다고는 할 수 없다'고 한다. 또한 ③ '계약상의 의무위반이 아닌 단순한 신의칙 위반에 기한 계약체결상의 과실책임에서 증명책임이 전환되어야 하는 근거도 분명하지 않다'고 비판한다.[442] ④ '계약체결상의 과실책임에 의하면 불법행위법상의 위자료청구권이 인정될 수 없는 단점도 있다'고 한다.

저자도 이러한 「비판설」의 입장에 찬성한다. 그 이유는 「비판설」이 지적하는 바와 같다. 즉, ① 계약교섭단계에서 생명·신체·재산 등 이른바 「계약외적 법익」이 침해된 경우는 그 본질상 불법행위에 해당할 뿐만 아니라, 독일민법과는 달리 불법행위의 성립에 대한 포괄적인 일반조항을 가지고 있는 우리 민법에서는 이러한 경우에 불법행위책임의 성립을 인정하는 데 아무런 문제가 없다. 또한 ② 우리의 판례는 사용자책임에서 사용자의 면책을 거의 인정하지 않고 있다.[443] 따라서 이 유형의 계약체결상의 과실책임을 인정하는 것은 이론상 부당할 뿐만 아니라 인정의 실익도 별로 없다. 그리고 판례에서 이러한 유형에 관한 계약체결상의 과실책임을 인정한 사례가 전혀 없다는 사실은, 「계약외적 법익의 침해」 유형에 관한 한 우리 민법의 해석론으로서 계약체결상의 과실책임을 계약책임으로 인정할 실익이 없다는 「비판설」의 주장이 타당함을 증명하는 것이라고 할 수 있다.[444] ③ 계약체결상의 과실책임의

439) 양창수, 전게논문(주 389), 55 참조.

440) 최흥섭, 전게논문(주 389), 576; 양창수, 상게논문, 56 참조.

441) 후술하는 바와 같이, 프랑스에서는 채무를 「결과채무」와 「수단채무」로 구분하는 것이 일반적인데, 결과채무에서는 채무자가 채무불이행에 대한 귀책사유가 없음을 입증하여야 하지만, 수단채무는 얻어진 결과(résultat)가 어떻든 결과를 달성하기 위해서 성실하게 노력하기만 하면 채무가 완전히 이행된 것으로 보아야 하는 것이므로, 채권자가 채무자의 귀책사유를 포함한 개념으로서의 불이행사실을 입증하여야 한다(Marty/Raynaud, n° 2). 우리나라에서도 판례는 '의사가 환자에 대하여 부담하는 진료채무의 법적 성질은 수단채무'라고 한다(대법원 1989.12.13.선고, 85다카1491 판결 참조). (☞ 채권총론 편, 제4장 제1절 「채무불이행의 유형」)

442) 최흥섭, 전게논문(주 389), 577 참조.

443) 다만, 판례는 '피용자의 불법행위에 대한 피해자의 악의 또는 중과실이 인정되는 경우에는 사용자책임을 인정하지 않는다'는 입장을 취하고 있다(대법원 1998.3.27.선고, 97다19687 판결 등 참조).

444) 판례가 이 유형의 「계약체결상의 과실책임」을 인정하지 않고 있는 현상에 대한 분석과 평가는 최흥섭, "학설이 인정하는 소위 「규정외의 계약체결상의 과실」에 대한 판례의 태도", 민사법학 13·14호(한

본질을 계약책임으로 보는 견해는 '계약체결상의 과실책임을 인정하면 증명책임 면에서 피해자를 보다 더 잘 보호할 수 있다'고 주장한다. 그러나 '왜 「계약외적 법익의 침해」를 입은 피해자를 일반불법행위의 피해자보다 증명책임 면에서 더 우대하여야 하는지' 납득하기 어렵다. ④ 계약체결상의 과실책임의 본질을 계약책임으로 보아야 한다면, 계약체결상의 과실책임에 의하는 것이 불법행위책임에 의하는 것보다 위자료 등 비재산적 손해를 전보할 수 없게 되는 등 오히려 피해자에게 불리한 결과를 초래한다. 그러므로 사람의 생명, 신체 등 계약외적 법익의 침해가 발생한 경우에 「계약체결상의 과실책임론」은 적절한 해결책이 될 수 없는 경우가 많다.

결국 '우리 민법의 해석상 계약 교섭과정에서 생명, 신체 등 계약외적 법익의 침해가 발생한 경우에는 불법행위책임을 인정하면 충분함에도 불구하고 독일민법학의 「계약체결상의 과실책임론」을 수용하여 불법행위책임이 아닌 「계약체결상의 과실책임」을 인정하여야 한다'는 주장은, 우리 민법과 독일민법의 차이점을 간과한 채 독일민법의 해석론을 무비판적으로 추종하는 것이라는 비판을 면하기 어렵다.

2) 「계약교섭의 결렬 또는 부당파기」에 대한 계약체결상의 과실책임

계약자유의 원칙상 계약의 교섭은 언제든지 중단될 수 있는 것이므로, 계약체결의 전(前) 단계에서 계약이 성립할 것으로 믿고 이행의 준비 등을 위하여 비용을 지출하는 자는 자기책임으로 그 위험을 부담하여야 하는 것이 원칙이다. 그런데 독일민법학에서는 '계약의 교섭단계에서도 당사자 일방이 그의 모든 태도에 비추어 상대방이 계약의 체결을 신뢰할만한 합리적인 사정이 있는 때에는 상대방의 신뢰를 부당하게 배반하지 말아야 할 신뢰구속의 책임을 져야 하므로, 계약교섭을 부당하게 파기한 자는 상대방의 신뢰이익, 즉 상대방이 계약의 성립을 확신하여 지출한 비용을 배상할 책임이 있다'는 견해가 지배적인데, 이를 「계약교섭의 결렬 또는 부당파기에 대한 책임」(Haftung für das Scheitern der Vertragsverhandlungen)이라고 한다.[445] 또한 2002년부터 시행된 개정 독일민법은 채무관계에서의 상대방에 대한 배려의무는 「계약교섭의 개시」에 의해서도 발생한다고 규정함으로써(BGB §311 Ⅱ i), 계약교섭의 부당파기에 대한 계약책임을 명문화하고 있음은 전술한 바와 같다.

(가) 학 설

우리나라에서도 계약교섭의 부당파기의 경우에 계약책임의 성질을 가진 계약체결상 과

국민사법학회, 1996/4), 205 참조.

445) Medicus, Rn.105, S.60. 「계약교섭의 부당파기에 대한 계약체결상의 과실책임」에 관한 독일의 학설·판례에 대하여는 최흥섭, 전게논문(주 389), 567~570; 주석채권각칙(Ⅰ)/전하은, 174 이하; Hans Stoll (정종휴 역), "계약체결상의 과실책임의 요건과 기능", 814 이하; 北川善太郎, 전게서(주 392), 230 이하; 池田清治, 「契約交渉の破棄とその責任」(有斐閣, 1997), 61 이하 참조.

실책임을 인정하고 있는 독일의 제도를 참고하여 우리 민법의 해석론으로서도 '계약교섭을 부당파기한 경우에는 계약책임의 성질을 가진 계약체결상 과실책임을 인정하여야 한다'고 주장하는 견해가 많다.[446] 이에 대하여, '계약교섭의 부당파기는 제750조의 불법행위에 해당된다고 할 수 있으므로 우리 민법의 해석론으로서 구태여 계약책임의 성질을 가진 계약체결상의 과실책임을 인정할 필요는 없다'는 「비판설」이 늘어가고 있다.[447]

(나) 판례의 입장

판례는 '계약의 일방 당사자가 교섭단계에서 계약이 확실하게 체결되리라는 정당한 기대 내지 신뢰를 부여하여 상대방이 그 신뢰에 따라 행동하였음에도 불구하고 상당한 이유 없이 계약체결을 거부하여 손해를 입혔다면 이는 신의성실의 원칙에 비추어 볼 때 계약자유의 한계를 넘는 위법한 행위로서 불법행위를 구성한다'고 판시함으로써, 계약교섭의 부당파기로 인한 손해배상책임의 문제를 불법행위책임으로 파악하는 입장을 확립하고 있다. 이러한 판례의 입장은 1993.9.10.「우석대학교 사건」에 대한 대법원판결에서 최초로 제시된 후 조금씩 진화되어 왔는데, 여기서 이러한 판례의 변천과정을 간략하게 살펴보기로 한다.

(A) 우석대학교 사건 대법원은 1993.9.10.에 선고된 「우석대학교 사건」에 관한 판결에서, '학교법인은 불법행위자로서 원고가 최종합격자 통지와 계속된 발령약속을 신뢰하여 직원으로 채용되기를 기대하면서 다른 취직의 기회를 포기함으로써 입은 손해를 배상할 책임이 있다'고 판시함으로써, 계약교섭의 부당파기로 인한 손해배상책임을 불법행위책임으로 파악하고, 계약교섭의 부당파기로 인한 불법행위책임의 내용은 학교법인의 발령약속을 신뢰하여 직원으로 채용되기를 기대하면서 다른 취직의 기회를 포기함으로써 응시자가 입은 손해, 즉 일실이익의 손해임을 분명히 하였다(대법원 1993.9.10.선고, 92다42897 판결).[448]

(B) 광안대교 사건 대법원은 2001.6.15.「광안대교 사건」에 관한 판결에서, '어느 일방이 교섭단계에서 계약이 확실하게 체결되리라는 정당한 기대 내지 신뢰를 부여하여 상대방이 그 신뢰에 따라 행동하였음에도 상당한 이유 없이 계약의 체결을 거부하여 손해를 입혔다면, 이는 신의성실의 원칙에 비추어 볼 때 계약자유 원칙의 한계를 넘는 위법한 행위로서 불법행위를 구성한다'고 판시함으로써, '계약교섭의 부당파기로 인한 손해배상책임은 신의칙에 비추어 계약자유의 한계를 넘는 위법한 행위로서 불법행위책임에 해당한다'고 이론구성함과 아울러, '어느 일방이 교섭단계에서 계약이 확실하게 체결되리라는 정당한 기대 내지 신뢰를 부

---

446) 이영준, 전게논문(주 388), 320~322; 서민, 전게논문(주 388), 23; 주석채권각칙(Ⅰ)/전하은, 174 이하; 곽윤직, 91; 김주수, 79; 이은영, 107 참조.

447) 최흥섭, 전게논문(주 389), 577; 양창수, 전게논문(주 389), 55; 김준호, 전게논문(주 389), 281 참조.

448) 판례평석: 최흥섭, 전게논문(주 444), 206 이하; 拙稿, "계약교섭의 부당파기로 인한 손해배상책임", 중앙법학 11집 3호(중앙법학회, 2009), 107 이하.

여하여 상대방이 그 신뢰에 따라 행동하였음에도 상당한 이유 없이 계약의 체결을 거부하여 손해를 입힌 경우'라고 불법행위의 구성요건을 명확히 밝히는 등 「계약교섭의 부당파기」에 관한 일반론을 제시하였다(대법원 2001.6.15.선고, 99다40418 판결).[449)]

(C) 무역센터 사건 판례가 '계약교섭의 부당파기로 인한 손해배상의 문제는 불법행위책임으로 처리한다'는 입장을 확립하였음을 보여주는 대표적인 판결이 「무역센터 사건」에 대한 대법원 2003.4.11.선고, 2001다53059 판결이다.[450)] 이 판결에서 대법원은 ① '계약교섭의 부당파기가 불법행위를 구성하는 경우, 그로 인한 손해는 일방이 신의에 반하여 상당한 이유 없이 계약교섭을 파기함으로써 계약체결을 신뢰한 상대방이 입게 된 상당인과관계 있는 손해로서 계약이 유효하게 체결된다고 믿었던 것에 의하여 입었던 손해인 「신뢰손해」에 한정된다'는 점과, ② '「신뢰손해」란 그 계약의 성립을 기대하고 지출한 계약준비비용과 같이 그러한 신뢰가 없었더라면 통상 지출하지 아니하였을 비용 상당의 손해'라고 판시함으로써, 「신뢰손해」의 개념과 범위를 명확히 하였다. 또한 ③ '계약교섭의 파기로 인한 불법행위가 인격적 법익을 침해함으로써 상대방에게 정신적 고통을 초래하였다고 인정되는 경우라면 그러한 정신적 고통에 대한 손해에 대하여는 별도로 배상을 구할 수 있다'고 판시함으로써, 계약교섭의 부당파기로 인한 손해배상책임이 불법행위책임의 성질을 가지고 있다는 것을 전제로, '계약의 성립을 신뢰하여 지출한 비용을 의미하는 「신뢰손해」의 배상과는 별도로 계약의 부당파기로 인한 정신적 고통에 대한 손해의 배상, 즉 위자료를 청구할 수 있다'는 법리를 제시하기에 이르렀다.

(D) 국방과학연구소 사건 대법원은 2004.5.28.의 「국방과학연구소 사건」에 대한 판결에서 계약교섭의 부당파기에 관한 기존의 판례이론을 재차 확인함과 동시에, '계약교섭 단계에서는 아직 계약이 성립된 것이 아니므로 당사자 중 일방이 계약의 이행행위를 준비하거나 이를 착수하는 것은 이례적이라고 할 것이므로, 설령 이행에 착수하였다고 하더라도 이는 자기의 위험 판단과 책임에 의한 것이라고 평가할 수 있지만, 만일 이행의 착수가 상대방의 적극적인 요구에 따른 것이고, 바로 위와 같은 이행에 들인 비용의 지급에 관하여 이미 계약교섭이

449) 판례평석: 윤경, "계약교섭단계에서의 신의칙상 주의의무위반과 손해배상책임", 법조 50권 9호(법조협회, 2001/9), 178 이하; 박홍대, "계약교섭의 부당한 중도파기와 손해배상책임", 판례연구 13집(부산판례연구회, 2002/2), 459 이하; 지원림, "계약교섭이 부당하게 파기된 경우의 법률관계", 민사판례연구(25)(민사판례연구회, 2003/2), 159 이하; 拙稿, 전게논문(주 66), 47 이하. 같은 취지: 대법원 2003.4.11.선고, 2001다53059 판결; 대법원 2004.5.28.선고, 2002다32301 판결.

450) 판례평석: 김동훈, "계약교섭의 중도파기와 손해배상책임", 고시연구 30권 8호, 2003/8, 207 이하; 함윤식, "계약교섭의 부당파기로 인한 책임", 민사판례연구(27)(민사판례연구회, 2005/2), 233 이하; 윤석찬, "계약교섭의 부당파기", 「로스쿨계약법」(청림출판, 2006/3), 211 이하; 이은영, "계약교섭의 일방파기와 손해배상책임", 법학논문집 30집 2호(중앙대법학연구소, 2006/12), 321 이하; 윤진수, "계약교섭의 부당파기", 「민법기본판례」, 364 이하.

진행되고 있었다는 등의 특별한 사정이 있는 경우에는 당사자 중 일방이 계약의 성립을 기대하고 이행을 위하여 지출한 비용 상당의 손해는 계약교섭의 부당파기와 상당인과관계 있는 손해에 해당한다'는 새로운 법리를 제시하였다(대법원 2004.5.28.선고, 2002다32301 판결).[451]

(E) 판례법리의 정리 「계약교섭의 부당파기로 인한 손해배상책임」에 관한 판례의 입장을 정리하면 다음과 같다. 즉, 판례는 ① 종래의 통설적 견해와는 달리, '계약교섭의 부당파기로 인한 손해배상책임의 문제를 불법행위책임의 문제로 파악한다'는 입장을 확립하고 있다(대법원 2001.6.15.선고, 99다40418 판결 등).[452] ② 계약교섭의 부당한 파기가 계약자유 원칙의 한계를 넘는 위법한 행위로서 불법행위를 구성하는지의 여부의 판단기준으로서는, '어느 일방이 교섭단계에서 계약이 확실하게 체결되리라는 정당한 기대 내지 신뢰를 부여하여 상대방이 그 신뢰에 따라 행동하였음에도 상당한 이유 없이 계약의 체결을 거부하여 손해를 입힌 경우이어야 한다'는 기준을 제시하고 있다(대법원 2001.6.15.선고, 99다40418 판결 등).[453] 또한 ③ '계약교섭의 부당파기가 불법행위를 구성하는 경우, 그로 인한 손해배상의 범위는 일방이 신의에 반하여 상당한 이유 없이 계약교섭을 파기함으로써 계약체결을 신뢰한 상대방이 입게 된 상당인과관계 있는 손해로서, 계약이 유효하게 체결된다고 믿었던 것에 의하여 입었던 신뢰손해에 한정된다'고 한다(대법원 2003.4.11.선고, 2001다53059 판결 등).[454] 그리고 '여기서 「신뢰손해」란 그 계약의 성립을 기대하고 지출한 계약준비비용과 같이, 그러한 신뢰가 없었더라면 통상 지출하지 아니하였을 비용 상당의 손해를 가리키는 것이므로, 계약체결에 관한 확고한 신뢰가 부여되기 이전 상태에서 계약교섭의 당사자가 계약체결이 좌절되더라도 어쩔 수 없다고 생각하고 지출한 비용, 예컨대 경쟁입찰에 참가하기 위하여 지출한 제안서, 견적서 작성비용 등은 여기에 포함되지 아니한다'고 한다(대법원 2003.4.11.선고, 2001다53059 판결). ④ '계약의 부당파기로 인한 정신적 고통에 대한 손해의 배상, 즉 위자료는 계약의 성립을 신뢰하여 지출한 비용을 의미하는 신뢰손해의 배상과는 별도로 청구할 수 있다'고 한다(대법원 2003.4.11.선고, 2001다53059 판결). ⑤ '계약교섭단계에서 당사자 일방이 계약의 이행행위를 준비하거나 이를 착수하는 것은 자기의 위험판단과 책임에 의한 것이라고 할 것이므로 그로 인하여 손해를 입은 경우에도 상대방의 손해배상책임은 발생하지 않는 것이 원칙이나, 예외적으로 계약교섭단계에서의 이행의 착수가 상대방의 적극적인 요구에 따른 것이고, 이행에 들인 비용의 지급에 관하여 이미 계약교섭이 진행되고 있었다는 등의 특별한 사정이 있는 경우에는 당사자 중 일방이 계약

451) 판례평석: 김동훈, "계약교섭단계에서 이행의 착수와 손해배상", 고시연구 31권 8호, 2004/8, 224 이하; 김상환, 대법원판례해설 49호(법원도서관, 2004/12), 153 이하.

452) 같은 취지: 대법원 1993.9.10.선고, 92다42897 판결; 대법원 2003.4.11.선고, 2001다53059 판결; 대법원 2004.5.28.선고, 2002다32301 판결; 대법원 2013.6.13.선고, 2010다65757 판결.

453) 같은 취지: 대법원 2003.4.11.선고, 2001다53059 판결; 대법원 2004.5.28.선고, 2002다32301 판결.

454) 같은 취지: 대법원 2004.5.28.선고, 2002다32301 판결.

의 성립을 기대하고 이행을 위하여 지출한 비용 상당의 손해는 계약교섭의 부당파기와 상당 인과관계 있는 손해에 해당한다'고 한다(대법원 2004.5.28.선고, 2002다32301 판결).

(다) 학설·판례의 검토

(A) 「제535조 유추적용론」의 당부 학설은 '계약교섭의 부당파기에 대해서도 계약책임의 성질을 가진 「계약체결상의 과실책임」을 인정하여야 한다'는 견해가 다수설이라고 할 수 있다.[455] 그 내용과 근거가 일치하는 것은 아니지만, 다수설은 기본적으로 '계약교섭이 부당하게 파기된 경우에도 계약교섭의 당사자로서의 특별한 인적 관계가 있으므로 이를 단순히 불법행위책임의 문제로 다루는 것은 적절하지 않다'는 공통된 인식을 가지고 있다.[456] 그리고 이러한 인식에 기하여, '계약의 교섭과정에서 아직 계약이 체결된 것은 아니지만 당사자 일방이 상대방에게 계약이 확실하게 체결되리라는 정당한 기대 내지 신뢰를 부여하여 상대방이 그 신뢰에 따라 행동하였음에도 상당한 이유 없이 계약의 체결을 거부하여 손해를 입힌 경우에는 계약의 성립은 없으나 계약적 성질을 가진 신의칙에 바탕을 둔 고유한 책임인 계약체결상의 과실책임을 인정하여야 한다'고 주장한다.[457] 특히 다수설 중에는 계약교섭의 부당파기를 불법행위책임의 문제로 다루어야 한다는 「비판설」에 대하여, '우리 민법 제750조가 독일 민법 제823조의 규정과 달리 이른바 재산상의 손해에 대해서도 불법행위의 성립을 인정하고 있다는 이유를 들어 이 경우에 계약체결상의 과실을 인정하지 않으려는 견해는 계약체결상의 과실의 본질을 간과한 것'이라며, '계약체결상의 과실책임을 불법행위법의 규정에 의하여 규율하는 것은 정당하지 않다'고 비판하는 견해도 있다.[458] 이 견해는 '계약체결상의 과실책임은 본질상 '계약의 성립은 없으나 계약적 성질을 가진, 법률의 규정을 기초로 한 신의칙에 바탕을 둔 고유의 책임으로 파악해야 한다'고 주장하고 있는데,[459] 이러한 주장의 근거로서, ① '비교법상 우리 민법이나 프랑스민법처럼 불법행위에 관한 일반조항을 두고 있으며, 사용자책임에 있어서도 우리 민법처럼 면책입증을 인정하지 않는 스위스채무법의 경우에도 불법행위책임과는 그 본질을 달리하는 고유한 책임의 형태로서 계약체결상의 과실책임이 인정되고 있다'는 점, ② '계약체결상의 과실책임은 계약의 교섭단계에서부터 성립되는 고지·설명의무, 배려·보호의무를 과실에 의하여 위반하는 경우에 인정되는 것이고, 이와 같은 의무들은 상대방에 대한 신의칙과 신뢰의 보호를 내용으로 하는 각종의 법률을 근거로 한다는 것이

455) 이영준, 전게논문(주 388), 320~322; 서민, 전게논문(주 388), 23; 김동훈, 전게논문(주 450), 214; 同, 전게논문(주 451), 196~197; 주석채권각칙(Ⅰ)/전하은, 220 이하; 김주수, 79; 김형배, 130~131; 이은영, 107; 장재현, 100 참조.
456) 김동훈, 상게논문(주 450), 214; 同, 상게논문(주 451), 196~197; 김형배, 130~131 참조.
457) 김형배, 126, 130~131 참조.
458) 상게서, 131 참조.
459) 상게서, 125~126 참조.

오늘날 독일의 지배적 견해'라는 점을 들고 있다.[460]

다수설의 이러한 주장과 논거는 과연 타당한가? 우선 '계약체결상의 과실책임이 이들의 주장대로 「법률의 규정을 기초로 한 고유한 책임」이라고 보더라도 문제는 전혀 해결되지 않는다'는 점을 지적하지 않을 수 없다. 왜냐하면 독일민법과는 달리, 원시적 불능을 목적으로 하는 계약에서 당사자의 계약체결상의 과실책임을 규정하고 있는 제535조는 계약체결상의 과실책임에 관한 일반규정이 아니므로, 계약교섭의 부당파기와 같이 전혀 다른 유형의 계약체결상의 과실책임에 대하여 제535조를 유추적용하는 것은 해석론상 인정될 수 없기 때문이다. 즉, 계약체결상의 과실책임을 '법률의 규정에 의한 책임'이라고 보더라도 우리 민법상으로는 이를 규율하는 법률의 규정이 흠결되어 있는 것이다. 또한 비교법적으로 우리 민법과 유사한 상황에 있는 스위스의 학설과 판례가 계약체결상의 과실책임을 불법행위책임과는 본질을 달리하는 고유한 책임으로 보고 있다고 해서[461] 이를 우리 민법의 해석론으로 받아들이지 않으면 안 되는 필연성이 있는 것은 아니다. 또한 '독일민법에 의하여 일반적인 제도로 승격된 「계약체결상의 과실책임론」을 우리 민법의 해석론으로 받아들여야만 하는가?' 하는 문제를 논의하는 마당에 계약체결상의 과실책임을 불법행위책임과는 본질을 달리하는 고유한 책임으로 보는 것이 독일의 지배적 견해라는 점을 주장의 근거로 드는 것은 문제를 논거로 제시하는 순환논법에 불과하다는 점을 지적하지 않을 수 없다.

(B) 「비판설」의 당부 계약자유의 원칙상 계약교섭의 파기는 자유로운 것이 원칙이다. 따라서 계약교섭의 부당파기로 인한 손해배상은 극히 제한된 범위 내에서만 인정될 수 있을 뿐이다. 판례가 적절히 지적하듯이, '계약교섭의 부당한 파기행위가 교섭당사자 사이의 신의칙에 반하여 계약자유의 한계를 넘어 위법성이 인정되는 경우'에 한하여 손해배상이 인정될 수 있을 뿐인 것이다. 즉, '제535조의 유추적용에 의하여 계약체결상의 과실책임을 인정하여야 한다'고 종래의 통설적 견해가 주장하는 계약교섭의 부당파기의 사례들은 제750조의 불법행위의 성립요건인 '고의 또는 과실로 인한 위법행위'의 요건을 충족하는 경우에 해당하는 것이다. 따라서 독일민법과 달리 제750조에서 포괄적인 불법행위책임의 일반규정을 두고 있을 뿐만 아니라, 사용자책임에 있어서 면책사유를 거의 인정하지 않음으로써 사용자책임이 사실상 무과실책임으로 운용되고 있는 우리 민법하에서는 계약교섭의 부당파기의 경우를 불법행위책임과 구별되는 별개의 고유한 책임 또는 계약책임의 성질을 가지고 있는 계약체결상의 과실책임으로 인정할 실익은 거의 없다고 할 것이다.[462] 그리고 이 점은 다수설에 속하는 학자들도 대부분 인정하고 있다.

---

460) 상게서, 125 참조.
461) 상게서, 121~122, 131 참조.
462) 박홍대, 전게논문(주 449), 476 참조.

위에서 살펴본 바와 같이, 독일민법학의 「계약체결상의 과실책임론」을 광범위하게 도입할 것을 주장하는 종래의 통설적 견해 중에는 '계약교섭의 부당파기의 경우를 비롯한 계약체결상의 과실로 인한 손해배상의 문제는 불법행위책임으로 다루면 충분하다'고 주장하는 「비판설」에 대하여, '계약체결상의 과실론에 관한 법기술적 문제와 계약체결상의 과실이라는 법제도의 본질 문제를 분리하여 이해하지 못한 것'이라고 비판하는 견해도 있다.[463] 그러나 「비판설」의 주장은 '계약체결상의 과실책임은 본질상 불법행위책임의 성질을 가지고 있으며(본질론),[464] 우리 민법상의 불법행위규정 또는 채무불이행규정에 의하여 이러한 문제들이 잘 해결될 수 있기 때문에 구태여 외국의 제도를 도입하려고 애쓸 필요가 없다(법기술적 측면)'는 것으로서, 양자를 분명하게 구별하고 있다. 따라서 '「비판설」은 법기술적 문제와 제도의 본질의 문제를 구별하고 있지 못하다'는 비판은 근거 없는 비난에 불과하다.

계약교섭의 부당파기를 비롯한 계약체결상의 과실책임의 본질을 둘러싼 학설의 대립은 계약체결을 위한 교섭단계에 들어간 당사자 사이의 법률관계를 독일민법학에서처럼 '계약유사의 독자적인(고유한) 법률관계'로 인정할 것인가, 아니면 '이를 불법행위책임만이 문제되는 일반적 법률관계와 구별되는 특별한 법률관계로 다룰 필요가 없다'고 볼 것인가 하는 관점의 차이에서 비롯된 것이다. 즉, 다수설은 전자의 관점에서 독일민법학의 「계약체결상의 과실책임론」을 도입하여 이 문제를 해결하는 것이 바람직하다고 생각하는 것이며, 「비판설」은 후자의 관점에서 이를 불법행위책임의 문제로 다루면 충분하다고 생각하는 것이다. 따라서 일부 견해처럼, '계약체결상의 과실의 문제를 불법행위책임의 문제로 다루어야 한다는 「비판설」의 견해는 문제의 본질을 잘못 이해하고 있다'는 식의 비판은 「비판설」의 취지를 잘못 이해한 것이다. 다수설이 설득력을 얻기 위해서는 교섭단계에 들어간 당사자 사이의 법률관계를 과연 「계약유사의 독자적인(고유한) 법률관계」로 인정하지 않으면 안 되는 필연성을 논증하여야 할 것인데, 적어도 우리 민법하에서는 이러한 필연성은 인정되지 않는다고 생각된다.

이러한 관점에서, 저자는 「비판설」이 타당하다고 생각한다. 다만, 「비판설」이 타당하다는 것은 우리 민법의 기본구조를 고려한 해석론적인 관점에서 그렇다는 것이지, 입법론으로서 독일민법과 같은 입법이 전혀 가당치 않다고 생각하는 것은 아니다. 다만, 필자는 입법론으로서도 '계약교섭을 개시한 당사자의 법률관계를 「계약유사의 독자적인(고유한) 법률관계」로 인정하고 계약체결상의 과실책임을 「계약책임과 유사한 그러나 불법행위책임과는 별개·독립

463) 김형배, 117 참조.

464) 다만, 「비판설」에서도 이른바 「원치 않는 계약에 대한 책임」(Haftung für den unerwünschten Vertrag)으로 인하여 손해가 발생한 경우에 대하여는, 그 책임의 본질을 계약책임으로 보는 견해가 우세하다는 점은 후술하는 바와 같다(최흥섭, 전게논문(주 389), 572 이하; 양창수, 전게논문(주 389), 52 이하 참조).

한 책임」으로 승격시킬 필요가 있다'는 일부학설의 주장에 대해서는 여전히 의문을 가지고 있으며, 이러한 주장이 타당하기 위해서는 앞으로도 많은 연구가 선행되어야 할 것이라고 생각한다.[465]

(C) 판례법리의 당부 판례는 신의칙에 반하는 위법한 계약교섭의 중도파기로 인한 손해배상책임을 인정하고 이를 불법행위책임의 문제로 파악하고 있는바, 이는 기본적으로 「비판설」의 입장과 궤(軌)를 같이 하는 것으로서, 종래의 다수설이 독일민법학의 「계약체결상의 과실책임론」을 도입하여 '계약교섭을 개시한 당사자의 법률관계를 계약유사의 고유한 법률관계로 인정하여야 한다'는 견해를 배척한 것이다. 또한 판례는 '계약교섭의 부당한 중도파기가 불법행위를 구성하는 경우, 그로 인한 손해는 일방이 신의에 반하여 상당한 이유 없이 계약교섭을 파기함으로써 계약체결을 신뢰한 상대방이 입게 된 상당인과관계 있는 손해로서 계약이 유효하게 체결된다고 믿었던 것에 의하여 입었던 손해 즉 신뢰손해에 한정된다'고 판시함으로써(대법원 2003.4.11.선고, 2001다53059 판결 등),[466] '계약교섭의 위법한 중도파기와 상당인과관계 있는 손해는 「신뢰손해」에 한정된다'는 법리를 제시한 바 있다. 또한 여기서 「신뢰손해」란 '그 계약의 성립을 기대하고 지출한 계약준비비용과 같이 그러한 신뢰가 없었더라면 통상 지출하지 아니하였을 비용 상당의 손해'를 말하는 것이므로, '계약체결에 관한 확고한 신뢰가 부여되기 이전 상태에서 계약교섭의 당사자가 계약체결이 좌절되더라도 어쩔 수 없다고 생각하고 지출한 비용, 예컨대 경쟁입찰에 참가하기 위하여 지출한 제안서, 견적서 작성비용 등은 여기에 포함되지 아니한다'고 한다(대법원 2003.4.11.선고, 2001다53059 판결).

그런데 일부학설은 이러한 판례법리에 대하여, '판례가 계약교섭의 부당파기를 불법행위로 이론구성하면서도 배상의 범위를 정하는 데 있어 신뢰손해와 이행이익 등의 기준을 활용하는 것은 이 책임의 본질이 계약책임과 불가분의 관계에 있는 증표'라고 해석하기도 한다.[467] 또한 판례가 배상의 범위를 「신뢰손해」의 범위로 한정하는 것에 대해서도, '배상의 범위는 의무의 보호목적에 의하여 결정되어야 하는 것이므로, 계약체결과정에서 일정한 의무를 위반한 자가 부담하여야 할 책임의 내용은 이 의무의 침해로 인하여 발생한 손해, 즉 의무의 침해가 없었다면 얻을 수 있었던 이행이익이라고 해석되어야 한다'는 비판을 가하기도 한다.[468] 그러나 계약체결상의 과실책임이 문제되는 대부분의 경우, 특히 「계약교섭의 부당파기」의 경우는 그 본질이 불법행위에 해당하는 것으로서, 우리 민법은 독일민법과는 달리 불

465) 이와 유사한 관점에서의 새로운 시도 내지 선도적 연구로서는 김상중, "채무불이행법 체계의 새로운 이해를 위한 시도 -채무구조론과 '요건적 유형론'의 극복을 통하여-" 비교사법 16권 2호(한국비교사법학회, 2009/6), 1 이하를 들 수 있다.

466) 같은 취지: 대법원 2004.5.28.선고, 2002다32301 판결.

467) 김동훈, 전게논문(주 451), 197 참조.

468) 김동훈, 상게논문, 199; 同, 전게논문(주 450), 216; 김형배, 135~136 참조.

법행위에 관한 포괄적 규정을 두고 있으며(750조), 판례가 사용자책임에 있어서 사용자의 면책을 거의 인정하지 않음으로써 사용자책임을 실질적으로 무과실책임으로 운용하고 있는 등, 독일민법학의 「계약체결상의 과실책임론」을 도입하지 않더라도 계약체결상의 과실로 인하여 발생한 손해배상의 문제를 해결하는 데 큰 문제가 없다. 따라서 판례가 계약교섭의 위법한 중도파기가 불법행위를 구성한다고 이론구성함으로써 이 문제를 불법행위의 영역에서 처리하고자 한 것은 극히 타당한 해석론이라고 할 것이다. 다만, 판례가 계약교섭의 부당파기에 있어서 불법행위의 구성요건인 위법성의 존재 여부를 판단하는 기준으로 제시한 '신의성실의 원칙에 비추어 볼 때 계약자유 원칙의 한계를 넘는 위법한 행위'라는 기준은 너무 추상적인 것이어서 법관의 자의가 개입할 여지가 있으므로, 향후의 판례의 축적을 통하여 이를 좀 더 구체화하고 유형화할 필요가 있다고 생각한다.

문제는 판례가 '손해배상의 범위를 「신뢰손해」의 범위로 한정한 것이 과연 타당한가?' 하는 데 있다. 이에 대해서는, 계약교섭의 당사자 사이에서 '계약유사의 법률관계'가 발생한다는 것을 전제로 '이러한 계약유사의 법률관계로부터 고지·설명·배려·보호 등의 의무가 발생하며, 배상의 범위는 이러한 의무의 보호목적에 의하여 결정되어야 하는 것이므로, 책임의 내용은 이 의무의 침해로 인하여 발생한 손해, 즉 의무의 침해가 없었다면 얻을 수 있었던 이행이익이라고 해석되어야 한다'는 견해가 있음은 전술한 바와 같다.[469] 그러나 당사자 일방이 계약교섭의 부당파기를 이유로 상대방에 대하여 불법행위로 인한 손해배상을 주장할 수 있는 법률적 근거는 계약교섭의 당사자에게 계약이 확실하게 체결될 것이라는 신뢰를 부여한 상대방이 그 신뢰에 반하여 계약교섭을 파기한 행위를 법률이 위법한 행위로 평가하였다는 데 있는 것이지(물론 법률이 계약교섭의 부당파기를 위법한 행위로 평가하기 위해서는 계약교섭을 부당하게 파기하지 아니할 신의칙상의 의무가 전제되어야 함은 당연하다), 계약교섭의 당사자 사이에 필연적으로 '계약유사의 법률관계'가 발생하고 이 계약유사의 법률관계로부터 상대방에 대한 고지의무·설명의무·보호의무 등의 이른바 전(前)계약적 부수의무가 발생하며, 계약교섭의 부당파기는 이러한 부수의무를 위반한 일종의 채무불이행이라는 데 그 근거가 있는 것은 아니다. 또한 설령 계약교섭의 부당파기로 인한 손해배상이 「전(前)계약적 의무위반에 기한 일종의 채무불이행책임」임을 인정한다고 하더라도, 그 책임의 내용(손해배상의 범위)이 반드시 이행이익의 배상이 되어야 할 논리적 필연성이 인정되는 것은 아니다.

판례는 이러한 법리를 감안하여 손해배상의 객체를 「신뢰손해」라고 표현한 것뿐이며(판례가 「신뢰이익」의 배상이라고 표현하지 않은 점에 유의할 필요가 있다), 다수설의 입장에서 '이 책임의 본질이 계약책임과 불가분의 관계에 있기 때문에 「신뢰손해」라고 표현한 것'이라고 해

469) 김형배, 135~136 참조.

석하는 것은 아전인수(我田引水)에 불과하다. 즉, 「신뢰손해」는 이론상 이행이익과 전혀 관계가 없는 손해라고 할 것이므로,[470] 판례가 계약교섭의 부당파기로 인한 손해배상의 객체를 「신뢰손해」라고 보고 '이행이익에 해당하는 손해는 배상의 범위에 포함되지 않는다'고 판시한 것은 기본적으로 타당하다고 생각된다. 다만, 계약교섭의 부당파기로 인한 신뢰손해가 결과적으로 이행이익을 초과하는 경우라고 하더라도 그 신뢰손해의 배상을 이행이익의 범위로 제한하여야 할 근거는 존재하지 않으므로 제한 없는 신뢰손해의 배상을 인정하여야 할 것이다. 그러므로 '이행이익에 해당하는 손해는 배상의 범위에 포함되지 않는다'고 표현한 판례의 입장을 마치 제535조가 규정한 바와 마찬가지의 의미로 해석하여, '신뢰손해의 배상은 이행이익의 범위 내에서만 가능하다'는 의미로 파악하여서는 안 될 것이다.

(2) 계약이 유효하게 성립한 경우의 계약체결상의 과실책임

계약이 유효하게 성립한 경우에도 계약체결상의 과실책임이 문제되는 경우가 있다. 그 첫째는 목적물의 하자로 인하여 매수인에게 손해가 발생한 경우이고, 그 둘째는 계약교섭의 과정에서 당사자 일방이 상대방에 대한 설명의무를 이행하지 아니함으로써, 상대방이 올바른 설명이 이루어졌다면 체결하였을 계약보다 불리한 계약을 체결한 경우이다.

1) 목적물의 하자로 인하여 손해가 발생한 경우

'매매계약에 있어서 목적물의 하자로 인하여 매수인에게 손해가 발생한 경우, 매도인의 하자담보책임(580조 이하)과는 별개로 계약체결상의 과실책임을 인정할 수 있는가?' 하는 것이 이론상 문제되고 있다.

이에 관하여, '하자담보책임에 관한 규정은 계약체결상의 과실책임을 배제하는 특별규정이므로, 양자의 경합은 인정되지 않는다'는 것이 2002년 개정 전 독일의 판례와 다수설의 입장이었다.[471] 이는 하자담보책임을 계약체결상의 과실책임의 일종으로 보는 견해라고 할 수 있는데, 국내에서도 이러한 입장을 취하는 견해가 없지 않다.[472] 이 견해는 '매도인의 담보책임(580조 이하), 증여자의 담보책임(559조), 대주의 담보책임(602조), 임치인의 담보책임(697조) 등 계약목적물의 하자로 인하여 채권자에게 손해가 발생한 경우에 인정되는 채무자의 하자담보책임은 본질상 계약체결상의 과실책임이라고 파악하고, 하자담보책임에 관한 특별규정이 있는 경우에는 계약체결상의 과실책임에 관한 제535조의 유추적용이 인정될 여지가 없으나, 하자담보책임에 관한 특별규정이 없는 증여나 사용대차와 같은 무상계약, 고용계약·도급계약·운송계약 등에서 설명의무를 다하지 아니한 경우에는 계약체결상의 과실책임이 문제될 수 있

470) 1974.5.15.의 독일연방노동법원의 판결(BAG DB 1974, 2060)을 참조할 것(이 판결이 가지는 의미에 대한 분석은 최흥섭, 전게논문(주 389), 570 참조).
471) 주석채권각칙(Ⅰ)/전하은, 217 참조.
472) 곽윤직, 56 참조.

다'고 한다.[473] 또한 하자담보책임과 경합적으로 계약체결상 과실책임을 인정할 수 있다고 해석하는 견해도 있다.[474]

이 문제를 여기서 상세하게 논의할 수는 없으나, 특정물매도인의 하자담보책임(580조)을 비롯한 담보책임 일반은 유상계약의 특질을 고려하여 무과실책임으로 규정되어 있으나, 그 법적 성질은 계약상의 이행의무(완전한 권리이전 또는 하자없는 물건의 인도의무) 위반에 대한 제재로서 계약책임이라고 보아야 할 것이다(채무불이행책임설). 따라서 하자담보책임은 계약의 성립과정에서의 설명의무·고지의무 등 이른바 신의칙에 기한 부수의무(Nebenpflicht)의 위반에 기한 책임인 「계약체결상의 과실책임」과는 법적 근거와 성질을 전혀 달리하는 별개의 책임이라고 보아야 할 것이다. 즉, 하자담보책임은 유상계약의 특질을 고려하여 무과실책임으로 규정되어 있으나 그 본질은 채무불이행책임이라고 할 것으로서, 불법행위책임의 성질을 가진 계약체결상의 과실책임과는 전혀 별개의 책임이라고 보아야 할 것이므로, 양자의 경합이 인정될 수 있음은 이론상 당연하다고 할 것이다. (☞ 제2장 제2절 「매매계약」)

2) 「원치 않는 계약」에 의하여 급부기대가 좌절된 경우

(가) 독일민법학의 이론

독일의 판례는 '계약이 유효하게 성립하기는 하였지만 계약교섭 시에 당사자 일방이 상대방의 의사결정에 중요하다고 인정되는 사정에 관하여 적시에 정확한 설명을 하여야 할 신의칙상의 용태의무인 「설명의무」(Aufklärungspflicht)를 이행하지 아니함으로써 상대방이 올바른 설명이 이루어졌다면 체결하였을 계약보다 불리한 계약을 체결한 경우인 이른바 「원치 않는 계약」(unerwünschten Vertrag)에 의하여 급부기대가 좌절된 경우에도 계약체결상의 과실책임을 인정하여야 한다'는 입장을 취하고 있다.[475] 물론 '상대방의 의사결정에 중요한 의의가 있다고 볼 수 없는 사소한 설명의무의 위반이 있음에 불과한 경우의 급부기대의 좌절은 「계약체결상의 과실책임」이 아니라 「적극적 계약침해」(positive Vertragsverletzung)의 문제가 된다'고 한다.[476] 또한 악의의 기망이나 묵비의 경우에는 사기에 의한 의사표시로서 법률행위의 취소의 문제가 되는 것이므로, 「설명의무 위반에 기한 계약체결상의 과실책임」은 '과실에 의한 전(前)계약적 설명의무위반' 즉, 이른바 「과실사기(過失詐欺)」의 경우에 한정되게 된다고 한다. 한편 '이러한 유형(설명의무 위반에 기한 계약체결상의 과실: 원치 않는 계약에 의한 급부기대의 좌절)의 계약체결상의 과실책임은 다른 유형과는 달리, 설명의무의 위반이 없었더라면 체

473) 곽윤직, 56; 김주수, 198 참조.

474) 주석채권각칙(Ⅰ)/전하은, 218 참조.

475) 예컨대, 1962.1.31.의 독일연방대법원의 판결(BGH NJW 1962, 1196)과 1979.5.11.의 판결(BGH NJW 1979, 1983). 이에 관한 상세는 최흥섭, 전게논문(주 389), 572~575; 주석채권각칙(Ⅰ)/전하은, 194 이하 참조.

476) 주석채권각칙(Ⅰ)/전하은, 195 참조.

결할 수 있었던 더 유리한 계약의 기회를 상실하였음으로 인하여 입은 손해, 즉 일실이익의 배상을 의미하는 이행이익의 배상이며, 과실상계와 손익상계도 인정된다'고 한다. 또한 '계약의 해제와 해지와 같은 「계약의 해소」(Auflösung des Vertrages)도 인정된다'고 한다.[477)]

(나) 국내의 학설

(A) 계약체결상의 과실책임을 인정하는 견해 국내에서도 독일민법학의 견해를 받아들여 '유효하게 성립한 계약의 체결과정에서 당사자 일방의 설명의무 내지 통지의무위반으로 인하여 타방 당사자가 「원치 않은 계약」을 체결함으로써 손해가 발생한 경우(이른바 「급부기대의 좌절」의 경우)에는 계약체결상의 과실책임을 인정하여야 한다'고 해석하는 견해가 많다.[478)] 그리고 이 경우의 계약체결상의 과실책임의 내용으로서는 신뢰이익의 배상을 인정하는 견해가 더 많지만, 독일의 학설·판례와 같이 '대금감액, 이행이익의 배상, 계약해제 등 일반계약책임과 같은 효과를 인정하여야 한다'고 해석하는 견해도 있다.[479)]

한편 우리나라에서도 독일민법학의 영향으로 불완전이행 특히 「적극적 채권침해」를 이행지체와 이행불능과 별개·독립한 채무불이행의 제3의 유형으로 인정하는 것이 통설·판례의 입장인데, 이러한 입장에서는 계약체결과정에서 당사자 일방의 설명의무 내지 통지의무위반으로 인하여 타방 당사자가 원치 않은 계약을 체결함으로써 손해가 발생한 경우의 계약체결상의 과실책임과 불완전이행(적극적 채권침해)과의 관계가 문제될 수 있다. 이에 대하여 명확한 설명을 하는 학자는 드물지만, 독일의 학설에 따라 '용태의무(설명의무) 위반이 계약교섭시에 있는 경우에는 계약체결상의 과실책임이 성립하지만, 계약체결 이후에 계약의 목적인 급부의 이행과정에서 부수의무위반이 있는 경우에는 「적극적 채권침해」(불완전이행)의 문제가 된다'고 구분하는 견해가 있다.[480)] (☞ 채권총론 편, 제4장 제1절 「채무불이행의 유형」)

(B) 「비판설」의 입장 '계약의 체결과정에서 당사자 일방의 설명의무 내지 통지의무위반으로 인하여 타방 당사자가 원치 않은 계약을 체결함으로써 손해가 발생한 경우에도 계약체결상의 과실책임을 인정하여야 한다'는 견해에 대하여는, 전술한 「비판설」의 입장에서 '비록

---

477) Medicus, Rn.109, S.64. 서민, 전게논문(주 388), 25~26; 주석채권각칙(Ⅰ)/전하은, 194~195, 213~215 참조.

478) 서민, 상게논문, 26; 주석채권각칙(Ⅰ)/전하은, 194~219; 곽윤직, 56~57; 김주수, 78~79 참조. 특히 이영준 변호사는 '계약 당사자 사이의 법률관계는 타인 → 거래적 접촉 → 협의행위 → 계약의 성립 → 이행의 준비 → 위험이전 → 이행행위 종료로 단계적으로 발전하게 되며, 매 단계마다 당사자의 이익보호를 위한 별개의 조정이 필요하다'는 것을 전제로, '민법 제535조가 선언하고 있는 계약체결단계에 있어서의 충실의무위반행위에 인한 손해배상책임의 원칙은 계약이 무효 또는 불성립으로 그친 경우뿐 아니라 계약이 유효하게 성립하였으나 위와 같은 충실의무위반행위로 인하여 당사자가 기도하였던 것과 다르게 성립한 경우에도 유추적용된다'고 주장하고 있다(同, 전게논문(주 388), 320~322 참조).

479) 이영준, 상게논문, 322; 서민, 상게논문, 26 참조.

480) 주석채권각칙(Ⅰ)/전하은, 195 참조.

계약 이전에 유책성이 존재한다 하더라도 계약 이전의 유책적 사실과 본계약은 하나의 일체를 이루는 것으로 볼 수 있으므로, 계약 이전에 존재하는 유책성에 대한 책임이더라도 계약책임에 의해 해결할 수 있다'고 하거나,[481] '설명의무 위반에 기한 손해배상책임의 문제는 제390조에 의하여 처리될 수 있으므로, 굳이 계약체결상의 과실책임의 법리를 끌어들일 필요는 없다'고 비판하는 견해가 있다.[482] 또한 통설적 견해를 취하는 학자들 중에도 '이 경우는 일반적 계약책임 이외에 별도의 계약체결상의 과실책임을 인정할 필요가 없다'고 보는 견해가 많다.[483]

(다) 판례의 입장

판례는 증권회사 직원이 증권거래법이 금지하고 있는 이익보장으로 투자를 권유하여 고객에게 손해를 끼친 경우, '고객에 대한 보호의무를 저버려 위법성을 띤 행위로 평가되는 경우에는 투자가에 대한 증권회사 직원의 불법행위책임이 성립할 수 있다'는 입장을 확립하고 있으며(대법원 1994.1.11.선고, 93다26205 판결 등),[484] 나아가 증권회사의 사용자책임도 인정하고 있다(대법원 1999.12.24.선고, 99다44588 판결 등). 이와 같이 증권회사 직원이 고객에게 위험한 투자를 권유하여 손해를 끼친 사례는 「설명의무 위반에 기한 급부기대의 좌절」의 전형적인 경우라고 할 수 있는데, 판례가 증권회사 직원의 설명의무 및 고객보호의무 위반에 기한 불법행위책임의 발생가능성을 인정하고(대법원 2006.6.29.선고, 2005다49799 판결), 나아가 증권회사에 대하여 사용자책임을 인정한 것은 '「계약이 유효하게 성립한 경우의 설명의무 위반에 기한 급부기대의 좌절」도 「계약교섭의 부당파기」의 경우와 마찬가지로 불법행위책임의 문제로 다루겠다'는 의지를 밝힌 것으로 볼 수 있으며, 적어도 우리 민법하에서는 이 문제를 「계약체결상의 과실책임」의 문제로 다루어야 할 실익이 별로 없음을 보여주는 증거라고 생각된다.

한편 아파트분양계약에서 아파트단지 바로 옆에 초등학교가 있고 초등학교의 바로 뒤편 야산에는 분묘 기수가 4,300여 기에 이르는 대규모의 공동묘지가 조성되어 있었으나, 아파트분양회사가 이를 수분양자에게 알리지 않음으로써 수분양자가 이를 모르고 아파트를 분양받은 사례에서, 대법원은 '이는 수분양자가 이러한 사정에 관한 고지를 받았더라면 그 거래를 하지 않았을 것임이 경험칙상 명백한 경우에 해당하므로, 아파트분양회사는 신의칙상 사전

---

481) 최흥섭, 전게논문(주 389), 581 참조.

482) 양창수, 전게논문(주 389), 52~54 참조.

483) 황적인, 전게논문(주 388), 101; 김증한/김학동, 62 참조.

484) 판례평석: 송흥섭, "증권회사 직원의 투자손실 전보약정에 기한 손해배상책임", 대법원판례해설 20호(법원행정처, 1994/5), 97 이하; 최흥섭, 전게논문(주 444), 208 이하; 김택주, "부당한 권유에 의한 증권거래와 불법행위책임", 상사판례연구 8집(한국상사판례학회, 1997/12), 238 이하. 같은 취지: 대법원 1996.8.23.선고, 94다38199 판결; 대법원 1999.6.11.선고, 97다58477 판결; 대법원 1999.12.24.선고, 99다44588 판결; 대법원 2001.4.27.선고, 2000다30943 판결; 대법원 2001.10.12.선고, 2000다28537·28544 판결; 대법원 2003.1.10.선고, 2000다50312 판결.

에 수분양자에게 이러한 사정을 고지할 의무가 있다'는 이유로 기망행위로 인한 불법행위책임을 인정한 바 있다(대법원 2007.6.1.선고, 2005다5812·5829·5836 판결).[485] 또한 '의사는 의료행위에 앞서 환자나 그 법정대리인에게 질병의 증상, 치료방법의 내용 및 필요성, 발생이 예상되는 위험 등 당시의 의료 수준에 비추어 상당하다고 인정되는 사항을 설명하여 환자가 그 필요성이나 위험성을 충분히 비교해 보고 그 의료행위를 받을 것인지 여부를 선택할 수 있도록 할 의무가 있으며, 특히 그러한 의료행위가 임상시험의 단계에서 이루어지는 것이라면 해당 의료행위의 안전성 및 유효성(치료효과)에 관하여 그 시행 당시 임상에서 실천되는 일반적·표준적 의료행위와 비교하여 설명할 의무가 있으며, 의약품 공급자도 임상시험 단계에 있는 의약품을 공급함에 있어 해당 의약품의 안전성 및 유효성(치료효과) 등 그 구입 여부의 의사결정에 영향을 줄 수 있는 중요한 사정을 수요자에게 고지할 신의칙상의 의무가 있다'고 전제한 후, '간경화증이 상당히 진행되어 간이식 수술 외에 효과적인 치료방법이 없는 상태의 환자 등에게 임상단계에 있는 「중간엽줄기세포이식술」을 시행하면서 환자들의 의사결정에 영향을 줄 수 있는 중요한 사정인 치료 효과에 관하여 객관적으로 확인해 보려는 노력을 기울이지 아니한 채 줄기세포 공급업체 대표의사와의 공동기자회견, 병원 홈페이지 광고, 상담 등을 통하여 그릇된 정보를 제공하는 등 환자들에 대한 설명의무를 위반한 잘못이 있고, 줄기세포 공급업체 대표이사 역시 임상시험 단계에 있는 줄기세포를 판매함에 있어 줄기세포 구입자들의 의사결정에 영향을 줄 수 있는 중요한 사정인 치료효과에 관하여 객관적으로 확인해 보려는 노력을 기울이지 아니한 채 위 의사와의 공동기자회견, 탯줄은행 홈페이지 광고, 상담 등을 통하여 그릇된 정보를 제공하는 등 줄기세포 구입자들에 대한 설명의무 내지 고지의무를 위반한 잘못이 있는바, 위 대표이사와 의사의 불법행위는 서로 객관적 관련공동성이 있어 공동불법행위를 구성한다'고 판시한 바 있다(대법원 2010.10.14.선고, 2007다3162 판결).

(라) 학설·판례의 검토

종래의 통설적 견해에 의하더라도 계약교섭시의 사소한 설명의무위반이 있는 경우에는 계약체결상의 과실책임은 인정되지 아니하며, 상대방의 의사결정에 중대한 의의를 가지는 사항에 대한 설명의무위반이 있는 경우에 한하여 계약체결상의 과실책임이 문제될 수 있을 뿐이다. 그렇다면 이 경우의 설명의무위반은 위법행위로서 불법행위를 구성한다고 이론구성하는 데 아무런 지장이 없다고 할 수 있다. 따라서 계약교섭시의 설명의무위반으로 인한 손해배상책임의 근거를 굳이 「계약체결상의 과실책임」의 법리에 의존할 필요는 없다고 할 것이다.

485) 판례평석: 천종호, "아파트분양광고의 법적 성질과 분양계약에의 편입" 판례연구 20집(부산판례연구회, 2009/2), 121 이하; 김진홍, "아파트분양광고의 계약상 책임과 위자료 배상", 판례연구 21집 2호(서울지방변호사회, 2007/12), 156 이하.

「비판설」 중에는 '계약교섭과정에서의 설명의무위반으로 인한 손해배상의 문제는 계약책임(불완전이행책임)에 포섭될 수 있으므로 계약체결상의 과실책임을 인정할 필요가 없다'고 주장하는 견해가 있으나, 신의칙에 기한 「부수적 의무」에 불과한 계약교섭과정에서의 설명의무위반에 기하여 이행의무위반에 기한 책임인 계약책임이 발생한다고 해석하는 것은 이론상 문제가 있다고 생각한다. 또한 「비판설」 중에는 '계약교섭과정에서의 설명의무위반에 기한 계약책임의 내용으로서 계약해제·신뢰이익배상·대금감액 등의 효과를 인정할 수 있다'고 주장하는 견해가 있으나,[486] 그 타당성 역시 의문이다. 그 이유는 다음과 같다. 즉, ① 통설·판례에 따르면, 계약해제는 쌍무계약의 당사자 일방의 귀책사유로 인한 채무불이행이 있는 경우에 자기의무를 이행한 채권자를 구제하기 위하여 신의와 형평의 원리에 기하여 손해배상제도의 결함을 보완하기 위하여 마련된 제도로서, 계약의 구속력을 소급적으로 소멸시키는 물권적 효력이 인정되는 원상회복을 내용으로 하는 강력한 형성권이라고 할 것인데(대법원 1977.5.24. 선고, 75다1394 판결 등), 계약교섭단계에 있어서의 당사자 일방의 설명의무위반에 기한 급부기대의 좌절을 이유로 상대방에게 해제권이라는 강력한 형성권이 부여된다고 해석하는 것은 곤란하다. 또한 이 경우에는 해제의 효력인 원상회복으로는 문제의 해결에 전혀 도움이 되지 않는 경우가 대부분이다. (☞ 제4절 「계약의 해제와 해지」) ② '불완전이행의 경우에는 해제권이 인정되지 않는다'고 해석하는 것이 통설[487]·판례의 입장임에도 불구하고(대법원 1976.4.27.선고, 74다2151 판결 등), '계약교섭시의 부수적 의무에 불과한 설명의무 위반을 이유로 계약해제권이 인정된다'고 해석하는 것은 모순이다. ③ 설령 '계약교섭시의 설명의무위반에 의하여 불완전이행이 성립한다'는 법리를 승인한다고 하더라도, 아무런 실정법상의 근거가 없는 우리 민법의 해석론으로서 불완전이행의 효과로서 신뢰이익배상 또는 대금감액을 인정할 수는 없다고 할 것이다.

이 문제에 대한 결론은 '계약교섭과정에서의 설명의무 위반으로 인하여 발생한 급부기대의 좌절로 인한 손해배상을 기존의 불법행위책임이라는 법리에 의해서는 도저히 해결할 수 없는가?' 하는 데 달려있다고 할 것인데, 이른바 「과실사기(過失詐欺)」라고 하는 계약교섭시의 설명의무위반의 사례는 대부분 불법행위의 성립을 인정하는 데 아무런 문제가 없으며,[488] 과실상계를 전제로 불법행위의 효과인 손해배상을 적절히 활용하면 일부학설이 주장하는 신뢰이익의 배상 또는 대금감액의 효과를 살릴 수 있다는 점에서, 이 경우에도 불법행위로 인한 손해배상책임을 인정하면 충분하다고 생각한다.

486) 최흥섭, 전게논문(주 389), 581 참조.
487) 주석채권각칙(Ⅰ)/이효종, 405 이하; 곽윤직, 95; 이은영, 237 참조.
488) 독일판례에서 문제된 사례는 주석채권각칙(Ⅰ)/전하은, 197 이하 참조.

(3) 계약이 무효·취소된 경우의 계약체결상의 과실책임

우리 민법은 개정 전 독일민법 제307조 제1항을 모범으로 하여 원시적 불능을 이유로 계약이 무효가 된 경우에 있어서의 계약체결상의 과실책임을 인정하는 내용의 명문규정인 제535조를 두고 있다. 따라서 '현행민법의 해석상 원시적 불능을 목적으로 하는 계약은 무효이며, 이 경우 무효인 계약을 체결하는 데 책임이 있는 자는 상대방의 신뢰이익을 배상하여야 한다'고 해석하는 데 이론이 있을 수 없다.

문제는 '원시적 불능 이외의 다른 사유로 인하여 계약이 무효이거나 취소된 경우에 제535조의 유추해석에 의하여 계약체결상의 과실책임을 인정할 수 있는가?' 하는 것이다. 다만, 계약이 무효이거나 취소된 모든 경우에 계약체결상의 과실책임이 문제되는 것은 아니라는 점에 주의할 필요가 있다. 즉, 행위자의 제한능력을 이유로 계약이 무효이거나 취소된 경우, 착오를 이유로 계약이 취소된 경우, 강행법규위반으로 인하여 계약이 무효인 경우에 한하여 계약체결상의 과실책임이 문제될 수 있을 뿐이고, 그 밖의 경우에는 계약이 무효이거나 취소되더라도 계약체결상의 과실책임은 문제되지 않는다고 해석된다.[489] 즉, ① 진의 아닌 의사표시의 경우에는 상대방이 의사표시가 진의 아님을 알았거나 알 수 있었을 경우에 한하여 무효가 되므로 상대방 보호의 문제는 애당초 발생하지 않으며(107조),[490] ② 통정허위표시가 무효인 경우(108조), ③ 상대방의 사기·강박을 이유로 계약이 취소된 경우(110조)에도 상대방 보호의 필요가 없으므로 계약체결상의 과실책임의 문제는 발생하지 않는다. 또한 독일민법은 무권대리인의 신뢰이익배상을 인정하는 명문규정을 두고 있으나(BGB §179 Ⅱ),[491] 우리 민법은 이러한 규정이 없기 때문에 제135조 제1항 단서에 규정된 '대리권 없음을 알지 못한 상대방에 대한 무권대리인의 손해배상책임'을 이행이익의 배상으로 해석하는 것이 통설적 견해이다. 물론 '무권대리인의 손해배상책임의 법적 성질을 계약체결상의 과실책임으로 볼 것인가?' 하는 문제는 논의의 여지가 있다고 할 것이나, 적어도 통설적 견해에 따르면 신뢰이익배상에 관한 제535조의 유추적용의 문제는 발생하지 않는다. (☞ 민법총칙 편, 제6장 제12절 「법률행위의 대리」)

1) 제한능력을 이유로 계약이 무효이거나 취소된 경우

법정대리인의 동의 또는 허락 없이 제한능력자가 단독으로 한 법률행위는 취소할 수 있다(5조 2항, 10조 1항, 13조 4항). 그런데 '이 경우에 법률행위를 취소한 제한능력자에게 계약체결상의 과실책임을 인정하여 상대방의 신뢰이익을 배상하도록 하여야 하는가?' 하는 것이 문제

---

489) 同旨: 양창수, 전게논문(주 389), 49~50 참조.

490) 사견으로는, 상대방이 비진의표시임을 알 수 있었으나 과실로 인하여 이를 알지 못한 경우에는, 계약체결상의 과실책임이 논의될 수 있다고 본다. 결론으로는 불법행위가 성립할 가능성이 있으나, 이 경우에는 과실상계의 문제로 처리하여야 할 것으로 생각한다.

491) 전게 주 397 참조.

된다. 그러나 본래 제한능력자제도는 제한능력자를 절대적으로 보호하기 위한 제도이므로, 상대방보호의 문제는 제한능력자에게 손해배상책임을 인정하는 방법이 아닌 별개의 법리에 의하도록 하는 것이 타당하다. 이러한 취지에서, 민법은 제한능력자의 상대방 보호를 위하여 법정대리인이 범위를 정하여 처분을 허락한 재산의 처분행위와 법정대리인으로부터 허락을 얻은 특정한 영업에 관하여서는 미성년자에게 완전한 행위능력을 인정하고 있으며(6조, 8조 1항), 일용품의 구입 등 일상생활에 필요하고 그 대가가 과도하지 아니한 피성년후견인 또는 피한정후견인의 법률행위는 취소할 수 없도록 하고 있다(10조 4항, 13조 4항 단서). 이밖에도 제한능력자의 상대방에게 추인 여부의 확답을 촉구할 수 있는 권리(15조), 계약철회권·단독행위의 거절권을 부여하고 있으며(16조), 속임수를 써 능력자로 믿게 한 제한능력자의 취소권을 박탈하는 제도를 두고 있다(17조). 그러므로 '제한능력자임을 이유로 법률행위를 취소한 경우에는 제한능력자에게 계약체결상의 과실책임을 인정할 여지는 없다'고 해석하는 데 학설이 일치한다.[492]

2) 강행법규 위반으로 계약이 무효인 경우

전술한 바와 같이, 개정 전 독일민법은 '계약이 법률상의 금지(gesetzliches Verbot)를 위반한 때', 즉 강행법규 위반의 경우에도 소극적 이익의 배상을 규정한 원시적 불능에 관한 제307조를 준용하도록 규정하고 있었다(개정 전 BGB §309).[493] 그런데 이러한 명문규정이 없는 '우리 민법의 해석상으로도 계약이 강행법규에 위반하여 무효인 경우에는 고의 또는 과실로 인하여 무효인 계약을 체결한 자는 선의·무과실의 상대방에 대하여 신뢰이익의 배상책임을 인정하여야 한다'고 해석하는 견해가 있다.[494] 그러나 명문규정이 없는 우리 민법하에서는 '강행법규를 위반한 계약의 경우에는 상대방의 신뢰를 보호할 필요가 없다'고 해석하는 것이 타당하다고 할 것이다. 설령 선의의 상대방의 이익을 보호할 필요성이 인정되는 경우라고 하더라도, 강행법규 위반의 계약체결 그 자체가 불법행위를 구성하는 경우에 한하여 손해배상책임을 인정하는 것이 타당하다고 생각된다. 판례도 같은 입장을 취하고 있다고 생각된다(대법원 1994.1.11. 선고, 93다26205 판결).

---

492) 학설 중에는 '제한능력자가 일시적으로 의사능력이 흠결된 상태에서 법률행위를 한 경우에는 그 법률행위는 무효이나, 이 경우에는 의사무능력자에게 계약체결상의 과실책임을 인정하여 상대방에 대한 신뢰이익의 배상책임을 인정하여야 한다'고 해석하는 견해도 있으나(곽윤직, 57 참조), 이러한 해석은 책임무능력자인 의사능력이 없는 자에게 손해배상책임을 부과하는 결과가 되므로 받아들일 수 없다고 할 것이다.

493) 전게 주 399 참조.

494) 이영준, 전게논문(주 388), 320 참조. '강행법규위반의 경우에도 제535조를 유추적용하여 계약체결상의 과실책임을 인정하여야 한다'고 주장하면서도, '무효로 된 계약이 선량한 풍속 기타 사회질서에 위반하는 내용일 경우나 범죄를 목적으로 하는 경우에는 계약체결상의 과실책임을 인정하기 어렵다'고 해석하는 견해도 있다(주석채권각칙(Ⅰ)/전하은, 190 참조).

3) 의사표시의 착오를 이유로 계약이 취소된 경우

독일민법은 착오를 이유로 의사표시를 취소한 표의자의 상대방에 대한 무과실의 신뢰이익의 배상의무를 규정하고 있음은 전술한 바와 같다(BGB §122).[495] 그러나 우리 민법은 '착오가 표의자의 중대한 과실로 인한 때에는 취소하지 못한다'고 규정하고 있을뿐(109조 1항 단서), 착오취소자의 손해배상책임을 인정하는 규정은 두고 있지 않다. 이에 따라 우리 민법의 해석상 착오를 이유로 법률행위를 취소한 자의 상대방에 대한 손해배상책임의 유무가 문제되고 있다.

(가) 학 설

이 문제에 대해서는, ① '우리 민법은 착오취소자의 불법행위책임은 물론 계약체결상의 과실책임을 포함한 일체의 손해배상책임을 배제하고 있다'고 해석하는 견해(편의상 이를 「손해배상책임부정설」이라고 칭하기로 한다)[496]와, ② '과실에 기한 착오취소자에 대해서는 원시적 불능을 목적으로 하는 계약을 체결한 당사자의 계약체결상의 과실책임을 규정하고 있는 제535조를 유추적용함으로써 상대방에 대한 신뢰이익배상책임을 인정하여야 한다'는 견해(편의상 이를 「제535조 유추적용설」이라고 칭하기로 한다),[497] ③ '착오취소자의 손해배상책임은 제750조의 일반적 불법행위의 문제로 다루어야 한다'는 견해(이를 「불법행위책임설」이라고 칭하기로 한다)[498]가 대립하고 있다.

(나) 판례의 입장

대법원판결 중에는 과실로 인하여 계약보증서를 발급한 전문건설공제조합의 불법행위책임이 문제된 사례에서, '계약보증서 발급에 과실이 있다고 하더라도 제109조에서 중과실이 없는 착오자로 하여금 의사표시의 취소를 허용하고 있는 이상, 과실로 인하여 착오에 빠져 계약보증서를 발급한 것이나 그 착오를 이유로 보증계약을 취소한 것을 위법하다고 할 수는 없다'고 판시함으로써, 착오자의 불법행위책임을 부정한 사례가 있다(대법원 1997.8.22.선고, 97다13023 판결).[499]

(다) 학설·판례의 검토

(A) 「제535조 유추적용설」에 대한 검토 제535조는 민법초안에는 없었으나 국회본회의 심

---

495) 전게 주 396 참조.
496) 주석채권각칙(Ⅰ)/전하은, 193 참조.
497) 송덕수, 「착오론」(고시원, 1991), 227 이하; 곽윤직(민법총칙), 345; 김증한/김학동, 59~60; 이은영, 125; 이영준(민법총칙), 399 이하 참조.
498) 同旨: 최흥섭, 전게논문(주 389), 578~580 참조.
499) 판례평석: 엄동섭, "착오자의 과실과 손해배상책임", 민사판례연구(21)(민사판례연구회, 1999/7), 31 이하; 이기광, "착오에 의한 취소와 손해배상책임", 재판과 판례 10집(대구판례연구회, 2001/12), 107 이하; 김규완, "채무자의무의 이원구조 -대판 1999.8.22. 97다13023을 계기로 되돌아 본 의무로서 보호의무", 재산법연구 21권 2호(재산법학회, 2005/2), 95 이하; 박동진, "착오취소자의 손해배상책임", 「로스쿨민법총칙」(청림출판, 2006/1), 328 이하.

의과정에서 추가된 것이었는데, 제535조의 신설을 내용으로 하는 「현석호수정안」에는 착오자의 상대방에 대한 신뢰이익의 배상책임을 인정하는 내용의 제109조 제3항의 신설안도 함께 있었다. 그러나 「현석호수정안」의 '제109조 제3항 신설안'은 제535조 신설안이 국회본회의에서 별다른 이견 없이 통과된 것과는 달리 격론 끝에 부결되었다.[500] 입법자들의 이러한 모순된 태도는 비판의 대상이 되어 마땅한 것이지만, '착오취소의 경우에 제535조를 유추적용하여 신뢰이익의 배상을 인정하자'는 주장은 입법자의 의사에 반하는 해석론이라고 할 수 있다. 그러므로 독일민법 제122조와 같은 명문규정이 없는 한 '원시적 불능에 관한 제535조의 규정을 유추적용하여 착오자에게 신뢰이익의 배상을 인정하여야 한다'는 견해는 우리 민법의 해석론으로 채용하기는 어렵다고 할 것이다. 또한 '제535조는 그 입법론적 타당성이 의문시되므로 삭제되어야 마땅한 규정이라고 생각되므로, 제535조의 규정을 착오취소자의 손해배상책임의 문제에 유추적용하자는 견해에는 찬성할 수 없다.[501]

(B) 「손해배상책임 부정설」의 당부 　우리 민법 제109조의 입법자 의사는 명확하지 않으나, 동조의 모법이라고 할 수 있는 구 의용민법(일본민법) 제95조의 기초자의사는 명확하다. 즉, 구 의용민법(일본민법) 제95조의 기초자의사에 따르면, '동조 단서에서 「표의자에게 중대한 과실이 있었던 때에는 표의자 스스로 그 무효를 주장할 수 없다」고 규정한 것은 「일반적 불법행위의 요건에 따라 과실 있는 착오자의 손해배상책임을 인정하여야 한다」는 취지'라고 한다.[502] 이러한 구 의용민법(일본민법) 제95조의 기초자의사를 고려하면, 구 의용민법(일본민법) 제95조를 계승한 '우리 민법 제109조가 착오자의 손해배상책임을 배제하고 있다'고 해석하는 것은 입법자 의사를 완전히 도외시한 견해라는 비판을 면하기 어렵다. 그러므로 착오자의 불법행위책임의 성립을 부정한 위 대법원판결의 이론구성에는 문제가 있다.

(라) 결 론

이상의 검토 결과, 우리 민법이 착오자의 손해배상책임을 완전히 배제한 것으로 해석하거나(손해배상책임 부정설), 제535조를 유추적용하여 착오자의 손해배상책임을 인정하여야 한다고 해석하는 견해(제535조 유추적용설 : 신뢰이익배상설)는 우리 민법의 해석론으로서 타당하지 않음을 알 수 있다. 한편 학설 중에는 '착오취소는 적법행위이므로 불법행위책임을 발생시키지 않는다'고 해석하는 견해도 있으나,[503] 불법행위의 위법성을 이처럼 형식적으로 이해하는 것은 의문이며, 주의의무위반인 과실로 인하여 타인에게 손해를 야기하였다는 실질적인

500) 「국회속기록」 45호, 7～11 참조.

501) 이밖에 「민법 제535조의 유추적용론」에 대한 비판에 대해서는 최흥섭, "우리 법에서 「계약체결상의 과실」책임의 문제점과 재구성", 민사법학 11·12호(한국민사법학회, 1995), 263 이하 참조.

502) 일본민법(구 의용민법) 제95조의 입법자 의사에 관하여는 김욱곤/김대정, "법률행위의 착오에 관한 일고찰(상)" 성균관법학 3호(성균관대법학연구소, 1990), 155 이하 참조.

503) 이은영, 112 참조.

점에서 위법성의 본질을 구하여야 할 것이다. 이러한 관점에서, '민법이 중과실이 없는 착오자의 취소를 허용하고 있다는 점을 근거로 들어, 착오취소자의 불법행위의 성립을 부인한 위 대법원판결은 이론상 문제가 있다'는 비판을 면하기 어렵다고 할 것이다. 결국 '착오가 표의자의 중대한 과실로 인한 때에는 취소하지 못한다'고 규정하고 있는 제109조 제1항 단서의 규정취지에 대한 구 의용민법 제95조의 기초자의사에 따라 '착오취소자의 손해배상책임은 제750조의 일반적 불법행위의 문제로 다루어야 할 것이다(불법행위책임설).[504]

(마) 입법론

「2004년 민법개정안」은 '착오취소자는 상대방의 신뢰이익을 배상하여야 한다'는 내용의 제109조의2를 신설할 것을 제안한 바 있는데, 이는 원시적 불능을 이유로 계약이 무효임을 알았거나 알 수 있었을 자에게 상대방의 신뢰이익을 배상할 것을 규정한 제535조와 같은 취지라고 할 수 있다.[505] 이는 착오취소의 위법성 여부에 관한 논의를 줄여준다는 점에서는 의미가 있으나, 착오자의 손해배상책임의 요건으로 상대방의 선의·무과실을 요함으로써 '상대방의 과책은 「과실상계의 법리」로 처리하여야 한다'는 책임법의 일반원칙을 무시하고 있다는 점과, 이행이익액을 한도로 신뢰이익의 배상을 인정하고 있다는 점에서, 제535조와 마찬가지로 그 입법론적 타당성에 대해서는 의문을 제기하지 않을 수 없다.[506]

4) 원시적 불능의 경우

민법은 구 의용민법에는 없었던 제535조를 신설하여, '과실로 원시적 불능을 목적으로 하는 계약을 체결한 자는 상대방의 신뢰이익을 배상할 책임이 있다'는 취지의 규정을 두고 있다. 따라서 현행민법하에서는 계약체결상의 과실책임을 전면적으로 부정하거나 신뢰이익의 개념 자체를 부정하는 것은 해석상 허용될 수 없다. 다만, 제535조의 입법론적 타당성에 대하여는 다음과 같은 몇 가지 점에서 의문이 제기하지 않을 수 없다.[507]

우선 ① '신뢰이익의 배상범위를 이행이익의 범위로 제한하는 근거를 납득하기 어렵다'는 점이다. 이에 대해서는, '계약이 무효인 경우에 이행이익을 넘는 신뢰이익의 배상을 인정한다면 계약이 유효인 경우보다 상대방에게 더 큰 이익을 부여하는 결과가 되어 형평에 맞지 않는다'는 점이 제535조의 입법론적 근거라고 이해된다. 그러나 이러한 논거는 계약체결상의

504) 同旨: 최흥섭, 전게논문(주 389), 578~580 참조.

505) 「2004년 민법개정안」 제109조의2(취소자의 손해배상의무) ① 제109조의 규정에 의하여 의사표시를 취소한 자는 그 착오를 알 수 있었던 경우에는 상대방이 그 의사표시의 유효함을 믿었음으로 인하여 받은 손해를 배상하여야 한다. 그러나 그 배상액은 의사표시가 유효함으로 인하여 생길 이익액을 넘지 못한다. ② 제1항의 규정은 상대방이 표의자의 착오를 알았거나 알 수 있었을 경우에는 적용하지 아니한다.

506) 同旨: 「민법개정안의견서」, 47 참조.

507) 최흥섭, 전게논문(주 389), 579~580; 同, 전게논문(주 501), 254 이하 참조.

과실책임의 본질을 순수한 계약책임으로 보거나 무과실책임으로 본다면 타당하다고 할 수 있으나, 본질상 불법행위책임이라고 할 수 있는 계약체결의 이전단계에서 존재하는 당사자 일방의 과실로 인한 책임을 이행이익의 범위로 제한하는 근거로서는 설득력이 부족하다. ② 제535조가 손해배상책임을 신뢰이익의 배상으로 한정하는 이유는 원시적 불능을 목적으로 하는 계약은 무효라는 것을 전제하고 있는 것인데, '원시적 불능을 목적으로 하는 계약이 반드시 무효이어야 하는가?' 하는 데 대해서는 근본적인 의문이 제기되고 있다는 점이다.[508] 「원시적 불능무효론」의 모국인 독일에서도 원시적 불능을 목적으로 하는 계약을 무효로 규정하고 있던 개정 전 독일민법 제306조[509]의 입법론적 타당성에 강한 의문이 제기되고 있었으며,[510] '동조는 「원시적·객관적 불능」의 경우에만 적용될 수 있는 것으로 제한적으로 해석되어야 한다'는 것이 통설·판례의 입장이었음은 전술한 바와 같다. 이러한 비판에 따라 2002년부터 시행된 개정 독일민법은 원시적 불능을 목적으로 하는 계약을 무효로 규정하고 있었던 제306조를 삭제하고, '원시적 불능을 목적으로 하는 계약도 유효하다'는 것을 선언하고, 그로 인하여 발생한 손해에 대해서는 채권자의 선택에 좇아 이행이익의 배상 또는 지출한 비용의 전보, 즉 신뢰이익의 배상을 청구할 수 있음을 내용으로 하는 규정을 신설하였다(BGB §311a).[511] ③ 우리 민법에는 원시적 불능을 유효로 전제한 규정이 도처에 산재해 있다는 점이다. 예컨대, 매매목적물의 일부가 계약 당시에 이미 멸실된 경우의 매도인의 담보책임을 규정한 제574조 후문이 그 대표적인 규정이며, 타인권리의 매매를 유효로 규정한 제569조 이하의 규정도 같은 맥락에서 파악할 수 있다. 즉, 제535조는 원시적 불능을 유효한 것으로 전제하고 있는 우리 민법의 다른 규정들과 조화될 수 없는 규정이라고 할 수 있다. ④ 제535조 제2항은 원시적 불능을 목적으로 하는 계약에서 과실상계를 인정하지 않고 선의이나 과실이 있는 상대방의 손해배상청구권을 전면적으로 박탈하고 있으나(대법원 1972.5.9.선고, 72다384 판결), 그 입법론적 타당성은 극히 의문이라는 점이다. 즉, 원시적 불능을 목적으로 하는 무효인 계약을

508) 민법 제535조를 원시적 불능 이외의 유형들에 유추적용함으로써 계약체결상의 과실책임을 널리 인정하는 입장을 취하고 있는 학자들조차 동조가 전제로 하고 있는 「원시적 불능 무효론」에는 의문을 표하고 있다(김형배, 131 참조).

509) 개정 전 독일민법 제306조(불능인 급부) 불능인 급부를 목적으로 하는 계약은 무효이다.

510) 이에 관하여는 北川善太郎, 전게서(주 392), 278 이하; 磯村哲, "Impossibilium nulla obligatio 原則の形成とその批判理論 -その一, 獨民法の原始的不能の學說史的背景", 石田文次郎先生還暦記念 「私法學の諸問題(一)民法」, 1954, 397 이하 참조.

511) 독일민법 제311조의a(계약체결 당시의 급부장애) (1) 채무자가 제275조 제1항 내지 제3항에 따라서 급부할 필요가 없고, 또한 그 급부장애가 계약체결 시에 이미 존재하고 있었다 할지라도 이는 계약의 유효에는 영향이 없다. (2) 채권자는 그의 선택에 좇아 급부에 갈음하는 손해배상 또는 제284조가 규정한 범위 내에서의 지출한 비용의 배상을 청구할 수 있다. 다만 채무자가 계약체결 시에 그 급부장애를 알지 못하였고 또한 알지 못한 데 대하여 책임이 없는 때에는 그러하지 아니하다. 이 경우에는 제281조 제1항, 제2항, 제3항 그리고 제5항을 준용한다.

체결하는 데 과실이 있는 자를 계약을 유효라고 믿은 데 과실이 있는 상대방보다 더욱 보호하여야 할 입법상의 필요성은 전혀 발견할 수 없으며, 이는 과실상계의 일반적 법리에 의하여 처리되어야 할 문제라는 비판이다. 이러한 입법론상의 의문이 정당하다면, 제535조는 개정 전 독일민법 제311조와 마찬가지로 「무제한의 신뢰이익의 배상」을 인정하는 내용으로 개정되어야 할 것인바, 이는 불법행위에 관한 제750조의 손해배상의 내용과 일치하는 것이다. 그렇다면 제535조는 기껏해야 위법성에 관한 논의를 생략하는 정도의 의미를 가지는 규정에 불과하다.

생각건대, 원시적 불능을 이유로 계약이 무효인 경우에도 당사자의 귀책사유가 존재하는 경우에는 불법행위가 성립할 가능성이 매우 높은 것은 물론이고, 제535조에서 인정하는 신뢰이익의 배상은 구체적으로는 '계약을 체결하고 이행을 준비하는 데 지출된 결과적으로 쓸데없이 지출된 비용상당액의 반환'을 의미하는데, 당사자 일방의 귀책사유로 인한 손해를 불법행위에서와는 달리 이행이익의 범위로 제한하는 이론적 근거가 희박할 뿐만 아니라, 이익형량의 측면에서도 피해자보호에 부적당한 결과를 초래하게 된다고 본다. 따라서 원시적 불능의 경우에 신뢰이익배상을 규정하고 있는 제535조는 불법행위에 관한 포괄적 규정을 두고 있는 민법초안의 전반적 체계와는 부합하지 않는 규정으로서, 독일민법의 제도를 무비판적으로 그것도 매우 불완전한 상태로 도입한 것이라는 비판을 면하기 어렵다. 그러므로 현행민법의 해석으로는 제535조는 원시적 불능의 경우에 한하여 제한적으로만 적용되어야 할 뿐만 아니라(제535조의 유추적용은 금지되어야 한다), 제535조를 적용하는 경우에도 될 수 있는 한 그 배상의 범위를 제한하지 않는 방향으로 운용되어야 할 것이다. 또한 상대방이 계약의 무효를 알았거나 알 수 있었을 경우에 신뢰이익의 배상을 전면적으로 부정하고 있는 제535조 제2항의 입법론적 문제점을 감안하여, 상대방의 과실을 인정하지 않거나 과실상계의 법리를 적용하는 방향으로 운용되어야 할 것이다. 나아가 입법론으로서는 개정 독일민법과 마찬가지로 계약체결상의 과실책임에 관한 일반규정을 새로이 설치하거나 그 적용범위를 넓히는 규정을 신설할 것이 아니라, 차제에 제535조 자체를 완전히 삭제하는 것이 올바른 입법의 방향이라고 할 것이다. 이러한 관점에서 본다면, 착오자의 신뢰이익배상에 관한 규정을 신설하는 것을 내용으로 하는 「2004년 민법개정안」 제109조의2는 잘못된 제안이라고 할 것이다.

판례는 원시적 불능을 이유로 계약이 무효인 경우에 대하여, 제535조에 따라서 신뢰이익의 배상을 인정한 사례들이 몇 건 있을 뿐(대법원 1975.2.10.선고, 74다584 판결 등),[512] 종래의 통설적 견해가 인정하고 있는 계약체결의 준비단계 및 계약이 유효한 경우는 물론이고, 원시적 불능의 경우를 제외한 그 밖의 사유로 인하여 계약이 무효이거나 취소된 경우에서 조차도 제

512) 같은 취지: 대법원 1973.11.27.선고, 73다775 판결.

535조를 유추적용하여 계약체결상의 과실책임을 인정한 사례는 아직 한 건도 없다고 알려져 있다. 오히려 판례는 「계약교섭의 부당파기」 및 「원치 않는 계약에 있어서의 급부기대의 좌절」로 인한 손해배상을 불법행위책임으로 이론구성하고 있음은 전술한 바와 같다(대법원 1993.9.10. 선고, 92다42897 판결 등). 즉, 판례는 제535조가 명문으로 규정하고 있는 원시적 불능을 목적으로 하는 계약에 한정하여 「계약체결상의 과실책임」을 인정하고 있는바, 이러한 판례의 태도는 극히 타당하다고 평가할 수 있다.

제3절 계약의 효력

[7] Ⅰ. 총 설

「계약의 효력」은 '계약에서 합의된 대로 당사자 사이에 채권·채무를 발생시키는 것'이다. 이를 「계약의 구속력」이라고 한다. 그런데 이러한 의미에서의 계약의 효력의 구체적 내용(당사자 사이의 구체적인 채권·채무)은 개별적 계약마다 다르다. 따라서 개별적 계약에서의 구체적인 채권·채무의 내용을 분석하는 것은 계약법각론에서 다루기로 하고, 본 절(節)에서는 모든 계약에 일반적으로 적용되는 법적 효력의 공통분모를 찾아내어 이를 해설하기로 한다.

모든 계약에 일반적으로 인정되는 효력의 공통분모는 「계약의 구속력」이라고 할 수 있으므로, 계약의 효력에 관한 계약법의 총론적 과제는 바로 「계약의 구속력」에 관한 문제이다. 민법은 계약법 총칙을 '계약의 성립'(제1관)과 '계약의 효력'(제2관)의 두 개의 관(款)으로 구분하여 규정하고 있는데, 그 중 계약의 효력을 규정한 제2관에서는 동시이행항변권(536조)과 위험부담(537~538조), 그리고 제3자를 위한 계약(539~542조)에 대한 규정만을 두고 있다. 이 중에서 동시이행항변권과 위험부담의 문제는 모든 계약에서 일반적으로 문제되는 것이 아니라 쌍무계약에서만 문제되는 것이므로, 이에 관한 규정은 쌍무계약에 특유한 효력을 규정한 것이다. 또한 제3자를 위한 계약에 관한 민법의 규정도 '계약의 구속력은 당사자 간에만 미친다'는 계약의 「상대적 효력의 원칙」에 대한 예외를 규정한 것에 불과하다.

우리 민법은 계약법 통칙(Dispositions liminaires)에서 계약의 법적 구속력에 관한 명문규정을 두고 있는 프랑스민법과는 달리(C.c. Art. 1103),[1] 계약의 구속력을 직접적으로 인정하는 명문규정을 두지 않고 이를 학설·판례에 위임하고 있다. 다만, 우리 민법도 임의규정에 관한 제105

1) 프랑스민법 제1103조: 적법하게 성립한 계약은 이를 체결한 당사자 사이에서는 법률의 역할을 한다.

조에서 계약의 구속력을 간접적으로 선언하고 있으며, 그 밖의 계약에 관한 여러 규정도 계약의 구속력을 전제로 하고 있다고 할 수 있다.[2)]

한편 계약법 총론의 규정 중에서 계약의 해지·해제에 관한 제543조 내지 제553조의 규정도 쌍무계약에 특유한 효력에 관한 규정이라고 할 수 있다. 계약의 해지·해제는 쌍무계약에 있어서 일방 당사자의 채무불이행에 대한 제재로서 채권자가 계약을 일방적으로 소멸시킴으로써 계약채무에서 해방될 수 있는 제도이기 때문이다.[3)] 그러므로 이론상으로는 계약의 해지·해제를 쌍무계약의 특수한 효력의 문제로 다루는 것이 타당하다고 할 것이다. 다만, 계약의 해지·해제는 '계약의 소멸'이라는 측면을 함께 가지고 있고, 민법도 이 문제를 계약의 일반적 효력의 문제와 구별하여 규정하고 있으므로, 본서에서는 편의상 이 문제를 계약의 효력과는 별개의 절에서 설명하기로 한다.

[8] Ⅱ. 계약의 일반적 효력

1. 계약의 구속력과 사정변경의 원칙

유효하게 성립한 계약은 원칙적으로 당사자 사이에 그 내용에 따른 채권·채무관계를 발생시킴으로써 당사자로 하여금 약정된 채무를 이행하여야 하는 법적 구속력을 발생시킨다. 이와 같이 당사자가 합의한 내용대로 발생한 채무를 이행하여야 하는 법적 구속력을 「계약의 구속력(拘束力)」이라고 한다. 계약의 주된 효력은 바로 이러한 계약의 구속력을 발생시키는 것이다.[4)]

(1) 계약의 구속력

1) 의 의

「계약의 구속력」이라 함은 '당사자가 계약에서 합의한 내용대로 채무를 이행하여야 하는 법적 구속력'을 의미하는데, 이를 달리 표현하면 '유효하게 성립한 계약은 당사자의 합의에 의해서만 이를 변경할 수 있다'는 것을 의미한다. 계약은 당사자의 합의에 의해서만 변경될 수 있다는 것은, ① '당사자 일방이 임의로 계약의 내용을 변경할 수 없다'는 것과, ② '유효하게 성립한 계약의 내용은 법관에 의하여서도 변경될 수 없다'는 것, 그리고 ③ '유효하게 성립한 계약의 내용은 입법자에 의하여서도 변경될 수 없다'는 세 가지 원칙을 의미한다.[5)]

2) 주석채권각칙(Ⅰ)/김욱곤, 246 참조.
3) 상게서, 252 참조.
4) 상게서, 251 참조.
5) 유효하게 성립한 계약의 내용은 입법자에 의하여서도 변경될 수 없는 것은 「법률 불소급의 원칙」에 의하여, 이미 성립된 계약관계에 대해서는 신법(新法)을 적용할 수 없기 때문이다(상게서, 253 참조).

프랑스혁명 이후에 성립한 근대민법에서는 '사인간의 법률관계는 국가공권력의 간섭을 받지 않고 개인이 자유롭게 형성할 수 있다'는 「사적 자치의 원칙」(Privatautonomie)이 기본원리를 이루고 있으므로, 계약의 당사자는 각자의 자유로운 의사의 합치에 의하여 법률관계를 자유롭게 형성할 수 있게 된다. 그러므로 계약의 구속력의 기초는 이러한 「사적 자치의 원칙」의 계약법적 발현인 「계약자유의 원칙」에서 찾을 수 있다고 할 수 있다. 그러나 계약의 구속력의 기초는 「계약자유의 원칙」에서만 찾을 수 있는 것은 아니며, 그 이외에도 '약속은 지켜야 한다(pacta sunt servanda)'는 일반적 도덕원리와 상대방이 그의 채무를 성실하게 이행할 것이라는 신뢰관계 또한 계약의 구속력의 기초를 이루고 있다고 할 수 있다.[6)]

전술한 바와 같이, 우리 민법은 프랑스민법과 달리 계약의 구속력에 관한 직접적인 규정은 두고 있지 않으나, 임의규정에 관한 제105조는 계약의 구속력을 간접적으로 선언한 것이며, 그 밖의 계약에 관한 규정들도 계약의 구속력을 전제로 하고 있다고 볼 수 있다.

이하에서는 「계약의 구속력의 근거」에 관한 이론(계약이론)의 발전과정과 현황을 간략하게 살펴본 후,[7)] 계약의 구속력의 원칙의 예외라고 할 수 있는 「사정변경의 원칙」에 관하여 살펴보기로 한다.

2) 계약의 구속력의 근거 : 계약이론의 역사적 발전과정과 현황

(가) 계약이론의 역사적 발전과정

(A) 로마법 로마법에서는 「법률행위」의 관념은 물론 계약에 관한 일반이론조차 정립되지 못하였고, 단지 여러 가지 유형의 계약이 개별적으로 인정되었을 뿐이다.[8)] 즉, 로마법에 있어서는 모든 계약은 일정한 언명(言明)이나 서면, 혹은 상징물(res)의 교부 등의 외형적 방식에 의하여 이루어졌는데,[9)] 이러한 외형적 방식은 단순한 합의의 증거로서가 아니라 합의의 본질적 요소로 인식되어 의사의 합치와 혼동되었다. 즉, 로마법에서는 '법률이 정한 일정한 방식에 의하지 않은 단순한 의사의 합치에 대해서는 소권(訴權)이 인정되지 않는 등 구속력이 인정되지 않았으며, 계약의 구속력의 근거는 당사자의 의사에 있는 것이 아니라 일정한 방식의 준수에 있다'고 관념되었다. 다만, '고전시대 후기에 들어오면 로마법에서도 낙성계약·무

---

6) 상게서, 252 참조.

7) 이하의 계약의 구속력의 근거에 관한 설명은 주로 김욱곤, "계약의 구속력의 근거에 관한 일고찰", 성균관법학 창간호(성균관대법학연구소, 1987/9), 177 이하에 의존하였다.

8) 김욱곤, 상게논문, 183 참조.

9) 예컨대, 「악취행위(握取行爲)」(Mancipatio)에 의한 노예매매의 경우, 양수인은 양도인 및 로마시민권을 가진 성인남자 1인과 저울을 든 자의 입회하에 매매의 목적물인 노예를 붙잡고 '나는 이 노예가 로마시민법에 의하여 나의 소유인 것을 선언한다. 그리하여 이 노예는 이 동편(銅片) 및 저울에 의하여 나에게 취득된다'라고 말한 후, 동편으로 저울을 친 다음 그 동편을 매매대금에 갈음하여 양도인에게 건네주는 의식을 거행함으로써, 노예매매가 종료되었다고 한다(홍성재, 「부동산물권변동론 -소유권양도를 중심으로-」, 법문사, 1992, 36 참조).

명계약과 같은 무방식의 계약이 인정되기 시작하였고, 이러한 계약에서는 당사자의 의사의 합치가 중요하다는 관념이 확립되기 시작했으나, 당사자의 의사 또는 의사의 합치가 계약의 구속력의 근거가 된다는 관념은 끝내 확립되지 못하였다'고 한다.[10)]

(나) 근대민법에 있어서의 낙성주의(諾成主義)의 확립

(A) 중세 교회법의 영향　중세의 교회법학자들은 계약의 구속력의 근거를 '단순한 약속이라도 이를 준수하지 않으면 죄가 되고 영혼을 구제할 수 없다'는 기독교윤리에 입각하여, '약속은 지켜져야 한다(Pacta sunt servanda)'는 기독교적 도덕률[11)]에 기한 약속의 구속력에서 찾았다. 이러한 교회법의 영향으로 세속법에서도 로마법의 방식주의에서 벗어나 「단순한 약정의 소구(訴求)도 가능하다」는 이론이 점차 우세하게 되었다고 한다.[12)]

(B) 「합리주의적 자연법론」의 대두　근세초기인 17세기 초부터 18세기 말까지 약 150여년에 걸쳐 프랑스의 데까르트(René Descartes: 1596~1650)의 이성철학(理性哲學)과 개인주의적 자유주의 사상의 기초 위에 네덜란드의 그로티우스(Hugo Grotius: 1583~1645), 독일의 푸펜도르프(Samuel Pufendorf; 1632~1694)와 토마지우스(Christian Thomasius: 1655~1728), 영국의 로크(John Locke: 1632~1704), 프랑스의 루쏘(Jean J. Rousseau: 1712~1778) 등에 의하여 「합리주의적 자연법론」이 확립되었다. 이들은 인간이성의 자명성(自明性)·자족성(自足性)·자율성을 인정하고 법의 기초를 신이나 군주의 의사가 아닌 인간의 이성에서 찾았다. 즉, 이들은 '인간의 이성에 의하여 찾아낼 수 있는 자연법이 존재하며, 인간의 권리는 실정법에 의하여 비로소 인정되는 것이 아니라 자치적 존재로 인정되는 인간의 본질에 의하여 인정되는 것'이라고 주장하였던 것이다.[13)] 또한 자연법론자들은 인간의 권리는 각자의 자유로운 의사에 의하여서만 제한될 수 있는 것이며, 인간의 사회적 관계는 인간의 의사적 활동인 계약에 의해서만 이루어질 수 있는 것이라고 보았다. 이러한 사상에 기한 대표적인 이론이 장·쟈크·루소의 「사회계약설」(Théorie du contrat so-cial)이었다. 그리고 합리주의적 자연법론은 칸트(Emmanuel Kant: 1724~1804)의 도덕철학[14)]과 더불어 근대의 법사상에 결정적인 영향을 미쳐서, 「의사자치의 원칙」과 「의사주의적 계약이론」의 법철학적 배경이 되었다.

(C) 의사자치의 원칙과 의사주의 계약이론의 확립　합리주의적 자연법론에 기한 「의사자치」

---

10) 김욱곤, 전게논문(주 7), 184 참조.

11) 교회법학자들은 '약속은 지켜져야 한다'는 원칙을 강조하고, '지키는 것이 신의(信義)이다'(servanda est fides)라고 하였다(김욱곤, 상게논문, 184 참조).

12) 상게논문, 184 참조.

13) 상게논문, 186 참조. 이들 합리주의적 자연법론자들의 계약이론에 관한 상세는 김학동, "자연법에서의 계약이론", 사법연구회 편 「사법연구3: 계약법의 제문제」(고시계사, 1988), 7 이하 참조.

14) 칸트(Kant)는 '개인적 의사만이 법적 의무부담과 정의의 유일한 근원'이라고 보았는데, 이러한 칸트의 도덕철학은 의사자치의 사상적 기초를 더욱 명확하게 한 것으로 평가되고 있다(김욱곤, 전게논문(주 7), 186~187 참조).

(autonomie de volonté)의 원칙의 신봉자들은 '국가나 사회도 개인의 결합된 의사인 계약의 결과이며, 법률은 「일반의사」(volonté général)의 표현에 불과한 것'이라는 등 모든 법제도를 의사 혹은 계약으로써 설명한다. 예컨대, '상속제도는 피상속인의 추정된 의사에 의하여 인정되는 제도이며, 법정부부재산제는 부부의 추정된 의사에 의하여 인정되는 제도'라고 설명한다. 특히 '사법관계에서의 권리·의무는 당사자의 자유로운 의사에 의한 계약에 의하여 형성되며, 계약의 내용을 결정하고 계약의 효력을 발생시키는 것은 오로지 당사자의 의사에 있기 때문에, 계약의 구속력은 법률과 같은 상위규범에서 나오는 것이 아니라 이를 의욕한 당사자의 의사 그 자체에서 나온다'고 주장한다. 이러한 주장에 따르면, 의사의 합치에 의하여 성립하는 계약이 법적 구속력을 가지는 것은 당연한 것이 된다.

「의사자치의 원칙」은 18~19세기를 통하여 칸트의 「도덕철학」에 영향을 받은 독일의 판덱텐 법학자[15]들에 의하여 법률행위에 관한 「의사주의이론」(Willenstheorie)으로 발전하였다. 이들은 '법률행위는 의사와 표시로 구성되지만 표시행위는 의사의 인식수단에 불과한 것이므로, 법률행위의 효력을 발생시키는 핵심적인 요소는 표의자의 내부심리적 의사에 있다'고 주장하였다. 예컨대, 사비니는 '계약이란 당사자 사이의 법률관계의 결정을 위한 하나의 합치된 의사표시에 지나지 않는 것'이라고 하였으며, 나아가 의사와 표시와의 관계에 대하여, "사실상 의사 자체만이 중요하고 효력이 있는 것이다. 그러나 이는 내부적인 사실이고 알 수 없는 것이기 때문에, 이를 인식시킬 외부적 징표를 필요로 하는 것이고, 의사를 명확하게 하는 이 징표가 의사표시인 것이다. 따라서 의사와 표시의 일치는 우연한 것이 아니라 당연한 관계이다"라고 하여, 당사자의 자유로운 내부심리적 의사가 법률행위의 본체를 이루고 있음을 강조하였다.[16] 그 당연한 귀결로서, 의사주의자들은 '계약의 해석에 있어서도 가능한 한 당사자의 내부적 의사(眞意)를 탐구하는 데 중점을 두어야 한다'고 주장하였다.

(D) 「의사주의」 계약이론에 대한 비판 「의사주의」 계약이론에 대해서는, '「의사자치의 원칙」을 기초로 하는 의사주의이론은 모든 법률제도를 계약이론으로 설명하고 있으나, 이는 인간의 의사력(意思力)을 지나치게 과장하는 것으로서 부정확하다'는 비판이 제기되었다.[17] 즉, '의사가 법규범의 연원이기는 하지만 유일한 연원이라고는 할 수 없으며, 예컨대 소유권제도·가족제도·상속제도 등과 같이 개인의 의사에 기하지 아니하고 국가권력에 의하여 규율되어지는 제도적이고 규범적인 법제도가 많은 분야에 걸쳐 존재한다'는 것이다. 또한 '의사의

---

15) 사비니(Friedrich Karl von Savigny: 1779~1861), 빈트샤이트(Bernhard Windscheid: 1817~1892), 티보(Anton Friedrich Justus Thibaut: 1772~1840), 치텔만(Ernst Zitelmann: 1852~1923) 등이 대표적인 학자이다.

16) Savigny, System des heutigen Römischen Rechts, Bd. Ⅲ, §134, S.258; 小橋一郎 譯, 「サヴィニー 現代ローマ法體系 第三卷」, 成文堂, 1998, 235; 김욱곤, 전게논문(주 7), 189 참조.

17) 김욱곤, 상게논문, 190 참조.

구속적 가치가 법규범을 초월하여 당연히 인정될 수 있다는 「의사도그마」는 인정될 수 없다'는 비판도 제기되었다. 즉, '의사의 구속적 가치 그 자체도 법규범에 의하여 인정된 것이지, 법규범을 초월하여 당연히 인정되는 것이라고는 볼 수 없다'는 것이다.[18] 그리고 '의사주의 이론은 모든 계약적인 것은 필연적으로 정당하다고 주장하나, 이는 계약당사자의 평등을 전제로 하여서만 타당할 수 있는 이론인 바, 과연 인간이 실질적으로 평등하다고 할 수 있는지는 의문'이라는 비판도 제기되었다. 즉, '인간은 사회적·경제적인 지위에서는 물론이고 지적인 면에서조차 평등하지 못한 것이 현실이기 때문에 계약에서 자유로운 의사의 합치가 과연 존재할 수 있는지 자체에 대하여 의문스러운 경우가 많다'는 것이다.[19]

(다) 법실증주의(法實證主義) 계약이론

(A) 「표시주의」 계약이론의 대두 19세기 후반에 들어오면서 자연과학이 발달하고 산업혁명에 의하여 자본주의경제가 고도로 발전하면서 점차 「부(富)의 집중」이라는 자본주의경제체제의 모순이 심화되고 그 폐해가 노정되기 시작하였다. 이와 함께 새롭게 대두된 「실증주의」 철학사상의 영향을 받아 인간을 자유롭고 평등한 이성적인 존재로 관념하는 종래의 이성철학 대신에 인간을 불평등하고 비이성적인 존재로 파악하는 경향이 우세하게 되었다.

법학에서도 이러한 실증주의 철학에 영향을 받은 이른바 「법실증주의」 법철학이 대두되었는데, 이러한 법실증주의적 사고방식은 특히 독일의 판덱텐법학자들에게 영향을 미치기 시작하여,[20] 19세기 말에는 '계약의 구속력은 법률에 의하여 계약에 부여되는 것에 불과하다'고 주장하는 「표시주의 계약이론」이 확립되기에 이르렀다.[21]

「표시주의」 계약이론에 따르면, '법률행위의 구성요소인 의사표시의 본체를 이루는 것은 표시행위이므로, 표시행위와 내부적 효과의사가 일치하지 않는 경우에도 표시된 대로의 법률효과가 발생하며, 그 법률효과의 발생은 법규범이 이를 인정하기 때문'이라고 한다. 즉, '계약의 구속력의 근거는 표시행위라는 사회적 사실에 구속력을 부여하고 있는 법규범 그 자체에서 찾아야 하며, 의사표시의 본체를 이루는 것은 당사자의 내부심리적 요소인 효과의사가 아니라 표시행위 자체이므로, 법률행위의 해석에 있어서도 행위자의 내부심리적 효과의사를 찾아내는

18) 상게논문, 190 참조.
19) 상게논문, 190 참조.
20) 독일의 보통법학자 중에서 의사주의자로 분류되고 있는 브린츠(Alois von Brinz)와 치텔만(Zitelmann)은 이미 「의사자치의 원칙」과 결별하는 경향을 보이고 있었다. 즉, 브린츠는 '어떤 행위가 법률행위임은 법규범이 이를 인정하기 때문'이라고 하였으며, 치텔만도 '법률효과를 발생시키기 위해서는 의사표시가 필요하지만, 법률효과는 의사표시 그 자체에서 나오는 것이 아니라 법규범이 이를 인정하기 때문'이라고 하였다(김욱곤, 상게논문, 191~192 참조).
21) 표시주의 이론을 취하는 독일의 대표적인 학자로서는 뢰버(Röver), 베어(Bähr), 로트마(Lotmar), 샬(Schall), 하트만(Hatmann), 에넥케루스(Enneccerus), 콜러(Kohler), 이사이(Isay), 뷜로우(Bülow), 단츠(Danz) 등을 들 수 있다(김욱곤, 상게논문, 193 참조).

것은 불필요하며, 행위자에 갈음하여 사려 깊은 사람이 그 의사표시를 어떻게 파악하게 될 것인가 하는 것만이 해석의 대상이 된다'고 한다.[22)]

(B) 켈젠의 계약이론 : 「법단계설」 켈젠(Hans Kelsen: 1881~1973)은 종래의 전통적 계약이론이 계약을 '일정한 법률효과의 발생을 목적으로 하는 당사자의 합의에 의하여 성립하는 법률행위'라고 정의하는 것은, 객관적 법규범을 창조하는 기능을 가지고 있는 계약을 '약속은 지켜져야 한다'는 객관적 법규범의 단순한 적용에 불과한 것으로 파악하는 것인데, 이는 「계약의 규범창조적 기능」을 무시하는 것이라고 비판하고,[23)] 계약의 구속력의 근거를 그의 「법단계설」(Stufentherie des Rechts)에 입각하여 설명하였다.[24)] 켈젠은 '계약에 의하여 창조된 규범도 객관적 규범으로서 일반규범과 성질상의 차이가 있는 것이 아니라 단지 그 내용상의 차이가 있을 뿐이다. 따라서 계약은 당사자의 합의에 의한 규범창조의 절차를 의미하기도 하고, 이러한 절차에 의하여 창조된 규범이나 질서를 의미하기도 한다(계약적 절차에 의하여 창조된 계약규범은 개별적 규범일 수도 있고, 「단체협약」과 같은 일반적 규범일 수도 있다). 또한 계약은 객관적 규범으로서, 당사자 일방이 계약성립 시에 가졌던 의사를 더 이상 가지고 있지 아니한 경우에도 그대로 존속하는 것이기 때문에, 당사자들은 오로지 계약의 성립과정에서만 자유로울 뿐이고, 계약에 의하여 정립된 규범에 대하여는 전혀 자유롭지 못하다. 그리고 계약규범은 당사자의 일방에 의한 것이 아니라 양 당사자의 협력에 의하여 정립된 것이라는 그 규범창조의 방식 내지 절차에 다른 일반규범과 구별되는 특징이 있다. 따라서 객관적 법규범인 계약이 법적 구속력을 가지는 것은 성질상 당연한 것'이라고 주장하였다.

한편 켈젠은 「계약의 구속력의 근거」에 관한 문제를 「순수한 이론상의 문제」와 「법정책의 문제」로 나누어, '전자는 특정한 법질서의 내부에서의 계약규범의 효력근거에 관한 문제로서, 특정한 법질서가 계약을 「법창조적 사실상태」로 인정하는 한도에서만 구속력을 가진다'고 주장하였다. 즉, '법률이나 관습규범 같은 상위규범이 계약당사자로 하여금 하위규범을 창조할 수 있도록 허용하기 때문에 계약이 구속력을 가진다'는 것이다(법단계설). 그러나 '후자는 입법자들이 왜 계약을 「법창조적 사실상태」로 인정하는가 하는 문제인데, 이는 입법자들이 당사자 스스로 그들의 이해관계를 규율할 것을 원할 뿐만 아니라, 그들의 이해관계를

22) 김욱곤, 상게논문, 194 참조.
23) 켈젠은 '전통적 계약이론이 법의 창조와 그 적용, 그리고 법률과 법률행위를 대립적인 개념으로 파악하는 이유는 「객관적 법」을 일반규범과 동일시하면서, 이를 규범과는 전혀 다른 「주관적 법」의 개념과 대립적인 것으로 파악하는 데 기인하는 것이나, 「주관적 법」은 항상 그에 상응하는 의무를 수반하는 것이며, 어떤 주체로 하여금 특정한 방법으로 행동하도록 하는 의무는 규범이라고 하여야 하므로, 계약은 그 구속력에 의하여 당사자로 하여금 계약체결 전에는 지고 있지 않았던 어떤 행위에로 의무지우는 효과를 가져오는 것이므로, 이는 당사자가 계약에 의하여 새로운 규범을 창조하는 것을 의미한다'고 주장하였다(김욱곤, 상게논문, 195 참조).
24) 김욱곤, 상게논문, 194 이하 참조.

자율적으로 해결하는 것이 가장 분명하고 정당한 해결책이라고 평가하기 때문'이라고 주장하였다.[25)]

(C) 법실증주의적 계약이론에 대한 비판 「법실증주의적 계약이론」에 대해서는 '법실증주의자들은 계약의 구속력의 근거를 오로지 실정법규범에서 찾고 있으나, 이는 사법관계의 형성에서 자기결정력 있는 의사의 역할을 너무 무시한 것'이라는 비판이 제기되었다.[26)] 즉, '당사자의 의사 없이는 사법관계가 형성된다고 할 수는 없는 것이므로, 계약의 구속력도 인정될 수 없다'는 비판(Flume), '계약은 당사자 상호 간을 구속하는 의미를 갖는 행위이기 때문에, 그 구속력의 근거를 오로지 실정법규범에서만 찾는 것은 타당하지 못하다'는 비판(Larenz), '법실증주의적 계약이론에 의하면 계약의 구속력의 인정 여부를 입법자의 자의에 맡기는 결과가 되므로 부당하다'는 비판(Bydlinsky) 등이 그것이다.[27)]

(라) 현대의 계약이론

오늘날의 계약이론에서는 계약의 구속력의 근거를 당사자의 합의(법률행위적 의사의 합치)와 실정법규범의 양자 모두에서 찾는 것이 지배적인 견해라고 할 수 있다. 그러나 '실정법규범이 왜 당사자의 의사에 기한 사법관계의 형성을 승인하고 이에 대하여 법률효과를 부여하는가?' 하는 입법정책적 문제에 대하여서는 여전히 견해가 갈리고 있는데, 그 대표적인 이론은 다음과 같다.

(A) 자기결정이론(근본가치이론) 이는 '인간의 자기결정력과 그 존엄성의 인정은 근본가치이기 때문에, 법질서는 당사자의 의사에 기한 사법관계의 형성을 당연히 인정하여야 한다'는 이론이다. 그 대표자라고 할 수 있는 독일의 베르너 플루메(Werner Flume: 1908～2009)는 '「자기결정의 원칙」은 법질서에 선재(先在)하며, 법질서에 의하여 실현되어야 할 가치로서, 이는 헌법에 의하여 인정된 근본원칙(Grundsatz)'이라고 주장하였다. 또한 '「사적 자치의 원칙」은 사법관계의 창설적 형성에서 개인의 자주성을 인정하는 것을 의미하는데, 인간은 본질적으로 자주적이며 자기결정력을 갖는 존재로서 인간의 존엄성은 개인의 자유로운 결단에 의한 행동의 자유로 나타나므로, 법률관계의 자주적 형성은 그것이 법에 의하여 승인되는 범위 내에서는 각자가 그것을 의욕하였다는 것 이외의 다른 정당성을 필요로 하지 않는다'고 주장하였다.[28)] 이에 대해서는, '인간의 의사력을 지나치게 강조함으로써 계약관계에서의 실질적 정의의 실현이 중요하다는 점을 간과하고 있으며,[29)] 당사자의 의사가 변하더라도 계약의 구속력

25) 상게논문, 196 참조.
26) 상게논문, 199 참조.
27) 상게논문, 200 참조.
28) Werner Flume, Allgemeiner Teil des Bürgerlichen Rechts, Bd.2, 2 Aufl., 1974, S.1 ff. (김욱곤, 상게논문, 201～202 참조)
29) Schmidt-Rimpler, Zum Vertragsproblem, in Festschrift für Raiser, 1974, S.33. (김욱곤, 상게논문, 204

이 계속 존속한다는 점을 이론적으로 설명할 수 없다'는 비판[30]이 제기된다.

(B) 정당성보증이론 이는 '계약의 구속력의 근거는 계약 메커니즘에 의한 「정당성의 보증」(Richtigkeitsgewähr)에서 찾아야 한다'는 이론이다. 이 이론의 대표자라고 할 수 있는 독일의 슈미트·림플러(Schmidt-Rimpler)에 따르면, '계약의 당사자는 자신의 이해에 적합하다고 판단하는 경우에만 합의를 하게 되며, 이러한 계약메커니즘을 통한 서로 상반되는 이해관계의 합리적인 조정에 의하여 정당성이 보증되고, 각 당사자는 정당하다고 평가하기 때문에 그 의사에 구속된다'고 한다.[31] 즉, '계약은 정당성의 보증에 의하여 고권적(高權的) 규범이 실현할 수 없는 개인적 욕망을 충족시켜 줄 수 있고, 인격의 자유에 대한 가치를 존중하기 때문에, 실정법질서는 계약의 구속력을 인정한다'는 것이다. 또한 프랑스에서도 '계약은 그 자체로서 절대적인 가치를 가지는 개인적 의사에 기하는 것이기 때문이 아니라, 계약 메커니즘에 의하여 궁극적으로 「공동선(共同善)」(bien commun)에 합치하기 때문에 실정법이 구속력을 인정하는 것'이라는 견해가 유력하다.[32]

이 이론에 대해서는, '계약당사자들이 가지는 계약 내용 형성의 자유를 도외시하고 정당성이라는 단일한 객관적 기준에 의하여 계약당사자의 사적·자치적 형성의 근거를 설명하는 것은 사적 자치의 본질에 반한다'는 비판과 함께, '계약메커니즘에 의한 이해의 정당한 조정은 당사자의 엄격한 평등을 전제로 해서만 가능한 것인데, 계약의 당사자들은 지적으로나 사회적·경제적 힘에서 평등하지 못한 것이 현실이기 때문에, 약관거래에서와 같이 당사자 일방은 정당하다고 생각하지 않으면서도 동의를 강요당하는 것이 현실이므로, 주관적 정당성마저도 보장하지 못한다'는 비판이 제기되고 있다.[33]

(C) 신뢰보호(거래안전)이론 이는 '실정법질서가 계약에 구속력을 부여하는 이유는 「거래안전의 필요성과 계약성실」이라는 도덕률 때문'이라는 이론이다. 이 이론의 대표자라고 할 수 있는 오스트리아의 프란츠 비트린스키(Franz Bidlynski)는 '법률행위는 일단 행해지고 나면 행위자의 본래의 행태를 구속적인 것으로 규율하는 것이고, 그 범위 내에서는 자기결정의 자유를 빼앗는 것이므로, 채무부담적 법률행위는 법적으로 인정되는 자기결정의 수단이 아니라 그 제한으로 이해되어야 한다'고 한다. 즉, '「자기결정이론」은 이미 성립한 구속과 그에 존재하는 자기결정의 제한에 대한 적극적인 근거를 제공하지 못하므로, 계약의 구속력의 존속을

참조).

30) Franz Bydlinsky, Privatautonomie und objektive Grundlagen des verpflichtenden Rechts- geschäftes, 1967, S. 69. (김욱곤, 상게논문, 204 참조)

31) Schmidt-Rimpler, a.a.O., S.17 ff.; derselbe, Grundfragen einer Erneuerung des Vertragsrechts, AcP 147, S.151 ff. (김욱곤, 상게논문, 204 참조)

32) 상게논문, 205 참조.

33) 상게논문, 205 참조.

설명하기 위하여서는 진실한 자기결정과 이를 통한 정당성이 보증되는 영역에서도 「거래안전」이라는 관점이 고려되어야 한다'고 주장하였다. 결국 이 이론에 의하면, '실정법질서가 계약에 구속력을 인정하는 이유는 「계약성실」이라고 하는 윤리적 사상과 사적 자치의 원칙, 그리고 거래안전(신뢰보호)이라는 요소들의 결합적 구성에서 찾아야 한다'는 것이 된다.[34)35)]

「신뢰보호이론」에 대해서는, '약속자는 약속의 수령자가 약속자를 믿었는가의 여부 및 그러한 약속에 기하여 어떤 행위에 착수했는가의 여부와는 관계없이 약속을 준수해야 하는 것이므로, 계약의 구속력은 약속의 직접적 효과이지 약속에 대한 상대방의 신뢰의 효과는 아니' 라는 비판이 제기되고 있다.[36)]

(마) 국내의 계약이론

국내에서도 최근 들어 영미계약법의 영향으로 독일민법학을 계수한 종래의 법률행위이론을 비판적으로 검토하는 연구가 나타나고 있으며,[37)] 다른 한편에서는 독일과 프랑스 등 유럽대륙의 현대계약법이론에 영향을 받아 이를 종합하려는 경향이 나타나고 있다. 여기서는 그 대표적인 견해로서 김욱곤 교수의 주장을 소개하는 데 그치기로 한다.

김욱곤 교수는, '계약이 사회적 혹은 도덕적 차원에서 구속력을 가진다고 해서 그로부터 바로 법적인 구속력까지 가지게 되는 것은 결코 아니며, 실정법 질서가 그 이상에 비추어 합당하다고 판단하여 이에 법적 구속력을 승인하기 때문에 법적 구속력을 가지는 것이며,[38)] 계약의 구속력의 문제는 법률상의 권리·의무관계의 발생원인의 문제이고, 법률상의 권리·의무는 실정법질서가 이를 승인하는 범위 내에서만 인정되는 것이므로, 계약의 구속력의 근거는 이에 대한 실정법규범의 승인에서 찾아야 한다'고 전제한 후, '실정법규범이 계약에 구속력을 인정하는 이유는 계약제도가 인간의 자기발전과 「공공선(公共善)(bien public)의 실현」을 목적으로 하는 법규범의 목적에 부합하기 때문'이라고 설명하고 있다.[39)] 또한 그는 현대의 계약이론을 종합하여, '실정법규범은 사적·자치적 계약관계의 형성은 인간의 근본가치로 인정되

34) 김욱곤, 상게논문, 206; 지원림, "법률행위의 효력근거로서 자기결정, 자기책임 및 신뢰보호", 민사법학 13·14합병호(한국민사법학회, 1996/4), 51 이하 참조.

35) 이 밖에도 '법질서가 계약의 구속력을 인정하는 이유를 「계약충실의 도덕률」과 「신뢰보호의 원칙」에서 찾는 견해'를 주장한 학자로서는 독일의 만프레드 볼프(Manfred Wolf)와 프랑스의 앙드레 루아스트(André Rouast) 등을 들 수 있다(김욱곤, 상게논문, 206~207 참조).

36) 김욱곤, 상게논문, 207 참조.

37) 이에 관한 대표적인 문헌으로서는 이은영, "계약구속력의 근거", 사법연구회 편 「사법연구3: 계약법의 제문제」(고시계사, 1988), 25 이하; 同, "계약에 관한 법철학적 고찰 -약속이론과 신뢰이론을 중심으로-", 외법논집 1집(한국외국어대학교, 1994), 99 이하; 이재정, "영미계약법상 계약효력의 기초에 관한 논의 -국내이론과의 약간의 비교를 겸하여-", 민사법학 23호(한국민사법학회, 2003/3), 425 이하 등을 들 수 있다.

38) 김욱곤, 전게논문(주 7), 209 참조.

39) 상게논문, 209~210 참조.

는 인간의 존엄성과 자기결정력의 구체적 표현이며(근본가치이론), 계약관계에서는 일반적으로 정당성이 보증되기 때문에 계약제도는 각 당사자의 욕구충족과 함께 자기발전 나아가 교환적 정의의 실현에 유용한 수단이 되고(정당성보증이론), 인간의 본성으로부터 「계약성실(契約誠實)」이라는 자연법적 도덕률과 함께, 각 당사자는 상대방의 계약성실에 대한 신뢰관계에 서게 되며, 이 신뢰의 보호는 거래의 안전, 나아가서는 사회존립의 전제가 된다(신뢰보호이론)이라는 여러 사정을 종합적으로 고려하여 계약의 구속력을 인정하는 것'이라고 주장한다.[40]

생각건대, 「자기결정이론」(근본가치이론)은 기본적으로 「정당성보증이론」 내지 「신뢰보호이론」과는 인간성의 본질에 관한 철학적 관점을 달리할 뿐만 아니라, 기본적으로 계약의 정당성을 의사 그 자체에서 찾을 수 있는가 하는 문제에 있어서도 결론을 달리하는 이론이라고 할 수 있다. 따라서 인간성의 본질에 관한 대립적 시각에 입각한 상호 모순되는 두 가지 이론을 종합하여 계약의 구속력의 근거로 삼는다는 것이 이론상 가능한지의 여부에 대해서는 비판의 여지가 있다고 생각된다. 이 문제의 해결은 저자의 능력 밖의 문제이나, 현재로서는 「정당성보증이론」과 「신뢰보호이론」의 양자를 절충하여 계약구속력의 근거로 삼는 것이 가장 합당한 결론이라고 생각한다.

3) 계약의 구속력이 미치는 범위

민법은 구체적인 계약관계를 유형화한 전형계약에 관한 개별적 규정에서 당사자의 주된 급부의무를 규정하는 외에도 예컨대, 특정물인도채무자의 선관주의의무(374조)라든지, 수임인의 선관주의의무(681조)·보고의무(683조) 등 주된 급부의무를 실현하기 위한 종속적인 의무(일반적으로 이를 「부수의무」(Nebenpflicht)라고 부르기도 한다)를 규정하고 있는 경우가 많다. 그리고 이러한 주된 급부의무에 종된 부수적 의무는 신의칙에 기하여 확장되거나 보충될 수 있다.[41] 그러므로 계약의 구속력은 당사자 사이에 명시적으로 합의된 사항에 대해서만 효력이 미치는 것이 아니라, 법률의 규정 또는 신의칙에 의하여 확장·보충되어 당사자 간의 채무 내용이 되는 여러 종된 의무에 대하여서도 그 효력이 미치는 것이다.

4) 계약의 구속력의 제한

계약의 구속력은 절대적인 원칙이라고는 할 수 없으며, 특히 현대의 계약법에서는 자본주의경제체제의 모순과 폐해를 시정하기 위하여 계약자유에 대한 많은 제한이 가해지고 있다. 이러한 계약의 구속력에 대한 제한은 주로 계약 내용의 일방적 변경, 계약관계의 일방적 해소 또는 계약관계의 존속기간에 관한 강행규정의 설정 등의 형태로 이루어지고 있다.

---

40) 상게논문, 210~211 참조.
41) 주석채권각칙(Ⅰ)/김욱곤, 253 참조.

(가) 당사자 일방에게 계약 내용의 변경권을 부여하는 경우

민법은 계약당사자의 합의가 없더라도 일정한 요건 하에서 당사자 일방이 임의로 계약의 내용을 변경할 수 있도록 규정하고 있다. 예컨대, ① 지상권설정계약에서의 지료증감청구권(286조), ② 전세권설정계약에서의 전세금증감청구권(312조의2), ③ 임대차계약에서의 차임증감청구권(627조, 628조), ④ 주택임대차계약에서의 차임증감청구권(주택임대차법 7조) 등이 그 대표적인 경우이다.

(나) 계약관계의 해소, 또는 존속기간에 관하여 인정되는 예외

민법이 당사자 일방에게 계약의 해제권 또는 해지권을 부여하거나 존속기간에 관한 예외를 인정한 경우는, ① 증여계약에서의 증여자의 해제권(557조), ② 사용대차계약에서의 대주의 해제권(614조), ③ 소비대차계약에서 당사자 일방이 파산선고를 받은 경우에 소비대차계약의 실효(599조), ④ 고용계약에서의 각 당사자의 해지권(659~661조), 노무자 및 파산관재인의 해제권(663조), ⑤ 도급계약에서의 수급인 및 파산관재인의 해제권(674조), ⑥ 위임계약에서 부득이한 사유가 있는 당사자의 해제권(689조), 당사자 일방의 사망·파산 및 수임인의 금치산선고로 인한 위임계약의 실효(690조), ⑦ 임치계약에서 부득이한 사유로 인한 수치인의 해제권(698조), ⑧ 조합계약에서 부득이한 사유가 있는 조합원의 탈퇴권(716조 제2항), 각 조합원의 해산청구권(720조) 등을 그 예로 들 수 있다.

(2) 사정변경의 원칙

1) 의 의

「사정변경의 원칙」이라 함은 '계약 성립의 기초가 된 사정이 계약 성립 후에 계약 성립 당시에는 당사자가 예견할 수 없었던 사회적·경제적 사정의 변혁으로 인하여 당초의 계약 내용대로의 구속력을 인정하게 되면 당사자 일방에게 극히 가혹한 결과가 되는 경우에는 그 당사자에게 계약 내용을 일방적으로 변경하거나 해소할 수 있도록 하여야 한다는 이론'을 말한다.[42] 전술한 바와 같이, 민법은 일정한 경우에 당사자에게 계약의 내용을 일방적으로 변경하는 권한을 부여하거나 계약의 해지·해제권을 부여하는 등 계약의 구속력의 원칙에 대한 예외를 인정하고 있다. 또한 학설은 일반적으로 이러한 민법의 규정을 「사정변경의 원칙」에 관한 규정이라고 해석하고 있다. 그러나 우리 민법은 일정한 경우에 개별적으로 계약의 구속력에 대한 예외를 인정하는 규정을 두고 있을 뿐, 「사정변경의 원칙」을 민법의 일반원칙으로 인정하는 규정은 두고 있지 않다. 여기서 '우리 민법의 해석상 사정변경의 원칙을 민법의 일반원칙으로서 인정할 수 있을 것인가, 다시 말해서 계약의 구속력에 대한 예외로서 민법에 명문규

42) 五十嵐清, "事情變更の原則と行爲基礎論" ジュリスト增刊 「民法の爭點」(有斐閣, 1978), 288 이하.

정이 없는 경우에도 사정변경의 원칙을 인정할 수 있을 것인가?' 하는 것이 문제된다.[43]

2) 연혁 및 비교법적 고찰

(가) 중세 교회법의 「효력유지약관(效力維持約款)」이론

중세 교회법에서는 '모든 계약관계는 계약체결 시에 계약의 본질적 내용으로 약정한 사정이 변경되지 않는 경우에 한하여 그 효력이 유지된다'는 원칙이 인정되었다. 이는 '모든 계약에는 '계약체결 시의 사정이 그대로 유지된다면 이라는 조건'을 의미하는 「효력유지약관」(Clausula rebus sic standibus)이 부가되어 있다'는 것인데, 이러한 교회법의 원칙은 15세기부터 세속법에 영향을 미쳐 이탈리아 주석학파에 의하여 일반화되었으며, 근세초기의 법학자들에게 받아들여졌다. 그리하여 18세기부터 19세기에 걸쳐 제정된 독일의 각 분방(分邦: 바이에른, 프로이센, 오스트리아 등)의 민법전에 규정되어 실정법화되었다. 그러나 이 법리는 계약의 해소를 용이하게 만들게 되므로, 자본주의경제의 발달에 따라 확립된 「계약의 구속력의 원칙」에 압도되어 점차 잊혔으며, 독일민법전이 제정되던 19세기말에는 일부 개별적인 규정 가운데 그 흔적을 남겼을 뿐 민법의 일반적 원칙에서 배제되기에 이르렀다.[44]

(나) 독일의 「행위기초론」(Die Lehre von der Geschäftsgrundlage)

독일의 「사정변경의 원칙」이라고 할 수 있는 「행위기초론」은 1850년에 발표된 빈트샤이트(Bernhard Windscheid)의 논문 「전제론」(Die Lehre von der Voraussetzung)[45]에서 비롯된 것이라고 할 수 있으나,[46] 본격적으로 논의되기 시작한 것은 제1차 세계대전으로 인한 극심한 인플레가 발생한 1921년 외르트만(Paul Oertmann)의 논문 「행위기초」(Geschäftsgrundlage)[47]가 발표된 이후이다.[48]

(A) 외르트만의 「행위기초론」 외르트만은 '빈트샤이트가 주장한 행위기초를 이루는 「전제(前提)」(Voraussetzung)는 「동기(動機)」(Motive)와 구별이 어려울 뿐만 아니라, 당사자의 약정에 의해서가 아니라 일방적으로 설정된다는 점에 결정적 결함이 있다'고 비판하고, '행위기초에 의하여 계약 내용의 일방적 변경 내지 해소를 가능하게 하는 이론구성이 필요하다'고 주장하였다. 즉, 외르트만은 '「동기」(Motive)는 표의자의 내심적 효과의사의 형성에 영향을 미치는데 그치지만, 「행위기초」(Geschäftsgrundlage)는 계약의 효력에 영향을 미치며, 상대방이 표의

---

43) 이영준, "사정변경의 법리에 관한 연구 -독일의 행위기초론을 중심으로-", 사법논집 5집(법원행정처, 1974), 67 이하; 주석채권각칙(Ⅰ)/김욱곤, 254 이하 참조.
44) 五十嵐清, 전게논문(주 42), 94; 김민중, "행위기초론", 대전대학교논문집 8권 2호, 1990, 60 참조.
45) Bernhart Windscheid, Die Lehre von der Voraussetzung, 1850(김민중, 상게논문, 60~61 참조).
46) 김민중, 상게논문, 60~61 참조.
47) Paul Oertmann, Die Geschäftsgrundlage, 1921.
48) 독일의 행위기초론에 관하여는 이영환, "사정변경의 원칙", 법정(1968/7), 62 이하; 이영준, 전게논문(주 43), 67 이하; 김민중, 전게논문(주 44), 58 이하; 백태승, "독일 행위기초론의 발전과 최근동향", 저스티스 25권 1호(한국법학원, 1992/7), 51 이하; 주석채권각칙(Ⅰ)/김욱곤, 255 이하 참조.

자가 어떤 사실을 그 의사표시의 기초로 한다는 것을 알고 있고 이에 대하여 이의가 없어야 한다는 점에서 「동기」와 구별되어야 한다'고 주장하였다. 또한 '여기서 「상대방이 행위기초에 대하여 이의가 없다」는 것은 단순한 상대방의 인식가능성만으로는 충분치 않으며, 상대방이 행위기초를 이루는 사실을 이해하고 있다는 것을 의미한다'고 주장하였다. 이와 같이 외르트만의 「행위기초론」에서는 당사자의 주관적 관념이 행위기초의 흠결의 여부를 결정하는 데 결정적인 역할을 하기 때문에, 「주관적 행위기초론」이라고 불리는데, 이는 동기의 착오 중에서 특히 「공통의 착오」를 「행위기초론」에 포섭하고자 한 것이라고 할 수 있다. 그러나 이러한 외르트만의 「행위기초론」에 대해서는, '모든 의사표시는 상대방이 이를 인식할 수 있기만 하면 되는데, 왜 행위기초는 상대방이 이를 현실적으로 인식하여야 하는가?' 하는 의문이 제기되었으며, '그의 이론은 행위기초의 흠결 여부를 판단하는 데 지나치게 당사자의 주관에 의존하는 결과, 표의자의 추정적 의사를 매개할 수 있는 규범적 요소를 무시하는 결함이 있다'는 비판을 받았다.

(B) 「행위기초론」의 발전 외르트만의 「행위기초론」은 그 후 학설의 많은 비판과 검토를 거치면서 발전되었는데, 그 중 라렌츠(Karl Larenz)의 이론이 많은 학설의 지지를 얻어 독일의 통설·판례의 입장이 되었다.[49] 라렌츠는 「행위기초」를 '당사자의 의사결정의 주관적 기초'를 의미하는 「주관적 행위기초」와 '계약체결 당시 그 존재와 존속이 객관적으로 전제되고 있는 계약의 기초'를 의미하는 「객관적 행위기초」로 구분하고, 「주관적 행위기초」의 상실은 양 당사자의 공통적인 동기의 착오인 이른바 「공통의 착오」의 경우(예컨대, 외화계산의 기준이 되는 환율을 착각한 경우)에 주로 문제되며, 「객관적 행위기초」의 상실은 양 당사자의 예견 여부와는 관계없이 계약의 존재의미를 상실케 하는데, 「객관적 행위기초」가 상실되는 경우로서 '계약 성립 후 인플레 등 예견할 수 없었던 경제사정의 변경으로 인하여 쌍무계약에서의 급부와 반대급부와의 균형이 현저하게 파괴됨으로써 교환계약으로서의 의의를 상실케 하는 경우'인 「등가관계의 파괴」와, '급부의 형식적 이행이 불가능한 것은 아니지만 계약내용 중에 표현된 객관적 계약목적이 도달할 수 없게 된 경우(예컨대, 댄스홀의 영업을 위하여 건물을 임차하였으나 전쟁의 발발로 댄스가 금지된 경우)'인 「계약목적의 도달불능」의 두 가지 유형으로 구분된다고 한다.

(C) 행위기초론의 명문화 「행위기초론」은 2002년 독일민법 개정시에 「행위기초의 장애(障碍)」(Störung der Geschäftsgrundlage)라는 제목으로 민법전에 명문화되어 실정법의 제도가 되었다(BGB §313).[50]

---

49) 독일민법학에 있어서의 「행위기초론」의 발전에 대하여는 김민중, 상게논문, 11 이하; 백태승, 상게논문, 55 이하; 주석채권각칙(Ⅰ)/김욱곤, 254 이하 참조.

50) 독일민법 제313조(행위기초의 장애) (1) 계약의 기초가 된 사정이 계약체결 이후에 현저하게 변경되

(다) 프랑스의 「불예견론」

(A) 의 의　「불예견론(不豫見論)」(La théorie de l'imprévision)은 우리나라의 「사정변경의 원칙」에 해당하는 프랑스의 이론인데, 이는 '계약관계가 성립한 후 이행기에 이르기까지 당사자가 전혀 예견할 수 없었던 사회적·경제적 변혁이 생겨 당초의 계약관계를 유지시키는 것이 당사자 사이에 심한 불균형을 이루는 경우에는 당사자 일방의 청구에 의하여 법관에게 계약의 변경권이나 해소권을 인정하여야 한다'는 이론이다. 프랑스민법학에서는 「불예견」(l'imprévision)과 「불가항력」(force majeure)은 개념상 엄격하게 구별되어, 「불가항력(不可抗力)」의 경우에는 이행불능으로 인하여 채무가 소멸됨으로써 위험부담의 문제는 별론으로 하고 계약관계는 해소되는 데 반하여, 「불예견」의 경우에는 이행불능이 야기되는 것이 아니라 이행이 곤란하게 될 뿐이어서 계약관계가 당연히 해소되는 것은 아니라는 점에서 차이가 있다.[51)]

(B) 학 설　과거 프랑스민법학에서는 '「불예견론」을 인정하는 것은 「계약의 구속력의 원칙」을 규정하고 있는 개정 전 프랑스민법 제1134조 제1항[52)]에 반하며, 계약에 있어서의 신의칙에 관하여 규정하고 있는 동조 제3항의 규정을 근거로 「불예견론」을 인정하는 것은 지나치게 자의적인 해석이 된다는 점, 사정변경을 이유로 계약관계의 일방적 변경권이나 해소권을 인정하게 되면 거래의 안전을 심각하게 위협하게 된다는 점 등을 이유로 「불예견론」을 부정하는 견해가 통설이었다.[53)]

(C) 판례의 입장　프랑스의 판례는 1856년 크림전쟁의 발발로 인하여 이행이 곤란해진 계속적 노무자공급계약의 변경을 인정한 하급심판결을 민사최고법원인 「파기원(破棄院)」(Cour de Cassation)이 파기·환송한 이래, '「불예견론」은 민법상 인정되지 않는다'는 입장이 확립되었다.[54)] 다만, 1916년 최고행정법원인 「국참사원(國參事院)」(Conseil d'État)이 '공역무(公役務)(service public)의 필요상 불예견적 사정변경으로 인한 행정계약의 변경은 인정된다'고 판시한 이래, '행정사건에서는 「불예견론」이 인정된다'는 입장을 확립되었다고 한다.[55)]

고, 당사자가 이러한 변경을 예견하였더라면 계약을 체결하지 않았거나 다른 내용으로 체결하였을 것인 경우에, 개개의 사건에서 모든 사정 특히 계약상 혹은 법률상의 위험의 분배를 고려하여 당사자 일방에게 원래의 계약에의 구속이 기대될 수 없는 한 계약내용의 변경이 청구될 수 있다. (2) 계약의 기초가 된 본질적인 표상(表象)이 거짓으로 판명된 경우에도, 사정의 변경과 마찬가지이다. (3) 계약의 적응(계약내용의 변경)이 불가능하거나 당사자 일방에게 요구할 수 없는 경우에는, 불이익당사자는 계약을 해제할 수 있다. 계속적 채무관계에서는 해지권이 해제권을 대신한다.

51) 주석민법(1)/김욱곤, 257 참조.

52) 개정 전 프랑스민법 제1134조: (1) 적법하게 형성된 계약은 이를 체결한 당사자에게는 법률의 구실을 한다. (2) 계약은 당사자 상호 간의 합의, 또는 법률이 인정하는 원인에 의하여서만 폐지될 수 있다. (3) 계약은 성실하게 이행되어야 한다.

53) 주석민법(1)/김욱곤, 258 이하 참조.

54) 이에 관한 상세는 남효순, "프랑스채권법의 개정과정과 계약의 통칙 및 당사자 사이의 효력에 관하여", 민사법학 75호(한국민사법학회, 2016/6), 128 이하; 주석민법(1)/김욱곤, 259 참조.

55) 남효순, 상게논문, 129; 주석민법(1)/김욱곤, 259~260 참조.

(D) 「사정변경의 원칙」의 명문화

유럽연합(EU)의 주도국가인 프랑스는 유럽연합에 소속된 대부분의 국가가 「사정변경의 원칙」을 명문규정으로 인정하고 있는 입법추세에 발맞추어 「2015.2.16.의 법률」로써 '당사자들에 예견불가능한 변화가 있을 경우에 이에 적합하게 계약을 변경시킬 수 있는 권한'을 정부에 부여하였으며,[56] 이에 따라 2016년에 개정된 현행 프랑스민법은 「사정변경의 원칙」을 명문화한 규정을 신설하였다(C.c. Art. 1195).[57]

(라) 일본에서의 「사정변경의 원칙」

(A) 학 설　일본에서도 제1차 세계대전 후의 경제적 혼란을 극복하기 위하여 사정변경에 대한 법이론을 정립할 필요성이 대두되었는데, 1926년 가쓰모도 마사아키(勝本正晃)가 프랑스의 「불예견론」에 영향을 받아 발표한 논문 "민법에 있어서의 사정변경의 원칙"에서 독일의 「행위기초론」을 비판하고 '일본민법의 해석론으로 「사정변경의 원칙」을 인정할 것'을 주장하였다.[58] 가쓰모도의 「사정변경의 원칙」은 곧 학설[59]과 판례[60]의 지지를 받아 일본의 통설적 견해로 정착되었다.[61] 독일민법학의 압도적 영향 아래 있었던 일본민법학에서 독일의 행위기초론이 계수되지 않고, 프랑스민법학의 「불예견론」에 영향을 받은 「사정변경의 원칙」이 통설·판례의 입장으로 굳어진 이유는, '이른바 「공통의 착오」의 문제를 「주관적 행위기초의 흠결」의 문제로 다루는 독일과 달리, 일본에서는 이를 착오론에서 「동기의 착오」의 문제로서 다루고 있기 때문이라고 한다.[62]

(B) 일본판례의 입장　일본의 최고재판소는 일반론으로서는 사정변경의 원칙을 인정하고 있으나,[63] 실제사례에서 이를 인정한 경우는 아직 한 번도 없었다고 한다.[64]

(C) 「사정변경의 원칙」에 대한 입법론　일본에서도 1998년에 사정변경의 원칙을 민법의 일

56) 남효순, 상게논문, 130~131 참조.

57) 프랑스민법 제1195조: (1) 계약체결 시에 예견하지 못한 사정의 변경으로 인하여 그 이행이 이러한 위험을 인수한 적이 없는 일방 당사자에게 과도한 부담을 주는 경우, 그 당사자는 상대방 당사자에게 재교섭(renégociation)을 요구할 수 있다. 재교섭 중에도 재교섭을 요구한 당사자는 자신의 채무를 계속 이행하여야 한다. (2) 재교섭이 거절되거나 좌절된(d'échec) 경우에는, 당사자는 그들이 정한 날짜와 조건에 따라서 계약의 해제에 합의할 수 있으며, 혹은 만장일치의 합의에 의하여 법관에게 계약의 내용을 변경해 줄 것(adaptation)을 요구할 수 있다. 상당한 기간 내에 합의가 없는 경우, 법원은 당사자 일방의 청구에 의하여 계약의 내용을 변경하거나 그가 정한 날짜와 조건에 따라 계약을 종료시킬 수 있다.

58) 勝本正晃, 「民法に於ける事情變更の原則」, 有斐閣, 1926.

59) 일본에서의 「사정변경의 원칙」에 관한 학설·판례의 상세는 五十嵐清, 전게논문(주 42), 228 이하 참조.

60) 일본대심원 1944.12.6.판결(민집23권613); 일본최고재 1944.2.12.판결(민집8권2호448).

61) 五十嵐清, 전게논문(주 42), 228 참조.

62) 상게논문, 230 참조.

63) 일본최고재 1997.7.1.판결(민집51권6호2452)

64) 馬場圭太, "日本法における「事情變更の原則」", 제8회 동아시아민법국제학술대회 발표논문(민사법학 85호, 한국민사법학회, 2018/12), 584 이하; 小粥太郎, "事情變更の原則の要件", 別冊Jurist No.238 「民法判例百選Ⅱ 債權」, 第8版(有斐閣, 2018/3), 82 이하 참조.

반원칙으로 인정하는 것을 내용으로 하는 입법제안이 발표된 바 있으며,[65] 2009.3. 법무성의 「민법(채권법)개정검토위원회」가 작성한 「채권법개정기본방침」,[66] 그리고 2013.2.26. 법무성 법제심의회의 결정으로 사정변경의 원칙을 명문으로 규정하는 내용의 「민법(채권관계)의 개정에 관한 중간시안」이 발표된 바 있다.[67] 그러나 '민법전에 「사정변경의 원칙」에 관한 명문규정을 신설하는 안은 주로 경제계의 반대의견에 부딪혀 2017년의 민법개정안에 반영되지 못하였다'고 한다.[68]

(마) 영미법상의 「계약좌절의 법리」(the doctrine of frustration)

우리 민법학의 「사정변경의 원칙」에 해당하는 영미법의 원칙을 「좌절(挫折)의 법리」, 또는 「계약목적달성불능의 법리」라고 한다.[69]

(A) 영국의 「계약좌절의 법리」 영국(England)의 common law에서는 1863년의 「Taylor v. Caldwell 사건」에 대한 판결[70]에서 비롯된 「frustration법리」가 인정되고 있는데, 이는 '계약체결 이후에 발생한 어떤 사태가 계약의 이행을 불가능하게 하거나 계약체결 시에 발생한 채무를 현저하게 변질시키는 경우에는 계약목적달성의 좌절(frustration)을 이유로 계약을 해소할 수 있다'는 법리이다.[71] 다만, '「frustration법리」는 현재는 매우 제한된 범위에서만 적용된다'고 한다.[72] 그 이유는, ① 법원이 'frustration은 경솔한 상업적 거래의 통상적 결과로부터 계약당사자를 구원하기 위하여 쉽사리 주장될 수 없다'는 원칙 아래 당사자 일방이 불리한 거

65) 「債權法改正の課題と方向 -民法100周年を契機として」 別冊NBL no.51(商事法務硏究會, 1998), 135 이하 참조.

66) 民法債權法改正檢討委員會편, 「詳解債權法改正の基本方針 Ⅱ」 契約および債權一般(1)(商事法務, 2009/10), 381 이하 참조.

67) 일본 「민법개정중간시안」(2013.2.26.) 제32 사정변경의 법리: 계약이 체결된 후에 그 계약에서 전제가 되고 있었던 사정에 변경이 생긴 경우에 있어서, 그 사정의 변경이 다음에 적은 요건 중 어느 것에도 해당하는 등 일정한 요건을 충족시킨 때에는, 당사자는 [계약의 해제/계약의 해제 또는 계약의 개정의 청구]를 할 수 있는 것으로 하는 것이 어떤가에 대하여, 계속 검토한다. ア. 그 사정의 변경이 계약체결 시에 당사자가 예견할 수 없었으며, 또한 당사자의 귀책사유가 아닌 사유로 인하여 발생한 것일 것. イ. 그 사정의 변경에 의하여 계약을 한 목적을 달성할 수 없거나, 당초의 계약내용을 유지하는 것이 당사자간의 형평을 현저하게 해하는 것이 될 것

68) 小粥太郎, 전게논문(주 64), 83; 馬場圭太, 전게논문(주 64), 595 참조.

69) 이를 「계약목적달성불능의 법리」라고도 한다. 영미법상의 「frustration 법리」에 대하여서는 김학동, "영미법상의 Frustration법리(1)·(2)", 판례월보 154호(판례월보사, 1983/7), 10 이하(1); 155호(1983/ 8), 11 이하(2); 김상중, "사정변경제도의 성문입법화 시도에 관한 몇 가지 비판적 단상 -민법중개정법률안 제544조의4를 계기로 한 영미법 Frustration 법리와의 비교·분석을 통하여-", 재산법연구 23권 1호(한국재산법학회, 2006/6), 1 이하 참조.

70) 사안은 원고(Taylor)가 피고(Caldwell)로부터 대형 콘서트나 축제의 공연장으로 사용되고 있었던 뮤직홀을 빌렸는데, 그 뮤직홀이 사용되기로 예정되었던 행사가 있기 전에 당사자들의 과실과 관계없는 화재로 멸실하자 원고가 계약위반을 이유로 소를 제기한 사건인데, 영국법원은 채무이행의 어려움(harshness)에 주목하여, '피고는 「frustration법리」에 의하여 그의 채무에서 해방되었다'고 판시하였다.

71) E. G. Mckendrick, Chitty on Contracts, 28th ed., 1999, Chap. 24.

72) E. G. Mckendrick, op. cit. §24-003.

래라는 것이 밝혀진 경우에 이로부터 도피하려는 노력으로 「frustration 법리」를 주장하는 것을 허용하지 않으며, ② 당사자들이 상업적 계약에 대하여 여러 가지 가능한 재앙적 사건들이 그들의 계약상 채무 위에 가할 수 있는 충격에 대비한 규정들을 두는 것이 일반적이기 때문이라고 한다.

「frustration법리」는 계약에 의하여 이미 발생한 채무에 대하여는 영향을 미치지 않으며, 계약의 양 당사자로 하여금 장래에 향하여 그들의 이행의무로부터 해방시키는 효과를 가지는데 그친다. 다만, 1943년의 계약법이 개정됨으로써,[73] 'frustration에 의하여 당사자는 계약소멸 이전에 이행기가 도래한 금전지급채무도 면함으로써, 이미 지급한 금전의 부당이득 및 신뢰이익의 반환을 청구할 수 있게 되었다'고 한다.[74]

(B) 미국의 「계약목적달성불능」의 법리 미국에서는 기본적으로 사법(私法)의 제정권이 각 주(州)에 위임되어 때문에, 일률적으로 '미국의 「frustration 법리」가 이렇다'고 말할 수는 없으나, 미국의 계약법은 프랑스민법이 통용되고 있는 루이지애나 주를 제외하고는 대부분의 주가 영국의 common law를 계수하고 있으므로, 미국법에서도 「frustration법리」가 인정되고 있다고 말할 수 있다. 특히 「미국법률가협회」(American Law Institute)가 제정한 「계약법리스테이트먼트」(Restatement)는 「후발적 계약목적달성불능」(Supervening Frustration)과 「원시적 계약목적달성불능」(Existing Impracticability or Frustration)에 의한 면책을 인정하고 있다(Restatement 2d. Contracts §265,[75] §266(2)[76]).

(바) 국제상사계약원칙 : PICC

「국제상사계약원칙」(Principles of International Commercial Contracts 2016: PICC)[77]는 '사정변경으로 인한 계약의무의 이행불능'을 「hardship」[78]이라고 명명하고, 그에 관한 상세한 규정

---

73) Law Reform(Frustrated Contract) Act, 1943.

74) Ibid. at 24-074.

75) 제2리스테이트먼트 제265조(후발적 계약목적달성불능에 의한 면책) 계약 성립 후 그것이 발생하지 아니할 것이 계약 성립의 기초적 전제가 된 사정의 발생으로 인하여 당사자 일방의 주된 목적이 그의 과실 없이 실질적으로 좌절된 경우에는, 반대의 약정이나 사정이 없는 한, 잔존한 그의 이행의무는 소멸된다.

76) 제2리스테이트먼트 제266조(원시적 계약목적달성불능) (2) 계약 성립 당시에 알 수 없었고, 또한 그것이 존재하지 않는다는 것이 계약 성립의 기초적 전제가 된 사실에 의하여 당사자 일방의 주된 목적이 그의 과실 없이 실질적으로 좌절된 경우에는, 반대의 약정이나 사정이 없는 한, 그 당사자의 어떠한 이행의무도 발생하지 않는다.

77) PICC는 1991년 「사법의 통일을 위한 국제협회」(International Institute for the Unification of Private Law: UNIDROIT)에 의하여 제정된 국제통일계약법이나, 구속력이 있는 법규범은 아니다. PICC의 제정과정에 대한 상세는 최준선, "국제상사계약에 관한 UNIDROIT원칙의 성립과 전망", 박길준교수화갑기념논문집(I) 「기업구조의 재편과 상사법」, 1998/10, 80 이하 참조.

78) PICC는 「hardship」을 'PICC 제6.2.2.조 (a)내지 (d)항에서 규정하고 있는 요건들을 충족시키는 사건의 발생이 계약의 형평을 근본적으로 변경시키는 상황'으로 정의하고 있다. 본서에서는 편의상 hardship을 "사정변경"이라고 번역하기로 한다.

을 두고 있다(PICC Art. 6.2.1,[79] 6.2.2,[80] 6.2.3 [81]).

(사) 유럽계약법원칙 : PECL

유럽연합(EU)을 구성하는 각국의 계약법을 통일시키기 위하여 제정된 「유럽계약법원칙」(The Principles of European Contract Law: PECL)[82]도 사정변경(Change of Circumstances)에 관한 명문규정을 두고 있다(PECL Art. 6.111).[83]

(아) 유럽의 통일민법전 제정을 위한 「공통참조초안」 : DCFR

유럽의 통일민법전 제정을 목표로 하여 결성된 연구자들[84]의 단체인 「유럽민법전연구모임」(Study Group on a European Civil Code)과 「EC사법연구회」(Research Group on EC Private Law: Acquis Group)는 2008년 「유럽사법의 원칙, 정의, 그리고 모델법」(Principles, Definitions and

---

79) PICC 제6.2.1조(계약의 준수의무) 계약의 이행이 일방 당사자에게 더 큰 부담을 가져오는 경우라 하더라도, 그 당사자는 사정변경에 관한 이하의 규정에 따라서 그 채무를 이행하지 않으면 아니 된다.

80) PICC 제6.2.2조(사정변경의 정의) 일방 당사자의 이행비용이 증가하였거나 일방 당사자가 수령하는 이행의 가치가 감소됨으로써 사건의 발생이 계약의 형평을 근본적으로 변경시키는 경우에, 그리고 (a) 사건이 계약체결 이후에 발생하거나 불이익당사자에게 알려진 경우; (b) 사건이 계약체결 당시에 불이익당사자에 의하여 합리적으로 고려될 수 없었던 경우; (c) 사건이 불이익당사자의 통제 밖에 있는 경우; 그리고 (d) 사건의 위험이 불이익당사자에 의하여 예견되지 아니한 경우에는, 사정의 변경이 존재한다.

81) PICC 제6.2.3조(사정변경의 효력) (1) 사정변경의 경우에, 불이익당사자는 재교섭(renegotiations)을 청구할 권리가 있다. (재교섭의) 청구는 부적절한 지연 없이 이루어져야 하며, 그것이 기초하고 있는 근거를 지적하여야 한다. (2) 재교섭의 청구는 그 자체로서는 불이익당사자에게 이행을 연기할 권리를 부여하지 않는다. (3) 합리적인 기간 내에 합의에 이르지 못한 경우에는, 당사자는 누구든지 법원에 도움을 청할 수 있다. (4) 법원이 사정변경을 인정하고 또한 합리적인 경우에는, (a) 일정한 시기와 확정된 조건하에서 계약을 종료시키거나, (b) 형평의 회복을 고려하여 계약을 적응(adapt the contract)시킬 수 있다.

82) 「유럽계약법원칙」(PECL)은 1994년 「유럽계약법위원회」(Commission on European Contract Law: Lando 위원회)가 제정한 것인데, PECL의 제정 과정에 관하여는 양창수, "「유럽계약법원칙」에 대한 일고 및 그 번역", 서울대법학 40권 1호(서울대법학연구소, 1999), 358 이하; 올란도 휴 빌 편/김재형 역, 「유럽계약법원칙 제1·2부」(박영사, 2013), 1 이하 참조.

83) PECL 제6.111조(사정의 변경) (1) 당사자 일방은 이행비용이 증가하였거나 그가 수령할 이행의 가치가 감소함으로써 이행이 보다 부담스러운 것이 된다 할지라도 그의 채무를 이행하지 않으면 안 된다. (2) 그러나 계약의 이행이 사정의 변경으로 인하여 지나치게 부담스러운 것이 되는 경우에는 다음과 같은 조건이 충족된다면 양 당사자는 계약을 적응시키거나 또는 종료시킬 것을 목적으로 교섭을 개시하여야 한다. (a) 사정의 변경이 계약체결 이후에 발생하였을 것 (b) 사정변경의 가능성이 계약체결 당시에 합리적으로 고려될 수 없었을 것 (c) 계약상 사정변경의 위험이 불이익당사자가 감수하여야 할 것이 아닐 것 (3) 법원은 당사자가 합리적인 기간 내에 합의에 도달하지 못하는 경우 (a) 법원에 의하여 결정된 일시와 조건 아래 계약을 종료시키거나, (b) 사정의 변경으로 인하여 야기된 손실과 이익을 당사자 사이에 정의롭고 형평에 맞는 방법으로 분배하기 위하여 계약을 적응시킬 수 있다. 위의 두 가지 경우에, 법원은 당사자 일방이 신의성실과 공정한 거래의 원칙에 반하여 교섭을 거절하거나 중단함으로 인하여 (상대방이) 입은 손해의 배상을 명할 수 있다.

84) 독일의 Christian von Bar교수에 의하여 주도된 이 작업에 참여한 학자들은 Eric Clive, Hans Schulte-Nölke, Hugh Beale, Johnny Herre, Jérôme Huet, Matthias Storme, Stephen Swann, Paul Varul, Anna Veneziano and Fryderyk Zoll 등이다.

Model Rules of European Private Law)을 담은 「공통참조초안」(Draft Common Frame of Reference: DCFR)의 최종판(Paperback and hardcover editions of the final DCFR)을 출간하였는데, 동 초안도 「사정변경의 원칙」에 관하여 상세한 규정을 두고 있다(DCFR Ⅲ.-1:110).[85]

3) 「사정변경의 원칙」에 관한 국내의 학설·판례

(가) 학 설

우리나라의 통설은 '민법에 명문규정은 없으나, 민법의 일반원칙인 「신의성실의 원칙」의 파생원칙의 하나로서 「사정변경의 원칙」을 인정하여야 한다'고 해석하고 있다.[86] 그러나 이에 대해서는 '명문규정이 없는 한 사정변경의 원칙을 민법의 일반원칙으로 인정해서는 안 된다'는 비판론이 제기되고 있다.[87]

(나) 판례의 입장

(A) 초기의 판례 초기의 판례는 「사정변경의 원칙」을 민법의 일반원칙으로 인정하는 것을 완강히 부정하였다. 즉, 판례는 ① '화폐가치가 현저히 변동하더라도 계약상의 채권액이 당연히 증액되지 않으며(대법원 1955.12.8.선고, 4288민상423 판결 등), 화폐가치의 변동으로 목적물의 가격이 등귀되어 양 당사자 사이에 균형이 상실된 경우에도 「사정변경의 원칙」은 고려되지 않는다'는 입장을 확립하고 있었으며(대법원 1955.4.14.선고, 4286민상231 판결),[88] ② '화폐개혁이 된 경우에도 법규에 의해 환산된 금액을 변제하면 충분하다'는 입장을 취하고 있었다(대법원 1959.5.28.선고, 4287민상459 판결). 이와 같이 '화폐가치의 변동을 이유로 하는 사정변경은 고려될 수 없다'는 판례의 입장은 현재까지 유지되고 있는 것으로 보인다.

---

85) DCFR 제3권 제1:110조(사정변경에 대한 법원에 의한 계약내용 변경 및 해소) (1) 채무는 그 이행이 이행비용의 증가 또는 그의 대가로 수령하는 것의 감소로 인하여 보다 부담스러운 것이 되었다고 하더라도 반드시 이행하여야 한다. (2) 그러나 계약 또는 단독행위로부터 발생한 채무의 이행이 사정의 변경으로 인하여 지나치게 부담스러운 것이 되어 채무자로 하여금 그 채무에 구속시키는 것이 불공정하게 된 경우에는, 법원은 (a) 그 채무가 새로운 상황 속에서 합리적이고 형평에 맞도록 만들기 위하여 변경하거나; 또는 (b) 그 채무를 법원이 결정한 일시와 조건 하에 소멸시킬 수 있다. (3) 제2항의 규정은 다음 각 호의 경우에 한하여 적용된다: (a) 사정변경이 채무발생 이후에 발생한 경우; (b) 채무발생 당시에는 채무자가 그 사정변경의 가능성 또는 규모를 고려하지 못하였고, 고려하였을 것이라고 합리적으로 기대할 수 없는 경우; (c) 채무자가 사정변경의 위험을 예견하지 못하였으며, 예견하였을 것이라고 합리적으로 간주할 수 없는 경우; (d) 채무자가 합리적이고 선의로써 재교섭에 의하여 채무를 규율하는 조항을 합리적이고 형평에 맞게 조정하기 위하여 노력한 경우.

86) 곽윤직, 93; 김상용, 130; 김증한/김학동, 137; 김현태, 73; 이태재, 113; 황적인, 146 참조.

87) 정상현, "민법개정안 제544조의4에 대한 비판적 검토", 성균관법학 20권 1호(성균관대비교법연구소, 2008/4), 149 이하; 주석민법(1)/김욱곤, 261~262 참조.

88) 판례평석: 윤대성, "사정변경의 원칙 -사정변경으로 인한 계약해제는 인정되는가?-", 민법판례해설 I (민법총칙), 25 이하.

■ 「사정변경의 원칙」의 적용을 인정하지 아니한 사례

1. 매매계약을 맺은 때와 그 잔대금을 지급할 때와의 사이에 장구한 시일이 지나서 그 동안에 화폐가치의 변동이 극심하였던 탓으로 매수인이 애초에 계약할 당시의 금액표시대로 잔대금을 제공한다면 그 동안에 앙등한 매매목적물의 가격에 비하여 그것이 현저하게 균형을 잃은 경우라 할지라도, 민법상 매도인으로 하여금 사정변경의 원리를 내세워서 그 매매계약을 해제할 수 있는 권리는 생기지 않는다. (대법원 1963.9.12.선고, 63다452 판결)[89)]

2. 월남전의 국지적인 전황변경에 따른 작업중단 조치는 회사에 대한 관계에서는 주요한 사정변경에 해당되는 것이었다 할지라도, 그것이 고용계약을 해지할 부득이한 사유나 정당한 사유는 되지 못하는 것이므로, 회사는 위 조치가 있은 후 위 고용계약의 만료일까지 약정된 업무에 취업치 못하고 휴업하게 되었음에 대하여 소정의 휴업수당을 지급하여야 한다. (대법원 1970.5.26.선고, 70다523 판결)[90)]

3. 매매계약 체결 후 부동산의 시가가 등귀하였고, 매수인이 잔대금 지급기일을 경과한 지금까지 매매대금 중 6/7에 해당하는 금원을 지급하지 아니한 채 매매계약 후 19년이 지난 후에 소유권이전등기청구의 소를 제기하였다 하더라도, 이러한 사유만으로 그 청구가 신의칙에 반하고 권리남용에 해당한다고 볼 수 없다. (대법원 1992.6.12.선고, 92다12384·912391 판결)[91)]

4. 회사의 이사가 채무액과 변제기가 특정되어 있고 다만 채무의 이행기만 수년에 걸쳐있는 회사채무에 대하여 보증보험계약을 체결한 경우에는, 계속적 보증이나 포괄근보증과는 달리 이사직 해임이라는 사정변경을 이유로 보증보험인인 이사가 일방적으로 보증보험계약을 해지할 수 없다. (대법원 1991.7.9.선고, 90다15501 판결)[92)]

(B) 1992.5.26.의 대법원판결 이후 대법원은 1992.5.26.선고, 92다2332 판결에서 종래의 입장을 바꾸어, '이사의 지위에 있었기 때문에 회사의 요구로 부득이 회사와 은행 사이의 계속적 거래로 인한 회사 채무에 대하여 연대보증인이 된 자가 그 후 퇴사하여 이사의 지위를 떠난 것이라면, 이는 연대보증계약 성립 당시의 사정에 현저한 변경이 생긴 경우에 해당하므로 사정변경을 이유로 위 연대보증계약을 해지할 수 있다'고 판시하였다.[93)] 이 판결은 '연대보증인의 퇴사(退社)'라는 주관적 사정을 「사정변경」으로 인정한 법이론상의 오류는 있었으나,[94)] 대법원이 최초로 「사정변경의 원칙」을 적용하여 계약(연대보증계약)의 해지를 인정하였

---

89) 판례평석: 이광신, "사정변경의 원리와 계약해제권 인정여부", 판례연구 2집(서울변호사회, 1972/4), 57 이하; 김명길, "부동산매매계약에 있어서의 사정변경을 원인으로 한 계약해제의 허부", 대법원판례해설 5호(법원행정처, 1986/11), 45 이하; 한동수, "사정변경으로 인한 계약해제권의 발생 여부", 판례연구 1998(전주지법, 1999/1), 35 이하; 김민중, "사정변경으로 인한 계약해제권의 발생", 「로스쿨민법총칙」(청림출판, 2006/2), 105 이하. 같은 취지: 대법원 1991.2.26.선고, 90다19664 판결; 대법원 1992.6.12.선고, 92다12384·912391 판결.

90) 판례평석: 김지형, "국제적 근로계약관계의 준거법", 저스티스 68호(한국법학원, 2002/8), 222 이하.

91) 판례평석: 김상용, "공평의 원칙의 파괴와 실효의 법리 적용 여부", 사법행정 33권 10호(한국사법행정학회, 1992/10), 89 이하.

92) 같은 취지: 대법원 1991.5.14.선고, 91다7156 판결.

93) 같은 취지: 대법원 1992.11.24.선고, 92다10890 판결; 대법원 1996.10.29.선고, 95다17533 판결; 대법원 1998.6.26.선고, 98다11826 판결; 대법원 2000.3.10.선고, 99다61750 판결; 대법원 2002.5.31.선고, 2002다1673 판결.

94) 이 판결 이후에도 판례는 '사정변경을 이유로 보증계약을 해지할 수 있는 것은 포괄근보증이나 한정근보증과 같이 채무액이 불확정적이고 계속적인 거래로 인한 채무에 대하여 보증한 경우에 한하고, 회

다는 점에서 중요한 의미를 가지는 것이었다.[95)]

위 대법원판결 이후 판례는 '토지의 소유자가 법률상 원인 없이 토지를 점유하고 있는 자를 상대로 장래의 이행을 청구하는 소로써 그 점유자가 토지를 인도할 때까지 토지를 사용·수익함으로 인하여 얻을 토지의 임료에 상당하는 부당이득금의 반환을 청구하여 그 청구의 전부나 일부를 인용하는 판결이 확정된 경우라고 하더라도, 그 소송의 사실심 변론종결 후에 토지의 가격이 현저하게 앙등하고 조세 등의 공적인 부담이 증대되었을 뿐만 아니라, 그 인근토지의 임료와 비교하더라도 그 소송의 판결에서 인용된 임료액이 상당하지 아니하게 되는 등 경제적 사정의 변경으로 당사자 간의 형평을 심하게 해할 특별한 사정이 생긴 때에는, 토지의 소유자는 점유자를 상대로 새로 소를 제기하여 전소(前訴) 판결에서 인용된 임료액과 적정한 임료액의 차액에 상당하는 부당이득금의 반환을 청구할 수 있다'고 판시함으로써(대법원 1993.12.21.선고, 92다46226 전원합의체판결 등)[96)], 사정변경의 원칙을 적용하여 기판력의 예외를 인정하는 등 점차 사정변경의 원칙의 적용범위를 넓혀가는 추세를 보이고 있다(대법원 1992.7.3., 91마730 결정 등).[97)]

(C) 사정변경의 원칙에 대한 일반법리의 정립 대법원은 2007.3.29.선고 2004다31302 판결에서, '① 사정변경으로 인한 계약해제는 계약 성립 당시 당사자가 예견할 수 없었던 현저한 사정의 변경이 발생하였고 그러한 사정의 변경이 해제권을 취득하는 당사자에게 책임 없는 사유로 생긴 것으로서, 계약내용대로의 구속력을 인정한다면 신의칙에 현저히 반하는 결과가 생기는 경우에 계약준수 원칙의 예외로서 인정되는 것이고, ② 여기에서 말하는 사정이라 함은 계약의 기초가 되었던 객관적인 사정으로서 일방당사자의 주관적 또는 개인적인 사정을 의미하는 것은 아니며, ③ 계약의 성립에 기초가 되지 아니한 사정이 그 후 변경되어 일방당사자가 계약 당시 의도한 계약목적을 달성할 수 없게 됨으로써 손해를 입게 되었다 하더라도 특별한 사정이 없는 한 그 계약내용의 효력을 그대로 유지하는 것이 신의칙에 반한다고 볼

사의 이사로 재직하면서 보증당시 그 채무가 특정되어 있는 확정채무에 대하여 보증을 한 후 이사직을 사임하였다 하더라도, 사정변경을 이유로 보증계약을 해지할 수 없다'는 입장을 확립하고 있다(대법원 1994.12.27.선고, 94다46008 판결 등).

95) 이 판결 이전에도 대법원은 '장래의 입원치료비와 같은 계속적 보증의 경우, 사회통념상 그 보증계약을 유지시킬 이유가 없다면 그 계약해지로 인하여 상대방에게 신의칙상 묵과할 수 없는 손해를 입게 하는 등 특단의 사정이 있는 경우를 제외하고는 보증인은 일방적으로 해지할 수 있다'는 입장을 취하고 있었으나(대법원 1978.3.28.선고, 77다2298 판결 등), 그 이론적 근거로서 「사정변경의 원칙」을 명시하지는 않았다.

96) 판례평석: 이재홍, "변론종결후의 임료상승과 상승분에 대한 추가적인 부당이득반환청구소송의 적법성 여부", 고시연구 21권 11호, 1994/10, 194 이하; 백현기, "장래이행의 판결로 확정된 임료상당 부당이득금의 증액을 청구할 수 있는가", 윤관대법원장퇴임기념 「국민과 사법」(박영사, 1999/1), 639 이하. 같은 취지: 대법원 1999.3.9.선고, 97다58194 판결.

97) 같은 취지: 대법원 1968.6.28., 68마597 결정.

수 없다'고 판시함으로써, 「사정변경의 원칙」의 일반법리를 제시하였다. 그리고 판례의 이러한 입장은 「키코옵션계약 사건」에 대한 대법원 전원합의체판결을 통하여 다시 한 번 확인되었다(대법원 2013.9.26.선고, 2012다13637 전원합의체판결 등).[98] 그러므로 「사정변경의 원칙」은 이미 판례에 의하여 민법의 일반원칙으로 승격되었다'고 할 수 있을 것이다.

■ **사정변경으로 인한 계약해제가 인정되는 경우** [1] 이른바 사정변경으로 인한 계약해제는 계약 성립 당시 당사자가 예견할 수 없었던 현저한 사정의 변경이 발생하였고 그러한 사정의 변경이 해제권을 취득하는 당사자에게 책임 없는 사유로 생긴 것으로서, 계약내용대로의 구속력을 인정한다면 신의칙에 현저히 반하는 결과가 생기는 경우에 계약준수 원칙의 예외로서 인정되는 것이고, 여기에서 말하는 사정이라 함은 계약의 기초가 되었던 객관적인 사정으로서, 일방당사자의 주관적 또는 개인적인 사정을 의미하는 것은 아니다. 또한 계약의 성립에 기초가 되지 아니한 사정이 그 후 변경되어 일방당사자가 계약 당시 의도한 계약목적을 달성할 수 없게 됨으로써 손해를 입게 되었다 하더라도 특별한 사정이 없는 한 그 계약내용의 효력을 그대로 유지하는 것이 신의칙에 반한다고 볼 수도 없다. [2] 이 사건 매매계약은 일반 매수예상자들을 대상으로 한 피고의 공개매각절차를 거쳐 이루어진 것으로서, 공개매각조건에는 이 사건 토지가 개발제한구역에 속해 있고, 이 사건 토지의 매각 후 행정상의 제한 등이 있을 경우 피고가 이에 대하여 책임을 지지 아니한다는 내용이 명시되어 있으며, 이 사건 매매계약에서도 피고는 이 사건 토지의 인도 후에 발생한 일체의 위험부담에 대하여 책임지지 않는다는 내용이 명시되어 있을 뿐 당시 이 사건 토지상의 건축가능 여부에 관하여 논의가 이루어졌다고 볼 만한 자료를 찾아볼 수 없다. 그렇다면 이 사건 토지상의 건축가능 여부는 원고가 이 사건 토지를 매수하게 된 주관적인 목적에 불과할 뿐 이 사건 매매계약의 성립에 있어 기초가 되었다고 보기 어렵다 할 것이므로, 이 사건 매매계약 후 이 사건 토지가 공공공지에 편입됨으로써 원고가 의도한 음식점 등의 건축이 불가능하게 되었다 하더라도 이러한 사정변경은 이 사건 매매계약을 해제할 만한 사정변경에 해당한다고 할 수 없다 할 것이고, 이러한 사정변경으로 인하여 원고가 의도한 주관적인 매수목적을 달성할 수 없게 되어 손해를 입었다 하더라도 특별한 사정이 없는 한 이 사건 매매계약의 효력을 그대로 유지하는 것이 신의칙에 반한다고 볼 수도 없다 할 것이다. 「제주시 공공용지매각 사건」 (대법원 2007.3.29.선고, 2004다31302 판결)[99]

(다) 학설·판례의 검토

민법에는 사정변경의 원칙을 입법화하였다고 볼 수 있는 규정들이 산재해 있으나, 이에 관한 일반규정은 존재하지 않는다. 우리 민법의 이러한 태도는 만약 사정변경의 원칙을 계약법의 일반원칙으로 규정하는 경우에는 계약의 구속력과 거래안전에 큰 위협이 될 것이라는 점을 고려한 것이며, 기본적으로 옳은 결단이라고 생각된다. 또한 이미 두 차례에 걸친 세계대전과 경제대공황, 6·25전쟁 등 급격한 사회적·경제적 변혁을 경험한 바 있는 오늘날에는 계속적 계약관계에 있어서의 사정변경, 특히 화폐가치의 변동은 당사자가 충분히 예상할 수

98) 같은 취지: 대법원 2014.5.16.선고, 2011다5578 판결; 대법원 2014.6.12.선고, 2013다75892 판결; 대법원 2015.5.28.선고, 2014다24327·24334·24341·24358·24365·24372 판결.

99) 판례평석: 손봉기, 대법원판례해설 제67호, 법원도서관, 2007/12, 11 이하; 정상현, "매매목적 토지에 발생한 사정의 변경과 계약의 효력", 저스티스 104호(한국법학원, 2008/6), 189 이하. 같은 취지: 대법원 2011.6.24.선고, 2008다44368 판결; 대법원 2012.1.27.선고, 2010다85881 판결.

있는 것이어서, '금가치약관(金價値約款) 등의 이른바 「순응약관(順應約款)」을 통하여 사회적·경제적 급변사태에 충분히 대처하여야 함에도 불구하고, 이러한 대책을 마련하지 않은 채 발생한 사정변경으로 인한 위험은 당사자가 부담하는 것이 마땅하며, 이를 상대방에게 전가하는 것은 허용되지 않는다'고 해석하는 것이 타당하다 할 것이다. 이러한 관점에서, '신의칙에 근거하여 「사정변경의 원칙」을 계약법의 일반원칙으로 인정함으로써, 당사자에게 계약내용의 변경권과 계약해소권을 인정하여야 한다'고 주장하는 국내의 통설·판례의 입장은 그 타당성을 인정하기 어렵다 할 것이다. 또한 「계약의 구속력의 원칙」에 비추어볼 때 '계약의 보충적 해석원칙에 불과한 신의칙으로부터 계약내용의 일방적 변경권 내지 해제권과 같은 강력한 형성권이 도출될 수 있는가?' 하는 법이론상의 의문이 발생한다. 그리고 「사정변경의 원칙」을 계약법의 일반원칙으로 인정하는 경우에는 계약의 구속력과 거래의 안전은 큰 위협을 받게 될 것이라는 현실적인 문제도 간과할 수 없다. 그러므로 '「사정변경의 원칙」은 현행민법의 해석상 허용될 수 없다'는 소수설이 타당하다고 생각한다.

4) 입법론

현행민법의 해석상 「사정변경의 원칙」을 민법의 일반원칙으로 인정하기는 어렵다고 할 것임은 위에서 살펴본 바와 같다. 그러나 입법론으로서 '「사정변경의 원칙」을 민법의 일반원칙으로 규정하는 조문을 민법전에 신설할 필요가 있는가?' 하는 문제는 민법의 해석론과는 구별되어야 한다.

학설 중에는 '사정변경의 원칙에 관한 조문을 신설하는 것은 시기상조'라는 이유로 반대하는 견해가 적지 않다.[100] 그러나 사견으로는, 국제교역에 국부(國富)의 상당부분을 의존하고 있는 우리나라의 경제실정을 고려하고, 특히 영미계약법, 「국제상사계약법원칙」(PICC), 「유럽계약법원칙」(PECL), 「유럽계약법의 통일을 위한 공통참조초안」(DCFR) 등, 「사정변경을 원칙」을 계약의 구속력의 원칙에 대한 예외로서 계약법의 일반원칙으로 인정하는 세계적인 입법추세에 비추어 「사정변경의 원칙」을 민법전에 신설할 필요가 있다고 생각한다.[101]

참고로 정부의 「2004년 민법개정안」은 계약해제권의 발생사유의 하나로 「사정변경의 원칙」을 명문화할 것을 제안한 바 있으며(동 개정안 544조의4),[102][103] 「2014년 민법개정시안」은 민법전에 「사

100) 정상현, 상게논문, 218; 지원림, "민법개정의 현황과 문제점", 법과 사회 23호(법과사회이론학회, 2002), 289; 고상룡, "민법개정(물권·채권편)좌담회", 인권과 정의 320호(대한변호사협회, 2003/4), 13; 「민법개정안의견서」, 107~110(송덕수, 안법영, 안춘수, 지원림, 황적인 교수의 의견) 참조.

101) 同旨: 이재목, "사정변경의 원칙과 계약내용의 조정", 비교사법 8권 1호(한국비교사법학회, 2001/6), 293 이하; 김상중, 전게논문(주 69), 34 이하 참조. 정부의 「2004년 민법개정안」의 작성에 참여하였던 위원들(김상용, 남효순, 백태승, 양창수, 윤진수, 이시윤, 이영준, 이은영, 허만)은 「사정변경의 원칙」에 관한 일반규정을 민법에 신설하자는 데 견해가 일치하였다(「민법개정총서(4)」, 281~291 참조).

102) 「2004년 민법개정안」 제544조의4(사정변경과 해제, 해지) 당사자가 계약 당시 예견할 수 없었던 현저한 사정변경으로 인하여 계약을 유지하는 것이 명백히 부당한 때에는 그 당사자는 변경된 사정에 따른

정변경의 원칙」에 관한 일반규정을 신설할 것을 제안한 바 있다(동 개정시안 538조의2).[104)105)]

우리 민법은 계약의 구속력을 직접 천명하고 있는 규정을 두고 있지는 않으나, 임의규정에 관한 제105조는 계약의 구속력을 간접적으로 선언하고 있다고 할 수 있으며, 계약편의 제 규정도 계약의 구속력을 전제로 하고 있음은 물론이다. 따라서 민법이 계약의 구속력을 인정하는 명문규정을 두고 있지 않다고 하여 특별한 문제가 있는 것은 아니다. 다만, 종래 학설상 논의되어 오던 「사정변경의 원칙」을 민법전에 명문화하는 경우에는 계약법의 기본원칙인 「계약의 구속력의 원칙」을 함께 명문화함으로써 「사정변경의 원칙」의 예외성과 특별규정성을 부각시킬 필요가 있다고 생각된다. 사견으로는, 계약법총칙 제2관(계약의 효력)에 「계약의 구속력과 사정변경의 원칙」에 관한 규정을 신설하는 것이 바람직하다고 생각한다.[106)]

2. 계약의 상대적 효력

(1) 의 의

1) 계약의 상대적 효력의 원칙

계약은 당사자만을 구속하며 제3자에 대하여는 영향을 미치지 아니하는 것이 원칙이다. 이를 「계약의 상대적 효력의 원칙」이라고 한다. 프랑스민법은 이러한 원칙을 명문으로 규정하고 있다(C.c. Art. 1199).[107)] 우리 민법에는 「계약의 상대적 효력의 원칙」에 관한 명문규정은

계약의 수정을 요구할 수 있고 상당한 기간 내에 계약의 수정에 관한 합의가 이루어지지 아니한 때에는 계약을 해제 또는 해지할 수 있다.

103) 「2004년 민법개정안」에 대한 비판적 검토는 拙稿, "사정변경의 원칙을 명문화한 민법개정시안 제544조의4에 관한 검토", 법학연구 22집(전북대법학연구소, 2001/12), 245 이하; 김상중, 전게논문(주 69), 34 이하 참조.

104) 「2013년 민법개정시안」 제538조의2(사정변경) 계약성립의 기초가 된 사정이 현저히 변경되고 당사자가 계약의 성립 당시 이를 예견할 수 없었으며, 그로 인하여 계약을 그대로 유지하는 것이 당사자의 이해에 중대한 불균형을 초래하거나 계약을 체결한 목적을 달성할 수 없는 때에는 당사자는 계약의 수정을 청구하거나 계약을 해제 또는 해지할 수 있다.

105) 「2013년 민법개정시안」에 대한 비판적 검토는 拙稿, "「2013년 민법개정시안」에 대한 검토 -계약법총론에 관한 규정을 중심으로-", 토지법학 34권 2호(한국토지법학회, 2018/12), 1 이하 참조.

106) 입법제안(사견) 제535조의2(계약의 구속력과 사정변경) ① 계약의 당사자는 계약에서 합의한 내용에 따라 채무를 이행하여야 한다. ② 계약체결 이후 당사자가 계약체결 당시에 도저히 예견할 수 없었으며 당사자에게 귀책될 수 없는 사태가 발생하여 계약 성립의 기초가 된 사정이 현저하게 변경됨으로 인하여 계약에서 합의한 내용에 따라 채무를 이행하는 것이 당사자 일방에게 극히 가혹한 결과가 되는 경우에는, 불이익당사자는 상대방에게 계약내용을 변경된 사정에 맞게 변경시키기 위한 재교섭에 응할 것을 청구할 수 있다. ② 제2항의 경우에 상대방이 재교섭에 응하지 않는 때에는 불이익당사자는 법원에 계약내용의 변경을 청구할 수 있다. ④ 제3항의 규정에 따라서 불이익당사자가 계약내용의 변경을 신청한 경우, 법원은 당사자의 형평을 고려하여 계약내용의 변경을 명할 수 있으며, 계약내용을 변경하더라도 더 이상 계약의 목적을 달성할 수 없다고 인정되는 경우에는 법원은 계약의 해제 또는 해지를 명할 수 있다.

107) 프랑스민법 제1199조: (1) 계약은 당사자 사이에서만 채무를 발생시킨다. (2) 제3자는 본 절의 규정과 제4편 제3장의 규정에 의하지 아니하고는 계약의 이행을 청구할 수 없으며, 이행을 강제당하지도 아니한다.

없으나, '계약의 구속력은 법률효과를 의욕하고 이를 표시한 당사자에 대해서만 미친다'는 것은 계약의 개념에서 나오는 당연한 원칙이므로, 명문규정이 없더라도 민법의 해석상 당연히 인정되어야 할 것이다.[108]

2) 계약의 대항력

계약은 원칙적으로 당사자 이외의 제3자를 구속하지 않으나(계약의 상대적 효력), 일단 유효하게 성립된 경우에는 누구도 그 존재와 효력을 무시할 수 없다. 즉, 계약은 제3자에 대한 관계에서도 존속하는 것이며 대항할 수 있는 것이다. 이를 「계약의 대항력」(l'opposabilité du contrat)이라고 한다.[109] 프랑스민법은 이러한 법리를 명문으로 규정하고 있다(C.c. Art. 1200).[110] 다만, 계약의 대항력은 계약의 구속력이 제3자에게도 미치는 것을 의미하는 것이 아니라 '당사자 간에 성립한 계약관계는 제3자도 존중해야 한다'는 것을 의미하는 데 그치는 것이며, 이는 계약의 구속력의 원칙상 당연한 법리라고 할 수 있다. 이러한 계약의 대항력으로부터 '제3자가 채무자와 공모하여 계약의 효력으로 발생한 채무의 이행을 방해함으로써 채권자에게 손해가 발생한 경우(이른바 「제3자의 채권침해」가 있는 경우)에는 채권자에 대한 제3자의 불법행위가 성립할 수 있다'는 법리가 도출된다고 할 수 있다. (☞ 채권총론 편, 제2장 제3절 「제3자의 채권침해」)

(2) 계약의 효력이 미치는 인적 범위

1) 계약의 당사자

「계약의 당사자」라 함은 '계약체결에 직접 참여하여 합의를 한 자(대리인에 의하여 계약을 체결한 경우에는 계약의 효과가 귀속되는 본인)'를 말한다. 그러나 제한능력자의 계약체결에 대한 법정대리인의 동의(5조, 10조), 채권양도계약에 있어서의 채무자의 승낙(450조)과 같이, 계약의 성립과정에 참여하기는 하지만 그로 인하여 어떤 권리를 취득하거나 의무를 부담하지 않는 자에게는 계약의 구속력이 미치지 않는다.[111]

2) 당사자의 승계인

(가) 당사자의 포괄승계인

당사자 일방의 재산의 전부 또는 일부를 포괄적으로 승계한 상속인 기타 포괄승계인(포괄유증에 있어서의 수증자, 영업양도·기업합병에서의 영업양수인·합병기업)은 피상속인이나 유증자 또는 피합병기업의 재산에 관한 권리·의무를 포괄적으로 승계하므로(1005조, 1078조), 계약의

108) 주석민법(1)/김욱곤, 262~263 참조.
109) 상게서, 263 참조.
110) 프랑스민법 제1200조: (1) 제3자는 계약에 의하여 발생한 법적 상태(la situation juridique)를 존중하여야 한다. (2) 제3자는 특히 사실을 증명하기 위하여 계약을 이용할 수 있다.
111) 주석민법(1)/김욱곤, 264 참조.

구속력은 원칙적으로 이들 포괄승계인에게도 미친다. 다만, 위임 기타 당사자의 신뢰관계에 기한 계속적 계약(일신전속적 계약)의 경우에는 계약의 구속력이 이들 포괄승계인에게 미치지 않음은 전술한 바와 같다. (☞ [2] 계약의 종류)

상속인이나 포괄수증자가 상속 또는 포괄유증을 포기하거나 한정승인을 한 경우에는 상속이나 포괄유증에 의하여 얻은 재산의 범위 내에서만 피상속인 또는 유증자의 채무를 변제할 책임을 지게 되지만(1019조, 1078조), 이 경우에도 상속인이나 포괄수증자는 자기의 고유재산으로서 변제할 책임이 없을 뿐 채무 전액을 승계하는 것이므로, 계약의 구속력은 이들에게 미친다고 해석하여야 한다.

(나) 당사자의 특정승계인

타인소유의 물건을 매도한 자가 그 물건의 소유자와 그 물건을 매수하는 계약을 체결한 경우와 같이, '특정한 물건 또는 권리의 양도인이 양도의 목적물 또는 양도의 목적인 권리에 대하여 제3자와 계약을 체결한 경우, 양수인에게도 그 계약의 효력이 미치는가?' 하는 것이 문제된다.

이에 대해서는, '특정승계인인 양수인은 양도인이 체결한 계약관계에 있어서는 제3자에 불과하므로, 계약인수나 채권양도 또는 채무인수에 의하지 아니하고는 양도인이 체결한 계약의 효력이 양수인에게 미치지 않는다'고 해석하여야 할 것이다.[112] 다만, 상법은 민법의 일반원칙에 대한 특칙을 인정하여, '영업양도에서 영업양수인이 양도인의 상호를 계속 사용하는 경우에는 양도인의 영업으로 인한 제3자의 채권에 대하여 양수인도 변제할 책임이 있다'고 규정하고 있다(동법 42조).[113]

(다) 당사자의 일반채권자

계약의 당사자 일방의 채권자는 계약의 당사자가 아니므로 그에게 계약의 구속력이 미치지 않음은 당연하다. 그러나 채무자의 일반재산은 모든 채권자를 위한 책임재산이 되므로, 채무자가 계약을 체결함으로써 책임재산이 감소되어 채무자의 무자력 상태가 야기되는 경우가 있다. 민법은 이 경우에 채권자에게 책임재산의 보전을 위하여 채무자의 권리를 대신 행사할 수 있는 권리인 「채권자대위권」을 부여하고(404조), 채무자의 계약체결이 책임재산을 감소시키는 사해행위가 되는 경우에는 채무자가 체결한 계약을 취소하고 수익자 또는 전득자에게 유출된 책임재산의 반환을 청구할 수 있는 권리인 「채권자취소권」을 부여하고 있다(406조).

112) 同旨: 상게서, 266 참조.

113) 상법 제42조(상호를 속용하는 양수인의 책임) ① 영업양수인이 양도인의 상호를 계속 사용하는 경우에는 양도인의 영업으로 인한 제3자의 채권에 대하여 양수인도 변제할 책임이 있다. ② 전항의 규정은 양수인이 영업양도를 받은 후 지체 없이 양도인의 채무에 대한 책임이 없음을 등기한 때에는 적용하지 아니한다. 양도인과 양수인이 지체 없이 제3자에 대하여 그 뜻을 통지한 경우에 그 통지를 받은 제3자에 대하여도 같다.

이에 관하여는 채권총론 편에서 상세한 설명을 하였으므로 여기서는 설명을 생략하기로 한다. (☞ 채권총론 편, 제2장 제4절 「채권자대위권」, 제5절 「채권자취소권」)

(3) 「계약의 상대적 효력의 원칙」에 대한 예외

계약의 구속력은 당사자 사이에서만 미치고 제3자에 대하여서는 미치지 않는 것이 원칙이나, 이러한 원칙에는 몇 가지 예외가 인정되고 있다. 우선 ① 「제3자를 위한 계약」은 계약의 당사자가 아닌 제3자로 하여금 계약의 당사자 일방(낙약자)에 대하여 직접 채권을 취득케 하므로(539조 이하), 「계약의 상대적 효력의 원칙」에 대한 중대한 예외가 된다. ② 민법은 부동산임차인이 임차권을 등기한 경우에는 그 임차권을 목적물의 양수인에 대하여 주장할 수 있는 대항력을 임차인에게 부여하고 있는데(621조), 이는 「계약의 상대적 효력의 원칙」에 대한 중대한 예외라고 볼 수 있다. 또한 주택임대차법은 '주택의 인도와 주민등록을 마친 주택임차인은 제3자에 대하여 그 임차권을 주장할 수 있다'고 규정하고 있는데(동법 3조 1항), 이 경우도 경제적 약자인 임차인을 보호하기 위하여 법률이 「계약의 상대적 효력의 원칙」에 대한 예외를 인정한 것이다.[114] 나아가 주택임대차법은 임차주택에서 임차인과 사실상의 혼인관계에 있는 자와 2촌 이내의 친족에게 공동으로 임차인의 권리·의무를 승계할 수 있는 권리를 인정하고 있는데, 이 또한 계약의 상대적 효력에 대한 중대한 예외를 인정한 것이라고 할 수 있다(동법 9조 1항).

[9] Ⅲ. 제3자를 위한 계약

1. 총 설

(1) 제3자를 위한 계약의 의의

「제3자를 위한 계약」(Vertrag zugunsten Dritter; stipulation pour autrui)이라 함은 '계약의 당사자가 아닌 제3자로 하여금 직접 계약당사자의 일방에 대한 채권을 취득케 하는 것을 목적으로 하는 계약'을 말한다. 예컨대, ① 甲이 자신이 소유하는 부동산을 乙에게 1억원에 매도하기로 하는 내용의 계약을 체결하면서 그 매매대금은 매수인 乙이 직접 제3자인 丙에게 지급할 것을 약정하는 경우(매매대금의 제3자 결제), ② 甲이 보험회사 乙과 생명보험계약을 체결하면서 보험사고(甲의 사망)가 발생한 때에는 乙이 보험금을 甲의 배우자인 丙에게 직접 지급할 것을 약정하는 경우(생명보험계약), ③ 매도인 甲이 운송인 乙과 사이에 매매목적물을 매수인 丙에게

114) 상가임대차법도 주택임대차법과 마찬가지로 상가임차인을 보호하기 위하여 상가임차권에 대항력을 부여하는 규정을 두고 있다(동법 3조, 4조).

운송하도록 하는 내용의 운송계약을 체결하는 경우(운송계약) 등이 이에 속한다. 위 사례에서 甲과 乙 사이에는 「제3자(丙)를 위한 계약」이 성립하는데, 일반적으로 「제3자를 위한 계약」의 청약자(甲)를 「요약자(要約者)」(Versprechensempänger; le stipulant)라고 부르고, 요약자의 상대방(乙)을 「낙약자(諾約者)」(Versprechender; le promettant), 계약의 효력으로 발생하는 채권을 취득하는 제3자(丙)를 「수익자(受益者)」(Destinatär; le bénéficiaire)라고 부른다.

1) 제3자(수익자)가 직접 낙약자에 대하여 채권을 취득하는 계약

「제3자를 위한 계약」이라 함은 '제3자(수익자)가 직접 낙약자에 대한 채권을 취득하는 계약'을 의미하므로, 예컨대 甲이 丙에게 꽃을 배달해 주도록 하는 내용의 매매계약을 꽃집주인 乙과 체결하는 경우와 같이, 제3자가 채권을 취득함으로써 직접 낙약자에게 급부를 청구할 수 있는 것이 아니라 단지 당사자 일방이 상대방에 대하여 제3자에게 급부할 것을 청구할 수 있는 채권의 발생을 목적으로 하는 계약은 「제3자를 위한 계약」이라고 할 수 없다.[115] 또한 단순히 타인의 명의를 빌어서 하는 차명거래(借名去來)는 「제3자를 위한 계약」이라고 할 수 없음은 당연하다. 금융실명제 하에서의 차명거래의 법률관계에 대해서는 제2절에서 상세히 설명하였으므로, 여기서는 설명을 생략하기로 한다. (☞ 제2절 「계약의 성립」)

(가) 채무인수

「채무인수(債務引受)」라 함은 '당사자의 합의에 의하여 종래의 채무가 동일성을 유지하면서 인수인에게 이전되는 것'을 말하는데, 이는 채권자와 인수인 사이의 계약(채무인수계약)에 의하거나(453조 1항), 채권자의 승낙을 요건으로 채무자와 인수인 사이의 계약에 의하여 이루어진다(454조). 물론 채권자와 채무자, 인수인의 3자간의 합의에 의한 「3면계약(三面契約)」에 의한 채무인수도 가능하며, 실제거래에서의 채무인수는 「3면계약」의 형태로 이루어지는 것이 보통이다. (☞ 채권총론 편, 제6장 제2절 「채무의 인수」)

(A) 「병존적 채무인수」의 경우 채무자와 인수인 사이의 합의에 의하여 인수인이 채무자와 동일한 내용의 채무를 병존적(중첩적)으로 인수하여 직접 채권자에게 이행하기로 하는 이른바 「병존적 채무인수」(이를 「중첩적 채무인수」라고도 한다)는 「제3자를 위한 계약」이 된다는 데 학설과 판례의 견해가 일치한다(대법원 1989.4.25.선고, 87다카2443 판결 등).[116]

---

115) 이를 「부진정한 제3자를 위한 계약」이라고 하고, 통상의 제3자를 위한 계약을 「진정한 제3자를 위한 계약」이라고 하여 양자를 구별하는 견해도 있으나(김민중, "계약과 제3자", 민법전시행삼십주년기념논문집 「민법학의 회고와 전망」, 한국민사법학회, 1993, 489; 민법주해(13)/송덕수, 112; 김상용, 98 참조), 「부진정한 제3자를 위한 계약」에서는 제3자가 채권을 취득하는 것이 아니라 단지 사실상의 이익을 얻는 데 불과하므로, 이를 보통의 채권관계와 구별할 실익은 없다고 할 것이다.

116) 같은 취지: 대법원 1995.5.9.선고, 94다47469 판결; 대법원 1997.10.24.선고, 97다28698 판결.

▪ 「제3자를 위한 계약」이 성립하는 「병존적 채무인수」를 인정한 사례

1. 제3자가 공장 소유자로부터 공장건물과 공장대지의 분양계약자로서의 지위를 포괄적으로 인수하면서 그 공장건물에 의하여 담보된 공장운영과 관련하여 발생된 채무도 함께 인수하여 직접 채권자에게 변제하기로 약정하는 경우에 있어서, 공장 양도인과 양수인 간의 채무인수에 관한 합의에는 다른 특별한 사정이 없는 한 채권자로 하여금 인수인에 대하여 직접 채권을 취득하게 하는 의사도 내포되어 있다고 봄이 상당하므로, 양수인이 양도인에 대하여만 채무를 변제할 의무를 부담하는 단순한 이행인수가 아니라 양수인이 채무자인 양도인과 나란히 채권자에 대하여도 채무를 부담하게 되는 병존적 채무인수라고 보아야 하고, 이와 같이 채무자와 인수인의 합의에 의한 병존적 채무인수는 일종의 제3자를 위한 계약이므로, 채권자는 인수인에 대하여 채무이행을 청구하거나 기타 채권자로서의 권리를 행사하는 방법으로 수익의 의사표시를 함으로써 인수인에 대하여 직접 청구할 권리를 갖게 된다. (대법원 1995.5.9.선고, 94다47469 판결)[117]

2. 부동산을 매매하면서 매도인과 매수인 사이에 중도금 및 잔금은 매도인의 채권자에게 직접 지급하기로 약정한 경우, 그 약정은 매도인의 채권자로 하여금 매수인에 대하여 그 중도금 및 잔금에 대한 직접 청구권을 행사할 권리를 취득케 하는 제3자를 위한 계약에 해당하고 동시에 매수인이 매도인의 그 제3자에 대한 채무를 인수하는 병존적 채무인수에도 해당한다. (대법원 1997.10.24.선고, 97다28698 판결)[118]

(B) 면책적 채무인수의 경우 채권자의 승낙을 요건으로 채무자와 인수인 사이의 계약에 의하여 이루어지는 「면책적 채무인수」에서는 채무인수계약의 당사자가 아닌 채권자가 인수인에 대한 채권을 취득하게 된다(454조). 다만, 이 경우에는 채권자가 인수인에 대한 채권을 취득하는 반면에 종전의 채무자는 채무를 면하게 되므로, 이를 순수한 「제3자를 위한 계약」이라고 볼 수 있는지에 대해서 의문이 제기될 수 있다. 이에 대하여, 학설은 채권자의 승낙을 요건으로 채무자와 인수인 사이의 계약에 의하여 이루어지는 면책적 채무인수를 「제3자를 위한 계약」이라고 보는 견해(긍정설)[119]와 이를 부정하는 견해(부정설)[120]가 대립하고 있다. 이에 대한 판례의 입장은 아직 명확하지 않다.

「긍정설」은 '면책적 채무인수는 원래의 채무자에 대한 채권이 소멸한다는 점에서 병존적 채무인수와 법률효과를 달리하지만, 이는 채무인수로서의 성질상의 차이에 불과한 것이며, 면책적 채무인수도 제3자인 채권자가 낙약자인 인수인에 대한 채권을 새롭게 취득한다는 점에서는 병존적 채무인수와 다를 바 없으므로, 이를 「제3자를 위한 계약」이라고 보아야 한다'고 주장한다. 물론 채권자가 인수인에 대하여 채권을 취득한다는 점만을 강조하면 채무자와 인수인 간의 계약에 의하여 이루어지는 면책적 채무인수를 「제3자를 위한 계약」이라고 해석

---

117) 같은 취지: 대법원 1997.10.24.선고, 97다28698 판결; 대법원 2001.5.29.선고, 2000다3897 판결.

118) 같은 취지: 대법원 2006.9.14.선고, 2004다18804 판결; 대법원 2008.3.13.선고, 2007다54627 판결; 대법원 2006.1.26.선고, 2005다54999 판결; 대법원 2008.3.27.선고, 2006다40515 판결; 대법원 2010.2.11.선고, 2009다73905 판결; 대법원 2010.3.25.선고, 2009다99914 판결; 대법원 2010.5.13.선고, 2009다105222 판결.

119) 황적인, 137 참조.

120) 민법주해(13)/송덕수, 150 참조.

할 수도 있다. 그러나 병존적 채무인수와 달리, 면책적 채무인수는 어떤 형태로 이루어지든 그 본질은 '종전의 채무를 그 동일성을 유지하면서 채무자로부터 인수인에게 이전시키는 것을 내용으로 하는 채권자의 준물권행위인 처분행위로서, 채권자가 새로운 채권을 취득하는 것이 아니라 채무자를 교체하는 것에 불과하다'고 보아야 할 것이므로, 이를 채권자가 새로운 채권을 취득하는 「제3자를 위한 계약」이라고 볼 수는 없다고 할 것이다. (☞ 채권총론 편, 제6장 제2절 「채무인수」)

(나) 이행인수

(A) 의 의 「이행인수(履行引受)」(Erfüllungsübernahme)라 함은 '채무자와 인수인 사이의 합의인 이행인수계약에 의하여 인수인이 변제 등의 방법으로 채무자의 책임을 면하게 할 의무를 부담하는 것'을 말한다. 이와 같이 채무자와 인수인 사이에 체결된 이행인수의 약정은 제3자인 채권자로 하여금 직접 인수인에 대한 채권을 취득케 하는 것을 내용으로 하는 것이 아니므로, 이를 「제3자를 위한 계약」이라고 할 수 없다.

(B) 이행인수와 「제3자를 위한 계약」의 구별 어떤 계약이 제3자를 위한 계약인 병존적 채무인수에 해당하는지, 아니면 이행인수에 불과한지의 여부를 결정하는 것은 기본적으로 계약해석의 문제이다. 즉, 제3자를 위한 계약인 「병존적 채무인수」에 해당하는지, 아니면 이행인수에 불과한 것인지를 판별하는 기준은 채권자로 하여금 인수인에 대한 채권을 취득케 할 의사가 계약당사자에게 있었는지의 여부에 달려있다고 할 것이다(대법원 2006.9.14.선고, 2004다18804 판결 등).[121]

문제는 '계약해석에 의하더라도 병존적 채무인수인지, 아니면 이행인수인지가 불분명한 경우에 이를 어떻게 처리하여야 하는가?' 하는 것이다. 이에 대하여, 독일민법은 '의심스러운 경우에는 이행인수로 해석하여야 한다'는 취지의 명문규정을 두고 있으나(BGB §329),[122] 우리 민법에는 이에 관한 규정이 없으므로 견해가 갈린다. 즉, 학설은 '당사자의 의사가 불분명한 경우에는 제3자를 위한 계약으로 해석하는 것이 타당하다'는 견해[123]와 '독일민법과 마찬가지로 의심스러운 경우에는 이행인수로 해석하여야 한다'는 견해[124]가 대립하고 있다.

판례는 '부동산매매계약에서 매수인이 매매대금의 일부를 직접 채권자에게 지급하기로 약정한 경우는 「병존적 채무인수」에 해당하고, 매도인의 저당채무를 인수하고 그 채무액을 매매대금에서 공제하기로 약정한 경우에는 「이행인수」에 불과하다'는 입장을 취하고 있다고

121) 같은 취지: 대법원 1997.10.24.선고, 97다28698 판결.
122) 독일민법 제329조(이행인수에 있어서의 해석의 준칙) 계약에서 당사자 일방이 채무를 인수함이 없이 상대방의 채권자를 만족시킬 의무를 지는 경우, 의심스러운 때에는 그 채권자는 직접 그로부터 만족을 청구할 권리를 취득하는 것으로 해석되지 아니한다.
123) 同旨: 김형배, 183 참조.
124) 이은영, 195 참조.

할 수 있는데(대법원 1997.10.24.선고, 97다28698 판결 등),[125] 이는 결국 '의심스러운 경우에는 이행인수로 해석하여야 한다'는 입장이라고 할 수 있다. 예컨대, 판례는 '부동산 매수인이 매매목적물에 관한 근저당채무 또는 임대차보증금반환채무 등을 인수하는 한편 그 채무액을 매매대금에서 공제하기로 약정한 경우에는, 다른 특별한 약정이 없는 이상 이는 매도인을 면책시키는 채무인수가 아니라 이행인수로 보아야 한다'는 입장을 취하고 있다(대법원 1993.2.12.선고, 92다23193 판결 등). 다만, '부동산매수인이 근저당채무 등 그 부동산에 결부된 부담을 인수하고 그 채무액만큼 매매대금을 공제하기로 약정한 경우와 같이, 인수의 대상으로 된 채무의 책임을 구성하는 권리관계도 함께 양도한 경우이거나 채무인수인이 그 채무부담에 상응하는 대가를 얻을 때에는, 특별한 사정이 없는 한 원칙적으로 병존적 채무인수로 보아야 한다'는 입장을 취하고 있다(대법원 2008.3.13.선고, 2007다54627 판결 등).[126]

■ **부동산매수인이 매매목적물에 관한 채무를 인수하는 한편 그 채무액을 매매대금에서 공제하기로 약정한 경우, 그 채무인수의 성질(=이행인수)** 부동산의 매수인이 매매목적물에 관한 근저당권의 피담보채무, 가압류채무, 임대차보증금반환채무를 인수하는 한편 그 채무액을 매매대금에서 공제하기로 약정한 경우, 다른 특별한 약정이 없는 이상 이는 매도인을 면책시키는 채무인수가 아니라 이행인수로 보아야 하고, 매수인이 위 채무를 현실적으로 변제할 의무를 부담한다고도 해석할 수 없으며 특별한 사정이 없는 한 매수인이 매매대금에서 그 채무액을 공제한 나머지를 지급함으로써 잔금지급의무를 다하였다 할 것이고, 또한 위 약정의 내용은 매도인과 매수인의 계약으로 매수인이 매도인의 채무를 변제하기로 하는 것으로서 매수인은 제3자의 지위에서 매도인에 대하여만 그의 채무를 변제할 의무를 부담함에 그치므로 채권자의 승낙이 없으면 그에게 대항하지 못할 뿐 당사자 사이에서는 유효하게 성립한다. (대법원 1993.2.12.선고, 92다23193 판결)[127]

2) 제3자약관

「제3자를 위한 계약」은 제3자로 하여금 채무자에 대하여 직접 급부를 청구할 수 있는 채권을 취득케 하려는 당사자의 합의인 「제3자약관」(Fremdklausel)[128]이 있다는 것 이외에는 다른 보통의 계약과 하등 다른 점이 없다. 즉, 「제3자를 위한 계약」은 기본행위인 보통의 계약 내용의 일부에 제3자에게 채권을 취득하게 한다는 조항이 있는 계약일 뿐이다. 예컨대, 매매계약에서 매수인이 매매대금을 매도인 이외의 제3자에게 지급할 것을 약정한다든지, 증여계

125) 같은 취지: 대법원 2006.9.14.선고, 2004다18804 판결; 대법원 2010.3.25.선고, 2009다99914 판결.

126) 같은 취지: 대법원 2010.2.11.선고, 2009다73905 판결; 대법원 2010.5.13.선고, 2009다105222 판결; 대법원 2012.1.12.선고, 2011다76099 판결; 대법원 2013.2.15.선고, 2012다96526 판결.

127) 판례평석: 김창종, "이행인수의 법률관계", 재판과 판례 7집(대구판례연구회, 1998/12), 197 이하. 같은 취지: 대법원 1990.1.25.선고, 88다카29467 판결; 대법원 1994.5.13.선고, 94다2190 판결; 대법원 1994.6.14.선고, 92다23377 판결; 대법원 1995.8.11.선고, 94다58599 판결; 대법원 1997.6.24.선고, 97다1273 판결; 대법원 2001.4.27.선고, 2000다69026 판결; 대법원 2004.7.9.선고, 2004다13083 판결; 대법원 2006.9.22.선고, 2006다135 판결; 대법원 2008.9.11.선고, 2008다39663 판결.

128) 이를 「제3자 조항」 또는 「제3자 수익조항」이라고도 한다(이은영, 195 참조).

약에서 수증자가 급부를 수령하는 대신에 제3자가 급부를 수령할 것을 약속한다든지, 보험계약에서 보험사고 시 보험자가 보험금을 보험계약자 이외의 제3자에게 지급할 것을 약정하는 경우에는, 매매·증여·보험계약 등의 기본행위에 「제3자약관」이 붙음으로써 「제3자를 위한 계약」이 되는 것이다.

3) 대리행위와의 구별

「제3자를 위한 계약」은 요약자와 낙약자, 요약자와 수익자, 그리고 낙약자와 수익자 간의 3면관계가 발생한다는 점, 계약의 효과인 급부청구권이 행위자(요약자)가 아닌 제3자에게 발생한다는 점에서 대리인의 「대리행위」와 유사한 점이 있다. 그러나 「제3자를 위한 계약」은 다음과 같은 점에서 「대리행위」와 구별된다. 즉, ① 「대리행위」에 있어서는 고용·위임 등 대리인이 본인과의 기초적 법률관계에 기하여 수여받은 대리권이 존재하고, 또 그 대리권의 범위 내에서 행한 대리행위에 한하여 본인에게 대리행위의 법률효과를 귀속시킬 수 있으나(130조), 「제3자를 위한 계약」에 있어서는 계약당사자인 요약자와 제3자와의 사이에 위임·고용 등 기초적 법률관계가 존재하거나 제3자로부터 대리권의 수여를 받을 것을 요건으로 하지 않는다. 또한 ② 「대리행위」에 있어서는 본인이 계약당사자가 되어 직접 행위를 한 것과 같이 다루어지므로 계약의 모든 효과도 본인에게 직접 귀속된다(114조 1항). 그러나 「제3자를 위한 계약」에 있어서는 요약자(대리행위에 있어서 대리인에 해당)가 계약당사자이며, 계약의 효력도 급부청구권이 제3자에게 귀속하는 외에는 전부 요약자에게 귀속한다. 특히 쌍무·유상계약의 경우, 「대리행위」에 있어서는 본인에게 급부청구권과 반대급부의무가 귀속하나, 「제3자를 위한 계약」에 있어서는 급부청구권만이 제3자에게 귀속될 뿐 반대급부의무는 요약자에게 귀속된다. ③ 「대리행위」에 있어서는 행위능력의 유무는 본인을 중심으로 판단되어야 하며, 대리인이 제한능력자라도 본인만 행위능력이 있으면 상관이 없으나(117조), 「제3자를 위한 계약」에 있어서는 제3자는 제한능력자라도 무방하나, 요약자는 행위능력자이어야 한다.

(2) 「제3자를 위한 계약」의 인정근거

원래 계약의 효력은 당사자 사이에서만 발생하는 것이 원칙이므로(계약의 상대적 효력의 원칙), 계약의 당사자는 통상 상대방의 급부를 '자신을 위하여' 취득하고, 상대방으로부터 자기 자신에 대한 급부를 청구할 수 있는 권리자가 된다. 그러나 계약의 내용은 자유롭게 형성될 수 있으며, 또한 경우에 따라서 계약 당사자의 계약상의 이해관계가 자기에 대한 급부에 있지 아니하고 '제3자에 대한 급부'에 있을 수도 있으며, 계약 당사자가 제3자를 계약상의 채권관계에 편입시켜 계약적 보호를 받도록 할 필요가 있는 경우도 있다. 제3자를 위한 계약은 바로 이러한 경우에 당사자의 의사를 존중하여 「제3자약관」의 효력을 인정하는 것이다. 즉, 「계약자유의 원칙」이 지배하는 오늘날에는 제3자를 위한 계약의 유효성의 근거를 '제3자에게

채권을 취득시키고자 하는 당사자의 의사' 그 자체에서 찾는 것이 보통이다.[129)]

(3) 「제3자를 위한 계약」의 사회적 기능

「제3자를 위한 계약」은 요약자가 낙약자(채무자)의 급부를 수령하여 이를 다시 제3자에게 급부하는 절차를 생략하여, 낙약자로부터 직접 제3자(수익자)에게 급부가 이루어지도록 함으로써 거래의 신속을 꾀할 수 있다는 데 그 일차적인 사회적 기능이 있다. 그러나 제3자를 위한 계약의 제도적 의의와 기능은 단지 무익한 절차의 생략이나 거래의 신속을 꾀할 수 있다는 편의성에 그치지 않는다. 즉, 「제3자를 위한 계약」은 제3자에 대한 낙약자의 급부의무가 장래에 발생할 예정인 경우이거나, 제3자를 수익자로 하는 생명보험계약과 같이, 요약자의 사망 후에 낙약자의 급부의무가 발생하는 경우, 또는 제3자를 수하인으로 하는 운송계약이나 제3자를 수익자로 하는 신탁계약 등과 같이, 낙약자가 운송회사이거나 신탁회사인 경우에는 대단히 편리하고 적절한 제도로서 기능한다.

2. 입법례

로마법에서는 '누구도 타인을 위하여 계약을 할 수 없으며, 계약의 효력은 오직 행위자에게만 생긴다'고 관념하였기 때문에, 「제3자를 위한 계약」의 효력은 일반적으로 인정되지 아니하였다.[130)] 이와 같이 로마법이 「제3자를 위한 계약」을 허용하지 않은 것은 경제적으로 아직 「제3자를 위한 계약」의 필요성이 현저하지 않았기 때문이라고 할 수 있는데, 후기로마법에서는 제3자가 계약체결에 의하여 당사자의 일방에 대하여 직접 소권을 취득할 수 있는 예외들이 인정되었다고 한다.[131)]

(1) 프랑스민법

개정 전 프랑스민법은 로마법의 영향으로 원칙적으로 「제3자를 위한 계약」의 효력을 인정하지 않았다(C.c. Art. 1165,[132)] 1119[133)]). 다만, 개정 전 프랑스민법은 예외적으로 '제3자를 위한 약정이 자기 자신의 이익을 위한 약정의 조건이거나 타인에 대한 증여의 조건인 경우"에는 「제3자의 이익을 위한 약정」(stipuler au profit d'un tiers)을 할 수 있다'고 규정하고 있었는데

---

129) 주석민법(1)/조용호, 419; 곽윤직, 71; 김증한/김학동, 95 참조.

130) 다만, '계약의 당자자 일방이 상대방에 대하여 제3자에게 급부할 것을 청구할 수 있는 채권이 발생하는 데 그치는 「부진정한 제3자를 위한 계약」은 로마법에서도 일정한 요건 하에 인정되었다'고 한다(민법주해(13)/송덕수, 114 참조).

131) 민법주해(13)/송덕수, 114 참조.

132) 개정 전 프랑스민법 제1165조: 합의는 계약의 당사자에 대하여서만 효력을 가진다. 합의는 제3자를 해하지 못하며, 제1121조에 의하여 예정된 경우에 한하여 제3자에게 이익을 줄 수 있다.

133) 개정 전 프랑스민법 제1119조: 일반적으로 자기 자신을 위한 경우에 한하여 자기 고유의 이름으로 의무를 부담하고 약정을 할 수 있다.

(C.c. Art. 1121),[134] 프랑스의 학설·판례는 이 예외의 경우를 넓게 인정함으로써 '「제3자를 위한 계약」은 프랑스민법상의 일반적인 제도'라고 인정되고 있었다. 「2005년 프랑스채권법개정시안」은 제3자를 위한 계약에 관한 5개 조의 명문규정(Art. 1171[135]~1171-4)을 신설할 것을 제안한 바 있었는데,[136] 2016년의 개정 프랑스민법은 이를 수정·보완하여 제3자를 위한 계약에 관한 5개 조문을 신설하였다(C.c. Art. 1205[137]~1209).

(2) 독일민법

초기의 독일보통법에서는 로마법의 원칙이 유지되어 「제3자를 위한 계약」의 효력은 인정되지 않았으나, 제3자가 계약에 의하여 당사자 일방에게 직접 권리를 취득할 수 있는 예외가 인정되었으며, 그 범위는 점차 증가하였다. 다만, 이러한 경우에도 '제3자가 취득하는 권리는 낙약자에 대한 채권은 아니며, 요약자만이 제3자에의 급부를 소구할 수 있다'는 원칙은 유지되었다고 한다.[138] 한편 1794년에 제정된 「프로이센일반란트법」(ALR)은 「제3자를 위한 계약」을 인정하였으나, '제3자는 계약당사자들의 동의에 의하여 계약에 가입한 경우에 한하여 소권을 가질 수 있었다'고 한다.[139]

독일민법은 「제3자를 위한 계약」의 효력을 정면으로 인정하여, '계약에 의하여 제3자는 직접 낙약자에 대한 급부를 청구할 수 있다'고 규정하고 있다(BGB §328).[140] 또한 독일민법은 '「제3자를 위한 계약」에서 제3자의 급부청구권은 수익의 의사표시 없이도 발생하지만, 제3자가 낙약자에 대하여 계약에 기하여 취득한 권리를 거절한 경우에는 그 권리는 취득되지 않았

---

134) 개정 전 프랑스민법 제1121조: 제3자를 위한 약정이 자기 자신의 이익을 위한 약정의 조건이거나 또는 타인에 대한 증여의 조건인 경우에는, 제3자의 이익을 위하여 약정하는 것도 역시 가능하다. 이러한 약정을 한 자는 제3자가 수익의 의사표시를 한 경우에는 그 약정을 철회할 수 없다.

135) 2005년 프랑스민법 개정시안 제1171조(제3자를 위한 계약) 요약자로 불리는 계약당사자는 낙약자인 상대방에게 수익자인 제3자를 위하여, 제3자가 비록 장래의 사람이라고 하더라도 특정되거나 약속의 이행 시에 결정될 수 있으며, 또한 그 일자에 수령능력을 가질 것을 조건으로 하여 급부를 행할 것을 약속하게 할 수 있다.

136) 이른바 「까딸라개정초안」(Avant-projet Catala)이라고 불리는 「2005년 프랑스민법개정시안」에 관한 상세는 정태윤, "프랑스채권법개정시안에서의 '합의의 제3자에 대한 효력'과 '채권의 거래'" 민사법학 45-2호(한국민사법학회, 2009/6), 156~157 참조.

137) 프랑스민법 제1205조: (1) 제3자를 위한 합의는 유효하다. (2) 계약의 당사자인 요약자는 상대방인 낙약자에게 수익자(le bénéficiaire)인 제3자를 위하여 급부를 이행할 것을 약속하게 할 수 있다. 수익자는 장래의 사람일 수 있으나 특정되거나, 약속의 이행 시에 결정될 수 있어야 한다.

138) 민법주해(13)/송덕수, 115 참조.

139) 상게서, 115 참조.

140) 독일민법 제328조(제3자를 위한 계약) (1) 계약에 의하여, 제3자가 급부를 청구할 수 있는 권리를 직접 취득하는 것을 효력으로 하는 제3자에 대한 급부가 정해질 수 있다. (2) 제3자가 권리를 취득하는지의 여부, 제3자의 권리가 즉시로 발생하는지 또는 일정한 요건 하에서만 발생하는지의 여부 및 제3자의 승낙 없이 제3자의 권리를 소멸 또는 변경시킬 수 있는 권리가 계약당사자에게 유보되어 있는지의 여부에 대하여, 특별한 약정이 없는 때에는, 사정 특히 계약의 목적에 의하여 이를 추단하여야 한다.

던 것으로 간주된다'고 규정하고 있다(BGB §333).[141]

(3) 스위스채무법

스위스채무법도 독일민법과 마찬가지로 「제3자를 위한 계약」의 효력을 정면으로 인정하고 있다(OR Art. 112).[142] 즉, 스위스채무법에 따르면, ① 「제3자를 위한 계약」에 있어서 요약자는 채무자인 낙약자에게 제3자에게 급부의무를 이행할 것을 청구할 수 있으며(OR Art. 112 I), ② 제3자 또는 그 승계인은 당사자가 약정하거나 관습에 의하여 허용되는 경우에는 독립하여 이행을 청구할 수 있다(OR Art. 112 II). ③ 다만, 제3자의 권리가 발생한 경우라고 하더라도 제3자가 자신의 권리를 행사하지 않고 있거나, 자신의 권리를 행사하겠다는 의사를 표시하지 않고 있는 동안에는 요약자는 낙약자에 대하여 채무를 면제할 수 있으며, 낙약자와의 합의에 의하여 제3자의 권리취득을 배제할 수 있다(OR Art. 112 III).

(4) 일본민법

일본민법(구 의용민법)도 대륙법의 일반적인 입법례에 따라서 「제3자를 위한 계약」의 효력을 인정하는 3개 조의 명문규정을 두고 있다(동법 537~539조).[143] 「제3자를 위한 계약」에 관한 일본민법의 규정은 우리 민법에서는 제540조[144]가 추가되어 있는 점을 제외하면 우리 민법의 규정과 동일한데, 일본민법이 이러한 규정을 둔 이유에 대하여 「민법수정안이유서」는 다음과 같이 기술하고 있다(밑줄은 저자 주).[145]

> 第537조(이유) 본조 내지 제539조는 타인의 이익을 위하여 하는 계약에 관한 규정이다. 이러한 종류의 계약이 유효하다는 것은 근래의 학자들의 의문이 없는 바이며, 입법례도 점차 그 효력을 인정하는 경향에 있다. 이에 반하여 기성법전은 이러한 종류의 계약을 무효로 하였다. 그 이유로 하는 바는 이 계약에

141) 독일민법 제333조(제3자에 의한 권리의 거절) 제3자가 낙약자에 대하여 계약에 기하여 취득한 권리를 거절한 경우에는, 그 권리는 취득되지 아니한 것으로 본다.

142) 스위스채무법 제112조(제3자를 위한 계약 1. 일반적인 경우) (1) 자신의 이름으로 행위하면서 제3자를 위한 급부를 약정한 자는 제3자의 이익을 위하여 이행할 것을 청구할 권리가 있다. (2) 제3자 또는 그 승계인은 그것이 양 당사자의 의사이었거나 그것이 관습에 일치하는 경우에는, 독립하여 이행을 청구할 수 있다. (3) 이 경우에 제3자가 채무자에게 그가 그의 권리를 사용하기를 원한다고 선언한 그 시점으로부터 채권자는 더 이상 채무자를 면제해 줄 수 없게 된다.

143) 일본민법(구 의용민법) 제537조: ① 계약에 의하여 당사자의 일방이 제3자에 대하여 어떤 급부를 할 것을 약속한 때에는 그 제3자는 채무자에 대하여 직접 그 급부를 청구할 권리를 가진다. ② 전항의 경우에 있어서 제3자의 권리는 그 제3자가 채무자에 대하여 계약의 이익을 향수할 의사를 표시한 때에 발생한다. 제538조: 전조의 규정에 의하여 제3자의 권리가 발생한 후에는 당사자는 이를 변경하거나 또는 이를 소멸시킬 수 없다. 제539조: 제537조에 규정한 계약에 기인하는 항변은 채무자가 이로써 그 계약의 이익을 받을 제3자에게 대항할 수 있다.

144) 우리 민법 제540조의 입법이유에 대하여는 명순구(실록), 348~351 참조.

145) 「民法修正案理由書」, 455 참조. 그 밖에 제3자를 위한 계약에 관하여 규정하고 있는 일본민법(구 의용민법) 제537조 등의 입법이유에 관한 상세는 岡松參太郎, 註釋民法理由(下卷), 488 이하 참조.

있어서는 금전으로 산정할 수 있는 이익이 없으므로 원인이 존재하지 않는 계약이라고 하는 데 있다(재산편 323조). 그렇지만 본안에 있어서는 원인을 계약의 요소로 하지 않고, 또한 채권의 목적은 금전으로 산정할 수 있는 것에 한정하지 아니하는 주의를 채택하였으므로, 이 계약을 무효로 할 이유가 없다. 지금 당사자 간에 있어서 이 계약이 유효하다는 것은 말할 필요도 없으므로 명문을 둘 필요가 없지만, 제3자가 이 계약에 의하여 권리를 취득할 수 있는 것인가 아닌가에 있어서는 학설 및 입법례가 아직 일치하지 아니하므로, 특히 이에 관한 규정을 둘 필요가 있다. 종래의 입법례에 의하면, 이 경우에 있어서 제3자는 계약에 관여하지 않으므로 그 이익을 향수할 수 없는 것으로 하였으나, 근시 독일민법초안 및 스위스채무법과 같은 것은 정반대로 제3자로 하여금 직접 권리를 취득시키고, 특히 거절을 한 경우에 그 권리를 잃는 것으로 하였다. 본안에서는 위의 양 주의를 절충하여 원칙적으로 당사자의 의사로써 제3자로 하여금 권리를 취득할 수 있는 것으로 하고, 오로지 제3자가 스스로 알지 못하는 동안에 권리를 취득하는 것으로 하는 것은 타당하지 않으므로, 제2항에 규정을 두었다.

제538조(이유) 본조의 규정이 없는 때에는 과연 본조에 적은 것과 같은 결과가 발생하는지 약간 의문이 없지 않다. 왜냐하면 제3자는 당사자가 자유롭게 계약을 변경하거나 폐기할 수 있는 범위 내에서 권리를 취득한 것이라고 해석할 수 있기 때문이다. 만약 당사자가 임의로 제3자의 권리를 변경하거나 폐기할 수 있는 것이라고 한다면, 제3자의 권리는 유명무실하게 될 수 있으므로, 본조의 규정을 둘 필요가 있다.

제539조(이유) 본조는 이를 둘 필요가 없다고 할 수 있으나, 제3자의 권리는 일단 발생한 후에는 완전히 독립하여 존재하는 것이라고 해석하는 자가 없지 않다. 생각건대, 제3자의 권리는 당사자간의 계약에 기하여 발생하는 것이므로, 채무자로 하여금 그 계약에 기한 항변을 할 수 있도록 하는 것은 매우 지당한 일이라고 믿는다. 그렇지만 채무자는 계약의 성립 후에 발생한 사유에 기하여 항변을 할 수 없으므로, 계약성립 후에 채권자에 대하여 취득한 채권으로써 상계하는 것은 가능하지 않다.

(5) 영미법

1) 영국 보통법의 원칙과 「1998년 법」

계약의 당사자에 관한 영국 보통법상의 원칙(common law doctrine of privity of contract)은, '계약 당사자만이 그 계약을 근거로 제소할 수 있다'는 것이며, '계약은 제3자에 대하여 또는 제3자에 의하여 효력이 발생하지 않는다'는 것이었다.[146] 이 원칙은 다시 '계약은 그 당사자가 아닌 자에게 어떠한 책임도 부과할 수 없다는 원칙'과 '계약은 그 당사자가 아닌 누구에게도 권리를 부여할 수 없다'는 두 가지의 원칙으로 나누어지는데, 전자의 원칙은 정당한 것으로 받아들여지고 있으나, 후자의 원칙에 대해서는 많은 비판이 있어 왔다. 이러한 비판에 따라 1996년에 「법률위원회」(Law Commission)는 「계약의 당사자관계: 제3자의 이익을 위한 계약에 관한 보고서」를 발행하였는데,[147] 1998년에는 위 보고서에 따른 법안이 귀족원에 제출되어 1999년 하원을 통과함으로써 마침내 「제3자를 위한 계약」을 허용하는 법률이 제정되었다.[148]

146) Chitty on contracts, 19-001.
147) Report on Privity of Contract: Contracts for the Benefit of third Parties, Law Commission No. 242.
148) Chitty on contracts 19-001.

2) 미국의「계약법 리스테이트먼트(Restatement)」

미국에서는 일찍이 판례에 의하여 '계약의 당사자가 아닌 제3자인 수익자(beneficiary)는 약속자(낙약자)를 상대로 소송을 제기할 수 있다'는 원칙이 확립되었는데,[149] 이러한 미국계약법의 원칙은「제1차 계약법리스테이트먼트」(1932년)와「제2차 계약법리스테이트먼트」(1979년)에 규정되었다.

(가) 제1차「계약법 리스테이트먼트」

1932년의「제1차 계약법 리스테이트먼트」는「제3자를 위한 계약」을 명문화하여, 제3자(수익자)가 약속자(낙약자)에게 계약의 이행을 청구할 수 있는 경우를 계약의 해석상 제3자의 수약자(요약자)와의 관계에 따라서「수증자인 수익자」(a donee beneficiary)와「채권자인 수익자」(a creditor beneficiary), 그리고「우발적인 수익자」(an incidental beneficiary)로 구분하고, 각각의 요건을 규정하였다(Restatement (First) of Contracts § 133(1)).[150]

(나) 제2차「계약법 리스테이트먼트」

「제2차 계약법 리스테이트먼트(1979)」는「수증자인 수익자」(a donee beneficiary)와「채권자인 수익자」(a creditor beneficiary)라는 용어를 폐지하고, 그 대신에 '수익자가 낙약자(promisor)에 대한 이행청구권을 가지는가' 여부에 따라서「의도된 수익자」(intended beneficiary)와「우발적 수익자」(an incidental beneficiary)로 구분하는 것으로 개정하였다.[151] 이에 따르면, '약속자와 수익자 사이에 특별한 합의가 없는 한 수익자에게 이행청구권을 인정하는 것이 계약당사자의 의도를 달성함에 적합하고, 약속자의 수익자에 대한 이행이 요약자(promisee)가 수익자에게 금전을 지급할 채무를 충족시키거나, 제반사정에 의하여 수약자가 약속된 이행이익을

---

149) 1859년의 Lawrence v. Fox 사건에 대한 뉴욕주항소법원의 판결(20 N.Y. 268(1859))과 1918년의 Seaver v. Ransom 사건에 대한 뉴욕주항소법원의 판결(224 N.Y. 233, 120 N.E. 639(1918))이 대표적이다. 이에 관한 상세는 양명조, "계약수익자의 법리와 미국계약법",「계약법의 제문제」(고시계사, 1988), 95 이하 참조.

150) 제1차 계약법 리스테이트먼트(1932) 제133조(수증자인 수익자, 채권자인 수익자, 우연한 수익자의 정의) (1) 계약에서의 약속의 이행이, 제3항에서 언급된 경우를 제외하고, 수약자(요약자) 이외의 다른 사람을 이롭게 하는 경우에, 그 사람은 (a) 만약 수반되고 있는 여러 사정을 고려할 때, 약속의 제조항으로부터 수약자(요약자)의 목적이 약속의 이행의 전부 또는 일부가 수익자에 대한 증여가 되도록 하거나 또는 그(수익자)에게 수약자(요약자)로부터 수익자에게로 당연하지도 않고 기대되지도 아니한 이행 또는 당연하다고 확언되지도 아니한 어떤 이행을 약속자(낙약자)에 대하여 요구할 수 있는 권리를 수여하도록 하는 약속을 약속자(낙약자)로부터 획득하는 데 있다는 것이 드러나는 경우에는,「수증자인 수익자」이다. (b) 만약 수반되고 있는 여러 사정을 고려할 때, 약속의 제조항으로부터 증여를 하려는 목적이 전혀 없다는 것이 드러나는 경우와, 약속의 이행이 실제적이거나 혹은 추정 또는 확언된 약속자(낙약자)의 수익자에 대한 의무를 충족시키게 될 것이라거나, 또는 수약자(요약자)에 대한 수익자의 권리가「출소기한법」 또는 파산에 의한 면책에 의하여 금지되거나,「사기방지법」에 의하여 강제할 수 없는 경우에는,「채권자인 수익자」이다. (c) (a)호에서 규정된 사실도 아니고, (b)호에서 규정된 사실도 존재하지 아니하는 경우에는,「우발적인 수익자」이다.

151) 이에 관한 상세는 양명조, 전게논문(주 149), 100 이하 참조.

수익자에게 주고자 의도하였다고 해석되는 경우에는, 「의도된 수익자」(intended beneficiary)로서 이행청구권을 가진다'고 한다(Restatement 2d of Contracts, §302).[152)]

(6) 유럽계약법원칙 : PECL

유럽계약법원칙(PECL)은 제6:110조에서 「제3자를 위한 계약」이 유효함을 선언하고, 제3자(수익자)의 이행청구권을 인정하고 있다(PECL Art. 6:110(1)).[153)] 다만, '요약자가 제3자에 대하여 이행청구권의 철회가 불가능하다는 통지를 하였거나, 제3자가 이미 낙약자 또는 요약자에 대하여 수익의 의사표시를 한 경우를 제외하고는, 요약자는 낙약자에 대한 통지에 의하여 제3자의 이행청구권을 박탈할 수 있다'고 규정하고 있다(PECL Art. 6:110(3)).

(7) 우리 민법

우리 민법은 「제3자를 위한 계약」에 관하여 구 의용민법의 규정과 거의 같은 내용의 규정을 두고 있음은 전술한 바와 같다. 다만, 현행민법은 채무자가 제3자에 대하여 계약의 이익의 향수 여부에 대한 확답을 최고할 수 있도록 하는 제540조를 신설함으로써, 채무자의 불안한 법적 지위를 조기에 확정할 수 있는 방법을 강구하고 있다는 점에서 구 의용민법과 다소 차이가 있다.[154)]

3. 제3자를 위한 계약의 성립

제3자를 위한 계약은 제3자가 채권을 취득하다는 것 이외에는 통상의 계약과 마찬가지의 성질을 가진다. 따라서 그 성립에서도 통상적인 계약과 마찬가지 원칙에 의하여 규율되어야 함은 당연하다. 그러므로 이하에서는 제3자를 위한 계약의 성립과 관련하여 특별하게 논의되는 몇 가지 문제에 관하여 살펴보는 데 그치기로 한다.

---

152) 제2차 계약법 리스테이트먼트(1979) 제302조(의도된 수익자와 우발적 수익자) (1) 약속자와 수익자 사이에 다른 합의가 없는 한, 만약 수익자에게 이행청구권을 인정하는 것이 계약당사자의 의도를 달성함에 적합하고, 또 다음 (a) (b) 둘 중 한 경우에 해당하는 경우에는, 약속의 수익자는 「의도된 수익자」이다. (a) 그 약속의 이행이 수약자(요약자)가 수익자에게 금전을 지급할 채무를 충족시키게 될 것, 또는 (b) 제반사정이 수약자(요약자)가 약속된 이행의 이익을 수익자에게 주고자 의도하였음을 가리킬 것 (2) 의도된 수익자 이외의 수익자는 「우발적 수익자」이다.

153) 유럽계약법원칙(PECL) 제6:110조(제3자를 위한 계약) (1) 계약상의 채무의 이행을 청구할 수 있는 제3자의 권리가, 낙약자와 요약자 사이에서 명시적으로 합의되어 있는 때, 또는 그 합의가 계약의 목적 또는 당해 사정으로부터 추단할 수 있는 때에는, 제3자는 계약상의 채무의 이행을 청구할 수 있다. 그 제3자가 합의 시에 특정되어 있을 것은 요구되지 않는다. (2) 제3자가 이행을 청구할 권리를 포기하는 때에는, 그 권리는 발생하지 아니한 것으로 간주한다. (3) 낙약자는 요약자에 대한 통지에 의하여 제3자로부터 이행을 청구할 권리를 빼앗을 수 있다. 다만, 다음 각 호의 1에 해당하는 때에는 그러하지 아니하다. (a) 제3자가 그 권리는 철회불가능하다는 취지의 통지를 이미 낙약자로부터 받은 때, (b) 낙약자 또는 요약자가 제3자로부터 이미 그 권리를 향수한다는 취지의 통지를 받고 있었던 때

154) 「민법안심의록(상권)」, 314 참조.

(1) 제3자를 위한 물권계약

「제3자를 위한 계약」은 '제3자로 하여금 낙약자에 대한 계약상의 채권, 즉 이행청구권을 취득케 하는 계약'인데(539조 1항), '제3자를 위한 물권계약(이를 「제3자를 위한 처분행위」라고도 한다)도 가능한가, 즉 당사자 사이의 물권행위의 효력을 제3자에게 직접 발생할 수 있도록 할 수 있는가?' 하는 것이 문제된다. 예를 들어, '부동산매매계약의 당사자인 매도인과 매수인 사이의 물권적 합의에 의하여 낙약자(매도인)가 제3자에게 직접 부동산소유권을 이전하기로 하는 형태의 제3자를 위한 계약이 가능한가?' 하는 것이다.

이 문제를 논하기 위해서는 먼저 「물권행위론」에 대한 검토가 필요하나 여기서는 그 결론만을 간략하게 언급하기로 한다. 우리 민법은 물권변동에 관하여 「형식주의」를 취하여, '법률행위에 의한 부동산물권변동의 효력이 발생하기 위해서는 등기를 요하고, 동산물권변동의 효력이 발생하기 위해서는 인도를 요한다'고 규정하고 있다(186조, 188조 1항). 그러나 '물권변동은 물권행위(Einigung 또는 Auflassung)의 효력으로 발생한다'고 관념하여 이를 민법전에 명문으로 규정하고 있는 독일민법(BGB §873, §925)[155]과는 달리, 우리 민법에는 물권행위를 요한다는 취지의 명문규정이 없으므로, 우리 민법의 해석상으로도 독일민법과 마찬가지로 '물권변동의 요건으로 매매·교환·증여 등의 채권계약과 공시방법인 등기 또는 인도 이외에 물권행위가 필요한가?' 하는 것이 문제되고 있다(이를 「물권행위의 필요성」의 문제라고 한다). 이에 대해서는 학설이 대립하고 있는데, 통설과 판례는 '우리 민법의 해석상으로도 물권행위는 물권변동의 필수적 요건'이라고 보고 있으나(편의상 이를 「물권행위필요설」이라고 칭하기로 한다), 이러한 통설·판례의 입장과는 달리 '우리 민법의 해석상 물권행위는 물권변동의 필수적 요건이 아니'라고 보는 소수설(편의상 이를 「물권행위불요설」이라고 칭하기로 한다)[156]도 존재한다. 그러므로 「물권행위불요설」을 취하면 「제3자를 위한 물권계약」의 가능성에 관한 논의는 무의미한 것

---

155) 독일민법 제873조(물권적 합의와 등기에 의한 취득) (1) 토지에 대한 소유권을 양도하거나 토지에 권리를 설정하거나 그 토지상의 권리를 양도하거나 그 권리에 부담을 설정기 위해서는 법률에 다른 규정이 없는 한 권리변동에 관하여 권리자와 상대방 사이의 합의 및 토지등기부에의 권리변경의 등기를 요한다. (2) 당사자는 등기 전에는 의사표시가 공정증서로 작성되었거나 부동산등기소에서 행하여졌거나 거기에 제출된 때 또는 권리자가 부동산등기법의 규정에 좇은 등기승낙서를 상대방에게 교부한 때에 한하여 제1항의 합의에 구속된다. 제925조(소유권양도의 합의) (1) 제873조에 의하여 부동산소유권의 양도에 요구되는 양도인과 양수인의 합의(Auflassung)는 두 당사자가 동시에 출석하여 관할기관 앞에서 표시하여야 한다. 공증인은 누구든지 부동산소유권양도의 합의를 접수할 권한을 가지되, 다른 기관의 권한에는 영향이 없다. 부동산소유권양도의 합의는 재판상 화해에서도 표시될 수 있다. (2) 조건부 또는 기한부로 행하여진 소동산소유권양도의 합의는 효력이 없다.

156) 김기창, "물권행위 탄생사", 「아듀, 물권행위」(고려대출판부, 2006/12), 11 이하; 박경신, "물권행위라는 용(龍)이 미국에서만 살아야 하는 이유", 「아듀, 물권행위」(고려대출판부, 2006/12), 51 이하; 김제완, "느린 동작 화면으로 본 물권행위", 「아듀, 물권행위」(고려대출판부, 2006/12), 81 이하; 명순구, "이제는 물권행위와 작별을 하자", 「아듀, 물권행위」(고려대출판부, 2006/12), 123 이하 참조.

이 된다. 즉, 「제3자를 위한 물권계약」에 관한 아래의 논의는 「물권행위필요설」을 취하고 있는 통설·판례의 입장을 전제로 하는 것이다. (☞ 물권법 편, 제2장 제2절 「물권행위론」)

1) 학 설

(가) 긍정설

이는 '제3자를 위한 물권계약의 효력을 인정하여야 한다'는 견해이다. 이 견해는 '제3자를 위한 물권계약이 사회질서에 반하거나 제3자의 이익을 해하는 결과를 야기하는 것도 아니므로, 제3자를 위한 물권계약의 효력을 부인할 필요는 없다'는 점을 근거로 하여, '특별한 규정이 없는 한 채권계약에 관한 규정은 물권계약에 유추적용될 수 있다'고 해석한다.157) 이 견해에 따르면, '부동산매매계약의 당사자인 매도인과 매수인 사이에 제3자를 위한 물권적 합의를 하면 매도인과 제3자 사이에 별도의 물권적 합의를 할 필요 없이, 제3자(수익자)는 낙약자인 매도인에 대하여 직접 이전등기를 청구할 수 있다'는 결론이 된다.158)

(나) 부정설

이는 '제3자를 위한 계약에 의한 물권취득의 효력을 부인하여야 한다'는 견해이다.159) 이 견해는 '우리 민법이 물권변동에 관하여 형식주의를 취하고 있다'는 점,160) '제3자를 위한 계약에 관한 제539조 제1항은 계약의 상대적 효력의 원칙에 대한 예외를 규정한 것이므로 한정적으로만 적용되어야 한다'는 점을 근거로 들고 있다.161)

2) 판례의 입장

「제3자를 위한 물권계약」의 효력에 관하여 직접적으로 언급한 판결은 찾아볼 수 없다. 다만, 대법원판결 중에는 '계약의 당사자가 제3자에 대하여 가진 채권에 관하여 그 채무를 면제하는 계약도 제3자를 위한 계약에 준하는 것으로서 유효하다'고 판시함으로써 「제3자를 위한 채무면제」의 효력을 인정한 사례가 있다(대법원 2004.9.3.선고, 2002다37405 판결 등).162) 채무면제는 준물권행위의 성질을 가지므로, 판례가 「제3자를 위한 물권계약」의 효력을 인정할 가능성을 시사하고 있다고 생각된다.

3) 학설·판례의 검토

'물권변동의 효력이 발생하기 위해서는 반드시 물권행위가 필요하다'고 보는 통설·판례

---

157) 곽윤직, 72; 김기선, 73; 김상용, 101; 김증한/김학동, 96; 김형배, 185(다만, 채권양도와 같은 처분행위(준물권행위)의 경우에는 제3자를 위한 계약에 관한 제539조의 유추적용을 부인한다); 이은영, 199 참조.

158) 이은영, 199 참조(구체적으로는, '제3자는 수익의 의사표시와 함께 제3자약관이 포함된 검인계약서를 제출함으로써 등기를 신청할 수 있다'고 한다).

159) 민법주해(13)/송덕수, 178~179 참조.

160) 최식, 120 참조.

161) 민법주해(13)/송덕수, 178~179 참조.

162) 같은 취지: 대법원 1980.9.24.선고, 78다709 판결.

의 입장(물권행위필요설)에 따르면, 제3자를 위한 물권계약이 가능한지의 여부가 문제된다. 우선 「부정설」 중에서 '우리 민법이 물권변동에 관하여 성립요건주의를 취하고 있으므로 제3자를 위한 물권계약의 효력은 인정될 수 없다'는 견해는 '물권계약이 있으면 물권변동의 효력이 발생하여야 한다'는 것을 전제로 한 견해라고 생각된다. 그러나 '물권변동의 효력이 발생하기 이해서는 등기 등 공시방법이 필요하다'는 것과 '계약의 당사자가 제3자를 위하여 물권적 합의를 할 수 있는가?' 하는 것은 이론상 별개의 문제이므로, 물권변동에 관하여 우리 민법이 성립요건주의를 취하고 있다는 것이 제3자를 위한 물권계약의 성립가능성을 부정하는 논거가 될 수는 없다고 할 것이다. 「부정설」 중에는 '제3자를 위한 계약에 관한 제539조 제1항의 규정은 채권계약에 관한 규정이고, 이는 계약 구속력의 원칙에 관한 예외규정이므로 엄격하게 해석하여야 한다'는 이유를 들어, '이를 물권행위에 유추해석할 수 없다'고 해석하는 견해도 있다.[163] 그러나 「계약 구속력의 원칙」이란 '계약당사자 사이의 합의는 법적 구속력이 있다'는 원칙으로서 계약자유의 원칙을 근거로 하는 법리인데, 「계약 구속력의 원칙」을 들어 제3자를 위한 물권계약의 효력을 부인하는 것은 논리상 모순이다. 또한 명문규정이 없는 물권행위의 개념과 필요성은 인정하면서, '제3자를 위한 물권행위는 명문규정이 없으므로 채권계약에 관한 규정을 유추적용할 수는 없다'는 논리는 자가당착(自家撞着)이라는 비판을 면하기 어렵다 할 것이다. 결국 제3자를 위한 물권행위에 대하여 제539조 제1항을 유추적용하는 것을 부정할 이유는 없다고 할 것이다. 다만, 제3자를 위한 물권행위의 효력을 인정하는 경우에는, 물권행위의 독자성의 문제와 관련하여 '계약의 당사자들이 언제 어떠한 방식으로 제3자를 위한 물권행위를 하였다고 해석할 것인가?' 하는 문제와, '중간생략등기를 금지하고 있는 부동산등기특별조치법의 규정이 제3자를 위한 물권계약에 의하여 잠탈될 가능성은 없는가?' 하는 문제 등이 남게 되는데, 이에 관한 상세한 논의는 물권법 편으로 미루기로 한다.
(☞ 물권법 편, 제2장 제2절 「물권행위론」)

(2) 제3자의 부담을 목적으로 하는 계약

법률에 특별한 규정이 없는 한 누구도 자기 의사에 의하지 않고서는 채무를 부담하지 않는 것이 원칙이므로, 제3자에게 의무만을 부담하게 하는 당사자 사이의 약정은 원칙적으로 무효라고 할 것이다(부산고법 2001.3.21.선고, 2000나4227 판결). 학설 중에는 '매매계약의 당사자가 제3자로 하여금 매매의 목적물에 대한 권리이전청구권을 취득케 함과 동시에 대금지급의무를 부담케 하는 것과 같은 경우에는, 제3자에게 쌍무적인 반대급부를 부담하게 하는 계약도 유효하다'는 견해도 있으나,[164] 당사자의 일방과 제3자 사이에서 쌍무계약관계를 제3자의 수

163) 민법주해(13)/송덕수, 178~179 참조.
164) 곽윤직, 73 참조.

권 없이 창설하는 것은 「자기결정의 원칙」에 어긋나므로 허용될 수 없다고 할 것이다.[165] 다만, 제3자의 채권취득에 부수적인 부담을 주는 편무계약의 경우까지 무효로 할 필요는 없다고 할 것이다.[166] 판례도 '제3자에게 채권을 부여함과 동시에 채무도 부담시키는 제3자를 위한 계약은 유효하다'는 입장을 취하고 있다(대법원 1965.11.9.선고, 65다1620 판결 등).[167] 또한 '조건부 제3자를 위한 계약으로서의 성질을 가지고 있는 주택분양보증계약에서 제3자의 지위에 있는 수분양자는 주택분양보증계약의 내용에 따라 수익의 의사표시에 의하여 주택분양보증인에 대한 분양계약상의 권리를 취득함과 동시에 그와 반대급부의 관계에 있는 의무를 부담한다'고 한다(대법원 2006.5.12.선고, 2005다68783 판결 등).[168]

한편 제3자에게 채무를 발생시키는 것이 아니라 계약당사자 사이에 '제3자로 하여금 이행하게 할 것을 약정하는 계약'은 유효하며, '제3자의 사전 동의가 있었거나 사후의 추인이 있는 경우에는 제3자의 부담을 목적으로 하는 계약도 유효하다'고 해석하여야 할 것이다.[169]

(3) 출연의 원인관계에 흠결이 있는 경우

「제3자를 위한 계약」에서 낙약자가 제3자에 대하여 채무를 부담하는 출연을 하는 이유는 계약의 당사자인 낙약자와 요약자 사이에 위 출연의 원인을 이루는 일정한 법률관계(이를 「보상관계」 또는 「기본관계」라고 한다)가 존재하기 때문이며, 요약자가 낙약자에 대하여 채무를 부담하는 출연을 하는 이유는 요약자와 제3자와의 사이에 그 출연의 원인을 이루는 법률관계(이를 「대가관계」라고 한다)가 존재하기 때문이다. 문제는 '이러한 원인관계에 흠결이 있는 경우에는 제3자를 위한 계약의 효력은 어떻게 되는가?' 하는 것이다.

1) 보상관계 : 기본관계

「보상관계(報償關係)」(Deckungsverhältnis)라 함은 '제3자를 위한 계약의 당사자인 낙약자와 요약자 사이에 낙약자가 제3자에 대하여 채무를 부담하는 원인을 이루는 법률관계'를 말한다. 이는 '낙약자가 채무의 이행으로 제3자에게 급부함으로써 입는 재산상의 손실은 요약자와의 원인관계에 의하여 보상된다'는 의미로 사용되고 있으나, '이러한 관계를 가리키는 용어로서는 적절하지 않다'는 비판이 있다.[170] 타당한 비판이라고 생각되나, 이는 용어상의 문제에 불과하므로 본서에서는 「보상관계」라는 용어를 그대로 사용하기로 한다.

---

165) 同旨: 민법주해(13)/송덕수, 181 참조.
166) 同旨: 김형배, 184; 이은영, 199 참조.
167) 같은 취지: 대법원 1957.3.16.선고, 4289민상536 판결.
168) 같은 취지: 대법원 2006.5.25.선고, 2003다45267 판결.
169) 同旨: 민법주해(13)/송덕수, 180 참조.
170) 「보상관계」라는 용어 대신에 「쌍무계약에서의 반대급부와의 견련관계」라는 표현을 사용하는 학자도 있으며(이은영, 194 참조). 「기본관계」(Grundverhältnis)라는 용어를 사용할 것을 주장하는 견해도 있다(민법주해(13)/송덕수, 128 참조).

「보상관계」는 '낙약자가 요약자와 제3자를 위한 계약을 체결하는 원인을 이루는 관계'이므로, 제3자를 위한 계약의 법적 성질을 결정하고(보상관계는 유상·쌍무계약인 경우도 있고 무상·편무계약인 경우도 있다), 계약의 내용을 형성한다. 즉, 보상관계는 제3자를 위한 계약 그 자체이며, 보상관계의 유효는 제3자가 채권을 취득하기 위한 전제조건이 된다. 그러므로 보상관계에 흠결이나 하자가 있는 경우에 계약의 효력에 직접 영향을 미치는 것은 당연하다. 민법도 이러한 법리를 전제로 하여 '낙약자는 보상관계에서 생기는 항변권을 가지고 제3자에게 대항할 수 있다'고 규정하고 있다(542조). 즉, 보상관계에 무효 또는 취소의 원인이 있는 경우에는, 낙약자는 제3자를 위한 계약이 무효이거나 취소됨으로써 권리가 발생하지 아니하였음을 제3자(수익자)에게 주장할 수 있으며(542조), 요약자가 반대급부를 할 때까지 제3자에 대하여 동시이행의 항변권을 행사할 수 있다(536조).

2) 대가관계 : 제3자 수익의 원인관계

「대가관계(對價關係)」(Valutaverhältnis)라 함은 '제3자를 위한 계약에서 요약자와 제3자(수익자) 사이에 존재하는 원인관계'를 말한다. 제3자(수익자)는 제3자를 위한 계약의 효력으로 낙약자에 대한 채권을 취득하게 되는데, 이는 요약자와 제3자(수익자) 사이에 제3자를 위한 계약의 원인을 이루는 일정한 법률관계(제3자에 대한 요약자의 증여 또는 운송의무 등 기존채무의 변제)가 존재하기 때문이다. 또한 '제3자가 낙약자에 대한 채권을 취득하는 이유는 요약자가 낙약자와의 보상관계를 통하여 낙약자로 하여금 제3자에 대한 채무부담을 약정케 함으로써 간접적으로 제3자에게 출연을 하는 데 기인한다'고 할 수 있다. 이러한 이유에서 대가관계를 「출연관계」(Zuwendungsverhältnis)라고도 한다. 학설 중에는 '제3자를 위한 계약을 체결하는 원인관계인 요약자와 제3자 사이의 법률관계가 무상·편무계약(예컨대, 증여)인 경우에는 대가(對價)가 없으므로, 「대가관계」라는 용어가 이를 포괄할 수 없는 부적절한 용어'라는 견해가 있다.[171] 이러한 비판은 타당하다고 생각되나, 요약자와 제3자 사이의 법률관계는 대부분 「대가관계」라고 할 수 있으므로 본서에서는 그대로 사용하기로 한다.

제3자를 위한 계약에서의 「대가관계」는 예컨대, 요약자가 제3자에 대하여 부담하는 채무를 낙약자의 급부에 의하여 면하기 위한 기존채무의 변제(매매계약에서의 매도인의 운송채무의 이행 등)이거나, 혹은 무상으로 제3자로 하여금 권리를 취득하게 하는 증여(생명보험계약에서의 수익자의 지정) 등 여러 가지이다. 또한 대가관계는 제3자와 요약자 사이의 내부관계에서 존재하는 법률관계로서, 제3자를 위한 계약 자체와는 전혀 관계가 없기 때문에, 그 흠결이나 하자

171) 즉, '제3자의 수익의 대가는 채권자의 반대급부이므로, 요약자와 제3자의 관계를 「대가관계」라고 하는 것은 적당치 않다'고 비판하고, "제3자 수익의 원인관계"라고 하여야 옳다는 견해도 있으며(이은영, 194 참조), '요약자가 제3자에게 증여하기 위하여 계약을 체결한 경우에는 대가가 없으므로, 「대가관계」라는 용어는 적절치 않다'고 비판하는 견해도 있다(민법주해(13)/송덕수, 131).

는 제3자를 위한 계약의 효력에는 아무런 영향을 미치지 않는다. 즉, 대가관계의 흠결이나 하자가 있더라도 제3자를 위한 계약은 유효하며, 낙약자는 대가관계에 기한 요약자의 항변권으로써 제3자에게 대항할 수 없다(542조의 반대해석). 말하자면, 제3자의 권리취득은 무인적(無因的)으로 행하여지는 것이다.[172] 다만, 제3자가 대가관계의 흠결이나 하자가 있음에도 불구하고 권리를 취득함으로써 얻은 이익은 요약자에 대한 관계에서는 부당이득이 되므로, 이를 요약자에게 반환하여야 한다(741조).

4. 「제3자를 위한 계약」의 효력

(1) 제3자에 대한 효력

1) 제3자의 권리취득

제3자를 위한 계약이 유효하게 성립한 경우, 제3자는 낙약자에 대한 채권을 취득하므로 채무자에게 직접 그 이행을 청구할 수 있다(539조 1항). 여기서 제3자가 채무자에게 "직접" 급부의 이행을 청구할 수 있다는 것은, 요약자가 채무자로부터 취득한 권리를 제3자가 양도받는 것이 아니라 제3자가 처음부터 계약에 의하여 직접 권리를 취득한다는 것을 의미한다.[173]

2) 제3자의 권리발생시기 : 제3자의 「수익의 의사표시」의 법적 성질

제3자를 위한 계약의 효력으로 제3자는 낙약자에게 직접 급부의 이행을 청구할 수 있는 채권을 취득한다(539조 1항). 다만, 제3자(수익자)가 취득하는 채권의 발생시기에 대해서는 입법례가 갈리는데, 독일민법은 '계약의 성립에 의하여 제3자는 즉시 권리를 취득하지만 제3자가 권리의 취득을 거절할 수 있다'고 규정하고 있으나(BGB §333),[174] 우리 민법은 '제3자의 권리는 제3자가 채무자에 대하여 계약의 이익을 받을 의사를 표시한 때에 비로소 발생한다'고 규정하고 있다(539조 2항). 민법이 이렇게 규정한 이유는 명확하지 않으나, 학설 중에는 '제3자가 권리취득을 원하지 않는데 구태여 이를 취득케 하려는 의사가 당사자에게 있었다고 볼 것은 아니므로, 제3자의 수익의 의사표시를 기다려 권리를 취득케 하는 것이 계약당사자의 의사에 부합한다는 취지에서, 민법이 그러한 규정을 둔 것'이라고 설명하는 견해가 있다.[175]

문제는 '제3자의 수익(受益)의 의사표시의 법적 성질을 어떻게 볼 것인가?' 하는 것이다. 이에 대해서는, '제3자의 수익의 의사표시는 권리발생요건이 아니라 제541조가 정한 계약당사자의 권리(변경·소멸권)를 소멸시키는 효과를 발생시키는 것에 불과하다'는 견해도 있으나,[176] 통설

172) 민법주해(13)/송덕수, 132 참조.
173) 상게서, 156~158 참조.
174) 독일민법 제333조(제3자에 의한 권리의 거절) 제3자가 계약에 기하여 취득한 권리를 낙약자에 대하여 거절한 때에는, 그 권리는 이를 취득하지 아니한 것으로 간주한다.
175) 곽윤직, 76 참조.
176) 장재현, "제3자를 위한 계약에 관한 일시론", 민법전시행30주년기념논문집 「민법학의 회고와 전망」

은 '제3자의 수익의 의사표시는 권리의 발생요건'이라고 보고 있다.[177] 또한 판례의 입장도 통설과 같다(대법원 2006.5.25.선고, 2003다45267 판결 등).[178]

그런데 이와 같은 통설·판례의 입장에 따르면, '제3자를 위한 계약이 성립한 경우에도 제3자가 수익의 의사표시를 하지 않고 있는 동안에는 계약의 효력인 채권이 발생하지 않는다'는 결론이 되는데, '이는 계약의 본질에 반하는 것이 아닌가?' 하는 의문이 생긴다. 왜냐하면 유효하게 성립한 계약은 즉시 효력을 발생하는 것이 원칙이며, 계약의 효력이란 다름 아닌 채권·채무의 발생이기 때문에 계약의 효력이 발생하였음에도 불구하고 채권이 아직 발생하지 아니하였다는 것은 이론상 모순이기 때문이다. 뿐만 아니라, 이렇게 해석하는 경우에는 제3자를 위한 계약이 체결된 이후에도 제3자의 수익의 의사표시가 있기 전까지는 채무자(낙약자)의 귀책사유로 인하여 급부가 이행불능이 된다거나, 타인에 의한 채권침해로 인한 불법행위 등의 사유가 발생하더라도 손해배상을 청구할 수 없게 되므로 제3자를 보호할 수 없다는 문제가 발생하게 된다.[179]

위와 같은 문제점을 고려하여, '제539조 제2항은 임의규정으로 보아 제3자가 수익의 의사표시를 하지 않더라도 권리를 취득하는 것으로 당사자가 합의할 수 있다'고 해석하고(이를 「상대적 요건설」이라고 한다),[180] 특히 '보험계약·운송계약·신탁·공탁 등 다른 법률에 특별한 규정이 있거나, 거래관행 또는 계약의 목적이나 성질 등에 비추어 계약의 성립과 동시에 제3자의 권리가 발생한다고 해석되어야 하는 경우에는 제539조 제2항의 적용이 배제되어야 한다'고 해석하는 견해가 많다.[181] 그러나 학설 중에는 '이러한 문제점에도 불구하고 제539조 제2항을 강행규정으로 보아 제3자의 수익의 의사표시를 권리취득의 절대적 요건으로 해석하여야 한다'는 견해(이를 「절대적 요건설」이라고 한다)도 없지 않다.[182]

생각건대, ① 계약의 효력이 발생하였음에도 불구하고 채권이 발생하지 않는 결과가 되는 제539조 제2항의 내용은 계약법의 기본이론에 비추어 볼 때 불합리하다는 점, ② 보험계약(상법 639조, 724조 2항, 자동차손해배상보장법 9조 1항)·운송계약(상법 140조)·신탁계약(신탁법 51조)·변제공탁(487조) 등과 같이, 법률의 규정으로 제3자의 권리취득에 수익의 의사표시를 요하지 않는 경우도 많다는 점,[183] ③ 제3자의 수익의 의사표시가 없더라도 제3자가 권리를 취득하는

(한국민사법학회, 1993), 534~538 참조.

177) 민법주해(13)/송덕수, 158; 곽윤직, 76; 김상용, 102; 김형배, 187; 이은영, 200 참조.

178) 같은 취지: 대법원 1957.3.16.선고, 4289민상536 판결; 대법원 1996.5.28.선고, 96다6592·6608·6615·6622·6639 판결; 대법원 1996.12.20.선고, 96다34863 판결; 대법원 1997.6.27.선고, 96다36647 판결; 대법원 1997.9.26.선고, 97다10208 판결; 대법원 1997.10.10.선고, 97다7264·7288·7295·7301 판결.

179) 김상용, 102; 김형배, 187 참조.

180) 곽윤직, 76; 김상용, 103; 김현태, 58; 김형배, 188; 이은영, 200 참조.

181) 김상용, 103; 김형배, 188; 이은영, 200 참조.

182) 민법주해(13)/송덕수, 159; 김증한/김학동, 101; 김기선, 75; 김주수, 102 참조.

것으로 당사자가 약정하더라도 이를 사회질서에 반하는 것이라고 볼 수 없다는 점, ④ '수익의 의사표시 없이도 제3자가 권리를 취득한다고 하더라도 제3자는 그 권리를 자유롭게 포기할 수 있다'고 해석할 수 있으므로,[184] 제3자의 이익을 특별히 해하는 결과가 되는 것은 아니라는 점 등을 고려할 때, '제3자의 수익의 의사표시를 권리발생의 절대적 요건이라고 해석할 필요는 없다'고 할 것이다.

3) 수익의 의사표시를 하기 전의 제3자의 법적 지위

(가) 형성권

제3자가 수익의 의사표시를 할 것인가의 여부는 제3자의 자유에 속함은 물론이나, '제3자를 위한 계약이 성립하면 제3자는 수익의 의사표시에 의하여 권리취득의 효과를 발생케 하는 법적 지위에 놓이게 되므로, 제3자는 일종의 형성권을 가진다'고 해석하는 것이 통설적 견해이다.[185] 이와 같이 제3자를 위한 계약에 있어서 수익의 의사표시를 할 제3자의 권리를 일종의 형성권이라고 보면, 이는 계약에서 특별한 정함이 없으면 10년의 제척기간에 걸린다고 해석하여야 할 것이다.[186] 다만, 낙약자는 제3자에게 상당한 기간을 정하여 이익의 향수(享受) 여부의 확답을 최고할 수 있고, 낙약자가 그 기간 내에 확답을 받지 못한 때에는 제3자가 계약의 이익을 받을 것을 거절한 것으로 본다(540조).

(나) 수익의 의사표시를 할 제3자의 권리가 일신전속권인지 여부

학설 중에는 '수익의 의사표시를 할 권리는 제3자의 일신전속권이므로, 그 양도·상속은 물론 채권자대위권 행사의 객체가 될 수 없다'고 해석하는 견해가 있다.[187] 그러나 '수익의 의사표시를 할 제3자의 권리는 당사자의 계약에 의하여 변경 또는 소멸될 수 있는 불안정한 권리이기는 하나(541조의 반대해석) 재산적 색채가 강하므로 법률 또는 계약에 의한 특별한 제한이 없는 한 상속·양도는 물론이고 채권자대위권의 객체가 된다'고 해석하여야 할 것이다.[188]

---

183) 수익의 의사를 요하지 않는 것으로 규정하고 있는 이들 특별제도를 근거로, 오히려 법률의 규정이 없으면 수익의 의사를 요하는 것으로 해석하여야 한다고 주장하는 견해도 있다(김기선, 75 참조). 그러나 제3자의 수익의 의사표시가 필요하지 않다는 특별제도의 규정은 민법상의 제3자를 위한 계약에서는 '원칙적으로' 제3자의 수익의 의사표시가 필요하다는 것의 근거가 될 수는 있으나, 제3자의 수익의 의사표시가 '반드시' 필요하다고 해석하여야 하는 근거가 되는 것은 아니라고 할 것이다.

184) 「상대적 요건설」을 취하는 학자들은 '제3자의 「수익거절권」을 인정하여야 한다'고 해석하고 있으나(김상용, 103; 김형배, 188; 이은영, 200 참조), 독일민법 제333조와 같은 명문규정이 없는 우리 민법의 해석상으로는 이미 취득한 「급부청구권의 포기」라고 해석하는 것이 이론상 타당하다고 본다.

185) 민법주해(13)/송덕수, 161; 곽윤직, 76; 김주수, 103; 이은영, 202 참조. 다만, 학설 중에는 「형성권설」에 대한 비판적 견해도 없지 않다(김증한/김학동, 102 참조).

186) 同旨: 민법주해(13)/송덕수, 161; 곽윤직, 77; 김상용, 106; 김형배, 189 참조.

187) 김기선, 76; 김증한/김학동, 102 참조.

188) 同旨: 민법주해(13)/송덕수, 162; 곽윤직, 77 참조.

4) 수익의 의사표시를 한 제3자의 법적 지위

(가) 제3자의 권리의 확정

제3자가 수익의 의사표시를 하면 이에 의하여 제3자의 권리가 확정되며, 제3자의 권리가 확정된 후에는 계약의 당사자라 하더라도 이를 변경시키거나 소멸시킬 수 없다(541조). 그러나 '제541조는 임의규정이므로, 계약의 당사자가 제3자의 권리가 발생한 후에도 이를 변경·소멸시킬 수 있음을 계약에서 미리 유보해 놓은 경우에는 당사자가 제3자의 권리를 변경·소멸시킬 수 있다'고 해석하는 것이 통설[189]·판례의 입장이다(대법원 2002.1.25.선고, 2001다30285 판결 등).[190]

(나) 제3자의 법적 지위

(A) 계약의 취소권·해제권 제3자는 계약의 당사자가 아니므로, 계약의 취소권·해제권과 같이 계약의 당사자만이 행사할 수 있는 권리인 이른바 「당사자권(當事者權)」은 행사할 수 없다. 즉, 제3자는 요약자의 무능력이나 착오, 낙약자의 사기·강박 등을 이유로 직접 계약을 취소할 수 없으며, 낙약자의 채무불이행을 이유로 계약을 해제할 수도 없다(대법원 1994.8.12.선고, 92다41559 판결).[191] 다만, 수익의 의사표시를 한 수익자는 낙약자에게 직접 그 이행을 청구할 수 있을 뿐만 아니라, 요약자가 계약을 해제한 경우에는 낙약자에게 자기가 입은 손해의 배상을 청구할 수 있다(대법원 1994.8.12.선고, 92다41559 판결). 또한 판례는 「조건부 제3자를 위한 계약」의 성질을 가지고 있는 분양보증계약의 경우에는 제3자인 수분양자에게 해제권이 부여된 것으로 보고 있다(대법원 1996.12.20.선고, 96다34863 판결 등).

■ **주택건설사업자와 주택건설촉진법에 의한 등록업자 사이에 체결된 주택분양보증약정의 법적 성질**(=조건부 제3자를 위한 계약) 및 **분양계약자들이 등록업자에게 행사할 수 있는 분양계약상의 권리에 계약해제에 따른 원상회복이나 손해배상청구권도 포함되는지 여부**(적극) [1] 주택건설사업자가 구 주택공급에관한규칙(1993.9.1. 건설부령 제537호로 개정되기 전의 것) 제7조 제1항 제1호에 의하여 당해 주택의 공정이 일정기준 이상에 달하지 아니한 상태에서 당해 주택의 대지소유권을 확보하고 당해 주택의 준공에 대하여 일정규모 이상의 주택건설 실적을 가진 3인 이상의 시공권이 있는 등록업자의 연대보증을 제출한 후 입주자를 모집하는 때에는, 특별한 사정이 없는 한 주택건설사업자와 등록업자 사이에 주택건설사업자가 당해 주택의 준공을 이행하지 않는 경우 등록업자가 이를 대신 이행하여 주택건설사업자와 사이에 적법하게 분양계약을 체결한 입주자들에게 분양계약상의 주택공급의무를 이행할 것을 내용으로 하는 이른바 조건부 제3자를 위한 계약이 체결된 것으로 보아야 한다. [2] 위 [1]항과 같은 주택분양보증약정이 있는 경우, 주택건설사업자가 당해 주택의 건축을 지연하거나 그 능력을 상실하는 등 계약상의 조건이 성취되면, 적법하게 분양계약을 체결한 입주자들은 그 조건성취에 대한 등록업자의 귀책사유 유무와 관계없이 그 수익의 의사를 표시하고 등록업자에 대하여 분양계약상의 권리를 행사할 수

---

189) 민법주해(13)/송덕수, 164; 곽윤직, 77; 김증한/김학동, 104; 김형배, 189 참조.
190) 같은 취지: 대법원 1974.12.10.선고, 73다1591 판결.
191) 판례평석: 김민중, "턴키계약", 「로스쿨계약법」(청림출판, 2006/3), 612 이하.

있으며, 이에는 주택건설사업자의 채무불이행을 원인으로 분양계약을 해제하고 그에 따른 원상회복이나 손해배상을 청구할 수 있는 권리도 당연히 포함된다. (대법원 1996.12.20.선고, 96다34863 판결)[192]

(B) 당사자의 선의·과실 등 주관적 요건의 판단　당사자의 선의·악의, 과실·무과실 등의 주관적 요건이 문제되는 경우에는 당사자인 요약자를 기준으로 이를 판단하여야 한다. 예컨대, 낙약자가 타인의 권리를 매도한 경우라고 하더라도 요약자가 악의인 때(그 권리가 타인에게 속한다는 사실을 알고 있었던 때)에는 제3자(수익자)가 선의라고 하더라도 제3자는 매도인(낙약자)에 대하여 손해배상을 청구할 수 없다(570조 단서).

(C) 의사의 흠결이나 사기·강박 유무의 판단　의사의 흠결(비진의표시·허위표시·착오에 의한 의사표시)이나 사기·강박의 유무도 계약의 당사자인 요약자를 기준으로 하여 판단하여야 한다.

(D) 「제3자의 사기」에 관한 제110조 제2항이 적용되는 경우　「제3자의 사기」에 관한 제110조 제2항을 적용하는 경우에는, 수익자는 계약의 당사자가 아니므로 "제3자"에 해당한다(대법원 1998.1.23.선고, 96다41496 판결).[193] 그러므로 '제3자(수익자)의 사기에 의하여 낙약자가 의사표시를 한 경우라고 하더라도 상대방인 요약자가 선의인 이상 낙약자는 계약을 취소하지 못한다'고 해석하여야 할 것이다.[194] 제3자의 사기에 의한 의사표시는 상대방이 알았거나 알 수 있었을 경우에 한하여 이를 취소할 수 있기 때문이다(110조 2항). 물론 이 경우에는 낙약자를 상대로 사기를 한 제3자(수익자)가 낙약자에 대하여 불법행위책임을 져야 한다.[195]

(E) 제3자 보호규정의 적용　제3자는 계약의 당사자는 아니지만 그의 권리는 계약에 의하여 직접 취득되는 것이므로 「제3자 보호규정」(107조 2항, 108조 2항, 109조 2항, 110조 3항, 548조 1항 단서)의 적용에 있어서는 "제3자"가 아니라 계약당사자로서 다루어져야 한다. 예컨대, 낙약자가 착오를 이유로 계약을 취소한 경우에는 이를 선의의 수익자(제3자)에게도 대항할 수 있다. 즉, 낙약자는 수익자가 선의이더라도 취소에 의한 계약의 무효를 수익자에게 주장할 수 있다.

5) 「제3자 보호효(保護效)이론」 등의 도입 필요성 여부

(가) 「제3자 보호효 이론」

계약의 효력은 당사자 사이에서만 발생하는 것이 원칙이나, 당사자의 특약(제3자약관)에 의하여 제3자에게 효력이 발생하도록 합의한 경우에는 「제3자를 위한 계약」으로서 예외적으

192) 같은 취지: 대법원 1997.10.10.선고, 97다7264·7271·7288·7295·7301 판결; 대법원 1997.9.26.선고, 97다10208 판결.

193) 판례평석: 윤진수, "계약상대방의 피용자의 사기로 인한 의사표시의 취소", 민사판례연구(21)(민사판례연구회, 1999/7), 58 이하; 박동진, "민법 제110조 제2항에서 말하는 제3자의 의미", 「로스쿨민법총칙」(청림출판, 2006/1), 366 이하.

194) 다만, 학설 중에는 '수익자는 제110조 제2항에서 말하는 "제3자"와는 법률상 취급을 달리하여야(실질상 요약자와 동일시하여야) 하므로, 요약자의 선의·악의를 불문하고 낙약자의 취소권이 인정되어야 한다'고 해석하는 견해도 있다(이태재, 97~98 참조).

195) 곽윤직, 77 참조.

로 계약의 효력이 제3자에게도 미친다. 그런데 독일의 통설과 판례는 '제3자를 위한 계약이 아닌 경우에도 일정한 계약에서는 계약의 「보호효(保護效)」(Schutzwirkung)가 법률상 당연히 제3자에게 미친다'고 해석하고 있다.[196)]

독일민법에서는 판례가 사용자책임에 있어서 사용자의 면책을 광범위하게 인정하는 결과 제3자가 손해배상을 받을 수 없는 불합리한 결과가 자주 발생한다. 예컨대, 건물의 소유자와 건물의 수리계약을 체결한 건축회사가 건물의 수리를 하는 과정에서 피용자의 과실로 인하여 건물수리계약의 당사자인 건물 소유자 이외의 제3자(소유자의 배우자나 그 자녀 등의 가족 또는 가사사용인)에게 손해를 가한 경우, 피해자는 건물수리계약의 당사자가 아니고 그 계약이 「제3자(피해자)를 위한 계약」도 아니므로, 건축회사에 대하여 사용자책임에 기한 불법행위로 인한 손해배상책임을 묻는 것 이외에는 어떠한 계약상의 청구권도 가질 수 없다. 그런데 사용자책임에 있어서 사용자의 면책을 광범위하게 인정하는 독일 불법행위법의 특성상 피해자가 전혀 손해배상을 받을 수 없는 경우가 발생한다. 이러한 경우에 사용자에게 불법행위법상의 사용자책임 대신 계약법상의 이행보조자책임을 인정할 필요가 있다고 할 수 있는데, 이러한 법적 수요에 응하기 위한 이론이 바로 「제3자보호효이론」이다. 국내의 학설 중에도 독일의 「제3자보호효이론」을 우리 민법의 해석론으로 도입할 필요가 있다는 견해가 있다.[197)] 그러나 '우리나라에서는 사용자책임에서 사용자의 면책이 거의 인정되고 있지 않으므로, 굳이 독일의 「제3자보호효」 이론을 우리 민법의 해석론으로 도입할 필요가 없다'는 견해가 지배적이다. 이와 관련하여, 대법원은 「SECOM 사건」에 대한 1993.8.27.의 판결에서, '전자기계장치에 의한 방범제공업무를 내용으로 하는 용역경비계약은 제3자를 위한 계약으로 볼 수 있는바, 여기서 제3자라 함은 용역경비계약의 목적물인 건물을 일상적으로 사용하는 건물주와 그의 처를 포함한 동거가족에 한정되며, 위 건물에 일시 방문한 자는 용역경비계약의 효력이 미치는 제3자라고 볼 수 없다'는 이유로, 제3자를 위한 계약인 용역경비계약상의 제3자로 볼 수 없는 일시방문자들이 용역경비회사를 상대로 한 용역경비의무의 불이행으로 인한 손해배상청구를 기각한 원심을 확정한 바 있다(대법원 1993.8.27.선고, 92다23339 판결).

「제3자보호효이론」은 사용자책임에서 사용자의 면책이 광범위하게 인정됨으로써 제3자가 손해배상을 받을 수 없는 불합리한 결과가 자주 발생하는 독일민법하에서 본질상 불법행위책임의 영역에 속하는 문제를 계약책임으로 이론구성함으로써 사용자에게 불법행위법상의 사용자책임 대신 계약법상의 이행보조자책임을 인정할 필요에 부응하기 위한 독일 특유의 이론이라고 할 수 있다. 따라서 판례가 사용자의 면책을 거의 인정하지 않음으로써 사용자책임

196) 「제3자보호효이론」에 관한 상세는 송덕수, "제3자보호효력 있는 계약", 후암곽윤직교수화갑기념 「민법학논총」(박영사, 1985), 454 이하; 김민중, 전게논문(주 115), 501 이하 참조.

197) 송덕수, 상게논문, 454 이하; 김민중, 상게논문, 501 이하 참조.

을 실질적 무과실책임으로 운용하고 있는[198] 우리 민법하에서는, 사용자책임 대신에 이행보조자책임에 관한 규정을 적용하기 위하여 개발된 독일의 「제3자보호효이론」을 도입할 필요는 없다고 할 것이다(「SECOM 사건」에서, 만약 일시방문자들이 경비회사를 상대로 계약책임이 아닌 불법행위책임을 물었다면 그 결론은 아마 달라졌을 것이라고 생각한다).[199]

(나) 제3자손해청산이론

「제3자손해청산(Drittschadensliquidation)이론」은 독일민법학에서 발전된 이론으로서, 예컨대, 기계의 매매 및 설치계약에서 설계상의 결함 또는 매도인(Y)의 설명의무 위반 등 기계의 결함으로 인하여 제3자인 기계매수인(X)의 종업원(A)이 부상한 경우와 같이, '계약상의 의무위반으로 인한 손해가 계약당사자가 아닌 제3자에게 발생한 경우에, 계약의 당사자인 기계의 매수인은 매도인을 상대로 제3자가 입은 손해의 배상을 청구할 수 있다'는 이론이다.[200] 전통적 이론에 따르면, 위의 사례에서 계약당사자인 채권자(X)는 손해가 없으므로 상대방인 채무자(Y)에 대하여 불법행위로 인한 손해배상을 청구할 수 없고, 피해자(A)는 계약의 당사자가 아니므로 매도인(Y)을 상대로 매매계약상의 채무불이행을 이유로 손해배상을 청구할 수 없으므로, 결과적으로 가해자(Y)가 면책되는 불합리한 결과가 발생한다. 「제3자손해청산이론」에 따르면 계약당사자인 매수인(X)은 매도인(Y)을 상대로 제3자(A)가 입은 손해의 배상을 청구할 수 있게 되므로, 이러한 불합리한 결과를 피할 수 있다.

「제3자보호효이론」과는 달리, 「제3자손해청산이론」에 대해서는 이를 우리 민법의 해석론으로서 적극적으로 도입하자는 주장은 아직 제기되지 않고 있다. 그 이유는 독일민법의 경우와는 달리 우리 민법하에서는 채무자의 제3자에 대한 불법행위책임을 인정하는 데 별 문제가 없으므로(예컨대, 위 사례의 경우 매수인(X)의 종업원(A)이 매도인(Y)을 상대로 불법행위로 인한 손해배상청구를 하는 데 별 문제가 없을 것이다), 굳이 독일의 「제3자손해청산」 이론을 도입하여 이 문제를 해결하여야 할 필요가 없기 때문이다.

(2) 요약자에 대한 효력

1) 요약자의 이행청구권

'요약자는 채권자는 아니지만 다른 약정이 없는 한 제3자와 마찬가지로 낙약자에게 제3

---

198) 대법원판결 중에서 '제756조 제1항 단서의 사용자의 선임·감독상의 주의의무 위반이 없다'고 판시한 사례가 전혀 없었던 것은 아니지만(대법원은 2009.1.15.선고, 2008다63192 판결에서, 과거 정신분열증의 병력이 있던 자가 소방공무원으로 복직하여 근무하던 중 동료 소방관을 살해한 사안에서, 당해 공무원의 복직 과정과 이후 정신분열증 재발 여부의 지속적인 관리·감독 및 조치 등에 있어서 임용권자나 관리·감독자로서 지방자치단체의 주의의무 위반이 있다는 이유로 지방자치단체의 사용자책임을 인정한 원심을 파기·환송한 바 있다), 이러한 사례는 극히 드물다.

199) 同旨: 제4판 주석민법(1)/조용호, 535~536 참조.

200) 「제3자손해청산이론」에 관하여는 김민중, 전게논문(주 115), 507 이하 참조.

자(수익자)에 대하여 채무의 이행을 청구할 권리(이행청구권)를 가진다'고 해석하여야 할 것이다.[201] 왜냐하면 요약자도 낙약자의 이행 여부에 대하여 이해관계를 가지고 있으며, 제3자의 권리가 반드시 독점적·배타적이어야 하는 것은 아닐 뿐만 아니라, 제3자의 권리발생과 함께 요약자에게도 이행청구권이 발생한다고 해석하는 것이 당사자의 의사에 부합하기 때문이다. 독일민법(BGB §335)[202]과 스위스채무법(OR Art. 112(1))[203]은 이러한 법리를 명문으로 규정하고 있다. 입법론으로서 '우리 민법에도 이에 관한 명문규정을 신설하여야 한다'는 견해가 있다.[204]

2) 제3자의 권리와 요약자의 이행청구권과의 관계

제3자의 권리와 요약자의 이행청구권은 마치 연대채권관계를 이루는 것처럼 보이지만, 이를 연대채권관계라고 할 수는 없다. 왜냐하면 요약자는 자기에게 급부할 것을 청구할 수 없고 반드시 제3자에 대하여 급부할 것을 청구할 수 있을 뿐이고, 낙약자도 반드시 제3자에게만 급부할 수 있을 뿐이므로, 채권자 중의 어느 일방에게 급부함으로써 다른 채권자의 채권도 소멸하는 연대채권관계에 있다고 할 수 없기 때문이다.[205] 학설 중에는 '요약자의 이행청구권은 제3자의 수익의 의사표시가 있기 전에도 존재한다'고 해석하는 견해가 있다.[206] 이러한 견해에 따르면, '낙약자는 제3자가 수익의 의사표시를 하지 않은 경우에도 이행기에 이행제공을 하지 않으면 요약자에 대하여 이행지체로 인한 채무불이행책임을 면할 수 없다'는 결론이 된다. 그러나 당사자 사이에 특별한 약정이 없는 한 제3자의 수익의 의사표시가 있기 전에는 채권이 발생하지 않는 것이므로(539조 2항), 이러한 해석은 타당하지 않다고 생각된다.

제3자가 수익의 의사표시를 한 후에 낙약자의 채무불이행이 있으면, 제3자는 낙약자에 대하여 채무불이행에 기한 손해배상을 청구할 수 있음은 당연하다. 손해배상청구권은 본래의 급부청구권과 동일성이 인정되기 때문이다. 문제는 '이 경우에 요약자도 낙약자에 대하여 채무불이행으로 인한 손해배상을 청구할 수 있는가?' 하는 것인데, 이에 대해서는 '요약자는 낙약자에 대하여 제3자의 손해를 배상할 것을 청구할 수 있을 뿐이며, 자기에게 배상할 것을 청구할 수 없다'는 견해도 있으나,[207] 요약자도 낙약자의 채무불이행에 대하여 중대한 이해

---

201) 민법주해(13)/송덕수, 168; 곽윤직, 78 참조.

202) 독일민법 제335조(요약자의 청구권) 요약자는 계약당사자의 다른 의사가 인정되지 않는 한, 급부에 대한 권리가 제3자에게 속하는 경우에도 제3자에게 급부할 것을 청구할 수 있다.

203) 전게 주 142 참조.

204) 「2004년 민법개정안」을 작성 당시 법무부 민법개정위원회에서는 '독일민법과 마찬가지로 요약자의 이행청구권에 관한 명문규정을 신설하자'는 제안이 있었으나, '제3자에 대한 요약자의 이행청구권은 해석상 인정될 수 있으므로 별도의 명문규정을 둘 필요가 없다'는 이유로 배제되었다고 한다(법무부민법개정총서(4), 243~244 참조).

205) 민법주해(13)/송덕수, 168; 곽윤직, 78 참조.

206) 민법주해(13)/송덕수, 169; 곽윤직, 79 참조.

관계가 있으며, 낙약자의 채무불이행은 요약자에게 제3자의 손해와는 별개·독립의 손해를 발생시킬 수 있다고 할 것이므로, '요약자는 낙약자의 채무불이행으로 인하여 제3자에게 발생한 손해를 배상할 것을 청구할 수 있음은 물론, 자기 자신에게 발생한 손해에 대한 배상도 청구할 수 있다'고 해석하여야 할 것이다.[208] 그리고 이 경우의 손해배상도 채무불이행의 일반적 효과인「이행이익의 배상」이라고 할 것이다.

학설 중에는 이 경우의 손해배상을 이행이익의 배상이 아닌 '신뢰손해의 배상'이라고 해석하는 견해가 있다.[209] 이 견해가 주장하는 "신뢰손해"가 구체적으로 어떤 손해를 의미하는 것인지는 불분명하나, 만약 '낙약자가 이행하리라고 신뢰함으로써 요약자가 입은 손해'를 의미하는 것이라면, 이는 '「이행이익」과 구별할 필요가 없는 불필요한 개념의 유희'에 지나지 않으며,「신뢰이익의 손해」를 의미한다면「신뢰이익」의 개념을 잘못 이해한 것이라는 비판을 면하기 어려울 것이다. 왜냐하면「신뢰이익의 손해」란 '무효이거나 취소된 계약을 유효하다고 신뢰함으로써 입은 손해, 즉 헛되이 지출한 비용 상당액의 손해'를 의미하는 개념이기 때문이다. (☞ [6] 계약체결상의 과실책임)

3) 요약자의 계약해제권 : 제541조의 해석

'제3자가 수익의 의사표시를 함으로써 계약의 목적인 권리가 제3자에게 확정적으로 귀속된 경우에는, 요약자와 낙약자의 합의에 의하여 제3자의 권리를 변경·소멸시킬 수 있음을 미리 유보하였거나, 제3자(수익자)의 동의가 있는 경우가 아니면 계약의 당사자인 요약자와 낙약자는 제3자의 권리를 변경·소멸시키지 못하고, 만일 계약의 당사자가 제3자의 권리를 임의로 변경·소멸시키는 행위를 한 경우, 이는 제3자에 대하여 효력이 없다'는 것이 판례의 입장임은 전술한 바와 같다(대법원 2002.1.25.선고, 2001다30285 판결 등).

학설 중에는 이러한 판례의 법리와 "제3자의 권리가 생긴 후에는 당사자는 이를 변경 또는 소멸시키지 못한다"고 규정하고 있는 제541조를 근거로, '요약자는 제3자의 수익의 의사표시를 하여 제3자의 권리가 확정된 후에는 낙약자의 채무불이행이 있더라도 제3자의 동의 없이는 단독으로 계약을 해제할 수 없다'고 해석하는 견해가 있다.[210] 그러나 '낙약자의 채무불이행이 있는 경우에는 요약자는 제3자의 수익의 의사표시가 있은 후에도 제3자의 동의가 없더라도 계약을 해제할 수 있다'고 해석하는 것이 통설적 견해이다.[211] 또한 판례도 '특별한 사정이 없는 한 낙약자의 귀책사유로 인한 이행불능 또는 이행지체가 있는 경우, 요약자는

207) 곽윤직, 79 참조.
208) 同旨: 김증한/김학동, 108; 김형배, 192; 이은영, 203 참조.
209) 이은영, 203 참조.
210) 김형배, 193; 이은영, 205 참조.
211) 제4판 주석민법(1)/조용호, 510; 곽윤직, 79; 김상용, 104; 김증한/김학동, 107 참조.

계약당사자로서 제3자(수익자)의 동의 없이도 계약을 해제할 수 있다'는 입장을 취하고 있다(대법원 1970.2.24.선고, 69다1410·1411 판결).

생각건대, 계약의 해제는 쌍무계약에서 일방 당사자가 채무를 불이행한 경우에 형평의 관념에 기하여 상대방으로 하여금 일방적 의사표시에 의하여 계약의 구속으로부터 벗어날 수 있도록 함으로써, 손해배상과는 별도로 채권자의 보호를 꾀하는 제도라고 할 것인 바, 제541조는 당사자 사이의 합의로 제3자의 권리를 소멸시킬 수 없다는 것이지 요약자로부터 해제권을 박탈한다는 취지의 규정으로 볼 수는 없다. 따라서 '비록 제3자의 권리가 확정되었다 할지라도, 낙약자의 채무불이행이 있는 경우에는 요약자는 계약을 해제함으로써 낙약자에 대한 자신의 채무로부터 벗어나 원상회복을 청구할 수 있다'고 해석하여야 할 것이다. (☞ 제4절 「계약의 해제와 해지」)

4) 요약자와 제3자와의 관계

제3자(수익자)가 「제3자를 위한 계약」에 의하여 낙약자에 대한 채권을 취득하는 것은 요약자가 제3자에게 출연할 원인관계(대가관계)가 있기 때문이다. 그러나 전술한 바와 같이, 요약자와 제3자 사이의 원인관계인 「대가관계」가 없더라도 요약자와 낙약자 사이에 「제3자를 위한 계약」은 유효하게 성립하며, 이를 기초로 하는 제3자의 권리도 유효하게 발생한다. 다만, 이 경우에 제3자가 낙약자로부터 받은 급부는 요약자에 대한 관계에서는 법률상의 원인을 결여한 부당이득에 해당하므로, 제3자는 이를 요약자에게 반환하여야 한다(741조).

(3) 낙약자에 대한 효력

1) 요약자에 대한 채권의 취득과 제3자에 대한 채무의 부담

낙약자의 법적 지위는 위에서 살펴본 제3자 및 요약자의 법적 지위의 반면(反面)이라고 할 수 있다. 즉, 낙약자는 계약의 당사자로서 계약에 의하여 정해진 바에 따라서 요약자에 대하여 채권을 가짐과 동시에, 제3자 및 요약자에게 채무를 부담한다.

2) 제3자에 대한 항변권

낙약자가 제3자에게 부담하는 채무는 기본행위인 요약자와 체결한 「제3자를 위한 계약」의 효력에 기한 것이므로, 낙약자는 그 계약에 기한 항변으로써 제3자에게 대항할 수 있다(542조). 여기서 말하는 "항변"이라 함은 '널리 제3자의 권리의 존재를 부인하고 그 행사를 저지할 수 있는 모든 사실의 주장을 의미'하는 「이의(異議)」(Einwendungen)를 의미한다. 따라서 고유한 의미에 있어서의 「항변권」(Einrede)뿐만 아니라, '권리불발생의 항변'이나 '권리소멸의 항변' 등을 모두 포함하는 「넓은 의미의 항변」을 가리킨다. 예컨대, 제3자를 위한 계약이 쌍무계약인 경우에는, 낙약자는 요약자가 반대급부를 할 때까지 제3자에 대하여 동시이행항변권을 행사할 수 있으며, 또 기본행위인 계약에 무효 또는 취소의 원인이 있는 경우에는 낙약자는 그 무효 또는 취소로써 제3자에게 대항할 수 있다. 즉, 낙약자는 '권리의 불발생'을 제3자에 대하여 주장할 수 있다. 그러나 낙약자가 제3자에 대하여 대항할 수 있는 항변사유는 기본행위인 계약 그 자체에 기인한 것에 한하는 것이므로, 그 이외의 원인에 의하여 요약자에게만 대항할 수 있는 항변은 이로써 제3자에게 대항하지 못한다. 예컨대, 낙약자는 제3자를 위한 계약의 원인을 이루는 법률관계가 무효이거나 취소되었다는 주장을 할 수 없으며, 요약자에 대하여 가지는 채권을 가지고 제3자의 채권과 상계할 수도 없다. 또한 제3자의 권리가 발생한 후에 체결된 요약자와 낙약자 사이의 다른 계약에 기하여 생긴 사유도 제3자에게는 대항하지 못한다.

문제는 '낙약자와 요약자 사이의 기본관계를 이루는 계약이 무효이거나 해제된 경우, 낙약자는 제3자를 상대로 원상회복(계약해제의 경우) 또는 부당이득의 반환(계약이 무효인 경우)을 청구할 수 있는가?' 하는 것이다. 이에 대하여, 판례는 '기본관계의 청산은 계약의 당사자인 낙약자와 요약자 사이에 이루어져야 하므로, 특별한 사정이 없는 한 낙약자가 이미 제3자에게 급부한 것이 있더라도 낙약자는 계약해제에 기한 원상회복 또는 부당이득을 원인으로 제3자를 상대로 그 반환을 구할 수 없다'고 하여, 이를 부인하고 있다(대법원 2005.7.22.선고, 2005다7566·7573 판결 등).[212)]

3) 제3자가 수익을 거절한 경우

제3자가 수익을 거절한 경우에는 낙약자는 채무의 내용에 좇은 이행을 할 수 없게 된다. 이 경우는 채무자(낙약자)와 채권자(제3자) 쌍방의 책임 없는 사유로 인한 이행불능에 해당하나, '위험부담의 법리(537조)에 의하여 채무자(낙약자)의 반대급부청구권이 소멸한다'고 해석할 수는 없다. 「위험부담의 법리」는 '쌍무계약의 특수성을 고려하여 쌍방불귀책사유로 인한 이행불능 시에 양 채무를 동시에 소멸시키는 제도'인데, 제3자가 수익을 거절한 경우를 「이행불능」이라고 보기는 어렵기 때문이다. 학설 중에는 '이 경우는 채권자지체가 성립된다'는 견해도 있으나,[213)] '제3자가 수익을 거절한 경우라도 계약의 목적에 비추어 제3자에 대한 급부가 절대적인 의미를 가지는 경우가 아니라면, 채무자는 요약자에게 급부함으로써 채무를 면할 수 있다'고 해석하는 것이 타당하다고 할 것이다.[214)]

212) 판례평석: 배호근, 대법원판례해설 57호(법원도서관, 2006/7), 302 이하; 송덕수/김병선, 「민법핵심판례210선」, 270 이하. 같은 취지: 대법원 2010.8.19.선고, 2010다31860·31877 판결; 대법원 2018.9.13.선고, 2016다255125 판결.

213) 김형배, 192 참조.

214) 同旨: 이은영, 203 참조.

[10] Ⅳ. 쌍무계약의 특수한 효력

1. 총 설

쌍무계약은 '당사자 쌍방이 상호의존적 견련관계(대가적 관계)에 있는 채무를 부담하는 계약'이므로, 양 당사자의 채무가 서로 매우 밀접한 관계(상호의존적 견련관계)를 가지고 있다는 특성이 있다. 이러한 특수성에 기하여 쌍무계약에서의 양 당사자의 채무는 그 이행과 소멸단계에서 상호 영향을 미치게 된다. 우선 ① 계약의 이행단계에 있어서는 당사자 일방이 자기 채무를 이행하지 않고서 상대방 채무의 이행을 청구하는 경우에는 타방 당사자는 자기 채무의 이행을 거절할 수 있는 동시이행의 항변권이 인정된다(536조). 또한 ② 당사자 쌍방의 귀책사유가 아닌 사유(이를 「쌍방불귀책사유」라고 한다)로 인한 이행불능의 경우에는 위험부담의 문제가 발생하는데, 우리 민법은 「채무자위험부담주의의 원칙」을 채택하여 양 당사자의 채무가 동시에 소멸하는 것으로 규정하고 있다(537조). 아울러 ③ 민법은 쌍무계약에 있어서 양 당사자의 채무의 상호의존적 견련관계를 고려하여, 당사자 일방의 귀책사유로 인한 채무불이행이 있는 경우에는 상대방이 일방적인 의사표시에 의하여 계약을 소급적으로 소멸시키거나(해제) 장래에 향하여 소멸시킴으로써(해지) 스스로 계약의 구속력으로부터 해방될 수 있는 계약의 해제·해지제도를 마련하고 있다(543~553조).

〈참고〉 이른바 「쌍무계약의 성립상의 견련관계」에 관하여

일부 학설은 '쌍무계약에 의하여 발생할 당사자 일방의 채무가 불성립하거나 무효·취소된 경우에는 타방 당사자의 채무도 성립하지 않는다'면서, 이를 쌍무계약에 있어서 채무의 「성립상의 견련성(牽連性)」이라고 한다.[215] 예컨대, '이미 멸실된 건물에 관하여 매매계약이 체결된 경우에는 매도인의 소유권이전채무는 원시적 불능을 목적으로 하는 계약으로서 무효이므로, 상대방인 매수인의 대금지급채무도 발생하지 않는다'는 식이다. 그러나 계약의 불성립·무효·취소로 인하여 채무가 발생하지 않는 경우는 있을 수 있어도 채무 자체가 무효·취소된다는 것은 있을 수 없으므로, 이와 같은 이론은 성립할 수 없다. 즉, 일부 학설이 주장하는 이른바 「쌍무계약에 있어서의 채무의 성립상의 견련관계」는 쌍무계약 자체의 불성립·무효·취소의 문제이지, 쌍무계약에 의하여 발생할 채무의 불성립의 문제는 아닌 것이다.

2. 동시이행의 항변권

(1) 의의 및 제도적 필요성

1) 의 의

「동시이행의 항변권」(Einrede des nicht erfüllten Vertrags)이라 함은 '쌍무계약의 당사자 일방이 자기의 채무를 이행하지 않으면서 상대방의 채무의 이행만을 청구하는 경우에 상대방이

215) 곽윤직, 60 참조.

자기 채무의 이행을 거절할 수 있는 항변권'을 말한다. 이는 쌍무계약에 있어서의 양 채무의 상호의존적 견련성을 그 이행단계에서 관철하고자 하는 제도라고 할 수 있다. 민법은 제536조 제1항 본문에서 "쌍무계약의 당사자 일방은 상대방이 그 채무이행을 제공할 때까지 자기의 채무이행을 거절할 수 있다"고 규정함으로써, 쌍무계약의 양 당사자에게 동시이행의 항변권(이하 「동시이행항변권」으로 약칭)을 인정하고 있다.

2) 동시이행항변권의 제도적 필요성

쌍무계약에서 당사자 일방이 자기의 채무는 이행하지 않으면서 상대방 채무의 이행만을 청구하는 것은 공평하지 않을 뿐만 아니라, 채무를 먼저 이행한 당사자의 권리실현이 곤란해지는 경우가 생긴다. 쌍무계약에서 발생하는 이러한 문제를 해결하기 위해서는 채무의 이행 또는 이행제공을 상대방에 대한 채무이행청구의 요건으로 하거나, 이행청구의 상대방인 채무자로 하여금 이행을 청구하는 채권자의 반대급부가 없으면 채무의 이행을 거절할 수 있는 항변권을 부여할 필요가 있게 된다. 동시이행항변권은 후자에 해당하는 제도이다. 만약 쌍무계약에서 동시이행항변권을 인정하지 않는다면, 당사자 일방의 이행청구가 있으면 상대방은 무조건 먼저 이행하여야 한다는 결과가 되는데, 그렇게 되면 상대방의 이행청구에 응하여 자기의 채무를 먼저 이행한 당사자는 자기의 반대급부청구권의 실현을 확보하기 어렵게 된다.[216) 이와 같이 동시이행항변권은 쌍무계약에서 상대방의 채무이행을 담보하는 기능을 수행한다. 예컨대, 매매계약에서 매도인은 매수인이 매매대금을 지급할 때까지 목적물의 소유권이전의무 및 인도의무의 이행을 거절함으로써 매수인의 대금지급의무의 이행을 확보할 수 있으며, 반대로 매수인은 매도인이 목적물의 소유권이전 및 인도의무를 이행할 때까지 대금지급을 거절함으로써 매도인의 권리이전채무의 이행을 확보할 수 있다.

쌍무계약의 양 당사자의 채무 사이에 인정되는 이러한 상호의존적 견련성은 파산절차나 회생절차와 같은 이른바 「총괄적 채권실현절차」에서도 인정되고 있다.[217) 예컨대, 채무자회생법은 '파산절차 또는 회생절차에서 채무자와 그 상대방이 모두 파산선고 또는 회생절차개시 당시까지 쌍무계약에서 발생한 채무를 아직 이행하지 아니한 상태에 있는 경우에는 파산관재인 또는 관리인이 그 계약을 해제·해지하거나 채무를 이행하고 상대방의 채무이행을 청구할 수 있다'고 규정함으로써(동법 119조, 335조),[218) 쌍무계약에서 발생한 채무를 일반채권과

216) 쌍무계약에서 자신의 채무를 선이행한 당사자 일방이 반대급부를 받지 못하게 되는 이러한 위험을 「선이행위험」(Vorleistungsrisiko) 이라고 한다(양창수, "동시이행의 항변권", 고시계 35권 7호, 1990/7, 93 참조).

217) 양창수, 상게논문, 93 참조.

218) 채무자회생법 제119조(쌍방미이행 쌍무계약에 관한 선택) ① 쌍무계약에 관하여 채무자와 그 상대방이 모두 회생절차개시 당시에 아직 그 이행을 완료하지 아니한 때에는 관리인은 계약을 해제 또는 해지하거나 채무자의 채무를 이행하고 상대방의 채무이행을 청구할 수 있다. 다만, 관리인은 회생계획안 심

달리 취급하고 있다.

한편 판례는 이러한 동시이행항변권의 제도적 취지를 확장하여, ① '당사자가 부담하는 각 채무가 쌍무계약의 상호의존적 견련관계에 있는 채무가 아니라고 하더라도 구체적인 계약관계에서 각 당사자가 부담하는 채무에 관한 약정 내용에 따라 그것이 대가적 의미가 있어 이행상의 견련관계를 인정하여야 할 사정이 있는 경우에는 동시이행항변권을 인정할 수 있으며(대법원 2006.2.24.선고, 2005다58656·58663 판결 등),[219] 나아가 ② 하나의 계약 혹은 그 계약에 추가된 약정으로 둘 이상의 민법상 전형계약 내지 채권적 권리의무관계가 포괄되어 있고, 그에 따른 당사자 일방의 여러 의무와 상대방의 여러 의무가 포괄적으로 대가관계에 있는 경우에는 그 의무들이 동시이행관계에 있다고 볼 수 있다'고 한다(대법원 2010.3.25.선고, 2007다35152 판결). 요컨대, 동시이행항변권은 이론상 쌍무계약에 있어서의 양 채무가 상호의존적 견련관계를 가지고 있다는 점과, 이를 인정함으로써 상대방의 반대급부청구권의 실현을 확보해 주는 것이 공평의 관념 및 신의칙에 부합한다는 데 그 제도적 근거가 있다고 할 것이다.

▪ **하나의 계약 혹은 그 계약에 추가된 약정으로 둘 이상의 민법상 전형계약 내지 채권적 권리의무관계가 포괄되어 있고, 그에 따른 당사자 일방의 여러 의무와 상대방의 여러 의무가 포괄적으로 대가관계에 있는 경우, 그 의무들이 동시이행관계에 있다고 볼 수 있는지 여부**(적극) [1] 하나의 계약 혹은 그 계약에 추가된 약정으로 둘 이상의 민법상의 전형계약 내지 민법상의 채권적 권리의무관계(이하 '민법상의 전형계약 등'이라 한다)가 포괄되어 있고, 이에 따른 당사자 사이의 여러 권리의무가 동일한 경제적 목적을 위하여 서로 밀접하게 연관되어 있는 경우에는, 이를 민법상의 전형계약 등에 상응하는 부분으로 서로 분리하여 그 각각의 전형계약 등의 범위 안에서 대가관계에 있는 의무만을 동시이행관계에 있다고 볼 것이 아니고, 당사자 일방의 여러 의무가 포괄하여 상대방의 여러 의무와 사이에 대가관계에 있다고 인정되는 한, 이러한 당사자 일방의 여러 의무와 상대방의 여러 의무는 동시이행의 관계에 있다고 볼 수 있다. [3] 공사도급계약의 도급인이 자신 소유의 토지에 근저당권을 설정하여 수급

리를 위한 관계인집회가 끝난 후 또는 제240조의 규정에 의한 서면결의에 부치는 결정이 있은 후에는 계약을 해제 또는 해지할 수 없다. ② 제1항의 경우 상대방은 관리인에 대하여 계약의 해제나 해지 또는 그 이행의 여부를 확답할 것을 최고할 수 있다. 이 경우 관리인이 그 최고를 받은 후 30일 이내에 확답을 하지 아니하는 때에는 관리인은 제1항의 규정에 의한 해제권 또는 해지권을 포기한 것으로 본다. ③ 법원은 관리인 또는 상대방의 신청에 의하거나 직권으로 제2항의 규정에 의한 기간을 늘이거나 줄일 수 있다. ④ 제1항 내지 제3항의 규정은 단체협약에 관하여는 적용하지 아니한다. ⑤ 제1항에 따라 관리인이 국가를 상대방으로 하는 「방위사업법」 제3조에 따른 방위력개선사업 관련 계약을 해제 또는 해지하고자 하는 경우 방위사업청장과 협의하여야 한다. 제335조(쌍방미이행 쌍무계약에 관한 선택) ① 쌍무계약에 관하여 채무자 및 그 상대방이 모두 파산선고 당시 아직 이행을 완료하지 아니한 때에는 파산관재인은 계약을 해제 또는 해지하거나 채무자의 채무를 이행하고 상대방의 채무이행을 청구할 수 있다. ② 제1항의 경우 상대방은 파산관재인에 대하여 상당한 기간을 정하여 그 기간 안에 계약의 해제 또는 해지나 이행 여부를 확답할 것을 최고할 수 있다. 이 경우 파산관재인이 그 기간 안에 확답을 하지 아니한 때에는 계약을 해제 또는 해지한 것으로 본다.

219) 같은 취지: 대법원 1992.8.18.선고, 91다30927 판결; 대법원 1993.2.12.선고, 92다23193 판결; 대법원 1995.6.30.선고, 94다55118 판결; 대법원 1999.4.23.선고, 98다53899 판결; 대법원 2001.3.27.선고, 2000다43819 판결; 대법원 2006.6.9.선고, 2004다24557 판결; 대법원 2007.6.14.선고, 2007다3285 판결.

인으로 하여금 공사에 필요한 자금을 대출받도록 한 사안에서, 수급인의 근저당권 말소의무는 도급인의 공사대금채무에 대하여 공사도급계약상 고유한 대가관계가 있는 의무는 아니지만, 담보제공의 경위와 목적, 대출금의 사용용도 및 그에 따른 공사대금의 실질적 선급과 같은 자금지원 효과와 이로 인하여 도급인이 처하게 될 이중지급의 위험 등 구체적인 계약관계에 비추어 볼 때, 이행상의 견련관계가 인정되므로 양자는 서로 동시이행의 관계에 있고, 나아가 수급인이 근저당권 말소의무를 이행하지 아니한 결과 도급인이 위 대출금 및 연체이자를 대위변제함으로써 수급인이 지게 된 구상금채무도 근저당권 말소의무의 변형물로서 그 대등액의 범위 내에서 도급인의 공사대금채무와 동시이행의 관계에 있다고 할 것이다. (대법원 2010.3.25.선고, 2007다35152 판결)

(2) 연혁 및 입법례

1) 연 혁

동시이행항변권의 역사적 기원에 대해서는 견해가 갈린다. 우선 '동시이행항변권은 유치권과 마찬가지로 로마법의 「악의의 항변」(exceptio doli)에서 유래된 제도'라고 보는 견해가 있다.[220] 이 견해는 로마법상의 「악의의 항변」을 동시이행항변권의 역사적 기원으로 보는 이유에 대하여 다음과 같이 설명하고 있다.

로마법에서 「악의의 항변」은 원래 소송상의 방법에 불과한 것이었으나, 법무관과 법학자의 노력에 의하여 시민법(Jus civile)상 그 효력이 인정되지 않았던 무방식의 합의를 보호함으로써 실체법의 발전을 조장하는 적극적인 작용을 수행하게 되었다. 즉, 「악의의 항변」은 심판인이 원고의 주장을 형평에 어긋나는 것으로 만드는 모든 요소[221]를 고려에 넣어 신의에 입각하여 판결을 내려야 하는 「성의소송(誠意訴訟)」(bonae fidei iudicia)[222]에서 주로 문제되었는데, 피고 측의 「악의의 항변」이 있는 경우에는 심판인은 원고가 청구하는 물건에 가한 비용 따위와 같은 피고의 반대청구를 고려하여 비용을 공제한 잔액에 관하여서만 피고유책(被告有責)의 판결을 내렸다고 한다.[223] 그리고 고전시대의 로마법학자인 Julianus(율리아누스)는 "매수인은 매매대금을 지급하기 전에는 「매수인소송」(actio empti)을 제기할 수 없다"고 하였는데, 다른 학자들도 율리아누스의 견해에 좇아 매도인은 매매대금을 받을 때까지는 목적물을 질물(質物)로서(pignoris loco) 유치할 수 있다고 하였으며, 결국 '매매의 당사자가 상대방 채무의 이행을 청구하기 위하여는 자기의 채무를 이행하여야 한다'는 원칙이 확립되어, 이러한 원칙에 반하여 소송을 제기한 자에 대하여 상대방은 악의의 항변을 제기함으로써 채권자의 청구를 배척할 수 있게 되었다는 것이다.[224] 그리고 독일보통법은 로마법을 계수하면서도 「악의의 항변」에 관한 일반규정은 두지 아니하고, 유치권과 동시이행의 항변(exceptio non adimpleti contractus)의 제도만을 인정하였는데, 이것이 우리 민법에 계수된 것이라고 한다.[225]

---

220) 현승종, "민사유치권과 동시이행의 항변권의 연혁적 고찰", 법조 9권 12호(법조협회, 1960/12), 11 참조.

221) 여기서 '원고의 주장을 형평에 어긋나는 것으로 만드는 요소'에는 계약을 체결함에 있어서의 악의뿐만 아니라 소송 그 자체를 신의에 위반되는 것으로 만드는 모든 경우를 포함하였다고 한다(상게논문, 15 참조).

222) 「성의소송(誠意訴訟)」은 '방식서에 "성의에 의하여"라는 말이 포함되어, 심판인이 성의에 좇아 형평에 의하여 판결하여야 하는 소송'으로서, 심판인의 권한이 엄격하게 제한되어 있는 「엄정소송(嚴正訴訟)」(actio stricti iuris)에 대립되는 개념이다(상게논문, 15 참조).

223) 상게논문, 15 참조.

224) 상게논문, 17 참조.

225) 상게논문, 16 참조.

한편 학설 중에는 '동시이행항변권은 로마법에서 유래된 제도가 아니라 중세 교회법학자들(les canonises)과 후기주석학파에 속하는 학자들(les post glossateurs)에 의하여 정립된 제도'라는 견해도 있다.[226] 이 견해에 따르면, 교회법학자들은 계약의 구속력의 원칙에 대한 예외를 인정하여, '약속을 지키지 않는 상대방에 대하여는 약속을 지키지 않아도 된다'고 하였으며, 후기주석학파는 동시이행항변권을 로마법상의 「악의의 항변」에서 파생된 소송상의 항변(피고가 이 항변권을 행사하더라도 채무를 종국적으로 면하거나 채무를 부인할 수 있는 것은 아니지만, 상대방이 채무의 이행을 제공하지 않는 한 그의 소송을 저지할 수 있는 항변)으로 보았는데, 근대민법의 동시이행항변권은 여기에서 유래된 것이라고 한다.

2) 비교법적 고찰

(가) 입법주의

비교법상 쌍무계약에서 양 채무의 「이행상의 견련관계」를 관철하는 방법에는 「선이행주의」와 「동시이행항변권주의」의 두 가지 입법주의가 대립하고 있다.

(A) 선이행주의(先履行主義) 이는 '자기 채무를 이행하지 않는 자는 상대방의 이행청구도 할 수 없다'는 것을 원칙으로 하는 입법주의를 말한다, 즉 '쌍무계약에서 상대방의 채무이행을 청구하기 위해서는 먼저 자기의 채무를 이행하든가 또는 적어도 이행의 제공을 하지 않으면 안 되는 것으로 하는 입법주의로서, 스위스채무법이 채택하고 있다(OR Art. 82).[227] 이를 「선이행주의」라고 할 수 있을 것인데, 이러한 입법주의하에서는 동시이행항변권은 원칙적으로 문제가 되지 않는다. 다만, 「선이행주의」 하에서도 상대방이 선이행의무를 부담하고 있는 경우에는 동시이행항변권이 문제될 수 있다. 예컨대, 「선이행주의」를 취하고 있는 스위스채무법도 제82조 단서에서 '계약의 내용이나 성질상 나중에 이행하여야 하는 경우에는 채무의 이행이나 변제의 제공을 하지 않고도 상대방의 이행을 청구할 수 있다'고 규정하고 있으며, '당사자 일방이 파산하는 등 지급불능상태에 빠진 경우에는, 상대방은 자신의 반대급부청구권이 담보될 때까지 채무의 이행을 거절할 수 있다'고 규정하고 있다(OR Art. 83).[228]

(B) 동시이행항변권주의 이는 '쌍무계약의 각 당사자는 먼저 이행의 제공을 하지 않더라

226) 남효순, "동시이행관계의 본질 및 내용", 후암곽윤직선생고희기념 「민법학논총(2)」(박영사, 1995/12), 326~327 참조.

227) 스위스채무법 제82조(쌍무계약에 있어서의 이행의 질서) 쌍무계약에 있어서 타방 당사자에게 이행할 것을 청구하고자 하는 자는 이미 자기 채무를 이행하였거나 아니면 이행의 제공을 하였어야 한다. 다만, 계약의 내용이나 성질상 나중에 이행하여야 하는 경우에는 그러하지 아니하다.

228) 스위스채무법 제83조(당사자 일방의 지급불능에 대한 고려) (1) 쌍무계약에서 당사자 일방이 특히 그가 파산하거나 압류가 실효가 없게 된 때와 같이 지급불능상태가 된 경우, 그리고 재산상태의 악화로 인하여 상대방의 청구권이 위태롭게 된 경우에는, 그 상대방은 반대급부가 보장될 때까지 자기의 급부를 거절할 수 있다. (2) 상당한 기간 내에 상대방의 요망이 보장되지 아니하는 경우에는, 상대방은 계약을 해제할 수 있다.

도 상대방의 이행을 청구할 수는 있으나, 이행청구의 상대방은 자기의 급부를 거절할 수 있는 항변권(이를 「동시이행항변권」이라고 한다)을 행사할 수 있도록 하는 입법주의'이다.

a) 독일민법 '쌍무계약에 의하여 의무를 부담하는 자는 반대급부가 실현될 때까지 그가 이행하여야 하는 급부를 거절할 수 있다'고 규정함으로써(BGB §320 I),[229] 쌍무계약의 양 당사자에게 동시이행항변권을 부여하고 있다.

b) 프랑스민법 개정 전 프랑스민법에는 동시이행항변권에 관한 명문규정이 없었으나, 학설·판례에 의하여 '쌍무계약의 각 당사자에게는 동시이행항변권이 인정된다'고 해석되고 있었다. 2018.4.20. 법률 제2018-287호에 의하여 개정된 현행 프랑스민법은 이러한 종래의 통설·판례에 따라 동시이행항변권을 인정하는 명문규정을 신설하였다(C.c. Art. 1217).[230]

c) 일본민법 일본민법(구 의용민법)은 독일민법초안을 모범으로 하여 쌍무계약의 양 당사자에게 동시이행항변권을 부여하는 「동시이행항변권주의」를 채택하였다(동법 533조).[231]

「민법수정안이유서」에 따르면, 일본민법의 입법자는 '쌍무계약에서는 양 당사자가 동시에 이행하도록 하는 것이 공평한 결과를 발생하므로 이를 원칙으로 채택하되, 동시이행의 방법으로는 각 당사자에게 동시이행항변권을 부여하는 방법이 편리하다고 생각하였기 때문에 동시이행항변권주의를 채택하였으며, '민법총칙에 기한이익의 상실에 관한 규정을 두었으므로 굳이 「불안의 항변권」을 규정할 필요가 없다'고 생각하여 이를 규정하지 않았다고 한다.[232]

d) 우리 민법 우리 민법은 구 의용민법의 입법주의를 계승하여 「동시이행항변권주의」를 채택하고 있다. 다만, 우리 민법은 구 의용민법과는 달리 선이행의무자의 「불안의 항변권」을 인정하는 명문규정(536조 2항)을 신설하였다는 점이 특기할 만하다.[233] 참고로 일본에서도

---

229) 독일민법 제320조(동시이행의 항변권) (1) 쌍무계약에 의하여 의무를 부담하는 자는 반대급부가 실현될 때까지 그가 이행하여야 하는 급부를 거절할 수 있다. 다만, 그가 선이행의무를 부담하고 있는 경우에는 그러하지 아니하다. 그 급부가 여러 사람에게 행해져야 하는 경우에는, 반대급부의 전부가 실현될 때까지 상대방 각자에 대하여 그가 청구할 수 있는 부분을 거절할 수 있다. 제273조 제3항은 적용되지 아니한다. (2) 당사자 일방이 부분적으로 급부를 한 때에는, 반대급부를 거절하는 것이 제반사정에 따라서, 특히 이행되지 아니한 부분의 비교적 경미하기 때문에 신의성실에 반하는 경우에는, 이를 거절할 수 없다.

230) 프랑스민법 제1217조: (1) 그에 대한 약속이 이행되지 않았거나, 또는 불완전하게 이행된 당사자 일방은 다음과 같은 행위를 할 수 있다: - 그의 채무의 이행을 거절하거나 이행을 연기하는 행위; - 채무의 성질에 따른 강제이행의 청구; - 대금감액의 획득; - 계약의 해제청구; - 불이행의 결과의 회복청구 (2) 양립이 불가능하지 아니한 제재는 이에 추가될 수 있다; 손해배상은 이에 항상 추가된다.

231) 일본민법(구 의용민법) 제533조: 쌍무계약의 당사자 일방은 상대방이 그 채무의 이행을 제공할 때까지는 자기의 채무의 이행을 거절할 수 있다. 다만, 상대방의 채무가 변제기에 있지 아니한 때에는 그러하지 아니하다.

232) 「民法修正案理由書」, 512 참조.

233) 이는 "당사자의 일방이 상대방에 대하여 먼저 급부를 하여야 할 경우에 있어서 상대방의 재산이 계약체결 후 현저히 감소하여 반대급부를 하기 어려운 염려가 있는 경우에 급부거절권을 인정할 것"이라는

'「불안의 항변권」에 관한 조문을 신설하자'는 입법제안이 있었으나,[234] 결국 2017년 민법개정에는 반영되지 못하였다.

(나) 입법주의에 대한 평가

「선이행주의」를 취하면, 채권자는 자신의 채무를 이행하거나 이행제공을 한 경우에 한하여 채무자의 급부이행을 강제할 수 있게 되어, 채권자의 권리를 지나치게 제한하는 단점이 있다. 이와 반대로 「동시이행항변권주의」를 취하면, 채권자는 언제든지 채무자에 대하여 이행을 청구할 수 있으므로 신속을 기할 수 있다는 장점이 있을 뿐만 아니라, 상대방은 동시이행항변권을 행사하여 이행을 거절할 수 있으므로 채무의 이행을 강제하기 위해서는 채권자도 자기채무를 이행하지 않을 수 없으므로, 양 당사자의 이해관계를 조화시킬 수 있다는 장점이 있다. 그러므로 입법주의로서는 「동시이행항변권주의」가 「선이행주의」에 비하여 우수하다고 할 것이다.

(3) 동시이행항변권의 법적 성질

1) 실체법상의 권리

동시이행항변권은 쌍무계약에서 발생하는 양 채무의 상호의존적 견련성이라는 특성을 고려하여 민법이 양 당사자에게 부여한 실체법상의 항변권(Einrede)으로서, '권리소멸의 항변'과 같은 단순한 항변(Einwendung)이나, '소송상 상대방의 주장을 배척하기 위한 방어방법'인 「소송상의 항변」 또는 「소송법상의 항변권」과는 개념상 구별되는 독립된 실체법상의 권리이다.[235]

2) 연기적(延期的) 항변권

동시이행항변권은 쌍무계약의 효력으로 발생한 양 채무의 상호의존적 견련성을 고려하여, 쌍무계약의 당사자 일방이 자기의 채무는 이행하지 않으면서 상대방의 채무이행만을 청구하는 경우에 상대방으로 하여금 그 채무의 이행을 일시적으로(그 이행을 청구한 당사자 일방이 자기의 채무의 이행을 제공할 때까지) 거절함으로써 청구권의 작용을 일시적으로 저지할 수 있는 이른바 「연기적 항변권」이다.

「민법전편찬요강」에 따른 것이다(명순구(실록3), 336 참조).

234) 「2009년 일본채권법개정기본방침」【3.1.1.55】(이행청구와 불안의 항변권) <1> 쌍무계약에서 채권자가 채무자에 대하여 채무의 이행을 청구한 때, 채무자는 채권자의 신용불안에 따른 자력부족 기타 양 당사자가 예기할 수 없었던 사정이 계약체결 후에 발생하였기 때문에 반대채무의 이행을 받는 것이 불가능하게 되는 구체적인 위험이 생긴 것을 이유로 자기의 채무의 이행을 거절할 수 있다. 다만, 채권자가 변제의 제공을 한 경우 또는 상당한 담보를 제공한 경우에는 그러하지 아니하다. <2> <1>에 기재한 사정이 계약체결 시에 이미 발생하였으나 채무자가 이를 합리적인 이유에 의하여 알 수 없었던 경우에도 <1>과 마찬가지이다.

235) 이은영, 148 참조.

〈참고〉 유치권과 동시이행항변권의 비교

「유치권」이라 함은 '타인의 물건 또는 유가증권을 점유한 자가 그 물건이나 유가증권에 관하여 생긴 채권이 변제기에 있는 경우에, 변제를 받을 때까지 그 물건 또는 유가증권을 유치(반환을 거절하고 계속 점유하는 것)할 수 있는 권리'를 말한다(320조). 동시이행항변권은 일정한 의무를 부담하는 자가 권리자의 채무이행이 있을 때까지 그 의무의 이행을 거절할 수 있는 권리이므로, 유치권과 유사한 기능을 수행한다. 그러나 동시이행항변권은 쌍무계약의 양 당사자에게 인정되는 채권적 권리로서 이른바 「연기적 항변권」에 불과하므로, 담보물권인 유치권과는 그 법적 성질·발생요건·효과 면에서 차이가 있다. 즉, ① 유치권은 물권이므로, 누구에게나 그 권리를 행사할 수 있으나, 동시이행항변권은 계약의 상대방에 대해서만 주장할 수 있다. ② 유치권은 목적물의 인도에 한하여 거절할 수 있으며, 그 피담보채권도 '그 물건 또는 유가증권에 관하여 생긴 채권'에 한정된다. 그러나 동시이행항변권은 쌍무계약에 의하여 발생하는 채무로서 상호의존적 견련관계(대가관계)에 있는 것이라면 그 내용 여하를 묻지 않고 인정된다. ③ 유치권은 제한물권으로서 타인 소유의 물건 위에 성립하며, 채무가 이행되지 않는 경우에 유치권자는 경매·간이변제충당 등의 방법으로 채권을 실현할 수 있다(322조). 그러나 동시이행항변권은 자기 채무의 이행을 거절할 수 있는 소극적 권리인 연기적 항변권에 지나지 않으므로, 경매나 간이변제충당 등은 허용되지 않는다. ④ 유치권에서 채무자는 상당한 다른 담보를 제공하고 유치권의 소멸을 청구할 수 있다(327조). 그러나 동시이행항변권에서는 다른 담보의 제공에 의한 항변권의 소멸청구는 허용되지 않는다. ⑤ '소송에서 유치권이 행사된 경우에도 상환급부판결을 내려야 한다'는 통설·판례에 따르면, 양자는 이 면에서는 차이가 없다.

이상과 같이, 유치권과 동시이행항변권은 그 권리의 내용을 달리하는 것이므로, 양자는 동시에 성립할 수 있다. 예컨대, 시계점에 시계의 수리를 맡긴 상대방이 수리비용을 지급하지 않은 채 시계의 반환을 청구해 온 경우, 시계점주인은 유치권을 행사할 수도 있고 동시이행항변권을 행사할 수도 있다. 그러나 수리를 의뢰한 자가 시계의 소유자가 아닌 경우, 시계점주인은 동시이행항변권의 효력으로는 소유자에 대하여 시계의 반환을 거절할 수 없고, 유치권의 행사에 의해서만 시계의 반환을 거절할 수 있다. (☞ 물권법 편, 제6장 제2절 「유치권」)

(4) 동시이행항변권의 발생요건

1) 동일한 쌍무계약으로부터 발생한 양 당사자의 채무

(가) 동일한 쌍무계약으로부터 발생한 채무

동시이행항변권은 양 당사자의 채무가 동일한 쌍무계약으로부터 발생한 상호의존적 견련관계(대가적 관계)에 있는 경우에 한하여 인정되는 것이 원칙이다.[236] 따라서 별개의 계약으로부터 발생한 채무 상호 간에는 원칙적으로 동시이행항변권이 인정되지 않는다(대법원 1989.2.14.선고, 88다카10753 판결 등).

■ **근저당권 실행을 위한 경매가 무효가 된 경우, 낙찰자의 채무자에 대한 소유권이전등기 말소의무와 채권자의 낙찰자에 대한 배당금반환의무가 동시이행관계에 있는지 여부**(소극) 근저당권 실행을 위한 경매가 무효로 되어 채권자(근저당권자)가 채무자를 대위하여 낙찰자에 대한 소유권이전등기말소청구권을 행사하는 경우, 낙찰자가 부담하는 소유권이전등기말소의무는 채무자에 대한 것인 반면, 낙찰

---

236) 동시이행항변권을 발생시키는 쌍무계약의 양 채무의 「상호의존적 견련관계」(대가적 관계)를 "계약목적상 서로 구속하는 관계"라는 표현을 사용하는 학자도 있다(양창수, 상게논문, 96 참조).

자의 배당금반환청구권은 실제배당금을 수령한 채권자(근저당권자)에 대한 채권인바, 채권자(근저당권자)가 낙찰자에 대하여 부담하는 배당금반환채무와 낙찰자가 채무자에 대하여 부담하는 소유권이전등기 말소의무는 서로 이행의 상대방을 달리하는 것으로서, 채권자(근저당권자)의 배당금반환채무가 동시이행 항변권이 부착된 채 채무자로부터 승계된 채무도 아니므로, 위 두 채무는 동시에 이행되어야 할 관계에 있지 아니하다. (대법원 2006.9.22.선고, 2006다24049 판결)[237]

(나) 상호의존적 견련관계에 있는 채무

양 당사자의 채무가 동일한 쌍무계약으로부터 발생한 채무라고 하더라도 그들 사이에 「상호의존적인 견련관계」(대가관계)가 인정되지 않는 경우에는 양 채무는 동시이행관계에 있다고 할 수 없다. 문제는 '구체적으로 어떤 경우에 채무들 사이에 「상호의존적 견련관계」(대가관계)가 인정된다고 할 것인가?' 하는 것이다.

(A) 당사자 쌍방의 주된 급부의무 사이 예컨대, 매매계약에서 매수인의 대금지급의무와 매도인의 권리이전의무와 같이, 쌍무계약에서 발생하는 양 당사자의 주된 급부의무 사이에는 상호의존적 견련관계가 인정된다. 이러한 취지에서, 대법원은 '공유수면점용권 양도계약에서 양수인의 대금지급의무와 양도인의 명의변경의무는 동시이행관계에 있다'고 판시한 바 있다(대법원 1968.3.21.선고, 67다2444 전원합의체판결). 그러나 다음과 같은 경우에는 「주된 급부의무」 상호 간의 관계로서 동시이행관계가 인정되는지 여부가 문제되고 있다.

a) 매도인의 목적물인도의무와 매수인의 대금지급의무 부동산매매계약에서 매도인은 매수인에게 「부담 없는 완전한 권리를 이전할 의무」와 함께 「목적물의 인도의무」를 부담하는데, 매도인의 권리이전등기의무를 포함한 「부담 없는 완전한 권리를 이전할 의무」와 매수인의 대금지급의무가 동시이행관계에 있음은 제568조의 규정상 의문의 여지가 없다. 그러나 '매도인의 목적물인도의무와 매수인의 대금지급의무가 동시이행관계에 있는가?' 하는 문제에 대해서는 명문규정이 없는 관계로 견해가 갈린다. 학설은 이를 긍정하는 견해가 다수설이라고 할 수 있으나,[238] 이를 부정하는 견해[239]도 없지 않다. 판례는 대체로 양 채무의 동시이행관계를 긍정하는 입장을 취하고 있으나(대법원 1980.7.8.선고, 80다725 판결 등), 대법원판결 중에는 양자의 동시이행관계를 부정한 사례도 있으므로(대법원 1976.4.27.선고, 76다297·298 판결), 아직은 판례의 입장을 단정할 수 없다. 사견으로는, 매도인의 목적물인도채무는 단순한 부수적 의무에 불과한 것이 아니라 주된 급부의무라고 보아야 할 것이며, 쌍무·유상계약인 매매계약의 특성과 당사자의 형평을 고려할 때, 특별한 약정이 없는 한 매도인의 목적물인도의무와 매수인의 대금지급의무 사이의 동시이행관계를 긍정하여야 할 것이라고 생각한다. (☞ 제2장 제2절 「매매계약」)

237) 판례평석: 김병선, "경매가 무효인 경우 각 당사자의 반환의무와 동시이행관계", 민사법학 59호(한국민사법학회, 2012), 191 이하.

238) 양창수, 상게논문, 97; 김주수, 180; 이은영, 204 참조.

239) 곽윤직(신수판), 224 참조.

b) 매도인의 「부담 없는 완전한 권리 이전의무」와 매수인의 대금지급의무 매매계약에서 매도인은 부담 없는 완전한 권리를 이전할 의무를 부담한다. 따라서 매매목적물에 저당권이 설정되어 있는 등 부담이 있는 경우에는, 매도인이 그 부담을 제거하여 완전한 권리를 이전할 때까지 매수인은 대금지급의무의 이행을 거절할 수 있다(대법원 1973.6.5.선고, 68다2342 판결 등).[240] 이러한 취지에서, 판례는 '소유권이전등기청구권이 가압류되어 있어 가압류의 해제를 조건으로 하여서만 소유권이전등기절차의 이행을 명받을 수 있는 자가 그 목적물을 매도한 경우, 매도인은 가압류를 해제하지 아니하고서는 자신의 명의로 소유권이전등기를 넘겨받을 수 없고, 매수인 명의로 소유권이전등기도 넘겨줄 수도 없으므로, 매수인의 대금지급의무와 가압류를 해제하여 완전한 소유권이전등기를 경료하여 줄 매도인의 의무 사이에는 동시이행관계에 있다'고 한다(대법원 2001.7.27.선고, 2001다27784·27791 판결).

c) 매도인의 「하자 없는 완전한 물건의 급부의무」와 매수인의 대금지급의무 특정물매매에서 목적물에 치유불능의 원시적 하자가 있는 경우에 매도인이 부담하는 하자담보책임의 법적 성질에 대해서는, 매도인의 하자 없는 완전한 물건의 급부의무(완전물급부의무)의 인정 여부를 둘러싸고 이를 긍정하는 견해인 「채무불이행책임설」과 이를 부인하는 「법정책임설」이 대립하고 있다. 이에 관한 학설·판례의 내용에 관한 상세한 설명은 매매계약으로 미룰 수밖에 없으나, 「채무불이행책임설」을 취하는 사견으로서는, '매도인의 완전물급부의무와 매수인의 대금지급의무는 동시이행관계에 있다고 할 것이므로, 치유불능의 원시적 하자가 있는 특정물매매의 경우에도 매수인은 하자있는 물건의 수령을 거절할 수 있으며, 일단 수령한 후에도 매도인이 하자담보책임을 이행할 때까지 대금지급의무의 이행을 거절할 수 있다'고 해석한다. 즉, '매도인의 하자담보의무(특히 하자보수의무)와 매수인의 대금지급의무는 동시이행관계에 있다'고 할 것이다. (☞ 제2장 제2절 「매매계약」) 다만, 판례는 '도급계약에서 완성된 목적물에 하자가 있는 경우, '수급인의 하자보수 내지 손해배상의무와 도급인의 보수지급의무는 동시이행의 관계에 있다'는 입장을 취하면서도(대법원 2005.11.10.선고, 2004다37676 판결 등), '도급인은 인도받은 목적물에 하자가 있다는 것만을 이유로 하자의 보수나 하자의 보수에 갈음하는 손해배상을 청구하지 아니하고 막바로 보수의 지급을 거절할 수는 없다'고 판시함으로써(대법원 1991.12.10선고, 91다33056 판결 등),[241] 도급인의 수령거절권을 인정하지 않는 모순된 입장을 취하고 있다. (☞ 제4장 제2절 「도급계약」)

---

240) 같은 취지: 대법원 1962.6.21.선고, 62다200 판결.

241) 같은 취지: 대법원 1994.10.11.선고, 94다26011 판결; 대법원 1996.6.11.선고, 95다12798 판결; 대법원 1996.7.12.선고, 96다7250·7267 판결; 대법원 2001.6.15.선고, 2001다21632·21649 판결; 대법원 2001.9.18.선고, 2001다9304 판결; 대법원 2007.8.23.선고, 2007다26455·26462 판결; 대법원 2007.10.11.선고, 2007다31914 판결.

▪ **도급계약에서 목적물의 하자로 인한 확대손해에 대한 수급인의 손해배상채무와 도급인의 공사대금채무가 동시이행관계에 있는지 여부**(적극) 수급인이 도급계약에 따른 의무를 제대로 이행하지 못함으로 말미암아 도급인의 신체 또는 재산에 손해가 발생한 경우, 수급인에게 귀책사유가 없었다는 점을 스스로 입증하지 못하는 한 도급인에게 그 손해를 배상할 의무가 있다고 보아야 할 것이고, 원래 동시이행항변권은 공평의 관념과 신의칙에 입각하여 각 당사자가 부담하는 채무가 서로 대가적 의미를 가지고 관련되어 있을 때 그 이행과정에서의 견련관계를 인정하여 당사자 일방은 상대방이 채무를 이행하거나 이행의 제공을 하지 아니한 채 당사자 일방의 채무의 이행을 청구할 때에는 자기의 채무이행을 거절할 수 있도록 하는 제도인데, 이러한 제도의 취지로 볼 때 비록 당사자가 부담하는 각 채무가 쌍무계약관계에서 고유의 대가관계가 있는 채무는 아니라고 하더라도 구체적인 계약관계에서 각 당사자가 부담하는 채무에 관한 약정내용 등에 따라 그것이 대가적 의미가 있어 이행상의 견련관계를 인정하여야 할 사정이 있는 경우에는 동시이행항변권이 인정되어야 하는 점, 제667조 제3항에 의하여 제536조가 준용되는 결과 도급인이 수급인에 대하여 하자보수와 함께 청구할 수 있는 손해배상채권과 수급인의 공사대금채권은 서로 동시이행관계에 있는 점 등에 비추어 보면, 하자확대손해로 인한 수급인의 손해배상채무와 도급인의 공사대금채무도 동시이행관계에 있는 것으로 보아야 한다. (대법원 2005.11.10.선고, 2004다37676 판결)[242]

(B) **일방의 채무가 부수적 채무에 불과한 경우** 쌍방이 서로 상대방에 대하여 채무를 부담하고 있더라도 그 채무가 서로 다른 원인에 의하여 발생하고 있다든지, 동일한 계약에 의하여 발생한 것이라고 할지라도 일방의 채무가 부수적 의무에 불과한 경우와 같이 양 채무 사이에 상호의존적 견련관계가 인정되지 않는 때에는 동시이행항변권은 인정되지 않는다. 다만, 부수적 의무에 불과하더라도 당사자가 특히 그 이행을 반대급부 이행의 조건으로 삼은 경우에는, 부수적 의무와 상대방의 반대급부의무 사이에 동시이행관계를 인정하여야 할 것이다. 이러한 취지에서, 대법원은 ① '쌍무계약인 얼음공급계약에서 공급자에게 부과된 제품선전의무는 부수적인 의무에 불과하므로, 제품인수채무와 동시이행하기로 하는 특약이 있거나 제품선전의무가 계약의 중요한 전제조건이 되었다는 특별한 사정이 없는 한, 그러한 부수적 의무의 위반만을 이유로 얼음의 인수를 거절할 수 있는 채무불이행이라거나 얼음 인수자가 채무의 이행을 거절할 수 있는 동시이행항변권을 갖게 되는 사유가 된다고 할 수 없다'고 판시한 바 있으며(대법원 1976.10.12.선고, 73다584 판결), ② '임차인이 불이행한 원상회복의무가 사소한 부분이고 그로 인한 손해배상액 역시 근소한 금액인 경우임에도 불구하고 임대인이 그를 이유로 거액의 임대차보증금 전액에 대하여 그 반환을 거부할 수 있다고 하는 것은 공평의 관념에 반하는 것이 되어 부당하고, 그와 같은 임대인의 동시이행의 항변은 신의칙에 반하는 것이 되어 허용할 수 없다'고 판시한 사례도 있다(대법원 1999.11.12.선고, 99다34697 판결).[243] 나아가 판

242) 같은 취지: 대법원 2007.8.23.선고, 2007다26455·26462 판결.

243) 사안은 임차인이 32만 6천원이 소요되는 전기시설의 원상회복을 하지 아니한 채 건물의 명도이행을 제공하였으나, 임대인이 이를 이유로 잔존 임대차보증금 전액인 1억 2,522만여원의 반환을 거부한 사건이다. 판례평석: 오문기, "동시이행의 항변권의 근거 및 인정범위", 재판과 판례 10집(대구판례연구회, 2001/12), 125 이하.

례는 ③ '동시이행항변권을 행사하는 채무자의 상대방이 그 동시이행의 의무를 이행하기 위하여 과다한 비용이 소요되거나 또는 그 의무의 이행이 실제적으로 어려운 반면, 그 의무의 이행으로 인하여 항변권자가 얻는 이득은 별달리 크지 아니하여 동시이행항변권의 행사가 주로 자기 채무의 이행만을 회피하기 위한 수단이라고 보여지는 경우에는, 동시이행항변권의 행사는 권리남용에 해당하여 허용되지 않는다'고 한다(대법원 1992.4.28.선고, 91다29972 판결).[244] 다만, 판례는 ④ '쌍무계약의 양 당사자가 부담하는 채무가 고유한 의미에서의 상호의존적 견련관계에 있는 채무가 아니라고 하더라도, 구체적인 계약관계에서 이행상의 견련관계를 인정하여야 할 사정이 있는 경우에는 동시이행항변권을 인정할 수 있다'고 전제하고, '부동산매매계약에서 매수인이 부가가치세를 부담하기로 약정한 경우에는 부가가치세를 매매대금과 별도로 지급하기로 했다는 등의 특별한 사정이 없는 한 부가가치세를 포함한 매매대금 전부와 부동산의 소유권이전등기의무가 동시이행의 관계에 있다'는 입장을 취하고 있음은 전술한 바와 같다(대법원 2006.2.24.선고, 2005다58656·58663 판결 등).[245]

(C) 당사자가 변경된 경우 동시이행항변권은 쌍무계약을 체결한 당사자 사이에서만 인정되는 것은 아니며, 채권양도·채무인수·상속·전부명령 등에 의하여 당사자가 변경되더라도 채무가 동일성을 유지하는 한 동시이행항변권은 존속한다.[246] 이러한 취지에서, 판례는 ① '임차인이 임대인의 승낙 없이 임차권을 양도 또는 전대하여 제3자가 임차목적물을 점유하게 된 경우, 임대인은 목적물을 무단전대한 임차인의 보증금반환채권을 전부(轉付)받은 채권자의 전부금청구에 대하여 임차인에 대한 목적물반환청구권에 기한 동시이행항변권을 행사할 수 있다'고 한다(대법원 1983.11.22.선고, 82다카1696 판결 등).[247] ② '최초매도인과 중간매수인, 중간매수인과 최종매수인 사이에 순차로 매매계약이 체결되고 이들 간에 중간생략등기의 합의가 있은 후에 최초매도인과 중간매수인 간에 매매대금을 인상하는 약정이 체결된 경우, 최초매도인은 인상된 매매대금이 지급되지 않았음을 이유로 최종매수인 명의로의 소유권이전등기의무의 이행을 거절할 수 있다'고 한다(대법원 2005.4.29.선고, 2003다66431 판결 등).[248]

(D) 일방 채무가 소멸된 경우 동시이행항변권은 상호의존적 견련관계에 있는 양 채무의 존재를 전제로 하는 것이므로, 당사자 일방의 채무가 이행불능 기타의 사유로 인하여 소멸한 때에는 동시이행항변권도 당연히 소멸한다. 다만, 채무자의 귀책사유로 인하여 이행불능이 된 경우에는 그 채무는 원래의 채무와 동일성을 유지하면서 손해배상채무로서 존속하는 것이

244) 판례평석: 윤진수, "채무불이행으로 인한 특별손해, 동시이행의 항변권과 권리남용", 대법원판례해설 17호(법원행정처, 1992/12) 405 이하.

245) 같은 취지: 대법원 2006.6.9.선고, 2004다24557 판결; 대법원 2007.6.14.선고, 2007다3285 판결.

246) 양창수, 전게논문(주 216), 97 참조.

247) 같은 취지: 대법원 1988.1.19.선고, 87다카1315 판결.

248) 판례평석: 김상환, 대법원판례해설 54호(법원도서관, 2006/1), 72 이하.

므로, 동시이행항변권은 소멸하지 않는다(대법원 1997.4.25.선고, 96다40677·40684 판결 등).[249] 예컨대, '부동산매매계약과 함께 이행인수계약이 이루어진 경우, 매수인이 인수한 채무는 매매대금지급채무에 갈음한 것으로서, 매도인이 매수인의 인수채무불이행으로 말미암아 또는 임의로 인수채무를 대신 변제하였다면, 그로 인한 손해배상채무 또는 구상채무는 인수채무의 변형으로서 매매대금지급채무에 갈음한 것의 변형이므로, 매수인의 손해배상채무 또는 구상채무와 매도인의 소유권이전등기의무는 대가적 의미가 있어 이행상 견련관계에 있다고 인정되고, 따라서 양자는 동시이행의 관계에 있다'고 할 것이다(대법원 1993.2.12.선고, 92다23193 판결).

(다) 동시이행항변권의 확장

(A) 「상호의존적 견련관계」(대가관계)의 의미를 확장 판례는 '고유한 의미에서의 「상호의존적 견련관계」(대가관계)에 있는 쌍무계약상의 채무가 아니더라도 당사자 쌍방이 부담하는 채무 사이에 대가적인 의미가 있어 이행상 견련관계를 인정하여야 할 사정이 있는 경우에는 동시이행관계를 인정하여야 한다'는 입장을 취하고 있음은 전술한 바와 같다(대법원 1992.8.18.선고, 91다30927 판결 등).[250] 예컨대, 판례는 ① '소비대차에서 대주의 반환채권을 담보하기 위하여 차주 소유의 건물을 양도담보의 목적물로 제공하기로 약정한 경우, 차주의 건물인도의무와 대주의 대여금지급의무는 동시이행관계에 있다'고 하며(대법원 1971.4.6.선고, 70다1095 판결), ② '부동산매매계약에서 양도소득세를 매수인이 부담키로 하는 약정이 있는 경우, 구체적인 상황에 따라 매수인의 양도소득세 지급의무와 매도인의 소유권이전등기의무는 동시이행관계에 있다고 볼 수 있는 경우가 있다'고 한다(대법원 1992.8.18.선고, 91다30927 판결 등).[251] 또한 ③ '매수인의 잔금지급의무와 매도인의 가압류기입등기말소의무가 동시이행관계에 있었는데, 위 가압류에 기한 강제경매절차가 진행되자 매수인이 강제경매의 집행채권액과 집행비용을 변제공탁한 경우, 매도인은 매수인에 대해 변제에 의한 대위로 인한 구상채무를 부담하게 되고, 그 구상채무는 가압류기입등기말소의무의 변형으로서 매수인의 잔금지급의무와 여전히 대가적인 의미가 있어 서로 동시이행관계에 있으므로, 매수인은 매도인의 잔금채권에 대해 압류 및 추심

---

249) 판례평석: 윤석찬, "이행불능으로 인한 손해배상의무와 본래 채무의 동시이행관계 여부", 「로스쿨계약법」(청림출판, 2006/3), 220 이하. 같은 취지: 대법원 2000.2.25.선고, 97다30066 판결.

250) 같은 취지: 대법원 1993.2.12.선고, 92다23193 판결; 대법원 1995.6.30.선고, 94다55118 판결; 대법원 1997.6.27.선고, 97다3828 판결; 대법원 2001.3.27.선고, 2000다43819 판결; 대법원 2006.2.24.선고, 2005다58656·58663 판결; 대법원 2006.6.9.선고, 2004다24557 판결; 대법원 2007.6.14.선고, 2007다3285 판결.

251) 판례평석: 백현기, "매수인이 양도소득세를 부담하기로 하는 약정을 한 경우, 그것이 양도인의 소유권이전등기의무와 동시이행관계에 있다고 할 것인지 여부", 대법원판례해설 18호(법원행정처, 1993/6), 297 이하; 윤윤수, "매수인의 양도소득세 부담특약과 동시이행의 항변권", 판례연구 4집(부산판례연구회, 1994/1), 66 이하. 같은 취지: 대법원 1993.8.24.선고, 92다56490 판결; 대법원 1995.3.10.선고, 94다27977 판결.

명령을 받은 채권자에게 가압류 이후에 발생한 위 구상금채권에 의한 상계로 대항할 수 있다'고 한다(대법원 2001.3.27.선고, 2000다43819 판결).

(B) 「공평의 원칙」에 의하여 제536조를 유추적용하는 경우 판례는 '동시이행항변권은 동일한 쌍무계약으로부터 발생한 상호의존적 견련관계에 있는 주된 채무 상호 간에만 인정되는 것이 원칙이나, 동일한 쌍무계약으로부터 발생한 채무가 아닌 경우라도 하나의 법률요건으로부터 발생하고 서로 관련적으로 이행시키는 것이 공평한 경우에는 제536조를 유추적용하여 동시이행관계를 인정하여야 한다'는 입장을 취하고 있다(대법원 1992.10.9.선고, 92다25656 판결 등).[252] 문제는 '하나의 법률요건으로부터 발생하고 서로 관련적으로 이행시키는 것이 공평한 경우가 구체적으로 어떠한 경우인가?' 하는 것인데, 판례가 이러한 기준을 적용하여 동시이행관계를 인정한 사례를 유형별로 살펴보기로 한다.

a) 계약의 무효·취소·해제조건의 성취로 인한 부당이득반환의무 판례는 '쌍무계약이 무효인 경우(대법원 1993.5.14.선고, 92다45025 판결 등), 계약이 취소된 경우(대법원 2010.10.14.선고, 2010다47438 판결 등),[253] 또는 해제조건의 성취로 계약이 실효된 경우(대법원 1968.4.23.선고, 68다36 판결), 각 당사자는 서로 그 계약에 기하여 취득한 것을 부당이득으로 상대방에게 반환하여야 하는데(741조, 748조), 이 경우에 쌍방이 부담하는 부당이득반환의무는 동시이행관계에 있다'고 한다(대법원 1993.5.14.선고, 92다45025 판결 등).[254]

b) 임대인의 보증금반환의무와 임차인의 목적물반환의무 「임차보증금」이라 함은 '임대차관계가 종료되어 임차인이 목적물을 반환할 때까지 그 임대차관계에서 발생하는 임차인의 모든 채무를 담보할 목적으로 체결하는 보증금계약의 이행으로 임차인이 임대인에게 지급하는 금전'을 말한다. 그러므로 임대인은 임대차계약 종료 시에 임차인의 채무불이행이 없으면 그 전액을 반환하여야 하나, 임차인이 차임을 지급하지 아니하였거나 목적물을 멸실·훼손하여 임대인에게 손해배상채무를 부담하거나 또는 임대차 종료 후 목적물을 반환할 때까지 목적물 사용으로 인한 손해배상 내지 부당이득반환채무 등을 부담하고 있다면 보증금 중에서 이를 공제하고 나머지 금액을 반환할 의무를 부담한다. 문제는 '임대인의 보증금반환의무와 임차인의 목적물반환의무가 동시이행관계에 있는가?' 하는 것인데, 판례는 '임대차계약기간이 만료된 경우에 임대인이 부담하는 보증금반환의무와 임차인의 목적물반환의무는 동시이행관계에 있다'는 입장을 확립하고 있다(대법원 1977.9.28.선고, 77다1241·1242 전원합의체판결 등).[255] 다만, '임대

252) 같은 취지: 대법원 1997.6.27.선고, 97다3828 판결; 대법원 2000.10.27.선고, 2000다36118 판결.

253) 계약이 취소된 경우의 원상회복의 법률관계에 관하여는 정진명, "매매계약의 취소와 원상회복", 고시계 50권 10호, 2005/10, 16 이하 참조.

254) 같은 취지: 대법원 1976.4.27.선고, 75다1241 판결; 대법원 1993.8.13.선고, 93다5871 판결; 대법원 1993.9.10.선고, 93다16222 판결; 대법원 1995.2.24.선고, 94다31242 판결; 대법원 2001.7.10.선고, 2001다3764 판결.

인의 보증금반환의무는 임대차관계가 종료되는 경우에 그 보증금 중에서 목적물을 반환받을 때까지 생긴 연체차임 등 임차인의 모든 채무를 공제한 나머지 금액에 관하여서만 임차인의 목적물반환의무와 동시이행관계에 있으며(대법원 1987.6.23.선고, 87다카98 판결 등),[256] 임대차계약이 종료되었다 하더라도 목적물이 명도되지 않았다면 임차인은 보증금이 있음을 이유로 연체차임의 지급을 거절할 수 없다'고 한다(대법원 1999.7.27.선고, 99다24881 판결 등).[257]

원래 임대인의 보증금반환의무는 임대차계약과 별개의 계약인 보증금계약의 효력으로 발생하는 것이고 임차인의 목적물반환의무는 임대차계약의 효력으로 발생하는 것이므로, 양자는 동일한 쌍무계약으로부터 발생한 채무가 아닌 것임은 물론, 제536조를 유추적용할 수 있는 기준으로 판례가 제시한 '하나의 법률요건으로부터 발생한 의무'라고 볼 수도 없다. 따라서 이론적으로만 따진다면 판례의 법리는 그릇된 것이라고 할 수 있다.[258] 그러나 전세계약은 물론이고 임대차계약에 있어서도 거액의 보증금이 오가는 우리나라 특유의 부동산임대차계약의 거래관행을 고려할 때, 보증금반환청구권의 확보는 임차인의 생존권이 걸려있는 문제라고 하지 않을 수 없다. 그러므로 임대인의 부담하는 보증금(또는 전세금)반환의무와 임차인의 목적물반환의무 사이의 동시이행관계를 인정하는 판례의 입장은 '우리나라 특유의 부동산임대차시장에 있어서의 거래의 현실을 고려한 정책적 결단의 소산으로서 극히 타당하다'고 평가하여야 할 것이다.

c) 건물소유를 위한 토지임대차계약에서 임차인이 매수청구권을 행사한 경우 판례는 '건물의 소유를 목적으로 한 토지임대차계약에서 임차인이 제643조의 규정에 의하여 매수청구권을 행사한 경우에는 그 건물에 대하여 매매 유사의 법률관계가 성립하게 되므로, 토지임차인의 건물명도 및 그 소유권이전등기의무와 토지임대인의 건물대금지급의무는 동시이행관계에 있다'고 한다(대법원 1991.4.9.선고, 91다3260 판결 등).[259] 그러므로 '임차인이 임대인에게 매수청구권이 행사된 건물들에 대한 명도와 소유권이전등기를 마쳐주지 아니하였다면 임대인에게 그 매매대금에 대한 지연손해금을 구할 수 없다'고 한다(대법원 1998.5.8.선고, 98다2389 판결).[260]

---

255) 판례평석: 이재후, "임대차에 있어서 보증금반환의무와 임차목적물반환의무와의 동시이행관계", 민사판례연구(1)(민사판례연구회, 1992/12), 128 이하. 같은 취지: 대법원 1983.11.22.선고, 82다카1696 판결.

256) 판례평석: 이재곤, "부동산임대차에 있어서 임차보증금의 법적 성질과 임대차종료 시 그 반환의무의 범위 및 임차보증금 반환청구채권에 대한 전부명령의 효력", 대법원판례해설 9호(법원행정처, 1989/12), 227 이하. 같은 취지: 대법원 1977.9.28.선고, 77다1241·1242 전원합의체판결; 대법원 1988.1.19.선고, 87다카1315 판결.

257) 같은 취지: 대법원 2007.8.23.선고, 2007다21856·21863 판결.

258) 양창수, 전게논문(주 216), 103 참조.

259) 같은 취지: 대법원 1998.5.8.선고, 98다2389 판결.

260) 판례평석: 강영호, "타인의 토지 위에 건물을 소유하고 있는 자의 부당이득반환의 범위와 매수청구권에 관한 제문제", 대법원판례해설 30호(법원도서관, 1998/11), 96 이하.

d) 담보목적으로 발행·교부한 약속어음의 반환의무와 원인채무의 이행의무 판례는 '채무의 이행확보를 위하여 채무자가 약속어음을 발행하거나 제3자 발행의 어음을 채권자에게 교부한 경우, 그 약속어음의 반환과 원인채무의 이행은 동시이행관계에 있으므로, 채무자는 그 약속어음이 반환되기까지 원인채무의 이행을 거절할 수 있으며(대법원 1969.4.22.선고, 69다144 판결 등),[261] 담보목적으로 발행된 수표의 경우에도 채무자는 그 수표를 돌려받을 때까지 원인관계에 의한 채무의 이행을 거절할 수 있다'고 한다(대법원 1964.12.15.선고, 64다1030 판결).

e) 채무자의 변제의무와 채권자의 영수증교부의무 영수증은 변제수령의 사실을 증명하는 서면이므로 이론상 변제 후에야 비로소 청구할 수 있는 것이라고 할 수 있으나, 채무자보호를 위하여 변제와 영수증의 교부는 동시이행의 관계에 있다고 해석하는 데 학설이 일치하고 있다. (☞ 채권총론 편, 제3장 제4절「변제의 목적물·장소·시기·비용·증거」)

(C) 민법이 동시이행관계를 명문으로 규정한 경우

a) 계약해제 시 양 당사자의 원상회복의무 판례는 '동일한 쌍무계약으로부터 발생한 상호의존적 견련관계가 인정되는 채무가 아니라고 하더라도 하나의 법률요건으로부터 발생하고 서로 관련적으로 이행시키는 것이 형평의 원칙에 부합하는 경우에는 채무 상호 간에 동시이행관계를 인정하여야 한다'는 입장을 취하고 있음은 전술한 바와 같은데, 민법도 같은 취지에서 동시이행관계를 명문으로 규정하고 있는 경우가 적지 않다. 예컨대, 계약해제에서 양 당사자의 원상회복의무의 동시이행관계를 규정한 제549조, 매수인이 매도인의 담보책임을 물어 계약을 해제한 경우의 원상회복의무의 동시이행관계를 규정하고 있는 제583조 등이 그 좋은 예이다.

b) 부담부증여에서 증여자의 재산수여의무와 수증자의 부담이행의무 민법은 부담부증여에 쌍무계약에 관한 규정을 적용하도록 규정하고 있는데(561조), 이 규정에 의하여 증여자의 재산수여의무와 수증자의 부담이행의무는 동시이행관계에 있게 된다(536조). 다만, 부담부증여를 쌍무계약으로 보지 않는 통설적 견해에 의하면, 이 경우도 '동일한 쌍무계약으로부터 발생한 상호의존적 견련관계가 인정되는 채무'가 아니라, '하나의 법률요건으로부터 발생하고 서로 관련적으로 이행시키는 것이 형평의 원칙에 부합하는 경우'에 해당하는 것이라고 설명하게 된다. 그러나 앞에서 살펴본 바와 같이, 당사자의 의사에 따라서는 부담부증여를 쌍무계약으로 볼 수도 있다고 할 것이므로, 증여자의 재산수여의무와 수증자의 부담이행의무는 동일한 쌍무계약으로부터 발생한 상호의존적 견련관계가 인정되는 채무라고 할 것이다. (☞ [2] 계약의 종류)

261) 같은 취지: 대법원 1970.10.23.선고, 70다2042 판결; 대법원 1992.12.22.선고, 92다8712 판결.

2) 상대방 채무의 변제기 도래

(가) 원 칙

쌍무계약에서 상대방의 채무가 변제기에 있지 아니한 때, 즉 당사자 일방이 법률의 규정 또는 당사자의 약정에 의하여 선이행의무(先履行義務)를 부담하는 때에는,[262] 동시이행항변권을 행사할 수 없다(536조 1항 단서). 다만, '선이행의무를 부담하는 채무자가 이행하지 않고 있는 동안에 이행을 청구한 상대방 채무의 변제기가 도래한 경우에는 채무자가 동시이행항변권을 행사할 수 있다'고 해석하여야 할 것이다(대법원 1970.5.12.선고, 70다344 판결 등).[263] 즉, '채무자가 동시이행항변권을 행사할 때 상대방(채권자)의 채무도 이행기에 있으면 항변권을 행사하는 데 지장이 없다'는 것이다. 이는 주로 부동산매매계약에서 문제되는데, 판례는 ① '매수인이 선이행의무 있는 중도금을 지급하지 않았다 하더라도 계약이 해제되지 않은 상태에서 잔대금 지급일이 도래하여 그 때까지 중도금과 잔대금이 지급되지 아니하고 잔대금과 동시이행관계에 있는 매도인의 소유권이전등기 소요서류가 제공된 바 없이 그 기일이 도과하였다면, 특별한 사정이 없는 한, 매수인의 중도금 및 잔대금의 지급과 매도인의 소유권이전등기 소요서류의 제공은 동시이행관계에 있다 할 것이어서, 그 때부터는 매수인은 중도금을 지급하지 아니한 데 대한 이행지체의 책임을 지지 아니한다'는 입장을 확립하고 있다(대법원 2002.3.29.선고, 2000다577 판결 등).[264] 또한 ② '매수인들이 선이행하여야 할 중도금지급의무를 이행하지 않은 상태에서 입주예정일이 도래하였다면, 매수인의 중도금지급의무와 매도인의 입주를 가능하게 할 의무는 동시이행관계에 있게 되어 매수인이 중도금을 지급할 때까지 매도인은 지체책임을 지지 않지만, 매수인이 중도금을 지급하면 그 때부터 지체책임을 지므로, 매도인은 입주예정일이 지나 중도금을 완납할 매수인들에게 중도금을 모두 지급받은 때부터 지체책임을 지게 된다'고 한다(대법원 1998.2.10.선고, 96다7793·7809·7816 판결). 그러나 '선이행의무의 이행이 있어야 그 상대방의 이행이 비로소 가능한 경우 또는 상대방이 선이행의무의 이행을 받고난 후 반대급부를 한다는 취지의 특약이 있는 경우와 같이, 거래의 성질 또는 특약에 의하여 당사자 일방의 선이행이 있고 상대방이 나중에 급부하여야 할 특수한 사정이 있는 경우에는, 상

---

262) 예컨대, 소비대차계약상의 채무를 담보할 목적으로 저당권을 설정한 경우, 채무자의 저당채무를 변제할 의무는 채권자의 저당권설정등기를 말소할 의무에 앞서는 선행의무이다(대법원 1969.9.30.선고, 69다1173 판결).

263) 같은 취지: 대법원 1970.9.29.선고, 70다1464 판결; 대법원 1980.4.22.선고, 80다268 판결; 대법원 1988.9.27.선고, 87다카1029 판결; 대법원 1988.12.6.선고, 87다카2739·2740 판결; 대법원 1992.7.24.선고, 91다38723·38730 판결.

264) 같은 취지: 대법원 1980.4.22.선고, 80다268 판결; 대법원 1988.9.27.선고, 87다카1029 판결; 대법원 1991.3.27.선고, 90다19930 판결; 대법원 1992.4.14.선고, 91다43107 판결; 대법원 1998.3.13.선고, 97다54604·54611 판결; 대법원 1999.7.9.선고, 98다13754·13761 판결; 대법원 2001.7.27.선고, 2001다27784·27791 판결.

대방 의무의 변제기가 도래하였더라도 선이행의무의 이행이 없는 한 아직 그 이행기가 도래하지 않은 것으로 취급하여 상대방의 동시이행항변권을 인정하는 것이 타당하다' 할 것이다.[265] 판례도 이러한 법리를 인정하고 있다. 즉, '부동산전매(轉賣)시에 매도인이 매수인으로부터 중도금을 지급받아 원매도인에게 매매잔대금을 지급하지 아니하고서는 토지의 소유권이전등기서류를 갖추어 매수인에게 제공하기 어려운 특별한 사정이 있었고 매수인도 그러한 사정을 알고 매매계약을 체결하였던 경우에는, 매도인의 소유권이전등기에 필요한 서류의 제공의무는 매수인의 중도금지급이 선행되었을 때에 매수인의 잔금지급과 동시에 이를 이행하기로 약정한 것이라고 할 것이므로, 매수인의 중도금지급의무는 당초 계약상의 잔금지급기일을 도과하였다고 하여도 매도인의 소유권이전등기서류의 제공과 동시이행의 관계에 있다고 할 수 없다'고 한다(대법원 1997.4.11.선고, 96다31109 판결).

(나) 예외 : 「불안(不安)의 항변권」

(A) 의 의 　매매계약에서 매도인이 먼저 목적물의 소유권을 이전하고 매매대금은 추후에 지급받기로 약정하였으나, 계약체결 후 매수인의 재산상태가 악화하여 기한도래 후의 대금지급청구가 실효를 거두기 어렵다고 인정되는 때에는, 비록 매도인이 선이행의무를 부담하고 있다고 하더라도 동시이행항변권을 행사하여 자기 채무의 이행을 거절할 수 있도록 하는 것이 형평에 부합한다고 할 것이다. 민법은 제536조 제2항에서, '선이행의무자라고 하더라도 상대방의 재산상태의 악화와 같이 상대방이 부담하는 의무의 이행이 곤란할 현저한 사유가 있는 때에는 동시이행항변권을 행사할 수 있다'고 규정함으로써 이러한 법리를 인정하고 있다. 이는 쌍무계약에서 이른바 「불안의 항변권」(Unsicherheitseinrede)을 명문으로 규정한 것으로서, 현행 민법이 독일민법(BGB §321)[266]과 스위스채무법(OR Art. 83)[267]을 본받아 신설한 제도로서, 공평의 원칙과 신의칙에 입각한 「사정변경의 원칙」이 구체화된 것이라고 할 수 있다.

(B) 「불안의 항변권」에 관한 판례의 동향

a) 대법원 1989.9.12.선고, 88다카11756 판결 　판례가 선이행의무자의 불안의 항변권을 인정한 사례는 적지 않으나(대법원 1973.10.23.선고, 73다292 판결 등), 「불안의 항변권」에 관한 법리를 명확히 밝힌 최초의 판결은 「순애원사건」에 관한 대법원 1989.9.12.선고, 88다카11756

265) 同旨: 양창수, 전게논문(주 216), 99 참조.

266) 독일민법 제321조(불안의 항변권) (1) 쌍무계약에 의하여 선이행의무를 부담하는 자는 상대방의 급부능력이 계약체결 후 현저히 악화됨으로써 자신의 반대급부청구권이 위험에 처하였다는 사실을 알 수 있게 된 경우에는, 그에게 의무지워진 급부를 거절할 수 있다. 급부거절권은 반대급부의 이행 또는 그를 위한 담보가 제공된 경우에는 소멸한다. (2) 선이행의무자는 상당한 기간을 정하여 그 기간 내에 상대방이 급부와 상환으로 그의 선택에 좇아 반대급부를 실현하거나 담보를 제공하도록 할 수 있다. 그 기간이 도과된 경우에는 선이행의무자는 계약을 해제할 수 있다. 제323조는 이에 준용된다.

267) 전게 주 228 참조.

판결이다. 이 판결은 '제536조 제2항 소정의 선이행의무자의 이행거절의 항변권은 선이행의무를 지게 된 채권자가 계약 성립 후 채무자의 신용불안이나 재산상태의 악화 때문에 이행을 받으리라는 정당한 신뢰를 보호받을 수 없는 사정변경이 있어, 당초의 계약내용에 따른 선이행의무를 이행케 하는 것이 당사자 쌍방의 공평과 신의칙에 반한다고 인정될 경우에, 채권자로 하여금 자기가 부담하는 반대채무의 이행을 거절할 수 있게 하는 권능이며, 불안의 항변권을 정당화시켜주는 사정변경은 당사자 쌍방의 사정을 종합하여 판단하여야 한다'고 판시함으로써, 「불안의 항변권」에 관한 일반원칙을 제시하였다.[268]

b) 선이행의무자의 「불안의 항변권」이 인정된 사례 「순애원사건」에 대한 판결 이후 대법원은, ① '아파트건설업자가 수분양자로부터 계약금과 일부 중도금만 지급받은 후 수분양자를 입주시켰으나, 입주시킨 날로부터 5년여가 경과한 시기에 이르기까지 아파트에 대한 준공검사조차도 마치지 못하고 있는 경우에, 비록 수분양자의 중도금지급의무가 선이행의무에 해당한다 하더라도 수분양자는 일부 미불된 중도금의 지급을 거절할 수 있다'고 판시하였으며(대법원 1992.4.24.선고, 92다3779 판결), ② '매매의 목적물인 토지를 당초에 지정한 용도인 중고자동차매매시장으로 사용할 수 없는 법령상의 제한이 있어 현 상태로는 계약목적의 달성이 불가능할 뿐더러 도시설계의 변경을 매도인이 임의로 할 수도 없는 일이어서 장래에도 그 목적달성 여부가 불투명한 상태에 있는 경우, 중도금 및 잔금을 납부할 선이행의무를 지고 있는 매수인이라고 하더라도 그 목적달성에 장해가 되는 법적 규제가 해소될 때까지는 대금채무의 이행을 거절할 수 있는 권능을 가지고 있다'고 판시한 바 있다(대법원 1997.7.25.선고, 97다5541 판결).[269] 또한 ③ '토지매수인, 시공회사 및 신탁회사 간에 신탁방식에 의한 오피스텔 신축 및 분양사업에 관한 기본약정을 맺은 후 외환위기로 신탁회사가 사업자금 차입 곤란 등으로 공사선급금 등의 지급 확보책을 제시하지 못한 경우, 시공회사는 이를 이유로 자신의 선이행의무인 토지대금의 대여 및 지급보증의무의 이행을 거절할 수 있다'고 판시하고(대법원 2003.5.16.선고, 2002다2423 판결), ④ '도급계약에서 일정기간마다 이미 행하여진 공사부분에 대하여 기성공사금 등의 대가를 지급하기로 약정되어 있는데도 도급인이 정당한 이유 없이 이를 지급하지 않아 수급인에게 당초 계약내용에 따른 선이행의무의 이행을 요구하는 것이 공평에 반하게 되는 경우에는, 수급인은 계속공사의무의 이행을 거절할 수 있다'고 판시하였다(대법원 2012.3.29.선고, 2011다93025 판결 등).[270]

---

268) 같은 취지: 대법원 1990.11.23.선고, 90다카24335 판결; 대법원 2012.3.29.선고, 2011다93025 판결.

269) 판례평석: 김동훈, "불안의 항변권의 의의", 민사법학 17호(한국민사법학회, 1999/4), 333 이하; 곽종훈, "선이행의무에 대한 이행거절권능과 이행지체책임", 대법원판례해설 29호(법원도서관, 1998/6), 116 이하.

270) 같은 취지: 대법원 1995.2.28.선고, 93다53887 판결; 대법원 2005.11.25.선고, 2003다60136 판결.

3) 채권자가 자기 채무는 이행하지 않은 채 채무이행만을 청구하였을 것

채무자가 동시이행항변권을 행사하기 위해서는 상대방인 채권자가 자기 채무의 불이행하였거나 이행의 제공을 하지 않은 상태이어야 한다. 학설 중에는 '이를 동시이행항변권의 발생요건으로 보아야 할 필요는 없으며, 이 문제는 단지 동시이행항변권의 효력에 관련된 문제로서, 동시이행항변권은 상대방이 채무를 이행하거나 이행을 제공할 때까지 상대방의 청구권 실현을 저지하는 효력을 가지는 것이라고 파악하면 충분하다'는 견해가 있다.[271] 이 견해는 이러한 주장의 근거로서 '동시이행항변권의 발생요건을 이렇게 파악하는 것이 제536조의 문언에 부합하며, 권리의 발생요건으로서 "… 하지 아니할 것"이라는 소극적 요건을 가능하면 배제하는 것이 입증책임 등의 관계에서 합목적적'이라는 점을 들고 있다. 그러나 ① '「채권자의 자기채무 불이행」을 동시이행항변권의 효력에 관련된 문제로 보아야 한다'는 주장 자체도 애매하지만, 그렇게 보는 것이 과연 제536조의 문언에 부합하는 해석인지는 의문이다. 왜냐하면 동시이행항변권의 효력은 '이행청구를 받은 채무자가 자기채무를 거절할 수 있다'는 것이지, '채권자가 자기채무를 불이행할 수 있다'는 것은 아니기 때문이다. 그러므로 '「채권자의 자기채무 불이행」은 동시이행항변권의 발생요건인 동시에 행사요건에 해당한다'고 보아야 할 것이다. 또한 ② 비판론의 주장처럼 「채권자의 자기채무 불이행」을 동시이행항변권의 효력의 문제로 파악한다고 하여 그에 대한 증명책임의 소재가 달라지는 것도 아니다. 왜냐하면 쌍무계약에서 원고(채권자)가 자기채무는 이행하지 않고 피고(상대방)의 채무이행을 청구하면 피고(채무자)는 항변으로 '자신의 채무와 원고의 채무가 동시이행관계에 있으며, 원고의 채무가 변제기에 있다는 사실을 증명하여 자신의 이행을 거절하거나(동시이행의 항변 또는 동시이행항변권의 행사) 지체책임이 없음(동시이행항변권 행사의 효력)을 주장하면 충분하며, 상대방인 채권자의 불이행 또는 변제제공 사실이 없음을 증명할 필요는 없기 때문이다. 즉, 피고가 동시이행항변권을 행사한 경우에는, 원고(채권자)가 자신의 채무가 이행되었다는 사실 또는 이행제공 사실을 증명하여야 하는데(채권자의 이행 또는 이행제공 사실에 대한 증명책임은 채권자 자신에게 있다), 이는 「채권자의 자기채무 불이행」을 동시이행항변권의 요건의 문제로 보던 효과의 문제로 보던 아무런 차이가 없기 때문이다.

(가) 채권자의 자기채무 불이행

(A) 불완전이행 또는 일부이행의 경우 '상대방이 이행을 하였으나 채무의 내용에 좇은 완전한 이행을 하지 못하고 불완전한 이행을 하거나 채무의 일부만 이행한 경우에 채무자에게 동시이행항변권을 인정할 것인가의 여부는 공평의 원칙 내지 신의칙에 입각하여 결정하여야 한다'는 것이 일반적 견해이다. 그러나 그 구체적 기준에 대하여는 '채무자는 상대방의 미이

---

271) 양창수, 전게논문(주 216), 105 참조.

행 부분 또는 불완전한 이행부분에 상응하는 채무의 이행만을 거절할 수 있다'는 견해와,[272] '원칙적으로 채무 전부의 이행을 거절할 수 있다'는 견해[273]가 대립하고 있다. 일부이행은 원칙적으로 적법한 이행이라고 할 수 없는 것이므로, 후자의 견해가 옳다고 생각된다. 다만, 학설은 '상대방의 미이행부분이 경미하거나 근소하여 동시이행항변권을 인정하는 것이 신의칙에 반하는 경우에는, 이행을 거절할 수 없다고 해석하여야 한다'는 데는 견해가 일치한다. 참고로 독일민법은 이러한 취지의 명문규정을 두고 있다(BGB § 320 Ⅱ).[274] 또한 '수선의무를 부담하는 임대인이 수선의무를 게을리 하는 경우와 같이, 상대방의 채무가 내용적으로 가분인 경우에는 상대방은 미이행부분 또는 불완전한 이행에 상응하는 부분에 한하여 이행을 거절할 수 있을 뿐(임차인은 그에 상응하는 차임의 지급을 거절할 수 있을 뿐)이라고 보아야 한다'는 데 대해서도 견해가 일치한다.[275]

(B) **불가분채무의 경우** 특정물인도채무와 같이 상대방의 채무가 불가분급부를 내용으로 하고 있는 경우에는, '채무자의 일부의 이행거절이란 있을 수 없으므로 상대방의 불완전한 이행 부분이 전체 급부에서 차지하는 중요도에 따라서 급부 전체의 거절권을 인정하거나 전혀 인정하지 않아야 한다'고 해석하여야 할 것이다.[276] 학설 중에는 '이러한 경우에는 하자담보책임의 법리와 관련하여 매수인의 하자있는 물건의 수령의무를 인정하여야 한다'고 해석함으로써 동시이행항변권을 인정하지 않는 견해도 있으나,[277] '형평의 원칙상 매도인이 하자있는 물건을 인도한 경우에는 채권자의 수령거절권을 인정하여야 한다'고 해석하여야 할 것임은 후술하는 바와 같다. (☞ 제2장 제2절「매매계약」)

이러한 취지에서, 대법원은 '구 도시정비법 제47조에 따른 현금청산에서 토지등 소유자가 근저당권설정등기를 말소하지 아니한 채 토지등에 관한 소유권이전등기 및 인도를 마친 경우, 재건축조합은 말소되지 아니한 근저당권의 채권최고액 또는 채권최고액의 범위 내에서 확정된 피담보채무액에 해당하는 청산금에 대하여만 동시이행항변권에 기초하여 지급을 거절할 수 있다'고 판시한 바 있다(대법원 2015.11.19.선고, 2012다114776 전원합의체판결 등).[278]

(C) **계속적 공급계약의 경우** '일방 당사자가 회귀적 또는 계속적 가분급부를 내용으로 하는 계약에서 일정한 시기의 급부를 이행하지 않는 경우에는, 타방 당사자는 이에 대응하는

272) 곽윤직, 64; 김증한/김학동, 72 참조.
273) 양창수, 전게논문(주 216), 105 참조.
274) 독일민법 제320조(이행되지 아니한 계약의 항변) (2) 당사자 일방이 부분적으로 급부를 한 때에는 반대급부를 거절하는 것이 제반사정에 따라서 특히 이행되지 아니한 부분의 비교적 경미하기 때문에 신의성실에 반하는 경우에는 이를 거절할 수 없다.
275) 양창수, 전게논문(주 216), 106; 김증한/김학동, 72 참조.
276) 同旨: 곽윤직, 64 참조.
277) 민법주해(14)/남효순, 534 이하 참조.
278) 같은 취지: 대법원 2008.10.9.선고, 2008다37780 판결.

범위에서 그 후의 채무의 이행을 거절할 수 있다'는 데 학설·판례의 견해가 일치한다(대법원 1970.3.10.선고, 69다2076 판결 등).[279)]

(나) 채권자가 이행제공을 한 경우, 동시이행항변권의 행사 가부

제536조 제1항 본문의 반대해석상 쌍무계약의 당사자 일방이 이행을 제공한 경우에는 상대방은 동시이행항변권을 행사할 수 없다. 이 경우의 이행제공의 정도는 채무의 내용에 따라 각각 다른데, 이는 변제의 제공에 관한 일반원칙(460~462조)에 따라야 할 것이다. (☞ 채권총론편, 제3장 제2절 「변제의 제공」)

문제는 '당사자 일방이 상대방의 이행제공에도 불구하고 이를 수령하지 않음으로써 수령지체에 빠진 경우에도 동시이행항변권을 행사할 수 있는가?' 하는 것인데, 이에 대해서는 '수령지체에 빠진 당사자라고 하더라도 동시이행항변권을 행사할 수 있다'고 해석하는 것이 통설·판례의 입장이다. 즉, 판례는 '쌍무계약의 당사자 일방이 먼저 변제의 제공을 하여 상대방을 수령지체에 빠지게 하였다 하더라도 그 이행의 제공이 계속되지 않은 경우에는, 상대방의 동시이행항변권이 소멸한다고 할 수 없다'고 한다(대법원 1966.9.20.선고, 66다1174 판결 등).[280)] 이에 따르면, '예컨대, 부동산매매에서 매도인이 등기서류를 완비하여 등기소에 출두함으로써 이행의 제공을 하였으나(대법원 1963.10.31.선고, 63다598 판결 등),[281)] 매수인이 이를 수령하지 아니하여 수령지체에 빠졌다고 하더라도, 그 후 매도인이 다시 이행의 제공을 하지 아니하고 매수인에 대하여 대금의 지급을 청구하는 경우에 매수인은 동시이행항변권을 행사하여 대금지급의무의 이행을 거절할 수 있다'는 결론이 된다.

계약이 해제되면 계약관계가 소급적으로 소멸하여 양 당사자는 채무를 면하게 되므로(548조), 한 번 이행을 제공하여 상대방을 지체에 빠뜨린 당사자 일방이 계약을 해제하기 위하여 또다시 이행제공을 할 필요는 없다고 할 것이다. 그러나 한 번 이행을 제공한 당사자 일방이 계약을 해제하지 않은 상태에서 상대방의 반대급부의 이행을 청구하는 경우에는, 설령 상대방이 급부를 수령하지 않았다고 하더라도 양 당사자의 채무는 그대로 존속하고 양 채무의 이행상의 견련관계도 그대로 존속하고 있는 것이므로, 상대방의 동시이행항변권을 인정하는 것이 공평할 뿐만 아니라 법률관계의 간명한 처리를 위하여 바람직하다. 따라서 '쌍무계약에서 당사자 일방이 상대방의 동시이행항변권을 배제하고 반대급부를 청구하기 위해서는 항상 자

279) 같은 취지: 대법원 1995.2.28.선고, 93다53887 판결.

280) 같은 취지: 대법원 1972.3.28.선고, 72다163 판결; 대법원 1972.11.14.선고, 72다1513·1514 판결.

281) 부동산매매계약에서는 매도인이 등기서류를 완비하여 등기소에 출두(거래의 현실에서는 등기서류를 갖추어 부동산중개업소에서 법무사에게 등기대리를 위임)하여야 매도인의 등기이전채무의 현실제공을 한 것이 된다. 같은 취지: 대법원 1979.11.13.선고, 79다1562 판결; 대법원 1980.6.24.선고, 80다425 판결; 대법원 1980.6.24.선고, 80다789 판결; 대법원 1987.4.14.선고, 86다카2605 판결; 대법원 1990.2.27.선고, 89다카999 판결.

기 채무의 이행 또는 이행제공을 하지 않으면 안 된다'고 해석하여야 할 것이다.

▪ 쌍무계약의 당사자 일방이 한 번 현실의 제공을 하였으나 상대방이 수령을 지체한 경우, 상대방은 동시이행항변권을 상실하는지 여부 및 이행의 제공이 중지된 이후에 이행지체를 이유로 손해배상을 청구할 수 있는지 여부(소극) 쌍무계약의 당사자 일방이 먼저 한 번 현실의 제공을 하고, 상대방을 수령지체에 빠지게 하였다고 하더라도 그 이행의 제공이 계속되지 않는 경우는 과거에 이행의 제공이 있었다는 사실만으로 상대방이 가지는 동시이행항변권이 소멸하는 것은 아니므로, 일시적으로 당사자 일방의 의무의 이행제공이 있었으나 곧 그 이행의 제공이 중지되어 더 이상 그 제공이 계속되지 아니하는 기간 동안에는 상대방의 의무가 이행지체 상태에 빠졌다고 할 수는 없다고 할 것이고, 따라서 그 이행의 제공이 중지된 이후에 상대방의 의무가 이행지체되었음을 전제로 하는 손해배상청구도 할 수 없는 것이다. (대법원 1995.3.14.선고, 94다26646 판결)[282]

(5) 동시이행항변권의 효력

1) 항변권의 원용(援用)

동시이행항변권은 '쌍무계약의 당사자 일방이 이행기가 도래한 자기 채무를 이행(또는 이행제공)하지 아니한 채 상대방의 채무(반대급부)의 이행을 청구하는 경우에 상대방이 이행을 거절할 수 있는 권리'이나, 이를 주장하고 행사할 것인가의 여부는 전적으로 항변권자인 상대방의 자유에 속하는 문제이다. 따라서 항변권자인 상대방이 이를 원용하여 동시이행항변권을 행사하는 경우에는 청구권의 작용을 저지하고 자기 채무의 이행을 연기할 수 있는 연기적 항변권으로서의 본래의 효력이 발생하지만, 상대방이 이를 원용하지 아니하는 한 그 효력은 현실화하지 않는다. 즉, 당사자가 동시이행항변권을 행사하지 않는 한 법원은 그에 관한 판단을 할 수 없으며, 따라서 상환급부를 명하는 판결을 할 수 없다(대법원 1967.9.19.선고, 67다1231 판결 등).[283]

동시이행항변권을 원용하여야 하는 시기와 방법에 대해서는 특별한 제한이 없으므로, 동시이행항변권은 이행기의 전후에 상관없이 상대방으로부터 이행청구를 받은 때에 원용하면 충분하며, 소송상으로는 물론 소송 외에서 주장해도 무방하다. 그리고 전술한 바와 같이, 상대방이 동시이행항변권을 원용한 경우에 청구권자가 승소하기 위하여서는 스스로 자기 채무를 이행한 사실 또는 이행을 제공한 사실을 증명할 책임을 부담한다. 이러한 취지에서, 판례는 '임대차 종료시 발생하는 임대인의 보증금반환채무와 임차인의 목적물반환채무는 동시이행관계에 있는바, 임차인의 보증금반환채권이 전부(轉付)된 경우에도 임대인의 보증금반환채

282) 판례평석: 김상용, "쌍무계약에서 변제의 제공을 한 후 이를 중지한 당사자의 상대방에 대한 이행지체를 원인으로 한 손배청구의 가부", 법률신문 2419호(법률신문사, 1995/7), 15; 남효순, "동시이행관계와 지체책임", 민사판례연구(18)(민사판례연구회, 1996/5), 219 이하; 윤진수, 「민법기본판례」, 375 이하. 같은 취지: 대법원 1999.7.9.선고, 98다13754·13761 판결; 대법원 2014.4.30.선고, 2010다11323 판결.

283) 같은 취지: 대법원 1964.9.15.선고, 64다84 판결.

무와 임차인의 목적물반환채무의 동시이행관계는 그대로 존속한다고 해석하여야 할 것이므로, 임대인이 임차보증금반환채권을 전부받은 제3자에게 임차보증금반환채무를 현실적으로 이행하였거나 그 채무이행을 제공하였음에도 불구하고 임차인이 목적물을 명도하지 않음으로써 임차인의 목적물반환채무가 이행지체에 빠지는 등의 사유로 임차인이 동시이행항변권을 상실하게 되었다는 점에 관하여 임대인이 주장·입증을 하지 않은 이상, 임차인의 점유는 동시이행항변권에 기한 것이어서 임차인이 목적물을 불법점유하였다고 볼 수 없다'고 한다(대법원 1989.10.27.선고, 89다카4298 판결 등).[284]

2) 동시이행항변권의 소송상의 효력

(가) 상환급부판결(相換給付判決)

채무의 이행청구소송에서 피고가 동시이행항변권을 주장하고 원고가 자기 채무의 이행사실 또는 이행제공 사실을 증명하지 못한 경우에는, 법원은 원고의 청구를 기각하여야 함은 이론상 당연하다. 그러나 이는 소송경제상 불필요한 절차의 반복을 가져올 뿐이므로(원고가 자기채무를 이행한 후 다시 같은 이행청구소송을 하면 원고승소판결을 내릴 수밖에 없다), 독일민법과 같은 명문규정이 없더라도(BGB §322 I),[285] '법원은 원고의 일부승소판결에 해당하는 「상환급부판결」(Verurteilung zur Leistung Zug-um-Zug)을 내려야 한다'고 해석하는 데 이견이 없다.

(나) 집행개시의 요건

2002.1.26. 법률 제6627호로 민사집행법이 제정되어 민사집행절차가 민사소송법에서 분리되기 전까지는 '피고가 동시이행항변권을 주장함으로써 상환급부판결이 내려진 후에 이를 집행권원으로 하여 강제집행을 하는 경우, 원고의 채무이행 또는 이행제공의 증명이 구 민사소송법 제480조 제2항[286] 소정의 「집행력 있는 정본(正本)부여의 요건」인가, 아니면 동법 제491조의2 제1항[287] 소정의 「집행개시의 요건」인가?' 하는 문제를 둘러싸고 견해가 대립하고

284) 판례평석: 이동권, "임대차 종료 후 임차보증금을 반환받기 위하여 임차인이 목적물을 계속 점유하는 경우, 부당이득반환채무의 발생 여부", 대구지법판례연구 3집(대구지법판례연구회, 1992/12), 106 이하. 같은 취지: 대법원 1988.4.12.선고, 86다카2476 판결; 대법원 1989.2.28.선고, 87다카2114·2115 판결; 대법원 1990.12.21.선고, 90다카24076 판결; 대법원 1994.9.30.선고, 94다20389·20396 판결; 대법원 2002.7.26.선고, 2001다68839 판결.

285) 독일민법 제322조(상환급부판결) (1) 쌍무계약의 일방 당사자가 상대방에 대하여 급부의무의 이행을 소구해온 경우에, 반대급부가 실행될 때까지 그 급부를 거절할 수 있는 상대방의 권리의 행사는 단지 상대방으로 하여금 상환급부판결을 받을 수 있는 효력이 있을 뿐이다.

286) 구 민사소송법(2002.1.26. 법률 제6626호로 전부개정되기 전의 것) 제480조(집행문의 부여) ② 판결의 집행에 조건을 붙인 경우에 그 조건의 성취를 채권자가 증명하여야 하는 때에는 이를 증명하는 서류를 제출한 때에 한하여 집행문을 부여한다. 다만, 판결의 집행이 담보의 제공을 조건으로 하는 때에는 그러하지 아니하다.

287) 구 민사소송법(2002.1.26. 법률 제6626호로 전부개정되기 전의 것) 제491조의2(집행개시의 요건) ① 반대의무의 이행과 상환으로 집행할 수 있음을 내용으로 하는 채무명의의 집행은 채권자가 반대의무의 이행 또는 이행의 제공이 있었음을 증명한 때에 한하여 그 집행을 개시할 수 있다.

있었다. 전자(前者)로 해석하면 원고의 채무이행 또는 이행제공의 유무를 집행법원의 법관이 심사하게 되나, 후자로 해석하는 경우에는 집행관 기타의 집행기관이 심사하게 된다는 점에서 구별의 실익이 있었는데, 현행 민사집행법은 원고의 채무이행 또는 이행제공의 증명을 집행기관이 심사하여야 하는 「집행개시의 요건」으로 명시함으로써(동법 41조),[288] 이 문제는 더 이상 논의의 여지가 없게 되었다.

3) 항변권 존재의 효력

동시이행항변권은 상대방의 청구권 행사의 효력을 저지할 수 있는 항변권이므로, 그것이 행사되어야 비로소 그 본래의 효력이 발생하는 것이 원칙이지만, 그것이 존재한다는 사실 자체로부터도 다음과 같은 효력이 발생한다.[289] 이러한 의미에서 동시이행항변권의 이러한 효력을 「당연효(當然效)」(ipso-iure Wirkungen)라고도 부른다.[290]

(가) 이행지체의 불성립

동시이행항변권을 가진 채무자는 이행기에 이행하지 않더라도 이행지체의 책임이 없다. 즉, 채무자가 동시이행항변권을 원용하지 않더라도 동시이행항변권의 존재 자체의 효력으로 이행지체책임은 발생하지 않는다(대법원 1997.7.25.선고, 97다5541 판결 등).[291] 그 이유는 동시이행항변권 존재 그 자체가 이행지체책임의 요건인 위법성을 조각하는 사유가 되기 때문이다. 그러므로 쌍무계약의 당사자 일방이 상대방을 이행지체에 빠지게 하려면 먼저 자기채무의 이행을 제공하여야 하는데, 그 채무이행에 상대방의 수령행위를 필요로 하는 경우에는 언제든지 현실로 이행을 할 수 있는 준비를 완료하고 그 뜻을 상대방에게 통지하여 그 수령을 최고하여야 한다(대법원 2010.10.14.선고, 2010다47438 판결 등).[292] 다만, 쌍무계약에서 채권자가 자기채무를 이행하지 않고 채무자의 이행을 청구하는 것이 위법한 것은 아니므로,[293] 피고(채무자)가 소송에서 동시이행항변권의 「당연효」인 지체책임을 면제받기 위해서는 이를 원용하여야 하며, 피고가 이를 원용하지 않는 상황에서 법원이 직권으로 동시이행항변권의 존재를 고려하여 상환급부판결을 할 수는 없다'는 점은 전술한 바와 같다(대법원 1967.9.19.선고, 67다1231 판결 등).

---

288) 민사집행법 제41조(집행개시의 요건) ① 반대의무의 이행과 동시에 집행할 수 있다는 것을 내용으로 하는 집행권원의 집행은 채권자가 반대의무의 이행 또는 이행의 제공을 하였다는 것을 증명하여야만 개시할 수 있다.

289) 양창수, 전게논문(주 216), 101 이하; 곽윤직, 66 참조.

290) 양창수, 상게논문, 101 이하 참조.

291) 판례평석: 곽종훈, 전게논문(주 269), 116 이하. 같은 취지: 대법원 1964.5.26.선고, 63다934 판결; 대법원 1989.10.27.선고, 88다카33442 판결; 대법원 2010.10.14.선고, 2010다47438 판결.

292) 같은 취지: 대법원 1993.9.10.선고, 93다16222 판결; 대법원 1998.3.13.선고, 97다54604·54611 판결; 대법원 2001.7.10.선고, 2001다3764 판결.

293) 다만, 채권자가 채무자의 이행지체를 이유로 계약을 해제하기 위해서는 자기 채무를 이행하거나 이행제공을 함으로써 채무자의 동시이행항변권을 소멸시키지 않으면 안 된다(대법원 1969.7.8.선고, 69다337 판결).

(나) 상계금지의 효력

'동시이행항변권이 부착된 채권은 이를 자동채권으로 하여 상대방의 채권과 상계할 수 없다'고 해석하는 데 이설이 없다. 만약 이를 허용한다면 상대방은 이유 없이 동시이행항변권을 상실하게 되기 때문이다(대법원 1969.10.28.선고, 69다1084 판결 등).[294] 이와 관련하여 격지자간의 거래, 특히 국제무역거래에서 관용되고 있는 화환어음의 유효성을 둘러싸고 구 의용민법 이래 다툼이 있다. 즉, 구 의용민법하에서의 판례는 '화환어음의 발행은 상대방인 매수인으로 하여금 대금채무를 선이행하도록 강요함으로써 매수인의 동시이행항변권을 부당하게 침해하는 것이므로, 화환어음의 발행에 의한 상품의 송부는 채무의 내용에 좇은 현실제공이 되지 못한다'는 입장을 취하고 있었다.[295] 그러나 무역거래의 현실에 비추어 볼 때 이러한 해석은 바람직하지 않으며, 화환어음의 발행에 의한 상품의 송부는 채무의 내용에 좇은 현실제공이라고 해석하여야 할 것이다. (☞ 채권총론 편, 제3장 제2절 「변제의 제공」)

3. 위험부담

(1) 서 설

1) 위험부담의 개념

쌍무계약에서 「위험부담」(Gefahrtragung; charge des risque)이라 함은 '당사자 일방의 채무가 이행불능으로 인하여 소멸한 경우에 상대방의 채무의 존속 여부에 대하여 발생하는 대가위험(對價危險; Preisgefahr)을 당사자 일방이 부담하는 것'을 말한다. 여기서 '쌍무계약의 당사자 중 누가 대가위험을 부담하여야 하는가?' 하는 문제가 발생하며, 이에 대해서는 입법주의가 대립할 수 있는데, '채무자가 위험을 부담함으로써 채권자에 대한 반대급부청구권이 소멸하도록 하는 입법주의'를 「채무자위험부담주의」(이하 「채무자주의」로 약칭)라고 하고, 반대로 '채권자가 위험을 부담하여 채권자에 대한 반대급부청구권을 존속시키는 입법주의'를 「채권자위험부담주의」(이하 「채권자주의」로 약칭)라고 한다. 다만, 엄밀하게 말하면 위험부담에 관한 「채권자주의」는 존재하지 않으며, 이는 계약체결과 동시에 위험이 채권자에게 이전되도록 하는 입법주의에 불과하다.[296]

(가) 쌍무계약에 특유한 문제

쌍무계약에 의하여 발생하는 양 당사자의 채무를 서로 별개의 것으로 다룬다면 그 소멸의 문제도 각각 별개로 정하여져야 할 것이므로 위험부담의 문제는 발생하지 않을 것이다.

---

294) 같은 취지: 대법원 1975.10.21.선고, 75다48 판결.

295) 일본대심원 1920.3.29.판결(민록411); 조선고등법원 1920.12.10.판결(민집7권481).

296) 이러한 의미에서 「채권자주의」를 「계약체결시주의」(Vertragsprinzip)로 파악하는 견해도 있다(최준선, "위험부담 -동산매매를 중심으로-", 고시연구 21권 8호, 1994/8, 181 참조).

그러나 '쌍무계약에 의하여 발생하는 양 당사자의 채무는 매우 밀접한 상호의존적 견련관계에 있으므로, 당사자 일방의 채무가 소멸하면 타방 당사자의 채무의 존속에 관하여 일정한 영향을 미친다'고 보는 것이 이론상 타당하다. 이와 같이 「위험부담」은 '쌍무계약에서의 양 채무의 상호의존적 견련관계를 소멸(존속)의 단계에서 어떻게 인정할 것인가?' 하는 문제이다.

(나) 대가위험(對價危險)의 부담에 관한 문제

「위험부담」은 채무의 이행이 채무자의 귀책사유 없이 이행불능으로 된 경우, 그로 인하여 발생하는 채무 자체의 존속 여부에 관한 위험인 「급부위험」(Leistungsgefahr)의 문제와는 구별되어야 하는데,[297] 위험부담의 문제는 '급부위험은 채권자가 부담한다'는 법리를 전제로 한다. 예컨대, 종류매매에서 목적물이 특정되기 전에는 채무자인 매도인이 보관하고 있던 물건이 전부 멸실하더라도 매도인의 채무는 소멸하지 아니하므로(즉, 종류채무에서 급부위험은 채무자가 부담한다), 위험부담의 문제는 발생하지 않는다. 반대로 '특정물매매에서 목적물이 멸실한 경우에는 매도인의 채무는 이행불능으로 소멸하므로(즉, 특정물매매에서 급부위험은 채권자가 부담한다), 매도인의 특정물인도채무와 상호의존적 견련관계에 있는 매수인의 대금지급의무도 같이 소멸하는가?' 하는 위험부담의 문제가 발생하는 것이다.

(다) 위험이전(危險移轉)의 문제와 구별

위험부담은 이행불능으로 채무가 소멸한 경우에 이와 상호의존적 견련관계에 있는 상대방의 대가적 채무의 소멸 여부에 관한 문제이므로, 채무가 완전히 이행된 경우에는 위험부담의 문제는 발생하지 않는다. 예컨대, 건물매매에서 매도인이 매수인에게 건물을 인도하고 소유권이전등기까지 완료해 주었다면, 그 이후에 건물이 멸실하더라도 위험부담의 문제는 발생하지 않는다. 그러나 위와 같은 사례에서 '매도인이 건물을 인도하였으나 아직 소유권이전등기를 경료해주지 않고 있는 동안에, 혹은 이전등기는 경료해 주었으나 건물을 인도하지 않고 있는 동안에 매매목적물인 건물이 매도인의 귀책사유에 의하지 아니하고 멸실한 경우에도 매도인의 매매대금채권은 소멸하는가(즉, 이 경우에도 여전히 채무자인 매도인이 위험을 부담하는가), 아니면 매도인의 매매대금채권은 존속하는가(즉, 이 경우에는 위험이 채권자에게 이전되어 채무자는 매매대금의 지급을 청구할 수 있는가)?' 하는 문제가 발생한다. 이는 '채무의 이행이 종료되기 전의 일정한 시점에서는 위험이 상대방에게 이전된다고 할 수 있는가?' 하는 형태로 주로 매매계약에서 문제되는데, 학설은 이를 「위험이전」의 문제라 하여 「위험부담」의 문제와 구별하는 것이 일반적인 견해라고 할 수 있다.[298] 그러나 '위험을 채무자(매도인)가 부담하는가, 아

297) 이에 관한 상세는 최수정, "민법 제537조의 해석과 매매에서의 위험배분", 민사법학 20호(한국민사법학회, 2001), 309 이하 참조.

298) 양창수, "위험부담", 고시연구 17권 12호, 1990/12, 42; 이은영, "위험의 분담과 이전", 대한변호사협

니면 채권자(매수인)가 부담하는가?' 하는 것은 위험부담의 문제를 정태적(靜態的)으로 파악한 것이고, '위험이 언제 채무자인 매도인으로부터 채권자인 매수인에게 이전하는가?' 하는 것은 위험부담의 문제를 동태적(動態的)으로 파악한 것일 뿐 양자는 본질상 차이가 없다고 할 것이다.[299]

2) 문제의 소재

구 의용민법(일본민법)은 물권변동에 관하여 의사주의(대항요건주의)를 취하고 있었으므로, 위험부담에 관해서도 특정물매매에 관한 한 채권자위험부담주의를 취하고 있었다(동법 534조).[300] 그러나 현행민법은 물권변동에 관한 입법주의를 형식주의로 전환함과 동시에 특정물매매를 포함한 모든 쌍무계약에 있어서의 위험부담의 원칙을 채무자주의로 전환하였다(537조). 이는 '타당한 입법주의의 전환'이라고 평가할 수 있다. 다만, 현행민법은 채무자위험부담주의하에서 반드시 두었어야 할 격지자 간의 매매계약에 있어서의 위험이전에 관한 규정을 두지 않았다는 점에서 '매매거래의 현실을 무시한 입법'이라는 비판을 면하기 어렵다. 그러므로 현행민법은 위험부담에 관한 새로운 입법론적 과제를 안고 있다고 할 것이다.

현행민법은 채무자주의의 원칙을 규정한 제537조와 예외적으로 채권자가 위험을 부담하여야 하는 경우를 규정한 제538조의 간략하고 추상적인 내용의 단 두 개 조문만을 두고 있다. 그러나 위험부담의 문제는 계약의 유형에 따라서 각기 다른 특수성이 존재하는 것이어서, 우리 민법의 이러한 간략하고도 추상적인 규정만으로는 다양한 유형의 계약에서 발생하는 개별적인 위험부담의 문제들을 합리적으로 규율할 수 없다. 그러므로 다양한 계약의 유형별 특수성을 고려하여 구체적 타당성을 기할 수 있는 해석론의 전개가 필요하다.

쌍무계약 중 권리이전형계약, 특히 매매계약에 있어서는 계약당사자의 형평을 기하기 위하여 채무자가 이행을 완료하기 전이라도 일정한 이행단계에서는 위험이 매수인에게 이전되도록 하는 위험이전의 법리를 인정할 필요가 있다. 그러나 일반적인 외국의 입법례와는 달리, 우리 민법은 위험이전의 시기에 관한 규정은 물론 위험이전의 법리를 허용할 것인지 여부에 관해서조차 아무런 규정도 두고 있지 않다. 그럼에도 불구하고 학설 중에는 '현행민법의 해석상 위험이전이 가능하다'고 전제하고, 위험이전의 시기에 관하여 논하는 견해가 있다. 그러나 '현행민법하에서 이러한 해석론이 과연 가능한가?' 하는 의문이 제기될 수밖에 없다.

회지 133호(대한변호사협회, 1987/9), 61 이하 참조.

299) 同旨: 최준선, 전게논문(주 296), 177 참조.

300) 구 의용민법(일본민법) 제534조: ① 특정물에 관한 물권의 설정 또는 이전을 쌍무계약의 목적으로 한 경우에, 그 물건이 채무자에게 귀책되지 아니할 사유로 인하여 멸실 또는 훼손된 때에는, 그 멸실 또는 훼손은 채권자의 부담으로 귀속한다. ② 불특정물에 관한 계약에 대하여는 제401조 제2항의 규정에 의하여 그 물건이 확정한 때부터 전항의 규정을 적용한다.

(2) 연혁 및 입법례

구 의용민법은 위험부담에 관하여 채무자주의의 원칙을 채택하면서도 특정물인도채무와 정지조건부 쌍무계약의 목적물에 관하여는 예외적으로 채권자주의를 채택함으로써(동법 534조, 536조),[301] 실질적으로 채권자주의를 취한 것이라는 평가를 받고 있었다.[302] 그러나 현행민법은 채무자주의를 원칙으로 하고, 예외적으로 채권자에게 귀책사유가 있는 경우 또는 채권자 지체가 성립하는 경우에 한하여 채권자가 위험을 부담하는 것으로 입법주의를 전환하였다(537조, 538조). 위험부담에 관한 현행민법의 이러한 입법주의의 변화는 물권변동에 관한 입법주의가 의사주의(대항요건주의)에서 형식주의로 전환된 것이 가장 큰 영향을 끼쳤다고 할 수 있으나, 쌍무계약의 주된 급부의무 사이의 상호의존적 견련관계(대가관계)를 채무의 소멸단계에서도 관철시키고자 한 것으로서, '법이론상으로도 타당한 입법주의의 전환'이라고 평가할 수 있을 것이다.[303] 학설 중에는 '우리 민법은 위험부담에 관하여 이미 입법론적으로도 수긍될 수 있는 태도로 일관하고 있으므로, 위험부담에 대하여만 입법주의를 장황하게 늘어놓을 필요는 없게 되었다'는 견해도 있으나,[304] 외국의 일반적인 입법례가 위험이전에 관하여 상세한 규정을 두고 있는 것과는 달리, 우리 민법은 채무자주의의 원칙과 채권자가 위험을 부담하는 예외를 규정한 매우 간략하고 추상적인 두 개 조문만을 두고 있어서, 다양한 계약의 유형에서 발생하는 개별적인 문제들을 합리적으로 규율하기 어려울 뿐만 아니라, 위험이전의 문제에 관하여는 아무런 규정도 두고 있지 않아 거래의 안전이 요구되는 상거래의 수요를 충족하지 못하는 중대한 결함을 가지고 있다.[305] 그러므로 위험이전에 관한 규정을 민법전에 신설할 필요가 있으며, 이를 위하여 비교법적 관점에서 외국의 입법례를 면밀하게 연구할 필요성은 아무리 강조해도 지나치지 않다고 할 것이다.

---

301) 구 의용민법(일본민법) 제536조: ① 전2조에 기재한 경우를 제외하고 당사자 쌍방의 귀책되지 아니할 사유로 인하여 채무를 이행할 수 없게 된 때에는, 채무자는 반대급부를 받을 권리를 가지지 아니한다. ② 채권자의 귀책사유로 인하여 이행을 할 수 없게 된 때에는, 채무자는 반대급부를 받을 권리를 잃지 않는다. 다만, 자기의 채무를 면함으로 인하여 이익을 얻은 때에는 이를 채권자에게 상환할 것을 요한다.

302) 구 의용민법(일본민법)상의 위험부담에 관하여서는 森孝三, "危險負擔における債權者主義" <第二期>ジュリスト別册 法學教室 6호(有斐閣, 1974), 118 이하; 澤井裕, "危險負擔" 現代契約法大系 第2巻 「現代契約의 法理(2)」(有斐閣, 1984), 100 이하; 半田吉信, "危險負擔", 「民法講座5」(有斐閣, 1985), 75 이하; 同, 「賣買契約における危險負擔の硏究」(信山社, 1999), 1 이하; 小野秀誠, 「危險負擔の硏究」(日本評論社, 1995), 1 이하; 新田孝二, 「危險負擔と危險配分」(信山社, 1999), 1 이하 참조.

303) 양창수, 전게논문(주 298), 43; 곽윤직, 69 참조.

304) 양창수, 상게논문, 42 참조.

305) 同旨: 이은영, 177 참조.

1) 연 혁

(가) 로마법

로마법에서는 일반적으로 채무자주의가 적용되었으나,[306] 매매계약의 경우에는 예외적으로 '매매계약이 완성된 때(인도 시)[307]에 위험은 매수인에게 속한다'고 하였다.[308] 이를 가리켜 '로마법은 매매계약에 대하여는 채권자주의를 취하였다'는 견해가 있으나,[309] 이는 매매계약이 완성된 시점인 인도 시에 위험이 채권자에게 이전되는 것으로 다루어진 것이라고 보아야 할 것이다.

(나) 중세이탈리아법 및 교회법

이와 같은 로마법의 위험부담에 관한 원칙, 특히 임대차계약에 있어서의 「채무자위험부담의 원칙」은 중세이탈리아법 및 교회법에 그대로 계수되었다.[310] 그리고 '계약의 유형마다 각각 다른 별개의 위험부담의 원칙에 의하여 해결한다'는 로마법의 원칙은 로마법의 계수에 의하여 성립한 독일보통법에도 그대로 전수되었다.[311]

(다) 중세독일법의 「위험이전의 법리」

중세독일법에서는 '대가위험은 매도인이 매수인에게 직접적 게베레(Gewere)를 부여할 때까지 채무자인 매도인이 부담한다'는 「채무자위험부담주의」가 지배하였다고 한다.[312] 한편 중세독일법에서는 위험이전의 법리가 인정되어 인도 시에 위험이 이전되었는데, 목적물이 다른 장소로 송부되거나 토지의 권리이전방식인 Auflassung이 행해진 경우에도 게베레가 이전된 경우와 마찬가지로 매수인에게 위험이 이전되었다. 다만, 중세독일법에서는 '매수인이 수령지체에 빠진 경우에도 게베레가 이전되지 않는 한 위험이 매도인에게 이전되지는 않았다'고 한다.[313]

(라) 후기보통법과 판덱텐법학

근대자연법이론의 쌍무계약사상[314]의 영향으로, 후기보통법시대에 이르러 매매계약을 제외한 나머지 계약유형에 대한 위험부담을 통일적으로 파악하는 「위험부담의 이원체계(二元

---

306) 민법주해(13)/최병조, 46 참조.

307) '로마법에서는 위험이 이전되는 시기를 인도 시로 보는 견해가 유력하였다'고 한다(민법주해(13)/최병조, 47 참조).

308) Paulus D.10.6.8.pr.

309) 양창수, 전게논문(주 298), 42; 민법주해(13)/최병조, 46 참조.

310) 중세의 임대차법에서는 특히 '가뭄으로 인한 소작료감면(remissio)'이 위험부담의 중요한 문제로 다루어졌다는 점이 로마법과 다른 특색이라고 한다(小野秀誠, 전게서(주 302), 35 참조).

311) 小野秀誠, 상게서, 25 참조.

312) 민법주해(13)/최병조, 51 참조.

313) 상게서, 51 참조.

314) 근대자연법이론에서는 '쌍무계약에서 당사자는 자기가 출연한 이상으로 상대방으로부터 받을 수 있는 것은 없다는 자연의 유보가 포함되어 있으며, 당사자 일방의 약속불이행은 타방 당사자에게 같은 범위에서 의무를 면할 수 있는 권리를 부여한다'고 하였다(Pufendorf, De officiis hominis et civilis iuxta legem naturalem libri Ⅱ, 1673, Ⅰ §16, 5, 6; 小野秀誠, 전게서(주 302), 36에서 재인용).

體系)」라고 부를 수 있는 명확한 이론체계가 나타났으며, 판덱텐법학에서는 '매매에서는 채권자가 위험을 부담하나, 임대차를 포함한 나머지 계약유형에서는 채무자가 위험을 부담한다'는 일반원칙이 확립되었다고 한다.[315)]

(마) 프로이센일반란트법

1794년의 프로이센일반란트법(ALR)은 '쌍무계약에서 당사자 일방의 급부의무는 그 대가인 상대방의 반대급부를 전제로 하는 것'이라는 쌍무계약사상을 기초로 하여, '우연이나 불가항력에 의하여 계약을 이행하는 것이 불가능하게 된 경우에는 계약은 해소된 것으로 간주한다'고 규정하였다(ALR 1부 5장 §346). 이 규정에 의하여 쌍방불귀책사유로 인한 급부의무의 후발적 이행불능의 경우에는 계약이 해소되어 당사자의 의무가 소멸하게 됨으로써 프로이센일반란트법은 채무자주의를 취한 결과가 되었다.

2) 입법례

(가) 프랑스민법

프랑스민법은 위험부담에 관하여 일반규정을 두고 있지는 않으나, 임대차계약(C.c. Art. 1722)[316)]이나 도급계약(C.c. Art. 1790)[317)] 등의 개별계약에서 채무자주의의 원칙을 전제로 한 규정을 두고 있기 때문에, 프랑스의 학설과 판례[318)]는 '우연한 사고가 당사자 일방의 채무이행을 불가능하게 하는 때에는 타방의 채무는 동시에 또한 필연적으로 소멸한다'는 규정을 두고 있는 것이나 마찬가지라고 한다. 또한 2016.2.10. 오르도낭스 제2016-131호로 개정된 현행 프랑스민법은 물권변동에 관하여 의사주의를 취하여 '권리의 양도는 계약체결 시에 이루어진다'고 규정함과 동시에, '소유권의 이전은 물건의 위험을 이전하는 효력이 있다'고 규정함으로써(C.c. Art. 1196),[319)] 위험이전(transfert des risques)의 개념을 명문으로 인정하고 있다. 국내의 학설 중에는 '인도 시에 채권자에게 위험이 이전된다'고 규정하고 있었던 개정 전 프랑스민법 제1138조 제2항을 들어, '프랑스민법은 로마법의 영향을 받아 주는 채무(obligation de donner)에 있

---

315) 小野秀誠, 상게서, 25 참조.

316) 프랑스민법 제1722조: 임대차존속기간 중 우연한 사고에 의하여 임차물의 전부가 멸실된 때에는 임대차는 법률상 당연히 해지된다; 임차물의 일부가 멸실된 때에는 사정에 따라 임차인은 차임감액 또는 해지를 청구할 수 있다. 우연한 사고에 의한 전부 또는 일부멸실의 경우에는 손해배상은 문제되지 않는다.

317) 프랑스민법 제1790조: 전조의 경우에 만약 도급인이 완성된 일을 수령하기 전에 목적물이 멸실되었고, 도급인이 검수하는 것을 지체하지 않은 경우에는, 그 멸실에 대하여 수급인에게 과책이 없다고 하더라도 목적물이 재료의 하자로 인하여 멸실한 경우가 아닌 한 수급인은 보수를 청구하지 못한다.

318) Cass. 14 avril 1891, D.1891, I, 329.

319) 프랑스민법 제1196조: (1) 소유권 기타 권리의 양도를 목적으로 하는 계약에 있어서 권리의 이전은 계약체결 시에 이루어진다. (2) 제1항의 권리의 이전은 당사자의 의사, 물건의 성질 또는 법률의 효력에 의하여 달리 정해질 수 있다. (3) 소유권의 이전은 물건의 위험을 이전하는 효력을 가져온다. 그러나 물건의 인도채무자는 제1344-1조에 따라서, 그리고 제1351-1조에 규정된 법리에 따라서 이행최고 시부터 다시 그 위험을 부담한다.

어서 채권자주의를 채택하고 있다'고 소개하는 견해가 있으나,[320] 이는 위험이전과 위험부담의 개념을 혼동한 것이라고 할 수 있다.

(나) 독일민법

독일민법은 위험부담에 관하여 채무자주의의 원칙을 취하고 있다(BGB §326).[321] 다만, 독일민법은 '매매계약에 있어서는 인도 시에 위험이 채권자에게 이전한다'고 규정함으로써(BGB §446),[322] 인도 시를 기준으로 하는 위험이전을 명문으로 인정하고 있다.[323] 그러므로 위험부담 및 위험이전에 관한 이러한 독일민법의 입법주의는 프랑스민법의 그것과 다르지 않다고 할 수 있다.

(다) 스위스채무법

스위스채무법도 위험부담에 관하여 채무자주의를 원칙으로 하는 일반규정을 두고 있다(OR Art. 119 Ⅱ).[324] 그러나 스위스채무법은 위험이전에 관한 명문규정을 두어, '매매계약에서는 계약체결 시에 위험이 매수인에게 이전한다'고 규정하고 있는데(OR Art. 185 Ⅰ),[325] 독일민법과

---

320) 양창수, 전게논문(주 298), 43; 민법주해(13)/최병조, 53 참조.

321) 독일민법 제326조(급부의무가 배제된 경우에 있어서의 반대급부로부터의 해방 및 해제) (1) 채무자가 제275조 제1항 내지 제3항에 의하여 급부를 요하지 아니하는 때에는 반대급부청구권은 소멸한다; 일부급부의 경우에는 제441조 제3항을 준용한다. 제1문은 급부가 계약에 부적합한 경우에 채무자가 제275조 제1항 내지 제3항에 기한 추완을 요하지 아니하는 때에는 적용하지 아니한다. (2) 채권자에게만 또는 주로 채권자에게 귀책사유가 있는 사정에 의하여 채무자가 제275조 제1항 내지 제3항에 의하여 급부하지 않아도 되는 경우, 또는 채권자가 수령지체에 빠진 때에 채무자에게 귀책될 수 없는 사유가 발생한 경우에는, 채무자는 반대급부청구권을 상실하지 않는다. 그러나 채무자는 급부를 면함으로써 절약한 것이나, 그 노력을 다른 데 사용함으로써 취득한 것 또는 악의로 취득하지 아니한 것을 차감하여야 한다. (4) 본조에 의하여 반대급부를 할 의무가 없음에도 불구하고 그것을 한 때에는, 제346조 내지 제348조에 의하여 급부한 것의 반환을 청구할 수 있다. (5) 채무자가 제275조 제1항 내지 제3항에 의하여 급부를 요하지 아니하는 때에는, 채권자는 해제할 수 있다; 해제에 대하여서는 기간의 정함이 요하지 아니하고 제323조를 준용한다.

322) 독일민법 제446조(위험과 부담의 이전) 매각된 물건의 인도에 의하여 우발적인 멸실 및 훼손의 위험은 매수인에게 이전한다. 인도한 때로부터 수익은 매수인에게 속하고, 매수인은 물건의 부담을 인수한다. 매수인이 수령지체에 빠진 경우에는, 인도가 있은 것과 마찬가지이다.

323) 다만, 현행 독일민법은 "토지 또는 등기된 선박이나 건조 중의 선박의 매수인이 인도 전에 토지등기부, 선박등기부 또는 건조중선박등기부에 소유자로 등기된 때에는 제1항에 규정된 효력(위험이전의 효력)은 등기 시부터 발생한다"고 규정하고 있었던 개정 전 독일민법 제446조 제2항의 규정을 삭제함으로써, 위험이전시기를 매매목적물의 종류 여하를 가리지 않고 인도 시로 통일하였다.

324) 스위스채무법 제119조(급부의 이행불능) (1) 채무자에게 귀책될 수 없는 사정에 기하여 급부가 불가능하게 된 경우에는, 채무는 소멸한다. (2) 쌍무계약에서 이행불능으로 채무를 면한 채무자는 이미 수령한 반대급부를 부당이득으로 반환하여야 하며, 아직 이행되지 아니한 반대채권은 상실한다. (3) 채무가 이행되기 전에 법률의 규정 또는 계약의 내용에 따라서 위험이 채권자에게 이전하는 경우에는 그러하지 아니하다.

325) 스위스채무법 제185조(이익과 위험) (1) 물건의 이익과 위험은 특별한 사정이나 약정에 기인한 예외를 제외하고는 계약체결 시부터 매수인에게 이전한다. (2) 양도된 물건이 종류로만 정해진 경우에는 그 밖에 그 물건이 특정되어야 하며, 다른 장소로 송부되어야 하는 경우에는 송부되어야 한다. (3) 정지조건부계약에 있어서 양도된 물건의 이익과 위험은 조건이 성취된 때에 비로소 매수인에게 이전된다.

달리 위험이전 시를 계약체결 시로 규정하고 있다. 다만, 스위스채무법은 '부동산매매의 경우에는 그 계약에 인도시기의 정함이 있으면 그 시기로부터 위험이 매수인에게 이전한다'고 규정하고 있다(OR Art. 220).[326)]

(라) 일본민법

2017.6.2. 법률 제44호로 개정되기 전의 일본민법(이하 「개정 전 일본민법」으로 약칭)은 위험부담에 관하여 채무자주의를 원칙으로 하고, 예외적으로 채권자주의를 취하고 있었다(동법 534조, 536조).[327)] 그러나 채권자주의를 취하는 예외가 지나치게 광범위하였기 때문에 실질적으로는 채권자주의에 가까운 입법이라고 평가되고 있었다.[328)] 왜냐하면 개정 전 일본민법(구 의용민법)은 채무자주의를 원칙으로 하되, 부동산매매와 같은 특정물에 관한 물권의 설정 또는 이전을 목적으로 하는 쌍무계약에서 목적물이 채무자의 불귀책사유로 인하여 멸실·훼손된 때에는 예외적으로 채권자가 위험을 부담하는 것으로 규정하고, 이를 불특정물이 특정된 경우에도 준용하고 있었기 때문이다(동법 534조).[329)]

이와 같이 위험부담에 관하여 채무자주의를 원칙으로 하면서도 특정물에 관한 물권의 설정 또는 이전을 목적으로 하는 쌍무계약의 경우에는 채권자주의의 예외를 인정한 개정 전 일본민법 제534조의 규정은 '계약이 완성되면 위험은 매수인에게 이전한다'는 로마법의 원칙을 계수한 것이라고 할 수 있으나,[330)] 일본의 학설은 이를 합리성이 없는 것으로 평가하고 그 적용범위를 제한할 수 있는 해석론을 수립하기 위하여 노력하였다.[331)] 즉, ① 채권자주의의 근거를 목적물의 지배가 채권자에 속하게 되는 데서 찾는 입장에서, '인도나 등기가 행해지지 아니하고 특약으로 소유권이전이 유보되고 있는 경우에는,[332)] 등기·인도·물권변동 중의 어느 하나가 이루어진 경우에 한하여 그 이후에 제534조가 적용된다'고 해석하는 견해,[333)]

---

326) 스위스채무법 제220조(이익과 위험) 매매에 의한 부동산의 인도를 위하여 특정한 시기가 계약에 의하여 정해진 경우에는, 그 시기로부터 이익과 위험이 매수인에게 이전되는 것으로 추정한다.

327) 전게 주 300, 301 참조.

328) 森孝三, 전게논문(주 302), 118 참조.

329) 전게 주 300 참조. 다만, 개정 전 일본민법 제535조는 '정지조건부로 효력을 발생하는 쌍무계약에서 계약의 목적물이 조건의 성취가 미정인 동안에 멸실·훼손된 경우'에는 채권자주의를 취한 동법 제534조를 적용하지 않는 것으로 규정하고 있었다.

330) 일본민법의 기초자는 '계약이 성립하면 물건의 가격의 등귀로 인한 이익은 채권자가 차지하게 되기 때문에, 물건의 멸실·훼손으로 인한 손실도 채권자가 부담하는 것이 당연하다, 즉「이익이 귀속하는 곳에 손실도 귀속한다」(Ubi emolumentum, ibi onus)는 취지에서 이러한 규정을 둔 것'이라고 한다(梅謙次郎, 民法要義 卷之三 債權編, 第33版, 有斐閣書房, 1912, 415 이하 참조).

331) 森孝三, 전게논문(주 302), 118 이하.

332) 일본민법은 물권변동에 관하여 대항요건주의를 취하고 있으나(동법 176조 이하), '당사자의 특약으로 소유권을 유보하는 것이 가능하다'고 해석되고 있다(舟橋諄一, 物權法「法律學全集18」, 有斐閣, 1960, 84 이하 참조).

333) 我妻榮(上), 103 참조. 이 견해는 특히 부동산매매의 경우에는 당사자가 대금의 지급과 상환하여 등기를 이전하며 그때에 소유권도 이전한다고 특약한 경우에는, 그 때까지 위험부담에 대하여서도 제534조

② '목적물의 인도가 계약성립 시와는 별개로 정해져 있는 경우에는 소유권을 유보하는 특약이 없더라도 목적물의 지배는 계약에 의하여 즉시로 채권자에게 이전하지 않으며, 따라서 채권자주의를 인정한 제534조를 적용하여야 할 합리적인 근거가 없으므로 그 적용은 배제되어야 한다'고 해석하는 견해(田中實), ③ '제534조는 특약이 없는 한 채권자가 목적물에 대한 지배를 취득하였다고 인정되는 때, 즉 등기·인도·소유권의 이전·대금지급 중의 어느 하나가 발생한 때로부터 적용되며, 이때에 목적물의 과실수취권이 매수인에게 이전함과 동시에 위험도 이전된다'는 견해(廣中俊雄), ④ '제534조는 당사자가 이에 따른다는 합의가 있는 경우에 한하여 적용된다'는 견해(山中康雄) 등의 학설이 제기되었다. 또한 '채권자주의의 예외를 규정한 제534조는 채권이나 무체재산권의 변동을 목적으로 하는 계약(제534조는 특정물에 관한 물권의 설정·이전을 목적으로 하는 쌍무계약에 한하여 적용되는 것이므로), 타인물매매(이 경우에는 목적물에 대한 지배권이 매수인에게 이전하지 않으므로), 운송불능·질병 등 목적물의 멸실·훼손 이외의 사유로 인하여 이행이 불능하게 된 경우, 제한종류채권이나 선택채권의 경우를 포함하여 불특정물에 관한 계약에서는 목적물의 특정 후에 발생한 이행불능의 경우에 한하여 적용된다'고 해석되고 있다.

위험부담에 관한 개정 전 민법의 위와 같은 규정상의 불합리를 없애기 위하여 일본은 민법을 개정하여 예외적으로 채권자가 위험을 부담하는 경우를 규정한 제534조와 제535조를 삭제하였다(2017.6.2. 법률 44호). 그리하여 일본민법에는 채무자위험부담의 원칙을 규정하고 있었던 제536조만이 남게 됨으로써,[334] 일본의 위험부담제도는 우리 민법의 그것과 거의 유사한 것이 되었다.

(마) 영국의 동산매매법 : SGA

영국의 「동산매매법」(Sale of Goods Act 1979; 이하 SGA로 약칭)은 매매목적물의 소유권이전과 위험이전에 대하여 다음과 같은 원칙을 취하고 있다. 즉, ① 불특정물의 매매계약에 있어서는 목적물이 특정될 때까지는 소유권이 이전하지 않으므로(SGA §16),[335] 위험의 이전도 없다. ② 특정물 또는 특정된 물건의 매매계약의 경우, 목적물의 소유권은 당사자가 계약에서 소유권을 이전하기로 한 때에 매수인에게 이전되며(SGA §17),[336] 그 물건의 위험도 소유권의

의 적용을 배제한다는 특약을 한 것이라고 해석한다.

334) 2017년 개정 일본민법 제536조(채무자의 위험부담 등) ① 당사자 쌍방에게 귀책될 수 없는 사유로 인하여 채무를 이행할 수 없게 된 때에는, 채권자는 반대급부의 이행을 거절할 수 있다. ② 채권자에게 귀책되어야 할 사유로 인하여 채무를 이행할 수 없게 된 때에는, 채권자는 반대급부의 이행을 거절할 수 없다. 이 경우에 있어서 채무자는 자기의 채무를 면함으로써 이익을 얻은 때에는, 이를 채권자에게 상환하지 않으면 안 된다.

335) 영국 동산매매법 제16조(목적물은 특정되어야 한다) 불특정물의 매매계약에서는 매매목적물의 소유권은 그 물건이 특정되지 않는 한 그리고 특정될 때까지 매수인에게 이전되지 않는다.

336) 영국 동산매매법 제17조(소유권은 이전하기로 한 때 이전한다) (1) 특정물 또는 특정된 물건의 매매

이전과 함께 매수인에게 이전된다(SGA §20).[337]

(바) 미국의 통일매매법 : USA

1906년에 제정된 미국의 통일매매법(Uniform of Sales Act; USA로 약칭)은 영국의 동산매매법(SGA)과 마찬가지로, 소유권의 이전에 따라서 그 위험도 이전하는 것으로 규정하고 있었으나(USA §22),[338] 1952년에 제정된 통일상법전(Uniform Commercial Code; UCC로 약칭)은 '매매계약에 있어서의 소유권의 귀속과 관계없이 목적물을 관리하는 자(보험에 가입할 수 있는 자)가 위험을 부담하는 것을 원칙'으로 하고 있다.[339] 다만, UCC는 '목적물의 운송 등에 관하여 특별한 약정이 없는 경우에는 매수인이 목적물을 수령한 때, 즉 인도 시에 매수인에게 위험이 이전하는 것을 원칙으로 하되(§2 - 509(3)), 목적물의 운송에 관한 약정이 있는 경우에는 운송인에게 상품이 인도되었을 때 매수인에게 위험이 이전한다'고 규정하고 있다(§2 - 509(1)).[340] 다만, UCC는 '매수인

계약의 경우, 그 물건의 소유권은 계약의 당사자가 소유권을 이전하기로 한 때에 매수인에게 이전한다. (2) 당사자의 의사를 확정하기 위해서는 계약에서 사용된 용어, 당사자의 행동, 그리고 사건의 제반상황이 고려되어야만 한다.

337) 영국 동산매매법 제20조(위험은 일응 소유권과 함께 이전한다) (1) 다른 합의가 없는 한, 그 소유권이 매수인에게 이전될 때까지는 매도인은 목적물의 위험을 부담한다. 그러나 그 물건의 위험은 그 소유권이 매수인에게 이전된 때에 그 물건이 인도되었는지의 여부와 관계없이 매수인에게 이전된다. (2) 그러나 인도가 매수인 또는 매도인의 귀책사유로 인하여 지연된 경우에는, 그러한 귀책사유가 없었더라면 발생하지 아니하였을 손실에 관한 물건의 위험은 귀책사유가 있는 당사자가 부담한다. (3) 본조는 상대방에 대한 목적물의 수탁자 또는 수치인으로서의 매도인 또는 매수인이 지는 의무 또는 책임에 대해서는 영향을 미치지 아니한다.

338) 1906년 미국 통일매매법(USA) 제22조(손실의 위험) 다른 합의가 없는 한, 그 소유권이 매수인에게 이전될 때까지는 매도인은 목적물의 위험을 부담한다. 그러나 그 소유권이 매수인에게 이전된 때에, 다음의 경우를 제외하고는 그 물건이 인도되었는지의 여부와 관계없이 그 물건의 위험은 매수인에게 이전된다. (a) 계약에 따라서 목적물이 매수인 또는 매수인을 위한 수탁자에게 인도되고, 단순히 계약에 의한 매수인의 채무이행을 확보하기 위하여 그 물건의 소유권이 매도인에게 유보된 경우에는, 인도 시로부터 그 물건의 위험은 매수인에게 이전된다. (b) 매수인 또는 매도인의 귀책사유로 인하여 인도가 지체된 때에는, 그 물건의 위험은 그러한 소송이 없었다면 발생하지 아니하였을 귀책사유가 있는 당사자가 부담한다.

339) 미국 통일상법전(UCC)에 있어서의 위험부담에 관하여는 양명조, "권리이전과 위험부담", 상사법연구 7집(한국상사법학회, 1990), 170 이하 참조.

340) 미국 통일상법전(UCC) 제2-509조(계약위반이 없는 경우에 있어서의 손실의 위험) (1) 계약상 매도인이 운송인에 의하여 상품을 선적할 것이 요구되거나 권한이 부여된 경우: (a) 매도인이 특정한 목적지로 상품을 인도할 것이 요구되지 않는 경우에는, 손실의 위험은 선적이 유보되었다 할지라도(제2-505조) 상품이 운송인에게 인도된 때에 매수인에게 이전된다; 다만, (b) 매도인이 운송인이 점유하고 있는 동안에 상품을 특정한 목적지로 운송하고 그곳에서 상품이 제공되어야 하는 경우에는, 손실의 위험은 상품이 그곳에서 매수인이 인도받을 수 있도록 제공된 때에 매수인에게 이전한다. (2) 상품이 창고업자에게 보관되고 이동하지 않은 채 인도되어야 하는 경우에는, 손실의 위험은 다음 각 호에 정한 시기에 매수인에게 이전한다: (a) 매수인이 상품에 대한 권리를 표창하는 유가증권의 점유 또는 지배를 취득한 때 (b) 매수인의 상품에 대한 점유권이 창고업자에 의하여 매수인에게 승인된 때; 또는 (c) 매수인이 제2-503조 제4항 (b)의 규정에 따라 유통성이 없는 상품에 대한 권리를 표창하는 유가증권 또는 하도지시서(荷渡指示書)의 점유 또는 지배를 취득한 때 (3) 제1항 또는 제2항에 규정되지 아니한 모든 경우, 손실의 위험은 매수인이 상품을 수령한 때에 매수인에게 이전한다. (4) 당사자의 본조와 다른 합의와 제

이 목적물의 수령을 거절할 수 있을 정도로 매도인이 계약에 부합하지 않는 목적물을 제공하거나 인도한 경우에는 완전한 물건의 급부 또는 인수가 있을 때까지 위험이전의 효과는 발생하지 않는다'고 규정하고 있다(UCC §2 - 510(1)).[341]

(사) UN국제통일매매법 : CISG

CISG는 동산에 관한 국제적 매매거래에 있어서의 위험부담에 관하여 채무자주의를 원칙으로 하고, 일정한 요건하에 위험이전을 인정하고 있다.[342]

(A) 위험부담에 관한 CISG의 기본원칙 CISG는 '매수인에게 위험이 이전한 이후의 동산의 멸실 또는 훼손이 매도인의 작위 또는 부작위로 인해 발생된 것이 아닌 한, 매수인은 그로 인해 대금지급의무를 면할 수 없다'고 규정함으로써(CISG Art. 66),[343] 위험부담에 관하여 채무자주의의 원칙이 적용된다는 것을 전제로 '일정한 요건 하에 매수인에의 위험이전이 인정된다'는 기본원칙을 천명하고 있다.[344]

(B) CISG에 있어서의 위험의 이전시기

a) 송부매매(送付賣買)의 경우 송부매매의 경우에는 '운송인에게 목적물을 교부한 때' 매수인에게 위험이 이전한다(CISG Art. 67(1)).[345] 여기서 「운송인」이라 함은 '목적물의 운송을

2-327조 및 제2-510조의 규정은 본조의 규정에 우선한다.

341) 미국 통일상법전(UCC) 제2-510조(손실의 위험에 대한 계약위반의 효력) (1) 매수인이 상품의 수령을 거절할 수 있을 정도로 매도인이 계약에 적합하지 아니한 물건을 제공하거나 인도한 경우, 상품 손실의 위험은 하자의 치유 또는 수령이 있을 때까지 매도인에게 잔존한다. (2) 매수인이 적법하게 수령을 철회한 경우에는 매수인은 그의 유효한 보험의 효력이 미치지 아니하는 범위 내에서 매수인은 손실의 위험이 처음부터 매도인에게 있는 것으로 다룰 수 있다. (3) 매수인이 이미 매매계약에 적합한 상품의 수령을 거절하거나 그 밖에 매수인에게 위험이 이전되기 전에 매수인의 계약위반이 있는 경우에는, 매도인은 상업적으로 상당한 기간 동안 매도인의 유효한 보험의 효력이 미치지 아니하는 범위 내에서 손실의 위험이 매수인에게 있는 것으로 다룰 수 있다.

342) CISG는 1980년 「UN국제상거래위원회(UNCITRAL)」에 의하여 제정되어 1988.1.1.일부터 국제거래관계를 규율하는 국제통일법으로서의 효력이 발생하였으나, 우리나라에서는 그로부터 15년이 지난 2003년에야 비로소 국회의 비준동의를 얻어 2005.2.28. 다자조약 제1711호로 관보에 게재됨으로써, 2005.3.1.부터 국내법과 동일한 효력을 가지는 실정법이 되었다. CISG에서의 위험부담에 관한 상세는 최준선, "UN국제물품매매법상의 위험부담 -Gefahrtragung im UN Kaufrecht(II)-", 상사법연구 12집(상사법학회, 1993), 59 이하 참조.

343) UN국제통일매매법(CISG) 제66조: 위험이 매수인에게 이전된 후에 물품이 멸실 또는 훼손되더라도 매수인은 대금지급의무를 면하지 못한다. 다만, 그 멸실 또는 훼손이 매도인의 작위 또는 부작위로 인한 경우에는 그러하지 아니하다.

344) 다만, CISG 제66조 단서의 '매수인에게 이전된 위험부담을 다시 매도인에게 되돌리는 매도인의 작위 또는 부작위(an act or omission of the seller)가 구체적으로 무엇을 의미하는가?' 하는 문제에 대해서는 견해가 갈리고 있는데, 이에 관한 상세는 최준선, 전게논문(주 342), 87 참조.

345) CISG 제67조: (1) 매매계약에 물품의 운송이 포함되어 있고, 매도인이 특정한 장소에서 이를 교부할 의무가 없는 경우에, 위험은 매매계약에 따라 매수인에게 전달하기 위하여 물품이 제1운송인에게 교부된 때에 매수인에게 이전한다. 매도인이 특정한 장소에서 물품을 운송인에게 교부하여야 하는 경우에는, 위험은 그 장소에서 물품이 운송인에게 교부될 때까지 매수인에게 이전하지 아니한다. 매도인이 물품의 처분을 지배하는 서류를 보유할 권한이 있다는 사실은 위험의 이전에 영향을 미치지 아니한다.

실행할 것을 인수하는 자'를 말하므로, 운송을 주선할 뿐 실행하지 않는 운송주선인에게 목적물을 교부한 것만으로는 위험이 이전되지 않는다.[346]

b) 운송중인 물건이 매도된 경우 운송 중인 물건이 매도된 경우에는 원칙적으로 매매계약이 체결된 때에 매수인에게 위험이 이전한다(CISG Art. 68).[347] 다만, 목적물에 관하여 운송보험계약이 체결된 경우와 같이 「특별한 사정이 있는 경우」[348]에는, 매도인이 운송계약을 표창하는 증서를 발행한 운송인에게 목적물을 교부한 때로부터 매수인에게 위험이 이전한다.[349]

c) 현지매매(現地賣買)의 경우 CISG 제67조와 제68조가 적용되지 아니하는 경우,[350] 즉 「현지매매」의 경우에는 매수인이 목적물을 수령한 때 매수인에게 위험이 이전한다(CISG Art. 69(1)).[351] 즉, 목적물의 인도 또는 수령의 장소가 매도인의 영업소 또는 매도인의 지배 아래에 있는 공간인 경우(이른바 「현지매매」의 경우)에는, 매수인이 목적물을 수령한 때에 비로소 위험이 이전하며,[352] 매수인이 자신의 처분에 맡겨진 목적물을 이행기에 수령하지 아니하여 계약을 위반한 때에도 매수인에게 위험이 이전한다.

d) 「도착지매매」의 경우 도착지매매의 경우에는, 약정한 장소에서 매수인의 처분 하에 놓여진 것을 매수인이 안 때에 위험이 이전한다(CISG Art. 69(2)). 다만, 종류물매매인 경우에는, 종류물매매의 특질을 반영하여 위험이전시기를 '계약과의 동일성이 명백해질 때[353]까지'로 늦춰진다(CISG Art. 69(3)).

---

346) 최준선, 전게논문(주 342), 71 참조.

347) CISG 제68조: 운송중에 매도된 물건에 관한 위험은 계약체결 시에 매수인에게 이전한다. 그러나 특별한 사정이 있는 경우에는 운송계약을 표창하는 증서를 발행한 운송인에게 목적물을 교부한 때로부터 매수인에게 위험이 이전한다. 다만, 매매계약 체결 시에 매도인이 목적물이 이미 멸실 또는 훼손되어 있음을 알았거나 알았어야만 했던 경우로서 매도인이 매수인에게 이를 밝히지 아니한 때에는, 매도인이 그 물건의 멸실 또는 훼손의 위험을 부담한다.

348) 여기서 "특별한 사정이 있는 경우"(if the circumstances so indicate)라 함은, '목적물에 관하여 운송보험계약이 체결된 경우'를 말한다(최준선, 전게논문(주 342), 75 참조).

349) 이는 수출보다 수입이 많고 수입품에 대하여 보험에 들지 않는 것이 일반적이므로 되도록 위험이전시기를 늦추려고 하는 개발도상국의 입장을 반영한 것이라고 한다(최준선, 상게논문, 78 참조).

350) 여기서 "제68조와 제69조가 적용되지 아니하는 경우"라 함은 '위험이 이들 조문에 따라 보다 빠른 시기에 이전하지 아니하는 경우, 즉 계약체결 시에 매도인의 영업소가 있던 장소에서 목적물을 매수인의 처분에 맡길 경우(CISG 제31조(C))'를 의미한다(최준선, 상게논문, 78 참조).

351) CISG 제69조: (1) 제67조와 제68조가 적용되지 아니하는 경우에, 위험은 매수인이 물품을 수령한 때, 매수인이 적시에 이를 수령하지 아니한 경우에는 물품이 매수인의 처분하에 놓이고 매수인이 이를 수령하지 아니하여 계약을 위반하는 때에 매수인에게 이전한다. (2) 매수인이 매도인의 영업소 이외의 장소에서 물품을 수령하여야 하는 경우에는, 위험은 인도기일이 도래하고 물품이 그 장소에서 매수인의 처분 하에 놓인 것을 매수인이 안 때에 이전한다. (3) 불특정물에 관한 계약의 경우에, 물품은 계약상 명확히 특정될 때까지 매수인의 처분 하에 놓이지 아니한 것으로 본다.

352) 최준선, 전게논문(주 342), 78 참조.

353) 이는 '종류물의 특정'을 의미하는데, CISG의 해석상 구체적으로 어느 시기에 목적물이 특정되는지에 관해서는 최준선, 상게논문, 83 이하 참조.

(C) 위험이전과 계약위반에 기한 책임과의 관계 위험이전은 매도인의 본질적 계약위반(a fundamental breach of contract)에 기한 책임(매수인이 행사할 수 있는 구제수단)[354]에 영향을 주지 않는다(CISG Art. 70).[355]

3) 결 어

이상에서 위험부담제도의 연혁과 각국의 입법례를 살펴본 결과 구 의용민법과 이를 계승한 우리 민법을 제외하면 대부분의 국가가 위험부담에 관하여 채무자주의의 원칙 아래 위험이전의 법리를 인정하고, 이를 구체화하는 데 노력하고 있다는 사실을 알게 되었다. 따라서 우리 민법이 위험부담에 관하여 구 의용민법의 실질적인 채권자주의를 폐기하고 채무자주의로 전환한 것은 타당한 입법주의의 전환이었다고 할 수 있으나, 위험이전의 인정 여부 및 위험이전시기에 관한 문제를 학설과 판례에 위임한 것은 현실의 거래를 규율하는 데 필수적인 입법과제를 외면한 것이라는 비판을 면하기 어렵다고 할 것이며, 앞으로의 큰 입법과제를 남긴 것이라고 생각된다.

(3) 위험부담에 관한 현행민법의 해석

1) 채무자위험부담의 원칙

민법은 '쌍무계약의 당사자 일방의 채무가 당사자 쌍방의 책임 없는 사유로 이행할 수 없게 된 때에는 상대방의 이행을 청구하지 못한다'고 규정함으로써(537조), 「채무자위험부담의 원칙」(이하 「채무자주의」)을 채택하고 있다.

(가) 「채무자주의」의 적용요건

(A) 쌍방불귀책사유로 인한 이행불능 채무자주의가 적용되기 위해서는 당사자 일방의 채무가 이행불능이 된 데 대하여 당사자 쌍방에게 귀책사유가 없어야 한다. 이를 「쌍방불귀책사유(雙方不歸責事由)」라고 하는데, 매매의 목적물이 국가에 의하여 강제수용되거나(대법원 1992.5.12. 선고, 92다4581·4598 판결 등),[356] 제3자의 행위로 목적물이 멸실·훼손된 경우 등이 그 전형적인 경우이다. 즉, 채무자의 귀책사유로 인하여 이행이 불능하게 된 경우에는 채무불이행책임이 문제될 뿐 위험부담의 문제는 발생하지 않으며,[357] 채권자의 귀책사유로 인한 이행불능의 경

---

354) 계약위반과 위험이전과의 관계에 관한 CISG 제70조의 해석에 관하여는 최준선, 상게논문, 86 이하 참조.

355) CISG 제70조: 매도인이 본질적 계약위반을 한 경우에는, 제67조, 제68조 및 제69조는 매수인이 그 위반을 이유로 구할 수 있는 구제를 방해하지 아니한다.

356) 「협의수용」의 경우에는 채무자의 귀책사유가 인정되는 경우가 있을 수 있다(대법원 1996.6.25.선고, 95다6601 판결 등 참조).

357) 채무자의 귀책사유로 인하여 이행이 불능하게 된 경우에는 채무가 소멸하지 않을 뿐만 아니라 상대방의 채무도 소멸하지 않으므로, 상대방은 자기의 채무를 이행한 후 채무자에게 손해배상(전보배상)을 청구하거나(390조) 계약을 해제하고 원상회복과 손해배상을 청구하여야 한다(546조). (☞ 채권총론 편, 제4장 「채무불이행」)

우에는 채권자가 위험을 부담한다(538조 1항).

(B) 후발적 불능 채무의 이행이 계약 성립 당시부터 불능으로 확정되어 있는 「원시적 불능」의 경우에는, 계약은 무효이다(535조). 그러므로 원시적 불능의 경우에는 채무는 발생하지 않으며, 위험부담의 문제도 발생하지 않는다. 민법은 제535조에서 이러한 법리를 전제로 하여 「계약체결상의 과실책임」을 인정하는 명문규정을 두고 있으나, 입법론상 문제가 있다는 점에 대해서는 전술한 바와 같다.

한편 민법은 제574조에서 매매목적물의 「원시적 일부멸실」의 경우(매매목적물의 일부가 계약 당시에 이미 멸실된 경우)에도 계약이 유효함을 전제로 하여, 대금감액·계약해제·손해배상 등 매도인의 담보책임을 규정하고 있는데, 학설 중에는 '이 경우의 매수인의 대금감액청구권은 위험부담의 법리에 따라서 매수인의 반대급부의무가 소멸하는 것'이라고 해석하는 견해가 있다.[358] 이는 담보책임이 무과실책임이라는 점에 착안한 견해이나, 채무자위험부담의 원칙은 당사자 쌍방에게 귀책사유가 없다는 것을 전제로 하여 일방 당사자의 채무가 이행불능인 경우에 상대방의 채무도 같이 소멸하는 효과가 발생하는 것이 원칙이지만 채권자의 귀책사유 여하에 따라서는 채권자의 반대급부의무가 존속할 수도 있다는 점에서(538조), 당사자의 귀책사유의 존부와는 관계없이 인정되는 무과실책임인 매도인의 담보책임과는 본질을 달리하는 제도라고 보아야 할 것이다. 그러므로 담보책임의 효과인 「대금감액」을 위험부담의 법리가 적용된 것으로 보는 것은 이론상 문제가 있다. (☞ 제2장 제2절 「매매계약」)

(나) 채무자주의의 효과 : 채무자의 위험부담

(A) 이행불능채무와 상호의존적 견련관계에 있는 상대방 채무의 소멸

a) 채무자의 반대급부청구권의 소멸 : 상대방채무의 소멸 당사자 일방의 채무가 당사자 쌍방의 책임 없는 사유로 인하여 이행불능이 된 경우에 채무자는 채무를 면하지만, 동시에 상대방에 대한 반대급부청구권을 잃는다(537조). 이를 상대방(채권자) 측에서 보면 채권을 상실하는 동시에 반대급부의무를 면하는 것이 된다. 따라서 만일 채권자가 반대급부를 이미 이행하였다면, 채무자에 대하여 부당이득을 이유로 이미 이행한 급부의 반환을 청구할 수 있다(741조). 이는 법률의 규정에 의하여 계약관계가 청산된다는 것을 의미한다. 학설 중에는 '채무가 이행불능이 되었음을 알고 채권자가 반대급부를 한 경우에는 제742조의 「비채변제(非債辨濟)」가 되어 반환을 청구할 수 없다'고 해석하는 견해가 있으나,[359] 상대방 채무의 이행불능을 알고 채권자가 반대급부를 하더라도 채무 없음을 알고 한 것이 아닌 한 이를 제742조 소정의 「비채변제」라고 볼 수는 없다고 할 것이다.[360] '상대방의 채무이행이 불능이 되었다는 사실

358) 이은영, 180 참조. 이 견해는 '이 경우의 대금감액청구권은 청구권이 아니라, 위험부담제도에 의하여 대금이 감액되었음을 주장하는 효과를 가진다'고 한다(이은영, 181 참조).

359) 곽윤직, 69~70 참조.

을 안다'는 것과 '채무 없음을 안 경우'를 동일시하는 것은 무리한 해석일 뿐만 아니라, 이를 「비채변제」로 보면 성실하게 자기채무를 이행한 당사자에게 지나치게 가혹한 결과가 되기 때문이다.

b) 상호의존적 견련관계에 있는 채무의 소멸　채무자주의에 따라 이행이 불능하게 된 채무와 동시에 소멸하는 채무는 이행이 불능하게 된 채무와 상호의존적 견련관계에 있는 상대방의 채무이다. 예컨대, 천재지변 등 불가항력으로 인하여 임차건물이 소실된 경우에는 임대인의 목적물사용·수익의무는 쌍방불귀책사유로 인한 이행불능으로 소멸하며, 동시에 이와 상호의존적 견련관계에 있는 임차인의 목적물반환의무도 소멸한다. 문제는 '이 경우에 임대인의 보증금반환의무와 임차인의 목적물반환의무 사이에 상호의존적 견련관계를 인정되어 임대인의 보증금반환의무도 소멸하는가?' 하는 것인데, 천재지변 등 불가항력으로 인하여 목적물이 멸실되어 임대인(채무자)의 목적물 사용·수익의무가 이행불능이 된 경우에는 임차인의 목적물반환의무는 당연히 소멸하며, 채무자주의가 적용되어 임차인의 반대급부의무인 차임지급의무도 소멸하게 된다. 그러나 '임차인의 목적물반환의무와 임대인의 보증금반환의무 사이에는 상호의존적 견련관계가 인정되지 않으므로 임대인의 보증금반환의무는 소멸하지 않는다'고 해석할 것이다(대법원 1965.11.23.선고, 65다1898 판결).

c) 일부불능의 경우에 대한 위험부담법리의 적용　학설 중에는 '채권의 목적인 가분급부의 일부만이 이행불능이 된 경우에는 위험부담의 법리를 적용할 것이 아니라 담보책임의 법리를 적용하여야 한다'고 주장하는 견해도 있으나,[361] '위험부담의 법리에 따라 상대방의 반대급부의무도 그 불능 부분에 상응하는 만큼 소멸한다'고 해석하는 것이 타당하다고 생각한다. 판례의 입장도 같다(대법원 1973.12.12., 73마912 결정 등).[362] 다만, 임대차계약의 경우에는 제627조의 특칙이 적용되어야 한다는 데 유의하여야 한다. 즉, 임차인의 과실 없이 임차물의 일부가 멸실 등의 사유로 인하여 사용·수익할 수 없는 경우에는 임차인은 그 부분의 비율에 의한 차임의 감액을 청구할 수 있으며, 그 잔존부분으로 임차의 목적을 달성할 수 없는 때에는 임차인은 계약을 해지할 수 있다.

문제는 '채무가 일부불능이 되었는데 채권자인 상대방의 반대급부의무가 불가분급부인 경우(예컨대, 토지와 건물의 교환계약에서 토지의 일부가 수용된 경우)에 반대급부의무는 어떻게 되는가?' 하는 것이다. 이에 대하여, '이행이 가능한 급부의 일부이행으로는 계약의 목적

---

360) 同旨: 이은영, 181 참조.

361) 이은영, 180 참조.

362) 판례평석: 이재성, "부동산의 멸실훼손과 경매절차", 「민사재판의 이론과 실제」 2권(법조문화사, 1976), 356~374. 같은 취지의 판결: 대법원 1979.7.24., 78마248 결정; 대법원 2004.12.24., 2003마1665 결정; 대법원 2005.3.29., 2005마58 결정.

을 달성할 수 없는 경우에는 상대방의 반대급부의무는 전부 소멸한다'는 데는 이설이 없다.[363] 그러나 급부의 일부이행만으로도 계약의 목적을 달성할 수 있는 경우에는, '상대방은 이행가능한 일부급부를 청구할 수 있으며, 반대급부인 자기채무를 전부이행한 후 불능부분에 상응하는 부분을 금전으로 환가하여 부당이득을 이유로 반환을 청구할 수 있다'고 해석하는 견해(편의상 「적극설」이라고 칭하기로 한다)[364]와, '상대방은 이행가능한 채무의 일부에 대한 이행청구도 할 수 없고 양 채무는 전부 소멸한다'고 해석하는 견해(편의상 「소극설」이라고 칭하기로 한다)[365]가 대립하고 있다. 사견으로는, 「적극설」이 타당하다고 생각한다. 「소극설」에 따를 경우 상대방의 권리를 지나치게 제한하는 결과가 되기 때문이다. 결국 '일부불능의 경우, 상대방은 자기 채무의 전부이행과 상환하여 채무자에 대하여 이행가능한 부분의 이행을 청구하거나(이 경우 불능부분에 상응하는 급부를 금전으로 평가하여 부당이득을 이유로 반환청구를 할 수 있다), 자기 채무이행의 전부를 거절하든지 선택할 수 있다'고 할 것이다.

(B) 상대방(채권자)의 기이행급부의 반환청구권 발생 쌍방불귀책사유로 인한 채무가 이행불능이 된 경우에는 채무자의 채무는 소멸하고, 채무자위험부담의 원칙에 따라서 상대방의 반대급부의무도 소멸하므로(537조), 상대방이 이미 이행한 급부는 법률상 원인 없는 급부가 된다. 그러므로 채무자는 이미 수령한 계약금 등의 급부를 부당이득의 법리(741조)에 따라 상대방에게 반환하여야 한다(대법원 2009.5.28.선고, 2008다98655·98662 판결 등).[366]

(다) 위험부담의 법리와 대상청구권의 관계

(A) 대상청구권의 의의 「대상청구권(代償請求權)」(Ersatzanspruch)이라 함은 '예컨대, 매매의 목적물이 강제수용됨으로써 소유권이전채무를 부담하는 매도인이 취득하는 국가에 대한 수용보상금청구권이라든지, 제3자의 방화에 의하여 매매의 목적물이 멸실된 경우에 매도인이 취득하는 제3자에 대한 손해배상청구권 또는 화재보험금청구권 등과 같이, 이행불능을 발생케 한 것과 동일한 원인에 의하여 채무자가 이행의 목적물의 갈음하는 대상(代償)인 이익을 취득한 경우에, 채권자가 채무자에 대하여 본래의 급부에 갈음하여 그 대상이익의 상환을 청구할 수 있는 권리'를 말한다.[367]

(B) 대상청구권의 인정근거 쌍무계약에서 당사자 일방의 채무가 채무자의 귀책사유 없이

363) 양창수, 전게논문(주 298), 45; 곽윤직, 70 참조.
364) 곽윤직, 70; 황적인, 131 참조.
365) 양창수, 전게논문(주 298), 45; 김증한/김학동, 88 참조.
366) 판례평석: 송덕수/김병선, "위험부담", 「민법핵심판례 210선」, 268 이하. 같은 취지: 대법원 1975.8.29.선고, 75다765 판결; 대법원 2017.10.12.선고, 2016다9643 판결.
367) 대상청구권에 관한 상세는 송덕수, "이행불능에 있어서 이른바 대상청구권", 경찰대논문집 4집(경찰대학, 1985), 197 이하; 윤철홍, "이행불능에 있어서 대상청구권", 고시연구 18권 10호, 1991/10, 84 이하 참조.

이행불능이 된 경우, 채권자의 대상청구권을 인정하면 채무자주의의 원칙에 따라 채권자의 반대급부의무도 같이 소멸한다는 위험부담의 법리와 모순과 충돌이 발생한다. 대상청구권은 '이행불능의 경우에도 채권자의 반대급부의무는 존속한다'는 것을 전제로 하기 때문이다. 우리 민법은 채권자의 대상청구권을 명문으로 인정하고 있는 독일민법이나(BGB §285),[368][369] 프랑스민법(C.c. Art. 1351 - 1(2))[370][371] 등의 다른 입법례와는 달리 대상청구권에 관한 명문규정이 없으므로, '우리 민법의 해석상 대상청구권을 인정할 수 있는가?' 하는 것이 문제된다.

이에 관하여, '우리 민법의 해석상으로도 대상청구권은 인정되어야 한다'는 것이 통설·판례의 입장이다(편의상 이를 「긍정설」이라고 칭하기로 한다).[372] 「긍정설」은 이러한 해석의 근거로서, ① '우리 민법에 대상청구권이 명문으로 규정되어 있지 않다고 해서 이를 부인하는 취지로 해석할 수는 없다'는 점, ② '채무자의 귀책사유 없이 이행불능이 된 경우에, 채권자는 채무자에 대하여 손해배상을 청구할 수 없는 반면 채무자는 대상이익을 보유할 수 있다는 것은 형평에 어긋난다'는 점, ③ '채무자에게 대상이익이 발생한 경우에, 채권자가 그것과 교환으로 자신의 반대급부를 이행할 의사를 가지고 있다면 이를 막을 이유가 없다'는 점[373] 등을 들고 있다.

학설 중에는 '대상청구권을 명문으로 규정하지 않고 있는 우리 민법의 해석으로는 대상청구권을 제한적으로만 인정하여야 한다'는 비판적 견해(이를 「제한적 긍정설」이라고 칭하기로 한다)가 있다.[374] 「제한적 긍정설」은 '우리나라에서 대상청구권의 문제가 부각된 것은 1990년대에 토지수용에 의한 보상가액이 실거래가보다 현저히 높은 현상으로 인하여 빚어진 일종의

---

368) 독일민법 제285조(대상의 인도) (1) 채무자가 제275조 제1항 내지 제3항에 따라서 급부를 이행할 필요가 없는 사유에 의하여, 채무의 목적물에 관하여 대상물이나 대상청구권을 취득한 경우에는, 채권자는 대상으로서 수령한 것의 인도 또는 대상청구권의 양도를 청구할 수 있다. (2) 채권자가 급부에 갈음하는 손해배상을 청구할 수 있는 경우에, 그가 제1항에서 규정한 권리를 행사한 때에는, 그 손해배상은 그가 취득한 대상물 또는 대상청구권만큼 감소한다.

369) 독일민법상의 대상청구권에 관하여는 안법영, "채권적 대상청구권", 김형배교수화갑기념논문집 「채권법에 있어서 자유와 책임」(박영사, 1994/10), 238 이하 참조.

370) 프랑스민법 제1351-1조: (1) 이행불능이 물건의 멸실로 야기된 때에는, 지체에 붙여진 채무자라고 하더라도 그가 채무가 이행되었더라도 그 멸실은 발생하였을 것이라는 사실을 증명한 경우에는 면책된다. (2) 채무자는 그 물건과 관련된 권리와 소권을 채권자에게 양도할 의무가 있다.

371) 개정 전 프랑스민법은 대상청구권에 관하여 '물건이 채무자의 과책 없이 멸실하거나, 불융통물이 되거나 유실된 경우에, 채무자가 그 물건에 관하여 손해배상의 권리 또는 소권이 있는 때에는, 이를 그의 채권자에게 양도하여야 한다'고 규정하고 있었다(동법 1303조). 이에 관한 상세는 남효순, "프랑스민법상의 대상청구권", 판례실무연구 I (박영사, 1997/9), 447 이하 참조.

372) 민법주해(9)/양창수, 290; 곽윤직(채권총론), 87; 김상용(채권총론), 124; 김증한/김학동(채권총론), 170; 김형배(채권총론), 197; 현승종(채권총론), 126 참조.

373) 이 견해는 '대상청구권의 본질은 원래의 채권관계의 「연장효(延長效)」(Fortwirkung)에 있다'고 한다(민법주해(9)/양창수, 292 참조).

374) 이은영(채권총론), 228 이하 참조.

병리현상'이라고 전제하고, '대상의 가치가 본래의 급부이익보다 높은 경우에 채권자에게 대상청구권과 위험부담의 법리에 따른 채권관계의 소멸 중에서 자유로운 선택권을 부여하는 것은 당사자의 형평을 깨뜨리는 것이므로, 제3자의 채권침해로 인한 불법행위책임(750조), 채권자대위제도(404조), 위험부담의 법리(537조) 등 민법상 명문화된 제도에 의하여 우선적으로 문제를 해결하되, 이러한 기존의 법리에 의하여 해결할 수 없는 예외적인 경우에 한하여 대상청구권을 인정하여야 한다'고 주장한다.

판례는 대법원이 1992.5.12.에 선고한 판결에서 '우리 민법에는 이행불능의 효과로서 채권자의 전보배상청구권과 계약해제권 외에 별도로 대상청구권을 규정하고 있지 않으나, 해석상 대상청구권을 부정할 이유가 없다'고 판시한 이래 대상청구권을 인정하는 입장을 확립하고 있다(대법원 1992.5.12.선고, 92다4581·4598 판결 등).[375)]

생각건대, '쌍무계약에서 당사자 일방의 채무가 이행불능이 된 경우에 같은 사유로 채무자에게 대상이익이 발생한 경우에도 상대방에게 대상청구권을 인정할 것이 아니라 위험부담 등 민법이 명문규정을 두고 있는 다른 제도에 의하여 처리하여야 하며, 부득이한 경우에 한하여 대상청구권을 인정하여야 한다'는 「제한적 긍정설」의 견해는 타당한 측면이 있다. 그러나 ① 제3자의 채권침해로 인한 불법행위, 대상이익을 객체로 하는 채권자대위권, 위험부담 등 기존의 법리에 의하여 대상이익의 귀속과 관련된 모든 문제가 해결될 수는 없다. 즉, 제3자의 채권침해가 채무자에 대하여 불법행위를 구성하는 경우 반드시 채권자에 대하여서도 불법행위가 성립되는 것은 아니며, 기본적으로 채무자의 책임재산을 보전하기 위한 제도로서 채무자의 무자력이 요구되는 채권자대위제도의 성질상 항상 채권자에게 채무자의 대상이익을 객체로 하는 채권자대위권의 행사가 허용될 수 있는 것은 아니라는 점에서, 채권자 보호에 흠결이 생기게 된다. 특히 ② 위험부담의 법리는 반대급부의무를 소멸시키는 방법에 의하여 계약관계를 청산하는 것을 목표로 하는 제도이므로, 대상이익의 귀속문제를 위험부담의 법리로 처리하자는 것은 결국 대상이익의 귀속문제에 대해 아무런 해결책도 제시해주지 못하는 것이다. ③ 우리 민법이 대상청구권을 명문으로 규정하지 않고 있다고 해서 그 해석상 대상청구권을 인정할 수 없다는 논리는 성립할 수 없다. ④「제한적 긍정설」에 따르면, 천재지변, 제3자의 가해행위, 국가의 수용행위 등 계약의 당사자의 의사와는 전혀 관계없는 우연한 사정에 의하여 발생한 대상이익을 채무자에게 귀속시키게 되나, 이는 형평에 어긋나는 결과

375) 판례평석: 김준호, "이행불능의 효과로서의 대상청구권", 사법행정 34권 6호(한국사법행정학회, 1993/6), 79 이하; 송덕수, "대상청구권", 민사판례연구(16)(민사판례연구회, 1994/5), 19 이하; 양창수, "매매목적토지의 수용과 보상금에 대한 대상청구권", 민법연구 3권(박영사, 1995/2), 385 이하; 이상경, "대상청구권", 송천이시윤박사화갑기념논문집 「민사재판의 제문제(상)」, 1995/10, 240 이하. 같은 취지: 대법원 1995.2.3.선고, 94다27113 판결; 대법원 1995.12.22.선고, 95다38080 판결.

가 된다. 이 점에 대하여 「제한적 긍정설」은 '채권자에게 대상청구권과 위험부담의 법리 중 선택권을 부여하는 것이 오히려 형평에 어긋난다'는 반론을 제기하고 있으나,[376] 천재지변, 제3자의 가해행위, 국가의 수용행위 등이 계약의 이행이 완료된 이후에 발생하였다면 그 대상이익은 당연히 채권자에게 귀속되었을 것이며, 또한 원래 목적물의 소유권을 넘겨주기로 한 채무자로서는 그 대상이익이 채권자에게 귀속된다 하더라도 하등 불이익을 입는 것이 아니므로, 「긍정설」을 취하더라도 형평의 원칙에 어긋난다고 할 수 없다. ⑤ 「제한적 긍정설」은 '기존의 법리로 해결이 불가능한 경우에는 대상청구권을 인정하자'는 것이므로, 대상청구권을 인정할 수 없다는 적극적인 논거를 제시한 것이라고 볼 수도 없다. 결국 우리 민법하에서도 이행불능 시의 채권자의 대상청구권을 인정하는 것이 대상이익 귀속의 문제를 보다 적절하게 해결할 수 있다고 할 것이다.

문제는 대상청구권의 인정근거인데, 이에 대해서는 「긍정설」의 입장을 지지하는 학자들 사이에서도 견해가 갈리고 있다. 즉, ① '위험부담에 관한 제538조 제2항, 물상대위에 관한 제342조·제370조, 손해배상자의 대위를 인정한 제399조 등의 규정에서 대상청구권을 인정할 수 있는 일반적인 법리를 유추해 낼 수 있다'는 견해와,[377] ② '이러한 규정들은 대상청구권의 근거규정이 될 수 없다'고 비판하고, '채무불이행책임에 관한 제390조와 신의칙에 관한 일반조항인 제2조에서 대상청구권의 실정법적 근거를 찾아야 한다'는 견해[378] 등이 제기되고 있다. 사견으로는, 대상청구권은 이를 인정한다고 해서 채무자를 특별히 불이익하게 만드는 것이 아니라는 당사자 사이의 이익형량에 대한 고려, 그리고 계약관계의 효력발생을 의욕한 당사자의 의사, 즉 계약의 구속력의 원칙에서 그 근거를 찾을 수 있다고 생각한다. 급부의 이행불능으로 인하여 발생한 대상이익은 계약이 이행되었더라면 원래 채권자에게 귀속되었을 이익에 불과한 것이므로, 계약의 구속력을 원의(願意)한 당사자의 의사해석상 채권자에게 귀속되어야 함은 사필귀정(事必歸正)이라고 할 수 있기 때문이다. 즉, 대상청구권은 계약의 이행을 원의한 당사자의 의사와, 애당초 그 목적물을 취득할 수 있는 법률상의 권리를 가지고 있었던 채권자에게 대상이익을 귀속시키는 것이 타당하다는 「형평의 원칙」에 의하여 인정되는 권리라고 할 것이다.

(C) 대상청구권의 행사요건

a) 물건의 급부의무의 이행불능 대상청구권은 물건의 급부의무가 이행불능이 된 경우에 한하여 인정되며, 고용 및 도급계약과 같이 채무자의 행위를 급부의 목적으로 하는 경우에는

376) 이은영(채권총론), 229 참조.
377) 송덕수, "취득시효와 대상청구권", 저스티스 30권 2호(한국법학원, 1997/6), 239; 민법주해(9)/양창수, 290; 이태재(채권총론), 115 참조.
378) 안법영, 전게논문(주 369), 252 참조.

인정될 수 없다.[379]

b) 급부의무의 후발적 불능 대상청구권은 후발적 불능의 경우에 한하여 인정된다.[380] 따라서 종류채권에서 목적물이 아직 특정되지 아니한 경우에는 대상청구권은 인정되지 않는다.

c) 채권자의 반대급부의무의 이행 쌍무계약에서 채권자가 대상청구권을 행사한 경우에는, 자기의 반대급부의무를 이행하여야 한다. 이러한 취지에서, 판례는 '채권자의 반대급부의무도 이행불능이 된 경우에는 특별한 사정이 없는 한 대상청구권을 행사할 수 없다'고 한다(대법원 1996.6.25.선고, 95다6601 판결).[381]

d) 이행불능의 원인과 대상이익 취득 사이의 인과관계 이행불능을 야기한 사유로 인하여 채무자가 대상이익을 취득하였어야 한다. 즉, 이행불능을 야기한 원인과 채무자의 대상이익의 취득 사이에 인과관계가 있어야 한다. 그러나 대상이익이 본래의 급부목적물과 동일한 종류이거나 동일한 경제적 기능을 가져야 하는 것은 아니며, 「사실적 조건관계」만 있으면 충분하며,[382] 이행불능을 야기한 원인이 대상이익의 발생에 대한 유일한 원인일 필요는 없다.

(D) 대상청구권의 효력 대상청구권은 물권이 아니라, '채권자가 채무자에 대하여 본래의 급부에 갈음하여 채무자가 취득한 대상이익의 상환을 청구할 수 있는 채권적 권리'에 지나지 않는다. 이 점에 대해서는 의문이 없다. 문제는 채무자의 귀책사유로 인하여 급부의 이행이 불능이 된 경우에 채권자가 행사할 수 있는 손해배상청구권과의 관계이다.

a) 대상청구권과 손해배상청구권과의 관계 대상청구권은 채무자의 귀책사유와 관계없이 인정되는 권리이므로, 채무자의 귀책사유로 인하여 이행불능이 된 경우에는 채권자에게 손해배상청구권과 함께 대상청구권도 경합적으로 발생하게 된다. 이 경우에 대상청구권과 손해배상청구권과의 관계가 문제되는데, 이에 관하여 독일민법은 '손해배상청구권은 채권자가 취득한 대상물 또는 대상청구권만큼 감소한다'고 규정하고 있다(BGB §285 Ⅱ).[383] 이러한 명문규정이 없는 우리 민법하에서는 양 청구권의 관계를 어떻게 해석할 것인가 하는 것이 문제된다.

생각건대, 이 경우 채권자는 손해배상청구권과 대상청구권 중 어느 하나의 권리를 선택적으로 행사할 수 있으며, 채권자가 어느 하나의 권리를 선택하였다 하여 다른 권리가 절대적으로 소멸하는 것은 아니라고 해석하여야 할 것이다.[384] 즉, 채무자는 채권자가 대상청구

379) 안법영, "대상청구권의 발전적 형성을 위한 소고", 무암이영준박사화갑기념논문집II(채권편) 「한국민법이론의 발전」(박영사, 1999/1), 535 참조.
380) 안법영, 상게논문, 535; 민법주해(9)/양창수, 292 참조.
381) 판례평석: 유남석, "쌍무계약 당사자 쌍방의 대가적 채무가 모두 이행불능이 된 경우 대상청구권 행사의 가부", 대법원판례해설 26호(법원도서관, 1996/12), 111 이하.
382) 안법영, 전게논문(주 379), 537 참조.
383) 전게 주 368 참조.

권을 선택하여 행사하는 경우에는 손해배상청구권으로써 대항할 수 없으며, 채권자가 대상청구권을 행사하여 대상이익을 반환받은 경우에는 그 가액만큼 손해배상액에서 공제되어야 할 것이다.[385] 물론 대상이익을 반환받은 채권자는 자기의 반대급부의무를 이행하여야 한다.

문제는 '손해배상액보다 대상이익이 큰 경우에 채권자는 대상이익의 전부를 상환할 것을 청구할 수 있는가?' 하는 것이다. 학설 중에는 '이 경우에 만일 채무자가 손해액을 초과하는 대상이익까지도 채권자에게 반환하여야 한다면 이는 오히려 채권자에게 부당이득을 취하도록 하는 결과가 되므로,[386] 채권자는 이행불능으로 인한 손해액의 한도 내에서만 대상청구권을 행사할 수 있다'고 해석하는 견해가 있다.[387] 또한 하급심판결 중에도 이러한 입장을 취한 사례가 있다(서울고법 1991.12.10.선고, 91나26555·26562 판결). 그러나 앞에서 검토한 바와 같이, 대상청구권의 제도적 근거는 계약관계의 존속을 전제로 하여 이를 인정하는 것이 당사자의 의사에 부합한다는 데 있는 것으로서, 부당이득과는 그 제도적 기초를 달리하는 것이라고 보아야 할 것이므로, 손해배상을 초과하는 대상이익을 부당이득으로 보아 대상청구권을 제한하여야 한다는 논리는 성립할 수 없다고 할 것이다.[388]

b) 대상청구권과 위험부담의 법리와의 관계 쌍방불귀책사유로 인한 이행불능으로 인하여 채무자에게 대상이익이 발생한 경우에 채권자의 대상청구권을 인정하면, 반대급부의무의 존속을 전제로 하는 대상청구권의 법리와 반대급부의무의 소멸을 효과로 하는 위험부담의 법리(채무자주의) 사이에 충돌이 발생하지만, '채권자는 위험부담의 법리를 주장하여 자신의 반대급부의무를 면하거나, 자기의 반대급부의무의 이행을 전제로 대상청구권을 행사할 수 있는 선택권을 가진다'고 해석하여야 할 것임은 전술한 바와 같다.[389] 그런데 대상청구권은 계약관계가 유효하게 존속된다는 것을 전제로 하는 법리이므로, 채권자가 대상청구권을 선택하는 경우에는 대상청구권을 행사하는 채권자도 자기의 반대급부의무를 이행하여야 함은 당연하며, 이 경우 대상이익(대상 또는 대상청구권)의 가치가 본래의 채무의 목적인 급부의 가치에 미치지 못하는 경우가 있을 수 있다. 그러므로 '이 경우에도 채권자의 반대급부의무는 그대로 존속한다고 보아야 하는가, 아니면 일정비율(본래의 급부의 가치에 대한 대상이익의 비율)로 감액된다고 보아야 할 것인가?' 하는 것이 문제된다.

---

384) 同旨: 민법주해(9)/양창수, 294 참조.

385) 同旨: 민법주해(9)/양창수, 294; 곽윤직(채권총론), 87; 김증한/김학동(채권총론), 171; 현승종(채권총론), 126 참조.

386) 민법주해(9)/양창수, 294 참조.

387) 양창수, 전게논문(주 375), 401; 지원림, "대상청구권", 후암곽윤직선생고희기념「민법학논총(2)」(박영사, 1995/12), 217 참조.

388) 同旨: 송덕수, 전게논문(주 375), 44 참조.

389) 同旨: 김형배, 168 참조.

이에 대하여, 독일민법은 '채권자의 반대급부의무는 존속하지만, 반대급부의무는 하자담보책임에서 매수인의 대금감액청구권에 관한 규정(BGB §441 Ⅲ)[390]에 따라서 감액된다'고 규정하고 있다(BGB §326 Ⅲ).[391] 국내의 학설 중에도 명문규정이 없는 우리 민법하에서도 독일민법과 마찬가지로 해석할 수 있다는 견해가 있다.[392] 즉, 이 견해는 '채권자가 반환받은 대상이익이 채무의 목적인 급부의 가액에 미치는 못하는 범위에서 채권자의 반대급부의무는 감소되어야 하며, 대상의 가액과 원래의 급부의 가액과의 비율에 따라서 채권자의 반대급부의무가 존속한다. 나아가 반대급부의 증액까지도 허용하여야 한다'고 해석한다.[393] 예컨대, 'A가 B에게 시가 1억원의 부동산을 8천만원에 매도하였으나 목적부동산이 1억 2천만원에 강제수용됨으로써 이행이 불능하게 된 경우에는, 대상의 가액(1억 2천만원)과 원래의 급부의 가액(1억원)과의 비율(1억 2천만/1억 = 1.2)에 따라서, 대상청구권을 행사하는 채권자 B의 반대급부의무는 9,600만원(8천만원 × 1.2 = 9,600만원)으로 1,600만원이 증액된다'는 것이다. 그러나 명문규정이 없는 우리 민법하에서 대상청구권을 행사하는 채권자의 반대급부의무가 대상의 가액에 따라 확대되거나 축소된다고 해석하는 것은 무리한 해석이라고 생각된다. 그러므로 '채권자의 반대급부의무는 대상의 가액 여하에 불구하고 원래대로 존속한다'고 해석하여야 할 것이다. 따라서 위의 설례에서 B는 8천만원의 반대급부의무를 이행함으로써 대상 전액(1억 2천만원)의 인도를 청구할 수 있다고 해석하여야 할 것이다. (☞ 채권총론 편, 제4장 제1절 「채무불이행의 유형(요건)」)

참고로 「2013년 민법개정시안」은 독일민법을 모범으로 하여 대상청구권을 인정하는 명문규정을 신설할 것과(제399조의2),[394] 이를 전제로 '대상이익이 채권자의 본래의 반대급부보다 작을 경우에는 그에 비례하여 반대급부가 감소한다'는 내용의 규정을 제537조에 신설할 것을 제안한 바 있다.[395]

---

390) 독일민법 제441조(대금감액) (3) 대금감액의 경우에는, 매매대금은 계약체결 시에 있어서 하자가 없는 상태의 물건의 가치와 실제의 가치를 비교하여 감액된다. 대금감액은 필요한 때에는 감정인의 평가에 의하여 산정한다.

391) 독일민법 제326조(급부의무 배제시의 반대급부로부터의 해방 및 해제) (3) 채권자가 제285조에 의거하여 채무의 목적물에 관하여 취득한 대상의 인도 또는 배상청구권의 양도를 청구한 때에는, 그는 여전히 반대급부의무를 부담한다. 그러나 대상 또는 배상청구권의 가치가 채무의 목적인 급부의 가액보다 적은 경우에는, 반대급부는 제441조 제3항의 정함에 따라 감축된다.

392) 민법주해(9)/양창수, 295 참조.

393) 양창수, 전게논문(주 298), 46 참조.

394) 「2013년 민법개정시안」 제399조의2(대상청구권) ① 채무의 이행을 불가능하게 한 사유로 채무자가 채권의 목적인 물권이나 권리를 갈음하는 이익을 얻은 경우에는 채권자는 그 이익의 상환을 청구할 수 있다. ② 채권자가 채무불이행을 이유로 손해배상을 청구하는 경우에, 제1항에 따라 이익의 상환을 받는 때에는 손해배상액은 그 이익의 가액만큼 감액된다.

395) 「2013년 민법개정시안」 제537조(<u>채무자의 위험부담</u>) ① 쌍무계약의 당사자 일방의 채무가 <u>당사자 쌍방에게</u> 책임 없는 사유로 이행할 수 없게 된 때에는 채무자는 상대방의 이행을 청구하지 못한다. <u>② 제</u>

2) 채권자가 위험을 부담하는 경우

(가) 이행불능이 채권자의 귀책사유로 인한 경우

(A) 채권자의 귀책사유 독일민법은 '쌍무계약의 당사자 일방의 채무가 이행불능이 된 경우에 전적으로 또는 주로 채권자에게 책임이 있거나, 채무자에게 책임 없는 사정이 채권자의 수령지체 중에 발생한 때에는, 채무자의 반대급부청구권은 소멸하지 않는다'는 취지의 규정을 두고 있다(BGB §326 Ⅱ).[396] 일본민법도 같은 취지의 규정을 두고 있다(동법 536조 2항).[397] 우리 민법도 '쌍무계약의 당사자 일방의 채무가 채권자의 책임 있는 사유로 이행할 수 없게 된 때에는 채무자는 상대방의 이행을 청구할 수 있다'고 규정함으로써(538조 1항 본문), 채권자가 위험을 부담하여야 하는 중요한 예외를 인정하고 있다. 주의할 것은, '채무의 이행불능이 당사자 쌍방의 귀책사유로 인하여 발생한 경우에는 위험부담의 문제는 발생하지 않으며, 이는 과실상계의 문제(396조)로 처리되어야 한다'는 점이다.[398] 그러므로 제538조에서 규정하고 있는 "채권자의 책임 있는 사유"라 함은 '채무자에게는 책임이 없고 채권자에게만 책임이 있는 사유'만을 의미한다고 해석하여야 한다. 그런데 제538조 제1항의 "채권자의 책임 있는 사유"를 채무자의 귀책사유와 마찬가지로 '고의·과실에 의한 의무의 위반'이라고 해석한다면, 채권자의 귀책사유로 이행불능이 되는 경우는 있을 수 없게 된다. 왜냐하면 채권자는 채무의 이행에 대하여 아무런 의무도 부담하지 않는 것이 원칙이기 때문이다. 이런 이유에서, 제538조 제1항의 "채권자의 책임 있는 사유"를 「영역설(領域說)」(Sphärentheorie)에 따라 '이행불능을 발생시킨 사유가 채권자에게 귀속되는 지배영역 안에 존재하는 경우'라고 해석하거나,[399] '채권자의 어떤 작위나 부작위가 채무자의 이행의 실현을 방해하고, 그 작위나 부작위는 채권자가 이를 피할 수 있었다는 점에서 신의칙상 비난받을 수 있는 경우라고 해석함으로써, 귀책사유의 개념을 넓게 인정하여야 한다'는 것이 통설[400]·판례의 입장이다(대법원 2004.3.12.선고, 2001다79013 판결 등).[401]

1항은 상대방의 계약 해제에 영향을 미치지 아니한다. ③ 상대방이 제399조의2 제1항에 따라 이익의 상환을 청구하는 경우에는 채무자는 상대방의 이행을 청구할 수 있다. 이 경우에 상환할 이익의 가치가 본래의 채무보다 작으면 상대방의 채무는 그에 비례하여 감소한다.

396) 전게 주 321 참조.

397) 전게 주 301 참조.

398) 同旨: 양창수, 전게논문(주 298), 48; 이은영, 143; 황적인, 122 참조.

399) 양창수, 전게논문(주 298), 47 참조.

400) 김동훈, "쌍무계약에서 채권자 귀책사유의 의의", 법조 54권 8호(법조협회, 2005/8), 250~253; 곽윤직, 70 참조.

401) 판례평석: 김동훈, "위험부담의 법리와 신의칙", 고시연구 31권 7호, 2004/7, 209 이하; 同, "쌍무계약에서 채권자 귀책사유의 의의", 법조 54권 8호(법조협회, 2005/8), 241 이하; 윤석찬, "채권자위험부담주의에서의 채권자의 책임 있는 사유", 「로스쿨계약법」(청림출판, 2006/3), 241 이하. 같은 취지: 대법원 2011.1.27.선고, 2010다25698 판결; 대법원 2011.1.27.선고, 2010다42495 판결; 대법원 2014.11.27.선고, 2013다94701 판결.

(B) 채권자의 귀책사유의 유무가 문제되는 경우 판례에서 채무의 이행불능이 채권자의 귀책사유로 인한 것인지 여부가 문제된 것은 주로 채무자가 노무를 공급할 의무를 부담하는 고용·도급·위임·임치 등의 이른바 「노무제공형계약」에서였다. 즉, 대법원은 '① 고용계약이나 근로계약에서 사용자의 부당해고로 인하여 근로자가 노무급부의무를 이행하지 못한 경우(대법원 1981.12.22.선고, 81다626 판결 등),[402] ② 소송대리인선임계약에서 소송의뢰인이 정당한 사유 없이 소송대리인의 소송수행을 방해한 경우(대법원 1974.12.24.선고, 73다800 판결), ③ 도급인과 협력하여 그 지시·감독을 받으면서 영상물을 제작하여야 하는 영상물제작공급계약에서, 도급인의 영상물 제작에 대한 협력의 거부로 수급인이 독자적으로 성의껏 제작하여 납품한 영상물이 도급인의 의도에 부합되지 아니하게 됨으로써, 결과적으로 도급인의 의도에 부합하는 영상물을 기한 내에 제작하여 납품하여야 할 수급인의 채무가 이행불능케 된 경우(대법원 1996.7.9.선고, 96다14364 판결)[403] 등은 채권자의 귀책사유로 인하여 이행불능이 발생한 경우에 해당하므로, 채무자는 채권자에게 보수의 지급을 청구할 수 있다'고 판시한 바 있다.

■ **해고처분이 무효이거나 취소된 경우, 노무자가 임금의 지급을 청구할 수 있는지 여부**(적극) 사용자의 부당한 해고처분이 무효이거나 취소된 때에는, 그동안 피해고자의 근로자로서의 지위는 계속되고 있었던 것이 되고, 근로자가 그간 근로의 제공을 하지 못한 것은 사용자의 귀책사유로 인한 것이니, 근로자는 제538조 제1항에 의하여 계속 근로하였을 경우에 받을 수 있는 임금 전부의 지급을 청구할 수 있다. (대법원 1981.12.22.선고, 81다626 판결)[404]

(C) 해제와의 관계 쌍무계약에서 당사자 일방의 채무가 상대방인 채권자의 귀책사유로 인하여 이행불능하게 된 경우에는 상대방의 급부의무는 소멸하지 않으므로 채무자는 상대방의 반대급부를 청구할 수 있는데(538조 1항), 이는 '이러한 경우에는 채권자가 채무불이행을 이유로 계약을 해제할 수 없다'는 것을 의미한다.[405] 판례도 '매도인의 소유권이전의무가 이행불능이 되었다고 할지라도 그 이행불능이 매수인의 귀책사유에 의한 경우에는, 매수인은 그 이행불능을 이유로 계약을 해제할 수 없다'고 한다(대법원 2002.4.26.선고, 2000다50497 판

---

402) 다만, 판례는 '해고기간 중 근로자가 징역형의 선고를 받아 상당기간 구속된 경우에는, 해고가 무효라 하더라도 구속기간 동안에는 근로자가 근로의 제공을 할 수 없는 처지였다고 할 것이므로, 구속기간 동안의 임금은 청구할 수 없다'고 한다(대법원 1995.1.24.선고, 94다40987 판결).

403) 판례평석: 김동훈, "영상물제작공급계약 -소프트웨어공급계약 등에 관한 판례연구-", 민사법학 15호(한국민사법학회, 1997/4), 364 이하.

404) 같은 취지: 대법원 1969.3.31.선고, 69다135 판결; 대법원 1989.5.23.선고, 87다카2132 판결; 대법원 1992.3.31.선고, 90다8763 판결; 대법원 1992.5.22.선고, 91다22100 판결; 대법원 1992.11.13.선고, 92다16690 판결; 대법원 1992.12.8.선고, 92다39860 판결; 대법원 1993.9.24.선고, 93다21736 판결; 대법원 1993.12.21.선고, 93다11463 판결; 대법원 1995.11.21.선고, 94다45753·45760 판결; 대법원 2002.5.31.선고, 2000다18127 판결.

405) 김동훈, 전게논문(주 400), 255; 김형배, 215 참조.

결 등).[406)]

(나) 채권자의 수령지체 중에 이행불능이 된 경우

'채권자의 수령지체 중에 당사자 쌍방의 책임 없는 사유로 이행할 수 없게 된 때'에는 채무자는 채권자의 귀책사유로 인하여 이행불능하게 된 경우와 마찬가지로 상대방의 이행을 청구할 수 있다(538조 1항 2문). 이 규정이 적용되기 위해서는 수령지체 성립 후에 당사자 쌍방의 불귀책사유로 인하여 이행불능이 발생하였어야 한다. 즉, 채무자의 변제제공에 의한 채권자의 수령지체(400조)와 쌍방불귀책사유의 두 가지를 요건으로 한다. 다만, 판례는 '채권자가 변제받지 아니할 의사가 확고할 경우에는 구두제공을 포함한 변제의 제공이 없더라도 채권자지체책임이 발생한다고 할 것이나, 이러한 경우에도 제538조 제1항 제2문의 규정이 적용되어 채권자가 위험을 부담하기 위해서는 채무자의 변제제공은 필요하다'는 입장을 취하고 있다(대법원 2004.3.12.선고, 2001다79013 판결 등).[407)]

한편 학설 중에는 '채권자의 수령지체 중에 채무자는 고의 또는 중대한 과실이 없으면 불이행으로 인한 모든 책임이 없으므로(401조), 채권자지체 중에 채무자의 경과실로 인하여 이행불능이 발생한 경우에도 제538조 제1항 단서의 규정이 적용되어 채권자가 위험을 부담한다'고 해석하는 견해가 있다.[408)] 그러나 이는 제538조 제1항 단서의 규정에 명백히 반할 뿐만 아니라, 제401조의 규정취지에도 부합하지 않는 무리한 해석이라고 생각된다. 왜냐하면 제401조는 '채권자지체가 성립하면 채무자의 경과실로 인한 이행불능이 발생하더라도 그 채무불이행책임(손해배상·계약해제)을 면제해 준다'는 취지의 규정이지, 상대방의 채무소멸의 효과를 규정한 제537조의 예외를 인정하여 채무자의 급부청구권의 존속을 인정하겠다는 취지의 규정은 아니기 때문이다. 그러므로 '수령지체 중 채무자의 경과실로 이행불능이 발생한 경우에는 채무자위험부담의 원칙이 적용되어 상대방의 채무는 소멸한다'고 해석하여야 할 것이다(538조 1항 2문의 반대해석).

(다) 운송계약에 관한 상법의 특칙

상법은 제134조 제2항에서, "운송물의 전부 또는 일부가 그 성질이나 하자 … (중략) … 로 인하여 멸실한 때에는 운송인은 운임의 전액을 청구할 수 있다"고 규정하고 있다. 이는 대량적·반복적으로 이루어지는 운송계약의 특수성을 고려하여, 운송인의 귀책사유 없이 운송물의 성질이나 하자로 인하여 운송채무가 이행불능이 된 경우에 대하여 위험부담에 관한 민법의 원칙을 배제한 것이다.

---

406) 같은 취지: 대법원 2009.4.9.선고, 2008다88207 판결.
407) 판례평석: 김동훈, 전게논문(주 403), 209 이하.
408) 양창수, 전게논문(주 298), 48 참조.

(라) 채권자의 이익반환청구권 : 이익공제

이행불능이 채권자의 귀책사유 또는 채권자지체 중에 당사자 쌍방의 책임 없는 사유로 인하여 발생한 경우에는 채권자가 위험을 부담하여 채무자는 상대방의 반대급부를 청구할 수 있음은 전술한 바와 같은데(538조 1항), 이 경우 채무자가 자기의 채무를 면함으로써 이익을 얻은 때에는 이를 채권자에게 반환하여야 한다(538조 2항). 이를 「이익공제(利益控除)」라고도 하는데, 이는 일종의 부당이득반환의무를 규정한 것이라고 할 수 있다. 여기서 "채무를 면함으로써 얻은 이익"이라 함은 '채무를 면함으로써 지출하지 않아도 되는 운임·재료구입비·도구의 소모 등과 같은 비용'을 의미한다.

문제는 '근로계약에서 사용자의 귀책사유로 인하여 해고된 근로자가 해고기간 중에 다른 직장에 종사하여 얻은 이익인 이른바 「중간수입(中間收入)」이 여기에 해당하는가?' 하는 것이다. 판례는 기본적으로 이를 인정하여, '무효인 해고처분으로 인하여 노무공급채무를 이행할 수 없게 된 경우, 노무자는 채권자인 사용자의 반대급부의무인 임금의 지급을 청구할 수 있으며(대법원 1981.12.22.선고, 81다626 판결 등), 이 경우 근로자가 자기 채무를 면함으로써 이익을 얻은 때에는 이를 사용자에게 상환하여야 하는데, 그 상환하여야 할 이익은 채무를 면한 것과 상당인과관계에 있는 것에 한정된다'는 입장을 취하고 있다(대법원 1993.5.25.선고, 92다31125 판결 등).[409] 다만, '해고된 근로자가 해고기간 중에 다른 직장에 종사하여 얻은 이익인 이른바 「중간수입」은 제538조 제2항에서 말하는 "채무를 면함으로써 얻은 이익"에 해당하므로 사용자는 해고기간 중의 임금을 지급함에 있어서 이를 공제할 수 있다(대법원 1996.4.23.선고, 94다446 판결).[410] 그러나 이 경우에도 근로자의 최저생활을 보장하려는 취지에서 사용자의 귀책사유로 인하여 휴업하는 경우에는 휴업기간 중 당해 근로자에게 그 평균임금의 100분의 70 이상의 수당을 지급하도록 규정하고 있는 근로기준법 제45조의 규정을 고려하여, 근로자의 평균임금의 100분의 70 상당의 휴업수당의 한도에서는 이를 이익공제의 대상으로 삼을 수 없다'고 한다(대법원 1991.6.28.선고, 90다카25277 판결 등).[411] 그러므로 판례에 따르면, 예컨대 월 200만원의 임금을 받는 근로자가 무효인 해고처분을 당하였는데, 그가 다른 직장에 임시로 취업하여 월

409) 같은 취지: 대법원 1991.5.14.선고, 91다2656 판결.

410) 판례평석: 조한중, "부당면직된 국회공무원의 일실수입에 포함되는 급여의 범위", 대법원판례해설 25호(법원도서관, 1996/11), 104 이하; 김형배, "부당해고를 이유로 복직된 근로자에 대한 중간이득공제", 노동판례평석집Ⅱ(한국경영자총협회, 1997/12), 168 이하; 윤석찬, "채권자위험부담주의와 중간수입공제", 「로스쿨계약법」(청림출판, 2006/3), 244 이하.

411) 판례평석: 박순성, "위법하게 해고된 근로자의 임금청구와 중간수입공제", 민사판례연구(14)(민사판례연구회, 1992/5), 131~164; 최세모, "부당해고된 근로자의 임금 등의 청구소송에 있어 중간수입의 공제", 대법원판례해설 16호(법원행정처, 1992/10), 37 이하. 같은 취지: 대법원 1991.12.13.선고, 90다18999 판결; 대법원 1992.7.24.선고, 91다44100 판결; 대법원 1993.11.9.선고, 93다37915 판결; 대법원 1996.4.23.선고, 94다446 판결.

150만원의 임금을 받았다고 하더라도, 원래의 임금 200만원의 70%인 월 140만원의 범위에서는 이익공제(중간수입의 공제)를 할 수 없으므로, 월 10만원의 중간수입을 공제한 월 190만원씩의 밀린 임금을 지급하여야 한다는 결론이 된다. 한편 판례는 '근로자가 해고기간 중에 노동조합기금으로부터 지급받은 금원은 그가 노무제공의무를 면한 것과 상당인과관계에 있는 이익이라고 볼 수 없다'고 한다(대법원 1991.5.14.선고, 91다2656 판결 등).[412] 또한 대법원판결 중에는 '해고되기 전부터 처의 주도로 경영하던 과수원에서 부업으로 얻어 온 수입은 제538조 제2항 소정의 「공제하여야 할 채무를 면한 것과 상당인과관계 있는 이익」이라고 볼 수 없다' 고 한 사례도 있다(대법원 1993.5.25.선고, 92다31125 판결).

(마) 목적물의 훼손을 이유로 계약을 해제하는 경우

건물의 매수인이 매도인으로부터 건물의 소유권이전등기를 넘겨받음과 동시에 건물을 인도받고 대금을 지급하였으나, 소유권이전등기가 무효임이 확정되어 소유권을 취득할 수 없게 되어 이를 이유로 매매계약을 해제하였으나, 건물이 천재지변으로 인하여 멸실되어 원상회복의무를 이행할 수 없게 된 경우와 같이, 계약목적물이 현저히 훼손되거나 이를 반환할 수 없게 된 경우에도 이러한 훼손 또는 반환불능에 대하여 귀책사유가 없는 채권자는 계약을 해제할 수 있고(553조의 반대해석), 계약을 해제한 경우에는 채무자에 대하여 훼손된 목적물과 상환하여 자신이 이행한 반대급부의 반환을 청구할 수 있다(548조 1항 본문). 학설 중에는 위와 같은 해석론을 전제로, '해제로 인한 목적물의 원상회복의무의 경우에는 위험부담에 관하여 채무자주의의 예외를 인정한 결과가 된다'는 견해가 있다.[413] 그러나 해제로 인한 원상회복의무는 비록 동시이행관계에 있는 채무이기는 하지만(549조), 해제로 인한 원상회복의무를 쌍무계약의 상호의존적 견련관계에 있는 채무라고 볼 수는 없으므로, 제553조의 규정을 채무자위험부담의 원칙에 대한 예외로서 「채권자주의」를 인정한 것이라고 볼 수는 없다고 할 것이다. 이와 관련하여, '계약의 무효·취소·해제로 인한 원상회복의무가 이행불능이 된 경우에도 위험부담의 법리를 적용할 것인가?' 하는 것도 문제되는데, 이에 대하여는, '무효·취소·해제의 경우에는 부당이득반환의 법리에 따라서 처리하여야 하며, 위험부담의 법리는 적용되지 않는다'는 견해와,[414] '쌍무계약의 무효·취소·해제로 인한 원상회복의무의 이행불능의 경우에도 「채무자위험부담의 원칙」을 관철하여 원상회복의무자의 반대급부청구권을 부정하여야 한다'고 해석하는 견해[415]가 대립되고 있다.

생각건대, 물권행위의 무인성이 부정되어야 한다면, 계약의 무효·취소·해제로 인하여

---

412) 같은 취지: 대법원 1991.12.13.선고, 90다18999 판결.
413) 양창수, 전게논문(주 298), 48~49 참조.
414) 황적인, 127 이하 참조.
415) 양창수, 전게논문(주 298), 48 이하 참조.

물권은 법률상 당연히 원상으로 회복되는 것이므로(물권적 효력), 쌍방불귀책사유로 인한 원상회복의무의 이행불능은 선의의 제3자가 원상회복의 목적물을 전득한 경우(548조 1항 단서) 이외에는 문제될 여지가 없을 것이다. 또한 쌍방불귀책사유로 인한 원상회복의무의 이행불능이 문제되는 경우에도, 위험부담의 법리는 쌍무계약에 의하여 발생하는 양 채무의 상호의존적 견련관계에 기하여 인정되는 것이므로, 양 채무의 상호의존적 견련관계가 인정될 수 없는 무효·취소·해제로 인한 원상회복의무의 이행불능에 대하여는 부당이득반환의 법리가 적용되어야 할 것이며 위험부담의 법리는 적용될 여지가 없다고 할 것이다.

3) 위험이전의 인정 여부

채무의 이행이 종료된 경우에는 더 이상 위험부담의 문제는 발생하지 않는다. 예컨대, 매매계약에서 매도인이 목적물을 인도하고 소유권이전등기절차를 완료함으로써 이행의무를 완료한 경우에는, 그 후에 목적물이 천재지변 등 쌍방불귀책사유로 인하여 멸실하였다고 하더라도 매수인의 대금지급의무는 소멸하지 않는다. 따라서 위험부담의 문제는 채무의 이행이 종료되기 이전단계에서만 발생하며, 또한 우리 민법은 위험이전에 관한 특별한 규정을 두고 있지 아니하므로, '채무의 이행이 완료되기 전 단계에서 목적물이 멸실한 경우에는 채권자에게 귀책사유가 있거나 채권자지체가 성립한 경우(538조 1항)가 아닌 한, 채무자가 위험을 부담한다'고 해석하지 않을 수 없다(537조). 그런데 학설 중에는 '우리 민법의 해석상으로도 채무의 이행이 완료되기 전이라 할지라도 채무자의 이행이 일정한 단계에 이른 경우에는 위험이 채권자에게 이전한다(즉, 채무자는 상대방의 반대급부를 청구할 수 있다)고 해석하는 것이 가능하다'는 견해(편의상 이를 「위험이전긍정설」이라고 칭하기로 한다)가 있다.[416] 그러나 「위험이전긍정설」의 실제적 타당성 여부는 별론으로 하고, 과연 우리 민법하에서 이러한 해석이 가능한가는 매우 의문스럽다.

한편 「위험이전긍정설」은 '채권자지체에서의 채권자의 위험부담을 규정하고 있는 제538조 제1항 후단의 규정을 「변제의 제공에 의한 위험이전」을 규정한 것'이라고 해석하고 있다.[417] 그러나 동조는 '채권자지체 성립 후의 이행불능은 채권자의 귀책사유에 의한 이행불능과 동등한 가치를 가진다'는 가치판단에 입각하여, '채권자지체 중에 쌍방불귀책사유로 인하여 이행불능이 된 경우에는 채무자주의의 원칙에 대한 예외로서 채권자가 위험을 부담한다는 법리를 규정한 것에 불과하다'고 할 것인바,[418] '채권자지체의 성립에 의하여 위험이전의

416) 양창수, 전게논문(주 298), 50 이하; 제4판 주석민법(1)/최수정, 432 이하; 이은영, 187 참조.

417) 양창수, 상게논문, 50; 제철웅, "매매에서의 위험부담", 민사법학 26호(한국민사법학회, 2004/9), 370 이하; 제4판 주석민법(1)/최수정, 431 이하; 이은영, 187 참조.

418) 538조 제1항 후단의 규정은 구 의용민법에는 없었으나 현행민법 제정 시에 신설된 것으로서, 구 의용민법하의 다수설의 입장을 입법화한 것이라고 한다(「민법안심의록」, 313 참조).

효과가 발생한다'고 해석하는 것은 「논리의 비약」이라는 비판을 면하기 어렵다.

(가) 매매계약에서의 위험이전시기에 관한 논의

위에서 검토한 바와 같이, '우리 민법의 해석상 위험이전은 허용되지 않는다'고 할 것이다. 따라서 이하에서의 위험이전에 관한 논의는 기본적으로 입법론 이상의 의미를 가질 수 없다고 할 것이다.

(A) 동산매매에 있어서의 위험이전 「위험이전긍정설」은 '매매의 목적물이 동산인 경우에는 소유권의 이전 여부와 관계없이 목적물의 인도에 의하여 위험이 매수인에게 이전된다'고 해석한다.[419] 그리고 '이 경우에 현실인도(188조 1항)는 물론 간이인도(188조 2항)·점유개정(189조)·목적물반환청구권의 양도에 의한 인도(190조)의 경우도 매매계약의 내용에 좇은 것 이행이라고 할 수 있는 한 매수인에게 위험을 이전시키는 인도에 포함된다'고 해석한다.[420] 또한 '화물상환증이나 창고증권의 교부는 운송물 또는 임치물의 인도와 동일한 효력이 있으므로(상법 133조, 157조), 매수인에게 이들 증권을 교부함으로써 위험이 매수인에게 이전된다'고 해석한다.[421] 이 견해는 '송부채무의 경우에는 매도인으로서는 원래의 이행장소에서 이행하는 경우에 부담하였을 위험 이상의 위험을 부담할 이유가 없다'는 점을 들어, '매도인이 목적물을 운송업자 기타 운송의 실행을 맡은 사람에게 인도한 때 위험이 매수인에게 이전한다'고 해석한다. 물론 매도인이 호의로 매수인이 희망하는 장소로 송부해 주는 경우에는 이와 같은 해석이 타당하다고 할 수 있으나, 약정된 장소로 송부하는 것이 계약의 내용을 구성하는 경우에는 약정된 장소에 목적물이 도착하여야 비로소 채무의 이행으로서의 인도가 완료되었다 할 것이므로, 일반적으로 송부채무의 경우에 운송인에게 목적물을 인도한 것만으로는 위험이 이전된다고 해석하기는 어렵다고 할 것이다.

(B) 부동산매매에서의 위험이전 부동산매매의 경우에는 소유권을 이전하기 위해서는 이전등기를 마쳐야 하므로(186조), 그 위험의 이전시기도 이전등기를 기준으로 하여 '소유권이전등기시'에 위험이 매수인에게 이전한다는 견해[422]와 소유권이전등기를 원칙적인 기준으로 하되 이전등기 전이라 할지라도 인도가 있으면 인도 시에 위험이 매수인에게 이전한다는 견해[423]가 대립하고 있다.

(나) 입법론

이상에서 살펴본 바와 같이, 우리 민법은 쌍무계약의 상호의존적 견련성을 채무의 존속

419) 양창수, 전게논문(주 298), 51 참조.
420) 양창수, 상게논문, 51; 이은영, 188 참조.
421) 양창수, 상게논문, 51 참조.
422) 이은영, 188; 김형배, 165 참조.
423) 양창수, 전게논문(주 298), 52; 황적인, 118 참조.

(소멸)의 단계에 있어서도 관철하려는 입장을 취하고 있으며, 이와 같은 우리 민법의 태도는 기본적으로 정당한 것이라고 생각된다. 그러나 외국의 입법례에서도 알 수 있듯이, 계약당사자의 형평을 기하고 거래의 수요에 응하기 위하여서는 채무이행의 일정단계 이후에는 위험이 채권자에게 이전되는 것으로 규정할 필요가 있으며, 이에 관하여 아무런 규정도 두고 있지 아니한 우리 민법은 입법론상 매우 큰 결함을 가지고 있다고 지적하지 않을 수 없다.

위에서 소개한 위험이전시기에 관한 일부학자들의 해석론은 이러한 취지에서 충분히 이해할 수 있다. 그러나 위험이전시기에 관하여 아무런 규정도 두고 있지 아니한 현행민법하에서 목적물의 인도 또는 소유권이전등기에 의하여 위험이 매수인에게 이전한다고 해석하는 것은, 해석의 한계를 벗어난 무리한 해석론이라는 비판을 가하지 않을 수 없다.[424] 또한 설사 백보를 양보하여 '인도 시에 매수인에게 위험이 이전한다'고 해석할 수 있다고 하더라도, 다양한 인도의 시점 중에서 구체적으로 어느 시점이 채권자에게 위험이 이전되는 인도인지를 명확하게 규정할 수 없는 이상, 실제적 가치는 거의 없는 공론(空論)에 불과하다. 따라서 민법의 개정에 의하여 각 계약의 유형별로 위험의 이전시기를 명시하는 것만이 이 문제의 유일한 해결책이라고 생각한다. 그리고 이 경우에는 특히 부동산매매에서의 위험이전시기를 '소유권이전등기 시로 할 것인가, 아니면 인도 시로 할 것인가?' 하는 문제는 부동산물권변동이론과 관련하여 보다 신중한 검토를 요하는 문제라고 생각한다. 이러한 관점에서 「2004년 민법개정안」은 물론이고, 「2013년 민법개정안」에서도 위험이전시기에 관한 규정을 두지 않은 것은 중대한 결함이라고 생각된다. 위험이전에 관한 민법개정안의 조속한 보완을 요망하는 바이다.

424) 同旨: 제4판 주석민법(1)/최수정, 434 참조.

제 4 절 계약의 해제와 해지

[11] Ⅰ. 서 설

1. 해제의 의의

(1) 해제의 개념

「해제」(Rücktritt; résolution)라 함은 '일단 유효하게 성립한 계약의 효력을 일방적 의사표시인 해제권의 행사에 의하여 소급적으로 소멸시킴으로써 계약이 처음부터 없었던 상태로 복귀시키는 법률효과를 발생시키는 단독행위'를 말한다.

1) 해제권자의 일방적 의사표시에 의하여 성립하는 단독행위

해제는 해제권자의 일방적 의사표시에 의하여 성립하는 단독행위이다. 이 점에서 해제는 당사자의 합의에 의하여 성립하는 「해제계약」과 구별된다. 「해제계약(解除契約)」이라 함은 '계약의 소급적 소멸을 내용으로 하는 계약당사자 사이의 합의에 의하여 성립하는 계약'을 말한다. 이러한 의미에서 해제계약을 「합의해제(合意解除)」라고도 부르는데, 계약자유의 원칙상 이와 같은 내용의 계약이 가능함은 물론이다.[1] 또한 해제계약(합의해제)의 성립요건인 합의의 방법에 관하여는 특별한 제한이 없으므로, 계약 성립의 일반원칙에 따라 묵시적 합의에 의한 해제계약의 성립이 인정된다 할 것이다. 판례도 묵시적 합의에 의한 해제계약이 가능함을 전제로, '계약 후 당사자 쌍방의 계약실현의사의 결여 또는 포기가 쌍방 당사자의 표시행위에 나타난 의사의 내용에 의하여 객관적으로 일치하는 경우에는, 그 계약은 계약을 실현하지 아니할 당사자 쌍방의 의사가 일치됨으로써 묵시적으로 해제되었다고 해석하여야 한다'는 입장을 확립하고 있다(대법원 2002.1.25.선고, 2001다63575 판결 등).[2]

---

1) 「합의해제」에 관한 상세는 김동훈, "계약의 합의해제", 고시연구 32권 4호, 2005/4, 23 이하 참조.

「계약의 합의해제」는 '당사자 간 해제의 합의에 의하여 성립하는 계약'이므로, 채권자의 일방적 의사표시에 의하여 그 효력이 발생하는 단독행위인 법정해제에 관한 제543조 이하의 규정은 적용되지 않는다. 그러므로 합의해제에 의하여 당사자 간에 어떠한 법률관계가 성립하느냐 하는 것은 합의된 해제계약의 내용과 부당이득에 관한 규정에 의하여 정해진다(대법원 1979.10.30.선고, 79다1455 판결 등).[3] 이러한 취지에서, 판례는 ① '해제로 인하여 반환하여야 할 금전에는 그 받은 날로부터 이자를 가산하여야 한다는 제548조 제2항의 규정은 합의해제에는 적용되지 아니하므로, 특별한 약정이 없는 이상 합의해제로 인하여 반환할 금전에 받은 날로부터 이자를 가산하여 반환할 필요는 없다'고 한다(대법원 1996.7.30.선고, 95다16011 판결 등).[4] 다만, ② '해제의 효력은 제3자에게 대항할 수 없다는 제548조 제1항 단서의 규정은 합의해제에도 적용되므로, 계약이 합의해제되었다고 하더라도 이로써 제3자의 권리를 해할 수 없으나, 소유권이전등기에 의하여 완전한 권리를 취득하지 못한 전득자는 제3자에 해당되지 아니한다'는 입장을 취하고 있다(대법원 1980.5.13.선고, 79다932 판결 등).[5] 그러므로 '상속재산 분할협의가 합의해제되면 그 협의에 따른 이행으로 변동이 생겼던 물권은 당연히 그 분할협의가 없었던 원상태로 복귀하지만, 제548조 제1항 단서의 규정상 이러한 합의해제를 가지고는 그 해제 전의 분할협의로부터 생긴 법률효과를 기초로 하여 새로운 이해관계를 가지게 되고 등기·인도 등으로 완전한 권리를 취득한 제3자의 권리를 해하지 못한다'고 한다(대법원 2004.7.8.선고, 2002다73203 판결 등).[6] 또한 ③ '손해배상의 특약이 있었다거나 손해배상청구를 유보하였다는 등 다른 사정이 없는 한 채무불이행으로 인한 손해배상을 청구할 수 없으며, 그와 같은 손해배상의 특약이 있었다거나 손해배상청구를 유보하였다는 점은 이를 주장하는 당사자가 증명할 책임이 있다'고 한다(대법원 2013.11.28.선고, 2013다8755 판결 등).[7]

---

2) 같은 취지: 대법원 1987.1.20.선고, 85다카2197 판결; 대법원 1988.10.11.선고, 87다카2503 판결; 대법원 1994.8.26.선고, 93다28836 판결; 대법원 1995.8.25.선고, 94므1515 판결; 대법원 1996.2.27.선고, 95다43044 판결; 대법원 1998.1.20.선고, 97다43499 판결; 대법원 1998.8.21.선고, 98다17602 판결; 대법원 2000.3.10.선고, 99다70884 판결; 대법원 2003.1.24.선고, 2000다5336·5343 판결; 대법원 2004.6.10.선고, 2004다2151·2168 판결; 대법원 2004.9.13.선고, 2003다57208 판결; 대법원 2007.11.30.선고, 2005다21647·21654 판결; 대법원 2010.2.25.선고, 2007다85980 판결.

3) 같은 취지: 대법원 1997.11.14.선고, 97다6193 판결.

4) 같은 취지: 대법원 2003.1.24.선고, 2000다5336·5343 판결.

5) 판례평석: 안석태, "부동산의 매매의 합의해제와 미등기의 전득자의 등기청구의 허부", 대법원판례해설 2권 2호(법원행정처, 1980/1), 71 이하; 박재윤, "중간생략의 약정에 의한 등기청구와 매매계약의 합의해제", 민사판례연구(4)(민사판례연구회, 1982/5), 46 이하. 같은 취지: 대법원 1991.4.12.선고, 91다2601 판결; 대법원 2005.6.9.선고, 2005다6341 판결.

6) 판례평석: 김태창, "상속재산 분할협의와 그 해제", 판례연구 16집(부산판례연구회, 2005/2), 475 이하; 박관근, "상속재산 분할협의를 합의해제할 수 있는지 여부와 그 경우에도 민법 제548조 제1항 단서의 규정이 적용되는지 여부", 대법원판례해설 51호(법원도서관, 2005/6), 189 이하; 황경웅, "상속재산 분할협의를 합의해제할 수 있는지 여부", 「로스쿨가족법」(청림출판, 2007), 393 이하; 송덕수/김병선, 「민법핵심판례210선」, 272 이하.

2) 해제권의 행사에 의하여 행하여지는 법률행위

(가) 해제권의 법적 성질

(A) 형성권 계약의 해제는 일방적 의사표시에 의하여 계약관계를 소급적으로 소멸시킬 수 있는 권리인 해제권의 행사에 의하여 이루어진다. 그러므로 해제권은 이른바 형성권의 일종이다.

(B) 당사자 지위에 종된 권리 해제권은 계약의 당사자 또는 당사자의 지위를 승계한 자만이 이를 행사할 수 있으며, 또한 당사자로서의 지위의 이전에 수반하여 이전되는 종된 권리이다. 이러한 의미에서 해제권을 「당사자권(當事者權)」이라고도 한다. 따라서 해제권만을 분리하여 양도할 수 없음은 물론, 당사자의 지위를 승계하지 아니한 자는 해제권을 행사할 수 없다. (☞ 제3절 「계약의 효력」)

(나) 해제권의 종류

해제권은 그 발생근거에 따라 약정해제권과 법정해제권으로 분류할 수 있다.

(A) 약정해제권 「약정해제권(約定解除權)」이라 함은 '당사자가 계약에서 일방적으로 해제할 권리를 유보한 경우에 인정되는 해제권'을 말한다. 다만, 계약금이 교부된 경우와 같이, 당사자가 명시적으로 해제권을 유보하지 아니한 경우에도 법률의 규정에 의하여 약정해제권이 유보된 것으로 간주되는 경우도 있다(565조).

(B) 법정해제권 「법정해제권(法定解除權)」이라 함은 '법률의 규정에 의하여 인정되는 해제권'을 말한다. 법정해제권은 다시 채무불이행에 기한 「일반적 법정해제권」(543~553조)과 각종의 계약에 「특수한 법정해제권」으로 나눌 수 있는데, 후자는 예컨대, 증여계약에서 수증자의 망은행위(忘恩行爲)·증여자의 재산상태변경에 기한 증여자의 해제권(556조, 557조), 매도인의 담보책임의 일종인 매수인의 해제권(570~578조, 580조, 581조), 수급인의 하자담보책임의 일종인 도급인의 해제권(668조) 등 각종의 계약에 특수한 법정해제권을 가리킨다. 이에 관한 상세한 내용은 각 전형계약에서 다루어야 할 것이므로, 이하에서는 쌍무계약에 있어서의 당사자 일방의 채무불이행에 기한 일반적 법정해제권에 국한하여 살펴보기로 한다.

(다) 해제의 소급효

(A) 법정해제권 행사의 효과 후술하는 바와 같이, 채권자가 해제권을 행사하면 계약관계는 처음부터 소급하여 소멸된다. 따라서 아직 이행되지 아니한 채무(미이행채무)는 소멸하고, 이미 이행된 채무(기이행채무)는 법률상의 원인을 잃게 되므로 급부의 수령자에게 일종의 부당이득반환의무인 원상회복의무가 발생한다(548조 1항). 그러나 임대차·고용·임치·위임·조합 등의 계속적 계약관계에서는 당사자 일방의 채무불이행을 이유로 채권자가 계약관계를 일방

---

7) 같은 취지: 대법원 1989.4.25.선고, 86다카1147·86다카1148 판결.

적으로 소멸시킬 필요가 있는 경우에도 소급효가 인정되는 해제는 적절하지 않으므로, 이미 이행이 완료된 부분의 계약관계까지 소급적으로 소멸시키지 아니하고 장래에 대해서만 계약의 효력을 소멸케 할 수 있을 뿐인데, 이를 계약의 「해지(解止)」(Kündigung)라고 한다(550조).

(B) **약정해제권 행사의 효과** 약정해제권은 계약(해제약관)으로 정한 일정한 사유가 생긴 때에 발생하는 것이므로, 당사자가 계약에서 약정해제권을 유보한 경우에는 해제권 행사의 방법 및 효과에 대하여서도 약정할 수 있으며, 이러한 약정이 있는 경우에는 그 약정된 대로의 효과가 발생하게 됨은 당연하다. 문제는 약정해제권의 행사 방법 및 효과에 대한 약정이 없는 경우인데, 학설은 '약정해제권 행사의 효과 등에 관하여 특약이 없는 경우에는 원칙적으로 법정해제권에 관한 민법의 규정이 적용된다'고 해석하고 있다. 다만, '법정해제권 행사 시의 손해배상에 관한 제551조의 규정은 약정해제권에 대해서는 적용되지 않는다'고 한다.[8] 판례도 '당사자가 약정해제권을 행사한 경우에는 법정해제의 경우와는 달리 손해배상의 청구는 할 수 없다'는 입장을 취하고 있다(대법원 1983.1.18.선고, 81다89·90 판결).

이러한 학설과 판례의 입장은 기본적으로 타당하나, 제551조의 "손해배상"은 법정해제권 행사의 효력으로서 손해배상청구권을 인정한 것이 아니라 '채무불이행의 효과로서의 손해배상청구권에 대해서는 해제의 소급효가 영향을 미치지 않는다'는 점을 명확히 한 것에 불과하므로, '당사자가 채무불이행을 약정해제권의 발생사유로 삼은 경우에는 약정해제권을 행사하더라도 손해배상청구권에는 영향이 없다'고 해석하여야 할 것이다.

(2) 계약의 해제와 유사한 제도

1) 계약의 취소

「취소(取消)」(Anfechtung)라 함은 '일단 유효하게 성립한 법률행위의 효력을 취소권자의 일방적인 의사표시에 의하여 소급적으로 소멸시키는 단독행위'를 말한다. 경우에 따라서는 '취소권의 행사에 의하여 법률행위의 효력이 소급적으로 소멸되는 현상 그 자체'를 가리키는 용어로 사용되기도 하지만, 「취소」는 '취소권자의 일방적 의사표시인 취소권의 행사에 의하여 법률행위의 효력을 소급적으로 소멸시키는 단독행위'라는 점에서(141조), 채권자의 일방적 의사표시에 의하여 계약의 효력을 소급적으로 소멸시키는 해제와 유사하다(548조 1항). 그러나 해제권은 쌍무계약에서 일방당사자의 채무불이행(법정해제의 경우) 또는 계약에서 정한 해제사유의 발생(약정해제의 경우)을 원인으로 하여 발생하는 데 반하여(544~546조), 취소권은 계약뿐만 아니라 단독행위를 포함한 모든 법률행위에서 당사자 일방의 행위능력 제한(5조 2항, 10조, 13조)·착오에 의한 의사표시(109조 1항)·사기 또는 강박에 의한 의사표시(110조)의 경우에 한하여 인정된다

8) 곽윤직, 84; 송덕수, 117 참조.

는 점에서, 양자는 차이가 있다. 또한 취소권이 행사되면 법률행위의 효력이 소급적으로 소멸하므로(141조), 당사자에게 부당이득반환의무가 발생하는 데 반하여(741조), 해제권이 행사되면 계약당사자에게 원상회복의무가 발생한다는 점에서(548조), 효력 면에서도 양자는 차이가 있다.[9)]

2) 의사표시의 철회

「철회(撤回)」(Widerruf)라 함은 '아직 종국적인 법률효과가 발생하지 아니한 의사표시를 현재상태에서 저지하여 장래에 법률효과가 발생하지 않도록 하거나, 일단 발생한 효력을 장래에 대하여 소멸시키는 표의자의 일방적인 의사표시'를 말한다. 「철회」는 일방적인 의사표시에 의하여 법률효과를 소멸시킨다는 점에서 「취소」 및 「해제」와 유사하지만, 계약이나 법률행위가 아닌 의사표시를 객체로 하며 소급효가 인정되지 않는다는 점에서, 법률행위의 취소나 계약의 해제와 다르다.

3) 해제조건의 성취

계약의 부관(附款)으로 해제조건(解除條件)이 약정된 경우에는 계약관계는 해제조건의 성취에 의하여 소멸한다. 이 경우 해제조건의 성취에 의한 계약의 소멸은 당사자 사이의 계약에 의한 효력이라는 점에서, 약정해제권이 행사된 경우와 비슷하다. 그러나 해제조건이 성취되면 당사자의 특별한 의사표시가 없어도 계약은 당연히 소멸하는 데 비하여, 약정해제의 경우에는 해제권자가 해제권을 행사하여야 비로소 계약이 소멸한다는 점에 양자의 차이가 있다. 또한 약정해제의 경우에는 소급효가 인정되는 데 반하여, 해제조건의 경우에는 당사자간의 특약이 없는 한, 장래에 대하여서만 계약관계 소멸의 효력이 발생한다는 점에서도 차이가 있다(147조 2항·3항).

2. 문제의 소재

쌍무계약에서 자기채무를 완전히 이행하였으나 상대방의 반대급부를 받지 못한 일방 당사자를 위한 구제수단으로서는 상대방 채무의 강제이행, 손해배상, 해제에 의한 원상회복의 세 가지를 들 수 있다. 그러나 강제이행은 채무의 현실이행이 가능한 경우에만 유효한 구제수단이 될 수 있으며, 손해배상은 채무자가 변제자력이 있는 경우에만 구제수단으로서의 효용가치가 있는 불완전한 제도이다. 따라서 쌍무계약에서 일방 당사자(채무자)가 손해배상을 감당할 만한 변제자력이 없는 경우에도 자기의 채무를 이미 이행한 당사자(채권자)에게 실질적으로 유효한 법적 구제수단이 필요한데, 이러한 필요에 응하는 제도가 바로 법정해제제도라고 할 수 있다. 즉, 법정해제는 쌍무계약의 당사자 일방이 채무를 불이행한 경우에 자기 채

9) 다만, 학설 중에는 계약취소의 경우에도 해제와 마찬가지로 원상회복의 효과를 인정하여야 한다는 견해도 있다(정진명, "매매계약의 취소와 원상회복", 고시계 50권 10호, 2005/10, 16 이하 참조).

무를 이미 이행한 타방 당사자로 하여금 원상회복에 의하여 자신이 이행한 급부를 되돌려 받음으로써 피해를 최소화할 수 있도록 하는 제도인 것이다.

법정해제의 효과인 "원상회복"의 이론구성에 대해서는 학설이 대립하고 있는데, 통설·판례의 입장인 「직접효과설」에 의하면, 해제에 의하여 계약의 효력은 소급적으로 소멸하며, 법정해제의 효과로 규정되어 있는 원상회복청구권은 부당이득반환청구권의 일종이라고 한다. 이에 대하여, '해제는 계약의 효력을 소급적으로 소멸시키는 것이 아니라 계약의 효력을 청산관계로 변질시키는 데 불과하다'고 파악하는 「청산관계설」에 따르면, 해제의 효력인 "원상회복"은 부당이득과는 그 본질을 달리하는 새로운 반환청구권이라고 본다.[10] 이에 대해서는 「직접효과설」의 입장에서 우리 민법의 해석론으로 독일의 「청산관계설」을 도입할 것을 주장하는 일부 학설에 대한 비판론이 제기되고 있다.[11]

한편 해제에 관한 이론구성상의 학설대립과는 별개로 '국제적 입법조류에 부응하는 방향에서 해제에 관한 현행민법의 규정을 합리적으로 개정하여야 한다'는 입법론이 끊임없이 제기되어 왔는데, 특히 「2004년 민법개정안」이 법정해제에 관한 조문을 통합하면서 종래 다툼이 있었던 이행지체로 인한 계약해제에 대하여 귀책사유가 요구된다는 점을 명시하고, 사정변경으로 인한 계약해제에 관한 명문규정을 신설할 것을 제안하자, 많은 학자들이 실망감을 표출함과 동시에 강한 비판을 제기한 바 있다.[12]

이러한 법정해제의 효과에 관한 이론구성상의 견해 대립과 해제의 요건에 관한 입법론상의 의견 대립은 해제제도의 본질에 대한 인식의 차이에서 비롯된 것이라고 할 수 있다. 따라서 우리 민법상의 해제제도에 관한 올바른 해석론과 입법론의 수립을 위하여서는 해제의 본

---

10) 「청산관계설」은 독일민법학의 이론인데, 국내에서도 이를 우리 민법의 해석론으로 도입할 것을 주장하는 견해가 많다. 예컨대, 김형배, "해제의 효과에 관한 법리구성", 고시연구 10호, 1978/10, 43 이하; 김용담, "해제의 효과에 관한 일고찰", 민사법학 4·5합병호(한국민사법학회, 1985), 118 이하; 김상용, "계약해제의 효과", 고시계, 1994/8, 15 이하; 김동훈, "계약해제의 효과", 고시계 44권 11호, 1999/10, 76 이하; 정진명, "계약해제의 효과에 관한 법이론 검토", 관원정조근교수화갑기념논문집 「현대민사법학의 과제」, 2001/9, 261 이하; 同, "계약해제의 효과에 관한 연구: 법정해제를 중심으로" 법학박사학위논문(충남대학교대학원, 1995), 1 이하; 정광수, "계약해제로 인한 원상회복과 부당이득반환의 법리", 강원법학 14권(강원대비교법학연구소, 2001/12), 555 이하; 김증한/김학동, 147; 이은영, 251 등을 들 수 있다.

11) 「청산관계설」에 대한 비판론으로서는 김욱곤, "해제의 효과에 관한 법리 소고", 성헌황적인박사화갑기념 「손해배상법의 제문제」(박영사, 1990), 711 이하; 양창수, "해제의 효과에 관한 학설들에 대한 소감", 고시연구, 1991/4, 26 이하; 명순구, "계약의 해제", 무암이영준박사화갑기념논문집 「한국민법이론의 발전」(박영사, 1999/1), 814 이하; 拙稿, "계약해제의 본질 및 효과", 법학논문집 31집 1호(중앙대법학연구소, 2007/8), 97 이하 등을 들 수 있다.

12) 이에 관하여는 안법영, "법무부 민법개정안의 일별", 민사법학 22호(한국민사법학회, 2002/9), 350 이하; 정종휴, "민법개정시안 채권편에 대한 기대와 우려", 민사법학 22호(한국민사법학회, 2002/9), 371 이하; 拙稿, "사정변경의 원칙을 명문화한 민법개정시안 제544조의4에 관한 일고찰", 「민법개정안의견서」(민법개정안연구회, 2002/5), 169 이하 등을 들 수 있다.

질에 대한 올바른 이해가 선행되어야 할 것이다. 이를 위해서는 독일·프랑스 등 유럽제국의 민법은 물론 일본과 영미법상의 해제제도에 대한 깊이 있는 비교·연혁적 연구가 선행되어야 할 것이다. 다만 본서에서는 해제제도의 본질 및 이론적 근거에 대한 국내학자들의 연구결과를 정리하고, 이를 기초로 해제의 효과에 관한 국내의 학설·판례의 당부를 검토해 보는 데 그치기로 한다.

[12] Ⅱ. 해제제도의 연혁 및 입법례

1. 해제제도의 연혁

(1) 로마법

로마법에서는 계약의 구속력이 엄격하게 인정되어, 유효하게 성립한 계약은 당사자의 합의에 의해서만 해소될 수 있었다. 즉, 로마법에서는 채무불이행에 기한 일반적 계약해제권은 인정되지 아니하였다.[13] 그러나 로마법에서도 계약의 일방적 해소를 인정할 필요성이 있었기 때문에, 근대민법상의 '약정해제권의 유보'에 해당하는 「부가적 합의」(pacta adjecta)에 의한 계약의 일방적 해소는 인정되고 있었다. 예컨대, 매매계약에 부가된 특약으로서, ① '일정기간 내에 매매목적물에 대하여 더 유리한 청약이 있는 경우에는 매도인이 계약을 폐기할 수 있다'는 「고가청약유보부매매」(in diem addictio), ② '매수인이 매매목적물을 일정기간 동안 시험적으로 사용해보고 마음에 들지 않는 경우에는 계약을 폐기할 수 있다'는 내용의 특약이 있는 「시험매매」(pactum displicentia), ③ '매수인이 일정기한 내에 매매대금을 지급하지 않는 경우에는 매도인이 매매계약을 폐기할 수 있다'는 특약이 있는 「해제약관부매매」(lex commissoria)와 같은 부가적 합의에 의하여 계약의 일방적 해소의 필요성에 부응하였던 것이다.[14] 특히 로마법상의 해제약관(lex commissoria)은 중세에 이르러 매매계약뿐만 아니라 다른 쌍무계약 일반에 대하여서도 인정되었고, 반대의 특약이 없는 경우에는 해제약관이 당연히 존재하는 것으로 해석되었는데, 이러한 중세의 제도가 근대법에 계수되어 계약의 해제제도로 발전한 것이라고 보는 견해도 있다.[15]

---

13) 김욱곤, 전게논문(주 11), 713 이하 참조.

14) 「해제약관부매매」(lex commissoria)는 고전 로마법에서 인정되었던 「정지조건부매매」로부터 발전된 약관인데, 고전 로마법상의 정지조건부매매는 매수인은 매매의 목적물을 완전히 이용할 수 있는 반면에 목적물의 위험은 매도인이 부담하는 불합리한 제도였기 때문에, 고전시대 후기에 이르러서는 정지조건부매매 대신에 새로운 제도인 「해제약관부매매」(lex commissoria)가 성립하여, '매매계약의 효력은 계약체결에 의하여 즉시 발생하지만 매수인이 일정기간 내에 대금을 지급하지 않는 경우에는 계약은 실효된다'는 것으로 변경되었다고 한다(김욱곤, 상게논문, 713 참조).

15) Planiol et Ripert, Traité théorique et pratique de droit civil français, tome 4, 2 éd., n°420; J.

(2) 중세 교회법

오늘날 법제사학에 있어서의 지배적 견해는 해제제도의 기원은 로마법의 해제약관(lex commissoria)이 아니라 중세의 교회법에서 찾아야 한다는 것이다.[16] 즉, 중세의 교회법학자들은 '약속의 가치와 신의(信義)의 중요성'을 강조하고, 쌍무계약에 의하여 발생하는 양 채무의 상호의존적인 상인성(相因性)을 인정하여, '쌍무계약에서 자신의 약속을 준수하지 아니한 당사자는 상대방에 대한 반대급부의 이행을 청구할 권리를 잃게 되며, 반대로 상대방으로부터 급부의 이행을 받지 못한 당사자는 계약에 의한 양심의 의무로부터 해방되어, 자신의 급부를 이행하지 아니할 권리를 가질 뿐만 아니라 계약을 해제할 수 있는 권리를 갖는다'고 하였던 것이다. 이와 같이 중세 교회법에서는 해제를 약속의 준수를 보장하기 위한 제재적 성질을 갖는 것으로 보았기 때문에, 계약의 해제는 법원의 판결을 통해서만 가능하였다고 한다.[17]

2. 입법례

(1) 프랑스민법

프랑스민법 제정 당시에는 해제의 제도적 근거를 「의사자치의 원칙」에서 찾는 것이 일반적 견해였으나,[18] 1804년의 프랑스민법은 뽀티에(Pothier)의 체계를 좇아 해제에 관한 규정을 「해제조건」의 관(款)에 규정하여, '쌍무계약에서는 항상 해제조건이 묵시적으로 합의되어 있다'고 규정하였다(C.c. Art. 1184(1)).[19] 그러나 '이러한 표현에도 불구하고 프랑스민법 제1184조는 진정한 의미에서의 법정해제제도를 인정하고 있는 것'이라고 해석되고 있었다.[20] 왜냐하면 개정 전 프랑스민법은 '해제조건의 성취, 즉 채무불이행으로 인하여 계약이 당연히 무효로 된다'고 규정한 것이 아니라, '당사자가 법원에 해제를 청구하여 그 판결에 따라서만 해제될 수 있다'고 규정한 것이었기 때문이다(C.c. Art. 1184 (2), (3)).[21]

Carbonnier, Droit Civil, 4(Les Obligations), n°81. 김욱곤, 상게논문, 716 참조.

16) 김욱곤, 상게논문, 714 참조.

17) 상게논문, 715 참조.

18) 예컨대, 당시의 대표적인 민법학자 도마(Domat)는 '쌍무계약의 당사자들은 각자가 자기의 채무를 이행하는 경우에만 계약관계가 존속하기를 원하는 것이기 때문에, 해제조건을 약정하지 않았더라도 당사자 일방의 채무가 이행되지 않으면 상대방은 계약을 해제할 수 있다'고 하였으며, 뽀티에도 '당사자가 계약에서 약속한 것이 그것 없이는 당사자들이 계약을 체결하지 않았을 그러한 것인 때에는, 매도인이나 매수인의 채무불이행은 해제권을 발생시킨다'고 하였다(김욱곤, 상게논문, 716 참조).

19) 개정 전 프랑스민법 제1184조: (1) 양 당사자 중 일방이 계약에서 만족을 얻지 못하는 경우를 위하여, 쌍무계약에서 해제조건은 항상 묵시적으로 합의되어 있다. (2) 이 경우 계약은 법률상 당연히 해제되는 것은 아니다. 채무이행을 받지 못한 당사자는 계약이행이 가능한 경우에 그 강제이행을 청구하거나 혹은 손해배상과 함께 해제를 청구할 수 있는 선택권을 가진다. (3) 해제는 법원에 청구되어야 하며, 법원은 사정에 따라 피고에게 기한의 유예를 허여할 수 있다.

20) 김욱곤, 전게논문(주 11), 716 참조.

21) 개정 전 프랑스민법상의 해제에 대해서는 정진명, "프랑스민법에 있어서 계약해제", 비교법학 15집(부

2016.2.10. 오르도낭스 제2016-131호에 의하여 개정된 현행 프랑스민법은 계약의 효력을 규정한 제3편 제4장에 계약불이행으로 인한 해제에 관하여 7개 조문(C.c. Art. 1224~1230)으로 구성된 별도의 관(제5절 제4관)을 신설하는 등 해제에 관한 규정을 전면 개정하였는데,[22] 개정 프랑스민법은 당사자 일방의 중대한 계약불이행이 있는 경우에 채권자의 일방적 의사표시인 통지에 의하여 계약을 해제할 수 있도록 하고 있다(C.c. Art. 1224).[23]

(2) 독일민법

로마법의 법원에 충실하였던 독일보통법에서는 「일반적 법정해제」는 인정되지 않았다. 그러나 '푸펜도르프(Samuel Pufendorf)와 볼프(Christian Wolff) 등의 자연법론자들에 의하여 쌍무계약의 상호의존적 견련성이 인정되면서, 해제를 금지하는 보통법상의 원칙은 점차 완화되었다'고 한다.[24] 이와 같이 독일에서의 쌍무계약의 해제는 급부의 상호의존성에 기한 계약 자체의 효력으로 인정된 것이 아니라, 계약에 부가되는 로마법상의 해제약관(lex commissoria)과 같은 해제조건의 형태로 발전된 것이다. 2002년 「채무법현대화법」에 의하여 개정되기 전의 독일민법(이하 「개정 전 독일민법」으로 약칭)이 법정해제에 관한 제327조[25]에서 약정해제에 관한 규정을 준용하는 형식을 취하고 있었던 것도 이러한 연혁상의 이유에 기한 것이라고 한다.[26] 또한 개정 전 독일민법은 해제와 손해배상의 경합을 인정하지 아니하고 둘 중 하나의 선택적인 행사만을 인정하고 있었는데(BGB §325 I),[27] 이러한 독일민법상의 해제제도의 특징은 쌍무계약에 있어서 손해배상과 병행하여 급부의 상호의존적 관계에 기하여 인정되는 계약

산외대비교법연구소, 2004), 23 이하; 김현진, "개정 프랑스 채권법상 계약의 해제·해지 -나폴레옹민법과 개정 프랑스민법의 비교를 겸하여-", 민사법학 75호(2016/6), 288 이하; 여하윤, "프랑스민법상 해제권에 관하여", 법과 정책연구 17집 3호(한국법정책학회, 2017/9), 367 이하 참조.

22) 개정 프랑스민법상의 계약해제에 대해서는 김현진, 상게논문, 296 이하; 여하윤, "프랑스민법상 계약해제의 효과 -2016년 프랑스민법 개정상의 논의를 중심으로-", 입법과 정책 9권 2호(국회입법조사처, 2017/8), 5 이하 참조.

23) 프랑스민법 제1224조: 해제는 해제조항의 적용에 의하여, 또는 충분히 중대한 불이행의 경우(en cas d'inexécution suffisamment grave)에 채무자에 대한 채권자의 통지 또는 법원의 결정에 의하여 발생한다.

24) 김욱곤, 전게논문(주 11), 717 참조.

25) 개정 전 독일민법 제327조(법정해제권의 규율) 제325조, 제326조에 정하여진 해제권에 대해서는 약정해제권에 관한 제346조 내지 제356조의 규정이 준용된다. 상대방에게 책임 없는 사유에 기하여 해제가 행하여진 경우에는, 상대방은 부당이득의 반환에 관한 규정에 따라서만 책임을 진다.

26) Hans Leser, Der Rücktritt vom Vertrag, 1975, S.6; 김욱곤, 전게논문(주 11), 718 참조.

27) 개정 전 독일민법 제325조(채무자에게 귀책되어야 할 후발적 불능) (1) 쌍무계약에 기하여 당사자 일방에게 의무 있는 급부가 그에게 귀책되어야 할 사유로 인하여 불능이 된 경우에는 상대방은 불이행으로 인한 손해배상을 청구하거나 또는 해제할 수 있다. 일부불능의 경우에 계약의 일부이행이 그에게 이익이 없는 때에는, 그는 제280조 제2항의 정함에 따라서 채무 전부의 불이행으로 인한 손해배상을 청구하거나 계약 전부를 해제할 수 있다. 손해배상청구권과 해제권에 갈음하여 그는 제323조의 경우에 대하여 정해진 권리를 행사할 수도 있다. (2) 제283조의 경우에 급부가 그 기간 내에 실행되지 아니하거나 그 기간 동안 부분적으로 실행되지 아니한 때에도 같다.

관계의 청산방법으로서의 해제의 기능을 제대로 인식하지 못하고, 해제는 계약관계를 완전히 제거하는 것임에 반하여 손해배상은 계약에 내재하는 자연적인 청산방법으로 이해하고 있었기 때문이라고 한다.[28]

현행 독일민법은 해제에 관한 규정을 CISG, PICC, PECL 등 국제통일법에 따라서 대폭적으로 개정하였는데, 그 내용을 요약하면 다음과 같다.[29] 즉, 현행 독일민법은 ① 쌍무계약에서 채무자의 이행지체·이행불능·불완전이행 또는 배려의무위반에 기한 일반적 법정해제권의 발생을 인정하되, 채무자의 귀책사유는 요구하지 않는다(BGB §323, §324, §326 V).[30] 또한 ② 해제의 효과에 관한 입법주의를 전환하여 손해배상과의 경합을 인정하고(BGB §325),[31] 원상회복과 관련하여 수령한 급부의 반환 및 취득한 이익을 인도할 의무를 규정하고 있다(BGB §346, §347, §348).[32]

---

28) 김욱곤, 전게논문(주 11), 718 참조.

29) 개정된 독일민법상의 해제제도에 관한 상세는 김형배 외 5인, 「독일채권법의 현대화」(법문사, 2003/1), 50 이하 참조.

30) 독일민법 제323조(급부의 불이행 또는 계약에 부적합한 급부로 인한 해제) (1) 쌍무계약에서 채무자가 이행기가 도래한 급부를 실행하지 아니하거나 계약에 적합하지 아니한 급부를 한 경우에, 채무자에 대하여 급부 또는 추완을 위한 상당한 기간을 정하였으나 그 기간이 도과된 때에는, 채권자는 계약을 해제할 수 있다. (2) 다음 각 호의 경우에는 기간의 설정을 요하지 않는다. 1. 채무자가 진지하고 종국적으로 급부를 거절한 때 2. 채무자가 계약에서 정하여진 기일 또는 기간에 급부를 실현하지 아니하고, 또한 채권자가 계약에서 급부가 적기에 행하여지는 것에 자기의 급부이익의 존속을 결부시킨 때, 또는 3. 당사자 쌍방의 이익을 형량한 결과 즉시의 해제를 정당화하는 특별한 사정이 있는 때 (3) 의무위반의 성질에 비추어 기간의 설정이 고려될 수 없는 경우에는, 금지의 경고로써 대신한다. (4) 해제의 요건이 충족됨이 명백한 경우에는, 채권자는 급부의 이행기가 도래하기 전이라도 계약을 해제할 수 있다. (5) 채무자가 일부급부를 실현한 경우에, 채권자는 일부급부에 대하여 이익이 없는 때에만 계약 전부를 해제할 수 있다. 채무자가 계약에 적합하지 아니한 급부를 실행한 경우에, 그 의무위반이 경미한 때에는 채권자는 계약을 해제할 수 없다. (6) 채권자에게 해제권을 발생시키는 사유에 대하여 오로지 그만이 또는 주로 그에게 책임이 있는 경우, 또는 그 사유가 채권자가 수령지체에 빠져있는 동안 채무자에게 책임 없이 발생한 경우에는, 해제는 허용되지 않는다. 제324조(제241조 제2항에 따른 의무위반에 기한 해제) 쌍무계약에서 채무자가 제241조 제2항에서 정한 의무에 위반한 경우에, 채권자에게 계약에의 구속을 더 이상 기대할 수 없는 때에는, 채권자는 계약을 해제할 수 있다. 제326조(반대급부로부터의 해방 및 급부의무의 배제에 있어서의 해제) (5) 채무자가 제275조 제1항 내지 제3항에 의하여 급부를 실행할 필요가 없는 경우에는, 채권자는 계약을 해제할 수 있다; 그 해제에 대해서는 기간설정을 요하지 않는 것을 조건으로 제323조를 준용한다.

31) 독일민법 제325조(손해배상과 해제) 쌍무계약에서 손해배상을 청구할 권리는 계약의 해제에 의하여 배제되지 아니한다.

32) 독일민법 제346조(해제의 효력) (1) 계약당사자 일방이 계약으로 해제권을 유보하거나 법정해제권을 가지는 경우에, 해제가 행해지면 각기 수령한 급부를 반환하고 수취한 수익을 인도하여야 한다. (2) 채무자는 다음 각 호의 경우에는 반환 또는 인도에 갈음하여 가액을 상환하여야 한다. 1. 취득된 것의 성질상 그 반환 또는 인도가 배제되는 때, 2. 채무자가 수령한 목적물을 소비하거나, 양도하거나, 그에 부담을 설정하거나, 그를 가공하거나, 개조한 때, 3. 수령한 목적물이 훼손 또는 멸실된 때; 그러나 용도에 좇은 사용에 의하여 훼손이 발생한 경우에는 그러하지 아니하다. 계약에서 반대급부가 정하여진 경우에는 가액상환은 이를 기초로 하여 산정된다. (3) 다음 각 호의 경우에는 가액상환의무는 소멸한다. 1. 해제권을 발생시킨 하자가 목적물의 가공 또는 개조에 즈음하여 비로소 드러난 때, 2. 채권자가 훼

(3) 일본민법

일본민법(구 의용민법)은 해제를 묵시적 해제조건으로 규정하고 있었던 일본구민법과는 달리, 독일민법 제1초안을 참고로 하여 당사자의 일방적인 의사표시에 의하여 해제권을 행사할 수 있는 것으로 입법주의를 전환하였다(동법 540조).[33] 이와 같이 일본민법이 입법주의를 전환한 이유에 대하여 「민법수정안이유서」는 다음과 같이 기술하고 있다(밑줄은 필자 주).[34]

> 제3관 계약의 해제
>
> (이유) 기성법전은 의무의 소멸에 관한 규정의 한 절(節)로서 계약의 해제에 관하여 겨우 제561조[35]의 한 개 조문만을 두었으나, 이는 단지 의무는 해제조건의 성취 또는 재판상 득하는 해제로 인하여 소멸한다는 것, 그리고 해제소권은 시효기간에 따를 것을 인정할 뿐이고, 해제에 관한 여러 가지 규정은 법전의 여기저기에 산재되어 있고, 특히 해제의 결과(효과)에 대하여 상당한 규정을 두지 아니한 것은 그 결점이라고 말하지 않을 수 없으므로, 본안은 해제에 관한 일반규정을 한데 묶고 특히 해제의 결과가 당사자의 의사 또는 법률의 규정에 의하여 정하여지지 아니한 경우에 있어서의 준칙을 제시하고, 그 밖에 기성법전에 규정되지 아니한 다수당사자 사이의 계약의 해제에 관하여 혹은 해제권의 소멸에 관하여 차례로 적당한 규정을 두었다.
>
> 제540조(이유) 계약해제의 방법에 관한 제국의 입법례는 무릇 이를 세 가지 종류로 구별할 수 있다. 즉, 그 하나는 프랑스, 이탈리아, 네덜란드 등의 법전과 기성법전과 같이 재판상의 해제방법에 따른다. 다른 하나는 독일민법초안, 스위스채무법과 같이 의사표시에 의한 해제방법을 채택하는 것이다. 또 다른 하나는 당연해제의 주의에 의하는 것인데, 당연해제의 주의는 극히 간편하지만, 간이가 지나친 폐해는 아직 법률에 익숙하지 아니한 일반인민으로 하여금 왕왕 부지불식간에 권리를 잃는 불이익을 입게 하는 것이

손 또는 멸실에 대하여 책임 있거나 목적물이 그에게 있었더라도 마찬가지로 손해가 발생하였을 것인 때, 3. 법정해제권의 경우에 반환채권자가 그에게 있었던 목적물에 자기의 사무에 대하여 통상 행하여지는 주의를 하였음에도 훼손 또는 멸실이 발생하였을 때. 잔존이득은 반환되어야 한다; 대차물의 사용이익에 대하여 가액반환을 하는 경우에는 사용이익의 가치가 보다 낮다는 사실을 증명할 수 있다. (4) 채권자는 제1항의 의무의 위반을 이유로 하여 제280조 내지 제283조의 정함에 따라 손해배상을 청구할 수 있다. 제347조(해제 이후의 사용·수익) (1) 채무자가 수익을 수취할 수 있었음에도 불구하고 정상적인 경영규칙에 반하여 수익을 취하지 아니한 경우에는, 채무자는 채권자에 대하여 가액을 배상할 의무를 부담한다. 법정해제권에 있어서 권리자는 수익의 관점에서 자기 자신의 사무에 대하여 통상적으로 행하여지는 주의에 대하여서만 책임을 진다. (2) 채무자가 목적물을 반환하거나, 가액을 배상하거나, 그 가액배상의무가 제346조 제3항 제1호 또는 제2호에 의하여 배제된 경우에는 그에게 필요비가 상환되어야 한다. 그 밖의 비용은 채권자가 이를 통하여 이득을 얻은 범위 내에서 상환되어야 한다. 제348조(상환적 이행) 해제로부터 발생한 당사자들의 의무는 동시에 상환적으로 이행되어야 한다. 제320조, 제322조의 규정은 이에 준용된다.

33) 일본민법(구 의용민법) 제540조: ① 계약 또는 법률의 규정에 의하여 당사자의 일반이 해제권을 가지는 때에는 그 해제는 상대방에 대한 의사표시에 의하여 이를 한다. ② 전항의 의사표시는 이를 취소할 수 없다.

34) 「民法修正案理由書」, 457～458 참조.

35) 일본구민법 재산편 제561조: ① 의무는 제409조, 제421조 및 제422조에 따라서 명시하여 요약한 해제 또는 재판상 득한 해제로 인하여 소멸한다. ② 해제를 청구할 수 있는 때에는 그 해제소권은 통상의 시효기간에 따른다. 다만, 법률로써 그 기간을 단축한 경우에는 그러하지 아니하다.

라면, 당연해제의 주의는 편의상 어떤 경우에 한하여 이를 인정할 수 있으나, 일반적으로 이 주의에 따르는 것은 법률보호의 본지에 적당하지 아니하므로, 본안은 이미 상계의 규정에 대하여 당연상계가 행하여지는 주의를 채용하지 아니한 것과 같이 본조에 있어서도 당연해제의 주의를 배척하였다. 다음으로 재판상의 해제방법은 극히 정중하고 확실하지만, 지나치게 간섭하여 그 필요가 없을 뿐만 아니라 이 때문에 당사자는 비용 및 수수료가 들고, 또한 인민은 재판소에 나가는 것을 싫어한다는 감각상의 이유에 의하여 입법자가 거래의 편의를 꾀하여 특히 인정한 해제권도 그 효용이 감소됨이 적지 않다. 이것이 본안이 기성법전 재산편 제421조 제2항[36]이 규정하는 바와 같은 해제방법을 채용하지 아니한 이유로서, 오히려 독일민법초안 스위스채무법 등의 주의를 모방하여 계약의 해제는 해제권을 가지는 자가 상대방에 대하여 해제의 의사를 표시함으로써 이를 행하는 것으로 함으로써 실제의 편의에 적당하도록 함과 동시에 거래의 확실을 잃지 않도록 한 것이다.

다음으로 의사표시는 일반적으로 이를 취소(철회의 의미임: 저자 주)할 수 있으나, 본조의 경우와 같이, 해제의 의사표시를 취소하는 것을 허용하는 경우에는 거래의 혼잡을 일으켜 상대방의 이익을 해함이 적지 않으므로, 본안은 특히 본조 제2항의 명문으로써 해제의 의사표시는 이를 취소할 수 없다는 취지를 규정하였다.

즉, '거래의 편의와 법원에 가기를 꺼려하는 일반국민들의 감정을 고려하여, 법원의 판결에 의하여서만 계약을 해제할 수 있도록 하는 프랑스민법의 제도를 배척하고, 독일민법초안과 스위스채무법의 규정을 모범으로 하여 의사표시에 의하여 간단하게 계약을 해제할 수 있도록 하였다'는 것이 일본민법의 입법자 의사임을 알 수 있다. 다만, 일본민법의 해제제도는 법정해제제도를 중심으로 하고 있으며, 해제권의 발생원인을 채무불이행에서 구하고 있는 점, 그리고 해제와 손해배상의 경합을 인정하고 있다는 점에서 프랑스민법의 요소가 강하게 남아 있다. 따라서 일본민법상의 해제제도는 프랑스민법과 독일민법의 절충적인 형태의 입법이라고 보아야 할 것이다.

(4) 우리 민법

우리 민법상의 해제제도는 구 의용민법(일본민법)의 해제제도를 거의 그대로 계승하였다. 다만, 구 의용민법에서는 임대차(620조)[37]·고용(630조)·위임(652조)·조합(684조)과 같은 계속적 계약에서의 해제의 소급효를 배제하는 내용의 규정을 개별적으로 규정하고 있었으나,[38] 현행 민법은 이를 「해지의 효과」라는 제목으로 일반화하고 통합한 제550조를 신설하여, '당사자

36) 일본구민법 재산편 제421조: ① 무릇 쌍무계약에는 의무를 이행하거나 이행을 최고하는 당사자 일방의 이익을 위하여 다른 일방의 채무불이행의 경우에 있어서 항상 해제조건을 포함한다. ② 이 경우에 있어서 해제는 당연히 행하여지는 것이 아니라 손해를 입은 일방으로부터 이를 청구할 것을 요한다. 그러나 재판소는 제406조에 따라서 다른 일방에게 은혜상의 기한을 하여할 수 있다.

37) 구 의용민법(일본민법) 제620조: 임대차를 해제한 경우에 있어서는 그 해제는 장래에 향하여서만 그 효력이 생긴다. 다만, 당사자의 일방에게 과실이 있는 때에는 이에 대한 손해배상의 청구를 방해하지 않는다.

38) 구 의용민법 제630조: 제620조의 규정은 고용에 이를 준용한다. 제652조: 제620조의 규정은 위임에 이를 준용한다. 제684조: 제620조의 규정은 조합에 이를 준용한다.

일방이 계약을 해지한 때에는 계약은 장래에 대하여 그 효력을 잃는다'고 규정하고 있다.[39] 또한 현행민법은 제543조(해지, 해제권), 제547조(해지, 해제권의 불가분성), 제551조(해지, 해제와 손해배상)에서 해제와 나란히 「해지」에 관한 규정을 두고 있는데, 이에 대해서는 '해제와 해지의 체계적·구조적 차이에 대한 이해의 결여에서 비롯된 것'이라는 입법론적 비판이 있다.[40)]

우리 민법상의 해제제도도 구 의용민법과 마찬가지로 형식적인 면에서는 해제에 관한 일반규정을 두고 있다는 점, 약정해제에 관하여서도 규정하고 있다는 점, 해제권의 행사를 일방적 의사표시로 할 수 있도록 한 점 등에서는 독일민법과 유사하다. 그러나 내용적인 면에서는 법정해제를 중심으로 하고 있다는 점, 해제와 손해배상의 경합을 인정하고 있다는 점에서는 프랑스민법과 유사하다. 그러므로 우리 민법도 구 의용민법과 마찬가지로 프랑스민법과 독일민법의 절충적 입장을 취하고 있다고 할 수 있을 것이다.[41)] 그러나 현행민법은 구 의용민법과는 달리 계속적 계약관계의 해소에 대해서는 소급효가 인정되지 않는 해지제도를 규정하고 있는바(제550조), 이 점은 독일민법이나 프랑스민법 등 다른 외국의 입법례와 구별되는 우리 민법의 특징이며, 장점이라고 할 수 있다.

[13] Ⅲ. 해제제도의 본질 및 이론적 근거

'당사자 일방의 의사표시에 의하여 계약의 구속력으로부터 벗어날 수 있는 법정해제제도의 이론적 근거가 무엇인가?' 하는 것은, 해제제도에 관한 민법규정의 올바른 해석론을 수립하기 위하여 반드시 검토되어야 할 문제이다.[42)] 다만, 본서에서는 해제제도의 이론적 근거에 관한 프랑스의 학설과 국내의 학설을 검토하는 데 그치기로 한다.[43)]

---

39) 현행민법은 제551조를 신설하여, '계약의 해지 또는 해제는 손해배상의 청구에 영향을 미치지 아니한다'고 규정하고 있으나, 이는 구 의용민법 제545조 제3항의 규정을 분리한 조문에 불과하다.

40) 김동훈, "채무불이행의 효과: 계약의 해제 -한국민법의 개정시안을 중심으로-", 민사법학 65호(한국민사법학회, 2013/12), 411 참조.

41) 同旨: 김욱곤, 전게논문(주 11), 721 참조.

42) 해제제도의 본질과 이론적 근거에 관한 국내 학설의 논의로서는 김욱곤, 상게논문, 711 이하; 정진명, "계약해제의 존재의의에 대한 검토", 경암홍천룡박사화갑기념 「민법의 과제와 현대법의 조명」, 1997/11, 415 이하 참조.

43) 이하에서의 해제의 이론적 근거에 관한 프랑스민법학에서의 학설은 김욱곤, 상게논문, 721 이하를 주로 참조하였다.

1. 프랑스의 학설

(1) 원인설(théorie de la cause)

이는 '쌍무계약에서 당사자 일방은 타방 당사자가 약속한 급부의 이행을 얻기 위하여 자기의 채무를 부담하는 것이므로, 일방 당사자의 채무이행은 타방 당사자의 채무부담의 원인이 된다'는 견해이다. 즉, 쌍무계약에서 일방 당사자의 채무불이행은 타방 당사자의 채무부담에 대한 원인을 결여하게 함으로써, 타방 당사자의 채무의 소멸을 가져온다는 이론이다.[44] 이 견해에 대해서는, '쌍무계약에서 각 당사자의 채무부담의 원인은 타방 당사자의 채무이행이 아니라 채무부담의 약속'이라는 비판이 있다. 즉, '쌍무계약의 이행단계에서 쌍방채무의 원인관계를 인정하여야 한다면 일방 당사자의 채무불이행은 계약 무효의 효과를 초래하여야 할 것임에도 불구하고, 타방 당사자의 이행을 강제할 수 있거나 해제를 할 수 있는 데 그친다는 것은 이론상 모순이므로, 쌍무계약의 이행단계에서 쌍방채무의 원인관계는 인정되지 않는다'는 비판이다.

(2) 균형설(théorie de l'équivalence)

이는 '쌍무계약의 특성으로부터 인정되는 모든 제도의 기초를 균형에서 찾아야 한다'는 견해이다. 이 견해에 따르면, 「균형」은 쌍무계약의 효력상의 원인 개념의 기초를 이루는 것으로서, 채무불이행으로 인한 해제와 동시이행항변권은 균형이라는 개념이 적용된 결과라고 한다. 즉, 쌍무계약의 성립단계에서의 균형의 필요성은 「원인」(cause)이라는 요건으로 나타나며, 이행단계에서의 균형의 필요성은 동시이행의 항변권과 해제라는 제재(制裁)의 형태로 나타난다는 것이다(Maury).

(3) 신의·형평설(théorie de la bonne foi et de l'équité)

이는 '법정해제제도는 신의와 형평의 이념에 기하여 인정되는 제도'라는 견해이다. 즉, 양 당사자가 상호의존적 견련관계에 있는 채무를 부담하는 쌍무계약에서 반대급부의 이행을 받지 못한 당사자는 계약의 구속력을 받게 하고, 채무를 이행하지 않는 당사자는 오히려 쌍무계약의 이익을 받도록 허용하는 것은 신의와 형평에 반하므로, 신의와 형평의 이념에 기하여 반대급부의 이행을 받지 못한 쌍무계약의 당사자로 하여금 계약의 구속력으로부터 벗어날 수 있도록 하는 것이 바로 법정해제제도라는 것이다(G. Ripert).

이 견해는 신의와 형평의 관념이 쌍무계약의 이론적 발전에 미친 연혁상의 역할을 중시하는 이론이라고 할 수 있으나, '해제제도에 대한 구체적이고 기술적인 이론적 근거를 제시

---

44) 이 이론은 19세기에 Demolombe와 Laurent에 의하여 주장된 이래, Capitant, Esmein, Beaudant-Lagande, Weill et Terré 등 많은 학자들에 의하여 지지되었다(김욱곤, 상게논문, 723 참조).

하지 못하고 신의와 형평이라는 지나치게 일반적이고 추상적인 이념에 의하고 있다'는 비판을 받고 있다.

(4) 손해배상설(théorie de la réparation du préjudice)

이는 법정해제제도의 본질을 '채무불이행으로 인하여 채권자가 입은 손해를 회복하는 수단의 하나'라고 보는 견해이다. 즉, 쌍무계약에서 일방 당사자가 채무를 불이행한 경우에는 타방 당사자가 채권자로서 채무자에 대하여 손해배상을 청구할 수 있으나, 손해배상은 채무자가 변제능력이 없는 경우에는 실효성이 없는 제도이므로, 해제에 의하여 채권자로 하여금 자기 자신의 급부의무를 면하게 하거나 이미 이행한 급부를 회복할 수 있도록 함으로써 채권자가 채무자의 급부를 이행받지 못하고 자기의 채무만을 이행함으로써 발생하는 손해를 사전 또는 사후에 배제할 수 있게 되는 효과적인 배상제도라는 것이다. 이 견해에 따르면, 해제에 의한 원상회복에도 불구하고 여전히 손해가 존재한다면 그에 대한 보충적인 손해배상청구도 가능하게 된다(Mazeaud).

이 견해에 대해서는, '채권자가 아무런 손해를 입지 않은 경우라 할지라도 채무불이행만 있으면 계약은 해제될 수 있는 것이므로 「손해배상설」로서는 불충분하며, 해제제도의 기초는 교회법에서 유래하는 채무불이행에 대한 「제재의 사상」에 의하여 보완되어야 한다'는 비판이 있다.

(5) 다원설(多元說)

오늘날에는 해제제도의 기초를 일원적으로 설명하기보다는 다원적으로 설명하는 견해가 일반적인데, 구체적으로는 다음과 같은 견해들이 주장되고 있다.[45]

1) 순수다원설(純粹多元說)

이는 '법정해제제도는 「묵시적 조건설」, 「손해배상설」 및 「원인설」 등의 종합적 고려에 기하여 확립된 것이기 때문에, 그 이론적 근거는 이들 여러 가지 이론에서 다원적으로 찾아야 한다'는 견해이다(Starck/Roland/Boyer).

2) 「원인설」에 입각한 다원설(多元說)

이는 기본적으로는 「원인설」에 입각하면서도, 「원인설」만으로는 프랑스민법상 해제에 대하여 법관에게 부여되고 있는 광범위한 권한을 설명할 수 없다는 이유를 들어, 해제제도의 연혁과 일반적 형평(신의와 형평설) 및 경제적 상황(균형설)의 고려에 의하여 보완되어야 한다는 견해이다(Weill et Terré).

---

45) 김욱곤, 상게논문, 725 참조.

3) 「신의와 형평설」에 입각한 다원설(多元說)

이는 '법정해제제도는 법률과 당사자들에 의하여 원의된 균형으로 표현되는 「신의와 형평의 원칙」이며(「신의와 형평설」 및 「균형설」), 쌍무계약의 효력에 관한 이론은 원인론의 단순한 적용은 아니라고 할지라도 그와 동일한 관념에 기하는 것이라고 보아야 한다'는 견해이다(원인설). 이 견해에 따르면, '법정해제제도는 쌍무계약에 의한 채무의 상호의존성과 전적으로 조화되는 것으로서, 양 당사자의 채무는 원의된 균형관계와 상호의존적 관계를 이루고 있는데, 일방 당사자가 채무를 불이행한 경우에는 타방 당사자는 강제이행을 청구할 수 있으나, 이는 많은 시간과 비용을 요하게 되므로 채권자는 강제이행을 청구하기보다는 오히려 계약의 구속력으로부터 벗어나기를 원하는 경우도 있다. 또한 동시이행항변권은 계약관계를 소멸시키지 않고 단지 이행을 유예시키는 데 그칠 뿐만 아니라, 이는 선이행을 한 당사자에게는 아무런 구제수단이 될 수가 없으므로, 채권자로 하여금 계약의 효력을 소멸시킴으로써 이미 이행한 급부를 회복할 수 있는 방법을 강구하는 것이 필요하게 되는바, 채무불이행으로 인한 계약의 해제제도는 바로 이러한 이중적인 목적(계약의 구속력으로부터의 해방과 기이행급부의 회복)을 충족시키는 제도'라고 한다(Marty et Raynaud).

2. 해제의 본질에 관한 국내의 학설

전술한 바와 같이, 해제의 본질 및 이론적 근거를 본격적으로 다룬 국내문헌은 드물다. 심지어는 종래의 통설·판례인 「직접효과설」을 비판하고 독일의 「청산관계설」을 우리 민법의 해석론으로 도입하여, 해제의 효과인 원상회복을 계약관계의 청산을 위한 새로운 반환청구권의 발생으로 보아야 한다고 주장하는 학자들조차 해제제도의 본질에 관한 본격적인 연구결과를 발표한 적이 없을 정도이다. 다만, 1990년에 김욱곤 교수가 이 문제에 관한 프랑스의 학설을 상세히 소개하고 자신의 의견을 밝힌 것이 이 문제에 관한 당시의 거의 유일한 연구업적이었다. 이러한 상황에서 1997년 정진명 교수가 「청산관계설」을 지지하는 입장에서 김욱곤 교수의 견해를 정면으로 비판하는 견해를 발표하여 주목을 끌었다. 이들의 주장을 요약하면 다음과 같다.

(1) 「신의와 형평설」에 입각한 다원설

김욱곤 교수는 '법정해제제도는 쌍무계약관계에 있어서 채무불이행으로 인하여 반대급부의 이행을 받지 못하는 당사자를 계약적 구속상태에 계속 묶어두는 것은 부당할 뿐만 아니라 동시이행의 항변제도라든지 채무불이행의 경우에 채권자에게 인정되는 강제이행청구권이나 손해배상청구권과 같은 일반적 제도만으로는 채권자 보호를 위하여 충분하지 못하다는 점을 고려하여, 채무불이행의 경우에 채권자를 보다 효과적이고 타당하게 보호하기 위하여 쌍무계약관계에 있어서의 쌍방채무의 상호의존적 견련성으로부터 나오는 신의와 형평의 이념에 기하여 인정된 하나의 고유한 제도이며, 쌍무계약관계에서 채무불이행으로 인하여 채권자가 입게 될 손해를 형평의 입장에서 효과적으로 배상 내지 구제하는 제도'라고 설명한다.[46] 전자의 설명은 프랑스민법학의 이른바 「신의형평설」에 해당하는 주장이며, 후자의 설명은 「손해배상설」에 해당하는 주장이라고 생각된다. 따라서 김욱곤 교수의 견해는 '「신의형평설」과 「손해배상설」을 결합한 「다원설(多元說)」'의 입장이라고 할 수 있다.

(2) 청산관계설

정진명 교수는 독일의 「청산관계설」의 도입을 지지하는 입장에서, '해제는 채무자에 대한 제재보다 상대방을 계약의 구속력에서 해방시키는 데 그 존재의의가 있으며, 그 제도적 근거는 채무자에게 계약관계를 깨뜨린 책임을 물으려는 것이 아니고 단지 계약이 제기능을 다하지 못하고 있음을 확정하려는 데 있다'고 한다.[47] 그리고 그는 이러한 인식하에, 계약해제의 요건인 급부장애를 손해배상의 요건으로서의 채무불이행과 동일시하는 통설적 견해에 대하여, '이러한 법적 사고는 유책사유 없는 급부장애에 의하여 계약이 제기능을 다하지 못하는 경우에도 다른 당사자를 구속 하에 두고 자신의 급부를 이행하도록 하는 모순에 빠지게 된다'고 비판하고 있다.

3. 학설의 검토

쌍무계약에서 당사자 쌍방의 채무는 상호의존적인 견련관계에 있다. 그리고 쌍무계약의 이러한 상호의존적 견련관계는 계약의 이행과 존속(소멸)의 단계에서도 인정되어야 한다. 그런데 쌍무계약의 이행상의 견련성에 의거하여 인정되고 있는 채무자의 동시이행항변권은 선이행의무의 이행을 완료한 채권자를 위해서는 아무런 구제수단이 되지 못한다. 또한 위험부담의 법리(위험부담법리에 의한 부당이득반환청구)는 쌍방불귀책사유로 인하여 이행이 불능인 경우에만 적용되는 것이므로, 채무자의 귀책사유로 인하여 이행불능이 된 경우에는 채권자를 위한 구제수단이 될 수 없다.[48] 따라서 쌍무계약의 이행단계에서 자기의 채무를 선이행한 채권자의 보호를 위하여서는 동시이행항변권이나 위험부담의 법리 이외에도 계약의 구속력으로부터 일방적으로 벗어나게 할 수 있는 특별한 구제수단이 필요하게 되는데, 해제는 바로

---

46) 김욱곤, 상게논문, 726~727 참조.

47) 정진명, 전게논문(주 42), 416 참조. 「청산관계설」을 지지하는 다른 국내학자들의 해제제도의 본질에 관한 인식도 정진명 교수의 이러한 인식과 대동소이하다고 생각된다.

48) 다만, 독일민법과 같이 채무자의 귀책사유 없이 이행불능이 발생한 경우에도 해제할 수 있도록 하는 경우에는, 해제는 위험부담과 같은 기능을 하며, 「청산관계설」에 의하면 해제와 위험부담은 완전히 같은 성질의 제도가 된다.

이러한 필요에 응하는 제도이다. 물론 쌍무계약에서 선이행의무를 완료한 채권자를 위한 구제수단으로 해제만이 존재하는 것은 아니며, 그 밖에 강제이행(389조)과 손해배상(390조)도 있다. 그러나 강제이행은 많은 시간과 비용이 소요되므로 채권자에게는 오히려 번거로운 일이 될 수 있다. 그리고 상대방이 채무를 불이행하고 있는 경우에도 채권자를 계약에 구속시키는 것은 자신의 귀책사유로 인하여 채무를 불이행한 당사자는 그가 원래 기도한 대로의 목적을 달성하는 데 반하여, 급부를 이행받지 못한 당사자는 원래의 급부 대신 손해배상으로 만족해야 하는 결과가 되므로 형평에 반하는 결과가 된다. 따라서 쌍무계약의 상호의존적 견련성을 고려할 때, 채무자의 귀책사유로 인한 채무불이행의 경우에는 채권자 스스로 계약의 구속력으로부터 해방될 수 있는 제도인 해제를 인정하는 것이 「신의와 형평의 원칙」에 부합한다고 할 것이다(신의·형평설). 또한 채무자가 변제능력을 상실한 경우에는 손해배상도 불확실한 것이 되므로, 이러한 경우에 채권자로 하여금 계약관계를 소급적으로 소멸시켜 자기의 급부의무를 면하게 하고, 이미 이행된 급부의 반환을 받을 수 있도록 하는 것이, 채무불이행으로 인한 손해를 간편하게 제거할 수 있는 보다 효과적이고도 타당한 제도라고 할 수 있을 것이다(손해배상설). 이와 같이 해제제도의 본질을 「손해배상」(Sachdensersatz)으로 파악함으로써, 계약의 소급적 소멸을 효과로 하면서도 손해배상과의 경합을 인정하고 있는 우리 민법상의 해제제도를 모순 없이 설명할 수 있다고 생각한다.

이러한 관점에서, 채무자의 귀책사유의 유무와 관계없이 채권자의 해제권을 인정하는 것으로 입법태도를 전환한 독일민법의 태도를 추종하여, 해제제도의 근거를 '채무자에게 계약관계를 깨뜨린 책임을 물으려는 데 있는 것이 아니라, 단지 계약이 제기능을 다하지 못하고 있음을 확정하려는 데 있다'는 주장의 타당성은 극히 의문스러우며, 이를 우리 민법상의 해제제도의 근거이론으로 삼으려는 태도에 대해서는 찬성할 수 없다. 왜냐하면 해제는 단지 "계약이 제기능을 다하지 못하고 있음을 확정하려는 데" 있는 소극적인 제도가 아니라, 채권자의 손해를 실질적으로 전보해주는 데 그 제도적 의의가 있다고 보아야 할 것이기 때문이다. 또한 해제의 요건으로 귀책사유가 불필요하다는 견해에 따르면 위험부담의 법리와 해제와의 경계가 모호해지며 궁극적으로는 해제는 불필요한 제도가 되고 말 것이다.

요컨대, 법정해제제도는 쌍무계약에서의 양 채무의 상호의존적 견련성을 고려하여, 당사자 일방의 채무불이행이 있는 경우에 보다 효과적으로 채권자를 보호하기 위하여 신의와 형평의 원칙에 입각하여 인정된 제도로서, 손해배상제도를 실질적으로 보완하는 의미를 가지는 제도라고 보아야 할 것이다.

[14] Ⅳ. 해제에 관한 민법규정의 해석

1. 해제권의 발생

현행민법상 계약의 해제는 법원의 특별한 개입 없이 해제권자의 일방적인 의사표시인 「해제권의 행사」에 의하여 이루어진다. 따라서 해제의 요건에서 가장 중요한 것은 '어떠한 경우에 계약당사자에게 해제권이 발생하는가?' 하는 문제라고 할 수 있다. 이하에서는 해제권의 발생요건을 약정해제권의 발생요건과 법정해제권의 발생요건으로 나누어 살펴보기로 한다.

(1) 약정해제권의 발생

당사자는 계약에 의하여 당사자 쌍방 또는 일방의 해제권을 유보할 수 있다(543조 1항). 그리고 이러한 약정해제권의 유보는 반드시 해제의 대상이 되는 원래의 계약에서 이루어져야 하는 것은 아니며, 원래의 계약과 별개의 계약에 의하여 이루어질 수도 있다. 여기서 약정해제권을 유보하는 계약의 조항을 「해제약관(解除約款)」이라고 하는데, 계약의 당사자가 약정해제권을 유보하는 이유는 '장래의 불확실한 사정에 대비하고, 특히 법정해제권의 발생요건인 채무불이행의 성립요건에 대한 증명의 곤란을 면하기 위한 것'이라고 할 수 있다. 학설 중에는 '약정해제권은 상대방이 채무를 불이행하는 경우에는 채권자도 이행의무를 면할 수 있도록 함으로써, 상대방의 불이행에 대비한 대응수단을 유보하기 위한 것'이라는 견해도 있으나,[49] 이러한 목적은 법정해제제도에 의하여 충분히 달성될 수 있으므로, 이를 약정해제의 존재이유라고 보기는 어렵다고 생각된다.

(2) 채무불이행으로 인한 법정해제권의 발생

법정해제제도는 쌍무계약에서의 양 채무의 상호의존적 견련성을 고려하고 「신의와 형평의 원칙」에 입각하여, 당사자 일방의 채무불이행이 있는 경우에 채권자의 일방적인 의사표시에 의하여 계약의 효력을 소급적으로 소멸시킴으로써 당사자를 계약의 구속력으로부터 해방시키는 이른바 「해방효(解放效)」를 인정하는 제도이다. 따라서 법정해제권의 발생요건을 한마디로 말하면, '쌍무계약에서 채무자의 귀책사유로 인한 채무불이행'이라고 할 수 있다. 다만, 「사정변경의 원칙」을 민법의 일반원칙으로 인정하는 경우에는 계약체결의 기초가 된 사정의 변경도 해제권 발생의 원인이 될 수 있다. (☞ [8] 계약의 일반적 효력)

---

49) 곽윤직, 84 참조.

1) 이행지체로 인한 계약해제의 경우

(가) 정기행위가 아닌 통상적 계약의 경우

'계약의 성질 또는 당사자의 의사표시에 의하여 일정한 시일 또는 일정한 기간 내에 이행하지 아니하면 계약의 목적을 달성할 수 없는 계약'을 「정기행위(定期行爲)」라고 한다(545조). 일반적으로 정기행위가 아닌 일반적인 계약은 비록 채무자가 이행기에 채무를 불이행하더라도 계약의 목적을 달성하는 것이 불가능하지는 않다. 민법은 이러한 점을 고려하여, 정기행위가 아닌 일반적 계약의 경우에는 채무자의 이행지체가 있더라도 채권자가 상당한 기간을 정하여 채무의 이행을 최고한 후 그 기간 내에 이행이 없는 경우에 비로소 해제권을 행사할 수 있는 것으로 규정하고 있다(544조).

(A) 채무자의 귀책사유로 인한 이행지체가 있을 것

a) 채무자의 귀책사유 통설적 견해에 따르면, 이행지체로 인한 채무불이행책임으로서의 손해배상청구권이 발생하기 위하여서는, ① 이행기가 도래하였을 것, ② 이행이 가능할 것, ③ 채무자의 귀책사유로 인하여 이행이 지체되었을 것, ④ 이행지체가 위법할 것의 네 가지 요건이 필요하며, 이행지체로 인한 해제권의 발생을 위해서도 이러한 일반적인 요건이 필요하다고 한다. 그런데 민법은 손해배상의 경우와는 달리, 이행지체로 인한 해제권의 발생요건에 관해서는 제544조에서, 단지 "당사자 일방이 그 채무를 이행하지 아니하는 때"라고만 규정하고 있다. 따라서 '이행지체로 인한 법정해제권의 발생요건으로서 채무자의 귀책사유를 요하는가?' 하는 문제에 대해서는 해석상 의문이 있을 수 있다. 이에 대하여, '이행지체로 인한 해제권의 발생에 있어서도 손해배상청구권의 경우와 마찬가지로 채무자의 귀책사유를 요한다'고 해석하는 것이 학설의 지배적인 견해이며,[50] 채무자의 귀책사유를 요하지 않는다고 해석하는 견해는 드물다.[51]

생각건대, 법정해제제도의 기초를 신의와 형평 및 손해배상제도의 보완에서 찾아야 한다고 본다면, 이행지체로 인한 계약해제권도 손해배상청구권의 요건과 마찬가지로 채무자의 귀책사유를 요한다고 해석하여야 함은 이론상 당연한 것이라고 할 것이다. 다만, 이행지체는 원칙적으로 여전히 이행이 가능한 경우일 뿐만 아니라, 상당한 기간을 두어 이행을 최고하는 것이 해제의 요건이 되고 있으므로, 사실상 채무자의 귀책사유의 존부가 소송에서 문제될 가능성은 거의 없다고 할 수 있으며, 실제사례에서도 채무자의 귀책사유의 요부(要否)가 문제된 경우는 찾아볼 수 없다.

b) 위법성 : 이행지체의 정당화사유의 부존재 쌍무계약에서 상대방의 이행지체를 이유로

---

50) 김동훈, "계약해제의 요건에 관한 연구", 법학논총 12집(국민대법학연구소, 2000/2), 183 참조; 곽윤직, 86; 김주수, 114; 송덕수, 119; 이은영, 164; 이태재, 112 참조.

51) 김형배, 214; 이은영, 229 참조.

계약을 해제하려는 자는 동시이행관계에 있는 자기의 채무를 이행하거나 이행의 제공을 하여 상대방의 동시이행항변권을 소멸시키지 않으면 안 된다(대법원 1965.10.5.선고, 65다1644·1645 판결). 이때 자기의 채무를 이행하기 위하여 상대방의 행위를 필요로 하는 경우에는, 언제든지 현실로 이행할 수 있는 준비를 갖추고 그 뜻을 상대방에게 통지하여 그 수령을 최고하여야만 상대방을 이행지체에 빠지게 할 수 있는 것이며, 단순히 이행의 준비태세를 갖추고 있는 것만으로는 부족하다(대법원 1993.4.13.선고 92다56438 판결). 그러나 상대방이 한번 이행지체에 빠진 경우에는, 다시 이행제공을 하지 않고서도 해제할 수 있다고 해석된다.[52] (☞ 채권총론 편, 제3장 제2절 「변제의 제공」)

c) 일부지체의 경우　일부이행은 '채무의 내용에 좇은 이행'이 되지 않으므로, 채권자는 계약 전부를 해제할 수 있음이 원칙이다(대법원 1962.10.11.선고, 62다420 판결 등).[53] 그러나 '이행된 일부의 급부가 채권자에게 가치가 있고 불이행 부분의 해제만으로도 채권자의 이익이 충분히 보호될 수 있는 경우, 또는 불이행 부분이 아주 경미한 경우에는, 신의칙상 계약 전부의 해제는 허용되지 않는다'고 해석된다(대법원 1966.5.31.선고, 66다626 판결 등).[54] 또한 판례는 '매매목적물의 수량 일부가 부족하여 매수인이 대금감액을 청구할 수 있음에도 불구하고 매도인이 이를 거절하고 원래의 약정매매대금 전액의 이행을 청구하거나, 또는 계약상 의무가 없거나 소유권이전등기와 동시이행관계에 있지도 아니한 과다한 금액의 이행을 청구한 경우, 과다한 이행의 최고는 부적법하므로 그 최고가 적법함을 전제로 하는 계약의 해제는 효력을 발생할 수 없다'고 한다(대법원 1989.9.26.선고, 89다카10767 판결 등).[55]

(B) 상당한 기간을 정하여 이행을 최고하였을 것

a) 이행의 최고　「이행의 최고」라 함은 '채무자에 대하여 채무의 내용인 급부를 실현할 것을 요구하는 행위'를 말하는데, 그 법적 성질은 준법률행위의 일종인 「의사의 통지」이다. 그리고 이는 제387조 제2항에서 규정하고 있는 "이행청구"와 같은 것이라고 해석되고 있다.[56] 이행의 최고는 특별한 형식을 필요로 하지 않으며, 채무의 동일성을 파악할 수 있는 정도로 채무를 특정하여 그 이행을 촉구하는 것이면 충분하다. 따라서 '기간 내에 이행하지 않으면 해제한다'는 경고를 할 필요는 없다. 그러나 '이행이 없는 경우에는 계약은 당연히 해제된다'는 취지의 경고를 할 수도 있는데, 판례는 이러한 이행청구는 그 이행청구와 동시에 최고기간 내에 이행이 없는 것을 정지조건으로 하여 미리 해제의 의사표시를 한 것으로 본다(대법원

52) 同旨: 곽윤직, 86 참조.
53) 같은 취지: 대법원 1975.11.25.선고, 75다1110 판결.
54) 같은 취지: 대법원 1971.3.31.선고, 71다352·353·354 판결.
55) 같은 취지: 대법원 1980.3.12.선고, 79다1948 판결.
56) 곽윤직, 86; 송덕수, 120 참조.

1981.4.14.선고, 80다2381 판결 등).[57] 따라서 최고기간이 경과되면 해제의 의사표시가 없더라도 계약은 당연히 해제된 것으로 간주된다(대법원 1979.9.25.선고, 79다1135·1136 판결 등).[58] 또한 '반드시 일정한 기간을 명시하여 이행을 최고하여야 할 필요는 없으므로, 기간의 명시가 없더라도 최고한 때부터 상당한 기간이 경과하면 해제권이 발생한다'고 해석된다(대법원 1990.3.27., 89다카14110 결정 등).[59]

b) 실권약관(失權約款)이 붙어있는 계약의 경우

(ⅰ) **실권약관의 의의** 「실권약관」이라 함은 '채무불이행이 있는 경우에는 채권자의 특별한 의사표시가 없더라도 계약의 효력이 당연히 소멸하며, 그에 따라 채무자는 권리를 상실한다는 취지의 약관'을 말한다. 예컨대, 할부매매에서 '매수인이 단 1회라도 대금의 지급을 지체하면 계약은 당연히 실효되며, 매수인은 목적물에 대한 권리를 상실하지만, 매도인은 이미 수령한 대금을 반환할 의무를 지지 않는다'는 취지의 약정이 있는 경우와 같다.

(ⅱ) **실권약관의 법적 성질** 학설은 일반적으로 '실권약관은 해제권이 유보된 것이 아니라, 채무불이행을 해제조건으로 하는 조건부계약이 체결된 것'이라고 해석하고 있다.[60] 이러한 견해에 따르면, 실권약관이 있는 계약에서 채무불이행이 있는 경우에는 해제조건이 성취되어 채권자의 해제의 의사표시를 하지 않더라도 계약은 당연히 효력을 상실한다. 이 점에서 「실권약관」은 해제의 의사표시(해제권의 행사)를 요하는 「약정해제」와 다르다.

(ⅲ) **실권약관의 효력** '채무불이행 시에는 계약은 해제된 것으로 본다'는 내용의 실권약관이 붙어있는 계약에서 채무불이행이 있은 경우에는 해제조건이 성취되어 법률상 당연히 계약의 효력이 소멸하므로, 이행의 최고가 필요 없음은 물론이고, 해제권의 행사가 없어도 계약은 당연히 해제된 것으로 보아야 할 것이다. 계약자유의 원칙상 실권약관도 유효한 것이 원칙이지만, 실권약관의 효력을 무제한 허용하는 경우에는 사소한 채무불이행이라도 조건사실을 구성하는 채무불이행이 있으면 실권약관에 의하여 계약이 효력을 상실함으로써 채무자의 권리도 법률상 당연히 상실되므로, 대부분 경제적 약자인 소비자의 지위에 서게 되는 채무자의 보호에 중대한 문제가 발생하게 된다. 이러한 점을 고려하여, 학설은 '실권약관이 채무자에게 불리한 정도가 심한 경우에는 민법 제103조의 사회질서에 반하는 계약으로서 무효이며, 채무자에게 불리한 정도가 심하지 아니한 경우에도 실권약관을 해제권유보의 특약으로 축소해석하여야 한다'고 해석하고 있다.[61]

---

57) 같은 취지: 대법원 1992.12.22.선고, 92다28549 판결.
58) 같은 취지: 대법원 1970.9.29.선고, 70다1508 판결; 대법원 1979.9.25.선고, 79다1135·1136 판결; 대법원 1992.12.22.선고, 92다28549 판결; 대법원 1994.11.25.선고, 94다35930 판결.
59) 같은 취지: 대법원 1979.9.25.선고, 79다1135·1136 판결; 대법원 1994.11.25.선고, 94다35930 판결.
60) 곽윤직, 82; 송덕수, 113 참조.
61) 곽윤직, 82; 송덕수, 114 참조.

판례 중에는 실권약관의 효력을 인정한 사례도 없지 않으나(대법원 1980.2.12.선고, 79다2035 판결 등),[62] '실권약관은 해제권의 유보조항'이라고 해석한 사례가 많다. 특히 '매매계약에서 "매도인이 위약 시에는 계약금의 배액을 배상하고, 매수인이 위약 시에는 지급한 계약금을 매도인이 취득하고 계약은 자동적으로 해제된다"는 조항은 위약당사자가 상대방에 대하여 계약금을 포기하거나 그 배액을 배상하여 계약을 해제할 수 있다는 해제권유보조항이라 할 것이고, 최고나 통지 없이 해제할 수 있다는 특약이라고 볼 수 없다'고 한다(대법원 1982.4.27.선고, 80다851 판결 등).[63] 또한 약관규제법은 신의칙에 반하여 공정을 잃은 약관조항을 무효로 규정하고 있으며(동법 6조), 계약의 해제·해지에 관하여 정하고 있는 약관의 내용 중 고객에게 불리한 내용을 정하고 있는 약관조항을 무효로 한다는 규정을 두고 있다(동법 9조). 따라서 실권약관은 약관규제법 제9조 제2호에 위반되는 약관으로서 무효가 되는 경우가 많을 것이다. (☞ [5] 약관에 의한 계약의 성립)

■ 임차인이 특정한 날짜까지 임차부분에 입점하지 아니하면 임대차계약이 자동적으로 해지된다는 특약이 있는 경우, 그 불이행 자체로써 계약이 자동적으로 해지되는지 여부(적극) 임대차계약을 체결하면서, '임대차계약은 임차인이 임차보증금을 완급한 때부터 효력이 생기고, 그때부터 한 달 이내에 임차인이 임차부분에 입점하지 아니하면 자동적으로 해지된다.'고 약정하였는데, 그 후 임차인이 위 기한 내에 입점하지 않았다면, 해지의 의사표시를 요하지 않고 그 불이행 자체로써 위 임대차계약은 그 일자에 자동적으로 해지된 것으로 보아야 한다. (대법원 2003.1.24.선고, 2000다5336·5343 판결)[64]

■ "매수인이 잔대금지급기일까지 대금을 지급하지 못하면 계약이 자동해제된다"는 취지의 약정이 있는 경우, 계약의 자동해제를 위하여 매도인이 잔대금지급기일에 자기 채무의 이행제공을 하여 매수인을 이행지체에 빠지게 하여야 하는지 여부(적극) 부동산매매계약에 있어서 매수인이 잔대금지급기일까지 그 대금을 지급하지 못하면 그 계약이 자동적으로 해제된다는 취지의 약정이 있더라도 특별한 사정이 없는 한 매수인의 잔대금지급의무와 매도인의 소유권이전등기의무는 동시이행의 관계에 있으므로, 매도인이 잔대금지급기일에 소유권이전등기에 필요한 서류를 준비하여 매수인에게 알리는 등 이행의 제공을 하여 매수인으로 하여금 이행지체에 빠지게 하였을 때에 비로소 자동적으로 매매계약이 해제된다고 보아야 하고, 매수인이 그 약정기한을 도과하였더라도 이행지체에 빠진 것이 아니라면 대금미지급으로 계약이 자동해제된다고는 볼 수 없다. (대법원 1992.10.27.선고, 91다32022 판결)[65]

---

62) 같은 취지: 대법원 1988.12.20.선고, 88다카132 판결; 대법원 1991.8.13.선고, 91다13717 판결; 대법원 1992.8.18.선고, 92다5928 판결; 대법원 2003.1.24.선고, 2000다5336·5343 판결.

63) 판례평석: 이재성, "쌍무계약에 있어서의 해약금조항, 실권약관의 해석", 변호사: 법률실무연구 13집(서울제일변호사회, 1983/3), 55 이하; 임동진, "해제요건을 감면하는 특약의 효력", 민사판례연구(5)(민사판례연구회, 1993/5), 134 이하; 심재돈, "부동산매매계약에 있어서 위약계약금조항에 부가된 자동해제조항의 해석", 민사재판의 제문제 9권(민사실무연구회, 1997/3), 132 이하. 같은 취지: 대법원 1979.12.26.선고, 79다1595 판결; 대법원 1992.10.27.선고, 91다32022 판결.

64) 판례평석: 김동훈, "계약의 자동해제조항과 합의해제", 고시연구 30권 5호, 2003/5, 212 이하; 윤경, "자동해지조항의 의미와 효력 등", 대법원판례해설 44호(법원도서관, 2004/1), 36 이하.

65) 판례평석: 정갑주, "매매잔대금에 대한 실권특약의 해석", 판례월보 268호(판례월보사, 1993/1), 41 이하; 윤재식, "부동산매매계약상 자동해제특약의 효력", 판례연구 7집(서울지방변호사회, 1994/1), 223

c) 과대최고(過大催告)와 과소최고(過少催告)의 경우

(ⅰ)「과대최고」의 경우 채권자가 급부의 범위를 초과하여 이행을 최고한 경우에는 적법한 최고로서의 효력이 인정될 수 없는 것이 원칙이나(대법원 1980.10.14.선고, 80다463 판결), '과대최고가 채무자가 급부하여야 할 수량과의 차이가 적어서 채무의 동일성이 인정되며, 채권자의 진의가 본래 급부하여야 할 수량을 청구한 것이라고 인정되는 경우에는 본래 급부하여야 할 수량의 범위 내에서 이행의 최고로서의 효력이 발생한다'는 데 학설과 판례의 견해가 일치한다.[66] 다만, 과다한 정도가 현저하고 채권자가 청구한 금액을 제공하지 않으면 그것을 수령하지 않을 것이라는 의사가 분명한 경우에는, 이러한 최고는 채권관계를 지배하는 신의성실의 원칙에 비추어 효력이 없다(대법원 1988.12.13.선고, 87다카3147 판결 등).[67]

(ⅱ)「과소최고」의 경우 채무의 일부에 대하여서만 최고를 한 「과소최고」의 경우에는 실제로 이행청구한 부분에 한하여 최고의 효력이 인정되므로, 그 부분에 한하여 해제할 수 있다.[68] 그러나 과소의 정도가 극히 작은 경우에는 신의칙상 채무 전부에 대하여 최고의 효력이 생긴다고 해석하여야 할 경우도 있을 수 있다.

d)「상당한 기간」을 정한 이행의 최고 이행의 최고는 상당한 기간을 정하여 하여야 하는데, 여기서 「상당한 기간」이라 함은 '채무의 성질 기타의 객관적 사정을 고려하여 채무자가 이행을 준비하고 이를 이행하는 데 필요한 기간'을 말한다. 따라서 질병이나 여행 등 채무자의 주관적 사정은 고려되지 않는다. 대법원판결 중에는 '단 1일의 유예기간을 주어 그 이행을 최고함은 상당한 기일이라고 볼 수 없다'고 판시한 사례도 있고(대법원 1976.4.27.선고, 75다739 판결), '매도인이 소유권이전등기 서류일체를 매수인에게 제공하면서 2일 이내에 잔대금을 지급할 것을 최고하였으나 잔대금의 지급이 없자 해제를 통고한 경우에 매매계약은 적법하게 해제되었다'고 판시한 사례도 있어서(대법원 1980.1.15.선고, 79다1859 판결), 구체적으로 어느 정도의 기간을 상당한 기간으로 볼 것인지는 채무의 성질이나 객관적 사정을 종합적으로 고려하여 개별적으로 정하는 수밖에 없다. 주의할 것은 '채권자가 정한 최고기간이 객관적으로 상당하다고 인정되는 기간보다 짧은 경우에도 최고가 무효가 되는 것이 아니라, 객관적으로 상당하다고 인정되는 기간이 경과하면 최고의 효력이 발생한다'는 점이다(대법원 1979.7.24.선고, 78다

이하; 송덕수/김병선, 「민법핵심판례210선」, 274 이하; 윤진수, 「민법기본판례」, 379 이하. 같은 취지: 대법원 1989.7.25.선고, 88다카28891 판결; 대법원 1992.7.24.선고, 91다15614 판결; 대법원 1993.12.28.선고, 93다777 판결; 대법원 1994.9.9.선고, 94다8600 판결; 대법원 1996.3.8.선고, 95다55467 판결; 대법원 2007.12.27.선고, 2007도5030 판결; 대법원 2007.11.29.선고, 2007다576 판결.

66) 송덕수, 121 참조.

67) 같은 취지: 대법원 1980.10.14.선고, 80다463 판결; 대법원 1992.7.24.선고, 91다38723·38730 판결; 대법원 1992.7.28.선고, 91다34660 판결; 대법원 1994.5.10.선고, 93다47615 판결; 대법원 2004.7.9.선고, 2004다13083 판결.

68) 同旨: 곽윤직, 87; 송덕수, 121; 이은영, 233 참조.

2496 판결). 유예기간이 상당하지 않다고 하여 이를 무효라고 해석하는 경우에는 채무를 이행하지 아니한 자를 지나치게 보호하는 결과가 되기 때문이다. 또한 '이행최고는 반드시 일정한 기간을 명시하여 최고하여야 하는 것은 아니므로, 상당한 유예기간을 정하지 아니하고 한 이행의 최고는 무효가 아니라 객관적으로 상당한 기간이 지난 후 해제권이 발생한다'고 해석하여야 할 것임은 전술한 바와 같다(대법원 1990.3.27., 89다카14110 결정 등).[69)]

e) 채무자의 「이행거절」의 경우 '채무자가 미리 이행하지 아니할 의사를 표시한 경우에도 채권자는 이행의 최고를 하여야 하는가?' 하는 것이 문제된다. 이에 대하여, 구 의용민법에는 명문규정이 없었기 때문에 학설이 대립하고 있었으나, 현행민법은 제544조 단서를 신설하여 이 문제를 해결하였다. 즉, 채무자가 미리 이행하지 아니할 의사를 표시한 경우에 채권자는 이행의 최고를 하지 않고도 계약을 해제할 수 있다(544조 단서).

학설 중에는 최고 없이도 계약을 해제할 수 있다는 점을 중시하여 '이행거절을 이행지체와는 별개의 독립한 채무불이행의 유형으로 파악하여야 한다'고 주장하는 견해가 있다.[70)] 그러나 이행거절의 경우 채권자가 최고 없이 해제권을 행사할 수 있으며, 이 경우의 손해배상은 지연배상이 아닌 전보배상(395조)이 인정되어야 한다는 점을 제외하고는 이행거절을 이행지체와 구별되는 독자적인 채무불이행의 유형으로 파악하여야 할 실익은 존재하지 않는다. 독일민법도 이행거절을 이행지체와 독립된 채무불이행의 유형으로 규정하고 있지는 않다(BGB §281 Ⅱ).[71)]

이른바 「이행거절」의 경우, 채권자는 최고 없이도 계약을 해제할 수 있음은 제544조 단서의 규정상 명백하다. 그러나 ① '이행거절의 경우에도 채권자가 해제를 하기 위해서는 자기채무의 이행제공을 하여야 하는가?' 하는 것은 명확하지 않은데, 판례는 '이 경우 채권자는 이행제공 없이도 상대방의 이행지체를 이유로 하여 계약을 해제할 수 있다'는 입장을 확립하고 있다(대법원 1981.11.24.선고, 81다633 판결 등).[72)] ② '이행거절의 경우, 채권자는 이행기를 기다리지 않고 즉시 계약을 해제할 수 있는 것인가?' 하는 것도 문제인데, 대법원은 '부동산매매에서 매도인이 중도금의 수령을 거절하였을 뿐만 아니라 계약을 이행하지 아니할 의사를 명백히 표시한 경우, 매수인은 소유권이전등기의무 이행기일까지 기다릴 필요 없이 이를 이유

69) 같은 취지: 대법원 1965.3.30.선고, 64다1224 판결; 대법원 1979.9.25.선고, 79다1135·1136 판결; 대법원 1990.3.27.선고, 89다카14110 판결.

70) 양창수, "독자적인 채무불이행유형으로서의 이행거절", 민법연구 4권(박영사, 1997/1), 121 이하 참조.

71) 독일민법 제281조(급부불이행 또는 채무에 좇지 아니한 이행으로 인한 급부에 갈음하는 손해배상) (2) 채무자가 급부를 진지하게 종국적으로 거절하거나 또는 쌍방의 이익을 형량하면 손해배상청구권의 즉시의 행사를 정당화하는 특별한 사정이 있는 때에는 기간의 설정은 요구되지 아니한다.

72) 같은 취지: 대법원 1976.11.9.선고, 76다2218 판결; 대법원 1980.3.25.선고, 80다66 판결; 대법원 1987.4.14.선고, 86다카11 판결; 대법원 1991.11.26.선고, 91다23103 판결; 대법원 2003.2.26.선고, 2000다40995 판결.

로 매매계약을 해제할 수 있다'고 판시함으로써, 이행기를 기다릴 필요가 없다는 입장을 취하고 있다(대법원 1993.6.25.선고, 93다11821 판결 등).[73][74] 또한 판례는 ③ '채무자가 채무를 이행할 의사가 없었는지, 그 의사 없음을 미리 표시하였는지 여부는 계약 당시나 계약 후의 여러 가지 사정을 종합하여 판단하여야 한다'는 입장을 확립하고 있는데(대법원 1991.3.27.선고, 90다8374 판결 등),[75] 이러한 취지에서, '매수인이 상대방의 계약해제권의 행사를 회피할 목적으로 매매계약 체결 시 자신의 주소를 허위기재하거나 실지 주소를 매도인에게 알리지 아니하고 소재를 밝히지 아니하여 매도인은 과실 없이 매수인의 소재를 알지 못함으로써 자기의 채무의 이행을 제공하여 상대방의 이행을 최고할 수 없게 된 채 이행기가 지나버린 경우에는, 신의성실의 원칙상 특별한 사정이 없는 한 매수인에게 이행의 의사가 없다고 봄이 상당하다'고 할 것이나(대법원 1990.11.23.선고, 90다카14611 판결 등),[76] '매매계약서상의 매수인 란에 주소와 주민등록번호 등이 기재되어 있지 않았다는 사유만으로 매수인에게 채무를 이행할 의사가 없는 것으로 단정할 수는 없다'고 한다(대법원 1991.11.26.선고, 91다23103 판결 등).

(C) 해제권의 발생시기 해제권은 원칙적으로 최고기간 내에 채무자의 이행 또는 이행의 제공이 없는 때, 즉 최고기간이 만료된 때에 발생한다. 그러나 '상대방이 미리 이행거절의 의사를 표시한 경우에는 이행지체의 사실이 발생한 때 해제권이 발생하며, 최고기간 내에 이행거절의 의사표시가 있으면, 최고기간이 끝나는 것을 기다리지 않고서, 이행거절 시에 해제권이 발생한다'고 해석하여야 할 것이다.[77] 그러나 해제권이 발생한 이후라도 채권자가 해제권을 행사하기 전에 채무자가 먼저 채무를 이행하면, 해제권은 소멸한다.[78]

(나) 정기행위의 경우

(A) 의 의 「정기행위」(Fixgeschäft)라 함은 '계약의 성질 또는 당사자의 의사표시에 의하여 일정한 시일 또는 일정한 기간 내에 이행하지 아니하면 계약의 목적을 달성할 수 없는 계약'을 말한다(545조). 정기행위는 급부의 객관적 성질상 반드시 일정기일에 급부하여야만 계약

73) 판례평석: 이성룡, "부동산의 매도인이 중도금의 수령을 거절할 뿐더러 계약을 이행하지 아니할 의사가 명백한 경우, 매수인의 해제권의 유무", 대법원판례해설 19-1호(법원도서관, 1993/12), 119 이하. 같은 취지: 대법원 2005.8.19.선고, 2004다53173 판결; 대법원 2007.9.20.선고, 2005다63337 판결; 대법원 2008.10.23.선고, 2007다54979 판결.

74) 대법원판결 중에는 '이행거절의 경우에도 채권자는 채무자가 이행거절 후 상당한 기간을 경과한 후 그 불이행을 이유로 계약을 해제할 수 있다'고 판시한 사례가 있으나(대법원 1974.2.12.선고, 73다618 판결), 이는 '상당한 기간이 지난 후에야 비로소 해제할 수 있다'는 취지는 아닌 것으로 보인다.

75) 같은 취지: 대법원 1991.11.26.선고, 91다23103 판결; 대법원 1992.2.28.선고, 91다15584 판결; 대법원 1993.12.7.선고, 93다32361 판결; 대법원 1995.4.28.선고, 94다16083 판결; 대법원 1996.7.30.선고, 96다17738 판결; 대법원 1997.11.28.선고, 97다30257 판결; 대법원 2005.4.15.선고, 2004다71096 판결; 대법원 2005.10.13.선고, 2005다37949 판결.

76) 같은 취지: 대법원 1982.4.27.선고, 81다968·81다카476 판결; 대법원 1991.11.26.선고, 91다23103 판결.

77) 同旨: 곽윤직, 89; 송덕수, 126 참조.

78) 同旨: 곽윤직, 89; 송덕수, 126 참조.

의 목적을 달성할 수 있는 것인가의 여부에 따라 다시 「절대적 정기행위」와 「상대적 정기행위」로 구분된다. 「절대적 정기행위」는 예컨대, 초대장의 인쇄주문 또는 결혼식예복의 맞춤과 같이, '채권의 목적인 급부의 성질상 일정한 기일 내에 이행하지 않으면 계약의 목적을 달성할 수 없는 계약'을 말한다. 이에 반하여, 「상대적 정기행위」는 예컨대, 생일잔치에 제공될 요리를 주문하는 계약과 같이, '급부의 객관적 성질상 반드시 일정기일에 급부하여야 계약의 목적을 달성할 수 있는 것은 아니지만, 당사자의 표시된 동기에 의하여 일정한 기일 또는 기간 내에 이행되지 않으면 계약의 목적을 달성할 수 없다는 사실을 상대방이 알고 있는 경우'를 말한다. 그러나 실제의 계약이 절대적 정기행위인가, 상대적 정기행위인가를 표시된 동기에 의하여 구별하는 것이 반드시 쉬운 일만은 아니며,[79] 또한 「상대적 정기행위」도 「절대적 정기행위」와 마찬가지로 최고 없이 계약을 해제할 수 있으므로, 적어도 그 효과 면에서는 양자를 구별할 실익이 없다.

(B) 정기행위에 있어서의 이행지체의 효력 계약이 정기행위인 경우에는 채무자의 이행지체가 성립하는 즉시 해제권이 발생한다(대법원 1979.3.27.선고, 79다112 판결). 즉, 정기행위인 계약의 이행지체의 경우에는 채권자가 이행최고를 할 필요 없이 이행기가 도과하는 즉시 계약을 해제할 수 있다(545조). 유의할 것은 최고 없이 해제권이 발생한다는 것이지, 해제의 의사표시 없이 해제의 효과가 발생하는 것은 아니라는 점이다. 상법은 이러한 민법의 원칙에 대한 특칙을 규정하고 있다. 즉, 상인 간의 정기매매에서 이행지체가 있는 경우, 상대방이 즉시 이행을 청구하지 아니하는 경우에는, 해제의 의사표시가 없다 할지라도 계약은 해제된 것으로 간주된다(상법 68조).[80]

2) 이행불능으로 인한 계약해제의 경우

(가) 이행불능의 의의

「이행불능」이라 함은 '채무자의 귀책사유로 인하여 이행기에 채무의 이행이 불가능한 경우'를 말하는데(대법원 1969.2.25.선고, 67다1338 판결), 채무자의 귀책사유로 인한 이행불능 시에는 채권자는 계약을 해제할 수 있다(546조). 이행불능의 성립요건에 대해서는 채권총론 편에서 상세히 설명하였으므로 여기서는 설명을 생략하기로 한다. (☞ 채권총론 편, 제4장 제1절 「채무불이행의 유형」)

---

79) 의사표시의 내용과 동기는 당사자의 주관적 심리상태에 의하여 이를 구별하는 것이 통설적 견해이다. (☞ 민법총칙 편, 제6장 제9절 「착오에 의한 의사표시」)

80) 상법 제68조(확정기매매의 해제) 상인 간의 매매에 있어서 매매의 성질 또는 당사자의 의사표시에 의하여 일정한 일시 또는 일정한 기간 내에 이행하지 아니하면 계약의 목적을 달성할 수 없는 경우에 당사자의 일방이 이행시기를 경과한 때에는 상대방은 즉시 그 이행을 청구하지 아니하면 계약을 해제한 것으로 본다.

(나) 해제권의 발생시기

이행불능의 경우에는 이행 자체가 불가능하므로, 채무자의 동시이행항변권이 인정될 수 없고, 따라서 이행의 최고는 불필요하다(대법원 1969.2.25.선고, 67다1338 판결). 또한 이행기가 도래하기 전에 이행의 불능이 확정된 때에는 이행기를 기다리지 아니하고 해제권이 발생한다.

(다) 유상계약의 특칙

매매 기타 유상계약에서는 이행불능으로 인한 계약해제에 관한 특칙이 담보책임의 한 내용으로서 규정되어 있다. 즉, 타인의 권리를 매도한 매도인이 그 타인의 권리를 취득하여 매수인에게 이전할 수 없는 경우에는, 매수인은 선의·악의를 불문하고 계약을 해제할 수 있다(570조). 또한 이 경우에는 선의의 매도인도 손해를 배상하고 계약을 해제할 수 있다(571조).

(라) 일부불능의 경우

일부지체의 경우와 마찬가지로, 일부불능의 경우에도 채권자는 계약의 전부를 해제할 수 있음이 원칙이지만(137조 본문), 신의칙상 이행이 가능한 부분에 대해서는 해제권이 발생하지 않거나 그 행사가 제한된다고 해석하여야 하는 경우가 있을 수 있다. 또한 매매 기타의 유상계약에 있어서의 일부불능에 대하여는 담보책임의 특칙이 있다. 즉, 권리의 일부가 타인에게 속한 경우 또는 수량부족의 경우에는 잔존부분만이라면 매수인이 이를 매수하지 아니하였을 경우에 한하여, 선의의 매수인은 계약을 해제할 수 있다(572조 2항, 574조).

3) 불완전이행으로 인한 계약해제

민법에 명문규정은 없으나, 채무자가 채무의 내용에 좇은 완전한 이행을 하지 아니한 경우를 「불완전이행」이라고 하여 「이행지체」나 「이행불능」과 별개·독립의 채무불이행의 유형으로 보는 것이 통설적 견해이며, 판례도 이를 지지하고 있다. 즉, 채무의 이행은 있었으나 그것이 불완전하거나 신의칙상의 부수의무 위반으로 인하여 채권자에게 손해를 입힌 경우에는, 불완전이행 또는 「적극적 채권(계약)침해」로서 채무불이행이 성립하며,[81] 그 효과로서 채권자에게 손해배상청구권 및 계약해제권이 발생한다고 한다. 그러나 일반적으로 불완전이행은 불완전한 부분의 추완이 가능한 경우에는 이행지체로, 추완이 불가능한 경우에는 이행불능으로 포섭될 수 있으므로, 독립된 채무불이행의 유형으로서 의미가 있는 경우는 '불완전이행으로 인하여 이행이익을 초과하거나 채권자의 생명·신체 등 이행이익과 관련이 없는 이익이 침해된 경우'인 「적극적 채권(계약)침해」인데, 이 경우에는 원상회복을 효과로 하는 계약해제는 구제수단으로서는 무의미하므로 손해배상(확대손해의 배상)만이 문제된다.

사견으로는, 「적극적 채권(계약)침해」의 본질은 불법행위로서 이를 불완전이행으로서 계약

81) 다만, 그 실정법적 근거에 대해서는 '제390조를 근거로 한다'는 견해와 '제2조의 일반규정을 근거로 한다'는 견해가 대립하고 있다. 이에 관한 상세는 拙稿, "채무불이행법체계의 재점검", 민사법학 36호(한국민사법학회, 2007/5), 351 이하 참조.

책임으로 다룰 필요는 없다고 생각하지만, 독자의 이해를 돕기 위하여 통설적 견해를 간략하게 소개하기로 한다. (☞ 채권총론 편, 제4장 제1절 「채무불이행의 유형」)

(가) 해제권의 발생요건

통설적 견해에 따르면, '불완전이행으로 인한 계약해제권이 인정되기 위하여서는, ① 불완전이행이 성립하였을 것(이행행위, 이행의 불완전, 채무자의 귀책사유, 위법성), ② 완전이행(하자의 추완)이 가능한 경우에는 상당한 기간을 두어 완전이행을 최고하였을 것을 요한다'고 한다.[82] 다만, 판례는 '부수적 의무의 불이행을 이유로 계약 전체를 해제할 수 없다'는 입장을 취하고 있다(대법원 1997.4.7., 97마575 결정 등).

▪ 부수적 의무의 불이행을 이유로 계약 전체를 해제할 수 있는지 여부(소극) 및 주된 채무와 부수적 채무의 구별기준 [1] 채무불이행을 이유로 매매계약을 해제하려면, 당해 채무가 매매계약의 목적 달성에 있어 필요불가결하고 이를 이행하지 아니하면 매매계약의 목적이 달성되지 아니하여 매도인이 매매계약을 체결하지 아니하였을 것이라고 여겨질 정도의 주된 채무이어야 하고 그렇지 아니한 부수적 채무를 불이행한 데에 지나지 아니한 경우에는 매매계약 전부를 해제할 수 없다. [2] 계약상의 의무 가운데 주된 채무와 부수적 채무를 구별함에 있어서는 급부의 독립된 가치와는 관계없이 계약을 체결할 때 표명되었거나 그 당시 상황으로 보아 분명하게 객관적으로 나타난 당사자의 합리적 의사에 의하여 결정하되, 계약의 내용·목적·불이행의 결과 등의 여러 사정을 고려하여야 한다. [3] 상가의 일부 층을 먼저 분양하면서 그 수분양자에게 장차 나머지 상가의 분양에 있어 상가 내 기존업종과 중복되지 않는 업종을 지정하여 기존 수분양자의 영업권을 보호하겠다고 약정한 경우, 그 약정에 기한 영업권보호채무는 분양계약의 주된 채무로 보아야 할 것이다. (대법원 1997.4.7., 97마575 결정)[83]

(나) 물건의 인도채무에 있어서의 불완전이행의 특칙

(A) 특정물인도채무의 경우 특정물매도인의 하자담보책임의 본질에 대해서는 '「원시적불능무효론」을 이론적 전제로 특정물도그마를 승인하여, 특정물매도인의 하자담보책임은 매도인이 채무를 완전히 이행하였음에도 불구하고 매매계약이 유상계약이라는 점을 고려하여 법률이 특별히 인정한 책임'이라고 파악하는 「법정책임설」과, 특정물도그마를 부인하고, '하자 있는 특정물을 인도한 것은 채무불이행(불완전이행)'이라고 파악하는 「채무불이행책임설」이 대립하고 있는데, 「법정책임설」은 원시적 하자가 있는 경우에 한하여 하자담보책임을 인정하고, 목적물에 후발적 하자가 있는 경우(예컨대, 포장의 불량이나 운송방법에 문제가 있어서 하자가 발생한 경우)에는 하자담보책임은 인정되지 않고 불완전이행만이 문제된다고 한다(즉, 매수인은 불완전

---

82) 곽윤직, 90 참조.

83) 판례평석: 곽종훈, "채무불이행을 이유로 계약을 해제하기 위한 채무의 요건", 대법원판례해설 28호(법원도서관, 1997/12), 102 이하. 같은 취지: 대법원 1968.11.5.선고, 68다1808 판결; 대법원 1976.4.27.선고, 74다2151 판결; 대법원 2001.11.13.선고, 2001다20394·20400 판결; 대법원 2005.7.14.선고, 2004다67011 판결; 대법원 2005.11.25.선고, 2005다53705·53712 판결; 대법원 2012.3.29.선고, 2011다102301 판결.

이행의 일반이론에 따라서 계약을 해제하고 매매대금을 돌려받을 수 있게 된다). 또한 목적물의 하자로 인하여 매수인의 생명·신체 등의 침해로 인한 확대손해가 발생한 적극적 채권침해의 경우에는 하자담보책임으로는 그 손해가 전보될 수 없으므로, 신의칙을 근거로 인정되는 부수의무위반에 기한 「적극적 채권(계약)침해」만이 문제될 수 있을 뿐이라고 한다(다만, 대부분의 경우에는 매수인이 불완전이행을 이유로 계약을 해제하고 매매대금을 돌려받는 것은 무의미하므로, 손해배상만이 구제수단이 될 수 있다). 그러나 하자담보책임의 본질을 채무불이행(불완전이행)책임으로 파악하는 최근의 통설적 견해인 「채무불이행책임설」에 따르면, 매도인이 하자 있는 물건을 인도한 경우에는 채무불이행책임의 특칙이라고 할 수 있는 매도인의 하자담보책임에 관한 제580조의 규정이 적용되므로, 매수인은 하자로 인하여 계약의 목적을 달성할 수 없는 경우에 한하여 계약을 해제할 수 있다(580조, 575조 1항).

(B) 불특정물인도채무(종류채무)**의 경우** 종류물매매와 같이, 불특정물의 인도채무(이하 「종류채무」로 약칭)에서 인도된 물건에 하자가 있는 경우에는 종류채무의 특성상 하자 없는 완전한 물건의 인도의무 위반에 기한 불완전이행이 성립하며, 이 경우에는 특정물도그마가 성립할 수 없으므로, 「법정책임설」의 입장에서는 하자담보책임의 성립을 인정할 수 없게 된다. 그러나 현행민법은 매수인을 보호하고 거래를 조속히 확정하기 위하여, 구 의용민법과는 달리 종류물 매도인에게 하자담보책임을 인정하는 제581조를 신설하였다. 따라서 이 경우에 매수인은 '특정된 목적물의 하자로 인하여 계약의 목적을 달성할 수 없는 경우에 한하여 계약을 해제할 수 있다(581조 1항, 580조, 575조). 주의할 것은, 이 경우에 '매수인은 계약의 해제 또는 손해배상의 청구를 하지 아니하고 하자 없는 물건을 청구할 수 있다'는 점이다(581조 2항). 다만, 이 경우에도 특정물인도채무와 마찬가지로, 인도된 목적물의 하자로 인하여 매수인의 생명·신체 등의 침해로 인한 확대손해가 발생한 경우에는 「적극적 채권(계약)침해」가 문제될 수 있으며, 이 경우에는 '매수인이 계약을 해제하고 매매대금을 돌려받는 것은 무의미하므로 손해배상만이 문제된다.[84]

4) 채권자지체로 인한 계약해제의 경우

채권자지체(수령지체)의 법적 성질에 대하여는 학설이 대립하고 있는데, 채권자에게 「수령의무(受領義務)」(Annahmepflicht)를 인정하여 채권자지체의 본질을 수령의무의 위반에 기한 채무불이행책임으로 파악하는 통설적 견해(채무불이행책임설)에 따르면, 채권자의 귀책사유를 요건으로 채무자의 해제권을 인정한다. 그러나 채권자의 수령의무를 인정하지 않음으로써 채권자지체의 법적 성질을 법정책임이라고 파악하는 견해(법정책임설)에 의하면, 채무자의 해제권은 인정될 수 없게 된다. 이에 대해서는 채권총론 편에서 상세한 설명을 하였으므로 여기

---

84) 拙稿, "채무불이행책임설에 의한 하자담보책임의 재구성", 민사법학 9·10 합병호(한국민사법학회, 1993), 242 이하 참조.

서는 설명을 생략하기로 한다. (☞ 채권총론 편, 제4장 제2절「채무불이행의 유형」)

(3)「사정변경의 원칙」에 의한 계약해제의 경우

'계약의 당사자가 계약 성립의 기초로 삼은 사정에 예견할 수 없었던 중대한 변경이 발생하여 계약의 구속력을 인정하는 것이 당사자일방에게 극히 가혹한 결과가 되는 경우에는, 그 당사자에게 계약내용을 일방적으로 변경할 수 있도록 하거나 계약을 해소할 수 있는 권리를 부여하여야 한다'는 법리를「사정변경의 원칙」이라고 한다. 그리고 '이러한 법리를 우리 민법의 해석상 일반원칙으로서 인정할 수 있을 것인가?' 하는 문제에 대해서는 견해가 대립하고 있는데,「사정변경의 원칙」에 기한 계약해제권의 발생은 채무불이행책임과는 관련이 없는 문제라고 할 것임은 전술한 바와 같다. (☞ 제3절「계약의 효력」)

(4) 해제권의 발생요건에 관한「2013년 민법개정시안」의 제안

법무부의「2013년 민법개정시안」은 법정해제권의 발생요건을 이행지체와 이행불능으로 인한 채무불이행의 두 가지만을 규정하고 있는 현행민법 제544조 내지 제546조의 규정을 제544조의 한 조문으로 통합하여 규정하고, 불완전이행을 포함하는 포괄적 내용의 채무불이행을 해제권의 발생사유로 규정할 것을 제안하고(동 개정시안 544조),[85] 다른 한편 계속적 계약에서 해제권의 발생요건을 구체적으로 규정한 제544조의2를 신설할 것을 제안하고 있다(동 개정시안 544조의2).[86] 이러한「2013년 민법개정시안」의 내용이나 개정의 취지는「2004년 민법개정안」과 동일하다. 즉,「2013년 민법개정시안」은 통설적 견해인「채무불이행 3분설」에 따라 채무불이행을 이행지체·이행불능·불완전이행의 세 가지 유형으로 나눌 수 있다는 것을 전제로 하여, 특히 불완전이행(채무의 내용에 좇은 이행을 하지 아니한 때)의 경우에도 이를 이유로 계약

85)「2013년 민법개정시안」제544조(채무불이행과 해제) ① 당사자 일방이 채무의 내용에 좇은 이행을 하지 아니한 때에는 상대방은 계약을 해제할 수 있다. 그러나 일방의 채무불이행이 경미하여 계약의 목적달성에 지장이 없는 경우에는 그러하지 아니하다. ② 제1항에 따라 계약을 해제하기 위해서는 상대방은 상당한 기간을 정하여 이행을 최고하고 그 기간 내에 이행이 되지 아니하여야 한다. 그러나 다음 각 호의 경우에는 최고를 요하지 아니한다. 1. 채무의 이행이 불능하게 된 때 2. 채무가 미리 이행하지 아니할 의사를 표시하거나 채권자가 상당한 기간을 정하여 이행을 최고하더라도 그 기간 내에 이행되지 아니할 것이 명백한 때 3. 계약의 성질 또는 당사자의 의사표시에 의하여 일정한 시일 또는 일정한 기간 내에 이행하지 아니하면 계약의 목적을 달성할 수 없을 경우에 채무자가 그 시기에 이행하지 아니한 때 4. 지체 후의 이행 또는 추완이 채권자에게 이익이 없거나 불합리한 부담을 주는 때 ③ 채무의 이행이 불능한 경우 또는 채무가 미리 이행하지 아니할 의사를 표시하거나 이행기가 도래하더라도 채무가 이행되지 아니할 것이 명백한 경우에는 채권자는 이행기 전에도 계약을 해제할 수 있다. ④ 당사자 일방의 채무불이행이 채권자에게 주로 책임 있는 사유에 기한 경우에는 채권자는 계약을 해제할 수 없다. 채권자의 수령지체 중에 당사자 쌍방에게 책임 없는 사유로 채무불이행이 발생한 때에도 같다.

86)「2013년 민법개정시안」제544조의2(계속적 계약의 해지) ① 계속적 계약의 당사자 일방이 채무의 내용에 좇은 이행을 하지 아니한 때에는 상대방은 계약을 해지할 수 있다. 이 경우에는 제544조 제1항 단서 및 제2항 내지 제4항을 준용한다. ② 제1항 이외의 중대한 사유로 계약의 존속을 기대할 수 없는 때에는 당사자 일방은 계약을 해지할 수 있다.

을 해제할 수 있도록 채무불이행의 요건을 포괄적으로 규정한 것이다.[87] 다만, 「2013년 민법개정시안」은 '해제의 요건으로 채무자의 귀책사유가 요구된다'는 명문규정을 두지 않고 이를 학설·판례에 위임하고 있는데, 이 점이 「2004년 민법개정안」과 다른 점이다.[88] 그리고 「2013년 민법개정시안」 제544조 제1항 단서에서 신설된 '그러나 일방의 채무불이행이 경미하여 계약의 목적달성에 지장이 없는 경우에는 그러하지 아니하다'는 문구는 종래의 통설과 판례의 입장에 따른 것이라고 볼 수 있으므로(대법원 1976.4.27.선고 74다2151 판결), 근본적인 개정은 아니라고 할 수 있다.[89]

한편 「2013년 민법개정시안」 제544조 제4항은 '채무불이행이 채권자에게 주로 책임 있는 사유에 기한 경우에는 채권자는 계약을 해제할 수 없다'고 규정할 것을 제안하고 있는바, 이는 채권자가 위험을 부담하는 경우(채권자의 반대급부의무가 존속하는 경우)에 관한 제538조와 관련되는 규정으로서 실질적으로는 제538조와 같은 내용의 규정이라고 할 수 있으나, 귀책사유의 요부에 대하여 명문규정을 두지 아니한 「2013년 민법개정시안」에서는 채권자의 귀책사유가 있음에도 불구하고 채권자가 계약을 해제할 수 있는지 여부가 문제될 수 있으므로 명문규정을 둔 것이다.[90] 그리고 「2013년 민법개정시안」은 '해제권자의 고의나 과실로 인하여 계약의 목적물이 현저히 훼손되거나 이를 반환할 수 없게 된 때 또는 가공이나 개조로 인하여 다른 종류의 물건으로 변경된 때에는 해제권은 소멸한다'고 규정하고 있는 현행민법 제553조를 삭제할 것을 제안하고 있는데, 이는 '해제권자가 목적물을 반환할 수 없게 된 경우에는 귀책사유가 있더라도 해제권을 박탈하는 것보다는 가액반환을 하도록 하는 것이 합리적이라고 판단하였기 때문'이라고 한다.[91]

「2013년 민법개정시안」이 현행민법과 다른 가장 큰 특징은 '채무불이행, 특히 이행불능으로 인한 해제권의 발생요건으로 채무자의 귀책사유를 요한다'는 명문규정이 삭제된 점인데, 이는 해제제도의 본질을 '채무불이행에 대한 제재'가 아니라 '계약불이행의 청산'으로 보아야 한다는 사고방식의 전환에 기인한 것이라고 할 수 있다. 그러나 '그러한 사고방식의 전

87) 계약해제에 관한 「2013년 민법개정시안」에 관하여는 拙稿, "「2013년 민법개정시안」에 대한 검토 -계약법총론에 관한 규정을 중심으로-", 토지법학 34권 2호(한국토지법학회, 2018/12), 26 이하 참조.

88) 학설 중에는 '「2013년 민법개정안」이 법정해제에 있어서 귀책사유와 절연하였다'는 견해도 있다(김동훈, "채무불이행의 효과: 계약의 해제 -한국민법의 개정시안을 중심으로-", 민사법학 65호, 한국민사법학회, 2013/12, 390~393 참조). 그러나 사견으로는 「2013년 민법개정안」 제544조의 문리해석상 귀책사유의 요부에 대해서는 학설상 다툼이 있을 수 있다고 생각한다.

89) 다만, 민법개정위원으로 이 부분의 초안을 작성한 김동훈 교수의 주장에 따르면, '해제의 요건으로 「중대한 불이행」을 요구하는 영미계약법의 영향을 받은 CISG, PICC, PECL 등 계약법의 국제적 통일을 지향하는 최근의 입법동향에 따른 것'이라고 한다(同, 상게논문, 393~395 참조).

90) 상게논문, 401 참조.

91) 상게논문, 407 참조.

환이 과연 타당한가?' 하는 점에 대해서는 전술한 바와 같이 의문이 있다.

사견으로는, 법정해제권은 쌍무계약의 일방 당사자가 채무를 불이행한 경우에 상대방으로 하여금 계약의 구속력으로부터 일방적으로 벗어날 수 있는 권리를 부여한 제도로서(해방효), 이는 법률이 쌍무계약으로부터 발생한 채무 상호 간의 밀접한 관계(상호의존적 견련관계)를 고려하고, 「신의와 형평의 원칙」에 기하여 손해배상제도의 불완전성(손해배상은 채무자가 무자력인 경우에는 무의미한 구제수단이라는 의미)을 보완하기 위하여 채권자에게 부여한 권리로서 본질상 손해배상제도라고 보아야 할 것인바(손해배상설),[92] '채무불이행으로 인한 손해배상책임을 무과실책임이라고 볼 수 없는 이상 해제권의 발생요건으로서 채무자의 귀책사유를 배제하는 것은 법이론상 타당하지 않다'는 점에서, 해제의 요건에서 귀책사유를 삭제한 「2013년 민법개정시안」은 문제가 있다고 생각한다.

2. 해제권의 행사

(1) 일방적 의사표시

해제권의 행사방법에 대해서는 소의 제기에 의하여서만 해제권을 행사할 수 있도록 한 개정 전 프랑스민법과,[93] 상대방에 대한 의사표시로써 해제권을 행사할 수 있도록 규정하고 있는 독일민법(BGB §349)[94]의 입법주의의 대립이 있었으나, 2016년에 프랑스민법이 채무자에 대한 통지에 의하여서도 해제할 수 있는 것으로 개정됨으로써(C.c. Art. 1224, Art. 1226)[95] 이러한 입법주의의 대립은 해소되었음은 전술한 바와 같다.

우리 민법은 구 의용민법 제540조를 계승하여, 상대방에 대한 일방적 의사표시에 의하여 해제권을 행사할 수 있도록 규정하고 있다(543조 1항). 그러므로 우리 민법상 해제는 해제권자의 일방적 의사표시에 의하여 성립하는 단독행위이며, 해제권자의 일방적 의사표시에 의하여 계약의 효력을 소급적으로 소멸시킬 수 있는 권리인 해제권의 행사에 의하여 이루어지므로, 해제권은 일종의 형성권이라고 할 수 있다. 따라서 해제의 의사표시는 형성권인 해제권의 행

92) 同旨: 김욱곤, 전게논문(주 11), 711 이하; 拙稿, 전게논문(주 11), 97 이하 참조.

93) 개정 전 프랑스민법 제1184조: (3) 해제는 법원에 청구되어야 하며, 법원은 사정에 따라 피고에게 유예기간을 허여할 수 있다.

94) 독일민법 제349조(해제의 의사표시) 해제는 상대방에 대한 의사표시로써 한다.

95) 프랑스민법 제1224조: 해제는 해제조항의 적용에 의하여, 또는 충분히 중대한 불이행의 경우에 채무자에 대한 채권자의 통지 또는 법원의 결정에 의하여 발생한다. 제1226조: (1) 채권자는 자신의 위험과 책임 하에 통지에 의하여 계약을 해소할 수 있다. 긴급한 경우를 제외하고 채권자는 미리 불이행채무자에게 상당한 기간 내에 그의 채무를 이행할 것을 최고하여야 한다. (2) 최고는 채무자가 상당한 기간 내에 그 채무를 이행하지 아니하면 채권자가 계약을 해소할 권리를 가진다는 사실을 명시적으로 언급하여야 한다. (3) 불이행이 계속되는 경우, 채권자는 채무자에게 계약의 해제와 그것을 정당화하는 사유를 통지하여야 한다. (4) 채무자는 언제든지 법원에 해제에 대한 이의의 소를 제기할 수 있다. 이에 대하여 채권자는 불이행의 중대함을 증명하여야 한다.

사를 의미하므로 이를 철회할 수 없으며(543조 2항), 조건이나 기한을 붙일 수 없는 것이 원칙이다. 이와 같이 민법이 해제의 의사표시에 대한 철회를 금지하는 취지는 단독행위인 해제권의 행사에 의하여 계약이 소급적으로 소멸되었다고 믿기 마련인 상대방의 이익을 보호하기 위한 것이므로, '상대방이 동의하는 경우에는 해제의 의사표시는 철회할 수 있다'고 할 것이다. 다만, '상대방의 동의를 얻어 해제의 의사표시를 철회하더라도 제3자에 대하여 철회의 효과를 주장할 수는 없다'고 해석하여야 할 것이다.[96]

한편 '해제의 의사표시는 일반규정에 따라 상대방에게 도달된 때에 그 효력을 발생한다'고 해석하여야 할 것임은 물론이나(111조), '최고기간 내에 이행하지 않으면 당연히 해제된 것으로 한다는 「정지조건부 해제의 의사표시」는 상대방을 특별히 불이익하게 한다고 할 수 없으므로 유효하다'고 해석되고 있음은 전술한 바와 같다(대법원 1979.9.25. 선고, 79다1135·1136 판결 등).

(2) 해제권의 불가분성

1) 의 의

「해제권의 불가분성」(Unteilbarkeit des Rücktrittsrechts)이라 함은 '계약당사자의 일방 또는 쌍방이 여러 명인 경우, 그 계약의 해지나 해제는 그 전원으로부터 또는 전원에 대하여 하여야 한다'는 원칙을 말한다. 계약당사자의 일방 또는 쌍방이 여러 명인 경우에 각자가 자기부분에 관하여 해제를 하거나 해제의 의사표시를 수령할 수 있다고 한다면, 어떤 자에 대하여는 계약이 체결되지 않았던 상태가 되고 또 어떤 자에 대하여는 계약관계가 존속하는 것이 되어 매우 복잡한 법률관계가 발생하게 될 것이다. 「해제권 불가분성의 원칙」은 다수 당사자 사이에 해제권의 행사로 인하여 복잡한 법률관계가 발생하는 것을 방지하기 위한 제도라고 할 수 있는데, 민법은 구 의용민법 제544조[97]를 계승하여 제547조 제1항에서 해제권의 불가분성을 규정하고 있다. 구 의용민법 제544조는 독일민법 제351조[98](개정 전 독일민법 356조)를 모범으로 한 규정이므로, 우리 민법은 간접적으로 독일민법을 계수하였다고 할 수 있다.

2) 제547조 제1항의 해석

(가) 해제권 행사의 불가분성

계약의 해지나 해제는 그 전원으로부터 또는 전원에 대하여 하여야 하므로(547조 1항), 매매계약의 일방 당사자가 사망하여 여러 명의 상속인이 계약관계를 공동으로 상속한 경우, 그

---

96) 同旨: 곽윤직, 96 참조.

97) 구 의용민법(일본민법) 제544조: ① 당사자의 일방이 수인인 경우에는 계약의 해제는 전원으로부터 전원에 대하여서만 이를 할 수 있다. ② 전항의 경우에 해제권이 당사자 중 1인에 대하여 소멸한 때에는 다른 자에 대하여서도 역시 소멸한다.

98) 독일민법 제351조(해제권의 불가분성) 어떤 계약에 있어서 당사자의 일방 또는 다른 일방이 여러 명인 경우, 해제권은 전원에 의하여 그리고 전원에 대하여 행사될 수 있을 뿐이다. 권리자의 한 사람에 대하여 해제권이 소멸하면, 해제권은 나머지 다른 권리자에 대해서도 소멸한다.

상속인들이 계약을 해제하려면 다른 약정이 있는 등의 특별한 사정이 없는 한 상속인들 전원이 해제의 의사표시를 하여야 한다(대법원 2013.11.28.선고, 2013다22812 판결).

(나) 임의규정

'해제권의 불가분성을 규정한 제547조는 실제상의 편의를 위하여 둔 임의규정에 불과하므로, 당사자의 약정으로 이를 배제할 수 있다'는 것이 판례의 입장이다(대법원 1994.11.18.선고, 93다46209 판결). 다만, 판례는 ① '신탁계약에 있어서 수탁자의 사망으로 인하여 수탁자의 지위가 공동상속인에게 포괄적으로 승계되었으나 신탁해지의 의사표시가 공동상속인 중 일부에게만 이루어진 경우에는, 제547조의 규정은 적용되지 않으므로 신탁해지의 효과는 그 의사표시를 수령한 일부 상속인에게만 발생한다'고 하며(대법원 1992.6.9.선고, 92다9579 판결 등),[99] ② '형식상 하나의 매매계약에 의하여 부동산의 공유자 전원이 공유물에 대한 각자의 소유지분 전부를 동일한 매수인에게 매도한 경우에도 특별한 사정이 없는 한 실질상 각 공유지분별로 별개의 매매계약이 성립되었다고 할 것이므로, 일부 공유자가 매수인의 매매대금지급의무의 불이행을 원인으로 하여 그 공유지분에 대한 매매계약을 해제하는 것은 가능하다'고 한다(대법원 1995.3.28.선고, 94다59745 판결).

■ 해제의 불가분성에 관한 제547조 제1항을 배제하기로 하는 특약이 없는 경우, 매도인이 공동매수인 중 1인의 대금지급의무의 지체를 이유로 그 1인에 대해서만 매매계약을 해제할 수 있는지 여부

(소극) 매도인이 택시의 면허권, 택시차량대금 및 사무실비품 등 일체를 매수인들에게 매도한 후 공동매수인 중 1인인 甲이 약정한 지급기일까지 매매잔대금을 지급하지 않았다는 이유로 甲에 대하여만 매매계약을 해제한다고 주장하는 경우, 매도인이 매수인들과 사이에서 제547조 제1항의 적용을 배제하기로 하였다는 특별한 사정이 없는 한, 매매계약을 해제함에 있어 매수인들 모두에 대하여 그 해제의 의사표시를 하여야 그 효력이 발생한다 할 것이므로, 매수인 甲이 다른 공동매수인인 乙과의 내부관계에서 자신이 부담지급하기로 한 매매잔대금의 지급일을 매도인으로부터 연장받음에 있어 乙이 공동매수인의 1인으로서 연장기일에 매매잔대금이 틀림없이 지급된다는 것을 확인하고 그 연장기일에 지급되지 아니하는 경우에는 그 변제책임을 스스로 부담하겠다는 의사를 강조하는 의미로 서면이 작성된 사실만으로는, 당사자들 사이에 매매계약의 해제에 있어 제547조 제1항 소정의 해제불가분의 원칙을 배제하기로 약정하였다고 인정하기에 부족하고, 달리 이를 인정할 증거가 없다면, 매도인이 공동매수인의 1인인 甲에 대하여만 한 위 해제의 의사표시는 그 효력이 발생되지 않는다고 할 것이다. (대법원 1994.11.18.선고, 93다46209 판결)

3. 해제의 효과

(1) 문제의 소재

전술한 바와 같이, '법정해제제도는 쌍무계약에서 당사자 일방의 채무불이행이 있는 경우에 신의와 형평의 원칙에 기하여 채권자의 일방적 의사표시인 해제권의 행사에 의하여 계

99) 같은 취지: 대법원 1979.5.22.선고, 73다467 판결.

약관계를 처음부터 소급적으로 소멸시킴으로써, 채권자로 하여금 계약의 구속력으로부터 벗어날 수 있도록 하는 제도'라고 보아야 할 것이다(신의와 형평설). 그 결과 계약이 해제되면 아직 이행하지 아니한 채무는 소멸하므로 당사자는 채무의 구속으로부터 해방되고(해방효), 이미 이행된 급부에 대해서는 원상회복의무가 발생한다(원상회복). 또한 '법정해제제도는 채무불이행책임의 일종으로서의 손해배상제도를 보완하는 의미도 가지고 있으므로(손해배상설), 계약의 구속력으로부터의 해방 및 원상회복에도 불구하고 여전히 손해가 남아있는 경우에는 손해배상청구도 할 수 있음은 이론상 당연하다'는 점도 전술한 바와 같다.

민법은 해제의 본질에 관한 이러한 기본적 인식을 기초로 하여 쌍무계약에서 당사자 일방이 채무를 불이행한 경우에는 채권자에게 일방적 의사표시에 의하여 계약의 효력을 소급적으로 소멸시킬 수 있는 해제권을 부여하고 있으며(544~546조), 채권자의 해제권 행사에 의하여 계약이 해제된 경우에 '각 당사자는 그 상대방에 대하여 원상회복의 의무가 있다'고 규정하고 있다(548조 1항). 한편 민법은 해제와는 별도로 계속적 계약에서 당사자 일방의 채무불이행이 있는 경우에 계약관계의 소급적 소멸의 효력(소급효)이 인정되지 않고 계약관계를 장래에 대하여 소멸시키는 효력이 있는 「해지(解止)」에 대해서도 규정하고 있다(550조).

이와 같이 해제는 계약관계를 소급적으로 소멸시킴으로써 계약당사자들을 계약의 구속력으로부터 해방시키고, 이미 이행된 급부를 원상으로 회복시키는 것을 내용으로 하는 권리라고 할 것이나, 학설 중에는 독일민법학의 「청산관계설」을 우리 민법의 해석론으로 도입하여, '해제는 계약관계를 소급적으로 소멸시키는 것이 아니라 단지 계약을 청산관계로 전환시키는 효력을 발생시키는 것에 불과하다'고 주장하는 견해가 있다.[100] 그러므로 '민법이 해제의 효과로 규정하고 있는 「원상회복의무」의 법적 성질과 그 구체적 내용에 관한 학설과 판례의 입장을 상세히 살펴볼 필요가 있다.

(2) 해제의 효과에 대한 법리구성

1) 학 설

(가) 간접효과설

이는 '해제에 의하여 계약관계의 소멸이라는 직접적인 효력이 발생하는 것이 아니라, 계약의 작용을 저지할 수 있는 간접적인 효력이 발생할 뿐'이라는 견해로서, 독일민법 제1초안 제427조의 해석론으로서 주장되었던 이론이다.[101] 독일민법 제1초안은 '해제는 당사자가 계약이 체결되지 않았던 것처럼 다룰 수 있는 권리와 의무를 발생시키며, 특히 계약상의 급부는 청구하지 못하고 수령한 급부는 이를 반환할 의무를 발생시킨다'고 규정함으로써(Enrwurf I

100) 김용담, 전게논문(주 10), 118 이하; 김증한/김학동, 147; 김형배, 232; 이은영, 251 참조.
101) 이러한 의미에서 「작용저지설(作用沮止說)」이라고도 한다.

§427 I), 「계약의 소급적 소멸」이라는 직접적 효력을 부여하는 대신에 당사자가 계약이 체결되지 않았던 것처럼 주장할 수 있는 일종의 항변권을 부여함으로써 계약체결 이전상태로 복귀할 수 있도록 하였으나, 입법심의과정에서 이러한 생각은 채택되지 못하였다.[102)]

이 견해에 따르면, 계약이 해제되더라도 원상회복을 위한 반환채무의 이행과 채무불이행에 의한 손해배상의 문제가 그대로 남게 되며, 원상회복의무는 성질상 부당이득반환청구권과는 본질을 달리하는 권리가 된다. 또한 이미 발생한 채무불이행으로 인한 손해배상책임은 해제에도 불구하고 그대로 존속하는 것이기 때문에, 손해배상청구권과의 경합을 인정할 수 있게 된다. 이에 대하여는, '① 해제의 효과로서 미이행채무가 소멸하는 것이 아니라 단지 이행거절의 항변권만이 발생할 뿐이라고 주장하나, 이행거절의 항변권은 해제의 효과라기보다는 쌍무계약 자체의 효력이라고 보아야 하며, 채권자가 이행거절의 항변권을 행사하지 않는 경우에는 해제가 아무런 의미가 없게 된다는 점, ② 부당이득반환청구권과는 법적 성질을 전혀 달리하는 원상회복의무가 새롭게 발생한다고 하지만, 그 발생근거가 무엇인지 명확하지 않다는 점에서 이론상 문제가 있다'는 등의 비판이 제기되었다. 현재 우리 민법의 해석론으로 이 견해를 취하는 학자는 없다.

(나) 직접효과설

이는 '해제에 의하여 계약은 처음부터 존재하지 않았던 상태로 복귀하며, 계약에 기한 채권관계도 소급적으로 소멸한다'는 견해로서, 2002년 개정 전 독일민법 제346조[103)]의 해석론으로 주장되었던 이론이다. 이 견해에 따르면, 해제 당시에 아직 이행되지 아니한 채무는 당연히 소멸하므로 더 이상 이행할 필요가 없게 되고, 이미 이행된 채무는 법률상의 원인을 상실하므로 부당이득이 되어 급부자의 반환청구권이 발생하게 된다. 다만, 그 수익자의 반환범위는 부당이득의 일반원칙에 따른 현존이익의 반환(748조 1항)에 그치는 것이 아니라, 수령한 모든 급부를 반환하여야 하는 「원상회복」으로 확대된다(548조 1항). 또한 물권행위의 무인성을 부인하는 견해(유인성설)에 따르면, '해제의 소급효에 의하여 상대방에게 이전된 물권은 말소등기를 하지 않더라도 법률상 당연히 원상으로 회복된다'고 해석하게 된다. 즉, 「직접효과설」에 따르면 「원상회복의 물권적 효력」을 인정할 수 있게 되는데(물권적 효력설), 그 결과 물권거래의 안전에 심각한 문제가 발생하게 된다. 그러므로 이 설을 취하는 경우에는 거래안전을 보호하기 위한 제도적 장치가 필요하게 되며, 제548조 제1항 단서의 규정은 이러한 취지에서

102) Motive §427(Mugdan, Bd.2, S.155 f.).
103) 개정 전 독일민법 제346조(해제의 효력) 계약에서 당사자 일방에게 해제권이 유보되어 있는 경우, 해제가 실행된 때에는 각 당사자는 수령한 급부를 서로 반환할 의무를 진다. 노무를 급부한 경우 및 물건을 이용시킨 경우에 있어서는 그 가액을 상환하여야 하며, 또는 계약에 의하여 금전으로 반대급부를 할 것을 정한 때에는 이를 지급하여야 한다.

둔 제도라고 본다. 현재 국내의 통설적 견해이다.

「직접효과설」에 대하여는 「청산관계설」 측으로부터, ① '해제에 의하여 기이행채무가 법률상의 원인을 상실하여 부당이득이 된다고 주장하나, 반환범위가 원상회복으로 확대되는 근거가 무엇인지를 설명할 수 없으며, ② 물권행위의 무인성이 인정되는 독일민법에서는 「직접효과설」을 취하더라도 원상회복의 채권적 효력만이 인정되므로 거래의 안전에 문제가 발생하지 않으나, 물권행위의 무인성이 인정되지 않는 우리 민법에서는 원상회복의 물권적 효력이 인정되게 되어 거래의 안전에 큰 문제가 생긴다'는 비판과 함께, ③ '당사자 일방의 채무불이행이 있는 경우, 상대방은 손해배상과 해제 중 하나만을 선택할 수 있다'고 규정하고 있었던 개정 전 독일민법(BGB §325 I, §326 I)[104]에서는 직접효과설을 취하더라도 이론상 문제가 발생하지 않았으나, 해제와 손해배상의 경합을 허용하고 있는 우리 민법하에서는 직접효과설을 취하면 계약관계의 존속을 전제로 하는 손해배상청구권이 인정되는 이유를 설명하기 어렵다'는 비판[105]이 제기되고 있다.

(다) 청산관계설

이는 '해제에 의하여 기존의 계약관계는 「청산관계(清算關係)」(Abwicklungsverhältnis)로 변경되어, 미이행채무는 소멸하고 기이행급부는 원상회복을 위한 반환채무관계로 그 내용이 변용된다'는 이론이다. 즉, 해제에 의하여 존속하는 채권법적 유기체 안에서 새로운 반환청구권을 발생케 한다는 것이다.[106] 이러한 의미에서 이 설을 「반환채무관계설(返還債務關係說)」이라고도 한다. 국내에서도 독일민법학의 「청산관계설」을 우리 민법의 해석론으로 도입할 것을 주장하는 견해가 적지 않다.[107]

2) 판례의 입장

판례는 통설적 견해인 「직접효과설」을 취하고 있다. 즉, 판례는 ① 해제의 효과인 원상회

---

104) 개정 전 독일민법 제325조(채무자에게 귀책되어야 할 후발적 불능) (1) 쌍무계약에 기하여 당사자 일방에게 의무 있는 급부가 그의 책임 있는 사유로 불능이 된 경우, 상대방은 불이행으로 인한 손해배상을 청구하거나 계약을 해제할 수 있다. 일부불능의 경우에 계약의 일부이행이 채권자에게 이익이 없는 때에는, 채권자는 제280조 제2항의 정함에 따라 채무 전부의 불이행으로 인한 손해배상을 청구하거나 계약 전부를 해제할 수 있다. 채권자는 손해배상청구권과 해제권에 갈음하여 제323조의 경우에 대하여 정하여진 권리를 행사할 수 있다. 제326조(지체; 거절예고부 기간설정) (1) 쌍무계약에서 당사자 일방의 급부의무가 지체된 경우, 상대방은 급부의 실행을 위한 상당한 기간을 설정하고 그 기간이 경과되면 급부의 수령을 거절할 것임을 표시할 수 있다. 그 급부가 제때에 이행되지 않으면 채권자는 그 기간의 경과 후에 불이행으로 인한 손해배상을 청구하거나 계약을 해제할 수 있다; 이행청구권은 배제된다. 그 기간 내에 급부가 부분적으로 이행되지 아니한 경우에는 제325조 제1항을 준용한다.

105) 김형배, 234 참조.

106) 「청산관계설」(Abwicklungstheorie)은 1921년에 독일의 하인리히 슈톨(Heinrich Stoll)에 의하여 주장된 이래, 에른스트 볼프(Ernst Wolf), 한스 레저(Hans Leser), 휘켄처(Fikentcher), 에써(Esser) 등 유력한 학자들에 의하여 지지됨으로써, 독일민법학의 지배적인 학설이 되었다.

107) 전게 주 10 참조.

복의무의 내용에 대하여, '계약이 해제되면 그 계약의 이행으로 변동이 생겼던 물권은 당연히 그 계약이 없었던 상태로 복귀한다'고 판시함으로써, 「직접효과설」을 전제로 한 이른바 「물권적 효력」을 인정하고 있으며(대법원 1977.5.24. 선고, 75다1394 판결 등), ② 원상회복의무의 법적 성질에 대해서도 「직접효과설」의 입장을 전제로 하여, '계약해제의 효과로서의 원상회복은 부당이득반환에 관한 특별규정의 성격을 가진 것'이라고 파악하고 있다(대법원 1962.3.29. 선고, 4294민상1429 판결). 또한 ③ 해제와 손해배상과의 경합을 인정하고 있는 제551조에 대해서도, '해제의 효력은 계약 당시에 소급하여 당사자 간의 채권·채무관계를 소멸케 하는 것이므로, 채무불이행으로 인한 손해배상의 문제는 발생할 여지가 없다고 할 것이나, 채권자 보호라는 입장에서 민법 제551조는 이와 같은 경우에도 손해배상의 청구를 할 수 있음을 명시한 것'이라고 함으로써, 「직접효과설」을 취하고 있음을 명확히 하고 있다(대법원 1983.5.24. 선고, 82다카1667 판결).

3) 학설·판례의 검토

(가) 「직접효과설」에 대한 검토

① 「직접효과설」에 대하여, '채권자의 일방적인 의사표시에 의하여 계약관계가 소급하여 소멸한다는 것은 지나친 의제'라고 비판하는 견해가 있으나, 취소의 소급효가 인정되는 것처럼 법률에 있어서 의제(擬制)는 항상 사용될 수 있는 것이므로, 의제 그 자체를 문제 삼는 것은 설득력이 부족하다. ② 학설 중에는 '「직접효과설」에 따르면 손해배상의무와 원상회복의무의 경합을 인정하고 있는 제551조의 규정을 설명할 수 없다'고 비판하는 견해가 있으나,[108] 계약해제의 이론적 기초가 '신의와 형평의 원칙에 기한 손해배상제도의 보완'에 있다고 본다면 해제에 의하여 계약관계가 소급적으로 소멸하더라도 이미 발생한 손해를 전보하기 위한 손해배상책임을 인정하는 것은 이론상 당연한 것이라고 할 수 있다. 또한 계약해제는 계약을 소급적으로 소멸시킴으로써 계약의 구속력으로부터 당사자를 해방시키는 「해방효」(Befreiungswirkung)를 발생시키는 데 주된 목적이 있는 것이며, 해제에 의한 계약의 소급적 소멸은 이행의무의 소멸을 의미하는 것이지 이미 발생한 손해배상의무의 소멸을 의미하는 것은 아니라고 할 것이므로. '직접효과설에 의하면 해제와 손해배상의 경합을 인정하고 있는 제551조의 규정을 설명할 수 없다'는 비판은 형식논리에 불과하여 타당하지 않다. 더욱이 해제의 제도적 기초를 '손해배상제도의 결점을 보완하기 위하여 원상회복청구권을 인정한 것'이라고 본다면, 채무불이행의 효과로서 해제권과 손해배상청구권의 경합적 발생을 인정하는 것은 이론상으로도 타당할 뿐만 아니라, 채권자 보호를 위한 실제문제의 해결을 위한 입법정책상으로도 타당한 것이라고 생각된다.[109] ③ 「직접효과설」에 의하면 해제의 효과인 원상회복

108) 김형배, 249; 이은영, 252 참조.

의무는 그 성질상 부당이득반환의무의 일종이라고 보게 되나, '부당이득반환은 채무자(이득자)의 종전 상태를 회복하고자 하는 제도이나, 해제에 의한 원상회복은 채권자의 계약 이전 상태의 회복을 목적으로 하는 것으로서 그 본질을 달리하기 때문에, 이는 부당하다'고 비판하는 견해도 있다.[110] 그러나 법률행위가 취소된 경우에도 해제의 경우와 마찬가지로 당사자의 계약 이전 상태의 회복을 목적으로 하는 급부의 반환청구권이 인정되는데, 이때의 반환청구권의 본질은 부당이득반환의무라고 보아야 한다는 점에 대해서는 학설상 거의 이론이 없다는 점을 고려하면,[111] '원상회복의무와 부당이득반환의무가 본질상 다른 것'이라는 비판은 설득력이 없다고 할 것이다.[112]

(나) 「청산관계설」에 대한 검토

① 「청산관계설」은 '해제에 의하여 기존의 유효한 계약이 소급적으로 소멸한다는 직접효과설의 이론구성은 지나치게 의제적(擬制的)'이라고 비판한다. 그러나 해제에 의하여 계약관계를 급부의 원상회복을 내용으로 하는 청산관계로 변화시킨다는 「청산관계설」 역시 '청산관계로의 변용'이라는 세련된 법기술적 개념을 사용하고 있기는 하지만 의제적인 이론구성이라는 점에서는 직접효과설과 차이가 없다. ② 전술한 바와 같이, 해제는 쌍무계약에서 자기의 급부의무를 선이행한 일방 당사자를 구제하기 위한 법적 수단이다. 그러나 「청산관계설」에 의하면 선이행한 급부의 회복을 위한 물권적 효력은 인정될 수 없고, 단지 채권적 효력만을 가지는 원상회복의무가 인정될 뿐이므로, 또다시 '원상회복의무의 불이행'이라는 채무불이행의 문제가 발생할 가능성이 크다. 실제로 현행 독일민법은 원상회복의무의 불이행으로 인한 손해배상에 관한 규정을 두고 있다(BGB §346Ⅳ).[113] 그러나 이는 채무불이행에 대한 구제수단인 해제권 행사에 의하여 또다시 채무불이행책임이 발생하는 순환적 모순에 빠지는 결과가 되므로, 해제제도의 실효성 자체에 대한 의문을 제기하지 않을 수 없게 만든다. ③ 「청산관계설」의 가장 큰 문제점은, 우리 민법과는 입법의 연혁과 그 규정내용이 전혀 다른 독일민법의 해

109) 전술한 바와 같이, 2002년에 개정된 현행 독일민법은 해제와 손해배상의 경합을 인정하는 것으로 제도를 전환하였으며(BGB §325), 독일의 「청산관계설」을 우리 민법의 해석론으로 도입할 것을 주장한 김용담 전 대법관도 개정 전 독일민법과 달리 우리 민법이 채무불이행의 효과로서 해제권와 손해배상청구권을 경합적으로 인정한 것을 두고, '우리 민법의 해제제도가 독일의 그것에 비하여 일보 진전한 제도'라고 평가한 바 있다(同, 전게논문(주 10), 147 참조).

110) 김용담, 상게논문, 142 참조.

111) 김용담, "쌍무계약의 무효·취소와 부당이득", 민사재판의 제문제 3권(한국사법행정학회, 1985/5), 124 이하 참조.

112) 同旨: 양창수, 전게논문(주 11), 34 참조.

113) 독일민법 제346조(해제의 효과) (1) 계약의 당사자 일방이 계약으로 해제권을 유보하거나 또는 그에게 법정해제권이 있는 경우, 해제 시에는 수령한 급부를 반환하고 취득한 수익을 상환하여야 한다. (4) 채권자는 제1항의 의무위반을 이유로 제280조 내지 제283조의 규정에 따라 손해배상을 청구할 수 있다.

석론으로 주장된 이론을 우리 민법의 해석론으로 무비판적으로 수용하고 있다는 점이다.114) 즉, 연혁상 로마법의 해제약관(Lex commissoria)에 기원을 두고 있는 약정해제를 기초로 하고 있으며, 소급효가 인정되는 「해제」와 소급효가 인정되지 아니하는 「해지」를 구별하고 있지 아니할 뿐만 아니라, 손해배상과 해제의 양립을 인정하지 않고 있었던 개정 전 독일민법의 해석론으로 주장된 「청산관계설」은 중세교회법에 제도적 기원을 두고 있으며, 소급효를 인정하고 있었던 2016년 개정 전 프랑스민법의 해제제도115)를 계수한 우리 민법상의 해제에 관한 해석론으로서는 적절하지 않다. 따라서 「청산관계설」은 우리 민법과는 계보를 달리하는 독일민법 고유의 해석론으로서, 우리 민법상의 해제제도에 대한 해석론으로서는 부적합한 이론이라고 할 것이다.

학설 중에는 해제의 소급효에 의한 물권의 복귀를 전제로 물권거래의 안전을 보호할 목적으로 마련된 제548조 제1항 단서의 규정을 무의미한 것으로 폄하하거나,116) 심지어는 해제와는 달리 소급효를 부인하고 계약의 장래적 소멸의 효과만을 인정하는 해지제도에 관한 제550조의 규정마저 별 의미 없는 규정으로 평가하는 견해도 있으나,117) 이는 '독일민법 특유의 이론이라고 할 수 있는 「청산관계설」에 경도되어 해석론의 범주를 벗어나 우리 민법의 규정을 「청산관계설」의 틀에 억지로 끼워 맞추려는 시도에 불과하다'는 비판을 면하기 어렵다. 왜냐하면 물권행위의 무인성 및 등기의 공신력이 인정됨으로써 물권거래의 안전이 완벽하게 보호되고 있는 독일의 물권법제하에서는 해제의 소급효를 인정하더라도 물권거래의 안전을 보호하기 위한 별도의 제도가 필요 없으나, 물권행위의 무인성이 인정되지 않을 뿐만 아니라, 등기의 공신력도 인정되고 있지 아니한 우리 민법하에서는 거래의 안전을 위한 제도가 반드시 필요하며, 제548조 제1항 단서는 바로 그러한 취지의 규정이기 때문이다. ④ 「청산관계설」의 도입을 주장하는 학자들은, '우리 민법이 독일민법과는 달리 제551조에서 해제와 손해배상의 경합을 인정하고 있는바, 이는 계약관계의 존속을 전제로 하는 직접효과설로는 도저히 설명할 수 없다'고 단정한다.118) 그러나 계약의 소급적 소멸을 효과로 하는 해제제도는 원래 손해배상제도의 문제점을 보완하는 제도로서의 의미를 가지는 것이므로, 양자의 양립은 이론상 당연한 것이다. 오히려 '해제에 의하여 원상회복의 법률관계로 전환된 「청산관계」에서 손해배상청구권이 도출된다'는 이론이야말로 모순된 논리라는 비판을 면하기 어렵다 할

114) 同旨: 양창수, 전게논문(주 11), 32 참조.
115) 다만, 2016년에 개정된 프랑스민법은 유럽 통일계약법(PICC, PECL)의 입장을 반영하여 해제의 소급효를 부인하고 장래적 소멸의 효력만을 인정하는 것으로 입법주의를 전환하였다(김현진, 전게논문(주 21), 301 이하 참조).
116) 김용담, 전게논문(주 10), 149; 정진명, 전게논문(주 10), 277 참조.
117) 정진명, 상게논문, 278 참조.
118) 「직접효과설」을 취하고 있는 판례도 이러한 입장을 천명한 바 있음은 전술한 바와 같다.

것이다.

4) 결 론

해제의 효력을 '계약의 소급적 소멸'이라고 볼 것인가(직접효과설), 아니면 '청산관계로의 전환'이라고 볼 것인가(청산관계설) 하는 것은 '해제의 본질을 어떻게 볼 것인가' 하는 이론과 밀접하게 연결되어 있는 문제이나, 결국은 입법정책적인 문제라고 할 수 있다. 다만, 민법의 해석론으로서 해제의 효력의 문제는 이론적인 문제라고만 볼 수는 없으며, 우리 민법이 해제의 효력으로 계약관계의 소급적 소멸을 의제하였다고 볼 만한 규정을 두고 있느냐의 여부에 달려있는 문제라고 할 것이다. 이렇게 볼 때, 우리 민법은 「직접효과설」을 취하여 해제의 소급효를 인정하고 있다고 해석하지 않을 수 없다. 왜냐하면 우리 민법은 제548조 제1항 단서에서 해제의 소급효와 그에 따른 원상회복의 물권적 효력을 전제로 제3자 보호규정을 두고 있으며, 소급효를 인정하지 않는 계약의 「해지」와 소급효를 인정하는 「해제」를 구별하고 있기 때문이다. 또한 민법제정 당시의 입법자의 의사를 통해서도 우리 민법이 「직접효과설」을 채택하였다는 점은 기록상 명확하다. 따라서 우리 민법이 제551조에서 해제와 손해배상의 경합을 인정하고 있다는 점만을 근거로 「청산관계설」을 우리 민법의 해석론으로 주장하는 것은 '독일민법학에 대한 무비판적인 추종'이라는 비판을 면하기 어렵다 할 것이다. 요컨대, 우리 민법상의 해제의 효과는 통설인 「직접효과설」에 의하여 이론구성함이 타당하며, 「직접효과설」을 취하고 있는 판례의 태도는 기본적으로 타당하다고 할 것이다.

(3) 해제의 효과로서의 「원상회복」과 「손해배상」

해제는 「신의와 형평의 원칙」에 기하여 쌍무계약에서 당사자 일방의 채무불이행 시 채권자의 일방적 의사표시인 해제권의 행사에 의하여 계약관계를 소급적으로 소멸시킴으로써, 당사자를 계약의 구속력으로부터 해방시키고 이미 이행한 급부의 반환관계를 간편하게 처리하기 위하여 인정되는 제도라고 보아야 할 것이다. 그러므로 해제에 의하여 계약관계는 소급적으로 소멸되어 아직 이행하지 아니한 급부(미이행급부)는 이행할 필요가 없게 되며, 이미 이행한 급부(기이행급부)는 법률상 원인 없는 급부로서 부당이득이 되므로 반환하여야 한다(741조). 다만, 그 부당이득반환의 범위는 일반규정인 제748조의 특칙인 제548조 제1항에 의하여 원상회복에까지 미친다. 또한 해제에 의한 계약관계의 소급적 소멸은 채무불이행에 의하여 이미 발생하고 있는 채권자의 손해배상청구권에 대해서는 아무런 영향도 미치지 아니한다(551조). 이하에서는 미이행급부의무의 소멸에 대해서는 설명을 생략하고, 원상회복의무를 중심으로 해제의 효력을 살펴보기로 한다.

1) 원상회복

(가) 원상회복의 의미

민법이 해제의 효력으로 규정하고 있는 「원상회복」의 구체적 의미에 관해서는 「물권행위의 무인성」의 인정 여부에 관한 입장 차이에 따라서 「물권적 효력설」과 「채권적 효력설」이 대립하고 있다.

(A) 학 설

a) 채권적 효력설 물권행위의 무인성을 인정하는 견해는 채권행위가 무효이거나 취소 또는 해제됨으로써 실효된 경우에도 물권행위의 효력에는 아무런 영향이 없다고 해석한다. 따라서 「직접효과설」에 따라 해제에 의하여 원인행위인 채권계약이 소급적으로 소멸한다고 해석하더라도 이행행위인 물권행위와 그에 따른 물권변동의 효력에는 영향이 없으므로, 원상회복을 위해서는 물권을 취득한 채무자의 이전행위가 다시 필요하게 된다. 즉, 당사자 사이에 '원상회복의무의 이행'이라는 문제가 남게 된다. 즉, 물권행위의 무인성을 인정하는 견해에 따르면, 「직접효과설」을 취하든 「청산관계설」을 취하든 원상회복의 물권적 효력은 인정되지 않고 '부당이득반환의무'라는 채권적 효력만이 인정된다. 또한 계약 당사자로부터 물권을 전득한 제3자는 선의·악의를 불문하고 권리를 취득하고 해제에 의하여 아무런 영향도 받지 않게 되므로, '해제로 인한 원상회복은 제3자의 권리를 해하지 못한다'고 규정한 제548조 제1항 단서는 무의미한 주의규정에 불과한 것이 된다.

b) 물권적 효력설 물권행위의 무인성을 부인하는 견해(유인성설)에 따르면, 해제에 의한 계약의 소급적 소멸을 인정하는 「직접효과설」을 취할 경우 물권행위는 물론 이에 기한 등기와 물권변동의 효력도 당연히 무효가 된다. 따라서 별도의 물권행위나 이전등기가 없더라도 물권은 법률상 당연히 원래의 소유자에게 복귀한다(당연복귀설).[119] 이를 해제의 「물권적 효력」이라고 한다. 즉, 물권행위의 「유인성설」에 따르면, 해제의 효과인 "원상회복"은 물권적 효력을 가지는 것이 된다. 이와 같이 해제의 물권적 효력이 인정되는 결과 채무자로부터 물권을 전득한 제3자는 무권리자로부터 물권을 취득한 것이 되어 취득한 물권을 상실하게 되므로 거래의 안전에 심각한 문제가 발생한다. 그러므로 물권행위의 「유인성설」을 인정하는 「직접효과설」을 취하는 견해는 '제548조 제1항 단서의 규정은 이러한 법리를 전제로 물권거래의 안전을 보호하기 위하여 둔 규정'이라고 해석하게 된다.

(B) 판례의 입장 판례는 「물권적 효력설」을 취하여, ① '계약이 해제되면 그 계약의 이행으로 변동이 생겼던 물권은 당연히 그 계약이 없었던 원상태로 복귀한다'는 입장을 확립하

119) 정확하게 말하자면, 계약의 불성립·무효·취소·해제로 인하여 물권이 복귀하는 것이 아니라, 물권이 이전된 적이 없는 원래의 상태로 되돌아가는 것이다.

고 있으며(대법원 1995.5.12.선고, 94다18881·18898·18904 판결 등), 이러한 법리를 전제로 하여, ② '합의해제에 따른 매도인의 원상회복청구권은 소유권에 기한 물권적 청구권이라고 할 것이고, 이는 소멸시효의 대상이 되지 않는다'고 한다(대법원 1982.7.27.선고, 80다2968 판결).[120]

■ **계약해제와 물권변동의 효력** 계약이 적법하게 해제되면 그 계약의 이행으로 변동이 되었던 물권은 당연히 그 계약이 없었던 상태로 복귀하는 것이므로, 위 가등기 및 이에 기한 본등기가 미지급된 매매잔대금을 담보하기 위한 등기라고 하더라도, 매수인이 계속하여 매매에 의한 채무를 이행하지 아니하여 매매계약이 적법하게 해제된 것이라면, 매도인으로부터 매수인에게 넘어갔던 소유권은 당연히 복귀하여 매도인이 그 소유자라 할 것임에도, 매수인의 계속적인 채무불이행으로 인하여 매매계약이 위 본등기 경료 이후 적법하게 해제되었는지 여부에 관하여 심리판단하지 아니한 채, 가등기 및 본등기가 매매잔대금 지급을 담보하기 위한 등기로서 매도인이 그 본등기 경료일 무렵까지 매매계약을 해제한 바 없다는 점을 들어, 그 매도인은 본등기를 경료하였다 하더라도 소유자가 아니라 담보권자에 불과하다고 판단한 원심판결은 원고의 주장취지를 잘못 이해하여 심리를 다하지 아니하였거나 계약해제의 효력에 관한 법리를 오해한 위법을 저질렀다 할 것이다. (대법원 1995.5.12.선고, 94다18881·18898·18904 판결)[121]

(C) 학설·판례의 검토 '해제에 따른 원상회복이 물권적 효력인가, 아니면 채권적 효력에 지나지 않는가? 하는 것은 물권행위의 무인성의 인정 여부에 달린 문제이다. 이에 대한 상세한 해설은 물권법 편으로 미루고, 여기서는 그 결론만을 간단히 기술하기로 한다. (☞ 물권법 편, 제2장 제2절 「물권행위론」)

물권행위의 무인성을 인정하는 견해(무인성설)에 따르면, 계약해제의 효력은 물권행위와 이에 기한 물권변동의 효력에 직접 영향을 미치지 아니하므로, 원상회복의 효력은 채권적으로만 발생하게 된다. 따라서 물권의 회복은 당사자가 원상회복의무의 이행을 위한 물권행위와 이전등기를 한 때에 비로소 이루어지게 된다. 그러나 물권행위의 무인성을 부인하는 견해(유인성설)에 따르면, 계약해제의 효력은 물권행위와 이에 기한 물권변동의 효력에 직접 영향을 미치게 된다. 즉, 해제에 의한 원상회복의 효력은 물권적으로 발생하게 된다. 따라서 물권의 회복은 당사자 사이에 별도의 물권행위나 이전등기가 없더라도 법률상 당연히 원래의 소유자인 채권자에게 복귀된다.

우리 민법의 해석상 물권변동을 위해서는 물권행위가 필수적 요건이라고 해석하는 통설·판례의 입장(물권행위필요성설)에 따르더라도,[122] 원인 없는 법률행위는 원칙적으로 무효라고

---

120) 판례평석: 이재성, "민법시행 전의 법률행위로 인한 부동산소유권 소멸등기청구와 소멸시효", 판례월보 148호(판례월보사, 1983/1) 136 이하(Ⅰ), 149호(판례월보사, 1983/2), 146 이하(Ⅱ).

121) 같은 취지: 대법원 1977.5.24.선고, 75다1394 판결; 대법원 1982.7.27.선고, 80다2968 판결; 대법원 1995.1.12.선고, 94누1234 판결.

122) 다만, 최근에는 국내에서도 물권행위의 필요성을 부인하는 견해가 늘어가고 있다(명순구, "이제는 물권행위와 작별을 하자", 「아듀 물권행위」, 고려대출판부, 2006/12, 123 이하; 박수곤, "물권행위 개념에 대한 소고", 민사법학 43-2호, 한국민사법학회, 2008/12, 171 이하 참조).

해석하여야 하므로, 물권행위에 대하여 특별히 무인성을 인정하였다고 볼만한 규정이 없는 이상, 물권행위는 유인행위(有因行爲)라고 보아야 할 것이다(유인성설). 그러므로 해제에 의하여 계약의 효력은 소급적으로 소멸하므로(직접효과설), 물권행위는 그 자체에 무효사유가 없더라도 무효가 되고, 이에 따라 계약의 상대방에게 이전되었던 물권은 원래의 소유자에게 법률상 당연히 복귀된다고 보아야 할 것이다(물권적 효력설). 요컨대, 해제에 의한 원상회복은 물권적 효력을 가지며, 원상회복청구권은 물권적 청구권으로서의 성질을 갖는다고 해석하여야 할 것이다. 그리고 제548조 제1항 단서는 해제로 인하여 이전되었던 물권이 원래의 소유자에게 법률상 당연히 복귀됨으로써 거래의 안전을 해칠 가능성이 있다는 점을 고려하여 둔 특별규정이라고 해석하여야 할 것이다.

(나) 원상회복의 범위

계약이 해제되면 계약은 소급적으로 소멸하므로, 계약상의 의무에 기하여 이행된 급부는 법률상 원인 없는 급부가 되어 부당이득이 성립한다(741조). 다만, 해제에 의한 부당이득의 반환범위는 부당이득반환범위에 관한 제748조의 특별규정인 제548조의 규정에 의하여 부당이득자의 선의·악의를 불문하고 원상회복의무로 확대되므로, 받은 이익의 전부를 반환하여야 하며(대법원 1997.12.9.선고, 96다47586 판결 등),[123] '계약해제의 원인이 된 채무불이행에 관하여 해제자가 원인의 일부를 제공하였다고 하더라도 과실상계는 인정되지 않는다'는 것이 판례의 입장이다(대법원 2014.3.13.선고, 2013다34143 판결 등). 또한 해제로 인한 원상회복의무는 해제의 상대방인 채무자뿐만 아니라 해제권자도 부담하는 것이므로(대법원 1995.3.24.선고, 94다10061 판결 등),[124] 계약이 해제되면 각 당사자는 상대방으로부터 받은 급부를 원상으로 회복할 의무를 부담한다(548조 1항).

■ **계약해제에 따른 원상회복의무의 이행으로서 매매대금 기타 급부의 반환을 구하는 경우, 과실상계가 적용되는지 여부**(소극) [1] 과실상계는 본래 채무불이행 또는 불법행위로 인한 손해배상책임에 대하여 인정되는 것이고, 매매계약이 해제되어 소급적으로 효력을 잃은 결과 매매당사자에게 당해 계약에 기한 급부가 없었던 것과 동일한 재산상태를 회복시키기 위한 원상회복의무의 이행으로서 이미 지급한 매매대금 기타의 급부의 반환을 구하는 경우에는 적용되지 아니한다. [2] 계약의 해제로 인한 원상회복청구권에 대하여 해제자가 해제의 원인이 된 채무불이행에 관하여 원인의 일부를 제공하였다는 등의 사유를 내세워 신의칙 또는 공평의 원칙에 기하여 일반적으로 손해배상에 있어서의 과실상계에 준하여 권리의 내용이 제한될 수 있다고 하는 것은 허용되어서는 아니 된다. (대법원 2014.3.13.선고, 2013다34143 판결)[125]

---

123) 같은 취지: 대법원 1998.12.23.선고, 98다43175 판결.
124) 같은 취지: 대법원 2008.2.14.선고, 2006다37892 판결.
125) 판례평석: 김재형, 「민법판례분석」, 250 이하. 같은 취지: 대법원 2013.12.12.선고, 2012다58029 판결.

(A) 원물반환의 경우 계약채무의 이행으로서 물건이 급부된 경우의 원상회복의무는 그 물건 자체를 상대방에게 반환하여야 하는 「원물반환」이 원칙이다. 다만, 종류물이 급부된 경우에는 동종·동량의 물건으로 반환하면 원상회복의무를 다한 것으로 인정된다.

a) 과실의 반환 계약의 일방 당사자가 상대방에게 반환하여야 할 물건으로부터 과실을 수취한 경우에는 그 과실도 반환하여야 한다. 민법은 원물이 금전인 경우에 그 과실인 이자의 반환에 대하여서는 제548조 제2항에서 이러한 법리를 명문으로 규정하고 있으나, 명문규정이 없는 다른 과실의 경우에도 마찬가지로 해석하여야 한다는 데 이설이 없다. 그러므로 '물건의 사용이익(使用利益)도 여기서 말하는 "과실(果實)"에 포함된다'고 할 것이다(대법원 1976.3.23.선고, 74다1383 판결). 따라서 매수인이 매매목적물을 인도받아 사용하고 있는 도중에 계약이 해제된 경우에는 매매목적물과 함께 사용이익을 반환하여야 원상회복의무의 완전한 이행이 될 수 있다. 특히 부동산을 점유·사용함으로써 받은 이익은 특별한 사정이 없는 한 임료 상당액이라 할 것이므로, '매수인이 부동산을 인도받아 그 용도대로 사용하였으나 그 부동산을 사용하여 영위한 영업이 전체적으로 적자였다고 하더라도 매수인은 임료 상당의 이익을 받았다고 보아야 한다'는 것이 판례의 입장이다(대법원 1997.12.9.선고, 96다47586 판결). 다만, 판례는 '매수인이 반환하여야 할 목적물의 사용이익을 산정함에 있어서 매수인이 목적물을 사용하여 취득한 순수입에는 목적물 자체의 사용이익뿐만 아니라 목적물의 수리비 등 매수인이 투입한 현금자본의 기여도 포함되어 있으므로, 매수인의 순수입에서 현금자본의 투입비율을 고려하지 아니하고 단순히 현금자본에 해당하는 금액을 공제하는 방식으로 목적물의 사용이익을 산정할 수는 없고, 매수인의 영업수완 등 노력으로 인한 이른바 운용이익이 포함된 것으로 볼 여지가 있는 경우에는 이러한 운용이익은 사회통념상 매수인의 행위가 개입되지 아니하였더라도 그 목적물로부터 매도인이 당연히 취득하였으리라고 생각되는 범위 내의 것이 아닌 한 매수인이 반환하여야 할 사용이익의 범위에서 공제하여야 하며(대법원 2006.9.8.선고, 2006다26328·26335 판결 등),[126] 물건이 훼손된 경우가 아닌 한 물건의 사용으로 인한 감가상각비는 원상회복의무에 포함되는 사용이익이라고 할 수 없다'고 한다(대법원 2000.2.25.선고, 97다30066 판결 등).[127]

b) 금전반환의 경우, 이자의 가산 반환할 원물이 금전인 경우에는 그 받은 날로부터 이자를 가산하여 반환하여야 한다(548조 2항). '이 경우에 가산되는 이자의 법적 성질이 원상회복에 속하는 것인가, 아니면 지연배상의 성질을 가지는 것인가?' 하는 것이 문제되나, 이는 원상회복의무의 범위에 속하는 것으로 보아야 할 것이다. 판례도 ① '이 경우에 가산되는 이자

126) 같은 취지: 대법원 2008.1.18.선고, 2005다34711 판결.
127) 같은 취지: 대법원 1991.8.9.선고, 91다13267 판결.

는 원상회복의무의 범위에 속하는 것으로서, 반환의무의 이행지체로 인한 손해배상이 아니라 일종의 부당이득반환의 성질을 가지는 것이므로, 「소송촉진 등에 관한 특례법」(이하 「소송촉진특례법」으로 약칭) 제3조 제1항의 규정[128]은 법원이 금전채무의 전부 또는 일부의 이행을 명하는 판결을 선고할 경우에 있어서 금전채무불이행으로 인한 손해배상액 산정의 기준이 되는 법정이율에 관한 특별규정이므로, 제548조 제2항에서 규정하고 있는 계약해제로 인한 원상회복으로 반환할 금전에 가산할 이자에는 소송촉진특례법 제3조 제1항 소정의 이율(현재 연 15%)을 적용할 수 없다'고 한다(대법원 2000.6.23.선고, 2000다16275·16282 판결 등).[129] 다만, ② '계약해제로 인한 원상회복의무의 이행으로 금전의 반환을 구하는 소송이 제기된 경우에는 채무자는 그 소장을 송달받은 다음 날부터 반환의무의 이행지체로 인한 지체책임을 지게 되므로, 그와 같이 원상회복의무의 이행으로 금전의 반환을 명하는 판결을 선고할 경우에는 금전채무불이행으로 인한 손해배상액 산정의 기준이 되는 법정이율에 관한 특별규정인 소송촉진특례법 제3조 제1항에 의한 이율을 적용하여야 한다'고 한다(대법원 2003.7.22.선고, 2001다76298 판결). 또한 ③ '계약상의 급부가 제3자에게 행하여진 이른바 「계약의 제3자방(方) 이행」에 있어서 계약의 효력이 불발생한 경우에, 계약당사자는 제3자를 상대로 부당이득의 반환을 청구할 것이 아니라 계약의 상대방 당사자에게 부당이득반환을 청구하여야 한다'고 한다(대법원 2010.3.11.선고, 2009다98706 판결 등).[130]

■ **계약해제로 인한 원상회복의무가 이행지체에 빠진 이후의 지연손해금율에 관하여 당사자 사이에 별도의 약정이 있는 경우, 그 지연손해금율이 법정이율보다 낮더라도 약정에 따른 지연손해금율이 적용되는지 여부**(적극) [1] 당사자 일방이 계약을 해제한 때에는 각 당사자는 상대방에 대하여 원상회복의무가 있고, 이 경우 반환할 금전에는 받은 날로부터 이자를 가산하여 지급하여야 한다. 여기서 가산되는 이자는 원상회복의 범위에 속하는 것으로서 일종의 부당이득반환의 성질을 가지는 것이고 반환의무의 이행지체로 인한 지연손해금이 아니다. 따라서 당사자 사이에 그 이자에 관하여 특별한 약정이 있으면 그 약정이율이 우선 적용되고 약정이율이 없으면 민사 또는 상사 법정이율이 적용된다. 반면 원상회복의무가 이행지체에 빠진 이후의 기간에 대해서는 부당이득반환의무로서의 이자가 아니라 반환채무에 대한 지연손해금이 발생하게 되므로 거기에는 지연손해금률이 적용되어야 한다. 그 지연손해금률에

---

128) 소송촉진특례법 제3조(법정이율) ① 금전채무의 전부 또는 일부의 이행을 명하는 판결(심판을 포함한다. 이하 같다)을 선고할 경우, 금전채무 불이행으로 인한 손해배상액 산정의 기준이 되는 법정이율은 그 금전채무의 이행을 구하는 소장(訴狀) 또는 이에 준하는 서면이 채무자에게 송달된 날의 다음 날부터는 연 100분의 40 이내의 범위에서 은행법에 따른 은행이 적용하는 연체금리 등 경제 여건을 고려하여 대통령령으로 정하는 이율에 따른다. 다만, 민사소송법 제251조에 규정된 소에 해당하는 경우에는 그러하지 아니하다. ② 채무자에게 그 이행의무가 있음을 선언하는 사실심 판결이 선고되기 전까지 채무자가 그 이행의무의 존재 여부나 범위에 관하여 항쟁하는 것이 타당하다고 인정되는 경우에는 그 타당한 범위에서 제1항을 적용하지 아니한다.

129) 같은 취지: 대법원 2003.7.22.선고, 2001다76298 판결.

130) 같은 취지: 대법원 2005.4.15.선고, 2004다49976 판결; 대법원 2010.6.24.선고, 2010다9269 판결; 대법원 2011.11.10.선고, 2011다48568 판결; 대법원 2013.6.27.선고, 2011다17106 판결.

관하여도 당사자 사이에 별도의 약정이 있으면 그에 따라야 할 것이고, 설사 그것이 법정이율보다 낮다 하더라도 마찬가지이다. [2] 계약해제 시 반환할 금전에 가산할 이자에 관하여 당사자 사이에 약정이 있는 경우에는 특별한 사정이 없는 한 이행지체로 인한 지연손해금도 그 약정이율에 의하기로 하였다고 보는 것이 당사자의 의사에 부합한다. 다만, 그 약정이율이 법정이율보다 낮은 경우에는 약정이율에 의하지 아니하고 법정이율에 의한 지연손해금을 청구할 수 있다고 봄이 타당하다. 계약해제로 인한 원상회복시 반환할 금전에 받은 날로부터 가산할 이자의 지급의무를 면제하는 약정이 있는 때에도 그 금전반환의무가 이행지체 상태에 빠진 경우에는 법정이율에 의한 지연손해금을 청구할 수 있는 점과 비교해 볼 때 그렇게 보는 것이 논리와 형평의 원리에 맞기 때문이다. (대법원 2013.4.26.선고, 2011다50509 판결)[131]

c) **비용상환** 해제에 의한 원상회복의무의 이행으로 물건을 반환하는 당사자가 그 물건에 필요비나 유익비를 지출한 때에는 점유자의 비용상환청구권에 관한 제203조의 규정에 따라 필요비 또는 유익비의 상환을 청구할 수 있다.

(B) **가액반환** 원물이 멸실·훼손되어 반환할 수 없거나, 노무를 급부받은 경우에는 그 가액을 반환하여야 한다. 다만, 원물의 일부만이 멸실·훼손된 경우에는 원물을 반환하고 멸실·훼손된 나머지 부분에 대하여 가액반환을 하여야 할 것이다.

a) **가액산정의 기준시기** 가액반환에 있어서 반환하여야 할 가액산정의 기준시기에 대하여는 견해가 갈린다. 즉, ① 급부 당시를 기준으로 가액을 산정하여야 한다는 견해,[132] ② 반환 시를 기준으로 가액을 산정하여야 한다는 견해,[133] ③ 해제 시를 기준으로 하여야 한다는 견해,[134] ④ 물건의 가액반환의 경우에는 해제 당시를 기준으로 하여야 하지만, 노무급부의 경우에는 급부 당시를 기준으로 하여 가액을 산정하여야 한다는 견해[135] 등이 주장되고 있다. 그러나 판례는 학설과 달리, '해제로 인한 원물반환의무가 이행불능이 된 때', 즉 '원물반환의무의 이행기를 기준으로 가액을 산정하여야 한다'는 입장을 취하고 있다(대법원 1998.5.12.선고, 96다47913 판결). 사견으로는, 법정해제는 채무불이행의 효과이므로 이행불능 시의 손해배상액의 산정기준시기와 마찬가지로, 가액반환의 경우에도 원물반환의무가 불능이 되어 가액반환의무가 발생한 당시(원물반환의무불능시)의 가액을 기준으로 하여 반환금액을 산정하는 것이 당사자 쌍방의 이해관계를 조화시킬 수 있는 형평의 원칙에 부합하는 합리적인 해석이라고 생각한다. 이러한 취지에서 판례의 입장에 찬성한다.

b) **귀책사유의 요부**(要否) 학설은 '반환하여야 할 원물이 천재지변 등 쌍방불귀책사유로 인하여 멸실·훼손된 경우에는, 귀책사유가 없는 당자사에게 가액반환의무를 인정하는 것

131) 판례평석: 송덕수/김병선, 「민법핵심판례 210선」, 286 이하. 같은 취지: 대법원 2000.6.9.선고, 2000다9123 판결; 대법원 2008.4.24.선고, 2006다14363 판결.
132) 곽윤직, 105; 김상용, 146; 김형배, 245~246 참조.
133) 김증한/김학동, 166 참조.
134) 김주수, 138 참조.
135) 장재현, 179 참조.

은 형평에 어긋나므로 이를 부정하여야 한다'는 견해와,[136] 반대로 '원물의 멸실·훼손에 대하여 귀책사유가 없다고 하여 가액반환의무 자체를 부정하는 것은 오히려 형평에 반하는 결과가 되므로, 원물의 멸실·훼손에 대한 귀책사유의 유무를 따질 필요 없이 가액반환을 인정하여야 한다'는 견해[137]가 대립하고 있다.

생각건대, 해제로 인한 원상회복의무는 해제의 효과로 법률이 인정한 법정의무이므로 '원물반환이 불능하게 된 경우에는 귀책사유의 유무에 관계없이 목적물의 가액을 반환하여야 한다'고 해석하여야 할 것이다.

참고로 「2013년 민법개정시안」은 '원상회복으로 원물을 반환하는 경우에는 그로부터 수취한 과실도 반환할 의무가 있다'는 점을 제548조 제2항에 추가하여 규정하고, 제3항에서 「가액반환의무」를 규정할 것을 제안하고 있다(동 개정안 548조).[138] 이는 '원상회복의무만을 규정하고 있는 현행민법 제548조의 규정을 보완하여 수취한 과실의 반환, 원물반환 불능 시 가액반환의 원칙 등 구체적인 반환기준을 명확하게 규정한 데 그 의의가 있다.[139] 그러나 해제의 효과에 대해서는 「2013년 민법개정시안」에서도 의미 있는 개정제안은 이루어지지 않았다. 그러므로 「2013년 민법개정시안」에 따라서 민법이 개정되더라도 해제의 효력인 원상회복의 이론구성에 대해서는 통설·판례의 입장인 「직접효과설」과 독일의 지배적인 견해인 「청산관계설」을 우리 민법의 해석론으로 도입하자는 견해의 대립은 계속될 것으로 예상된다.

(다) 원상회복의무의 동시이행

동시이행항변권에 관한 제536조의 규정은 해제의 효과에 관한 제548조에 준용되므로(549조), 해제로 인하여 발생한 양 당사자의 원상회복의무는 동시이행관계에 있다. 판례는 나아가 '계약이 해제되면 계약 당사자는 상대방에 대하여 원상회복의무와 손해배상의무를 부담하는데, 이 때 계약당사자가 부담하는 원상회복의무뿐만 아니라 손해배상의무도 함께 동시이행의 관계에 있다'고 한다(대법원 1996.7.26.선고, 95다25138·25145 판결).

2) 원상회복의 효력이 미치지 않는 제3자의 범위

원상회복의 물권적 효력이 인정된다고 하더라도 이는 제3자의 권리를 해하지 못한다(548

---

136) 곽윤직, 105; 김증한/김학동, 262 참조.

137) 오시영, 210; 장재현, 180 참조.

138) 「2013년 민법개정시안」 제548조(해제의 효과, 원상회복의무) ① 당사자 일방이 계약을 해제한 때에는 각 당사자는 그 상대방에 대하여 원상회복의 의무가 있다. 그러나 제3자의 권리를 해치지 못한다. ② 제1항에 따라 금전을 반환하여야 할 경우에는 그 받은 날부터 이자를 붙여 반환하여야 하고, 목적물을 반환하여야 할 경우에는 그로부터 수취한 과실도 반환하여야 한다. ③ 각 당사자가 상대방으로부터 받은 목적물 또는 그로부터 수취한 과실을 반환할 수 없거나 목적물로부터 수취한 이익이 있는 때에는 그 가액을 반환하여야 한다. 그러나 상대방에게 책임 있는 사유로 반환할 수 없는 경우에는 그러하지 아니하다.

139) 김동훈, 전게논문(주 40), 407 참조.

조 1항 단서). 문제는 '원상회복의 물권적 효력이 제한되는 제548조 제1항 단서의 "제3자"는 구체적으로 어떠한 자를 의미하는가?' 하는 것인데, 이에 대해서는 학설상 견해가 대립하고 있다.

(가) 해제 이전에 물권을 취득한 자

제548조 제1항 단서의 규정은 해제의 소급효가 인정된다는 전제하에(직접효과설) 거래의 안전을 위하여 원상회복의 물권적 효력을 제한하는 취지의 규정이라고 보아야 할 것임은 전술한 바와 같다. 이러한 취지에서 '제548조 제1항 단서의 "제3자"는 해제된 매매계약을 기초로 하여 매수인으로부터 매매목적물을 양수한 자와 같이, 채권자의 해제의 의사표시가 있기 이전에 물권을 취득한 자를 의미한다'는 것이 확립된 판례의 입장이다(대법원 2014.12.11.선고, 2013다14569 판결 등).[140]

이러한 입장에 따라, 판례는 ① '제548조 제1항 단서에서 말하는 "제3자"는 해제 이전에 등기·인도 등의 요건을 갖추어 완전한 물권을 취득한 자를 의미하는 것이므로, 해제된 계약의 효력으로 발생한 채권을 양수한 자(채권양수인)는 물권을 취득한 자가 아니므로, 제548조 제1항 단서에서 말하는 "제3자"에 해당하지 않는다'고 하며(대법원 2003.1.24.선고, 2000다22850 판결 등),[141] ② '토지매도인이 대금지급을 받지 못하여 매매계약을 해제한 경우에 그 토지 위에 신축된 건물의 매수인은 위 계약해제로 권리를 침해당하지 아니할 제3자에 해당하지 아니하며(대법원 1991.5.28.선고, 90다카16761 판결 등), ③ 미등기무허가건물에 관한 매매계약이 해제되기 전에 매수인으로부터 해당 무허가건물을 다시 매수하고 무허가건물관리대장에 소유자로 등재되었다고 하더라도 건물에 관하여 완전한 권리를 취득한 것으로 볼 수 없으므로 제548조 제1항 단서에서 규정하는 제3자에 해당한다고 할 수 없다'고 한다(대법원 2014.2.13.선고, 2011다64782 판결 등).[142] 다만, 판례는 ④ '매매계약이 해제되기 전에 매수인으로부터 주택임차권을 취득하고 대항력을 갖춘 주택임차인은 완전한 물권을 취득한 것은 아니지만, 대항력을 갖춘 주택임차인에게 물권적 효력을 부여하고 있는 주택임대차법의 취지를 고려하여 대항력을 갖춘 주택

140) 판례평석: 송덕수/김병선, 「민법핵심판례 210선」, 284 이하. 같은 취지: 대법원 2003.1.24.선고, 2000다22850 판결; 대법원 2005.1.14.선고, 2003다33004 판결.

141) 판례평석: 김동훈, "채권양도와 계약해제", 「로스쿨계약법」(청림출판, 2006/3), 291 이하; 양창수, "매매대금채권 일부의 양수인이 대금을 수령한 후에 매매계약이 해제된 경우 그 금전반환의무는 매수인의 목적물인도의무와 동시이행관계에 있는가?", 민법연구 7권(박영사, 2005), 367 이하; 전재우, "매수인이 매매잔대금채권 양수인에게 일부변제 후 당해 매매계약을 해제한 경우, 원상회복청구의 상대방", 법률신문 3686호(법률신문사, 2008/10), 14; 윤진수, 「민법기본판례」, 393 이하. 같은 취지: 대법원 1964.9.22.선고, 64다596 판결; 대법원 1996. 4.12.선고, 95다49882 판결; 대법원 1997.12.26.선고, 96다44860 판결; 대법원 2000.4.11.선고, 99다51685 판결; 대법원 2002.10.11.선고, 2002다33502 판결; 대법원 2003.1.24.선고, 2000다22850 판결; 대법원 2007.4.26.선고, 2005다19156 판결; 대법원 2007.12.27.선고, 2006다60229 판결.

142) 같은 취지: 대법원 1993.1.26.선고, 92다36274 판결; 대법원 2006.10.27.선고, 2006다49000 판결.

임차인은 제548조 제1항 단서의 "제3자"에 해당한다'고 하며(대법원 2003.8.22.선고, 2003다12717 판결 등),[143] ⑤ '해제된 계약에 의하여 채무자의 책임재산이 된 계약의 목적물을 채무자의 채권자가 해제 전에 압류하거나 가압류한 경우에는 압류채권자는 완전한 물권을 취득한 것이 아니고, 가압류채권자는 그 가압류에 의하여 당해 목적물에 대하여 잠정적으로 그 권리행사만을 제한하는 것이나, 압류채권자와 가압류채권자는 종국적으로 압류(가압류)의 목적물을 환가하여 그 대금으로 피보전채권의 만족을 얻을 수 있는 권리를 취득하는 것이므로, 그 권리를 보전하기 위하여서는 제548조 제1항 단서의 "제3자"에 계약목적물에 대한 압류(가압류)채권자도 포함된다'고 한다(대법원 2000.1.14.선고, 99다40937 판결 등).[144]

한편 제3자를 위한 계약에서의 제3자(수익자)는 해제권자에게 대항할 수 있는 물권이나 대항력 있는 권리를 취득한 것이 아니라 요약자와 낙약자 사이의 기본관계를 이루는 계약에 의하여 발생한 채권을 취득한 자에 불과하므로, 제548조 제1항 단서의 "제3자"에 해당하지 않음은 분명하나, 판례는 '낙약자가 요약자와의 기본관계를 이루는 계약을 해제한 경우에도 계약관계의 청산은 계약의 당사자인 낙약자와 요약자 사이에 이루어져야 하므로, 수익자인 제3자에 대하여 낙약자가 급부의 반환을 청구할 수는 없다'고 한다(대법원 2005.7.22.선고, 2005다7566·7573 판결 등).[145]

(나) 악의의 제3자도 제548조 제1항 단서에 의하여 보호되는지 여부

민법은 선의자만을 선택적으로 보호하는 주의를 채택하여, 법률행위의 무효 또는 취소의 효력을 주장할 수 없는 제3자는 "선의의 제3자"로 한정하고 있다(107조 2항, 108조 2항, 109조 2항, 110조 3항). 그런데 거래의 안전을 위하여 해제의 소급효를 제한하고 있는 제548조 제1항 단서에서는 '선의의 제3자'라고 규정하지 않고 단순히 "제3자"라고만 규정하고 있다. 그러므로 '해제의 경우에는 제3자의 선의·악의를 묻지 않고 보호하겠다는 것인가?' 하는 해석론상의 의문이 발생한다.

(A) 구 의용민법의 입법취지 현행민법 제548조는 구 의용민법(일본민법) 제545조[146]의 규

---

143) 판례평석: 민유숙, "매매계약의 해제와 임대인 지위의 승계", 대법원판례해설 46호(법원도서관, 2004/7), 616 이하. 같은 취지: 대법원 1996.8.20.선고, 96다17653 판결; 대법원 2008.4.10.선고, 2007다38908·38915 판결; 대법원 2009.1. 30.선고, 2008다65617 판결.

144) 판례평석: 김재형, 「민법판례분석」, 248 이하. 같은 취지: 대법원 1996.11.15.선고, 94다35343 판결; 대법원 2000.4.21.선고, 2000다584 판결; 대법원 2005.1.14.선고, 2003다33004 판결.

145) 판례평석: 배호근, 대법원판례해설 57호(법원도서관, 2006/7), 302 참조. 같은 취지: 대법원 2010.8.19.선고, 2010다31860·31877 판결.

146) 구 의용민법(일본민법) 제545조: ① 당사자의 일방이 그 해제권을 행사한 때에는 각 당사자는 상대방을 원상으로 복구시킬 의무를 부담한다. 다만, 제3자의 권리를 해할 수 없다. ② 전항의 경우에 있어서 반환하여야 할 금전에는 그 수령 시로부터 이자를 붙일 것을 요한다. ③ 해제권의 행사는 손해배상의 청구를 방해하지 않는다.

정을 그대로 계승한 것인데, 「민법수정안이유서」에 따르면 구 의용민법 제545조의 입법자는 '해제의 소급효가 인정된다는 것을 전제로 하여 각 당사자에게 원상회복의무가 있음을 규정하면서도, 해제의 소급효에 의하여 발생하는 원상회복의 물권적 효력으로 인하여 거래의 안전이 해쳐지는 것을 방지하기 위하여 해제의 효력은 각 당사자로 하여금 상대방을 원상으로 회복시킬 의무를 부담하는 데 그치는 채권적인 효과만을 발생시킨다'고 생각하였음을 확인할 수 있다.[147] 그렇다면 '동조의 "제3자의 권리를 해할 수 없다"는 규정은 불필요한 규정에 지나지 않는다고 할 수 있는데, 입법자는 위 단서를 「주의적 규정」으로 둔 것이라고 생각된다(다만, 「민법수정안이유서」의 입법이유를 살펴보아도 입법자가 왜 '선의의 제3자'라고 규정하지 않고 단순히 "제3자"라고 규정하였는지는 알 수 없다). 「민법수정안이유서」는 구 의용민법 제545조의 입법이유를 다음과 같이 기술하고 있다(밑줄은 저자 주).

> 제545조(이유) 본조는 해제권행사의 결과를 규정한 것으로서 기성법전 재산편 제409조 제2항은 '해제조건이 성취한 때에는 당사자로 하여금 합의 전의 각자의 지위에 복구시켜야 한다'고 규정하고 있으며, 기타 다수의 입법례에 의하면, 해제권의 행사는 법률행위를 처음부터 소멸시키고 따라서 물권상의 효력을 발생하는 것을 인정하지만, 만약 이렇게 된다면 가령 기성법전 재산편 제410조 제2항과 같은 공시의 방법을 다하였다고 하더라도 여전히 제3자는 왕왕 손해를 입는 것을 면하지 못하는 바로서, 이에 따라 거래의 안전을 해할 뿐만 아니라, 해제의 결과를 염려한 나머지 제3자로 하여금 그 취득한 물건을 보호·개량하는 것을 주저하도록 함으로써 일반경제상의 이익을 해함이 적지 않다. 따라서 본안은 독일민법초안 등에 따라서 해제권의 행사는 단지 채권적인 효과만을 발생시키며, 이로 인하여 각 당사자는 상대방을 원상으로 회복시킬 의무를 부담하는 데 그치며, 제3자는 이것 때문에 그 권리가 해쳐지는 일이 없음을 인정함으로써 거래의 안전을 보호하는 경제상의 이익에 적합하게 하였다.
>
> 각 당사자가 그 상대방을 원상으로 회복시킴에 있어서 물건의 과실도 반환하지 않을 수 없다는 것은 애당초 의문이 없는 것이지만, 반환하여야 할 물건이 금전인 때에는 단지 원본만을 반환하는 일은 없도록 하였다. 이것이 특히 본조 제2항의 규정을 둔 이유로서, 반환하여야 할 금전에는 그 수령한 때로부터 이자를 붙이지 않을 수 없음을 명확하게 하였다. 또한 해제권의 행사는 손해배상의 청구를 방해하지 않음은 거의 의문이 없는 것이지만, 다수의 입법례에 의하면 해제권과 손해배상청구권 중 하나를 선택하도록 하는 것이 된다면, 어쩌면 해제권의 행사는 손해배상의 청구권을 배제하는 것이 된다는 의문을 생기게 하므로, 특히 본조 제3항의 명문규정을 두었다.
>
> 기타 물건이 보존비·개량비 등의 배상에 관한 사항은 점유권에 관한 규정에 의하여 자명한 것이므로, 여기에 이를 명시할 필요가 없다고 할 것이다.

(B) 우리 민법 제548조 제1항 단서의 입법취지 우리 민법 제548조 제1항 단서의 규정은 정부의 민법안에는 없었으나 국회의 심의과정에서 추가된 것이다.[148] 따라서 이는 원상회복의 효력에 대하여 「채권적 효력설」을 취한 것으로 보이는 민법원안과는 반대로 「물권적 효력설」

147) 「民法修正案理由書」, 461～462 참조.

148) 민법안 제537조: ① 당사자 일방이 계약을 해제한 때에는 각 당사자는 그 상대방에 대하여 원상회복의 의무가 있다. ② 전항의 경우에 반환할 금전에는 그 받은 날로부터 이자를 가산하여야 한다.

의 영향을 받은 것이라고 추측된다.[149] 그러나 「민법안심의록」 등 입법과정의 자료를 통하여서도 민법이 제548조 제1항 단서에서 단순히 "제3자"라고만 규정한 취지는 알 수 없다. 다만, 민법에는 해제와 마찬가지로 소급효가 인정되는 무권대리의 추인에 관한 제133조 단서(민법안 128조 단서)와 선택의 소급효에 관한 제386조(민법안 377조 단서)의 경우에도 "그러나 제3자의 권리를 해하지 못한다"는 규정이 있으며, 민법안 심의과정에서도 '이러한 규정들과의 균형을 고려하여 단서를 신설하여야 한다'는 주장이 제기되었다.[150]

생각건대, 민법이 제548조 제1항 단서에서 '선의의 제3자'라고 규정하지 않고, 단순히 "제3자"라고만 규정한 것은 '제133조 단서와 제386조 단서와 균형을 맞추기 위한 조치'라는 것이 당시 입법관여자들의 의견이었으나, 제133조의 무권대리의 추인의 소급효는 해제와는 반대로 무효인 행위를 유효한 행위로 전환시키는 것이고, 선택의 소급효를 규정한 제386조는 '무의미한 규정'이라고 해석되고 있다는 점에서, 현행민법이 '선의의 제3자'라고 규정하지 않고, 단순히 "제3자"라고만 규정한 것은 입법상의 오류일 가능성이 크다. 따라서 제548조 제1항 단서의 "제3자"는 '선의의 제3자'로 제한적으로 해석할 필요가 있으며, '해제 전에 계약을 기초로 하여 새롭게 물권을 취득한 자라고 하더라도 악의인 경우(채무불이행이 성립하였다는 사실을 안 경우)에는 채권자에게 대항할 수 없다'고 해석하여야 할 것이다. 다만, 학설 중에는 '해제의 의사표시가 있기 전'과 '해제 후 말소등기 전'까지의 2단계로 구분하여, '해제되기 전 단계에는 성질상(채무불이행 여부는 다른 자가 알 수 없으므로) 제3자의 선의·악의는 문제되지 않으므로 제3자는 채무불이행에 대한 선의·악의를 불문하고 보호되지만, 해제 후에는 말소등기가 있기 전까지 해제사실을 모르고 새로이 이해관계를 맺은 선의의 제3자에 한하여 보호되어야 한다'고 해석하는 견해가 있다.[151] 그러나 해제의 의사표시가 있기 전에 제3자가 채무자의 이행지체의 사실을 안다는 것은 기대하기 어렵겠지만, 예컨대 교환계약에서 상대방 채무가 협의수용에 의하여 이행불능된 경우처럼, 제3자가 채무불이행사실을 알 수 있는 경우도 있으므로, 이러한 주장은 설득력이 부족하다.

(다) 해제 후 말소등기 전까지 이해관계를 맺은 선의의 제3자

판례는 제548조 제1항 단서의 "제3자"의 범위를 넓게 해석하여, '계약해제 시 계약은 소급하여 소멸하게 되어 해약당사자는 각 원상회복의 의무를 부담하게 되나, 이 경우 계약해제로 인한 원상회복등기 등이 이루어지기 이전에 해약당사자와 양립되지 아니하는 법률관계를 가지게 되었고 계약해제 사실을 몰랐던 제3자에 대하여는 계약해제를 주장할 수 없고, 이 경우 제3자가 악의라는 사실의 주장·입증책임은 계약해제를 주장하는 자에게 있다'는 입장을

149) 명순구(실록), 371 참조.
150) 상계서, 369 참조.
151) 송덕수, 142 참조.

확립하고 있다(대법원 2005.6.9.선고, 2005다6341 판결 등).[152]

사견으로도 제548조 제1항 단서의 입법취지인 거래안전의 보호를 위해서는 "제3자"의 범위를 넓게 인정할 필요가 있다고 생각하며,[153] 이러한 견지에서 판례의 입장에 찬성한다. 결국 제548조 제1항 단서의 "제3자"는 '물권변동의 원인행위인 계약체결 후 해제의 의사표시가 있기 전까지 이해관계를 맺은 선의의 제3자는 물론이고, 해제의 의사표시가 있은 후 말소등기 전까지 이해관계를 맺은 선의의 제3자도 포함된다'고 해석하여야 할 것이다.

한편 판례는 '매매계약 당시 계약당사자 사이에 계약이 해제되면 매수인은 매도인에게 소유권이전등기를 하여 주기로 하는 약정이 있는 경우에는, 매도인은 그 약정에 기하여 매도인에 대하여 소유권이전등기절차의 이행을 청구할 수 있다 할 것이고, 이 경우의 매도인의 소유권이전등기청구권은 물권변동을 목적으로 하는 청구권이므로 가등기에 의하여 보전될 수 있는 것이므로, 위 약정에 따른 청구권을 보전하기 위한 가등기가 된 경우에도 그 가등기 후 본등기 전에 된 제3자 명의의 소유권이전등기는 후일 가등기에 기한 본등기가 마쳐지면 말소를 면할 수 없다'고 한다(대법원 1982.11.23.선고, 81다카1110 판결 등).[154]

(라) 합의해제의 경우의 제3자 보호

'계약의 합의해제의 경우에도 해제의 소급효가 인정되며, 이 경우에도 제548조 제1항 단서의 규정이 적용되므로 합의해제의 소급효로써 제3자의 권리를 해할 수 없다'는 것이 판례의 입장임은 전술한 바와 같다(대법원 2005.6.9.선고, 2005다6341 판결 등).[155]

3) 해제의 소급효와 손해배상과의 관계

전술한 바와 같이, 2002년 개정 전 독일민법은 채무불이행에 대한 구제수단으로 해제와 손해배상 중 하나만을 채권자가 선택할 수 있다는 입장을 취하고 있었으나(동법 325조), 현행 독일민법은 채무불이행으로 인한 계약해제와 손해배상은 병존하는 것으로 개정되었다(BGB §325).[156] 우리 민법도 제551조에서, '계약의 해지 또는 해제는 손해배상의 청구에 영향을 미치지 아니한다'고 함으로써, 계약의 효력이 해제에 의하여 소급적으로 소멸되거나 해지에 의하여 장래적으로 소멸하는 경우에도 채무불이행에 의하여 채권자가 이미 취득한 손해배상청구권은 그대로 존속되는 것으로 규정하고 있다. 그런데 '채무불이행으로 인한 손해배상청구

---

152) 같은 취지: 대법원 1985.4.9.선고, 84다카130·131 판결; 대법원 1996.11.15.선고, 94다35343 판결; 대법원 2000.4.21.선고, 2000다584 판결.

153) 同旨: 송덕수, 143 참조.

154) 판례평석: 김용담, "계약의 해제", 민사판례연구(6)(민사판례연구회, 1984/4), 109 이하; 김효종, "제3자 명의로 소유권이전등기가 된 후의 매매계약 해제의 소급효", 대법원판례해설 2호(법원행정처, 1988/5), 3 이하. 같은 취지: 대법원 2007.6.28.선고, 2007다25599 판결.

155) 같은 취지: 대법원 1980.5.13.선고, 79다932 판결; 대법원 1991.4.12.선고, 91다2601 판결.

156) 독일민법 제325조(손해배상과 해제) 쌍무계약에서 손해배상을 청구할 권리는 계약의 해제에 의하여 배제되지 아니한다.

권은 채권이 동일성을 유지하면서 그 내용을 변경한 것'이므로, 해제의 본질을 계약의 효력을 소급적으로 소멸시킴으로서 계약이 체결되지 않았던 상태로 되돌리는 것이라고 파악하는 「직접효과설」의 입장에서는 '계약의 해제가 손해배상의 청구에 영향을 미치지 아니한다는 것을 이론적으로 어떻게 설명할 수 있는가?' 하는 것이 문제된다.

학설 중에는 「직접효과설」의 이러한 문제점을 들어 독일민법학의 지배적 견해인 「청산관계설」을 우리 민법의 해석론으로서 도입하여야 한다고 주장하고 있음은 전술한 바와 같다. 그러나 해제의 소급효를 부인하는 「청산관계설」을 우리 민법의 해석론으로 도입하는 것은 해석론의 한계를 벗어난 부당한 주장이라는 점에 대해서는 앞에서 상세히 검토한 바 있으므로, 이하에서는 이 문제를 재론하지 않고 판례이론을 중심으로 제551조의 "손해배상"의 법적 성질과 그 범위를 살펴보기로 한다.

(가) 第551조의 "손해배상"의 법적 성질

「직접효과설」의 최대의 난점은 '해제에 의하여 계약의 효력이 소급적으로 소멸하였음에도 불구하고 본래의 채무와 동일성을 유지하는 "손해배상"을 청구할 수 있다'는 점을 이론적으로 설명하기 어렵다는 데 있다. 그리고 「직접효과설」을 지지하는 학자들도 대부분 이러한 점을 인정하고 있다.[157] 그러나 이는 해제가 신의와 형평에 기하여 급부를 이행받지 못한 채권자로 하여금 계약의 구속력으로부터 스스로를 해방시키는 제도일 뿐만 아니라(신의와 형평설), 나아가 손해배상제도의 문제점을 보완하기 위한 것(손해배상설)이라는 제도적 취지를 제대로 이해하지 못한 데서 나온 견해라고 생각된다.

채무불이행의 효과로서 채권자가 채무자에 대하여 손해배상을 청구할 수 있음은 당연한 것이지만, 채무자에게 변제자력이 없는 경우에는 손해배상의 청구는 무익한 것이 될 수밖에 없다. 쌍무계약에서 채권자가 아직 자신의 채무를 이행하지 아니한 경우에는 채권자는 동시이행항변권을 방어수단으로 하여 자기채무의 이행과 상환하여 상대방의 채무이행을 청구할 수 있고(이행지체의 경우), 상대방 채무의 이행이 불능한 경우에는 위험부담의 법리에 의하여 자신의 채무를 면하거나 경우에 따라서는 대상청구권을 행사함으로써 자신의 이익을 충분히 지킬 수 있다. 그러나 자신의 급부의무를 이미 이행한 채권자에게는 동시이행항변권은 무의미하며, 채권자는 손해배상을 청구하거나(390조) 채무자위험부담의 법리(537조)를 적용함으로써 부당이득반환청구권을 행사할 수 있으나, 채무자에게 변제자력이 없는 경우에는 채권자가 이러한 권리를 행사하는 것 자체가 무의미한 경우가 대부분이다.

해제는 바로 이런 경우, 즉 자신의 채무를 이미 이행한 채권자에게 손해배상청구권이나

157) 곽윤직, 106; 양창수/김재형, 522 참조. '이론상으로는 신뢰이익의 배상이 옳다'고 주장하는 견해도 있다(김주수, 139~140 참조).

부당이득반환청구권을 행사하는 것만으로는 구제되기 어려운 자신의 이익을 물권적 효력이 인정되는 원상회복을 청구함으로써 구제받을 수 있는 법적 수단이라고 할 수 있다. 다만, 물권행위의 무인성이 인정됨으로써 해제의 효과인 원상회복의 물권적 효력이 인정될 수 없는 독일민법하에서는 이러한 해제제도의 취지가 제대로 구현될 수 없다. 독일민법학에서는 원상회복의 「채권적 효력설」과 결과적으로 내용이 일치하는 「청산관계설」이 지배적인 견해가 된 배경에는 물권행위의 무인성론이 자리하고 있음에 유의할 필요가 있다. 우리 민법은 독일식의 물권변동제도를 채택하고 있으나 '물권행위의 무인성은 인정될 수 없으며, 이를 전제로 해제의 소급효와 원상회복의 물권적 효력을 인정하여야 한다'는 것이 확립된 판례의 입장임은 전술한 바와 같다.

요컨대, 해제의 본질은 소급효를 전제로 원상회복의 물권적 효력을 인정함으로써 이미 이행된 급부(소유권)를 되찾아 올 수 있는 법적 수단으로서 손해배상의 현실적 문제점을 보완하기 위한 제도라는 점에 있다고 할 것이다. 그러므로 해제가 손해배상과 병존하는 것은 이론상 당연하며, 제551조는 이 점을 명확히 한 규정이라고 할 것이다. 또한 계약이 해제에 의하여 소급적으로 소멸된다고 법률상 의제된다고 하여 채권자에게 이미 발생한 현실적 손해까지도 소급적으로 소멸한다고 할 수는 없으므로, 계약의 소급적 소멸에 의하여 원상회복의 효력이 발생하는 것과는 별개로 채권자가 손해배상을 청구할 수 있도록 하는 것은 법이론상으로도 하등 문제될 것이 없으며, 입법정책상으로도 바람직하다. 다만, 쌍무계약에서 당사자 일방의 채무불이행이 있는 경우에 타방 당사자인 채권자로서는 계약을 해제하지 않더라도 채무불이행에 기한 손해배상을 청구할 수 있는 것이므로(390조), 채권자가 계약을 해제하면서 원상회복이 아닌 손해배상만을 청구하는 것은 해제의 제도적 취지에 비추어 볼 때 사실상 무의미한 것이다. 그러므로 채무불이행을 이유로 계약을 해제함과 동시에 원상회복이 아닌 손해배상을 청구하는 소송실무의 관행은 '급부의 원상회복을 통하여 손해를 전보한다'는 해제의 본래적 기능에 비추어 볼 때 무의미할 뿐만 아니라 잘못된 행태인 것이다.

(나) 제551조의 "손해배상"의 범위

위에서 살펴본 바와 같이, 해제의 효과는 손해배상제도의 현실적 문제점을 보완하기 위하여 계약의 소급적 소멸을 전제로 인정되는 기이행급부의 원상회복을 그 본질적 내용으로 하는 것이지만, 해제에 의하여 계약이 소급적으로 소멸한다고 해서 채무불이행으로 인하여 이미 발생한 손해배상청구권도 같이 소멸하는 것은 아니다. 즉, 제551조는 해제의 소급효가 채무불이행과 그에 따른 효과인 손해배상의무까지도 소멸시키는 것은 아니라는 점을 명확히 한 데 그 의미가 있다고 할 것이다. 그러므로 해제의 제도적 취지에 비추어 볼 때, '제551조의 "손해배상"은 이행이익의 배상을 내용으로 하는 제390조의 채무불이행에 기한 "손해배상"

과 내용상 일치한다'고 해석하여야 함은 당연한 것이다.

판례는 '계약을 해제하고 손해배상을 청구하는 경우에 있어서의 손해배상의 청구도 채무불이행으로 인한 손해배상과 다를 것이 없으므로, 급부에 갈음하는 전보배상으로서 그 계약의 이행으로 인하여 채권자가 얻을 이익 즉 소위 이행이익의 배상을 청구하여야 하고, 계약이 해제됨으로써 채권자가 헛되이 지출한 비용인 신뢰이익의 배상은 청구할 수 없다'는 입장을 취하여 왔다(대법원 1983.5.24.선고, 82다카1667 판결 등). 그러나 대법원은 2002.6.11.선고, 2002다2539 판결에 의하여 '신뢰이익의 배상을 구할 수도 있다'는 것으로 그 입장을 전환하였다. 즉, 현재의 판례는 '① 채무불이행을 이유로 계약해제와 아울러 손해배상을 청구하는 경우에는 이행이익의 배상을 구하는 것이 원칙이지만, 그에 갈음하여 그 계약이 이행되리라고 믿고 채권자가 지출한 비용 즉 신뢰이익의 배상을 구할 수도 있으며, ② 그 신뢰이익 중 계약의 체결과 이행을 위하여 통상적으로 지출되는 비용은 통상의 손해로서 상대방이 알았거나 알 수 있었는지의 여부와는 관계없이 그 배상을 구할 수 있으나, 이를 초과하여 지출되는 비용은 특별한 사정으로 인한 손해로서 상대방이 이를 알았거나 알 수 있었던 경우에 한하여 그 배상을 구할 수 있다'는 입장을 확립하고 있다(대법원 2002.6.11.선고, 2002다2539 판결 등).[158] 다만, '그 신뢰이익은 과잉배상금지의 원칙에 비추어 이행이익의 범위를 초과할 수 없다'고 한다. 또한 ③ '이러한 지출비용의 배상은 이행이익의 증명이 곤란한 경우에 증명을 용이하게 하기 위하여 인정되는 것이므로, 채권자가 계약의 이행으로 얻을 수 있는 이익이 인정되지 않는다면 채권자에게 배상해야 할 손해가 발생하였다고 볼 수 없으므로 지출비용의 배상을 청구할 수 없다'고 한다(대법원 2017.2.15.선고, 2015다235766 판결).

이러한 판례법리의 이론적 기초와 근거는 불분명하지만, '직접효과설을 취하면 해제는 계약을 소급적으로 소멸시키는 것이므로 신뢰이익배상을 인정할 이론적 근거가 전혀 없다고 할 수 없다'는 점과, '비교법상으로도 이행이익의 배상과 신뢰이익의 배상을 선택적으로 청구할 수 있도록 하는 독일민법과 같은 입법례(BGB §284)[159]도 존재한다'는 점에 영향을 받은 것이 아닌가 생각된다. 학설 중에는 이러한 판례의 입장을 적극 지지하는 견해도 있으며,[160] 실

158) 판례평석: 김동훈, "이행이익과 신뢰이익", 고시연구 29권 11호, 2002/11, 202~212; 박동진, "신뢰이익의 배상", 「로스쿨계약법」(청림출판, 2006/3), 299 이하; 이상완, "계약의 해제로 인한 손해배상의 범위로서의 신뢰이익", 부산법조논집 2호(부산지방변호사회, 2007/1), 132 이하. 같은 취지: 대법원 2003.10.23.선고, 2001다75295 판결; 대법원 2006.2.10.선고, 2003다15501 판결; 대법원 2007.1.25.선고, 2004다51825 판결; 대법원 2016.4.15.선고, 2015다59115 판결; 대법원 2017.2.15.선고, 2015다235766 판결.

159) 독일민법 제284조(무익하게 지출된 비용의 배상) 채권자가 급부의 획득을 신뢰하여 비용을 지출하였고 또한 그 지출이 상당한 것이었던 경우에는, 채권자는 급부에 갈음하는 손해배상 대신에 지출한 비용의 배상을 청구할 수 있다. 다만, 채무자의 의무위반이 없었더라도 비용지출의 목적이 달성될 수 없었던 경우에는 그러하지 아니하다.

160) 김동훈, 전게논문(주 158), 221~242 참조.

용적인 관점에서는 이해할 수 있는 측면도 있다. 그러나 이론상으로는 분명히 잘못된 것이라는 점을 지적하지 않을 수 없다. 왜냐하면 「신뢰이익」이라 함은 '계약이 무효·취소된 경우에 계약이 유효하다고 믿음으로써 받은 손해, 즉 헛되이 지출한 비용'을 의미하는 것인데,[161] 계약이 해제된 경우에 인정되는 손해배상은 계약의 유효를 전제로 하는 이행이익 상당액을 의미하는 것임이 명백하기 때문이다.[162]

4. 해제권의 소멸

(1) 권리일반에 공통적인 소멸사유의 발생

1) 제척기간의 경과

해제권은 형성권이고 그 행사기간에 대한 특별한 제한이 없으므로, 10년의 제척기간에 걸린다고 할 것이다. 그러나 계약상의 채권이 소멸시효에 걸려 소멸한 이후에는 채무불이행의 문제도 발생하지 않으므로, 해제권의 제척기간의 문제도 발생하지 않는다.

2) 해제권의 포기

해제권자는 해제권을 포기할 수 있으며, 해제권 포기의 의사표시는 묵시적으로도 할 수 있음은 전술한 바와 같다(대법원 1991.5.14.선고, 91다8005 판결 등). 나아가 판례는, ① '계약을 합의해제한 후에 다시 그 합의해제를 무효화시키고 해제된 매매계약을 부활시키는 약정도 계약자유의 원칙상 당사자 사이에서는 가능하다'고 한다(대법원 2006.4.13.선고, 2003다45700 판결 등).[163] 그러므로 ② '매매계약이 해제된 후에도 매도인이 별다른 이의 없이 일부변제를 수령한 경우, 특별한 사정이 없는 한 당사자 사이에 해제된 계약을 부활시키는 약정이 있었다고 해석함이 상당하고, 이러한 경우 매도인으로서는 새로운 이행의 최고 없이 바로 해제권을 행사할 수 없다'고 한다(대법원 1992.10.27.선고, 91다483 판결 등).[164] 다만, ③ '매매계약이 적법하게 해제된 후 당사자가 매매계약이 해제되지 아니하였음을 전제로 한 언동을 하였다고 하더라도, 그것이 이미 해제된 매매계약을 부활시키기로 하는 새로운 합의로 인정되지 않는 한, 매매계약이 해제되지 않았다고 할 수는 없다'고 한다(대법원 1991.9.13.선고, 91다18651 판결).

3) 해제권의 실효

해제권은 신의칙의 파생원칙의 하나인 「실효(失效)의 원칙」이 적용됨으로써 실효되는 경

---

161) 이행이익과 신뢰이익의 개념 구분에 대하여는 拙稿, "신뢰이익개념에 대한 재검토소고 -특히 계약체결상의 과실책임에 관한 민법 제535조를 중심으로-" 경허김홍규박사화갑기념Ⅱ 「사법의 제문제」(삼영사, 1992), 336~363; 김형배(채권총론), 243~245 참조.

162) 同旨: 김재형, "계약의 해제와 손해배상의 범위 -이행이익과 신뢰이익을 중심으로-", 「민법론Ⅱ」(박영사, 2004/9), 68 이하 참조.

163) 같은 취지: 대법원 2007.12.27.선고, 2007도5030 판결.

164) 같은 취지: 대법원 1980.7.8.선고, 80다1077 판결; 대법원 1992.10.27.선고, 91다32022 판결.

우가 있다(대법원 1994.11.25.선고, 94다12234 판결 등).[165] 다만, 「실효의 원칙」이 적용되더라도 그 효과는 권리의 행사가 허용되지 않을 뿐 권리 그 자체는 소멸하지 않는 것으로 보아야 할 것이므로,[166] 엄밀하게 말하자면 해제권의 소멸사유라고 할 수는 없다. (☞ 민법총칙 편, 제2장 제2절 「권리의 행사와 의무의 이행」)

(2) 해제권에 특유한 소멸사유

1) 해제권 행사 여부의 최고

해제권의 행사기간이 정해지지 아니한 경우에는 상대방은 상당한 기간을 정하여 해제권자에게 해제권의 행사 여부의 확답을 최고할 수 있으며, 상대방이 그 기간 내에 해제의 통지를 받지 못한 때에는 해제권은 소멸한다(552조). 이는 해제권을 조기에 소멸시켜 법률관계의 안정을 꾀하기 위한 것이다. 다만, 제552조에 의하여 해제권이 소멸한 경우에도 그 후 다시 새로운 해제사유가 발생한 경우에는 해제할 수 있다(대법원 2005.12.8.선고, 2003다41463 판결).

2) 해제권자의 귀책사유로 인한 목적물의 멸실·훼손 등

해제권자의 고의나 과실로 인하여 계약의 목적물이 현저히 훼손되거나 이를 반환할 수 없게 된 때 또는 가공이나 개조로 인하여 다른 종류의 물건으로 변경된 때에는, 해제권은 소멸한다(553조).

3) 해제권의 불가분성(不可分性)에 기한 소멸

당사자의 일방 또는 쌍방이 수인인 경우, 해제권이 당사자 1인에 대하여 소멸한 때에는 다른 당사자에 대하여도 소멸한다는 것은 전술한 바와 같다(547조).

[15] Ⅴ. 계약의 해지

1. 의 의

계약의 「해지」(Kündigung; résiliation)라 함은 '쌍무계약인 계속적 계약에서 당사자가 약정한 사유가 발생하거나 채무불이행 기타 법률이 정한 사유가 발생한 경우에 해지권자의 일방적 의사표시에 의하여 계약의 효력이 장래에 향하여 소멸하는 것 또는 소멸하게 하는 행위'를 말한다.

---

165) 판례평석: 이영준, "해제권의 실효", 송천이시윤박사화갑기념논문집 「민사재판의 제문제(상)」, 1995/10, 740 이하. 같은 취지: 대법원 1995.5.26.선고, 93다50130 판결.
166) 同旨: 김증한/김학동(민법총칙), 74 참조.

(1) 계속적 계약의 효력을 일방적으로 소멸시키는 행위

해지는 계속적 계약의 효력을 일방적 의사표시에 의하여 소멸시키는 행위이므로, 계속적 계약에서만 문제된다. 여기서 「계속적 계약」(contrats successifs)이라 함은 '계약의 효력으로 발생하는 채권관계에서 급부의 실현이 시간적 계속성을 갖는 경우'를 말하는데, 이는 '일회적인 급부의 실현에 의하여 계약의 이행이 종료되는 경우'인 「일시적 계약」(contrats instantanés)과 대립되는 개념이다. 일시적 계약의 효력으로 발생하는 일시적 채권관계에서는 급부가 어떤 특정한 시점(이행기)에 행하여져야 하며 그 이행으로써 채권관계는 소멸하는 데 반하여, 계속적 채권관계에서는 급부가 일정한 기간 동안 계속하여 행하여져야 하며, 채권관계는 이행에 의하여 소멸하는 것이 아니라 '기간의 경과'에 의하여 소멸하게 된다는 특징을 가진다.

어떤 계약이 「계속적 계약」에 해당하는지 여부는 당해 계약의 효력으로 발생하는 채권관계가 계속적 채권관계로서의 특질을 가지고 있는가의 여부를 구체적으로 검토하여 결정하여야 하며, 일률적으로 어떤 계약이 계속적 계약에 속한다고 단정할 수는 없다. 예컨대, 민법상의 전형계약 중 소비대차·사용대차·임대차·고용·위임·임치·조합·종신정기금은 대체로 계속적 계약의 유형에 속하며, 증여·매매·교환·도급·현상광고·화해는 일시적 계약에 속한다고 할 수 있다. 그러나 극히 단기간의 사용대차·임대차·고용의 경우에는 이를 계속적 계약으로 다루어야 할 이유가 없으므로, 이러한 계약은 일시적 계약에 해당한다고 보아야 할 것이다. 그 밖에 보증계약은 통상 계속적 계약으로서의 성질을 가지고 있으며, 채권양도·채무인수계약은 일시적 계약에 속한다. (☞ [2] 계약의 종류)

(2) 장래에 대하여 계속적 계약의 효력을 소멸시키는 행위

해지는 계속적 계약의 효력을 장래에 대하여 소멸시키는 일방적 행위라는 점에서(550조), 계약의 효력을 소급적으로 소멸시키는 행위인 「해제」와 구별된다.

2. 해지권의 발생

민법은 사용대차·임대차·고용·도급·여행계약·위임·임치·조합 등 계속적 계약이라고 할 수 있는 전형계약마다 개별적으로 해지권의 발생사유를 규정하고 있으며, 계약법총칙에 해지권의 발생사유에 관한 일반규정을 두고 있지는 않다. 다만, 현행민법은 제543조(해지, 해제권), 제547조(해지, 해제권의 불가분성), 제551조(해지, 해제와 손해배상)에서 해지를 동일한 조문에서 해제와 나란히 규정하고 있을 뿐이다.[167)]

167) 이에 대해서는 '해제와 해지의 체계적·구조적 차이에 대한 이해의 결여에서 비롯된 것'이라는 입법론적 비판이 있음은 전술한 바와 같다(김동훈, 전게논문(주 40), 411 참조).

(1) 약정해지권의 발생

계속적 계약관계에서 당사자의 일방 또는 쌍방을 위하여 해지권이 유보된 경우에는, 약정해제권이 유보된 경우와 마찬가지로 그 해지권유보의 특약에 따라 해지권이 발생함은 물론인데(대법원 2015.5.29.선고, 2012다87751 판결), 이를 「약정해지권」이라고 한다.

(2) 법정해지권의 발생

1) 법률에 해지권의 발생에 관한 개별적 규정이 있는 경우

'법률의 규정에 의하여 계속적 계약의 해지권이 발생하는 경우'를 「법정해지권」이라고 한다. 해제권의 경우와는 달리, 민법은 계약법총칙에 법정해지권의 발생요건에 관한 일반규정을 두지 않고 계속적 계약의 성질을 가지는 각 유형의 전형계약에서 개별적으로 법정해지권의 발생요건을 규정하고 있다.

계속적 계약관계에서는 계약의 존속기간을 당사자의 합의로 정하는 것이 보통이나, 존속기간의 정함이 없는 경우에는 당사자는 언제든지 계약을 일방적으로 해지할 수 있는 것이 보통이다. 민법은 이러한 법리를 계속적 계약인 소비대차(603조 2항)·사용대차(613조 2항)·임대차(635조 1항)·고용(660조 1항)·위임(689조 1항)·임치(699조)·조합(716조 1항)에 관하여 개별적으로 규정하고 있는데, 이를 「통상해지권(通常解止權)」 또는 「임의해지권」이라고 한다.[168] 또한 민법은 이러한 통상해지권(임의해지권)을 인정하는 이외에도 부득이한 사유가 있는 경우에도 해지권을 인정하고 있는데, 이를 「비상해지권」 또는 「특별해지권」이라고 한다.[169] 예컨대, 고용계약에 관한 제661조, 위임계약에 관한 제689조 제2항, 임치계약에 관한 제698조의 규정이 그것이다. 여기서 「부득이한 사유」라 함은 계약의 유형마다 구체적인 내용을 달리하므로 일률적으로 말할 수는 없으나, 예컨대 '고용계약에서의 「부득이한 사유」라 함은 고용계약을 계속하여 존속시켜 그 이행을 강제하는 것이 사회통념상 불가능한 경우를 말하며, 고용은 계속적 계약으로 당사자 사이의 특별한 신뢰관계를 전제로 하므로, 고용관계를 계속하여 유지하는데 필요한 신뢰관계를 파괴하거나 해치는 사실도 부득이한 사유에 포함되며, 따라서 고용계약상 의무의 중대한 위반이 있는 경우에도 부득이한 사유에 포함된다'는 것이 판례의 입장이다(대법원 2004.2.27.선고, 2003다51675 판결).

2) 해지권의 발생에 관한 개별적 규정이 없는 경우

(가) 학 설

민법은 해제권의 경우와는 달리 법정해지권에 관한 일반규정을 두고 있지 않으므로, 해지권의 발생요건을 이론적으로 체계화할 필요가 있는데, 이에 대해서는 학자들의 견해가 갈

168) 양창수/김재형, 537 참조.
169) 상게서, 538 참조.

리고 있다. 즉, 학설은 ① '채무불이행으로 인한 법정해제권의 발생요건에 관한 제544조 내지 제546조의 규정을 해지권에도 유추적용하여야 한다'는 견해(유추적용긍정설),[170] ② '해제와 해지는 그 성격도 다르고, 계속적 계약에서 단 1회의 불이행으로 계약을 해지할 수 있도록 하는 것은 부당하므로, 해제에 관한 규정의 일반적 유추적용은 허용될 수 없다'는 견해(유추적용부정설),[171] 그리고 ③ '해제에 관한 규정의 일반적 유추적용은 허용될 수 없으나, 계속적 채권관계의 유지를 무의미하게 만들 정도로 당사자 간의 신뢰관계가 파괴된 때에는 제한적으로 유추적용을 허용하여야 한다'는 견해(제한적 긍정설)[172]가 대립하고 있다.

(나) 판례의 입장

판례는 '계속적 계약은 당사자 상호 간의 신뢰관계를 그 기초로 하는 것이므로, 당해 계약의 존속 중에 당사자의 일방이 그 계약상의 의무를 위반함으로써 그로 인하여 계약의 기초가 되는 신뢰관계가 파괴되어 계약관계를 그대로 유지하기 어려운 정도에 이르게 된 경우에는 상대방은 그 계약관계를 막바로 해지함으로써 그 효력을 장래에 향하여 소멸시킬 수 있다고 봄이 타당하다'고 판시함으로써(대법원 1995.3.24.선고, 94다17826 판결 등),[173] 일정한 요건하에서 계속적 계약을 일방적으로 해지할 수 있음을 긍정하고 있다(제한적 긍정설). 한편 판례는 '장래의 입원치료비와 같은 계속적 보증의 경우, 사회통념상 그 보증계약을 유지시킬 이유가 없다면, 그 계약해지로 인하여 상대방에게 신의칙상 묵과할 수 없는 손해를 입게 하는 등 특단의 사정이 있는 경우를 제외하고는 보증인은 일방적으로 그 보증계약을 해지할 수 있다'는 입장을 취하고 있다(대법원 1978.3.28.선고, 77다2298 판결 등).[174] (☞ 채권총론 편, 제5장 제4절 「보증채무」)

(다) 학설·판례의 검토

소급효를 전제로 하는 해제권의 발생요건에 관한 일반규정인 제544조 내지 제546조의 규정을 계속적 계약의 해지에 일반적으로 유추적용하는 것은 바람직하지 않으므로, 민법에 해지권을 인정하는 명문규정이 없는 경우에는 '당사자의 일방이 계약의 존속 중에 그 계약상의 의무를 위반함으로써 그로 인하여 계약의 기초가 되는 신뢰관계가 파괴되어 계약관계를 그대로 유지하기 어려운 정도에 이르게 된 경우'에 한하여 해지권을 행사할 수 있다고 제한적으

170) 곽윤직, 110; 김주수, 149 참조.
171) 김증한/김학동, 180; 이은영, 270; 장재현, 186 참조.
172) 김상용, 153; 김형배, 266; 송덕수, 155 참조.
173) 같은 취지: 대법원 2002.11.26.선고, 2002두5948 판결; 대법원 2010.10.14.선고, 2010다48165 판결; 대법원 2013.4.11.선고, 2011다59629 판결; 대법원 2015.4.23.선고, 2011다19102·19119 판결.
174) 판례평석: 김광년, "계속적 보증계약과 보증인의 해지권", 민사판례연구(4)(민사판례연구회, 1982/5), 54 이하. 같은 취지: 대법원 1986.9.9.선고, 86다카792 판결; 대법원 1996.12.10.선고, 96다27858 판결; 대법원 2002.2.26.선고, 2000다48265 판결.

로 해석하는 것이 타당하다고 할 것이다(제한적 긍정설).

참고로 「2004년 민법개정안」은 채무불이행의 효과로서 법정해지에 관한 일반규정을 계약법총칙에 신설할 것을 제안하였는데(동 개정안 544조의3),[175] 이는 '계약의 해지는 당사자의 신뢰관계를 기초로 하는 계속적 계약에 있어서 당사자 일반의 부당한 행위 등으로 인하여 신뢰관계가 파괴되어 계약의 존속을 기대할 수 없는 중대한 사유가 있는 때에는 상대방은 계약을 해지함으로써 장래에 향하여 계약의 효력을 소멸시킬 수 있다'는 판례의 확립된 입장(대법원 2010.10.14.선고 2010다48165 판결 등)[176]을 입법화한 것이라고 할 수 있다. 그러나 「2004년 민법개정안」에 대해서는 '해지는 장기간에 걸친 계속적 계약관계의 지속에 따른 상황변화에 적응하여야 하는 특성으로부터 나오는 독자적인 법리로서 채무불이행의 효과인 해제권과는 그 법적 성질이 전혀 다른 것이므로,[177] 해제와 병렬적으로 존재하는 제도라고 볼 수 없다'는 이유로, '계약법총칙에 계약해지에 대한 일반규정을 두는 것은 바람직하지 않다'는 비판이 제기되었다.[178] 즉, '「2004년 민법개정안」은 채무불이행과 장래의 계약이행이 의심스러운 경우를 해지의 요건으로 규정하고 있으나(동 개정안 544조의3 1항), 이는 해지가 가능한 여러 경우 중에서 하나만을 규정한 것에 불과하므로 해지의 일반규정으로서의 의의를 전혀 갖지 못하므로, 동 개정안 제544조의3을 삭제하여야 한다'는 비판이 그것이다.[179]

한편 「2004년 민법개정안」에 대한 위와 같은 비판론에도 불구하고, 법무부의 「2013년 민법개정시안」은 '채무불이행으로 인한 계속적 계약의 법정해지에 관한 일반규정'인 제544조의2를 신설할 것을 제안하였다(동 개정시안 544조의2).[180] 동조의 내용은 「2004년 민법개정안」 제

---

175) 「2004년 민법개정안」 제544조의3(채무불이행과 해지) ① 계속적 계약관계에서 채무자가 채무의 내용에 좇은 이행을 하지 아니하여 장래의 계약이행이 의심스러운 경우에는 채권자는 상당한 기간을 정하여 그 이행을 최고하고 그 기간 내에 이행이 이루어지지 아니한 때에는 약정된 계약기간에 불구하고 계약을 해지할 수 있다. 그러나 채무자의 고의나 과실없이 그 이행이 이루어지지 아니한 때에는 그러하지 아니하다. ② 제1항의 경우에 채무자의 중대한 채무불이행으로 인하여 계약을 유지할 수 없는 부득이한 사유가 있는 때에는 채권자는 최고를 하지 아니하고 계약을 해지할 수 있다.

176) 같은 취지: 대법원 1995.3.24.선고 94다17826 판결; 대법원 2002.11.26.선고 2002두5948 판결; 대법원 2013.4.11.선고 2011다59629 판결 참조.

177) '존속기한을 정하지 아니한 계속적 계약에서는 당사자는 언제든지 임의로 해지를 통고할 수 있는 「해지의 자유」가 인정되는데(통상해지) 이는 해제권과는 성질을 달리하는 것이며, 존속기한을 정한 계속적 계약에 있어서도 부득이한 사유가 있는 경우에는 계약을 해지할 수 있다는 점에서 해지는 법정해제와는 법적 성질을 달리한다'고 한다(김형배, 264~265 참조).

178) 김동훈, "민법개정시안의 계약해제·해지 규정에 대한 검토", 「민법개정안의견서」(삼지원, 2002), 190 이하 참조.

179) 상게논문, 192 참조.

180) 「2013년 민법개정시안」 제544조의2(계속적 계약의 해지) ① 계속적 계약의 당사자 일방이 채무의 내용에 좇은 이행을 하지 아니한 때에는 상대방은 계약을 해지할 수 있다. 이 경우에는 제544조 제1항 단서 및 제2항 내지 제4항을 준용한다. ② 제1항 이외의 중대한 사유로 계약의 존속을 기대할 수 없는 때에는 당사자 일방은 계약을 해지할 수 있다.

544조의3과 유사하나, 해지의 요건으로 '채무자의 귀책사유를 요구하지 않는다'는 방침에 따라 「2004년 민법개정안」 제544조의3 제1항 단서의 규정을 삭제함으로써 채무자의 귀책사유가 없는 경우에도 계약을 해지할 수 있도록 하였다.[181)]

3. 해지권의 행사

(1) 상대방에 대한 일방적 의사표시

해지권은 해지권자가 상대방에 대한 일방적 의사표시로 하여야 한다(543조 1항). 이는 해지의 의사표시를 반드시 소로써 할 필요가 없으며, 재판 외에서도 행할 수 있다는 것을 의미한다. 물론 소의 제기로써 계약을 해지할 수도 있는데, 이 경우에는 '해지의 의사표시를 담은 소장 부본이 제척기간 내에 피고에게 송달되어야만 해지권 행사의 효력이 발생한다'는 것이 판례의 입장이다(대법원 2000.1.28.선고, 99다50712 판결).

(2) 해지권의 불가분성

당사자의 일방 또는 쌍방이 수인인 경우에는 계약의 해제나 해지는 그 전원으로부터 또는 전원에 대하여 하여야 한다(547조 1항). 그러므로 예컨대, 여러 사람이 공동임대인으로서 임차인과 하나의 임대차계약을 체결한 경우에는, 그 임대차계약을 해지하기 위해서는 제547조 제1항의 적용을 배제하는 특약이 있다는 등의 특별한 사정이 없는 한 공동임대인 전원의 해지의 의사표시에 따라 임대차계약 전부를 해지하여야 한다(대법원 2015.10.29.선고, 2012다5537 판결).

4. 해지의 효과

(1) 계약의 장래적 소멸

해지는 소급효가 없으므로 계약이 해지되면 그 계약은 장래에 대하여 효력을 잃는다(550조). '일시적 계약과 계속적 계약이 혼합된 계약이 해제된 경우에는 계약 전체에 대하여 소급효가 발생하는 것이 아니라, 일시적 계약 부분에 한하여 소급효가 발생하는 데 그치며, 계속적 계약부분에 대해서는 장래적 소멸의 효과만이 발생한다'는 것이 판례의 입장이다(대법원 1996.7.26.선고, 96다14616 판결).

---

181) 이와 같이 '「2013년 민법개정시안」은 채무불이행으로 인한 계약해제에 관한 규정을 준용하도록 하고 있으나, 이는 그 준용의 타당성과 의미를 둘러싸고 많은 해석상의 혼란을 야기할 수 있다'는 비판이 제기되고 있다(김동훈, 전게논문(주 40), 412 참조).

(2) 계약관계의 청산의무

해지는 소급효가 인정되지 않으므로 해지의 효력이 발생하기 전까지의 계약관계는 유효한 것으로 다루어진다. 다만, 해지에 의하여 계약은 장래에 대하여 소멸하므로 아직 이행하지 아니한 의무는 소멸하고, 대차형계약(소비대차·사용대차·임대차계약)의 경우에는 목적물반환의무가 발생한다(603조, 615조, 654조).

(3) 손해배상

계약의 해지는 손해배상의 청구에 영향을 미치지 않으므로(551조), 해지권자는 상대방에 대하여 채무불이행으로 인한 손해의 배상을 청구할 수 있다. 이 경우 제390조 이하의 규정이 적용되므로, 상대방의 귀책사유가 필요하다고 할 것이다. 이에 관해서는 해제로 인한 손해배상과 다를 것이 없다. 다만, 사용차주·임차인의 원상회복의무(615조, 654조)와 같은 청산의무의 불이행으로 인한 손해배상책임이 발생할 수도 있으나, 이는 채무불이행으로 인한 손해배상의무와 본질이 전혀 다른 것이다.

제 2 장

권리이전형계약

제 1 절　증여계약

[16]　Ⅰ. 증여계약의 의의

「증여」(Schenkung; donation)라 함은 '당사자 일방(증여자)이 무상으로 재산을 상대방(수증자)에게 수여할 의사를 표시하고, 상대방이 이를 승낙함으로써 성립하는 계약'을 말한다(554조). 증여계약에 의하여 증여자는 무상으로 상대방에게 재산을 수여하게 되므로, 증여는 상대방에게 이익이 되는 행위이지만, 타인으로부터 무상으로 재산을 수여받기를 원하지 않는 상대방에게 이를 강요할 수는 없는 것이므로, 민법은 증여를 단독행위로 규정하지 않고 증여자와 수증자의 합의를 요하는 계약으로 규정한 것이다.

증여자가 증여를 하는 동기와 목적은 다양하다. 즉, 가난한 이웃을 돕기 위하여 자선단체와 증여계약을 체결하는 것처럼 이타적인 동기에 기하는 경우도 있으나, 수증자로부터 전에 받은 이익에 대한 보답으로서 이를 행하거나, 장차 수증자로부터 봉사나 이익을 얻을 것을 기대하거나, 또는 명예를 얻기 위하여, 기타 여러 가지의 이기적인 동기에 기하는 경우도 있을 수 있다. 그러나 증여의 동기가 무엇이든 관계없이 민법은 계약의 내용이 무상인 경우에는 이를 증여로 인정한다.

이와 같이 증여는 무상계약이므로 그 사회적·경제적 작용은 매매나 교환계약에 비하여 미미하다고 할 수 있으나, 자선·종교·교육 또는 학술 등의 특수한 공익을 목적으로 하는 증여(일반적으로 이를 「기부(寄附)」라고 부르고 있다)는 오늘날 나름대로 중요한 사회적·경제적 기능을 수행하고 있으며, 자손에 대한 증여는 실질적으로 생전상속의 기능을 수행하기도 한다.[1]

1) 곽윤직, 115 참조.

[17] Ⅱ. 증여계약의 법적 성질

1. 무상계약

증여는 전형적인 무상계약이다. 일반적으로 「무상계약(無償契約)」이라 함은 '무상으로, 즉 반대급부 없이 상대방에게 재산적 이익을 주는 계약'을 말한다. 「유상계약」과 대립되는 개념으로서의 「무상계약」의 의미에 대해서는 견해가 갈리나, 다수설에 따르면, 「유상계약」은 '당사자 쌍방이 서로 대가적 의미를 가지는 출연을 하는 계약'을 말하며, 「무상계약」은 '당사자 일방만이 출연을 하거나 쌍방이 출연을 하더라도 그것이 서로 대가적 의미를 가지지 아니하는 계약'을 가리킨다고 한다.[2] 그리고 '이 경우에 출연이 대가적 의미를 가지는지의 여부는 당사자의 의사를 기준으로 하여 당해 계약에 관해서만 관찰하되, 넓게 계약의 성립으로부터 그 효과로서 발생하는 채무의 이행에 이르기까지의 전 과정을 대상으로 하여 판단하여야 한다'고 한다.[3] 그러나 이러한 견해에 대해서는, 쌍무계약을 '당사자 쌍방이 상호의존적인 채무를 부담하는 계약'이라고 파악하는 입장에서, '유상계약에 있어서의 대가성이라 함은 서로 대립하는 경제적 이익에 관한 것으로서, 그 유무는 당사자의 주관을 기준으로 판단할 것이 아니고 객관적 기준, 즉 경제적 거래관념에 의하여 판단해야 할 것'이라고 하는 비판론이 있음은 전술한 바와 같다.[4] (☞ [2] 계약의 종류)

쌍무계약 및 유상계약의 개념에 대한 이러한 견해의 대립은 제561조의 부담부증여의 법적 성질을 파악하는 데 큰 차이를 가져오게 된다. 즉, 다수설(대가적 채무설)은 부담부증여에서는 당사자 쌍방이 모두 급부의무를 부담하지만, 그 급부는 서로 대가적인 의미를 갖는 것이 아니므로 쌍무계약이라고 볼 수 없으며, 유상계약도 아니라고 한다.[5] 그러나 부담부증여를 쌍무계약으로 보는 소수설은, '부담부증여에 있어서는 증여자·수증자는 모두 상호의존적인 채무를 부담하는 것이기 때문에 그것은 쌍무계약이라고 보아야 하겠지만, 부담이 증여이익 전부를 보상하는 관계가 아닌 이상 그것은 무상계약이라고 해야 할 것'이라고 하여, 부담부증여를 쌍무·무상계약으로 볼 수도 있다고 한다.[6]

---

2) 곽윤직, 28; 김주수, 56; 황적인, 41 참조.
3) 곽윤직, 115 참조.
4) 주석채권각칙(Ⅰ)/김욱곤, 269 참조.
5) 황적인, 41 참조.
6) 주석채권각칙(Ⅰ)/김욱곤, 270 참조.

2. 재산을 수여하기로 하는 계약

(1) 재산의 수여(授與)

증여는 '무상으로 상대방에게 재산을 수여하기로 하는 계약'인데, 「재산의 수여」라 함은 '증여자의 재산을 감소시킴으로써 수증자의 재산을 증가케 하는 모든 행위, 즉 출연(出捐) 내지 출재(出財)'를 가리킨다. 따라서 물권·채권·무체재산권 등 기존의 권리를 양도하는 것뿐만 아니라, 무상으로 지상권·지역권 등의 용익물권을 설정해 주는 것도 포함된다. 또한 상대방을 위하여 무인(無因)의 채무를 부담하는 것과 상대방의 채무를 면제해 주는 것도 증여계약의 내용으로 할 수 있으며, 무상으로 노무를 제공하는 것(예컨대, 정원사가 무상으로 정원을 손질해 주는 경우)도, 그 노무가 유상으로 급부되는 것이 보통인 경우에는 증여가 될 수 있다.

일반적으로 증여는 매매·교환과 함께 재산권의 이전을 목적으로 하는 「권리이전형계약」의 일종이라고 한다. 그러나 증여는 재산권의 이전을 내용으로 하는 것에 한하지 않으며, 이 점에서 매매·교환과 구별된다는 점에 유의하여야 한다.

(2) 타인의 재산을 증여한 경우

증여는 채권계약으로서 증여자에게 재산급여의 의무를 부담하게 하는 계약에 지나지 않으므로, 자기에게 속하지 않는 재산이라도 얼마든지 증여의 목적으로 할 수 있다. 다만, 타인의 재산을 증여한 경우 증여자는 그 타인의 재산권을 취득하여 수증자에게 이전하거나, 제3자를 위한 계약 등에 의하여 수증자가 재산을 취득할 수 있도록 해줄 의무를 부담한다(569조의 유추해석). 그러나 증여계약은 무상계약이므로, 증여자가 그 타인의 재산권을 취득하여 수증자에게 이전해줄 수 없는 경우에도 원칙적으로 담보책임을 부담하지는 않는다(559조 1항 본문).

3. 낙성계약

민법상 증여계약은 낙성계약이다. 따라서 증여계약은 목적물의 인도 기타 출연행위가 없더라도 당사자의 합의만 있으면 성립한다. 그러나 동산의 증여에서는 계약과 동시에 목적물을 교부하는 경우가 많은데, 이와 같이 계약과 동시에 출연행위가 행해지는 증여를 「현실증여」(Realschenkung)라고 한다. 이와 같이 이행의 요소를 포함하고 있는 현실증여에 대해서는 물권행위 이론에 대한 입장의 차이에 따라 그 법리구성을 달리하게 된다. 즉, '물권변동의 필수적 요건으로서 물권행위가 필요하다'고 보는 통설·판례의 입장(물권행위필요설)에 따르면, 현실증여는 채권행위와 물권행위가 하나의 행위로 합체되어 행하여지는 것이라고 설명하게 된다.[7] 그러나 '우리 민법의 해석상으로는 물권변동에 물권행위가 필요하다고 해석할 근거가

---

7) 곽윤직, 116 참조.

없다'는 소수설의 입장[8]에 따른다면, 현실증여는 채권계약과 그 계약의 이행이 동시에 이루어지는 것이라고 설명하게 될 것이다.

4. 불요식계약

증여는 서면에 의하여서만 성립할 수 있는 요식행위로 규정하는 것이 일반적인 입법례이다. 그러나 우리 민법은 증여계약의 성립에 아무런 방식도 요구하고 있지 않다. 그러므로 우리 민법상의 증여계약은 불요식계약이다. 다만, 민법은 '서면에 의하지 아니한 증여계약은 각 당사자가 자유롭게 해제할 수 있다'고 규정함으로써(555조), 사실상 증여를 요식행위로 규정한 것과 마찬가지의 결과가 되고 있다.

한편 「부동산등기특별조치법」(1990.8.1. 법률 제4244호)에 따르면, 부동산의 증여계약을 체결한 자는 그 계약의 효력이 발생한 날로부터 60일 이내에 소유권이전등기를 신청하여야 하며(동법 제2조), 증여계약을 원인으로 소유권이전등기를 신청할 때에는 일정한 사항이 기재된 계약서에 부동산의 소재지를 관할하는 시장 등 관할관청의 검인을 받아 관할등기소에 이를 제출하여야 한다(동법 제3조). 이와 같이 부동산등기특별조치법이 적용되는 부동산의 증여계약을 원인행위로 하는 등기신청시에 요구되는 이른바 「검인계약서」는 증여계약의 성립을 증명하는 서면에 지나지 않는 것이므로, 이를 근거로 부동산의 증여계약 자체를 요식행위라고 할 것은 아니다.[9]

[18] Ⅲ. 증여계약의 성립

1. 증여의 합의

(1) 당자자의 행위능력

증여는 증여자의 단독행위가 아니라 증여자와 수증자 사이의 합의에 의하여 성립하는 계약이므로, 증여의 성립에는 증여의 합의가 필요하다. 따라서 단독으로 유효한 증여계약을 체결하기 위해서는 행위능력이 요구되며, 미성년자나 피성년후견인 등의 제한능력자가 법정대리인(친권자, 성년후견인)의 동의 없이 체결한 증여계약은 제한능력자 본인 또는 법정대리인이 취소할 수 있다(5조 이하, 140조).

태아의 수증능력, 즉 '태아에 대한 증여가 가능한가?' 하는 문제에 대해서는, 태아의 권리능력에 관한 「법정해제조건설」의 입장에서 이를 인정하는 견해와, 「법정정지조건설」의 입장에서

8) 명순구, "이제는 물권행위와 작별을 하자", 「아듀, 물권행위」(고려대출판부, 2006/12), 123 이하.
9) 同旨: 곽윤직, 117 참조.

이를 부인하는 견해가 대립하고 있다.

판례는 「법정정지조건설」의 입장에서 태아의 수증능력을 부인하고 있다. 즉, '① 증여는 수증자의 승낙을 요하는 계약이므로 태아에 대한 증여를 위해서는 태아의 수증행위가 필요한데 태아의 수증능력을 인정하는 명문규정이 없으며, ② 태아의 수증능력을 인정하더라도 민법상 태아의 법정대리인제도가 없으므로 법정대리인에 의한 태아의 수증행위도 불가능하고, ③ 태아의 권리능력이 인정되는 법률관계에 있어서도 태아가 살아서 출생하면 문제된 사건의 시기까지 소급하여 그때에 출생한 것으로 법률상 간주되는 것이라고 해석하여야 할 것이므로(법정정지조건설), 태아에 대한 증여는 불가능하다'고 한다(대법원 1982.2.9.선고, 81다534 판결).[10)]

여기서 태아의 권리능력에 관한 일반론은 생략하고, '태아의 법적 지위를 보호하기 위해서는 태아는 상속이나 손해배상청구권 등의 법률관계에 있어서는 사산(死産)을 해제조건으로 하여 이미 출생한 것으로 간주하는 「법정해제조건설」이 타당하다는 전제하에서 이 문제를 고찰하기로 한다. (☞ 민법총칙 편, 제3장 제1절 「권리능력」)

우선 ① 우리 민법은 태아는 손해배상청구권(762조)이나 상속(1000조 3항) 등의 법률관계에 한하여 명문규정을 두어 태아의 권리능력을 인정하는 이른바 「개별적 보호주의」를 취하고 있다는 사실로부터 바로 '명문규정이 없는 다른 법률관계에서는 태아의 권리능력이 인정될 수 없다'는 결론이 도출되지는 않는다. 또한 ② 태아의 수증능력을 부인하는 것은 태아의 권리능력은 제한된 범위에서나마 인정된다는 것이 원칙이라는 민법의 취지에 부합한다고 보기 어렵다. ③ 판례는 '태아의 법정대리인제도가 없으므로 태아인 동안에는 법정대리인이 있을 수 없고, 따라서 법정대리인에 의한 수증행위도 불가능하므로 태아에 대한 증여는 불가능하다'고 해석하고 있으나, 민법이 태아의 법정대리인제도를 두고 있지 아니한 것은 '태아의 경우에는 그 모(母)가 법정대리인이라는 것이 당연하기 때문에 법정대리인제도를 따로 두지 않은 것'이라고 해석함이 타당할 것이다. 그러므로 「법정해제조건설」에 따라서 사산을 해제조건으로 하여 태아는 이미 태어난 것으로 간주되어야 할 것이며, 증여에 관하여서도 그 모(母)를 법정대리인으로 하여 태아의 수증능력을 인정하여야 할 것이다.

(2) 증여의 청약자

증여의 합의에서는 증여자가 증여의 청약을 하는 것이 보통이지만, 반드시 증여자가 청약을 하여야 하는 것은 아니며, 수증자가 증여의 청약을 하고 증여자가 이를 승낙한 경우에도 증여계약은 유효하게 성립한다.

---

10) 판례평석: 이기영, "태아의 수증능력", 대법원판례해설 제1호(법원행정처, 1987/11), 7 이하; 장재옥, "태아의 수증능력", 「로스쿨민법총칙」(청림출판, 2006/1), 134 이하.

(3) 서면에 의한 증여의 의사표시

1) 입법례

독일민법이나 프랑스민법 등 대륙법계 국가들은 일반적으로 증여를 서면에 의하여서만 성립할 수 있는 요식행위로 규정하고 있는데, 이는 로마법의 계수에도 불구하고 증여를 유상계약으로 관념한 게르만법의 고유한 전통이 남아있기 때문이라고 한다.[11] 또한 영미법에 있어서도 증여계약은 「날인증서」(deed)의 작성에 의하여 성립하는 요식계약이다.

(가) 독일민법

독일민법은 증여계약이 유효하게 성립하기 위해서는 증여의 약속이 공정증서의 작성에 의하여 이루어질 것을 요구하고 있으며(BGB §518),[12] '무인적(無因的) 증여의 약속'이라고 할 수 있는 「채무약속」(Schuldversprechen)의 경우에도 서면에 의할 것이 요구되고 있다(BGB §780 I).[13]

(나) 프랑스민법

프랑스민법도 증여계약은 반드시 공증인의 면전에서 이루어지고, 공정증서의 원본이 공증인에게 남겨질 것을 요건으로 하여서만 그 성립이 인정된다(C.c. Art. 931).[14] 또한 생전증여는 그것이 명백한 언어에 의하여 승낙된 날 이후에 비로소 증여자를 구속하고 효력을 발생한다(C.c. Art. 932(1)).[15]

(다) 스위스채무법

스위스채무법도 서면에 의하지 아니한 증여계약을 무효로 규정하고 있으며, 특히 토지나 물권을 객체로 하는 증여계약이 성립하기 위해서는 공정증서의 작성이 요구된다(Or. Art. 243).[16]

---

11) 윤철홍, "증여에 관한 소고" 법학논총(숭실대법학연구소, 1998/1), 214~216 참조.

12) 독일민법 제518조(증여약정의 방식) (1) 증여에 의한 급부의 약속을 통한 계약이 유효하기 위해서는 약속에 관하여 공정증서의 작성이 요구된다. 제780조, 제781조에 정하여진 채무약속 또는 채무승인이 증여에 의하여 행하여지는 경우에, 약속 또는 승인의 의사표시에 대하여서도 또한 같다. (2) 방식의 흠결은 약속한 급부의 실행에 의하여 치유된다.

13) 독일민법 제780조(채무약속) 급부를 약속하는 계약에서 그 약속이 독자적으로 의무를 발생시키는 것을 내용으로 하는 경우(채무약속), 다른 방식이 정해진 것이 아닌 한, 그 계약이 유효하기 위해서는 그 약속이 서면으로 행하여질 것을 요한다. 전자적 방식으로 행하는 약속은 배제된다.

14) 프랑스민법 제931조: 생전증여에 관한 모든 행위는 공증인 앞에서 일반적인 계약의 방식에 따라서 작성되어야 한다; 생전증여에 관한 공정증서의 원본은 공증인에게 보관되어야 하며, 이에 위반한 때에는 증여는 무효이다.

15) 프랑스민법 제932조: (1) 생전증여는 그것이 명백한 언어에 의하여 승낙된 날 이후에 비로소 증여자를 구속하고 효력을 발생한다. (2) 생전증여의 승낙은 당해 의사표시 후에 작성되는 공정증서에 의하여 증여자의 생전에 할 수 있다; 그러나 증여는 이 승낙의 확인행위가 증여자에게 통지된 때에 비로소 증여자에 대하여 효력이 발생한다.

16) 스위스채무법 제243조: (1) 증여의 약속이 유효하기 위해서는 서면의 방식을 요한다. (2) 증여의 객체가 토지 또는 토지에 대한 물권인 경우에는, 그 증여가 유효하기 위해서는 공정증서의 작성이 요구된

2) 우리 민법상 증여계약의 방식

우리 민법은 증여계약의 성립에 아무런 방식도 요구하고 있지 않다. 즉, 우리 민법상 증여계약은 낙성·불요식계약이다. 따라서 우리 민법상 증여계약의 성립에는 증여자와 수증자 사이에 무방식의 증여의 합의 이외에 다른 어떠한 요건도 요구되지 않는다. 다만, 민법은 “서면에 의하지 아니한 증여계약은 각 당사자가 자유롭게 해제할 수 있다”고 규정하고 있으므로(555조), 증여를 낙성계약으로 규정한 우리 민법에 있어서도 증여를 요식행위로 규정한 다른 대륙법계의 입법례와 실제상의 결과는 큰 차이가 없다고 할 수 있다. 이와 같이 우리 민법이 증여계약을 특별한 방식이 필요 없는 낙성·불요식계약으로 규정한 것은 구 의용민법의 입법주의를 계승한 것임은 물론이다.[17)]

한편 부동산등기특별조치법은 증여를 원인행위로 하는 등기를 신청할 때에 검인계약서를 제출하도록 하고 있으나(동법 3조), 검인계약서는 증여계약의 증거서류에 지나지 않는 것이므로, 이러한 부동산등기특별조치법의 규정을 근거로 부동산증여계약을 요식행위로 볼 것은 아니라는 점은 전술한 바와 같다.

2. 사회질서에 반하는 증여계약

선량한 풍속 기타 사회질서에 반하는 증여계약은 무효이다(103조). 판례는 제103조에 의하여 무효가 되는 「반사회질서행위」의 개념 속에는 ‘법률행위의 목적인 권리의무의 내용이 선량한 풍속 기타 사회질서에 위반되는 경우뿐만 아니라, 그 내용 자체는 반사회질서적인 것이 아니라고 하여도 법률적으로 이를 강제하거나 그 법률행위에 반사회질서적인 조건 또는 금전적 대가가 결부됨으로써 반사회질서적 성질을 띠게 되는 경우 및 표시되거나 상대방에게 알려진 법률행위의 동기가 반사회질서적인 경우를 포함한다’는 입장을 확립하고 있다(대법원 1984.12.11.선고, 84다카1402 판결 등).[18)] 이러한 판례의 법리에 따르면, 증여계약의 내용 자체는 반사회질서적인 것이 아니라고 하여도 법률적으로 이를 강제하거나 반사회질서적인 조건 또는 금전적 대가가 결부됨으로써 증여계약이 무효가 될 수 있다.

이와 관련하여 증여계약의 효력이 문제된 사례들이 많은데, 이들 사례는 다음과 같은 두 가지 유형으로 분류할 수 있다. 첫째는 이른바 「10·26 사태」와 「12·12 군사반란」에 의하여 집권한 신군부가 언론사 사주들을 협박하여 이루어진 일련의 언론사 주식의 증여계약의 효력

다. (3) 증여의 약속이 이행된 경우에는, 그 관계는 현실증여로 판단되어야 한다.

17) 구 의용민법이 서구의 일반적 입법례와는 달리 증여계약을 불요식계약으로 규정한 이유는 아직 공증인이 존재하지 않았던 민법 제정 당시의 사회사정을 고려한 것이라고 생각된다.

18) 같은 취지: 대법원 1992.11.27.선고, 92다7719 판결; 대법원 1994.3.11.선고, 93다40522 판결; 대법원 1996.4.26.선고, 94다34432 판결; 대법원 1996.10.11.선고, 95다1460 판결; 대법원 1999.7.23.선고, 96다21706 판결; 대법원 2002.9.10.선고, 2002다21509 판결.

이 문제된 사례들이며, 둘째는 부첩계약의 유지 또는 해소를 조건으로 하는 증여계약의 효력이 문제된 사례들이다.

(1) 증여계약의 성립과정에 불법이 개재된 경우

대법원은 이른바 「10·26 사태」 후 신군부가 비상계엄하에서 언론사 사주들을 협박하여 언론사 주식을 국가에 무상으로 기증하는 내용의 각서에 강제로 서명·날인하도록 한 후 이를 근거로 체결된 증여계약의 효력이 문제된 사례에서, '증여계약의 성립과정에 불법이 기재된 경우에는 의사의 흠결 내지 하자있는 의사표시의 문제로서 그 효력이 있는지 여부를 논의하는 것은 별론으로 하고, 그 법률행위는 반사회질서행위에는 해당하지 않는다'고 판시한 바 있는데(대법원 1992.11.27.선고, 92다7719 판결 등),[19] 그 후에도 판례의 이러한 입장은 계속 유지되어 왔다. (☞ 민법총칙 편, 제6장 제10절 「사기 또는 강박에 의한 법률행위」)

(2) 부첩관계의 유지·해소를 조건으로 하는 증여계약의 경우

'부첩관계(夫妾關係)를 계속 유지하기 위한 목적에서 이루어진 증여의 합의는 선량한 풍속 기타 사회질서에 반하는 계약으로서 무효이며, 부첩관계의 종료를 해제조건으로 하는 증여계약 역시 무효라고 해석하여야 한다'는 데에는 이설이 없다. 왜냐하면 증여계약 자체는 반사회질서행위가 아니지만 증여계약에 '부첩관계의 종료'라는 조건이 결부됨으로써 증여계약이 반사회질서행위가 되기 때문이다. 그러므로 부첩관계의 종료를 해제조건으로 하는 증여계약은 그 조건만이 무효인 것이 아니라 증여계약 자체가 무효라고 할 것이다(대법원 1966.6.21.선고, 66다530 판결). 다만, '부첩관계의 종료를 해제조건으로 하는 증여라고 하더라도 첩의 생활을 보장해 주기 위하여 행한 증여계약의 경우에는 일률적으로 무효라고 할 수 없다'는 점에 유의할 필요가 있다.[20] 즉, 판례는 '부첩관계를 해소하면서 그동안 첩이 자기를 위하여 바친 노력과 비용 등 희생을 배상 내지 위로하고 또 장래의 생활대책을 마련하여 준다는 의미에서 금전의 지급을 약정하는 것은 부첩관계의 해소를 조건으로 하는 증여계약이라고 볼 수 없으므로 공서양속에 반한다고 할 수 없다'고 한다(대법원 1980.6.24.선고, 80다458 판결).[21] 그러나 이러한 통설적 견해에 대해서는, '첩에 대한 증여가 선량한 풍속 기타 사회질서에 반하는 것인가의 여부에 대한 판단은 단순히 증여가 첩의 생활보장을 위한 것인가 또는 사회질서에 반하는 부첩관계를 유지하기 위한 것인가 하는 것뿐만 아니라, 증여자와 첩 사이의 제반사항을 종합

---

19) 같은 취지: 대법원 1993.3.23.선고, 92다52238 판결; 대법원 1996.4.26.선고, 94다34432 판결; 대법원 1996.10.11.선고, 95다1460 판결; 대법원 1996.12.23.선고, 95다40038 판결; 대법원 1999.7.23.선고, 96다21706 판결; 대법원 2002.9.10.선고, 2002다21509 판결.

20) 민법주해(14)/고영한, 33; 곽윤직(민법총칙), 339; 이영준(민법총칙), 226 참조.

21) 판례평석: 이근식, "부첩관계청산과 위자료지급", 법률신문 1410호(법률신문사, 1981/8), 12.

적으로 고려하여 판단하여야 한다'는 비판이 있다.[22)]

3. 증여와 불공정한 법률행위

'무상계약인 증여를 불공정한 법률행위(폭리행위)로서 무효라고 할 수 있는가?' 하는 것이 문제된다. 이에 대하여, 판례는 '민법 제104조가 규정하는 현저히 공정을 잃은 법률행위라 함은 자기의 급부에 비하여 현저하게 균형을 잃은 반대급부를 하게 하여 부당한 재산적 이익을 얻는 행위를 의미하는 것이므로, 기부행위와 같이 아무런 대가 없이 당사자 일방이 상대방에게 일방적인 급부를 하는 법률행위는 그 공정성 여부를 운위할 수 있는 성질의 법률행위가 아니다'라고 함으로써, '무상계약인 증여는 불공정한 법률행위가 될 수 없다'는 입장을 확립하고 있다(대법원 1993.3.23.선고, 92다52238 판결 등).[23)]

[19] Ⅳ. 증여계약의 효력

1. 증여자의 재산수여의무

증여계약이 성립하면 증여자는 약정한 재산을 상대방인 수증자에게 수여하여야 할 의무를 부담하고, 수증자는 이에 대응하는 채권을 취득한다. 여기서 「재산의 수여(授與)」라 함은 '물권·채권·무체재산권 등 기존 권리의 양도, 지상권·지역권 등 용익물권의 설정, 무인적(無因的) 채무부담 또는 채무면제, 무상의 노무제공, 타인채무의 변제 등 증여자의 재산을 감소시킴으로써 수증자의 재산을 증가케 하는 모든 출연내지 출재행위'를 가리키는바, 증여자는 이러한 의미에서의 재산수여행위를 할 의무를 부담하는 것이다. 그러므로 증여계약을 매매·교환과 함께 「권리이전형계약」으로 분류하는 것이 일반적이나, 엄밀히 말하면 증여의 목적은 권리이전에 한정되는 것이 아니라 좀 더 넓은 범위의 재산수여에 미친다.

증여자의 재산수여의무의 이행은 증여의 구체적 내용이 무엇인가에 따라 달라진다. 예컨대, 부동산소유권의 양도를 증여의 내용으로 하는 경우에는 통설·판례의 입장(물권행위필요설)에 따르면, 증여자는 목적부동산의 소유권이전을 내용으로 하는 물권행위와 소유권이전등기를 경료해 주어야 하며(186조), 채권양도를 증여의 내용으로 하는 경우에는 채권양도의 합의와 그 대항요건을 구비해 주어야 한다(450조).

이와 관련하여 판례는 '건물을 증여할 목적으로 수증자 명의로 건축허가를 받아 자신의 비

22) 민법주해(14)/고영한, 33~34; 윤철홍, 전게논문(주 11), 221 참조.

23) 같은 취지: 대법원 1993.7.16.선고, 92다41528 판결; 대법원 1993.10.26.선고, 93다6409 판결; 대법원 2000.2.11.선고, 99다56833 판결.

용으로 건물을 신축하여 수증자에게 소유권보존등기를 한 경우에는, 건물의 소유권을 증여한 것이 아니라 건축비 상당금액을 증여한 것이며, 증여세 부과의 기준시기인 「증여한 때」라 함은 수증자 명의로 보존등기를 종료한 때가 아니라 그 준공검사서에 기재된 준공일로 보아야 한다'고 판시한 바 있다(대법원 1989.11.28.선고, 89누5898 판결 등).[24)]

2. 증여자의 선관주의의무

특정물인도채무자는 그 물건을 인도하기까지 「선량한 관리자의 주의」로 보존하여야 하는 것이 원칙이나(374조), 민법은 무상임치와 같은 무상계약의 경우에는 채무자의 주의의무를 '자기재산과 동일한 주의'로 감경하는 명문규정을 두고 있다(695조 등). 그러나 민법은 무상계약인 특정물의 증여계약에 대해서는 증여자의 주의의무를 감경하는 규정을 두고 있지 않다. 학설 중에는 '증여자의 주의의무에 대해서도 무상수치인의 주의의무에 관한 제695조의 규정을 유추적용하여, 「자기재산과 동일한 주의」로 감경하여야 한다'고 해석하는 견해가 있으나,[25)] '특정물의 증여계약의 경우에도 제374조를 적용하여 증여자에게 증여의 목적물에 대한 선관주의의무를 인정하여야 한다'고 해석하여야 할 것이다.[26)] 민법은 증여자의 담보책임을 면제하고 있으므로(559조 1항), 증여자의 선관주의의무를 인정하더라도 이를 부인하는 것과 결과에 있어서 차이가 없고, 증여자의 채무불이행책임의 성립요건인 과실의 기준을 굳이 「자기재산과 동일한 주의」로 감경할 필요는 없다고 할 것이기 때문이다.

3. 증여자의 담보책임

(1) 원칙 : 담보책임의 배제

민법은 제559조에서, "증여자는 증여의 목적인 물건 또는 권리의 하자나 흠결에 대하여 책임을 지지 아니한다. 그러나 증여자가 그 하자나 흠결을 알고 수증자에게 고지하지 아니한 때에는 그러하지 아니하다"고 규정하고 있다. 이는 무상계약인 증여에서 증여자에게 무과실책임인 담보책임을 묻는 것은 지나치게 가혹하다고 할 수 있기 때문에 원칙적으로 증여자의 담보책임을 배제하되, 예외적으로 악의의 증여자에게는 담보책임을 인정한 것이다.

1) 특정물의 증여

특정물의 인도가 채권의 목적인 때에는 채무자는 그 물건을 인도하기까지 선량한 관리자의 주의로 보존하여야 하며(374조), 또한 이행기의 현상대로 그 물건을 인도하여야 한다(462조).

---

24) 판례평석: 이종찬, "건물을 지어 증여하는 경우에 있어서의 증여의 시기", 대법원판례해설 13호(법원행정처, 1991/11), 289 이하. 같은 취지: 대법원 1994.12.22.선고, 93누1817 판결.
25) 김형배, 401; 이은영, 281; 지원림, 545 참조.
26) 同旨: 민법주해(14)/고영한, 32; 주석민법(2)/윤철홍, 171; 송덕수, 159 참조.

따라서 특정물의 소유권이전을 포함한 특정물의 인도를 증여의 목적으로 하는 경우에는 증여자의 귀책사유, 즉 선관주의의무 위반으로 인하여 목적물이 멸실하거나 이행기에 없던 하자가 발생한 경우에는 이론상 증여자가 채무불이행책임(390조)을 부담하게 된다. (☞ 채권총론 편, 제1장 제3절「특정물채권」)

2) 불특정물의 증여

학설 중에는 '불특정물(종류물)의 증여계약에서는 증여자에게 완전물급부의무가 인정되므로 담보책임의 면제를 규정한 제559조 제1항의 규정은 적용되지 않는다'고 해석하는 견해가 많다.[27] 그러나 이러한 해석은 타당하지 않다고 생각된다. 왜냐하면 민법이 증여자의 담보책임을 면제하는 것은 증여의 목적물이 특정물이기 때문이 아니라, 무상계약인 증여의 특성상 무과실책임인 담보책임을 인정하는 것이 증여자에게 가혹한 결과가 된다는 데 있기 때문이다. 또한 담보책임의 본질에 관한「채무불이행책임설」에 의하면, 담보책임은 본질상 목적물이 특정물이든 종류물이든 가릴 것 없이 하자 없는 완전한 물건의 급부의무(완전물급부의무) 위반에 기한 채무불이행책임의 일종이라고 보아야 하므로, 종류물의 증여에 대하여도 증여자의 담보책임을 배제한 제559조 제1항의 규정이 당연히 적용되어야 할 것이기 때문이다. 따라서 '종류물의 증여에 있어서도 인도된 목적물에 하자가 있거나 권리의 흠결이 있는 경우에는, 증여자가 그 하자나 흠결을 알고 수증자에게 고지하지 아니한 경우를 제외하고는 담보책임을 지지 않는다'고 해석하여야 할 것이다.

한편 타인소유의 물건을 증여하였더라도 목적물이 동산인 경우에는 선의취득제도에 의하여 수증자가 목적물의 소유권을 취득할 수 있으므로(249조), 권리의 흠결 또는 권리의 하자로 인한 증여자의 담보책임이 문제되는 경우는 거의 없을 것이라고 생각된다.[28] 또한 증여의 목적물이 금전인 경우에는 수증자가 인도를 받는 즉시 금전의 소유권을 취득하므로, 담보책임의 문제는 발생할 여지가 없다.

(2) 예 외

다음과 같은 경우에는 예외적으로 증여자에게 담보책임이 발생한다.

1) 특약이 있는 경우

민법 제559조는 강행규정은 아니므로, 증여자가 담보책임을 지기로 한 특약이 있는 때에

27) 윤철홍, 전게논문(주 11), 238; 김상용, 164; 김형배, 404 참조.

28) 이와 관련하여, 민법은 제463조에서 변제로서 타인의 물건을 인도한 경우에 변제자가 그 물건의 반환을 청구할 수 있음을 전제로 "다시 유효한 변제를 하지 않으면 그 물건의 반환을 청구할 수 없다"고 규정하고 있으나, 입법론상 그 실효성과 타당성은 매우 의문시된다(이에 관한 상세는 拙稿, "변제의 법적 성질 및 구성요건에 관한 입법론적 고찰", 민사법학 52호, 한국민사법학회, 2010/12, 443 이하 참조). (☞ 채권총론 편, 제3장 제1절「변제의 의의와 법적 성질」)

는 그에 따라서 증여자의 담보책임이 발생한다.

2) 증여자가 악의인 경우

증여자가 증여의 목적인 물건 또는 권리의 하자나 흠결을 알고 수증자에게 고지하지 아니한 때에는 담보책임을 진다(559조 1항 단서). 여기서 증여자가 알면서 고지하지 않은 이유는 이를 묻지 않는다. 다만, 수증자가 증여의 목적인 물건 또는 권리의 하자나 흠결을 알고 있었던 때에는 증여자의 담보책임은 생기지 않는다고 해석하여야 할 것이다.

3) 「부담부증여」의 경우

'증여의 대가로서 상대방인 수증자도 일정한 급부를 할 채무를 부담하는 증여'인 「부담부증여(負擔附贈與)」의 경우에는 증여자는 그 부담의 한도에서 매도인과 같은 담보책임을 진다(559조 2항). 부담부증여의 본질에 대해서는 쌍무계약의 개념과 관련하여 견해의 대립이 있으나, 당사자의 주관을 기준으로 상호의존적 견련관계의 유무를 판단하여야 한다는 견해에 따르면, 부담부증여는 무상계약이지만 쌍무계약으로 보아야 할 것이며, 수증자가 지는 부담의 범위 내에서는 유상계약과 유사한 법률관계가 성립한다고 볼 수 있기 때문에, 민법은 증여자에게 그 부담의 한도에서 매도인과 같은 담보책임을 지도록 한 것이다.

(3) 증여자의 담보책임의 내용

1) 증여자가 하자나 흠결을 알고 수증자에게 고지하지 아니한 경우

민법은 '증여자가 물건 또는 권리의 하자나 흠결을 알고 수증자에게 고지하지 아니한 때에는 증여자가 담보책임을 진다'는 규정만을 두고 있을 뿐, '구체적으로 증여자가 수증자에 대하여 어떤 내용의 담보책임을 부담하는가?' 하는 문제에 대해서는 아무런 규정도 두고 있지 않다. 이는 중대한 법률의 흠결이라고 할 수 있는데, 증여자의 담보책임에 관한 외국의 입법례 및 매도인의 담보책임에 관한 제570조 이하의 규정을 유추하여 해석하는 수밖에 없다.

일반적으로 담보책임은 「대금감액이나 하자보수」, 「계약해제(대금반환)」, 「손해배상」의 세 가지를 주된 내용으로 하는 것인데, 증여계약은 무상계약이므로 증여자가 증여의 목적인 물건 또는 권리의 하자나 흠결을 알고 수증자에게 고지하지 아니한 때에 부담하는 담보책임에 있어서는 「대금감액」이나 「증여계약의 해제(대금반환)」는 문제될 여지가 없으며, 오로지 「하자보수」 또는 「손해배상」만이 문제된다고 할 것이다.

(가) 증여의 목적인 권리에 하자가 있는 경우

독일민법은 '증여자가 증여의 목적인 권리의 하자를 알면서(증여자가 장래 취득할 물건의 급부를 약속한 경우에는 중대한 과실로 권리의 하자를 알지 못한 경우도 포함된다) 이를 수증자에게 고지하지 않은 경우에는, 그로 인하여 수증자에게 발생하는 손해를 배상할 의무가 있다'고 규정하고 있는데,[29] 우리 민법 제559조 제1항 단서의 "담보책임"의 내용은 '수증자에 대한 손해배상'이라고 해석하여야 할 것이다. 또한 '이 경우의 손해배상은 이행이익의 배상을 의미한다'고 해석하여야 할 것이다(대법원 1967.5.18.선고, 66다2618 전원합의체판결 등). (☞ 제2절 「매매계약」)

(나) 목적물의 품질·성능에 하자가 있는 경우

이 경우에는 매도인의 하자담보책임에 관한 제580조 이하의 규정을 유추적용하여야 할 것이다. 또한 증여는 무상계약이므로 악의의 증여자의 하자담보책임에서 대금감액이나 대금반환은 문제될 여지가 없으며, 오로지 하자보수 또는 손해배상(이행이익 또는 확대손해의 배상)만이 문제된다. 학설 중에는 이 경우의 손해배상을 '무과실의 신뢰이익의 배상(수증자가 물건에 하자나 권리의 흠결이 없다고 오신하였기 때문에 받은 소극적 계약이익의 배상)'이라고 해석하는 견해가 있으나,[30] 「채무불이행책임설」의 입장에서는 수증자의 신뢰이익의 배상을 논하는 것은 이론상 부당할 뿐만 아니라, 부담부증여를 제외한 순수한 무상계약인 증여계약에서 '비용의 배상'을 의미하는 수증자의 「신뢰이익」을 논한다는 것은 무의미하다.

2) 「부담부증여」의 경우

부담부증여는 성질상 무상계약이라고 보아야 할 것이나, 그 부담의 한도에서는 유상계약과 같은 성질을 가지는 것이므로, 민법은 "그 부담의 한도에서 매도인과 같은 담보의 책임이 있다"고 규정하고 있음은 전술한 바와 같다(559조 2항). 따라서 증여자는 매도인의 담보책임에 관한 제570조 이하의 규정에 따라서 담보책임을 부담한다.

(가) 권리의 하자가 있는 경우

부담부증여에서 증여의 목적인 권리에 하자가 있는 경우, 수증자는 증여자에 대하여 부담의 감액, 해제(이행된 부담의 반환), 손해배상을 청구할 수 있다(570~579조의 유추적용). 또한 「채무불이행책임설」의 입장에서는 '이 경우의 "손해배상"은 이행이익의 배상을 의미한다'고 해석하여야 함은 전술한 바와 같다.

(나) 물건의 하자가 있는 경우

부담부증여에서 목적물의 품질 또는 성능에 하자가 있는 경우, 증여자는 수증자에게 하자담보책임을 부담한다(561조, 580조, 581조). 하자담보책임의 본질에 관한 「채무불이행책임설」에 입각하여, '제580조의 특정물매도인의 하자담보책임에서의 "손해배상"은 무과실의 대금감

29) 독일민법 제523조(권리하자에 대한 책임) (1) 증여자가 권리의 하자를 고의로 묵비한 때에는, 그는 수증자에 대하여 그로 인하여 발생한 손해를 배상할 의무가 있다. (2) 증여자가 권리를 취득하기에 앞서서 미리 그 물건의 급부를 약속한 경우에, 증여자가 그 물건을 취득할 때에 그 하자를 알았거나 중대한 과실로 인하여 알지 못한 때에는, 수증자는 권리의 하자를 이유로 채무불이행으로 인한 손해배상을 청구할 수 있다. 제433조 제1항 및 제435조, 제436조, 제444조, 제452조, 제453조의 규정은 이 경우에 준용한다.

30) 곽윤직, 117; 김상용, 165; 김형배, 404 참조.

액을 의미하는 것이며, 이행이익의 배상 내지는 확대손해의 배상을 의미하는 일반적 의미의 「손해배상」(Schadensersatz)은 귀책사유를 요건으로 하는 일반적 채무불이행책임에 관한 제390조 이하의 규정에 의하여야 한다'고 보는 사견에 따르면, 부담부증여자의 하자담보책임의 경우에도 같은 논리를 적용하여, '증여목적물의 하자로 인한 가치감소분만큼의 「손해배상」 내지 「하자보수」는 증여자의 귀책사유 여부에 관계없이 청구할 수 있으나, 하자로 인한 이행이익 내지 확대손해의 배상을 위해서는 증여자의 귀책사유를 요한다'고 해석하여야 할 것이다. (☞ 제2절 「매매계약」)

(다) 부담이 증여의 가액을 초과하는 경우

수증자의 부담이 증여의 가액을 초과하는 경우의 처리방법에 대하여, 독일민법은 수증자에게 「부담의 실행을 거절할 권리」와 「초과비용의 상환청구권」을 인정하고 있으며(BGB §526),[31] 스위스채무법도 수증자의 부담실행거절권을 규정하고 있다(OR Art. 246Ⅲ).[32] 그러나 이러한 명문규정이 없는 우리 민법하에서는 '권리 또는 물건의 하자로 인하여 출연의 가치가 부담의 실행에 필요한 비용에 미치지 못하는 경우에도 수증자는 부담의 실행을 거절할 수 없다'고 해석하지 않을 수 없다.

3) 담보책임의 존속기간

'증여자의 담보책임의 존속기간에 대해서는, 매도인의 담보책임에 관한 제575조 제3항의 규정을 유추적용하여 수증자가 그 하자를 안 날로부터 1년의 제척기간에 걸린다'고 해석하는 견해가 지배적이다.[33] 그러나 명문규정도 없이 증여자의 담보책임의 제척기간을 1년으로 해석하는 것이 가능한지는 의문이다. 사견으로는, 현행민법하에서는 증여자의 담보책임은 10년의 제척기간에 걸리는 것으로 해석하지 않을 수 없다고 본다. 다만, 입법론으로는 균형을 잃은 것이 되므로, 명문규정을 두는 것이 바람직하다.

[20] Ⅴ. 증여계약의 해제

1. 해제의 의의

민법은 제555조 내지 제557조에서, '① 증여가 서면에 의하지 아니한 경우, ② 수증자가

31) 독일민법 제526조(부담실행의 거절) 권리의 하자 또는 증여물건의 하자로 인하여 출연의 가치가 부담의 실행에 필요한 비용에 미치지 못하는 경우에는, 수증자는 하자로 인하여 생긴 부족액이 보충될 때까지 부담의 실행을 거절할 수 있다. 수증자가 하자를 알지 못하고 부담을 실행한 때에는 실행으로 발생한 비용이 하자로 말미암아 출연의 가액을 넘게 된 한도에서 비용의 상환을 청구할 수 있다.

32) 스위스채무법 제246조(부담의 실행) (3) 수증자는 출연의 가치가 부담의 비용에 미달되고 부족액이 전보되지 않는 경우에는 부담의 실행을 거절할 수 있다.

33) 윤철홍, 전게논문(주 11), 238; 곽윤직, 117; 김주수, 161; 김형배, 404 참조.

일정한 「망은행위」을 한 경우, ③ 증여계약 후 증여자의 재산상태가 현저히 변경되고 그 이행으로 인하여 생계에 중대한 영향을 미칠 경우에는, 증여자는 증여계약을 "해제"할 수 있다'고 규정하고 있다. 다만, '서면에 의하지 않은 증여의 경우에는 각 당사자가 해제할 수 있다'고 한다. 그러나 원래 계약의 「해제」라 함은 '쌍무계약에서 당사자 일방이 채무를 불이행하는 경우에 상대방으로 하여금 계약관계를 소급적으로 소멸시킴으로써 계약의 구속력으로부터 일방적으로 벗어날 수 있도록 하는 제도'를 말하는 것인데, 제555조 이하에서 규정하고 있는 "해제"는 상대방의 채무불이행을 요건으로 하는 것이 아닐 뿐만 아니라, 소급효가 인정되고 있지도 않다(558조). 그러므로 민법상의 증여자의 "해제"는 본래적 의미에서의 해제가 아니라, 장래에 대하여 계약의 효력을 소멸시키는 일방적 의사표시인 「철회」에 해당한다'고 할 것이다.[34] 판례도 제555조 이하의 증여계약의 해제는 '일종의 특수한 철회일 뿐'이라고 한다(대법원 2003.4.11.선고, 2003다1755 판결 등).[35] 따라서 제555조 이하의 「증여계약의 해제」에 대해서는 법정해제의 효과에 관한 일반규정인 제548조는 적용되지 않는다.

2. 서면에 의하지 아니한 증여계약의 해제

(1) 제555조의 입법취지

증여계약의 성립요건으로 공정증서의 작성 등 엄격한 요식행위를 요구하는 외국의 입법례와는 달리, 우리 민법은 증여계약을 요식행위로 규정하고 있지는 않다. 다만, 우리 민법은 제555조에서 서면에 의하지 아니한 증여계약은 당사자가 자유롭게 해제할 수 있도록 함으로써, 증여자가 경솔하게 증여하는 것을 방지하고, 증여의 의사를 명확하게 하여 분쟁을 방지하는 효과를 거둘 수 있도록 하고 있다(대법원 1988.9.27.선고, 86다카2634 판결 등).

(2) 해제의 요건

1) 증여의 의사가 서면으로 표시되지 아니할 것

제555조에 의한 증여계약의 해제는 '증여의 의사가 서면으로 표시되지 아니한 경우'에 한한다.

(가) 서면에 의한 증여

(A) 증여의 의사를 표시한 서면 여기서 「서면(書面)에 의한 증여」라 함은 '당사자 사이에 증여자가 자기의 재산을 상대방에게 준다는 증여의 의사가 문서를 통하여 확실히 알 수 있는 정도로 서면에 나타난 증여'를 말한다(대법원 1988.9.27.선고, 86다카2634 판결 등).[36] 판례는 '서면으

34) 同旨: 윤철홍, 상게논문, 227; 민법주해(14)/고영한, 39; 주석채권각칙(Ⅰ)/이혁주, 459 참조.
35) 같은 취지: 대법원 2009.9.24.선고, 2009다37831 판결.
36) 같은 취지: 대법원 1993.3.9.선고, 92다18481 판결.

로 표시되어야 하는 것은 증여자의 「증여의 의사」이며 수증자의 의사까지 표시될 필요는 없으므로, 서면 자체는 매매계약서, 매도증서 등으로 되어 있어서 매매를 가장한 증여의 증서를 작성한 것이라고 하더라도, 증여에 이른 경위를 아울러 고려할 때 그 서면이 바로 증여의사를 표시한 서면이라고 인정되면, 이는 제555조에서 말하는 증여의 "서면"에 해당한다'고 한다(대법원 1991.9.10.선고, 91다6160 판결 등).[37][38] 그러나 증여자의 일기장과 같이 자신의 내면의 심리상태를 적은 서면에 의하여 당시 증여의 의사가 있었던 사실을 인정할 수 있는 기록을 여기에서의 '증여의사를 표시한 서면'이라고 할 수는 없을 것이다.[39]

(B) 수증자에 대한 증여의사를 표시한 서면 서면에 의한 증여의 의사표시는 수증자에 대한 것이어야 한다. 이러한 관점에서, 판례는 ① '증여자가 부동산을 증여하고 그 증여의 의사를 강제집행의 방법으로 실현하기 위하여 스스로 선임료를 지급하고 소송대리인을 선임하여 당해 부동산에 가압류신청을 하고, 나아가 자신을 상대로 사실혼관계 해소에 따른 위자료 지급을 구하는 조정신청을 하도록 하였다는 사정만으로는, 그 증여의 의사표시가 서면으로 표시되었다고 볼 수 없다'고 한다(대법원 1996.3.8.선고, 95다54006 판결). 또한 ② '甲·乙·丙 사이에서 甲이 乙과 그 태생 자녀들에게 일정 재산을 분배하여 주고 나머지 재산에 대한 일체의 상속권은 포기하기로 하는 내용의 조정이 성립된 후, 잔여재산에 속하는 토지를 丙과의 사이에서 출생한 丁에게 증여한 경우, 丁이 참가하지 아니한 위의 조정절차에서 한 甲의 증여의 의사표시는 丁에게 서면으로 표시된 것으로 볼 수 없다'고 한다(대법원 1998.9.25.선고, 98다22543 판결). ③ '개신교회의 회장인 담임목사와 서기인 원고 2인이 참석한 교회의 당회의에서 이 사건 토지를 교회 측으로 이전하는 것을 결의하는 내용으로 되어 있기는 하지만, 그 서류의 형식상 어디까지나 교회의 예배 혹은 회의의 경과나 참석자 총원의 결의사항을 기록한 서류에 담임목사와 원고가 교회의 회장 및 서기 자격으로 서명날인한 것에 불과한 것은 서면에 의한 증여의 의사표시로 볼 수 없다'고 한다(대법원 2009.9.24.선고, 2009다37831 판결).

(나) 서면의 작성시기

서면의 작성시기에 대한 특별한 제한은 없으므로, 증여계약이 성립한 이후에 증여의 의사를 표시한 서면이 작성된 경우에는 그때부터 서면에 의한 증여가 있는 것이 되어 해제할 수 없게 된다(대법원 1989.5.9.선고, 88다카2271 판결).[40]

---

37) 같은 취지: 대법원 1996.3.8.선고, 95다54006 판결; 대법원 2003.4.11.선고, 2003다1755 판결; 대법원 2009.9.24.선고, 2009다37381 판결.

38) 양창수, "매도증서의 교부와 서면에 의한 증여", 민법연구 2권(박영사, 1991/9), 203 이하.

39) 同旨: 윤철홍, 전게논문(주 11), 225; 민법주해(14)/고영한, 37; 주석채권각칙(Ⅰ)/이혁주, 458 참조.

40) 판례평석: 김교창, "서면에 의하지 아니한 증여계약의 해제" 인권과 정의 156호(대한변호사협회, 1989/8), 120 이하. 같은 취지: 대법원 1992.9.14.선고, 92다4192 판결.

2) 해제권자

서면에 의하지 아니한 증여는 이행이 완료되기 전까지는 각 당사자가 이를 해제할 수 있다(555조, 558조). 즉, 서면에 의하지 아니한 증여는 증여자뿐만 아니라 수증자도 증여계약을 해제할 수 있다.

3) 해제권 행사의 방법

증여의 의사가 서면으로 표시되지 아니한 경우에 각 당사자가 하는 해제의 방법에 대해서는 특별한 규정이 없으므로, 상대방에 대한 묵시적 의사표시에 의한 해제도 가능하다고 해석된다. 예컨대, 출연의무를 이행할 것을 청구하는 수증자의 최고를 거절한 경우에는 증여계약을 묵시적으로 해제하였다고 해석할 수 있다.[41] 또한 소송에서 증여자가 증여의 의사가 서면으로 표시되지 않았다고 다투는 경우에는 이를 증여계약을 해제하는 증여자의 의사표시로 해석할 수도 있을 것이다. 다만, 판례는 '당사자가 변론에서 단순히 상대방의 주장사실을 다투는 것과 독립된 항변사유인 해제의 주장을 하는 것은 엄연히 구별되어야 하므로, 수증자가 증여자를 상대로 증여받은 부동산의 소유권이전등기절차의 이행을 청구하는 소송에서 증여자가 청구기각의 답변과 '그 부동산이 증여자의 소유인 사실 외의 나머지 주장사실을 부인한다'고 진술한 것만 가지고는 서면에 의하지 않은 증여의 해제를 주장한 것으로 볼 수 없다'고 한다(대법원 1989.5.9.선고, 88다카2271 판결).

4) 해제권 행사의 상대방

해제의 의사표시는 증여계약의 상대방인 수증자에게 하여야 한다. 따라서 '증여목적물의 전득자 등 증여계약의 당사자가 아닌 제3자에 대하여 한 해제의 의사표시는 해제로서의 효력이 없다'고 할 것이다. 판례의 입장도 같다(대법원 1977.2.8.선고, 76다2423 판결).

5) 해제권 행사의 시간적 제약

서면에 의하지 아니한 증여계약의 해제는 이미 이행한 부분에 대하여는 영향을 미치지 아니한다(558조). 즉, 서면에 의하지 아니한 증여계약은 이행이 완료되기 전까지만 해제할 수 있다. 여기서 「증여계약의 이행」이라 함은 '증여자가 증여계약에서 정한 재산을 수증자에게 수여한 것'을 말하는데, 구체적으로는 동산의 경우 수증자에게 목적물을 인도한 것을 가리키며, 부동산의 경우에는 증여의 목적인 권리의 이전등기를 경료한 것을 가리킨다(대법원 2009.9.24.선고, 2009다37831 판결 등). 다만, 목적물의 인도나 소유권이전등기를 경료되기 전이라도 증여의 사실이 판결에 의하여 확정된 때에는 판결의 기판력이 작용하므로 증여계약을 해제할 수 없다고 할 것이다.[42]

---

41) 同旨: 윤철홍, 전게논문(주 11), 227 참조.
42) 同旨: 윤철홍, 상게논문, 228; 주석채권각칙(Ⅰ)/이혁주, 459 참조.

문제는 '부동산 증여계약의 이행으로 소유권이전등기는 완료되었으나 아직 목적물이 인도되지 않은 경우, 또는 목적물이 수증자에게 인도되었으나 아직 소유권이전등기가 경료되지 아니한 경우에, 이를 증여계약의 이행이 완료된 것으로 보아 해제할 수 없다고 해석하여야 하는가?' 하는 것이다. 이에 대하여, 판례는 ① '물권변동에 관하여 형식주의를 채택하고 있는 현행민법의 해석으로는 부동산증여에 있어서 이행이 되었다고 함은 그 부동산의 인도만으로써는 부족하고 이에 대한 소유권이전등기절차까지 마친 것을 의미한다'고 하며(대법원 1977.12.27. 선고, 77다834 판결 등),[43] ② '부동산의 증여에 있어서는 목적부동산을 인도받지 아니하여도 그에 대한 소유권이전등기절차를 마침으로써 그 이행이 종료되어 수증자는 그로써 확정적으로 그 소유권을 취득한다'고 한다(대법원 1981.10.13.선고, 81다649 판결 등).[44] 그러므로 ③ '부동산의 증여를 원인으로 하는 수증자 명의의 소유권이전등기가 경료된 이후에는 증여자가 증여계약을 해제하더라도 증여계약이나 그에 기한 소유권이전등기의 효력에는 아무런 영향이 없다'고 한다(대법원 1991.8.13.선고, 90다6729 판결). 다만, ④ '증여자의 의사에 기하지 아니한 원인무효의 등기가 경료된 경우에는 증여계약의 적법한 이행이 있다고 볼 수 없으므로, 서면에 의하지 아니한 증여자의 증여계약의 해제에 대해 수증자가 실체관계에 부합한다는 주장으로 대항할 수 없다'고 한다(대법원 2009.9.24.선고, 2009다37831 판결).

6) 착오에 의한 증여계약의 취소

서면에 의한 증여는 해제할 수 없으나(555조), 그 서면에 의한 증여의 의사표시가 착오에 기한 경우에는 제109조의 착오에 기한 의사표시를 이유로 증여계약을 취소하는 것은 가능하다고 해석하여야 할 것이다(대법원 1999.7.9.선고, 98다9045 판결).

(3) 해제의 효과

제555조에 의한 증여자의 "해제"는 본래의 의미에서의 해제가 아니라, 장래에 향하여 계약의 효력을 소멸시키는 일방적 의사표시인 「철회」에 해당하는 것이라는 점은 전술한 바와 같다(대법원 2003.4.11.선고, 2003다1755 판결 등). 따라서 제555조의 규정에 의거하여 증여자가 증여계약을 "해제"하더라도 해제의 효과에 관한 제548조의 규정은 적용되지 않으며, 단지 장래에 향하여 계약의 효력이 소멸하는 효과가 발생할 뿐이다. 즉, 제555조에 의거하여 증여계약이 해제되더라도 수증자의 원상회복의무는 발생하지 않으며, 단지 증여자가 증여계약상의 급부의무를 면할 뿐이다.

---

43) 같은 취지: 대법원 2012.6.14.선고, 2011다56873 판결.
44) 같은 취지: 대법원 1991.8.13.선고, 90다6729 판결.

2. 망은행위로 인한 증여의 해제

민법은 제556조에서 증여자에 대한 수증자의 범죄행위 등 일정한 망은행위가 있는 경우에는 증여자가 증여계약을 일방적으로 해제할 수 있는 것으로 규정하고 있다. 즉, ① 증여자 또는 그 배우자나 직계혈족에 대한 범죄행위가 있는 때, ② 증여자에 대하여 부양의무가 있는 경우에 이를 이행하지 아니하는 때에는 증여자는 증여계약을 해제할 수 있다(556조 1항). 다만, 증여자가 제556조 제1항의 해제원인이 있음을 안 날로부터 6월을 경과하거나 증여자가 수증자에 대하여 용서의 의사를 표시한 때에는 해제권이 소멸한다(556조 2항).

(1) 연혁 및 입법례

1) 연 혁

증여자가 수증자의 망은행위(ingratitudo)를 이유로 증여를 철회할 수 있도록 하는 제도는 유스티니아누스 황제시대의 로마법에서 유래된 것이라고 보는 견해가 지배적이다. 그러나 게르만법에서도 수증자가 배은망덕한 행위를 한 경우에는 증여자가 철회권을 보유하는 제도가 인정되었다고 한다.[45]

2) 입법례

(가) 독일민법

독일민법은 로마법과 게르만법의 전통에 따라 '수증자의 망은행위가 있는 경우에는 증여자가 철회권을 보유한다'는 명문규정을 두고 있다(BGB §530).[46] 또한 독일민법상 철회는 수증자에 대한 의사표시로써 하며, 증여가 철회된 때에는 부당이득반환에 관한 규정에 따라 증여한 것의 반환을 청구할 수 있다(BGB §531).[47] 다만, 증여자가 수증자의 망은행위를 알고 난 후 철회권을 포기하였거나(BGB §533),[48] 수증자를 용서한 경우, 철회권자가 철회의 요건이 발생하였음을 안 때로부터 1년이 경과한 경우, 수증자가 사망한 경우에는 철회할 수 없다(BGB §532).[49]

---

45) 윤철홍, 전게논문(주 11), 214~215 참조.

46) 독일민법 제530조(증여의 철회) (1) 수증자가 중대한 과오로 인하여 증여자 또는 증여자의 근친에 대한 중대한 배은망덕의 책임이 있는 때에는 증여를 철회할 수 있다. (2) 증여자의 상속인은 수증자가 고의 및 위법하게 증여자를 살해하였거나 철회를 방해한 때에 한하여 철회권을 보유한다.

47) 독일민법 제531조(철회의 의사표시) (1) 철회는 수증자에 대한 의사표시로써 한다. (2) 증여가 철회된 때에는 부당이득반환에 관한 규정에 따라 증여한 것의 반환을 청구할 수 있다.

48) 독일민법 제533조(철회권의 포기) 철회권은 철회권자가 망은행위를 알게 된 때에 비로소 포기할 수 있다.

49) 독일민법 제532조(철회의 배제) 증여자가 수증자를 용서한 경우, 또는 철회권자가 철회의 요건이 발생하였음을 안 때로부터 1년이 경과된 때에는, 철회는 배제된다. 수증자가 사망한 후에는 철회는 더 이상 허용되지 않는다.

(나) 프랑스민법

프랑스민법도 '수증자의 망은행위가 있는 경우에는 증여자가 증여계약을 철회할 수 있다'고 규정하고 있다(C.c. Art. 955).[50] 다만, 조건의 불이행 또는 망은행위가 있다고 해서 생전증여가 당연히 철회되는 것은 아니며(C.c. Art. 956),[51] 범죄행위가 있던 날 또는 증여자가 범죄행위를 알 수 있었던 날로부터 1년 내에 철회의 의사표시를 하여야 한다(C.c. Art. 957).[52] 증여계약이 철회되면, 수증자는 철회청구 당시의 양도한 물건의 가액과 청구일 이후의 과실을 반환하여야 한다(C.c. Art. 958).[53] 한편 혼인을 위한 증여는 망은행위를 이유로 철회할 수 없다(C.c. Art. 959).

(다) 스위스채무법

스위스채무법도 '증여자는 수증자의 망은행위를 이유로 증여를 철회하고 수증자의 이득범위 내에서 증여한 것의 반환을 청구할 수 있다'고 규정하고 있다(OR Art. 249).[54] 다만, '증여의 철회는 증여자가 철회사유를 안 때로부터 1년 내에 하여야 한다'는 제한이 있다(OR Art. 251).[55]

(라) 우리 민법

우리 민법도 로마법 이래의 대륙법의 전통에 따라 제556조에서, '증여자에 대한 수증자

---

50) 프랑스민법 제955조: 생전증여는 다음 각 호의 망은행위를 이유로 하여서만 철회될 수 있다: 1. 수증자가 증여자의 생명을 해치려 한 때 2. 수증자가 증여자에 대하여 책망 받아 마땅한 학대, 범죄 또는 심한 모욕을 가한 때 3. 수증자가 증여자에 대한 부양을 거절한 때

51) 프랑스민법 제956조: 조건의 불이행 또는 망은행위가 있다고 해서 생전증여가 당연히 철회되는 것은 아니다.

52) 프랑스민법 제957조: (1) 망은행위를 이유로 한 철회의 의사표시는 증여자가 수증자의 행위라고 주장하는 범죄행위가 있던 날 또는 증여자가 범죄행위를 알 수 있었던 날로부터 1년 내에 하여야 한다. (2) 제1항의 철회의 의사표시는 증여자가 수증자의 상속인에 대하여 할 수 없고, 또한 증여자의 상속인이 수증자에 대하여서도 역시 이를 할 수 없으나, 후자의 경우에는 증여자가 이미 증여의 철회를 위한 소를 제기하였거나 범죄행위 시부터 1년 내에 증여자가 사망한 때에는 증여자의 상속인이 수증자에 대하여 철회의 의사표시를 할 수 있다.

53) 프랑스민법 제958조: (1) 망은행위를 이유로 한 철회는 수증자에 의하여 행하여진 양도, 증여의 목적물 위에 설정된 저당권 기타 물권적 부담에 영향을 미치지 아니하나, 그러기 위해서는 이들 모든 행위가 부동산등기부에 철회 청구가 공시되기 전에 행하여져야 한다. (2) 철회가 있는 경우, 수증자는 철회청구 당시의 양도한 물건의 가액과 청구일 이후의 과실을 반환하여야 한다.

54) 스위스채무법 제249조(F. 증여의 해소 I. 증여의 반환청구) 현실증여와 증여약속이 실현된 경우에 있어서 증여자는 다음 각 호의 사유가 있는 때에는 증여를 철회하고 수증자에게 이득이 있는 범위 내에서 증여한 것의 반환을 청구할 수 있다. 1. 수증자가 증여자 또는 증여자의 근친에 대하여 중대한 범죄행위를 저지른 때; 2. 수증자가 증여자 또는 그 가족에 대하여 지고 있는 가족법상의 의무를 중대하게 위반한 때; 3. 수증자가 증여에 부가되어 있는 부담을 부당하게 이행하지 아니한 때

55) 스위스채무법 제251조(Ⅲ. 소멸시효 및 상속인의 소권) (1) 이러한 철회는 증여자가 철회사유를 안 때로부터 1년 내에 하여야 한다. (2) 제1항의 기간이 경과하기 전에 증여자가 사망한 경우에는, 소권은 잔존기간 동안 그 상속인에게 이전된다. (3) 수증자가 증여자를 고의로 위법하게 살해하였거나 철회를 방해한 때에는, 증여자의 상속인은 증여를 철회할 수 있다.

의 범죄행위 등 일정한 망은행위가 있는 경우에는 증여자가 증여계약을 일방적으로 해제할 수 있다'고 규정하고 있다. 즉, ① 증여자 또는 그 배우자나 직계혈족에 대한 범죄행위가 있는 때, ② 증여자에 대하여 부양의무가 있는 경우에 이를 이행하지 아니하는 때에는 증여자는 증여계약을 해제할 수 있다(556조 1항). 다만, 증여자가 제556조 제1항의 해제원인이 있음을 안 날로부터 6월을 경과하거나 증여자가 수증자에 대하여 용서의 의사를 표시한 때에는 해제권이 소멸한다(556조 2항).

(2) 제556조의 입법취지

민법이 증여자에 대한 수증자의 「망은행위」를 이유로 증여계약을 해제할 수 있도록 한 것은, 증여를 증여자가 수증자에 대하여 은혜를 베푸는 것으로 관념하고 증여자의 은혜를 배반하는 망은행위를 한 수증자에 대해서는 증여계약상의 의무이행을 강제할 필요가 없다는 윤리적인 요청에 기한 것이라고 보아야 할 것이다.[56] 이러한 입법취지에 비추어 망은행위로 인한 증여자의 해제권은 수증자가 증여사실을 알고도 망은행위를 한 경우에 한하여 인정되어야 한다고 해석되고 있다.[57]

한편 학설 중에는 제556조를 「사정변경의 원칙」을 규정한 것으로 보는 견해가 많으나,[58] 사정변경의 원칙이 적용되는 「사정변경」이라 함은 '계약당사자의 주관적 사정변경을 의미하는 것이 아니라, 천재지변이나 경제사정의 급격한 변혁 등의 객관적 사정변경만을 의미한다'고 할 것이므로, 수증자의 망은행위를 사정변경의 원칙이 적용될 수 있는 「사정변경」으로 파악하는 것은 타당하지 않다고 생각된다.

(3) 해제권의 발생요건

1) 망은행위

수증자의 망은행위를 이유로 증여계약을 해제하기 위해서는, ① 수증자가 증여자 또는 그 배우자나 직계혈족에 대한 범죄행위를 하였거나, ② 수증자가 증여자에 대하여 부양의무가 있음에도 불구하고 이를 이행하지 아니하였어야 한다(556조 1항).

(가) 증여자 또는 그 배우자나 직계혈족에 대한 범죄행위

여기서 「범죄행위」라 함은 '수증자 자신이 증여자 또는 그 배우자나 직계혈족을 살해한 경우 등 직접 형사범죄를 저지른 경우'를 말하지만, 수증자가 제3자의 행위를 방지 내지 제거할 윤리적 의무를 지고 있음에도 불구하고 이를 방치한 경우도 제556조 제1항의 망은행위에

---

56) 그러나 학설 중에는 '망은행위로 인한 증여계약의 해제제도는 증여를 유상계약으로 파악하고 있었던 게르만법의 영향'이라고 보는 견해도 있다(윤철홍, 전게논문(주 11), 229 참조).

57) 윤철홍, 상게논문, 230; 곽윤직, 119 참조.

58) 윤철홍, 상게논문, 229; 민법주해(14)/고영한, 42; 주석채권각칙(Ⅰ)/이혁주, 460; 곽윤직, 180 참조.

해당한다고 할 것이다.[59)]

(나) 부양의무의 불이행

망은행위의 두 번째 유형은 수증자가 증여자에 대하여 부양의무가 있음에도 불구하고 이를 이행하지 아니한 경우이다. 문제는 '제556조의 "부양의무"가 제974조 소정의 「법정부양의무」만을 의미하는 것인가, 아니면 당사자의 약정에 의한 부양의무까지 포함하는 것인가?' 하는 것이다. 이에 대하여, 판례는 '여기에서의 「수증자의 부양의무」라 함은 제974조에 규정되어 있는 직계혈족 및 그 배우자 또는 생계를 같이 하는 친족 간의 부양의무를 가리키는 것이므로, 친족이 아닌 당사자 사이의 약정에 의한 부양의무의 경우에는 수증자가 이를 위반하더라도 제556조 제1항에 의한 해제권은 발생하지 않는다'고 한다(대법원 1996.1.26.선고, 95다43358 판결). 다만, 수증자가 증여자와 생계를 같이 하는 친족이 아닌 경우라고 하더라도, 수증자가 증여자에 대한 부양의무를 부담하기로 하는 약정을 「부담부증여」라고 할 수 있는 경우에는, 해제에 관한 일반규정(544조 이하)에 의하여 해제할 수 있을 것이다(561조).

2) 용서의 의사표시가 없을 것

증여자가 수증자에 대하여 용서의 의사를 표시한 때에는 망은행위로 인한 증여계약의 해제권이 소멸하므로(556조 3항), 증여자는 더 이상 수증자의 범죄행위나 부양의무의 불이행을 이유로 증여계약을 해제할 수 없다. 망은행위를 이유로 증여계약을 해제할 수 있도록 하는 이유는 수증자에 대한 윤리적 비난가능성 때문이라고 할 수 있는데, 증여자가 수증자를 용서한 경우에는 수증자에 대한 윤리적 비난가능성이 해소되므로, 더 이상 해제권을 존속시킬 필요가 없게 되는 것이다.

3) 제척기간

망은행위로 인한 증여계약의 해제권은 증여자가 제556조 제1항의 해제원인이 있음을 안 날로부터 6개월을 경과하거나 증여자가 수증자에 대하여 용서의 의사를 표시한 때에는 소멸한다(556조 3항).

(4) 해제의 효과

망은행위를 이유로 한 증여의 해제는 이미 이행한 부분에 대하여는 영향을 미치지 않는다(558조). 즉, 수증자가 망은행위를 한 경우에 이를 이유로 증여자가 증여를 해제하더라도 이미 이행이 완료된 급부의 반환을 청구할 수 없는 것이다. 다만, 입법론으로는 '망은행위의 경우에는 증여에 의하여 수여된 재산의 반환을 청구할 수 있도록 하는 것이 타당하다'는 주장이 있다.[60)] 참고로 독일민법은 '망은행위를 이유로 증여를 철회한 경우에는 부당이득반환에

59) 同旨: 김형배, 407 참조.
60) 윤철홍, 전게논문(주 11), 231 참조.

관한 규정에 의하여 증여의 반환을 청구할 수 있다'고 규정하고 있으며(BGB §531 Ⅱ),[61] 스위스 채무법도 같은 취지의 규정을 두고 있는바(OR Art. 249)[62] 우리 민법도 망은행위를 이유로 증여계약을 해제한 때에는 부당이득에 관한 일반규정에 따라서 반환청구가 가능하도록 개정할 필요가 있다고 생각된다.

이런 취지에서, 「2013년 민법개정시안」은 망은행위를 이유로 증여계약이 해제된 경우에도 이미 이행한 부분에 대하여는 수증자의 반환청구권을 부인하고 있는 현행민법 제558조를 삭제하고, 수증자의 증여재산 및 해제 후에 수취한 과실의 반환의무에 관한 조항을 신설할 것을 제안한 바 있다(동 개정시안 556조 2항).[63]

3. 증여자의 재산상태 변경으로 인한 증여의 해제

(1) 의의 및 입법취지

증여계약 후에 증여자의 재산상태가 현저히 변경되고 그 이행으로 인하여 생계에 중대한 영향을 미칠 경우에는 증여자는 증여를 해제할 수 있다(557조). 이는 「사정변경의 원칙」을 입법화한 것이라고 볼 수 있는데, 증여자의 재산상태가 악화되어 증여계약을 이행하는 경우에는 생계가 곤란하게 되는 경우에도 무상계약인 증여계약을 이행하도록 하는 것은 형평에 어긋난다고 할 수 있기 때문에 인정된 제도이다.

(2) 입법례

1) 독일민법

독일민법은 증여자가 증여를 실행한 후에 자신의 적절한 생계를 유지할 수 없고, 또한 자신의 혈족, 배우자, 생활동반자(Lebenspartner) 또는 종전의 배우자나 생활동반자에 대하여 법률에 의하여 부담하는 부양의무를 이행할 수 없게 된 경우에는, 증여자는 수증자에게 부당이득반환에 관한 규정에 따라서 증여물의 반환을 청구할 수 있다고 규정하고 있다(BGB §528 Ⅰ).[64]

---

61) 전게 주 47 참조.

62) 전게 주 54 참조.

63) 「2013년 민법개정시안」 제556조(수증자의 행위와 증여의 해제) ① **수증자에게** 다음 각 호의 사유가 있는 때에는 증여자는 그 증여를 해제할 수 있다. 1. 증여자 또는 그 배우자나 직계혈족에 대한 **범죄행위, 학대 그 밖에 현저하게 부당한 대우를 한 때** 2. 증여자에 대하여 부양의무 있는 경우에 이를 이행하지 아니하는 때 ② 제1항의 규정에 의하여 증여가 해제된 때에는 수증자는 증여된 재산과 해제 후에 수취한 과실을 반환하여야 한다. 수증자가 과실을 소비하였거나 과실(過失)로 인하여 훼손 또는 수취하지 못한 경우에는 그 과실(果實)의 대가를 보상하여야 한다. <신설> ③ 제1항의 해제권은 **해제권자가** 해제원인 있음을 안 날로부터 **1년을** 경과하거나 증여자가 수증자에 대하여 용서의 의사를 표시한 때에는 소멸한다.

64) 독일민법 제528조(증여자의 재산상태 악화로 인한 반환청구) (1) 증여자가 증여를 실행한 후에 자신의 적절한 생계를 유지할 수 없고, 또한 혈족, 배우자, 생활동반자 또는 종전의 배우자나 생활동반자에 대하여 법률에 의하여 부담하는 부양의무를 이행할 수 없게 된 경우에는, 증여자는 수증자에게 부당이득

다만, 수증자는 생계 및 부양에 필요한 금액을 증여자에게 지급함으로써 반환의무를 면할 수 있으며(BGB §528 Ⅰ, Satz 2), 증여자가 고의 또는 중대한 과실에 의하여 곤궁을 초래하거나, 곤궁이 증여된 증여목적물이 급부된 때로부터 10년이 경과한 후에 발생한 것인 때, 혹은 증여물의 반환이 자신의 적절한 생계 또는 법률에 의하여 부담하는 부양의무의 이행을 위태롭게 하는 경우에는, 증여물의 반환청구권은 배제된다(BGB §529).[65]

2) 스위스채무법

스위스채무법은 '증여 약속 후에 증여자의 재산상태가 변경되어 증여자에게 대단히 무거운 부담이 된 때에는 증여자가 약속을 철회하고 이행을 거절할 수 있다'고 규정하고 있다(OR Art. 250 Ⅰ).[66]

(3) 해제권의 발생요건

재산상태의 악화를 이유로 하여 증여자가 증여계약을 해제하기 위해서는, ① 증여계약 체결 후 증여자의 재산상태에 현저한 변경이 생겼을 것과, ② 증여계약을 이행한다면 증여자의 생계에 중대한 영향을 미치게 될 것을 요한다(대법원 1996.10.11.선고, 95다37759 판결). 문제는 '어떠한 기준에 의하여 증여자의 재산상태의 현저한 변경으로 인하여 생계에 중대한 영향을 미치게 된다고 판단할 것인가?' 하는 것이다.

이에 대하여, 독일민법은 '증여계약의 이행으로 증여자가 신분에 상응하는 생계를 유지할 수 없거나, 일정한 법정부양의무를 실행할 수 없게 된 경우에는 증여계약을 철회할 수 있다'고 규정하고 있음은 위에서 살펴본 바와 같다. 우리 민법은 독일민법과 같은 명문규정을 두고 있지는 않으나, 학설은 '증여자가 생존에 필요한 것을 구입할 수 없게 되는 경우뿐만 아니라, 그가 속하는 직업, 신분이나 지위에 상응하는 생활을 할 수 없게 된 경우도 포함한다'

반환에 관한 규정에 따라서 증여물의 반환을 청구할 수 있다. 수증자는 생계 및 부양에 필요한 금액을 지급하여 반환의무를 면할 수 있다. 수증자의 의무에 대해서는 제760조 및 친족부양의무에 관한 제1613조가 준용되며, 또한 증여자가 사망한 경우에는 제1615조도 준용된다. (2) 수증자가 여러 명 있는 때에는 시간적으로 앞선 수증자는 후의 수증자가 의무를 부담하지 않는 범위 내에서만 책임을 부담한다.

65) 독일민법 제529조(반환청구권의 배제) (1) 증여자가 고의 또는 중대한 과실에 의하여 곤궁(Bedürftigkeit)을 초래하거나, 곤궁이 증여된 증여목적물의 급부된 때로부터 10년이 경과한 후에 발생한 것인 때에는, 증여물의 반환청구권은 배제된다. (2) 수증자의 그 밖의 의무를 고려할 때 증여물의 반환이 자신의 적절한 생계 또는 법률에 의하여 부담하는 부양의무의 이행을 위태롭게 하는 경우에도 또한 같다.

66) 스위스채무법 제250조(Ⅱ. 증여약속의 철회 및 실효) (1) 증여약속의 경우에 증여자는 다음 각 호의 사유가 있는 때에는 약속을 철회하고 그 이행을 거절할 수 있다: 1. 현실증여에서 증여물의 반환청구를 할 수 있는 사유와 동일한 사유가 있는 때 2. 약속한 후에 증여자의 재산상태가 변경되어 증여가 증여자에게 대단히 무거운 부담이 되게 된 때 3. 약속한 후에 증여자에게 전에는 없었거나 대단히 적은 범위에서만 있었던 가족법상의 의무가 증대된 때

고 해석하고 있다.[67] 타당한 해석이라고 생각되나, '증여자가 법정부양의무를 실행할 수 없게 된 경우'도 고려할 필요가 있다고 할 것이다. 다만, '구체적으로 어떠한 경우에 재산상태의 현저한 변경으로 생계에 중대한 영향을 미치게 된다고 할 것인가?' 하는 것은 개별적으로 판단하는 수밖에 없다.

대법원판결 중에는 '증여자가 부동산을 증여하기로 한 이후부터 반신불수가 되어 그의 전 재산을 치료비 등으로 소비한 경우에는 증여의 목적물인 부동산의 소유권을 수증자에게 이전함으로 인하여 생계에 중대한 영향을 미치게 된 경우에 해당한다'고 판시한 사례가 있다(대법원 1976.10.12.선고, 76다1833 판결).

(4) 해제의 효과

증여자의 재산상태의 악화를 이유로 증여계약을 해제한 경우에도 이미 이행한 부분에 대하여는 영향을 미치지 아니한다(558조). 그러나 제557조의 입법취지를 살리기 위해서는 이 경우에도 증여재산의 반환청구를 인정하는 것이 바람직하다고 생각된다. 다만, '수증자의 반환범위는 현존이익의 한도로 제한할 필요가 있다'고 할 것이다. 참고로 법무부의 「2013년 민법개정시안」도 이러한 내용의 개정안을 제안한 바 있다(동 개정시안 557조).[68]

4. 증여 해제의 효과

제555조 내지 제557조의 규정에 의한 증여계약의 해제는 이미 이행한 부분에 대하여는 영향을 미치지 아니한다(558조). 이는 증여계약의 이행이 있기 이전의 해제만을 인정한 것으로서 증여자로 하여금 출연의무의 구속으로부터의 해방효만을 인정한 것이라고 할 수 있는데, 제555조 내지 제557조의 규정에 의한 증여계약의 해제는 그 본질상 「철회」에 해당한다고 보면, 이는 이론상 당연한 것이라고 할 수 있다. 문제는 '부동산을 증여하였으나 소유권이전등기 없이 증여의 목적물인 부동산이 인도된 경우, 혹은 부동산의 인도 없이 소유권이전등기만이 된 경우에 이를 증여계약의 이행이 종료된 것이라고 할 수 있는지' 여부이다.

이에 대해서는, 판례는 '부동산의 증여에서 이행이 완료되었다고 하기 위해서는 목적물을 인도하는 것만으로는 부족하고, 그에 대한 소유권이전등기절차를 마쳐야 비로소 그 이행이 종료되는 것이며(대법원 1976.2.10.선고, 75다2295 판결 등), 목적부동산을 인도하기 전이라고 할

67) 곽윤직, 120; 김주수, 163 참조.

68) 「2013년 민법개정시안」 제557조(증여자의 재산상태 변경과 증여의 해제) ① 증여계약 후에 증여자의 재산상태가 현저히 변경되고 그 이행으로 인하여 생계에 중대한 영향을 미칠 경우에는 증여자는 증여를 해제할 수 있다. **② 제1항의 규정에 의하여 증여가 해제된 때에는 수증자는 그 받은 이익이 현존한 한도에서 증여자의 생계에 필요한 금액을 지급할 책임이 있다. 다만 그로 인하여 수증자의 생계에 중대한 영향을 미칠 때에는 그러하지 아니하다.** <신설> **③ 제1항의 해제권은 해제권자가 해제원인 있음을 안 날부터 1년을 경과하거나 증여가 있은 때부터 5년을 경과하면 소멸한다.** <신설>

지라도 소유권이전등기가 경료되면 증여의 이행은 완료된 것'이라는 입장을 취하고 있음은 전술한 바와 같다(대법원 1981.10.13.선고, 81다649 판결).

[21] Ⅵ. 특수한 증여

1. 정기증여

「정기증여(定期贈與)」라 함은 수증자에게 월 10만원씩 정기적으로 증여하기로 하는 경우와 같이, 정기의 급여를 목적으로 하는 증여를 말한다. 정기증여는 계속적 계약관계로서의 성질을 가지지만, 증여자 또는 수증자의 사망으로 인하여 그 효력을 잃는다(560조). 정기증여가 당사자의 사망에 의하여 종료되는 것으로 해석되는 경우에는 종신정기금채무가 성립하는 것으로도 볼 수 있다.[69]

2. 부담부증여

(1) 의 의

「부담부증여(負擔附贈與)」(Schenkung unter Auflage; donation avec charge)라 함은 '수증자가 증여를 받는 동시에 일정한 부담, 즉 일정한 급부를 하여야 할 채무를 부담하는 것을 내용으로 하는 증여계약'을 말한다. 부담부증여는 「조건부증여약속」과 구별되어야 하는데, 「조건부증여약속」(bedingtes Schenkungsversprechen)이라 함은 '수증자가 일정한 급부를 선이행할 것을 조건으로 하는 증여'를 말하며, 수증자가 처음부터 일정한 급부를 하여야 할 의무를 부담하는 것은 아니지만 약정한 급부를 이행하여야 조건이 성취되어 증여자에 대하여 이행청구권을 행사할 수 있게 된다. 또한 부담부증여는 「목적증여」와도 구별되어야 한다. 「목적증여」(Zweckschenkung)라 함은 '수증자가 증여자로부터 증여받은 재산을 일정한 목적에 사용해야 하는 의무를 부담하는 증여계약'을 말한다. 예컨대, 장학재단이 증여받은 재산을 반드시 장학사업에 사용하여야 하도록 약정한 경우와 같다. 「목적증여」에서 「목적」은 증여에 의한 처분행위의 원인으로서의 효력을 가지기 때문에, 그 목적이 소멸하면 증여자는 수증자에 대하여 부당이득반환을 청구할 수 있다고 해석되고 있다.[70]

(2) 부담부증여의 법적 성질

민법은 제561조에서, "상대부담 있는 증여에 대하여는 본절의 규정 외에 쌍무계약에 관한 규정을 적용한다"고 규정하고 있다. 따라서 민법은 부담부증여를 쌍무계약은 아니지만 쌍

---

69) 同旨: 김형배, 408 참조.
70) 상게서, 409 참조.

무계약과 유사한 성질을 가지는 것으로 보고 있다고 말할 수 있다. 그러나 부담부증여의 법적 성질은 계약의 구체적 내용에 따라 달라질 수 있다. 즉, 부담부증여에서 증여자의 급부와 수증자의 부담이 상호의존적 견련관계(대가적 관계)에 있다고 할 수 있느냐 하는 것은 부담부증여의 구체적 모습과 당사자의 의사에 따라서 개별적으로 결정되어야 할 것이다.[71] 예컨대, 조각가가 작품을 시에 기증하면서 시민들이 잘 볼 수 있는 곳에 설치할 것을 조건으로 하였다면 이때 시의 부담은 증여계약의 부관으로서 증여와 대가관계에 있다고 할 수 없으나, 토지소유권을 증여하면서 수증자에게 자기와 배우자의 노후의 부양을 부담으로 요구한 경우에는 증여의무와 부양의무의 부담은 상호의존적 견련관계(대가관계)에 있다고 할 수 있다. 제561조에서 규정한 쌍무계약에 관한 규정의 적용은 이와 같이 증여와 부담이 상호의존적 견련관계(대가관계)에 있는 경우에 한정된다고 할 것이다.[72]

쌍무계약에 관한 규정 중에서 부담부증여에 적용되어야 할 규정은 동시이행항변권(536조)·위험부담(537조, 538조)·계약해제(543조 이하)에 관한 규정이다. 특히 문제가 되는 것은 '수증자의 부담의무 불이행을 이유로 증여자가 계약을 해제할 수 있는가?' 하는 것이다. 이에 관하여, 판례는 '부담부증여에 대하여는 쌍무계약에 관한 규정이 준용되므로, 부담의무 있는 상대방이 자신의 의무를 이행하지 아니할 때에는 증여자는 비록 증여계약이 이미 이행되어 있다 하더라도 계약을 해제할 수 있고, 그 경우 제555조와 제558조는 적용되지 않는다'고 한다(대법원 1997.7.8.선고, 97다2177 판결 등).[73]

(3) 부담부증여자의 담보책임

상대부담 있는 증여에 대하여는 증여자는 그 부담의 한도에서 매도인과 같은 담보의 책임이 있다(559조 2항). 전술한 바와 같이, 부담부증여는 상대방이 부담이 있는 범위에서는 유상계약으로서의 성질을 가지므로 증여자의 담보책임이 인정되는 것이다.

여기서 증여자의 담보책임의 내용은 수증자의 부담감액청구권(하자보수청구권)·계약해제권·손해배상청구권 등으로서, 그 상세한 내용은 매도인의 담보책임에 관한 규정이 준용된다고 할 것이다.

3. 사인증여

「사인증여(死因贈與)」라 함은 '증여자가 생전에 증여를 약속하고 증여자의 사망에 의하여 효력이 발생하는 증여'를 말한다. 사인증여는 단독행위인 「유증」과는 그 본질을 달리하지만,

---

71) 同旨: 상게서, 410 참조.
72) 상게서, 411 참조.
73) 같은 취지: 대법원 1996.1.26.선고, 95다43358 판결.

증여자의 사망에 의하여 그 효력을 발생한다는 점에서 유사하고, 증여자의 사망 당시에 존재하는 재산의 처분을 목적으로 하여 그 사망 시에 효력이 발생한다는 점에서, 유증과 경제적 목적을 같이 한다. 민법은 이러한 점을 고려하여 유증에 관한 규정을 사인증여에 대하여 준용하고 있다(562조). 그러나 유증의 승인·포기에 관한 규정(1074~1077조) 및 유언능력(1061~1063조)과 유언의 방식(1065조)·유언의 철회(1108조 이하) 등 단독행위를 전제로 한 유증의 형식에 관한 규정은 그 성질상 사인증여에 준용되지 않는다고 할 것이다.[74]

74) 同旨: 김형배, 412 참조.

제 2 절 매매계약

[22] Ⅰ. 총 설

1. 매매계약의 의의

「매매계약」(Kaufvertrag; contrat de vente)이라 함은 '매도인이 재산권을 매수인에게 이전할 것을 약정하고 매수인이 그 대금을 지급할 것을 약정함으로써 성립하는 계약'을 말한다(563조). 이와 같이 매매계약은 당사자 일방의 재산권이전과 그 대가로서 상대방의 대금지급을 목적으로 하는 계약이므로, 매매계약이 성립하면 당사자 사이에 재산권이전의무와 대금지급의무가 발생하는데, 매매계약의 당사자 중에서 재산권이전의무를 부담하는 당사자를 「매도인」(Verkäufer; vendeur)이라고 부르고, 대금지급의무를 부담하는 당사자를 「매수인」(Käufer; acheteur)이라고 부른다.

2. 매매계약의 법적 성질

매매계약은 권리를 금전과 교환하는 계약으로서, 넓은 의미에서 「교환계약(交換契約)」의 일종이다.[1] 또한 매매계약은 쌍무·유상·낙성·불요식계약이다.

〈참고〉 이른바 "성매매"에 관하여

최근 「성매매방지 및 피해자보호에 관한 법률」(2004.3.22. 법률 제7212호로 제정)·「아동·청소년의 성보호에 관한 법률」(2009.6.9. 법률 제9765호로 전부개정)·「성매매 알선 등 행위의 처벌에 관한 법률」(2004.3.22. 법률 제7196호) 등 형사법을 중심으로 "성매매"라는 용어가 사용되고 있다.[2] 이는 일본의 「성

1) 「교환계약」이라 함은 '당사자 쌍방이 금전 이외의 재산권을 상호 이전할 것을 약정함으로써 성립하는 쌍무·유상·낙성·불요식의 계약'을 말한다(596조).

2) 「성매매알선 등 행위의 처벌에 관한 법률」에서는 "성매매란 불특정인을 상대로 금품이나 그 밖의 재

매매방지법」에서 유래된 용어라고 생각되는데, 매우 잘못된 법률용어로서 시급히 폐기되어야 할 것이라고 생각한다. 「매매」는 '재산권의 이전을 목적으로 하는 계약'으로서 적법행위인 데 반하여(563조), 이른바 「성매매」에서는 성교행위 등의 '성적 서비스'가 제공될 뿐 어떠한 재산권도 이전되지 않을 뿐만 아니라 법률상 금지되는 위법행위이기 때문이다.

(1) 낙성계약

매매계약은 당사자 쌍방의 매매의 합의만으로써 성립하는 낙성계약이다. 즉, 매매계약의 성립을 위하여 매도의 청약과 매수의 승낙, 또는 매수의 청약과 매도의 승낙에 의하여 이루어지는 「매매의 합의」, 즉 매도인이 재산권이전의무를 부담하고 매수인은 그 대가로서 대금지급의무를 부담하기로 하는 의사표시의 합치 이외에 다른 어떠한 요건도 요구되지 않는 것이 원칙이다. 따라서 재산권의 이전과 대금의 지급은 매매계약의 성립요건이 아니라 그 이행에 불과하다. 다만, 판례는 '부동산매매계약에서는 교섭의 과정을 거쳐 약정 내용을 확정하고 계약금을 지급하여야 비로소 계약이 성립된다고 보는 것이 거래의 실정'이라고 한다(대법원 1975.12.23.선고, 74다1761 판결).

(2) 유상계약

매매는 가장 전형적인 유상계약으로서, 매매에 관한 민법의 규정(563~595조)은 다른 유상계약에 널리 준용된다(567조). 따라서 매매계약에 있어서의 당사자 쌍방의 출연(매도인의 재산권이전과 매수인의 대금지급)은 서로 대가관계에 있어야 한다. 여기서 「대가관계」라 함은 '서로 대립하는 경제적 이익으로서 당사자 일방의 출연이 상대방의 출연을 보상하는 관계'를 말하는데, 대가관계의 유무는 「경제적 거래관념」이라는 객관적 기준에 의하여 판단하여야 한다.[3] 그러나 실제 사건에서는 객관적 기준에 의한 대가관계를 판단하기가 쉽지 않은 경우도 있다. 예컨대, '객관적인 가치는 10만원 정도인 고서화(古書畵)를 자기 조상의 작품이라는 이유로 1,000만원의 가격으로라도 매수하려고 하는 경우와, 객관적인 가치는 1,000만원 정도인 부동산을 10만원이라는 헐값으로 매도하려고 하는 경우에, 이들 거래에서 과연 출연의 대가관계를 인정할 수 있는가?' 하는 데 대해서는 견해의 대립이 있을 수 있는데, 전자의 경우(시가 10만원짜리를 1,000만원에라도 사려고 하는 경우)에는 출연의 대가관계를 인정할 수 있으나, 후자의 경우(시가 1,000만원짜리를 10만원에 팔려고 하는 경우)에는 출연의 대가관계를 인정하기 어렵다고 할 것이다. 따라서 후자의 경우에는 매매계약으로 인정되기 어려우며, 매매를 가장한 증여계약(554조) 내지는 부담부증여(561조)에 해당한다고 보아야 할 것이다.

산상의 이익을 수수(收受)하거나 수수하기로 약속하고 다음 각 목의 어느 하나에 해당하는 행위를 하거나 그 상대방이 되는 것을 말한다. 가. 성교행위 나. 구강, 항문 등 신체의 일부 또는 도구를 이용한 유사 성교행위"라고 정의하고 있다(동법 2조 1항 1호).

3) 同旨: 주석채권각칙(Ⅰ)/김욱곤, 269 참조.

(3) 쌍무계약

매매계약의 당사자 쌍방은 재산권이전채무와 대금지급채무라는 상호의존적 견련관계(대가관계)에 있는 채무를 부담하므로, 매매는 전형적인 쌍무계약이다. (☞ 제1장 제1절 「계약의 의의와 종류」)

(4) 불요식계약

민법상의 매매는 그 성립을 위하여 서면의 작성 등 특별한 방식을 요하지 않는 불요식계약이다. 다만, 부동산등기특별조치법(1990.8.1. 법률 제4244호로 제정)은 부동산매매를 등기원인으로 하는 소유권이전등기를 신청할 때에는 등기원인서면이 되는 매매계약서에 반드시 행정관청의 검인을 받도록 규정하고 있는바(동법 3조), 이를 근거로 부동산매매계약을 요식계약이라고 보는 견해가 있다.[4] 그러나 부동산등기특별조치법은 검인된 부동산매매계약서의 작성을 매매계약의 성립요건으로 규정하고 있는 것이 아니라, 매매계약을 원인으로 하는 소유권이전등기신청을 위한 절차로서 행정관청의 확인을 요하는 것에 불과하므로, 이를 근거로 부동산매매계약 자체를 요식계약으로 해석하는 것은 타당하지 않다.

한편 소비자 보호를 위하여 제정된 특별법인 할부거래법과 방문판매법은 민법과는 달리, 반드시 일정한 사항을 적은 서면에 의하여 매매계약을 체결하도록 규정하고 있다(할부거래법 6조,[5] 방문판매법 7조[6]). 따라서 이들 소비자보호를 위한 특별법에 의한 매매계약은 계약의 성립

4) 김상용, 171 참조.

5) 할부거래법 제6조(할부계약의 서면주의) ① 할부거래업자는 총리령으로 정하는 바에 따라 다음 각 호의 사항을 적은 서면(「전자문서 및 전자거래 기본법」 제2조 제1호에 따른 전자문서를 포함한다. 이하 같다)으로 할부계약을 체결하여야 한다. 다만, 「여신전문금융업법」에 따른 신용카드회원과 신용카드가맹점 간의 간접할부계약의 경우 제4호, 제5호 중 지급시기 및 제11호의 사항을 적지 아니할 수 있다. 1. 할부거래업자·소비자 및 신용제공자의 성명 및 주소 2. 재화등의 종류·내용 및 재화등의 공급시기 3. 현금가격 4. 할부가격 5. 각 할부금의 금액·지급횟수·지급기간 및 지급시기 6. 할부수수료의 실제연간요율 7. 계약금 8. 재화의 소유권 유보에 관한 사항 9. 제8조에 따른 청약철회의 기한·행사방법·효과에 관한 사항 10. 제11조 제1항에 따른 할부거래업자의 할부계약의 해제에 관한 사항 11. 제12조 제1항에 따른 지연손해금 산정 시 적용하는 비율 12. 제13조에 따른 소비자의 기한의 이익 상실에 관한 사항 13. 제16조에 따른 소비자의 항변권과 행사방법에 관한 사항 ② 할부거래업자는 할부계약을 체결할 경우에는 제1항에 따른 계약서를 소비자에게 발급하여야 한다. 다만, 「여신전문금융업법」에 따른 신용카드회원과 신용카드가맹점 간의 간접할부계약의 경우 소비자의 동의를 받아 해당 계약의 내용을 팩스나 「전자문서 및 전자거래 기본법」 제2조 제1호에 따른 전자문서(이하 이 조에서 "전자문서"라 한다)로 보내는 것으로 대신할 수 있으며, 팩스나 전자문서로 보낸 계약서의 내용이나 도달에 다툼이 있으면 할부거래업자가 이를 증명하여야 한다. ③ 신용제공자는 제1항 제4호부터 제6호까지, 제9호, 제11호부터 제13호까지의 사항을 적은 서면을 소비자에게 발급하여야 한다. ④ 할부계약이 제1항 각 호의 요건을 갖추지 못하거나 그 내용이 불확실한 경우에는 소비자와 할부거래업자 간의 특약이 없으면 그 계약내용은 어떠한 경우에도 소비자에게 불리하게 해석되어서는 아니 된다.

6) 방문판매법 제7조(방문판매자등의 소비자에 대한 정보제공의무 등) ① 방문판매자등은 재화등의 판매에 관한 계약을 체결하기 전에 소비자가 계약의 내용을 이해할 수 있도록 다음 각 호의 사항을 설명하

에 서면의 작성이 요구되는 요식계약이라고 보아야 할 것이다.

3. 매매계약의 역사적 발전단계와 사회적 작용

(1) 매매계약의 역사적 발전단계

화폐가 발달하기 전 단계의 원시경제에서는 물자의 유통이 물건과 물건의 교환인 물물교환의 형태로 이루어질 수밖에 없다. 그러나 가치의 척도로서 화폐가 등장하면, 물자의 유통은 재화와 금전과의 교환인 매매에 의하여 이루어지는 단계로 발전하게 된다. 그러나 매매의 모습도 그 역사적 발전단계에 따라 각각 다른 형태를 보인다.

1) 요물계약인 매매계약

문화의 발달에 따라서 매매계약의 형태는 금전과 재화를 현실로 교환하는 현실매매로부터 요물계약의 형태로 발전하게 되는데, 요물계약인 매매에서는 매수인이 먼저 대금을 지급하고 매도인은 나중에 재화를 공급할 의무를 부담하거나, 매도인이 먼저 재화를 공급하고 매수인은 나중에 대금을 지급할 의무를 부담하는 형식을 취하게 된다.[7)]

2) 계약금계약인 매매계약

매매계약은 요물계약의 형태에서 한걸음 더 발전하여, 당사자 일방이 급부의무를 완전히 이행함으로써 매매계약이 성립하는 것이 아니라, 주로 매수인의 대금지급의무의 일부이행 내지 계약체결의 증거금으로서 계약금(Draufgabe; arrhes)이 교부됨으로써 매매계약이 성립하는 이른바 「계약금계약」으로 발전하게 된다.

여야 한다. 1. 방문판매업자등의 성명(법인인 경우에는 대표자의 성명을 말한다), 상호, 주소, 전화번호 및 전자우편주소 2. 방문판매원등의 성명, 주소, 전화번호 및 전자우편주소. 다만, 방문판매업자등이 소비자와 직접 계약을 체결하는 경우는 제외한다. 3. 재화등의 명칭, 종류 및 내용 4. 재화등의 가격과 그 지급의 방법 및 시기 5. 재화등을 공급하는 방법 및 시기 6. 청약의 철회 및 계약의 해제(이하 "청약철회등"이라 한다)의 기한·행사방법·효과에 관한 사항 및 청약철회등의 권리 행사에 필요한 서식으로서 총리령으로 정하는 것 7. 재화등의 교환·반품·수리보증 및 그 대금 환불의 조건과 절차 8. 전자매체로 공급할 수 있는 재화등의 설치·전송 등과 관련하여 요구되는 기술적 사항 9. 소비자피해 보상, 재화등에 대한 불만 및 소비자와 사업자 사이의 분쟁 처리에 관한 사항 10. 거래에 관한 약관 11. 그 밖에 소비자의 구매 여부 판단에 영향을 주는 거래조건 또는 소비자피해 구제에 필요한 사항으로서 대통령령으로 정하는 사항 ② 방문판매자등은 재화등의 판매에 관한 계약을 체결할 때에는 제1항 각 호의 사항을 적은 계약서를 소비자에게 발급하여야 한다. ③ 방문판매자등은 재화등의 계약을 미성년자와 체결하려는 경우에는 법정대리인의 동의를 받아야 한다. 이 경우 법정대리인의 동의를 받지 못하면 미성년자 본인 또는 법정대리인이 계약을 취소할 수 있음을 알려야 한다. ④ 제2항에 따른 계약서 중 전화권유판매에 관한 계약서의 경우에는 소비자의 동의를 받아 그 계약의 내용을 팩스나 전자문서(「전자거래기본법」 제2조 제1호에 따른 전자문서를 말한다. 이하 같다)로 송부하는 것으로써 갈음할 수 있다. 이 경우 팩스나 전자문서로 송부한 계약서의 내용이나 도달에 관하여 다툼이 있으면 전화권유판매자가 이를 증명하여야 한다. ⑤ 방문판매업자등은 제1항 및 제2항에 따라 소비자에게 설명하거나 표시한 거래조건을 신의에 좇아 성실하게 이행하여야 한다.

7) 곽윤직, 123; 我妻榮(中1), 240 참조.

3) 낙성계약인 매매계약

매매계약은 현실매매로부터 요물계약, 계약금계약의 발전단계를 거쳐 최종적으로 매도인과 매수인의 합의만으로써 성립하는 낙성계약의 형태로 발전하게 된다. 역사적으로는 현대와 같은 낙성계약으로서의 매매는 로마법에서는 이미 공화정후기인 B.C. 200년경부터 인정되었고, 독일에서는 이보다 1,400여년이 늦은 1270년에 이르러서야 「함부르크 도시법」에 의하여 비로소 인정되기 시작하였다고 한다.[8] 그러나 낙성계약의 원칙이 지배하고 있는 현대사회에 있어서도 기차표나 극장입장권의 매매, 자동판매기에 의한 매매 등 현실매매의 비중은 결코 무시할 수 없으며, 계약자유의 원칙상 요물계약도 가능할 뿐만 아니라, 부동산매매와 같은 중요한 매매계약의 경우에는 오히려 계약금계약이 일반적이라는 점에 유의할 필요가 있다.[9]

(2) 매매계약의 사회적 작용

매매계약은 화폐와 물자의 교환을 통하여 사회의 분업을 가능하게 함으로써, 대량생산·대량소비를 특징으로 하는 현대의 자본주의경제체제를 지탱해주는 법적 지주(支柱)가 되고 있다는 점에서, 그 법적 중요성은 아무리 강조해도 지나치지 않다.

(3) 매매계약에 대한 법적 규율

1) 매매에 대한 국가적 통제와 간섭의 필요성

사법의 기본원리인 사적 자치의 원칙은 현대거래법의 중심을 이루고 있는 매매계약에서 아직도 강하게 유지되고 있다.[10] 그러나 자본주의경제의 폐해라고 할 수 있는 부(富)의 독점과 빈부의 격차를 줄이기 위해서는 경제에 대한 국가적 통제와 간섭을 필요로 하는바, 매매계약에서의 이러한 국가적 통제와 간섭은 가격통제, 수급통제, 생산통제(금융통제에 의한 생산자금의 조절)의 세 가지 형태로 이루어지고 있다.

2) 매매계약에 관한 법규

(가) 민 법

매매에 관한 가장 중요한 법규는 물론 민법이다. 민법 중 매매와 관련된 규정은, 총칙의 법률행위에 관한 제103조 이하의 규정, 물권변동에 관한 규정(186~190조), 채권총론의 채권의 효력에 관한 규정(387~407조), 계약법총칙의 계약의 성립(527~535조)·동시이행의 항변권(536조)·위험부담(537조, 538조)·계약해제(543~553조)에 관한 규정, 매매계약에 관한 제563조 내지 제595조의 규정[11] 등을 들 수 있다.

---

8) 곽윤직(신정판), 205 참조.
9) 我妻榮(中1), 240 참조.
10) 상게서, 240 참조.
11) 매매에 관한 민법규정의 불비에 대하여는 곽윤직(신정판), 206 참조.

(나) 상 법

상법은 상행위 편에서 상행위에 관한 민법의 특칙을 규정하고 있는데, 특히 그 제2장에서는 상인간의 매매에 대하여 적용될 특칙을 규정하고 있다(동법 67~71조).

(다) 기타 특별법

매매에 관한 특별법으로서는 할부거래법, 방문판매법, 공정거래법, 물가안정법, 부정경쟁방지법, 약관규제법, 농지법, 부동산등기특별조치법, 부동산실명법 등을 들 수 있다.

[23] Ⅱ. 매매계약의 성립

1. 매매계약의 목적

(1) 재산권의 이전

매매계약은 '재산권의 이전과 대금의 지급을 목적으로 하는 계약'인바(563조), 매매계약의 목적인 재산권과 관련해서는 다음과 같은 점이 문제된다.

1) 처분이 금지된 재산권

지금은 폐지된 구 농지개혁법[12]은 농민이 국가로부터 분배받은 농지의 대금을 상환하기 전까지는 농지를 처분할 수 없도록 규정하고 있었는데(동법 16조),[13] 이와 같이 그 성질상 또는 법률상 처분이 금지되어 있어서 타인에게 이전할 수 없는 재산권은 매매의 목적이 될 수 없다.

2) 타인에 속하는 재산권

프랑스민법과 같이 타인권리의 매매를 무효로 규정한 입법례도 있으나, 매매계약의 효력은 매도인에게 이행기에 매매계약의 목적인 재산권을 이전할 의무를 발생시키는 것이므로, 매도인이 재산권이전의무를 즉시 이행하여야 하는 현실매매가 아니라면, 타인권리의 매매라 할지라도 이를 원시적 불능을 목적으로 하는 계약이라고 할 수 없으므로, 민법은 타인에 속하는 재산권에 대한 매매계약의 효력도 유효한 것으로 인정하고 있다(569조). 다만, 매매의 목적인 권리가 타인에게 속한 경우에는 매도인은 그 권리를 취득하여 매수인에게 이전할 의무를 부담하며(569조), 매도인이 그 권리를 취득하여 매수인에게 이전할 수 없는 때에는 매수인

12) 「농지개혁법」(폐지)은 농가 아닌 자의 농지 및 자경하지 않는 자의 농지를 몰수하여 농민들에게 분배하는 것을 내용으로 하는 법률로서, 1949.6.21. 법률 제31호로 제정·시행되었으나, 1994.12.22. 법률 제4817호로 농지법이 제정됨으로써 동법 부칙 제2조에 의하여 1996.1.1. 폐지되었다.

13) 농지개혁법(폐지) 제16조: 분배받은 농지에 대하여는 상환 완료까지 좌의 행위를 제한한다. 단, 제6조 제1항 제4호, 제5호 또는 제6호에 해당하는 기관 또는 목적에 사용하기 위한 때에는 예외로 한다. 1. 매매, 증여 기타 소유권의 처분 2. 저당권, 지상권, 선취특권 기타 담보권의 설정

이 계약을 해제할 수 있는 등 매도인에게 일정한 담보책임이 발생한다(570조 이하).

3) 장래 발생하는 재산권 또는 특정되지 아니한 재산권

계약이 성립하기 위해서는 당사자 사이에 의사의 합치가 있을 것이 요구되나, 계약의 내용을 이루는 모든 사항에 관하여 의사의 합치가 있어야 하는 것은 아니며, 계약의 본질적 사항이나 중요 사항에 관하여 구체적인 의사의 합치가 있거나 장래 구체적으로 특정할 수 있는 기준과 방법 등에 관한 합의가 있으면 계약이 성립하는 데 지장이 없음은 전술한 바와 같다(대법원 2001.3.23.선고, 2000다51650 판결 등).[14] 그러므로 장래에 발생하거나 특정될 재산권도 매매의 목적이 될 수 있으며, 계약체결 당시에 매매의 목적물과 대금이 구체적으로 특정되어 있지 않더라도 이행기에 구체적으로 특정할 수 있는 방법과 기준이 정해져 있으면 매매계약으로서 유효하게 성립한다(대법원 1993.6.8.선고, 92다49447 판결 등). (☞ 제1장 제2절 「계약의 성립」)

▪ **매매목적물이 특정되지 않았음을 이유로 매매계약의 성립이 부인된 사례** 매매계약의 목적물을 "진해시 경화동 747의77, 754의6, 781의15 등 3필지 및 그 외에 같은 동 소재 소외 망 ○○○ 소유 부동산 전부"라고 표시하여, 매매계약의 목적물 중 특정된 3필지를 제외한 나머지 부동산이 토지인지 건물인지, 토지라면 그 필지, 지번, 지목, 면적, 건물이라면 그 소재지, 구조, 면적 등 어떠한 부동산인지를 알 수 있는 표시가 전혀 되어 있지 않고, 계약 당시 당사자들도 어떠한 부동산이 몇 개나 존재하고 있는지조차 알지 못한 상태에서 이루어져서 계약일로부터 17년 남짓 지난 후에야 그 소재가 파악될 정도인 경우, 그 목적물 중 특정된 3필지를 제외한 나머지 부동산에 대한 매매는 그 목적물의 표시가 너무 추상적이어서 매매계약 이후에 이를 구체적으로 특정할 수 있는 방법과 기준이 정해져 있다고 볼 수 없어, 매매계약이 성립되었다고 볼 수 없다. (대법원 1997.1.24.선고, 96다26176 판결)[15]

4) 매매의 목적인 토지의 경계(境界)

'지적도상의 경계표시가 분할측량의 잘못 등으로 사실상의 경계선과 다르게 표시되어 있는 경우, 매매의 목적물을 지적도상의 경계를 기준으로 할 것인가, 아니면 사실상의 경계선을 기준으로 할 것인가?' 하는 것이 문제된다.[16] 이에 대하여, 판례는 '매매당사자가 지적공부상 확정되는 토지를 매매할 의사가 아니고 사실상의 경계선대로의 토지를 매매할 의사를 가지고 매매한 사실이 인정되는 경우와 같이, 특별한 사정이 없는 한 사실상의 경계선에 관계없이 지적공부상에 기재된 지번·지목·지적 및 경계에 의하여 확정되는 토지만을 매매

---

14) 판례평석: 연기영, "계약의 성립을 위한 의사합치의 정도", 「로스쿨계약법」(청림출판, 2006/3), 187 이하. 같은 취지: 대법원 1960.7.7.선고, 4292민상819 판결; 대법원 1978.6.27.선고, 78다551·552 판결; 대법원 1986.2.11.선고, 84다카2454 판결; 대법원 1993.6.8.선고, 92다49447 판결; 대법원 1997.1.24.선고, 96다26176 판결; 대법원 2002.7.12.선고, 2001다7940 판결; 대법원 2006.11.24.선고, 2005다39594 판결; 대법원 2009.3.16.선고, 2008다1842 판결.

15) 판례평석: 이병준, "법률행위의 성립요건으로서의 급부목적물의 특정", 「로스쿨민법총칙」(청림출판, 2006/1), 248 이하.

16) 이에 관한 상세는 박현순, "현실의 경계와 지적도상 경계가 상위한 경우의 법적 문제", 사법논집 19집(법원행정처, 1988/12), 37 이하 참조.

한 것으로 보아야 한다'는 입장을 확립하고 있다(대법원 1986.5.14.선고, 84다카941 판결 등).[17] 다만, '6·25 사변 후 지적공부의 복구·재제(再製) 과정에서 관계공무원의 사무착오로 인하여 잘못 작성된 특별한 사정이 있는 경우에는, 그 지적공부와는 달리 실제의 지번·지적 등을 인정할 수 있다'고 한다(대법원 1982.6.8.선고, 81다611 판결).[18]

한편 판례는 '1필의 토지의 일부에 대한 매매계약도 유효하며, 매매의 목적인 토지의 경계는 지적공부상의 경계에 의하여 확정되는 것이 원칙이지만, 1필지의 토지 중 일부를 매매의 목적물로 삼은 경우에는 구체적인 증거에 터 잡아 그 목적물의 범위를 확정하여야 한다'는 입장을 취하고 있다(대법원 1996.7.30.선고, 94다30324 판결).[19]

(2) 매매대금의 지급

1) 대금의 지급수단 : 금전

매매계약이 성립하기 위해서는 반드시 매도인의 재산권이전에 대한 반대급부로서 매수인의 금전의 지급을 목적으로 하여야 한다(563조). 만약 매수인이 매도인의 재산권이전의 대가로서 금전이 아닌 다른 물건이나 권리의 이전을 약정한 경우에는 매매계약이 아니라 교환계약(596조)이 성립한다. 문제는 '매매대금의 확정이 매매계약의 본질적 구성요소인가?' 하는 것인데, 이에 대해서는 각국의 입법례가 일치하지 않는다. 우리 민법은 이에 관한 규정은 없으나, '매매대금은 반드시 확정적인 금액이 아니라도 무방하며, 이행기의 목적물의 시가(時價)를 매매대금으로 정하는 경우와 같이, 매매대금을 확정할 수 있는 기준만 있으면 매매계약은 유효하게 성립한다'고 할 것이다(대법원 1978.6.27.선고, 78다551·552 판결). 판례도 같은 취지에서, '약정된 기준에 따른 대금액의 산정에 관하여 당사자 간에 다툼이 있는 경우에는 법원이 이를 정할 수밖에 없다'고 한다(대법원 2002.7.12.선고, 2001다7940 판결 등).[20]

2) 자유화폐에 의한 매매대금의 지급

「자유화폐」라 함은 '국내에서 사실상 통용되고 있는 미국달러나 유로화와 같은 외국화폐'를 말하는데, 사적 자치의 원칙상 자유화폐로써 매매대금을 지급하기로 하는 당사자 간의 약정이 유효함은 물론이다(377조, 378조).

---

17) 같은 취지: 대법원 1969.5.27.선고, 69다140 판결; 대법원 1969.10.28.선고, 69다889·890 판결; 대법원 1971.6.22.선고, 71다871 판결; 대법원 1976.4.27.선고, 75다1621 판결; 대법원 1982.6.8.선고, 81다611 판결; 대법원 1992.1.21.선고, 91다32961·91다32978 판결.

18) 다만, '지적공부가 관계 공무원의 사무착오로 잘못 작성되었다는 등의 특별한 사정에 대한 입증책임은 이를 주장하는 당사자에게 있다'는 것이 판례의 입장이다(대법원 1998.2.24.선고, 96다54263 판결; 대법원 2010.7.8.선고, 2010다21757 판결 등 참조).

19) 판례평석: 이근우, "토지의 경계와 매매목적물의 범위" 대법원판례해설 26호(법원도서관, 1996/12), 212 이하.

20) 같은 취지: 대법원 1986.2.11.선고, 84다카2454 판결; 대법원 1993.6.8.선고, 92다49447 판결; 대법원 1997.1.24.선고, 96다26176 판결; 대법원 2009.3.16.선고, 2008다1842 판결.

2. 매매의 예약

(1) 의의와 사회적 기능

「매매의 예약」(Vorvertrag; avant-contrat)이라 함은 '당사자 사이에 장래 본계약인 매매계약을 체결할 것을 미리 약정하는 계약'을 말한다. 매매의 예약은 장래에 체결될 매매계약을 위하여 미리 상대방을 구속하여 둘 필요가 있는 경우에 행하여지며, 이에 의하여 예약상의 당사자 일방 또는 쌍방은 본계약인 매매계약을 체결할 채무를 부담하게 된다.

이와 같이 매매예약은 매매의 본계약을 체결할 의무를 발생시키는 계약에 불과한 것이 원칙이나, 실제거래에서는 가등기담보의 형태로 채권담보를 위한 수단으로 이용되는 경우도 많다는 점에 유의하여야 한다. 예컨대, 소비대차계약에 의하여 금전을 대여한 채권자 甲이 채무자 乙에 대한 원금 및 이자채권을 확보하기 위하여 乙 소유의 부동산에 대한 매매예약을 체결하고 그 매매예약상의 권리를 가등기하거나, 乙 소유의 부동산을 목적물로 하는 대물변제의 예약을 하고 그 대물변제예약상의 권리를 가등기하는 경우가 그 전형적인 사례이다.[21] (☞ 채권총론 편, 제3장 제7절「변제 이외의 채권의 소멸사유」)

(2) 매매예약의 법적 성질

민법은 매매의 일방예약에 관한 제564조를 제외하고는 예약에 관환 아무런 규정도 두고 있지 않지만, 예약은 당사자에게 본계약체결의무(본계약의 성립에 필요한 의사표시 혹은 급부행위를 할 채무)를 발생시키는 특수한 채권계약이라고 하는 데 학설이 일치하고 있다.

(3) 매매예약의 성립 : 본계약인 매매계약과의 관계

1) 본계약의 본질적 구성요소를 이루는 내용의 확정

매매예약도 일종의 계약이므로 계약의 성립요건에 관한 일반원칙에 따른다. 그러나 예약의 특성상 '매매예약 성립 시에 본계약인 매매계약의 본질적 구성요소를 이루는 내용인 매매목적물, 이전방법, 매매가액 및 지급방법 등이 확정되어 있지 않으면 예약은 성립할 수 없다'고 할 것이다(대법원 1993.5.27.선고, 93다4908·4915·4922 판결 등).[22]

2) 본계약이 무효인 경우

본계약이 불능을 목적으로 하거나(535조), 강행법규 혹은 사회질서에 위반하는 사항을 내용으로 하는 계약이어서 무효인 경우에는 예약도 무효이다.

---

21) 대물변제의 법적 성질에 대해서는 학설상 논란이 있으나, 매매예약상의 권리를 가등기하는 경우나 대물변제예약상의 권리를 가등기하는 경우 모두 가등기담보법의 적용을 받는다는 점에서는 차이가 없다.
22) 같은 취지: 대법원 1988.2.23.선고, 86다카2768 판결.

3) 본계약이 요식계약인 경우

'본계약이 일정한 방식을 요하는 요식계약인 경우에는 예약도 본계약의 방식에 따라야 하는가?' 하는 것이 문제된다. 이에 대해서는, '본계약의 성립을 위하여 일정한 방식이 요구되는 이유가 무엇인가에 따라서 달리 다루어져야 한다'는 것이 통설적 견해이다. 즉, 일정한 방식을 요구하는 이유가 당사자로 하여금 신중을 기하게 하려는 취지로서 소정의 방식을 준수하지 않는 경우에는 당사자를 구속하지 않으려 하는 것이라면, 예약도 본계약의 방식을 준수하여야 할 것이다. 예컨대, 요식계약인 할부매매의 예약은 일정한 사항을 기재한 서면을 작성하여야 성립한다고 해석하여야 할 것임은 전술한 바와 같다(할부거래법 6조 1항). 그러나 어음행위(어음발행계약)와 같이, 본계약의 성립을 위하여 일정한 양식의 서면의 작성(방식)을 요구하는 이유가 유가증권의 특성상 유통의 원활을 위한 의사표시의 증거로 삼고자 하는 데 그치는 것이라면, 예약 자체는 그 방식에 따르지 않더라도 유효하게 성립한다. 따라서 어음행위를 할 것을 약정하는 예약은 어음에 관한 요식행위를 갖추지 않아도 유효하게 성립한다.[23]

(4) 매매예약의 효력

1) 원 칙

예약도 계약의 일종이므로, 계약법의 일반원칙에 따라서 예약상의 권리자가 본계약 체결의 청약을 하면 상대방에게 승낙의무(본계약체결의무)가 발생하게 된다. 계약자유의 원칙상 이러한 본계약체결의무(승낙의무)를 예약당사자 쌍방이 부담하는 경우도 있고, 당사자 일방만이 부담하는 경우도 있을 수 있다. 이 중 '당사자 쌍방이 예약상의 권리자인 동시에 승낙의무자인 예약'을 「쌍무예약」이라고 하고, '당사자 일방만이 예약상의 권리자이고 상대방은 승낙의무만을 부담하는 예약'을 「편무예약」이라고 한다. (☞ 제1장 제1절 「계약의 의의와 종류」)

이와 같이 예약의 효력은 그 종류에 따라 당사자의 일방 또는 쌍방에게 본계약체결의무를 발생시키는 것이고, 그 채무(본계약체결의무)의 효력은 다른 일반적 채무의 경우와 같다. 따라서 예약상의 권리자가 본계약체결의 청약을 하였으나 예약상의 의무자가 그에 따른 승낙의무를 이행하지 않는 경우에는, 채무의 강제이행으로서 승낙에 갈음한 판결을 구할 수 있고(398조 2항), 예약을 해제할 수 있으며(544조), 또한 예약상의 권리자에게 손해가 발생한 경우에는 채무불이행으로 인한 손해배상을 청구할 수 있다(390조).

2) 예 외

위에서 살펴본 바와 같이, '예약은 쌍무 혹은 편무예약임이 원칙이며, 일방예약이나 쌍방예약은 당사자가 특히 이를 합의한 경우에 한하여 인정된다'고 해석하여야 할 것이다. 그러

23) 곽윤직(신정판), 57 참조.

나 거래의 실제에서 행해지는 매매예약은 대부분 매수인이 예약완결권을 가지는 일방예약이므로, '매매예약을 일방예약으로 추정하여야 하는가?' 하는 것이 문제된다.

(가) 학 설

(A) 「추정긍정설」 이는 '매매예약은 매매의 일방예약으로 추정되어야 한다'는 견해이다. 이 견해는 '예약은 요물계약의 형태로만 계약이 인정되던 시대로부터 낙성계약으로 전환되던 과도기의 산물'이라고 전제하고,[24] 본계약인 매매계약이 요물계약이었던 단계에서는 매매의 예약은 일방예약이나 쌍방예약의 형태로서는 성립할 수 없고, 단지 편무예약 또는 쌍무예약의 형태로서만 가능하였으나, 매매계약이 낙성계약으로 발전한 단계에서는 반대로 편무예약이나 쌍무예약은 이를 인정할 실익이 없게 되므로, '본계약이 요물계약이거나 어음행위와 같이 요식계약인 경우에는 그 예약은 편무 또는 쌍무예약이며, 반대로 본계약이 낙성계약인 때에는 그 예약도 원칙적으로 일방 또는 쌍방예약으로 보아야 한다'고 주장한다.[25] 또한 '매매에 관한 규정은 일반적으로 다른 유상계약에 준용되므로(567조), 유상계약을 본계약으로 하는 예약의 종류가 불분명한 경우에는 당사자가 일방예약을 한 것으로 추정된다'고 주장하고 있다.[26]

(B) 「추정부정설」 이는 '매매예약의 일방예약 추정을 부인할 뿐만 아니라, 매매의 일반예약은 조건부매매에 불과하다'는 견해이다. 이 견해는 '상대방의 승낙 없이 예약완결권자의 일방적인 의사표시만으로 본계약이 성립한다는 것은 계약이론에 반한다'는 이유를 들어 매매의 일방예약에 관한 제564조를 입법론적으로 비판하고, '매매의 일방예약은 진정한 의미에서의 예약이 아니라 완결권자의 완결의 의사표시를 정지조건으로 하는 조건부매매계약'이라고 해석한다.[27]

(나) 판례의 입장

판례는 일부 학설이 주장하는 것처럼 매매예약의 성질이 불분명한 경우를 당사자가 매매의 일방예약을 합의한 것으로 추정하고 있지는 않으며, 매매의 일방예약을 본계약이 아닌 예약의 일종으로 보고 있을 뿐이다(대법원 1988.2.23.선고, 86다카2768 판결 등).[28]

---

24) 즉, 매매가 요물계약으로서만 인정되었던 시기에는 목적물의 양도 또는 대금의 지급을 매매계약의 성립요소로 보았으므로, 매매의 단순한 합의 자체에 대해서는 법률상의 효력을 인정할 수 없었다. 그러나 계약자유의 원칙이 확립되면서 매매의 단순한 합의에 대해서도 법적 구속력이 인정되게 됨으로써, 비로소 예약의 관념이 성립할 수 있게 되었다는 것이다(곽윤직(신정판), 211 참조).

25) 제4판 주석민법(2)/오종근, 339; 주석채권각칙(Ⅰ)/김증한, 37; 곽윤직(신정판), 212; 김형배, 86 참조.

26) 곽윤직, 127 참조.

27) 이태재, 52 참조.

28) 같은 취지: 대법원 1993.5.27.선고, 93다4908·4915·4922 판결; 대법원 1993.12.7.선고, 93다31931·31948·31955 판결.

■ **구 지방재정법 제63조에 의하여 준용되는 '국가를 당사자로 하는 계약에 관한 법률'에 따라 지방자치단체가 시행한 입찰절차에서 낙찰자로 결정된 자의 지위 및 낙찰자 결정의 법적 성질**(=계약의 편무예약) [1] 구 지방재정법(2005.8.4. 법률 제7663호로 전문개정되기 전의 것) 제63조가 준용하는 국가를 당사자로 하는 계약에 관한 법률 제11조는 '지방자치단체가 당사자로서 계약을 체결하고자 할 때에는 계약서를 작성하여야 하고, 그 경우 담당공무원과 계약당사자가 계약서에 기명날인 또는 서명함으로써 계약이 확정된다'고 규정함으로써, 지방자치단체가 당사자가 되는 계약의 체결은 계약서의 작성을 성립요건으로 하는 요식행위로 정하고 있으므로, 이 경우 낙찰자의 결정으로 바로 계약이 성립된다고 볼 수는 없어 낙찰자는 지방자치단체에 대하여 계약을 체결하여 줄 것을 청구할 수 있는 권리를 갖는데 그치고, 이러한 점에서 위 법률에 따른 낙찰자 결정의 법적 성질은 입찰과 낙찰행위가 있은 후에 더 나아가 본계약을 따로 체결한다는 취지로서 계약의 편무예약에 해당한다. [2] '국가를 당사자로 하는 계약에 관한 법률'에 따른 입찰절차에서의 낙찰자의 결정으로는 예약이 성립한 단계에 머물고 아직 본계약이 성립한 것은 아니라고 하더라도, 그 계약의 목적물, 계약금액, 이행기 등 계약의 주요한 내용과 조건은 지방자치단체의 입찰공고와 최고가(또는 최저가) 입찰자의 입찰에 의하여 당사자의 의사가 합치됨으로써 지방자치단체가 낙찰자를 결정할 때에 이미 확정되었다고 할 것이므로, 지방자치단체가 계약의 세부사항을 조정하는 정도를 넘어서서 계약의 주요한 내용 내지 조건을 입찰공고와 달리 변경하거나 새로운 조건을 추가하는 것은 이미 성립된 예약에 대한 승낙의무에 반하는 것으로서 특별한 사정이 없는 한 허용될 수 없다. (대법원 2006.6.29.선고, 2005다41603 판결)[29]

(다) 학설·판례의 검토

다수설인 「일방예약추정설」은 '낙성계약인 매매계약에서는 편무예약이나 쌍무예약은 인정할 실익이 없으므로 매매의 예약은 매매의 일방예약으로 추정되어야 한다'고 한다. 나아가 '본계약이 요물계약이거나 요식계약인 경우에는 그 예약은 편무 또는 쌍무예약이나, 본계약이 낙성계약인 때에는 그 예약도 원칙적으로 일방 또는 쌍방예약으로 보아야 한다'고 주장한다. 그러나 낙성계약과 쌍무계약의 관념은 이론상 별개이므로, '매매계약이 당사자의 매매의 합의만으로 성립하는 낙성계약인 경우에는 그 매매의 예약은 일방예약으로 보아야 한다'는 논리는 성립할 수 없으며, 실정법상으로도 근거가 없는 주장이다. 요컨대, 제564조는 문자 그대로 「매매의 일방예약」의 효력에 관하여 규정한 것이며, 당사자의 묵시적 의사표시 또는 거래의 관습에 의하여 매매의 일방예약이 성립하였다고 해석할 수 있음은 물론이나, 제564조의 규정을 확대해석하여 '매매예약의 성질이 불분명한 경우에 이를 매매의 일방예약이 합의된 것으로 추정하여야 한다'고 해석할 수는 없다고 할 것이다.

(5) 매매의 일방예약에 있어서의 예약완결권

1) 예약완결권의 의의

「예약완결권」이라 함은 '매매의 일방예약 또는 쌍방예약에서 예약권리자가 상대방에 대하여 매매완결의 의사표시를 할 수 있는 권리'를 말한다.

---

29) 판례평석: 이범균, "국가를 당사자로 하는 계약에 관한 법률에 따른 낙찰자 결정의 법적 성질", 대법원판례해설 60호(법원도서관, 2006/12), 247 이하.

2) 예약완결권의 법적 성질

(가) 형성권

예약완결권은 일방적 의사표시에 의하여 본계약인 매매계약을 성립케 하는 것이므로, 전형적인 형성권의 일종이라고 할 수 있다. 판례도 '당사자 사이에 예약완결권의 행사기간을 약정한 때에는 그 기간 내에, 그러한 약정이 없는 때에는 그 예약이 성립한 때(예약완결권이 발생한 때)로부터 10년 내에 이를 행사하여야 하고, 그 기간을 지난 때에는 예약완결권은 제척기간의 경과로 인하여 소멸한다'고 한다(대법원 1992.7.28.선고, 91다44766·44773 판결 등).[30] 또한 부동산물권의 이전을 내용으로 하는 본계약의 예약완결권은 가등기할 수 있다(부동산등기법 3조).

(나) 예약완결권의 양도성

예약완결권은 채권의 일종으로 자유롭게 양도할 수 있으나, 채권양도에 준하여 의무자인 상대방에 대한 통지 또는 의무자의 승낙이 있어야 제3자에게 대항할 수 있다고 해석된다. 또한 부동산매매의 예약완결권은 가등기할 수 있고(부동산등기법 3조), 예약완결권이 가등기된 경우에는 가등기의 이전등기(가등기이전의 부기등기)만으로써 예약의무자에게 대항할 수 있다고 해석되고 있다.[31] 판례는 등기실무상의 어려움을 이유로 가등기의 이전등기를 인정하지 않다가(대법원 1972.6.2.선고, 72마399 판결), 현재는 부기등기에 의한 가등기의 이전을 인정하고 있다(대법원 1998.11.19.선고, 98다24105 전원합의체판결).[32] (☞ 물권법 편, 제2장 제3절 「부동산물권의 변동」)

3) 공동매수인의 예약완결권의 귀속

'여러 명의 공동매수인이 매도인에 대한 채권을 담보할 목적으로 매도인과 1개의 단일한 매매예약을 체결한 경우에, 그 여러 명의 공동매수인이 1개의 매매예약완결권을 준공유하는 것인지, 아니면 각자의 지분별로 별개의 독립적인 매매예약완결권을 가지는 것인가?' 하는 것이 문제된다. 이에 대하여 종래의 판례는 '공동매수인이 예약완결권을 준공유한다'는 입장을 취하고 있었으나(대법원 1984.6.12.선고, 83다카2282 판결 등),[33] 2012.2.16.선고 2010다82530 전원합의체판결에 의하여 '우선 매매예약의 내용에 따라서 결정하되, 매매예약에서 그러한 내용을 명시적으로 정하지 않은 경우에는 그 여러 명이 공동으로 매매예약을 체결하게 된 동기

---

30) 판례평석: 김준호, "형성권과 제척기간", 사법행정 34권 2호(한국사법행정학회, 1993/2), 70 이하; 채규성, "민법 제564조가 정하고 있는 매매예약에 기한 예약완결권의 법률적 성질과 그 존속(행사)기간", 대법원판례해설 18호(법원행정처, 1993/6), 243 이하. 같은 취지: 대법원 1995.11.10.선고, 94다22682·22699 판결; 대법원 1997.6.27.선고, 97다12488 판결; 대법원 1997.7.25.선고, 96다47494·47500 판결; 대법원 2003.1.10.선고, 2000다26425 판결.

31) 곽윤직, 129; 송덕수, 171 참조.

32) 판례평석: 조성민, "가등기상의 권리처분과 이전등기 허용 여부", 판례월보 340호(판례월보사, 1999/1), 19 이하; 곽종훈, "가등기이전의 부기등기", 윤관대법원장퇴임기념 「국민과 사법」(박영사, 1999/1), 524 이하.

33) 같은 취지: 대법원 1985.5.28.선고, 84다카2188 판결; 대법원 1985.10.8.선고, 85다카604 판결; 대법원 1987.5.26.선고, 85다카2203 판결.

및 경위, 매매예약에 의하여 달성하려는 담보의 목적, 담보 관련 권리를 공동 행사하려는 의사의 유무, 채권자별 구체적인 지분권의 표시 여부 및 지분권 비율과 피담보채권 비율의 일치 여부, 가등기담보권 설정의 관행 등을 종합적으로 고려하여 판단하여야 한다'는 것으로 변경되었다. 따라서 '공동명의로 담보가등기를 마친 여러 명의 채권자가 각자의 지분별로 별개의 독립적인 매매예약완결권을 가지는 경우에는, 채권자 중 1인은 단독으로 자신의 지분에 관하여 가등기담보법이 정한 청산절차를 이행한 후 소유권이전의 본등기절차 이행청구를 할 수 있다'고 한다(대법원 2012.2.16.선고, 2010다82530 전원합의체판결 등).[34]

4) 예약완결권의 행사

예약완결권의 행사는 완결권자가 예약의무자에 대하여 하여야 하며, 예약완결의 의사표시가 효력을 발생하는 때에 즉시 본계약인 매매계약이 성립한다.

(가) 매매예약 완결권의 행사기간

매매예약 완결권의 행사기간에는 제한이 없으나, 당사자의 약정에 의하여 행사기간의 제한을 둘 수 있다. 그러나 '예약완결권은 형성권이므로 당사자 사이에 그 행사기간을 약정한 때에는 그 기간 내에, 그러한 약정이 없는 때에는 예약이 성립한 때부터 10년 내에 이를 행사하여야 하고, 그 기간이 지난 때에는 상대방이 예약목적물인 부동산을 인도받은 경우라고 하더라도 예약완결권은 제척기간의 경과로 인하여 소멸된다'고 해석하여야 할 것임은 전술한 바와 같다(대법원 1992.7.28.선고, 91다44766·44773 판결 등).[35]

(나) 매매예약 완결권 행사 여부의 최고

매매예약완결권의 행사기간에 관하여 약정이 없는 경우에는, 예약의무자가 상당한 기간을 정하여 예약완결권자에게 완결권의 행사 여부의 확답을 최고할 수 있으며, 그 기간 내에 예약의무자가 확답을 받지 못한 때에는 예약은 그 효력을 잃는다(564조 2항).

3. 계약금

(1) 의 의

「계약금」(Draufgabe; arrhes)이라 함은 '계약의 당사자 일방이 상대방에게 교부하는 금전 기타의 유가물(有價物)'을 말한다. 부동산 매매계약과 같은 중요한 매매계약을 체결할 때에는 통상 매수인이 매매대금의 일부에 해당하는 일정액을 계약금조로 지급하기로 약정하고, 계약 당일에 약정된 계약금을 매도인에게 지급하는 것이 일반적인데, 이는 형식적으로는 매매계약

---

34) 판례평석: 송덕수/김병선, 「민법핵심판례 210선」, 288 이하; 김재형, 「민법판례분석」, 90 이하; 장재형, "복수 채권자 공동명의의 담보가등기의 예약완결권", 대한변협신문 456호(대한변호사협회, 2013/7), 8. 같은 취지: 대법원 2002.7.9.선고, 2001다43922 판결.

35) 전게 주 30 참조.

의 일부로 되어 있으나 이론상으로는 매매계약과는 별개의 계약인 「계약금계약」상의 채무를 이행하는 것이다.[36] 따라서 계약금은 매매대금의 일부를 선지급하는 「선급금(先給金)」과는 이론상 구별되지만, 실제거래에 있어서는 당사자의 약정에 의하여 계약금을 매매대금의 일부로 충당하는 것이 현실이다.[37]

(2) 계약금계약의 법적 성질

계약금의 교부에 의하여 성립하는 계약금계약은 매매계약에 부수하여 행하여지는 종된 계약이며, 금전 기타 유가물의 교부를 성립요건으로 하는 요물계약이다.

1) 요물계약

계약금계약은 '금전 기타 유가물의 교부를 성립요건으로 하는 요물계약'이라는 것이 통설·판례의 입장이다.[38] 즉, 판례는 계약금계약이 요물계약이라는 것을 전제로 하여, '계약금을 지급하기로 약정하기만 하고 실제로 계약금을 지급하지 않은 경우에는 계약금계약은 성립하지 않으므로, 제565조 제1항의 규정에 의한 해약금으로서의 효력도 인정되지 않는다'고 한다. 또한 '교부자가 계약금의 잔금 또는 전부를 지급하지 아니하는 한 계약금계약은 성립하지 아니하므로 당사자가 임의로 주계약을 해제할 수는 없다'고 한다(대법원 2008.3.13.선고, 2007다73611 판결 등).[39] 다만, 대법원은 위 판결에서, '당사자가 계약금의 일부만을 먼저 지급하고 잔액은 나중에 지급하기로 약정하거나 계약금 전부를 나중에 지급하기로 약정한 경우, 교부자가 계약금의 잔금이나 전부를 약정대로 지급하지 않으면 상대방은 계약금 지급의무의 이행을 청구하거나 채무불이행을 이유로 계약금약정을 해제할 수 있고, 나아가 위 약정이 없었더라면 주계약을 체결하지 않았을 것이라는 사정이 인정된다면 주계약도 해제할 수 있다'고 판시한 바 있으나, 이는 '계약금계약은 요물계약'이라는 판례의 기본법리와 모순된 결론이라고 생각된다.

2) 매매계약에 종된 계약

계약금계약은 매매계약에 부수하여 행하여지는 종된 계약이다. 그러나 계약금계약이 반드시 주된 계약과 동시에 성립하여야 하는 것은 아니며, 매매계약이 성립한 이후에 계약금약

---

36) 계약금계약은 매매 등의 주된 계약에 수반하여 추가로 삽입되는 약정들 중 하나에 지나지 않는 것이므로, 「계약금약정」이라고 부르는 것이 타당하다는 견해도 있다(남효순, "계약금약정에 관한 몇 가지 쟁점", 서울대법학 39권 2호, 서울대법학연구소, 1998, 265 참조).

37) 학설 중에는 '계약금계약은 매매계약이 요물계약에서 낙성계약으로 발전하는 과정에서 생겨난 제도'라고 보는 견해도 있다(곽윤직, 130 참조). 계약금제도의 연혁과 입법례에 관하여는 吉田豊, "手附ノ-ト -沿革小考", 「手附の研究」(中央大學出版部, 2005), 569 이하 참조.

38) 이러한 통설·판례의 입장에 대한 비판론에 대해서는 정상현, "계약금 교부의 법적 성질 재검토", 성균관법학 29권 4호(성균관대법학연구원, 2017/12), 243 이하 참조.

39) 같은 취지: 대법원 2015.4.23.선고, 2014다231378 판결.

정을 할 수도 있다. 이와 같이 계약금계약은 매매계약에 종된 계약이므로, 주된 계약인 매매계약이 무효이거나 취소·해제로 인하여 실효된 경우에는 계약금계약도 당연히 그 효력을 잃는다. 따라서 계약금의 교부자는 수령자에게 그 반환을 청구할 수 있다. 다만, 계약금은 해약금으로서의 성질도 가지는 것이므로(565조), 계약금에 의하여 유보된 해제권이 행사된 경우에는 계약금의 반환을 청구할 수 없다.

(3) 계약금의 종류와 법적 성질

1) 증약금(證約金)

계약금은 '계약체결의 증거로서의 의미를 갖는 「증약금」으로서의 성질을 가진다. 이는 계약금의 최소한의 성질이라고 할 수 있다.

2) 위약금(違約金)

당사자의 특약이 있는 경우, 계약금은 위약금으로서의 성질을 가질 수 있는데, 위약금은 다시 「위약벌인 위약금」과 「손해배상액의 예정인 위약금」의 두 가지로 구별되므로, 위약금의 특약이 있는 계약금은 결국 「위약벌인 계약금」과 「손해배상액의 예정인 계약금」으로 구별할 수 있다.

(가) 위약벌(違約罰)인 계약금

「위약벌」이라 함은 '채무불이행에 대한 제재(일종의 사적 형벌)로서 손해배상과는 별도로 채권자가 징수하는 위약금'을 말한다. '사적 자치의 원칙상 위약벌의 약정도 허용된다'는 통설·판례의 입장에 따르면, 매매계약의 당사자 사이에 '계약금을 교부한 자(매수인)가 계약상의 채무를 불이행하는 경우에는 손해배상채권과는 별도로 수령자(매도인)가 이를 몰수한다'고 약정한 경우 계약금은 위약벌의 성질을 가진다.

위약벌의 성질을 가진 계약금이 수수된 경우에는, 계약금의 수령자는 계약금과는 별도로 채무불이행으로 인한 손해배상을 청구할 수 있음은 물론이나, 실제의 거래에서 이러한 형태의 계약금이 교부되는 경우는 매우 드물다.

(나) 「손해배상액의 예정」인 계약금

당사자 사이에 '계약금을 위약금으로 한다'는 특약이 있는 경우에는, 그 위약금의 약정은 「손해배상액의 예정」으로 추정된다(398조 4항). 따라서 매매계약에서 위약금이 약정된 경우에는 그 위약금이 위약벌로서 인정되지 않는 한 손해배상액의 예정으로 추정되므로, 채권자는 그 이상의 손해를 본 경우라 할지라도 계약금 이외에 별도의 손해배상을 청구하지 못한다. 다만, 위약금은 채무불이행으로 인한 손해배상액의 예정이므로 불법행위로 인한 손해배상청구권에는 영향을 미치지 않는다(대법원 1965.3.23. 선고, 65다34 판결). (☞ 채권총론 편, 제4장 제2절 「채무불이행의 효과」)

3) 해약금

「해약금(解約金)」이라 함은 '계약의 해제권을 유보하는 작용을 하는 계약금'을 말한다. 민법은 제565조 제1항에서, "매매의 당사자 일방이 계약 당시에 금전 기타의 물건을 계약금, 보증금 등의 명목으로 상대방에게 교부한 때에는 당사자 간에 다른 약정이 없는 한 당사자의 일방이 이행에 착수할 때까지 교부자는 이를 포기하고 수령자는 그 배액을 상환하여 매매계약을 해제할 수 있다"고 규정함으로써, 계약금에 「해약금」의 효력을 부여하고 있다. 따라서 매매계약에서 계약금이 교부된 경우에는 당사자 간에 다른 약정이 없는 한 제565조 소정의 해약금의 효력을 가진다.

문제는 '계약금이 해약금 이외에도 손해배상액의 예정으로 추정되는 위약금의 성질도 함께 가지고 있다고 할 것인가?' 하는 것이다. 초기의 판례는 '계약금은 손해배상액의 예정으로서의 성질도 함께 가지고 있다'는 입장을 취하고 있었으나(대법원 1971.5.24.선고, 71다473 판결 등), 현재는 이를 부정하여, '당사자가 계약금을 위약금으로 하기로 하는 특약이 있는 경우에 한하여 손해배상액의 예정으로서의 성질을 가진다'는 입장을 확립하고 있다(대법원 1987.2.24.선고, 86누438 판결 등).[40] 다만, 판례는 '매매 당사자 사이에 "수수된 계약금에 대하여 매수인이 위약하였을 때에는 이를 무효로 하고, 매도인이 위약하였을 때에는 그 배액을 상환한다"는 취지의 약정이 있는 경우에는, 특별한 사정이 없는 한 그 계약금은 제398조 제1항 소정의 「손해배상액의 예정」의 성질을 가질 뿐 아니라, 제565조 소정의 「해약금」의 성질도 가진다'고 한다(대법원 1992.5.12.선고, 91다2151 판결 등).[41] 이러한 판례의 입장에 따르면, '계약금을 위약금으로 하는 특약이 없는 경우에는 당사자가 상대방에 대하여 손해배상을 청구하기 위해서는 손해의 발생사실과 손해액을 입증하여야 한다'는 결론이 된다.

■ **전속계약에서 전속료로 일정액을 수수하면서 「사업자가 계약을 위반하였을 때에는 사업자가 작가에게 지급한 전속료의 반환을 청구할 수 없고, 작가가 계약을 위반하였을 때에는 전속료의 배액을 사업자에게 지급하여야 한다」고 약정한 경우, 그 약정이 손해배상액 예정의 성질을 갖는지 여부**(한정적극) 전속계약을 체결함에 있어 전속료로 5천만원을 수수하면서 사업자가 계약을 위반하였을 때에는 사업자가 작가에게 지급한 전속료의 반환을 청구할 수 없고, 작가가 계약을 위반하였을 때에는 전속료의 배액을 사업자에게 지급하여야 한다고 약정하였다면, 이는 전속계약에 따른 채무불이행에 대한 위

40) 같은 취지: 대법원 1971.12.14.선고, 71다2014 판결; 대법원 1979.4.24.선고, 79다217 판결; 대법원 1981.7.28.선고, 80다2499 판결; 대법원 1992.11.27.선고, 92다23209 판결; 대법원 1994.8.23.선고, 93다46742 판결; 대법원 1995.2.10.선고, 94다51109 판결; 대법원 1996.6.14.선고, 95다11429 판결; 대법원 1996.6.14.선고, 95다54693 판결; 대법원 1996.6.14.선고, 95다11429 판결; 대법원 2006.1.27.선고, 2005다52078·52085 판결; 대법원 2010.4.29.선고, 2007다24930 판결; 대법원 2015.4.23.선고, 2014다231378 판결.

41) 판례평석: 송덕수/김병선, 「민법핵심판례 210선」, 290 이하. 같은 취지: 대법원 1971.5.24.선고, 71다473 판결; 대법원 1979.4.24.선고, 79다217 판결; 대법원 1981.10.27.선고, 80다2784 판결; 대법원 1987.2.24.선고, 86누438 판결; 대법원 1992.11.27.선고, 92다23209 판결; 대법원 1993.2.9.선고, 92다33176 판결.

약금의 약정을 한 것으로서 특별한 사정이 없는 한 손해배상액 예정의 성질을 갖는 것이며, 이와 같은 약정이 계약서에 부동문자로 기재되어 있다 하더라도 단순한 예문에 불과한 것이라고는 할 수 없다. (대법원 1993.2.9.선고, 92다33176 판결)[42]

(4) 해약금의 효력

1) 약정해제권의 발생

해약금의 교부에 의하여 각 당사자에게 해제권이 발생된다. 즉, 계약금의 교부자는 계약금을 포기하고 매매계약을 해제할 수 있으며, 계약금의 수령자는 그 배액을 상환하여 매매계약을 해제할 수 있다(565조 1항). 이 경우의 해제권의 성질에 대해서는 논란이 있을 수 있으나, 이는 채무불이행에 기한 법정해제권이 아니므로 「약정해제권」의 일종이라고 보아야 할 것이다(대법원 1955.2.24.선고, 4287민상268 판결).

2) 해제권의 행사요건

(가) 수령자는 계약금의 배액을 제공

계약금의 수령자가 계약을 해제하기 위하여서는 반드시 계약금의 배액을 현실로 '제공'하여야 하며, 계약금의 배액을 현실로 제공하지 아니하고 단순히 해제의 의사표시를 하거나 배액의 일부만 제공한 것만으로는 해제의 효과를 주장할 수 없다(대법원 1978.9.26.선고, 78다1468 판결 등).[43] 또한 일부제공으로는 계약을 해제할 수 없으므로(대법원 1973.1.30.선고, 72다2243 판결), 매도인이 계약금의 일부로 지급받은 금원의 배액을 상환하는 것으로는 매매계약을 해제할 수 없다(대법원 2015.4.23.선고, 2014다231378 판결). 다만, 수령자는 계약금의 배액을 제공하면 충분하며, 상대방이 수령을 거절한다고 공탁까지 하여야 하는 것은 아니다(대법원 1981.10.27.선고, 80다2784 판결 등).[44]

■ **매도인이 계약금의 일부만을 지급받은 경우, 매도인이 실제로 지급받은 계약금의 일부금액의 배액을 상환하고 매매계약을 해제할 수 있는지 여부**(소극) [1] 당사자가 계약금 일부만을 먼저 지급하고 잔액은 나중에 지급하기로 약정하거나 계약금 전부를 나중에 지급하기로 약정한 경우, 교부자가 계약금의 잔금 또는 전부를 지급하지 아니하는 한 계약금계약은 성립하지 아니하므로, 당사자가 임의로 주계약을 해제할 수는 없다. [2] 계약금의 일부만 지급된 경우, 수령자가 매매계약을 해제할 수 있다고 하더라도, 그 해약금의 기준이 되는 금원은 '실제 교부받은 계약금'이 아니라 '약정 계약금'이라고 봄이 타당하다. '실제 교부받은 계약금'의 배액만을 상환하여 매매계약을 해제할 수 있다면 이는 당사자가 일정한 금액을 계약금으로 정한 의사에 반하게 될 뿐 아니라, 교부받은 금원이 소액일 경우에는 사실상 계약을 자유로이 해제할 수 있어 계약의 구속력이 약화되는 결과가 되어 부당하기 때문이다. (대법원 2015.4.23.선고, 2014다231378 판결)[45]

---

42) 판례평석: 한웅길, "전속계약의 계약금(전속금): 연예인의 경우를 중심으로", 영산법률논총 4권 2호, 2007/12, 45 이하; 김민중, "전속계약", 「로스쿨계약법」(청림출판, 2006/3), 595 이하.

43) 같은 취지: 대법원 1992.7.28.선고, 91다33612 판결.

44) 같은 취지: 1992.5.12.선고, 91다2151 판결.

45) 판례평석: 김시주, "계약금을 일부만 지급받은 경우, 지급받은 금원의 배액을 상환하고 매매계약을 해

(나) 해제권의 행사기간

해제권은 계약금의 수령자를 포함한 당사자 일방이 이행에 착수하기 전까지 행사하여야 한다(565조 1항). 이와 관련하여, 판례는 ① '여기서 말하는 "당사자의 일방"이라는 것은 매매계약의 당사자 중 어느 일방을 지칭하는 것이고 상대방에 국한하는 것이 아니므로, 자기 자신이 매매계약의 일부 이행에 착수한 당사자는 상대방이 이행에 착수하지 않았다 하더라도 해제권을 행사할 수 없다'고 한다(대법원 1970.4.28.선고, 70다105 판결). ② 이와 같이 '민법이 당사자의 일방이 이행에 착수할 때까지로 해제권의 행사의 시기를 제한한 이유는, 당사자의 일방이 이미 이행에 착수한 때에는 그 당사자는 그에 필요한 비용을 지출하였을 것이고, 또 그 당사자는 계약이 이행될 것으로 기대하고 있는데 만일 이러한 단계에서 상대방으로부터 계약이 해제된다면 예측하지 못한 손해를 입게 될 우려가 있으므로 이를 방지하고자 함에 있다'고 한다(대법원 2006.2.10.선고, 2004다11599 판결 등).[46] 또한 ③ 여기서 "이행에 착수한다"는 것은 '이행의 제공까지는 이르지 아니한 정도를 말하는 것으로서, 중도금을 제공하거나 잔금을 준비하고 이전등기를 위하여 등기소에의 동행을 촉구하는 행위 등 채무의 이행행위의 일부를 실현하거나, 이행을 하는 데 필요한 전제행위를 하는 것'을 말한다(대법원 1976.7.27.선고, 76다509 판결). 그러나 '이행의 준비만으로는 이행의 착수라고 볼 수 없으므로, 이행기 전에 잔금의 수령을 최고한 행위를 이행의 착수라고 볼 수는 없다'고 한다(대법원 1979.11.27.선고, 79다1663 판결). ④ 당사자 중 어느 일방이 이행에 착수한 이상 교부한 계약금을 포기하거나 받은 계약금의 배액을 제공하더라도 해제권을 행사할 수 없으므로, '부동산매매계약에서 매수인이 중도금을 지급하여 이행에 착수한 후에는 매수인이 지급한 계약금을 포기하고 계약을 해제할 수 없다'고 한다(대법원 1977.1.25.선고, 76다1886 판결 등).[47]

문제는 '이행기의 약정이 있음에도 불구하고 당사자 일방이 이행에 착수함으로써 상대방은 제565조 제1항의 규정에 따라 계약을 해제할 수 없게 되는 것인가?' 하는 것인데, 판례는 '이행기의 약정이 있는 경우라 하더라도 당사자가 채무의 이행기 전에는 착수하지 아니하기로 하는 특약을 하는 등 특별한 사정이 없는 한 이행기 전에 이행에 착수할 수 있다'는 입장을 취하고 있다(대법원 1993.1.19.선고, 92다31323 판결 등).

제할 수 있는지 여부", 대한변협신문 572호(대한변호사협회, 2015/12), 13. 같은 취지: 대법원 2008.3.13.선고, 2007다73611 판결.

46) 판례평석: 고재민, "민법 제565조의 해제권 행사와 이행의 착수", 판례연구 19집(부산판례연구회, 2008/2), 535 이하. 같은 취지: 대법원 1993.1.19.선고, 92다31323 판결; 대법원 1997.6.27.선고, 97다9369 판결; 대법원 2002.11.26.선고, 2002다46492 판결.

47) 같은 취지: 대법원 2000.2.11.선고, 99다62074 판결.

■ 이행기의 약정이 있더라도 이행기 전에 이행에 착수할 수 있는지 여부(한정적극) [1] 이행기의 약정이 있는 경우라 하더라도 당사자가 채무의 이행기 전에는 착수하지 아니하기로 하는 특약을 하는 등 특별한 사정이 없는 한 이행기 전에 이행에 착수할 수 있다. [2] 매도인이 제565조에 의하여 계약을 해제한다는 의사표시를 하고 일정한 기한까지 해약금의 수령을 최고하며 기한을 넘기면 공탁하겠다고 통지를 한 이상 중도금 지급기일은 매도인을 위하여서도 기한의 이익이 있다고 보는 것이 옳고, 따라서 이 경우에는 매수인이 이행기 전에 이행에 착수할 수 없는 특별한 사정이 있는 경우에 해당하여 매수인은 매도인의 의사에 반하여 이행할 수 없다고 보는 것이 옳으며, 매수인이 이행기 전에, 더욱이 매도인이 정한 해약금 수령기한 이전에 일방적으로 이행에 착수하였다고 하여도 매도인의 계약해제권 행사에 영향을 미칠 수 없다. [3] 매도인이 제565조에 의하여 계약을 해제하고자 하는 경우에는 계약금의 배액을 제공하고 하여야 할 것이나, 이 해약금의 제공이 적법하지 못하다면 해제권을 보유하고 있는 기간 안에 적법한 제공을 한 때에 계약이 해제된다고 볼 것이고, 또 매도인이 계약을 해제하기 위하여 계약금의 배액을 공탁하는 경우에는 공탁원인사실에 계약해제의 의사가 포함되어 있다고 할 것이므로, 상대방에게 공탁통지가 도달한 때에 계약해제 의사표시가 있었다고 보는 것이 옳다. (대법원 1993.1.19.선고, 92다31323 판결)[48]

3) 해약금에 의한 해제권 행사의 효과

(가) 채권관계의 소급적 소멸

해제의 효과에 관한 통설·판례의 입장인 「직접효과설」에 따르면, 해제권의 행사에 의하여 계약은 소급적으로 소멸하므로 미이행채무는 소멸하고 기이행채무에 대해서는 부당이득반환의 성질을 가지는 원상회복의무가 발생한다. 그러나 해약금의 성질을 가진 계약금에 의하여 유보된 해제권의 행사는 제565조에 의하여 계약금의 포기 또는 배액상환을 요건으로 하여 이행에 착수하기 전에 이루어지는 것이므로, 해제에 의하여 계약이 소급적으로 소멸한다고 하더라도 원상회복의무는 발생하지 않는다. (☞ [14] 해제에 관한 민법규정의 해석)

(나) 손해배상청구권

해약금에 의한 해제는 채무불이행에 기한 것이 아니라 법률의 규정(565조)에 따른 것이므로, 채무불이행으로 인한 손해배상청구권은 인정되지 않는다(565조 2항).

(다) 법정해제권의 행사

해약금인 계약금이 교부된 경우에도 상대방의 채무불이행을 이유로 하는 법정해제권을 행사하는 것은 가능하다. 이 경우에는 해제권자가 원상회복 및 손해배상을 청구할 수 있음은 물론이다(548조, 551조).

(5) 계약의 이행과 계약금의 반환

계약금은 계약금이 교부되었으나 계약이 해제되지 아니하고 채무가 완전히 이행된 경우에는 계약금의 수령자는 이를 반환하여야 한다. 이 계약금반환청구권의 법적 성질을 부당이

48) 판례평석: 홍성무, "민법 제565조 제1항에 의한 이행의 착수와 이행기의 약정", 대법원판례해설 19-1호(법원행정처, 1993/12), 139 이하. 같은 취지: 대법원 1997.6.27.선고, 97다9369 판결; 대법원 2002.11.26.선고, 2002다46492 판결; 대법원 2006.2.10.선고, 2004다11599 판결.

득반환청구권이라고 보는 견해[49]도 있으나, 계약금계약상의 권리라고 보는 것이 타당하다고 생각된다.[50] 따라서 계약금의 수령자는 이익의 현존 여부를 묻지 아니하고 전액을 반환하여야 할 것이다. 다만, 거래의 실제에서는 계약금은 계약이행시에 매매대금의 일부로 충당되는 것이 통례이므로, 계약금의 반환문제는 실제로는 거의 발생하지 않는다.

(6) 계약금과 선급금(先給金)

「선급금」이라 함은 '대금지급채무의 일부변제로서 지급되는 것으로서 지급기한이 도래하기 전에 미리 지급하는 것'을 말한다. 이를 「전도금(前途金)」 또는 「내금(內金)」이라고 부르기도 한다. 선급금의 지급은 대금지급채무의 일부변제에 지나지 않는 것이므로, 계약금계약과는 달리 매매계약과 별개의 계약이 아니다. 따라서 선급금은 증약금으로서의 기능만을 수행하며, 해약금에 관한 제565조는 선급금에는 적용되지 않는다.

〈참고〉 계약비용의 부담

「계약비용」이라 함은 '계약을 체결하는 데 일반적으로 필요로 하는 비용'을 말한다. 예컨대, 목적물의 측량비나 평가비용 등이 이에 속한다. 민법은 매매계약에 관한 비용은 당사자 쌍방이 균분하여 부담하여야 한다고 규정하고 있다(566조).

[24] Ⅲ. 매매계약의 효력

1. 매도인의 의무

(1) 재산권이전의무

매매는 매도인이 재산권을 매수인에게 이전하고 매수인은 그 대가로서 매도인에게 대금을 지급하기로 하는 계약이다(563조). 따라서 매매계약이 유효하게 성립하면, 매도인은 매수인에 대하여 재산권이전의무를 부담한다(568조).[51]

매도인의 재산권이전의무와 관련하여 가장 큰 입법론상의 문제는 '타인의 권리를 매도하거나 계약체결 당시 목적물이 멸실한 경우와 같이, 일반적으로 권리이전의무의 이행이 불가능하다고 인정되는 경우에도 그 매매계약의 효력을 인정할 수 있는가?' 하는 것이다. 이에 관

---

49) 김증한/안이준, 218 이하 참조.

50) 同旨: 곽윤직(신정판), 221 참조.

51) 구 의용민법과는 달리, 현행민법은 제568조를 신설하여 그 제1항에서 「매도인의 재산권이전의무」와 「매수인의 대금지급의무」의 양자를 규정하고, 제2항에서는 매도인의 재산권이전의무와 매수인의 대금지급의무가 동시이행관계에 있음을 규정하고 있으나, 매도인의 재산권이전의무와 매수인의 대금지급의무는 제563조의 규정에서 당연히 도출되며, 양 의무는 상호의존적 견련관계에 있는 주된 급부의무이므로 제568조 제2항의 규정이 없더라도 양 의무의 동시이행관계는 제536조에 의하여 당연히 인정되는 것이다. 따라서 제568조는 민법의 규정체제상 불필요한 중복규정에 불과하다.

하여 타인권리의 매매와 목적물의 원시적 멸실의 경우에는 매매계약이 무효라고 규정한 프랑스민법과 같은 입법례도 있으나(C.c. Art. 1599, 1601),[52] 우리 민법은 구 의용민법의 입법주의를 계승하여 타인권리의 매매(569조)와 목적물의 원시적 일부멸실(574조)의 경우에도 매매계약은 유효한 것으로 규정하고 있다. 다만, 우리 민법은 타인권리를 매도한 매도인에게 그 권리를 취득하여 매수인에게 이전할 의무를 부과하고(569조), 매도인이 이를 이행할 수 없는 경우에는 무과실의 담보책임을 지도록 하고 있다(570~573조).

1) 완전한 권리의 이전의무

매도인은 매수인으로 하여금 매매의 목적인 재산권을 취득하게 하고, 매수인이 그 권리를 자유롭게 행사하는 데 필요한 모든 행위를 다하여야 한다. 따라서 매도인은 매매의 목적인 권리의 이전에 필요한 공시방법 또는 대항요건을 구비해 주어야 할 뿐만 아니라, 재산권의 증명에 필요한 서류를 취득·교부할 의무도 부담한다. 또한 매매의 목적이 물건에 대한 권리인 경우에는, 목적물에 대한 점유의 이전, 즉 목적물인도의무를 부담한다.

(가) 공시방법 또는 대항요건을 구비할 것

매도인은 매수인에 대한 재산권이전의무를 이행하기 위하여 매수인이 매매의 목적인 권리의 이전에 필요한 공시방법 또는 대항요건을 갖출 수 있도록 해주어야 한다. 그런데 권리이전의 공시방법 또는 대항요건은 매매의 객체가 물권인가 채권인가에 따라 달라지므로, 경우를 나누어서 살펴보기로 한다.

(A) 부동산물권의 매매　민법은 제186조에서, "부동산에 관한 법률행위로 인한 물권의 득실변경은 등기하여야 그 효력이 생긴다"고 규정함으로써, 부동산물권변동의 효력발생요건으로 등기를 요구하고 있다. 또한 통설·판례는 등기 이외에도 당사자 사이의 물권적 합의가 요구된다고 해석하고 있다. (☞ 물권법 편, 제2장 제2절「물권행위론」) 그러므로 통설·판례에 따르면, 매매의 목적이 부동산물권인 경우, 매도인이 재산권이전의무를 이행하기 위해서는 매수인과 물권적 합의를 한 후 이에 기하여 물권의 이전등기를 마쳐주어야 한다. 다만, 판례는 ① '23평의 대지를 22평으로 알고 매수한 경우와 같이, 토지매매에서 합의된 면적과 실제의 면적에 약간의 차이가 있는 경우에도 매도인은 실제면적대로 소유권이전등기의무를 진다'고 하며(대법원 1969.8.26.선고, 69다1045 판결), ② '잔금지급의무의 이행을 지체하고 있던 공동매수인 중의 1인이 잔대금 전액을 지급하였더라도, 특별한 사정이 없는 한 매도인이 그자에게 다른

---

52) 프랑스민법 제1599조: 타인의 물건에 대한 매매계약은 무효이다: 매수인이 그 물건이 타인에게 속함을 알지 못한 경우에는, 그 계약은 손해배상책임을 발생시킨다. 제1601조: (1) 매매계약 당시 매도된 물건이 전부 멸실한 경우에는, 매매는 무효이다. (2) 목적물의 일부만이 멸실된 경우에는, 매수인은 매매계약을 파기하거나 멸실 부분을 감안하여 결정한 금액으로 잔존부분을 청구하는 것 중에서 선택할 권리가 있다.

공동매수인의 지분 부분에 관해서까지 소유권이전등기에 필요한 서류를 교부하여야 하는 것은 아니'라고 한다(대법원 1981.2.24. 선고, 79다14 판결). 또한 ③ '매매의 목적이 두부공장의 영업권이 아니라 시설인 경우에는, 매도인에게 공장의 식품제조허가가 취소되지 않도록 할 의무는 없다'고 한다(대법원 1976.2.24. 선고, 75다2168 판결).

(B) 동산물권의 매매 동산에 관한 물권의 양도는 그 동산을 인도하여야 효력이 생긴다(188조 1항). 또한 통설·판례에 따르면, 매매계약에 의한 동산물권의 양도가 유효하기 위해서는 물권적 합의가 필요하다. 그러므로 동산물권의 매도인이 재산권이전의무를 이행하기 위해서는 동산물권이전의 물권적 합의와 인도를 해주어야 한다. 다만, 항공기와 자동차와 같은 특수한 동산의 경우에는 동산물권변동에 관한 민법의 규정이 적용되지 않고 특별법에 의한 특수한 규율이 행해지고 있다는 점에 유의하여야 한다. (☞ 물권법 편, 제2장 제4절 「동산물권의 변동」)

a) 자동차의 매매 자동차[53]는 동산이지만 그 소유권의 득실변경은 동산물권변동의 법리가 적용되지 않고, 「자동차관리법」에 의하여 부동산물권변동과 비슷한 법리가 적용된다. 즉, 자동차소유권의 득실변경은 등록을 하여야 그 효력이 생기며(자동차관리법 6조),[54] 등록된 자동차를 양수받는 자는 대통령령이 정하는 바에 의하여 시·도지사에게 자동차소유권의 이전등록을 신청하여야 한다(자동차관리법 12조 1항).[55] 그러므로 자동차 매도인이 소유권이전의무를 이행하기 위해서는 자동차소유권 이전의 물권적 합의와 자동차관리법의 규정에 따른 이전등록을 해주어야 한다.

b) 항공기의 매매 항공기[56]의 매매에 대해서도 부동산물권변동과 비슷한 법리가 적용

53) 「자동차」라 함은 대통령령이 정하는 것을 제외하고 '원동기(자동차의 구동을 주목적으로 하는 내연기관이나 전동기 등 동력발생장치)에 의하여 육상에서 이동할 목적으로 제작한 용구 또는 이에 견인되어 육상을 이동할 목적으로 제작한 용구'를 말한다(자동차관리법 2조 1호).

54) 자동차관리법 제6조(자동차 소유권 변동의 효력) 자동차 소유권의 득실변경은 등록을 하여야 그 효력이 생긴다.

55) 자동차관리법 제12조(이전등록) ① 등록된 자동차를 양수받는 자는 대통령령으로 정하는 바에 따라 시·도지사에게 자동차 소유권의 이전등록(이하 "이전등록"이라 한다)을 신청하여야 한다. ② 제53조에 따라 자동차매매업을 등록한 자(이하 "자동차매매업자"라 한다)는 자동차의 매도 또는 매매의 알선을 한 경우에는 산 사람을 갈음하여 제1항에 따른 이전등록 신청을 하여야 한다. 다만, 자동차매매업자 사이에 매매 또는 매매의 알선을 한 경우와 국토교통부령으로 정하는 바에 따라 산 사람이 직접 이전등록 신청을 하는 경우에는 그러하지 아니하다. ③ 자동차를 양수한 자가 다시 제3자에게 양도하려는 경우에는 양도 전에 자기 명의로 제1항에 따른 이전등록을 하여야 한다. ④ 자동차를 양수한 자가 제1항에 따른 이전등록을 신청하지 아니한 경우에는 대통령령으로 정하는 바에 따라 그 양수인을 갈음하여 양도자(이전등록을 신청할 당시 등록원부에 적힌 소유자를 말한다)가 신청할 수 있다. ⑤ 제4항에 따라 이전등록 신청을 받은 시·도지사는 대통령령으로 정하는 바에 따라 등록을 수리하여야 한다. ⑥ 시·도지사는 보험회사가 전손 처리한 자동차에 대하여 이전등록 신청을 받은 경우 제43조 제1항 제5호에 따른 수리검사를 받은 경우에 한정하여 수리하여야 한다. ⑦ 제1항과 제4항에 따른 이전등록에 관하여는 제9조 제1호·제3호 및 제4호를 준용한다.

56) 「항공기」란 '공기의 반작용(지표면 또는 수면에 대한 공기의 반작용은 제외한다. 이하 같다)으로 뜰 수 있는 기기로서 최대이륙중량, 좌석 수 등 국토교통부령으로 정하는 기준에 해당하는 비행기, 헬리콥

된다. 즉, 항공기를 소유하거나 임차하여 항공기를 사용할 수 있는 권리가 있는 자는 항공기를 대통령령으로 정하는 바에 따라 국토교통부장관에게 등록하여야 하며(항공안전법 7조 1항),[57] 항공기에 대한 소유권의 취득·상실·변경은 등록하여야 그 효력이 생긴다(항공안전법 9조 1항).[58] 또한 등록된 항공기의 소유권 또는 임차권을 이전하려는 자는 그 사유가 있는 날부터 15일 이내에 대통령령으로 정하는 바에 따라 국토교통부장관에게 이전등록을 신청하여야 한다(항공안전법 14조).[59] 그러므로 항공기 소유권의 매도인은 매수인에 대하여 소유권이전의 물권적 합의와 「항공안전법」의 규정에 따른 이전등록을 해주어야 한다.

c) **건설기계의 매매** 건설기계[60]의 소유자는 대통령령으로 정하는 바에 따라 시·도지사에게 건설기계를 등록하여야 하며(건설기계관리법 3조),[61] 등록사항의 변경이 있는 경우에는 소유자 또는 매수인이 반드시 변경사항을 등록하여야 한다(건설기계관리법 5조).[62] 그러나 자동차나 항공기와는 달리, 건설기계관리법에는 '소유권의 취득·상실·변경은 등록하여야 그 효

터, 비행선, 활공기와 그 밖에 대통령령으로 정하는 기기'를 말한다(항공안전법 2조 1호).

57) 항공안전법 제7조(항공기 등록) ① 항공기를 소유하거나 임차하여 항공기를 사용할 수 있는 권리가 있는 자(이하 "소유자등"이라 한다)는 항공기를 대통령령으로 정하는 바에 따라 국토교통부장관에게 등록을 하여야 한다. 다만, 대통령령으로 정하는 항공기는 그러하지 아니하다. (2020.12.10. 시행)

58) 항공안전법 제9조(항공기 소유권 등) ① 항공기에 대한 소유권의 취득·상실·변경은 등록하여야 그 효력이 생긴다. ② 항공기에 대한 임차권은 등록하여야 제3자에 대하여 그 효력이 생긴다.

59) 항공안전법 제14조(항공기 이전등록) 등록된 항공기의 소유권 또는 임차권을 양도·양수하려는 자는 그 사유가 있는 날부터 15일 이내에 대통령령으로 정하는 바에 따라 국토교통부장관에게 이전등록을 신청하여야 한다.

60) 「건설기계」란 '불도저·굴삭기 등 건설공사에 사용할 수 있는 기계로서 대통령령으로 정하는 것'을 말한다(건설기계관리법 2조 1호, 동법시행령 별표1).

61) 건설기계관리법 제3조(등록 등) ① 건설기계의 소유자는 대통령령으로 정하는 바에 따라 건설기계를 등록하여야 한다. ② 건설기계의 소유자가 제1항에 따른 등록을 할 때에는 특별시장·광역시장·도지사 또는 특별자치도지사(이하 "시·도지사"라 한다)에게 건설기계 등록신청을 하여야 한다. ③ 시·도지사는 제2항에 따른 건설기계 등록신청을 받으면 제13조 제1항 제1호에 따른 신규 등록검사를 한 후 건설기계등록원부에 필요한 사항을 적고, 그 소유자에게 건설기계등록증을 발급하여야 한다. ④ 건설기계의 소유자는 건설기계등록증을 잃어버리거나 건설기계등록증이 헐어 못쓰게 된 경우에는 국토교통부령으로 정하는 바에 따라 재발급을 신청하여야 한다. ⑤ 제1항에 따른 등록의 요건 및 신청절차 등 등록에 필요한 사항은 대통령령으로 정한다.

62) 건설기계관리법 제5조(등록사항의 변경신고) ① 건설기계의 등록사항 중 변경사항이 있는 경우에는 그 소유자 또는 점유자는 대통령령으로 정하는 바에 따라 이를 시·도지사에게 신고하여야 한다. ② 제21조 제1항에 따라 건설기계매매업의 신고를 한 자(이하 "건설기계매매업자"라 한다)가 건설기계를 매매하거나 매매의 알선을 한 경우에는 해당 매수인을 갈음하여 제1항에 따른 등록사항의 변경신고를 하여야 한다. 다만, 매수인이 직접 변경신고를 하는 경우에는 그러하지 아니하다. ③ 시·도지사는 제1항에 따른 변경신고나 제2항 본문에 따른 변경신고를 받은 날부터 3일 이내에 신고수리 여부를 신고인에게 통지하여야 한다. ④ 건설기계매매업자를 거치지 아니하고 건설기계를 매수한 자가 제1항에 따른 등록사항의 변경신고를 하지 아니한 경우에는 대통령령으로 정하는 바에 따라 해당 매수인을 갈음하여 매도인(변경신고 당시 건설기계등록원부에 기재된 소유자를 말한다)이 이를 신고할 수 있다. ⑤ 시·도지사는 제4항에 따른 변경신고를 받은 경우 대통령령으로 정하는 바에 따라 이를 접수하고 15일 이내에 신고수리 여부를 신고인에게 통지하여야 한다.

력이 생긴다'는 취지의 규정이 없으므로, 건설기계에 대하여는 민법 제188조 이하의 일반동산의 물권변동의 법리가 적용되어, 소유권이전의 합의와 인도에 의하여 소유권이전의 효력이 발생한다고 해석된다.

d) 선박의 매매 대형선박[63]의 소유자는 선박의 등기를 한 후에 선적항을 관할하는 지방해양항만청장에게 해양수산부령으로 정하는 바에 따라 그 선박의 등록을 신청하여야 한다(선박법 8조).[64] 대형선박의 소유권이전은 일반동산과 마찬가지로 당사자 사이의 합의만으로 그 효력이 발생하지만, 이를 등기하고 선박국적증서에 기재하지 아니하면 제3자에게 대항하지 못한다(상법 743조).[65] 그러므로 대형선박의 매도인은 매수인에 대하여 소유권이전의 물권적 합의와 소유권이전등기 및 선박국적증서에 소유권이전의 기재를 해주어야 한다.

소형선박(총톤수 20톤 미만의 기선과 범선 및 총톤수 100톤 미만의 부선)의 경우에는 대형선박의 경우와는 달리 물권적 합의와 인도만으로써는 소유권이전의 효력이 발생하지 않으며, 소유권이전의 합의와 선적항을 관할하는 지방해양항만청의 선박원부에 소유권이전등록을 함으로써 선박의 소유권이 이전한다(선박법 8조의2).[66] 그러므로 소형선박의 매도인은 매수인에게 권리이전의 물권적 합의와 소유권이전등록을 해줄 의무가 있다.

(C) 채권의 매매

a) 지명채권의 매매 지명채권의 매매의 경우에는 매도인과 매수인 사이의 채권양도의 합의만으로써 채권이 양수인에게 이전된다. 다만, 채권양수인이 채무자 또는 제3자에게 채권양도의 효력을 주장하기 위하여서는 일정한 대항요건을 갖추어야 한다(450~452조). 그러므로 지명채권의 매도인은 채무자에 대하여 확정일자에 의한 통지를 하거나 채무자의 승낙을 얻어 주어야 한다. (☞ 채권총론 편, 제6장 제1절「채권양도」)

b) 증권적 채권의 매매 증권적 채권의 매매의 경우에는 매도인과 매수인 사이의 채권양도의 합의만으로는 채권이 양수인에게 이전되지 않으며, 채권양도의 효력발생을 위하여서

---

63) '총톤수 20톤 이상의 기선(機船)과 범선(帆船) 및 총톤수 100톤 이상의 부선(艀船)'을「대형선박」이라고 한다(선박등기법 2조).

64) 선박법 제8조(등기와 등록) ① 한국선박의 소유자는 선적항을 관할하는 지방해양수산청장에게 해양수산부령으로 정하는 바에 따라 선박을 취득한 날부터 60일 이내에 그 선박의 등록을 신청하여야 한다. 이 경우「선박등기법」제2조에 해당하는 선박은 선박의 등기를 한 후에 선박의 등록을 신청하여야 한다. ② 지방해양수산청장은 제1항의 등록신청을 받으면 이를 선박원부에 등록하고 신청인에게 선박국적증서를 발급하여야 한다. ③ 선박국적증서의 발급에 필요한 사항은 해양수산부령으로 정한다. ④ 선박의 등기에 관하여는 따로 법률로 정한다.

65) 상법 제743조(선박소유권의 이전) 등기 및 등록할 수 있는 선박의 경우 그 소유권의 이전은 당사자 사이의 합의만으로 그 효력이 생긴다. 다만, 이를 등기하고 선박국적증서에 기재하지 아니하면 제3자에게 대항하지 못한다.

66) 선박법 제8조의2(소형선박 소유권 변동의 효력) 소형선박 소유권의 득실변경은 등록을 하여야 그 효력이 생긴다.

는 증권의 배서·교부 또는 교부(508~526조)가 필요하다.[67] 그러므로 증권적 채권의 매도인은 매수인에게 증권적 채권을 배서·교부하거나(508조 이하), 교부하여야 한다(523조 이하). (☞ 채권총론 편, 제6장 제1절「채권양도」)

(D) 무체재산권의 매매 매매의 목적이 특허권·상표권·디자인권 등의 무체재산권인 경우에는 준물권행위인 무체재산권양도의 합의 이외에 각각의 무체재산권에 관한 근거법규에 따른 권리이전의 요건인 등록을 구비하여야 한다(특허법 101조,[68] 상표법 96조,[69] 디자인보호법 98조[70]).

(나) 아무런 부담 없는 완전한 권리를 이전할 것

제한물권이 설정되어 있는 부동산을 매도하는 경우에는, 매도인은 그 부동산 위에 존재하는 제한물권을 소멸시킴으로써 매수인에게 제한물권의 부담이 없는 완전한 권리를 이전할 의무가 있다(대법원 1973.6.5. 선고, 68다2342 판결 등). 이 의무를 불이행하는 경우에는 매도인은 매수인에 대하여 담보책임을 진다(575~577조).

2) 재산권의 증명에 필요한 서류의 교부

매도인은 채권매매의 경우에 채권증서와 같이, 재산권의 증명에 필요한 서류를 매수인에게 교부할 의무가 있다. 특히 문제가 되는 것은 농지매매의 경우이다.

(가) 구 농지개혁법상의「소재지관서의 증명」

폐지된 구 농지개혁법은 '본법에 의하여 분배받지 아니한 농지 급(及) 상환을 완료한 농

---

67) 同旨: 곽윤직, 433 참조.

68) 특허법 제101조(특허권 및 전용실시권의 등록의 효력) ① 다음 각 호에 해당하는 사항은 이를 등록하지 아니하면 그 효력이 발생하지 아니한다. 1. 특허권의 이전(상속 기타 일반승계에 의한 경우를 제외한다)·포기에 의한 소멸 또는 처분의 제한 2. 전용실시권의 설정·이전(상속 기타 일반승계에 의한 경우를 제외한다)·변경·소멸 (혼동에 의한 경우를 제외한다) 또는 처분의 제한 3. 특허권 또는 전용실시권을 목적으로 하는 질권의 설정·이전(상속 기타 일반승계에 의한 경우를 제외한다)·변경·소멸(혼동에 의한 경우를 제외한다) 또는 처분의 제한 ② 제1항 각 호에 따른 특허권·전용실시권 및 질권의 상속 기타 일반승계의 경우에는 지체 없이 그 취지를 특허청장에게 신고하여야 한다.

69) 상표법 제96조(상표권 등의 등록의 효력) ① 다음 각 호에 해당하는 사항은 이를 등록하지 아니하면 그 효력이 발생하지 아니한다. 1. 상표권의 이전(상속이나 그 밖의 일반승계에 의한 경우를 제외한다)·변경·포기에 의한 소멸·존속기간의 갱신·상품분류전환·지정상품의 추가 또는 처분의 제한 2. 상표권을 목적으로 하는 질권의 설정·이전(상속이나 그 밖의 일반승계에 의한 경우를 제외한다)·변경·소멸(권리의 혼동에 의한 경우는 제외한다) 또는 처분의 제한 ② 제1항 각 호에 따른 상표권 및 질권의 상속이나 그 밖의 일반승계의 경우에는 지체 없이 그 취지를 특허청장에게 신고하여야 한다.

70) 디자인보호법 제98조(디자인권 및 전용실시권 등록의 효력) ① 다음 각 호에 해당하는 사항은 등록하지 아니하면 그 효력이 발생하지 아니한다. 1. 디자인권의 이전(상속이나 그 밖의 일반승계에 의한 경우는 제외한다)·포기에 의한 소멸 또는 처분의 제한 2. 전용실시권의 설정·이전(상속이나 그 밖의 일반승계에 의한 경우는 제외한다)·변경·소멸(혼동에 의한 경우는 제외한다) 또는 처분의 제한 3. 디자인권 또는 전용실시권을 목적으로 하는 질권의 설정·이전(상속이나 그 밖의 일반승계에 의한 경우는 제외한다)·변경·소멸(혼동에 의한 경우는 제외한다) 또는 처분의 제한 ② 제1항 각 호에 따른 디자인권·전용실시권 및 질권의 상속이나 그 밖의 일반승계의 경우에는 지체 없이 그 취지를 특허청장에게 신고하여야 한다.

지는 소재지관서의 증명을 얻어 당사자가 직접 매매할 수 있다'고 규정하고 있었는데(동법 19조 2항), 동법의 해석상 「소재지관서의 증명」 없이 이루어진 농지매매의 효력이 문제되었다. 이에 대하여, 판례는 '소재지관서의 증명은 농지매매의 성립요건이 아니므로 반드시 매매계약 체결 당시에 있어야만 하는 것은 아니고, 소재지관서의 증명이 없는 농지매매라도 당사자 간의 채권계약으로서의 효력은 인정되며, 다만 물권변동의 효력이 인정되지 않는다'는 입장을 취하고 있었다(대법원 1987.4.28.선고, 85다카971 판결 등).[71] 이에 따라 농지의 매도인은 소유권이전등기의 소요서류로서 소재지관서의 증명서를 매수인에게 교부할 의무가 있었으며(대법원 1974.1.15.선고, 73다1644 판결),[72] 소재지관서의 증명 발급을 조건으로 소유권이전등기신청의 소를 제기할 수도 있었다(대법원 1994.7.29.선고, 94다9986 판결 등).[73]

(나) 농지법상의 농지취득자격증명

1994.12.22. 법률 제4817호로 「농지법」이 제정되어 1996.1.1.자로 구 농지개혁법이 폐지되고(농지법 부칙 2조), 농지법에 의한 「농지취득자격증명제도」가 시행되었다. 그 내용을 요약하면, 농지를 취득하려는 자는 농지소재지를 관할하는 시·구·읍·면의 장으로부터 「농지취득자격증명」을 발급받아 소유권이전등기를 신청할 때에 첨부하여야 한다(농지법 8조).[74]

농지법 제8조에 의한 농지취득자격증명제도는 구 농지개혁법 제19조 제2항의 규정에 의한 소재지관서의 증명제도와 실질적으로 동일한 것이다. 그러므로 대법원도 구 농지개혁법상의 판례의 입장을 농지법하에서 그대로 유지하고 있다. 즉, 판례는 ① '농지법 제8조 제1항

71) 같은 취지: 대법원 1994.7.29.선고, 94다9986 판결.

72) 소재지관서의 증명이 없는 농지매매계약의 효력에 대한 상세는 변동걸, "소재지관서의 증명이 없는 농지매매계약의 효력", 이재성대법관화갑기념(5) 「민사재판의 제문제」(1989), 128 이하 참조.

73) 판례평석: 민경도, "농지매매증명발급을 조건으로 한 소유권이전등기 청구의 소의 적부", 대법원판례해설 22호(법원도서관, 1995/5), 298 이하. 같은 취지: 대법원 1992.10.27.선고, 92다28921 판결.

74) 농지법 제8조(농지취득자격증명의 발급) ① 농지를 취득하려는 자는 농지 소재지를 관할하는 시장(구를 두지 아니한 시의 시장을 말하며, 도농 복합 형태의 시는 농지 소재지가 동지역인 경우만을 말한다), 구청장(도농 복합 형태의 시의 구에서는 농지 소재지가 동지역인 경우만을 말한다), 읍장 또는 면장(이하 "시·구·읍·면의 장"이라 한다)에게서 농지취득자격증명을 발급받아야 한다. 다만, 다음 각 호의 어느 하나에 해당하면 농지취득자격증명을 발급받지 아니하고 농지를 취득할 수 있다. 1. 제6조 제2항 제1호·제4호·제6호·제8호 또는 제10호(같은 호 바목은 제외한다)에 따라 농지를 취득하는 경우 2. 농업법인의 합병으로 농지를 취득하는 경우 3. 공유 농지의 분할이나 그 밖에 대통령령으로 정하는 원인으로 농지를 취득하는 경우 ② 제1항에 따른 농지취득자격증명을 발급받으려는 자는 다음 각 호의 사항이 모두 포함된 농업경영계획서를 작성하여 농지 소재지를 관할하는 시·구·읍·면의 장에게 발급신청을 하여야 한다. 다만, 제6조 제2항 제2호·제3호·제7호·제9호·제9호의2 또는 제10호 바목에 따라 농지를 취득하는 자는 농업경영계획서를 작성하지 아니하고 발급신청을 할 수 있다. 1. 취득 대상 농지의 면적 2. 취득 대상 농지에서 농업경영을 하는 데에 필요한 노동력 및 농업 기계·장비·시설의 확보 방안 3. 소유 농지의 이용 실태(농지 소유자에게만 해당한다) ③ 제1항 본문과 제2항에 따른 신청 및 발급 절차 등에 필요한 사항은 대통령령으로 정한다. ④ 제1항 본문과 제2항에 따라 농지취득자격증명을 발급받아 농지를 취득하는 자가 그 소유권에 관한 등기를 신청할 때에는 농지취득자격증명을 첨부하여야 한다.

소정의 농지취득자격증명은 농지를 취득하는 자가 그 소유권에 관한 등기를 신청할 때에 첨부하여야 할 서류로서 농지를 취득하는 자에게 농지취득의 자격이 있다는 것을 증명하는 것일 뿐 농지취득의 원인이 되는 법률행위의 효력을 발생시키는 요건은 아니므로, 농지에 대한 소유권이전등기절차이행의 소송에서, 비록 원고가 사실심변론종결 시까지 농지취득자격증명을 발급받지 못하였다고 하더라도 민사소송절차의 종료 후 얼마든지 농지취득자격증명을 발급받아 농지의 소유권을 취득할 수 있으므로, 원고가 농지취득자격증명을 발급받은 바 없다는 이유로 그 청구가 배척되지는 않는다'고 한다(대법원 1998.2.27.선고, 97다49251 판결 등).[75] 마찬가지로, ② 농지에 관한 경매절차에서 농지취득자격증명 없이 낙찰허가결정 및 대금납부가 이루어지고 그에 따른 소유권이전등기까지 경료된 경우, 농지취득자격증명은 그 후에 추완하여도 무방하다'고 한다(대법원 2008.2.1.선고, 2006다27451 판결). 그러나 ③ '농지에 관한 공매절차에서 매각결정과 대금납부가 이루어졌더라도 농지법에서 정한 농지취득자격증명을 발급받지 못하는 이상 매수인은 소유권을 취득할 수 없으므로, 원소유자에 대한 가압류채권에 근거한 민사집행절차에서 농지를 매수한 매수인이 농지취득자격증명을 발급받고 대금을 완납한 때에는 적법하게 농지의 소유권을 취득하고, 공매절차의 매수인은 소유권을 취득할 수 없게 된다'고 한다(대법원 2014.2.13.선고, 2012다45207 판결 등).[76]

3) 종물 또는 종된 권리의 이전

종물은 주물의 처분에 따르는 것이 원칙이므로(100조 2항), 특약이 없는 한 매도인은 매매목적물의 종물 또는 매매의 목적인 권리의 종된 권리도 매수인에게 이전하여야 한다. 예컨대, 건물의 매도인인 토지소유자는 그 토지 위에 매매목적물인 건물의 사용·수익을 위한 지상권 또는 토지임차권을 설정해주어야 하며, 타인소유 토지 위에 있는 건물을 매도한 자는 매수인에게 지상권 또는 토지임차권을 양도하거나 전대하여야 한다.

(2) 목적물인도의무

1) 의 의

목적물의 점유를 그 내용으로 하는 권리(예컨대, 소유권·지상권·전세권·임차권 등)의 매매에 있어서는, 매도인은 매수인에 대하여 권리이전의무 이외에 목적물의 점유를 이전해줄 의무도 부담한다. 이를 매도인의 「목적물인도의무」라고 한다.

---

75) 같은 취지: 대법원 2005.7.29.선고, 2003다14133·14140 판결; 대법원 2006.1.27.선고, 2005다59871 판결; 대법원 2008.2.1.선고, 2006다27451 판결; 대법원 2008.3.27.선고, 2007도7393 판결; 대법원 2008.4.10.선고, 2008도1033 판결.

76) 같은 취지: 대법원 2002.7.26.선고, 2000다65147 판결.

2) 입법례

(가) 독일민법

독일민법은 '물건의 매도인은 매수인에게 그 물건을 인도하고 그 물건의 소유권을 취득시킬 의무를 부담한다'고 규정함으로써, 매도인의 목적물인도의무를 명문으로 인정하고 있다(BGB §433 I).[77]

(나) 프랑스민법

독일민법과 마찬가지로 프랑스민법도 '매매는 당사자 일방이 어떤 물건을 인도할 의무를 부담하고 상대방이 그 대금을 지급할 의무를 부담하는 약정이다'라고 규정함으로써 매도인의 목적물인도의무가 매매계약의 주된 급부의무임을 천명하고 있다(C.c. Art. 1582 I).[78] 다만, 독일민법과 달리, 프랑스민법은 매도인의 소유권이전의무를 규정하지 않고 있는데, 이는 프랑스민법이 물권변동에 관하여 의사주의를 취하여 '매매계약이 체결되면 그 즉시 소유권이 매수인이 이전된다'고 규정하고 있으므로(C.c. Art. 1583),[79] 굳이 매도인의 소유권이전의무를 규정할 필요가 없을 뿐만 아니라, 로마법의 전통에 따라 소유권이전의무를 「추탈담보」의 문제로 다루고 있기 때문이라고 할 수 있다.

3) 우리 민법의 해석

독일민법이나 프랑스민법과는 달리, 우리 민법은 매도인의 목적물인도의무에 관한 명문규정을 두고 있지 않다. 그러나 학설은 '제568조가 규정하고 있는 재산권이전의무에 목적물인도의무가 포함되어 있다'고 해석하는 데 일치하고 있다. 판례도 '매매계약의 효력으로서 매도인의 목적물인도의무가 발생한다'는 것을 인정한다(대법원 1966.10.4.선고, 66다1246 판결). 또한 '건물의 소유지분권을 매도한 사람은 그 매매의 이행으로서 매수인에 대하여 그 매도 부분에 관한 점유이전의 의무를 지므로, 특단의 사정이 없는 한 점유·사용 중인 매수인에 대하여 그 매매 부분을 명도하라고 청구하는 것은 신의칙에 위배된다'고 한다(대법원 1999.1.15.선고, 98다43953 판결).

---

77) 독일민법 제433조(매매계약에 있어서의 계약전형적 의무) (1) 매매계약에 있어서 물건의 매도인은 매수인에게 그 물건을 인도하고 그 물건의 소유권을 취득시킬 의무를 부담한다. 매도인은 물건과 권리에 하자가 없는 물건을 제공하여야 한다.

78) 프랑스민법 제1582조: (1) 매매는 당사자 일방이 어떤 물건을 인도할 의무를 부담하고 상대방이 그 대금을 지급할 의무를 부담하는 약정이다. (2) 매매는 공정증서 또는 사서증서에 의하여 행해질 수 있다.

79) 프랑스민법 제1583조: 매매계약은 목적물이 아직 인도되지 않았거나 매매대금이 지급되지 않았더라도 당사자 간에는 목적물과 대금에 대한 약정이 있는 때에 완성되며, 소유권은 매도인과의 관계에서 매수인에게 이전된다.

2. 매도인의 담보책임

(1) 담보책임의 의의와 종류

1) 담보책임의 의의

매매계약에 있어서 매도인의 「담보책임」(Mangelhaftung; la garantie contre les vice caschés et l'éviction)이라 함은 '매매계약에 의하여 매수인이 취득하게 될 권리 또는 권리의 객체인 물건에 하자 내지 불완전한 점이 있는 경우에 매도인이 그 과실의 유무에 불구하고 매수인에 대하여 부담하는 책임'을 말한다.

민법은 매도인의 담보책임에 대하여 제570조 이하에서 비교적 상세한 규정을 두고 있는데, 그 내용은 다음과 같은 세 가지로 요약될 수 있다. ① 매매의 목적인 권리 또는 목적물의 하자로 인하여 매매의 목적을 달성할 수 없는 경우에는, 매수인은 계약을 해제할 수 있다(570조, 572조 2항, 574~578조, 580~581조). ② 하자가 경미하여 하자에도 불구하고 계약의 목적을 달성할 수 있는 경우에는, 매수인은 대금감액(또는 "손해배상")만을 청구할 수 있다(572조 1항, 574조, 575~578조, 580~581조). ③ 하자로 인하여 매수인에게 대금감액으로는 전보될 수 없는 손해가 발생한 경우에는, 매수인은 매도인의 귀책사유를 요건으로 하여 매도인에게 그 손해배상(이행이익 또는 확대손해의 배상)을 청구할 수 있다(390조, 570조, 572조 3항, 574조, 575조, 576조 3항, 577조, 580조 1항, 581조).

2) 담보책임의 분류

담보책임은 하자가 매매의 목적인 권리에 관하여 존재하는가, 아니면 매매의 목적물 자체에 존재하는가에 따라서 크게 「권리의 하자로 인한 담보책임」(570~579조)과 「물건의 하자로 인한 담보책임」(580~582조)의 두 가지로 분류할 수 있다. 이 중 후자(물건의 하자로 인한 담보책임)를 간단히 줄여서 「하자담보책임」이라고 부르는 것이 일반적인데, 민법은 전자에 관한 규정을 후자에 준용하는 방식을 취하고 있다(580조 1항).

(가) 권리의 하자로 인한 담보책임

「권리의 하자로 인한 담보책임」은 다시 그 하자의 종류에 따라 다음 세 가지로 분류할 수 있다.

① **권리의 전부 또는 일부가 타인에게 속하는 경우**(570~573조) : 권리의 전부 또는 일부가 흠결된 경우, 이른바 「타인물매매」의 경우에 인정되는 담보책임이다. 이는 '권리의 귀속상의 하자로 인한 담보책임'이라고 할 수 있다.

② **목적물의 수량부족·일부멸실의 경우**(574조) : 수량으로 지정한 특정물매매에서 수량이 부족한 경우와 목적물의 원시적 일부멸실의 경우에 인정되는 담보책임이다.[80] 이는 '권리의 존재

80) 학설 중에는 「목적물의 수량부족과 일부멸실」의 경우를 「권리의 하자」가 아닌 「물건의 하자」로 보는

에 관한 하자로 인한 담보책임'이라고 할 수 있다.

③ **타인의 권리에 의하여 제한을 받거나 추탈을 당한 경우**(575~579조) : 매매의 목적인 권리가 타인의 제한물권 등에 의하여 제한을 받거나 담보물권의 실행으로 인하여 권리를 상실한 경우에 인정되는 담보책임이다. 이는 로마법 이래 인정되어 온 전통적인 담보책임인 「추탈담보(追奪擔保)」에 해당하는 것인데, '권리의 완전성에 관한 하자로 인한 담보책임'이라고 할 수 있다.

(나) 물건의 하자로 인한 담보책임 : **하자담보책임**(瑕疵擔保責任)

이는 목적물의 권리는 완전하나 권리의 객체인 목적물에 하자가 있는 경우에 인정되는 담보책임인데, 이를 통상 「하자담보책임」이라고 부른다. 이는 다시 목적물이 특정물인가, 불특정물(종류물)인가에 따라, 「특정물매도인의 하자담보책임」과 「종류물매도인의 하자담보책임」으로 구분된다.

① **특정물매도인의 하자담보책임**(580조) : 목적물이 특정물인 경우 인도된 목적물에 하자가 있는 경우에 인정되는 담보책임이다.

② **불특정물(종류물)매도인의 하자담보책임**(581조) : 목적물이 불특정물(종류물)인 경우 특정 후 인도된 물건에 하자가 있는 경우에 인정되는 담보책임이다.

(2) 매도인의 담보책임의 본질 : 법리구성

매도인의 담보책임(이하에서 「담보책임」이라 함은 매도인의 담보책임을 의미한다)의 본질 내지 법리구성에 대해서는 구 의용민법 시대 이래로 담보책임의 본질을 매도인이 채무를 완전히 이행하였음에도 불구하고 형평의 원칙에 기하여 법률이 특별히 인정한 책임이라고 파악하는 「법정책임설」과, 매도인의 하자 없는 완전한 권리 또는 물건의 이전의무 위반에 기한 채무불이행책임의 일종이라고 파악하는 「채무불이행책임설」이 대립하고 있다.[81]

1) 학 설

(가) **법정책임설**(法定責任說)

이는 '담보책임의 본질을 매도인의 하자 없는 급부의무의 위반, 즉 채무불이행에 기한 책임이 아니라, 매도인이 채무를 완전히 이행하였음에도 불구하고 법률이 특별히 인정한 무과실의 법정책임이라고 파악하는 견해'로서, 과거의 통설적 견해이다. 일반적으로 이 견해를 취하는 학자들은 '매도인이 채무를 완전히 이행하였음에도 불구하고 법률이 매도인에게 담보책

견해도 있다(민법주해(14)/남효순, 516 참조).

81) 매도인의 담보책임의 본질에 관한 학설의 상세는 拙稿, "매도인의 담보책임에 관한 연구", 박사학위청구논문(성균관대학교대학원, 1990), 199 이하; 同, "매도인의 하자담보책임의 본질", 법학연구 19집(전북대법학연구소, 1992), 181 이하; 민법주해(14)/남효순, 217 이하 참조.

임을 지우는 이유를 유상계약인 매매계약의 특성을 고려한 「형평의 원칙」에서 찾으며, 담보책임은 무과실책임이므로 그 효과로서의 손해배상의 범위도 신뢰이익의 배상으로 한정되어야 한다'고 주장한다. 이는 「특정물도그마」(특정물인도채무는 반드시 그 특정물을 인도하여야 하므로, 목적물인 특정물에 치유불능의 원시적 하자가 있는 경우에는 하자 있는 상태 그대로 인도하면 채무의 완전한 이행이 된다는 이론)를 인정하고 있었던 과거 독일민법학의 통설적 견해에 영향을 받은 일본민법학의 통설·판례의 입장을 그대로 도입한 이론이라고 할 수 있다. 이러한 독일민법학의 이론이 우리 민법학에 이식된 학설계수의 과정을 구체적으로 살펴보면 다음과 같다.

(A) 독일에서의 「특정물도그마론」의 흥망 「법정책임설」(Gewährleistungstheorie)은 1905년에 프리드리히 숄마이어(Friedrich Schollmeyer)에 의하여 독일민법 제459조[82]의 해석론으로서 주장된 이론인데, 숄마이어는 매도인의 「이행의무」(Erfüllungspflicht)와 「담보급부의무」(Gewährleistungspflicht)를 구별하여, '매도인의 이행의무(소유권이전의무+인도의무)는 급부를 변제의 의도로써 실현하는 의무임에 반하여, 「담보급부의무」는 물건에 하자가 없을 것과 보증된 성질의 존재에 대하여 책임을 질 의무이므로 이행의무가 완료되더라도 존속될 수 있으며, 특정물매매에서 매도인은 계약체결 시의 상태대로 그 물건을 공급할 의무만을 부담하므로, 하자 있는 물건을 급부하더라도 이행의무를 완수한 것으로 보아야 한다'고 주장하였다.[83] 이와 같이 특정물에 원시적 하자가 있는 경우에 한하여 특정물도그마를 인정하는 숄마이어의 이론은 학설과 판례의 지지를 얻어 개정 전 독일민법하에서 통설적 견해가 되었으며,[84] 일본민법학을 통하여 우리 민법학에 많은 영향을 미쳤다. 그러나 독일민법은 2002년 「채무법현대화법」에 의하여 「원시적불능무효론」을 폐기하고(BGB §311a I),[85] 매도인의 「하자 없는 완전물인도의무」를 명문으로 규정함으로써(BGB §433 I),[86] 「특정물도그마」를 전제로 하는 「법정책임설」을 폐기하였다.

(B) 「원시적불능무효론」과 「특정물도그마론」의 학설계수 「법정책임설」은 '특정물매매에 있어서 계약체결 시에 목적물에 치유불능의 하자가 있는 경우(이른바 「원시적 하자」)에는 하자 없

82) 개정 전 독일민법 제459조(물건의 하자에 대한 책임) (1) 물건의 매도인은 매수인에 대하여, 물건의 위험이 매수인에게 이전된 때의 가치, 또는 통상의 사용 또는 계약상 예정된 사용에 대한 적합성을 소멸시키거나 감소시키는 결함을 물건이 가지지 아니할 것에 대하여 책임을 부담한다. 가치 또는 적합성의 중요하지 아니한 감소는 고려되지 않는다. (2) 매도인은 또한 물건이 위험이전 시에 보증된 성질을 갖는다는 것에 대하여 책임을 부담한다.

83) Friedrich Schollmeyer, Erfüllungspflicht und Gewährleistung für Fehler beim Kauf, 1905, JJ. Bd.49, S.93 ff. (北川善太郎, 「契約責任の研究」, 有斐閣, 1982, 140 이하 참조).

84) 개정 전 독일민법하에서의 「특정물도그마」 이론에 관한 상세는 北川善太郎, 상게서, 139 이하 참조.

85) 독일민법 제311a조(계약체결 시의 원시적 급부장애) (1) 채무자가 제275조 제1항 내지 제3항의 규정에 의하여 급부할 필요가 없고, 급부장애가 계약체결 당시 이미 존재하고 있었다는 사정은 계약의 효력에 영향을 미치지 아니한다.

86) 전게 주 77 참조.

는 물건을 급부한다는 것 자체가 처음부터 불가능하므로, 하자 없는 물건의 급부의무를 내용으로 하는 매매계약은 원시적 불능을 목적으로 하는 계약이 된다'고 한다. 즉, '특정물매매에서 매도인이 하자 없는 물건의 인도의무(이른바 「완전물급부의무」)를 부담한다고 가정하면, 목적물에 치유불능의 원시적 하자가 있는 경우에는 「하자 없는 물건의 인도의무」를 내용으로 하는 특정물매매 자체가 원시적 불능을 목적으로 하는 계약으로서 무효가 될 수밖에 없는데, 이는 계약의 유효를 전제로 하는 하자담보책임제도와 모순되므로, 매도인의 하자 없는 완전물급부의무는 목적물에 치유불능의 원시적 하자가 있는 특정물매매에서는 부정되어야 하며, 하자담보책임은 이행의무와는 관계가 없는 법정책임이라고 보아야 한다'는 것이다.[87] 이러한 이유에서 「법정책임설」은 '매도인의 하자담보책임이 인정되는 경우는 매매목적물에 치유불능의 원시적 하자가 있는 경우에 한정된다'고 해석한다.[88] 이와 같이 「법정책임설」은 치유불능의 원시적 하자가 있는 특정물매도인의 하자담보책임의 본질에 국한된 논의에 불과하다고 보아야 할 것인데,[89] 학설 중에는 이를 오해하여 권리하자의 경우를 포함한 모든 담보책임의 법적 성질이 법정책임이라고 주장하는 견해가 많다.[90]

(C) 그 밖의 법정책임설의 논거 법정책임설은 「특정물도그마」와 「원시적불능무효론」 이외에도 다음과 같은 두 가지 점을 논거로 들고 있다.

a) 하자담보책임제도의 연혁 하자담보책임은 로마 공화정 말기에, 매매목적물의 하자가 있는 경우에도 매수인에게 특별한 구제수단이 주어지지 않았던 시민법의 흠결을 보충하기 위하여, 로마시장(市場)의 감독관인 「안찰관(按察官)」(aedilis curulis)이 교활한 노예상인으로부터 선량한 매수인을 보호하기 위하여 발하였던 고시(告示)에 의하여 인정되었던 「안찰관소권(按察官訴權)」(actio edilis curulis)에서 기원된 제도라는 데는 이설이 없다. 일본에서는 '로마법상의 안찰관소권은 매수인의 신뢰보호를 근본사상으로 하여 매도인의 주관적 요소(過失)를 요건으로 하지 않았으며, 이러한 로마법상의 특수한 매도인의 책임이 근대민법에 계수되어 오늘날과 같은 하자담보책임이 되었다는 제도의 연혁을 고려할 때, 하자담보책임의 본질은 선의의 매수인의 신뢰이익을 보호하기 위한 법정책임이라고 보아야 한다'는 견해가 있다.[91] 우리나라에서도 '담보책임의 본질은 채무불이행책임이지만 연혁상의 이유로 법정책임으로 규율되어 있을 뿐'이라는 일부 일본학자들의 주장에 추종하는 견해가 있다.[92]

---

87) 어인의, "하자담보책임의 본질", 판례월보 226호, 1989/7, 26; 김증한·김학동 235 참조.
88) 최식, "매주(賣主)의 담보책임과 불완전이행과의 관계", 법정, 1967/12, 49; 이영환, "하자담보책임의 본질에 관한 이론의 재검토", 고시연구 16권 12호, 1989/12, 121; 주석채권각칙(Ⅰ)/김현채, 543 참조.
89) 곽윤직, 138; 김석우, 182~183; 김증한/김학동, 232 이하 참조.
90) 이영환, "종류매매와 하자담보책임 -불완전이행과의 관계를 중심으로-", 법정 76호, 1977/6, 122; 주석채권각칙(Ⅰ)/김현채, 548; 김기선, 133; 이태재, 174; 김현태, 117 참조.
91) 柚木馨, 「賣主瑕疵擔保責任の研究」(有斐閣, 1963), 15~16 참조.

b) 실정법적 근거 학설 중에는 '다음과 같은 점을 근거로 우리 민법이 「법정책임설」을 취하고 있다'고 주장하는 견해가 있다.[93] 즉, ① 담보책임이 채무불이행책임이라면 무상계약인 증여에서도 인정되어야 할 것이나, 우리 민법은 증여에 대해서는 원칙적으로 담보책임을 인정하지 않고 있다는 점(559조 1항), ② 채무불이행에 기한 손해배상은 채권자의 선의·악의를 묻지 않으나, 담보책임에 기한 손해배상은 매수인의 선의를 요한다는 점(570조 단서, 575조, 580조 1항), ③ 채무불이행책임은 채무자의 귀책사유를 요하는 과실책임임에 반하여 담보책임은 매도인의 귀책사유를 요구하지 않는 무과실책임이라는 점, ④ 토지매매와 같은 수량지정매매의 경우, 계약 당시에 수량이 부족한 경우는 이론상 원시적 일부불능이고 그 부분에 관하여서는 채무가 성립하지 않으며, 따라서 채무불이행의 문제는 생기지 않을 것임에도 불구하고 매도인의 담보책임이 인정되고 있다는 점(574조) 등을 고려하면, 우리 민법은 「법정책임설」을 취하고 있다고 볼 수 있다고 한다.

(나) 채무불이행책임설(債務不履行責任說)

이는 '매도인의 담보책임은 유상계약인 매매계약에서의 당사자의 형평을 기하기 위하여 무과실책임으로 구성되어 있으나, 그 본질은 채무불이행책임으로 보아야 한다'는 견해이다. 이 견해는 '특정물매도인의 하자담보책임을 포함한 매도인의 담보책임의 본질은 하자 없는 완전한 권리 또는 물건을 급부하여야 할 의무(이하 「완전물급부의무」로 약칭)를 위반한 매도인의 채무불이행에 기한 책임이라고 파악하여야 한다'고 주장한다.[94]

이 견해의 이론적 기초는 「특정물도그마」를 부인하고 특정물매도인의 완전물급부의무(하자 없는 완전한 물건의 급부의무)를 인정하는 데 있다. 즉, '매매의 목적물에 치유불능의 원시적 하자가 있더라도 매도인이 하자 있는 물건을 급부하는 것은 매도인의 완전물급부의무 위반에 기한 채무불이행(불완전이행)에 해당한다'는 것이다. 이 견해가 들고 있는 논거는 다음과 같다.

(A) 「권리조달의무」라는 당위적 측면 학설 중에는 매도인의 「권리조달의무」라는 법적 당위를 「채무불이행책임설」의 이론적 근거로 드는 견해가 있다.[95] 이 견해는 「법정책임설」에 대하여 '특정물에 하자가 있더라도 그 현상대로 인도하면 완전한 이행이 된다는 것은 특정물급부의무를 사실적 측면에서만 파악하고, 매도인의 권리공여의무라는 당위적 측면을 도외시

92) 곽윤직, 138 참조.
93) 김석우, 182; 김증한/김학동, 235; 이태재, 174 참조.
94) 안법영, "매매목적물의 하자로 인한 손해배상 -후속손해의 배상과 책임귀속의 규준을 중심으로-", 민사법학 11·12호(한국민사법학회, 1995/2), 202 참조; 안춘수, "하자담보법상의 문제점 -채무불이행책임설의 입장에서 특정물매매를 중심으로-", 민사법학 11·12호(한국민사법학회, 1995/2), 419 이하; 김주수, 182; 김형배, 318 참조.
95) 김형배(채권총론), 224 이하 참조.

하는 것'이라고 비판하고, '하자담보책임을 채무불이행책임과는 단절된 것으로 볼 수는 없다'고 주장한다.

(B) 연혁적·비교법적 근거　학설 중에는 '하자담보책임제도는 로마법상의 「안찰관소권」에서 유래한 것인데, 「법정책임설」의 주장과는 달리, 로마법의 「안찰관소권」에 있어서의 매도인의 책임은 매도인의 하자고지의무위반에 근거한 것이었으므로, 이를 매수인의 신뢰이익보호를 위한 법정책임으로 해석하는 것은 부당하다'는 견해가 있다.[96] 이 견해는 하자담보책임의 연혁을 근거로 들고 있는 「법정책임설」의 주장을 반박하여, '담보책임은 채무불이행책임으로 형성·발달한 것이고, 이에서 무과실신뢰책임이 안찰관의 고시법을 중심으로 분화 발달된 것인바, 법정책임설은 담보책임제도의 역사적 발달과정과도 일치하지 않는다'고 주장하고 있다.

(C) 실정법적 근거　학설 중에는 '특정물매도인의 하자담보책임을 규정하고 있는 제580조 자체를 채무불이행책임설의 실정법적 근거로 보아야 한다'는 견해도 있다.[97] 즉, '의무란 그의 위반에 대해 법적 책임을 지는 것을 말하기 때문에, 특정물에 하자가 있는 때에 매도인에게 담보책임을 지우는 제580조로부터 매매계약의 매도인은 하자 없는 물건을 인도할 의무가 있음을 추론해낼 수 있다'는 것이다. 또한 학설 중에는 '하자담보책임의 효과인 해제 및 손해배상 규정의 성질 자체가 채무불이행책임설의 실정법적 근거'라고 주장하는 견해도 있다.[98] 이 견해는, ① '우리 민법은 법정책임의 본질적 귀속효과인 매수인의 대금감액청구권을 규정하지 않았고, 더욱이 하자로 인한 해제요건이 가중되어 일반채무불이행으로 인한 해제의 사유와 아무런 차이가 없으므로, 현행법상의 해제는 채무불이행으로 인한 해제이지 법정책임상의 특수한 해제는 아니며, ② 매도인의 과실을 전제로 하지 아니한 손해배상책임이란 순수한 위험책임이라고 할 것이나, 손해보험의 인수자도 아닌 매도인에게 그러한 위험책임을 부담하게 한다는 것은 책임법체계의 붕괴를 의미하는 결과가 되는바, 이러한 결과는 결코 승인될 수 없기 때문에, 하자담보책임의 본질을 법정책임으로 이론구성하는 경우에는 우리 민법 제580조와 제581조의 손해배상책임을 설명할 수 없다'고 주장한다.[99]

(D) 상식론　학설 중에는 '상식적으로 특정물도그마는 부인되어야 한다'는 이른바 「상식론」을 「채무불이행책임설」의 논거로 드는 견해도 있다.[100] 이 견해는, ① '불완전한 물건이라도 인도하면 법률적으로 매도인의 의무를 다했다고 하는 것은 상식에 어긋나며, 하자 없는

96) 조규창, "물건의 하자담보책임 -현행법규정의 비판적 고찰-", 법학논집 21집(고려대법학연구소, 1983), 228 이하 참조.
97) 이은영, 210 참조.
98) 조규창, 전게논문(주 96), 257 참조.
99) 상게논문, 258~259 참조.
100) 황적인, "하자담보책임의 법적 성질", 고시계 265호, 1979/3, 83 참조.

특정물을 급부하는 것을 이행의무의 내용으로 하여야 한다'고 주장한다. 또한 ② '우리 민법 제581조는 불특정물에도 하자담보책임을 인정하고, 완전물급부청구권을 인정하고 있는데, 이는 하자담보책임의 본질이 불완전이행이라는 것을 말해주는 것'이라고 주장한다.

2) 판례의 입장

구 의용민법하에서의 대법원판례는 담보책임의 본질에 관하여 「법정책임설」의 입장을 취하고 있었다(대법원 1957.10.30.선고, 4290민상552 판결). 그러나 민법 제정 이후 타인물매도인의 손해배상책임을 「이행이익의 배상」이라고 판시한 대법원 1967.5.18.선고, 66다2618 전원합의체 판결을 분기점으로 하여 판례는 「채무불이행책임설」의 입장으로 선회하였다고 할 수 있다. 다만, 담보책임의 본질에 관한 판례의 입장이 반드시 명확하다고 할 수는 없다.

판례가 '「특정물도그마」를 인정하고 이를 기초로 특정물매도인의 하자담보책임의 본질을 채무의 완전한 이행에도 불구하고 형평을 고려하여 법률이 특별히 인정한 법정책임으로 볼 것인가, 아니면 「특정물도그마」를 부인하고 매도인의 하자 없는 완전물급부의무를 인정함으로써 특정물매도인의 하자담보책임을 본질을 채무불이행책임의 일종으로 파악할 것인가?' 하는 문제에 대하여 직접적으로 판단을 내린 사례는 찾아볼 수 없기 때문이다. 그러나 담보책임의 본질에 관한 판례의 입장을 간접적으로 유추할 수 있는 판결들은 다수 존재하므로, 이들 판결들을 분석함으로써 판례의 입장을 추론해낼 수는 있는데, 사견으로는 판례가 담보책임의 본질을 채무불이행책임으로 보는 「채무불이행책임설」의 입장을 취하고 있다고 생각한다.

(가) 권리하자로 인한 담보책임의 본질

민법 시행 초기의 대법원판결 중에는 타인물매매에 있어서의 매도인의 담보책임으로서의 손해배상을 신뢰이익의 배상을 내용으로 하는 무과실의 법정책임으로 파악한 사례가 있다(대법원 1960.4.21.선고, 4292민상385 판결). 그러나 대법원이 1967.5.18.선고, 66다2618 전원합의체판결에 의하여 종전의 판례를 폐기하고 '타인권리매도인의 손해배상은 이행이익의 배상을 내용으로 한다'고 판시한 이후에는 「채무불이행책임설」로 그 입장을 전환하였다. 즉, 판례는 타인권리매도인의 담보책임을 채무불이행책임의 일종으로 보아야 한다는 것을 전제로, ① '타인물매매에서 매수인이 담보책임으로서 제570조에 기한 손해배상을 청구함에 있어서 매수인에게도 과실이 있는 경우에는 그 과실을 참작하여야 한다'고 판시함으로써, 담보책임에 「과실상계의 법리」를 적용하였으며(대법원 1971.12.21.선고, 71다218 판결), ② '손해배상액을 산정함에 있어서 그 기준시기는 이행불능이 확정된 때를 기준으로 하여야 한다'는 입장을 취하였으며(대법원 1987.7.7.선고, 86다카2943 판결),[101] ③ '제570조의 매수인의 해제권은 일종의 법정해제권으로

101) 판례평석: 양창수, "타인의 물건에 관한 대물변제계약으로 인한 책임", 민법연구 2권(박영사, 1991/9),

서, 그 행사의 효과로서 발생하는 원상회복의무에 관하여는 법정해제권의 효력에 관한 제548조 제2항의 규정이 적용된다'고 판시한 바 있다(대법원 1974.3.26.선고, 73다1442 판결).

▪ 타인물매도인의 담보책임으로서 이행이익의 배상을 인정한 사례 [1] 매매의 목적이 된 권리가 타인에게 속한 경우에 매도인이 그 권리를 취득하여 매수인에게 이전할 수 없을 때에는, 매매의 목적이 된 권리가 매도인에게 속하지 아니함을 알지 못한 매수인이 매도인에 대하여 손해배상을 청구함에는, 매도인은 계약이 완전히 이행된 것과 동일한 경제적 이익을 배상하여야 하므로, 그 손해는 매수인이 입은 손해뿐만 아니라 얻을 수 있었던 이익의 상실도 포함된다. [2] 위 경우의 손해액의 산정은 일반채무불이행으로 인한 손해배상액의 확정시기와 마찬가지로, 원칙으로 매매의 목적이 된 권리를 취득하여 이전함이 불능하게 된 때의 시가를 표준으로 하여 결정할 것이므로, 매매계약의 해제를 전제로 이행에 대신하는 전보배상을 청구하는 경우에는 특별한 사정이 없는 한 매수인이 받을 이행에 대신하는 손해배상액은 해제당시의 목적물의 시가를 표준으로 하여 결정할 것이다. (대법원 1967.5.18.선고, 66다2618 전원합의체판결)[102]

(나) 하자담보책임의 본질

민법제정 초기에 「법정책임설」을 취한 일부 판결을 제외하면, 아직까지 하자담보책임의 본질을 정면으로 언급한 대법원판결은 찾을 수 없으며,[103] 사안의 성질상 하자담보책임의 법리를 적용하여야 할 경우에도 일반 채무불이행책임 또는 불법행위의 문제로 다룬 사례가 많다. 따라서 하자담보책임의 본질에 관한 한 판례의 입장은 불명확하다고 할 것이다. 다만, 하자담보책임의 본질에 관하여 직접적으로 언급하지는 않았으나 사안의 성질상 하자담보책임의 본질론과 관련이 있다고 생각되는 사례들은 많다.

(A) 종류물매도인의 하자담보책임에 관한 판례 대법원은 ① 매수인에게 인도된 감자종자가 잎말림병에 감염되어 매수인이 피해를 입은 사건에서, 매수인의 신뢰이익(감자종자의 하자에 기인한 매수인의 손해배상의 범위는 매수인이 실제로 들인 비용에서 매수인이 소득한 금액을 공제한 금액)을 기준으로 손해배상액을 산정한 원심을 파기하고, '이행이익의 일종인 일실이익(매수

251 이하.

102) 판례평석: 유현석, "타인의 권리매매와 손해배상의 범위 및 산정시기", 판례연구 3집(서울변호사회, 1978), 147 이하. 같은 취지: 대법원 1974.6.11.선고, 73다141 판결; 대법원 1978.7.11.선고, 78다733 판결; 대법원 1979.4.24.선고, 77다2290 판결; 대법원 1980.3.11.선고, 80다78 판결; 대법원 1993.1.19.선고, 92다37727 판결; 대법원 2004.12.9.선고, 2002다33557 판결.

103) 하급심판결 중에는 '종류물매도인의 하자담보책임으로서의 손해배상을 신뢰이익(매수인이 매매목적물에 하자가 없다고 믿었기 때문에 받은 손해)의 배상을 내용으로 하되, 이행이익(매도인이 매수인에게 하자 없는 물건을 인도하였을 경우에 매수인이 얻었을 이익)을 한도로 하는 것'이라고 판시한 사례가 있으며(서울민사지법 1988.11.9.선고, 88나1621 판결), 「법정책임설」의 입장에서 특정물매도인의 하자담보책임의 본질을 '매매목적물의 원시적인 일부불능으로 인하여 계약의 일부가 무효로 된 데 대한 책임이며, 그 손해배상의 범위는 하자 없는 것으로 믿은 데 대한 신뢰이익의 배상으로서, 특단의 사정이 없는 한 매수인이 지급할 매매대금 중에서 매매계약 체결 당시에 있어서의 하자 있는 목적물의 객관적인 거래가격을 공제한 잔액에 한정된다'고 판시한 사례도 있다(서울고법 1986.6.5.선고, 85나4190 판결).

인이 감자를 식재, 경작하여 정상적으로 얻을 수 있었던 평균수입금에서 실제로 소득한 금액을 제한 나머지)을 기준으로 손해배상액을 산정하여야 한다'고 판시한 바 있다(대법원 1989.11.14.선고, 89다카15298 판결). 이는 사안의 성질상 종류물매도인의 하자담보책임으로서의 손해배상을 규정한 제581조가 적용된 사례라고 할 수 있는데, 이 판결이 그 손해배상의 범위를 이행이익으로 확대한 것은 종류물매도인의 하자담보책임의 본질을 채무불이행책임으로 본 것이라고 할 수 있다. ② OEM방식으로 제작·납품받은 등산화가 견본과 달리 불량하여 피해를 입은 수입업자가 불량원단을 제공한 수출업자를 상대로 손해배상을 청구한 사건에서, 매도인의 하자담보책임을 '계약내용에 따른 하자 없는 완전한 제품을 제작·공급할 의무의 위반에 기한 책임'이라고 판시함으로써, 종류물매도인의 하자담보책임의 본질을 채무불이행책임으로 본 바 있다(대법원 1995.6.30.선고, 94다23920 판결).

(B) **특정물매도인의 하자담보책임에 관한 판례** 이론적으로 가장 문제되는 특정물매도인의 하자담보책임의 본질에 관하여 판례는 아직 명확한 입장을 밝히고 있지 않다. 즉, ① 대법원은 매매의 목적물인 토지의 일부가 제방 및 하천으로 되어 있어 공장부지로 사용할 수 없게 된 매수인이 매도인을 상대로 손해배상을 청구한 사건에서, 매도인이 배상하여야 할 매수인의 손해를 '매매 당시의 공장부지로서의 토지의 시가상당액에서 제방 및 하천으로서 하자 있는 상태의 시가상당액을 공제한 금액'이라고 판시한 원심을 파기하고, 매수인의 손해는 '토지와 건물 및 시설물의 각 시가를 개별적으로 평가하여 그 비율을 알아낸 다음 그 비율에 의하여 매매대금액 중 토지대금상당액을 산출하여야 한다'고 판시한 바 있다(대법원 1985.11.12.선고, 84다카2344 판결). 이 판결은 이행불능 시의 목적물의 시가상당액을 손해배상액의 산정기준으로 보는 판례의 입장(대법원 1990.12.7.선고, 90다5672 판결 등)을 하자담보책임에 있어서의 손해배상액의 산정기준에 그대로 적용한 것인데, 이는 판례가 특정물매도인의 하자담보책임의 본질을 채무불이행책임으로 파악하고 있음을 간접적으로 보여주는 판결이라고 평가할 수 있다. ② 대법원은 공장과 그 부속건물일체 및 영업권을 양도하기로 하는 내용의 영업양도계약의 이행으로 매도인으로부터 인도받아 사용하던 기숙사 건물이 폭발하여 인명피해가 발생한 사건에서, '양도목적물의 숨은 하자로부터 손해가 발생한 경우에, 양도인이 양수인에 대하여 부담하는 하자담보책임은 그 본질이 불완전이행책임으로서, 본계약 내용의 이행과 직접 관련된 책임'이라고 판시하였는데(대법원 1992.4.14.선고, 91다17146·17153 판결), 이는 특정물매도인의 하자담보책임의 본질을 채무불이행의 일종인 「불완전이행책임」이라고 밝힌 최초의 사례라고 생각된다. ③ 대법원은 '토지의 매도인이 성토작업을 하면서 다량의 폐기물을 은밀히 매립하고 그 위에 토사를 덮은 다음 정상적인 토지임을 전제로 도시계획사업을 시행하는 공공사업시행자와 협의취득절차를 진행하여 이를 매도함으로써 매수인으로 하여금 그 토지의 폐기물처리

비용 상당의 손해를 입힌 경우, 매도인은 이른바 불완전이행으로서 채무불이행으로 인한 손해배상책임을 부담하고, 이는 하자 있는 토지의 매매로 인한 민법 제580조 소정의 하자담보책임과 경합적으로 인정된다'고 판시한 바 있다(대법원 2004.7.22.선고, 2002다51586 판결).[104] 이 판결은 특정물매도인의 하자담보책임과 채무불이행책임이 경합할 수 있음을 명확히 한 최초의 판결이라는 점에 의미가 있으나, 이 판결이 특정물매도인의 하자담보책임의 본질을 채무불이행책임의 일종으로 파악한 것인지의 여부는 불분명하다.

3) 학설·판례의 검토

(가) 「법정책임설」에 대한 검토

(A) 「특정물도그마」의 이론적 타당성 여부 「법정책임설」의 이론적 기초를 이루고 있는 「특정물도그마」는 「원시적불능무효론」을 전제로 하여 수립된 이론이다. 따라서 「법정책임설」의 타당성 여부는 「특정물도그마론」과 그 이론적 전제인 「원시적불능무효론」의 타당성 여하에 달려있다.

a) 「특정물도그마」의 타당가능영역

(ⅰ) 특정물채무자의 「현상인도의무」를 규정한 제462조 등에 관하여 민법은 제374조에서 특정물인도채무자의 「선관주의의무」를 규정하고 있으며, 제462조에서는 특정물인도채무자의 「현상인도의무」를 규정하고 있다. 또한 제467조 제1항은 '특정물의 인도채무는 채권성립 당시에 그 물건이 있던 장소에서 이행하여야 한다'는 이행장소의 특칙을 규정하고 있다. 그런데 「법정책임설」을 지지하는 학자들 중에는 '특정물인도채무자의 현상인도의무에 관한 제462조는 「특정물도그마론」을 입법화한 규정'이라고 이해하는 견해가 많다. 그러나 우리 민법 제462조는 '선관주의의무를 다한 자는 손해배상책임을 면한다'는 취지의 규정으로서, 「특정물도그마」와는 아무런 관계가 없는 개정 전 프랑스민법 제1245조[105]에서 유래된 규정이다.[106] 또한 특정물인도채무에 있어서의 이행장소의 특칙을 규정하고 있는 제467조 제1항의 규정도 「특정물도그마」와 아무런 관련이 없는 규정이다. 즉, 우리 민법에는 「특정물도그마」를 인정한 명문규정은 물론 이를 전제로 한 규정도 존재하지 않는다. 그러므로 '우리 민법의 해석상 「특정

---

104) 판례평석: 남효순, "하자담보책임상 귀책사유 있는 매도인의 손해배상책임: 손해배상의 범위와 채무불이행책임의 경합", 판례실무연구Ⅶ(박영사, 2004/12), 434 이하; 송인권, "매도인의 담보책임과 채무불이행책임의 경합", 법조 55권 4호(법조협회, 2006/4), 203 이하; 임건면, "하자담보책임과 채무불이행책임과의 관계", 「로스쿨계약법」(청림출판, 2006/3), 352 이하; 김재형, 「민법판례분석」, 254 이하; 拙稿, "하자담보책임과 채무불이행책임의 경합", 민사법학 28호(한국민사법학회, 2005/6), 153 이하.

105) 개정 전 프랑스민법 제1245조: 특정물인도채무자는 물건의 훼손이 그 자신 또는 그가 책임져야 할 사람 자신의 행위이거나 과책으로 말미암아 발생하였거나, 물건이 훼손되기 전에 그가 이행을 지체한 경우가 아닌 한, 인도 당시의 상태대로 그 물건을 인도함으로써 면책된다.

106) 제462조의 입법연혁에 대해서는 拙稿, "특정물채무자의 현상인도의무에 관한 연구 -민법 제462조의 입법연혁을 중심으로-", 중앙법학 15집 4호(중앙법학회, 2013/12), 89 이하 참조.

물도그마」를 인정할 수 있는가?' 하는 문제는 전적으로 학설과 판례에 맡겨져 있다고 보아야 할 것이다.

(ii) **부대체물인 특정물의 인도채무에 있어서 「특정물도그마」의 적용** 「특정물도그마」의 이론적 근거를 「원시적불능무효론」에서 찾는다면, '「특정물도그마」가 적용될 수 있는 「특정물」은 당사자의 의사표시에 의한 특정물이 아니라 물건의 객관적 성질상 다른 물건에 의하여 대체될 수 없는 부대체물인 특정물에 한정된다'고 보아야 할 것이다. 왜냐하면 대체물은 종류물로 거래될 수도 있는 물건이므로, 당사자의 의사표시에 의하여 특정되어 특정물로 거래되었다고 해서 '하자 없는 물건의 이행이 원시적으로 불가능하다거나 논리적으로 불가능하다'고 할 수 없기 때문이다.[107] 이와 같이 「특정물도그마」는 '목적물이 치유될 수 없는 원시적 하자가 있는 부대체물인 경우'에 한하여 적용될 수 있는 극히 제한적인 적용범위를 가지는 이론에 불과하다. 그러므로 매매목적물이 당사자의 의사에 의한 특정물인지 부대체물인 특정물인지 여부를 구분하지 않고 일률적으로 「특정물도그마」를 인정하거나,[108] 나아가 '권리하자담보책임에까지 「특정물도그마」가 적용될 수 있다'고 이해하고 있는 견해는 '「법정책임설」의 타당범위를 오해하고 있다'는 비판을 면하기 어렵다.

한편 「채무불이행책임설」을 취하는 학설 중에는 '우리 민법의 해석상 특정물도그마와 이를 기초로 하는 법정책임설은 받아들일 수 없다'고 하여, 「법정책임설」의 성립가능성을 전면적으로 배척하는 견해가 있으나,[109] 이는 타당하지 않다. 왜냐하면 부대체물인 특정물매매에서 계약체결 당시에 이미 목적물에 하자가 존재하고(원시적 하자), 그 하자의 보수가 불가능한 경우에는(치유불능의 하자), 하자 없는 물건의 급부는 '논리적으로' 불가능하다고 할 수 있기 때문에, '치유될 수 없는 원시적 하자가 있는 부대체물인 특정물에 한하여 「특정물도그마」가 적용된다'고 전제하면, 「특정물도그마」를 기초로 하는 「법정책임설」도 이론상 성립할 수 있기 때문이다.

(iii) **「특정물도그마」의 적용이 가능한 경우** '치유할 수 없는 원시적 하자가 있는 부대체물'로서 「특정물도그마」가 적용될 수 있는 대표적인 경우는 부동산매매이다. 부동산은 대표적인 부대체물로서 치유 불능의 원시적 하자가 있는 부동산을 매매한 경우에 「특정물도그마」가 적

107) '당사자의 의사에 의하여 대체물이 거래의 객체로 특정된 경우라고 하더라도, 채무자가 하자 없는 동종의 다른 물건으로 급부한 경우에 채무불이행책임을 물을 수는 없다'는 데 이설이 없으며, 제463조 내지 제465조의 규정은 이러한 법리를 전제로 하는 규정이다.

108) 「법정책임설」을 지지하는 학설 중에는 '종류매매에 있어서 매도인의 담보책임으로 인정하고 있는 완전물급부청구권은 채무불이행설에 의함이 옳을지 모르지만, 매매의 목적물을 지정한 경우, 그 후 특정된 목적물에 하자가 있으면 불완전이행의 문제와 아울러 담보책임의 문제가 생긴다'고 함으로써, 특정물도그마에 기한 「법정책임설」의 적용범위를 종류물이 특정된 경우로 확장하면서도 불완전이행과의 경합을 인정하는 입장을 취하는 견해도 있다(어인의, 전게논문(주 87), 26 참조).

109) 서민, "매도인의 담보책임의 본질", 인권과 정의 279호(대한변호사협회, 1999/11), 152 참조.

용될 수 있다는 점에 대해서는 이론상 의문이 없다. 다만, 토지매매의 경우에는 「법률적 하자」 이외에는 목적물에 치유 불능의 원시적 하자가 있는 경우는 상정하기 어려우며,[110] 신축건물에 원시적 하자가 있는 경우에는 이론상 「특정물도그마」가 적용될 수 있다고 할 것이나,[111] 건축법 등 특별법에 의하여 특정물매도인의 하자담보책임에 관한 민법의 규정이 배제되고 있다는 점에 유의하여야 한다.[112]

동산매매의 경우에는 위조된 고서화(古書畵)나 도자기 등의 골동품, 부대체물로 인정될 수 있는 극히 일부의 애완동물을 제외하면 「특정물도그마」가 적용될 수 있는 '치유할 수 없는 원시적 하자가 있는 부대체물'인 특정물을 상정하기 어렵다. 그러므로 「특정물도그마」를 기초로 하는 「법정책임설」에 따르면, '특정물매도인의 하자담보책임에 관한 제580조는 치유불능의 원시적 하자가 있는 부대체물인 부동산과 고서화나 골동품, 부대체물로 인정할 수 있는 일부 애완동물의 매매에 대하여서만 적용될 수 있는 규정에 불과하다'는 결론에 도달한다.

b) 이른바 「연혁적 근거」에 대한 검토 전술한 바와 같이, 일본의 학설 중에는 '하자담보책임제도는 로마시대의 안찰관소권에서 유래된 것이므로 신뢰이익의 배상을 내용으로 하는 법정책임설이 타당하다'고 주장하는 견해가 있는데,[113] 우리나라에서도 이와 비슷한 주장을 하는 견해가 있다.[114] 그러나 공화정시대 로마법의 안찰관소권은 매수인에게 「대금반환소권」(actio redhibitoria)과 「대금감액소권」(actio quanti minoris)의 두 가지 소권을 내용으로 하고 있었을 뿐이며 「손해배상소권」까지 내용으로 한 것은 아니었고,[115] 고전기 로마법에 있어서도 하자로 인한 손해배상은 안찰관소권이 아니라 매도인의 악의를 요건으로 시민법상의 「매수인

110) 「안산폐기물매립사건」(대법원 2004.7.22.선고 2002다51586 판결)에서 보듯이, 재건축 또는 재개발이 활성화되면서 재건축을 목적으로 매입한 토지에 폐기물이 매립되어 분쟁이 발생하는 경우가 빈발하고 있는데, 이 경우는 원시적 하자임에는 틀림이 없으나 이를 '치유 불능의 원시적 하자'라고 할 수는 없으므로, 이러한 사건에 「특정물도그마」가 적용될 수는 없다고 할 것이다.

111) 중고 주택·건물의 매매계약에 있어서 치유 불능의 원시적 하자가 있는 경우도 신축건물매매의 경우와 마찬가지로 「특정물도그마」가 적용될 수 있으나, 이 경우에는 성질상 또는 당사자의 합의에 의하여 하자담보책임이 면책되는 경우가 대부분이므로, 실제로 「특정물도그마」가 문제될 여지는 없다고 할 것이다.

112) 이에 관한 상세는 拙稿, "아파트분양계약의 사법상의 법률관계", 한독법학 13호(한독법학회, 2002/8), 526 이하 참조.

113) 柚木馨, 전게서(주 91), 167 이하 참조.

114) 곽윤직, 138 참조.

115) 고전기의 시민법에서는 매매목적물에 하자가 있다는 사실 그 자체에 대해서는 어떠한 구제수단도 주어지지 않았으며, 성상의 착오도 계약의 효력에 영향을 미치지 않았기 때문에, 매수인의 착오에 기한 신뢰를 보호하기 위하여 안찰관이 고시에 의하여 매도인에게 하자의 고지의무를 부과하고 그 위반에 대하여 대금반환소권(해제소권)과 대금감액소권을 부여한 것이 「안찰관소권」이었는데, 하자로 인한 손해배상은 안찰관소권으로는 전보될 수 없었으며, 오로지 시민법상의 「매수인소권」이나 「문답계약소권」에 의해서만 가능하였다고 한다(北川善太郎, 전게서(주 83), 100 이하 참조).

소권」(actio empti) 또는 「문답계약소권」(actio ex stiplatu)에 의해서만 소구가 가능한 것이었으므로,[116] '로마법의 안찰관소권이 신뢰이익의 배상을 내용으로 하는 법정책임이었다'는 주장은 수긍하기 어렵다. 설사 하자담보책임의 기원인 공화정시대의 로마법의 안찰관소권이 신뢰이익의 배상을 내용으로 하고 있었다고 하더라도, 이러한 제도의 연원을 근거로 '하자담보책임의 본질을 반드시 법정책임으로 보아야 하는가?' 하는 것은 의문이다.

고대 로마법에서의 하자담보책임은 노예매매와 가축매매에 있어서 목적물인 노예나 가축에 치유할 수 없는 원시적 하자가 있는 경우에 한정하여 적용된 특수한 규범에 불과한 것이었다는 점을 고려하면, 목적물에 대한 제한이 없는 현행민법상의 하자담보책임의 법적 성질을 고대 로마법상의 「안찰관소권」과 같다고 보기는 어려울 뿐만 아니라, 현대민법의 관점에서 본다면, 고전기 로마법상의 하자로 인한 손해배상의 법적 성질은 오히려 매도인의 귀책사유를 요건으로 한 채무불이행책임으로 보아야 할 것이다. 또한 근대민법의 하자담보책임제도는 시민법 외적 존재였던 고전기 로마법의 안찰관소권을 계수한 것이 아니라, 시민법 내적 존재로 전환되어 계약책임으로서 시민법에 통합된 유스티니아누스 법상의 안찰관소권이 계수된 것이므로,[117] 고전기 로마법의 안찰관소권이 일부 학자들의 주장과 같이 신뢰이익의 배상을 내용으로 하는 법정책임이었다고 하더라도 이를 근거로 현행민법상의 하자담보책임의 법적 성질을 신뢰이익의 배상을 내용으로 하는 법정책임이라고 단정하기는 어렵다 할 것이다.[118]

c) 이른바 「논리적 불능론」에 대하여 치유(보수)가 불가능한 하자가 계약체결 이전에 원시적으로 존재하는 경우에 매도인의 하자 없는 물건의 급부의무의 이행은 물리적으로 불가능하다고 할 수밖에 없음은 물론이다. 그러나 법은 당위의 규범이므로 물리적으로 불가능하다고 보이는 것도 당위규범으로서의 법은 명령할 수 있고 실제로 명령하고 있다. 예컨대, 민법은 타인물매매의 경우에도 계약을 유효로 규정하고, 매도인에게 재산권이전의무를 규정하고 있다(569조). 또한 원시적 하자라 할지라도 그 보수가 가능한 경우에는, 이를 「원시적 불능」 내지 「논리적 불능」이라고 할 수 없음은 물론이다.

법은 하자가 있는 상태 그대로의 이행의무를 매도인에게 부과할 수도 있지만, 반대로 있어야 할 상태로 이행할 의무인 「하자 없는 특정물의 인도의무」를 부과할 수도 있는 것이며,

---

116) 조규창, 전게논문(주 96), 236 참조.

117) 노예와 가축 이외의 모든 종류의 물건의 매매에 대하여 일반적으로 안찰관소권이 인정된 것은 유스티니아누스 황제의 칙령에서 비롯된 것이며, 유스티니아누스 황제시대 이전의 로마법상의 안찰관소권은 노예와 가축의 매매에서 목적물에 치유할 수 없는 원시적 하자가 있는 경우에 한정하여 적용된 특수한 규범에 불과한 것이었다고 한다(北川善太郎, 전게서(주 83), 101; 조규창, 전게논문(주 96), 237 이하 참조).

118) 同旨: 서민, 전게논문(주 109), 152 참조.

반드시 사실상태의 의무만을 인정하여야 하는 것은 아니다. 이는 결국 입법정책의 문제이지 논리의 문제는 아닌 것이다. 비교법적으로 보더라도, '하자 있는 특정물의 인도는 완전한 이행'이라는 「특정물도그마」를 인정하는 입법례는 매우 드물며,[119] 오히려 특정물매도인에게 하자 없는 물건의 이행의무를 인정하는 것이 일반적 입법례이다. 또한 제535조가 존치되고 있는 한 우리 민법의 해석상 「원시적불능무효론」을 승인할 수밖에 없다고 하더라도, 이를 전제로 한 「특정물도그마」가 적용될 수 있는 영역은 담보책임의 여러 유형 중에서 극히 제한적인 부분인 '부대체물인 특정물인 매매목적물에 치유불가능한 원시적 하자가 있는 경우'에 지나지 않는다. 그리고 '하자보수가 불가능한 물건을 인도한 매도인은 그의 의무를 완전히 이행한 것'이라는 「특정물도그마」은 일반적인 법감정에 전혀 부합하지 않는 이론이라는 점에서도 문제이다.[120] 결국 「원시적불능무효론」을 전제로 하는 「특정물도그마」는 이론적인 측면에서 그 타당성이 의심스러우며, 실제적인 측면에서도 그 타당영역이 극히 제한되어 있다는 점에서, 종류매매가 주종을 이루는 대량생산·대량매매를 특징으로 하는 현대산업사회에서의 복잡한 거래관계를 규율하기에는 부적절한 시대착오적인 이론이라는 비판을 면하기 어렵다 할 것이다. 2002년에 개정된 현행 독일민법이 「원시적불능무효론」과 「특정물도그마」를 폐기하고 특정물매도인의 「완전물급부의무」를 인정하는 것으로 입법정책을 전환한 것은 이러한 이유에 기인하는 것이다.

(B) 이익형량 면에서의 타당성 여부의 검토　위에서 살펴본 바와 같이, 「특정물도그마」는 결코 절대적인 명제라고 할 수 없으며, 이를 인정할 것인지의 여부는 입법정책상의 문제에 불과한 것이다. 결국 '특정물매매에서의 하자담보책임을 어떻게 이론구성할 것인가?' 하는 문제는 '과연 어느 학설이 우리 민법의 입장에 부합하는가?' 하는 점과, '어느 학설이 실제사건을 해결함에 있어서 더욱 유용한가?' 하는 실용적 가치판단, 그리고 '매도인 측을 보호하는 데 제도의 중점을 둘 것인가, 아니면 매수인 측을 보호하는 데 보다 중점을 둘 것인가?' 하는 이익형량의 문제 등을 종합적으로 고려하여 결론을 내려야 할 것이다.

우선 하자담보책임의 내용으로서 무과실의 계약해제와 손해배상(대금감액적 의미에서의 신뢰이익)을 인정하고 있다는 점에서는 학설의 차이가 없으므로, 이익형량의 측면에서는 거의 차이가 없다.[121] 따라서 학설대립의 실익은 '하자담보의 내용으로서 이행이익의 배상, 나아

119) 「특정물도그마」의 인정 여부에 대한 논의는 2002년 개정 전의 독일민법학과 이에 영향을 받은 일본과 우리나라 정도에 국한되어 있다.

120) 황적인, 전게논문(주 100), 83; 星野英一, "瑕疵擔保の研究 -日本", 民法論集 第3卷(有斐閣, 1972), 213 이하 참조.

121) 다만, 「채무불이행책임설」 중에는 '매도인의 귀책사유를 요건으로 하는 이행이익의 배상만을 인정하고, 대금감액적 의미의 신뢰이익의 배상은 인정하지 않으면서 해제의 경우는 무과실책임으로 보는 견해도 있다(김주수, 186 및 197~198 참조).

가서 목적물의 하자로 인하여 발생한 확대손해의 배상을 인정할 수 있는가', 그리고 '그 귀책요건으로서 매도인의 과실을 요하는가?'의 여부에 있다고 할 수 있다.

이에 대하여 「법정책임설」은 '특정물매도인의 하자담보책임은 매도인이 채무를 완전히 이행하였음에도 불구하고 법률이 유상계약인 매매의 특질을 고려하여 형평의 원칙에 입각하여 인정한 책임이므로, 매도인의 책임은 신뢰이익의 배상에 한정되어야 한다'고 해석한다. 그러나 담보책임의 본질을 채무불이행책임으로 보는 「채무불이행책임설」의 입장에서는 담보책임으로서의 매도인의 손해배상책임을 신뢰이익의 배상으로 제한할 근거가 없으며, 「법정책임설」의 경우에도 '매도인의 책임이 신뢰이익의 배상으로 그 범위가 제한되는 것은 부대체물의 경우에 한하여 타당하다'고 할 것이므로, '종류매매의 경우에도 손해배상의 범위를 신뢰이익의 배상으로 제한하여야 한다'는 주장은 「법정책임설」의 이론적 기초인 「특정물도그마」와는 부합하지 않는다.

아무튼 '특정물매도인의 하자담보책임을 신뢰이익의 범위로 제한하는 「법정책임설」은 매도인을 보호하는 데 기울어 있으며, 상대적으로 매수인의 이익은 등한시되고 있다'는 비판을 면하기 어렵다.[122] 즉, 경제적 약자인 소비자의 입장에 있는 매수인을 보호할 필요성은 악의의 매도인을 보호할 필요성에 비하여 훨씬 강하며, 매도인보다는 매수인 보호에 중점을 두고 있는 민법상의 하자담보책임제도의 기본취지에 비추어 볼 때,[123] 매수인 보호보다는 오히려 매도인 보호에 치중하는 결과를 가져오는 「법정책임설」은 이익형량 면에서 비판을 면하기 어렵다 할 것이다. 그리고 불특정물의 경우에는 불완전이행책임으로서 이행이익의 배상을 인정하면서 특정물의 경우에는 신뢰이익의 배상으로 손해배상의 범위를 제한하는 것은 형평을 잃은 결과가 되며, 매도인의 선의·악의 또는 귀책사유의 유무를 구분하지 않고 일률적으로 신뢰이익의 배상으로 손해배상의 범위를 제한하는 것은 '채무자의 귀책사유의 유무와 정도에 의하여 손해배상책임을 귀속시키고자 하는 민법의 책임체계에도 부합되지 않는다'는 비판을 면하기 어렵다. 요컨대, ① 채무불이행책임과의 경합을 인정하지 않으면서 신뢰이익의 배상으로 매도인의 책임을 제한하는 것은 이익형량 면에서 매도인 보호에 지나치게 기울어 있다는 비판을 면하기 어려우며, ② 「원시적불능무효론」을 전제로 하는 「특정물도그마」를 인정하면서 하자담보책임과 불완전이행책임과의 경합을 인정하는 일부학설은 이론상으로나 이익형량의 측면에서 문제가 있다는 비판을 면하기 어렵다고 할 것이다.

---

122) 이러한 이익형량 면에서의 문제점을 보완하기 위하여, 「법정책임설」을 취하는 학자들 중에는 채무불이행책임과의 경합을 인정하거나, 혹은 매도인의 귀책사유를 요건으로 이행이익의 배상을 인정하기도 하는데, 이는 후술하는 바와 마찬가지로 이론상 문제가 있다.

123) 상법은 하자담보책임에 관한 특칙을 두어, 매매계약의 양 당사자가 상인인 경우에 매도인의 책임을 감경하고 있다는 점에 비추어 본다면(동법 69조), 민사매매에서는 매도인보다 매수인을 보호할 필요성이 더욱 크다는 것이 입법자의 의사라고 해석하여야 할 것이다.

(C) 이른바 「법정책임설의 실정법적 근거」에 대하여 「특정물도그마」의 인정 여부는 입법정책의 문제라고 할 것이므로, 우리 민법의 해석론으로서 「법정책임설」의 타당성 여부는 우리 민법이 특정물매도인의 「완전물급부의무」를 부정하고 있다고 볼만한 규정을 두고 있는지 여부에 달려있다.

a) 특정물의 「현상인도의무」를 규정한 제462조 법정책임설 중에는 '특정물인도채무자의 현상인도의무를 규정한 제462조는 특정물도그마를 입법한 것'이라고 주장하는 견해가 많다.[124] 그러나 이는 전혀 근거 없는 주장이다. 왜냐하면 우리 민법 제462조는 개정 전 프랑스민법 제1245조[125]에서 유래된 규정으로서,[126] 독일민법학 특유의 이론인 「특정물도그마」를 입법화한 것일 수가 없기 때문이다. 즉, 제462조는 특정물도그마와는 전혀 관련이 없는 규정이다. 우선 ① 양자는 그 적용범위에 큰 차이가 있다. 즉, 특정물도그마는 목적물(부대체물인 특정물)에 계약체결 당시부터 치유 불능한 숨은 하자가 있는 경우에 한하여 적용될 수 있는 법리이나,[127] 제462조의 「현상인도의무」는 당사자의 의사에 의하여 특정된 물건(대체물인 특정물)의 경우에도 적용되는 법리일 뿐만 아니라, 목적물에 숨은 하자가 있는 경우에는 적용되지 않고 목적물이 훼손된 경우(드러난 하자가 있는 경우)에 한하여 적용되는 법리라고 보아야 한다.[128] 즉, 특정물도그마는 특정물매도인의 하자담보책임이 문제되는 경우에 적용되는 법리이고, 현상인도의무에 관한 제462조는 하자담보책임에는 적용될 수 없는 규정이므로, 양자는 접점이 전혀 없다. ② 특정물도그마는 계약체결 당시에 치유 불능의 하자가 있는 경우에 한하여 적용될 수 있는 법리로서, 이에 따르면 하자 있는 상태대로 목적물(부대체물인 특정물)을 인도하면 일단 급부의무는 완전히 이행한 것으로 간주되나, 이로써 채무자가 면책되지는 않고 법정책임인 하자담보책임(해제에 의한 대금반환 또는 대금감액)이 발생하게 된다(채무자의 귀책사유는 문제되지 않는다). 이에 반하여, 「현상인도의무」의 법리를 규정한 제462조에 따르면, 특정물채무자는 제374조의 선관주의의무를 다하였음을 전제로 하여 이행기[129]의 현상(훼손된 상태) 그대로 인도하면 면책된다. 여기서 제462조의 「면책」의 의미가 문제되는데, 프랑

124) 곽윤직(채권총론), 98; 김증한/김학동(채권총론), 111; 윤철홍(채권총론), 148; 현승종(채권총론), 131 등 참조.
125) 전게 주 105 참조.
126) 민법 제462조의 입법연혁에 관한 상세는 拙稿, 전게논문(주 106), 89 이하 참조.
127) 과거 독일에서는 「특정물도그마」의 개념을 확장하여 '후발적 하자의 경우에도 「특정물도그마」의 적용이 있다'고 보는 견해가 있었으나, 이는 불귀책사유로 인한 후발적 불능을 요건으로 하는 위험부담의 법리와 충돌하는 문제가 발생하게 되므로, 독일에서도 받아들여지고 있지 않다(北川善太郎, 전게서(주 83), 142 이하 참조).
128) 拙稿, 전게논문(주 106), 128~129 참조.
129) 다만, 우리 민법과 달리 프랑스민법은 「인도 시」(lors de la livraison)를 기준으로 현상인도의무의 이행 여부를 정한다(개정 전 프랑스민법 1245조).

스나 일본과는 달리 물권변동에 관하여 형식주의를 취하고 있는 우리 민법하에서는 선관주의의무를 다한 특정물매도인이 불법행위책임을 면한다는 것은 무의미하다.[130] 결국 제462조는 '선관주의의무를 위반한 과실이 있는 특정물채무자는 이행기의 현상대로 목적물을 인도하더라도 면책이 인정되지 않는다'는 지극히 당연한 법리를 규정한 것에 불과하다.[131] ③ 제462조는 이행기를 기준으로 현상인도의무를 인정하고 있으므로, '채무자의 귀책사유(선관주의의무위반)로 인하여 이행기 이후에 목적물이 훼손된 경우에는 채무불이행책임이 발생한다'는 취지의 규정이라고 할 수 있다. 따라서 이는 원시적 하자를 전제로 하는 「특정물도그마」와는 아무런 관련이 없을 뿐만 아니라, 오히려 정반대의 법리를 규정한 것이라고 할 수 있다.[132] ④ 우리 민법 제462조는 일본민법 제483조[133]를 거의 그대로 계승한 것인데, 일본민법을 입법할 당시에는 아직 「특정물도그마」가 정립되기 전이었기 때문에, 일본민법의 입법자가 「특정물도그마」를 입법화하였다는 것은 성립할 수 없는 주장이다.

b) 하자담보책임이 무과실책임이라는 점 법정책임설의 타당근거로서 '하자담보책임은 매도인의 고의·과실을 요하지 않는 신뢰이익의 배상을 내용으로 하는 무과실책임'이라는 점을 드는 견해가 있다. 그러나 이는 자신의 주장 내용을 이론적 근거로 삼는 순환논법에 불과하다. 또한 하자담보책임의 세 가지 내용 중 무과실책임이라는 점에 이설이 없는 경우는 계약해제(대금반환)와 대금감액에 한하는 것이며, 우리 민법이 하자담보책임의 한 내용으로 규정하고 있는 "손해배상"이 무과실책임인지의 여부와 그 배상범위에 대해서는 견해가 극심하게 대립하고 있다.

우선 우리 민법은 하자담보책임이 매도인의 귀책사유가 필요 없는 무과실책임이라는 것을 명확하게 규정하고 있지 않다. 다만, '하자담보책임의 연혁상, 또는 비교법상 무과실책임으로 해석하는 것이 타당하다'고 해석되고 있을 뿐이다. 물론 하자 있는 물건이 급부되었다는 사실로부터 매도인의 과실을 사실상 추정할 수 있고, 나아가 입법정책상 매도인에게 무과

---

130) 특정물채무자의 현상인도의무에 관한 우리 민법 제462조의 모법이라고 할 수 있는 개정 전 프랑스민법 제1245조는 원래 물권변동에 관한 물권변동에 관하여 의사주의를 취하고 있는 프랑스의 물권법제를 전제로 하여 선관주의의무를 다한 특정물채무자의 소유권 침해로 인한 불법행위책임을 면제해 주는 기능을 수행하는 제도로서 기능하는 것으로서, 이론상으로나 실제상 하자담보책임과는 아무런 관련이 없는 제도이다(拙稿, 전게논문(주 106), 97 참조).

131) 拙稿, 상게논문, 125 이하 참조. 사견으로는, 제462조는 우리 민법이 구 의용민법과는 달리 물권변동의 원칙을 형식주의로 전환하였을 뿐만 아니라, 쌍무계약에 있어서의 위험부담의 원칙을 「실질적 채권자주의」에서 채무자주의로 전환하였음에도 불구하고 이러한 사실을 간과하고 구 의용민법의 규정을 부주의하게 답습한 일종의 '입법상의 오류'에 기한 규정으로서, 현행민법하에서는 존치되어서는 안 되는 규정이라고 생각한다.

132) 同旨: 서민, 전게논문(주 109), 153 참조.

133) 일본민법(구 의용민법) 제483조: 채권의 목적이 특정물의 인도인 때에는 변제자는 그 인도를 하여야 할 때의 현상으로 그 물건을 인도할 것을 요한다.

실책임을 인정할 수도 있지만, 이는 별개의 문제이다. 즉, 우리 민법상 명문규정이 없는 하자담보책임의 귀책요건은 학설·판례에 위임되어 있다고 할 것인바, '하자담보책임의 내용의 하나인 "손해배상"이 무과실책임인지의 여부와 그 배상의 범위는 입법자 의사를 비롯하여 손해배상에 관한 민법의 체계 등 여러 가지 점을 종합하여 결론을 내려야 할 문제인 것이다. 또한 '하자담보책임이 무과실책임이라고 해석된다고 하여 반드시 그 본질을 법정책임으로 보아야 한다든지, 나아가 그 손해배상의 범위가 신뢰이익에 한정된다'고 하는 논리가 필연적으로 성립하는 것도 아니다. 왜냐하면 채무불이행책임이 반드시 과실책임이어야 하는 것은 아니기 때문이다.[134] 예컨대, 우리 민법은 금전채무의 불이행으로 인한 손해배상책임을 무과실책임으로 규정하고 있으며(397조 2항), 이행보조자의 고의·과실이 있는 경우는 이를 채무자 본인의 고의·과실로 인정함으로써(391조), 결과적으로 채무자의 무과실책임을 인정하고 있다. 사실 '채무불이행책임은 과실책임'이라는 명제도 '과실책임주의로의 전환'이라는 근대민법의 입법정책의 소산이지 논리필연적인 결과는 아닌 것이다. 또한 「과실책임주의」를 원칙으로 하는 불법행위의 영역에서도 「위험책임의 원칙」에 따른 무과실책임이 확대되고 있으며, 하자담보책임의 본질을 계약위반으로 보는 영미법에서는 하자담보책임을 무과실책임으로 규정하고 있다는 점을 유념할 필요가 있다. 즉, '무과실책임은 법정책임이다'라는 등식은 성립할 수 없으며, 오히려 '하자담보책임을 비롯한 담보책임은 그 본질은 채무불이행책임이지만, 유상계약인 매매계약의 특성을 고려하여 형평의 원칙에 입각하여 급부의 등가성을 유지시키기 위한 입법정책에 의하여 무과실책임으로 규정된 것'이라고 해석하여야 할 것이다.[135] 결국 하자담보책임이 무과실책임이라는 것도 「법정책임설」의 실정법적 근거가 되지 못한다.

c) 무상계약에는 하자담보책임이 인정되지 않는다는 점 학설 중에는 '채무불이행책임설에 의하면 무상계약에 있어서도 하자담보책임이 인정되어야 하나, 실정법상 무상계약에는 하자담보책임이 인정되지 않고 있는바, 이는 민법이 담보책임을 법정책임으로 규정한 것이다'라는 논리를 펴는 견해가 있다.[136] 그러나 민법이 증여자에게 담보책임을 물을 수 없도록 한 이유는 담보책임이 법정책임이기 때문이 아니라, '무상계약인 증여계약에서 증여자에게 담보책임을 묻는 것은 지나치게 가혹한 결과가 된다는 점을 고려한 것이며, 이는 담보책임의 본질과는 아무런 관계가 없다'고 할 것이다.[137] 그러므로 무상계약에는 하자담보책임이 인정되지 않고 있다는 것도 법정책임설의 실정법적 근거가 되지 못한다. (☞ 제1절 「증여계약」)

---

134) 同旨: 서민, 전게논문(주 109), 153 참조.
135) 五十嵐淸, "瑕疵擔保と比較法", 比較民法學の諸問題(一粒社, 1976), 106 이하; 星野英一, 전게논문(주 120), 221 이하 참조.
136) 김석우, 182; 김증한/김학동, 235 참조.
137) 同旨: 서민, 전게논문(주 109), 154; 남효순, "프랑스민법에서의 매도인의 담보책임(Ⅰ)", 서울대법학 34권 1호(서울대법학연구소, 1993), 238 참조.

d) 매수인의 선의·무과실을 요건으로 하고 있다는 점 학설 중에는 '하자담보책임에서는 채무불이행책임과는 달리, 채권자인 매수인의 선의·무과실이 요구되고 있는바, 이는 하자담보책임이 법정책임이라는 실정법적 근거로 보아야 한다'는 견해가 있다.[138] 그러나 하자담보책임은 하자 없는 완전한 물건인 줄 알고 실제의 가치보다 높은 매매대금을 지급한 매수인으로 하여금 대금감액을 청구할 수 있는 권리(대금감액청구권)[139]를 기본적 내용으로 하는 책임이므로, 매수인의 선의가 요구되는 것은 하자담보책임의 성질상 당연한 것이다. 따라서 하자담보책임의 요건으로서 매수인의 선의·무과실이 필요하다는 사실은 하자담보책임의 본질과는 전혀 관계가 없는 것이다.[140]

(나) 채무불이행책임설에 대한 검토

채무불이행책임설의 타당성 여부는 '매매의 목적물이 특정물도그마가 적용될 수 있는 치유할 수 없는 원시적 하자가 있는 부대체물인 특정물인 경우에도 매도인의 하자 없는 완전한 물건의 인도의무를 인정할 수 있다'고 해석할 수 있는 설득력 있는 근거가 있는가 하는 데 달려있다. 전술한 바와 같이, 특정물도그마는 그 이론의 타당영역이 제한적이므로 이에 기초한 법정책임설은 담보책임을 통일적으로 설명할 수 없고, 이익형량 면에서도 상대적으로 매수인 보호에 소홀하게 된다는 문제가 있다. 반대로 채무불이행책임설은 치유될 수 없는 원시적 하자가 있는 부대체물인 특정물매매의 경우에도 매도인의 완전물급부의무를 인정하고, 하자담보책임을 '매도인의 완전물급부의무 위반에 기한 채무불이행책임'이라고 파악함으로써 담보책임을 통일적으로 설명할 수 있으며, 이익형량 면에서도 이행이익 내지 확대손해의 배상을 인정하는 데 이론상 문제가 없다는 장점이 있다. 또한 채무불이행책임설은 법정책임설에 비하여 상대적으로 매수인보호에 유리하여 하자담보책임의 제도적 취지에 부합하는 이론이라고 할 수 있다. 그 밖에 채무불이행책임설의 타당근거로서는 다음과 같은 두 가지 점을 들 수 있다고 생각한다.

(A) 비교법적 근거 채무불이행책임설은 비교법상 하자담보책임법이 나아갈 향후의 발전 방향과 일치한다.[141] 즉, ① 프랑스에서는 담보책임을 계약의 성질로부터 당연히 발생하는 것으로 보는데, '추탈담보책임은 매도인의 인도채무의 내용으로서 매수인이 모르는 사이에 추탈을 당할 가능성이 없음을 담보할 책임을 지는 것이며, 하자담보책임의 경우에도 매수인이 「용도의 추탈」(éviction d'usage)을 감수하는 것이기 때문에 추탈담보와 같은 성질을 가지며,

---

138) 김석우, 182 참조.

139) 후술하는 바와 같이, 우리 민법은 이를 "손해배상"이라고 규정함으로써 해석상 많은 문제를 야기하고 있다.

140) 同旨: 서민, 전게논문(주 109), 154 참조.

141) 同旨: 서민, 상게논문, 157 참조.

그 물건이 매수인에게 유용할 수 있도록 하여야 하는 매도인의 채무에 근거하는 것'이라는 데 견해가 일치한다.[142] ② 특정물도그마에 대해서는 그 이론의 발상지인 독일에서조차 비판론이 제기되어 왔으며, 2002부터 시행된 개정 독일민법은 「원시적 불능무효론」을 폐기하였을 뿐만 아니라(BGB §311a I),[143] '매수인에게 물건 및 권리의 하자가 없는 물건을 인도할 의무'를 명문으로 인정함으로써(BGB §433 I),[144] 「특정물도그마」 역시 입법적으로 폐기하였다. 따라서 담보책임의 본질에 관한 이론으로서 법정책임설은 독일민법의 해석론으로서는 더 이상 주장될 수 없게 되었다. ③ 영미법 또한 하자담보책임의 본질을 계약위반(breach of contract)의 책임으로 보고 있다는 점과, 하자담보책임의 앞으로의 입법방향을 제시해 준다고 할 수 있는 대표적인 국제통일매매법인 CISG도 하자담보책임을 계약위반에 기한 책임으로 보고 있다.[145]

이와 같이 프랑스민법학에서는 하자담보책임의 본질을 채무불이행책임으로 보는 데 이설이 없다는 점, 영미법에서도 하자담보(보증위반)를 매도인의 계약위반으로 본다는 점, 「특정물도그마」에 기한 「법정책임설」은 독일 특유의 개념법학의 산물에 불과하며, 그 발상지인 독일민법에서조차 폐기된 이론이라는 점 등을 고려할 때, 담보책임의 본질에 관한 「법정책임설」은 비교법적으로도 합리적 근거를 상실하였다고 할 것이다.

(B) 담보책임의 통일적 이론구성 채무불이행책임설은 목적물에 치유 불능의 원시적 하자가 있는 경우에도 매도인의 하자 없는 물건의 급부의무를 인정하므로, 권리하자는 물론 특정물매도인의 하자담보책임을 포함한 민법상의 모든 담보책임을 채무불이행책임의 특칙으로서의 성질을 가지는 것으로 통일적으로 이론구성할 수 있다. 즉, 채무불이행책임설에 따르면, '담보책임은 매도인의 하자 없는 권리와 물건을 급부할 의무위반으로 인한 채무불이행책임의 일종'으로서 원칙적으로 일반적 채무불이행책임에 관한 규정이 적용되어야 할 것이나, 매매계약의 유상성과 거래관계의 신속한 해결을 위하여 일반적 채무불이행책임과는 다른 특수한 요건하에(매수인의 선의·무과실, 단기의 권리행사기간 등) 무과실책임을 매도인에게 부과한 것이라고 해석하게 된다. 그러므로 채무불이행책임설에 따르면 일반적 채무불이행책임과 하자담보책임의 통일적이고 조화로운 이론구성이 가능할 뿐만 아니라, 계약책임의 전 체계를 모순 없이 합리적으로 해석할 수 있게 된다. 나아가 채무불이행책임설에 따르면 법정책임설로써는 해결할 수 없는 이론상의 문제, 즉 귀책사유가 있는 매도인의 이행이익 배상의 문제와 확대손해 내지는 적극적 채권침해의 문제, 나아가서는 제조물책임의 상당 부분도 하자담보책임의 법리에 의하여 해결이 가능하게 됨으로써 민사책임의 전 체계를 통일적으로 이론구성할 수

142) Mazeaud/Juglart, op. cit., n° 977, p. 259.
143) 전게 주 85 참조.
144) 전게 주 77 참조.
145) 제4판 주석민법(2)/김대정, 550 이하 참조.

있게 된다. 다만, '하자담보책임의 효과로서 매도인의 손해배상책임을 어떠한 요건 하에서 어디까지 인정할 것인가?', 그리고 '하자담보책임과 일반 채무불이행(불완전이행)책임의 경합을 인정할 수 있는가?' 하는 해석론상의 문제는 남게 되지만, 이러한 해석론상의 문제는 담보책임제도의 이론적 기초로서 「채무불이행책임설」을 취하는 데 큰 장애가 되는 것은 아니다.

4) 결 론

이상의 검토 결과 담보책임의 본질에 관한 결론은 다음과 같다. ① 「법정책임설」은 치유불능의 원시적 하자가 있는 부대체물인 특정물매매의 경우에는 매도인의 '하자 없는 완전한 물건의 급부의무'를 인정하는 것은 불가능하므로, '하자 있는 특정물의 인도는 채무(급부의무)의 완전한 이행'이라는 「특정물도그마」를 인정하고, 이에 기하여 하자담보책임의 본질을 채무불이행이 아닌 법정책임이라고 해석하고 있다. 그러나 치유 불능의 원시적 하자가 있는 부대체물인 특정물의 경우에도 매도인의 '하자 없는 완전한 물건의 급부의무'를 인정하는 것이 법이론상 불가능한 것은 아니며, 부대체물인 특정물매매에 있어서 매도인의 '하자 없는 완전한 물건의 급부의무'를 인정할 것인가의 여부는 입법정책상의 문제이다. ② 우리 민법이 「법정책임설」에 입각하여 입법된 것이라고 볼 수 있는 실정법상의 명확한 근거는 없다. 그러므로 담보책임의 본질에 관하여 어떠한 견해가 타당한가 하는 것은 학설·판례에 위임되어 있다고 보아야 할 것이다. 다만, 우리 민법은 일본민법과는 달리 「법정책임설」로써는 설명될 수 없는 종류물매도인의 하자담보책임을 인정하는 명문규정(581조)을 두고 있다는 점에 유의할 필요가 있다. ③ 법정책임설을 취하면 담보책임제도를 통일적으로 이론구성할 수 없으며, 이익형량 면에서도 상대적으로 매도인 보호에 치우치게 된다는 문제가 발생한다. 그러므로 법정책임설은 대량의 상품거래를 위주로 하는 현대산업사회의 매매거래에 적합한 이론이 될 수 없다.

이에 반하여, ① 채무불이행책임설에 따르면 권리하자를 포함한 담보책임 전반에 관한 통일적 이론구성이 가능하게 되며, 담보책임제도를 채무불이행책임의 체계에 통합하여 채무불이행책임의 전 체계를 조화롭게 해석할 수 있다. 나아가 개정 독일민법과 영미법, 그리고 국제통일매매법인 CISG 등 최근의 국제적 입법추세라고 할 수 있는 '채무불이행법과 담보책임법의 통합'도 이론상 가능하게 된다. 또한 ② 대량생산·대량소비를 특징으로 하는 현대산업사회에 있어서는 종류물매도인의 하자담보책임이 더욱 중요한 의미를 가진다고 할 것인데, 이는 채무불이행책임설에 의해서만 그 이론적 뒷받침이 가능하다. ③ 이익형량 면에서도 채무불이행책임설이 매수인 보호를 위한 하자담보책임의 제도적 취지에 부합하며, 구체적 타당성과 합리성이 인정된다. ④ 비교법적으로도 법정책임설에 의하여 하자담보책임의 본질을 설명하는 것은 이제 시대착오적인 낡은 이론이 되었다. 즉, 독일은 이미 입법으로 법정책임설을 폐기하고 채무불이행책임설에 의하여 하자담보책임을 일반적 채무불이행책임에 통합하였으며, 일본도 2017년에 민법을 개정하여 채무불이행책임설에 입각한 하자담보책임제도를 도입하였다(동법 562조).[146] ⑤ 향후 국제통일매매법(CISG) 등 국제적 규범에 부합하는 방향으로 민법을 개정하기 위해서는 담보책임의 본질을 채무불이행으로 파악하고 이를 채무불이행책임과 통합하는 방향으로 입법을 추진할 필요가 있다.[147] 그러므로 우리 민법상의 하자담보책임을 포함한 담보책임의 본질은 채무불이행책임설에 따라서 재구성되어야 할 것이다. 즉, 하자담보책임은 매매의 목적물이 특정물이거나 불특정물이거나, 하자의 성질이 권리의 하자인가 물건의 하자인가에 관계없이, 그 본질은 '하자 없는 완전한 권리 또는 물건을 이전하거나 인도할 의무를 다하지 아니함으로 인하여 발생하는 채무불이행책임'이라고 해석하여야 할 것이다.

(3) 권리의 하자로 인한 매도인의 담보책임

1) 타인권리매도인의 담보책임

(가) 문제의 소재

매도인이 타인소유의 물건이나 권리를 매도한 경우(통상 이를 「타인물매매」라고 칭하고 있으나, 본서에서는 민법전의 규정에 따라 「타인권리매매」로 칭하기로 한다), 매도인의 재산권이전채무의 이행은 불가능한 경우가 대부분이다. 따라서 '이 경우 계약의 효력을 무효로 할 것인가, 유효로 하고 담보책임을 인정할 것인가?'에 대해서는 입법주의가 대립하고 있으나,[148] 계약당시에 타인의 소유에 속하는 물건 또는 권리를 매도한 경우라고 하더라도 매도인이 그 타인으로부터 이를 매수하여 이전할 가능성이 전혀 없는 것은 아니므로, 「타인권리매매」를 원시적 불능을 목적으로 하는 계약이라고 단정하여 무효로 규정할 필요는 없다고 할 것이다.[149] 다만, 입법론상 프랑스민법과 같이 '매매계약의 효력으로 즉시 매매의 목적인 권리가 매수인에게 이전하는 의사주의를 취하는 경우에는 타인권리매매를 무효라고 규정하는 것이 논리적

146) 2017년 개정 일본민법 제562조(매수인의 추완청구권) ① 인도된 목적물이 종류, 품질 또는 수량에 관하여 계약의 내용에 적합하지 아니한 것인 때에는, 매수인은 매도인에 대하여 목적물의 보수(補修), 대체물의 인도 또는 부족분의 인도에 의하여 이행의 추완을 청구할 수 있다. 다만, 매도인은 매수인에게 상당하지 아니한 부담을 지우는 것이 아닌 때에는, 매수인이 청구한 방법과 다른 방법에 의한 이행의 추완을 할 수 있다. ② 전항의 부적합이 매수인의 귀책사유에 의한 것인 때에는, 매수인은 동항의 이행의 추완을 청구할 수 없다.

147) 拙稿, "매도인의 담보책임에 관한 민법규정의 개정을 위한 일제언", 민사법학 49-1호(한국민사법학회, 2010/6), 235 이하 참조.

148) 「타인물매매」를 무효로 규정한 입법례로서는 프로이센일반란트법(ALR)(제1부 11장 19조), 프랑스민법(1579조), 이탈리아민법(1459조), 네덜란드민법(1520조), 스페인민법(1365조), 포르투갈민법(1049조), 일본구민법(재산취득편 42조, 62조) 등을 들 수 있다.

149) 타인권리매매에 대한 「무효주의」의 이론적 근거에 대한 학설의 소개 및 이에 대한 비판으로서는 岡松三太郎, 註釋民法理由(下), 次71~73 參조.

이 아닌가?' 하는 의문이 있을 수 있으나, 물권변동에 관하여 의사주의를 취한다고 하여 반드시 타인권리매매가 무효로 귀결된다고 볼 수는 없다. 예컨대, 일본민법은 물권변동에 관하여 의사주의를 취하고 있으나 타인권리매매를 유효로 규정하고 있다(동법 561조).[150] 즉, 타인권리매매를 무효로 규정할 것인가의 여부는 이론적인 문제가 아니라 입법정책의 문제라고 할 수 있다.

사견으로는, 타인권리매매를 무효로 규정하는 것보다는 이를 유효로 규정하고 권리이전의무의 이행불능을 이유로 매도인의 담보책임을 묻는 것이 입법주의로서는 타당하다고 생각한다. 그러므로 타인권리매매가 유효함을 전제로 하여, '타인권리의 매도인은 그 권리를 취득하여 매수인에게 이전할 의무를 지며, 이를 이행할 수 없는 때에는 매수인에 대하여 일정한 담보책임을 진다'고 규정하고 있는 우리 민법은 태도는 타당하다고 할 것이다(570~573조).[151]

한편 민법은 매매의 목적인 권리가 타인에게 속한 경우에 매도인이 매수인에 대하여 부담하는 담보책임(타인권리매도인의 담보책임)의 효과로서 "해제", "대금감액" 및 "손해배상"의 세 가지를 규정하고 있다. 그런데 민법이 매도인의 담보책임 중 하나로 규정하고 있는 「해제」는 원래 쌍무계약에서 일방당사자의 채무불이행의 효과로서 인정되는 것이며(543조 이하), 「손해배상」은 채무불이행의 일반적 효과로서 인정되는 것이다(390조 이하). 그러므로 민법이 제570조 이하에서 규정하고 있는 타인권리매도인의 담보책임의 성질을 채무불이행책임의 일종이라고 본다면(채무불이행책임설), 제570조 이하에서 규정하고 있는 "해제", "손해배상" 및 "대금감액"은 제390조 이하의 "손해배상"과 제543조 이하의 "해제"에 관한 규정에 대한 특칙이라고 할 수 있다. 따라서 「채무불이행책임설」을 취할 경우, 타인권리매도인의 담보책임에 관한 해석론상의 과제는 채무불이행책임(손해배상, 계약해제)에 관한 일반규정인 '제390조 및 제543조 이하의 규정과 그 특칙이라고 할 수 있는 제570조 이하의 규정을 모순 없이 합리적으로 해석할 수 있는가?' 하는 문제로 귀착된다.

한편 과거에는 '타인권리매도인의 담보책임의 법적 성질을 채무의 완전한 이행에도 불구하고 매매의 유상성을 고려하여 법률이 특별히 인정한 법정책임'이라고 파악하는 견해(법정책임설)가 많았는데,[152] 이에 따르면 제570조 이하에서 규정하고 있는 "해제"와 "손해배상" 그리고 "대금감액"은 제390조 및 제543조 이하의 일반규정에서 규정하고 있는 채무불이행의 효

150) 2017년 개정 일본민법 제561조(타인의 권리의 매매에 있어서 매도인의 의무) 타인의 권리(권리의 일부가 타인에게 속하는 경우에 있어서 그 권리의 일부를 포함한다)를 매매의 목적으로 한 때에는, 매도인은 그 권리를 취득하여 매수인에게 이전할 의무를 부담한다.

151) 우리 민법 제569조는 타인권리매매를 유효한 것으로 규정하고 있는 구 의용민법 제560조를 그대로 계승한 것인데, 구 의용민법 제560조는 「벨기에민법초안」에 따른 것이라고 한다(岡松三太郎, 전게서(주 149), 次73 참조).

152) 김기선, 132~134; 김석우, 181~182; 김증한, 146; 김현태, 117; 이태재, 173~174 참조.

과인 "해제"나 "손해배상"과는 전혀 관련이 없는 규정이 된다. 그러므로 제570조 이하에서 규정하고 있는 "해제"와 "손해배상" 그리고 "대금감액"의 구체적 의미를 어떻게 해석할 것인지가 문제된다. 이는 결국 이 '타인권리매도인의 담보책임의 본질을 채무불이행책임으로 볼 것인가, 법정책임으로 볼 것인가?' 하는 문제라고 할 수 있으나, 이에 대해서는 이미 검토한 바와 마찬가지로 '하자담보책임을 포함한 매도인의 담보책임은 채무불이행책임의 일종으로 파악하여야 한다'는 결론에 도달하였으므로, 이하에서는 타인권리매도인의 담보책임의 본질에 관한 논의는 최소한으로 줄이고, 담보책임의 요건과 효과를 규정하고 있는 제570조 이하의 해석론을 중심으로 설명하기로 한다.

(나) 연혁 및 입법례

(A) 연 혁 대륙법계 국가의 민법이 예외 없이 규정하고 있는 타인권리매도인의 담보책임은 로마법의 「추탈담보소권」에서 그 기원을 찾을 수 있다.[153] 즉, 로마법에서는 매도인은 매수인에 대하여 소유권이전의무를 부담하지 아니하고 단지 목적물의 점유이전의무만을 부담하였기 때문에,[154] 매매의 목적인 권리가 타인에게 속하는지의 여부는 매매의 효력에는 영향을 미치지 아니하였으며 매도인의 담보책임과도 직접적인 관계가 없었다. 즉, 로마법상 타인물매매는 계약으로서는 유효하였으나, '제3자로부터 소추당하여 목적물을 그 제3자에게 반환하여야 하는 판결을 받게 된 경우'[155]에는 매수인이 매도인에 대하여 손해배상을 청구할 수 있었는데, 이를 「추탈담보소권(追奪擔保訴權)」(actio evictionis)이라고 칭하였다.[156]

153) 로마법상의 담보책임제도에 관하여서는 柚木馨, 전게서(주 91), 1 이하; 北川善太郎, 전게서(주 83), 99 이하; 船田享二, 「ローマ法」 第3卷(岩波書店, 1970), 159 이하; 조규창, 전게논문(주 96), 224 이하 참조.

154) 이와 같이 로마법상 매도인이 소유권이전의무를 지지 아니한 것은, ① 고전시대의 시민법에는 여러 가지 소유권의 형태가 존재하였으나, 매매는 만민법(ius gentium)상의 계약으로서 실제거래의 필요에 따라서 규정되기에 이른 것이었으므로, 매도인이 목적물의 시민법상의 소유권을 이전할 의무를 부담한다고 하면 모든 당사자가 모든 목적물에 대하여 체결할 수 있어야 하는 만민법상의 제도로서의 매매계약의 적용범위는 매우 제한되지 않을 수 없었기 때문에, 실제거래의 필요상 매도인이 소유권이전의무를 부담하지 않는 것으로 하였기 때문이며, ② 로마법상 「성의계약(誠意契約)」인 매매의 양 당사자는 악의를 피할 의무를 부담하였기 때문에, 매수인이 매매의 목적물이 타인물이라는 사실을 모른 경우에는 소유자가 추탈소송을 제기하였는지의 여부를 묻지 아니하고 매수인은 매도인의 악의를 이유로 매수인소권을 행사할 수 있었으며, 당사자가 매매의 목적물이 매도인의 소유가 아님을 알았더라도 매수인이 소유자로부터 회수소송을 제기당하여 목적물을 반환하여야 하는 경우에는 매수인소송에 의하여 구제될 수 있었다는 점도 그 이유의 하나라고 한다. ③ 로마법상 매매의 목적물이 수중물(手中物)이고, 매수인이 악취행위(握取行爲)의 이행을 청구하는 경우에는 매도인이 이를 거절할 수 없었기 때문에, 매도인이 목적물의 소유자인 경우에는 매수인이 대금을 지급하면 매도인은 단지 그 점유뿐만 아니라 소유권을 이전하지 않을 수 없었다는 점도 그 이유였다. 즉, 로마법상 매도인은 제3자에 의하여 박탈될 우려가 없는 점유를 이전하지 않을 수 없었으므로, 매도인이 객체의 점유를 이전할 의무만을 부담한다는 원칙이 실제상 매매목적에 반하는 결과를 가져온 것은 아니었다(船田享二, 상게서, 145~147 참조).

155) 로마법에서는 이를 「추탈(追奪)」(evictus)이라고 하였다.

156) 이러한 「추탈담보소권」은 ① 매도인이 소유자가 아니기 때문에 소유자가 매수인에 대하여 「소유물회수소송」을 제기하는 경우, ② 객체가 질물(質物)이고 제3자가 그 질권에 의한 소송을 제기하는 경우,

a) 고대 로마법의 추탈담보제도

(ⅰ) 「악취행위(握取行爲)」에 의한 추탈담보의 소 고대 로마법에서 매도인이 매수인에 대하여 부담하는 추탈담보책임은 매매의 효과가 아니라 수중물(手中物)(res mancipi)의 소유권을 이전하기 위하여 사용되었던 시민법상의 요식행위인 「악취행위」(Mancipatio)의 효과로서 발생하였다고 한다.[157] 즉, 「악취행위」에 의하여 목적물을 인도받은 당사자는 나중에 제3자가 제기한 소송에 의하여 목적물의 소유권이 다투어진 때에는 소송이 제기되었음을 악취행위에 의한 양도인에게 고지하여 그로 하여금 소송에서의 보호자(auctor)가 되게 하고, 양도인이 보호자가 되었음에도 불구하고 취득자가 제3자와의 소송에서 패소하여 목적물을 제3자에게 반환하게 된 경우에는, 취득자는 양도인에 대하여 악취행위에서 언명하여 지급한 대금의 2배액을 청구할 수 있도록 하였던 것이다(actio auctoritatis).[158]

(ⅱ) 문답계약에 의한 추탈담보 악취행위에 의하지 않는 매매에서는 당사자가 매매계약과 함께 문답계약(問答契約)[159]을 체결하여 추탈담보의 목적을 달성하였다. 「문답계약」은 두 가지 종류가 있었는데, 하나는 '추탈이 있으면 매도인이 매매대금의 2배액을 지불할 것을 약속하는 것'이고, 다른 하나는 '매도인이 매수인에게 목적물을 보유케 하는 것에 대하여 책임질 것을 약속하는 것'이었다.[160]

b) 공화정 말기의 추탈담보제도 매매는 로마 공화정 말기에 이르러 「성의계약(誠意契約)」(contractus bonae fidei)[161]으로 인정되었으며, 매매계약은 통상 문답계약으로 체결되었으므로, 매도인은 항상 추탈담보의 책임을 지게 되었다. 만약 매도인이 문답계약의 체결을 거절하는 경우에는 매수인은 「매수인소송」에 의하여 손해배상을 청구할 수 있었다. 특히 시장거래의 경우에는 안찰관의 고시에 의하여 매수인이 하자담보와 같이 2배액의 지급을 내용으로 하는 문답계약의 체결을 매도인에게 청구할 수 있었다.[162]

---

③ 객체에 대한 용익권을 가지는 제3자가 매수인에 대하여 「용익권회수소송」을 제기하는 경우에 발생하였다.

157) 로마법의 「악취행위」에 관하여서는 최병조(로마법), 346 이하; 현승종(로마법), 113 등 참조.

158) 이 소송은 자기소유에 속하지 않는 물건을 악취행위에 의하여 매도하고 대금을 취득한 자를 매수인에 대한 불법행위로 보는 사상에 기하여 인정되었다고 추측되고 있는데, 이러한 고대 로마법의 추탈담보제도는 고전로마법시대 및 황제시대에 이르기까지 유지되었으나, 유스티니아누스법에 이르러 악취행위와 함께 소멸되었다고 한다(船田享二, 전게서(주 153), 159 참조).

159) 「문답계약」은 글자 그대로 '문(問)과 답(答)으로 이루어지는 언어계약'으로서, 문답체로 채권발생에 관한 합의를 표명하는 것이다. 문답계약에 관하여는 최병조(로마법), 348 이하; 현승종(로마법), 144 이하 참조.

160) 이 경우에는 '매수인이 추탈을 받지 않았더라면 가졌을 이익의 배상'을 청구할 수 있었다고 한다(船田享二, 전게서(주 153), 159 참조).

161) 「성의계약(誠意契約)」은 '「성의소권」(actio bonae fidei)에 의하여 보호되는 계약'을 말하는데, 매매는 성의계약의 대표적인 유형이었다. 성의계약에 관하여는 현승종(로마법), 140; 최병조(로마법), 526 이하 참조.

c) 고전기 로마법에 있어서의 추탈담보제도 고전기 로마법에서는 '문답계약이 체결되지 않은 경우에도 매수인은 매수인소송을 제기하여 목적물의 추탈을 받지 않는 것에 대하여 갖는 이익을 청구할 수 있다'는 원칙이 확립되어, 매수인으로 하여금 목적물을 보유케 하는 것에 대하여 책임질 것을 약속하는 문답계약은 더 이상 사용되지 않게 되었다.[163] 다만, 2배액의 지급을 내용으로 하는 문답계약은 존속되었으며, 이러한 문답계약을 체결한 매수인은 추탈이 있으면 매도인에 대하여 문답계약에 의하여 2배액을 청구하든지 매수인소송에 의하여 손해배상을 청구하든지 자유롭게 선택할 수 있었다.[164]

(B) 입법례

a) 프랑스민법 프랑스민법은 타인물매매를 무효로 규정하는 한편(C.c. Art. 1599),[165] 로마법상의 「추탈담보소권」제도를 계수하여 매도인의 추탈담보책임을 인정하고 있다(C.c. Art. 1625 이하).[166] 프랑스민법상의 추탈담보책임은 '법률의 규정에 의하여 매도인이 부담하는 담보책임'인 「법정추탈담보책임」(la garantie légal)과 '당사자 사이의 약정에 의하여 매도인이 부담하는 담보책임'인 「약정추탈담보책임」(la garantie conventionnelle)의 두 가지로 구분된다.

(i) **법정추탈담보책임** '매매목적물의 전부 또는 일부에 대하여 매수인이 추탈을 당하거나 당해 목적물에 대하여 주장되는 부담이 있는 경우에는 매도인이 지는 담보책임'을 「법정추탈담보책임」이라고 한다(C.c. Art. 1626).[167] 이는 '불이행으로 인한 매매계약의 해제와 마찬가지로 계약책임의 성질을 가진 것'이라고 해석되고 있다. 이러한 프랑스민법의 「법정추탈담보책임」은 우리 민법의 권리하자담보책임의 기원이 된 제도이기는 하나, 그 요건과 효과 면에서는 우리 민법의 그것과는 큰 차이가 있다.[168] 우선 프랑스민법상 매도인은 스스로 매수인에 대하여 어떠한 「사실적 문제」(어떤 권리의 주장에 근거하지 아니한 침해) 또는 「권리적 문제」

---

162) 船田享二, 전게서(주 153), 160 참조.

163) Julianus(율리아누스)는 "노예의 매도인은 매수인에게 노예가 매도인의 소유였던 때의 이익을 급부하지 않으면 안 된다. 따라서 여자노예의 자식 또는 매수인의 지시에 따라서 노예가 승인한 상속재산이 추탈된 때에는 매수인소송을 제기할 수 있다. 그리고 매도인은 그가 매각한 노예를 매수인이 소유할 수 있도록 할 채무를 부담하는 것과 마찬가지로, 노예를 통하여 취득할 수 있는 것도 역시 이를 매수인이 소유할 수 있도록 할 의무를 부담한다"고 하였다(Digesta, 21·2·8; 船田享二, 상게서, 167, 註(三) 참조).

164) 船田享二, 상게서, 160 참조.

165) 전게 주 52 참조.

166) 프랑스민법 제1625조: 매도인이 매수인에 대하여 부담하는 담보책임은 두 가지 목적을 가져야 한다 : 첫째, 매도한 목적물에 대한 평온한 점유; 둘째, 매매목적물의 숨은 하자 또는 해제할 수 있는 하자.

167) 프랑스민법 제1626조: 매매계약 당시에 담보책임에 관한 약정이 없는 경우에도, 매매목적물의 전부 또는 일부에 대하여 매수인이 추급을 당하거나 당해 목적물에 대하여 주장되는 부담이 있으며 이러한 사정이 매매계약 당시에 표시되지 않은 경우에는, 매도인은 법률상 당연히 이를 담보할 의무를 부담한다.

168) 프랑스민법상의 추탈담보책임에 관한 상세는 남효순, 전게논문(주 137), 166 이하 참조.

(권리의 주장에 근거한 침해)도 야기하지 아니할 의무를 부담하는데,[169] '이러한 의무에 반하여 매도인이 매수인의 재산권, 점유 그리고 보유(保有: détention)에 대하여 가한 침해행위로 인하여 발생한 결과에 대하여 매도인은 담보책임을 지는데, 이를 「매도인 자신의 행위로 인한 담보책임」(garantie du fait personnel)이라고 한다(C.c. Art. 1628).[170] 또한 매도인은 제3자의 사실적 행위로 야기된 문제에 대해서는 담보책임을 부담하지 않으나, 제3자에 의하여 야기된 권리적 문제에 대해서는 일정한 요건(제3자의 소제기, 매수인의 선의·무과실, 매도인의 귀책사유)하에서 담보책임을 부담하는데, 이를 「제3자의 행위로 인한 담보책임」(garantie du fait des tiers)이라고 한다. 「제3자의 행위로 인한 담보책임」의 내용은 매도인이 소송에서 매수인을 보호하고 제3자에 의하여 제기된 주장을 배척하게 할 적극적 의무를 부담하는 것이다. 즉, ① 제3자가 매수인을 상대로 소를 제기한 경우에는 매수인은 매도인에게 소송을 고지하여 소송에 참가하도록 할 수 있는데, 이를 「부수적 담보책임」(la garantie incidente)이라고 한다. 다만, 매수인은 그의 선택에 따라서 단독으로 제3자가 제기한 소송에서 스스로를 방어할 수도 있다. ② 매수인이 제3자가 제기한 소송에서 패소한 경우에는 매도인을 상대로 소를 제기하여 「주된 담보책임」(la garantie principale)을 물을 수 있다. 다만, 제3자의 소송상의 청구를 배척하는 데 충분한 수단이 존재하였다는 사실을 매도인이 입증한 경우에는 「주된 담보책임」에 관한 매수인의 주장을 배제할 수 있다. 매수인이 제3자가 제기한 소송에서 소유권을 박탈당한 경우에는 매매계약은 소급하여 무효가 되는데, 선의의 매수인은 매도인의 담보채무 불이행을 이유로 재판비용의 상환, 매매대금 및 계약비용의 반환, 제3자에게 반환할 의무를 지는 악의로 수취한 과실대금의 반환, 반환한 물건에 들인 비용의 상환을 청구할 수 있다(C.c. Art. 1630).[171]

(ii) **약정추탈담보책임** '당사자의 약정에 의하여 매도인이 부담하는 추탈담보책임'을 「약정추탈담보책임」이라고 하는데, 프랑스민법은 '당사자가 약정에 의하여 법정추탈담보책임의 효력을 제한하거나 확장시킬 수 있다'고 규정하고 있다(C.c. Art. 1627).[172] 이와 같이 당사자는

---

169) 여기서 「사실적 문제」라 함은 침해자가 권리에 근거한 주장을 하는 것이 아닌 경우를 말한다. 예컨대, 토지의 매도인이 밭을 경작함으로써 매도된 토지를 침범한 경우, 또는 영업의 매도인이 다시 자리를 잡고 영업상의 고객을 탈취해가는 것 등과 같이 어떠한 권리를 행사하지 않으면서 사실상 매도된 목적물의 용도를 방해하는 것을 말한다.

170) 프랑스민법 제1628조: 매도인이 '어떠한 담보책임도 부담하지 않는다'는 특약을 한 경우라고 하더라도, 매도인은 자신의 행위로 인하여 발생한 결과에 대하여는 책임을 져야 한다: 이에 반하는 모든 합의는 무효이다.

171) 프랑스민법 제1630조: 담보책임에 관한 약정이 있는 경우, 또는 담보책임에 관하여 아무런 약정이 없는 경우라도 매수인이 매매목적물을 추탈당한 때에는, 매수인은 매도인에 대하여 다음 각 호를 청구할 권리를 가진다: 1. 매매대금의 반환 2. 소유자에게 반환하여야 할 과실대금의 반환 3. 매수인이 담보책임을 묻기 위하여 지출한 비용 및 추급권자에 의하여 지출된 비용 4. 손해배상, 그리고 계약비용과 정당한 지출금액

172) 프랑스민법 제1627조: 당사자는 특약에 의하여 법률상의 의무를 가중시키거나 그 효과를 경감시킬 수 있으며, 매도인이 어떠한 담보책임도 부담하지 않는다는 내용의 약정을 할 수도 있다.

약정에 의하여 법정추탈담보책임의 내용을 가중시키거나 그 효과를 경감시킬 수 있으며, 매도인이 어떠한 담보책임도 부담하지 않는다는 내용의 약정을 할 수도 있으나(C.c. Art. 1627), 이 경우에도 「매도인 자신의 행위에 대한 담보책임」에 대해서는 이를 제거하거나 감소시키는 것을 내용으로 하는 합의는 할 수 없다(C.c. Art. 1628).[173] 또한 당사자는 법률에 의하여 부과된 「제3자의 행위에 대한 매도인의 담보책임」을 증대시키거나 감소시키는 약정을 할 수 있으나, 「제3자의 행위에 대한 매도인의 담보책임」을 면제하는 내용의 특약을 하였더라도 매수인이 계약 시에 추탈의 위험을 안 경우를 제외하고는 매수인의 대금반환청구권을 박탈할 수는 없다(C.c. Art. 1629).[174]

b) 독일민법

(ⅰ) **프로이센일반란트법** 1794년의 프로이센일반란트법(ALR)은 타인권리매매를 무효로 규정하였으나(ALR Ⅰ.11. §19),[175] 나머지 권리하자로 인한 담보책임과 하자담보책임을 통일적으로 규율하면서,[176] 매도인의 담보책임으로 해제소권과 대금감액소권, 그리고 손해배상소권의 세 가지를 규정하였다(ALR Ⅰ.5. §320).[177]

(ⅱ) **독일민법 제1초안** 프로이센일반란트법과는 달리, 1888년의 독일민법 제1초안은 물건의 하자담보책임과 권리의 하자담보책임은 그 내용과 법적 수단을 달리하는 제도라는 이유로 별개로 규정하였다.[178] 또한 타인권리매매를 유효한 것으로 규정하고, '담보책임은 추탈 후에 비로소 발생한다'고 규정하였으며, '담보책임은 손해배상과 해제 중에서 하나만을 선택하여 물을 수 있다'고 규정하였다.

(ⅲ) **독일민법 제2초안** 1892년의 독일민법 제2초안은 담보책임을 매매법으로 옮겨 규정하면서,[179] 권리하자로 인한 담보책임의 발생요건으로서 추탈을 요하지 않는 것으로 변경하였다. 그러나 담보책임의 내용 자체는 제1초안과 마찬가지로 손해배상과 해제 중에서 선택할 수 있는 것으로 규정하였다.[180]

---

173) 전게 주 170 참조.

174) 프랑스민법 제1629조: 담보책임면제의 특약이 있는 경우라 할지라도 매도인은 추탈의 경우에는 매매대금을 반환하여야 한다. 그러나 매수인이 매매당시에 추탈의 위험을 알았거나 자신의 위험으로 이를 매수한 때에는 그러하지 아니하다.

175) 北川善太郎, 전게서(주 83), 115; 柚木馨, 전게서(주 91), 117 참조.

176) ALR은 제정 당시의 계몽주의적 자연법이론의 영향을 받아 여러 가지 제도를 공통의 이론적 기초 위에서 통일적으로 규율하려고 노력하였는데, 담보책임도 그 예외는 아니어서, 담보책임에 관한 규정은 유상계약 일반에 적용될 뿐만 아니라 권리의 하자와 물건의 하자가 완전히 통일적으로 규정되었다.

177) 北川善太郎, 전게서(주 83), 117 참조.

178) Motive Ⅱ, S.211(Mugdan, Die gesammten Materialien zum BGB für das Deutsche Reich, 1899, Bd. Ⅱ, S.116).

179) 제2초안이 '하자담보책임을 계약총론에서 매매법으로 옮긴 이유는 뚜렷한 이론적 근거가 있어서라기보다는 그 주된 적용영역인 매매법에서 규정하는 편이 명료하고 이해하기 쉬우며 실제적인 적용에 있어서도 뛰어나다는 데에 있다'고 한다(Protokolle, S.1312, 1345; Mugdan, a.a.O., S. 646, 657).

(ⅳ) **개정 전 독일민법** 1900년부터 시행된 개정 전 독일민법은 타인권리매도인의 담보책임에 관한 규정을 별도로 두지 않고 매매의 효력에 관한 일반규정인 제433조[181] 및 제440조[182]에 의하여 해결하도록 하였으며, 그 밖의 권리하자로 인한 매도인의 담보책임에 대해서는 매매총칙에 「매도인의 권리공여의무」 위반에 기한 효과로서 규정하였다(BGB §434).[183]

(ⅴ) **현행 독일민법** 2002년부터 시행된 현행 독일민법도 권리하자로 인한 담보책임과 하자담보책임을 매매총칙에 통합하여 규정하고 있으나, 타인권리매도인의 담보책임에 관해서는 별도의 규정을 두고 있지 않다. 그러나 현행 독일민법은 담보책임에 관한 규정이 채무불이행책임에 관한 일반규정의 특칙임을 전제로, 매도인의 소유권이전의무와 완전물급부의무(물건과 권리에 하자가 없는 물건을 매수인에게 이전할 의무)를 규정하고(BGB §433 I),[184] 「물건하자」와 「권리하자」의 개념과 하자의 요건에 관하여 규정한 후(BGB §434, §435),[185] 매도인의 소유권이

---

180) 柚木馨, 전게서(주 91), 118; 北川善太郎, 전게서(주 83), 137 이하 참조.

181) 개정 전 독일민법 제433조(매도인과 매수인의 기본의무) (1) 매매계약에 의하여 물건의 매도인은 매수인에게 물건을 인도하고 또한 소유권을 이전할 의무를 부담한다. 권리의 매도인은 매수인에게 권리를 이전할 의무를 부담하며, 또한 권리가 물건을 점유할 권한이 있는 경우에는 그 물건을 인도할 의무를 부담한다. (2) 매수인은 매도인에게 약정한 대금을 지급하고 또한 매매물건을 수취할 의무를 부담한다.

182) 개정 전 독일민법 제440조(매수인의 권리) (1) 매도인이 제433조 내지 제437조, 제439조에 의하여 부담하는 의무를 이행하지 아니하는 경우에 매수인의 권리는 제320조 내지 제327조에 따라서 정해진다. (2) 동산이 매도되고 소유권이전을 목적으로 매수인에게 인도된 경우에, 매수인이 물건을 점유할 권한이 있는 제3자의 권리에 따라 물건을 제3자에게 인도하였거나 매도인에게 반환한 때 또는 물건이 멸실된 때에 한하여 매수인은 제3자의 권리를 이유로 매도인에 대하여 불이행으로 인한 손해배상을 청구할 수 있다. (3) 제3자가 매수인을 상속하거나 매수인이 제3자를 상속하는 경우 또는 매수인이 그 밖의 방법으로 제3자의 권리를 취득하거나 제3자에게 보상한 경우에는, 물건이 제3자에게 인도된 것과 마찬가지이다. (4) 매수인이 타인에 대하여 인도청구권을 가지는 때에는, 반환에 갈음하여 청구권을 양도하면 충분하다.

183) 개정 전 독일민법 제434조(권리하자로 인한 담보급부) 매도인은 제3자가 매수인에 대하여 주장할 수 있는 권리로부터 자유로운 상태의 매매목적물을 매수인에게 공여할 의무를 부담한다.

184) 전게 주 77 참조.

185) 독일민법 제434조(물건의 하자) (1) 물건이 위험이전 시에 합의한 성상(性狀)을 가지는 때에는 그 물건에 하자가 없는 것으로 한다. 성상에 대하여 합의가 없는 한, 다음 각 호의 어느 경우에 해당하는 때에는, 그 물건에 하자가 없는 것으로 한다. 1. 물건이 계약에서 전제로 한 사용에 적합한 경우, 그 밖에 2. 물건이 통상의 사용에 적합하고, 또한 동종의 물건에 있어서 통상적이며 매수인이 그 물건의 종류로부터 기대할 수 있는 성상을 가지는 경우, 물건의 특정한 성질에 관한 매도인, 제조자(제조물책임법 제4조 제1항 및 제2항) 또는 그 보조자에 의한 공개적인 표시에 기하여, 특히 광고 또는 라벨표시에 의하여, 매수인이 기대할 수 있는 성질도 전문 제2호의 성상에 포함된다. 다만, 매도인이 그 표시를 모르고, 또한 알 필요도 없었던 경우에는, 그 표시가 계약체결 시에 같은 방법으로 정정된 경우, 또는 그 표시가 구입결정에 영향을 미치지 않은 경우에는 그러하지 아니하다. (2) 물건의 하자는 합의된 기계의 조립이 매도인 또는 그 이행보조자에 의하여 적절하게 행하여지지 아니한 때에도 존재하는 것으로 한다. 물건의 하자는 조립설명서에 하자가 있는 때에는 조립용의 물건에 존재하는 것으로 한다. 다만, 그 물건이 흠 없이 조립된 경우에는 그러하지 아니하다. (3) 매도인이 이종물(異種物)을 인도하거나 너무 적은 수량의 물건만을 인도한 때에는, 물건의 하자와 마찬가지이다. 제435조(권리의 하자) 제3자가 물건에 관하여 매수인에게 권리를 행사하는 것이 불가능한 때, 또는 매매계약에서 인수한 권리만을 행사할 수 있

전의무와 완전물급부의무 위반의 효과로서의 담보책임의 내용(추완청구, 계약해제, 손해배상, 비용배상)에 대하여 채무불이행책임에 관한 규정을 준용하는 규정을 두고 있다(BGB §437).[186]

c) 일본민법

(i) **일본구민법** 1890년에 프랑스민법을 모범으로 하여 제정된 일본구민법[187]은 재산취득편에서 담보책임을 「추탈담보의무」와 「숨은 하자로 인한 매매폐각소권(賣買廢却訴權)」으로 구분하여, 전자에 대해서는 18개 조에 달하는 방대한 규정을 두고 있었으며(동법 56~73조), 후자에 대해서도 10개 조문을 두어 상세하게 규정하고 있었다(94~103조).[188] 일본구민법의 담보책임에 관한 규정은 내용상 프랑스민법과 대동소이하며,[189] 하자담보책임에 관한 규정을 추탈담보의무와 별개로 규정한 것도 프랑스민법과 실질적으로 큰 차이가 있는 것은 아니라고 한다.[190] 일본구민법상의 추탈담보의무에 관한 설명은 생략하기로 한다.[191]

(ii) **일본민법**(구 의용민법) 1898년의 일본민법은 일본구민법의 규정을 기초로 하여 이를 개정하는 형식을 취하고 있으나, 프랑스민법상의 학설·판례를 입법화한 일본구민법과는 달리 당시 서구제국의 입법례를 광범위하게 참고하여 기초한 것으로서, 일본구민법과는 내용상 큰 차이가 있다. 우선 일본구민법은 타인물매매를 무효라고 전제하여 매수인이 무효소권과 매도인의 추탈담보책임을 규정하고 있었으나, 일본민법은 타인권리매매를 유효한 것으로 전제하고 매도인의 타인권리의 취득 및 이전의무를 규정하고(560조),[192] 그 위반의 효과로서 타인권리매도인의 담보책임을 규정하고 있다(561~564조).[193] 이는 우리 민법 제569조 내지 제573조의

는 때에는, 그 물건에 권리의 하자가 없는 것으로 한다. 토지등기부에 존재하지 아니한 권리가 등기되어 있는 때에는 권리의 하자와 마찬가지이다.

186) 독일민법 제437조(하자가 있는 경우의 매수인의 권리) 물건에 하자가 있는 경우에는, 특별한 규정이 없는 한 매수인은 다음 각 호에 게재된 권리를 갖는다. 1. 제439조에 의한 추완청구권 2. 제440조, 제323조 및 제326조 제5항에 의한 계약해제권 또는 제441조에 의한 대금감액청구권 3. 제440조, 제280조, 제281조, 제283조 및 제311조에 의한 손해배상청구권 또는 제284조에 의한 헛되이 지출한 비용의 배상청구권

187) 일본구민법의 제정경위에 대하여는 拙稿, 전게논문(주 81), 140 이하; 「史料民法典」, 611 이하 참조.

188) 일본구민법상의 매도인의 담보책임에 관한 규정은 「史料民法典」, 1008 이하 참조.

189) 이는 프랑스민법의 해석론으로서의 학설과 판례를 반영한 것이라고 한다(星野英一, 전게논문(주 120), 180 참조).

190) Boissonade, Projet de Code Civil pour l'Empire du Japon, tome Ⅲ, 1888, n° 333 et suv. 일본구민법의 기초자인 브와쏘나드는 '하자담보책임에 관한 규정을 해제의 절(節)에 둔 이유는, 해제가 하자담보의 효과로서 가장 중요하기 때문에 매매의 종료·해제의 원인으로서 규정한 것'이라고 한다(Boissonade, op. cit., n° 209).

191) 이에 관한 상세는 拙稿, "권리의 귀속에 관한 하자담보책임", 덕암김병대교수화갑기념 「법학의 현대적 제문제」, 1998, 254 이하 참조.

192) 일본민법(구 의용민법) 제560조: 타인의 권리를 매매의 목적으로 한 때에는 매도인은 그 권리를 취득하여 이를 매수인에게 이전할 의무를 부담한다.

193) 일본민법(구 의용민법) 제561조: 전조의 경우에 있어서 매도인이 그 매각한 권리를 취득하여 이를 매수인에게 이전할 수 없는 때에는 매수인은 계약을 해제할 수 있다. 다만, 계약 당시 그 권리가 매도인에

내용과 거의 동일한데,[194] 「민법수정안이유서」는 제561조의 입법이유를 다음과 같이 기술하고 있다(밑줄은 저자 주).[195]

> (이유) 타인의 권리를 매매의 목적으로 하는 것에 관하여 제국의 법률이 그 예를 달리하고 있으며, 학자들 사이에서도 역시 많은 논의가 있다. 과거의 로마법 및 유럽제국의 법률에서는 이를 허용하였으나, 후에 이르러 명문으로써 이를 금하는 법률이 생겼다. 그 이유로 하는 바는 특정물을 매매하는 계약을 하는 때에는 계약을 함과 동시에 물건의 소유권을 이전하는 것이 되는데, 만약 그 물건이 타인의 소유물이라면 매매에 의하여 도저히 그 소유권을 이전하거나 취득할 수 없다는 것, 즉 그 매매는 불능의 계약이기 때문에 무효라고 함에 있다. 때로는 불법행위가 된다고 하여 이를 무효로 한다는 설도 없는 것은 아니지만, 이는 소수의 의견으로서 별로 세력이 없는 듯하다. 또 혹은 법률에 무효라고 말하여도 진실로 무효가 아닌 것으로서 오로지 쇄제(鎖除) 또는 해제할 수 있는 것이라고 하는 설도 있지만, 이는 조문의 곡해에 가까우므로, 이 양설에 관한 평론은 잠시 접어두고 여기에서는 주로 유력다수인 저 「불능설」에 대하여서만 논평하고자 한다. <u>논자는 말하기를, 타인물의 소유권을 임의로 이전할 수 없기 때문에, 그 매매는 불능한 것을 약속하는 것으로서 무효라고 한다. 그러나 그 논거로 하는 바는 특정물의 매매에는 반드시 즉시 그 소유권의 이전을 요한다고 하는 데 있으며, 그 오류에 기하는 바도 실로 여기에 있는 것이다.</u> 특정물의 매매에는 계약과 동시에 그 소유권을 이전하는 것이 통상이지만, 특별한 약정에 의하여 소유권의 이전을 연기할 수 있으며, 또한 이를 연기하는 것은 실제로 왕왕 보는 바로서, 어떠한 나라에 있어서도 아직 명문으로써 이 계약의 자유를 제한하는 것은 없다. <u>기성법전 초안자는 이 계약으로써 소유권을 제한하는 것이라고 하며, 따라서 공익에 반하는 것이 된다고 말하고 있는데, 그렇다면 이는 소유권의 제한과 소유권이전의 의무를 부담시키는 사실을 혼동한 것이 된다. 특정물의 매매는 즉시 그 소유권을 이전한다고 규정하는 법률하에서도 여전히 그 이전의 연기를 약정할 수 있는데, 황차 본안과 같이 매매는 모두 일반이 권리를 이전할 것을 약속하고 상대방이 대금을 지불할 것을 약속함으로써 그 효력을 발생하는 것으로 함에 있어서야 (말할 필요도 없다). 또한 불특정물에 있어서는 매도인의 권한 범위 내에 없는 것이 극히 많으며, 혹은 타인의 손에 있거나 아직 존재하지 않는 것도 있다. 그리고 이를 매매양도할 수 있다는 것은 누구라도 인정하는 바인데, 오로지 특정물의 경우에는 이를 의심하는 자가 있다는 것은 오히려 매우 의아하게 생각된다. 오로지 매도인인 자는 반드시 일단 권리를 취득하여 다시 이를 매수인에게 이전하여야 할 것이다. 이것이 본조가 나온 이유로서 당사자의 의지를 해석하여 본조와 같은 것으로 하고, 그 계약을 유효라고 인정하는 것이 많다.</u> 기성법전에 있어서도 역시 재산취득편 제42조 제2항, 제56조, 제60조, 제62조 및 제63조의 규정에 있어서 타인물의 매매를 유효라고 인정하는 규정을 둠으로써 오히려 처음부터 명확하게 이를 법문에 나타내어 모든 매매의 효력을 인정하는 것만 못하게 되었다. <u>외국법률 중에서 명문으로써 타인물의 매매를 금지하는 것은 프랑스민법 및 이를 모방한 네덜란드, 이탈리아, 스위스 등의 민법으로서, 또한 본안과 동일한 주의를 채택한 것은 벨기에민법초안이며, 영국법 및 독일민법초안은 거의 본안에 가까운 것이다.</u>

즉, 일본민법 제560조의 입법자 의사는 '타인물매매가 무효라는 주장의 근거는 의사주의

게 속하지 않음을 안 때에는 손해배상의 청구를 할 수 없다. 제564조: 전조에 정한 권리는 매수인이 선의인 때에는 사실을 안 때로부터 악의인 때에는 계약 시로부터 1년 내에 이를 행사할 것을 요한다.

194) 우리 민법은 「저당권의 목적이 된 지상권, 전세권의 매매와 매도인의 담보책임」에 관한 제577조가 신설된 점을 제외하면, 일본민법과 물권법상의 차이가 조문에 반영되어 있는 정도에 불과한 미미한 차이가 있을 뿐이다.

195) 「民法修正案理由書」, 481~483 참조.

물권법제하에서 특정물매매의 경우 매매계약이 체결되는 즉시로 목적물의 소유권이 이전되어야 하는데, 타인물의 경우에는 계약체결 즉시 소유권을 이전하는 것이 불가능하므로, 결국 타인물매매는 불능을 목적으로 하는 계약이 되므로 이를 무효로 규정하는 것이 타당하다는 것이나, 당사자 간의 특약이 있는 경우에는 소유권이전 시기를 계약체결 이후로 연기할 수 있을 뿐만 아니라, 불특정물의 경우에는 타인물매매도 유효하다는 점에 대해서는 의문이 없는바, 특정물과 불특정물의 경우를 구분하여 규정하는 것은 타당하지 않으므로, 타인물매매를 유효로 규정하고 매도인이 소유권을 취득하여 매수인에게 이전할 의무를 부과하는 것으로 규정하는 것이 타당하다'는 것이었다.

(다) 타인권리매매에 있어서 매도인의 담보책임의 본질

담보책임의 본질을 '매도인이 채무를 완전히 이행하였음에도 불구하고 당사자의 형평을 고려하여 법률이 특별히 인정한 법정책임'이라고 보는 「법정책임설」은 「원시적불능무효론」을 전제로 하는 「특정물도그마」를 이론적 기초로 하는 학설로서, 매매의 목적물에 치유할 수 없는 원시적 하자가 있는 부대체물인 특정물매매에 한하여 적용될 수 있는 이론임은 전술한 바와 같다. 그러나 국내의 「법정책임설」은 대부분 타인권리매매를 비롯한 권리하자에 대한 담보책임까지도 법정책임으로 파악하고 있는바, 이는 잘못된 일본학설을 무비판적으로 받아들인 결과에 지나지 않는다. 다행히 최근에는 타인권리매매매에 있어서의 매도인의 담보책임의 본질은 채무불이행책임으로 보아야 한다는 「채무불이행책임설」의 입장으로 학설이 귀일되고 있다.[196] 다만, 같은 「채무불이행책임설」의 입장에서도 학설의 근거와 내용에 있어서는 견해가 갈리고 있으므로, 여기서는 이를 살펴보기로 한다.

(A) 학 설

a) **제1설**(무과실책임설) 이는 '매도인의 담보책임은 채무불이행책임의 일종이지만, 매도인의 귀책사유를 요하지 않는 무과실책임으로 파악하여야 한다'는 견해이다. 이 견해는 '담보책임의 내용인 손해배상은 무과실의 대금감액 또는 대금감액적인 것'이라고 해석한다. 또한 「채무불이행책임설」 중에는 '담보책임은 무과실책임이나, 매도인의 귀책사유가 있는 경우에는 일반적 채무불이행책임도 담보책임과 경합적으로 인정되어야 한다'고 주장하는 견해도 있다.[197]

b) **제2설**(과실책임설) 이는 「채무불이행책임설」의 입장에서, '매도인의 담보책임에 관한 제570조 이하의 규정은 일반적 채무불이행책임의 특칙이라고 보아야 한다'는 견해이다.

---

196) 「법정책임설」의 입장에서 '타인권리매도인의 담보책임의 본질은 채무불이행책임으로 보아야 한다'는 견해로서는 김증한/김학동, 233; 황적인, 238 등을 들 수 있다.
197) 김형배, 321 참조.

이 견해는 '담보책임은 본질상 채무불이행책임의 일종이기는 하나, 특별한 규정이 없는 이상 채무불이행책임의 일반원칙을 적용하여야 하므로 과실책임으로 다루는 것이 타당하다'고 한다.[198] 이 견해는 '담보책임의 효과로서의 "손해배상"은 매도인의 귀책사유를 요건으로 하는 이행이익의 배상이라고 보아야 한다'고 주장한다. 다만, 이 견해는 '담보책임으로서의 "해제"는 예외적으로 매도인의 귀책사유를 요하지 않는다'고 해석한다.[199]

(B) 판례의 입장 민법제정 초기의 판례 중에는 타인권리매도인의 담보책임의 본질에 관하여 「법정책임설」을 취한 판결이 있었으나(대법원 1960.4.21.선고, 4292민상385 판결),[200] 대법원이 1967.5.18.선고, 66다2618 전원합의체판결[201]에 의하여 위 판결을 폐기하고, 타인권리매도인의 담보책임으로서의 손해배상을 '이행이익의 배상'이라고 판시한 이래 「이행이익배상설」의 입장을 확립하고 있음은 전술한 바와 같다. 이에 관한 판례의 법리는 대략 다음과 같다. 즉, ① 권리이전이 불능인 경우에 손해배상액의 산정시기는 이행불능이 확정된 때를 기준으로 하여야 한다(대법원 1973.3.13.선고, 72다2207 판결 등).[202] ② 매수인의 과실로 인하여 목적물이 매도인에게 속하지 아니함을 알지 못한 경우에는 과실상계를 인정하여야 한다(대법원 1971.12.21.선고, 71다218 판결 등).[203] 다만, 매도인이 목적물을 매수인에게 이전할 수 없게 된 것이 오직 매수인의 귀책사유에 기인한 경우에는 담보책임은 인정되지 않는다(대법원 1979.6.26.선고, 79다564 판결). ③ 타인권리매도인의 담보책임으로서의 해제는 제543조 이하의 법정해제, 즉 채무불이행으로 인한 계약해제와 법적 성질을 같이한다(대법원 1974.3.26.선고, 73다1442 판결 등).[204]

(C) 학설·판례의 검토 타인권리매매에 있어서 매도인의 담보책임의 본질은 '매도인의 완전한 권리이전의무 위반에 기한 채무불이행책임'으로 보아야 한다는 것은 전술한 바와 같다. 그 근거를 요약하면 다음과 같다. 즉, ① 로마법에서는 매도인은 소유권이전의무를 부담하지

198) 김주수, 182 참조.
199) 상게서, 197~198 참조.
200) 다만, 초기의 판례 중에도 타인권리매도인의 담보책임의 본질을 의무위반에 기한 일종의 채무불이행으로 본 사례도 있어서(대법원 1964.7.23.선고, 64다196 판결), 초기의 판례가 반드시 「법정책임설」의 입장을 취하고 있었다고 단정할 수는 없다. 초기의 판례의 입장에 대한 분석은 拙稿, 전게논문(주 2: 매도인의 담보책임에 관한 연구), 220 이하 참조.
201) 판례평석: 유현석, 전게논문(주 102), 147 이하. 같은 취지: 대법원 1974.6.11.선고, 73다141 판결; 대법원 1976.6.8.선고, 75다2157 판결; 대법원 1977.12.13.선고, 77다1408 판결; 대법원 1979.4.24.선고, 77다2290 판결; 대법원 1980.3.11.선고, 80다78 판결; 대법원 1993.1.19.선고, 92다37727 판결.
202) 같은 취지: 대법원 1971.6.29.선고, 71다1017 판결; 대법원 1974.6.11.선고, 73다141 판결; 대법원 1975.5.13.선고, 75다21 판결; 대법원 1975.6.24.선고, 75다456 판결; 대법원 1976.1.13.선고, 75다1364 판결; 대법원 1976.1.13.선고, 75다2140 판결; 대법원 1976.4.27.선고, 75다2322 판결; 대법원 1980.3.11.선고, 80다78 판결; 대법원 1980.3.11.선고, 80다117 판결; 대법원 1981.6.9.선고, 80다417 판결; 대법원 1981.7.7.선고, 80다3122 판결 등.
203) 같은 취지: 대법원 1979.4.24.선고, 77다2290 판결.
204) 같은 취지: 대법원 1974.5.14.선고, 73다1564 판결.

않고 단지 목적물의 점유만을 이전해 주면 충분하였으므로, '로마법상의 매도인의 추탈담보책임의 법적 성질을 과연 채무불이행책임이라고 할 수 있는가?' 하는 의문이 제기될 수 있다. 그러나 로마법의 추탈담보책임은 매수인으로 하여금 추탈을 당하지 않도록 하여야 하는 「매도인의 추탈방지의무」의 위반에 대한 책임의 성질을 가진 것이었으므로, 근대민법의 체계에 비추어 본다면 채무불이행책임의 일종에 속하는 것이었다. ② 근대민법 중 프로이센일반란트법(ALR)과 프랑스민법, 일본구민법은 타인권리매매를 무효로 규정하고 있으므로, 이들 민법에서는 타인권리매도인의 담보책임은 원칙적으로 문제되지 아니하며,[205] 특히 프랑스민법에서의 매도인의 추탈담보책임은 매도인 자신이 매수인에 대하여 어떠한 문제도 야기하지 아니할 의무 및 소송에서 매수인을 보호하고 제3자에 의하여 제기된 주장을 배척하게 할 행위의무 위반의 효과로서 인정되는 일종의 채무불이행책임으로 구성되어 있다. ③ 타인권리매매를 유효로 규정하고 있는 오스트리아민법의 해석론에서는 권리하자와 물건하자를 구별하지 않고 모든 담보책임의 법적 성질을 채무불이행책임으로 파악하는 학설이 통설적인 지위를 차지하고 있다. ④ 타인권리매도인의 담보책임에 관한 규정을 별도로 두지 아니하고, 담보책임을 매도인의 소유권이전의무와 하자 없는 물건의 인도의무 위반에 기한 책임으로 통일적으로 규정하고 있는 독일민법은 담보책임의 본질을 채무불이행책임으로 규율하고 있다(BGB §433 I).[206] ⑤ 타인권리매도인의 담보책임에 관하여 우리 민법과 같은 규정을 두고 있는 일본민법(구 의용민법)의 경우, 매수인이 계약을 해제하고 손해배상을 청구할 수 있도록 한 것은, '쌍무계약에서의 일방 당사자의 채무불이행이기 때문에 계약해제와 손해배상에 관한 일반규정[207]을 적용하는 취지'라는 입법자 의사가 밝혀져 있다.[208] 따라서 일본민법은 타인권리매도인의 담보책임을 채무불이행책임으로 규율하고 있다고 할 수 있다. ⑥ 우리 민법 제569조의 해석상으로도 타인권리매도인의 담보책임은 매도인의 재산권이전의무의 불이행으로 인한 책임, 즉 채무불이행책임이라는 점은 의문의 여지가 없다.

타인권리매도인의 담보책임의 본질을 법정책임으로 이해하고 있는 일부학설은 일본의 잘못된 이론을 계수한 것이다. 어떠한 경과로 이러한 잘못된 이론이 우리 민법학에 계수된 것인지는 분명하지 않으나, 이러한 오류는 물권변동에 관한 의사주의를 취하고 있는 일본민법하에서 타인권리매매는 원시적 불능으로 보아야 한다는 일부 일본학자들의 주장을 부주의하게 답습한 결과가 아닐까 추측할 수 있을 뿐이다.[209] 그러나 물권변동에 관하여 의사주의

205) 다만, 일본구민법은 프랑스민법과는 달리 타인물매매에서 매수인은 추탈을 요건으로 하지 않고도 매매무효의 소를 제기할 수 있다고 규정하고 있었다(동법 재산취득편 56조 이하 참조).
206) 전게 주 77 참조.
207) 해제에 관한 일본민법 제541조(우리 민법 제544조에 해당), 손해배상에 관한 제545조 제3항(우리 민법 제551조에 해당)을 가리킨다.
208) 岡松參太郎, 「註釋民法理由(下卷)」, 次76 이하 참조.

를 취하고 있는 일본과는 달리, 형식주의를 취하고 있는 우리 민법하에서는 등기나 인도 없이 당사자의 합의만으로 즉시 소유권이 이전되는 것이 아니므로(186조, 188조 1항), 타인권리매도인의 담보책임의 본질은 '채무가 없음에도 불구하고 법률의 규정에 의하여 책임이 인정된 법정책임'이라는 견해는 우리 민법의 해석론으로 성립할 수 없다고 할 것이다. 결국 타인권리매도인의 담보책임은 본질상 매도인의 재산권이전의무의 불이행으로 인한 채무불이행책임이라고 보아야 한다. 이러한 견지에서 보면, 판례가 법정책임설을 취하고 있던 초기의 판례를 폐기하고, 이행이익의 배상을 내용으로 하는 채무불이행책임설의 입장으로 전환한 것은 매우 타당한 입장전환이었다고 평가할 수 있다.

(라) 권리의 전부가 타인에게 속하는 경우

(A) 의의 및 법적 성질 민법은 '매매의 목적인 권리가 타인에게 속한 경우에도 계약은 유효하게 성립한다'는 것을 전제로, 타인권리의 매도인에게 그 권리를 취득하여 매수인에게 이전할 의무(권리취득이전의무)를 규정하고 있으며(569조), 매도인이 이러한 의무를 위반하여 매매의 목적인 권리를 취득하여 이전할 수 없는 경우에는 일정한 담보책임을 지도록 하고 있다(570~573조).

(B) 매매계약의 유효한 성립 매매의 목적인 권리가 전부 타인에게 속하는 경우에도 매매계약은 완전히 유효하게 성립하며, 이를 원시적 불능을 목적으로 하는 계약으로서 무효라고 할 수 없다(대법원 1963.10.31.선고, 63다606 판결). 그러므로 제570조 이하에서 규정하고 있는 타인권리매도인의 담보책임은 매도인의 「권리취득이전의무」 위반에 기한 채무불이행책임으로서, 제390조 이하의 '일반적 채무불이행책임의 특칙'으로서의 성질을 가지는 것이며, 그 요건과 효과도 제390조 이하의 일반규정과의 유기적 관련 속에서 파악하여야 한다. 이러한 취지에서, 판례는 '① 부동산 매도인이 등기부상 소유명의인이 아닌 경우에도 법원은 매도인에 대하여 소유권이전등기의 이행을 명할 수 있다'고 한다(대법원 1963.3.21.선고, 63다43 판결). 또한 ② '타인권리 매도인은 계약상의 채무인 목적물을 인도할 의무가 있으며(대법원 1974.7.26.선고, 73다1639 판결), ③ 매도인이 그 후 매매의 목적인 권리를 상속한 경우에는, 매수인에게 상속받은 매매의 목적인 권리를 이전해줄 의무가 있다'고 한다(대법원 1966.4.6.선고, 66다267 판결 등).[210)]

(C) 담보책임의 발생요건

a) 매매의 목적인 권리가 존재할 것 제570조의 타인권리매도인의 담보책임은 매매의 목적물이 현존하는 경우에 한하여 발생한다. 즉, 매매의 목적인 권리 자체가 존재하지 않는 경

---

209) 타인권리매매와 원시적 불능과의 관계에 관한 일본학설에 대하여는 일본주석민법(14), 132 이하 참조.

210) 같은 취지: 대법원 1959.10.29.선고, 4291민상709 판결.

우[211]에는 「타인권리매매」라고 할 수 없으므로, 매도인의 담보책임이 문제되지 않는다. 다만, 이 경우에는 매매계약은 원시적 불능을 목적으로 하는 계약으로서 무효라고 보아야 하므로, 제535조의 「계약체결상의 과실책임」이 문제될 수는 있다.[212]

b) 매매의 목적인 권리가 타인에게 속할 것

(i) **타인의 권리** 「타인의 권리」라 함은 '매매의 목적인 권리가 법률적으로 매도인에게 귀속하지 않는 모든 경우'를 말한다(대법원 1979.4.24.선고, 77다2290 판결 등).[213] 그러므로 매도인이 목적물에 관하여 사실상의 처분권을 행사할 수 있는 경우도 「타인권리매매」라고 할 것이다. 예컨대, 매도인이 권리자로부터 목적물을 매수하고 위임장과 인감증명, 등기권리증 등 권리행사에 필요한 일체의 서류를 교부받았다 할지라도 아직 소유권이전등기를 경료하지 않았다면(이른바 「미등기전매」가 전형적인 경우이다), 법률상의 권리자인 등기명의인이 목적물의 소유권을 제3자에게 이중으로 매도하면 제3자는 유효하게 목적물의 소유권을 취득하게 되고 매도인의 권리이전의무는 이행불능이 되므로, 결국 매도인은 매수인에 대하여 제570조의 담보책임을 부담한다고 할 것이다.[214] 판례는 과거 미등기전매를 타인권리의 매매로 인정하고 있었으나(대법원 1982.1.26.선고, 81다528 판결 등),[215] 대법원판결 중에는 '미등기전매를 타인권리매매라고 볼 수 없다'는 입장을 취한 판결도 있어서(대법원 1996.4.12.선고, 95다55245 판결),[216] 이 문제에 관한 판례의 입장은 명확하지 않다. 그러나 현행 물권법제하에서 '미등기전매의 경우에는 매도인이 목적물에 대한 처분권을 가지고 있기 때문에 타인권리매매가 될 수 없다'는 법리가 성립하기는 어렵다고 할 것이다. 왜냐하면 매도인이 목적물에 대한 처분권을 가지고 있는지의 여부는 제570조의 담보책임의 발생요건인 「권리의 타인성(他人性)」과 직접적인 관계가 없을 뿐만 아니라, 설사 처분권의 유무에 의하여 타인권리매매의 여부를 결정할 수 있다고 하더라도, 물권변동에 관하여 형식주의를 취하고 있는 현행민법하에서 소유권이전등기를 경료하지 아니한 부동산매수인을 '법률상의 처분권자'로 해석할 수는 없기 때문이다.[217]

---

211) 여기서 「매매의 목적인 권리 자체가 존재하지 않는 경우」라 함은 '계약체결 시는 물론 이행기까지 기다려도 목적물이 발생할 가능성이 전혀 없는 경우'를 의미한다.

212) 同旨: 남효순, "타인권리의 매매와 매도인의 담보책임", 고시계 39권 6호, 1994/6, 116; 곽윤직, 140 참조.

213) 판례평석: 김종배, "귀속재산을 자기의 소유로 알고 매도한 경우와 원시적 불능", 대법원판례해설 1권 1호(법원행정처, 1979/8), 343 이하. 같은 취지: 대법원 1992.7.24.선고, 91다38341 판결; 대법원 1993.9.10.선고, 93다20283 판결.

214) 同旨: 남효순, 상게논문, 116; 곽윤직, 140~141 참조.

215) 같은 취지: 대법원 1972.11.28.선고, 72다982 판결; 대법원 1979.6.26.선고, 79다564 판결.

216) 판례평석: 김재형, "부동산의 미등기전매가 타인의 권리매매에 해당하는지 여부", 인권과 정의 260호(대한변호사협회, 1998/4), 72 이하.

217) 同旨: 김재형, 상게논문, 89 참조.

(ii) **이른바 「권리추탈」의 경우** 매매목적인 권리가 매매계약 당시 등기명의 등에 의하여 매도인에게 속한 것과 같은 외관을 갖추고 있었으나 실질적으로는 타인에 속한 경우를 「권리추탈(權利追奪)」이라고 하는데, 이 경우에도 제570조의 담보책임이 인정되어야 할 것이다.[218] 판례도 「권리추탈」에 대하여 제570조를 적용하는 것을 인정하고 있다(대법원 1974.6.11.선고, 73다141 판결 등).[219] 다만, 판례는 '가등기에 기한 본등기가 경료됨으로써 매수인이 그 부동산의 소유권을 상실하게 된 경우에는, 매매목적부동산에 설정된 저당권 또는 전세권의 행사로 인하여 매수인이 취득한 소유권을 상실한 경우(추탈)와 유사하므로 제576조의 규정이 준용될 수 있음은 별론으로 하고 제570조에 의한 타인권리매도인의 담보책임은 인정될 수 없다'고 한다(대법원 1992.10.27.선고, 92다21784 판결).[220]

(iii) **이중매매의 경우** '계약 당시에는 매매의 목적인 권리가 매도인에게 속하고 있었으나, 계약체결 이후에 매도인의 배임행위인 이중매매로 인하여 그 권리가 타인에게 속하게 된 경우에도 이를 타인권리매매라고 보아 제570조의 담보책임을 물을 수 있는가?' 하는 것이 문제된다. 예컨대, 매도인(甲)이 자기 소유의 부동산을 乙(제1매수인)에게 매도한 후 다시 그 부동산을 제3자 丙(제2매수인)에게 매도하고 丙에게 이전등기를 해 준 경우에, '제1매수인(乙)은 결과적으로는 타인(丙)의 권리를 매수한 것이고, 제1매매는 결과적으로 타인권리매매가 되는 것이므로, 제1매수인(乙)은 매도인(甲)에 대하여 제570조 소정의 담보책임(계약해제 및 이행이익의 배상)을 물을 수 있다'고 해석하는 견해도 있으나, 이 경우에는 타인권리매도인의 담보책임에 관한 제570조를 적용할 것이 아니라, 일반적 채무불이행책임에 관한 제390조 및 제546조가 적용되어야 할 것이다. 그 이유는, ① 이중매매의 경우, 계약 당시 목적물의 소유권은 법률상 매도인에게 속하고 있었으므로 제570조의 요건(권리의 타인성)을 갖추지 못하였다고 보아야 할 것이며, ② 채무자인 매도인에게 귀책사유가 있으므로 채권자인 매수인이 이행이익 배상을 내용으로 하는 손해배상청구권(390조)과 계약해제권(546조)을 모두 행사할 수 있고, 담보책임이 아닌 일반적 채무불이행책임의 문제로 다룬다고 할지라도 매수인에게 특별히 불리하지 않기 때문이다(이 문제를 채무불이행책임의 문제로 다룬다고 하더라도 매도인이 자신의 과실 없음을 증명할 책임을 부담하므로, 증명책임에 있어서도 실질적으로 무과실의 담보책임을 인정하는 것과 별 차이가 없다). 요컨대, '계약 당시 매매의 목적물인 권리가 매도인에게 속하고 있었던 경우에는, 그 후에 권리가 타인에게 속하게 되었다 할지라도 담보책임의 문제는 발생하지 않는

---

218) 同旨: 남효순, 전게논문(주 212), 117~118 참조.

219) 같은 취지: 대법원 1974.3.26.선고, 73다1442 판결; 대법원 1975.6.24.선고, 75다456 판결; 대법원 1977.12.13.선고, 77다1048 판결; 대법원 1982.12.28.선고, 80다2750 판결.

220) 판례평석: 남효순, "가등기에 기한 본등기경료로 인한 매도인의 담보책임에 관한 적용규정과 손해배상의 범위", 인권과 정의 210호(대한변호사협회, 1994/2), 118 이하.

다'고 할 것이다.

c) 권리취득·이전의 불능 타인권리매매에 있어서 매도인의 담보책임이 발생하기 위해서는 매도인이 타인의 권리를 취득하여 매수인에게 이전하는 것이 불가능하게 되었어야 한다. '매도인이 타인의 권리를 취득·이전하는 것이 불가능하게 되었는가'의 여부는 사회통념 내지 거래관념에 의하여 판단하여야 한다. 즉, 사회통념상 매수인에게 해제권을 행사하게 하는 것이 타당하다고 인정되는 정도의 이행장애가 있는가의 여부에 의하여 판단하여야 할 것이다. 판례도 '여기에서의 소유권의 이전불능은 채무불이행에 있어서와 같은 정도로 엄격하게 해석할 필요는 없고, 사회통념상 매수인에게 해제권을 행사시키거나 손해배상을 구하게 하는 것이 형평에 타당하다고 인정되는 정도의 이행장애가 있으면 족하고, 반드시 객관적 불능에 한하는 엄격한 개념은 아니다'라고 하였다(대법원 1982.12.28.선고, 80다2750 판결).[221)]

d) 권리취득·이전의 불능이 매수인의 귀책사유로 인한 경우가 아닐 것 '매수인의 귀책사유로 인하여 권리이전이 불가능해진 경우에는 매도인의 담보책임은 발생하지 않는다'는 것이 통설적 견해이다.[222)] 권리의 이전불능이 매수인의 귀책사유로 인한 경우에까지 매도인의 담보책임을 인정하는 것은 형평에 어긋나기 때문이다. 판례도 '매도인이 미등기전매를 하면서 전(前)매도인으로부터 교부받은 인감증명, 매도증서 등 목적물의 소유권이전등기에 필요한 일체의 서류를 교부함으로써 권리의 이전을 위한 모든 준비행위를 하였으나, 매수인이 소유권이전등기절차를 지체하고 있는 중 전(前)매도인의 채권자에 의하여 강제경매되어 결국 매도인이 매수인에게 소유권이전등기를 할 수 없게 되었다면, 이는 매수인의 귀책사유에 의하여 권리이전이 불능하게 된 경우로서 담보책임이 부정된다'고 한다(대법원 1979.6.26.선고, 79다564 판결 등).[223)] 또한 매수인이 소유자로부터 직접 권리를 취득하여 매도인의 권리취득을 방해한 경우도 매수인의 귀책사유로 인하여 권리이전이 불가능해진 경우라고 할 것이다.[224)] 다만, '매수인이 권리자인 타인으로부터 직접 권리를 취득한 이유가 매도인이 타인으로부터 권리를 취득하는 것을 더 이상 기대할 수 없었기 때문이라면, 이는 실질적으로 권리가 추탈된 경우와 마찬가지이므로, 매수인에게 귀책사유가 없다'는 것이 판례의 입장이다(대법원 1982.12.28.선고, 80다2750 판결).

---

221) 권리이전불능의 구체적 태양에 대하여는 남효순, 전게논문(주 212), 121~123 참조.
222) 민법주해(14)/남효순, 338 참조.
223) 판례평석: 최휴섭, "타인의 권리의 매매에 있어서 귀책사유 있는 매수인에 대한 매도인의 담보책임", 법조 29권 2호(법조협회, 1980/2), 73 이하. 같은 취지: 대법원 1982.1.26.선고, 81다528 판결.
224) 同旨: 민법주해(14)/남효순, 338 참조.

(D) 담보책임의 내용(효과)

a) 계약해제

(ⅰ) 해제권의 발생요건

① 매수인은 그 선의·악의를 불문하고 매매계약을 해제할 수 있다(570조). 여기서 「악의」라 함은 '매매의 목적인 권리가 타인에게 속함을 아는 것'을 의미한다. 또한 「채무불이행책임설」에 따르면 타인권리매도인의 담보책임은 채무불이행책임의 일종이라고 할 수 있으므로, 이 경우의 해제권은 채무불이행에 기한 법정해제권의 특칙이라고 할 수 있다.[225] 판례도 제570조의 해제권을 법정해제권의 본질을 가지고 있는 것으로 보고, '해제권 행사의 효과로서 발생하는 원상회복 의무의 범위에 관하여는 달리 특별한 규정이 없으므로, 제548조 제2항의 규정에 의함이 상당하다'고 한다(대법원 1974.3.26.선고, 73다1442 판결 등).[226]

② 매도인의 귀책사유는 요구되지 않는다. 즉, 이 경우의 해제는 무과실책임이다. 또한 이 경우는 권리의 이전불능을 이유로 하는 해제이므로, 매수인이 제546조의 규정에 따라 최고 없이 해제할 수 있다(대법원 1976.6.22.선고, 76다473 판결 등).

(ⅱ) 해제의 효과 제570조의 매수인의 계약해제는 매도인의 권리취득이전의무의 이행불능으로 인한 채무불이행책임으로서의 성질을 가지고 있으며, 그 효과에 대해서는 특별한 규정이 없으므로 해제의 효과에 관한 일반규정인 제548조에 의하여 규율될 수밖에 없다(대법원 1974.3.26.선고, 73다1442 판결). 그러므로 매매계약은 해제에 의하여 소급하여 그 효력을 상실하며, 매도인은 매수인에 대하여 원상회복의무를 부담한다(548조 1항). 따라서 매도인은 매수인에게 매매대금을 받은 날로부터 그 이자를 가산한 금액을 반환하지 않으면 안 된다(동조 2항). 반대로 매수인은 목적물과 그 사용이익을 매도인에게 반환하여야 한다. 또한 '해제로 인한 매도인과 매수인의 원상회복의무(매도인의 대금 및 이자의 반환의무와 매수인의 목적물과 사용이익의 반환의무)는 동시이행관계에 있다'고 해석하여야 할 것이다.[227] 판례도 제570조의 해제로 인한 매도인의 손해배상의무와 매수인의 대지인도의무 사이의 동시이행관계를 인정하고 있다(대법원 1993.4.9.선고, 92다25946 판결).[228]

한편 '매도인이 채무의 변제로서 타인의 물건을 인도한 경우에도 매도인은 인도된 물건의 반환을 청구할 수 없으며, 다시 유효한 변제를 한 경우에 한하여 인도된 물건의 반환을 청구할 수 있을 뿐'이다(463조). 다만, 이는 종류매매에 한하여 적용될 수 있는 조문이며, 이 경

225) 同旨: 상게서, 340 참조.
226) 같은 취지: 대법원 1974.5.14.선고, 73다1564 판결.
227) 同旨: 민법주해(14)/남효순, 563 참조.
228) 판례평석: 이성룡, "타인의 권리의 매도인이 매매를 해제한 경우, 매도인의 손해배상의무와 매수인의 목적물반환의무가 동시이행관계에 있는지 여부", 대법원판례해설 19호(법원행정처, 1993/12), 150 이하.

우에 매수인은 목적물의 소유권을 취득한 것이 아니라 목적물의 점유를 취득하였을 뿐이나, 민법은 매수인의 이익을 보호하기 위하여 매도인이 다시 유효한 변제를 하지 아니하는 한 매수인은 매도인에게 목적물을 반환할 의무를 부담하지 않는 것으로 규정한 것이다. 물론 소유자가 목적물의 반환을 청구하는 경우, 매수인은 목적물을 권리자에게 반환하여야 한다(213조). 그러므로 '타인 소유의 종류물을 매도한 매도인은 제571조의 해제권을 행사할 수 없다'고 해석하여야 할 것이다.

제463조는 채무자로부터 타인의 물건을 변제로서 인도받은 채권자를 보호하기 위하여 특별히 두어진 규정이나, 다음과 같은 점에서 입법론적 타당성이 의문시된다. ① 제463조는 채무의 변제로서 타인의 물건을 인도한 채무자에게 그 물건에 대한 반환청구권이 있다는 것을 전제로, '다시 유효한 변제를 하지 아니하면 그 물건의 반환을 청구하지 못한다'고 규정하고 있으나, 변제자는 채권자에게 인도한 타인소유의 목적물에 대하여 소유권에 기한 반환청구권(213조)을 행사할 수 없음은 물론이고, 채권자에 의하여 점유를 침탈당한 것도 아니므로 점유권에 기한 반환청구권(204조)도 행사할 수 없다. 그러므로 '변제자는 자신이 변제로서 인도한 타인 소유의 물건에 대하여 반환청구권을 행사할 수 있다'는 전제 자체가 성립하지 않는다. 따라서 제463조는 「전제의 오류」에 기한 부당한 규정이다. ② 제463조는 2016년에 개정되기 전 프랑스민법 제1238조 제2항[229]에서 유래된 조문인데, 타인물매매를 무효로 규정한 프랑스민법과 달리 우리 민법에서는 타인권리의 매매도 유효하므로(569조), 타인의 권리를 매도한 경우에도 매매계약이 해제되지 않은 이상 매도인이 매수인에게 매매목적물의 반환을 청구할 법적 근거가 없다. 따라서 제463조는 타인권리매매에 관한 제569조 및 타인권리매도인의 담보책임에 관한 제570조 이하의 규정과 모순되거나 조화되기 어려운 규정이다. ③ 제463조는 '채무자가 자기 소유에 속하는 같은 종류의 물건을 인도한 후에야 비로소 목적물의 반환을 청구할 수 있다'고 규정하고 있으나, 채무자가 채권자에게 타인물의 반환을 청구하기보다는 소유자에게 자기 소유에 속하는 동일한 종류의 물건으로 변상하고 거래를 종료하는 것이 보통일 것이라는 점에서 거래의 실제와 동떨어진 매우 비현실적인 조문이다. ④ 채무자가 타인의 물건으로 인도한 것을 유효한 변제라고 보더라도, 소유자가 직접 변제를 수령한 채권자에게 소유물반환청구권(213조)을 행사하는 것을 막을 방법은 없으므로, 본조는 실제적 효용가치가 전혀 없는 규정에 불과하다. (☞ 채권총론 편, 제3장 제4절 「변제의 목적물·장소·시기·비용·증거」)

229) 개정 전 프랑스민법 제1238조: (1) 변제가 유효하기 위하여서는 변제자가 변제를 위하여 급부한 물건의 소유자일 것과 그 물건을 양도할 능력이 있을 것을 요한다. (2) 그럼에도 불구하고 일정액의 금전 기타 소비물의 변제는 비록 그 변제가 소유자가 아닌 자 또는 양도능력이 없는 자에 의하여 행하여진 경우라 하더라도 선의로 그 물건을 소비한 채권자에 대하여 반환이 청구될 수 없다.

b) 손해배상

(ⅰ) **의의 및 귀책사유의 요부**(要否) 「채무불이행책임설」의 입장에서는 제570조의 "손해배상"은 '이행이익의 배상'을 의미하게 된다. 다만, 「채무불이행책임설」의 입장에서도 이행이익 배상의 귀책요건에 대해서는, ① '이행이익배상을 인정하기 위해서는 매도인의 귀책사유가 필요하다'는 견해,[230] ② '매도인의 귀책사유는 요구되지 않으므로 무과실의 이행이익배상을 인정하여야 한다'는 견해,[231] ③ '매도인의 선의·악의와 이전불능에 대한 귀책사유의 유무를 상관적으로 고려하여 이행이익의 배상 여부를 결정하여야 한다'는 견해[232]가 대립하고 있다. 이에 대하여, 판례는 제570조의 "손해배상"을 '이행이익의 배상'이라고 해석하면서도, '매도인의 귀책사유는 요구되지 않는다'는 입장을 취하고 있다(대법원 1964.7.23.선고, 64다196 판결 등). 즉, 판례는 타인권리매도인의 담보책임으로서의 "손해배상"을 '무과실의 이행이익배상'으로 보고 있다. 다만, 판례는 '매매계약 당시 그 토지의 소유권이 매도인에 속하지 아니함을 알고 있던 매수인은 매도인에 대하여 이행불능으로 인한 손해배상을 청구할 수 없으나, 그 이행불능이 매도인의 귀책사유로 인한 것인 때에는 그 손해배상을 청구할 수 있으며, 매도인의 귀책사유에 대한 증명책임은 매수인에게 있다'고 한다(대법원 1970.12.29.선고, 70다2449 판결 등).[233]

채무불이행책임설의 입장에서는 제570조에서 규정하고 있는 타인권리매도인의 담보책임으로서의 "손해배상"을 '이행이익의 배상'으로 파악하는 것은 당연한 것이지만, 이를 매도인의 귀책사유를 요하지 않는 이행이익배상이라고 해석하게 되면, 이익형량 면에서 매도인에게 지나치게 가혹한 결과가 된다. 또한 '매도인의 선의·악의 여부와 귀책사유를 상관적으로 고려하여 이행이익의 여부를 결정하여야 한다'는 견해도 일리가 있으나, 그렇게 해석할 수 있는 실정법적 근거가 없다는 문제가 있다. 따라서 현행 채무불이행책임의 법체계와 조화를 이루기 위해서는 '타인권리매도인의 손해배상책임은 매도인의 귀책사유(고의·과실)를 요건으로 한다'고 해석하는 수밖에 없다. 다만, '이렇게 해석하는 경우에는 민법이 채무불이행책임의 특칙으로 매도인의 담보책임을 규정한 의미가 없어진다'고 비판하는 견해도 있을 수 있으나, 담보책임의 내용으로서의 손해배상 규정의 특칙성이 반드시 매도인에게 무과실의 이행이익 배상의 책임을 귀속시키는 것이어야만 한다는 논리필연성은 인정되지 않는다 할 것이다. 또

230) 김주수, 190 참조.
231) 서민, 전게논문(주 109), 130; 황적인, 244 참조.
232) 이 견해는 매도인의 선의·악의의 여부와 이전불능에 대한 귀책사유의 유무를 기준으로, ① 악의의 매도인이 귀책사유가 있는 경우, ② 악의의 매도인이 귀책사유가 없는 경우, ③ 선의의 매도인이 귀책사유가 있는 경우, ④ 선의의 매도인이 귀책사유가 없는 경우의 네 가지로 분류한 후, '①·②·③의 경우에는 이행이익의 배상을 인정하더라도 상관이 없으나, ④의 경우에 이행이익의 배상을 인정하는 것은 거래의 안정을 해치는 것이므로, 이를 인정하여서는 안 된다'고 주장하고 있다(민법주해(14)/남효순, 351 참조).
233) 같은 취지: 대법원 1993.11.23.선고, 93다37328 판결.

한 입법정책상 무과실의 이행이익배상을 인정하는 것이 반드시 바람직하다고 할 수는 없으며, 우리 민법은 기본적으로 「이행이익의 배상」을 제한적으로만 인정하고 있다는 점(393조)을 감안한다면, '타인권리매도인의 담보책임으로서의 손해배상은 매도인의 귀책사유를 요건으로 하는 이행이익의 배상'이라고 해석하는 것이 타당하다고 할 것이다.

요컨대, '제570조의 타인권리매도인의 손해배상책임은 이행이익의 배상을 의미하지만 매도인의 귀책사유를 요한다'고 해석할 것이며, 담보책임으로서의 손해배상에 관한 규정의 특칙성은 오히려 '매수인이 악의인 경우에는 매도인의 손해배상책임을 물을 수 없다'는 점에서 찾아야 할 것이다. 그리고 이렇게 해석하면, 일부학설이 주장하는 '일반적 채무불이행책임과 담보책임과의 경합론'과 같은 불합리한 이론적 문제는 발생하지 않을 것이다. 다만, 이렇게 해석하는 경우에는 매도인의 귀책사유의 존부를 판단하는 구체적 기준과, 매도인의 귀책사유에 대한 증명책임이 문제될 수 있으나, '매도인의 귀책사유의 존부에 대한 증명책임은 매도인에게 있다'고 해석하여야 할 것이다.

(ii) 매수인의 선의

① 매수인이 계약 당시 그 권리가 매도인에게 속하지 아니함을 안 때에는 손해배상을 청구하지 못한다(570조 단서). 따라서 매수인은 선의인 경우(매매의 목적인 권리가 매도인에게 속하지 아니함을 모른 경우)에 한하여 매도인에 대하여 손해배상을 청구할 수 있다. 학설 중에는 타인권리매매에 있어서 악의의 매수인에게 손해배상청구권이 인정되지 않는 이유를 '악의의 매수인은 권리이전의 불능을 사전에 예측하였을 것이기 때문'이라고 설명하는 견해가 있다.[234] 그러나 채무불이행책임에 있어서는 악의의 채권자라고 해서 손해배상청구권이 항상 배제되는 것은 아니므로, 타인권리매도인의 담보책임의 본질을 채무불이행책임으로 보는 한 이러한 설명은 설득력이 부족하다.

② 매수인의 선의·악의 여부의 판단기준 시는 계약체결 시이다(570조 단서). 따라서 매수인이 계약체결 이후에 그 권리가 타인에게 속하는 것임을 알았다고 하더라도 손해배상을 청구하는 데는 지장이 없다. 대법원은 '계약 당시 매수인의 선의 여부를 석명하여 심리·판단하지 않고 매도인에 대한 손해배상청구를 배척한 원심을 심리미진 또는 판결이유에 모순이 있다'는 이유로 파기·환송한 바 있다(대법원 1963.5.2.선고, 63다17 판결). 또한 '부동산매매계약서상 "매도인이 대리매매한 데 대하여 매수인은 차후 민·형사사건을 제기치 않기로 한다"는 특약조건은 매도인이 실질적인 소유자가 아니어서 매수인이 토지의 소유권을 유효하게 취득하지 못하는 경우에도 매수인이 매도인에게 형사책임이나 손해배상 등의 책임을 구하지 아니하고 원상회복으로 만족하겠다는 취지로서, 이는 매수인이 그 토지가 매도인의 권리에 속하지 아니

234) 민법주해(14)/남효순, 343; 곽윤직, 141 참조.

함을 안 경우와 같이 취급받겠다는 의미라고 봄이 상당하다'고 판시한 바 있다(대법원 1994.6.14. 선고, 93다29631 판결).

③ '매수인이 매매의 목적인 권리가 타인의 권리임을 모른 데 대해서 과실이 있는 경우에도 손해배상책임을 물을 수 있는가?' 하는 것이 문제되는데, 명문규정은 없으나 채무불이행책임설의 입장에서는 '손해배상책임의 일반원칙인 과실상계의 법리(396조)가 적용될 수 있다'고 해석하여야 할 것이다.[235] 판례도 '매수인이 매매의 목적인 권리가 매도인에게 속하지 아니함을 알지 못한 것이 매수인의 과실에 기인하는 경우에는 매도인의 손해배상액을 산정함에 있어서 이를 참작하여야 한다'고 함으로써, 제570조의 손해배상액 산정에 있어서 과실상계의 법리가 적용된다는 입장을 취하고 있음은 전술한 바와 같다(대법원 1971.12.21.선고, 71다218 판결 등). 다만, 판례는 '매도인이 매매의 목적인 권리를 이전할 수 없게 된 것이 오직 매수인의 귀책사유에 기인한 경우에는 매도인의 담보책임 자체가 인정되지 않는다'고 한다(대법원 1979.6.26.선고, 79다564 판결).

④ '매수인이 악의인 경우에는 손해배상을 청구할 수 없다'고 규정하고 있는 제570조 단서의 규정에도 불구하고, 판례는 '이행불능이 매도인의 귀책사유로 인하여 이루어진 것인 때에는 악의의 매수인이라고 하더라도 채무불이행 일반의 규정에 좇아서 계약을 해제하고 손해배상을 청구할 수 있다'는 입장을 취하고 있다(대법원 1993.11.23.선고, 93다37328 판결 등).[236] 학설 중에도 이러한 판례의 입장에 찬성하는 견해가 있으나, 이는 다시 그 이론적 근거를 채무불이행책임과 담보책임과의 경합이 인정된다는 점에서 찾는 견해와,[237] '권리이전불능이 매도인의 귀책사유로 인한 경우에는 권리가 타인에게 귀속하고 있다는 사실 자체가 더 이상 이행불능의 원인이 될 수 없다'는 점에서 찾는 견해[238]로 갈린다.

사견으로는, 타인권리매도인의 담보책임은 본질상 채무불이행책임의 일종이나 매매가 유상계약이라는 점을 고려하여 매도인의 귀책사유의 유무에 관계없이 인정되는 무과실책임이므로, 설령 매도인에게 귀책사유가 있더라도 일반적 채무불이행책임에 관한 제390조가 적용되는 것이 아니라 채무불이행책임의 특칙인 제570조가 우선 적용되어야 할 것이다. 그러므로 '타인권리매도인의 담보책임에 관한 제570조의 규정과 일반적 채무불이행책임에 관한 제390조의 규정이 경합적으로 적용된다'는 것을 전제로 하는 판례의 입장에는 찬성할 수 없다. 결국 '매도인의 귀책사유 유무에 관계없이 매수인이 악의인 경우에는 손해배상을 청구할 수 없

235) 同旨: 민법주해(14)/남효순, 354 참조.
236) 판례평석: 서민, "매도인의 담보책임과 채무불이행책임의 경합", 민사판례연구(17)(민사판례연구회, 1995/5), 124 이하. 같은 취지: 대법원 1970.12.29.선고, 70다2449 판결.
237) 김형배, 332 참조.
238) 민법주해(14)/남효순, 345 참조.

다'고 해석하여야 할 것이다(570조 단서).

(iii) **손해배상의 범위** 「채무불이행책임설」의 입장에서는 타인권리매도인의 담보책임으로서의 손해배상은 '이행이익의 배상'을 의미하므로, 손해배상의 범위는 일반규정인 제393조에 따라서 정해진다고 해석하게 된다. 그러나 「법정책임설」의 입장에서는 매도인의 담보책임으로서의 손해배상은 '신뢰이익의 배상'을 의미하므로, 손해배상의 범위는 매매대금 및 계약비용에 한정되게 된다. 판례는 매도인의 귀책사유를 묻지 않는 무과실의 「이행이익배상설」의 입장을 취하고 있음은 전술한 바와 같다. 그러나 '제570조의 타인권리매도인의 담보책임으로서의 손해배상은 매도인의 귀책사유를 요건으로 하는 이행이익의 배상을 의미한다'고 해석하여야 할 것임은 전술한 바와 같다.

(iv) **손해배상액 산정의 기준시기** 제570조의 타인권리매도인의 담보책임의 본질을 매도인의 재산권이전의무의 이행불능에 기한 채무불이행책임으로 보고, 그 손해배상의 범위는 계약의 유효한 존속을 전제로 하는 이행이익의 배상이라고 하여야 한다면, 그 손해배상액을 산정하는 기준시기는 권리이전이 불능으로 된 때(이행불능 시)를 기준으로 하는 것이 타당하다.[239] 판례도 '권리이전이 불능으로 된 때의 목적물의 시가'를 기준으로 손해배상액을 산정하고 있음은 전술한 바와 같다(대법원 1971.6.29.선고, 71다1017 판결 등).[240] (☞ 채권총론 편, 제4장 제2절 「채무불이행의 효과」)

c) 위약금의 약정과 담보책임과의 관계 위약금의 약정에는 위약벌의 약정과 손해배상액의 예정의 두 가지가 있는데, 특약이 없는 경우에 위약금의 약정은 손해배상액의 예정으로 추정된다(398조 4항). 그러므로 '위약벌인 위약금약정이 있는 경우에는 매수인은 위약금약정과는 상관없이 제570조에 의한 손해배상을 청구할 수 있으나, 위약벌의 특약이 없는 경우에는 위약금만을 청구할 수 있을 뿐이므로 제570조에 의한 손해배상은 청구할 수 없다'고 할 것이다. 즉, 위약금의 약정은 담보책임을 배제한다. 다만, 판례는 '매매당사자가 모두 선의인 경우(매매목적물이 타인의 소유인 사정을 모르고 계약을 체결한 경우)에는 위약금약정은 타인권리매매에서의 담보책임까지 예상하여 그 배상액을 예정한 것이라고 볼 수 없다'고 한다(대법원 1977.9.13.선고, 76다1699 판결). 그러나 여기에서의 "손해배상"을 '이행이익의 배상'으로 보는 것이 판례의 입장이므로, 담보책임으로서의 손해배상을 인정하든, 손해배상액의 예정으로서의 성질을 가진 위약금의 배상을 인정하든 결론에 있어서 큰 차이가 있는 것은 아니겠지만, '매매당사자가 계약 당시 타인권리임을 몰랐다고 하여 당사자가 합의한 위약금의 약정을 담보책임으로서의 손해배상액의 예정으로 볼 수 없다'는 판례의 논리는 납득하기 어렵다.

---

239) 同旨: 민법주해(14)/남효순, 352; 곽윤직, 141 참조.
240) 같은 취지: 대법원 1975.6.24.선고, 75다456 판결.

d) 선의매도인의 해제권

(ⅰ) **의의 및 제도의 취지** 타인권리매매에 있어서는 매도인도 선의를 요건으로 매수인의 손해를 배상하고 계약을 해제할 수 있다. 즉, ① 매도인이 선의인 경우(계약 당시에 매매의 목적이 된 권리가 자기에게 속하지 아니함을 알지 못한 경우)에 그 권리를 취득하여 매수인에게 이전할 수 없는 때에는 매도인은 손해를 배상하고 계약을 해제할 수 있다(571조 1항). 다만, 이 경우에는 매수인도 선의이어야 한다. ② 매수인이 악의인 경우(계약 당시에 그 권리가 매도인에게 속하지 아니함을 안 때)에는 매도인은 손해배상을 할 필요가 없이 매수인에 대하여 그 권리를 이전할 수 없음을 통지하고 계약을 해제할 수 있다(571조 2항).

제571조의 선의매도인의 해제권은 매도인의 담보책임이 아니라 매도인 보호를 위하여 인정된 매도인의 권리라고 보아야 할 것이다.[241] 민법이 채무불이행책임의 일종인 담보책임을 부담하고 있는 매도인을 보호하기 위하여 해제권을 부여한다는 것은 모순되거나 실익이 없는 것처럼 보이지만, 선의의 매도인에게 해제권을 부여하는 것은 다음과 같은 점에서 실익이 있다.[242] 즉, ① 타인권리의 매도인은 선의인 경우에도 담보책임을 부담하기 때문에, 착오를 이유로 매매계약을 취소할 수 없다. 따라서 제571조는 선의의 매도인으로 하여금 해제권을 행사함으로써 스스로 계약의 구속력으로부터 벗어날 수 있도록 한 제도라는 점에 그 의의가 있다. ② 매도인이 해제권을 행사하는 것은 매수인이 해제권을 행사하는 것과 비교할 때 손해배상액의 산정시기를 선택할 수 있고, 원상회복의 범위를 축소할 수 있게 되는 등 매도인에게 유리하다.[243]

(ⅱ) **해제권의 행사요건**

① 매도인이 타인권리매매를 이유로 계약을 해제하기 위해서는 계약 당시에 선의이었어야 한다. 여기서 "선의"라 함은 '매매의 목적인 권리가 자기에게 속한다고 믿었으나 실제로는 타인에게 속한 경우'를 말한다. 매도인이 선의임에 무과실이어야 하는 것은 아니며, 과실이 있더라도 선의이기만 하면 해제권의 행사에는 지장이 없다고 해석된다.[244]

② 매매의 목적인 권리가 타인에게 속한다는 사실만으로는 매도인에게 해제권이 발생하지 않으며, 매도인의 성실한 노력에도 불구하고 매매의 목적인 권리의 취득 및 이전이 불가능한 경우에 한하여 해제권이 인정된다.[245] 또한 선의의 매도인의 해제권은 권리의 전부가 타인에게 속한 경우(570조)에 한하여 인정되며, 권리의 일부만이 타인에게 속한 경우(572조)에는 적용되지 않는다.[246]

---

241) 同旨: 민법주해(14)/남효순, 359 참조.
242) 상게서, 361~362 참조.
243) 상게서, 362 참조.
244) 상게서, 364 참조.
245) 同旨: 상게서, 365 참조.
246) 同旨: 상게서, 365 참조.

③ 매수인도 선의인 경우에는 매도인은 손해를 배상하고 계약을 해제할 수 있다(571조 1항). 민법은 마치 손해배상이 해제권의 행사요건인 것처럼 규정하고 있으나, 손해배상을 해제권의 행사요건으로 해석할 필요는 없다.

④ 매수인이 악의인 경우(계약 당시 그 권리가 매도인에게 속하지 아니함을 안 때)에는, 매도인은 손해배상 없이 매수인에 대하여 그 권리를 이전할 수 없음을 통지하고 계약을 해제할 수 있다(571조 2항).

(iii) 해제권 행사의 효과

① 제571조의 선의매도인의 해제권은 쌍무계약에서 채무불이행을 원인으로 하여 발생하는 법정해제권과는 그 성질이 다른 것이지만, 그 행사의 효과는 일반적 법정해제권과 같은 성질을 가지는 제570조의 해제권이 행사된 경우와 동일하다고 해석하여야 할 것이다.[247] 따라서 매도인의 해제에 의하여 계약의 효력은 소급적으로 소멸하게 되고, 그에 따라 매도인과 매수인은 각각 상대방에 대하여 원상회복의무를 부담하게 된다(548조 1항). 판례의 입장도 같다(대법원 1993.4.9.선고, 92다25946 판결).

② 판례는 제571조 제1항에서 규정하고 있는 손해배상책임은 매도인의 귀책사유에 관계없이 인정되는 무과실책임으로서(대법원 1993.4.9.선고, 92다25946 판결), 그 배상의 범위는 이행이익의 배상이라고 해석하고 있다(대법원 1976.6.8.선고, 75다2157 판결). 학설은 이러한 판례의 입장에 찬성하는 견해[248]와 비판적인 견해[249]로 갈리고 있다. 사견으로는, 선의의 매도인의 해제권 행사의 요건처럼 규정되어 있는 제571조 제1항의 "손해배상"도 제570조의 "손해배상"과 달리 해석할 이유가 없으므로,[250] '매도인의 귀책사유를 요건으로 하는 이행이익의 배상'이라고 해석하여야 할 것이라고 생각한다.

(E) 권리행사기간의 제한 여부 민법은 일부 타인권리매매에 있어서의 매도인의 담보책임에 대하여는 매수인의 권리행사기간을 제한하여, '매수인이 선의인 경우에는 사실을 안 날로부터, 악의인 경우에는 계약한 날로부터 1년 내에 권리를 행사하여야 한다'는 제척기간을 두고 있다(573조). 이에 반하여, 권리의 전부가 타인에게 속한 경우의 매도인의 담보책임의 경우에는 매수인의 권리행사기간에 대하여는 아무런 규정도 두고 있지 않으므로, 이를 인정할 것인가의 여부를 둘러싸고 견해가 갈린다.

a) 학 설

(i) **1년의 제척기간에 걸린다는 견해**(제573조 유추적용설) 이는 권리의 일부가 타인에게 속

247) 同旨: 상게서, 368 참조.
248) 주석민법(3)/김현채, 100; 곽윤직, 142 참조.
249) 민법주해(14)/남효순, 368 참조.
250) 同旨: 상게서, 367 참조.

하는 경우와 권리의 전부가 타인에게 속하는 경우를 달리 취급할 이유가 없으므로, 전부 타인권리매매의 경우에도 일부 타인권리매매에 관한 제573조의 규정을 유추적용하여야 한다는 견해이다.[251] 이 견해에 따르면, 매수인이 선의인 경우에는 사실을 안 날로부터, 악의인 경우에는 계약한 날로부터 각각 1년 내에 권리를 행사하여야 한다는 것이다. 다만 여기서 "사실을 안 날"이 언제인가에 대해서는, 다시 '타인의 물건인 것을 안 때'라고 해석하는 견해[252]와 '권리이전이 불능이라는 것을 안 때'라고 해석하는 견해[253]로 갈라진다.

(ii) 10년의 소멸시효에 걸린다는 견해 전부 타인권리매매에 대한 제척기간이 규정되어 있지 않은 이상, 일반원칙에 의하여 매수인의 권리 중에서 해제권은 계약이 존속하는 한 이를 행사할 수 있고, 손해배상청구권은 10년의 소멸시효에 걸린다고 해석하는 견해이다.[254]

b) 판례의 입장 판례는 제570조의 손해배상청구권은 소멸시효의 대상이 되며, 그 기산점은 '권리이전이 불능임을 안 때'라고 보고 있다. 다만, '매수인이 넘겨받은 소유권이전등기가 진정한 소유자의 제소에 의한 확정판결에 의하여 말소되어 매매목적물을 추탈당한 경우에는, 매수인은 늦어도 그 등기가 말소된 때에 그 권리이전이 불능임을 알았다고 할 것이므로, 이때부터 그 배상청구권의 소멸시효가 진행된다'고 한다(대법원 1977. 12.13.선고, 77다1048 판결).

c) 학설·판례의 검토 권리의 전부가 타인에게 속하는 경우에 매수인의 권리행사기간을 제한하는 특별규정이 없음에도 불구하고, 제573조의 규정을 유추적용하여 매수인의 해제권 및 손해배상청구권은 1년의 제척기간에 걸린다고 해석하는 것은 무리한 해석이라고 할 것이다. 그러므로 이 문제는 시효에 관한 일반원칙에 의하여 해결하여야 할 것이다. 즉, ① 매수인의 해제권은 형성권이므로 10년의 제척기간(권리행사기간)의 적용을 받는다고 할 것이며, ② 손해배상청구권은 소멸시효에 관한 일반규정에 의하여 10년간 행사하지 않으면 시효로 인하여 소멸한다고 해석하여야 할 것이다(162조 1항). 이때 제척기간과 소멸시효기간의 기산점은 판례의 입장과 마찬가지로, '매수인이 권리이전이 불능하게 되었음을 안 때'로부터 기산되어야 할 것이다.

(F) 착오·사기를 이유로 매매계약을 취소한 경우와 담보책임과의 관계 '타인권리매도인의 담보책임이 인정되는 경우, 계약의 당사자는 착오 또는 사기에 의한 의사표시를 이유로 하여 매매계약을 취소할 수 있는가, 즉 착오·사기로 인한 매매계약의 취소와 담보책임의 경합이 인정되는가?' 하는 것이 문제된다. 이에 대하여, 학설은 양자의 경합을 인정하는 견해와, 담보책임에 관한 제570조 이하의 규정을 착오 또는 사기에 의한 법률행위의 취소에 관한 민법 제

---

251) 김주수, 187; 김형배, 333 참조.
252) 김주수, 188 참조.
253) 김형배, 333 참조.
254) 주석민법(3)/김현채, 95~96; 민법주해(14)/남효순, 356 참조.

109조 및 제110조의 특칙으로 파악하여 경합을 부인하는 견해[255]로 갈리고 있다.

판례는 '매도인의 기망으로 매수인이 타인의 권리를 매수한 경우에 매수인은 사기를 이유로 계약을 취소할 수 있다'고 하여, 양자의 경합을 인정하는 입장을 취하고 있다(대법원 1973.10.23.선고, 73다268 판결).[256]

착오·사기로 인한 의사표시의 경우에 그에 기한 법률행위를 취소할 수 있도록 한 이유는, 착오·사기에 의한 의사표시는 당사자의 의사형성 과정에 하자가 존재하므로 정상적인 의사표시로 볼 수 없고, 따라서 계약의 구속력을 인정하기 어렵다는 데 있다. 이에 반하여, 매매의 목적인 권리나 물건에 하자가 있는 경우에 매도인의 귀책사유를 묻지 않고 담보책임을 인정하는 이유는, 매매의 목적인 권리나 물건에 하자가 없다는 것을 전제로 하여 매매대금이 산정되는 매매계약의 유상성이 고려할 때, 하자가 있는 경우에는 매도인에게 일정한 책임(대금반환, 대금감액)을 물을 수 있도록 하는 것이 형평의 원칙에 부합하기 때문이다. 이와 같이 양자는 제도적 취지가 근본적으로 다른 것은 물론이고, 요건과 효과도 전혀 달리하고 있다. 따라서 양자의 경합을 인정하는 것이 타당하다고 생각된다.

(마) 권리의 일부가 타인에게 속하는 경우

매매의 목적인 권리의 일부가 타인에게 속함으로 인하여 매도인이 그 권리를 취득하여 매수인에게 이전할 수 없는 경우, 매수인은 타인에게 속하는 부분의 비율로 대금의 감액을 청구하거나 계약 전부를 해제할 수 있으며, 선의의 매수인은 손해배상도 청구할 수 있다(572조).

(A) 담보책임의 발생요건 제572조의 담보책임이 발생하기 위하여서는, ① 매매의 목적인 권리의 일부가 타인에게 속할 것, ② 매도인이 타인으로부터 그 권리를 취득하여 매수인에게 이전할 수 없을 것, ③ 권리의 이전불능이 매수인의 귀책사유로 인한 것이 아닐 것 등의 요건이 필요하다. 이에 대해서는 매매의 목적인 권리가 전부 타인에게 속한 경우의 매도인의 담보책임에 관한 설명이 그대로 타당하므로, 이에 관한 상세한 설명은 생략하기로 한다. 다만, 이에 관한 판례 중 특기할만한 몇 가지 사례의 요지만을 소개하기로 한다. 즉, 판례에 따르면, ① '매매목적이 된 농지의 일부가 농지개혁법 시행 당시 비자경농지(非自耕農地)인 경우, 그 토지부분은 농지개혁법의 시행과 동시에 국가에 매수되어 국유지인 농지이므로, 위 매매계약은 매매의 목적이 된 권리의 일부가 타인에게 속하는 경우에 해당한다'고 한다(대법원 1969.2.4.선고, 66다1615 판결 등).[257] ② '제572조에서 매도인이 소유권을 취득하여 매수인에게 이전할 수 없는 때라 함은 채무불이행에 있어서와 같은 정도의 엄격한 개념이 아니며, 사회관념상 매수인에게 해제권을 행사시키는 것이 타당하다고 인정되는 정도의 이행장애가 있는 경우를 의미

255) 민법주해(14)/남효순, 372; 이태재, 179 참조.
256) 판례평석: 拙稿, "법률행위의 취소와 담보책임과의 관계", 민법판례해설 I (민법총칙), 190 이하.
257) 같은 취지: 대법원 2008.5.8.선고, 2007다77279 판결.

한다'고 한다(대법원 1977.10.11.선고, 77다1283 판결). 예컨대, '토지매매에서 목적토지의 일부에 대한 수용결정이 있으면 아직 수용으로 인하여 소유권이 상실되기 전이라도 그 수용결정이 자체로써 매매목적물에 하자가 있는 경우에 해당하므로, 매수인은 잔대금 전액지급요구를 거절할 수 있다'고 한다(대법원 1981.7.28.선고, 80다2400 판결 등).[258] ③ '제572조의 규정은 단일한 권리의 일부가 타인에게 속하는 경우에만 적용되는 것이 아니라, 수 개의 권리를 일괄하여 매매의 목적으로 정한 경우에도 적용된다'고 한다(대법원 1989.11.14.선고, 88다카13547 판결).[259]

(B) 담보책임의 내용(효과)

a) 대금감액 매수인은 권리가 타인에게 속한 부분의 비율로 대금의 감액을 청구할 수 있다(572조 1항). 예컨대, 100m^2의 대지를 대금 1억원에 매매하였으나 목적토지 중 10m^2가 타인소유이기 때문에 이전불능한 경우에는, 매수인은 매매대금의 10%를 감액한 9,000만원으로 감액할 것을 청구할 수 있다. 주의할 것은 제572조 제3항의 반대해석상 '매수인이 악의인 경우(권리의 일부가 타인에게 속한다는 사실을 안 경우)에도 대금감액 또는 계약해제는 인정된다'는 점이다(대법원 1981.5.26.선고, 80다2508 판결). 이 경우의 「대금감액청구권」은 매수인의 일방적 의사표시에 의하여 대금감액의 효력이 발생하는 형성권이라는 데 대해서는 이설이 없다. 대법원도 '매매목적토지의 일부에 대하여 수용결정이 있는 경우, 그 부분에 대한 매매대금감액 여부가 다투어지고 있을 때에는 감액합의가 이루어지기 전이라도 매수인은 매도인의 잔대금 전액 지급요구를 거절할 수 있다'고 판시함으로써, 이러한 법리를 간접적으로 인정한 바 있다(대법원 1981.7.28.선고, 80다2400 판결 등).

학설 중에는 제572조의 「대금감액」을 '매매계약의 일부해제'로 해석하는 견해가 있다.[260] 동조의 「대금감액」은 실질적인 효과 면에서는 '매매의 일부해제'와 동일하다고 할 수 있으므로 일리가 없는 것은 아니지만, 「해제」는 계약의 소급적 소멸과 원상회복의 효력을 발생시키는 제도이므로(548조 1항), 「대금감액」과 「계약의 일부해제」는 개념상 구별하는 것이 타당하다고 할 것이다.

한편 판례는 임의경매에서 경락허가결정이 확정된 후 경락대금지급기일이 지정되기 전에 경매의 목적물이 일부멸실되었으나 경락인이 나머지 부분이라도 매수할 의사가 있어서 경락대금의 감액신청을 한 경우, '경매법원은 위험부담 내지 하자담보책임의 이론을 적용하여 그 감액결정을 허용하는 것이 상당하다'고 한다(대법원 1979.7.24., 78마248 결정).

b) 계약해제 권리의 일부가 타인에게 속하여, 그 부분을 제외한 나머지 부분만이면

258) 같은 취지: 대법원 1981.5.26.선고, 80다2508 판결.
259) 판례평석: 이동흡, "일괄하여 매매의 목적이 된 수 개의 권리 중 일부가 타인에게 속한 경우 매도인의 담보책임에 관한 민법 제572조의 적용 여부", 대법원판례해설 14호(법원행정처, 1991/11), 35 이하.
260) 민법주해(14)/남효순, 381; 곽윤직, 142 참조.

매수인이 이를 매수하지 아니하였을 것이라고 인정되는 경우에는, 선의의 매수인은 계약의 전부를 해제할 수 있다(572조 2항). 제572조 제2항의 반대해석으로 '악의의 매수인은 계약 전부를 해제할 수 없고, 대금감액만을 청구할 수 있다'고 해석된다. 다만, 대법원판결 중에는 '악의의 매수인은 계약 전부를 해제할 수는 없으나, 계약의 일부를 해제할 수 있다'고 판단한 '원심을 수긍할 수 있다'고 판시한 사례가 있다(대법원 1976.6.22.선고, 76다473 판결).

c) 손해배상 선의의 매수인은 대금감액청구 또는 계약해제 이외에, 손해배상도 청구할 수 있다(572조 3항). 이 경우의 "손해배상"의 범위에 대해서도 권리의 전부가 타인에게 속한 경우와 마찬가지로, 「법정책임설」의 입장에서는 '매도인의 귀책사유 여하에 관계없이 인정되는 신뢰이익의 배상'이라고 해석하지만, 「채무불이행책임설」의 입장에서는 '채무불이행의 일종인 이행불능에 기한 이행이익의 배상'이라고 해석하게 된다. 판례도 '이 경우에 매도인이 매수인에 대하여 배상하여야 할 손해액은 원칙적으로 매도인이 매매의 목적이 된 권리의 일부를 취득하여 매수인에게 이전할 수 없게 된 때의 이행불능이 된 권리의 시가, 즉 이행이익 상당액'이라고 한다(대법원 1993.1.19.선고, 92다37727 판결 등).[261]

문제는 '「이행이익배상설」을 취할 경우, 제572조의 손해배상책임의 발생요건으로서 매도인의 귀책사유를 요하는가?' 하는 것인데, 이에 대해서는 견해가 대립하고 있으나, '「채무불이행책임설」의 입장에서 이행이익배상을 내용으로 하는 손해배상책임을 묻기 위해서는 매도인의 귀책사유가 요구된다'고 해석하여야 할 것임은 전술한 바와 같다.

(C) 권리행사기간 민법은 '권리의 일부가 타인에게 속한 경우의 매도인에게 담보책임(대금감액, 계약해제, 손해배상)을 물을 수 있는 매수인의 권리는 매수인이 선의인 경우에는 사실을 안 날로부터, 악의인 경우에는 계약한 날로부터 1년 내에 행사하여야 한다'고 규정하고 있다(573조).

a) 제척기간의 법적 성질 제573조의 기간의 법적 성질을 「제척기간」이라고 해석하는 데는 이설이 없다. 다만, 제척기간의 법적 성질에 대해서는 견해가 대립하고 있다. 학설은 제573조의 제척기간을 「제소기간」으로 보는 견해가 지배적이나, 이를 제소기간으로 한정적으로 해석하여야 할 근거가 없을 뿐만 아니라, 매수인을 보호하기 위해서는 이를 재판상 또는 재판 외에서 권리를 행사할 수 있는 「권리행사기간」으로 보는 것이 타당하다고 생각된다.[262] 판례의 입장도 같다(대법원 1978.7.11.선고, 78다415 판결 등).[263]

---

261) 판례평석: 임건면, "타인권리매매로 인한 담보책임에 있어서의 손해배상의 범위", 「로스쿨계약법」(청림출판, 2006/3), 355 이하. 같은 취지: 대법원 1975.5.13.선고, 75다21 판결; 대법원 1981.7.7.선고, 80다3122 판결.

262) 同旨: 민법주해(14)/남효순, 391; 이태재, 180 참조.

263) 같은 취지: 대법원 1964.4.21.선고, 63다691 판결.

b) 제573조의 "사실을 안 날"의 의미 제573조의 '매수인이 사실을 안 날이 어느 때를 의미하는가?' 하는 것이 문제되는데, 판례는 '「사실을 안 날」의 의미는 매수인이 권리의 일부가 타인에게 속한 사실을 안 날을 의미하는 것이 아니라, 그로 인하여 매도인이 이를 취득하여 매수인에게 이전할 수 없게 되었음이 확실하게 된 사실을 안 날을 의미한다'고 해석하고 있다(대법원 1990.3.27.선고, 89다카17676 판결 등).[264] 이러한 판례의 입장은 매수인을 보호하기 위한 취지로 이해되며, 타인권리매도인의 담보책임은 권리이전이 불능이 된 때에 발생하는 것이므로 이론적으로도 타당하다고 생각된다.

2) 수량부족·일부멸실의 경우의 담보책임

민법은 제574조에서 수량지정매매에서 인도된 목적물의 수량이 부족한 경우와 목적물이 계약 당시에 이미 멸실되어 이행이 불가능한 경우의 매도인의 담보책임에 관하여, 권리의 일부가 타인에게 속한 경우의 매도인의 담보책임에 관한 제572조와 제573조의 규정을 준용하고 있다. 이는 권리의 목적물이 존재하지 않는 경우(이를 「권리의 존재에 관한 하자」라고도 할 수 있을 것이다)의 매도인의 담보책임을 규정한 것인데, 이는 권리의 일부가 타인에게 속한 경우와 유사하다고 할 수 있으므로, 그에 관한 규정을 준용하도록 한 것이다.

(가) 수량지정매매(數量指定賣買)에 있어서의 매도인의 담보책임

(A) 의 의 이는 '수량을 지정한 매매에서 인도된 목적물의 수량이 부족한 경우에 매도인이 부담하는 담보책임'을 말한다.

(B) 담보책임의 발생요건

a) 수량지정매매 제574조의 담보책임이 발생하기 위해서는 당해 매매계약이 '수량을 지정한 매매(수량지정매매)'일 것을 요한다. 여기서 「수량지정매매」라 함은 '당사자가 매매의 목적인 특정물(주로 토지나 건물)이 일정한 수량을 가지고 있다는 데 중점을 두고, 이 수량을 기준으로 하여 매매대금을 정한 경우'를 말한다. 따라서 토지매매에서 등기부상의 면적에 따라 목적물을 특정한 경우라고 하더라도 당사자가 그 지정된 구획을 전체로서 평가하였고, 단위면적(坪 혹은 ㎡)에 의한 계산은 하나의 표준에 지나지 아니하여 목적물을 특정하고 그 대금을 결정하기 위한 방편에 불과한 경우에는 이를 「수량지정매매」라고 할 수 없다(대법원 1991.4.9.선고, 90다15433 판결 등).[265] 즉, 토지나 건물의 매매에서는 당사자가 현지를 조사하여 그 구획을 특정하는 것이 일반적인 거래의 현실인데, 이 때 '당사자가 특정한 구획을 전체로서 평가

264) 판례평석: 양창수, "수량지정매매와 매수인의 권리행사기간", 민법연구 2권(박영사, 1991/9), 275 이하. 같은 취지: 대법원 1991.12.10.선고, 91다27396 판결; 대법원 1997.6.13.선고, 96다15596 판결; 대법원 2002.11.8.선고, 99다58136 판결.

265) 같은 취지: 대법원 1990.5.8.선고, 89다카7266 판결; 대법원 1991.8.23.선고, 91다13120 판결; 대법원 1992.9.14.선고, 92다9463 판결; 대법원 1993.6.25.선고, 92다56674 판결; 대법원 2003.1.24.선고, 2002다65189 판결.

하여 매매대금을 정하면서 면적에 의한 대금의 계산은 하나의 기준으로 고려하는 데 지나지 않는 경우에는, 이를 「수량지정매매」라고 볼 수 없다'는 것이다(대법원 1998.6.26.선고, 98다13914 판결). 또한 우리나라에서는 등기부상의 면적표시와 실제의 면적이 일치하지 않는 경우가 많으므로, '당사자가 토지나 건물의 매매에서 등기부상의 면적을 기준으로 매매대금을 정하였다고 해서 이를 수량지정매매로 단정할 수는 없다'는 점도 고려하여야 한다.[266] 반대로 '단위면적당 기준가액을 정하지 아니하거나 매매목적물별로 매매대금을 정하지 아니하고 이를 포괄하여 매매대금을 정한 경우라고 하여 이를 「수량지정매매」가 될 수 없다고 단정할 수 없으며, 매매계약을 체결할 때 매수인이 일정한 수량이 있는 것으로 믿었고, 매도인도 일정수량이 있는 것으로 표시하였으며, 매매대금이 그 수량(면적)을 기초로 하여 정하여진 경우라고 인정되는 때에는 이를 「수량지정매매」라고 볼 수 있다'는 것이 판례의 입장이다(대법원 1986.12.23.선고, 86다카1380 판결 등).[267] 그러므로 제574조의 담보책임은 면적을 기준으로 하여 매매대금이 산정된 토지매매의 경우(예컨대, 100㎡의 토지를 ㎡당 100만원씩에 매매하였으나, 실제로는 90㎡에 불과한 경우)와(대법원 1992.12.22.선고, 92다30580 판결 등),[268] 분양면적이 대금산정에서 중요한 의미를 가지는 아파트 등의 공동주택분양계약의 경우(예컨대, 30평형 아파트를 평당 1,000만원씩 3억원에 분양하였는데, 실측결과 29평에 불과한 경우)에 주로 문제된다(대법원 1996.12.10.선고, 94다56098 판결).

■ **토지매매가 제574조 소정의 「수량지정매매」인지 여부의 판단방법** 제574조에서 규정하는 '수량을 지정한 매매'라 함은 당사자가 매매의 목적인 특정물이 일정한 수량을 가지고 있다는 데 주안을 두고 대금도 그 수량을 기준으로 하여 정한 경우를 말하는 것이므로, 토지의 매매에 있어서 목적물을 공부상의 평수에 따라 특정하고 단위면적당 가액을 결정하여 단위면적당 가액에 공부상의 면적을 곱하는 방법으로 매매대금을 결정하였다고 하더라도 이러한 사정만으로 곧바로 그 토지의 매매를 '수량을 지정한 매매'라고 할 수는 없는 것이고, 만일 당사자가 그 지정된 구획을 전체로서 평가하였고 평수에 의한 계산이 하나의 표준에 지나지 아니하여 그것이 당사자들 사이에 대상 토지를 특정하고 대금을 결정하기 위한 방편이었다고 보일 때에는 '수량을 지정한 매매'가 아니라고 할 것이며, 반면 매수인이 일정한 면적이 있는 것으로 믿고 매도인도 그 면적이 있는 것을 명시적 또는 묵시적으로 표시하고, 나아가 당사자들이 면적을 가격 결정 요소 중 가장 중요한 요소로 파악하고 그 객관적인 수치를 기준으로 가격을 정하였다면 그 매매는 '수량을 지정한 매매'라고 하여야 할 것이다. (대법원 1998.6.26.선고, 98다13914 판결)

b) 특정물매매 수량지정매매에 있어서의 매도인의 담보책임을 규정한 제574조는 수량을 기준으로 매매대금을 산정할 수 있는 특정물매매에 대해서만 적용된다. 왜냐하면 일정한 품질과 성능을 갖춘 일정수량의 종류물을 매매의 목적물로 정하는 종류물매매에서 인도된

266) 同旨: 곽윤직, 143; 김주수, 191 참조.

267) 같은 취지: 대법원 1995.7.14.선고, 94다38342 판결; 대법원 1996.4.9.선고, 95다48780 판결; 대법원 2001.4.10.선고, 2001다12256 판결.

268) 같은 취지: 대법원 1996.4.9.선고, 95다48780 판결.

목적물의 수량이 부족한 경우는 일부이행으로서 일반적 채무불이행책임만이 문제되기 때문이다.[269] 대법원판결 중에는 '동·호수를 특정한 아파트분양계약은 특정물매매이므로 수량지정매매로 볼 수 없다'고 판시한 사례가 있으나(대법원 1991.3.27.선고, 90다13888 판결), 동·호수를 특정한 아파트분양계약이라고 해서 수량지정매매가 될 수 없는 것은 아니므로, 이유를 잘못 설시한 판결이라고 생각된다.

c) 「원시적 수량부족」의 요부 판례는 수량지정매매에 있어서의 매도인의 담보책임을 규정하고 있는 제574조의 규정취지를 '매매로 인한 채무의 일부를 원시적으로 이행할 수 없는 경우에 대가적인 계약관계를 조정하여 등가성을 유지하려는 데에 있다'고 파악하여(대법원 1992.12.22.선고, 92다30580 판결), '비록 「수량지정매매」라고 할 수 있는 경우에도 수량부족이 계약체결 이후에 발생한 경우에는 제574조의 담보책임은 발생하지 않는다'는 입장을 취하고 있다(대법원 1996.12.10.선고, 94다56098 판결 등).[270] 이는 '원시적 수량부족의 경우에 한하여 제574조의 담보책임이 인정될 수 있다'는 것인데,[271] 이는 '후발적 수량부족의 문제는 매도인의 귀책사유의 유무에 따라 채무불이행책임 또는 위험부담의 법리에 의하여 해결하여야 한다'는 취지로 이해할 수도 있으나, 수량부족의 발생시기가 계약체결 이전인가 이후인가 하는 우연한 사정에 의하여 적용법리가 달라진다는 것은 형평의 원칙상 바람직하지 않을 뿐만 아니라, 「채무불이행책임설」의 입장에서는 '수량부족매도인의 담보책임을 원시적 수량부족의 경우로 제한하는 것은 이론상 근거가 없다'는 비판을 면하기 어렵다고 생각된다. 또한 판례는 '제574조 후단의 「원시적 일부멸실」에 관한 "계약 당시"라는 요건이 「수량부족」의 경우에도 같이 적용될 수 있다'고 해석하고 있으나, 이는 '문법적으로도 잘못된 해석'이라는 비판을 면하기 어렵다.

(C) 담보책임의 내용(효과) 「수량부족」의 경우에 발생하는 담보책임의 내용은 권리의 일부가 타인에게 속한 경우와 같다.

a) 대금감액 매수인은 그 부족부분의 비율로 대금의 감액을 청구할 수 있다(574조, 572조 1항). 매수인은 선의·악의를 불문하고 대금감액청구권을 행사할 수 있다고 해석하여야 할 것이다(572조 3항의 반대해석: 대법원 1981.5.26.선고, 80다2508 판결). 또한 판례는 '매수인에게 대금감액청구권이 있으나 감액될 부분이 아직 확정되지 않은 경우에는, 매도인이 대금의 일부만을 청구한 경우에도 매수인은 대금 전부에 관하여 지급의무의 이행을 거절할 수 있다'고 한다(대법원 1992.12.22.선고, 92다30580 판결 등).[272]

---

269) 同旨: 곽윤직, 143; 김주수, 191 참조.
270) 판례평석: 안정호, "아파트분양공고보다 공유대지면적이 감소된 경우의 법률관계", 민사판례연구(21)(민사판례연구회, 1999/7), 219 이하; 길기봉, "민법 제574조의 적용범위", 대법원판례해설 27호(법원도서관, 1997/7), 138 이하.
271) 학설 중에도 이러한 판례의 입장에 찬성하는 견해가 있다(민법주해(14)/남효순, 415 참조).
272) 같은 취지: 대법원 1981.7.28.선고, 80다2400 판결; 대법원 1989.9.26.선고, 89다카10767 판결.

b) 계약해제 잔존한 부분만이면 매수인이 이를 매수하지 아니하였으리라고 인정되는 때에는, 선의의 매수인은 계약 전부를 해제할 수 있다(574조, 572조 2항).

c) 손해배상 선의의 매수인은 대금감액 또는 계약해제 이외에 손해배상을 청구할 수 있다(574조, 572조 3항). 수량부족매매에 있어서의 매도인의 손해배상책임도 매도인의 귀책사유를 이유로 하는 이행이익의 배상이라고 해석하여야 할 것이다. 학설 중에는 '수량지정매매에서의 매도인의 손해배상책임은 원시적 불능을 이유로 하는 것이므로 신뢰이익의 배상에 그친다'고 해석하는 견해가 있으나,[273] 수량부족매도인의 담보책임을 원시적 수량부족의 경우로 한정할 이론상 근거가 없을 뿐만 아니라, 수량부족의 발생시기가 계약체결 이전인가 이후인가 하는 우연한 사정에 의하여 그 적용법리를 완전히 달리하는 것은 형평에 어긋나므로, '제574조의 손해배상은 매도인의 귀책사유를 요건으로 하는 이행이익의 배상을 의미한다'고 해석하여야 할 것이다.

(D) 권리행사기간 매도인의 담보책임을 물을 수 있는 매수인의 권리는 매수인이 선의인 경우에는 「사실을 안 날」로부터 1년 내에, 악의인 경우에는 계약한 날로부터 1년 내에 행사하여야 한다(574조, 573조).

(나) 원시적 일부멸실의 경우에 있어서의 매도인의 담보책임

(A) 의 의 매매목적물의 일부가 계약 당시에 이미 멸실된 경우(원시적 일부멸실)는 원시적 일부불능을 목적으로 하는 계약으로서 이론상 제535조가 적용되어 '매매계약은 무효이고 매도인에게 귀책사유를 요건으로 하여 신뢰이익(계약비용)의 배상이 인정되어야 할 것이다. 그러나 민법은 제574조에서 특별규정을 두어 매매의 목적인 권리의 일부가 타인에게 속한 경우에 매도인의 담보책임에 관한 제572조의 규정을 준용하고 있다. 그러므로 제574조 후단의 규정은 원시적 불능을 목적으로 하는 무효인 계약체결상의 과실이 있는 당사자에게 신뢰이익의 배상책임을 인정한 제535조와 일부무효에 관한 제137조에 대한 예외규정이라고 할 수 있다. 다만, 「계약체결상의 과실책임」은 「원시적 불능무효론」에 입각하고 있는 데 반하여, 제574조의 담보책임은 계약의 유효를 전제로 하는 것이므로, 제574조는 비록 원시적 불능의 유형에 해당하는 경우를 규정한 것이기는 하나 「계약체결상의 과실책임」을 규정한 것은 아니라는 점에 유의할 필요가 있다. (☞ [6] 계약체결상의 과실책임)

(B) 담보책임의 발생요건

a) 원시적 일부멸실 제574조 후단의 담보책임은 계약체결 당시에 이미 목적물의 일부가 멸실된 경우에 한하여 발생한다.

b) 매수인의 선의 제574조 후단의 담보책임은 매수인이 선의인 경우, 즉 목적물의 일

---

273) 민법주해(14)/남효순, 415 참조.

부가 이미 멸실되었음을 알지 못한 경우에 한하여 발생한다.

(C) 담보책임의 내용(효과) 목적물의 원시적 일부멸실로 인한 매도인의 담보책임에 관하여는 권리의 일부가 타인에게 속한 경우의 매도인의 담보책임에 관한 제572조와 제573조의 규정이 준용되고 있다.

a) 대금감액 선의의 매수인은 멸실된 부분의 비율로 대금의 감액을 청구할 수 있다(574조, 572조 1항).

b) 계약해제 선의의 매수인은 잔존한 부분만이면 매수인이 이를 매수하지 아니하였으리라고 인정되는 때에는, 계약 전부를 해제할 수 있다(574조, 572조 2항).

c) 손해배상 선의의 매수인은 대금감액 또는 계약해제 이외에 손해배상도 청구할 수 있다(574조, 572조 3항). 학설 중에는 '이때의 매도인의 손해배상책임은 일부 원시적 불능을 이유로 하는 것이므로, 신뢰이익의 배상에 그친다'고 해석하는 견해가 있다.[274] 그러나 '「채무불이행책임설」의 입장에서는 이 경우의 손해배상책임도 수량부족의 경우와 마찬가지로 채무불이행책임의 성질을 가진다고 보아야 할 것이므로, 매도인의 귀책사유를 요건으로 하는 이행이익의 배상을 내용으로 한다'고 해석하여야 할 것이다.

(D) 권리행사기간 원시적 일부멸실의 경우에 매도인의 담보책임을 물을 수 있는 매수인의 권리는 매수인이 선의인 경우에는 「사실을 안 날」로부터, 악의인 경우에는 「계약한 날」로부터 1년 내에 행사하여야 한다(574조, 573조).

3) 용익물권 등의 존재로 인한 매도인의 담보책임

(가) 의의 및 입법취지

민법은 '매매의 목적물이 지상권, 지역권, 전세권, 질권 또는 유치권의 목적이 된 경우에 매수인이 이를 알지 못한 때에는 이로 인하여 매매의 목적을 달성할 수 없는 경우에 한하여 매수인은 계약을 해제할 수 있다. 기타의 경우에는 손해배상만을 청구할 수 있다'고 규정하고(575조 1항), 이를 '매매의 목적이 된 부동산을 위하여 존재할 지역권이 없거나 그 부동산에 등기된 임대차계약이 있는 경우'에 준용하고 있다(575조 2항).

제575조의 입법취지는 매매의 목적물 위에 지상권, 지역권, 전세권, 질권 또는 유치권과 같이 점유권을 수반하는 제한물권이나 대항력 있는 임차권이 존재하는 경우에는 매수인이 목적물을 전혀 사용·수익할 수 없거나 사용·수익에 제한을 받게 되므로(매매의 목적물 위에 지역권이 있는 경우), 이러한 제한물권의 존재를 알지 못하고 매매계약을 체결한 매수인을 보호하기 위하여 매도인의 담보책임을 인정한 것이다. 또한 민법은 매매의 목적이 된 부동산을 위하여 존재할 지역권이 없는 경우에도, 매수인이 목적물을 사용·수익하기 어렵다는 점은 목적

274) 민법주해(14)/남효순, 415 참조.

물에 제한물권이 존재하는 경우와 마찬가지라는 점에서, 이 경우에도 매도인의 담보책임을 인정한 것이다.

(나) 담보책임의 발생요건

(A) 용익물권이나 대항력 있는 임차권으로 인한 목적물의 사용·수익의 제한 매매의 목적물이 지상권, 지역권, 전세권, 질권, 유치권의 목적이 된 경우이거나(575조 1항), 매매의 목적이 된 부동산을 위하여 존재할 지역권이 존재하지 않는 경우(575조 2항 전단), 또는 매매의 목적이 된 부동산에 등기된 임차권이 있거나 대항력 있는 주택이나 상가건물의 임차권(채권적 전세를 포함)이 있는 경우(575조 2항 후단, 주택임대차법 3조 5항, 동법 12조, 상가임대차법 3조 3항, 동법 17조), 매매의 목적이 된 토지에 건물등기 있는 임차권이 있는 경우(622조) 등에 의하여 목적물의 사용·수익이 제한되는 경우이어야 한다.

(B) 매수인의 선의 매수인이 계약 당시에 매매 목적물의 사용·수익이 용익물권이나 이에 준하는 권리에 의하여 제한되고 있거나, 매매 목적물을 위하여 존재하고 있어야 할 지역권이 없기 때문에 목적물의 사용·수익이 제한되고 있다는 사실을 알지 못하였어야 한다. 즉, 계약 당시의 매수인의 선의를 요한다. 매수인의 과실 여부는 묻지 않는다.

학설 중에는 '매매의 목적물이 유치권·질권에 의하여 제한되고 있는 경우에 악의의 매수인은 제575조에 의한 담보책임은 물을 수 없으나, 추탈담보책임에 관한 제576조의 규정에 의하여서는 매도인의 담보책임을 물을 수 있다'고 해석하는 견해가 있다.[275] 그러나 제575조는 목적물에 제한물권의 존재한다는 사실 자체를 요건으로 하는 것이고, 제576조는 담보물권이 실행된 경우를 요건으로 하는 것으로서 제도의 취지가 전혀 다르다고 할 것이므로, 위와 같이 해석하는 것은 타당하지 않다.

(다) 담보책임의 내용(효과)

제575조의 담보책임의 내용은 제한물권의 존재 등으로 인하여 계약의 목적달성이 불가능한 경우와, 제한물권의 존재 등에도 불구하고 계약의 목적달성이 가능한 경우로 구분하여 살펴보아야 한다.

(A) 제한물권의 존재 등으로 인하여 계약의 목적달성이 불가능한 경우 매매의 목적물이 용익물권이나 이에 준하는 권리(대항력 있는 임차권)에 의하여 제한되고 있기 때문에 계약의 목적을 달성할 수 없는 경우에는 매수인은 계약을 해제할 수 있고, 손해가 발생한 경우에는 손해배상도 청구할 수 있다(575조 1항).

이 경우의 계약해제권의 발생요건으로서 매도인의 귀책사유는 요구되지 않는다는 점에는 이설이 없으며, 「채무불이행책임설」의 입장에서는 제575조의 "손해배상"은 이행이익의 배

275) 민법주해(14)/남효순, 426; 김주수, 193 참조.

상을 내용으로 한다고 해석하여야 한다는 점에 대해서도 의문의 여지가 없다. 다만, '이 경우의 손해배상책임의 요건으로 매도인의 귀책사유가 요구되는가?' 하는 문제에 대하여서는 학설이 대립되고 있으며, '이행이익의 배상을 위해서는 매도인의 귀책사유가 요구된다고 해석하여야 한다'는 점은 타인권리매매에 관하여 전술한 바와 같다.

판례 중에는 '경락인은 경매목적물에 위와 같은 흠결이 있음을 알고 고지하지 아니한 채무자나 이를 알고 경매를 신청한 채권자에게 손해배상을 청구할 수 있다'고 판시함으로써, 매도인의 악의를 요건으로 손해배상책임을 인정한 사례가 있는데(대법원 1996.7.12.선고, 96다7106 판결), 이 판결이 '매도인의 악의가 있는 경우에 한하여 손해배상책임을 인정할 수 있다'는 취지인지는 분명하지 않으나, 매도인에게 악의책임만을 인정하여야 한다는 취지라면 찬성할 수 없다.

(B) 제한물권 등이 존재함에도 불구하고 계약목적달성이 가능한 경우 민법은 제575조 제1항 제2문에서 "기타의 경우에는 손해배상만을 청구할 수 있다"고 규정하고 있는데, 여기서 "기타의 경우"라 함은 '매매의 목적물에 존재하는 제한물권 등에도 불구하고 계약의 목적을 달성할 수 있는 경우'를 가리키는 것으로 해석하여야 할 것이다. 즉, 매매의 목적물 위에 존재하는 제한물권 등에도 불구하고 계약의 목적을 달성할 수 있는 경우에는 계약을 해제할 수는 없고, 단지 "손해배상"만을 청구할 수 있는 것이다(575조 1항 2문). 여기에서의 "손해배상"의 의미에 대해서도 견해가 갈리고 있으나, 「채무불이행책임설」의 입장에서는 귀책사유를 요건으로 하는 '이행이익의 배상'을 의미한다고 해석하여야 할 것이다. 그러나 '매매의 목적물에 존재하는 제한물권 등에도 불구하고 계약의 목적을 달성할 수 있는 경우에도 이행이익의 배상을 청구할 수 있다'는 것은 도저히 수긍할 수 없는 결론이 된다. 그러므로 '제575조 제1항의 "손해배상"은 매도인의 귀책사유의 유무에 관계없이 인정되는 무과실책임인 「대금감액」(Minderung; diminution du prix)이라고 해석하여야 할 것이며, 채무불이행의 효과로서 인정되는 이행이익의 배상을 내용으로 하는 「손해배상」(Schadensersatz; dommages-intérêts)은 제575조 제1항에 의하여서가 아니라, 일반적 채무불이행책임을 규정한 제390조에 의하여 매도인의 귀책사유를 요건으로 인정될 수 있다'고 해석하여야 할 것이다. 이는 우리 민법의 담보책임에 관한 규정상의 결함에 기인한 부득이한 해석인데,[276] 이러한 해석상의 어려운 점은 제575조를

---

276) 일본민법(구 의용민법)의 담보책임에 관한 규정을 기초한 우메켄 지로(梅謙次郎)는 일본구민법상 하자담보책임의 주된 효과로 규정되어 있었던 "대금감액"을 일본민법초안에서 삭제한 이유에 대하여, '이론적으로는 대금감액을 하는 편이 적절하다고 생각하지만, 숨은 하자의 분량이 전체에서 차지하는 비중을 평가하는 것은 대단히 어렵다고 생각되어 「대금감액」이라고 규정하지 않고 「손해배상」이라고 규정하였다'고 설명한 바 있다(法典調査會, 「民法議事速記錄四」 日本近代立法資料叢書4(財團法人商事法務研究會, 1984, 76~77 참조).

준용하고 있는 하자담보책임에서 더욱 문제가 되므로, 상세한 내용은 하자담보책임을 설명하면서 후술하기로 한다.

(라) 권리행사기간

목적물 위에 존재하는 제한물권 등의 존재로 인하여 계약의 목적을 달성하는 것이 불가능한 경우에 인정되는 매수인의 권리(계약해제권, 「대금감액」을 의미하는 손해배상청구권)는 매수인이 그 사실을 안 날로부터 1년 내에 행사하여야 한다(575조 3항). 제575조 제1항과 제2항의 계약해제권과 대금감액을 의미하는 손해배상청구권은 형성권이므로, 여기서 말하는 1년의 제척기간은 「제소기간」이 아니라, 소송 이외의 권리행사도 가능한 「권리행사기간」이라고 해석하여야 할 것임은 권리의 일부가 타인에게 속하는 경우의 담보책임을 물을 수 있는 매수인의 권리행사기간(573조)에서 설명한 바와 같다.

한편 '매수인의 권리행사기간의 기산점인 "사실을 안 날"이라 함은, 목적물에 제한물권이 존재한다는 사실을 안 날을 의미하는 것이 아니라, 목적물에 존재하는 제한물권 등으로 인하여 매수인이 계약의 목적을 달성할 수 없게 되었다는 사실을 안 날을 의미한다'는 것이 판례의 입장이며(대법원 1990.3.27.선고, 89다카17676 판결) 타당하다는 점도 전술한 바와 같다.

4) 담보물권의 실행으로 인한 담보책임 : 추탈담보책임

(가) 의 의

민법은 제576조 제1항에서, "매매의 목적이 된 부동산에 설정된 저당권 또는 전세권의 행사로 인하여 매수인이 그 소유권을 취득할 수 없거나 취득한 소유권을 잃은 때에는 매수인은 계약을 해제할 수 있다"고 규정하고, 이를 "저당권의 목적이 된 지상권 또는 전세권이 매매의 목적이 된 경우"에 준용하고 있다(577조). 이는 '매매의 목적이 된 부동산 또는 지상권·전세권이 매매의 목적인 경우에, 지상권·전세권에 설정된 저당권 또는 전세권의 행사로 인하여 매수인이 그 소유권 또는 지상권·전세권(지상권·전세권이 매매의 목적인 경우)을 취득할 수 없거나 취득한 소유권 또는 지상권·전세권(지상권·전세권이 매매의 목적인 경우)을 잃은 때(이른바 「추탈」의 경우)에는 타인권리매매의 경우와 마찬가지로 매도인이 담보책임을 부담하여야 한다'는 취지의 규정이다.

저당권은 점유를 수반하지 않는 담보물권이므로, 매매의 목적인 부동산 또는 지상권·전세권(지상권·전세권이 매매의 목적인 경우)에 저당권이 설정되어 있더라도 매수인이 목적물을 용익하는 데는 아무런 지장이 없다. 따라서 저당권이 존재하고 있다는 사실만으로 매도인의 담보책임이 발생한다고 할 필요는 없다. 그러나 저당권이 실행되어 목적물의 소유권 또는 지상권·전세권(지상권·전세권이 매매의 목적인 경우)이 경락된 경우에는 매수인은 취득한 목적물의 소유권 또는 지상권·전세권을 상실하게 되므로, 이러한 경우에는 타인권리매매의 경우와

마찬가지로 매도인의 담보책임을 인정할 필요가 있다. 또한 전세권자는 전세금의 반환을 위하여 경매청구권이 인정되며(318조), 경매 시에는 그 부동산 전부에 대하여 후순위권리자나 그 밖의 채권자보다 우선하여 전세금을 변제받을 권리가 있으므로(303조 1항), 전세권자가 경매청구권을 행사한 경우에는 매매목적물에 설정된 저당권이 실행된 경우와 마찬가지의 결과가 발생한다.[277] 제576조와 제577조의 규정은 이러한 경우에 인정되는 담보책임을 규정한 것이다.

한편 저당권의 목적물이 경락되기 전에 매수인이 소유권 상실의 위험을 제거하기 위하여 스스로 출연행위를 함으로써 저당권을 소멸시킨 경우에는, 매도인은 이로 인하여 자신의 소유권 또는 지상권·전세권(지상권·전세권이 매매의 목적인 경우)을 보전할 수 있게 되는 일종의 부당이득이 발생하므로, 매도인에 대한 매수인의 부당이득반환청구권이 인정됨은 이론상 당연하다(741조). 제576조 제2항은 이러한 이유에서 매수인의 부당이득반환청구권을 규정한 것에 불과한 주의규정이라고 할 것이므로, 이론상 매도인의 담보책임과는 관계가 없는 규정이다.

(나) 담보책임의 발생요건

(A) 저당권·전세권의 행사로 인하여 소유권 등을 취득할 수 없거나 취득한 소유권 등을 상실한 경우

제576조와 제577조에서 "매수인이 목적부동산의 소유권 또는 지상권·전세권(지상권·전세권이 매매의 목적인 경우) 등을 취득할 수 없다"고 규정한 것은 '목적부동산에 관한 소유권 또는 지상권·전세권에 대한 매매계약만 이루어지고 아직 소유권이전등기 또는 지상권·전세권설정등기의 이전등기(지상권·전세권이 매매의 목적인 경우)가 행하여지기 전에 저당권자 또는 전세권자의 청구에 의하여 경매가 실시됨으로 인하여 제3자(경락인)가 목적물의 소유권 또는 지상권·전세권(지상권·전세권이 매매의 목적인 경우)을 취득한 경우'를 가리킨다. 또한 매수인이 "취득한 소유권 또는 지상권·전세권(지상권·전세권이 매매의 목적인 경우)을 잃은 때"라 함은 '매수인이 소유권 또는 지상권·전세권의 매매계약에 기하여 소유권이전등기 또는 지상권·전세권설정등기의 이전등기(지상권·전세권이 매매의 목적인 경우)를 한 후에 저당권·전세권이 실행되어 제3자가 목적물의 소유권을 취득한 경우'를 가리킨다.

부동산매매의 실제에 있어서는 매수인이 매매목적물에 설정된 저당권의 피담보채무를 인수함으로써 매매대금의 지급에 갈음하기로 약정하는 경우가 대부분이다. 판례는 '이러한 경우에는 특별한 사정이 없는 한 매수인이 매도인에 대하여 제576조 제1항의 담보책임을 면제하여 주었거나 이를 포기한 것으로 봄이 상당하므로, 매수인이 매매목적물에 관한 근저당

277) 전세권은 그 존재만으로도 담보책임이 발생하므로(575조), 제576조에 의한 담보책임이 문제되는 경우는 드물 것이다. 그러므로 제576조의 담보책임은 전세권이 설정되어 있는 부동산의 매수인이 제575조의 담보책임을 묻지 않고 있는 동안에 전세권자가 경매청구권을 행사한 경우 등 예외적인 경우에 한하여 문제될 수 있을 것이다.

권의 피담보채무 중 일부만을 인수한 후 매도인은 자신이 부담하는 피담보채무를 모두 이행하였으나 매수인은 자신이 인수한 부분을 이행하지 않음으로써 근저당권이 실행되어 취득한 소유권을 잃게 된 경우에는, 매도인은 제576조 소정의 담보책임을 부담하지 않는다'고 한다(대법원 2002.9.4.선고, 2002다11151 판결).[278]

(B) **매수인의 출재(出財)로 소유권을 보존한 경우** 매매목적물에 설정된 저당권 또는 전세권의 행사로 인하여 매수인이 소유권 또는 지상권·전세권(지상권·전세권이 매매의 목적인 경우)을 취득할 수 없거나 취득한 소유권 등을 잃게 된 경우에 매수인의 출재로 그 소유권 또는 지상권·전세권(지상권·전세권이 매매의 목적인 경우)을 보존한 때에는, 매수인은 매도인에 대하여 그 상환을 청구할 수 있다(576조 2항, 577조).

여기서 "매수인의 출재로 소유권 또는 지상권·전세권(지상권·전세권이 매매의 목적인 경우)을 보존한 때"라 함은 '매수인이 이해관계 있는 제3자로서(469조) 피담보채무 또는 전세금반환채무를 변제하여 저당권 또는 전세권을 소멸케 함으로써 매도인에 대하여 구상권을 취득한 경우'를 가리킨다. 따라서 이 경우 매수인은 매도인에 대하여 구상권의 범위 내에서 변제자대위에 관한 규정에 의하여 채권자의 채권 및 담보권을 행사할 수 있음은 물론인데(481조, 482조 1항), 제576조 제2항 또는 제577조 소정의 담보책임을 물을 경우에는 출재액의 상환뿐만 아니라 손해배상도 청구할 수 있다는 점에 그 실익이 있다고 할 수 있다(576조 2항·3항, 577조).

전술한 바와 같이, 부동산매매의 실제에서는 목적물에 저당권·전세권이 설정되어 있는 경우에는 대부분 매수인이 매매목적물에 설정된 저당권의 피담보채무·전세금반환채무를 인수(이행인수의 경우를 포함)함으로써 매매대금에서 피담보채무액 또는 전세금을 공제하기로 약정하는 경우가 대부분이고, 이러한 경우에는 제576조의 규정은 적용되지 않는다고 해석하여야 한다는 점에서(대법원 2002.9.4.선고, 2002다11151 판결), 제576조와 제577조는 사실상 별 의미가 없는 규정이라고 할 수 있다.

(다) 담보책임의 내용(효과)

(A) **계약해제** 매매의 목적인 부동산에 설정된 저당권 또는 전세권의 행사로 인하여 매수인이 그 소유권을 취득할 수 없거나 취득한 소유권을 잃은 때에는, 매수인은 계약을 해제할 수 있다(576조 1항). 또한 지상권 또는 전세권이 매매의 목적인 경우에 매매의 목적이 된 지상권 또는 전세권에 설정된 저당권의 행사로 인하여 매수인이 그 지상권 또는 전세권을 취득할 수 없거나 취득한 지상권 또는 전세권을 잃은 경우에도, 매수인은 계약을 해제할 수 있다(577조).

(B) **출재액의 상환** 매수인이 재산을 출연하여 저당권·전세권이 설정된 매매목적 부동산

---

278) 판례평석: 오금석, 대법원판례해설 42호(법원도서관, 2003/7), 94 이하.

의 소유권을 보존한 때에는, 매수인은 매도인에 대하여 그 출재액의 상환을 청구할 수 있다(576조 2항). 저당권의 목적인 지상권 또는 전세권이 매매의 목적인 경우에, 매수인이 재산을 출연하여 저당권이 설정된 매매목적인 지상권 또는 전세권을 보존한 때에도 같다(577조). 이 경우의 매수인의 상환청구권은 담보책임이 아니라 단순한 부당이득반환청구권이라고 보아야 한다는 것은 전술한 바와 같다.

(C) 손해배상 매수인은, ① 매매목적 부동산에 설정된 저당권·전세권의 행사로 인하여 그 소유권을 취득할 수 없거나 취득한 소유권을 잃음으로써 손해를 받은 때, ② 매매목적인 지상권 또는 전세권에 설정된 저당권의 행사로 인하여 그 지상권 또는 전세권을 취득할 수 없거나, 취득한 지상권 또는 전세권을 잃음으로써 손해를 받은 때, ③ 매수인이 재산을 출연하여 그 소유권을 보존함으로 인하여 손해를 입은 때, ④ 매수인이 재산을 출연하여 매매목적인 지상권 또는 전세권을 보존함으로 인하여 손해를 입은 때에는, 매도인에게 손해배상을 청구할 수 있다(576조 3항). 이때의 "손해배상"은 그 성질상 매도인의 귀책사유를 요하는 「이행이익의 배상」을 의미한다고 해석하여야 할 것임은 전술한 바와 같다.

(라) 권리행사기간

제576조와 제577조의 담보책임에 대하여는 권리행사기간의 규정이 없다. 학설 중에는 제576조의 경우에도 목적물 위에 제한물권 등이 존재하는 경우와 마찬가지로 1년의 제척기간의 적용을 받는 것으로 보아(575조 3항), 매수인의 권리(계약해제권과 손해배상청구권)는 저당권·전세권의 행사로 인하여 소유권을 잃은 것을 안 날로부터 1년 내, 매수인이 출연을 한 날부터 1년 내에 행사하지 않으면 안 된다고 해석하는 견해가 있다.[279] 그러나 명문규정이 없는 상태에서 이는 무리한 해석이라고 생각된다.

사견으로는, 일반적 법리에 따라서 '제576조의 매수인의 권리 중에서 형성권인 해제권(동조 1항)은 10년의 제척기간(권리행사기간)의 적용을 받는다'고 해석하여야 할 것이며, '제576조 제3항의 손해배상청구권은 소멸시효에 관한 일반규정에 따라서 10년간 행사하지 않으면 시효로 인하여 소멸한다'고 해석하여야 할 것이라고 생각한다(162조 1항).

(4) 매도인의 하자담보책임

1) 서 설

대륙법계 국가에서는 일반적으로 매도인의 하자담보책임을 일반적 채무불이행책임과는 별도로 매매법에 규정하고 있는데, 이는 근대민법의 하자담보책임제도가 로마법상의 안찰관소권에서 유래된 제도라는 연혁상의 이유에 기인하는 것임은 전술한 바와 같다.[280] 그러나

---

279) 김주수, 195 참조.

280) 로마법의 「안찰관소권」은 공화정 말기에 안찰관(aedilis curulis)의 고시(edictum)에 의하여 인정된 가

로마법의 영향을 받지 않고 독립적으로 발전하여 온 영미법에서는 대륙법과는 달리 하자담보책임을 일반적 계약위반(breach of contract)의 일종인 「보증위반」(breach of warranty)에 기한 책임의 문제로 다루고 있다. 그러므로 영미법계 국가에서는 하자담보책임이 본질상 계약책임(채무불이행책임)이라는 점에 대하여 의문이 제기될 여지가 없다. 그러나 채무불이행책임에 관한 일반규정과는 별도로 하자담보책임에 관한 규정을 두고 있는 대륙법계 국가에서는 하자담보책임의 본질을 채무불이행책임의 일종으로 볼 것인가, 아니면 채무불이행책임과는 관계없는 법정책임으로 볼 것인지가 문제되고 있다.

(가) 하자담보책임에 관한 규정상의 문제점

로마법의 영향을 받은 대륙법계 국가들은 채무자의 귀책사유를 요건으로 하고, 손해배상(Schadensersatz; dommage-intérêt)과 계약해제(rücktritt; résolution)를 효과로 하는 채무불이행책임과, 무과실의 「대금감액」(Miderung; diminution du prix)과 「대금반환(해제)」(Wandelung; réd-hibition)의 양자를 중심적인 효과로 하는 하자담보책임을 별개의 제도로서 구별하여 규정하는 것이 일반적이다. 이는 하자담보책임제도가 로마법의 「안찰관소권」에서 유래된 것이라는 연혁에서 비롯된 것임은 전술한 바와 같다. 이와 같은 제도의 연혁과 입법례에 비추어 볼 때, 하자담보책임은 무과실의 「대금감액」과 「대금반환(해제)」의 양자를 그 본질적인 내용으로 하는 것이고, 하자로 인하여 발생한 매수인의 이행이익의 손해 또는 확대손해의 배상을 내용으로 하는 손해배상은 하자담보책임의 본질적 효과가 아니라, 매도인의 악의 등 일정한 귀책사유가 있는 경우에 한하여 예외적으로 인정되는 부수적인 효과에 불과한 것이라고 할 수 있다. 그런데 우리 민법은 구 의용민법(일본민법)의 입법주의를 그대로 계승하여[281] 다른 대륙법계 국가들과는 달리, 하자담보책임의 가장 중심적·본질적 효과라고 할 수 있는 「대금감액」을 규정하지 아니하고, "해제"와 "손해배상"만을 규정하고 있다(580조, 575조 1항). 이는 비교법상 매우 특이한 입법례에 속한다.

원래 채무불이행에 기한 손해배상은 이행이익의 배상을 내용으로 하는 것이 원칙이므로,

축과 노예매매에 관한 특수한 소권으로서, 시민법(ius civile)의 「매수인소권」에서는 인정되지 않는 무과실의 「대금감액소권」(actio quanti minoris) 및 「대금반환소권(해제소권)」(actio redhibitoria)을 매수인에게 부여하는 것을 내용으로 하였다. 이와 같이 안찰관소권은 시민법과는 별개의 제도로서 성립하였으나, 유스티니아누스 황제시대(527~565년)에 이르러서는 시민법과 통합되어 모든 종류의 매매에 인정되는 일반화된 제도로 정착되었는데, 근대민법에 계수되어 대륙법계 국가들의 하자담보책임제도를 형성하게 된 것은 바로 이러한 유스티니아누스 황제시대의 시민법과 통합된 안찰관소권이라고 한다. 하자담보책임제도의 연혁에 대하여는 조규창, 전게논문(주 96), 224 이하; 拙稿, 전게논문(주 81), 12 이하 참조.

281) 우리 민법은 하자담보책임에 관하여 일본민법(구 의용민법)과 거의 유사한 규정을 두고 있다. 다만, 우리민법은 하자담보책임에 관한 제580조에서 제575조 제2항을 준용하지 아니하고(580조 1항 본문), 매수인의 권리행사기간을 6개월로 단축시키고 이를 별개의 조문으로 독립시켰으며(582조), 종류매매의 경우에도 매도인의 하자담보책임을 인정하는 제581조를 신설한 점에서 일본민법과 차이가 있다.

「채무불이행책임설」을 취하면 "해제"와 "손해배상"만을 규정하고 있는 우리 민법상의 하자담보책임은 하자로 인하여 계약의 목적을 달성할 수 없는 경우에는 매매대금과 계약비용의 반환을 효과로 하는 "해제"와, 하자에도 불구하고 계약의 목적을 달성할 수 있는 경우에는 '무과실의 이행이익 배상책임'만을 인정하고 있다는 수긍할 수 없는 이상한 결론에 도달하게 된다.[282] 그러나 '이는 유상계약 전반에 걸쳐서(매도인의 담보책임에 관한 규정은 제567조에 의하여 유상계약 일반에 준용되므로) 손해배상에 관한 민법의 대원칙인 「과실책임의 원칙」이 붕괴된다는 심각한 결과를 초래하게 된다'는 비판[283]을 면하기 어렵다. 「채무불이행책임설」의 입장에서는 이러한 해석론상의 결론은 도저히 수용할 수 없으나, 달리 해석할 방법도 마땅치 않다. 이와 같이 우리 민법의 규정의 특수성(중대한 흠결)으로 인하여 하자담보책임에 대한 합리적인 해석론을 구성하는 것은 매우 어려운 과제가 되고 있다. 하자담보책임법의 조속한 개정이 필요한 이유가 여기에 있다.

(나) 하자담보책임의 본질과 관련한 문제점

위와 같은 우리 민법상의 하자담보책임의 효과에 관한 해석론상의 문제점은 하자담보책임의 본질론과 밀접한 관련을 가지고 있다. 그러나 이 문제에 대해서는 이미 권리하자로 인한 담보책임과 관련하여 상세히 설명하였으므로, 중복을 피하여 독일과 일본의 현황만을 간단히 언급하기로 한다.

(A) 독일민법의 개정 독일에서는 민법 제정 직후에 제기된 '하자 있는 특정물의 인도는 하자 없는 채무의 완전한 이행'이라는 「특정물도그마」를 기초로, '특정물매도인의 하자담보책임의 본질은 채무의 완전이행에도 불구하고 매매계약의 유상성을 고려하여 법률이 특별히 인정하고 있는 무과실의 법정책임'이라고 파악하는 견해인 「법정책임설」이 통설적 지위를 누리고 있었다. 그러나 제2차 세계대전이 끝나자 독일에서도 「특정물도그마」를 부인하고, '특정물매도인의 하자담보책임의 본질도 다른 담보책임과 마찬가지로 채무불이행책임의 일종인 불완전이행책임으로 파악하여야 한다'는 견해인 「채무불이행책임설」이 유력하게 대두되기 시작하였다.[284] 또한 유럽의 통일계약법을 지향하는 「매매계약법 개정에 관한 유럽연합의 지침」에 따라 제정된 「채무법현대화법」에 따라 2002년부터 시행된 개정 독일민법은 「특정물도그마」의 이론적 기초인 「원시적불능무효론」을 입법적으로 폐기하였을 뿐만 아니라(BGB §311a Ⅰ),[285] 매도인에게 '하자 없는 완전한 물건의 급부의무'를 명문으로 규정함으로써

282) 만약 일부학자가 주장하는 바와 같이, 제580조의 "손해배상"을 '매도인의 귀책사유를 요건으로 하는 이행이익의 배상'이라고 해석하면 무과실책임으로서의 하자담보책임의 특칙을 인정한 의미가 전혀 없어진다.

283) 조규창, 전게논문(주 96), 258 참조.

284) 제2차 세계대전 이후의 독일민법학에서의 「채무불이행책임설」의 대두에 대해서는 北川善太郎, 전게서(주 83), 151~152 참조.

(BGB §433 I),[286] 「법정책임설」은 이제 독일민법학에서 공식적으로 퇴출되었음은 전술한 바와 같다.

(B) 일본민법의 개정

a) 2017년 채권법 개정 전의 상황 일본에서는 독일민법학의 영향으로 「특정물도그마」를 전제로 하여 하자담보책임의 본질을 무과실의 법정책임으로 보는 「법정책임설」이 통설적 지위를 차지하고 있었다. 다만, 개정 전 독일민법은 하자담보책임의 내용으로 무과실의 대금감액·대금반환과 함께 매도인이 결함을 고의로 은폐하거나 목적물의 성상(性狀)을 보증한 경우에 한하여 「불이행으로 인한 손해배상책임」(Schadensersatz wegen Nichterfüllung)을 인정하고 있었음에 반하여(BGB §463),[287] 일본민법은 하자에도 불구하고 계약목적을 달성할 수 있는 경우의 하자담보책임으로서 「대금감액」이 아닌 "손해배상만을 청구할 수 있다"고 규정하고 있었으며, 그 귀책요건에 대해서도 전혀 규정을 두고 있지 않았기 때문에(동법 570조),[288] 동조의 "손해배상"의 의의와 범위의 해석을 둘러싸고 극심한 학설의 대립을 보이고 있었다.

일본민법학에서는 종래 「법정책임설」이 통설적 견해였는데, 이에 따르면 '목적물에 치유불능의 원시적 하자가 있는 경우에 하자 있는 상태대로 목적물을 인도하면 채무의 완전한 이행이 되는 것이나(「특정물도그마」의 인정), 하자담보책임은 법률이 유상계약인 매매계약의 특성을 고려하여 특별히 인정한 무과실의 법정책임이므로 그 효과인 "손해배상"은 무과실의 신뢰이익의 배상이라고 보아야 하며, 특정물매도인의 하자담보책임은 목적물에 치유불능의 원시적 하자가 있는 경우에 한하여 인정되는 일종의 「계약체결상의 과실책임」에 해당하므로, 계약체결상의 과실책임과의 균형상 특정물매도인의 하자담보책임도 신뢰이익의 배상으로 그 범위가 제한된다'고 한다. 다만, 일본의 학설 중에는 '이렇게 해석하면 목적물에 후발적 하자가 발생한 경우[289]에 비하여 현저하게 균형을 잃게 되므로, 하자담보책임과는 별도로 매도인의 귀책사유를 요건으로 하는 불완전이행 내지는 적극적 채권침해로 인한 손해배상책임이 경합적으로 인정될 수 있다'고 해석하는 견해가 유력하다.[290]

---

285) 전게 주 85 참조.

286) 전게 주 77 참조.

287) 개정 전 독일민법 제463조(불이행으로 인한 손해배상) 매매 당시에 매매적물이 보증된 성상을 결여한 경우, 매수인은 대금반환 또는 대금감액에 갈음하여 불이행으로 인한 손해배상을 청구할 수 있다. 매도인이 결함을 고의로 은폐한 때에도 같다.

288) 일본민법(구 의용민법) 제570조: 매매의 목적물에 숨은 하자가 있는 때에는 제566조의 규정을 준용한다. 다만, 강제경매의 경우에는 그러하지 아니하다.

289) 「법정책임설」에 따르면, '특정물매매에 있어서도 포장의 불량이나 운송방법의 부적절 등으로 인하여 목적물에 후발적 하자가 발생한 경우에는 하자담보책임이 아닌 채무불이행책임이 발생하는데, 그 효과인 손해배상은 이행이익 또는 확대손해의 배상을 내용으로 한다'고 해석한다.

290) 我妻榮(中1), 270 이하 참조.

b) 「채무불이행책임설」의 대두와 2017년의 채권법 개정 일본에서도 「특정물도그마」를 부인하고 특정물매도인의 하자담보책임의 본질을 채무불이행책임으로 보는 독일의 「채무불이행책임설」의 영향을 받아 특정물매도인의 하자담보책임의 본질을 채무불이행책임으로 파악하는 견해가 유력하게 대두되었다.[291] 이러한 학설의 새로운 동향에 따라 일본은 2017년에 민법을 개정하여 「채무불이행책임설」에 따라 하자담보책임법을 대대적으로 개혁하였다. 그 내용을 요약하면, ① 하자의 개념을 「주관설」에 따라 '인도된 목적물이 종류, 품질 또는 수량에 관하여 계약의 내용에 적합하지 아니한 것'이라고 정의하고, 매수인의 「하자보수청구권」을 명문으로 인정하였다(동법 562조 1항).[292] ② 매수인의 대금감액청구권을 명문화하였다(동법 563조).[293] ③ 하자담보책임의 효과로서의 "해제"와 "손해배상"은 채무불이행책임의 일반규정인 동법 제415조[294]와 제541조[295] 및 제542조[296]에 따르는 것으로 개정되었다(동법 564조).[297]

---

291) 於保不二雄, 債權總論(有斐閣, 1972), 111 이하; 北川善太郎, 전게서(주 83), 168 이하; 星野英一, 전게논문(주 120), 213 이하; 五十嵐淸, 전게논문(주 135), 80 이하 등이 대표적이다.

292) 2017년 개정 일본민법 제562조(매수인의 추완청구권) ① 인도된 목적물이 종류, 품질 또는 수량에 관하여 계약의 내용에 적합하지 아니한 것인 때에는, 매수인은 매도인에 대하여 목적물의 보수(補修), 대체물의 인도 또는 부족분의 인도에 의하여 이행의 추완을 청구할 수 있다. 다만, 매도인은 매수인에게 상당하지 아니한 부담을 지우는 것이 아닌 때에는, 매수인이 청구한 방법과 다른 방법에 의한 이행의 추완을 할 수 있다. ② 전항의 부적합이 매수인의 귀책사유에 의한 것인 때에는, 매수인은 동항의 이행의 추완을 청구할 수 없다.

293) 2017년 개정 일본민법 제563조(매수인의 대금감액청구권) ① 전조 제1항 본문에 규정하는 경우에, 매수인이 상당한 기간을 정하여 이행의 추완의 최고를 하고, 그 기간 내에 이행의 추완이 없는 때에는 매수인은 그 부적합의 정도에 따라서 대금의 감액을 청구할 수 있다. ② 전항의 규정에도 불구하고 다음 각 호의 경우에는 전항의 최고를 하지 아니하고 즉시 대금감액을 청구할 수 있다. 1. 이행의 추완이 불능인 때 2. 매도인이 이행의 추완을 거절할 의사를 명확하게 표시한 때 3. 계약의 성질 또는 당사자의 의사표시에 의하여 특정한 일시 또는 일정한 기간 내에 이행하지 아니하면 계약을 한 목적을 달성할 수 없는 경우에, 매도인이 이행의 추완을 하지 아니한 채 그 기간을 경과한 때 4. 전 3호에 적은 경우 이외에 매수인이 전항의 최고를 하더라도 이행의 추완을 받아들일 가능성이 없다는 것이 명확한 때 ③ 제1항의 부적합이 매수인의 귀책사유에 의한 것인 때에는, 매수인은 전 2항의 규정에 따른 대금감액의 청구를 할 수 없다.

294) 2017년 개정 일본민법 제415조(채무불이행에 따른 손해배상) ① 채무자가 그 채무의 본지에 따른 이행을 하지 아니한 때 또는 채무의 이행이 불능인 때에는, 채권자는 그에 따라 발생한 손해의 배상을 청구할 수 있다. 다만, 그 채무의 불이행이 계약 기타의 채무의 발생원인 및 거래상의 사회통념에 비추어 채무자에게 귀책될 수 없는 사유에 따른 것인 때에는 그러하지 아니하다. ② 전항의 규정에 의하여 손해배상의 청구를 하는 경우에, 채권자는 다음 각 호의 경우에는 채무의 이행에 갈음하는 손해배상의 청구를 할 수 있다. 1. 채무의 이행이 불능인 때 2. 채무자가 그 채무의 이행을 거절할 의사를 명확하게 표시한 때 3. 채무가 계약에 의하여 생긴 것인 경우에, 그 계약이 해제되거나 채무의 불이행에 따라 해제권이 발생한 때

295) 2017년 개정 일본민법 제541조(최고에 의한 해제) 당사자의 일방이 그 채무를 이행하지 아니한 때에는 상대방은 상당한 기간을 정하여 이행을 최고하고 만약 그 기간 내에 이행이 없는 때에는 계약을 해제할 수 있다. 다만, 그 기간을 경과한 때에 있어서 채무의 불이행이 그 계약 및 거래상의 사회통념에 비추어 경미한 때에는 그러하지 아니하다.

296) 2017년 개정 일본민법 제542조(최고에 의하지 않는 해제) ① 다음 각 호의 경우에는 채권자는 전조의 최고를 하지 않고 즉시 계약을 해제할 수 있다. 1. 채무의 전부의 이행이 불능인 때 2. 채무자가 그 채

이에 따라 "해제"와 "손해배상"에 관한 규정은 삭제되었다.

(C) 국내의 학설·판례 우리 민법은 하자담보책임의 가장 중심적인 효과인 「대금감액」을 규정하지 않고 "해제"와 "손해배상"의 두 가지만 규정하고 있다(580조, 575조 1항). 이는 무과실의 「대금반환(해제)」과 「대금감액」, 그리고 매도인의 귀책사유를 요건으로 하는 「손해배상」의 세 가지를 하자담보책임의 내용으로 규정한 독일민법과 다르며, 종류매매에 있어서의 하자담보책임을 명문으로 인정하고 있다는 점에서는(581조) 일본민법과도 다르다.[298] 그러나 과거 국내의 학설 중에는 독일민법이나 일본민법과 우리 민법 사이에 존재하는 규정상의 차이에도 불구하고, 독일과 일본의 통설적 견해를 그대로 추종하여 하자담보책임의 본질을 무과실의 법정책임이라고 파악하고, 하자담보책임의 내용으로 규정된 "손해배상"을 '매도인의 귀책사유가 요구되지 않는 무과실의 신뢰이익의 배상'으로 해석하는 견해가 적지 않았다.[299] 또한 독일이나 일본에서는 '특정물매도인의 「법정책임설」은 특정물매도인의 하자담보책임에서만 타당하다'고 해석하고 있었던 것과는 달리, 우리나라의 「법정책임설」을 주장하는 학자들은 종류매매에 있어서의 하자담보책임도 법정책임으로 파악하고, 심지어는 채무불이행책임의 성질을 가진 것임을 의심할 수 없는 「권리하자로 인한 담보책임」 및 도급계약에서의 수급인의 하자담보책임 조차도 법정책임으로 파악하고 있었다. 이는 '외국학설의 내용을 오해한 잘못된 학설계수'라는 비판을 면하기 어려운 것이었다.

무 전부의 이행을 거절할 의사를 명확하게 표시한 때 3. 채무의 일부이행이 불능인 경우 또는 채무자가 그 채무의 일부의 이행을 거절할 의사를 명확하게 표시한 경우에 잔존한 부분만으로는 계약을 한 목적을 달성할 수 없는 때 4. 계약의 성질 또는 당사자의 의사표시에 따라 특정한 일시 또는 일정한 기간 내에 이행을 하지 아니하면 계약을 한 목적을 달성할 수 없는 경우에, 채무자가 이행을 하지 아니한 채 그 시기를 경과한 때 5. 전 각 호에 적은 경우 이외에 채무자가 그 채무의 이행을 하지 않고, 채권자가 전조의 최고를 하더라도 계약을 한 목적을 달성하는 데 충분한 이행이 될 가능성이 없는 것이 명백한 때 ② 다음 각 호의 경우에는 채권자는 전조의 최고를 하지 아니한 채 즉시 계약의 일부를 해제할 수 있다. 1. 일부의 이행이 불능인 때 2. 채무자가 그 채무의 이행을 거절할 의사를 명확하게 표시한 때

297) 2017년 개정 일본민법 제564조(손해배상청구 및 해제권의 행사) 전 2조의 규정은 제415조의 규정에 따른 손해배상의 청구와 제541조 및 제542조의 규정에 따른 해제권의 행사를 방해하지 않는다.

298) 2017년에 민법이 개정되기 전의 일본민법학에서는 '종류매매에서도 매도인의 하자담보책임이 인정되는가?' 하는 문제를 둘러싸고 학설이 대립하고 있었으며, '종류매매에 있어서는 하자담보책임이 인정되지 않는다'고 해석하는 견해가 통설적 지위를 차지하고 있었다(柚木馨, 전게서(주 91), 220~273 참조). 다만, 일본의 판례는 '매수인이 목적물을 수령하기 전에는 매도인의 불완전이행책임이 인정되나, 일단 매수인이 목적물을 수령한 이후에는 하자담보책임만을 주장할 수 있을 뿐'이라는 입장을 취하고 있었다(일본대심원 1925.3.13.판결, 민집4권217 참조).

299) 주석민법(3)/김현채, 163; 이태재, 172 참조. 다만, 「법정책임설」을 취하면서도 채무불이행책임과 하자담보책임의 경합을 인정하는 견해도 있었는데, 이는 결과적으로 이행이익의 배상도 인정하는 것이었다(김기선, 133 이하 참조). 또한 일본의 와가즈마 사카에(我妻榮) 교수의 이론을 추종하여, '신뢰이익(소극적 계약이익)의 배상에 한하는 것이 이론적으로 정당하다'고 하면서도, '매도인에게 과실이 있는 경우에는 이행이익의 배상책임을 부담하여야 한다'고 해석하는 견해도 있었다(김증한/안이준, 235 참조).

우리나라에서도 1970년대 말부터 독일과 일본의 「채무불이행책임설」의 영향으로 '특정물매도인의 하자담보책임을 포함한 담보책임의 본질을 채무불이행책임으로 파악하여야 한다'는 견해가 대두되기 시작하였는데,[300] 현재는 「법정책임설」은 소수설에 불과하고[301] 「채무불이행책임설」이 지배적인 견해가 되었다.[302] 판례의 입장은 명확하지 않으나, 특정물매도인의 하자담보책임을 포함한 담보책임의 본질을 채무불이행책임의 성질을 가진 것으로 파악하고 있다고 보아야 할 것임은 전술한 바와 같다.

(다) 「채무불이행책임설」에 의하는 경우의 해석론상의 문제점

「채무불이행책임설」에 따르면, 하자담보책임에 관한 제580조 이하의 규정은 채무불이행책임에 관한 제390조 이하의 일반규정에 대한 특칙으로서의 의미를 갖게 된다. 그런데 우리 민법이 제580조에서 하자담보책임의 효과로서 무과실의 「대금감액」을 규정하지 아니하고 "해제"와 "손해배상"만을 규정한 결과, 「채무불이행책임설」에 의할 경우 매우 곤란한 해석론상의 문제에 봉착하게 된다. 왜냐하면 제580조는 특정물매도인의 하자담보책임으로서 「대금감액」을 규정하지 않고 "손해배상"만을 규정하고 있으므로, 이때의 "손해배상"의 범위를 '무과실의 이행이익의 배상'으로 해석하는 경우에는 유상계약 전반에 걸쳐서(매도인의 담보책임에 관한 규정은 제567조에 의하여 유상계약 전반에 준용되므로) 채무자의 귀책사유를 요건으로 하는 손해배상책임의 대원칙이 무너지게 된다는 문제가 발생하며, 제580조의 "손해배상"을 '매도인의 귀책사유가 요구되는 과실책임'으로 해석하는 경우에는 매수인보호를 위하여 무과실책임을 인정한 하자담보책임제도의 취지를 제대로 살릴 수 없게 되기 때문에 어느 쪽으로도 해석하기 곤란하기 때문이다. 그러므로 우리 민법이 특정물매도인의 하자담보책임의 내용으로 「대금감액」을 규정하지 않고 "손해배상"만을 규정한 비교법상 유례없는 입법을 한 취지와 그 의미를 밝히고, 손해배상법의 대원칙인 「과실책임의 원칙」과 합리적인 조화를 기할 수 있는

---

300) 황적인, 전게논문(주 100), 81 이하; 김형배, "특정물매도인의 담보책임", 고시연구 9권 2호, 1982/2, 67 이하; 同, "채무불이행책임의 귀책근거에 관한 시론적 고찰", 월간고시 100호, 1982/5, 39 이하; 同, "하자담보의 성질", 「민법학연구」(박영사, 1989), 226 이하; 조규창, 전게논문(주 96), 221 이하; 김주수, 181 이하; 이은영, 206 이하 등 참조.

301) 여전히 「법정책임설」을 지지하는 견해로서는 홍성재, "특정물의 하자로 인한 담보책임의 본질", 저스티스 34권 4호(한국법학원, 2001/8), 5 이하; 김증한/김학동, 232 이하(특정물매매에 한하여 「법정책임설」이 타당하다는 견해임) 등을 들 수 있다.

302) 김동훈, "채무불이행책임과 하자담보책임의 통합 모색 -해제와 손해배상의 일원화를 중심으로-", 민사법학 24호(한국민사법학회, 2003/9), 251 이하; 남효순, "담보책임의 본질론(1)" 서울대법학 34권 3·4호(서울대법학연구소, 1993/12), 207 이하; 同, "담보책임의 본질론(2)", 서울대법학 35권 2호(서울대법학연구소, 1994/5), 221 이하; 사동천, "물건의 하자에 대한 매도인의 책임법리에 관한 연구", 법학박사학위논문(서울대학교대학원, 2002/2), 1 이하; 同, "최근 국제적 동향에서 바라본 우리 민법상의 매도인의 하자담보책임에 관한 연구" 민사법학 24호(한국민사법학회, 2003/9), 3 이하; 서민, 전게논문(주 109), 141 이하; 안법영, 전게논문(주 94), 194 이하; 안춘수, 전게논문(주 94), 419 이하; 拙稿, 전게논문(주 81), 1 이하 등 참조.

해석론을 수립하는 것은 「채무불이행책임설」이 당면한 가장 어렵고도 중요한 과제이다.

2) 하자담보책임의 발생요건

민법은 하자담보책임의 요건으로서, ① 매매의 목적물에 하자가 있을 것(580조 1항), ② 매수인의 선의·무과실(580조 1항 단서), ③ 제척기간(매수인이 목적물에 하자가 있다는 사실을 안 날로부터 6개월)의 준수(582조), ④ 담보책임 면제의 특약이 없을 것(584조)의 네 가지를 규정하고 있다. 그런데 우리 민법은 일반적인 입법례와는 달리 가장 문제가 되는 「하자의 개념」과 「하자 유무」(하자의 존재 여부) 및 「매수인의 선의·무과실 여부」의 판단기준시점에 대해서는 아무런 규정도 두지 않고 이를 학설·판례에 백지위임하고 있다. 따라서 우리 민법상의 하자담보책임의 요건에 관한 해석론을 수립하는 것은 대단히 어려운 과제가 되고 있다.

(가) 하자담보책임이 인정되는 매매의 목적물

우리 민법은 하자담보책임이 인정되는 목적물에 특별한 제한을 두고 있지 않다. 다만, 제581조에서 「종류매매」에 있어서의 매도인의 담보책임을 규정하고 있음을 고려하면, 제580조의 하자담보책임은 특정물매도인의 하자담보책임을 규정한 것이라고 해석하여야 한다. 여기서는 매매의 목적물과 관련하여 문제되는 경우를 살펴보기로 한다.

(A) 토지·건물·가축 등 부대체물인 특정물 하자담보책임은 원래 로마법상 가축이나 노예와 같은 특정물매매에서 인정되었던 특수한 책임에서 유래된 제도이지만, 우리 민법은 가축과 같은 특정한 동산에 한하여 하자담보책임을 인정하고 있지는 않다. 따라서 부동산매매에 대하여도 하자담보책임에 관한 제580조의 규정이 적용된다.

a) 토 지 토지는 대표적인 부대체물인 특정물에 해당한다. 그러므로 매매의 목적물인 토지에 하자가 있는 경우에 매도인의 하자담보책임이 발생하는 것은 당연하다. 그러나 「법률적 하자」의 경우를 제외하면, 실제사례에서 토지매도인의 하자담보책임이 문제되는 경우는 드물다. 판례 중에는 공장부지로서 매매한 대지 중 일부가 제방 및 하천으로 되어 있어 공장부지로 사용할 수 없게 된 경우를 하자로 본 사례가 있었다(대법원 1985.11.12.선고, 84다카2344 판결). 그런데 최근 들어 재건축 또는 도시재개발사업을 위하여 기존건물들을 철거하고 아파트단지의 부지를 조성하는 과정에서 「토지의 하자」라고 볼 수 있는 쓰레기 등 대규모의 폐기물이 토지에 매립되어 있는 것이 뒤늦게 발견되는 경우가 빈발하고 있다. 이 경우, '매수인이 매도인을 상대로 토지의 하자인 매립폐기물의 철거를 청구할 수 있는가, 그리고 6개월의 제척기간의 기산점인 "하자를 안 때"를 어떻게 해석하여야 하는가, 제척기간이 지난 경우에는 손해배상청구의 근거를 「불완전이행론」의 경합에 의하여 인정할 수 있는가?' 등 토지매도인의 하자담보책임을 둘러싼 많은 법적 문제가 발생한다(대법원 2004.7.22.선고, 2002다51586 판결).[303)]

303) 판례평석: 남효순, 전게논문(주 104), 434 이하; 송인권, 전게논문(주 104), 203 이하; 拙稿, 전게논문

b) 건 물 건물도 부대체물인 특정물이므로 매매의 목적물인 건물에 하자가 있는 경우에는 특정물매도인의 하자담보책임에 관한 제580조의 규정이 적용됨은 물론이다. 다만, 중고주택의 매매에 있어서는 하자담보책임이 인정되지 않는 경우가 있을 수 있으므로, 건물매도인의 하자담보책임은 신축건물의 경우와 중고주택 등의 매매를 구분하여 다루어야 한다. 물론 신축아파트의 분양 등 신축건물의 매매에서 인도된 건물의 기둥이나 내력벽에 금이 가거나 천장에서 물이 새는 등의 하자가 있는 경우에는, 매도인이 제580조의 하자담보책임을 져야함은 물론이다. 다만, 아파트나 연립주택과 같은 공동주택의 경우에는 매도인의 하자담보책임에 관한 제580조의 규정이 적용되는 것이 아니라, 수급인의 하자담보책임에 관한 제667조 내지 제671조까지의 규정이 준용되고 있다는 점에 유의할 필요가 있다(집합건물법 9조).[304)305)] (☞ 물권법 편, 제4장 제3절「건물의 구분소유」)

c) 그 밖의 부대체물인 특정물 구 의용민법(일본민법)하에서는 '당사자의 의사표시에 의하여 특정물이 된 대체물의 경우에도 제580조가 적용된다'고 주장될 여지가 있었으나, 종류물매도인의 하자담보책임에 관한 별도의 규정인 제581조가 신설된 현행민법하에서는 '특정물매도인의 하자담보책임에 관한 제580조의 적용대상은 부대체물인 특정물에 한정된다'고 해석하는 것이 타당하다고 생각한다. 이는 제581조 제2항의「완전물급부청구권」을 되도록 넓게 인정하기 위함이다. 그러므로 실제거래에서는 특정물매도인의 하자담보책임에 관한 제580조보다 종류물매도인의 하자담보책임을 규정하고 있는 제581조가 훨씬 중요한 의미를 가진다고 할 것이다.

(B) 종류물(대체물인 불특정물) 구 의용민법(일본민법)하에서는 '종류물매도인의 하자담보책임을 인정할 수 있는가?' 하는 문제가 최대의 이론적 쟁점이었는데,[306)] 판례는 통설적 견해인「법정책임설」에 따르지 않고 종류물매도인의 하자담보책임을 인정하는 입장을 취하고 있었음은 전술한 바와 같다. 현행민법은 이러한 구 의용민법하에서의 판례의 입장과 개정 전 독일민법 제480조 제1항[307)]의 규정을 본받아 '매매의 목적물을 종류로 지정한 경우에도 그

(주 104), 153 이하.

304) 집합건물법 제9조(담보책임) ① 제1조 또는 제1조의2의 건물을 건축하여 분양한 자의 담보책임에 관하여는 민법 제667조부터 제671조까지의 규정을 준용한다. ② 제1항의 분양자의 담보책임에 관하여 민법에 규정된 것보다 매수인에게 불리한 특약은 효력이 없다.

305) 아파트분양계약에 있어서 분양자의 하자담보책임에 관하여는 拙稿, "아파트 분양계약의 사법상의 법률관계", 한독법학 13호(한독법률학회, 2002), 552 이하 참조.

306) 이에 관한 상세는 高木多喜男,「不完全履行と瑕疵擔保責任」(一粒社, 1980), 2 이하; 我妻榮(中一), 288 참조.

307) 개정 전 독일민법 제480조(종류물매매) (1) 매매물건이 종류만으로 정하여진 경우에, 매수인은 해제 또는 대금감액에 갈음하여 하자 없는 물건의 인도를 청구할 수 있다. 이 청구권에 대하여서는 해제에 관한 제464조 내지 466조, 제467조 제1문 및 제469조, 제470조, 제474조 내지 479조의 규정이 준용된다.

후 특정된 목적물에 하자가 있는 때에는 특정물매도인의 하자담보책임에 관한 제580조가 준용되며, 이 경우에 매수인은 계약의 해제 또는 손해배상의 청구를 하지 아니하고 하자 없는 물건을 청구할 수 있다'고 규정함으로써,[308] 이 문제를 입법적으로 해결하였다. 그러므로 '종류매매에서는 하자담보책임이 인정될 수 없으며 불완전이행책임만이 문제된다'는 구 의용민법하의 통설적 견해는 현행민법하에서는 유지될 수 없게 되었다.

한편 '종류매매에서 인도된 목적물에 하자가 있는 경우에는 외형상 제390조의 일반적 채무불이행(이른바 「불완전이행」)책임과 제581조의 종류물매도인의 하자담보책임의 양자가 경합하게 되는데, 이 경우에 양 책임의 경합을 인정할 것인가?' 하는 것이 문제된다.

이에 대하여, 「법정책임설」은 '하자 있는 특정물의 인도는 하자 없는 완전한 이행'이라는 「특정물도그마」를 인정하는 이론이므로 양자의 경합을 인정하는 것은 모순이라고 할 것이다. 그러나 학설 중에는 「법정책임설」을 취하면서도 '불완전이행책임과 하자담보책임은 그 본질이 다르기 때문에 양자의 경합을 인정할 수 있다'고 주장하는 견해가 있다.[309]

한편 「채무불이행책임설」의 입장에서는 '하자담보책임은 본질상 채무불이행책임으로서 채무불이행책임의 특칙이라고 보아야 하므로 이론상 양자의 경합은 인정될 수 없다'고 해석하는 것이 논리적이다.[310] 그러나 학설 중에는 「채무불이행책임설」을 취하면서도 '목적물의 하자로 인하여 확대손해가 발생한 적극적 채권침해는 계약당사자 간의 부수의무 내지는 신의칙상의 종(從)된 의무의 불이행에 기한 책임이므로 양책임은 동일한 채무불이행책임이지만 그 책임의 발생근거가 서로 다르기 때문에 경합이 인정될 수 있다'고 해석하는 견해가 적지 않다.[311]

사견으로는, '하자담보책임의 본질에 관하여 어떤 입장을 취하든 매매목적물의 하자로 인하여 매수인의 생명·신체 등 확대손해가 발생한 「적극적 채권침해」로 인한 손해배상의 문제는 본질상 불법행위책임의 영역에서 다루어져야 할 문제라고 할 것'이라고 생각한다. 그러므로 하자담보책임과 불완전이행책임과의 경합을 인정함으로써 이 문제를 해결할 것은 아니라고 할 것이다. (☞ 채권총론 편, 제4장 제1절 「채무불이행의 유형」)

후술하는 바와 같이, '현행민법은 하자담보책임의 효과로서 "손해배상"을 규정하고 있으나 이는 「대금감액」을 의미하는 것으로 보아야 한다'는 저자의 사견에 따르면,[312] '이행이익의 배

308) 이는 직접적으로는 전술한 구 의용민법하의 판례이론(일본대심원 1925.3. 13.판결, 민집4권217)에 따른 것이라고 생각된다.

309) 이영환, 전게논문(주 90), 125 참조.

310) 同旨: 곽윤직, 150; 김주수, 198; 星野英一, 전게논문(주 120), 235~236 참조.

311) 안법영, 전게논문(주 94), 198; 민법주해(14)/남효순, 236; 김형배, 361; 양창수, 300; 北川善太郎, 전게서(주 83), 188~189 참조.

312) 拙稿, "매도인의 하자담보책임에 관한 판례의 동향", 민사법학 15호(한국민사법학회, 1997/4), 291 이

상'을 의미하는 일반적 의미의 「손해배상」(Schadensersatz)은 하자담보책임의 효과가 아닌 제390조 이하의 규정에 의한 일반적 채무불이행책임이며, 이른바 「적극적 채권침해」로 인한 생명·신체 등의 확대손해의 배상은 제750조 이하의 규정에 의한 불법행위책임이라고 할 것이다. 그러므로 '우리 민법에는 이행이익의 배상이나 확대손해의 배상을 의미하는 「손해배상」은 하자담보책임에 관한 제580조에는 규정되지 않았다'고 본다면, 하자담보책임과 불완전이행책임의 경합은 우리 민법에서는 애당초 문제되지 않는다고 할 것이다.

한편 「법정책임설」의 이론적 근거인 '「원시적불능무효론」과 「특정물도그마」는 치유불능의 원시적 하자가 있는 부대체물인 특정물의 인도채무에 한하여 성립될 수 있는 이론'이라고 본다면, 「법정책임설」의 입장에서 '현행민법이 제581조에서 종류물매도인의 하자담보책임을 인정하고 있는 것을 어떻게 설명할 수 있는가?' 하는 것이 문제된다.

이에 대해서는, '종류물도 특정되면 특정물로 전환되는 것이기 때문에 이론상 문제가 없다'는 반론을 제기하는 견해도 있다.[313] 그러나 종류물매매의 경우에는 같은 종류에 속하는 물건의 전부에 하자가 있지 않는 이상, '하자 없는 물건의 급부의무는 원시적 불능'이라고 할 수 없기 때문에, 설사 '인도에 의하여 종류물은 특정물로 전환된다'고 하더라도 이를 「원시적 일부불능」이라고 할 수 없음은 명백하다. 결국 '「원시적일부불능무효론」을 이론적 근거로 하는 「법정책임설」은 종류물매도인의 하자담보책임을 인정하고 있는 현행민법 제581조의 근거를 이론적으로 설명할 수 없다'고 할 것이다.

(나) 목적물의 하자

(A) 하자의 개념 영미법은 물론이고 독일민법과 프랑스민법 등 대륙법계에 속하는 민법들은 대부분 하자의 개념 또는 하자가 있다고 볼 수 있는 경우에 관하여 상세한 규정을 두고 있는데 반하여, 일본민법(구 의용민법)을 계승한 우리 민법은 하자의 개념에 대한 규정을 두지 않고 이를 전적으로 학설·판례에 위임하고 있다.[314]

종래의 통설적 견해는 하자의 개념을 '물건의 통상적인 사용에 지장을 주는 물질적 결함'이라고 정의하고(이를 「객관적 하자개념」이라고 한다), '계약성립 시를 기준으로 하여 하자의 존재 및 매수인의 선의·무과실 여부를 판단하여야 한다'고 해석하여 왔으며, 판례도 기본적으로 같은 입장을 취하여 왔다. 그러나 최근에는 「채무불이행책임설」의 입장에서 「객관적 하자

하; 同, "채무불이행책임설에 의한 하자담보책임의 재구성", 민사법학 9·10합병호(한국민사법학회, 1993/7), 264 이하; 同, 전게논문(주 81), 298 이하 참조.

313) 이영환, 전게논문(주 90), 125 참조. 이 견해는 '제581조 신설의 목적은 제조자책임 등과 관련한 대량상품매매의 빈번성 등을 고려한 실제거래계의 사정을 위한 정책적 규정이지 제도의 본질이 불이행적 요소를 갖고 있기 때문에 규정한 것은 아니므로, 제581조의 신설에도 불구하고 하자담보책임의 본질은 여전히 법정책임으로 보아야 한다'고 주장한다.

314) 하자의 개념에 관한 학설·판례의 상세는 拙稿, 전게논문(주 312), 271~277 참조.

개념」을 비판하고, '하자의 존재시기 및 매수인의 선의·무과실 여부의 판단시기는 계약성립 시가 아니라 물건의 인도 시 또는 위험이전 시로 보아야 한다'는 비판론(이를 「주관적 하자개념」이라고 한다)이 대두되고 있다.[315)]

a) 입법례

(ⅰ) **독일민법** 2002년 개정 전의 독일민법은 물건의 하자를 '물건의 가치, 통상의 용도 또는 계약상 예정된 사용에 대한 적합성을 소멸시키거나 감소시키는 결함'이라고 정의하고 있었다(개정 전 BGB §459 I).[316)] 이에 따르면, 하자 여부의 판단기준은 통상의 객관적(통상적)인 용도인지 당사자가 합의한 계약에 따른 주관적인 용도인지를 불문하고 '물건의 용도(Gebrauch)에 대한 적합성(Tauglichkeit)'이 있는지 여부에 달려있는 것이므로, 「객관적 하자」 개념만으로는 위 규정을 합리적으로 설명하기가 어렵다. 따라서 개정 전 독일민법하에서의 판례와 지배적 학설은 「주관적 하자개념」에 의하여 하자 여부를 판단하여야 한다는 입장을 취하고 있었다. 2002년에 개정된 현행 독일민법은 하자개념에 관하여, 「유엔국제통일매매법」(CISG)을 모범으로 하여, 「물건의 계약적합성」(conformity of goods)의 관점에서 하자 여부에 대한 기준을 상세히 규정하는 것으로 그 입법주의를 완전히 전환하였다(BGB §434).[317)]

(ⅱ) **프랑스민법** 프랑스민법은 하자담보책임을 발생시키는 「물건의 숨은 하자」(défauts cachés de la chose)를 '매도된 물건이 정해진 용도에 따라서 사용하기에 부적당하거나, 매수인이 그 하자를 알았더라면 매수하지 않았을 것이거나, 보다 적은 대금만을 지불하였을 정도로 목적물의 효용을 감소시키는 하자'라고 정의하고 있다(C.c. Art. 1641).[318)] 프랑스민법학에서는 하자담보책임의 본질을 계약책임으로 보는 데 이설이 없기 때문에, 하자의 개념을 당사자의 합의에 의한 주관적 하자로 파악하는 데 문제가 없다. 다만, 판례는 '매수인이 특별한 용도에 사용하기 위하여 매수한 경우에도 목적물이 통상의 용도에 적합한 것인 이상, 매수인이 특별한 용도에 사용하기 위한 것이라는 취지를 매도인에게 표시하지 않은 이상, 매수인이 기대한 성상의 흠결이 있다 할지라도 매도인은 하자담보책임을 부담하지 않는다'고 한다.[319)]

(ⅲ) **UN국제통일매매법** 국제 간의 동산매매거래에 관한 유엔국제통일매매법(CISG)[320)]은 영미법의 체계[321)]에 따라서 물건의 하자담보책임을 순수한 계약책임으로 규정하고 있다. 즉,

---

315) 拙稿, 전게논문(주 147), 271 이하; 김형배, 353; 이은영, 338 참조.
316) 전게 주 82 참조.
317) 전게 주 185 참조.
318) 프랑스민법 제1641조 : 매도인은 매도된 물건이 정해진 용도에 따라서 사용하기에 부적당하거나, 매수인이 그 하자를 알았더라면 매수하지 않았을 것이거나, 보다 적은 대금만을 지불하였을 정도로 목적물의 효용을 감소시키는 하자로 인한 담보책임을 부담한다.
319) Rouen 31 mai 1938, Rec, Du Havre, 1938.2., 237.
320) CISG의 담보책임에 관하여는 김동석, "국제물품매매계약에 관한 UN협약상의 하자담보책임", 상사법연구 7집(한국상사법학회, 1989), 235 이하 참조.

CISG는 물건의 계약부적합에 대한 매도인의 담보책임을 별도로 규정하지 아니하고, 이를 매도인의 계약위반(breach of contract)에 대한 구제수단 일반에 관한 규정 중에 포함시키고 있으며, 물건의 하자(계약부적합)의 개념 및 그 효과도 계약책임으로 일관하고 있다. 따라서 CISG에서는 매도인이 하자 있는 물건을 급부한 경우에도 별개의 담보책임이 발생하는 것이 아니라, 일반적인 계약위반의 효과로서의 「계약위반책임」이 발생한다.[322] 즉, ① **통상적 목적에의 부적합** : 당사자가 달리 합의한 경우를 제외하고, 목적물이 같은 종류의 물건이 통상적으로 사용되는 목적(ordinary purpose)에 적합하지 아니한 경우에는 계약에 대한 적합성이 없다(CISG Art. 35(2)(a)).[323] 여기서 "통상적으로 사용되는 목적에 부적합하다"는 것은 '매매의 목적물이 그 종류의 물건을 매수하는 사람들이 일반적으로 그러한 물건이 가지고 있으리라고 기대하는 성능과 품질을 가지고 있지 않다는 것'을 의미한다.[324] 예컨대, 스테인리스로 된 밀봉용기를 구입하는 매수인은 그 용기가 액체나 고체 또는 기체 등의 물질을 보관하는 용기로 사용할 수 있을 것이라고 기대하는 것이 보통이므로, 내용물이 새지 않는 용기로서의 성능과 품질을 가지고 있지 않은 스테인리스 밀봉용기는 통상적 목적에 대한 적합성이 없는 물건이 된다. ② **특별한 목적에의 부적합** : 당사자가 달리 합의한 경우를 제외하고, 목적물이 계약체결 시에 매도인에 대하여 명시적 또는 묵시적으로 알려진 특별한 목적(particular purpose)에 적합하지 아니한 경우에는 그 물건은 계약에의 적합성이 없다.[325] 다만, 제반사정에 비추어 매수인이 매도인의 기술 또는 판단을 신뢰하지 않았거나 신뢰하는 것이 합리적이지 않은 경우에는, 그 특별한 목적에의 적합성이 없더라도 통상적 용도에의 적합성만 있으면 된다(CISG Art. 35(2)(b)). 그러므로 계약에서 명시적으로 표시되지 않았더라도 매수인이 그 물건의 특별한 용도를 표시한 경우에는, 비록 그 물건이 통상적 용도에는 적합한 것이라 할지라도 계약에의 적합성을 결하는 것이다. 예컨대, 매수인이 매도인에게 드릴(drill)을 주문하면서 탄소강인 소재로 만든 금속판에 구멍을 뚫는 데 쓰려고 한다는 점을 밝힌 경우에는, 인도된 드릴이 보통의 철판을

321) 영미법상의 하자담보책임에 대하여는 拙稿, 전게논문(주 81), 94 이하 참조.

322) 김동석, 전게논문(주 320), 169; 사동천, 전게논문(주 302), 8~9 참조.

323) CISG 제35조: (2) 당사자가 달리 합의한 경우를 제외하고는, 다음 각 호의 경우에 물건은 계약에 대한 적합성이 없다. (a) 물건이 같은 종류의 물건이 통상적으로 사용되고 있는 목적에 적합하지 아니한 경우, (b) 제반사정에 비추어 매수인이 매도인의 기술 또는 판단을 신뢰하지 않았거나 신뢰하는 것이 합리적이지 못한 경우를 제외하고, 물건이 계약체결 시에 매도인에 대하여 명시적 또는 묵시적으로 알려진 특별한 목적에 적합하지 아니한 경우, (c) 물건이 견본 또는 모형으로 매도인이 매수인에게 제출한 물건의 품질을 갖추고 있지 못한 경우, (d) 목적물이 그 종류의 물건에 있어서 통상적으로 사용되는 방법에 의하여, 또는 그러한 방법이 없는 경우에는 이를 보관 및 보호하는 데 적당한 방법에 의하여 용기에 넣어지거나 또는 포장되지 아니한 경우

324) John O. Honnold, Uniform Law for International Sales under the 1980 United Nations Covention, 1982, pp.252~253; 이태희, "국제물품매매계약에 관한 UN협약상의 당사자의 의무", 상사법연구 7집(한국상사법학회, 1989), 144; 사동천, 전게논문(주 302), 20~24 참조.

325) Honnold, op. cit., pp.253~254; 사동천, 상게논문, 24~27 참조.

뚫는 데는 적합한 것이라 할지라도 탄소강의 철판을 뚫는 데에는 부적합한 것이라면, 그 드릴은 계약에의 적합성이 없다고 하여야 한다.[326] 그러나 매도인이 비록 매수인의 그러한 특별한 용도를 알았다 할지라도 매수인이 매도인의 기술과 판단을 신뢰하지 않았거나 사정에 따라서는 신뢰하지 않는 것이 오히려 합리적이라고 판단되는 경우에는, 그 물건이 통상적 용도에 적합성이 있는 한 매수인의 특별한 용도에 적합하지 않더라도 계약적합성이 인정된다.[327] ③ **견본 또는 모형에의 부적합** : 당사자가 달리 합의한 경우를 제외하고, 목적물이 매도인에 의하여 매수인에게 제시된 견본 또는 모형의 품질을 가지고 있지 아니한 경우에는 계약에의 적합성이 없다(CISG Art. 35(2)(c)).[328] ④ **용기 또는 포장의 부적합** : 당사자가 달리 합의한 경우를 제외하고, 목적물이 그 종류의 물건에 있어서 통상적으로 사용되는 방법에 의하여, 또는 그러한 방법이 없는 경우에는 이를 보관 및 보호하는 데 적당한 방법에 의하여 용기에 넣어지거나 또는 포장되지 아니한 경우에는, 그 물건은 계약에의 적합성이 없다(CISG Art. 35(2)(d)).[329]

b) 학 설

(i) **객관설** 이는 종래의 통설적 견해로서,[330] 하자의 개념을 '목적물의 물질적 결함'이라고 정의하고(객관적 하자개념), 그 '하자 여부의 판단은 그 물건이 통상적으로 가지고 있어야 할 품질·성능을 기준으로 하여 판단하여야 함이 원칙이지만, 예외적으로 매도인이 견본 또는 광고에 의하여 목적물이 특수한 품질이나 성능을 갖고 있음을 표시한 경우(품질·성능을 보증한 경우)에는 그 특수한 표준에 따라서 하자의 유무를 판단하여야 한다'고 해석하는 견해이다. 이와 같이 종래의 통설적 견해가 「객관적 하자개념」을 취한 것은, 구 의용민법 이래 하자담보책임의 본질에 관하여 「법정책임설」을 취하였던 일본의 통설적 견해[331]의 영향을 받은 것이라고 할 수 있을 것이다.

(ii) **주관설** 이는 「하자」의 개념을 '당사자가 합의하거나 전제한 계약상의 용도에의 부적합성'이라고 파악하는 견해이다(주관적 하자개념).[332] 다만, '하자개념은 「주관설」에 따라 계약부적합성 내지는 용도부적합성이라고 정의하되, 하자의 존재 여부는 객관적으로 결정하여

326) Honnold, op. cit., pp.253~254.
327) 예컨대, 「하이네켄맥주 사건」(김동석, 전게논문(주 320), 241~242 참조).
328) 여기서 「견본」(sample)이라 함은 '당해 매매의 목적물인 물건 중에서 추출된 것'을 말하며, 「모형」(model)이라 함은 '당해 매매의 목적물이 아닌 것으로서 검사를 위하여 매수인에게 제시된 것'을 말한다(UCC §2-313 Official Code comment 5). Honnold, op. cit., p.254; 사동천, 전게논문(주 302), 27~29 참조.
329) Honnold, op. cit., pp.254~255; 사동천, 전게논문(주 302), 30~31 참조.
330) 주석민법(3)/김현채, 146; 곽윤직, 148; 황적인, 258 참조.
331) 예컨대, 我妻榮(中1), 288 참조.
332) 拙稿, 전게논문(주 147), 279 이하; 민법주해(14)/남효순, 500; 김형배, 351 참조.

야 한다'고 주장하면서, 객관적 판단의 기준을 구체적으로 예시하고 있는 견해도 있다.[333] 그러나 이러한 주장이 「객관설」의 입장과 이론상 어떤 차이가 있는지 의문이다.

c) 판례의 입장 판례가 하자개념을 어떤 이론에 입각하여 통일적으로 파악하고 있다고 단정하기는 어렵다. 다만, 판례는 물건이 본래 가지고 있어야 할 객관적 성질을 결여한 경우(객관적 하자)는 물론이고, 당사자가 합의한 성질을 결여한 경우(주관적 하자)에도 하자담보책임을 인정하고 있다는 점은 분명하다. 즉 판례는 하자를 '그 물건이 계약에서 정한 내용과 다른 구조적·기능적 결함이 있거나, 거래관념상 통상 갖추어야 할 품질을 제대로 갖추고 있지 아니한 경우'라고 정의하고 있다(대법원 2010.12.9.선고, 2008다16851 판결 등). 이러한 판례의 「하자개념」은 객관적 하자와 주관적 하자를 포괄하는 개념이라고 할 수 있으므로, 결국 '판례는 「주관설」에 의하여 하자개념을 파악하고 있다'고 말할 수 있을 것이다.

■ 건축물의 하자의 의미와 그 판단기준 건축물의 하자라고 함은 일반적으로 완성된 건축물에 공사계약에서 정한 내용과 다른 구조적·기능적 결함이 있거나, 거래관념상 통상 갖추어야 할 품질을 제대로 갖추고 있지 아니한 것을 말하는 것으로, 하자 여부는 당사자 사이의 계약 내용, 해당 건축물이 설계도대로 건축되었는지 여부, 건축 관련 법령에서 정한 기준에 적합한지 여부 등 여러 사정을 종합적으로 고려하여 판단되어야 한다. (대법원 2010.12.9.선고, 2008다16851 판결)[334]

■ 목적물이 통상의 품질이나 성능은 갖추고 있으나, 내한성(耐寒性)과 같은 특수한 품질이나 성능을 갖추고 있지 못한 경우를 목적물에 하자가 있다고 인정할 수 있기 위한 요건 매도인이 매수인에게 공급한 부품이 통상의 품질이나 성능을 갖추고 있는 경우, 나아가 내한성이라는 특수한 품질이나 성능을 갖추고 있지 못하여 하자가 있다고 인정할 수 있기 위하여서는, 매수인이 매도인에게 완제품이 사용될 환경을 설명하면서 그 환경에 충분히 견딜 수 있는 내한성 있는 부품의 공급을 요구한 데 대하여, 매도인이 부품이 그러한 품질과 성능을 갖춘 제품이라는 점을 명시적으로나 묵시적으로 보증하고 공급하였다는 사실이 인정되어야만 할 것이다. (대법원 1997.5.7.선고, 96다39455 판결)[335]

■ 매도인이 매수인에게 기계를 공급하면서 카탈로그와 검사성적서를 제시한 경우, 그 기계에 하자가 있는지 여부의 판단 기준 매도인이 매수인에게 기계를 공급하면서 당해 기계의 카탈로그와 검사성적서를 제시하였다면, 매도인은 그 기계가 카탈로그와 검사성적서에 기재된 바와 같은 정도의 품질과 성능을 갖춘 제품이라는 점을 보증하였다고 할 것이므로, 매도인이 공급한 기계가 매도인이 카탈로그와 검사성적서에 의하여 보증한 일정한 품질과 성능을 갖추지 못한 경우에는, 그 기계에 하자가 있다고 보아야 한다. (대법원 2000.10.27.선고, 2000다30554·30561 판결)[336]

■ 목적물이 객관적 하자를 가지고 있음에도 불구하고 하자담보책임을 부인한 사례 매매계약 당시 매수인 스스로 매도인이 제공하는 카탈로그 등에 의하여 자신이 매수하여 가공·완성할 제품의 제원과

---

333) 민법주해(14)/남효순, 500 이하 참조.

334) 판례평석: 박철규, "공동주택 하자소송에서의 새로운 경향 -방화문 등 건축물 성능관련 하자를 중심으로-", 법률신문, 2017/4, 11.

335) 판례평석: 문용선, "매매목적물의 하자로 인한 확대손해에 대한 책임추급", 민사판례연구(21)(민사판례연구회, 1999/7), 260 이하; 윤진수, "하자의 개념과 하자확대손해의 배상", 「민법기본판례」, 397 이하. 같은 취지: 대법원 2002.4.12.선고, 2000다17834 판결.

336) 같은 취지: 대법원 2002.4.12.선고, 2000다17834 판결.

사용목적, 사용방법을 검토·고려하여 성능과 용량이 서로 다른 여러 종류의 제품 중 특정 종류를 선택하였다면, 매수인으로서는 매도인에게 매매목적물에 관한 성능과 용량의 차이로 인한 결함을 들어 하자담보책임을 물을 수 없다. (대법원 1995.6.30.선고, 95다2616·2617 판결)[337)]

d) 학설·판례의 검토 하자의 개념과 판단기준에 대해서는 대부분의 입법례가 상세한 규정을 두고 있는데, 대체로 하자의 개념을 '계약목적에 대한 부적합성'이라고 관념하여, '당사자의 합의에 의하여 약정된 용도에 적합하지 아니한 물건의 결함이 있는 경우'에 하자담보책임을 인정하고 있음은 위에서 살펴본 바와 같다. 그럼에도 불구하고 국내의 통설적 견해는 '객관적 하자개념에 의하여 하자 여부를 판단하여야 한다'는 입장을 취하고 있는데, 이는 「법정책임설」에 입각한 일본의 통설적 견해에 영향을 받은 것이라고 생각된다.[338)] 그러나 이러한 일본의 통설적 견해를 형성하는 데 큰 영향을 미쳤던 독일의 학설과 판례는 이미 「주관적 하자개념」에 의하여 하자 여부를 판단하는 입장으로 전환되었으므로, 우리 민법의 해석론으로 「객관적 하자개념」을 고집할 이유는 없다고 할 것이다. 더욱이 일본민법학의 객관적 하자개념은 '종류물의 경우에는 하자담보책임을 인정할 수 없다'는 것을 전제로 하는 이론이었을 뿐만 아니라, 2017년의 민법개정에 의하여 종류물매도인의 하자담보책임을 인정하는 동시에 주관적 하자개념을 채택하였다는 점을 고려하면(개정 일본민법 566조),[339)] 종류매매에서의 하자담보책임을 인정하고 있는 우리 민법하에서 객관적 하자개념에 의하여 하자의 여부를 판단하는 것은 타당하지 않다. 또한 「객관설」(객관적 하자개념)을 취하는 학자들도 매도인이 견본 또는 광고에 의하여 목적물의 특수한 품질이나 성능을 보증한 경우에는 그 특수한 품질이나 성능을 표준으로 하여 하자의 여부를 판단하여야 한다고 함으로써 일정한 경우에는 예외적으로 「주관적 하자개념」도 인정하고 있으므로, 「객관적 하자개념」은 이미 통일적인 하자의 정의개념으로서의 기능을 상실하고 있다. 한편 「채무불이행책임설」을 취하면서도 「객관설」에 의하여 하자의 개념을 파악하면, '하자 없는 완전물급부의무의 불이행에 기한 채무불이행책임'이라는 하자담보책임의 법적 성질이 불분명해진다. 그러므로 「채무불이행책임설」을 취하면 반드시 하자의 개념을 「주관적 하자개념」에 의하여 파악할 필요가 있다.

e) 결 론 하자의 개념은 '하자 없는 완전한 물건을 급부할 의무의 불이행으로 인한

---

337) 판례평석: 임건면, "하자의 개념", 「로스쿨계약법」(청림출판, 2006/3), 361 이하. 같은 취지: 대법원 1997.5.7.선고, 96다39455 판결; 대법원 2000.10.27.선고, 2000다30554·30561 판결; 대법원 2002.4.12.선고, 2000다17834 판결.

338) 我妻榮(中一), 288 참조.

339) 2017년 개정 일본민법 제566조(목적물의 종류 또는 품질에 관한 담보책임의 기간제한) 매도인이 종류 또는 품질에 관하여 계약의 내용에 적합하지 아니한 목적물을 매수인에게 인도한 경우에, 매수인이 그 부적합을 안 때부터 1년 이내에 그 뜻을 매도인에게 통지하지 아니한 때에는, 매수인은 그 부적합을 이유로 하여 이행추완의 청구, 대금감액의 청구, 손해배상의 청구 및 계약의 해제를 할 수 없다. 다만, 매도인이 인도 시에 그 부적합을 알았거나 중대한 과실로 인하여 알지 못한 때에는 그러하지 아니하다.

채무불이행책임'이라는 하자담보책임의 법적 성질을 명확하게 하고, 통상의 객관적 용도에는 적합하지만 합의에 의한 물건의 사용목적에 부적합한 경우도 하자담보책임이 인정될 수 있는 것이어야 한다. 그러기 위해서는 하자의 개념을 '물건의 계약부적합성'이라는 주관적 하자개념에 의하여 파악하여야 하는데, 이러한 관점에서 하자의 개념을 재구성하면 다음과 같다. ①「하자」라 함은 '당사자가 합의하거나 묵시적으로 전제한 목적물의 품질 또는 성능의 결여'를 말한다. 이는 하자의 본질이 어디까지나 당사자의 합의에 반한다는 점에 있음을 의미한다. 그 종류에 속하는 물건으로서 통상적으로 가져야 할 품질·성능을 결여하는 이른바「물질적 결함」(객관적 하자)이 있는 경우도 비록 당사자의 명시적인 의사의 합치에 의하여 요구된 품질이나 성능이 결여된 경우는 아니지만, 이는 당사자가 계약의 전제로서 예정하였다고 볼 수 있으므로(묵시적 합의), 주관적 하자와 마찬가지로 의사책임(意思責任)으로서의 성질을 갖는다. ② 매수인이 목적물이 통상적으로 가지는 품질이나 성능을 넘는 특수한 품질이나 성능이 있다고 기대한 경우라고 하더라도 매도인과의 명시적·묵시적 합의가 없는 이상, 매수인이 기대한 성질의 결여는 동기의 착오에 불과하다. 따라서 제109조에 의한 계약의 취소 여부가 문제될 수 있을 뿐이다. ③ 문제는 '구체적으로 어떤 경우에 목적물의 특수한 품질·성능에 관하여 당사자 간에 묵시적 합의가 있다고 할 것인가?' 하는 것인데, 이에 대하여는 위에서 살펴본 유엔국제통일매매법의 하자에 관한 규정(CISG Art. 35)[340] 또는 이를 모범으로 한 독일민법 제434조의 규정[341]이 우리 민법의 해석으로서도 타당한 해결기준이 될 수 있다고 생각한다.

(B) 법률적 하자(경제적 하자) 하자의 개념과 관련하여, '목적물에 법률적 하자가 있는 경우에도 제580조가 적용될 수 있는지'의 여부가 문제된다. 학설은 법률적 하자를 「권리의 하자」라고 해석하는 견해와 「물건의 하자」로 보는 견해가 대립하고 있다.

a) 학 설 '목적물의 법률적 상태에 하자가 있는 경우인 이른바 「법률적 하자」의 경우에도 하자담보책임에 관한 규정이 적용될 수 있는가?' 하는 것이 문제된다. 이에 대해서는 '법률적 하자를 「물건의 하자」로 보아 하자담보책임에 관한 제580조 이하의 규정을 적용하여야 한다'는 견해도 있으나,[342] '이를 「권리의 하자」로 보아 제575조가 적용된다'고 해석하는 견해가 다수설이라고 할 수 있다.[343] 다수설이 법률적 하자를 「권리의 하자」라고 해석하는 근거는, ① 법률적 하자는 매매의 목적인 권리에 제한물권이 설정되어 있는 경우(575조)와 유사하므로, 그 성질상 「권리의 하자」라고 볼 수 있다는 점과, ② 경매의 경우에는 하자담보책

340) 전게 주 323 참조.
341) 전게 주 185 참조.
342) 주석민법(3)/김현채, 151; 김기선, 144; 김증한/김학동, 270; 송덕수, 201; 이은영, 337 참조.
343) 곽윤직, 148; 김상용, 203; 김주수, 197; 김증한, 157; 김형배, 352; 이태재, 185; 황적인, 258 참조.

임이 인정되지 않지만(580조 2항), 법률적 하자를 권리의 하자로 보는 경우에는 경매의 목적물에 법률적 하자가 있는 경우에 제575조를 유추적용할 수 있으므로, 매수인에게 보다 유리하다는 점을 들고 있다.[344)]

b) 판례의 입장 대법원은 ① '매도인이 불법운행으로 인하여 150일간 운행정지 처분된 차량을 매도한 경우, 그 차량을 매수하여 즉시 운행하려고 한 매수인은 다른 차량을 대체하지 않고는 그 목적을 달성할 수 없으므로, 매수인이 그런 하자가 있음을 알지 못하고 또 이를 알지 못한 데에 과실이 없는 때에는 제580조의 매도인에게 하자담보책임이 있는 경우에 해당하여 매수인은 그 매매계약을 해제할 수 있다'고 판시한 바 있으며(대법원 1985.4.9.선고, 84다카2525 판결), ② '건축을 목적으로 매매된 토지에 대하여 건축허가를 받을 수 없어 건축이 불가능한 경우, 위와 같은 법률적 제한 내지 장애 역시 매매목적물의 하자에 해당한다'고 판시한 바 있다(대법원 2000.1.18.선고, 98다18506 판결 등).[345)] 따라서 판례는 법률적 하자를 「물건의 하자」로 보는 입장을 취하고 있다고 할 수 있다.

c) 학설·판례의 검토 하자담보책임에 관한 제580조는 그 효과에 관하여 권리하자담보책임에 관한 제575조를 준용하고 있으며, 「채무불이행책임설」의 입장에서는 그 법적 성질에도 차이가 없으므로, 굳이 법률적 하자에 하자담보책임에 관한 제580조의 적용을 고집할 필요는 없다고 할 것이다. 또한 권리행사기간에서 하자담보책임은 6개월인 반면에, 법률적 하자를 권리의 하자로 보아 제575조를 유추적용하는 경우에는 그 제척기간이 1년이므로 매수인에게 유리하다는 점과, 법률적 하자를 「권리의 하자」로 보면 경매의 경우에도 담보책임이 인정될 수 있으므로(578조), 매수인에게 보다 유리한 결과가 될 수 있다. 그러므로 실제적 측면에서 보다 타당한 결과가 될 수 있는 법률적 하자를 「권리의 하자」로 보는 다수설의 견해에 찬성한다.

(C) 하자 여부의 판단기준시기 '하자담보책임은 목적물에 원시적 하자가 있는 경우, 즉 매매계약체결 당시에 이미 목적물에 하자가 존재한 경우에 한하여 인정되는가, 아니면 하자가 계약체결 이후에 발생한 이른바 「후발적 하자」의 경우에도 인정되는가?' 하는 것이 문제된다. 이에 대하여, 「원시적불능무효론」과 「특정물도그마」를 이론적 전제로 하는 「법정책임설」은 '목적물에 원시적 하자가 있는 경우에 한하여 하자담보책임이 인정될 수 있으며, 후발적 하자의 경우에는 채무불이행책임만이 인정될 수 있다'고 해석한다. 그러나 하자담보책임의 본질을 채무불이행책임의 일종으로 보는 「채무불이행책임설」에 따르면 하자담보책임을 원시적 하자가 있는 경우로 제한하여 해석할 이유가 없게 된다.

---

344) 곽윤직, 148; 김상용, 203 등 참조.
345) 판례평석: 김범철, "매매계약상 하자의 존재시기", 민사법학 20호(한국민사법학회, 2001/7), 349 이하; 임건면, "법률상의 장애 및 하자판단의 기준 시", 「로스쿨계약법」(청림출판, 2006/3), 365 이하.

a) 입법례

(i) **독일민법** 개정 전 독일민법은 '매도인은 위험이 매수인에게 이전하는 때의 하자 없음을 담보한다'고 규정함으로써, 위험이전시(동산의 경우는 '인도 시', 부동산의 경우는 '등기 시')를 기준으로 목적물의 하자 유무를 판단하도록 규정하고 있었다(개정 전 BGB §459).[346] 현행 독일민법에서도 '하자의 유무를 위험이전 시를 기준으로 판단하여야 한다'는 원칙에는 변함이 없으나(BGB §434 Ⅰ),[347] 위험이전 시를 동산과 부동산을 구별하지 않고 '인도 시'로 통일하였기 때문에(BGB §446),[348] 하자 유무의 판단은 물건의 '인도 시'를 기준으로 하게 된다. (☞ 제1장 제3절「계약의 효력」)

(ii) **프랑스민법** 프랑스민법에서는 하자의 존재 여부를 판단하는 기준시기에 관하여 명문규정을 두고 있지 않다. 이에 대하여, 학설은 크게「소유권이전시설」과「위험이전시설」, 그리고「인도시설」의 세 가지로 갈리고 있다.[349] 그러나 프랑스민법에서는 매매계약의 효력으로 소유권은 매수인에게 이전하며(C.c. Art. 1583),[350] 소유권이 이전하는 때에 물건의 위험이 매수인에게 이전하는 것이므로(C.c. Art. 1196),[351] 하자의 유무를 소유권이전 시를 기준으로 판단하여야 한다는 견해나 위험이전 시를 기준으로 판단하여야 한다는 견해나 동일한 결론에 이르게 된다고 할 수 있다. 다만, 프랑스의 판례는 '하자담보의 원인이 되는 하자는 원칙적으로 매매계약 이전에 존재하고 있어야 한다'고 해석하고 있으며,[352] '인도된 물건에 매매계약 시에 없던 하자가 있는 경우(후발적 하자의 경우)에는 매수인은 담보를 요구할 수 없다'고 한다.[353] 다만, 프랑스의 판례는 '하자의 원인(l'origine du vice)이 매매보다 앞선 것이기만 하면, 하자가 매매계약이 체결된 이후에 나타났다고 할지라도「원시적 하자」라는 담보책임의 요건은 충족된다'고 보고 있다.[354] 예컨대, '매수한 동물이 질병에 걸린 경우에도 그 질병의 원인

346) 전게 주 82 참조.

347) 전게 주 185 참조.

348) 독일민법 제446조(위험과 부담의 이전) 매각된 물건의 인도에 의하여 우발적인 멸실 및 훼손의 위험은 매수인에게 이전한다. 인도한 때로부터 수익은 매수인에게 속하고, 매수인은 물건의 부담을 인수한다. 매수인이 수령지체에 빠진 경우에는, 인도가 있은 것과 마찬가지이다.

349) 하자 여부의 판단기준시기에 관한 프랑스의 학설에 대해서는 남효순, "프랑스민법에서의 매도인의 담보책임(Ⅱ)", 서울대법학 34권 2호(서울대법학연구소, 1993), 271 이하 참조.

350) 프랑스민법 제1583조: 매매계약은 목적물이 아직 인도되지 않았거나 매매대금이 지급되지 않았더라도 당사자 간에는 목적물과 대금에 대한 약정이 있는 때에 완성되며, 소유권은 매도인과의 관계에서 매수인에게 이전된다.

351) 프랑스민법 제1196조: (1) 소유권 기타 권리의 양도를 목적으로 하는 계약에 있어서 권리의 이전은 계약체결 시에 이루어진다. (2) 제1항의 권리의 이전은 당사자의 의사, 물건의 성질 또는 법률의 효력에 의하여 달리 정해질 수 있다. (3) 소유권의 이전은 물건의 위험을 이전하는 효력을 가져온다. 그러나 물건의 인도채무자는 제1344-1조에 따라서, 그리고 제1351-1조에 규정된 법리에 따라서 이행최고 시부터 다시 그 위험을 부담한다.

352) 남효순, 전게논문(주 349), 272; 拙稿, 전게논문(주 81), 50 참조.

353) Mazeaud, op. cit., n° 984.

이 매매계약보다 앞선 것이면 매수인은 그 질병을 이유로 매도인의 하자담보책임을 물을 수 있다'고 한다.

(iii) **UN국제통일매매법**(CISG) CISG는 매도인은 원칙적으로 목적물의 위험이전 시에 존재하는 계약부적합에 대하여서만 책임을 부담하는 것으로 규정하고 있다.[355] 즉, 매도인은 위험이 매수인에게 이전되는 때에(when the risk passes to the buyer) 목적물의 계약적합성이 부족한 경우에는 비록 그러한 사실이 위험이전 이후에 명확하게 된 경우에도 계약과 CISG에 따른 책임을 부담한다(CISG Art. 36(1)).[356] 그러나 CISG는 위험이전 이후에 발생하고, 일정기간 동안 목적물이 계속하여 통상적인 또는 특별한 목적에 적합할 것이라는 보증 또는 특정한 품질 또는 특성을 가진다는 보증의 위반을 포함한 그의 위무위반에 기인한 목적물의 계약적합성의 부족에 대하여서도 매도인은 책임을 지도록 규정하고 있다(CISG Art. 36(2)).

b) 학 설 「원시적 불능무효론」을 전제로 하는 「법정책임설」의 입장에서는 '하자가 계약성립 시에 존재하여야 한다'고 보는 것은 이론상 당연하다. 그러나 하자담보책임의 본질을 하자 없는 완전한 물건의 인도의무위반에 기한 책임으로 보는 「채무불이행책임설」의 입장에서는 하자담보책임의 요건으로서의 하자의 존재는 '물건의 인도 시'를 기준으로 판단하면 충분하다고 해석할 수 있게 된다.[357] 다만, 「채무불이행책임설」을 취하면서도 '계약체결 시를 기준으로 하자 여부를 판단하여야 한다'고 주장하는 견해도 없지 않다.[358] 또한 후술하는 바와 같이, 매수인의 과실 여부를 판단하는 기준시점도 목적물의 인도 시가 된다.

c) 판례의 입장 전술한 바와 같이, 대법원판결 중에는 후발적 하자라고 할 수 있는 「당초의 하자로부터 확산된 하자」에 대하여도 매도인의 하자담보책임을 인정하여야 한다'고 판시한 사례가 있는가 하면(대법원 1993.11.23.선고, 92다38980 판결), '하자의 존부는 매매계약 성립 시를 기준으로 판단하여야 한다'고 판시한 사례도 있어서(대법원 2000.1.18.선고, 98다18506 판결), 이 문제에 관한 판례의 입장을 단언하기는 어렵다.

▪ **확산된 하자에 대하여도 매도인의 하자담보책임을 인정할 수 있는지 여부(적극)** <u>신축건물이나 신축한 지 얼마 되지 않아 그와 다름없는 건물을 매도하는 매도인이 매수인에 대하여 매도건물에 하자</u>

---

354) Ibid.

355) Honnold, op. cit., pp.267~269; 사동천, 전게논문(주 302), 31~32 참조.

356) CISG Art. 36(물건에 대한 손해배상: 부적합의 효과) (1) 매도인은 목적물의 계약적합성의 부족이 위험이전시 이후에 비로소 명확하게 된 경우에도, 위험이 매수인에게 이전되는 때에 존재하는 적합성의 부족에 대하여 계약과 이 협약에 따른 책임을 부담한다. (2) 매도인은 전항에서 규정한 시기 이후에 발생하고, 일정기간 동안 목적물이 계속하여 통상적인 또는 특별한 목적에 적합할 것이라는 보증 또는 특정한 품질 또는 특성을 가진다는 보증의 위반을 포함한 그의 위무위반에 기인한 목적물의 계약적합성의 부족에 대하여서도 책임을 진다.

357) 김형배, 353; 이은영, 338 참조.

358) 민법주해(14)/남효순, 504 이하 참조.

가 있을 때에는 책임지고 그에 대한 보수를 해주기로 약정한 경우, 특별한 사정이 없는 한 매도인은 하자 없는 완전한 건물을 매매한 것을 보증하였다고 할 것이므로, 매도인은 계약 당시 또는 매수인이 인도받은 후에 용이하게 발견할 수 있는 하자뿐만 아니라 건물의 본체부분의 구조상의 하자, 특히 품질이 떨어지는 재료를 사용하는 등 날림공사로 인한 하자 등 바로 발견할 수 없는 하자는 물론 당초의 하자로부터 확산된 하자에 대하여도 책임을 져야 한다. (대법원 1993.11.23.선고, 92다38980 판결)

d) 학설·판례의 검토 이 문제는 '계약체결 시에는 없던 하자가 계약체결 이후 인도 시까지 사이에 후발적으로 발생한 경우에도 하자담보책임을 인정하는 것이 타당한지 여부에 달려있다'고 할 것이다. 「채무불이행책임설」의 입장에서는 '인도 시 또는 위험이전 시(위험이전의 개념을 인정하는 경우)를 기준으로 하여야 한다'고 해석하는 것이 논리적이라고 할 수 있으나, 「채무불이행책임설」을 취하면서도 계약체결 시를 기준으로 하는 것이 타당하다고 주장하는 견해도 없지 않다.359)

사견으로는, ① '원시적 하자가 있는 경우에 한하여 하자담보책임이 인정된다고 해석하여야 한다면, 하자가 계약체결 전에 발생한 것인가 그 이후에 발생한 것인가 하는 우연한 사정에 의하여 매도인의 책임이 하자담보책임(원시적 하자의 경우)과 채무불이행책임(후발적 하자의 경우)으로 완전히 다른 법리의 적용을 받게 되는바, 이는 결코 합리적인 해결책이라고 말할 수 없다'는 점, ② 하자담보책임을 원시적 하자가 있는 경우로 한정하는 견해에 따르면, 매수인의 선의 여부를 판단하는 기준시기도 계약체결 시로 보아야 하는데, 이렇게 해석하면 계약체결 시에는 목적물에 하자가 있음을 몰랐으나 인도 전(前)에 하자의 존재를 알게 된 매수인은 일단 목적물을 수령한 후 하자담보책임을 물을 수밖에 없게 되는바, 이러한 해석론은 매매거래의 현실에 전혀 부합하지 않는다. 즉, 이러한 경우에는 매수인이 수령을 거절하고 하자의 보수가 가능한 경우에는 하자의 보수(補修)를 청구할 수 있고, 하자의 보수가 불가능한 경우에는 매매계약을 해제하거나(특정물의 경우) 하자 없는 완전한 물건의 인도를 청구할 수 있다(종류물의 경우)고 해석하는 것이 거래의 현실에 부합하는 합리적인 해석이라고 할 것이다.360) 결국 하자의 존재 여부를 판단하는 기준시기는 물건의 인도 시(또는 위험이전 시)라고 해석하여야 할 것이다.

(ᄂ) 하자의 존재에 대한 증명책임 하자의 존재에 대한 증명책임은 매수인에게 있다. 즉, 매도인에 대하여 하자담보책임을 묻고자 하는 매수인은 하자의 존재를 증명하여야 한다.

(ᄃ) 매수인의 선의·무과실

민법은 하자담보책임의 발생요건으로서 매수인의 선의·무과실을 요구하고 있다(580조 1항 단서). 따라서 매도인의 하자담보책임은 하자의 존재 이외에도 매수인의 선의(매수인이 하자의

359) 상게서, 504 참조.
360) 同旨: 사동천, 전게논문(주 302), 15 참조.

존재를 몰랐을 것)와 무과실(하자의 존재를 모른 데 과실이 없었을 것)의 두 가지 요건을 갖추어야 한다.

(A) 매수인의 선의 하자담보책임의 요건으로 매수인의 선의를 요구하는 것은 성질상 당연하다. 왜냐하면, 매수인이 계약 당시 목적물에 하자가 있다는 사실을 알고도 매매계약을 체결하였다면 당사자는 하자를 고려하여 매매대금을 결정하였을 것이므로, 대금감액이나 대금반환 등 하자담보책임의 문제는 발생하지 않을 것이기 때문이다. 다만, 「매수인의 선의」의 개념과 그 판단기준시기에 대해서는 입법례가 일치하지 않는다.

a) 입법례

(ⅰ) **프랑스민법** 프랑스민법은 목적물에 숨은 하자가 있는 경우, 그리고 매수인이 선의인 경우, 즉 매수인이 그 하자를 알지 못한 경우에 한하여 매도인의 하자담보책임을 인정한다. 여기서 「목적물에 숨은 하자가 있는 경우」와 「매수인의 선의」의 구별이 문제되는데, ‘「숨은 하자」의 여부는 문제된 하자가 통상적인 조사에 의하여 발견될 수 있는 것인가 하는 추상적·객관적 기준에 의하여 평가되어야 하는 데 반하여, 「매수인의 선의」는 구체적으로 평가되는 것이라는 점에서 구별된다’고 한다.[361] 따라서 하자가 통상적인 조사에 의하여 발견될 수 없는 「숨은 하자」라고 하더라도 매수인에 의하여 발견된 경우에는 하자담보책임은 배제된다. 또한 ‘매수인의 선의는 정당한 것이어야 하므로, 평균인이라면 하자를 확인할 수 있었음에도 불구하고 매수인의 과실로 인하여 그 하자를 확인하지 못한 경우에는 「하자가 명백한 때」에 해당하여 하자담보책임이 발생하지 않는다’고 해석된다.[362] 다만, ‘매수인의 선의는 추정되므로, 매수인이 계약체결 시에 하자를 알고 있었다는 사실에 대한 증명책임은 매도인이 부담한다’고 해석된다.[363]

(ⅱ) **일본민법** 2017년 개정 전 일본민법에는 종류물매도인의 하자담보책임에 관한 규정이 없었으므로, 「법정책임설」이 지배적인 견해였던 일본민법학에서는 종류물매도인의 하자담보책임의 인정 여부가 큰 쟁점이 되고 있었다는 것은 전술한 바와 같다. 매수인의 선의 여부의 판단기준시기에 관한 문제도 종류물매도인의 하자담보책임의 인정 여부와 관련하여 논의되어왔는데, 종류물매도인의 하자담보책임을 긍정하는 견해는 ‘종류매매에서는 동일한 종류에 속하는 물건의 전부에 하자가 있는 경우를 제외하고는 계약체결 시의 하자의 존재라고 하는 것은 있을 수 없으므로, 인도 시(위험이전 시)를 기준으로 하여 매수인의 선의 여부를 판단하여야 한다’고 해석하고 있었다.[364]

---

361) Mazeaud, op. cit., n° 983.
362) Ibid; Cass. com. 24 janv. 1968, Sem. jur. 1968. Ⅱ. 15429.
363) Mazeaud, op. cit., n° 983.
364) 來栖三郎, 84~85; 星野英一, 133 참조. 일본의 판례는 하자의 존재시기에 관하여 계약체결 시를 기준

2017년에 개정된 일본민법은 「채무불이행책임설」의 입장에서, 매도인의 하자담보책임의 발생요건을 "인도된 목적물이 종류, 품질 또는 수량에 관하여 계약의 내용에 적합하지 아니한 것인 때"라고 규정함으로써, 종류매매의 경우에도 인도된 물건에 하자가 있는 경우에도 매도인이 하자담보책임을 지는 것으로 개정되었음은 전술한 바와 같다(동법 566조).[365] 다만, 하자담보책임의 발생요건으로서 '매수인의 선의를 요한다'는 취지의 「숨은 하자가 있을 것」이라는 개정 전 민법규정이 '계약의 내용에 적합하지 아니할 것'이라는 요건으로 대체되었기 때문에, 선의·무과실의 요건을 둘러싸고 학설이 대립할 것으로 예상된다.

b) 우리 민법하에서의 「매수인의 선의」의 해석

(i) **학 설** 「특정물도그마」를 인정하는 「법정책임설」의 입장에서는, '목적물에 하자가 있다는 사실을 알았더라도 매수인은 하자 있는 목적물의 수령을 거절할 수 없으며 오로지 하자담보책임에 의하여서만 권리를 구제받을 수 있다'고 해석하게 된다. 따라서 「법정책임설」에서는 매수인의 선의 여부를 판단하는 기준시점은 '계약성립 시'로 볼 수밖에 없으며,[366] 계약체결 이후 목적물을 수령할 때까지는 매수인의 선의 여부 자체가 이론상 문제되지 않는다. 그러나 하자담보책임의 본질을 매도인의 완전물급부의무의 위반에 기한 채무불이행책임으로 파악하는 「채무불이행책임설」의 입장에서는, '인도 시에 목적물에 하자가 있다는 사실을 안 매수인은 그 수령을 거절할 수 있다'고 해석할 수 있다. 즉, 매수인은 하자를 이유로 목적물의 수령을 거절할 수 있을 뿐만 아니라, 하자보수가 가능한 경우에는 하자보수를 청구할 수 있고, 하자보수가 불가능한 경우에는 이행불능을 이유로 계약을 해제하거나(특정물의 경우), 다른 완전한 물건으로 인도할 것을 청구할 수 있다(종류물의 경우)고 해석할 수 있다. 결국 「채무불이행책임설」의 입장에서는 '매수인의 선의는 인도 시를 기준으로 판단하여야 한다'고 해석하게 된다.

(ii) **판례의 입장** 구 의용민법하의 대법원판결 중에는 '특정물매매에서 매도인의 하자담보책임을 인정함에 있어서는 매수인이 계약 당시 목적물에 과실 없이 알지 못한 하자가 있음을 요한다'고 판시함으로써, 매수인의 선의 여부를 판단하는 기준시점을 계약체결 시로 본 사례가 있다(대법원 1958.2.13.선고, 4290민상762 판결). 그러나 현행민법하에서는 이 문제에 관한 판례의 입장을 명확하게 밝힌 대법원판결은 아직 나오지 않고 있다. 다만, 대법원은 '하자의 존부는 매매계약 성립 시를 기준으로 판단하여야 한다'고 판시한 바 있는데(대법원 2000.1.18.선고,

---

으로 하고 있는 것이 있는가 하면(일본대심원 1924.6.23.판결, 민집3권339), 불특정물의 경우에도 하자담보책임이 인정된다는 전제 아래 위험이전 시를 기준으로 하고 있는 것도 있어서(일본대심원 1933.1.14.판결, 민집12권71) 일관성이 없었다.

365) 전게 주 339 참조.

366) 柚木馨, 전게서(주 91), 328 참조.

98다18506 판결), 이로써 판례가 매수인의 선의 여부를 판단하는 기준시점도 계약체결 시로 보는 것이 아닐까 추측할 수 있다.

(iii) **사 견** 여기서는 이 문제에 관한 사견만을 밝혀두기로 한다. 우선 ①「특정물도그마」를 인정하는 「법정책임설」의 입장에서는 '인도 시에 목적물에 하자 있음을 알았더라도 매수인은 목적물을 수령한 후 하자담보책임을 물을 수밖에 없다'고 해석하게 되는데,[367] 이는 불필요한 우회일 뿐만 아니라 실제의 거래관념에 전혀 부합되지 않는 불합리한 해석론이다. 또한 ② 특정물의 하자로 인하여 계약의 목적을 달성할 수 없는 경우에는, 매수인의 수령거절권을 부인하고 매도인의 하자담보책임만을 인정하든 채무불이행의 법리에 따라 매수인의 수령거절권을 인정하든 결국에는 해제와 손해배상에 의하여 문제를 처리하여야 한다는 점에서 큰 차이가 없다(물론 하자담보책임에 관한 제580조를 적용하면 손해배상의 범위가 대금감액 또는 '대금감액적 의미에서의 신뢰이익의 배상'으로 제한된다는 차이는 있다). ③ 권리행사기간의 측면에서 살펴보면, 인도 시에 수령거절 및 하자보수 또는 완전물의 급부에 의하여 즉각적인 해결이 가능한 채무불이행의 법리에 의하지 않고, 6개월이라는 상대적으로 장기간에 걸쳐 매도인이 불안한 지위에 놓이게 되는 하자담보책임에 의하여서만 문제의 해결이 가능하다고 해석하는 것은 불합리하다. ④ 비교법상 미국의 통일상법전(UCC)은 하자 있는 물건의 인도를 계약위반으로 규정하여 매수인의 수령거절권(right of rejection)을 인정함으로써 결과적으로 인도 시를 기준으로 매수인의 선의를 요구하고 있는 바(UCC §2-601),[368] 우리 민법하에서도 이와 같은 해석론이 가능하다고 할 것이다.[369] 요컨대, 하자의 존재 여부의 판단기준시기와 마찬가지로, 매수인의 선의 여부의 판단기준시기는 '목적물의 인도 시'라고 해석하여야 할 것이다. 따라서 인도 시에 목적물에 하자가 있음을 안 매수인은 수령거절 또는 하자의 추완(보수)을 청구할 수 있으나, 하자의 존재를 알면서도 아무런 유보 없이 목적물을 수령한 경우에는 하자담보책임을 물을 수 없다고 해석하여야 할 것이다. 결국 '하자의 존재를 모르고 목적물을 수령한 매수인만이 선의의 매수인으로서 매도인에 대한 하자담보책임을 물을 수 있다'고 할 것이다.

(B) 매수인의 무과실 우리 민법은 하자담보책임의 요건으로 매수인의 무과실을 요구하고

367) 일부 학설은 특정물의 「현상인도의무」를 규정한 제462조는 특정물도그마를 입법화한 것이라고 보고, 동조가 이러한 해석의 근거가 된다고 주장한다.

368) 미국통일상법전(UCC) 매매편(Sales) 제2-601조(부적절한 인도에 대한 매수인의 권리) 제2-504조와 제2-612조에 따라서, 그리고 제2-718조와 제2-719조에 특별한 규정이 있는 경우를 제외하고, 물품과 인도의 제공이 어떠한 점에서 계약에 적합하지 아니한 경우에는, 매수인은 (a) 그 전부를 거절할 수 있으며; (b) 그 전부를 수령하거나, 또는 (c) 일부의 상업적 단위 또는 단위들을 수령하고 나머지는 거절할 수 있다.

369) 다만, 학설 중에는 「채무불이행책임설」을 취하면서도 매수인의 선의 여부의 판단기준시기를 '계약체결 시'로 보는 견해도 있다는 것은 전술한 바와 같다(민법주해(14)/남효순, 519 참조).

있다. 즉, 목적물 인도 시에 매수인이 선의(하자의 존재를 모른 경우)라고 하더라도 선의임에 과실이 있으면 하자담보책임은 발생하지 않는다(580조 1항 단서, 581조). 그러나 하자담보책임의 본질을 '매도인의 완전물급부의무 위반에 기한 채무불이행책임'이라고 보는 「채무불이행책임설」의 경우, 하자담보책임의 요건으로서 매수인에게 무과실이 요구되는 이유를 합리적으로 설명하기 어렵다.[370] 왜냐하면 채무불이행책임에서는 손해배상액 산정의 단계에서 문제되는 과실상계를 제외하고는 채권자의 무과실이 요구되지 않는 것이 원칙이기 때문이다. 그러므로 「채무불이행책임설」의 입장에서는 '하자담보책임의 발생요건으로 채권자인 매수인에게 무과실을 요구하는 것은 입법론상 잘못된 것이 아닌가?' 하는 의문이 생긴다.

한편 민법의 해석론에 있어서도 '매수인에게 과실이 있다고 인정될 수 있는 경우는 구체적으로 어떤 경우인가?' 하는 문제와, '매수인의 무과실 여부를 판단하는 기준시점을 언제로 볼 것인가?' 하는 것도 문제된다. 사견으로는, 하자담보책임의 요건으로 매수인의 무과실을 요구하는 것은 입법론상 타당하지 않다고 생각하나, 그 당부를 검토하기 위하여 우선 외국의 입법례를 검토해 보기로 한다.

a) 입법례

(i) **독일민법** 독일민법은 매수인에게 과실이 있는 경우에도 하자담보책임을 인정하고 있다. 즉, 독일민법은 계약체결 시에 매수인이 목적물에 하자가 있음을 알았거나 중대한 과실로 인하여 알지 못한 경우에 한하여 매도인의 하자담보책임이 배제되며,[371] 이 경우에도 매도인이 고의로 하자를 묵비하거나 하자 없음을 보증한 경우에는 하자담보책임이 인정된다(BGB §442).[372]

(ii) **스위스채무법** 스위스채무법은 하자담보책임의 요건으로 매수인의 선의·무과실이 요구되는 것을 원칙으로 하고 있다. 즉, 매수인은 매매계약 당시에 하자를 알고 있었거나 목적물을 사용하는 동안에 통상적인 주의를 기울였더라면 하자를 알 수 있었을 경우에는, 매도인이 하자가 존재하지 아니함을 보증한 경우를 제외하고는 하자담보책임을 물을 수 없다(OR Art. 200).[373] 한편 스위스채무법은 매수인에게 하자검사의무와 하자통지의무를 부과하고 있는

370) 「법정책임설」 측에서는 매수인의 선의·무과실을 하자담보책임의 발생요건으로 규정하고 있는 제580조 제1항 단서를 「법정책임설」의 실정법적 근거로 들고 있다는 점은 전술한 바와 같다.

371) 2002년 개정 전의 독일민법은 '매수인이 목적물에 하자가 있음을 알면서도 하자로 인하여 발생하는 자기의 권리를 유보하지 아니하고 그 물건을 수령한 경우에는, 매도인의 하자담보책임은 배제된다'고 규정함으로써, 매수인의 선의를 하자담보책임의 요건으로 규정하고 있었다(개정 전 BGB §464).

372) 독일민법 제442조(매수인의 악의) (1) 하자로 인한 매수인의 권리는 그가 계약체결 시에 그 하자를 알고 있었던 때에는 배제된다. 매수인이 중대한 과실로 인하여 하자를 알지 못한 경우에는, 매수인은 매도인이 그 하자를 알면서 고지하지 않았거나, 물건의 성상에 대하여 보증한 경우에 한하여, 그 하자로 인한 권리를 행사할 수 있다. (2) 등기부에 기재된 권리는 매수인이 그것을 알고 있는 때에도 매도인에 의하여 제거되어야만 한다.

데(OR Art. 201 Ⅰ),[374] 매수인이 하자검사의무와 통지의무를 게을리 한 경우에는 하자 있는 상태로 그 물건을 승낙한 것으로 간주되어 하자담보책임이 배제된다(OR Art. 201 Ⅱ, Ⅲ). 우리 민법에서는 상인 간의 매매에서만 인정되고 있는 「매수인의 검사·통지의무」(상법 69조)[375]를 일반민사매매에서 인정하고 있다는 점에서, 스위스채무법은 하자담보책임의 성립에 관하여 상당히 엄격한 입장을 취하고 있다고 할 수 있다.

(iii) **프랑스민법** 스위스채무법과 마찬가지로, 프랑스민법도 매수인의 선의·무과실을 하자담보책임의 발생요건으로 규정하고 있다. 즉, 프랑스민법은 '매도인의 하자담보책임은 목적물의 숨은 하자로 인하여 매도된 물건이 당사자가 의도한 용도에 부적합하거나, 매수인이 하자를 알았더라면 매수하지 않았거나 보다 적은 대금만을 지불하였을 정도로 그 효용을 감소시키는 경우에만 발생하며(C.c. Art. 1641),[376] 「명백한 하자」와 「매수인이 알 수 있었던 하자」로 인한 경우에는 발생하지 않는다'고 규정하고 있다(C.c. Art. 1642).[377] '프랑스민법 제1642조는 하자의 성질이 숨은(은폐된) 것인가 아니면 명백한 것인가의 여부는 매수인이 그 물건을 매수하면서 하자를 발견하였는지의 여부에 의하여 구체적으로 평가된다는 것을 전제로 입법되었다'고 한다.[378] 즉, 매수인이 매매과정에서 발견한 하자는 「명백한 하자」(vices apparents)로서 하자담보책임을 발생시키지 않지만, 매수인이 발견하지 못한 하자는 「숨은 하자」(défauts caschés)로서 하자담보책임을 발생시킨다는 것이다. 그러나 실제로는 하자가 「숨은 하자」인가의 여부에 대한 평가는 추상적으로 이루어지지 않을 수 없으며, 매수인이 하자를 발견하였는지의 여부를 판단하는 기준은 '매수인과 같은 기술적 지식을 가진 추상적 인간'일 수밖에 없으므로,[379] 매수인이 스스로 발견한 「명백한 하자」와 마찬가지로, 매수인이 발견하지는 못하

---

373) 스위스채무법 제200조(하자에 대한 매수인의 악의) (1) 매도인은 매수인이 매매계약 당시에 알고 있었던 하자에 대하여는 책임이 없다. (2) 매도인은 매수인이 사용 중에 통상적인 주의를 기울였더라면 알 수 있었을 하자에 대해서는, 그가 하자가 존재하지 아니함을 보증한 경우에 한하여 책임을 진다.

374) 스위스채무법 제201조(하자의 통지) (1) 매수인은 수령한 물건의 상태를 통상적인 업무절차에 따라서 최대한 빨리 검사하고, 만일 매도인이 보증한 하자를 발견한 경우에는, 즉시 매도인에게 통지할 의무를 부담한다. (2) 매수인이 이 의무를 게을리 한 경우에는, 그 하자가 통상적인 검사에서는 식별할 수 없는 것으로서 문제되지 않는 한, 그 물건은 (하자있는 채로) 승낙된 것으로 간주된다. (3) 이러한 하자가 나중에 발생한 경우에는, 발견한 즉시 통지가 행해져야 한다. 그렇지 않으면 그 물건은 이러한 하자를 고려하여 승낙된 것으로 간주된다.

375) 상법 제69조(매수인의 목적물의 검사와 하자통지의무) ① 상인 간의 매매에 있어서 매수인이 목적물을 수령한 때에는 지체 없이 이를 검사하여야 하며 하자 또는 수량의 부족을 발견한 경우에는 즉시 매도인에게 그 통지를 발송하지 아니하면 이로 인한 계약해제, 대금감액 또는 손해배상을 청구하지 못한다. 매매의 목적물에 즉시 발견할 수 없는 하자가 있는 경우에 매수인이 6월 내에 이를 발견한 때에도 같다. ② 전항의 규정은 매도인이 악의인 경우에는 적용하지 아니한다.

376) 전게 주 318 참조.

377) 프랑스민법 제1642조: 매도인은 명백한 하자와 매수인 자신이 인식할 수 있었던 하자에 대하여는 책임을 지지 않는다.

378) Mazeaud, op. cit., n°982.

였지만 통상적인 주의를 기울여 검사하였더라면 발견될 수 있었던 경우, 즉 매수인의 과실로 인하여 하자를 발견하지 못한 경우에도 하자담보책임은 배제된다고 한다.380)

(iv) **일본민법** 일본구민법은 '매도한 물건에 매매 당시에 드러나지 아니한 하자가 있고, 매수인이 이를 알지 못하였고, 보수할 수 없으며, 그 하자가 물건을 그 성질상 또는 합의상의 용도에 부적합하게 만들거나, 매수인이 그 하자를 알았다면 처음부터 매수하지 않았을 정도로 물건의 사용을 감소시키는 경우'에 한하여 하자담보책임의 발생을 인정하였다(일본구민법 재산편 94조). 그러나 일본민법(구 의용민법)은 일본구민법을 수정하여 하자담보책임의 요건을, "매매의 목적물에 숨은 하자가 있는 때"라고만 규정하고,381) 「매수인의 선의·무과실」에 대해서는 이를 명문으로 규정하지는 않았다(동법 570조). 일본의 학설·판례는 「숨은 하자」의 의미에 대하여 대체로 프랑스민법의 해석론과 유사한 해석론을 전개하고 있다. 즉, 판례는 '「숨은 하자」라 함은 계약체결 당시 매수인이 과실 없이 그 존재를 알지 못한 하자를 말하는 것으로서, 하자담보책임에 매수인의 선의·무과실을 요한다는 취지'라고 해석하고 있으며,382) 학설도 대부분 이러한 판례의 입장을 지지하고 있다.383) 다만, 여기서 말하는 「과실」이라 함은 '주의의무의 위반을 의미하는 고유한 의미에서의 과실을 말하는 것이 아니라, 매수인이 자기를 손해로부터 지키기 위하여 사용하는 것이 당연하다고 여겨지는 주의를 거래상의 일반적 표준에서 보아 지키지 않았다고 보이는 용태를 말하는 데 불과하다'고 한다.384) 2017년에 개정된 일본민법도 매수인의 선의·무과실의 요건을 명문으로 규정하고 있지 않은데,385) 그 해석론의 추이는 현재로서는 알 수 없다.

(v) **UN국제통일매매법**(CISG) CISG는 '계약체결 시에 매수인이 「물품의 부적합」(lack of conformity)을 모를 수 없었던 경우386)에는 매도인의 하자담보책임은 면제된다'고 규정하고 있

379) 예컨대, 어떤 자동차수리공에게 인도된 자동차의 결함은 이 자동차수리공과 관련해서만 「숨은 하자」를 구성하는 것은 아니다. 왜냐하면 이 결함은 모든 전문적 매수인에 의하여 식별될 수 있는 것이기 때문이다. 반대로 매수인이 매수한 물건에 대한 아무런 기술적 지식이 없고, 그 하자가 기술자만이 발견할 수 있는 것일 때에는 「숨은 하자」라고 한다.

380) 예컨대, 자동차의 철판이 녹에 의하여 부식된 경우와 같이, 매수인이 기술자가 아니라도 신중한 사람이라면 기초적인 검사를 하는 과정에서 하자를 발견할 수 있었던 경우, 또는 타이어의 내부가 불량한 접착제로 접착되어 형편없이 수선된 경우와 같이, 조심스러운 매수인이 주의 깊은 검사를 하는 과정에서 발견할 수 있었던 하자는 「명백한 하자」라는 것이다(남효순, 전게논문(주 349), 269; 拙稿, 전게논문(주 81), 48 이하 참조).

381) 이는 프랑스민법 제1641조의 「숨은 하자」(défauts cachés)라는 표현을 따른 것이라고 한다(일본주석민법(14)/柚木馨, 248 참조).

382) 일본대심원 1924.6.23.판결, 민집3·339 참조.

383) 일본주석민법(14)/柚木馨, 250 참조.

384) 상게서, 251 참조.

385) 일본민법의 개정과정에서 '「숨은(隠れた)」이라는 요건을 삭제하여야 한다'는 주장이 있었다고 한다. 이에 대해서는 大阪辯護士會 編, 「民法(債權法)改正の論點と實務(下)」(商事法務, 2011), 21 참조.

386) 여기서 「모를 수 없었던 경우」라고 함은 '중과실보다 더 중대한 것을 의미한다'고 해석하는 견해와,

다(CISG Art. 35(3)).[387] CISG가 매수인이 "알 수 있었을 경우"라고 하지 않고 "모를 수 없었던 경우"라고 규정한 이유는 매수인에게 물건의 부적합을 조사할 의무가 없다는 점을 강조한 것이라고 한다.[388] 따라서 이는 우리 민법상의 개념으로는 「중과실」이 있는 경우에 해당하는 것이라고 생각된다.

b) 학 설 우리 민법은 「숨은 하자」의 경우에 한하여 하자담보책임을 인정하고 있었던 구 의용민법(일본민법)과는 달리, 「숨은」을 삭제하고 단순히 「하자」라고 규정하는 대신, 단서를 신설하여 「하자 있는 것을 알았거나 과실로 인하여 이를 알지 못한 때」에는 하자담보책임을 인정하지 아니하고 있다. 이러한 우리 민법의 태도는 위에서 살펴본 바와 같이, 프랑스민법의 규정을 계수한 구 의용민법의 해석론을 보다 명확히 규정하려는 의도이었을 것이라고 추측되는데,[389] 이는 스위스채무법의 입장과도 일치한다. 한편 우리 민법상의 하자담보책임의 요건을 해석함에 있어서 매수인의 "무과실"에 대해서는 적극적으로 의미를 부여하는 견해(편의상 이를 「입법정책설」이라고 부르기로 한다)와 소극적으로 그 의미를 축소하고자 하는 견해(이를 「과실상계설」이라고 부르기로 한다)의 두 가지 해석론이 대립하고 있다.

(ⅰ) **입법정책설** 이는 '매수인이 하자의 존재를 알지 못한 데 과실이 있다고 해서 반드시 담보책임의 성립 자체를 부정하여야 하는 것은 아니지만, 입법정책상 일정한 불이익을 가할 수는 있다'는 전제하에, '우리 민법은 선의임에 과실이 있는 매수인에 대하여 하자담보책임의 성립을 부인함으로써 「과실 있는 선의」를 「악의」와 동일하게 취급하고 있다'고 해석함으로써, "무과실"에 대하여 적극적으로 의미를 부여하는 견해이다.[390]

(ⅱ) **과실상계설** 이는 '매수인이 하자의 존재를 알지 못한 데 과실이 있다고 해서 담보책임의 성립 자체를 부정하는 우리 민법의 태도는 납득하기 어려우므로, 「과실상계」 정도의 의미로서 축소해석하여야 한다'는 견해이다.[391]

c) **판례의 입장** 판례는 매도인의 하자담보책임이 면책되는 결과가 되는 매수인의 과실 인정을 극히 제한적으로만 허용하는 태도를 취하여 왔으며(대법원 1985.11.12.선고 84다카2344 판

'중과실을 의미한다'고 해석하는 견해가 대립하는데, 어떤 견해에 의하던 악의의 경우와 실질적 차이는 거의 없다(사동천, 전게논문(주 302), 53 참조).

387) CISG 제35조 : (3) 매수인이 계약체결 시에 있어서의 목적물의 계약부적합을 알았거나 또는 모를 수 없었던 경우에는 매도인은 그 부적합에 대하여 제35조 제2항 (a) 내지 (d)의 책임을 지지 아니한다.

388) CISG는 "모를 수 없었던 경우"(could not have been unaware of)(35조, 40조, 42조)와 "알았어야만 하는 경우"(ought to have known)(38조 3항, 39조 1항, 43조 1항, 49조 2항 등)를 구별하고 있는데, 후자는 '매수인의 의무로서의 조사 또는 검사에 의하여 밝혀질 수 있는 경우'를 말하는 데 반하여, 전자는 '매수인의 의무와는 관계없이 눈에 드러나는 명백한 하자'를 말한다고 한다(J. Honnold, op. cit. pp. 255~256).

389) 同旨: 민법주해(14)/남효순, 512; 이태재, 185 참조.

390) 민법주해(14)/남효순, 515 참조.

391) 拙稿, 전게논문(주 312), 278 참조.

결 등), 최근에는 하자로 인한 손해배상에 관하여 사실상 「과실상계의 법리」를 적용하고 있다 (대법원 1995.6.30.선고, 94다23920 판결 등).[392]

■ **매수인의 과실을 부정한 사례** 토지매매에 있어서 특단의 사정이 없는 한, 매수인에게 측량 또는 지적도와의 대조 등 방법으로 매매목적물이 지적도상의 그것과 정확히 일치하는지의 여부를 미리 확인하여야 할 주의의무가 있다고 볼 수 없으므로, 현장답사에서 매도인이 매매목적물이라고 제시하는 토지의 점유평수가 매매계약상 매매목적물의 평수와 비슷하고, 그 토지의 지적 일부가 하천부지에 편입되어 있음을 의심할 만한 특별한 사정이 없었다면, 매수인이 위 토지매매 당시 매매목적물을 측량하지 아니하거나 또는 현장답사에서 지적도와의 대조를 소홀히 하여 하천부지로 편입된 사실을 미리 발견하지 못하였다고 하여도, 매수인의 과실이 있다고 할 수 없다. 「하천부지매각사건」 (대법원 1985.11.12.선고, 84다카2344 판결)

■ **과실상계의 법리를 적용한 사례** 제581조, 제580조에 기한 매도인의 하자담보책임은 법이 특별히 인정한 무과실책임으로서, 여기에 민법 제396조의 과실상계 규정이 준용될 수는 없다 하더라도, 담보책임이 민법의 지도이념인 공평의 원칙에 입각한 것인 이상, 하자발생 및 그 확대에 가공한 매수인의 잘못을 참작하여 손해배상의 범위를 정함이 상당하다. 하자담보책임으로 인한 손해배상사건에 있어서 배상권리자에게 그 하자를 발견하지 못한 잘못으로 손해를 확대시킨 과실이 인정된다면, 법원은 손해배상의 범위를 정함에 있어서 이를 참작하여야 하며, 손해배상의 책임을 다투는 배상의무자가 배상권리자의 과실에 따른 상계항변을 하지 아니하더라도, 소송에 나타난 자료에 의하여 그 과실이 인정되면, 법원은 직권으로 이를 심리판단하여야 한다. (대법원 1995.6.30.선고, 94다23920 판결)

d) 학설·판례의 검토 하자담보책임의 발생요건으로서 매수인의 "과실"이라 함은, 목적물에 하자가 존재함을 알지 못한 데 대한 과실을 의미하는 것이다(580조 1항 단서). 즉, 매수인은 목적물에 하자가 있다는 사실을 알았어야 함에도 불구하고 과실(주의의무 위반)에 의하여 모른 것을 의미한다. 그런데 목적물의 하자가 존재한다는 사실을 목적물을 조사하거나 검사하기 전에는 알 수 없는 것이므로, 결국 제580조 제1항 단서에서 말하는 매수인의 "과실"은 매수인의 목적물에 대한 「조사 내지 검사의무의 위반」을 의미한다. 따라서 여기서의 "과실"은 채무불이행책임의 성립요건인 채무자의 귀책사유로서의 과실(일반적 「주의의무의 위반」을 의미)과는 그 의미를 달리하며, 또한 책임의 감경사유로서 손해의 발생 및 확대방지의무의 위반을 의미하는 「과실상계」에서의 "과실"과도 그 내용을 달리한다.[393] 그러나 '구체적으로 어떠한 경우에 매수인의 "과실"(목적물의 조사 내지 검사의무 위반)이 인정될 수 있는가?' 하는 것은 어려운 문제이며, 또 설사 매수인의 "과실"이 인정된다고 하더라도 '이를 이유로 매도인의 귀책사유를 요건으로 하는 하자로 인한 손해배상책임(이행이익 또는 확대손해의 배상)까지도 배제될 수 있는가?' 하는 것도 쉽게 결론을 내릴 수 없는 어려운 문제이다.

---

392) 도급계약에서의 수급인의 하자담보책임에 관한 제667조의 해석상 「과실상계의 법리」가 적용된 사례로서는, 대법원 1980.11.11.선고, 80다923·924 판결; 대법원 1990.3.9.선고, 88다카31866 판결 등을 들 수 있다.

393) 同旨: 민법주해(14)/남효순, 514 이하 참조.

생각건대, 민법이 매수인의 과실을 이유로 매도인의 하자담보책임 그 자체를 배제하는 것은 매수인 보호를 위한 하자담보책임제도의 취지를 몰각하는 것일 뿐만 아니라, 하자담보책임의 본질을 채무불이행책임의 일종이라고 본다면, 여기서의 "과실"이 손해의 발생 및 확대방지의무의 위반을 의미하는 제396조의 과실상계에서의 과실과 그 내용을 달리한다고 하더라도, 적어도 손해배상에 관한 한 과실상계의 법리로 처리하였어야 할 사항을 채무자의 완전면책을 인정함으로써, 매수인 보호에 소홀하다는 비판을 면하기 어렵다 할 것이다. 따라서 입법론으로서는 독일민법 제442조와 같이, 매수인의 악의와 마찬가지라고 해석되는 중대한 과실에 한하여 매도인의 면책을 인정하는 것으로 개정하는 것이 타당하다고 생각한다. 따라서 현행민법의 해석론으로서는 매수인의 무과실을 요구하고 있는 제580조 제1항 단서의 규정은 과실상계 정도의 의미로 축소해석하는 것이 바람직하다고 할 것이다. 이러한 견지에서, 판례가 매수인의 과실을 극히 제한적으로만 인정하고 있는 태도는 타당하다고 생각한다.

(C) 선의·무과실의 증명책임 하자담보책임의 면책사유인 매수인의 선의·무과실에 대한 증명책임은 매도인이 부담한다. 따라서 매수인은 매도인의 하자담보책임을 묻기 위하여 자신의 선의·무과실을 증명할 필요는 없고, 단지 목적물에 하자가 존재한다는 사실만 증명하면 된다. 반대로 매도인이 하자담보책임을 면하기 위해서는 매수인이 인도 시에 목적물에 하자가 있음을 알았거나 알 수 있었다는 사실을 증명하지 않으면 안 된다.

(라) 매도인의 귀책사유

하자담보책임이 무과실책임이라는 점에는 학설이 거의 일치한다. 특히 민법상 하자담보책임의 내용 중 하나로 규정되어 있는 "계약해제"가 무과실책임이라는 점에는 이설이 없다. 그러나 하자담보책임의 또 다른 효과로 규정되어 있는 "손해배상"의 성질과 그 귀책요건에 대해서는 견해가 극심하게 대립하고 있다.

원래 하자담보의 효과로서의 「손해배상」의 귀책요건에 대해서는 대륙법과 영미법의 입법주의가 대립되고 있는데, 대륙법에 있어서는 하자로 인하여 발생한 손해의 배상책임은 매도인의 악의를 요하는 악의책임(惡意責任)으로 규정하는 것이 일반적임에 반하여, 영미법에서는 「보증위반」(breach of warranty)에 기한 책임으로 인정되고 있는 「대금감액」과 「계약해제」, 그리고 「하자에 기한 손해배상」(damages)까지 전부 무과실책임으로 규정되어 있다.

한편 대륙법의 하자담보책임은 물론, 영미법의 보증위반책임에 있어서도 「대금감액」은 하자담보책임의 본질적 내용으로 규정되어 있다. 그럼에도 불구하고 구 의용민법과 이를 계승한 우리 민법은 하자담보의 효과로서 「대금감액」을 규정하지 않고 단지 "해제"와 "손해배상"의 두 가지만을 규정하고 있다. 그렇다면 과연 우리 민법에서는 하자담보책임의 본질적 효과라고 할 수 있는 「대금감액」(Minderung)이 인정되지 않는다고 해석하여야만 하는가? 결론부터 말하자면, 우리 민법이 「대금감액」에 관한 명문규정을 두고 있지 않다고 해서 '하자담보의 본질적 효과라고 할 수 있는 「대금감액」은 우리 민법에서는 인정되고 있지 않다'고 해석하는 것은 부당하며, 어떤 형태가 되었든 「대금감액」은 우리 민법이 하자담보책임의 내용으로 규정하고 있는 "손해배상"의 범위 내에 포섭되지 않으면 안 된다 할 것이다. 즉, '우리 민법의 해석상으로는 무과실책임으로서의 「대금감액」(Minderung)과 과실책임(정확하게 말하면 「악의책임」)으로서의 「손해배상」(Schadensersatz)이 "손해배상"이라는 단일한 효과 속에 혼재되어 있다'고 보아야 한다는 것이다. 이와 같은 하자담보책임에 관한 우리 민법의 규정상의 특수성 내지 구조적 결함 때문에, '하자담보의 효과인 "손해배상"을 어떻게 해석할 것인가?' 하는 것이 가장 큰 해석론상의 과제가 되고 있다.

(A) 학 설

a) **법정책임설** 하자담보책임의 본질을 '채무를 완전히 이행하였음에도 불구하고 법률이 특별히 인정한 법정책임'이라고 보는 「법정책임설」의 입장에서는 하자담보책임의 요건으로서 매도인의 귀책사유는 요구되지 않는다고 해석한다. 즉, 「법정책임설」의 입장에서는 매도인의 하자담보책임으로 규정되어 있는 "해제"와 "손해배상"은 모두 '무과실의 법정책임'이라고 해석한다. 특히 "손해배상"은 '무과실의 신뢰이익의 배상'이라고 해석한다. 다만, 「법정책임설」을 취하는 학자들 사이에서도 '매도인의 귀책사유가 인정되는 경우에는 무과실의 신뢰이익의 배상을 내용으로 하는 「하자담보책임으로서의 손해배상」과 이행이익의 배상을 내용으로 하는 「일반적 채무불이행책임으로서의 손해배상」의 경합을 인정할 수 있는지'의 여부를 놓고 견해가 갈린다.[394]

한편 현행민법은 구 의용민법과는 달리, 종류물매도인의 하자담보책임을 명문으로 인정하고 있는데(581조), 「법정책임설」을 취하는 국내의 일부학설은 이 경우의 하자담보책임도 법정책임이라고 해석하고, 그 내용인 "손해배상"도 무과실의 신뢰이익의 배상이라고 해석하고 있다. 이와 같이 하자담보책임을 무과실책임이라고 해석해야 하는 이유에 대해서는, '유상계약의 매수인을 보호하고 동적 안전의 보장을 위하여 매도인에게는 과실이 있든 없든 상관없이 인정하는 것'이라고 설명하거나,[395] '담보책임은 교환적 형평을 위한 결과책임이며 부당이득론에 근거한 것이므로 채무불이행책임과는 엄격히 구별되어야 한다'고 설명하는 견해도 있으나,[396] 「법정책임설」을 취하는 다른 학자들은 대부분 특별한 논거를 제시하지 아니한 채 무과실책임을 당연한 것으로 보고 있다.

---

394) 일본에서는 「법정책임설」을 취하면서도 '매도인이 고의인 경우에는 이행이익의 배상을 인정하여야 한다'는 견해가 있다(我妻榮(中一), 271~272 이하 참조).

395) 김현태, 117 참조.

396) 이태재, 173 참조.

b) 채무불이행책임설 하자담보책임의 본질을 '하자 없는 완전물급부의무 위반에 기한 채무불이행책임의 일종'이라고 보는 「채무불이행책임설」을 지지하는 학자들도 대부분 '하자담보책임은 매도인의 귀책사유를 요하지 않는 무과실책임'이라고 해석하고 있다. 다만, 하자담보책임을 무과실책임으로 보는 이론적 근거 및 하자담보책임의 내용 중 "손해배상"의 범위와 귀책요건에 대해서는 「채무불이행책임설」을 취하는 학자들 사이에 견해가 극심하게 엇갈리고 있다.

(ⅰ) **하자담보책임을 무과실책임으로 보는 이론적 근거** 이에 대해서는, '하자담보책임은 채무불이행책임이지만 과실을 요건으로 하지 않는 객관화된 제도이기 때문에 무과실책임으로 보아야 한다'고 주장하거나,[397] '현행법의 규정을 과실책임의 원칙에 따라서 해석하는 경우에는 매도인이 무과실을 입증하면 선의의 매수인을 보호할 방법이 없으므로, 매수인 보호를 위하여 과실책임의 원칙에 대한 예외를 인정하여 하자담보책임을 무과실책임으로 해석하는 것에 불과하다'고 설명하는 견해 등이 있다.[398]

(ⅱ) **하자담보책임으로서의 손해배상의 범위와 귀책요건** 이에 대해서는 학설이 네 가지로 갈리는데, ① **제1설**(매도인의 귀책사유를 요한다는 견해) : 이는 '하자담보책임은 채무불이행책임이므로 일반원칙에 따라서 매도인의 귀책사유가 요구되며,[399] '하자담보책임은 목적물의 일부에 관하여 원시적으로 이행이 불능한 경우에 관한 것이므로, 「계약체결상의 과실책임」과의 균형에 비추어 보아서도 하자담보책임은 과실책임으로 해석하는 것이 타당하다'는 견해이다(편의상 이 견해를 「제1설」이라고 부르기로 한다).[400] 다만, 이 견해는 해제의 경우는 매도인의 과실이 필요 없는 무과실책임이라고 해석한다. ② **제2설**(채무불이행책임과의 경합을 인정하는 견해) : 이는 '제580조의 하자담보책임으로서의 "손해배상"은 무과실의 신뢰이익의 배상에 한정된다'고 해석하되, '이와는 별도로 매도인의 귀책사유를 요건으로 하는 일반적 채무불이행책임의 경합을 인정하여야 한다'고 주장하는 견해이다(이하에서는 이를 「무제한 경합설」이라고 칭하기로 한

---

397) 이 견해는 "하자담보는 매도인의 이행의무의 내용에 부합하지 않는 물건의 급부로 인하여 발생되는 것이며, 그 제도는 일반채무불이행책임과는 달리 객관화된 제도로서의 성질을 갖고 있다. 하자담보제도가 객관화된 제도라 함은 목적물의 하자에 대하여 매도인의 주관적 과실을 처음부터 요건으로 하지 않는다는 점이다. 이것은 법정책임설에 있어서는 말할 것도 없고, 채무불이행설에 의해서도 역시 마찬가지이다. 따라서 하자담보책임의 유무를 결정짓는 하자의 유무에 관한 판단도 객관적으로 이루어지지 않으면 안 될 것이다. 왜냐하면 채무자의 주관적인 과책이 없이 발생되는 책임이 계약당사자의 주관적 기준에 의하여 좌우된다는 것은 타당하다고 볼 수 없기 때문"이라고 한다(김형배, 전게논문(주 300: 하자담보의 성질), 242 참조).

398) 후술하는 바와 같이, 이 견해는 하자담보책임으로서의 손해배상의 범위와 요건을 이원적으로 파악하여, 신뢰이익의 범위에서는 무과실책임으로, 이행이익의 범위에서는 과실책임으로 이론구성하는 입장을 취하고 있다(조규창, 전게논문(주 96), 262 이하 참조).

399) 김주수, 198; 황적인, 232 참조.

400) 김주수, 198 참조.

다).[401] 이 견해는 '하자담보책임은 그 본질상 불완전이행책임에 속하는 것이지만, 그 요건과 효과에 있어서 특수한 성질(무과실책임·권리행사기간의 제한)을 가지고 있는 특수한 불완전이행이므로, 일반적인 불완전이행과는 구별되며, 따라서 귀책사유를 요건으로 하는 불완전이행책임과 경합을 인정할 수 있다'고 주장한다.[402] ③ **제3설**(채무불이행책임과의 경합을 부인하는 견해) : 이는 '하자담보책임은 과실책임의 원칙에 대한 예외를 인정한 것이므로, 불완전이행과의 경합은 인정될 수 없으나, '무과실책임과 과실책임의 요건 및 효과를 신뢰이익의 배상이 인정되는 경우와 이행이익의 배상이 인정되는 경우, 그리고 후속손해배상까지도 인정되는 경우로 분화시켜, 각각의 경우에 귀책요건을 일반적 채무불이행책임으로부터 추출·분리·절단시켜야 한다(예컨대, 신뢰이익의 배상의 경우는 매도인의 과실이 요구되지 않는 무과실책임이며, 이행이익 배상의 경우에는 매도인의 과실이 요구되지만 매도인의 증명책임을 엄격히 함으로써 실질적으로 무과실책임을 인정하는 것과 같은 효과를 거둘 수 있도록 하여야 한다)'고 주장하는 견해이다.[403] 이 견해는 하자담보책임과 불완전이행과의 경합을 부인하면서도, 손해배상의 범위와 요건을 이원적으로 구성함으로써 하자담보책임과 채무불이행책임의 경합을 인정하는 견해와 결과적으로 유사한 해석론을 제시하는 견해라고 할 수 있다.[404] ④ **제4설**(채무불이행책임과의 경합을 제한적으로 인정하는 견해) : 이는 '채무불이행책임의 특칙으로 우선 적용되는 하자담보책임은 완전물급부청구권(하자보수청구권)만을 인정하고, 하자담보책임으로는 전보될 수 없는 이행이익 내지 확대손해의 배상의 문제는 매도인의 귀책사유를 요건으로 채무불이행책임을 경합적으로 인정함으로써 해결하고자 하는 견해이다.[405] 예컨대, 종류매매에서 매수인이 완전물급부청구권을 행사한 경우, 제581조 제2항의 해석상 하자담보책임으로서는 그와 함께 손해배상을 청구할 수 없으나, 채무불이행책임으로서는 손해배상을 청구할 수 있다는 것이다. ⑤ **제5설**(무과실의 손해배상을 인정하는 견해) : 이는 하자담보책임에서의 "손해배상"을 '이행이익의 배상을 내용으로 하는 무과실책임'으로 해석하는 견해이다. 국내에서는 이에 찬성하는 견해

401) 민법주해(14)/남효순, 236 이하; 김형배, 357; 양창수, 300 이하 참조.

402) 이 견해는 '종류매매에서도 하자담보책임과 불완전이행책임의 경합을 인정하여야 한다'고 주장하면서, '종류물매도인의 하자담보책임을 규정하고 있는 제581조는 매도인이 하자 있는 목적물을 급부한 경우에는 그 귀책사유의 유무에 관계없이 계약을 해제하거나 또는 손해배상(그 실질에 있어서는 대금감액)을 청구하거나 또는 이에 갈음하여 하자 없는 물건을 청구하면 그것으로 매매관계가 결제된다는 것을 의미할 뿐이고, 매수인이 하자담보책임을 묻지 아니하고 매도인의 귀책사유를 들어 채무불이행책임(불완전이행책임)을 물을 수 있는 길을 배제하는 것은 아니다. 또한 매도인에게 귀책사유가 있음에도 불구하고 매수인이 채무불이행에 의한 손해배상(이행이익의 배상)을 물을 수 없다고 한다면 이는 계약책임의 기본원리에 반한다'고 주장한다(김형배(채권총론), 227 참조).

403) 이 견해는 대금감액 또는 해제시의 대금 및 계약비용의 반환, 종류물매매에서 완전물급부 및 하자보수를 신뢰이익배상의 성질을 가진 것으로 파악한다. 또한 이 견해는 하자담보책임에 관한 규정으로 확대손해(후속손해)의 문제는 일반규정인 제390조 이하에 의하여 해결하여야 하는 것으로 해석한다.

404) 조규창, 전게논문(주 96), 260 이하 참조.

405) 이은영, 339~340 참조.

를 찾아볼 수 없으나, 일본에서는 이에 찬성하는 견해가 유력하게 주장되고 있다.[406]

(B) 판례의 입장 판례가 위 학설 중 어느 견해를 취하고 있는지는 불확실하다. 다만, 판례는 구 의용민법 이래 '하자담보책임으로서의 손해배상에는 매도인의 귀책사유가 요구되지 않는다'는 입장을 취하고 있다는 점은 확실하다(대법원 1957.10.30.선고, 4290민상552 판결 등).[407] 즉, '판례는 손해배상을 포함한 하자담보책임은 전부 무과실책임이라고 보고 있다'고 할 수 있다. 다만, 판례는 '매도인의 하자담보책임은 법률이 특별히 인정한 무과실책임이므로, 채무불이행책임으로서의 손해배상에 있어서 과실상계를 규정한 제396조를 준용할 수는 없으나, 하자 발생 및 그 확대에 가공한 매수인의 잘못을 참작하여 손해배상의 범위를 정함이 상당하다'는 입장을 취하고 있으며(대법원 1995.6.30.선고, 94다23920 판결), '매도인의 귀책사유가 있는 경우에는 하자담보책임과는 별개로 불완전이행으로 인한 채무불이행책임이 성립한다'고 판시함으로써, 「하자담보책임과 채무불이행책임의 경합」을 인정하는 입장을 취하고 있음은 전술한 바와 같다(대법원 2004.7.22.선고, 2002다51586 판결 등).

(C) 학설·판례의 검토 비교법상 하자담보책임은, ① 대금감액, ② 계약해제, ③ 손해배상, ④ 완전물의 대체급부(완전물급부), ⑤ 하자보수의 다섯 가지 효과(구제수단)로 구성된다고 할 수 있다. 그런데 우리 민법은 위 다섯 가지 효과 중에서 「계약해제」와 「손해배상」의 두 가지만을 규정하고 있으며, 하자담보책임의 본질적 효과라고 할 수 있는 「대금감액」에 대해서는 규정을 두고 있지 않다. 그 결과 '우리 민법의 해석상 대금감액과 하자보수는 하자담보책임의 내용이 될 수 없다'고 해석하는 견해가 적지 않다. 그러나 「대금감액」은 하자담보책임의 본질적 효과로서, 이것이 빠진 하자담보책임은 있을 수 없다고 할 것이다. 그러므로 '우리 민법이 하자담보책임의 내용으로 규정하고 있는 "손해배상"은 적어도 「대금감액」을 포함하는 것으로 해석되지 않으면 안 된다'고 할 것이다. 또한 「채무불이행책임설」을 취하는 경우에는 민법에 하자보수에 관한 명문규정이 없더라도 이론상 하자담보의 효과로서 「하자보수」를 인정할 수 있다고 해석하여야 할 것이다.[408]

「법정책임설」의 타당성 여부에 대해서는 이미 담보책임의 본질론에 관한 학설·판례를 검토하면서 상세히 살펴보았으므로 여기서는 이에 대한 검토는 생략하고, 이 문제에 대한 「채무불이행책임설」을 취하는 학자들의 여러 가지 해석론의 당부만을 검토하기로 한다.

「채무불이행책임설」을 취하는 학자들 사이에서도 하자담보책임으로서의 "손해배상"의 범위와 귀책요건에 대해서는 위에서 언급한 다섯 가지의 견해가 대립하고 있는데, 이 중에서 우리 민법의 해석론으로 가장 타당한 견해는 무엇인가?

---

406) 星野英一, 전게논문(주 120), 237; 五十嵐清, 전게논문(주 135), 106 이하 참조.
407) 같은 취지: 대법원 1995.6.30.선고, 94다23920 판결.
408) 拙稿, 전게논문(주 312), 264 이하 참조.

이 문제에 대한 결론을 내리기 위해서는, ① 어떤 견해가 현행민법의 규정에 부합되며, 민법의 다른 책임체계와 조화될 수 있는 해석론인가(실정법적 측면과 이론적 측면에서의 검토), ② 거래의 현실에 부합하는 합리적인 해결책이 될 수 있는가(구체적 타당성 내지는 이익형량적 측면에서의 검토) 하는 두 가지 측면에서 각 학설의 타당성 여부를 검토할 필요가 있을 것이다.

a) 이론적 측면에서의 검토

(ⅰ) **「제1설」에 대한 검토** 이론적으로 「채무불이행책임설」에 가장 충실한 학설은 하자담보책임을 '순수한 의미에서의 과실책임'이라고 해석하는 「제1설」이라고 할 수 있다. 그러나 이 견해는 '무과실책임으로 형성되고 발전되어온 하자담보책임제도의 연혁과 비교법적 성과를 완전히 무시하고 있다'는 비판을 면하기 어려우며, 이 점에서 타당한 해석론이라고 볼 수 없다. 민법은 단순한 논리의 산물이 아니라 역사와 문화의 소산이기 때문이다.

(ⅱ) **「제2설」 및 「제3설」에 대한 검토** 「제2설」은 '하자담보책임에서의 손해배상은 무과실의 신뢰이익배상이며, 이와 별도로 귀책사유를 요건으로 하여 일반적 채무불이행책임이 경합적으로 인정된다'고 주장한다. 그러나 이 견해는 하자담보책임의 본질을 채무불이행책임이라고 보면서도 계약이 무효 또는 취소된 경우에만 인정될 수 있는 '무과실의 신뢰이익의 배상'을 하자담보의 효과로 구성하고 있는데, 이는 이론상 모순이다. 일부 학자는 '하자담보책임은 객관화된 제도'라는 점을 이러한 해석의 논거로 들고 있으나,[409] 이는 문제로써 문제에 답하는 순환논법에 지나지 않는다. 또한 이 견해는 '무과실의 신뢰이익의 배상을 내용으로 하는 하자담보책임과 귀책사유를 요건으로 이행이익의 배상을 내용으로 하는 일반적 채무불이행책임은 책임의 근거와 내용을 달리하므로 경합적으로 성립할 수 있다'고 주장하고 있으나, 귀책요건이 다르다고 하여 본질이 같은 두 개의 책임이 경합할 수 있다는 「특별법우선의 원칙」이라는 법의 일반이론에 반한다. 「제3설」은 「제2설」에 대한 비판론으로 제기된 학설이지만, 결론적으로 「신뢰이익의 배상」을 인정하고 있다는 점에서, 이론구성상 문제가 있다.

(ⅲ) **「제4설」에 대한 검토** 「제4설」은 '하자담보책임에서의 "손해배상"을 무과실의 하자보수청구권 내지 완전물급부청구권이라고 보고, 이로써 구제될 수 없는 경우에는 매도인의 귀책사유를 요건으로 하는 일반적 채무불이행책임을 경합적으로 인정하여야 한다'고 해석하고 있으나, 결과적으로는 하자담보책임과 불완전이행책임과의 경합을 인정하는 「제2설」과 같다는 점에서 이론상 문제가 있다. 또한 하자담보의 효과로서의 "손해배상"을 '하자보수청구권을 포함하는 의미의 「완전물급부청구권」'으로 해석할 수 있는지는 의문이다.

---

409) 김형배, 357 참조.

(ⅳ) **「제5설」에 대한 검토** 「제5설」은 하자담보책임에서의 "손해배상"을 '이행이익의 배상을 내용으로 하는 무과실책임'으로 해석하자는 견해인데, 우리 민법은 영미법을 계수한 것이 아니라 로마법 이래의 안찰관소권에서 비롯된 대륙법계의 하자담보책임제도를 계수한 것이라는 점에서, 이에 찬성하는 국내의 견해는 찾아볼 수 없다. 그러나 우리 민법이 대륙법계에 속한다고 해서 반드시 채무불이행책임이 과실책임이어야 하는 것은 아니며, 금전채무의 특칙을 규정한 제397조와 같이, 무과실의 채무불이행책임도 입법정책상 얼마든지 가능한 것이라는 점을 고려한다면, 우리 민법이 하자담보책임을 '무과실의 이행이익 또는 확대손해의 배상'을 내용으로 하는 손해배상책임을 인정하고 있다고 해석할 수 없는 것은 아니라고 생각한다. 다만, 우리 민법상의 하자담보책임은 로마법의 안찰관소권에서 유래된 대륙법계의 하자담보책임제도를 계수한 것이며, 대륙법계의 하자담보책임제도는 전통적으로 매매목적물의 하자로 인한 손해배상(Schadensersatz)을 매도인의 악의책임으로 규정해 왔다는 점을 고려하면, 특별한 규정이 없는 이상 '우리 민법상의 하자담보의 효과로서의 "손해배상"을 무과실책임이라고 해석할 수는 없다'고 할 것이다.

b) 구체적 타당성 내지 이익형량 측면에서의 검토

(ⅰ) **「제1설」에 대한 검토** 「제1설」에 따르면, 매도인에게 귀책사유가 없는 경우 매수인은 "손해배상"을 청구할 수 없게 되므로, 매수인을 보호하기 위하여 매매법에 하자담보책임의 특칙을 둔 민법의 취지를 살리기 어려울 뿐만 아니라 이익형량의 측면에서도 문제가 있다는 비판을 면하기 어렵다. 물론 이 견해에 따르더라도 중대한 하자로 인하여 계약의 목적을 달성할 수 없는 경우에는 매도인의 귀책사유가 없더라도 매수인은 계약을 해제하고 원상회복을 청구함으로써 매매대금 및 계약비용을 반환받을 수 있으나, 하자에도 불구하고 계약의 목적을 달성할 수 있는 「통상적인 하자」에 대하여 매도인의 귀책사유가 없는 경우에는, 매수인이 계약을 해제할 수도 없고 "손해배상"도 청구할 수 없게 된다는 점에서 매수인 보호에 문제가 생긴다.

(ⅱ) **「제2설」, 「제3설」 및 「제4설」의 검토** 「제2설」, 「제3설」 및 「제4설」은 다같이 "손해배상" 속에 '대금감액적 의미에서의 신뢰이익의 배상'이 포함되어 있는 것으로 해석하고 있으므로, '대금감액적 의미에서의 손해배상'의 경우에는 「제1설」과 같은 보호의 흠결은 발생하지 않는다. 그러나 문제는 하자로 인하여 이행이익 내지는 확대손해의 배상이 문제된 경우이다. 「제2설」과 「제4설」은 '이 경우에 매도인에게 귀책사유가 있다면 하자담보책임으로는 손해가 전보될 수 없으나, 일반적 채무불이행책임과의 경합을 인정함으로써 손해가 전보될 수 있다'고 해석하는 이론이고, 「제3설」은 '매도인의 면책에 대한 증명책임을 강화함으로써 실질적으로 무과실책임에 가까운 책임을 인정할 수 있다'는 이론이므로, 매수인 보호의 측면에

서는 그 어떤 이론에 의하든 모두 문제가 없다고 할 수 있다. 다만, 매도인이 자신에게 귀책사유가 없었다는 사실을 입증한 경우, 이들 학설에 의하면 이행이익 내지 확대손해의 배상은 하자담보책임은 물론 채무불이행책임에 의하여서도 전보될 수 없는 영역으로 남게 된다. 그러나 이를 두고 '이익형량 면에서 이들 학설의 결함이 있다'고 비판할 수는 없다고 할 것이다.

(iii) 「제5설」의 검토 「제5설」은 무과실의 이행이익 내지 확대손해의 배상을 인정하는 이론이므로, 이익형량의 측면에서 매수인을 완벽하게 보호할 수 있다. 그러나 이 견해에 따르는 경우에는 「과실책임의 원칙」을 채택하고 있는 일반적 채무불이행책임 또는 불법행위책임과 비교할 때 균형을 상실하게 된다는 문제가 발생한다. 즉, 다른 책임체계와 비교할 때 지나치게 채권자(매수인)의 보호에 기울게 되어, 과연 우리 민법의 해석론으로서 적합한지에 대하여 의문이 생기는 것이다. 「제5설」은 영미법이 하자로 인한 손해배상에 대하여 무과실책임을 인정하고 있다는 비교법적 근거를 내세우고 있으나, '「과실책임의 원칙」을 기초로 하는 대륙법체계를 취하고 있는 우리 민법의 해석론으로서 과연 귀책사유가 없는 매도인에게 이행이익의 배상이나 하자로 인하여 발생한 확대손해의 배상책임까지 인정할 수 있는 것인가?' 하는 데 대해서는 의문이 있을 수밖에 없고, 나아가 입법정책상으로도 '보험회사나 상인도 아닌 일반 매도인에게 귀책사유의 여부를 묻지 않고 하자로 인하여 발생한 모든 손해에 대한 책임을 지도록 하는 것이 과연 옳은가?' 하는 점에 대해서도 의문이 있다. 물론 이를 책임보험제도의 발전에 따라서는 이를 긍정적으로 검토할 여지가 전혀 없지는 않겠지만, 현재로서는 이를 부정하는 것이 타당하다고 할 것이다.

(D) 결 론 이상에서 검토한 바와 마찬가지로, 하자담보책임의 본질에 대한 「채무불이행책임설」의 입장에서는, 제580조에서 규정하고 있는 하자담보책임으로서의 "손해배상"의 요건으로서 매도인의 귀책사유가 필요한지의 여부에 대해서 결론을 내리기가 쉽지 않다.

생각건대, 위 「제2설」·「제3설」·「제4설」은 모두 이론적인 문제점은 가지고 있으나, 제도의 연혁과 입법례 등을 고려할 때, 대금감액을 하자담보책임으로 규정하지 아니한 우리 민법의 해석론으로서는 일응의 타당성을 가지고 있다고 생각된다. 또한 소비자 보호의 이념이 강조되는 현대의 매매거래에서, 목적물의 하자로 인하여 발생한 매수인의 이행이익 내지 확대손해의 배상까지도 무과실책임으로서의 하자담보책임의 내용으로 포섭하고자 하는 것이 세계적 추세임을 감안하면, 「제5설」도 향후의 하자담보책임에 관한 입법론으로서 고려할 가치는 충분하다고 할 것이다.

하자담보책임의 본질을 채무불이행책임으로 보면서도 "손해배상"의 귀책요건에 관한 해석론이 학자에 따라서 이처럼 복잡하게 엇갈리고 있는 이유는 하자담보책임의 본질적 효과라고 할 수 있는 「대금감액」을 규정하지 아니한 우리 민법의 규정상의 불비에 기인하는 것이다. 따라서 이 문제를 해결하기 위해서는 민법을 개정하여 대금감액에 관한 명문규정을 신설할 필요가 있다 할 것이다.

참고로 「2004년 민법개정안」은 하자담보의 효과로서 기존의 "손해배상"과는 별도로 "대금감액"을 인정하는 것으로 하자담보책임에 관한 현행민법의 규정을 개정할 것을 제안한 바 있다(동 개정안 580조).[410] 이에 따르면 하자담보책임으로서의 "손해배상"은 이행이익 내지 확대손해의 배상을 내용으로 하는 순수한 의미의 「손해배상」(Schadensersatz)임이 분명하게 되었다. 이 점에서는 타당한 개정안이라고 생각된다. 다만, 「2004년 민법개정안」은 손해배상의 귀책요건에 대해서는 명문규정을 두지 않은 결과, 이에 대한 학설의 대립을 피할 수 없는 불완전한 것이었다.

(마) 권리행사기간

(A) 권리행사기간의 법적 성질 제580조와 제581조에 의한 하자담보책임에 있어서의 매수인의 권리(계약해제권, 손해배상청구권, 완전물급부청구권 등)는 매수인이 목적물에 하자가 있음을 안 날로부터 6개월 이내에 행사하여야 한다(582조). 국내에서는 제582조에서 규정하고 있는 권리행사기간이 제척기간을 의미한다는 데 대해서는 이설이 없다.[411] 문제는 '제척기간의 법적 성질을 출소기간으로 볼 것인가, 아니면 소 이외의 권리행사기간으로 볼 것인가?' 하는 것이다. 이에 대하여 학설은 「출소기간(出訴期間)」으로 보는 견해가 지배적인 데 반하여, 판례는 '제582조의 매도인의 하자담보책임에 관한 매수인의 권리행사기간은 재판상 또는 재판외의 권리행사기간이고, 재판상 청구를 위한 출소기간은 아니'라는 입장을 확립하고 있다(대법원 1964.4.21.선고, 63다691 판결 등).[412] 판례는 여기서 말하는 「재판상 또는 재판 외의 권리행사기간」이라 함은 '반드시 소의 제기로써 그 권리를 행사하지 않더라도 일정한 형태로 그 권리를 행사한 것으로 볼 수 있으면 권리를 보존할 수 있고, 소의 제기는 시효기간 내에만 하면 된다'는 의미라고 한다(대법원 2003.6.27.선고, 2003다20190 판결).[413] 또한 판례는 '「재판 외에서의 권리행

---

410) 「2004년 민법개정안」 제580조(매도인의 하자담보책임) ① 매매의 목적물에 하자가 있는 때에는 매수인은 대금의 감액을 청구할 수 있고 이로 인하여 계약의 목적을 달성할 수 없는 경우에 한하여 계약을 해제할 수 있다. 그러나 매수인이 하자 있는 것을 알았거나 과실로 인하여 이를 알지 못한 때에는 그러하지 아니하다. ② 제1항의 경우에 매수인은 대금감액청구 대신에 상당한 기간을 정하여 하자의 보수를 청구할 수 있다. 그러나 하자보수에 과다한 비용을 요할 때에는 그러하지 아니하다. ③ 제1항 및 제2항의 경우에 매수인은 감액청구, 보수청구 또는 계약해제 외에 손해배상을 청구할 수 있다. ④ 제1항 내지 제3항의 규정은 경매의 경우에 적용하지 아니한다.

411) 일본에서는 매수인의 권리행사기간의 법적 성질을 시효기간으로 보고, 1년의 단기소멸시효를 정한 것으로 보는 견해가 있다(廣中俊雄, 62~63 참조)

412) 같은 취지: 대법원 1985.11.12.선고, 84다카2344 판결; 대법원 2003.6.27.선고, 2003다20190 판결.

413) 일본판례는 타인물매매에서의 제척기간의 의미에 관하여, '기간 내에 재판 외에서 감액청구의 의사표시를 하면 원상회복청구권 또는 대금반환청구권이 발생하고, 이 권리는 소멸시효에 걸리기까지 존속한

사」는 특별한 형식을 요구하는 것이 아니므로, 매수인이 매도인에 대하여 적당한 방법으로 물건에 하자가 있음을 통지하고, 계약의 해제나 하자의 보수 또는 손해배상을 구하는 뜻을 표시함으로써 충분하다'고 한다(대법원 2003.6.27.선고, 2003다20190 판결).

하자담보책임에 있어서의 '제척기간은 분쟁의 조속한 해결을 꾀하기 위하여 두어진 제도'라는 측면을 강조한다면, 위와 같은 '판례의 태도는 다소 문제가 있다'는 비판을 제기할 수 있을 것이다. 그러나 민법이 매수인의 권리행사기간을 6개월이라는 지나치게 단기간으로 규정한 점을 고려하면, 매수인 보호 차원에서는 판례의 입장을 이해할 수 있다.

(B) 권리행사기간의 기산점 6개월의 권리행사기간의 기산점은 매수인이 '그 사실을 안 날'이다. 여기서 "그 사실을 안 날"이라 함은 '목적물에 하자가 존재한다는 사실을 알게 된 날'을 의미한다고 해석하여야 할 것이다. 대법원은 매매목적물인 표고버섯 종균(種菌)의 하자로 인하여 표고버섯의 발아율이 정상적인 발아율의 1/100에도 미치지 못하는 현상이 발생한 사례에서, '매매목적물인 표고버섯 종균에 하자가 존재하는 사실을 알았다고 하기 위해서는, 손해발생의 사실(종균을 접종한 표고목에서 종균이 정상적으로 발아하지 아니한 사실)뿐만 아니라 손해발생의 원인이 바로 목적물에 존재하는 하자로 인한 것임을 알았을 때, 즉 하자와 손해발생 사이에 인과관계가 있음을 알았을 때 비로소 하자가 존재하는 사실을 알았다고 볼 것'이라고 판시한 바 있다(대법원 2003.6.27.선고, 2003다20190 판결).[414] 현행민법상의 매수인의 권리행사기간이 6개월로서 지나치게 단기간임에 비추어 볼 때, 판례가 권리행사기간의 기산점인 "그 사실을 안 날"의 의미를 이와 같이 엄격하게 해석하는 것은 매수인 보호를 위하여 긍정적인 작용을 하게 된다는 점에서 판례의 입장에 찬성한다. 한편 하급심판결 중에는 신축건물의 부지로 사용하기 위하여 토지를 매수한 매수인이 건축부지의 지하에 폐기물이 매립된 사실을 알고 매도인을 상대로 처리비용 상당의 손해배상을 구한 사건에서, '제582조에 정한 제척기간이 진행되지 않더라도 일반의 소멸시효가 완성된 경우에는 매수인의 하자담보책임에 기한 권리가 소멸한다'는 이유로 매수인의 청구를 배척한 사례가 있으나(대구지법 2004.9.9.선고, 2004가합5284 판결), 그 타당성은 매우 의문이다. 참고로 정부의 「2004년 민법개정안」은 제582조의 제척기간을 6개월에서 1년으로 연장하되, 그 기산점은 '매수인이 그 사실을 알았거나 알 수 있었던 날부터'로 하는 것으로 개정할 것을 제안한 바 있다(동 개정안 582조).[415]

(C) 하자담보책임에 관한 상법의 특칙(매수인의 검사·통지의무) 상법은 제69조에서, "상인 간

다'는 입장을 취하고 있다(일본대심원 1935.11.9.판결, 민집14권21호1899; 일본대심원 1940.10.21.판결, 민집19권21호).

414) 판례평석: 김동훈, "하자담보책임에 관한 매수인의 권리행사기간", 고시연구 30권 10호, 2003/10, 101 이하.

415) 「2004년 민법개정안」 제582조(제580조 및 제581조의 권리행사기간) 제580조 및 제581조에 의한 권리는 매수인이 그 사실을 알았거나 알 수 있었던 날부터 1년 내에 행사하여야 한다.

의 매매에 있어서 매수인이 목적물을 수령한 때에는 지체 없이 이를 검사하여야 하며 하자 또는 수량의 부족을 발견한 경우에는 즉시 매도인에게 그 통지를 발송하지 아니하면 이로 인한 계약해제, 대금감액 또는 손해배상을 청구하지 못한다. 매매의 목적물에 즉시 발견할 수 없는 하자가 있는 경우에 매수인이 6월 내에 이를 발견한 때에도 같다"고 규정함으로써, 상인간의 매매에 관하여 특칙을 두어 상거래의 신속한 결제를 꾀하고 있다.

a) 상법 제69조의 적용범위 상사매매에서의 매수인의 검사·통지의무를 규정하고 있는 상법 제69조는 상인 간의 매매, 즉 매매계약의 양 당사자가 상인인 경우에 한하여 적용된다. 상법의 해석상 「상인」의 개념에 대해서는 학설이 갈리지만, '당연상인(상법 4조)이건 의제상인(상법 5조)이건 관계없이, 매매계약의 양 당사자가 상인인 경우에 한하여 상법 제69조가 적용된다'고 해석하여야 할 것이다.[416] 즉, 일방적 상행위에도 상법의 규정을 적용하도록 규정하고 있는 상법 제3조는 매매계약에 관하여는 그 적용이 배제된다. 이와 같이 상법은 다른 상행위에 관한 규정과는 달리, 상사매매에 관해서는 제69조에서 특히 "상인 간의 매매"라고 명시적으로 규정하고 있는데, 이는 상인이 아닌 일반인(예컨대, 주부나 학생 등)인 매수인이 상인으로부터 물건을 매수한 경우에까지 매수인에게 상법상의 「즉시검사·통지의무」를 부담시키는 것은 매수인에게 지나치게 가혹한 결과를 가져오며, 소비자 보호의 이념에도 반하게 된다는 점을 고려한 것이다. 또한 부동산매매의 경우를 제외하면, 일반인이 상인이 아닌 자로부터 물건을 매수하는 이른바 「민사매매」는 현실적으로 매우 드문 사례에 속한다는 점도 고려한 것이다. 그리고 민법이 종류매매의 하자담보책임을 규정한 제581조를 신설한 취지를 살리기 위해서라도, 상법 제69조는 반드시 양 당사자가 상인인 경우에 한하여 적용된다고 해석하여야 할 것이다. 판례도 '상법 제69조는 상인 간의 매매에 한하여 적용된다'는 입장을 확립하고 있다(대법원 1987.7.21.선고, 86다카2446 판결 등).[417]

b) 매수인의 검사·통지의무의 내용 상인 간의 매매에서 매수인은 목적물을 수령한 후 지체 없이 이를 검사하여야 하며, 검사의 결과 하자 또는 수량의 부족을 발견한 경우에는 즉시 매도인인 상인에게 그 통지를 발송하여야 한다. 주의할 것은 하자 또는 수량부족의 통지에 의하여 매수인이 새로운 권리를 취득하는 것은 아니며, 다만 대금감액·계약해제 또는 손해배상의 권리를 상실하지 않는다는 소극적인 효과가 발생할 뿐이라는 점이다. 이와 같이 상사매매에 있어서의 매수인의 검사·통지의무는 이른바 「간접의무(間接義務)」에 해당한다. 또한 상법상의 하자담보책임에 대해서는 민법상의 하자담보책임과는 달리 매수인의 「대금감액

416) 同旨: 손주찬, 상법(상)(박영사, 1986), 177; 임중호, 상법총칙·상행위법(법문사, 2012), 350; 정희철, 상법학원론(상)(박영사, 1980), 144; 최기원, 상법총칙·상행위(경세원, 1989), 249 등 참조.

417) 판례평석: 강위두, "상인 간의 매매", 법률신문 1743호(법률신문사, 1988/4), 11. 같은 취지: 대법원 1993. 6.11.선고, 93다7174·7181 판결; 대법원 1999.1.29.선고, 98다1584 판결.

청구권」이 명문으로 규정되어 있다는 점에도 유의할 필요가 있다.

판례는 '상사매매에 있어서 매수인의 검사·통지의무를 규정한 상법 제69조 제1항의 규정은 민법의 하자담보책임에 대한 특칙으로서, 채무불이행에 해당하는 이른바 불완전이행으로 인한 손해배상책임을 묻는 청구에는 적용되지 않으며(대법원 2015.6.24.선고, 2013다522 판결),[418] 이는 전문적 지식을 가진 매수인에게 신속한 검사와 통지의 의무를 부과함으로써 상거래를 신속하게 결말짓도록 하기 위한 규정으로서 그 성질상 임의규정으로 보아야 할 것이므로, 당사자 간의 약정에 의하여 달리 정할 수 있다'는 입장을 취하고 있다(대법원 2008.5.15.선고, 2008다3671 판결).

3) 하자담보책임의 내용(효과)

(가) 대금감액

(A) 의 의　전술한 바와 같이, 우리 민법 제580조에서 하자담보책임의 내용으로 규정하고 있는 "손해배상"은 매도인의 귀책사유를 요건으로 하지 않는 무과실책임이라고 해석하여야 할 것이다. 다만, 여기에서 "손해배상"은 이행이익 내지 확대손해의 배상을 내용으로 하는 통상적 의미의 「손해배상」(Schadensersatz; dommages-intérêts)이 아니라, 하자담보의 본질적 효과라고 할 수 있는 무과실의 「대금감액」(Minderung; diminution du prix)을 의미한다. 물론 '법문에 분명히 "손해배상"이라고 규정된 것을 어떻게 「대금감액」으로 해석할 수 있는가?' 하는 의문이 제기될 수는 있다. 그러나 다음과 같은 이유로 '우리 민법 제580조와 제581조에서 하자담보의 효과로 규정하고 있는 "손해배상"은 「대금감액」의 의미로 축소해석하여야 한다'고 생각한다. 우선 ① 하자담보책임은 제도의 연혁상 「대금감액소권」(actio quanti minoris)과 「대금반환소권(해제소권)」(actio redhibitoria)의 양자를 중심적 효과로 한 로마법의 「안찰관소권」에서 유래된 것이므로, 「대금감액」이 흠결된 하자담보책임은 제도의 연혁에 부합되지 않는다. ② 비교법상 대륙법계에 속하는 거의 모든 국가의 입법례가 하자담보의 효과로서 무과실의 대금감액을 인정하고 있으며,[419] 영미법 및 이에 기초하고 있는 UN국제통일매매법(CISG)에서도 「대금감액」(diminution of the price)을 하자담보의 기본적 효과로 규정하고 있다(CISG Art. 50).[420] 그렇다면 하자 있는 물건을 인도한 매도인이 그의 귀책사유의 유무에 관계없이 하자

---

418) 판례평석: 서재국, "토양오염이 물건의 하자 내지 불완전이행인지 여부: 하자담보책임과 채무불이행책임의 경합 및 상법 제69조의 적용범위", 판례연구 28집(부산판례연구회, 2017), 401 이하.

419) 우리 민법의 모법이었던 일본민법도 최근 「대금감액」을 인정하는 내용으로 하자담보책임제도를 개정하였음은 전술한 바와 같다(동법 562조 참조).

420) CISG 제50조: 목적물이 계약에 적합하지 아니한 경우에는 대금이 지급되었는지의 여부와 관계없이 매수인은 현실로 인도된 물건의 인도 시의 가격이 계약에 적합한 물건이 그 당시 가지고 있던 가격에 대한 비율에 따라서 대금을 감액할 수 있다. 다만, 매도인이 제37조 또는 제48조의 규정에 따라 그의 의무불이행을 추완하거나 매수인이 이들 규정에 따라 매도인에 의한 이행의 수령을 거절한 경우에는 매수인은 대금을 감액할 수 없다.

에 상응하는 만큼의 대금을 깎아주어야 한다는 「대금감액」은 동서고금을 막론하고 인정되는 하자담보의 본질적 효과라고 보아야 할 것이다. 따라서 우리 민법이 「대금감액」을 명문으로 규정하지 않았다고 하여, 이를 전면적으로 부정하고 있다고 해석하는 것은 하자담보책임의 제도적 취지에 부합하지 않는 부당한 해석이라고 할 것이다. ③ 하자 있는 물건이 인도된 경우에 그 법률적 효과로서 무과실의 대금감액을 인정하는 것은 거래의 실제에서 항상 행해지고 있는 「살아있는 법」(lebendes Recht)으로서, 일반인의 법감정에 일치할 뿐만 아니라 거래의 실제에도 부합한다. ④ 우리 민법 제580조의 모법이라고 할 수 있는 일본민법(구 의용민법) 제570조의 기초자인 우메켄 지로(梅謙次郎)는 '하자담보책임의 경우에도 이론적으로는 대가감소(대금감액)가 적절하지만, 하자의 매매목적물 전체에 대한 평가의 곤란성 때문에 "손해배상"이라고 규정하였다'고 말한 바 있는데,[421] '이러한 의도로 규정된 제580조의 "손해배상"을 반드시 이행이익의 배상을 내용으로 하는 일반적 의미의 손해배상과 동일한 것으로 해석하여야 할 필요는 없다'고 할 것이다. ⑤ 하자담보책임의 본질을 채무불이행책임으로 보는 이상, 제580조의 "손해배상"을 '무과실의 신뢰이익배상'이라고 해석하는 것은 이론상 부당하다. ⑥ 상인 간의 매매에서의 하자담보책임에 관하여 규정하고 있는 상법 제69조 제1항은 " … 그 통지를 발송하지 아니하면 이로 인한 계약해제, 대금감액 또는 손해배상을 청구하지 못한다"고 규정하고 있는데, 이 규정은 매도인의 하자담보책임에 관한 민법 제580조 이하의 규정을 당연한 전제로 하고 있는 규정이라는 점을 감안하면, 우리 민법상의 하자담보책임의 내용에 「대금감액」이 포함될 수 없다고 해석하는 것은 잘못이다. ⑦ 정부의 「2004년 민법개정안」도 우리 민법의 입법론상의 문제점을 감안하여, 제580조를 개정하여 하자담보책임으로서 매수인의 「대금감액청구권」을 인정할 것을 제안한 바 있다. 요컨대, '제580조와 제581조에서 하자담보책임의 효과로서 규정하고 있는 "손해배상"은 「대금감액」을 의미하는 것'이라고 축소해석하여야 할 것이다. 이와 같이, '우리 민법이 하자담보의 효과로 규정하고 있는 "손해배상"은 매도인의 귀책사유를 요하지 않는 무과실책임인 「대금감액」을 의미한다'고 해석하면, '우리 민법은 특정물매도인의 하자담보책임으로서 매수인의 "계약해제"와 「대금감액」의 양자만을 규정하고,[422] 이행이익 또는 확대손해의 배상을 내용으로 하는 통상적인 손해배상(Schadensersatz)은 규정하지 않았다'는 결론이 된다. 또한 우리 민법상의 하자담보책임제도는 무과실의 「대금감액」(Minderung)과 「대금반환(계약해제)」(Wandelung)만을 인정하고, 일반적 의미의 「손해배상」(Schadensersatz)은 매도인의 악의를 요건으로 하여 하자담보책임의 한 내용으로 규정하고 있는 일반적 입법례와 크게 다르다고 할 수 있다.

421) 전게 주 276 참조.

422) 다만, 종류매매에서는 해제권 또는 대금감액청구권과 선택적으로 완전물급부청구권(하자 없는 완전한 물건으로 바꾸어달라고 할 수 있는 권리)이 인정되고 있다(581조).

(B) 대금감액의 구체적 기준 하자가 경미하여 계약의 목적을 달성하는 데 지장이 없는 경우에는 매수인은 대금감액을 청구할 수 있는데, '대금감액의 구체적 기준은 무엇인가?' 하는 것이 문제된다. 이에 관한 외국의 입법례를 살펴보면, ① 독일민법은 '감액되어야 할 매매대금은 계약체결 시에 있어서 하자가 없는 상태의 물건의 가치와 실제의 가치를 비교하여 산정하며(대금감액 = 대금 − 대금 × 하자 있는 물건의 가액 / 하자 없는 물건의 가액), 필요한 경우에는 감정인의 평가에 의한다'고 규정하고 있다(BGB §441 Ⅲ).[423] ② UN국제통일매매법(CISG)은 '현실로 인도된 물품이 인도 시에 가지고 있던 가액이 계약에 적합한 물품이 그때에 가지고 있었을 가액에 대하여 가지는 비율에 따라 대금을 감액하여야 한다'고 규정하고 있다(CISG Art. 50).[424] CISG가 제시하고 있는 대금감액의 기준은 표현상 약간의 차이는 있지만 독일민법의 기준과 거의 유사하다. ③ 2016년 개정 전 프랑스민법은 개별적인 사건에서 감정인의 감정에 의하여 감액되어야 할 대금을 구체적으로 산정하도록 규정하고 있었으나, 현행 프랑스민법은 감정인의 감정절차를 삭제함으로써(C.c. Art. 1644),[425] 이 문제를 학설·판례에 위임하였다.

우리 민법에는 이 문제에 관한 명문규정이 없으므로, 해석에 의하여 대금감액의 기준을 정하여야 할 것인데, 실제적용에 있어서 구체적 타당성과 편리성을 기할 수 있는 합리적인 기준이 되어야 할 것이다. 사견으로는, 프랑스민법·독일민법·UN국제통일매매법(CISG)의 대금감액기준은 대금감액산정의 기준 시를 제외하고는 실질적으로 동일한 원칙을 채택하고 있다고 볼 수 있으며, 이 같은 원칙은 우리 민법의 해석론으로서도 채택될 수 있다고 생각한다. 앞에서 살펴본 정부의 「2004년 민법개정안」은 특정물매도인의 하자담보책임의 내용으로서 매수인의 대금감액청구권을 명문으로 인정하면서도 그 산정기준에 대해서는 명문규정을 두지 않았는데, 명문규정이 없더라도 대금감액의 방법은, 감정인의 평가에 의하여 '하자 있는 물건의 현재시가(A)'와 '하자 없는 물건의 현재시가(B)'를 산출한 다음, 대금(C)에서 A/B×C를 공제한 잔액을 감액할 금액이라고 해석하는 것이 타당할 것이다. 이는 독일민법이나 CISG의 대금감액 기준에 따른 것임은 물론이다. 다만, 하자의 개념과 존재시기에 관한 견해의 차이에 의하여 대금감액의 기준이 달라질 수는 있는데, 주관적 하자개념을 채택하고 하자의 존재시기를 '인도 시(引渡時)'로 보아야 한다면, 대금감액의 산정기준도 인도 시를 기준으로

---

423) 독일민법 제441조(대금감액) (3) 대금감액의 경우, 매매대금은 계약체결 시에 있어서 하자가 없는 상태의 물건의 가치와 실제의 가치를 비교하여 감액된다. 대금감액은 필요한 때에는 감정인의 평가에 의하여 산정한다.

424) CISG 제50조: 물품이 계약에 부적합한 경우에, 대금의 지급 여부에 관계없이 매수인은 현실로 인도된 물품이 인도 시에 가지고 있던 가액이 계약에 적합한 물품이 그때에 가지고 있었을 가액에 대하여 가지는 비율에 따라 대금을 감액할 수 있다. 다만, 매도인이 제37조나 제48조에 따라 의무의 불이행을 치유하거나 매수인이 동 조항에 따라 매도인의 이행 수령을 거절한 경우에는 대금을 감액할 수 없다.

425) 프랑스민법 제1644조: 제1641조와 제1643조의 경우에, 매수인은 그 선택에 좇아 매매목적물을 반환하고 그 대금 전액을 반환받거나 목적물을 보유하면서 대금의 일부를 반환받을 수 있다.

하여야 할 것이다. 이를 조문화하면, "대금의 감액은 현실로 인도된 물건의 인도 당시의 실제가격이 계약에 적합한 물건이 그 당시 가지고 있던 가격에 대한 비율에 따라서 이루어져야 한다. 이 경우에 가격의 산정은 감정인의 평가에 의하여야 한다"고 규정하는 것이 타당하다고 할 것이다.

(C) 대금감액과 하자보수의 선택 민법은 '인도된 목적물에 하자가 있으나 그 하자가 경미하여 계약의 목적을 달성하는 데 지장이 없는 경우에는 손해배상(「대금감액」을 의미)만을 청구할 수 있다'고 규정함으로써, 완전물급부청구권의 일종인 「하자보수」는 청구할 수 없는 것처럼 규정하고 있다(580조, 575조). 여기서 우리 민법의 해석상 '매수인은 「대금감액」 대신 「하자보수」를 청구할 수 없는가?' 하는 의문이 제기된다.

이에 대하여, 「법정책임설」의 입장에서는 채무불이행책임의 일종인 「하자보수」를 인정하는 것은 이론상 모순이며, 이를 인정하는 견해도 존재하지 않는다. 그러나 「채무불이행책임설」의 입장에서는 대금감액 대신 하자보수를 하자담보의 효과로 인정하는 데 이론상 큰 문제가 없으며,[426] 매도인의 하자보수의무를 인정하는 것은 매매계약의 해제를 하자로 인하여 계약의 목적을 달성할 수 없는 경우에 한하여 제한적으로만 인정하고 있는 우리 민법의 태도와도 부합되는 해석이라고 생각된다.[427] 또한 거래의 실제에서도 인도된 물건에 하자가 있더라도 그 하자의 보수가 가능한 경우에는 대금감액과 함께 하자보수는 매매계약의 당연한 효과로 인식되고 있다.[428]

생각건대, 민법이 제580조에서 "손해배상만을 청구할 수 있다"고 규정하고 있으나, 이는 '손해배상(대금감액을 의미) 이외에는 아무런 청구도 할 수 없다'는 의미로 해석할 것이 아니라, '하자에도 불구하고 계약의 목적을 달성할 수 있는 경미한 하자가 있는 경우에는 해제권은 행사할 수 없으나, 손해배상(대금감액)은 청구할 수 있다'는 의미로 해석하는 것이 타당하다고 할 것이다. 따라서 '특정물매매에 있어서도 하자가 경미하여 매도인이 하자를 보수하여 주거나, 하자에 상응하는 만큼의 대금을 감액하여 줌으로써 계약의 목적을 달성할 수 있는 경우에는, 매도인은 그 귀책사유의 유무에 관계없이 「손해배상(대금감액)」 또는 「하자보수의무」를 부담한다'고 해석하여야 할 것이다. 즉, 인도된 목적물에 경미한 하자가 있는 경우에는 '매수인은 손해배상(대금감액)을 청구하든지, 하자보수를 청구하든지 양자 중에서 하나의 권리를 선택적으로 행사할 수 있다'고 해석하여야 할 것이다. 따라서 매도인이 매수인의 선택에 좇아 하자보수의무를 이행한 경우 또는 하자보수를 완료한 목적물의 수령을 거절한 경

426) 同旨: 민법주해(14)/남효순, 538; 이은영, 340 참조.
427) 同旨: 北川善太郎, 전게서(주 83), 187~188; 星野英一, 전게논문(주 120), 235~237 참조.
428) 2017년의 개정 일본민법에서는 하자담보의 효과로서 「하자보수청구권(추완청구권)」과 「대금감액청구권」을 명문으로 규정하고 있음은 전술한 바와 같다(동법 562조, 563조).

우에는 매수인은 대금감액을 청구할 수 없다고 해석하여야 할 것이다. 요컨대, '인도된 목적물에 하자가 있으나 그 하자가 경미하여 계약의 목적을 달성하는 데 지장이 없는 경우에는 매수인은 계약을 해제할 수 없고, 매도인이 매수인의 청구에 응하여 하자를 보수하여 주거나 대금을 감액하여 그 차액을 반환함으로써 매매계약관계는 종결된다'고 할 것이다(580조 1항).

(D) 매매계약의 종료 '하자에도 불구하고 계약의 목적을 달성할 수 있다면, 매수인은 대금감액청구권을 행사하고 매도인이 이에 응하여 감액된 매매대금을 매수인에게 반환함으로써 매매계약은 그 목적을 달성하여 소멸되며, 그 밖에 「손해배상」(이행이익 또는 확대손해의 배상)의 문제는 발생할 여지가 없다'고 할 것이다. 다만, 매수인이 대금감액 대신 하자보수청구권을 행사한 경우에는 '매도인이 하자를 보수하는 동안 매수인이 목적물을 사용할 수 없음으로 인하여 발생하는 손해의 배상'이 문제될 수 있으며, 이러한 문제는 종류매매의 경우에도 마찬가지로 발생한다. 이 경우의 손해배상의 성질은 이행이익의 배상의 일종인 지연배상에 해당하는 것이므로, 후술하는 「이행이익 배상의 원칙」에 따라서 처리되어야 할 것이라고 생각된다.

(나) 계약해제

(A) 하자담보의 효과로서의 "해제"의 의의 및 법적 성질 매매계약의 이행으로서 인도된 목적물의 하자로 인하여 계약의 목적을 달성할 수 없는 경우에는 매수인은 인도받은 목적물을 매도인에게 돌려주고 매매대금을 반환받음으로써 계약관계를 해소시킬 수 있다. 민법은 이러한 매수인의 권리를 쌍무계약에 있어서의 일방 당사자의 귀책사유로 인한 채무불이행의 효과인 「해제」(Rücktritt; résolution)와 용어상의 구별 없이 "해제"라고 규정하고 있다(580조, 581조). 그러나 하자담보의 효과로서의 "해제"는 연혁상 로마법상의 안찰관소권 중 「대금반환소권(해제소권)」(actio redhibitoria)에서 유래된 것으로, 후술하는 프랑스민법의 「매매폐각소권(賣買廢却訴權)」(l'action rédhibitoire) 및 개정 전 독일민법의 「계약해소」(Wandelung)에 해당하는 것으로서, 매도인의 귀책사유가 요구되지 않는 무과실책임이며, 그 효과 면에서도 일반적 채무불이행의 효과인 법정해제의 경우와는 달리, '매매대금 및 계약비용의 반환'만을 그 내용으로 하는 것이다. 그러므로 우리 민법상 하자담보의 효과로서 규정되어 있는 "해제"는 일반적 채무불이행의 효과로 인정되고 있는 「해제」와는 개념상 구별하는 것이 타당하다고 할 것이다.

사견으로는, 우리 민법이 「대금 및 계약비용의 반환」을 내용으로 하는 하자담보책임을 "해제"라고 규정한 것은, 「대금감액」이라고 규정하였어야 할 것을 "손해배상"이라고 규정한 것과 마찬가지로 일종의 '입법상의 오류'에 해당한다고 생각한다. 다만, 다른 대륙법계 국가들이 일반적으로 하자담보의 효과로서 「대금감액」과 「대금반환(해제권)」을 선택적인 것으로 규정하고 있는 것과는 달리,[429] 우리 민법은 하자가 경미하여 계약의 목적을 달성할 수 있는 경우에는 해제를 할 수 없고, 중대한 하자로 인하여 계약의 목적을 달성할 수 없는 경우에 한해서만 계약을 해제할 수 있도록 규정함으로써, 하자담보의 효과로서의 "해제"에 대하여 채무불이행에 기한 일반적 해제의 경우와 마찬가지의 엄격한 요건을 부과하고 있다는 요건상의 차이를 반영하여 "해제"라는 용어를 사용한 것이라고 추측할 수 있다.

(B) 해제의 요건

a) 매도인의 귀책사유 로마법의 「안찰관소권」에서 유래된 하자담보책임제도의 연혁을 고려하면, 제580조의 "해제"는 매도인의 귀책사유를 요하지 않는 무과실책임으로서 '매매대금 및 계약비용의 반환청구권(Wandelung; l'action rédhibitoire)'을 의미한다고 할 것이다. 이는 하자담보책임의 본질을 채무불이행책임의 일종으로 보더라도 변함이 없다. 즉, 제580조의 하자담보책임의 효과로서의 "해제"는 무과실의 '매매대금 및 계약비용의 반환'을 그 내용으로 하는 것으로서, 채무불이행으로 인한 계약해제에 관한 제544조 이하의 규정에 대한 특칙이라고 해석하여야 할 것이다.

b) 계약의 목적달성 불능 제580조의 "해제"는 '목적물의 하자로 인하여 계약의 목적을 달성할 수 없는 경우' 즉, 목적물에 중대한 하자가 있는 경우에 한하여 행사할 수 있다. 여기서 하자로 인하여 계약의 목적을 달성할 수 없는 「중대한 하자」에 해당하는지의 여부는 당사자의 의사와 거래의 관행 등 여러 가지 사정을 종합적으로 고려하여 개별적으로 판단하여야 할 것이다. 결국 매수인은 매도인의 귀책사유의 유무에 관계없이 목적물의 하자로 인하여 계약의 목적을 달성할 수 없는 경우에는 일방적 의사표시로써 계약을 해제할 수 있다 할 것이다(543조 1항). 실제사례에서 목적물의 하자로 인하여 계약의 목적을 달성할 수 없는 중대한 하자에 해당하는지 여부가 문제가 된 경우는 매우 드문데, 그 이유는 판례가 하자담보책임과 채무불이행책임의 경합을 인정하고 있기 때문에, 매수인으로서는 매매대금과 계약비용의 반환에 그치는 해제를 주장하기보다는 이행이익이나 확대손해의 배상을 내용으로 하는 손해배상을 청구하는 것이 훨씬 유리하다는 사정에 기인하는 것으로 보인다. 판례 중에는 '즉시 운행할 목적으로 중고차를 매수하였으나, 그 차량이 불법운행을 이유로 150일간 운행정지처분된 차로서 즉시 운행이 불가능한 경우에는 중고차매매의 목적을 달성할 수 없는 경우에 해당한다'고 판시한 사례가 있음은 전술한 바와 같다(대법원 1985.4.9.선고, 84다카2525 판결).

429) 프랑스민법에서는 제1644조와 제1646조의 해석상, '매수인은 「대금감액소송」과 「대금반환소송」의 두 가지 중에서 자유로운 선택권을 행사할 수 있으며, 매수인은 하나의 소송에서 종국판결이 선고되기 전까지는 그 선택을 변경할 수 있다'고 해석되고 있다(Civ. 20 juin 1917, D.1917.1.140). 또한 개정 전 독일민법은 제462조에서, '하자담보책임의 요건이 충족되면, 매수인은 「계약해소」(Wandelung)와 「대금감액」(Minderung) 중의 하나를 선택하여 매도인에게 청구할 수 있다'고 규정하고 있었음은 전술한 바와 같다.

(C) 해제의 효력 로마법 이래 하자담보의 효과로서의 "해제"는 「대금 및 계약비용의 반환」을 내용으로 하는 것인데, 우리 민법은 「대금반환」이라고 규정하지 않고 "해제"라고 규정하고 있고, 그 효력에 대해서도 특별한 규정을 두고 있지 않으므로, 통설과 판례는 제580조 이하의 하자담보책임으로서의 "해제"의 효력에 대해서도 법정해제의 효력을 규정한 제548조가 적용된다'고 해석하고 있다는 점은 전술한 바와 같다.[430)]

한편 해제의 효력에 대해서는 「직접효과설」과 「청산관계설」의 학설대립이 있으나, 우리 민법의 해석론으로서는 「청산관계설」을 취하는 것은 불가능하며, 「직접효과설」에 따라야 할 것이므로, 목적물의 중대한 하자를 이유로 매수인이 계약을 해제하면 매매계약은 소급적으로 소멸하며, 이에 따라 양 당사자는 매매계약의 구속력으로부터 해방되어 아직 이행하지 아니한 채무는 이행할 필요가 없게 되고(해방효), 이미 급부한 것은 상대방에게 반환하여야 할 「원상회복의무」가 발생한다(548조 1항).

생각건대, 중대한 하자로 인하여 계약의 목적을 달성할 수 없어서 매수인이 계약을 해제한 경우의 매도인의 원상회복의무는 일반적 해제의 경우와는 달리 「매매대금 및 계약비용의 반환」을 그 내용으로 하는 것이라고 해석하여야 할 것이다. 그러므로 매매대금뿐만 아니라 계약비용까지 반환하여야 함은 물론 매매대금 및 계약비용에 그 받은 날로부터 이자를 가하여 반환하여야 할 것이다. 이 점에서 하자담보책임으로서의 해제의 효과는 일반채무불이행책임으로서의 해제의 효과(548조 2항)와 차이가 있다고 할 것이다. 또한 매수인도 원상회복의무로서 인도받은 목적물을 반환하여야 함은 물론이고, 임료 상당액의 사용이익을 반환하여야 한다. (☞ 제1장 제4절 「계약의 해제와 해지」)

(다) 손해배상

(A) 문제의 소재 「채무불이행책임설」의 입장에서는 매도인이 하자 있는 물건을 인도하는 것은 '채무의 내용에 좇은 이행을 하지 아니한 것으로서 채무불이행에 해당한다'고 할 수 있다(390조). 즉, '하자의 보수가 불가능한 부대체물매매의 경우에는 「이행불능」이, 대체물매매 또는 하자의 보수가 가능한 부대체물매매의 경우에는 「불완전이행」이 성립하며(대법원 1980.8.26.선고, 80다1171 판결),[431)] 인도된 물건의 하자로 인하여 매수인 측에 확대손해가 발생한

---

430) 판례는 '「타인권리매매」에서의 매도인의 담보책임에 관한 제570조의 규정에 의하여 매수인이 행사하는 「해제권」은 일종의 법정해제권이며, 그 행사의 효과로서 발생하는 「원상회복의무」의 범위는 특별한 규정이 없으므로 제548조 제2항의 규정에 의함이 상당하다'고 한다(대법원 1974.3.26.선고, 73다1442 판결).

431) 일반적으로 「채무불이행책임설」을 취하는 학자들은 이 경우를 「불완전이행」의 유형에 속하는 것으로 파악하고 있으나, 하자 있는 특정물을 인도한 경우를 일률적으로 불완전이행으로 파악할 필요는 없다고 할 것이다. 왜냐하면 하자가 경미하여 보수가 가능한 경우를 구태여 불완전이행이라고 볼 필요는 없으며, '일부의 이행지체'로 다루어도 무방하기 때문이다. (☞ 채권총론 편, 제4장 제1절 「채무불이행의 유형」)

경우에는 「적극적 채권침해」가 성립한다'고 할 수 있다. 다만, '이 경우의 채무불이행책임의 규율은 제580조 이하의 하자담보책임에 관한 특칙에 따라야 하며, 하자담보책임의 특칙이 규정하고 있는 범위 내에서는 채무불이행책임에 관한 일반규정인 손해배상에 관한 제390조 이하의 규정, 계약해제에 관한 제544조 이하의 규정은 그 적용이 배제된다'고 해석하여야 할 것이다.

이 문제에 관한 판례의 입장이 반드시 일관되어 있다고 할 수는 없으나, 대법원판결 중에는 ① 하자담보책임으로서 이행이익의 배상을 명한 사례가 있으며(대법원 1989.11.14.선고, 89다카15298 판결), '확대손해의 배상도 하자담보책임에 포함된다'고 한 사례도 있다(대법원 1993.11.23.선고, 92다38980 판결).[432] 또한 대법원은 ② 매도인이 성토작업을 기화로 다량의 폐기물을 은밀히 매립하고 그 위에 토사를 덮은 다음 도시계획사업을 시행하는 공공사업시행자와 사이에서 정상적인 토지임을 전제로 협의취득절차를 진행하여 이를 매도함으로써, 매수인인 사업시행자로 하여금 그 토지의 폐기물처리비용 상당의 손해를 입게 한 사례에서, '매도인은 이른바 불완전이행으로서 채무불이행으로 인한 손해배상책임을 부담하고, 이는 하자 있는 토지의 매매로 인한 제580조 소정의 하자담보책임과 경합적으로 인정된다'고 판시함으로써, 불완전이행과 하자담보책임의 경합을 인정하고 있음은 전술한 바와 같다(대법원 2004.7.22.선고, 2002다51586 판결). 다만, ③ 대법원은 최근 전원합의체판결로써 '토지의 소유자라 하더라도 토양오염물질을 토양에 누출·유출하거나 투기·방치함으로써 토양오염을 유발하였음에도 오염토양을 정화하지 않은 상태에서 그 오염토양이 포함된 토지를 거래에 제공함으로써 유통되게 하거나, 토지에 폐기물을 불법으로 매립하였음에도 이를 처리하지 않은 상태에서 그 해당 토지를 거래에 제공하는 등으로 유통되게 하였다면, 다른 특별한 사정이 없는 한 이는 거래의 상대방 및 위 토지를 전전 취득한 현재의 토지 소유자에 대한 위법행위로서 불법행위가 성립할 수 있다'고 판시한 바 있다(대법원 2016.5.19.선고, 2009다66549 전원합의체판결).

(B) 손해배상의 요건 : 매도인의 귀책사유의 요부

「채무불이행책임설」의 입장에서는 '매도인이 하자 있는 물건을 인도한 것은 채무의 내용에 좇은 이행을 하지 아니한 것으로서 채무불이행에 해당한다'고 할 수 있으며(390조), 이 경우에는 채무불이행책임에 관한 특칙인 하자담보책임에 관한 제580조 이하의 규정이 우선적으로 적용되므로, 일반적 채무불이행책임으로서의 「손해배상」에 관한 제390조 이하의 규정과 「법정해제」에 관한 제544조 이하의 규정은 그 적용이 배제된다고 할 것이다.

문제는 우리 민법이 다른 대륙법계 민법의 일반적 입법례와는 달리 「대금감액」을 규정하

432) 다만, 이 판결은 매도인이 하자 없음을 보증한 사례에서 당초의 하자로부터 확산된 하자에 의하여 발생한 손해(보수비용)의 배상을 인정한 것인데, 이 판결을 근거로 판례가 과연 학설이 말하는 「확대손해의 배상」을 인정한 것이라고 볼 수 있는지에 대하여는 의문이 있을 수 있다.

지 않고 "손해배상"만을 규정함으로써 하자담보책임의 내용으로서 「손해배상」의 귀책요건과 관련하여 해석론을 구성하는 것이 대단히 곤란한 상황이 되었다는 점과, 사견으로는 '이행이익 내지 확대손해의 배상을 내용으로 하는 손해배상'에 대해서는 하자담보책임에 관한 제580조에 규정되어 있지 않으므로 채무불이행책임에 관한 일반규정인 제390조 이하의 규정이 적용되어야 할 것이라는 점, 그리고 이 경우에는 채무자인 매도인의 귀책사유가 요구된다는 점에 대해서는 위에서 상세하게 검토한 바 있으므로, 여기서는 이에 관한 검토는 생략하기로 한다.

(C) 손해배상의 범위

a) 이행이익의 배상 매매목적물의 하자로 인하여 계약의 목적을 달성할 수 없다는 이유로 매매계약이 해제되면 매도인은 매수인에 대한 원상회복의무의 일종인 「매매대금 및 계약비용의 반환의무」를 부담하게 된다. 그런데 '이 경우에 해제의 효과인 원상회복(매매대금 및 계약비용의 반환) 이외에 전매차익(轉賣差益)과 같은 「이행이익의 배상」도 인정될 수 있는가?' 하는 것이 문제된다.

이에 대하여, 하자담보책임에서의 "손해배상"을 무과실의 신뢰이익의 배상에 한정시키는 「법정책임설」의 입장에서는 채무불이행의 효과인 이행이익의 배상은 이론상 하자담보책임의 효과에 포섭될 수 없는 영역으로 남게 된다. 그러나 「채무불이행책임설」에 의하면, 하자담보책임의 영역에 이행이익의 배상을 포함시키는 것이 이론상 가능해진다. 다만, 하자담보책임에 관한 현행민법 제580조의 해석상 이행이익의 배상이 하자담보책임에 포함되는지의 여부에 대해서는 「채무불이행책임설」의 입장을 취하는 학자들 간에도 견해가 일치하지 않는다는 것은 이미 전술한 바 있다.

우리 민법 제580조에서 하자담보의 효과로서 규정하고 있는 "손해배상"은 이행이익 내지 확대손해의 배상을 의미하는 것이 아니라, 무과실의 「대금감액」을 규정한 것으로 보아야 할 것이라는 사견에 따르면, 우리 민법은 「이행이익의 배상」에 관한 한 제580조에 규정을 두지 않은 것이 된다(즉, 이 부분에 관한 한 「규정상의 흠결」이 있다). 따라서 하자로 인하여 발생한 손해배상의 요건 및 배상의 범위는 채무불이행책임에 관한 일반규정에 의하여(해제와 손해배상책임에 관한 일반규정인 제551조와 제390조 이하의 규정에 의하여) 결정되어야 할 것이다. 즉, '우리 민법상 이행이익의 배상은 하자담보책임으로는 전보될 수 없으며, 일반적 채무불이행책임에 관한 제390조 이하의 규정에 의하여서만 전보될 수 있다'고 해석하여야 할 것이다. 따라서 매도인은 하자 있는 물건을 인도한 데 대하여 자기에게 과실이 없음을 증명함으로써 손해배상책임(이행이익 내지 확대손해의 배상책임)을 면할 수 있다고 할 것이다(390조 단서). 다만, 이 경우에 매도인의 무과실 증명의 정도는 일반적인 채무불이행의 경우에 비하여 강화되어야 할 것이며, 실제의 소송에 있어서는 "무과실책임에 가까운 강한 책임"으로 인정하는 것이 바람직하다는 견해가 제기되고 있다.[433] 사견으로도 매수인의 보호를 위하여 매도인의 무과실의 증명은 제한적으로만 인정되어야 할 것이며, '하자가 있다는 사실을 모른 것 자체가 과실'이라고 할 정도로 강한 사실상의 추정을 인정하여야 할 것이라고 생각한다.[434]

대법원판결 중에는 '특별한 사정이 없는 한 제조업자나 수입업자로부터 제품을 구매하여 이를 판매한 자가 그 매수인에 대하여 부담하는 제580조 제1항의 하자담보책임에는 제조업자에 대한 제조물책임에서의 증명책임 완화의 법리가 유추적용된다고 할 수 없다'고 판시한 사례가 있다(대법원 2011.10.27.선고, 2010다72045 판결 등).[435] 이는 하자담보책임의 귀책사유의 증명책임에 관한 일반원리에 비추어 볼 때 타당한 판결이라고 생각된다.

b) 확대손해의 배상 인도된 목적물의 하자로 인하여 매수인의 생명·신체의 침해가 발생하는 등 이행이익의 범위를 초과하거나 혹은 이행이익과는 관계없는 손해인 이른바 「확대손해」가 발생한 경우에, 그 손해를 하자담보의 효과인 "손해배상"으로써 구제할 수 있는지의 여부가 문제된다.

(i) 법정책임설의 입장 「법정책임설」에 따르면, 하자담보책임에서의 손해배상은 신뢰이익의 범위로 제한된다. 따라서 '특정물의 하자로 인한 확대손해가 발생한 경우에도 이는 하자담보책임에 의해서는 전보될 수 없다'는 것이 「법정책임설」의 이론적 귀결이라고 할 수 있다. 또한 「법정책임설」은 '하자 있는 특정물의 인도는 채무의 완전한 이행'이라는 「특정물도그마」를 인정하기 때문에, 이론상 '하자담보책임과 채무불이행책임의 경합'은 인정될 여지가 없다. 또한 「법정책임설」은 「원시적불능무효론」을 이론적 전제로 하므로, '하자담보책임은 계약체결 시에 이미 목적물에 하자가 있는 경우(원시적 하자)에 한하여 인정된다'고 해석한다. 왜냐하면 계약체결 이후에 하자가 생긴 경우(후발적 하자)에는 「특정물도그마」를 적용할 수 있는 「원시적 불능」이라고 할 수 없기 때문이다. 다만, 특정물매도인은 인도 시까지 목적물을 선량한 관리자의 주의로써 보존할 의무를 부담하므로(374조), 포장의 불량이나 운송방법에 문제가 있는 경우와 같이 계약체결 이후에 하자가 발생한 경우에는 불완전이행 내지 「적극적 채권침해」가 성립할 수 있고, 그로 인하여 확대손해의 배상은 일반 채무불이행책임에 의하여 인정될 수 있다고 해석하기도 한다.[436]

---

433) 조규창, 전게논문(주 96), 263 참조.

434) 영미법에서는 인도된 물건에 하자가 있다고 인정되는 일정한 경우에는, 무과실의 이행이익 배상을 인정하고 있으며, 그 면책의 요건에 대해서도 상세한 규정을 두고 있는데, 이는 우리 민법의 해석·운용에 있어서도 좋은 참고자료가 될 것이라고 생각한다(拙稿, 전게논문(주 81), 94 이하 참조).

435) 같은 취지: 대법원 2000.2.25.선고, 98다15934 판결; 대법원 2004.3.12.선고, 2003다16771 판결 등 참조.

436) 곽윤직(채권총론), 93; 현승종(채권총론), 131 이하 참조.

(ii) **채무불이행책임설의 입장** 「채무불이행책임설」을 취하는 견해는 대부분 '현행민법의 해석상 특정물의 하자로 인하여 발생한 확대손해의 배상은 하자담보책임으로써는 전보될 수 없으며, 매도인의 귀책사유를 요건으로 하는 일반적 채무불이행책임에 의해서만 가능하다'고 해석한다.[437] 그러나 「채무불이행책임설」의 입장에서도 하자담보책임에 의하여 확대손해의 배상을 인정하는 것이 이론상 불가능한 것은 아니다. 그러나 적어도 현행민법의 해석론으로서 확대손해의 배상이 하자담보책임으로 가능하다고 인정할만한 실정법상의 근거는 찾을 수 없다. 더욱이 하자담보책임에 관한 제580조의 "손해배상"은 단지 「대금감액」만을 규정한 것으로 보아야 한다는 사견에 따르면, 우리 민법은 하자담보의 효과로서 확대손해의 배상은 물론 이행이익의 배상조차도 규정하고 있지 않다고 해석하여야 하므로, 확대손해의 배상을 하자담보책임에 관한 민법 제580조에 의하여 인정할 수 있다는 해석론은 성립하기 어렵다고 생각된다. 즉, '현행민법의 해석상 확대손해의 배상은 하자담보책임으로는 전보될 수 없으며, 매도인의 귀책사유를 요건으로 하는 일반적 채무불이행책임에 의해서만 가능하다'고 해석할 수밖에 없다. 다만, 이 경우에 일반적 채무불이행책임에 의하여서만 확대손해의 배상이 인정된다는 것은 어디까지나 현행민법의 규정상의 흠결로 인하여 부득이 일반규정인 제390조가 보충적으로 적용될 수밖에 없다는 데 기인하는 것이지, 채무불이행책임과의 경합을 인정한 결과는 아니라는 점에 유의하여야 할 것이다. 물론 현행민법하에서는 하자담보책임과 채무불이행책임과의 일반적 경합을 인정하는 견해와 사견의 해석상의 결과는 동일하다고 할 수 있다. 그러므로 하자담보책임에 의한 확대손해의 배상가능성을 열어놓고 있는 「2004년 민법개정안」 제580조의 해석상 특히 제척기간의 적용을 둘러싸고 학설의 대립이 있을 수 있다고 생각된다. 즉, 양 책임의 경합을 부인하는 견해에 따르면, 「2004년 민법개정안」 제580조의 해석상 '확대손해의 배상청구권은 1년의 제척기간의 적용을 받는다'고 보게 되겠지만, 양 책임의 경합을 인정하는 견해와 판례의 입장에 따르면 '채무불이행책임에 기한 매도인의 손해배상청구권은 10년의 소멸시효에 걸린다'고 해석하지 않을 수 없을 것이다. 요컨대, 현행민법의 해석상 확대손해의 배상에 관한 문제는 하자담보책임으로는 전보될 수 없으며, 이는 제390조 이하의 채무불이행에 관한 일반규정에 의하여 결정되어야 할 문제라고 할 것이다. 따라서 하자로 인한 확대손해의 배상의 문제는 결국 「불완전이행」 내지는 「적극적 채권침해론」의 인정 여부에 귀착된다.

---

437) 조규창, 전게논문(주 96), 264 이하; 김형배, 361; 이은영, 340 참조. 「채무불이행책임설」을 취하는 국내학설 중에는 '하자담보책임으로 확대손해의 배상이 가능하다'고 해석하는 견해는 없는 것으로 보이나, 일본학설 중에는 '하자담보책임에 있어서의 "손해배상"은 무과실의 이행이익 및 확대손해의 배상을 포함한다'고 해석하는 견해(星野英一, 五十嵐清)가 있음은 전술한 바와 같다.

〈참고〉 불완전이행론

「불완전이행론」은 독일민법학에서 발전한 이론으로서, 독일민법이 명문으로 인정한 채무불이행의 유형인 이행지체와 이행불능 이외에도 채무자가 불완전한 이행을 함으로써 채권자에게 손해를 입힌 경우인 「불완전이행」 내지는 「적극적 계약침해」(Positive Vertragsverletzung)를 제3의 채무불이행의 유형으로서 인정하자는 이론이다. 불완전이행에 관해서는 다양한 이론들이 제기되고 있는데, 이러한 이론들은 대부분 종래 불법행위책임으로 다루어지고 있던 확대손해의 문제를 계약법의 영역에서 해결하기 위한 이론이라는 점에서 공통점을 가지고 있다. 이와 같이 불완전이행론은 본래 불법행위에 관하여 「제한적 열거주의」를 취하고 있는 독일민법전의 불법행위에 관한 규정의 불비와 결함을 보충하기 위하여 발전시킨 이론이지만, 일본민법학을 통하여 우리 민법의 해석론으로 도입되어 현재 통설적인 지위를 차지하고 있으며, 판례도 또한 이를 지지하고 있다. 물론 청구권 경합을 전제로 채권자 보호를 위하여 굳이 불완전이행론을 부인할 필요까지는 없겠지만, 사견으로는 독일민법과는 달리 불법행위에 관하여 포괄주의를 취하고 있는 우리 민법의 해석론으로서 구태여 「불완전이행」이라는 제3의 채무불이행의 유형을 인정할 실익은 별로 없다고 생각한다.[438] (☞ 채권총론 편, 제4장 제1절 「채무불이행의 유형」)

설례를 들어 하자담보책임에 의하여 확대손해의 문제를 해결하는 경우와, 불완전이행 또는 불법행위에 의하여 이 문제를 해결하는 경우의 득실을 입증책임과 시효기간에서의 차이점을 중심으로 간략하게 살펴보기로 한다.

<설례> 매도인 Y는 자기소유의 건물을 X에게 매도하였는데, 그 건물이 계약체결 당시에 존재하던 (원시적) 하자로 인하여 붕괴하여 X의 가재도구가 멸실되고 붕괴 시의 충격으로 이웃집의 벽에 금이 가는 등 재산상의 손해가 발생하였을 뿐만 아니라, 붕괴건물에 X의 처가 매몰되어 사망하는 사고가 발생하였다. X는 Y에 대하여 위 재산상 손해 및 처의 사망으로 인한 손해의 배상을 청구할 수 있는가, 만약 X가 Y에 대하여 손해배상을 청구할 수 있다면 그 근거는 무엇인가?

위 <설례>에서, ① **증명책임의 측면** : X가 Y의 불법행위책임을 묻기 위해서는 X는 가재도구가 멸실되고 이웃집에 발생한 손해를 배상하는 재산적 손해를 입었을 뿐만 아니라, 붕괴건물에 X의 처가 매몰되어 사망함으로써 처의 일실수익 상당의 재산적 손해와 처의 사망으로 인한 정신적 손해가 발생하였다는 사실, 그리고 이러한 손해가 가해자인 Y의 행위(하자 있는 건물의 인도)로 인하여 야기되었다는 인과관계 및 Y의 귀책사유가 존재한다는 것을 증명하지 않으면 안 된다. 즉, 피해자 X는 가해자 Y의 불법행위책임의 요건사실을 적극적으로 증명할 책임을 부담한다. 그러나 만약 X가 Y의 불법행위책임이 아니라 하자담보책임[439] 내지 불완전이행(적극적 채권침해)책임을 주장한다면, 불법행위를 주장하는 경우와는 반대로 채무자인 매도인 Y가 자신의 무과실을 증명할 책임을 부담하게 되므로, X는 Y의 불법행위책임을

438) 불완전이행론에 대해서는 拙稿, "채무불이행법체계의 재점검", 민사법학 36호(특별호) 「우리 민법학은 지금 어디에 서 있는가? -한국 민사법학 60년 회고와 전망」(한국민사법학회, 2007/5), 351 이하 참조.

439) 민법의 해석상 매도인의 귀책사유를 요건으로 하자담보책임으로 확대손해의 배상을 인정할 수 있다고 가정하기로 한다.

주장하는 경우와 비교할 때 소송상 결정적으로 유리하게 된다.[440] 다만, 이 경우에도 Y가 자신의 무과실을 증명하는 경우에는 손해배상책임을 면하게 된다는 점에서 불법행위의 경우와 차이가 없다.

② **권리행사기간의 측면** : 하자담보책임의 경우, X는 목적물에 하자 있음을 안 날로부터 6개월 내에 Y의 하자담보책임을 주장하여야 한다(582조).[441] 그러나 X가 Y의 불완전이행 또는 적극적 채권침해를 주장하는 경우에는 10년의 소멸시효기간 내에 손해배상을 청구하면 충분하다(162조).[442] 또한 X가 Y의 불법행위책임을 주장하는 경우에는 X는 손해를 안 날로부터 3년 이내 또는 불법행위 시[443]로부터 10년 이내에 손해배상을 청구하여야 한다(766조).[444] 그러므로 권리행사기간의 측면에서는 X가 하자담보책임을 주장하는 것이 다른 책임을 주장하는 것에 비하여 오히려 불리하다고 할 수 있다. 매수인 X가 Y의 불법행위책임과 불완전이행책임, 그리고 하자담보책임을 주장하는 각각의 경우의 이러한 차이점을 요약하면 다음과 같다.

	불법행위책임	불완전이행책임	하자담보책임
책임의 근거	제750조 이하	제390조 이하	제580조 이하
손해배상의 범위	하자 있는 물건의 인도와 인과관계가 인정되는 모든 손해(763조, 393조)	하자 있는 물건의 인도와 인과관계가 인정되는 모든 손해(393조)	하자 있는 물건의 인도와 인과관계가 인정되는 모든 손해(393조)
증명책임	매수인이 매도인의 고의·과실을 증명	매도인이 자기의 무과실을 입증	매도인이 자기의 무과실을 입증
책임의 소멸	매수인 측이 손해 및 가해자를 안 날로부터 3년, 불법행위를 한 날로부터 10년	불완전이행 시(인도 시)부터 10년	매수인이 하자를 안 날로부터 6개월

위에서 살펴본 바와 같이, 확대손해의 배상에서는 하자담보책임을 인정하는 것이 불완전이행책임이나 불법행위책임을 인정하는 것보다 시효기간의 면에서는 매수인에게 훨씬 불리한 결과가 된다.

440) 「법정책임설」에 의하면, 불법행위책임에 의하여서만 확대손해를 배상받을 수 있게 되므로, 피해자 X의 증명책임을 완화시킬 필요가 있게 되는데, 이러한 이유로 증명책임에 관한 여러 가지 무리한 해석론이 나오게 되며, 나아가 채무의 불이행에 기한 책임이 아닌 '신의칙상의 부수적 주의의무위반에 기한 책임'으로서의 「적극적 채권침해」의 이론을 원용하게 된다.

441) 이 기간의 법적 성질을 제척기간으로 보는 데는 이설이 없으나, 학설은 「제소기간」으로 해석하는 견해가 통설적 견해인 데 반하여, 판례는 「재판상 또는 재판외의 권리행사기간」으로 해석하고 있음은 전술한 바와 같다.

442) 다만, 이 경우의 소멸시효기간의 기산점이 하자 있는 물건의 인도 시인가, 아니면 확대손해가 발생한 시점인가 하는 문제가 남는다.

443) 이 경우의 소멸시효기간의 기산점인 "불법행위를 한 날"의 경우에도 불완전이행의 경우와 마찬가지로 '인도 시'인지 '손해발생 시'인지의 문제가 있다.

444) 학설은 3년의 기간은 소멸시효기간이고, 10년의 기간은 제척기간으로, 각각 성질이 다른 것으로 해석하는 견해가 유력하나(곽윤직, 472 참조), 판례는 둘 다 시효기간으로 해석하고 있다(대법원 1993.7.27. 선고, 93다357 판결 참조).

이에 관한 입법례를 살펴보면, 프랑스민법은 하자담보책임에 의한 '모든 손해의 배상'(tous les dommages et intérêts), 즉 확대손해의 배상을 인정하고 있으며(C.c. Art. 1645),[445] 2002년 개정 전 독일민법도 확대손해의 배상을 명문으로 규정하고 있지는 않았으나, 매도인의 악의 또는 보증을 요건으로 '불이행으로 인한 손해배상책임'이 있음을 규정한 제463조[446]의 해석상 확대손해의 배상도 하자담보책임의 범위에 포함되는 것으로 보는 것이 지배적인 견해였다.[447] 이와 같이 확대손해의 배상을 하자담보책임에 의하여 인정하고자 하는 프랑스민법과 독일민법의 지배적 견해는 매매관계를 조속히 처리하여 매도인과 매수인 사이의 이익의 조화를 꾀하려는 취지라고 생각된다.

우리 민법은 「확대손해의 배상」에 관한 조항을 하자담보의 효과로서 규정하고 있지 않다. 특히 우리 민법이 하자담보의 효과로서 「대금감액」의 의미에서의 "손해배상"만을 규정하고, 이행이익이나 확대손해의 배상을 내용으로 하는 「손해배상」은 규정하고 있지 아니한 것으로 해석하여야 한다는 사견에 의하면, 확대손해의 배상은 하자담보책임에 관한 제580조에 의하여서는 불가능하다는 점은 전술한 바와 같다.

판례는 확대손해의 배상이 하자담보책임에 의하여서도 가능하다고 보고 있으며, 이러한 전제 아래 하자담보책임과 채무불이행책임과의 경합을 인정하고 있음은 전술한 바와 같다(대법원 2004.7.22.선고, 2002다51586 판결).[448] 물론 '판례는 「청구권의 경합」을 넓게 인정하므로, 매수인은 확대손해의 배상을 하자담보책임·채무불이행책임·불법행위책임의 어느 책임을 근거로 해서도 물을 수 있는 것으로 보고 있다'고 판단된다(대법원 1992.4.14.선고, 91다17146·17153 판결). 그런데 최근 대법원은 전원합의체판결로써 '토지의 소유자라 하더라도 토양오염물질을 토양에 누출·유출하거나 투기·방치함으로써 토양오염을 유발하였음에도 오염토양을 정화하지 않은 상태에서 그 오염토양이 포함된 토지를 거래에 제공함으로써 유통되게 하거나, 토지에 폐기물을 불법으로 매립하였음에도 이를 처리하지 않은 상태에서 그 해당 토지를 거래에 제공하는 등으로 유통되게 하였다면, 다른 특별한 사정이 없는 한 이는 거래의 상대방 및 위 토지를 전전 취

445) 프랑스민법 제1645조: 목적물의 하자를 알고서도 이를 매도한 자는 매수인에 대하여 수령한 대금의 반환 이외에도, 모든 손해의 배상책임을 진다.

446) 개정 전 독일민법 제463조(불이행으로 인한 손해배상) 매매 당시에 매수한 물건이 보증된 성상을 흠결하고 있는 경우에는 매수인은 대금반환 또는 대금감액을 청구하는 대신에 불이행으로 인한 손해의 배상을 청구할 수 있다. 이는 매도인이 결함을 알면서도 이를 묵비한 경우에도 마찬가지이다.

447) 2002년부터 시행된 개정 독일민법에서 하자담보책임의 효과로서의 손해배상은 악의 또는 성상의 보증을 요건으로 하지 아니하고 일반적인 귀책사유인 고의·과실을 요건으로 하는 것으로 변경되었다는 점에서 개정 전과 차이가 있으나, 손해배상의 범위에 대해서는 개정 전과 큰 차이는 없다고 할 수 있다. 이에 대한 상세는 사동천, 전게논문(주 302), 135 이하 참조.

448) 판례평석: 남효순, 전게논문(주 104), 434 이하; 송인권, 전게논문(주 104), 203 이하; 임건면, 전게논문(주 104), 352 이하; 김재형, 「민법판례분석」, 254 이하; 拙稿, 전게논문(주 104), 153 이하.

득한 현재의 토지 소유자에 대한 위법행위로서 불법행위가 성립할 수 있으며, 위 토지를 매수한 현재의 토지소유자가 오염토양 또는 폐기물이 매립되어 있는 지하까지 그 토지를 개발·사용하게 된 경우 등과 같이 자신의 토지소유권을 완전하게 행사하기 위하여 오염토양 정화비용이나 폐기물 처리비용을 지출하였거나 지출해야만 하는 상황에 이르렀다거나 관할 행정관청으로부터 조치명령 등을 받음에 따라 마찬가지의 상황에 이르렀다면, 위 위법행위로 인하여 오염토양 정화비용 또는 폐기물 처리비용의 지출이라는 손해의 결과가 현실적으로 발생하였다고 할 것이므로, 토양오염을 유발하거나 폐기물을 매립한 종전 토지소유자는 그 오염토양정화비용 또는 폐기물처리비용 상당의 손해에 대하여 불법행위자로서 손해배상책임을 진다'고 판시함으로써, 경합의 법리에 의존하지 않고 바로 불법행위책임을 인정하여 이에 배치되는 종전의 판례[449]를 변경하였다(대법원 2016.5.19.선고, 2009다66549 전원합의체판결).[450]

사견으로는, 현행민법의 해석상 확대손해의 배상의 문제는 「불완전이행론」에 의거하여 제390조 이하의 일반규정에 의하여 인정할 것인가, 아니면 단순히 불법행위책임에 관한 제750조 이하의 규정에 의하여 처리할 것인가의 여부에 달린 문제라고 할 것이다. 다만, 입법론상으로는 확대손해의 배상 문제도 이행이익의 배상과 마찬가지로 하자담보책임에 포함시키는 것이 분쟁의 조속한 해결을 위하여 바람직하다고 생각된다. 이 경우 확대손해의 배상을 포함한 손해배상을 하자담보책임에 포함시키기 위해서는, 현행민법상 6개월로 규정되어 있는 매수인의 권리행사기간을 적당한 기간으로 연장하는 것이 필요하다고 생각한다.[451] 「2004년 민법개정안」은 제582조의 권리행사기간을 "매수인이 그 사실을 알았거나 알 수 있었던 날부터 1년 내에 행사하여야" 하는 것으로 개정할 것을 제안한 바 있음은 전술한 바와 같다.

(라) 종류매매에 있어서의 하자담보책임의 특칙 : 완전물급부청구권

(A) 제581조의 입법취지 종류매매에서 매도인은 일정한 종류에 속하는 일정수량의 물건을 인도할 의무를 부담하는데, 그 종류에 속하는 물건이 거래계에 존재하는 한 매도인은 이를 조달하여야 할 의무(조달의무)를 부담한다. 여기서 「그 종류에 속하는 물건」이라 함은 '하자 없는 완전한 물건'을 의미하고, 거래계에 하자 없는 완전한 물건은 얼마든지 존재하고 있으므로, 그 종류에 속하는 모든 물건에 치유불능의 하자가 있지 않은 이상 「하자 없는 완전한 물건의 인도의무」를 원시적 불능이라고 할 수는 없다. 따라서 종류매매에서는 매도인의 「하자 없는 완전한 물건의 인도의무」를 인정하지 않을 수 없으며, 하자 있는 종류물의 인도

449) 대법원 2002.1.11.선고, 99다16460 판결.

450) 판례평석: 주지홍, "폐기물매립 후 토지가 전전유통된 경우 최후계약 당사자 간의 채무불이행책임", 토지법학 33-2호(한국토지법학회, 2017), 65 이하; 양형우, "자신의 토지에 토양오염을 유발하고 폐기물을 매립한 자의 불법행위책임", 홍익법학 18권 2호(홍익대학교, 2017), 377 이하; 곽희두, "토양오염행위자의 전전매수인에 대한 불법행위책임 여부", 판례연구 29집(부산판례연구회, 2018), 515 이하.

451) 그 기간은 최소한 1년 이상이 되어야 할 것이라고 생각한다.

는 매도인의 하자 없는 물건의 인도의무의 불이행(Nichterfüllung)이 된다(390조). 이러한 이유에서 「원시적불능무효론」을 이론적 전제로 하는 「특정물도그마」를 기초로 하는 「법정책임설」의 입장에서는, '매도인의 하자담보책임은 종류매매에서는 인정될 수 없다'고 해석한다. 왜냐하면 종류물매도인의 하자담보책임을 인정하여야 한다면, 이 경우의 하자담보책임은 성질상 채무불이행책임이 될 수밖에 없는데, 이러한 결론은 하자담보책임은 '채무의 완전한 이행에도 불구하고 법률이 특별히 인정한 법정책임'이라는 「법정책임설」의 이론적 파탄을 의미하는 것이기 때문이다. 종류물매도인의 하자담보책임에 관한 명문규정이 없었던 일본민법(구 의용민법)하에서의 통설적 견해가 '종류매매에서는 매도인이 하자 있는 물건을 인도한 경우에도 하자담보책임은 인정되지 아니하며, 매도인의 일반적 채무불이행책임만이 문제될 수 있다'고 해석하였던 이유가 여기에 있다. 그러나 「법정책임설」에 의하여 종류물매매에서 일반적 채무불이행책임만을 인정하는 경우에는, 특정물매매보다 더욱 안전하고 신속히 해결되어야 할 필요성이 크다고 할 수 있는 종류매매의 법률관계가 특정물매매의 경우에 비하여 오히려 더욱 불안해지는 결과를 야기하게 되는 문제가 발생하는데,[452] '이러한 결과는 매매거래의 안전과 신속을 확보함으로써 대량의 상품거래를 특징으로 하는 자유시장경제체제를 유지·발전시켜야 하는 매매법의 사명에 비추어 볼 때 큰 모순이며 문제'라는 비판을 면할 수 없었다.

이러한 모순과 문제점을 해결하기 위하여, 구 의용민법하의 판례[453]와 일부학설[454]은 하자담보책임의 본질에 관하여 「법정책임설」을 취하면서도, '종류매매에 있어서도 매수인에 대한 물건의 인도를 요건으로 하여 하자담보책임만이 성립한다'는 입장을 취하고 있었다.

현행민법은 이러한 구 의용민법하의 일부학설과 판례이론에 따라서 종류물매도인의 하자담보책임을 인정하는 제581조를 신설함으로써 입법에 의하여 이 문제를 해결하였다. '우리 민법의 기초자가 어떠한 취지에서, 또한 어떠한 이론적 근거에 의하여 이러한 규정을 둔 것인가?'에 대해서 명확히 밝혀진 것은 없지만, 민법전 제정 당시의 여러 가지 사정을 종합하여 판단할 때, 종류매매에 대하여 하자담보책임만을 인정하여야 한다는 당시의 일본의 판례[455]

---

452) 구 의용민법하에서의 통설적 견해에 의하면, '하자 있는 종류물의 인도로 인한 매도인의 채무불이행책임은 이행이익배상 및 완전물급부의무를 내용으로 하되, 시효기간은 신의칙에 의하여 적당한 범위로 제한되어야 한다'고 해석되었다. 즉, '종류매매에서는 인도된 목적물에 하자가 있는 경우라 할지라도 하자담보책임에 관한 규정은 적용될 수 없으므로, 일반적 채무불이행책임에 관한 규정의 적용을 받게 되므로, 매도인의 책임은 일반채권의 소멸시효기간인 10년간 존속하게 되어 1년이라는 단기의 제척기간의 적용을 받게 되는 하자담보책임의 경우에 비하여 장기간 매도인의 지위가 불안정하게 되는 바, 종류물의 매도인이 특정물의 매도인에 비하여 이와 같이 장기간에 걸쳐서 무거운 책임을 부담하는 것은 불합리하므로, 신의칙에 기하여 그 기간을 조정하여야 한다'고 해석하고 있었던 것이다(我妻榮(中一), 305~309 참조).

453) 일본대심원 1925.3.13.판결, 민집4권217. 이른바 「터빈펌프사건」이라고 불리우는 이 판결은 '종류매매에도 하자담보책임만을 인정하여야 한다'는 일본판례의 입장을 보여주는 대표적인 판결로서 유명하다.

454) 末川博, 50~52 참조.

455) 일본 대심원은 「터빈펌프사건」에 대한 1925.3.13.의 판결에서, '매도인이 매수인의 동의를 얻어 이를

와 일부학설[456]이 결정적인 영향을 미쳤을 것임은 분명하다.[457]

이와 같이 종류물매도인의 하자담보책임을 규정하고 있는 제581조가 구 의용민법하의 일본의 판례이론을 계수한 것이라고 한다면, '「채무불이행책임설」의 입장에서 종류물매도인의 하자담보책임을 어떻게 이론구성할 것인가?' 하는 것이 문제된다.

생각건대, 제581조의 입법연혁에도 불구하고 종류물매도인의 하자담보책임의 본질은 어디까지나 채무불이행책임이라고 보아야 할 것이다. 그러므로 '제581조는 채무불이행책임의 일반규정인 제390조의 특칙이며, 제581조가 규정하고 있는 하자담보책임의 범위 내에서 일반규정인 제390조 이하의 규정은 그 적용이 배제된다'고 해석하여야 할 것이다. 학설 중에는 「채무불이행책임설」을 취하면서도 '제581조의 하자담보책임과 제390조의 불완전이행책임과의 경합'을 인정하고 있으나, 이러한 해석론은 이론상 부당할 뿐만 아니라, '거래관계의 신속한 해결을 목적으로 종류매매에서 일반적 채무불이행책임을 배제하고 하자담보책임만을 인정하겠다는 제581조의 입법취지에 부합하지 않는 견해'라는 비판을 면하기 어렵다 할 것임은 특정물매도인의 하자담보책임에 관한 제580조의 해석론에서 설명한 것과 다를 바 없다. 요컨대, 종류매매에서 '특정된 목적물에 하자가 있는 때에는 매도인은 제581조에서 규정하고 있는 하자담보책임만을 부담할 뿐'이라고 해석하여야 할 것이다. 그러므로 '채무불이행책임에 관한 제390조 이하의 일반규정은 제581조에서 규정하지 아니한 규정상의 흠결이 있는 경우에 한하여 보충적으로 적용될 수 있을 뿐, 제581조와 경합적으로 적용될 수는 없다'고 할 것이다.

(B) 대금감액(또는 하자보수청구권)**과 완전물급부청구권과의 선택**

a) 대금감액 또는 하자보수 특정물매매의 경우와 마찬가지로, 종류매매에 있어서도 특정된 목적물에 하자가 있더라도 그 하자가 경미하여 매매의 목적달성에 지장이 없는 경우에는 매수인은 계약을 해제할 수 없으며, 단지 매도인에 대하여 무과실의 「대금감액」을 의미하는 "손해배상" 또는 하자보수 중에서 한 가지를 선택적으로 청구할 수 있을 뿐이라고 해석하여야 한다. 왜냐하면 "목적물을 종류로 지정한 경우에도 그 후 특정된 목적물에 하자가 있는 때"에는 특정물매도인의 하자담보책임에 관한 제580조의 규정이 준용되기 때문이다(581조 1항). 그런데 민법은 특정물매도인의 하자담보책임의 경우에는 하자의 존재 여부를 판단하는 기준시기에 대하여 아무런 규정도 두지 않고 있는 것과는 달리, 종류물매도인의 하자담보책

지정하거나 또는 그 급부를 하는 데 필요한 행위를 완료한 때에 급부할 물건은 특정되었다'고 하여, '종류물의 특정 시를 기준으로 하여 종류물이 특정물로 전환된다'는 이론을 전개하였다.

456) 末川博, 50~52 참조.

457) 특히 우리 민법이 '급부 시'를 기준으로 하고 있는 만주민법과는 달리(만주민법 561조 참조), "특정 시"를 하자담보책임이 발생의 기준 시로 규정한 점을 고려하면, 종류물매도인의 하자담보책임에 관한 현행민법 제581조는 구 의용민법하에서의 일본의 판례이론을 계수한 것이라고 생각한다.

임의 경우에는 제581조 제1항에서 "그 후 특정된 목적물에 하자가 있는 때"라고 규정함으로써, '목적물의 특정 시'를 하자 여부를 판단하는 기준시기로 규정하고 있기 때문에, '종류매매에서는 매도인이 목적물을 인도하지 않은 경우에도 「목적물이 특정된 때」에 특정된 물건에 하자가 있는 경우에는 제581조 소정의 하자담보책임이 발생한다'고 해석하지 않을 수 없다. 즉, 제581조 제1항은 '매매의 목적물을 종류로 지정한 경우에도 그 후 특정된 목적물에 하자가 있는 때에는 이로 인하여 계약의 목적을 달성할 수 없는 경우에 한하여 매수인은 계약을 해제할 수 있다. 기타의 경우(하자에도 불구하고 계약의 목적달성이 가능한 경우)에는 손해배상만을 청구할 수 있다. 그러나 매수인이 목적물에 하자가 있다는 사실을 알았거나 과실로 인하여 이를 알지 못한 때에는 그러하지 아니하다'는 내용의 조문이 되는 것이다(581조 1항, 580조, 575조 1항). 그러나 목적물을 인도하기 전에 특정된 목적물에 하자가 있다는 사실이 발견된 경우에는 대체급부가 가능한 종류매매의 특성상 매수인이 하자 있는 종류물의 수령을 거절하고 다른 완전한 물건을 인도하여 줄 것을 청구하는 것이 거래의 현실이므로, 하자의 판단기준시를 인도 시가 아니라 특정 시로 규정하여 인도 전에 하자담보책임을 물을 수 있도록 한 것은 입법취지는 좋으나, 거래의 실제에는 부합하지 않으므로 입법론상 재고의 여지가 있다. 아무튼 제581조 제1항의 규정에 따르면, 특정된 목적물에 하자가 있음에도 불구하고 계약의 목적을 달성하는 데 지장이 없는 경우에는 매수인은 계약을 해제할 수 없고 무과실의 손해배상(대금감액)만을 청구할 수 있으며, 하자보수는 청구할 수 없는 것처럼 보인다. 그러나 민법은 제581조 제2항에서는, "전항의 경우에 매수인은 계약의 해제 또는 손해배상의 청구를 하지 아니하고 하자 없는 물건을 청구할 수 있다"고 규정함으로써, 매수인은 특정된 목적물의 하자로 인하여 계약의 목적을 달성할 수 있는지의 여부에 상관없이, 대금감액의 의미에서의 손해배상과 선택적으로 「완전물급부청구권」을 행사할 수 있는 것처럼 규정하고 있다. 이처럼 제581조 제1항의 규정과 제2항의 규정은 상호 모순되는 내용을 담고 있어서, 이를 합리적으로 조정하여 해석할 필요가 있다고 할 것이다.

b) 완전물급부청구권 전술한 바와 같이, 제581조 제1항이 준용하고 있는 제580조의 "손해배상만을 청구할 수 있다"는 규정은 '하자가 경미하여 하자에도 불구하고 계약의 목적을 달성할 수 있는 경우에는 대금감액을 의미하는 손해배상 이외에는 아무런 청구도 할 수 없다'는 의미가 아니라, '하자가 경미한 경우에는 해제권을 행사할 수 없다'는 의미로 해석하여야 할 것이며, 또한 이렇게 해석하여야만 제581조 제1항과 제2항의 규정상의 모순도 해소되게 된다. 즉, '종류매매에 있어서도 특정물매매의 경우와 같이 하자가 경미하여 매도인의 하자보수 또는 대금감액의 의미에서의 손해배상에 의하여 계약의 목적을 달성할 수 있는 경우에는, 대금감액을 의미하는 손해배상 또는 하자보수의 두 가지 중에서 하나만이 선택적으

로 행사될 수 있다'고 해석하여야 하는 것이다. 즉, 제581조 제2항에서 규정하고 있는 '하자 없는 물건을 청구한다'는 것은 「하자보수청구권」을 의미하는 것이라고 제한적으로 해석할 필요가 있다고 할 것이다.

학설 중에는 '민법은 완전물급부청구권에 대하여 아무런 제한을 두고 있지 않으므로, 무제한설(無制限說)이 타당하다'고 해석하는 견해도 있으나,[458] 이는 '거래의 실제와 부합되지 않는 형식적 해석'이라는 비판을 면하기 어려우며, 민법의 원칙은 어디까지나 '경미한 하자는 대금감액이나 하자보수에 그치며, 중대한 하자에 한하여 해제(대금반환) 또는 완전물급부가 허용된다'는 것이라고 해석하여야 할 것이다. 판례도 '매매목적물의 하자가 경미하여 수선 등의 방법으로도 계약의 목적을 달성하는 데 별다른 지장이 없는 반면 매도인에게 하자 없는 물건의 급부의무를 지우면 다른 구제방법에 비하여 지나치게 큰 불이익이 매도인에게 발생되는 경우와 같이 하자담보의무의 이행이 오히려 공평의 원칙에 반하는 경우에는 완전물급부청구권의 행사를 제한함이 타당하다'고 한다(대법원 2014.5.16.선고, 2012다72582 판결).

요컨대, '종류매매에 있어서도 인도된 목적물에 하자가 있으나 그 하자가 경미하여 계약의 목적을 달성하는 데 지장이 없는 경우에는 매수인은 계약을 해제할 수 없으며, 매수인의 대금감액 또는 하자보수청구에 응하여 매도인이 하자를 보수하여 주거나 대금을 감액하여 그 차액을 반환함으로써 매매관계는 종결된다'고 해석하여야 할 것이다. 즉, 종류물매매에서 특정된 물건에 하자가 있는 경우에는 매수인은 해제권을 행사하든지 「완전물급부청구권」을 행사하든지 임의로 선택할 수 있다. 여기서 매수인이 '하자 없는 물건을 청구할 수 있다'는 것은 '하자 없는 다른 완전한 물건'으로 바꾸어 달라고 청구할 수 있음을 의미하는 것으로 해석하여야 할 것이다. 따라서 매도인은 매수인의 「완전물급부청구」에 대하여 「하자보수」로 대체할 수 없다고 할 것이다. 그러나 거래의 실제에서는 약관에 의하여 매수인의 「완전물급부청구권」을 배제하고 「하자보수」로 대신하는 경우가 많다는 점에 유의하여야 한다. 민법 제581조는 강행규정은 아니므로, 매수인의 완전물급부청구권을 배제하는 약관의 효력은 일단 인정될 수 있는 것이나, 약관규제법의 해석상 이러한 약관은 신의칙에 반하는 불공정한 약관으로서 무효가 될 수도 있다(약관규제법 7조 3호).

매수인이 완전물급부청구권을 행사하는 경우에는 이행이익의 배상은 문제되지 않는다. 그러나 완전물의 급부가 이행기 이후에 이루어진 경우에는 매도인은 지연배상까지 제공하지 않으면 채무의 내용에 좇은 완전한 이행이 되지 않음은 물론이다(390조).

---

458) 민법주해(14)/남효순, 554 참조.

■ **종류매매에서 하자담보의무의 이행이 공평의 원칙에 반하는 경우에는 매수인의 완전물급부청구권 행사를 제한할 수 있는지 여부(적극) 및 그 판단기준** [1] 민법의 하자담보책임에 관한 규정은 매매라는 유상·쌍무계약에 의한 급부와 반대급부 사이의 등가관계를 유지하기 위하여 민법의 지도이념인 공평의 원칙에 입각하여 마련된 것인데, 종류매매에서 매수인이 가지는 완전물급부청구권을 제한 없이 인정하는 경우에는 오히려 매도인에게 지나친 불이익이나 부당한 손해를 주어 등가관계를 파괴하는 결과를 낳을 수 있다. 따라서 매매목적물의 하자가 경미하여 수선 등의 방법으로도 계약의 목적을 달성하는 데 별다른 지장이 없는 반면 매도인에게 하자 없는 물건의 급부의무를 지우면 다른 구제방법에 비하여 지나치게 큰 불이익이 매도인에게 발생되는 경우와 같이 하자담보의무의 이행이 오히려 공평의 원칙에 반하는 경우에는, 완전물급부청구권의 행사를 제한함이 타당하다. [2] 이러한 매수인의 완전물급부청구권의 행사에 대한 제한 여부는 매매목적물의 하자의 정도, 하자 수선의 용이성, 하자의 치유가능성 및 완전물급부의 이행으로 인하여 매도인에게 미치는 불이익의 정도 등의 여러 사정을 종합하여 사회통념에 비추어 개별적·구체적으로 판단하여야 한다. [3] 甲이 乙주식회사로부터 자동차를 매수하여 인도받은 지 5일 만에 계기판의 속도계가 작동하지 않는 하자가 발생하였음을 이유로 乙회사 등을 상대로 신차 교환을 구한 사안에서, 위 하자는 계기판 모듈의 교체로 큰 비용을 들이지 않고서도 손쉽게 치유될 수 있는 하자로서 하자수리에 의하더라도 신차구입이라는 매매계약의 목적을 달성하는 데에 별다른 지장이 없고, 하자보수로 자동차의 가치하락에 영향을 줄 가능성이 희박한 반면, 매도인인 乙회사에 하자 없는 신차의 급부의무를 부담하게 하면 다른 구제방법에 비하여 乙회사에 지나치게 큰 불이익이 발생되어서 오히려 공평의 원칙에 반하게 되어 매수인의 완전물급부청구권의 행사를 제한함이 타당하므로, 甲의 완전물급부청구권 행사가 허용되지 않는다. (대법원 2014.5.16.선고, 2012다72582 판결)[459]

(5) 그 밖의 문제

1) 경매에 있어서의 매도인의 담보책임

(가) 의 의

민법은 경매에서는 매도인에게 하자담보책임을 인정하지 않고 있다(580조 2항, 581조 1항). 따라서 경매의 매수인(경락인)은 매수한 목적물의 품질·성능에 하자가 있더라도 매도인에게 하자담보책임을 물을 수 없다. 다만, 민법은 경매의 목적인 권리에 하자가 있는 경우에는, 매수인은 채무자에게 제570조 내지 제577조의 규정에 의한 담보책임을 물을 수 있도록 하고 있다(578조). 다만 제578조의 규정은 경매절차는 유효하게 이루어졌으나 경매의 목적이 된 권리의 전부 또는 일부가 타인에게 속하는 등의 하자로 경락인이 완전한 소유권을 취득할 수 없거나 이를 잃게 되는 경우에 인정되는 것이어서, 경매절차 자체가 무효인 경우에는 경매의 채무자나 채권자의 담보책임은 인정될 여지가 없다(대법원 1993.5.25.선고, 92다15574 판결 등).[460] 여기서 "경매"라 함은, 민사집행법에 의한 강제경매(민사집행법 80조 이하)와 「담보권실행을 위한 경매」(민사집행법 264조 이하) 및 국세징수법상의 체납처분을 위한 경매(국세징수법 67조 이하) 등의 「공경매」(公競賣)만을 의미함은 물론이다.[461]

---

459) 판례평석: 김재형, 「민법판례분석」, 259 이하; 송덕수/김병선, 「민법핵심판례 210선」, 294; 윤진수, 「민법기본판례」, 402 이하.

460) 같은 취지: 대법원 1991.10.11.선고, 91다21640 판결.

민법이 경매에서의 하자담보책임을 인정하지 않는 이유는, 경락인(매수인)은 통상 목적물의 하자를 고려하여 경매에 응하는 것이 보통이라는 점과, 국가기관인 법원에 의하여 이루어지는 경매절차의 안정을 꾀하기 위한 것이라고 할 수 있다. 그러나 현행민법이 경매에서 하자담보책임을 인정하지 않음으로써, 시가에 비하여 경락가격이 더욱 저하되게 되고 이는 결국 채무자와 채권자 모두에게 불이익을 안겨준다는 점에서, 입법론상으로는 재고의 여지가 있다고 할 것이다.[462)]

(나) 담보책임의 내용(효과)

(A) 계약해제 또는 대금감액 민법 제578조는 경매의 목적인 권리의 전부 또는 일부가 타인에게 속하는 경우(570~573조), 경매목적물의 수량부족·일부멸실의 경우(574조), 경매의 목적인 권리에 제한물권이 있는 경우(575조), 경매의 목적인 권리가 추탈된 경우(576조, 577조)에 적용되는데,[463)] 경락인(매수인)은 이러한 경우에 각 규정에 따라서 채무자에게 계약의 해제 또는 대금감액의 청구를 할 수 있다(578조 1항). 그러나 채무자가 담보책임에 대한 변제자력이 없는 때에는, 경락인(매수인)은 대금의 배당을 받은 채권자에 대하여 그 대금 전부나 일부의 반환을 청구할 수 있다(578조 2항). 이 경우, 채권자는 채무자에 속하지 않는 목적물로부터 배당받은 결과가 된다는 점에서 그 반환을 인정한 것이므로, 채권자의 반환의무는 배당받은 금액을 한도로 한다고 해석된다.[464)] 그러나 판례는 '경매개시결정 전에 경료된 제3자 명의의 가등기에 기하여 경락허가결정이 확정된 후 소유권이전의 본등기가 경료됨으로써 경락인(매수인)이 경락받은 부동산의 소유권을 취득하지 못한 경우라 할지라도, 채권자가 경락대금 중에서 채권의 변제조로 교부받은 배당금을 법률상 원인 없이 취득한 부당이득이라고 할 수 없으므로, 경락대금의 반환청구는 인정되지 않는다'는 입장을 취하고 있다(대법원 1986.9.23.선고, 86다카560 판결 등).

한편 물상보증인이 제공한 담보물이 경매의 목적이 된 경우에도 채무자가 1차적인 담보

---

461) 同旨: 곽윤직, 152 참조. 경매를 「공법상의 처분」으로 보는 견해도 있으나, 이를 「사법상의 매매」로 보는 것이 통설·판례의 입장이다. 경매를 사법상의 매매로 보는 경우에는, 다시 매도인을 누구라고 볼 것인가 하는 것이 문제되는데, 이에 대하여는, ① 채권자설(담보권자설), ② 채무자설, ③ 국가기관설이 대립되고 있다. 민법 제578조는 경매에서 채무자를 제1차적인 담보책임의 주체로 규정하고 있으므로, 담보책임에 관한 한 경매에서의 매도인은 채무자라고 보는 것이 타당하다 할 것이다(同旨: 곽윤직(신정판), 250; 김주수, 202 참조).

462) 이러한 관점에서, 입법론상의 검토의 필요성을 지적하는 견해로는 김주수, 204 참조.

463) 제578조 제1항의 해석으로는, 경매목적물이 지상권, 지역권, 전세권, 질권 또는 유치권의 목적이 된 경우(575조 1항), 경매의 목적이 된 부동산을 위하여 존재할 지역권이 없거나 그 부동산에 등기된 임차권이 있는 경우(575조 2항)도 포함된다고 할 수 있으나, 경매목적물에 존재하는 이러한 권리는 경매기일의 공고에 의하여 경매가격 산출에 고려될 것이므로, 실제로는 문제가 되지 않는다(민사집행법 91조 참조).

464) 곽윤직, 152 참조.

책임의 주체가 된다고 해석하는 견해도 많으나,[465] 물상보증의 경우에는 채무자가 매도인이 되는 것이 아니라 물상보증인이 매도인이 되는 것이므로, 담보책임의 1차적 귀속자는 매도인의 지위에 서는 물상보증인이라고 해석하여야 할 것이다.[466] 판례도 물상보증인이 제578조의 "채무자"에 포함된다고 해석하고 있다(대법원 1988.4.12.선고, 87다카2641 판결).

(B) **손해배상청구권** 일반적인 매매에서와는 달리, 경매에서는 권리에 하자가 있는 경우에도 매도인에게 손해배상책임은 인정되지 않는다. 경매는 채무자의 의사에 의하지 않는 강제적인 매매이므로, 형식상의 매도인에 지나지 않는 채무자에게 이행이익의 배상을 내용으로 하는 손해배상책임[467]을 부담시킨다는 것은 지나치게 가혹한 결과가 되기 때문이다.[468] 그러므로 채무자가 물건 또는 권리의 흠결을 알고 고지하지 아니하거나 채권자가 이를 알고 경매를 청구한 때에 한하여, 경락인(매수인)은 그 흠결을 안 채무자나 채권자에 대하여 손해배상을 청구할 수 있을 뿐이다(578조 3항). 이 경우에 채무자와 채권자 모두에게 책임이 있는 때에도, 채무자가 제1차적 책임을 지고 채권자는 제2차적 책임만을 부담한다는 견해도 있으나,[469] 그와 같이 제한적으로 해석할 근거는 없다고 생각된다. 따라서 채무자와 채권자는 경락인에 대한 손해배상에 관하여 연대책임을 부담한다고 해석하는 것이 타당하다 할 것이다.[470] 구 의용민법하에서의 대법원은 '이 경우에 법원 또는 경락인(매수인)의 과실은 채무자의 담보책임의 내용으로서 손해배상에 영향을 미치지 않는다'고 판시한 바 있다(대법원 1964.5.12.선고, 63다663 판결).

2) 채권매도인의 담보책임에 관한 특칙

(가) 담보책임에 관한 일반원칙의 적용

매매의 목적인 채권에 하자가 있는 경우에는, 채권매도인은 제570조~제576조의 적용 내지 준용에 의하여 책임을 진다. 즉, ① 채권의 전부 또는 일부가 타인에게 속하는 경우에는 제570조~제573조가 적용된다. ② 채권의 일부가 존재하지 않는 경우에는 제574조가 준용된다(결국 제572조와 제573조가 준용된다). ③ 채권이 질권의 목적인 경우에는 제575조와 제576조가 준용된다. ④ 경매의 경우에는 제578조가 준용된다.[471] ⑤ 채권에 수반되어야 할 담보권이 존재하지 않는 경우에는, 일종의 법률적 하자로서 제575조 제2항을 유추적용하여 채권매

465) 김증한/안이준, 245; 김현태, 130; 이태재, 189; 김주수, 203 참조.
466) 同旨: 양창수, "타인소유 물건의 경매와 물상보증인의 담보책임", 판례월보, 1988/9, 38 이하; 곽윤직, 152 참조.
467) 여기서 말하는 "손해배상"은 일반적 의미에서의 「손해배상」(Schadensersatz)을 의미한다.
468) 同旨: 곽윤직, 153 참조.
469) 김증한, 157 참조.
470) 同旨: 곽윤직, 153; 김주수, 203 참조.
471) 다만, '채권의 강제집행은 경매가 아니라, 금전채권의 경우 추심명령과 전부명령(민사집행법 229조 이하), 양도명령·매각명령·관리명령 등의 「특별환가방법」(동법 241조)이 행하여진다'는 점에 유의하여야 한다.

도인의 담보책임을 인정하여야 할 것이다.[472]

(나) 채무자의 변제자력에 관한 담보책임에 관한 특칙

채권의 매도인은 원칙적으로 채무자의 변제자력 유무에 대하여 책임을 지지 아니한다. 그러나 예외적으로 매도인이 채무자의 변제자력을 담보한 경우에는, 일정한 시기의 채무자의 변제자력에 대하여 매도인이 담보책임을 진다. 민법은 이와 같은 법리를 전제로 하여, 채권의 매도인이 채무자의 자력을 담보한 때에는 매매계약 당시의 변제자력을 담보한 것으로 추정하며, 변제기에 도달하지 아니한 채권의 매도인이 채무자의 자력을 담보한 때에는 변제기의 자력을 담보한 것으로 추정한다고 규정하고 있다(579조). 변제기가 이미 도래한 채권의 매도인이 채무자의 자력을 담보한 경우에 대하여는 이무런 규정도 없으나, '실제로 변제될 때까지 매도인의 담보책임은 존속된다'고 해석하는 견해[473]가 타당하다고 생각한다. 이 경우에 매도인의 담보책임의 내용은 채무자가 변제자력이 없는 경우에 매수인의 손해를 배상하는 것이 될 것이다.[474]

3) 담보책임면제의 특약

(A) 의 의 매도인의 담보책임에 관한 민법의 규정은 기본적으로 매수인의 이익을 보호하기 위한 것이며, 분쟁을 조기에 해결하고자 하는 공익적 목적도 가지고 있으나, 거래의 안전을 보호하기 위한 규정은 아니므로, 절대적 강행규정이라고 볼 것은 아니다. 따라서 사회질서에 반하지 아니하는 범위 내에서 당사자가 담보책임에 관한 민법의 규정을 배제하거나 감경 또는 가중하는 특약을 하는 것은 원칙적으로 자유롭다. 다만, 민법은 당사자가 담보책임을 면제하는 특약(면책특약)을 한 경우에도, "매도인이 알고 고지하지 아니한 사실 및 제3자에게 권리를 설정 또는 양도한 행위에 대하여는 책임을 면하지 못한다"고 규정함으로써(584조), 면책특약의 자유에 대하여 제한을 가하고 있다. 또한 하자담보책임의 면책특약은 약관규제법에 의해서도 제한을 받고 있다.

(B) 민법에 의한 면책특약의 제한

a) 매도인이 알고 고지하지 않은 경우 매도인이 담보책임발생의 요건사실, 즉 매매의 목적인 권리의 전부 또는 일부가 타인에게 속한다는 사실, 목적물의 수량이 부족하거나 일부 멸실된 사실, 목적인 권리에 제한물권이 설정되어 있다는 사실, 목적물의 품질 또는 성능에 하자가 있다는 사실을 알고도 이를 매수인에게 고지하지 아니한 경우에는, 담보책임면제의 특약은 효력이 없다(584조). 이러한 사실을 알면서도 담보책임면제의 특약을 한다는 것은 일종의 사기행위라고 할 수 있으므로, 특약의 효력을 인정하지 않는 것이다. 그러므로 특약 시에

472) 同旨: 곽윤직, 151; 김주수, 201 참조.
473) 곽윤직, 151 참조.
474) 곽윤직, 151; 김주수, 202 참조.

매수인도 그러한 사실을 알고 있는 경우에는, 이를 사기행위라고 할 수 없을 뿐만 아니라, 매매대금의 결정에 그러한 하자가 반영되어 있을 것이므로, 면책특약은 유효하다고 해석할 것이다.

b) 매매목적인 권리 위에 제3자를 위한 권리를 설정하였거나 이를 양도한 경우 매도인이 제3자에게 권리를 설정 또는 양도하였으면서도 이를 또다시 매도하는 행위도 하자를 알고 고지하지 아니하는 행위와 마찬가지로, 상대방의 신뢰를 해하는 사기적 행위라고 할 것이므로, 면책특약의 효력을 인정하지 않는다(584조). 다만, '매도인이 제3자에게 권리를 설정하거나 양도하는 행위는 매매계약 이전에 행하여진 경우이어야 하는가, 아니면 계약체결 이후에 행하여진 경우에도 본조가 적용되는가?'의 여부는 분명하지 않으나, 계약체결 이후의 양도 또는 권리설정행위는 일반적인 채무불이행책임의 문제로 처리할 수 있으므로, 제584조의 규정은 계약체결 이전에 매도인이 제3자를 위하여 권리를 설정하거나 양도한 경우에 한하여 적용된다고 해석하는 것이 타당할 것이다.[475)]

(C) 약관규제법에 의한 제한

약관규제법은 담보책임의 면책특약의 효력에 관하여, '상당한 이유 없이 사업자의 담보책임을 배제 또는 제한하거나 그 담보책임에 따르는 고객의 권리행사의 요건을 가중하는 조항, 또는 계약목적물에 관하여 견본이 제시되거나 품질·성능 등에 관한 표시가 있는 경우 그 보장된 내용에 대한 책임을 배제 또는 제한하는 조항'을 무효로 규정하고 있다(동법 7조 3호). (☞ [5] 약관에 의한 계약의 성립)

4) 담보책임과 동시이행

쌍무계약에서의 동시이행항변권에 관한 제536조의 규정은 매도인의 담보책임에 관한 제572조~제575조, 제580조 및 제581조의 경우에 준용한다(583조). 즉, 매수인이 담보책임에 관한 규정에 의하여 대금감액청구권이나 계약해제권을 행사한 경우에는, 매도인의 대금의 전부 또는 일부의 반환채무 및 손해배상채무와 매수인의 하자 있는 목적물의 반환채무는 밀접한 관련이 있으므로 양 채무는 동시이행관계에 있는 것인데, 제583조는 이러한 법리를 확인한 것이다.

3. 매수인의 의무 : 대금지급의무

매수인은 재산권이전의 대가로서 매도인에게 약정된 대금을 지급할 의무를 진다(563조, 568조 1항). 이하에서는 매수인의 대금지급의무에 관한 여러 가지 문제들에 대하여 살펴보기로 한다.

475) 同旨: 곽윤직, 154 참조.

(1) 매매대금액

매매대금액은 당사자의 약정에 의하여 자유롭게 결정된다. 그러나 매매대금액에 관한 당사자의 약정이 선량한 풍속 기타 사회질서에 반하거나(103조), 당사자의 궁박, 경솔 또는 무경험으로 인하여 현저하게 공정을 잃은 경우에는 무효가 될 수 있다(104조). (☞ 민법총칙 편, 제6장 제4절 「불공정한 법률행위」) 또한 국민생활과 국민경제의 안정을 위하여 필요한 경우에는 정부가 특히 중요한 물품의 가격을 지정할 수 있으며(물가안정법 2조),[476] 사업자는 다른 사업자와 공동으로 일정한 거래분야에서 경쟁을 실질적으로 제한하는 가격을 결정·유지 또는 변경하는 행위를 할 수 없다(공정거래법 19조).[477]

▪ **리스회사와 리스물건 공급자 사이의 리스물건에 관한 매매계약 체결 시, 리스물건 공급자가 리스이용자 사이에서 미리 결정된 매매가격의 내역을 리스회사에게 고지하여 승낙을 받을 신의칙상의 의무가 있는지 여부**(한정 적극) 리스회사가 리스물건 공급자와 사이에 당해 리스물건에 관하여 체결하는 매매계약은 리스회사와 리스이용자 사이에 리스계약이 체결된 후 그 계약상의 의무를 이행하기 위하여 체결하는 것으로 그 목적이 리스이용자가 선정한 특정 물건을 그로 하여금 사용·수익할 수 있도록 리스물건 공급자로부터 이를 구입하는 데에 있으므로 통상의 매매계약과 다르며, 특히 매매 목적물의 기종, 물질, 성능, 규격, 명세뿐만 아니라 매매대금 및 그 지급조건까지도 미리 공급자와 리스이용자 사이에서 협의·결정되고 리스회사는 그에 따라 공급자와 사이에 매매계약을 체결하는 것이 통례이나, 리스물건의 소유권은 처음부터 리스회사에 귀속되어 최종적으로는 그 취득자금의 회수 기타 손해에 대한 담보로서의 기능을 가지므로, 리스회사로서도 그 매매가격의 적정성에 대하여 어느 정도 실질적인 이해관계를 가진다고 할 것이어서, 만일 리스이용자와 공급자 사이에서 미리 결정된 매매가격이 거래관념상 극히 고가로 이례적인 것이어서 리스회사에게 불측의 손해를 가할 염려가 있는 경우와 같은 특별한 사정이 있는 경우에는, 리스물건 공급자는 리스회사에게 그 매매가격의 내역을 고지하여 승낙을 받을 신의칙상의 주의의무를 부담하며 리스회사는 이를 고지받지 못한 경우 위 부작위에 의한 기망을 이유로 매매계약을 취소할 수 있다. (대법원 1997.11.28.선고, 97다26098 판결)

(2) 매매대금의 지급방법

매매계약은 재산권이전의 대가로서 금전을 지급하기로 하는 계약이므로, 금전채권이 발

---

476) 물가안정법 제2조(최고가격의 지정 등) ① 정부는 국민생활과 국민경제의 안정을 위하여 필요하다고 인정할 때에는 특히 중요한 물품의 가격, 부동산 등의 임대료 또는 용역의 대가에 대하여 최고가액(이하 "최고가격"이라 한다)을 지정할 수 있다. ② 최고가격은 생산단계·도매단계·소매단계 등 거래단계별 및 지역별로 지정할 수 있다. ③ 정부는 제1항에 따라 지정한 최고가격을 계속 유지할 사유가 없어졌다고 인정할 때에는 지체 없이 폐지하여야 한다. ④ 정부는 제1항 또는 제3항의 규정에 의하여 최고가격을 지정하거나 폐지한 때에는 지체 없이 이를 고시하여야 한다.

477) 공정거래법 제19조(부당한 공동행위의 금지) ① 사업자는 계약·협정·결의 기타 어떠한 방법으로도 다른 사업자와 공동으로 부당하게 경쟁을 제한하는 다음 각 호의 어느 하나에 해당하는 행위를 할 것을 합의(이하 "부당한 공동행위"라 한다)하거나 다른 사업자로 하여금 이를 행하도록 하여서는 아니 된다. 1. 가격을 결정·유지 또는 변경하는 행위 2. 상품 또는 용역의 거래조건이나, 그 대금 또는 대가의 지급조건을 정하는 행위 …(중략)… 8. 입찰 또는 경매에 있어 낙찰자, 경락자, 투찰가격, 낙찰가격 또는 경락가격, 그 밖에 대통령령으로 정하는 사항을 결정하는 행위 …(이하 생략)…

생하는 전형적인 계약이다. 광의의 금전채권에는 협의의 금전채권인 「금액채권」과 종류채권의 일종인 「금종채권(金種債權)」, 그리고 특정물채권인 「특정금전채권」이 있으나, 매매계약에 의하여 성립하는 금전채권은 금액채권이며, 금종채권 또는 특정금전채권이 성립하는 경우에는 매매가 아니라 교환계약이 성립한다. (☞ 채권총론 편, 제1장 제5절 「금전채권」)

(3) 매매대금의 지급장소

1) 대금지급장소의 결정

매매대금의 지급장소는 「변제장소에 관한 원칙」을 규정한 제467조 및 그의 특칙인 제586조에 의하여 정하여진다. 즉, ① 매매계약 당사자의 합의에 의하여 정하여진 장소(467조 1항 전단), ② 특정물매매의 경우에 대금지급장소에 관하여 당사자의 합의가 없는 때에는 매매계약 당시에 그 물건이 있던 장소(467조 1항 후단), ③ 매매목적물의 인도와 동시에 대금을 지급하여야 할 경우에는 목적물의 인도장소가 대금지급장소가 된다(586조). 그리고 지점거래인 매매계약상의 대금지급장소는 그 지점이 된다(상법 56조). 다만, '매도인은 대금지급장소가 아닌 장소에서의 대금 제공에 대해서는 그 수령을 거절할 수 있으나, 대금지급장소 이외에서의 대금의 제공이 매도인에게 특별한 불이익을 주지 않는 경우에는 신의칙상 그 수령을 거절할 수 없다'고 할 것이다.

2) 지참채무의 원칙

매매목적물의 인도와 동시에 대금을 지급할 경우 이외에는 「지참채무의 원칙」이 적용되어야 할 것이다. 즉, 채무의 성질 또는 당사자의 의사표시로 변제의 장소를 정하지 아니한 때에는 특정물인도 이외의 채무변제는 채권자의 현주소 또는 현영업소에서 하여야 하므로(467조 2항), 불특정물매매에서의 대금지급의 장소는 대금지급 시의 채권자인 매도인의 주소 또는 영업소이다. 그러므로 대금지급 전에 매도인이 주소를 이전한 경우에는 새로운 주소지가 변제의 장소가 되며,[478] 채권매매의 경우에는 대금지급 시의 채권자인 매도인의 주소지가 대금지급장소가 된다. 다만, '채권매도인의 주소지를 변제의 장소로 특정한 것이라고 인정하여야 할 경우에는 채권매매가 있더라도 대금지급장소는 변경되지 않는다'고 해석하여야 할 것이다.

우리 민법과 달리, 외국의 입법례는 변제장소에 관하여 추심채무를 원칙으로 하되 금전채무의 경우에는 지참채무의 예외를 인정하는 것이 일반적이다. 예컨대, 독일민법은 변제장소에 관하여 추심채무를 원칙으로 하고(BGB §269),[479] 금전채무에 한하여 예외적으로 '채무자

478) 다만 매도인의 주소이전 기타의 행위로 인하여 변제비용이 증가된 때에는, 그 증가액은 매도인이 부담하여야 한다(473조 단서).

479) 독일민법 제269조(급부지) (1) 급부를 위한 장소가 명확하지 않고 제반사정으로부터, 특히 채무관계의 성질로부터도 알 수 없는 경우에는, 급부는 채무관계의 발생 당시 채무자가 주소를 가지고 있던 장소에서 이행되어야 한다. (2) 채무자의 영업에서 발생하는 채무의 경우, 채무자가 영업소를 다른 곳에

의 비용과 위험부담 아래 채권자의 주소 또는 영업소에서 채권자에게 금전을 전달하여야 한다'고 규정하고 있으며(BGB §270),[480] 스위스채무법(OR Art. 74)[481]과 프랑스민법(C.c. Art. 1342 - 6, 1343 - 4)[482]도 독일민법과 같은 입법주의를 취하고 있다. (☞ 채권총론 편, [55] 변제의 장소)

3) 목적물의 인도와 동시에 매매대금을 지급할 경우의 특칙

매매목적물의 인도와 동시에 매매대금을 지급할 경우에는 그 인도장소에서 이를 지급하여야 한다(586조).

(4) 매도인의 대금수령의무와 채권자지체

매수인이 대금지급의무를 이행하기 위하여 대금을 제공하였으나 매도인이 이를 수령하지 않는 경우, 혹은 매도인이 매매목적물을 인도하였으나 매수인이 이를 수령하지 아니하는 경우에는 채권자에게 수령지체로 인한 책임이 발생한다(400조 이하). 문제는 '채권자지체책임의 본질을 채권자의 수령의무 위반에 기한 채무불이행책임으로 볼 것인가, 수령의무를 부인하고 채권자지체책임을 채무불이행과는 관계가 없는 일종의 법정책임으로 볼 것인가?' 하는 것인데, 이에 대하여 학설은 매우 복잡하게 갈리고 있다. 이러한 학설의 결론에 따라서 채권자지체의 요건과 효과에 대한 해석도 크게 달라지는 것은 물론인데, 여기서는 학설에 대한 상세한 검토는 생략하고 결론만을 간단히 언급하기로 한다.

민법이 채권자의 수령지체로 인한 책임을 인정하는 규정을 두고 있다는 것은 채권자의 「수령의무(受領義務)」를 전제로 하는 것이라고 볼 것이며, 채권자의 「수령의무」는 당사자의 약정에 의하여 인정되는 경우는 물론 그 밖에 거래의 관행 내지 당해 거래의 특성상 신의칙

두고 있는 때에는, 그 영업소 소재지가 주소지를 대신한다. (3) 채무자가 송부의 비용을 인수하였다는 사정만으로는 송부의 이행목적지가 급부지로 추단되지 아니한다.

480) 독일민법 제270조(지급지) (1) 채무자는 의심스러운 경우에는 자신의 위험과 비용으로 금전을 채권자의 주소에서 그에게 전달하여야 한다. (2) 채권이 채권자의 영업에서 발생한 경우, 채권자가 다른 곳에 영업소를 두고 있는 때에는, 그 영업소 소재지가 주소지를 대신한다. (3) 채무관계의 발생 이후에 일어난 채권자의 주소 또는 영업소의 변경으로 인하여 전달의 비용 또는 위험이 증가된 경우, 채권자는 전자의 경우에는 추가비용을, 후자의 경우에는 위험을 부담한다. (4) 급부지에 관한 규정에는 영향이 없다.

481) 스위스채무법 제74조(변제의 장소) (1) 변제의 장소는 당사자의 명시적인 또는 제반사정으로부터 추론된 의사에 의하여 결정되어야 한다. (2) 반대의 약정이 없는 한, 다음 각 호의 원칙이 적용된다 : 1) 금전채무는 변제 시에 채권자의 주소가 있는 곳에서 지급되어야 한다; 2) 채무가 특정물인 경우에는, 계약체결 시에 그 물건이 있었던 장소에서 인도되어야 한다; 3) 기타의 채무는 그 채무발생 당시에 채무자의 주소가 있던 곳에서 이행되어야 한다. (3) 채권자의 주소지에서 이행되어야 할 채무가 그 채무발생 이후에 채권자가 주소지를 이전함으로 인하여 채무자에게 현저한 불편을 끼친 때에는, 채무자는 원래의 채권자의 주소지에서 이행할 수 있다.

482) 프랑스민법 제1342-6조: 법률, 계약 또는 법관에 의한 지정이 없으면, 변제는 채무자의 주소에서 행해져야 한다. 제1343-4조: 법률, 계약 또는 법관의 지정이 없는 경우에, 금전채무의 변제장소는 채권자의 주소지이다.

에 기하여 인정되는 「법적 의무」(Rechtspflicht)라고 보아야 할 것이다. 즉, 채권자는 신의칙에 의하여 인정되는 법적 의무로서의 「수령의무」를 부담하며, 제400조 이하의 채권자지체책임은 바로 이러한 수령의무 위반에 기한 채무불이행책임인 것이다. 다만, 채권자지체책임의 본질을 채권자의 수령의무 위반에 기한 채무불이행책임이라고 보더라도, 이는 채권자의 귀책사유를 요하지 아니하는 무과실책임으로 해석하여야 할 것이며, 그 효과도 제400조 이하에 규정된 내용만을 발생시킨다고 할 것이다. 따라서 채무자의 계약해제권 및 손해배상청구권은 채권자의 귀책사유가 없는 한 인정될 수 없다고 해석하여야 할 것이다. (☞ 채권총론 편, 제4장 제1절 「채무불이행의 유형」)

(5) 매매대금의 이자지급

대금지급에 기한이 있는 경우를 제외하고는 매수인은 목적물의 인도를 받은 날로부터 대금의 이자를 지급하여야 한다(587조). 후술하는 바와 같이, 매수인의 이행지체 여부와는 관계없이 매매목적물이 인도되면 과실수취권은 매수인에게 이전된다. 그러나 대금지급의무를 지체하고 있는 매수인에게 과실수취권을 인정하는 것은 매수인에게 부당한 이중의 이익을 안겨주는 결과가 되므로, 민법은 계약당사자 간의 형평을 위하여 매수인에게 대금의 이자지급의무를 규정한 것이다. 여기서 「대금의 이자」라 함은, 손해배상의 일종인 지연이자를 의미하며, 당사자의 특약이 없는 한 법정이율에 의하여야 함은 물론이다.

(6) 권리주장자가 있는 경우의 매수인의 대금지급거절권

1) 제588조의 연혁 및 입법례

민법은 제588조에서, "매매의 목적물에 대하여 권리를 주장하는 자가 있는 경우에 매수인이 매수한 권리의 전부나 일부를 잃을 염려가 있는 때에는 매수인은 그 위험의 한도에서 대금의 전부나 일부의 지급을 거절할 수 있다. 그러나 매도인이 상당한 담보를 제공한 때에는 그러하지 아니하다"고 규정함으로써, 매매목적물에 대한 권리주장자가 있는 경우에 매수인의 대금지급거절권을 인정하고 있다. 이는 로마법의 「절박한 추탈(追奪)의 항변권」(exceptio evictionis imminentis)에서 유래한 것이라고 한다.[483] 즉, 고전시대의 로마법에서는 매도인은 매수인에 대하여 권리이전의무를 부담하지 않고 「평온한 점유를 담보할 의무」를 부담할 뿐이어서, 타인권리매매의 경우에도 목적물이 제3자에게 추탈되어야 비로소 매도인의 담보책임을 추급할 수 있었는데(이를 「추탈담보주의」라고 한다), 매수인은 매도인에게 추탈담보책임을 추급하기에 앞서서 추탈의 위험을 이유로 「대금지급연기의 항변권」을 행사할 수 있었다.

로마법을 가장 충실하게 계승한 프랑스민법은 매수인의 「대금지급거절의 항변권」을 인

---

483) 三宅正男(各論), 408 이하.

정하고 있다(C.c. Art. 1653).[484] 그러나 독일민법은 추탈의 위험에 기한 매수인의 대금지급거절권을 인정하는 「추탈담보주의」를 폐기하고 이를 매수인의 동시이행항변권에 통합하는 「권리공여주의(權利供與主義)」를 채용하고 있다(BGB §433).[485]

우리 민법은 독일민법을 본받아 매도인의 재산권이전의무를 인정하는 「권리공여주의」를 취하고 있으며, 타인권리매매의 경우에는 매도인에게 권리취득이전의무를 인정함으로써(569조), 매도인의 담보책임을 일종의 채무불이행으로 규정하고 있다. 또한 매도인의 재산권이전의무와 매수인의 대금지급의무의 쌍무성을 인정하여 양 의무가 동시이행관계에 있음을 명문으로 인정하고 있음은 전술한 바와 같다(568조 2항). 이와 같이 우리 민법은 독일민법을 본받아 「권리공여주의」를 취하고 매수인의 동시이행항변권을 인정하면서도, 이와는 별개로 매수인에게 추탈의 위험을 요건으로 한 대금지급거절권을 인정하고 있는데, '이는 어떠한 입법취지에서 비롯된 것이며, 그 적용요건은 무엇인가?' 하는 것이 문제된다.

2) 제588조의 입법취지

우리 민법은 매도인의 재산권이전의무를 인정하고(563조, 568조, 569조), 그 위반에 대한 제재로서 매도인에게 무과실의 담보책임을 부과함과 아울러(570~584조), 매도인의 재산권이전의무와 매수인의 대금지급의무와의 동시이행관계를 명문으로 규정하고 있음은 전술한 바와 같다(568조 2항). 그러나 법이론상 매매의 목적물에 대하여 권리를 주장하는 제3자가 있어서 매수인이 매매의 목적인 권리의 전부나 일부를 잃을 위험이 존재한다는 이유만으로는 매도인에 대하여 담보책임을 추급할 수 없으며, 동시이행항변권을 행사하는 것도 어렵다. 매수인의 추탈의 위험에 기한 「대금지급거절권」을 규정하고 있는 제588조는 제3자의 권리의 존재가 확정되어 매수인이 매도인에 대하여 담보책임을 추급할 수 있는 단계에 도달하기 전이라고 하더라도 매수인에게 대금지급거절의 항변권을 부여하여 매수인의 손해발생을 미연에 방지하기 위하여 두어진 제도라고 할 수 있을 것이다.[486]

3) 대금지급거절권의 행사요건

(가) 매매의 목적물에 대하여 권리를 주장하는 자가 있을 것

매수인이 제588조의 대금지급거절권을 행사하기 위해서는 매매의 목적물에 대하여 권리를 주장하는 자가 있어서 매수인이 매수한 권리의 전부나 일부를 잃을 염려가 있어야 한다. 예컨대, 제3자가 매매목적물의 전부 또는 일부의 소유권이나 지분권을 주장하는 경우가 이에

484) 프랑스민법 제1653조: 매수인이 저당권에 기한 소 또는 소유물반환청구의 소로 인하여 방해를 받은 때, 혹은 이러한 소로 인하여 방해를 받을 우려가 있다는 정당한 이유를 가진 때에는, 매수인은 매도인이 그 방해를 정지시킬 때까지는 대금의 지급을 거절할 수 있다. 다만 매도인이 보증을 세운 때, 혹은 방해가 있음에도 불구하고 매수인이 대금을 지급하여야 할 뜻을 약속한 때에는 그러하지 아니하다.

485) 전게 주 77 참조.

486) 同旨: 주석채권각칙(Ⅰ)/김용규, 642 참조.

해당하는 가장 전형적인 경우이나, '저당권과 같은 담보물권이 설정되어 있는 경우에도 본조는 적용된다'는 것이 학설[487]·판례의 입장이다(대법원 1988.9.27.선고, 87다카1029 판결 등).[488] 나아가 학설 중에는 '목적물에 지상권이나 대항력 있는 임차권이 설정되어 있는 경우에도 그 위험의 한도에서 대금의 지급을 거절할 수 있다'고 해석하는 견해도 있다.[489] 그러나 민법은 제576조에서 '저당권의 행사로 인하여 매수인이 소유권을 취득할 수 없거나 취득한 소유권을 잃은 때'에 한하여 매도인의 담보책임을 인정하고 있는데, 이는 부동산매매에서 매매목적물에 저당권이 설정되어 있는 경우에는 매수인이 등기부열람 등을 통하여 그 존재를 확인할 수 있을 뿐만 아니라, 실제거래에서는 매수인이 피담보채무를 인수하여 이를 공제한 잔액만을 매매대금으로 지급하는 것이 일반적이라는 점, 저당권은 항상 실행된다고 할 수 없다는 점을 고려한 것이라는 점을 고려할 때, '저당권과 같은 담보물권이 설정되어 있는 경우에도 제588조가 적용된다'는 견해는 타당하지 않다고 생각된다. 또한 매매의 목적물에 지상권이나 대항력 있는 임차권이 설정되어 있는 경우는 제575조의 규정이 직접 적용될 수 있는 경우에 해당하므로, '매매의 목적물에 지상권이나 대항력 있는 임차권이 설정되어 있는 경우에 제588조를 적용하여 그 위험의 한도에서 대금의 지급을 거절할 수 있다'고 해석하는 견해 역시 타당하지 않다고 생각된다.

한편 '채권매매에서 채무자가 채무의 존재를 부인하는 경우에도 본조를 유추적용하여야 한다'는 견해[490]도 있으나, 유추적용의 전제로서 '채무자가 채무의 존재를 부인하는 경우'를 '매매의 목적물에 대하여 권리를 주장하는 자가 있는 경우'와 동일시할 수 있는지는 의문이다.

(나) 매수인이 매수한 권리의 전부나 일부를 잃을 염려가 있을 것

매수인이 제588조의 대금지급거절권을 행사하기 위해서는 제3자가 대항력 있는 권리 또는 가등기 있는 권리와 같이 장차 대항력이 생기게 될 권리를 주장하여 그 주장이 일응 정당하다고 인정되는 것으로 충분하며, 제3자의 권리가 확정적으로 존재하거나 현재 그러한 권리가 행사되고 있음을 필요로 하지 않는다.[491] 판례에 따르면, ① 매도인의 세금체납으로 인하여 매매부동산에 압류등기가 되어 있는 경우(대법원 1967.7.11.선고, 67다813 판결), ② 매매부동산에 관하여 제3자로부터 원인무효로 인한 소유권이전등기 말소소송이 제기되어 있는 경우(대법원 1975.8.19.선고, 75다1100 판결), ③ 매매목적물 중 일부토지에 대한 수용결정이 있는 경우(대법원 1981.7.28.선고, 80다2400 판결) 등이 매수인이 제588조의 대금지급거절권을 행사할 수 있는 경우에 해당한다

487) 주석채권각칙(Ⅰ)/김용규, 642; 곽윤직, 157; 이태재, 194 참조.
488) 같은 취지: 대법원 2008.5.29.선고, 2007다4356 판결.
489) 곽윤직, 157 참조.
490) 주석채권각칙(Ⅰ)/김용규, 642; 곽윤직, 157 참조.
491) 同旨: 곽윤직, 157 참조.

고 한다.

한편 판례는 '매매계약 체결 이후에 등기부상 매매목적물이 매도인의 소유가 아닌 것이 발견된 경우, 제588조에 의하지 않더라도 형평의 원칙 내지 신의칙에 의거하여 대금지급을 거절할 수 있다'고 한다(대법원 1974.6.11.선고, 73다1632 판결 등).[492]

4) 대금지급거절권 행사의 효과

제588조 소정의 요건이 갖추어진 경우에는 매수인은 그 위험의 한도에서 대금의 지급을 거절할 수 있다. 여기서 "위험의 한도"라 함은 '매수인이 취득할 권리가 양적이나 질적으로 불완전한 것으로 되는 비율'을 의미한다. 따라서 제3자가 주장하는 목적물에 대한 권리가 소유권인 경우에는, 그 주장하는 소유권의 매매목적물에 대한 양적인 비율에 따라서 전액 또는 일부의 대금지급을 거절할 수 있고, 담보물권인 경우에는 피담보채권액의 범위에서 대금지급을 거절할 수 있다(대법원 1988.9.27.선고, 87다카1029 판결). 또한 매매목적물에 대하여 권리를 주장하는 자가 있을 경우, 매수인이 이에 대한 해명과 사전보장을 요구함은 당연하고, 매도인은 자기가 적법한 소유자이고 처분권자임을 해명하고 이에 대한 자료를 제시함으로써 매수인이 불안감 없이 잔금지급의무를 수행할 수 있도록 하여야 한다(대법원 1977.2.8.선고, 76다2619 판결). 그러나 매도인이 상당한 담보를 제공한 때에는 매수인은 대금의 지급을 거절하지 못한다(588조 단서). 여기에서 말하는 "담보제공"이라 함은 '담보물권의 설정 또는 보증계약의 체결'을 말하는 것으로서, 단순히 담보물권설정계약의 청약이나 보증인으로부터의 보증계약의 청약만으로는 불충분하다고 할 것이다(대법원 1963.2.7.선고, 62다826 판결). 그러므로 '매도인이 제588조 단서에 의하여 매수인의 대금지급거절권을 소멸시키기 위하여 상당한 담보권설정의 청약을 하거나, 보증인이 보증계약을 체결할 것을 청약한 경우, 매수인은 이를 승낙할 의무가 있다'고 해석하여야 할 것이다.

(7) 대금공탁청구권

'매매의 목적물에 대하여 권리를 주장하는 자가 있는 경우, 매수인이 매수한 권리의 전부나 일부를 잃을 염려가 있는 때에는 매수인은 그 위험의 한도에서 대금의 전부나 일부의 지급을 거절할 수 있다'는 점은 위에서 살펴본 바와 같다(588조 본문).

민법은 이 경우에 매도인의 이익을 보호하기 위하여, '매도인이 상당한 담보를 제공한 때에는 매수인이 대금지급거절권을 행사할 수 없다'고 규정하는 동시에(588조 단서), '매수인이 대금지급거절권을 행사하는 경우에 매도인은 매수인에 대하여 대금의 공탁을 청구할 수 있다'고 규정하고 있다(589조). 이는 '매수인이 대금지급을 거절하고 있는 동안에 무자력상태가 된 경우에는 「매도인이 담보를 제공함으로써 매수인의 대금지급거절권을 소멸시킬 수 있다」

492) 같은 취지: 대법원 1973.10.23.선고, 73다292 판결

는 제588조 단서의 규정만으로는 매도인 보호에 미흡하다'는 점을 고려하여 둔 규정이데,[493] 매수인이 대금지급거절권을 행사할 수 있다고 해서 매수인의 대금지급의무 자체가 소멸하는 것은 아니지만, '매수인이 대금지급거절권을 행사하고 있는 동안에도 매도인이 매매대금의 공탁을 청구할 수 있는가?'에 대하여는 이론상 의문이 있을 수 있으므로, 매도인 보호를 위하여 명문규정을 둔 것이다.

'매도인의 공탁청구가 있음에도 불구하고 매수인이 대금을 공탁하지 않는 경우에는 매수인의 대금지급거절권은 소멸하며, 매도인의 공탁청구에 응하여 매수인이 매매대금을 공탁한 경우에는 매수인이 권리를 잃을 염려가 없게 된 경우에 한하여 매도인이 공탁금을 수령할 수 있다'고 해석하여야 할 것이다.[494] 또한 판례에 따르면, 제589조에 의하여 매매대금의 공탁을 명하는 판결은 금전채무의 이행을 명하는 판결이 아니므로, 그 불이행으로 인하여 당연히 그리고 공탁수령조건의 성취 여부와 관계없이 지연손해금이 발생하는 것은 아니라고 한다(대법원 1989.4.11.선고, 87다카1853 판결).

4. 권리이전의무와 대금지급의무의 동시이행관계

매매계약에서 매도인의 재산권이전이무와 매수인의 대금지급의무는 상호의존적 견련관계에 있는 주된 급부의무이므로, 매도인의 재산권이전의무와 매수인의 대금지급의무는 동시이행관계에 있다. 민법은 제568조 제2항에서, "전항의 쌍방의무는 특별한 약정이나 관습이 없으면 동시에 이행하여야 한다"고 규정함으로써 이 점을 명확히 하고 있다.

문제는 '매도인의 목적물인도의무와 매수인의 대금지급의무가 동시이행관계에 있는가?' 하는 것인데, 이에 대해서는 민법에 명문규정이 없으므로 이를 긍정하는 견해[495]와 이를 부정하는 견해[496]가 대립하고 있다. 판례는 대체로 양 채무의 동시이행관계를 인정하고 있으나(대법원 1980.7.8.선고, 80다725 판결 등),[497] 대법원판결 중에는 양 채무의 동시이행관계를 부정한 사례도 있으므로(대법원 1976.4.27.선고, 76다297·298 판결), 판례의 입장을 단정하기는 어렵다. 그러나 매도인의 목적물인도채무는 단순한 부수적 의무에 불과한 것이 아닌 주된 급부의무라고 보아야 할 것이며, 당사자의 형평을 고려하더라도 '특별한 약정이 없는 한 매도인의 목적물인도의무와 매수인의 대금지급의무는 동시이행관계에 있다'고 해석하여야 할 것임은 전술한 바와 같다. (☞ [10] 쌍무계약의 특수한 효력)

493) 주석채권각칙(Ⅰ)/김용규, 643; 곽윤직, 158 참조.
494) 同旨: 주석채권각칙(Ⅰ)/김용규, 643; 곽윤직, 158 참조.
495) 김주수, 180; 이은영, 204 참조.
496) 곽윤직(신정판), 224; 김증한, 145 참조.
497) 같은 취지: 대법원 2000.11.28.선고, 2000다8533 판결.

5. 과실의 귀속

(1) 과실의 귀속에 관한 일반론

민법은 천연과실의 귀속에 대하여, 총칙에 "천연과실은 그 원물로부터 분리하는 때에 이를 수취할 권리자에게 속한다"는 규정을 두고 있으나(102조 1항), 구체적인 경우에 과실의 수취권자가 누구인지에 대하여서는 문제되는 부분에서 각각 규정하고 있다.

일반적으로 '인도의 목적물이 특정물인 경우, 그 특정물을 실제로 인도하기 전까지 그 특정물로부터 발생한 천연과실의 수취권은 이행기를 기준으로 하여 이행기 이전에 목적물로부터 과실이 분리된 경우에는 채무자에게 귀속하고, 이행기 이후에 분리된 경우에는 채권자에게 귀속된다'고 해석하는 것이 통설적 견해이다. (☞ 채권총론 편, 제2장 제1절 「특정물채권」)

(2) 특정물매매계약에서의 과실의 귀속

과실의 귀속에 관한 일반론에 따르면, 특정물매매계약에 있어서도 이행기를 기준으로 과실 소유권의 귀속을 결정하여야 할 것이다. 그런데 민법은 제587조에서, "매매계약 있은 후에도 인도하지 아니한 목적물로부터 생긴 과실은 매도인에게 속한다"고 규정함으로써, '매매계약에 있어서의 과실의 귀속에 관하여는 위 일반론과는 달리 이행기가 아닌 인도 시를 기준으로 하여 과실의 귀속 여부를 결정하여야 한다'는 원칙을 제시하고 있다. 제587조는 유상계약 일반에 준용되어 유상계약의 목적물로부터 발생하는 과실의 귀속에 관한 한 실질적으로 일반규정과 다름없는 기능을 수행하는 매우 중요한 규정이라고 할 수 있는데(567조), 그 규정의 취지와 의미 내용에 대해서는 견해가 일치하지 않고 있다.

1) 학 설

(가) 통설적 견해

이는 '매매의 목적물을 실제로 인도하기 전까지 발생한 과실은 이행기 전에 과실이 분리된 경우에는 채무자에게 귀속하며, 이행기 이후에 과실이 분리된 경우에는 채권자에게 이를 인도하여야 하는 것이 원칙이나, 매매계약에서는 제587조에 의하여 이러한 원칙에 대한 예외로서 이행기 이후에 매매목적물로부터 분리된 과실이라고 할지라도 실제로 인도할 때까지는 채무자인 매도인에게 귀속함을 규정한 것'이라고 파악하는 견해로서, 종래의 통설적 견해이다.[498]

(나) 통설적 견해에 대한 비판론

이러한 통설적 견해에 대해서는, '채권의 본질과 현행 물권법질서의 측면에서 볼 때 수긍하기 어렵다'는 비판론이 제기되고 있다.[499] 유의할 것은 소수설에 의하더라도 통설과 해석

---

498) 곽윤직, 135~136 참조.

론상의 실제적 차이는 발생하지 않는다는 점이다.

비판론은 '특정물채권의 목적물로부터 발생한 천연과실의 귀속 문제는 물권적 차원의 문제로서 채무의 이행기는 천연과실의 소유권 귀속에 관하여 직접적인 영향을 미칠 수 없다'고 전제하고, '현행 민법상의 물권법체계 및 채권법체계에 비추어 볼 때, 제587조는 특정물채권의 목적물로부터 발생한 천연과실의 귀속에 관한 특칙이 아니라 당연한 규정으로 보아야 한다'고 주장한다.[500] 즉, 제587조는 매매계약에서의 목적물인도의무와 매수인의 대금지급의무의 쌍무성에 기초한 규정으로서, 매매계약의 당사자 간의 형평을 위한 특칙이 아니라 당연한 규정이라는 것이다. 왜냐하면 매도인의 목적물인도의무와 매수인의 대금지급의무는 동시이행관계에 있으므로, 매도인이 목적물인도의무를 이행하지 않는 한 매수인은 대금을 지급하지 않더라도 이행지체에 빠지지 않고, 반대로 매수인이 대금지급의무를 이행하지 않는 한 매도인은 목적물을 인도하지 않더라도 이행지체에 빠지지 않는 것인데, '이때 매도인이 아직 인도하지 아니한 목적물로부터 발생한 천연과실에 대한 소유권을 보유하는 것은 그가 여전히 원물인 당해 목적물에 대한 소유자이기 때문이므로, 제587조의 규정은 당연한 것을 규정한 것에 불과하다'는 것이다.

통설에 대한 이러한 비판론에 대해서는, 통설 측으로부터 '과실수취권은 과실소유권에 관한 물권법질서에 따라야 한다는 논리필연성은 인정될 수 없다'는 반론이 제기되고 있다.[501]

2) 판례의 입장

판례는 통설적 견해와 마찬가지로, '매매대금을 완급받지 못한 매도인은 매수인에게 소유권이전등기를 넘겨준 경우에도 아직 인도하지 아니한 매매의 목적물로부터 발생한 과실을 수취할 수 있다'는 입장을 확립하고 있다(대법원 1992.4.28.선고, 91다32527 판결 등).[502]

▪ **매수인이 매매대금을 완제하지 않은 상태에서 매도인의 매매목적물의 인도지체를 이유로 손해배상을 청구할 수 있는지 여부**(소극) 제587조에 의하면, 매매계약 있은 후에도 인도하지 아니한 목적물로부터 생긴 과실은 매도인에게 속하고, 매수인은 목적물의 인도를 받은 날로부터 대금의 이자를 지급하여야 한다고 규정하고 있는바, <u>이는 매매당사자 사이의 형평을 꾀하기 위하여 매매목적물이 인도되지 아니하더라도 매수인이 대금을 완제한 때에는 그 시점 이후의 과실은 매수인에게 귀속되지만, 매매목적물이 인도되지 아니하고 또한 매수인이 대금을 완제하지 아니한 때에는 매도인의 이행지체가 있더라도</u>

---

499) 명순구, "특정물채권의 목적물로부터 발생한 천연과실의 귀속", 법정고시, 1996/9, 66 이하 참조.
500) 상게논문, 71 참조.
501) 남효순, "매매에 있어서 목적물의 과실과 대금의 이자의 관계", 법정고시, 1997/5, 71 이하 참조.
502) 판례평석: 김호윤, "부동산매매에 있어 목적물의 인도 전에 미리 매수인 명의로 소유권이전등기가 경료된 경우 과실의 수취권자", 대법원판례해설 17호(법원행정처, 1992/12), 369 이하; 명순구, "부동산매매목적물로부터 발생한 과실: 그 수취권의 판단", 민사법학 20호(한국민사법학회, 2001/7), 433 이하. 같은 취지: 대법원 1993.11.9.선고, 93다28928 판결; 대법원 2004.4.23.선고, 2004다8210 판결 참조.

과실은 매도인에게 귀속되는 것이므로 매수인은 인도의무의 지체로 인한 손해배상금의 지급을 구할 수 없다. (대법원 2004.4.23.선고, 2004다8210 판결)[503]

3) 학설·판례의 검토

비판론은 '과실수취권은 과실소유권에 관한 물권법질서에 따라야 한다'고 주장하고 있으나, 외국의 입법례를 살펴보면 매매목적물의 과실수취권을 결정하는 기준이 반드시 그 나라의 물권법질서와 일치하지는 않는다. 예컨대, 물권변동에 관하여 의사주의를 채택하고 있는 프랑스민법은 소유권이 이전되는 매매계약이 체결된 날로부터 매수인이 과실수취권을 갖는 것으로 규정함으로써 물권변동을 기준으로 하고 있다고 할 수 있으나(C.c. Art. 1614(2)),[504] 물권변동에 관하여 형식주의를 채택하고 있는 독일민법은 소유권의 귀속과 관계없이 위험이전 시(인도 시)를 기준으로 과실수취권의 귀속을 결정하고 있다(BGB §446).[505] 또한 독일민법과 마찬가지로 형식주의를 취하고 있는 스위스채무법은 계약체결 시에 위험과 과실수취권이 매수인에게 이전하는 것으로 규정하고 있다(OR Art. 185).[506] 이는 적어도 비교법적 관점에서는 비판론의 주장이 근거가 없음을 의미한다.[507]

한편 학설 중에는 '현행민법 제587조는 물권변동에 관하여 대항요건주의를 취하고 있던 구 의용민법하의 동일한 규정을 무비판적으로 답습한 것으로, 물권변동에 관하여 형식주의로 전환한 현행민법하에서는 존속의 가치가 없는 무의미한 규정'이라고 보는 견해도 있다.[508] 그러나 현행민법 제587조의 입법론적 타당성 여부는 별론으로 하고, 동조는 매매계약에 있어서 목적물의 인도 시를 기준으로 과실수취권의 귀속을 정한 것이라고 해석할 수밖에 없는데, 이는 물권법질서와는 원칙적으로 관계가 없는 것이다.[509]

요컨대, '민법이 매도인으로 하여금 인도 시까지는 목적물로부터 과실을 수취할 수 있도

503) 판례평석: 제철웅, "손해산정을 통한 채무불이행에서의 이해관계의 합리적 조정", 법조 54권 9호(법조협회, 2005/9), 197 이하.

504) 프랑스민법 제1614조: (2) 매매계약 이후에 발생한 모든 과실은 매수인의 소유로 한다.

505) 독일민법 제446조(위험 및 부담의 이전) 매각된 물건의 인도와 동시에 우연한 멸실 및 우연한 훼손의 위험은 매수인에게 이전한다. 인도 시부터 용익은 매수인에게 귀속하며, 또한 그가 물건의 부담을 책임진다. 매수인이 수령지체에 빠진 경우에는 인도에 준한다.

506) 스위스채무법 제185조(이익과 위험) (1) 물건의 이익과 위험은 특별한 사정이나 약정에 기인한 예외를 제외하고는 계약체결 시부터 매수인에게 이전한다. (2) 매매의 목적물이 종류로만 정해진 경우에는 그 밖에 물건이 특정되어야 하며, 그 물건이 다른 장소로 송부되어야 하는 때에는 송부되어야 한다. (3) 정지조건부계약에서 매도된 물건의 이익과 위험은 조건이 성취된 경우에 비로소 매수인에게 이전된다.

507) 同旨: 남효순, 전게논문(주 501), 75 참조.

508) 곽윤직(신정판), 226 참조.

509) 물론 동산의 경우에는 인도에 의하여 물권변동의 효력이 발생하므로, 물권법질서와 일치한다고 할 수 있으나, 부동산의 경우에는 목적물의 인도만으로는 물권변동의 효력이 발생하지 않으므로, 매매목적물의 인도에 의하여 과실수취권의 귀속이 변경되도록 규정하고 있는 우리 민법 제587조는 물권법질서와 아무런 관계가 없는 것이다.

록 규정한 것은, 매도인과 매수인 사이에 과실과 이자에 관한 복잡한 법률관계의 발생을 방지하고, 매수인은 매도인이 목적물을 인도하기까지는 대금의 이자를 지급할 필요가 없는 점을 고려하여, 양 당사자의 이익의 균형을 유지하기 위하여 둔 특별규정'이라고 보는 통설과 판례의 입장이 타당하다고 할 것이다(대법원 2004.4.23.선고, 2004다8210 판결).

[25] Ⅳ. 환 매

1. 환매의 의의 및 사회적 작용

(1) 환매의 의의

「환매」라 함은 '매도인이 매매계약과 동시에 특약에 의하여 환매할 권리를 유보한 경우에 그 환매권을 행사하여 그 영수한 대금 및 매수인이 부담한 매매비용을 반환하고 매매의 목적인 권리를 다시 사오는 것'을 말한다(590조).

매매계약 이후에 매도인이 매매목적물을 되찾아올 수 있는 방법은 제590조 이하의 규정이 적용되는 「환매」 이외에도, ① 장차 매도인이 매매대금 및 그 이자를 상환하는 것을 해제조건으로 하는 매매계약을 체결하는 「해제조건부매매」, ② 일정한 경우에는 매도인이 해제권을 행사할 수 있도록 하는 「해제권유보부매매」,[510] ③ 매매계약 체결 시에 재매매의 예약을 하고, 매도인에게 예약완결권을 부여하는 「재매매의 일방예약」 등 여러 가지 방법이 있다.

구 의용민법(일본민법)은 부동산매매의 경우에 매매계약과 동시에 특약으로 '매매의 목적인 권리를 되사올 수 있는 권한을 유보한 경우에는 매매계약을 해제할 수 있다'고 규정하고 이를 「환매」[511]라고 규정하고 있었다(동법 597조).[512] 즉, 구 의용민법에서는 특약에 의하여 유보된 해제권을 행사함으로써 환매의 목적을 달성하는 「해제권유보부매매」를 환매로 규정하고 있었던 것이다. 그러나 현행민법은 구 의용민법과는 달리, 해제권의 행사에 의해서가 아니라 유보된 환매권을 행사함으로써 환매의 목적을 달성할 수 있도록 하고 있다는 점에서 구 의용민법과 차이가 있다. 그 밖에도 현행민법은 부동산매매에 대해서만 환매를 인정하지 않고 동산에 대해서도 인정하고 있다는 점에서도 구 의용민법과 차이가 있다.

이와 같이 현행민법이 환매에 관하여 구 의용민법과 달리 규정한 이유는 정확하게 알 수

---

510) 「해제조건부매매」의 경우에는 조건이 성취되면 환매권을 행사할 필요 없이 당연히 매매계약의 효력이 소멸하므로(147조 2항), 환매권 행사에 관한 제591조 이하의 규정은 적용되지 않는다.

511) 구 의용민법에서는 환매를 「매려(買戻)」라고 칭하였다.

512) 구 의용민법(일본민법) 제597조: 부동산의 매도인은 매매계약과 동시에 한 환매의 특약에 의하여 매수인이 지불한 대금 및 계약의 비용을 반환하여 그 매매의 해제를 할 수 있다. 다만, 당사자가 특별한 의사를 표시하지 아니한 때에는 부동산의 과실과 대금의 이자는 이를 상계한 것으로 간주한다.

없다.[513] 그러나 현행민법이 구 의용민법과는 달리 "해제를 할 수 있다"는 문구를 삭제한 것은 '환매가 일반적인 해제와 다르다는 점을 명확하게 하기 위한 것'이라고 추측된다.[514] 그러므로 제590조 이하에 규정되어 있는 「환매」는 매도인이 매매목적인 권리를 되찾아 올 수 있는 여러 가지 방법 중 '매매계약 시에 유보한 환매권을 실행함으로써 권리를 되찾아오는 경우'만을 의미한다고 해석하여야 할 것이다.

부동산매매에 있어서 매매등기와 동시에 환매권의 보류를 등기한 때에는 제3자에 대하여 환매권을 주장할 수 있는 대항력이 인정될 뿐만 아니라(592조), 환매등기에는 추정력이 인정되므로 환매특약의 부존재를 주장하는 매수인 측에서 증명책임을 지게 된다. 그러나 환매등기가 없는 경우에는 당사자 사이에 환매특약이 있었는지의 여부는 당사자의 의사해석의 문제가 된다(대법원 1981.6.9.선고, 80다3195 판결).[515]

(2) 환매의 사회적 작용

매도인이 매매계약 체결 시에 환매권을 유보하는 이유는 여러 가지가 있을 수 있으나, 나중에 매매목적물을 되찾을 필요가 있는 경우를 대비하여 환매권유보의 약정을 하는 경우가 환매제도의 본래의 목적이라고 할 수 있을 것이다. 그러나 거래의 실제에서는 채권담보를 위하여 담보물권을 설정하거나 양도담보를 설정하는 대신에 담보목적물을 환매권을 유보하고 매도하는 형식을 취하는 경우(소비대차계약상의 반환채권을 담보하기 위하여 차주가 담보물을 대주에게 매도하여 소유권을 넘겨주고 그 대신 대여원금과 이자상당액을 환매 시의 매매대금으로 약정하여 환매할 수 있는 환매권유보의 특약을 하는 경우)가 대부분이라고 할 수 있다.[516]

2. 환매의 법적 성질

현행민법의 환매의 법적 성질 내지 법리구성에 대해서는 견해가 대립되고 있다.

(1) 학 설

1) 제1설(정지조건부매매계약설)

이는 환매를 '환매권의 행사를 정지조건으로 하는 매매계약'이라고 보는 견해로서 독일

---

513) 「민법안심의록」은 민법초안에 대하여, "현행법이 부동산에 대하여서만 환매를 규정하였던 것을 초안은 그 범위를 확장하여 부동산에 한하지 아니한 것은 환매제도가 채권담보적 작용을 하는 데 비추어 담보목적범위의 확장의 취지에서 타당하다"고 기술하고 있을 뿐, 민법초안이 환매에 관하여 구 의용민법과 달리 규정한 이유에 대해서는 특별한 설명을 하고 있지 않다(「민법안심의록」, 343 참조).

514) 同旨: 명순구(실록), 456 참조

515) 판례평석: 권성, "해제조건부 부동산매매", 법조 31권 1호(법조협회, 1982/1), 62 이하; 同, "해제조건의 성취와 민법 제187조", 민사판례연구(5)(민사판례연구회, 1983/5), 31 이하.

516) 이를 「담보를 위한 환매」라고 하여 「순수한 환매」와 구별하는 견해도 있다(김상용, 216 참조).

민법학의 통설적 견해이다. 국내에서도 이러한 견해를 취하는 학자가 있다.[517)]

2) 제2설(매매계약해제설)

이는 '환매권을 해제권으로 보고, 환매를 매매계약의 해제라고 보아야 한다'는 견해이다.[518)]

3) 제3설(물권취득권설)

이는 '환매를 매매계약의 해제라고 보아야 한다'고 하는 점에서는 「제2설」과 같으나, '환매는 보통의 해제와는 달리 매매계약을 소급적으로 소멸시키는 데 목적이 있는 것이 아니라 목적물을 도로 찾는 데 있는 것이므로, 환매권은 소유권을 매도인에게 복귀시키는 물권적 효력이 발생하는 물권적 취득권이라는 점에서는 해제권과 같다고 할 수 있으나, 채무불이행을 요건으로 하지 않으며, 매매계약을 소급적으로 소멸시키는 것이 아니라는 점에서 해제권과는 그 본질을 달리한다'는 견해이다.[519)]

4) 제4설(재매매의 일방예약설)

이는 '환매는 매도인에게 일방적 예약완결권이 부여되어 있는 재매매의 일방예약이라고 보아야 한다'는 견해이다. 현재로서는 다수설이라고 할 수 있다.[520)]

(2) 판례의 입장

환매의 법적 성질에 관한 판례의 입장은 명확하지 않다. 다만, 판례 중에는 '「징발재산정리에관한특별조치법」(1970.1.1. 법률 제2172호로 제정: 이하 「징발재산법」으로 약칭) 제20조[521)] 소정의 환매권은 매도인이 매매계약과 동시에 환매권을 보류할 것을 요건으로 하는 민법상의 환매와는 그 법적 성질을 달리한다'고 판시한 사례가 있다(대법원 1989.12.12.선고, 88다카15000 판결).

---

517) 김형배, 385 참조.

518) 김증한/김학동, 304; 이태재, 202～203 참조.

519) 김기선, 155～157 참조.

520) 서민, "환매의 법적 성질" 충남대사회과학연구소논문집 2권 2호(충남대사회과학연구소, 1975/12), 213～214; 민법주해(14)/송흥섭, 623～624; 곽윤직(신정판), 263～264; 김상용, 218; 김주수, 218; 송덕수, 210; 이은영, 346 참조.

521) 징발재산법(1970.12.31. 법률 제2264호로 개정된 것) 제20조(환매권) ① 이 법에 의하여 매수한 징발재산의 매수대금으로 지급한 증권의 상환이 종료되기 전 또는 그 상환이 종료된 날로부터 5년 이내에 당해 재산의 전부 또는 일부가 군사상 필요 없게 된 때에는 피징발자 또는 그 상속인(이하 "환매권자"라 한다)은 이를 우선 매수할 수 있다. 이 경우에 환매권자는 국가가 매수한 당시의 가격에 증권의 발행연도부터 환매연도까지 연 5푼의 이자를 가산한 금액을 국고에 납부하여야 한다. ② 국방부장관은 전항의 규정에 의하여 매각할 재산이 생긴 때에는 환매권자에게 그 뜻을 통지하여야 한다. 그러나 환매권자의 주소 또는 거소를 알 수 없을 때에는 이를 2종 이상의 일간신문에 2회 이상 공고하여야 한다. ③ 환매권자는 전항의 규정에 의한 통지를 받는 날 또는 그 최후의 공고가 끝난 날로부터 3월이 경과한 때에는 환매권을 행사하지 못한다.

(3) 학설·판례의 검토

'환매를 환매권의 행사를 정지조건으로 하는 매매계약으로 보아야 한다'는 「제1설」의 주장에 따르면, 환매가 일종의 「수의조건부(隨意條件附) 매매계약」이 된다고 할 것인데, 이는 환매의 법리구성으로는 적절하지 않다고 생각된다. 또한 '환매권을 해제권으로 보고, 환매를 매매계약의 해제라고 보아야 한다'는 「제2설」과 「제3설」은 현행민법이 '해제권의 행사를 할 수 있다'는 구 의용민법의 규정을 삭제한 취지에 비추어 타당하지 않다고 할 것이다. 결국 '환매는 매도인에게 일방적 예약완결권이 부여되어 있는 「재매매의 일방예약」에 해당한다'고 보는 「제4설」의 견해가 타당하다고 할 것이다. 즉, 환매는 매도인이 환매특약에 따른 예약완결권을 일방적으로 행사함으로써 이루어지는 매매계약인 것이다. 다만, 특별법상의 환매의 경우에는 그 법적 성질이 민법상의 환매라고 볼 수 없는 경우도 있다는 점에 유의할 필요가 있다(대법원 1989.12.12.선고, 88다카15000 판결 등).

3. 환매의 요건

(1) 환매의 목적물

구 의용민법은 부동산에 관한 환매만을 인정하고 있었으나, 현행민법에는 이러한 제한이 없으므로 부동산뿐만 아니라 동산이나 채권이나 무체재산권도 환매의 목적물이 될 수 있다. 다만, 환매의 목적물이 부동산인 경우에 제3자에게 환매권을 주장하기 위해서는 매매등기(소유권이전등기)와 동시에 환매권의 보류를 등기하여야 한다(592조).[522]

(2) 환매특약의 시기

환매의 특약은 매매계약 체결과 동시에 하여야 한다(590조 1항). 그러나 매매계약 체결 이후에 특약을 하더라도 민법상의 환매의 효력은 인정될 수 없으나, 재매매의 예약으로서의 효력은 인정된다.[523]

(3) 환매대금

환매대금은 당사자의 약정으로 정하는 것이 원칙이나(590조 2항), 당사자의 약정이 없으면 매매대금과 매수인이 부담한 매매비용을 합한 금액이 된다(동조 1항).

(4) 환매기간

환매기간은 부동산은 5년, 동산은 3년을 넘지 못하며, 약정한 환매기간이 이를 넘는 때에

---

522) 환매권의 등기는 매수인이 지급한 대금, 매매비용, 환매기간을 기록하여 매매등기(매매를 원인으로 하는 소유권이전등기)의 부기등기로서 하여야 한다(부동산등기법 52조 6호, 53조).

523) 同旨: 송덕수, 212 참조.

는 부동산은 5년, 동산은 3년으로 단축된다(591조 1항). 환매기간을 정하지 아니한 때에도 같다(591조 3항). 환매기간을 정한 때에는 다시 이를 연장하지 못한다(591조 2항).

판례는 '환매기간을 제한하는 환매특약이 등기부에 기재되어 있는 때에는 반증이 없는 한 등기부 기재와 같은 환매특약이 진정하게 성립된 것으로 추정함이 상당하다'고 한다(대법원 1991.10.11.선고, 91다13700 판결).

4. 환매의 실행 : 환매권의 행사

환매의 실행은 매도인이 환매기간 내에 환매권을 행사함으로써 하게 되는데, 매도인은 환매기간 내에 환매대금을 매수인에게 제공하지 않으면 환매권을 상실한다(594조 1항). 매수인이나 전득자가 목적물에 대하여 비용을 지출한 때에는, 환매권자인 매도인이 환매권 실행 시에 「점유자의 비용상환청구권」에 관한 제203조의 규정에 의하여 이를 상환하여야 한다(594조 2항). 또한 공유자의 1인이 환매할 권리를 보류하고 그 지분을 매도한 후 그 목적물의 분할이나 경매가 있는 때에는, 매도인은 매수인이 받은 또는 받을 부분이나 대금에 대하여 환매권을 행사할 수 있다(595조 본문). 그러나 환매목적물의 분할이나 경매가 있다는 사실을 매도인에게 통지하지 아니한 매수인은 그 분할이나 경매로써 매도인에게 대항하지 못한다(595조 단서).

한편 환매권은 재산권이므로 양도·상속의 객체가 될 수 있음은 물론이며, 환매권자인 매도인의 채권자가 이를 대위행사할 수 있다(404조). 이 경우(매도인의 채권자가 환매권을 대위행사하는 경우), 매수인은 법원이 선정한 감정인의 평가액에서 매도인이 반환할 금액을 공제한 잔액으로 매도인의 채무를 변제하고 잉여액이 있으면 이를 매도인에게 지급하여 환매권을 소멸시킬 수 있다(593조).

5. 환매의 효과

환매의 효과는 환매의 법적 성질을 어떻게 파악하느냐에 따라서 달라지는데, 환매의 성질을 재매매의 예약으로 보는 통설적 견해에 따르면, '환매에 의하여 원래의 매매계약과는 별개의 매매계약이 제590조 이하의 규정에 따라 성립한다'고 할 것이다.[524)]

환매특약의 등기가 매수인의 처분권을 금지하는 효력을 가지는 것은 아니므로, 매수인과 제3자 사이의 매매계약은 유효하고 매수인은 그 제3자에 대하여 소유권이전등기절차를 이행할 의무를 부담한다(대법원 1994.10.25.선고, 94다35527 판결). 또한 '환매특약에 따른 환매등기 후에 마쳐진 제3자의 근저당권 등 제한물권은 환내기간 내에 적법하게 환매가 실행되면 소멸하므로, 환매권 행사 후 근저당권자가 파산선고를 받은 경우에도 매도인이 파산자에 대하여 갖는

---

524) 同旨: 송덕수, 213 참조.

근저당권설정등기 등의 말소등기청구권은 파산채권에 해당하지 아니한다'는 것이 판례의 입장이다(대법원 2002.9.27.선고, 2000다27411 판결).

제 3 절 교환계약

[26] Ⅰ. 총 설

1. 교환계약의 의의 및 법적 성질

「교환(交換)」(Tausch; échange)은 '당사자 쌍방이 금전 이외의 재산권을 상호 이전할 것을 약정함으로써 성립하는 낙성·쌍무·유상·불요식계약이다(596조). 교환계약은 「재산권의 이전」을 목적으로 하는 「권리이전형계약」의 일종이라는 점에서 매매계약과 같은 성질의 계약이라고 할 수 있다. 다만, 교환은 계약의 목적이 금전 이외의 재산권이라는 점에서 매매계약과 구별된다.

2. 교환계약의 사회적 작용

교환계약은 화폐경제의 수립 이전부터 나타난 인류역사상 가장 오래된 계약의 유형이라고 할 수 있다. 그러나 화폐의 등장으로 매매계약이 등장함으로써 교환계약은 매매계약의 보충적인 수단에 불과한 2차적인 역할을 할 뿐이어서, 그 중요성은 크지 않다.

다른 입법례와 마찬가지로, 우리 민법도 교환계약에 관하여 간략한 2개의 조문만을 두고, 나머지 법률관계에 대해서는 교환계약의 성질에 반하지 않는 한 매매계약에 관한 규정을 준용하는 것으로 하고 있다(567조).

[27] Ⅱ. 교환계약의 성립

1. 교환의 객체

교환의 객체는 금전 이외의 재산권이다. 금전이 교환의 객체가 되는 경우에는 매매계약이 성립한다(563조). 그 밖에 교환의 객체인 재산권에 대한 설명은 매매계약에서 설명한 내용이 그대로 적용된다. (☞ [23] 매매계약의 성립)

2. 교환의 합의

(1) 낙성계약

교환계약은 당사자 간에 교환의 청약과 상대방의 승낙의 의사표시의 합치로써 성립하는 낙성계약이므로, 서면의 작성은 필요 없고 묵시적인 합의도 가능하다(대법원 1992.10.13. 선고, 92다29696 판결).

(2) 금전의 보충지급의 특약

교환계약에서 당사자 일방이 재산권이전과 함께 금전의 보충적 지급을 약정한 경우에는, 그 금전에 대해서는 매매대금에 관한 규정이 준용된다(597조).

[28] Ⅲ. 교환계약의 효력

담보책임 등 교환계약의 효력에 대해서는 원칙적으로 매매계약에 관한 규정이 준용되며(567조), 특히 당사자 일방이 재산권이전과 함께 금전의 보충적 지급을 약정한 경우에는, 그 금전에 대해서는 매매대금에 관한 규정이 준용된다(597조).

■ 교환계약의 당사자 일방이 교환 목적물의 차액에 해당하는 금원의 지급에 갈음하여 상대방으로부터 이전받을 교환 목적물에 관한 근저당권의 피담보채무를 인수하기로 약정한 경우, 그 차액을 제외한 나머지 재산권을 이전함으로써 교환계약상의 의무를 다하는지 여부(적극) [1] 교환계약에서 당사자의 일방이 교환 목적물인 각 재산권의 차액에 해당하는 금원인 보충금의 지급에 갈음하여 상대방으로부터 이전받을 목적물에 관한 근저당권의 피담보채무를 인수하기로 약정한 경우, 특별한 사정이 없는 한 채무를 인수한 일방은 위 보충금을 제외한 나머지 재산권을 상대방에게 이전하여 줌으로써 교환계약상의 의무를 다한 것이 된다. [2] 위 [1]항의 피담보채무를 인수한 교환계약의 당사자 일방이 인수채무인 근저당권의 피담보채무의 변제를 게을리함으로써 교환 목적물에 관하여 설정된 근저당권의 실행으로 임의경매절차가 개시되었거나 개시될 염려가 있어 상대방이 이를 막기 위하여 부득이 피담보채무를 변제한 경우 등 채무를 인수한 일방이 보충금을 지급하지 아니한 것으로 평가할 수 있는 특별한 사정이

있는 경우에는, 상대방은 채무인수인에 대하여 동액 상당의 손해배상채권 또는 구상채권을 갖게 되는 것이며, 한편 이와 같은 특별한 사정이 있다는 사유를 들어 교환계약을 해제할 수도 있다. [3] 교환계약의 당사자 일방이 교환 목적물의 차액의 지급에 갈음하여 상대방으로부터 인수한 대출원리금지급의무와 상대방의 소유권이전등기의무가 모두 각각의 이행기에 이행되지 않은 채 계약이 해제되지 않은 상태에서 이행기가 도과하였다면 쌍무계약인 교환계약에 기한 위 대출원리금지급의무와 소유권이전등기의무는 동시이행의 관계에 있다고 할 것이고, 따라서 상대방이 해제권유보약정에 따라 해제통고를 함에 있어서는 그 최고기간까지 자기의 반대채무인 소유권이전등기의무의 이행 또는 그 이행의 제공을 하여야 약정해제권을 적법하게 취득하고 최고기간의 만료로 해제의 효력이 발생한다. (대법원 1998.7.24.선고, 98다13877 판결)[1)]

1) 판례평석: 전경운, "교환에서 보충금지급에 갈음하여 피담보채무를 인수한 경우의 법률관계", 「로스쿨 계약법」(청림출판, 2006/3), 378 이하.

제 3 장

대차형계약

제 1 절 소비대차계약

[29] Ⅰ. 총 설

1. 소비대차의 의의

「소비대차」(Darlehn; prêt de consommation)는 '대주(貸主: 대여인)가 금전 기타 대체물의 소유권을 상대방인 차주(借主: 차용인)에게 이전할 것을 약정하고, 차주는 그와 같은 종류, 품질 및 수량으로 반환할 것을 약정함으로써 효력이 생기는 계약'을 말한다(598조).

2. 소비대차의 법적 성질

(1) 낙성계약

로마법에 있어서 소비대차(mutui datio mutuum)는 요물계약이었다.[1] 즉, 소비대차는 목적물을 공여하는 것을 기초로 하여 인정된 계약이며, 반환에 관한 합의뿐만 아니라 대주가 차주에게 목적물을 공여하여 그 소유권을 이전함으로써(mutui datio) 성립하는 계약이었던 것이다. 이러한 로마법의 영향으로 로마법을 계수한 프랑스민법(C.c. Art.1892)[2]이나 개정 전 독일민법(BGB §607)[3] 등 대륙법계 국가들은 일반적으로 소비대차를 요물계약으로 규정하였다.[4] 일본

1) 船田享二, 91 참조.

2) 프랑스민법 제1892조: 소비대차는 당사자 일방이 상대방에게 사용에 의하여 소비되는 물건의 일정수량을 인도하고, 이에 의하여 상대방은 위 당사자 일방에게 같은 종류와 품질, 수량의 물건으로 반환할 의무를 부담하는 계약이다.

3) 개정 전 독일민법 제607조(소비대차의 의의) (1) 소비대차로서 금전 기타 대체물을 수령한 자는 대주에게 수령한 물건과 동종·동질·동량의 물건을 반환할 의무가 있다.

4) 다만, 2002년에 개정된 현행 독일민법은 "물건소비대차계약에 기하여 대주는 약정된 대체물을 차주에게 인도할 의무를 진다. 차주는 차용대가를 지급할 의무와 이행기에 동종, 동질, 동량의 물건을 대주에게 반환할 의무를 진다"고 규정함으로써, 소비대차계약을 낙성계약으로 규정하고 있다(BGB §607).

민법(구 의용민법)은 이러한 대륙법계 국가들의 일반적인 입법례에 따라 소비대차를 요물계약으로 규정하고 있었다(동법 587조).[5] 「민법수정안이유서」는 소비대차를 요물계약으로 규정한 이유를 다음과 같이 기술하고 있다.[6]

> (이유) 본조는 재산취득편 제178조[7]에 해당하는 것으로서, 우선 그 정의 자체를 바꾸고 또한 여기에 두 세 가지의 수정을 가하였다. 무릇 대체물은 동일한 종류, 품등 및 수량의 물건으로써 서로 대용(代用)할 수 있는 물건을 말하므로, 본조에서 그 조건을 구비한 물건을 반환할 것을 나타낸 이상 소비대차의 목적물은 대체물이 아니면 안 된다는 것을 명언할 필요는 없으며, 또한 제178조에서는 소유권을 다른 일방에게 이전하고 운운하고 있으나, 초안의 설명을 보건대 프랑스 기타의 민법에 있어서는 목적물의 인도로써 소비대차의 성립요건으로 하고 있으나, 이는 결코 실제의 인도를 필요로 한다는 뜻이 아니라, 소비대차가 성립하기 위해서는 소유권의 이전을 요한다고 말하는 것일 뿐이다. 지금 그 소유권은 물건의 인도를 요하지 아니하고 이전하는 것이므로, 기성법전은 소비대차를 요물계약으로 하지 아니한 것과 같다고 하더라도, 기초자는 다시 설명을 하여 말하기를 이른바 인도라 함은 결코 이를 유형적으로 해석하여야 할 것이 아니며, 소유권의 취득도 역시 점유의 취득과 마찬가지로 교부를 받는 것과 다르지 않으므로, 소유권이 이전하는 경우에는 물건의 인도가 있었던 것으로 볼 수 있다고 하나, 이러한 이론을 취하기에는 충분하지 않다는 것은 거의 반박을 필요로 하지 않는 바이다.
>
> 본안에 있어서는 소비대차를 요물계약으로 하는 주의를 채택하였음을 명확하게 하기 위하여 특히 수취(受取)라고 하는 문자를 사용하였다. 최근 들어 소비대차를 낙성계약으로 하는 설이 없지 않으며, 스위스 채무법은 바로 이 주의를 채용하였으나, 소비대차가 요물계약이라는 것은 로마법 이래 제국(諸國)의 법률에 있어서 인정되는 바로서, 금일 이 주의를 버리기에 족한 유력한 이유가 있음을 발견할 수 없다. 또한 기성법전은 당사자가 반환시기를 정하지 아니한 경우에는 재판소가 이를 정할 것이라고 하고, 일정한 변제기가 존재하는 것을 소비대차의 한 요건으로 하여, 제178조에서 이러한 것을 명언하고 있으나, 본안에서는 제593조[8]에서 설명한 이유에 따라서 이를 삭제하였다.

입법자 의사에 따르면, 스위스채무법과 같이 소비대차를 낙성계약으로 규정한 입법례도 있기는 하지만, '로마법 이래 많은 국가의 법률이 취하고 있는 입법주의인 요물계약주의를 포기하기에 충분한 이유를 발견하지 못하였기 때문에 소비대차를 요물계약으로 규정하는 것이 타당하다'고 할 것인바, 일본구민법 재산취득편 제178조는 소비대차의 성립에 대체물의 소유권이전을 요하는 것으로 규정하였으나, '의사주의 물권법제하에서는 소유권이전에 물건의 인도가 필요한 것이 아니므로, 소비대차가 과연 요물계약인지 여부가 불분명하다는 문제점이 있다고 생각하여, 소비대차가 요물계약임을 명확하게 하기 위하여 목적물의 "수취(受取)"가 필요하다는 점을 명문으로 규정하였다'는 것이다.

---

5) 일본민법(구 의용민법) 제587조: 소비대차는 당사자의 일방이 종류, 품질 및 수량이 동일한 물건으로써 반환할 것을 약정하고 상대방으로부터 금전 기타의 물건을 수취함으로써 그 효력이 생긴다.

6) 「民法修正案理由書」, 506 참조.

7) 일본구민법 재산취득편 제178조: 소비대차는 당사자의 일방이 대체물의 소유권을 다른 일방에게 이전하고 다른 일방은 일정한 시기 후에 같은 수량 및 같은 품질의 물건을 반환할 의무를 부담하는 계약이다.

8) 구 의용민법(일본민법) 제593조: 사용대차는 당사자의 일방이 무상으로 사용 및 수익을 한 후에 반환할 것을 약속하고 어떤 물건을 수취함으로써 그 효력이 생긴다.

그러나 일본의 학설은 이러한 구 의용민법의 입법주의에 대하여 극히 비판적이었는데,[9] 대표적인 비판론자인 와가즈마 사카에(我妻榮)는, '① 소비대차를 요물계약으로 규정한 것은 로마법의 연혁에 따른 것으로서, 로마법에서는 엄격한 방식이 요구되던 초기의 방식주의의 원칙이 완화되어 물건의 인도를 요건으로 하여 소비대차의 효력을 인정하게 된 것이라고 할 수 있는데, 계약자유의 원칙이 지배하는 현대계약법 하에서 이러한 연혁을 존중하여야 할 이유가 없고, ② 「요물계약주의」의 근거로서 「인도를 받지 아니한 물건에 대하여 반환채무를 발생시킨다는 것은 이론상 불가능하다」는 점을 들기도 하나, 낙성계약인 임대차계약의 효력으로 임차인의 반환채무도 포함된다는 점을 고려하면, 소비대차에 있어서도 인도받지 아니한 물건에 대하여 반환채무를 발생시킨다는 것이 이론상 불가능하다고 할 수 없다. ③ 「인도받지 아니한 물건에 대하여 반환채무가 성립한다고 한다면 차주가 부당하게 불이익을 입는다」는 비판론도 있을 수 있으나, 「대주가 인도하지 아니한 물건의 반환을 청구하는 경우에는 차주에게 항변권이 있다」고 해석하면 불합리는 없다. 뿐만 아니라 소비대차에 있어서 차주의 보호는 요물계약의 입법주의를 취하여 인도의 유무에 의하여 할 것이 아니라, 이자제한법이나 폭리행위금지의 원칙에 의하여야 할 것이다. ④ 소비대차를 요물계약으로 하는 것은 차주는 인도받지 아니한 물건의 반환채무를 부담하지 않는다는 측면도 있으나, 이와 동시에 대주는 목적물을 빌려줄 의무를 부담하지 않는다는 다른 측면도 있는 것이다. 그런데 소비대차의 예약을 인정하는 근대민법하에서는 이러한 측면이 이미 파괴되어 있는 것이다. 그러므로 「소비대차의 요물계약성」이라고 하는 로마법의 원칙을 고집할 합리적인 이유는 없다. ⑤ 소비대차를 요물계약으로 하는 것은 실제상의 불편을 초래한다. 즉, 거래의 실제에 있어서는 공정증서에 의한 소비대차계약서를 작성하고 저당권 등의 담보를 설정한 후에 금전의 수수가 행하여지는 것이 보통인데, 이러한 경우에 금전 수수 시에 비로소 소비대차계약이 성립한다면, 공정증서와 저당권의 효력에 의문이 생길 뿐만 아니라, 이미 소비대차계약이 성립하였다고 생각하는 당사자의 의사에도 반한다.'고 비판하였다.

우리 민법은 구 의용민법에 대한 이러한 입법론상의 비판을 고려하여, 소비대차를 요물계약으로 규정한 구 의용민법의 입법주의를 버리고, 만주민법 제570조[10]의 규정을 모범으로 하여 소비대차를 당사자의 합의만 있으면 성립하는 낙성계약으로 규정하였다(598조). 학설 중에는 현행민법의 이러한 입법주의의 전환은 스위스채무법 제392조[11]의 규정을 모범으로 한

9) 我妻榮(中1), 350~352 참조.

10) 만주민법 제570조: 소비대차는 당사자의 일방이 금전 기타 대체물의 소유권을 상대방에게 이전할 것을 약정하고 상대방은 그 이전을 받은 후에 이와 종류, 품등 및 수량이 동일한 물건으로써 반환할 것을 약정함으로써 그 효력이 생긴다.

11) 스위스채무법 제312조(A. 개념) 소비대차계약에 의하여 대주는 일정액의 금전 또는 다른 대체물의 소유권을 이전할 의무를 지며, 그에 대하여 차주는 같은 종류, 수량, 품질의 물건을 반환할 의무를 진다.

것이라는 견해도 있다.[12] 「민법안심의록」에 따르면, 우리 민법의 입법자는 '소비대차를 요물계약으로 규정한 구 의용민법하에서는 매우 불편함을 느꼈을 뿐만 아니라, 학설상으로도 「낙성계약적 소비대차」도 무명계약으로서 효력이 인정되고 있었으므로,[13] 소비대차를 낙성계약으로 규정한 초안에 합의하였다'고 한다.[14]

이와 같이 현행민법상의 소비대차계약은 낙성계약이므로, 당사자 사이에 소비대차의 합의만 있으면 차주가 대주로부터 소비대차의 목적물인 금전 기타의 물건을 수취하지 않더라도 소비대차계약의 효력이 발생한다(대법원 1991.4.9.선고, 90다14652 판결 등).[15]

(2) 불요식계약

소비대차계약은 합의만 있으면 성립하는 낙성계약일 뿐만 아니라, 합의에 특별한 방식도 필요 없는 「불요식계약」이다. 다만, 대부업법은 '대부업자는 대부계약을 체결할 때에 반드시 대부계약서를 거래상대방에게 교부하여야 한다'고 규정하고 있으므로(대부업법 6조 1항)[16], '대부업자가 하는 유상의 금전소비대차계약'인 「대부계약(貸付契約)」은 서면에 의하지 않으면 성립하지 않는 요식계약이라고 할 것이다. 이와 같이 대부업법이 대부계약을 요식계약으로 규정한 것은 경제적 약자인 대부계약상의 반환채무자를 보호하기 위한 것임은 물론이다. (☞ 채권총론 편, 제1장 제6절 「이자채권」)

(3) 편무계약 또는 쌍무계약

1) 원칙 : 편무계약

소비대차는 무이자(無利子)가 원칙이므로, '소비대차는 원칙적으로 편무계약'이라고 보는 것이 통설적 견해이다. 그러나 이러한 통설적 견해에 대해서는, '소비대차계약은 증여계약과는 달리 순수한 편무계약이 아니라 양면적(zweiseitig) 관계에 있는 계약'이라는 견해도 있다.[17] 또한 대법원판결 중에는 소비대차를 쌍무계약으로 본 사례가 있다(대법원 1966.1.25.선고,

12) 김형배/김규완, 1369 참조.
13) 我妻榮(中一), 354 참조.
14) 「민법안심의록」, 347 참조.
15) 같은 취지: 대법원 1962.2.15.선고, 4294민상888 판결; 대법원 1966.1.25.선고, 65다2337 판결.
16) 대부업법 제6조(대부계약의 체결 등) ① 대부업자가 그의 거래상대방과 대부계약을 체결하는 경우에는 거래상대방이 본인임을 확인하고 다음 각 호의 사항이 적힌 대부계약서를 거래상대방에게 교부하여야 한다. 1. 대부업자(그 영업소를 포함한다) 및 거래상대방의 명칭 또는 성명 및 주소 또는 소재지 2. 계약일자 3. 대부금액 3의2. 제8조 제1항에 따른 최고이자율 4. 대부이자율(제8조 제2항에 따른 이자율의 세부내역 및 연 이자율로 환산한 것을 포함한다) 5. 변제기간 및 변제방법 6. 제5호의 변제방법이 계좌이체 방식인 경우에는 변제를 받기 위한 대부업자 명의의 계좌번호 7. 해당 거래에 관한 모든 부대비용 8. 손해배상액 또는 강제집행에 관한 약정이 있는 경우에는 그 내용 9. 보증계약을 체결한 경우에는 그 내용 10. 채무의 조기상환 조건 11. 연체이자율 12. 그 밖에 대부업자의 거래상대방을 보호하기 위하여 필요한 사항으로서 대통령령으로 정하는 사항
17) 김형배, 534 참조.

65다2337 판결).

소비대차계약이 성립하면 대주에게는 약정한 소비물의 대여의무(貸與義務)가 발생하고, 차주에게는 약정시기에 대여 받은 소비물과 같은 종류, 품질 및 수량의 물건을 반환할 의무(대체물반환의무)가 발생하지만, 이러한 대주의 대여의무(소유권이전의무)와 차주의 대체물반환의무가 상호의존적 견련관계 내지 대가관계에 있다고 보기는 어렵기 때문에, 이자 없는 소비대차를 쌍무계약으로 보기는 어렵다고 생각된다.[18]

2) 예외 : 쌍무계약

이자 없는 소비대차는 편무계약이지만, 이자 있는 소비대차(이하 「이자부소비대차」로 약칭)에서는 대주의 대여의무(소유권이전의무)와 차주의 대체물 및 이자의 반환의무는 상호의존적 견련관계 내지 대가관계에 있다고 볼 수 있으므로, 이자부소비대차는 쌍무계약으로 보아야 할 것이다.

(4) 무상계약 또는 유상계약

소비대차는 당사자 사이에 특별한 약정이 없는 경우에는 이자가 없는 것이 원칙이므로, 민법상의 소비대차계약의 원칙적 유형인 무이자소비대차는 원칙적으로 무상계약이다. 그러나 사적 자치의 원칙상 당사자의 약정에 의하여 대여원본에 이자를 붙일 수 있음은 물론인데, 이러한 이자부소비대차계약은 대여한 원본의 사용과 이자지급 사이에 대가관계가 인정되는 전형적인 유상계약이라고 할 수 있다. 다만, 상법은 "상인이 그 영업에 관하여 금전을 대여한 경우에는 법정이자를 청구할 수 있다"고 규정하고 있으므로(상법 55조 1항), 상인이 영업과 관련하여 체결한 금전소비대차계약은 이를 유상계약으로 보아야 할 것이다. 따라서 이자의 약정이 없더라도 대주는 연 6%의 법정이자를 청구할 수 있다(상법 54조).

이자부소비대차계약은 유상계약이므로 매매에 관한 규정이 준용된다(567조). 다만, 대주의 담보책임에 관하여는 제602조에 특칙이 규정되어 있으므로, 동조가 우선적으로 적용된다.

3. 소비대차계약의 사회·경제적 기능

(1) 소비신용(생활금융)을 매개하는 서민금융제도

소비대차는 생활이 곤궁한 사람이 금전이나 곡물을 빌려서 생활하고 나중에 갚는 소비금융 내지 생활금융의 매개하는 서민금융제도로서의 기능을 수행한다. 이러한 소비대차의 서민금융기능은 인류문명이 발생한 시초부터 존재하였을 것으로 추측되는 극히 오래된 기능이라고 할 수 있는데, 빈부의 격차가 심화되고 있는 우리나라 경제상황에서는 오히려 그 중요성

18) 同旨: 곽윤직, 173; 김증한/김학동, 337; 송덕수, 228 참조.

이 점점 더 커지고 있다.

(2) 자본의 획득 및 조달을 매개하는 기업금융제도

상품의 대량생산과 대량소비를 특징으로 하는 현대산업사회에서는 기업활동에 필수적인 자금의 원활한 수급은 국민경제의 발전을 좌우하는 사활적(死活的) 요소라고 할 수 있는데, 소비대차는 기업의 존립에 필수적인 자본의 획득 내지 조달을 매개하는 기업금융제도로서 극히 중요한 기능을 수행한다. 즉, 기업금융을 매개하는 법률적 지주(支柱)로서 소비대차계약의 중요성은 아무리 강조해도 지나치지 않다고 할 수 있다.

4. 소비대차에 관한 법적 규제

사적 자치를 기초로 하는 민법의 규정만으로는 위에서 살펴본 바와 같은 중요한 사회·경제적 작용을 수행하는 소비대차에 관하여 전면적이고도 합리적인 규율을 하는 것이 불가능하므로, 특히 금전소비대차를 중심으로 하는 서민금융 및 기업금융을 규제하거나 조장·진흥하는 내용의 수많은 특별법이 제정·시행되고 있다. 여기서는 서민금융과 중소기업의 진흥을 위한 몇 가지 금융제도를 규율하는 특별법을 소개하는 데 그치기로 한다.

(1) 서민금융제도에 관한 특별법

서민금융제도에 관한 대표적인 특별법으로서는 금전소비대차에서의 차주를 보호하기 위하여 최고이자율[19]을 제한하는 것을 내용으로 하는 「이자제한법」(2007.3.29. 법률 제8322호로 제정)과, 대부업자가 하는 대부계약(이자부금전소비대차)에 있어서의 최고이자율[20]을 제한하고 있는 「대부업의 등록 및 금융이용자보호에 관한 법률」(2002.8.26. 법률 제6706호로 제정: 이하 「대부업법」으로 약칭)을 들 수 있다. (☞ 채권총론 편, 제1장 제6절 「이자채권」)

그 밖에 서민금융제도에 관한 특별법으로서는 비영리법인인 새마을금고에 관한 새마을금고법(1982.12.31. 법률 제3622호로 제정), 저축은행에 관한 「상호저축은행법」(1972.8.2. 법률 제2333호로 제정, 2001.3.28. 법률 제6429호로 전면개정) 등이 있다.

(2) 기업금융제도에 관한 특별법

중소기업의 진흥을 위한 기업금융제도에 관한 특별법으로서는 중소기업기본법(1966.12. 6. 법률 제1840호로 제정), 중소기업은행법(1961.7.1. 법률 제641호로 제정) 등을 들 수 있으며, 농업·수산

---

19) 「이자제한법 제2조 제1항의 최고이자율에 관한 규정」(2017.11.7. 대통령령 제28413호)에 의하여 2018.2.8.부터 연 24%로 규정되어 있다.

20) 2017.11.7. 대부업법시행령이 개정되어(대통령령 제28420호) 2018.2.8.부터 대부업법상의 최고이자율도 연 24%로 인하되었다(동시행령 부칙 1조).

업·축산업의 진흥 및 종사자의 금융편의를 위한 금융제도인 농업협동조합·수산업협동조합·축산업협동조합의 설립·운영에 관한 특별법인 농업협동조합법(1957.2.14. 법률 제436호로 제정)·수산업협동조합법(1962.1.20. 법률 제1013호로 제정)·축산업협동조합법(1980.12.15. 법률 제3276호로 제정) 등을 들 수 있다. 또한 중소기업의 신용을 보증함으로써 기업자금을 원활하게 조달할 수 있도록 하기 위하여 설립된 신용보증기금에 관한 특별법인 신용보증기금법(1974.12.21. 법률 제2695호로 제정)과 수출기업금융제도로서 한국수출입은행법(1969.7.28. 법률 제2122호로 제정) 등을 들 수 있다.

[30] Ⅱ. 소비대차계약의 성립

1. 소비대차계약의 성립요건

(1) 소비대차의 합의

전술한 바와 같이, 현행민법상 소비대차는 낙성계약이므로 당사자 사이에 소비대차의 합의만 있으면 차주가 대주로부터 소비대차의 목적물인 금전 기타의 물건을 수취하지 않더라도 소비대차계약의 효력이 발생한다(대법원 1991.4.9.선고, 90다14652 판결 등).[21]

이와 관련하여, 대법원은 보험약관에 따른 보험대출의 법적 성질이 문제된 사례에서, '보험약관에 따른 대출계약은 약관상의 의무의 이행으로 행하여지는 것으로서 보험계약과 별개의 독립된 계약이 아니라 보험계약과 일체를 이루는 하나의 계약이라고 보아야 하고, 보험약관에 따른 대출금의 경제적 실질은 보험회사가 장차 지급하여야 할 보험금이나 해약환급금을 미리 지급하는 선급금과 같은 성격이라고 보아야 할 것이므로, 약관에서 비록 "대출"이라는 용어를 사용하고 있더라도 이는 일반적인 대출과는 달리 소비대차로서의 법적 성격을 가지는 것은 아니'라고 판시한 바 있다(대법원 2007.9.28.선고, 2005다15598 전원합의체판결).[22] 이는 소비자계약인 보험계약의 특성을 고려하여 소비대차계약의 성립을 제한적으로 해석한 것인데, 타당한 판결이라고 생각한다.

(2) 이자의 약정과 이자율의 제한

1) 이자약정

유상계약인 이자부소비대차가 성립하기 위해서는 당사자 사이에 이자에 관한 별도의 합의인 이자약정이 있어야 하는데(대법원 1989.9.12.선고, 88다카13806 판결), 「이자」란 '원본의 사용대가로서 원본에 대한 이자의 비율을 의미하는 「이자율」에 의하여 산정되는 것'이므로, 이자율

---

21) 같은 취지: 대법원 1966.1.25.선고, 65다2337 판결; 대법원 2018.12.27.선고, 2015다73098 판결.

22) 판례평석: 김형두, "생명보험약관에 기한 보험약관대출의 법적 성격" 사법 2호(사법연구지원재단, 2007/12), 211 이하; 김재형, 「민법판례분석」, 233 이하.

에 관한 합의도 필요하다. 다만, 당사자 사이에 이자율에 관한 합의가 없는 경우에도 이자약정은 유효하며, 이 경우에는 법정이자율에 의하게 된다. 현재 민법상의 법정이자율은 연 5%(379조), 상행위로 인한 채무의 법정이자율은 연 6%로 규정되어 있다(상법 54조). (☞ 채권총론 편, 제1장 제6절 「이자채권」)

2) 이자율의 제한

이자율은 당사자가 자유롭게 합의할 수 있는 것이 원칙이나, 경제적 약자인 채무자를 이자채무의 중압으로부터 보호하기 위하여 제정된 이자제한법이나 대부업법의 최고이자율에 관한 규정이 적용된다는 점에 유의하여야 한다. 즉, 금전소비대차계약에서의 약정이자율은 이자제한법이 적용되는 금전소비대차의 경우에는 연 24%를 초과할 수 없으며(동법 2조, 이자제한법 2조 1항의 최고이자율에 관한 규정), 대부업자가 하는 대부계약의 경우에도 현재는 연 24%를 초과할 수 없도록 최고이자율이 제한되고 있다(대부업법 8조, 동법시행령 5조). (☞ 채권총론 편, 제1장 제6절 「이자채권」)

(3) 소비대차의 목적물

1) 금전 기타의 대체물인 소비물

소비대차의 목적물은 '금전 기타의 대체물인 소비물'이다. 즉, 다른 물건으로 대체될 수 없는 물건인 부대체물 또는 소비할 수 없는 물건인 비소비물은 소비대차의 목적물이 될 수 없다. 여기서 「소비물」이라 함은 '물건을 소비하는 것이 그 물건의 사용방법인 경우'를 말한다.

2) 대물대차(代物貸借)

(가) 의 의

소비대차의 목적물은 대체물인 소비물이어야 하므로, 금전이나 곡류 등을 목적물로 하여 이루어지는 것이 보통이다. 그런데 금융거래에서는 금전의 소비대차계약이 체결된 경우에도 금전 대신 약속어음이나 국채(國債) 등의 유가증권 기타의 물건이 인도되는 경우가 있는데, 이를 가리켜 「대물대차」라고 한다.[23] 하급심판결 중에는 '대주인 양도담보권자가 금전을 대여하는 대신 차주로 하여금 양도담보의 목적물을 처분하여 그 매매대금을 사용하게 한 경우에도 대물대차가 성립한다'고 판시한 사례가 있다(대구지법 2005.9.30.선고, 2005가단19047 판결).

(나) 대물대차에 있어서의 차용액

민법은 제606조에서, '금전대차의 경우에 차주가 금전에 갈음하여 유가증권 기타 물건의 인도를 받은 때에는 그 인도 시의 가액으로써 차용액으로 한다'고 규정함과 동시에, 제608조에서 '제606조에 위반하는 당사자의 약정으로서 차주에게 불리한 것은 환매 기타 어떠한 명

---

23) 곽윤직, 175; 김증한/김학동, 339; 송덕수, 228 참조.

목이라도 그 효력이 없다'고 규정함으로써(608조), 대물대차의 효력을 인정함과 동시에 대주가 우월한 경제적 지위를 악용하여 차용금에 갈음하여 인도된 목적물의 시가보다 차용액을 훨씬 높은 금액으로 약정함으로써 부당한 폭리를 취하는 것을 방지하고 있다. 이와 같이 대물대차에 있어서는 대용물이 차주에게 인도된 때의 가액이 차용액이 되는 것이므로, 대용물이 인도되기 전에 그 가격이 하락한 경우에는 하락한 가액이 차용액이 되고, 대용물이 멸실한 경우에는 차주의 반환의무는 발생하지 않는다.

2. 소비대차계약의 실효(失效)

(1) 당사자 일방의 파산

소비대차는 낙성계약이므로 당사자의 합의만 있으면 유효하게 성립하며, 대주의 목적물 인도의무 등 계약상의 의무가 발생한다. 그런데 민법은 제599조에서, '대주가 목적물을 차주에게 인도하기 전에 당사자 일방이 파산선고를 받은 때에는 소비대차는 효력을 잃는다'고 규정하고 있다. 이는 「사정변경의 원칙」이 입법화된 경우라고도 할 수 있으나, '당사자 일방의 파산'이라는 사정변경의 효과로서 상대방의 해제권이 발생하는 것이 아니라 소비대차계약의 효력이 법률상 당연히 상실된다는 점에서, 사정변경의 원칙이 적용되는 경우와 효력에 차이가 있다.

이와 같이 민법이 '대주가 목적물을 차주에게 인도하기 전에 당사자 일방이 파산선고를 받은 때'에는 소비대차계약이 실효되는 것으로 규정한 이유는, 대주나 차주의 일방이 파산선고를 받은 경우에는 파산선고를 받은 당사자의 채무 이행을 기대하기는 사실상 불가능할 뿐만 아니라, 파산선고에 의하여 당사자의 일방이 신용을 상실한 것이 공적으로 증명된 경우까지 소비대차계약의 효력을 유지시킬 필요가 없기 때문이다.

한편 학설 중에는 '차주가 파산선고를 받은 경우는 아니지만 그의 재산상태가 악화된 경우에도 제599조의 규정을 확장해석하여 대주의 청약 또는 승낙의 철회권 내지 이행거절권을 인정하거나, 계약해제권을 인정하여야 한다'는 견해가 많다.[24] 그러나 삭제되기 전 독일민법(BGB §610)[25]이나 스위스채무법(OR Art. 316)[26]과 같은 명문규정이 없는 우리 민법의 해석론으로

24) 곽윤직, 176; 김주수, 232; 이은영, 368 참조. '이 경우에도 「소비대차계약의 실효」를 인정하여야 한다'고 주장하는 견해도 있다(장재현, 281 참조).

25) 삭제되기 전 독일민법 제610조(소비대차의 약속) 소비대차의 목적물을 교부할 것을 약속한 자는 상대방의 반환청구권을 위태롭게 하는 재산상태의 중대한 악화가 발생한 때에는, 의심스러운 경우에는 그 약속을 철회할 수 있다.

26) 스위스채무법 제316조(차주의 지급불능) (1) 대주는 차주가 계약체결 이후에 지급불능이 된 경우에는 목적물의 인도를 거절할 수 있다. (2) 이러한 대주의 권능은 그 지급불능이 계약체결 이전에 이미 발생하였으나 계약체결 이후에 비로소 알려진 경우에도 역시 인정된다.

서, 파산선고가 있는 경우에 계약의 실효를 규정하고 있는 제599조의 규정을 확장해석하여 '파산선고가 없더라도 대주의 청약 또는 승낙의 철회권 내지 대여의무의 이행거절권을 인정하여야 한다'는 주장에는 찬성하기 어렵다. 다만, '대주가 목적물을 차주에게 인도하기 전에 당사자 일방이 파산에 준하는 정도로 재산상태가 악화된 경우에는 제599조를 유추적용함으로써 상대방이 계약효력의 상실을 주장할 수 있다'고 해석할 수는 있지 않을까 생각한다.[27)]

(2) 무이자소비대차계약의 해제

민법은 제601조에서, '이자 없는 소비대차의 당사자는 목적물의 인도 전에는 언제든지 계약을 해제할 수 있다. 그러나 상대방에게 생긴 손해가 있는 때에는 이를 배상하여야 한다'고 규정함으로써, 무이자소비대차의 경우에는 계약의 구속력을 인정하지 않고 있다. 이는 무상·편무계약인 무이자소비대차계약에서는 대주가 일방적으로 손실을 보게 되는 점을 고려하여, 대주의 이익을 보호하고 형평을 기하기 위한 것이라고 할 수 있다.

민법은 차주에게도 목적물의 인도 전 해제권을 인정하고 있으나, 차주가 해제하더라도 대주가 차주에게 반환해야 할 것이 없기 때문에, 무상계약인 무이자소비대차에서 차주가 해제권을 행사한다는 것은 실익이 없다. 또한 차주가 해제하는 경우에는 해제로 인하여 대주에게 손해가 발생할 가능성이 없으므로, 차주가 대주에게 손해를 배상하여야 하는 경우도 없을 것이다.[28)] 다만, 대주가 무이자소비대차를 해제한 경우에는 예컨대, 차주가 다른 사람에게서 이자부로 금전을 융통하지 않으면 안 되는 상황인 경우 해제로 인하여 차주에게 손해가 발생할 수 있으므로 대주는 차주에게 발생한 손해를 배상하여야 한다(601조 단서).

[31] Ⅲ. 소비대차계약의 효력

1. 대주의 의무

(1) 소유권이전의무

대주[29)]는 차주에게 소비대차의 목적물의 소유권을 이전하여야 한다(598조). 소비대차의 목적물은 소비물에 한정되므로 동산일 수밖에 없다. 따라서 대주의 소유권이전의무의 이행을 위하여서는 동산소유권이전의 요건인 대주와 차주 사이의 소유권이전의 물권적 합의와 인도가 필요한다(188조 1항). 인도의 방법은 현실인도뿐만 아니라 간이인도(188조 2항)·점유개정(189

27) 同旨: 김증한/김학동, 341; 김형배, 538 참조.

28) 同旨: 김형배, 539 참조.

29) 「대주(貸主)」는 일본어 「貸し主(カしぬし)」에서 온 말이므로, 「대여인(貸與人)」 또는 「대여자(貸與者)」로 용어를 개정하는 것이 바람직하다고 생각한다. 법무부의 「민법일부개정법률안[채권편]」 대주(貸主)를 "대여자(貸與者)"로, 차주(借主)를 "차용인(借用人"으로 개정할 것을 제안한 바 있다.

조)·목적물반환청구권의 양도(190조)와 같은 관념적 인도방법에 의하더라도 무방하다. (☞ 물권법 편, 제2장 제4절 「동산물권의 변동」)

목적물의 인도방법에 관하여 당사자 사이에 특별한 약정이 없는 경우에는 「지참채무의 원칙」에 따라 차주의 현주소 또는 현영업소에서 목적물을 인도하여야 한다(467조). (☞ 채권총론 편, 제3장 제4절 「변제의 목적물·장소·시기·비용·증거」)

학설 중에는 소비대차에서 대주의 주된 급부의무는 소유권이전의무가 아니라 '차주가 목적물을 이용할 수 있게 하는 소극적인 용익허용의무'라고 해석하는 견해도 있으나,[30] 임대차나 사용대차의 경우와는 달리, 소비대차에서의 대주의 의무는 단순한 용익허용의무가 아니라 적극적인 의무로서 목적물의 소유권이전의무라고 해석하여야 할 것이다.[31] 또한 대주의 의무는 차주에게 인도에 의하여 동산의 소유권을 이전해주는 것으로서 종료되는 것으로 보아야 할 것이다(598조 참조).[32] 물론 대주는 하자 없는 완전한 권리와 물건을 인도할 의무를 부담하며, 이를 위반하여 하자 있는 물건을 인도한 경우에는 차주에 대하여 하자담보책임을 진다(602조). 대주의 하자담보책임은 대주의 '하자 없는 완전한 권리와 물건의 인도의무'의 불이행으로 인한 채무불이행책임으로서의 성질을 가진다고 할 것이다. (☞ [24] 매매계약의 효력)

(2) 대주의 하자담보책임

차주에게 인도한 목적물에 하자가 있는 경우, 대주는 차주에게 하자담보책임을 진다(602조 1항). 다만, 하자담보책임의 요건과 효과는 소비대차가 이자부인 경우와 무이자인 경우에 따라 차이가 있다.

1) 「이자부소비대차계약」에서의 하자담보책임

민법은 제602조 제1항에서, '이자 있는 소비대차의 목적물에 하자가 있는 경우에는 제580조 내지 제582조의 규정을 준용한다'고 규정하고 있으나, 소비대차의 목적물은 종류물일 수밖에 없으므로, 특정물매도인의 하자담보책임을 규정한 제580조의 규정은 소비대차에 준용될 여지가 없고, 제581조와 제582조만이 준용될 수 있을 뿐이다. 다만, 대물대차(代物貸借)에서 금전에 갈음하여 인도된 물건에 하자가 있는 경우에는 특정물매도인의 하자담보책임에 관한 제580조의 규정이 유추적용될 수 있을 것이다.[33]

(가) 하자담보책임의 발생요건

(A) 목적물에 하자가 있을 것 금전소비대차의 경우에는 목적물이 금전이므로 인도된 금전

30) 곽윤직, 179; 김주수, 233 참조.
31) 同旨: 김상용, 251; 송덕수, 230 참조.
32) 同旨: 김증한/김학동, 346; 김형배, 539~540 참조.
33) 同旨: 곽윤직, 179; 김형배, 541 참조.

이 금전으로서 기능을 할 수 없는 정도로 훼손된 경우 이외에는 금전 자체에 하자가 있다고 인정되는 경우는 있을 수 없다. 그러므로 소비대차의 목적물이 금전 이외의 소비물인 경우에 한하여 대주의 하자담보책임에 관한 제602조 제1항의 규정이 적용될 수 있다. 여기서 「목적물에 하자가 있는 경우」라 함은 '차주에게 인도된 금전 이외의 소비물이 소비대차계약에서 합의된 품질과 성능을 가지고 있지 아니한 경우'를 가리킨다고 할 것이다(주관적 하자개념). (☞ [24] 매매계약의 효력)

(B) 차주가 선의·무과실일 것 차주가 목적물에 하자가 있다는 것을 알지 못하였고(선의), 하자를 모른 데 대하여 과실이 없었어야 한다(무과실). 차주의 선의·무과실 여부를 판단하는 기준시기는 '인도 시'라고 해석하여야 할 것이며, 그 이유는 매도인의 담보책임에서 설명한 바와 같다. (☞ [24] 매매계약의 효력)

(C) 6개월의 제척기간을 준수하였을 것 대주의 하자담보책임을 물을 수 있는 차주의 권리는 차주가 그 사실을 안 날로부터 6개월 내에 행사되어야 한다(602조 1항, 582조). 여기서 6개월의 제척기간의 법적 성질은 제소기간이 아니라 권리행사기간이라는 점, 차주의 권리행사기간의 기산점인 "그 사실을 안 날"이라 함은 '목적물에 하자가 존재한다는 사실을 알게 된 날'을 의미한다고 해석하여야 할 것이라는 점, 그리고 판례는 '하자가 존재하는 사실을 알았다고 하기 위해서는, 손해발생의 사실뿐만 아니라 손해발생의 원인이 바로 목적물에 존재하는 하자로 인한 것임을 알았을 때, 즉 하자와 손해발생 사이에 인과관계가 있음을 알았을 때 비로소 하자가 존재하는 사실을 알았다고 볼 것'이라는 입장을 취하고 있다는 점에 대해서도 매도인의 담보책임에서 설명한 바와 같다. (☞ [24] 매매계약의 효력)

(D) 담보책임 면책의 약정이 없을 것 대주의 하자담보책임에 관한 제602조의 규정은 임의규정이므로 당사자가 하자담보책임의 면책을 약정을 할 수 있다. 다만, '대주는 알고 고지하지 아니한 하자에 대하여는 하자담보책임을 면할 수 없다'고 해석하여야 할 것이다. (☞ [24] 매매계약의 효력)

(나) 하자담보책임의 내용(효력)

(A) 계약해제 목적물의 하자가 중대한 것이어서 소비대차의 목적을 달성할 수 없는 경우에는, 차주는 소비대차계약을 해제할 수 있다(602조 1항, 581조, 580조, 575조 제1항). 차주가 소비대차계약을 해제하면 대주는 받은 이자에 다시 이자를 붙여 반환하여야 하며(548조 2항), 차주는 대주로부터 대여받은 물건을 반환하여야 한다(548조 1항).

(B) 손해배상 목적물의 하자에도 불구하고 소비대차의 목적을 달성할 수 있는 경우에는, 차주는 소비대차계약을 해제할 수 없고 단지 "손해배상"만을 청구할 수 있을 뿐이다(602조 1항, 581조, 580조, 575조 1항). 매도인의 하자담보책임에서는 이 경우의 "손해배상"이 「대금감액」

을 의미하는 것으로 해석하여야 한다는 점에 대해서는 이미 상세히 논한 바 있는데, 소비대차에서도 마찬가지로 해석하여야 할 것이다. 다만, 이 경우에 감액되어야 할 것은 '소비대차 종료시에 차주가 반환하여야 할 차용물의 가액'임은 물론이다.[34) (☞ [24] 매매계약의 효력)

(C) 하자 없는 물건의 인도청구 전술한 바와 같이, 대주의 하자담보책임에 관한 제602조 제1항의 규정은 소비대차의 목적물이 금전 이외의 소비물인 종류물인 경우에 한하여 적용될 수 있는 것이고, 이 경우에는 종류물매도인의 하자담보책임에 관한 제581조가 준용되어야 하므로, 차주는 인도된 목적물에 하자가 있는 경우에는 계약의 해제 또는 손해배상을 청구하는 대신 하자 없는 완전한 물건의 인도를 청구할 수 있다(602조 1항, 581조 2항). 즉, 차주의 계약해제권 또는 손해배상청구권의 행사와 「완전물인도청구권」의 행사는 선택적 관계에 있다.

학설 중에는 '소비대차에서의 담보책임의 핵심은 차주의 완전물급부청구권을 중심으로 구성되어야 하는바, 대주가 완전물을 급부할 수 있고, 이로써 차주가 계약의 목적을 달성할 수 있음에도 불구하고 계약을 해제하는 것은 정당한 권리의 행사라고 할 수 없으므로, 이러한 경우에 차주의 해제권 행사는 권리남용에 해당한다'고 해석하는 견해가 있다.[35)] 그러나 이는 입법론으로서는 타당하다고 할 수 있을지 몰라도 현행민법 제602조 제1항의 해석론으로서는 무리한 주장이라고 할 것이다.

2) 무이자소비대차에서의 하자담보책임

하자담보책임은 유상계약에서 인도된 목적물에 하자가 있는 경우에 당사자의 형평을 기하기 위하여 인정되는 무과실책임이므로, 무상계약인 무이자소비대차에서는 대주의 하자담보책임이 인정될 여지가 없다고 할 수 있다. 그러나 민법은 소비대차계약의 특성을 고려하여, 무상계약인 무이자소비대차의 경우에는 원칙적으로 제602조 제1항에서 규정하고 있는 대주의 하자담보책임(계약해제, 대금감액, 완전물인도청구권)을 배제하면서도, 소비대차계약의 특성과 형평의 원칙에 비추어 '차주는 하자 있는 물건의 가액으로 반환할 수 있다'고 규정함으로써(602조 2항 본문), 매매계약에 있어서의 「대금감액」과 유사한 「반환금액감액청구권」을 인정하고 있다. 그러므로 무이자소비대차에 있어서 차주에게 인도된 목적물에 하자가 있는 경우, 차주는 선의의 대주에게는 제602조 제1항 소정의 하자담보책임을 물을 수는 없으나, 소비대차계약 종료 시에 하자 있는 물건의 가액으로 반환하면 충분하다. 그러나 대주가 악의인 경우(하자를 알고 차주에게 고지하지 아니한 경우)에는 차주는 대주에게 제602조 제1항에서 규정하고 있는 하자담보책임(계약해제, 대금감액, 완전물인도청구권)을 물을 수 있다(602조 2항 단서).

---

34) 同旨: 곽윤직, 181 참조.
35) 김형배, 541 참조.

2. 차주의 의무

차주[36]는 대주로부터 소유권을 이전 받은 물건과 같은 종류, 품질 및 수량의 물건을 반환할 의무가 있으며(598조), 이자부소비대차의 경우에는 이자를 지급할 의무가 있다(600조).

(1) 차용물반환의무

1) 반환의 목적물

차주는 반환하여야 할 시기에 대주로부터 그 소유권을 이전받은 차용물과 같은 종류, 품질 및 수량의 물건을 반환하여야 한다(598조). 그러나 차주가 차용물과 같은 종류, 품질 및 수량의 물건을 반환할 수 없는 때에는 그때의 시가로 상환하여야 한다(604조 본문). 그러나 금전채권의 경우에는 이행불능이 인정되지 아니하므로, '그 통화가 변제기에 강제통용력을 잃은 경우'에도 「시가상환의 원칙」은 적용되지 않고(604조 단서), 강제통용력이 있는 다른 통화로 상환하여야 한다(376조, 377조 2항). 다만, 반환목적물에 관한 이러한 원칙에는 다음과 같은 예외가 있다.

(가) 대물대차의 경우

대물대차의 경우에는 대주로부터 받은 물건이 아닌 약정금액을 반환하여야 함은 물론인데(606조), 이 경우 약정금액이 인도 시의 가액을 초과하는 경우에는 그 초과액에 한하여 대물대차는 무효이므로(608조), 반환하여야 할 금액은 대물대차로서 인도받은 물건의 인도 시의 가액이다(606조).

(나) 대물반환의 예약이 있는 경우

(A) 제607조와 제608조의 해석론 민법은 대주가 「대물변제의 예약」을 이용하여 폭리를 취하는 것을 방지하여 차주를 보호하기 위하여 특별규정을 두고 있다. 즉, 민법은 '차용물의 반환에 관하여 차주가 차용물에 갈음하여 다른 재산권을 이전할 것을 예약한 경우에는 그 재산의 예약 당시의 가액이 차용액 및 이에 붙인 이자의 합산액을 넘지 못한다'고 규정하고(607조), '이에 위반한 당사자의 약정으로서 차주에게 불리한 것은 매매 기타 여하한 명목이라도 그 효력이 없다'고 규정하고 있다(608조). 이에 따라 대물변제의 예약이 있는 경우에도 그 재산의 예약당시의 가액이 차용액 및 이에 붙인 이자의 합산액을 넘을 수 없으며, 이에 위반한 대물변제의 약정은 무효가 된다. 여기서 제608조의 "그 효력이 없다"는 규정의 의미가 문제된다.

a) 판례의 입장 판례는 대물변제예약이 담보제도로서 기능을 수행하고 있는 금융거래

36) 「차주(借主)」는 일본어 「借り主(カりぬし)」에서 온 말이므로, 「차용인(借用人)」으로 용어를 개정하는 것이 바람직하다.

의 현실을 감안하여, 대물변제의 약정을 무효로 규정한 제608조의 규정을 제한적으로 해석하고 있다. 즉, 판례는 ① '대물변제의 목적물의 예약 당시의 가액이 차용액 및 이에 붙인 이자의 합산액을 넘는 경우, 대물변제의 예약 자체는 제607조와 제608조에 따라 무효이지만, 채권담보제도로서 기능하고 있는 양도담보의 목적범위 내에서는 유효하다'고 해석하고 있다(대법원 1982.7.13.선고, 81다254 판결 등).[37] 또한 ② '유효한 양도담보계약에 기한 소유권이전등기를 경료하지 아니한 경우에는 아직 양도담보가 설정되기 이전의 단계이므로 가등기담보법 제3조 소정의 담보권 실행에 관한 규정이 적용될 여지가 없으며, 채권자는 양도담보의 약정을 원인으로 하여 담보목적물에 관하여 소유권이전등기절차의 이행을 청구할 수 있을 뿐'이라고 한다(대법원 1999.2.9.선고, 98다51220 판결).

■ **제607조, 제608조에 위반한 대물변제예약을 원인으로 한 소유권이전등기의 효력** 대물반환의 예약이 제607조 제608조에 의하여 무효가 되는 경우라 할지라도 그 당사자 사이에는 약한 의미의 양도담보계약을 함께 맺은 것으로 보아 양도담보의 효력은 있다 할 것이고, 따라서 채권자는 변제기한 이후에 담보권을 실행하기 위하여 그 목적물을 처분할 수 있고, 채무자는 위 처분가액에서 차용금의 원리금과 비용을 공제한 잔액의 반환을 청구할 수 있을 뿐이라 할 것이다. (대법원 1972.11.14.선고, 72다1633 판결)[38]

■ **양도담보권자가 담보권 실행으로 담보물을 시가보다 저렴한 가격으로 처분한 경우, 담보제공자의 부당이득반환청구액과 손해배상청구액** 양도담보권자가 담보권 실행을 위하여 담보물을 시가보다 저렴한 가격으로 처분한 경우, 담보제공자는 담보권자의 담보물처분가가 채무원리금 등을 초과하는 액을 부당이득으로, 담보물처분 당시의 시가가 위 처분가를 초과하는 액을 채무불이행에 따른 손해배상으로 각 청구할 수 있는 것이므로, 처분가를 확정하지 않고는 위의 각 금액을 산정할 수 없다. (대법원 1981.5.26.선고, 80다2688 판결)[39]

b) 학 설 학설 중에는 '제608조의 "그 효력이 없다"는 규정은 제607조의 규정에 위반한 대물변제의 예약은 전부무효라는 의미'라고 해석하는 견해가 없지는 않으나(전부무효설),[40] '양도담보의 목적범위 내에서는 유효하다'고 해석하는 판례의 입장을 지지하는 견해가 지배적이다(일부무효설).[41] 즉, 학설은 제608조의 "효력이 없다"는 규정의 의미는 '차용액과 이자의 합산액을 넘는 부분만 무효가 된다'는 「일부무효」를 의미하며, 대물변제 목적물의 가액

37) 같은 취지: 대법원 1968.6.28.선고, 68다762·763 판결; 대법원 1968.10.22.선고, 68다1654 판결; 대법원 1980.7.22.선고, 80다998 판결.
38) 판례평석: 장경학, "부당이득금의 반환청구", 법률신문 1024호(법률신문사, 1973/8), 8. 같은 취지: 대법원 1964.11.10.선고, 64다613 판결; 대법원 1968.10.22.선고, 68다1654 판결.
39) 판례평석: 이용훈, "양도담보 목적물의 부당평가 및 환가의 법률관계", 민사판례연구(5)(민사판례연구회, 1983/5), 89 이하.
40) 김상용, 254 참조.
41) 김주수, 235~236; 김증한/김학동, 353; 김형배, 547; 오시영, 360 참조.

중 차용액과 이자를 합산한 금액의 범위 내에서는 「청산형양도담보」로서 유효하고, 차용액과 이자를 넘는 부분에 대해서는 대주의 「정산의무(精算義務)」가 발생하는 데 그친다'고 해석하여야 한다는 데 견해가 거의 일치한다.[42]

c) 학설·판례의 검토 대물변제예약은 채권담보의 기능을 수행하는 담보제도라고 보아야 할 것이므로, 대물변제의 목적물의 가액이 차용액과 이자를 합산한 금액을 초과한 부분에 한하여 제한적으로 무효라고 해석하면 제도의 취지를 충분히 달성할 수 있다. 따라서 대물변제예약은 목적물의 가액이 차용액과 이자를 합산한 금액을 초과한 경우에도 이를 전부무효라고 할 것이 아니라, 초과부분에 한하여 무효라고 해석할 것이다. 따라서 '대물변제예약은 목적물의 가액이 차용액과 이자를 합산한 금액을 초과한 경우에도 초과부분의 범위에서 대주에게 「청산의무」가 인정되는 이른바 「약한 의미의 양도담보」로서 효력이 있다'고 할 것이다. 따라서 '차주는 대주가 양도담보권을 실행하여 청산금을 지급할 때까지는 언제든지 대여원리금을 상환하여 대주의 양도담보권을 소멸시킬 수 있다'고 할 것이다. (☞ 채권총론 편, 제3장 제7절 「변제 이외의 채권의 소멸사유」)

(B) 「가등기담보법」이 적용되는 대물변제예약의 효력 금융거래의 실무에서는 금전소비대차에서 차주의 반환채무를 담보하기 위하여 대물변제를 예약하고 이에 더하여 대물변제예약상의 권리를 보전하기 위한 담보목적의 가등기를 경료한 후 재판상의 화해절차를 거쳐서 화해조서를 작성하는 등 채권자인 대주의 폭리행위가 기승을 부리고 있었다. 이러한 금융거래의 관행을 제도화하기 위하여 대물변제예약에 관한 판례의 법리를 명문화하는 한편, 대물변제예약에 의하여 대주가 폭리를 취하는 것을 방지하고 채무자를 보호하기 위하여, 채권자에게 청산의무를 지우는 것을 내용으로 하는 가등기담보법(1983.12.30. 법률 제3681호)이 제정·시행되고 있다(동법 1조).[43] 그 자세한 내용은 담보물권법에서 해설하기로 한다. (☞ 담보물권법 편, 제3장 제2절 「가등기담보」)

2) 차용물의 반환시기

(가) 반환시기의 약정이 있는 경우

차주는 약정된 시기에 차용물과 동종·동질·동량의 물건을 반환하여야 한다(603조 1항). 약정된 반환시기가 확정기인 때에는 그 기한이 도래한 때부터 차주의 이행지체책임이 발생하며, 약정된 반환시기가 불확정기인 때에는 차주가 그 기한이 도래하였음을 안 때부터 이행지

---

42) 곽윤직, "대물변제의 예약에 관한 연구 -판례이론을 중심으로-", 「후암민법논집」, 1991, 586; 김증한/김학동, 353; 오시영, 360~361 참조.

43) 가등기담보법 제1조(목적) 이 법은 차용물의 반환에 관하여 차주가 차용물을 갈음하여 다른 재산권을 이전할 것을 예약할 때 그 재산의 예약 당시 가액이 차용액과 이에 붙인 이자를 합산한 액수를 초과하는 경우에 이에 따른 담보계약과 그 담보의 목적으로 마친 가등기 또는 소유권이전등기의 효력을 정함을 목적으로 한다.

체책임이 발생한다(387조 1항). 다만, 반환시기가 확정기인 경우에도 차주가 담보를 손상, 감소 또는 멸실하게 한 때, 차주가 담보제공의 의무를 이행하지 아니한 때, 차주가 파산선고를 받은 때에는 차주는 기한의 이익을 상실하므로(388조, 채무자회생법 425조), 채권자인 대주의 이행청구가 있으면 곧 반환하여야 한다.

한편 기한의 이익은 상대방의 이익을 해하지 않는 한 포기할 수 있는 것이므로(153조 2항), 차주는 무이자소비대차에서는 언제든지 반환의무의 기한의 이익을 포기할 수 있고, 이자부소비대차에서는 기한의 이익이 대주를 위해서도 존재한다고 보아야 하므로, 이행기까지의 이자를 붙여서 반환하지 않으면 기한 전에 미리 반환할 수 없다고 해석된다.[44]

(나) 반환시기의 약정이 없는 경우

차용물의 반환시기에 관하여 당사자 사이에 약정이 없는 때에는 대주는 상당한 기간을 정하여 반환을 최고하여야 한다(603조 2항 본문). 즉, 대주가 최고한 후 상당한 기간이 지난 때에 비로소 차주의 이행지체책임이 발생한다. 그러나 차주는 언제든지 반환할 수 있다(603조 2항 단서). 여기서 '상당한 기간'은 계약의 목적, 금액 등의 여러 가지 사정을 종합적으로 고려하여 개별적으로 정하여야 한다. 문제는 대주가 정한 최고기간이 상당한 기간이라고 볼 수 없는 경우인데, 이 경우에는 객관적으로 상당한 기간이 경과한 때 비로소 차주의 이행지체책임이 발생한다고 해석된다.[45]

(2) 담보제공의무

소비대차계약을 체결할 때에는 차주의 차용물반환의무를 담보하기 위하여 차주의 담보제공의무를 약정하는 경우가 많은데, 이 경우에 차주는 약정에 따라 담보를 제공할 의무를 부담한다.

(3) 이자지급의무

이자부소비대차의 경우, 차주는 대주에게 이자를 지급할 의무를 부담한다. 「이자」라 함은 '원본인 금전 기타의 대체물의 사용의 대가로서 원본액과 사용기간에 비례하여 지급되는 금전 기타의 대체물'로서, '일정한 이자율에 의하여 산정되는 것'을 말한다.

여기서 「이자율」이라 함은 '원본에 대한 이자의 비율'을 말하며, 원본을 이용하는 일정한 기간을 단위로 하여 정해진다(월 2%, 연 5% 등). 이자율은 당사자의 약정에 의하여 정하여지는 「약정이율」과 법률의 규정에 의하여 정해지는 「법정이율」로 구분되는데, 「약정이율」은 폭리행위가 되지 않는 범위 내에서 당사자의 합의로 자유롭게 정할 수 있는 것이 원칙이다. 그

44) 同旨: 곽윤직, 181; 김주수, 237~238; 김증한/김학동, 348~349; 김형배, 543 참조.
45) 同旨: 김주수, 238; 김증한/김학동, 349 참조.

러나 이자제한법이 적용되는 금전대차에 관한 계약상의 최고이자율은 연 25%를 초과하지 아니하는 범위 안에서 대통령령으로 정하도록 되어 있고(동법 2조 1항), 이에 따라 제정된 「이자제한법 제2조 제1항의 최고이자율에 관한 규정」(2007.6. 28. 대통령령 제20118호: 이하 「최고이자율규정」으로 약칭)은 금전대차에 관한 계약상의 최고이자율을 연 24%로 규정하고 있다. 다만, 이자제한법은 다른 법률에 따라 인가·허가·등록을 마친 금융업 및 대부업과 대부업법 제9조의4에 따른 미등록대부업자에 대하여는 적용되지 아니하므로(대부업법 7조), 대부업법이 적용되는 경우(대부업자가 개인 또는 대통령령이 정하는 소규모 법인에게 대부한 경우)에는 그 이자율은 연 27.9%의 범위 이내에서 대통령령이 정하는 율(현재는 연 24%로 인하되어 이자제한법과 제한이율이 같다)을 초과할 수 없다(대부업법 8조 1항, 동법시행령 5조 2항).

이와 같이 이자율에 대해서는 이자제한법과 대부업법 등 관련 법률에 의하여 엄격한 규제가 가해지고 있으나, 이자율 이외에 이자의 지급시기, 이자지급의 방법 등에 대하여서는 특별한 규정이 없는 한 당사자가 자유롭게 약정할 수 있다. 다만, 이자계산의 시기(始期)에 대해서는 특칙이 있다. 즉, 이자 있는 소비대차는 차주가 목적물의 인도를 받은 때로부터 이자를 계산하여야 하며, 차주가 그 책임 있는 사유로 수령을 지체할 때에는 대주가 이행을 제공한 때로부터 이자를 계산하여야 한다(600조).

[32] Ⅳ. 준소비대차

1. 의의 및 법적 성질

(1) 준소비대차의 개념

「준소비대차」라 함은 '소비대차에 의하지 아니하고 금전 기타의 대체물을 지급할 의무가 있는 경우에 당사자가 그 목적물을 소비대차의 목적으로 할 것을 약정하는 것'을 말한다. 당사자 사이에 준소비대차의 약정을 한 때에는 소비대차의 효력이 생긴다(605조). 예컨대, 매매계약에서 대금지급채무를 지는 매수인이 매매대금을 매도인으로부터 빌린 것으로 하기로 약정하여, 이를 대여원금으로 하여 이자를 붙이고 담보를 제공하기로 하는 경우와 같다. 이는 순전히 당사자의 편의를 위하여 인정한 제도라고 할 수 있다.

(2) 법적 성질

준소비대차는 종래의 채무(예컨대, 위 사례에서 대금지급채무)를 소멸시키고 새로운 채무인 차용금반환채무를 발생시키는 계약이다. 이러한 점에서 경개(更改)와 매우 유사하다. 특히 채무의 발생원인을 종래의 매매로부터 소비대차로 변경하는 경개계약도 가능하므로, 채무의 발생원인의 변경을 내용으로 하는 경개와 준소비대차는 이 점에서는 차이가 없다.

경개와 준소비대차의 차이점은 새로이 발생하는 채무(신채무)와 종전의 채무(구채무) 사이에 동일성이 인정되는지의 여부에 있다(대법원 1989.6.27.선고, 89다카2957 판결 등). 즉, 준소비대차에서는 신채무와 구채무 사이의 동일성이 인정되지만, 경개에서는 양 채무 사이의 동일성이 인정되지 않는다. 따라서 준소비대차에서는 구채무에 부수하는 담보권과 항변권은 그대로 신채무를 위하여 존속한다.[46] 이러한 관점에서, 학설은 '당사자가 구채무와 동일성이 없는 신채무의 발생을 의욕한 경우에는 설사 당사자가 「준소비대차」라는 명칭을 사용한 경우에도 이를 「경개」라고 보아야 한다'고 해석하고 있다.[47]

판례도 이러한 법리를 인정하고 있다. 즉, 판례는 ① '기존채권·채무의 당사자가 그 목적물을 소비대차의 목적으로 할 것을 약정한 경우, 그 약정을 경개로 볼 것인가 또는 준소비대차로 볼 것인가는 일차적으로 당사자의 의사에 의하여 결정되고, 만약 당사자의 의사가 명백하지 않을 때에는 의사해석의 문제이나, 특별한 사정이 없는 한 동일성을 상실함으로써 채권자가 담보를 잃고 채무자가 항변권을 잃게 되는 것과 같이 스스로 불이익을 초래하는 의사를 표시하였다고는 볼 수 없으므로, 일반적으로 준소비대차로 보아야 할 것'이라고 한다(대법원 1989.6.27.선고, 89다카2957 판결 등).[48] 또한 ② '준소비대차에서 구채무는 당연히 소멸한다고 볼 수는 없고, 그 소멸 여부는 당사자의 의사에 따를 것이지만, 원칙적으로 구채무는 동일성을 유지하면서 소비대차의 형태로 존속하고, 그 담보도 그대로 존속한다'고 한다(대법원 1994.5.13.선고, 94다8440 판결). ③ '현실적인 자금의 수수 없이 형식적으로만 신규대출을 하여 기존채무를 변제하는 이른바 「대환(代換)」의 법률적 성질은 기존채무가 동일성을 유지한 채 존속하는 준소비대차로 보아야 하는데, 대환의 경우에 채권자와 보증인 사이에 보증인의 보증책임을 면제하기로 약정을 한 경우 등 특별한 사정이 있는 경우를 제외하고는 기존채무에 대한 보증인의 책임은 존속된다'고 한다(대법원 1994.6.10.선고, 94다3445 판결 등).[49]

46) 同旨: 김증한/김학동, 344; 김형배, 550 참조.

47) 同旨: 곽윤직, 177; 김주수, 239; 김형배, 550 참조.

48) 판례평석: 박창현, "준소비대차와 경개", 판례연구 1집(부산판례연구회, 1991/2), 201 이하; 전경운, "준소비대차와 경개의 구별", 「로스쿨계약법」(청림출판, 2006/3), 393 이하. 같은 취지: 대법원 2003.9.26.선고, 2002다31803·31810 판결.

49) 판례평석: 이재환, "상호신용금고의 어음할인의 성격과 어음할인으로 인한 채무가 대환된 경우, 연대보증인의 보증책임 존속 여부", 대법원판례해설 21호(법원행정처, 1994/11), 145 이하. 같은 취지: 대법원 1998.2.27.선고, 97다16077 판결; 대법원 2002.9.24.선고, 2000다49374 판결.

2. 준소비대차의 성립

(1) 준소비대차의 당사자

준소비대차의 당사자는 기존채무의 당사자이어야 한다(대법원 2002.12.6.선고, 2001다2846 판결).

(2) 준소비대차의 합의

준소비대차가 성립하기 위해서는 당사자 사이에 준소비대차의 합의가 있어야 함은 당연하다. 거래의 관행상으로는 준소비대차의 합의를 증명하기 위하여 새로이 차용증서를 작성한다든지 공정증서를 작성하는 것이 일반적이나, 이러한 증서의 작성이 준소비대차의 성립요건은 아니다.

■ 기존채무의 당사자가 그 목적물을 소비대차의 목적으로 하기로 약정한 경우, 그 약정의 해석

[1] 준소비대차는 당사자 쌍방이 소비대차에 의하지 아니하고 금전 기타의 대체물을 지급할 의무가 있는 경우에 당사자가 그 목적물을 소비대차의 목적으로 할 것을 약정한 때에 성립하는 것으로서, 기존채무를 소멸케 하고 신채무를 성립시키는 계약인 점에 있어서는 경개와 동일하지만 경개에 있어서는 기존채무와 신채무 사이에 동일성이 없는 반면, 준소비대차에 있어서는 원칙적으로 동일성이 인정된다는 점에 차이가 있고, 기존채권, 채무의 당사자가 그 목적물을 소비대차의 목적으로 할 것을 약정한 경우, 그 약정을 경개로 볼 것인가 또는 준소비대차로 볼 것인가는 일차적으로 당사자의 의사에 의하여 결정되고, 만약 당사자의 의사가 명백하지 않을 때에는 특별한 사정이 없는 한 동일성을 상실함으로써 채권자가 담보를 잃고 채무자가 항변권을 잃게 되는 것과 같이 스스로 불이익을 초래하는 의사를 표시하였다고는 볼 수 없으므로 일반적으로 준소비대차로 보아야 하지만, 신채무의 성질이 소비대차가 아니거나 기존채무와 동일성이 없는 경우에는 준소비대차로 볼 수 없다. [2] 채권자가 채무자 발행의 전환사채를 인수하고 채무자는 그 인수대금으로 채권자에 대한 기존의 대출금채무를 변제한 경우 전환사채와 기존의 대출금채권 사이에 동일성을 인정할 수 없다. (대법원 2003.9.26.선고, 2002다31803·31810 판결)[50]

(3) 기존채무의 존재

1) 준소비대차 약정 시에 기존채무가 존재하고 있을 것

준소비대차가 성립하기 위해서는 당사자 사이에 준소비대차의 기초가 되는 금전 기타의 대체물의 급부를 목적으로 하는 채무가 이미 존재하고 있어야 한다. 만약 준소비대차의 기초가 되는 채무가 존재하고 있지 않은 경우, 준소비대차는 무효이다. 준소비대차는 무인채무(無因債務)를 부담하는 것이 아니기 때문이다. 그러므로 예컨대, 계약의 목적이 강행법규에 반하거나(103조), 급부의 균형을 상실한 폭리행위로서 무효인 경우에는(104조), 이를 기초로 한 준소비대차도 무효이다.

2) 준소비대차의 기초가 되는 기존채무의 발생원인

준소비대차의 기초가 되는 기존채무의 발생원인은 제한이 없다. 제605조는 "소비대차에

50) 같은 취지: 대법원 2006.12.22.선고, 2004다37669 판결.

의하지 아니하고"라고 규정하고 있으나, 소비대차에 의하여 발생한 채무를 준소비대차의 기초가 되는 채무로 할 수도 있다고 해석하는 데 견해가 일치한다(대법원 1994.6.10.선고, 94다3445 판결).

3. 준소비대차의 효력

(1) 기존채무의 소멸

준소비대차가 성립하면 기존채무는 소멸한다. 그러나 준소비대차에서 기존채무와 신채무는 서로 존립의 기초가 되는 것이므로, 기존채무가 존재하지 않거나 무효인 경우에는 신채무는 발생하지 않고, 반대로 신채무가 무효이거나 취소된 때에는 기존채무도 소멸하지 않았던 것으로 다루어진다.[51] 판례도 이러한 법리를 인정하고 있다(대법원 2007.1.11.선고, 2005다47175 판결). 다만, 판례는 '준소비대차가 성립하였다고 하여 구채무가 당연히 소멸한다고 볼 수는 없고, 그 소멸 여부는 당사자의 의사에 따를 것이지만, 원칙적으로 구채무는 동일성을 유지하면서 소비대차의 형태로 존속하고, 그 담보도 그대로 존속한다'고 한다(대법원 1994.6.10.선고, 94다3445 판결).

이와 관련하여, '가압류된 채권을 기초로 한 준소비대차도 유효한가, 즉 채권이 가압류된 이후에 가압류채무자(제3채무자에 대한 채권자)와 제3채무자 사이에 준소비대차 약정이 체결된 경우에도 준소비대차는 유효한가?' 하는 것이 문제된다. 이에 대하여, 판례는 '이 경우 준소비대차는 채무자와 제3채무자 사이에서는 유효하나, 채권이 가압류된 이후에 체결된 준소비대차의 약정은 가압류된 채권을 소멸하게 하는 것으로서 채권가압류의 효력에 반하므로, 가압류의 처분제한의 효력에 따라 채무자와 제3채무자는 준소비대차의 성립을 가압류채권자에게 주장할 수 없다'고 한다(대법원 2007.1.11.선고, 2005다47175 판결).[52]

(2) 소비대차로서의 효력발생

준소비대차는 그 성립요건이 소비대차와 다를 뿐, 일단 성립하면 소비대차로서의 효력이 발생한다. 물론 대주의 목적물인도의무는 이미 이행된 것으로 전제되어 있기 때문에 문제되지 않으며, 이를 제외한 나머지 효력은 일반 소비대차와 다를 바 없다. 예컨대, 반환시기에 관한 제603조, 반환불능으로 인한 시가상환에 관한 제604조, 대물변제의 예약에 관한 제607조와 제608조의 규정은 준소비대차에도 적용된다(대법원 1997.3.11.선고, 96다50797 판결 등).

---

51) 同旨: 곽윤직, 178; 김주수, 241 참조.
52) 판례평석: 안법영/최우진, "기존채무에 대한 채권가압류 이후의 준소비대차 약정", 민사법학 47호(한국민사법학회, 2009/12), 631 이하.

■ 준소비대차계약에 기하여 대물변제의 약정을 한 경우, 제607조, 제608조의 적용 여부(적극) 부동산 매수인이 매도인에게 잔대금 1억원 중 금 5천만원만 지급하고 나머지 금원에 대하여는 매수인이 매도인으로부터 변제기를 정하여 월 2%의 이율로 차용하는 것으로 하되, 만일 매수인이 변제기까지 이를 갚지 못할 때에는 매수인이 매수한 부동산에 대한 소유권이전등기청구권으로 대물변제하기로 약정을 한 경우, 특별한 사정이 없는 한 금원을 차용하기로 한 부분은 준소비대차에 해당하고, 대물변제하기로 한 부분은 대물반환의 예약에 해당하며, 제607조, 제608조는 이와 같은 준소비대차계약에 의하여 차주가 반환할 차용물에 관하여도 그 적용이 있다. (대법원 1997.3.11.선고, 96다50797 판결)[53]

(3) 항변권과 담보권의 존속

준소비대차가 성립하면 소비대차계약에 의한 신채무가 발생하고 기존채무는 소멸한다. 다만, 경개와 달리 준소비대차에 있어서는 신채무와 기존채무는 동일성을 유지하는 것이 원칙이다. 따라서 기존채무를 위하여 존재하던 항변권과 담보권은 준소비대차에 의하여 발생한 신채무를 위하여 존속한다(대법원 2007.1.11.선고, 2005다47175 판결 등). 다만, '준소비대차에 의하여 새로이 발생한 채권의 소멸시효기간은 준소비대차의 객관적 성질에 따라서 결정된다'는 것이 판례의 입장이다(대법원 1981.12.22.선고, 80다1363 판결 등).[54]

53) 같은 취지: 대법원 1967.10.31.선고, 67다1990 판결.
54) 같은 취지: 대법원 1989.6.27.선고, 89다카2957 판결.

제 2 절　사용대차계약

[33] Ⅰ. 총 설

1. 사용대차의 의의

「사용대차」(Leihe; le prêt à usage)라 함은 '대주(貸主)가 상대방인 차주(借主)에게 무상으로 사용·수익하게 하기 위하여 목적물을 인도할 것을 약정하고, 상대방은 목적물을 사용·수익한 후 그 물건을 반환할 것을 약정함으로써 그 효력이 발생하는 계약'을 말한다(609조).

(1) 물건의 사용·수익을 목적으로 하는 계약

사용대차는 물건의 사용·수익을 목적으로 하는 계약으로서 차주가 목적물을 사용·수익한 후 그 물건 자체를 반환하여야 한다는 점에서 소비대차와 구별되고, 임대차계약과 같은 성질을 가지고 있으나 차주가 물건의 사용·수익의 대가(차임)를 지급할 의무를 부담하지 않는 무상계약이라는 점에서 임대차계약과 구별된다.

(2) 목적물의 사용·수익의무를 내용으로 하는 채권계약

사용대차는 대주가 차주에게 목적물을 사용·수익하게 할 의무를 부담하는 채권계약이다. 목적물의 사용·수익의 양자를 목적으로 하는 경우는 물론이고, 사용이나 수익의 어느 한 가지만을 목적으로 하는 사용대차도 가능하다.

2. 사용대차의 법적 성질

(1) 낙성·불요식계약

사용대차는 당사자의 합의만 있으면 성립하는 낙성계약이며, 합의에 서면의 작성 등 특별한 방식을 요하지 않는 불요식계약이다(609조). 구 의용민법은 사용대차를 차주가 대주로부터 목적물을 수취함으로써 비로소 계약이 성립하는 요물계약으로 규정하고 있었다(동법 593조).[1] 이는 사용대차를 요물계약으로 다룬 로마법 이래의 전통을 계승한 프랑스민법(C.c. Art. 1875)[2]을 모범으로 한 일본구민법 재산취득편 제195조[3]를 수정한 것인데, 「민법수정안이유서」에 따르면, '일본민법(구 의용민법) 제593조는 일본구민법 재산취득편 제195조에 해당하는 조문이나, ① 일본구민법과는 달리 차용물의 반환시기를 정할 필요가 없는 것으로 수정하였으며, ② 차주가 원물을 반환하여야 한다는 것은 자명한 것이므로 이를 삭제하였고, ③ 차주가 목적물을 사용할 수 있을 뿐만 아니라 수익도 할 수 있다는 점을 나타낼 필요가 있으므로, 이를 명시하였다'고 한다.[4] 그러나 구 의용민법 제정 이후 학설은 '사용대차를 반드시 요물계약으로 규정할 필요가 없을 뿐만 아니라, 계약자유의 원칙상 낙성계약인 사용대차도 유효하다'는 점 등을 이유로 들어 동조의 입법론적 타당성에 대하여 비판적인 견해가 많았다.[5]

우리 민법은 구 의용민법이 취한 「요물계약주의」에 대한 이러한 입법론적 비판을 고려하여, 만주민법 제577조[6]의 규정을 모범으로 하여 사용대차계약을 당사자 사이에 합의만 있으면 성립하는 낙성계약으로 규정하였다(609조).[7]

(2) 편무·무상계약

1) 편무계약

사용대차에 있어서 대주는 차주에게 무상으로 사용·수익하게 하기 위해서 목적물을 인도할 의무를 부담하고, 차주는 목적물을 사용·수익한 후 그 물건을 반환할 의무를 부담하나(609조), 이들 의무 사이에는 상호의존적 견련관계(대가관계)가 인정되지 않으므로, 사용대차는 쌍무계약이 아니라 편무계약이다. 따라서 사용대차에서는 위험부담의 문제가 발생하지 않는다.

---

1) 일본민법(구 의용민법) 제593조: 사용대차는 당사자의 일방이 무상으로 사용 및 수익을 한 후에 반환할 것을 약속하고 어떤 물건을 수취함으로써 그 효력이 생긴다.

2) 프랑스민법(2009.3.12. 법률 제2009-526호에 의하여 개정된 것) 제1875조: 사용대차는 당사자 일방이 상대방에게 그가 사용하도록 하기 위하여 물건을 인도하고, 차주는 그 물건을 사용한 후 반환할 의무를 지는 계약이다.

3) 일본구민법 재산취득편 제195조: ① 사용대차는 당사자의 일방이 다른 일방의 사용을 위하여 그에게 동산 또는 부동산을 교부하여 명시 또는 묵시로서 정한 시기가 지난 후에 다른 일방이 그 빌려받은 원물을 반환할 의무를 부담하는 계약이다.

4) 「民法修正案理由書」, 510 참조.

5) 我妻榮(中一), 377 참조.

6) 만주민법 제577조: 사용대차는 당사자의 일방이 상대방에게 무상으로 사용 또는 수익을 할 수 있도록 어떤 물건을 교부할 것을 약속하고, 상대방은 그 사용 또는 수익을 한 후 그 물건을 반환할 것을 약속함으로써 그 효력이 생긴다.

7) 「민법안심의록」, 352~353 참조.

2) 무상계약

사용대차에서 차주는 대주로부터 목적물을 인도받아 사용·수익할 권리가 있으나, 이에 대한 대가(사용료)를 지급할 의무를 부담하지 않는다. 따라서 사용대차는 전형적인 무상계약이다. 다만, 부담부증여(561조)도 무상계약인 것과 마찬가지로, 차주가 공조공과(公租公課)를 부담하기로 하는 것처럼 다소의 부담을 지기로 약정하는 것은 무상계약인 사용대차의 범주에서 벗어나지 않는다. 그러나 차주의 의무가 목적물의 사용·수익의 대가라고 인정되는 경우에는 계약서의 명칭이 '사용대차'라고 명시되어 있더라도 임대차계약에 해당한다고 보아야 하는 경우가 있을 수 있다. 예컨대, 대법원판결 중에는 '甲소유의 토지에 乙이 공원을 조성하여 그 때부터 일정기간 동안 그 토지를 사용·수익하되 기간이 종료한 때에는 乙이 건립한 공원시설물 및 공원운영에 필요한 일체의 권리를 甲에게 무상 양도하기로 약정되어 있고, 부대계약서에 乙이 설치할 시설물의 단가 및 총액이 명시되어 있다면, 乙의 그와 같은 무상양도의무는 토지의 사용과 대가관계에 있다고 할 것이므로, 甲과 乙 사이에 체결된 대차계약은 그 계약서상의 명칭이 사용대차계약으로 되어 있다 하더라도 임대차계약에 해당하는 것으로 봄이 상당하다'고 판시한 사례가 있다(대법원 1994.12.2.선고, 93다31672 판결).

3. 사용대차의 사회적 작용

사용대차는 무상계약이므로 자본주의경제체제하에서는 그 법률적 중요성은 별로 크지 않다. 가까운 친척 사이나 법률의 규정에 의한 특수한 경우가 아닌 한 무상으로 부동산을 빌려주는 사용대차계약이 성립하는 경우는 거의 없다고 할 수 있으며, 동산의 사용대차도 가까운 이웃이나 친구 사이에서나 찾아볼 수 있을 뿐이며, 이러한 경우에도 이를 민법상의 사용대차의 법률관계가 성립하는 것이 아니라 단순한 호의관계에 지나지 않는다고 보아야 할 경우가 적지 않다.

[34] Ⅱ. 사용대차계약의 성립

1. 사용대차의 합의

사용대차는 낙성계약이므로, 당사자 사이에 사용대차의 합의(대주는 차주가 무상으로 사용·수익할 수 있도록 목적물을 인도하기로 하고, 차주는 목적물을 사용·수익한 후 반환하기로 하는 의사표시의 합치)만 있으면 성립한다. 또한 사용대차는 불요식계약이므로, 서면의 작성 등 특별한 합의의 방식이 요구되지 않으므로, 묵시적 합의에 의한 사용대차의 성립도 있을 수 있다(대법원 1980.7.22.선고, 80다816 판결).

■ **토지 등 소유자가 재개발사업 시행을 위한 관리처분계획의 인가·고시 전에 사업시행자로 하여금 사업시행을 할 수 있도록 토지 등에 대한 사용·수익을 포기하거나 토지 등의 사용을 승낙한 경우의 법률관계**(=사용대차) [1] 소유권의 핵심적 권능에 속하는 사용·수익의 권능이 소유자에 의하여 대세적·영구적으로 유효하게 포기될 수 있다고 한다면, 이는 결국 처분권능만이 남는 새로운 유형의 소유권을 창출하는 것이어서 물권 법정주의에 반하므로 특별한 사정이 없는 한 이를 허용할 수 없고, 당사자가 사용·수익권을 포기하였다 하더라도 이는 그 상대방에 대하여 채권적으로 포기한 것으로 봄이 상당하며, 그것이 상대방의 사용·수익을 일시적으로 인정하는 취지라면 이는 사용대차의 계약관계에 다름 아니라고 할 것이다. [2] 이와 같은 법리는 토지 등 소유자가 관리처분계획의 인가·고시 전에 사업시행자로 하여금 사업시행을 할 수 있도록 토지 등에 대한 사용·수익을 포기하거나 토지 등의 사용을 승낙한 경우에도 마찬가지로 적용될 수 있다. (대법원 2009.7.9.선고, 2007다83649 판결)[8]

2. 사용대차의 목적물

사용대차는 물건의 사용·수익을 목적으로 하는 계약이므로, 물건에 관해서만 성립할 수 있다. 따라서 대주로부터 물건 이외의 권리 등을 무상으로 빌려 쓰기로 합의한 경우에는, 민법상의 사용대차가 아니라 '사용대차 유사의 무명계약'이 성립한다.

사용대차의 목적이 되는 물건에는 제한이 없다. 따라서 동산이든 부동산이든 사용대차의 목적물이 될 수 있다. 다만, 농지의 사용대차는 농지법에 의하여 엄격한 규제를 받는다(농지법 23조).[9]

물건의 일부에 대한 사용대차도 유효하게 성립한다. 예컨대, '집합건물의 구분소유자들

8) 같은 취지: 대법원 2009.3.26.선고, 2009다228·235 판결; 대법원 2012.6.28.선고, 2010다81049 판결.

9) 농지법 제23조(농지의 임대차 또는 사용대차) 다음 각 호의 어느 하나에 해당하는 경우 외에는 농지를 임대하거나 무상사용하게 할 수 없다. 1. 제6조 제2항 제1호·제4호부터 제9호까지·제9호의2 및 제10호의 규정에 해당하는 농지를 임대하거나 무상사용하게 하는 경우 2. 제17조에 따른 농지이용증진사업 시행계획에 따라 농지를 임대하거나 무상사용하게 하는 경우 3. 질병, 징집, 취학, 선거에 따른 공직취임, 그 밖에 대통령령으로 정하는 부득이한 사유로 인하여 일시적으로 농업경영에 종사하지 아니하게 된 자가 소유하고 있는 농지를 임대하거나 무상사용하게 하는 경우 4. 60세 이상인 사람으로서 대통령령으로 정하는 사람이 소유하고 있는 농지 중에서 자기의 농업경영에 이용한 기간이 5년이 넘은 농지를 임대하거나 무상사용하게 하는 경우 5. 제6조 제1항에 따라 소유하고 있는 농지를 주말·체험영농을 하려는 자에게 임대하거나 무상사용하게 하는 경우, 또는 주말·체험영농을 하려는 자에게 임대하는 것을 업(業)으로 하는 자에게 임대하거나 무상사용하게 하는 경우 6. 제6조 제1항에 따라 개인이 소유하고 있는 농지를 한국농어촌공사나 그 밖에 대통령령으로 정하는 자에게 위탁하여 임대하거나 무상사용하게 하는 경우 7. 다음 각 목의 어느 하나에 해당하는 농지를 한국농어촌공사나 그 밖에 대통령령으로 정하는 자에게 위탁하여 임대하거나 무상사용하게 하는 경우 가. 상속으로 농지를 취득한 사람으로서 농업경영을 하지 아니하는 사람이 제7조 제1항에서 규정한 소유 상한을 초과하여 소유하고 있는 농지 나. 대통령령으로 정하는 기간 이상 농업경영을 한 후 이농한 사람이 제7조 제2항에서 규정한 소유 상한을 초과하여 소유하고 있는 농지 8. 자경 농지를 농림축산식품부장관이 정하는 이모작을 위하여 8개월 이내로 임대하거나 무상사용하게 하는 경우 9. 대통령령으로 정하는 농지 규모화, 농작물 수급 안정 등을 목적으로 한 사업을 추진하기 위하여 필요한 자경 농지를 임대하거나 무상사용하게 하는 경우

이 공용부분의 일부에 대하여 제3자에게 무상사용권을 부여한 경우에는, 민법상의 사용대차계약이 성립한다'고 보아야 한다(대법원 1999.5.11. 선고, 98다61746 판결). 또한 사용대차는 목적물의 소유권이 차주에게 이전되지 않으므로, 타인 소유의 물건을 목적으로 하는 사용대차도 유효하게 성립할 수 있다. 소유자가 지상권자나 임차권자로부터 물건을 무상으로 빌리는 경우와 같이, 자기 소유의 물건에 대한 사용대차도 성립할 수 있다.

[35] Ⅲ. 사용대차계약의 효력

1. 대주의 의무

(1) 대주의 「사용·수익 허용의무」

대주는 차주로 하여금 목적물을 사용·수익할 수 있게 해줄 의무가 있다. 이를 대주의 「사용·수익 허용의무」라고 한다.[10] 대주는 이를 위하여 목적물을 차주에게 인도하여야 함은 물론이다. 다만, 유상계약인 임대차계약에서는 임대인은 임차인이 목적물을 사용·수익하는 데 적합한 상태를 유지하여야 할 「수선의무」 등 적극적 의무를 부담하는 데 비하여, 무상계약인 사용대차에서의 대주의 의무는 단순히 차주가 목적물을 사용·수익하는 것을 허용하여야 하는 소극적인 것에 그친다. 그러나 소극적인 의무라고 하지만, 대주가 차주의 정당한 사용·수익을 방해하여 손해를 끼친 경우에는 채무불이행으로 인한 손해배상책임을 진다.

(2) 대주의 담보책임

사용대차는 무상계약이므로, 목적물에 하자가 있는 경우에도 대주의 담보책임은 발생하지 않는다. 즉, 대주는 사용대차의 목적인 물건의 하자에 대하여 책임을 지지 않는 것이 원칙이다(612조, 559조 1항 본문). 그러나 대주가 그 하자를 알고 차주에게 고지하지 아니한 때에는 대주의 하자담보책임이 발생하며(612조, 559조 1항 단서), 차주가 일정한 부담을 지는 사용대차(부담부사용대차)에 있어서는 그 부담의 한도에서 매도인과 같은 담보책임을 부담한다(612조, 559조 2항).

사용대차는 목적물의 소유권 이전을 목적으로 하는 계약이 아니므로, 권리의 하자는 문제되지 않으며, 물건의 성능·품질상의 하자로 인한 담보책임(하자담보책임)만이 문제된다. 따라서 대주가 하자담보책임을 져야 하는 경우, 그 내용은 하자보수 또는 손해배상(대금감액)을 선택적으로 청구하거나, 대주의 귀책사유를 요건으로 하여 이행이익 또는 확대손해의 배상을 청구할 수 있다고 해석하여야 할 것이다. (☞ [24] 매매계약의 효력)

---

10) 곽윤직, 184 참조.

2. 차주의 권리와 의무

(1) 차주의 권리

1) 차주의 사용·수익권

(가) 법적 성질

차주는 사용대차의 목적물을 무상으로 사용·수익할 권리가 있다(609조). 판례는 ① '차주의 목적물 사용·수익권은 대주의 채무인 사용·수익을 허용할 의무에 부수하는 것에 지나지 않는 상대적인 권리이므로(채권의 상대성), 제3자에 대한 대항력은 인정되지 않는다'고 한다(대법원 1966.9.20.선고, 66다926 판결 등). 또한 ② '사용대차에 있어서 차주의 권리를 양도받은 자는 그 양도에 관한 대주의 승낙이 없으면 대주에게 대항할 수 없다'고 한다(대법원 1999.5.11.선고, 98다61746 판결).

(나) 사용·수익권의 범위

차주가 목적물을 사용·수익할 수 있는 범위는, ① 사용대차계약에 의하여 정하여진다. ② 계약상 사용·수익의 범위가 명확하지 아니한 경우에는 '그 목적물의 성질에 의하여 정하여진 용법으로' 사용·수익하여야 한다(610조 1항). ③ 차주는 대주의 승낙이 없으면 제3자에게 차용물을 사용·수익하게 하지 못한다(동조 2항).

(다) 사용·수익의 범위를 위반한 경우의 효력

차주가 계약이나 그 목적물의 성질에 의하여 정하여진 용법에 위반하여 차용물을 사용·수익하거나, 대주의 승낙 없이 제3자에게 차용물을 사용·수익하게 한 때에는, 대주는 계약을 해지할 수 있고(610조 3항), 계약 또는 목적물의 성질에 위반한 사용·수익으로 인하여 손해가 생긴 경우에는 손해배상을 청구할 수도 있다(617조). 차주는 제610조 제1항과 제2항에서 규정된 범위 내에서 차용물을 사용·수익할 권리가 있지만, 동시에 그 범위를 지킬 의무도 있는 것이므로, 이를 위반한 때에는 일종의 채무불이행책임이 발생한다고 할 수 있기 때문이다. 다만, 이 경우의 손해배상청구권은 대주가 차주로부터 목적물을 반환받은 날부터 6개월 내에 하여야 한다는 제척기간이 있다는 점에 유의할 필요가 있다(617조).

한편 차주가 사용·수익의 범위를 위반한 경우에는 이행지체를 이유로 한 계약해제에 관한 일반규정인 제544조의 규정이 적용되는 것이 아니라 특별규정인 제610조 제2항의 규정이 적용되어, 대주는 차주에 대한 이행(위반행위의 중지)의 최고 없이 즉시 해지할 수 있다. 이러한 경우에는 이미 계속적 계약관계인 사용대차에서 대주와 차주 사이의 신뢰관계가 파괴되었다고 할 수 있기 때문이다. 또한 유상계약인 임대차계약에서는 임차인이 임대인의 승낙 없이 임차권을 양도하거나 전대한 경우에도 임차인의 투하자본의 회수를 위하여 임대인의 계약해지권을 제한할 필요가 있으나, 무상계약인 사용대차의 경우에는 차주의 보호를 위한 특별한 고려를 할 필요가 없기 때문이다. (☞ 제3절「임대차계약」)

2) 차주의 철거권

차주는 차용물을 원상으로 회복시키는 것을 요건으로 하여 차용물에 부속시킨 물건을 철거할 수 있는데, 이를 차주의 「철거권」이라고 한다(615조). 여기서 차주의 비용상환청구권과 철거권과의 관계가 문제되는데, 이에 관한 상세는 임대차에서 설명하기로 한다. (☞ 제3절「임대차계약」)

(2) 차주의 의무

1) 목적물보관의무

차주는 선량한 관리자의 주의로써 차용물을 보관할 의무를 부담한다. 이러한 차주의 목적물보관의무는 사용대차계약의 내용을 이루고 있는 것이라고 할 수도 있고, 특정물인도채무자의 일반적 주의의무를 규정한 제374조가 적용된 결과라고 할 수도 있다.[11] 차주가 선량한 관리자의 주의의무를 위반하여 목적물이 멸실되거나 훼손된 경우에는 일반규정에 따라 소유권침해로 인한 불법행위책임(750조) 또는 보관의무 위반에 기한 채무불이행책임(390조)의 양자가 성립할 수 있는데, 「청구권의 경합」을 인정하는 통설·판례에 의하면 대주는 양 책임을 경합적으로 물을 수 있다고 할 것이다.

2) 통상의 필요비 부담의무

차주는 차용물의 통상의 필요비를 부담한다(611조 1항). 따라서 차주는 통상의 필요비를 지출하였더라도 그 비용의 상환을 청구할 수 없을 뿐만 아니라, 통상의 필요비를 지출하지 않음으로 인하여 목적물이 멸실·훼손된 경우에는 전술한 목적물보관의무 위반에 기한 채무불이행책임을 지거나 불법행위책임을 지게 된다. 사용대차에서 대주는 차주로 하여금 사용·수익을 하게 할 적극적인 의무를 부담하지 않고, 소극적으로 「목적물 사용·수익 허용의무」만을 부담한다고 함은 이 때문이다. 그러나 차주가 통상의 필요비 이외의 비용, 예컨대 천재지변에 의하여 목적물이 파손된 경우의 복구비용과 같은 「비상(非常)의 필요비」와 유익비를 지출한 경우에는, 환매의 특약이 있는 부동산의 매수인과 같은 범위에서 상환을 청구할 수 있다(611조 2항, 594조 2항). 즉, 차주가 차용물에 비상의 필요비나 유익비를 지출한 때에는 대주는 제203조의 규정에 의하여(비상의 필요비는 지출한 금액을, 유익비는 그 가액의 증가가 현존한 경우에 한하여) 이를 상환하여야 한다. 다만, 유익비에 대하여는 법원은 대주의 청구에 의하여 상당한 상환기간을 허여할 수 있다(611조 2항, 594조 2항).

이와 같이 차주가 지출한 비용이 「통상의 필요비」인가 아닌가에 따라서 상환청구권의 존

11) 我妻榮(中一), 381 참조.

부가 결정되므로, 구체적인 경우에 차주가 지출한 비용이 「통상의 필요비」에 해당하는지의 여부는 당사자의 이해관계에 중대한 영향을 미친다.

하급심판결 중에는 '건물의 사용대차에서 낡은 출입문을 새로 만들고 마루문, 지붕 및 방 4개를 보수하고 상수도관이 삭아서 새로 바꾸고 정원과 마당을 일부 보수한 것은 주택의 유지보존을 위한 통상의 필요비에 해당되어 차주가 부담할 것'이라고 판시한 사례가 있다(서울고법 1976.7.23.선고, 75나1886 판결). 사용대차가 무상계약인 점 및 건물의 사용대차라는 사안의 특정을 고려할 때 타당한 판결이라고 생각된다.

원래 차주는 통상의 필요비 이외의 비용, 즉 비상의 필요비나 유익비를 지출할 의무는 없으므로, 차주는 비상의 필요비를 지출하여 수선할 필요가 생긴 때에는 차용물을 대주에게 반환하던지 그러한 사실을 대주에게 통지하여 그 지시에 따라야 할 것이다. 만약 '차주가 그러한 통지를 하지 아니하고 임의로 비상의 필요비나 유익비를 지출한 경우에는 목적물보관의무를 위반한 것이 되므로,[12] 비용상환청구권을 행사할 수 없다'고 할 것이다. 민법은 이러한 차주의 비용상환청구권에 대해서도 '대주가 물건을 받은 날부터 6개월 내에 행사하여야 한다'는 제척기간을 두고 있다(617조).

3) 목적물반환의무

차주는 계약이 종료된 때에 빌린 물건을 대주에게 반환할 의무를 부담한다. 이는 차주의 주된 급부의무이다(609조). 그러나 차주의 목적물반환의무는 대주의 「목적물사용·수익허용의무」와 상호의존적 견련관계(대가관계)에 있는 채무라고 할 수는 없음은 전술한 바와 같다.

(가) 차주의 현상인도의무

원래 물건의 사용·수익은 어느 정도 물건을 훼손하게 마련이므로, 차주가 통상의 필요비를 지출하여 선량한 관리자의 주의의무(374조)를 다한 경우에는 비록 차용물이 차주의 사용·수익에 의하여 훼손된 경우에도 이행기의 현상대로 인도하면 차주는 책임을 면한다(462조). 물론 통상의 필요비를 지출하지 않는 등 선관주의의무를 다하지 못한 경우에는 이행기의 현상대로 인도하더라도 차주는 그 책임을 면하지 못한다. 이와 반대로, 빌린 물건에서 과실(果實)이 산출되는 등 자연적으로 증대된 경우에는 차주는 증대한 현상대로 그 물건을 반환하여야 함은 물론이다.[13] 다만, 차주의 출연에 의하여 그 가치가 증대한 때에는 유익비상환청구권이 발생한다는 것은 전술한 바와 같다.

(나) 차용물의 반환장소

계약에서 차용물을 반환할 장소를 정하지 아니한 때에는 계약 성립 당시에 그 물건이 있

---

12) 我妻榮(中一), 382 참조.

13) 특정물채무자의 현상인도의무에 관한 상세는 拙稿, "특정물채무자의 현상인도의무에 관한 연구 -민법 제462조의 입법연혁을 중심으로-", 중앙법학 15집 4호(중앙법학회, 2013/12), 89 이하 참조.

던 장소가 반환하여야 하는 장소가 된다(467조). 그러나 거래의 실제에서는 차주가 대주의 주소 또는 영업소에서 차용물을 반환하기로 하는 묵시적 약정이 있다고 해석하는 것이 타당한 경우가 대부분이다. (☞ 채권총론 편, 제3장 제4절 「변제의 목적물, 장소, 시기, 비용 및 증거)

4) 공동차주의 연대의무

민법은 제616조에서, "수인이 공동하여 물건을 차용한 때에는 연대하여 그 의무를 부담한다"고 규정하고 있다. 구 의용민법에는 이에 관한 명문규정이 없었기 때문에 학설이 대립하고 있었는데, 현행민법은 「민법전편찬요강」에 따라 프랑스민법 제1887조[14]·스위스채무법 제308조[15]·중화민국(대만)민법 제471조[16]·만주민법 제584조[17] 등을 모범으로 하여 공동차주의 연대책임을 인정하는 명문규정을 신설함으로써,[18] 학설대립을 해소하였다. 그러므로 대주는 공동차주의 전부 또는 일부에 대하여 동시에 또는 순차로 손해배상의 전부 또는 일부를 청구할 수 있다(414조).

[36] Ⅳ. 사용대차의 종료

1. 인도 전의 계약해제

민법은 '사용대차에 있어서는 대주가 차주에게 목적물을 인도하기 전에는 당사자는 언제든지 계약을 해제할 수 있다'고 규정함으로써(612조, 601조), 계약의 구속력을 배제하고 있다. 다만, 해제로 인하여 상대방에게 손해가 생긴 때에는 해제한 당사자는 상대방의 손해를 배상하여야 한다는 제한이 있을 뿐인데, 이는 사용대차가 무상계약이라는 점을 고려하여 대주의 이익을 보호하기 위한 규정이라는 점은 무이자소비대차의 경우와 같다. 물론 차주에게도 인도 전 해제권이 인정되고 있기는 하지만, 무상계약인 사용대차의 성질상 차주가 해제하더라도 대주가 차주에게 반환해야 할 것은 전혀 없기 때문에, 차주가 해제권을 행사한다는 것은 실익이 없을 뿐만 아니라, 이 경우에 대주에게 손해가 발생할 가능성도 없기 때문에, 차주가 대주에게 손해를 배상하여야 하는 경우도 없을 것이다. (☞ 제1절 「소비대차」)

---

14) 프랑스민법 제1887조: 수인이 공동하여 동일한 물건을 차용한 때에는, 그들은 대주에 대하여 연대하여 책임을 진다.
15) 스위스채무법 제308조(수인의 차주의 책임) 수인이 하나의 물건을 공동으로 차용한 경우, 그들은 연대하여 책임을 진다.
16) 대만민법 제471조: 수인이 하나의 물건을 공동으로 차용한 경우에는 대주에 대하여 연대하여 책임이 있다.
17) 만주민법 제584조: 수인이 공동하여 어떤 물건을 차용한 때에는 각자 연대하여 그 의무를 부담한다.
18) 「민법안심의록」, 356~357; 명순구(실록), 506~508 참조.

2. 존속기간의 만료

(1) 계약에서 존속기간을 정한 경우 : 존속기간 종료 시

사용대차의 존속기간이 정하여져 있는 경우에는, 그 존속기간이 만료된 때에 사용대차가 종료된다. 민법은 '차주는 약정시기에 차용물을 반환하여야 한다'고 규정하고 있으나(613조 1항), 여기서 「차용물반환시기의 약정」이라 함은 사용대차의 존속기간을 정한 것을 의미한다.[19] 사용대차의 존속기간에 대해서는 특별한 제한이 없으므로, 자유롭게 정할 수 있다.

(2) 계약에서 존속기간을 정하지 아니한 경우

계약에서 사용대차의 존속기간을 정하지 아니한 경우에도, 차주는 계약 또는 목적물의 성질에 의한 사용·수익이 종료한 때에는 차용물을 반환하여야 한다(613조 2항).

3. 대주의 계약해지

다음과 같은 경우, 대주는 사용대차계약을 일방적으로 해지할 수 있다.

(1) 차주의 사용·수익의무 위반

차주는 계약 또는 그 목적물의 성질에 의하여 정하여진 용법으로 이를 사용·수익하여야 하며, 대주의 승낙이 없으면 제3자에게 차용물을 사용·수익하게 하지 못하는데, 차주가 이에 위반한 때에는 대주는 계약을 해지할 수 있음은 전술한 바와 같다(610조).

(2) 사용·수익에 충분한 기간이 경과한 때

1) 제613조 제2항 단서의 규정취지

민법은 제613조 제2항 단서에서, "사용, 수익에 족한 기간이 경과한 때에는 대주는 언제든지 계약을 해제할 수 있다"고 규정하고 있는데, '이는 현실로 사용·수익이 종료하지 아니한 경우에도 사용·수익에 충분한 기간이 경과한 때에는 대주는 언제든지 사용대차계약을 해지할 수 있다는 취지'라고 한다(대법원 1978.11.28.선고, 78사13 판결 등).[20] 이에 따라 '도로부지의 사용대차에 있어서 사용·수익에 충분한 기간이 경과되었을 때에는 대주는 언제든지 계약을 해지할 수 있으므로, 사용대차계약이 해지된 후에도 차주인 지방자치단체가 그 도로부지를 점유하고 있는 것은 불법점유이므로, 이로 인한 손해배상책임을 면할 수 없다'고 한다(대법원 1976.1.27.선고, 75다1828 판결).

---

19) 我妻榮(中一), 383 참조.

20) 같은 취지: 대법원 2009.7.9.선고, 2007다83649 판결.

2) 사용·수익에 충분한 기간이 경과하였는지 여부의 판단기준

사용·수익에 충분한 기간이 경과하였는지의 여부는 사용대차계약 당시의 사정, 차주의 사용기간 및 이용상황, 대주가 반환을 필요로 하는 사정 등을 종합적으로 고려하여 공평의 입장에서 대주에게 해지권을 인정하는 것이 타당한가의 여부에 의하여 판단하여야 할 것이다(대법원 1993.11.26.선고, 93다36806 판결 등).[21] 대법원은 이러한 취지에서, '차주가 대주 소유의 토지를 무상으로 사용한 기간이 40년 이상의 장기간에 이르렀고, 최초의 사용대차계약 당시의 대주가 이미 사망하여 대주와 차주 간의 친분관계의 기초가 변하였을 뿐더러, 차주 측에서 대주에게 무상사용 허락에 대한 감사의 뜻이나 호의를 표시하기는커녕 오히려 자주점유에 의한 취득시효를 주장하는 민사소송을 제기하여 상고심에 이르기까지 다툼을 계속하는 등의 상황에 이를 정도로 쌍방의 신뢰관계 내지 우호관계가 허물어진 경우에는, 공평의 견지에서 대주의 상속인에게 사용대차의 해지권을 인정하는 것이 옳다'고 판시한 바 있다(대법원 2001.7.24.선고, 2001다23669 판결 등).[22]

21) 같은 취지: 대법원 1995.3.14.선고, 94다56371 판결; 대법원 2001.7.24.선고, 2001다23669 판결; 대법원 2009.7.9.선고, 2007다83649 판결.

22) 판례평석: 이상주, "민법 제613조 제2항 소정의 사용·수익에 충분한 기간이 경과하였는지 여부의 판단기준" 대법원판례해설 38호(법원도서관, 2002/6), 206 이하. 같은 취지: 대법원 2009.7.9.선고, 2007다83649 판결.

제 3 절 임대차계약

[37] Ⅰ. 총 설

1. 임대차계약의 의의

「임대차」라 함은 '임대인이 임차인에게 임대목적물을 사용·수익하게 할 것을 약정하고, 임차인이 이에 대하여 차임을 지급할 것을 약정함으로써 성립하는 계약'을 말한다(618조).

(1) 소비대차와의 구별

임대차는 '임차인이 목적물의 소유권을 취득하지 못하고 목적물 자체를 임대인에게 반환하여야 한다'는 점에서 사용대차와 마찬가지이며, 차주(借主)가 목적물 자체를 반환할 의무를 지는 것이 아니라 목적물의 소유권을 취득하고 나중에 목적물과 동종·동량의 물건을 반환할 의무를 지는 소비대차(598조)와 구별된다.

(2) 사용대차와의 구별

임대차는 임차인이 목적물의 사용·수익의 대가로서 임대인에게 차임(借賃)을 지급하여야 하는 유상계약이라는 점에서, 무상계약인 사용대차(609조)와 구별된다.

2. 임대차계약의 사회적 작용

(1) 타인의 물건을 유상으로 이용하는 계약

임대차계약은 타인의 물건을 유상으로 이용하는 계약으로서, 매매·소비대차 등과 더불어 자본주의경제체제를 지탱하는 중요한 법률적 지주(支柱)를 형성하고 있다. 특히 주택이나 상가 등의 부동산은 인간의 사회적·경제적 생활의 근거가 된다는 점에서, 부동산임대차는 사회적·경제적으로 매우 중요한 의미를 가진다. 그러므로 국민의 주거생활을 안정시키고, 산업활동 특히 상업활동의 안정적 기반을 마련하기 위하여서는 임차인의 권리인 임차권을 강화하고 임차인의 투하자본의 회수를 보장할 수 있는 임대차제도를 확립하는 것이 필수적이다.

(2) 우리나라에서의 임대차법의 발전과정과 동향

1) 8·15 해방 이전의 임대차법

우리나라는 일제의 식민통치에서 해방된 1945년 이전까지는 농업을 주된 산업으로 하는 농경사회였기 때문에, 임대차법의 주된 관심사는 전근대적 신분관계를 전제로 하는 농지의 소작(小作)관계에 집중되었다.

2) 8·15 해방 이후의 임대차법의 변화

(가) 농지임대차의 금지

1948.7.17.에 제정된 제헌헌법은 제86조에서, "농지는 농민에게 분배하며 그 분배의 방법, 소유의 한도, 소유권의 내용과 한계는 법률로써 정한다"고 규정하였으며, 이에 따라 1949.6.21. 법률 제31호로 제정된 농지개혁법은 모든 농지의 소작·임대차·위탁경영 등의 행위를 전면적으로 금지하였다(동법 17조).[1]

(나) 주택임대차의 사회문제화

1945년 우리나라가 일제의 통치에서 해방되자 일본 등 해외는 물론 북한지역으로부터 많은 인구가 국내로 유입되었는데, 이들은 주로 서울 등 대도시에 정착하였다. 또한 1950년에 발발한 6·25 전쟁으로 인하여 도시의 주택이 대부분 파괴되었을 뿐만 아니라, 1960년대 이후 경제개발에 따라서 농촌지역의 인구가 대도시로 집중되는 이농(離農)현상과 베이비붐 등으로 인하여 주택사정이 크게 악화됨에 따라서 주택의 임대차가 큰 사회문제로 대두되었다.

3) 현행민법하에서의 임대차제도의 문제점

(가) 농지임대차의 문제

(A) 1981년 「농지임대차관리법」의 제정 1960년대 이후 산업의 발전에 따른 농촌인구의 도시집중 및 농촌사회의 해체 등의 이른바 「이농현상」으로 인하여 부재지주(不在地主)가 확대되고 소작(小作)제도가 사실상 부활되자 이를 규제할 필요성이 대두되었다. 이에 따라 정부는 1981.12.31. 국가의 엄격한 감독하에 농지의 임대차 및 위탁경영을 허용하는 것을 주요내용으로 하는 「농지임대차관리법」(법률 제3888호)을 제정하였다.

(B) 1994년 「농지법」의 제정 1993년 12월 우루과이라운드 협상이 타결됨에 따라 출범한 세계무역기구(WTO) 체제하에서 농산물의 수입이 불가피해짐에 따라, 국내의 농업생산성을

1) 농지개혁법 제17조: 일체의 농지는 소작, 임대차, 위탁경영 등 행위를 금지한다. 단, 제5조 제1항 제2호 단서의 경우 급 정부가 본법 기타 법령에 의하여 인허한 경우에는 예외로 한다.

향상시키기 위한 대규모영농의 필요성이 대두되었다. 이러한 변화된 농업환경에 대처하기 위하여 정부는 1994.12.22. 종래의 농지개혁법과 농지임대차관리법 등을 통합한 새로운 「농지법」(법률 제4817호)을 제정하였다.

(나) 전세권제도의 신설

현행민법은 종래 서울 등 도시지역에서 관습상 행하여지던 특수한 임대차제도인 전세(傳貰)를 전세권설정등기를 요건으로 하는 물권인 「전세권」을 신설하였다(303조 이하). 이는 만주 민법상의 「전권(專權)」을 모범으로 한 것이라고 할 수 있다. 다만, 거래의 실제에서 전세권제도의 이용도는 극히 저조한 것이 현실이다. (☞ 물권법 편, 제5장 제3절 「전세권」)

(다) 임차인 보호를 위한 특별법의 제정·시행

(A) 1981년 「주택임대차보호법」의 제정 1960.1.1.부터 시행된 현행민법은 임차인 보호를 위하여 「임차권등기의무제도」(621조) 및 「물권적 전세권제도」(303조 이하)를 신설하였으나, 서울 등 수도권 대도시의 주택사정은 계속 악화일로를 걸었으며, 민법상의 임대차제도만으로는 임차인보호에 문제가 많았다. 이에 1981.3.5. 당시의 군사정권은 이른바 「개혁입법」의 일환으로 서민들의 주거생활의 안정을 기하기 위한 「주택임대차보호법」(법률 제3379호: 이하 「주택임대차법」으로 약칭)을 제정하였다. 이후 주택임대차법은 우리나라의 주택임대차제도의 근간이 되었는데, 그 주요내용을 요약하면, ① 주택의 인도와 주민등록을 요건으로 하여 주택임차권에 대항력이 부여되고(동법 3조 1항·2항), ② 임차인의 보증금반환청구권을 확보하기 위하여 보증금 중 일부에 대하여 최우선순위의 법정담보물권의 성립을 인정하는 「우선특권제도」와(동법 8조, 동법 시행령 3조), 임대차계약서에 부여된 확정일자의 순위에 의하여 우선변제권이 인정되는 등 새로운 주택임차인보호제도가 그 핵심적인 내용이 되고 있다(동법 3조의2).

(B) 2001년 「상가건물임대차보호법」의 제정 상가건물의 경우에도 주택의 경우와 마찬가지로 임차인 보호를 위한 특별법의 제정이 요구되었으나, 상가소유자 및 금융기관의 반대로 그 실현을 보지 못하다가 2001.12.29.에 이르러서야 비로소 「상가건물임대차보호법」(법률 제6542호, 이하 「상가임대차법」으로 약칭)이 제정되었다. 상가임대차법은 건물의 인도와 세법상의 사업자등록의 신청을 요건으로 상가건물의 임차권에 대항력을 부여하고(동법 3조 1항), 임차보증금 중 일부에 대하여 최우선순위의 법정담보물권의 성립을 인정하는 「우선특권제도」와(동법 14조, 동법 시행령 6조), 임대차계약서에 부여된 확정일자의 순위에 의한 우선변제권(이하 「순위에 따른 우선변제권」으로 약칭)을 인정하는 등 주택임대차법과 그 내용이 유사하다(동법 5조 2항).

[38] Ⅱ. 임대차계약의 법적 성질

1. 낙성·불요식·쌍무·유상계약

(1) 낙성·불요식계약

민법상 임대차계약은 당사자의 합의만 있으면 성립하는 낙성계약이며, 특별한 방식을 요하지 않는 불요식계약이다. 다만, 거래의 실제에서는 임대차계약서를 작성하여 당사자가 이에 서명·날인한 후 임대차보증금을 현실로 지급하여야 임대차계약이 성립하는 것이 현실이다.

(2) 쌍무계약

임대차계약의 효력으로 발생하는 임대인의 목적물사용·수익의무와 임차인의 차임지급의무는 상호의존적 견련관계에 있으므로, 임대차계약은 매매계약과 더불어 가장 전형적인 쌍무계약이다.

(3) 유상계약

임대차계약의 당사자인 임차인은 목적물을 사용·수익하는 대가로서 임대인에게 차임을 지급하여야 한다(618조). 즉, 임차인의 보증금 및 차임지급과 임대인의 목적물인도 및 수선의무의 부담은 대가관계에 있다고 할 수 있다. 그러므로 임대차는 전형적인 유상계약이며, 이 점에서 무상계약인 사용대차(609조)와 구별된다. 차임은 반드시 금전으로 지급할 필요는 없으며, 미곡 등 금전 이외의 유가물로 지급할 것을 약정하여도 무방하다(대법원 1959.7.23. 선고, 4291 민상725 판결).

2. 채권계약

(1) 물건을 객체로 하는 대차형계약(貸借型契約)

1) 비소비물

임대차계약에서 임차인은 계약종료 시에 목적물 그 자체를 반환할 의무를 부담하므로, 임대차는 유체물 중에서 사용·수익으로 인하여 소멸하지 않는 비소비물(非消費物)을 객체로 한다. 즉, 「비소비물」만이 임대차의 목적물이 될 수 있다.

2) 농지의 임대차

농지는 1949.6.21. 제정된 농지개혁법에 의하여 소작, 임대차 또는 위탁경영 등이 금지되어 왔으나(동법 17조), 1987.10.1.부터 시행된 농지임대차관리법과 1994.12.22. 제정된 농지법에 의하여 현재는 국가의 엄격한 관리하에 농지의 임대차와 위탁경영이 허용되고 있다.

3) 권리의 임대차

권리를 객체로 하는 매매계약과는 달리, 민법상의 임대차는 물건만을 객체로 한다. 물론 계약자유의 원칙상 권리의 임대차 또는 기업의 임대차도 가능하다. 예컨대, 특허법 제102조의 규정에 의한 「특허권의 통상실시권」(특허법 102조)[2]과 같이, 실질적으로 권리의 임대차에 해당하는 것이 법률의 규정에 의하여 허용되는 경우도 있으나, 이를 민법상의 임대차라고 할 수는 없다.[3] 주의할 것은, 광업권이나 조광권을 객체로 하는 임대차계약(이른바 「덕대계약(德大契約)」)은 법률상 금지된다고 할 수 있으나(광업법 11조[4], 47조 2항[5]), 실질적으로 광업권의 임대차에 해당하는 「조광권(租鑛權)」의 설정은 인정되며, 조광권은 물권으로 규정되어 있다는 점이다(광업법 3조 4호,[6] 47조 1항).

(2) 물건의 사용·수익을 목적으로 하는 계약

임차권은 목적물의 사용·수익을 목적으로 한다. 반드시 목적물의 사용과 수익을 겸하여야 하는 것은 아니며, 목적물의 사용 또는 수익만을 목적으로 하는 임차권도 가능하다.

독일민법은 물건의 사용권에 한정되는 「사용임대차」(Miete)와 목적물의 사용권 및 수익권(收益權)을 내용으로 하는 「용익임대차」(Pacht)를 구별하고 있으나(BGB §535 이하), 우리 민법은 이를 구별하지 않고 있다.

(3) 채권계약

임대차계약은 목적물의 사용·수익을 목적으로 하는 채권계약이므로, 임대인은 임차인으로 하여금 목적물을 사용·수익하게 할 의무를 부담하며, 임차인은 임대인에게 목적물을 사용·수익하게 할 것을 청구할 수 있는 채권을 가지는 데 그친다. 따라서 임대차계약에서는 '매매는 임대차를 깨뜨린다'(Kauf bricht Miete)는 원칙이 지배한다.[7]

---

2) 특허법 제102조(통상실시권) ① 특허권자는 그 특허권에 대하여 타인에게 통상실시권을 허락할 수 있다. ② 통상실시권자는 이 법의 규정에 의하여 또는 설정행위로 정한 범위 안에서 업으로서 그 특허발명을 실시할 수 있는 권리를 가진다.

3) 독일민법과 스위스민법은 우리 민법과는 달리 「용익임대차」(Pacht)로서 권리나 기업의 임대차를 인정하고 있다(김주수, 253 참조).

4) 광업법 제11조(광업권의 처분 제한) ① 탐사권은 상속, 양도, 체납처분 또는 강제집행의 경우 외에는 권리의 목적으로 할 수 없다. ② 채굴권은 상속, 양도, 조광권·저당권의 설정, 체납처분 또는 강제집행의 경우 외에는 권리의 목적으로 할 수 없다.

5) 광업법 제47조(성질 및 처분의 제한) ① 조광권은 물권으로 하고, 이 법에서 따로 정한 경우 외에는 부동산에 관한 민법과 그 밖의 법령의 규정을 준용한다. ② 조광권은 상속이나 그 밖의 일반승계의 경우 외에는 권리의 목적으로 하거나 타인이 행사하게 할 수 없다.

6) 「조광권(租鑛權)」이란 '설정행위에 의하여 타인의 광구에서 채굴권의 목적이 되어 있는 광물을 채굴하고 취득하는 권리'를 말한다(광업법 3조 4호).

7) 로마법과는 달리, 게르만 고유법에서는 임대차는 물권으로서, 「매매는 임대차를 깨뜨리지 못한다」

임차권이 등기된 경우(621조), 또는 주택임대차법에 의하여 주택의 인도와 주민등록법상의 전입신고를 마쳐서 대항력을 취득함으로써 임차권의 물권적 효력이 인정되는 경우에도 임대차계약이 채권계약이라는 기본적인 성질에는 변함이 없다(대법원 2007.6.28.선고, 2004다69741 판결). 다만, 판례는 '임차권이 등기된 경우에는 임대차기간이 종료한 후에도 임차권자는 임차보증금을 반환받기까지는 임대인이나 그 승계인에 대하여 임차권등기의 말소를 거부할 수 있음은 물론, 임차권등기가 원인 없이 말소된 때에는 그 방해를 배제하기 위한 청구를 할 수 있다'는 입장을 취하고 있다(대법원 2002.2.26.선고, 99다67079 판결).

〈참고〉 이른바 「채권적 전세」(미등기전세)의 법적 성질

(1) 물권인 전세권을 설정하기 위해서는 전세권설정등기가 필요하나(부동산등기법 139조), 거래의 실제에서는 전세권설정등기 없이 전세금의 교부에 의하여 건물의 용익관계가 설정되고 있는바, 이를 「채권적 전세」 또는 「미등기전세」라고 한다.

(2) 이러한 「채권적 전세」(미등기전세)는 전세권자가 상대방인 전세권설정자에 대하여 전세금을 교부하고 일정기간 상대방 소유의 가옥을 사용하고 그 차임과 전세금의 이자를 상계하는 것을 내용으로 하는 쌍무계약이므로(대법원 1958.4.24.선고, 4290민상867 판결), 차임의 지급을 요소로 하는 유상계약인 민법상의 임대차계약과는 구별된다. 그러나 전세계약도 목적물의 사용·수익을 목적으로 한다는 점에서 임대차계약과 동일할 뿐만 아니라, 전세금의 이자와 차임을 상계한다는 것은 차임지급의 특수한 방법에 불과하다고 파악할 수도 있으므로, 넓은 의미에서 임대차계약이라고 할 수 있을 것이다. 따라서 임대차계약에 관한 규정은 그 성질에 반하지 않는 한, 전세계약에 유추적용되어야 할 것이다.

(3) 전세계약에서는 고액의 전세금이 교부되므로, 전세금반환채권을 어떻게 확보할 것인가 하는 것이 가장 큰 문제인데, 이러한 문제를 해결하기 위하여 주택임대차법은 전세금을 임대차보증금으로 간주하여 미등기전세에 동법의 규정을 준용하고 있다(동법 12조).

3. 임차권의 물권화경향

민법은 임차인을 보호하기 위하여, 임차인 보호를 위한 특별규정을 두고 있을 뿐만 아니라, 주택임대차법이나 상가임대차법 등 임차인 보호를 위하여 제정된 특별법은 ① 임차권에 대항력을 부여하고, ② 임차권의 존속을 보장할 뿐만 아니라, ③ 소액임차인의 우선특권을 인정함으로써 임차보증금반환청구권을 확보해 주는 등 임차권에 물권에 준하는 특별한 효력을 인정하고 있는바, 학설은 이를 「임차권의 물권화경향」이라고 부른다. (☞ [40] 임대차계약의 효력)

(Kauf bricht nicht Miete)는 원칙이 지배하였다고 한다(곽윤직, 336 참조).

[39] Ⅲ. 임대차계약의 성립

1. 임대차계약의 목적물

(1) 물건의 임대차

1) 부동산

토지나 건물 등의 부동산은 주거나 산업활동의 장소적 근거가 된다는 점에서, 부동산의 임대차는 자본주의 시장경제체제하에서 매우 중요한 법률적 지위를 차지한다. 또한 계속적 계약관계인 임대차계약에서는 목적물의 사용·수익을 생존의 기초로 하고 있는 임차인에 대한 임대인의 전근대적 지배·복종관계가 성립할 가능성이 크다는 사회·경제적 문제점을 안고 있다. 임대차계약의 이러한 특수성을 고려하여 각국은 임차인 보호를 위한 특별한 제도를 마련하고 있다. 우리나라도 주택과 상가건물의 임차인을 보호하기 위하여 주택임대차법과 상가임대차법을 제정하여 시행하고 있다. 그 자세한 내용은 후술하기로 한다. (☞ [40] 임대차계약의 효력)

2) 농지의 임대차

농지도 토지의 일종인 부동산이므로, 민법상 임대차계약의 목적물이 될 수 있다. 그러나 농지의 임대차는 농지개혁법이 제정·실시된 1949.6.21. 이래 헌법과 법률에 의하여 엄격한 금지 내지 규제를 받고 있다.

(가) 1949년 「농지개혁법」에 의한 농지의 소작(小作)·임대차 등 금지

1948.7.17.에 공포된 제헌헌법은 모든 농지를 농민에게 분배할 것을 규정함으로써 「소작제도」를 헌법상 금지하였다(동법 86조).[8] 이와 같은 헌법규정에 의거하여 1949.6.21. 제정된 농지개혁법은 모든 농지의 소작, 임대차 또는 위탁경영을 금지하고(동법 17조),[9] 이에 위반하는 자는 그 농지를 무상몰수 또는 그 농지의 경작권을 상실케 하고 100만원 이하의 벌금을 병과할 수 있도록 하였다(동법 제25조).[10] 이러한 제헌헌법과 농지개혁법의 정신은 제4공화국헌법(이른바 「유신헌법」)에 이르기까지 계속되었다(제4공화국헌법 117조).[11]

---

8) 제헌헌법 제86조: 농지는 농민에게 분배하며 그 분배의 방법, 소유의 한도, 소유권의 내용과 한계는 법률로써 정한다.

9) 전게 주 1 참조.

10) 농지개혁법(폐) 제25조: ① 본법 시행 후 차를 거부, 기만 또는 위반한 자는 그 농지를 무상 몰수 또는 그 농지의 경작권을 상실케 하고 백만원 이하의 벌금을 병과할 수 있다. ② 대리인, 대표자 혹은 사용인이 전항의 행위를 범한 때에는 그 행위자에 대하여 1년 이하의 징역 또는 50만원 이하의 벌금에 처한다.

11) 제4공화국헌법 제117조: 농지의 소작제도는 법률이 정하는 바에 의하여 금지된다.

(나) 1986년 「농지임대차관리법」에 의한 농지의 임대차 허용

1980.10.25.에 공포된 제5공화국헌법은 "농업생산성의 제고와 농지의 합리적인 이용을 위한 임대차 및 위탁경영은 법률이 정하는 바에 의하여 인정된다"고 규정함으로써, 「농지임대차자유화」의 정책방향을 선언하였는데(동법 122조), 이러한 헌법규정에 의거하여 1986.12.31. 「농지임대차관리법」(법률 제3888호)이 제정·공포되었다. 또한 1987.10.29.에 공포된 현행헌법(제6공화국헌법)은 '농업생산성의 제고와 농지의 합리적인 이용을 위하거나 불가피한 사정으로 발생하는 농지의 임대차와 위탁경영은 법률이 정하는 바에 의하여 인정된다'고 규정함으로써(동법 121조 2항), 제5공화국헌법의 해석상 발생할 수 있었던 농지임대차관리법의 위헌소지를 제거하였다.

농지의 임대차계약에 관한 규제를 목적으로 하고 있는 구 농지임대차관리법의 내용상의 특징을 요약하면 다음과 같다. 즉, ① 농지임대차계약은 원칙적으로 서면에 의하여 하여야 한다(동법 3조), ② 농지임대차계약의 당사자는 계약체결일로부터 60일 이내에 농림수산부령이 정하는 바에 따라서 농지소재지를 관할하는 시장·구청장·읍장·면장에게 당해 계약의 내용을 신고하여야 한다(동법 4조). ③ 농지임대차의 기간은 원칙적으로 3년 이상의 장기간으로 정한다(동법 5조). ④ 농지임차료의 상한은 대통령령이 정하는 기준에 따라 농지소재지를 관할하는 농지관리위원회의 심의를 거쳐 관할시·군의 조례로 정한다(동법 6조). ④ 농지임대차에 관한 분쟁을 조정하기 위하여 「농지관리위원회」를 설치한다(동법 9조, 15조). ⑤ 농지임대차계약의 당사자는 대통령령이 정하는 사유를 제외하고는 상대방의 동의 없이 계약을 해지할 수 없다(동법 10조). ⑥ 임차농지의 양수인은 직접 영농하고자 하는 경우를 제외하고는 동법의 규정에 의한 임대인의 지위를 승계한 것으로 간주한다(동법 11조).

(다) 1994년 「농지법」의 제정

1993.12. 우루과이라운드가 타결됨으로써 출범한 WTO체제하에서 우리나라는 외국으로부터 농산물을 수입하는 것이 불가피해졌다. 이에 따라 농업생산성 향상을 위한 대규모영농의 필요성이 대두되었는데, 이러한 농업환경의 변화에 대처하기 위하여 1994.12.22. 농지개혁법과 농지임대차관리법 등을 통합한 새로운 법체계인 「농지법」(법률 제4817호)이 제정되었다. 1996.1.1.부터 농지법이 시행됨에 따라 종래의 농지개혁법과 농지임대차관리법 등 5가지 농지관련법이 폐지되었다(농지법 부칙 2조). 농지의 임대차와 관련되는 범위에서 농지법의 내용을 요약하면 다음과 같다.

(A) 농지법의 기본이념 　농지는 국민의 식량공급과 국토환경보전의 기반이 되는 한정된 자원이므로 보전되어야 하고, 농업의 생산성을 높이는 방향으로 소유·이용되어야 하며 투기의 대상이 될 수 없다(동법 3조).[12)]

(B) 농지의 소유제한 농지는 자기의 농업경영에 이용하거나 이용할 자가 아니면 소유하지 못하는 것을 원칙으로 하되, 예외적으로 국가가 지방자치단체가 농지를 소유하는 경우 등 일정한 경우에는 자기의 농업경영에 이용하지 아니하더라도 농지를 소유할 수 있다(동법 6조).[13]

(C) 농지의 소유상한 농업경영을 하지 아니하는 자가 상속으로 농지를 취득하는 경우에는 1만 제곱미터의 농지만을 소유할 수 있다(동법 7조).[14]

---

12) 농지법 제3조(농지에 관한 기본이념) ① 농지는 국민에게 식량을 공급하고 국토 환경을 보전하는 데에 필요한 기반이며 농업과 국민경제의 조화로운 발전에 영향을 미치는 한정된 귀중한 자원이므로 소중히 보전되어야 하고 공공복리에 적합하게 관리되어야 하며, 농지에 관한 권리의 행사에는 필요한 제한과 의무가 따른다. ② 농지는 농업생산성을 높이는 방향으로 소유·이용되어야 하며, 투기의 대상이 되어서는 아니 된다.

13) 농지법 제6조(농지 소유 제한) ① 농지는 자기의 농업경영에 이용하거나 이용할 자가 아니면 소유하지 못한다. ② 제1항에도 불구하고 다음 각 호의 어느 하나에 해당하는 경우에는 농지를 소유할 수 있다. 1. 국가나 지방자치단체가 농지를 소유하는 경우 2. 「초·중등교육법」 및 「고등교육법」에 따른 학교, 농림축산식품부령으로 정하는 공공단체·농업연구기관·농업생산자단체 또는 종묘나 그 밖의 농업기자재 생산자가 그 목적사업을 수행하기 위하여 필요한 시험지·연구지·실습지 또는 종묘생산지 또는 과수 인공수분용 꽃가루 생산지로 쓰기 위하여 농림축산식품부령으로 정하는 바에 따라 농지를 취득하여 소유하는 경우 3. 주말·체험영농(농업인이 아닌 개인이 주말 등을 이용하여 취미생활이나 여가활동으로 농작물을 경작하거나 다년생식물을 재배하는 것을 말한다. 이하 같다)을 하려고 농지를 소유하는 경우 4. 상속[상속인에게 한 유증을 포함한다. 이하 같다]으로 농지를 취득하여 소유하는 경우 5. 대통령령으로 정하는 기간 이상 농업경영을 하던 사람이 이농한 후에도 이농 당시 소유하고 있던 농지를 계속 소유하는 경우 6. 제13조 제1항에 따라 담보농지를 취득하여 소유하는 경우(「자산유동화에 관한 법률」 제3조에 따른 유동화전문회사등이 제13조 제1항 제1호부터 제4호까지에 규정된 저당권자로부터 농지를 취득하는 경우를 포함한다) 7. 제34조 제1항에 따른 농지전용허가[다른 법률에 따라 농지전용허가가 의제되는 인가·허가·승인 등을 포함한다]를 받거나 제35조 또는 제43조에 따른 농지전용신고를 한 자가 그 농지를 소유하는 경우 8. 제34조 제2항에 따른 농지전용협의를 마친 농지를 소유하는 경우 9. 「한국농어촌공사 및 농지관리기금법」 제24조 제2항에 따른 농지의 개발사업지구에 있는 농지로서 대통령령으로 정하는 1천500제곱미터 미만의 농지나 「농어촌정비법」 제98조 제3항에 따른 농지를 취득하여 소유하는 경우 9의2. 제28조에 따른 농업진흥지역 밖의 농지 중 최상단부부터 최하단부까지의 평균경사율이 15퍼센트 이상인 농지로서 대통령령으로 정하는 농지를 소유하는 경우 10. 다음 각 목의 어느 하나에 해당하는 경우 가. 「한국농어촌공사 및 농지관리기금법」에 따라 한국농어촌공사가 농지를 취득하여 소유하는 경우 나. 「농어촌정비법」 제16조·제25조·제43조·제82조 또는 제100조에 따라 농지를 취득하여 소유하는 경우 다. 「공유수면매립법」에 따라 매립농지를 취득하여 소유하는 경우 라. 토지수용으로 농지를 취득하여 소유하는 경우 마. 농림축산식품부장관과 협의를 마치고 「공익사업을 위한 토지 등의 취득 및 보상에 관한 법률」에 따라 농지를 취득하여 소유하는 경우 바. 「공공토지의 비축에 관한 법률」 제2조 제1호 가목에 해당하는 토지 중 같은 법 제7조 제1항에 따른 공공토지비축심의위원회가 비축이 필요하다고 인정하는 토지로서 「국토의 계획 및 이용에 관한 법률」 제36조에 따른 계획관리지역과 자연녹지지역 안의 농지를 한국토지주택공사가 취득하여 소유하는 경우. 이 경우 그 취득한 농지를 전용하기 전까지는 한국농어촌공사에 지체 없이 위탁하여 임대하거나 무상사용하게 하여야 한다. ③ 제23조 제2호부터 제6호까지의 규정에 따라 농지를 임대하거나 무상사용하게 하는 경우에는 제1항에도 불구하고 임대하거나 무상사용하게 하는 기간 동안 농지를 계속 소유할 수 있다. ④ 이 법에서 허용된 경우 외에는 농지 소유에 관한 특례를 정할 수 없다.

14) 농지법 제7조(농지 소유 상한) ① 상속으로 농지를 취득한 사람으로서 농업경영을 하지 아니하는 사람은 그 상속 농지 중에서 총 1만제곱미터까지만 소유할 수 있다. ② 대통령령으로 정하는 기간 이상

(D) 농지의 위탁경영 농지소유자가 병역법에 따라 징집 또는 소집된 경우 등 일정한 사유가 있는 경우에는 농지를 위탁경영할 수 있다(동법 9조).[15]

(E) 농지의 처분명령 농지 소유자가 소유 농지를 자연재해·농지개량·질병 등 대통령령으로 정하는 정당한 사유 없이 자기의 농업경영에 이용하지 아니하거나 이용하지 아니하게 되었다고 인정된 경우에는 그 사유가 발생한 날부터 1년 이내에 해당 농지를 처분하여야 하며(동법 10조), 만약 처분의무기간 내에 농지 소유자가 처분 대상 농지를 처분하지 아니한 경우에는 관할 시장·군수 또는 구청장은 6개월 이내에 그 농지를 처분할 것을 명할 수 있다(동법 11조). 농지 소유자의 처분의무를 강제하기 위한 「이행강제금제도」와 「농지매수청구제도」 등을 시행한다(동법 11조, 62조).

(F) 농지의 이용증진을 위한 농지이용계획의 수립 및 농지이용증진사업의 시행 농지법은 시장·군수·구청장으로 하여금 농지를 효율적으로 이용하기 위하여 관할구역의 농지를 종합적으로 이용하기 위한 「농지이용계획」을 수립하여야 하며(동법 14조),[16] 농지이용계획에 따라 농지 이용을 증진하기 위한 「농지이용증진사업」(농지의 매매·교환·분합 등에 의한 농지소유권 이전을 촉진하는 사업 등)을 시행한다(동법 15~19조).

(G) 농지의 임대차 또는 사용대차 농지의 임대차는 농지소유자에게 징집·질병·취학, 선거

농업경영을 한 후 이농한 사람은 이농 당시 소유 농지 중에서 총 1만제곱미터까지만 소유할 수 있다. ③ 주말·체험영농을 하려는 사람은 총 1천제곱미터 미만의 농지를 소유할 수 있다. 이 경우 면적 계산은 그 세대원 전부가 소유하는 총 면적으로 한다. ④ 제23조 제7호에 따라 농지를 임대하거나 무상사용하게 하는 경우에는 제1항 또는 제2항에도 불구하고 임대하거나 무상사용하게 하는 기간 동안 소유 상한을 초과하는 그 농지를 계속 소유할 수 있다.

15) 농지법 제9조(농지의 위탁경영) 농지 소유자는 다음 각 호의 어느 하나에 해당하는 경우 외에는 소유 농지를 위탁경영할 수 없다. 1. 「병역법」에 따라 징집 또는 소집된 경우 2. 3개월 이상 국외 여행 중인 경우 3. 농업법인이 청산 중인 경우 4. 질병, 취학, 선거에 따른 공직 취임, 그 밖에 대통령령으로 정하는 사유로 자경할 수 없는 경우 5. 제17조에 따른 농지이용증진사업 시행계획에 따라 위탁경영하는 경우 6. 농업인이 자기 노동력이 부족하여 농작업의 일부를 위탁하는 경우

16) 농지법 제14조(농지이용계획의 수립) ① 시장·군수 또는 자치구구청장(그 관할 구역의 농지가 대통령령으로 정하는 면적 이하인 시의 시장 또는 자치구의 구청장은 제외한다)은 농지를 효율적으로 이용하기 위하여 대통령령으로 정하는 바에 따라 지역 주민의 의견을 들은 후, 「농어업·농어촌 및 식품산업 기본법」 제15조에 따른 시·군·구 농업·농촌및식품산업정책심의회(이하 "시·군·구 농업·농촌및식품산업정책심의회"라 한다)의 심의를 거쳐 관할 구역의 농지를 종합적으로 이용하기 위한 계획(이하 "농지이용계획"이라 한다)을 수립하여야 한다. 수립한 계획을 변경하려고 할 때에도 또한 같다. ② 농지이용계획에는 다음 각 호의 사항이 포함되어야 한다. 1. 농지의 지대(地帶)별·용도별 이용계획 2. 농지를 효율적으로 이용하고 농업경영을 개선하기 위한 경영 규모 확대계획 3. 농지를 농업 외의 용도로 활용하는 계획 ③ 시장·군수 또는 자치구구청장은 제1항에 따라 농지이용계획을 수립(변경한 경우를 포함한다. 이하 이 조에서 같다)하면 관할 특별시장·광역시장 또는 도지사(이하 "시·도지사"라 한다)의 승인을 받아 그 내용을 확정하고 고시하여야 하며, 일반인이 열람할 수 있도록 하여야 한다. ④ 시·도지사, 시장·군수 또는 자치구구청장은 농지이용계획이 확정되면 농지이용계획대로 농지가 적정하게 이용되고 개발되도록 노력하여야 하고, 필요한 투자와 지원을 하여야 한다. ⑤ 농지이용계획 수립에 필요한 사항은 농림축산식품부령으로 정한다.

에 따른 공직취임 등 동법이 정한 일정한 사유가 있는 경우에 한하여 허용하되(동법 23조),[17] 임대차계약의 방법·기간·임차료 등은 강행규정에 의하여 엄격하게 규율한다(동법 24~27조). 특히 농지임대차계약은 등기하지 않더라도 임차인이 농지소재지를 관할하는 시·구·읍·면의 장의 확인을 받고, 해당 농지를 인도받은 경우에는 그 다음 날부터 제3자에 대하여 효력이 생긴다(동법 24조 2항).[18]

3) 동산의 임대차

동산의 임대차에 대한 특별한 제한은 없다. 그러므로 대체물을 비롯한 동산의 임대차계약은 일반적으로 허용된다. 그러나 임대차에서는 임차인이 계약 종료 후 목적물 그 자체를 반환하여야 하므로, 사용·수익에 의하여 소멸하는 소비물인 경우에는 임대차계약의 목적물이 될 수 없다고 할 것이다. 그러나 예컨대, 지폐나 주화를 전시할 목적으로 빌리는 경우와 같이, 통상적으로는 소비물인 대체물이라 할지라도 당해 계약에서는 특정물로서 목적물반환의무가 인정되는 경우에는 소비대차가 아니라 임대차가 성립한다. 주의할 것은 '회사가 고급승용차를 구입하는 경우, 또는 병원이나 의료법인이 고가의 의료장비를 구입하는 경우에는 임대차계약과 유사한 리스계약을 체결하는 경우가 있는데, 이는 형식에 있어서는 동산의 임대차계약과 유사하나 그 실질은 물적 금융에 해당하는 것으로서, 임대차계약과는 여러 가지 다른 특질이 있기 때문에 민법의 임대차에 관한 규정이 바로 적용되지 아니한다'는 점이

---

17) 농지법 제23조(농지의 임대차 또는 사용대차) 다음 각 호의 어느 하나에 해당하는 경우 외에는 농지를 임대하거나 무상사용하게 할 수 없다. 1. 제6조 제2항 제1호·제4호부터 제9호까지·제9호의2 및 제10호의 규정에 해당하는 농지를 임대하거나 무상사용하게 하는 경우 2. 제17조에 따른 농지이용증진사업 시행계획에 따라 농지를 임대하거나 무상사용하게 하는 경우 3. 질병, 징집, 취학, 선거에 따른 공직취임, 그 밖에 대통령령으로 정하는 부득이한 사유로 인하여 일시적으로 농업경영에 종사하지 아니하게 된 자가 소유하고 있는 농지를 임대하거나 무상사용하게 하는 경우 4. 60세 이상이 되어 더 이상 농업경영에 종사하지 아니하게 된 자로서 대통령령으로 정하는 자가 소유하고 있는 농지 중에서 자기의 농업경영에 이용한 기간이 5년이 넘은 농지를 임대하거나 무상사용하게 하는 경우 5. 제6조 제1항에 따라 소유하고 있는 농지를 주말·체험영농을 하려는 자에게 임대하거나 무상사용하게 하는 경우, 또는 주말·체험영농을 하려는 자에게 임대하는 것을 업으로 하는 자에게 임대하거나 무상사용하게 하는 경우 6. 제6조 제1항에 따라 개인이 소유하고 있는 농지를 한국농어촌공사나 그 밖에 대통령령으로 정하는 자에게 위탁하여 임대하거나 무상사용하게 하는 경우 7. 다음 각 목의 어느 하나에 해당하는 농지를 한국농어촌공사나 그 밖에 대통령령으로 정하는 자에게 위탁하여 임대하거나 무상사용하게 하는 경우 가. 상속으로 농지를 취득한 자로서 농업경영을 하지 아니하는 자가 제7조 제1항에서 규정한 소유 상한을 초과하여 소유하고 있는 농지 나. 대통령령으로 정하는 기간 이상 농업경영을 한 후 이농한 자가 제7조 제2항에서 규정한 소유 상한을 초과하여 소유하고 있는 농지

18) 농지법 제24조(임대차·사용대차 계약 방법과 확인) ① 임대차계약(농업경영을 하려는 자에게 임대하는 경우만 해당한다. 이하 이 절에서 같다)과 사용대차계약(농업경영을 하려는 자에게 무상사용하게 하는 경우만 해당한다)은 서면계약을 원칙으로 한다. ② 제1항에 따른 임대차계약은 그 등기가 없는 경우에도 임차인이 농지소재지를 관할하는 시·구·읍·면의 장의 확인을 받고, 해당 농지를 인도받은 경우에는 그 다음 날부터 제삼자에 대하여 효력이 생긴다. ③ 시·구·읍·면의 장은 농지임대차계약 확인대장을 갖추어 두고, 임대차계약증서를 소지한 임대인 또는 임차인의 확인 신청이 있는 때에는 농림축산식품부령으로 정하는 바에 따라 임대차계약을 확인한 후 대장에 그 내용을 기록하여야 한다.

다(대법원 1987.11.24.선고, 86다카2799·2800 판결 등).[19] (☞ 제1절「소비대차계약」)

4) 물건의 일부에 대한 임대차

가분물의 경우에는 물건의 일부분에 대한 임대차도 가능하다. 건물의 일부분에 대한 임대차계약이 가능하다는 점에 대하여는 민법에 명문규정이 있다(632조).

(2) 권리·기업의 임대차

물건이 아닌 권리나 기업의 임대차는 민법상의 임대차는 아니지만, 계약자유의 원칙상 그 성립이 인정되어야 하며, 일종의 무명계약으로 보아 민법의 규정을 유추적용하여야 한다는 데 학설이 일치한다.

2. 목적물의 소유권 귀속

임대차계약의 성립은 목적물의 소유권의 귀속과는 관계가 없다. 따라서 타인소유의 물건을 임대한 경우에도 계약은 유효하게 성립한다. 문제가 되는 경우를 살펴본다.

(1) 자기소유물의 임차

소유자가 자기의 소유물을 임차하는 것은 의미가 없는 것이 보통이지만, 소유자가 지상권자나 전세권자 등의 용익물권자로부터 자기 소유의 물건을 다시 임차하는 것은 법률상 문제가 없으며, 소유자가 임차권자로부터 전차(轉借)하는 경우도 있을 수 있다.

(2) 타인물(他人物)의 임대

1) 임대할 정당한 권한이 있는 경우

'타인 소유의 물건이라도 임대할 정당한 권한이 있는 경우, 즉 적법한 임대권한을 가진 명의신탁자, 지상권·전세권을 가지고 있거나 소유자로부터 전대(轉貸)의 동의를 얻은 임차인은 적법하게 임대할 수 있다. 또한 이 경우에는 주택임대차법이 적용되어 인도 및 주민등록에 의하여 대항력을 취득하는 등 임차인이 동법의 규정에 의한 보호를 받을 수 있다(대법원 1995.10.12.선고, 95다22283 판결 등).[20]

2) 임대할 정당한 권한 없이 타인 소유의 물건을 임대한 경우

'임대할 정당한 권한이 없는 자가 타인 소유의 물건을 임대한 경우에도 채권계약으로서의 임대차계약은 당사자 사이에 유효하게 성립한다'는 것이 통설·판례의 입장이다. 즉, 임대차계약의 유효한 성립을 위하여 임대인이 반드시 그 목적물에 대한 소유권이나 기타 그것을 처분할 권한을 가져야 되는 것은 아니다(대법원 1965.5.31.선고, 65다562 판결). 또한 판례에 따르면,

19) 같은 취지: 대법원 1990.5.11.선고, 89다카17065 판결; 대법원 1992.7.14.선고, 91다25598 판결.
20) 같은 취지: 대법원 1999.4.23.선고, 98다49753 판결.

'임차인은 임대인이 타인 소유의 부동산을 임대하였다는 이유만으로는 임대차계약을 해지할 수 없으며, 목적물이 반드시 임대인의 소유일 것을 계약의 내용으로 삼은 경우에 한하여 착오를 이유로 임대차계약을 취소할 수 있다'고 한다(대법원 1975.1.28.선고, 74다2069 판결).

(가) 임대인과 임차인 사이의 법률관계

(A) 임대인의 사용·수익의무 임대인은 임차인에 대하여 목적물을 사용·수익할 수 있도록 할 의무를 부담하므로(618조, 623조), 그 목적물이 타인 소유로서 임차인이 사용·수익할 수 없는 경우에는 임대인의 채무는 이행불능이 된다(390조). 그러나 임대차계약은 유상계약이므로, 일반규정인 제390조가 적용되기에 앞서 매도인의 담보책임에 관한 규정이 우선 적용된다(567조). 따라서 타인권리매도인의 담보책임에 관한 규정(570~573조)에 따라서, 임차인은 그 선의·악의에 관계없이 임대차계약을 해제할 수 있으며, 선의인 경우(임차인이 계약 당시에 목적물이 임대인의 소유에 속하지 아니함을 모른 경우)에는 임대인의 귀책사유를 요건으로 하여 이행이익의 배상도 청구할 수 있다(567조, 570조). (☞ 제2장 제2절「매매계약」)

(B) 임차인의 차임지급의무 임차인이 현실로 목적물을 사용·수익한 경우에는 임대인에 대하여 차임지급의무를 부담한다.

(나) 진정한 권리자(소유자)와 임대차계약 당사자 사이의 법률관계

(A) 진정한 권리자와 임대인과의 관계 임차인이 목적물을 점유하여 사용·수익하고 있는 경우, 진정한 권리자(소유자)는 임대인에 대하여 소유권에 기한 목적물반환청구권을 행사할 수 있음은 물론(213조), 차임 상당액의 부당이득반환청구권(714조) 또는 불법행위로 인한 손해배상청구권(750조)을 행사할 수 있다.

(B) 진정한 권리자와 임차인과의 관계 진정한 권리자는 임차인에 대하여서도 소유권에 기한 목적물반환청구권을 행사할 수 있으며(213조), 만약 임차인이 차임을 아직 지급하지 아니한 경우에는 차임 상당액의 부당이득의 반환을 청구할 수 있으며(714조), 임차인의 고의·과실이 인정되는 경우에는 임대인과의 공동불법행위로 인한 손해배상을 청구할 수 있다(760조).

3. 처분권 없는 자의 임대차

(1) 민법 제619조의 의의

민법은 제619조에서, "처분의 능력 또는 권한 없는 자"의 임대차기간을 건축을 목적으로 하는 토지임대차의 경우에는 10년, 기타 토지의 임대차는 5년, 건물 기타 공작물의 임대차는 3년, 동산의 임대차는 6월로 각각 제한하고 있다. 그런데 전술한 바와 마찬가지로, 목적물에 대한 처분권의 존재는 임대차계약의 성립과는 아무런 관련이 없는 것이므로, 제619조에서 규정하고 있는 "처분의 능력 또는 권한 없는 자"라고 함은 부재자의 재산관리인(25조), 권한의

정함이 없는 임의대리인(118조), 상속재산관리인(1023조 2항, 1047조, 1053조 2항) 등과 같이 '관리할 권한은 있으나 처분할 능력[21] 또는 권한이 없는 자'만을 의미한다.[22]

(2) 제619조에 정한 기간을 넘는 임대차계약의 효력

위와 같이 관리할 권한은 있으나 처분할 권한이 없는 자가 제619조에서 정한 기간을 넘는 임대차계약을 체결한 경우에는 무권대리행위로서 원칙적으로 무효이다(130조). 그러나 관리할 권한은 있으나 처분할 권한이 없는 자가 제619조에서 정한 기간을 넘는 임대차계약을 체결한 경우에도 본인의 추인이 있거나(130조), 제126조의 「권한을 넘은 표현대리」가 성립하는 경우에는, 그 임대차계약은 본인에 대하여서도 유효하다. 또한 무권대리행위로서 무효인 경우에도 제137조의 「일부무효의 법리」를 적용하여 제619조에서 정한 기간을 넘는 부분만이 무효이며, 임대차계약을 체결한 무권대리인은 제135조 소정의 책임을 져야 한다.

4. 임대차의 예약

학설 중에는 '임대차의 예약이 있는 경우에도 「매매의 일방예약」에 관한 제564조의 규정을 준용하여(567조), 원칙적으로 예약상의 권리자의 일방적 의사표시인 예약완결권의 행사에 의하여 임대차계약이 성립한다'고 해석하는 견해가 있으나, 이 문제는 당사자의 의사해석의 문제라고 보아야 할 것임은 전술한 바와 같다. (☞ 제2장 제2절 「매매계약」)

[40] Ⅳ. 임대차계약의 효력

임대차계약이 성립하면 임대인은 임차인으로 하여금 목적물을 사용·수익하게 할 의무(이하에서는 이를 「임대인의 사용·수익의무」라고 부르기로 한다)를 부담하고, 임차인은 이에 대한 대가로서 임대인에 대한 차임지급의무를 부담한다(618조). 또한 임대인은 「사용·수익의무」를 이행하기 위하여 목적물을 임차인에게 인도하고 계약존속 중 그 사용·수익에 필요한 상태를 유지하게 할 의무를 부담하며(623조), 임차인은 계약 또는 그 목적물의 성질에 의하여 정하여진 용법으로 이를 사용·수익할 의무와(654조, 610조 1항), 임대차계약이 종료하면 목적물을 반환할 의무와 이를 반환하기까지 선량한 관리자의 주의로써 보관할 의무(374조) 등을 부담한다.

---

21) 구 의용민법상으로는 「준금치산자」가 '관리할 능력은 있으나 처분할 능력이 없는 자'에 해당하였으나, 현행민법상 「준금치산자」에 해당하는 「피한정후견인」은 처분능력은 물론 관리능력도 없으므로, 이 부분은 입법상의 오류라는 비판을 받고 있다(곽윤직, 351 참조).

22) 同旨: 곽윤직, 351 참조.

1. 임대인의 권리와 의무

(1) 임대인의 권리

1) 차임지급청구권

임대인은 임차인에 대하여 「차임지급청구권」을 가진다(618조). 또한 약정한 차임이 임대물에 대한 공과부담의 증가 기타 경제사정의 변동으로 인하여 상당하지 아니하게 된 때에는 임대인은 임차인에 대하여 장래에 대한 차임의 증액을 청구할 수 있다(628조). 이 임차인의 차임증액청구권에 관한 제628조의 규정은 민법이 이른바 「사정변경의 원칙」을 명문으로 인정한 것이라는 점은 전술한 바와 같다. (☞ 제1장 제3절 「계약의 효력」)

2020.11.1.부터 시행되는 개정주택임대차법은 주택임차인의 보호를 위하여 민법 제628조에 대한 특칙을 두고 있는데(동법 7조), 이에 따르면 주택임대차에서 약정한 차임이나 보증금의 증액청구는 약정한 차임이나 보증금의 20분의 1의 금액을 초과하지 못하며(동법 7조 2항), 임대차계약 또는 약정한 차임이나 보증금의 증액이 있은 후 1년 이내에는 차임 또는 보증금의 증액청구를 할 수 없다(동법 7조 1항).

2) 목적물의 반환청구권과 원상회복청구권

임대인은 임대차계약이 종료된 때에는 임차인에 대하여 목적물의 원상회복과 그 반환을 청구할 권리가 있다(654조, 615조). 또한 임대차계약기간 만료된 때 발생하는 임대인의 보증금반환의무와 임차인의 목적물반환의무는 동시이행관계에 있으므로, 임차인이 임대차 종료 후에 목적물을 계속 점유하더라도 임대인이 보증금반환의무의 이행제공을 하지 아니하는 한 임차인의 점유를 불법점유라고 할 수 없다. 그러므로 임차인은 이에 대한 손해배상의무가 없으며, 임차인이 그 점유로 인하여 얻은 이득이 없다면 부당이득반환의무도 성립하지 않는다(대법원 1992.5.12.선고, 91다35823 판결 등).[23]

3) 법정담보물권

(가) 법정저당권

토지임대차에서 임대인이 변제기를 경과한 최후 2년의 차임채권에 의하여 그 지상에 있는 임차인 소유의 건물을 압류한 때에는 그 건물에 대하여 저당권을 설정한 것과 동일한 효력이 있다(649조).

(나) 법정질권

(A) 임차지의 부속물·과실 등에 대한 법정질권 토지임대차에서 임대인이 임대차에 관한 채

---

23) 같은 취지: 대법원 1993.11.23.선고, 92다38980 판결; 대법원 1994.9.30.선고, 94다20389·20396 판결; 대법원 1995.7.25.선고, 95다14664·14671 판결; 대법원 1998.5.29.선고, 98다6497 판결; 대법원 1998.7.10.선고, 98다15545 판결.

권에 의하여 임차토지에 부속되었거나 또는 그 사용의 편익에 제공된 임차인 소유의 동산 및 그 토지의 과실을 압류한 때에는 압류한 동산과 과실에 질권이 설정된 것과 동일한 효력이 인정된다(649조).

(B) 임차건물 등의 부속물에 대한 법정질권 건물 기타 공작물의 임대인이 임대차에 관한 채권에 의하여 그 건물 기타 공작물에 부속한 임차인 소유의 동산을 압류한 때에는, 그 부속물에 대하여 질권이 설정된 것과 동일한 효력이 인정된다(650조).

4) 임대인의 계약상 지위양도

(가) 양도인과 양수인 사이의 합의에 의한 임대인의 지위양도

민법에 명문규정은 없으나 '계약 당사자로서의 지위를 포괄적으로 승계하는 것을 목적으로 하는 계약(이를 「계약상 지위의 양도」 또는 「계약인수(契約引受)」라고 한다)도 가능하다'는 것이 통설·판례의 입장이다(대법원 1982.10.26.선고, 82다카508 판결 등). 또한 판례에 따르면, 계약의 인수는 계약으로부터 발생하는 채권채무의 이전 외에 그 계약관계로부터 생기는 해제권 등 포괄적인 권리의무의 양도를 포함하는 것이므로, 그 계약은 양도인과 양수인 및 잔류 당사자의 동시적인 합의에 의한 3면계약으로 이루어지는 것이 통상적이지만, 계약관계자 3인 중 2인의 합의와 나머지 당사자의 동의 내지 승낙의 방법으로도 가능하다(대법원 1992.3.13.선고, 91다32534 판결 등). 그러므로 임대차계약에서도 임대인이 목적물의 소유권을 양도하면서 임대인의 지위도 함께 양도하는 「계약인수」가 가능하다고 할 것이다. 문제는 계약인수의 요건인데, 임대인은 임차인에 대한 채권자일 뿐만 아니라 목적물의 사용·수익의무를 부담하는 채무자로서의 지위도 함께 가지고 있으므로, 임대인의 지위를 양도하기 위하여서는 이론상 계약상 지위의 양도인(임대인)·양수인·임차인 사이의 3면계약 또는 임차인의 승낙을 요하는 양도인(임대인)과 양수인 사이의 계약인수의 합의에 의하여야 할 것이다.[24] 즉, 임대인과 양수인 사이의 합의만으로는 임대인의 지위를 양도할 수 없으며, 임차인은 즉시 이의를 제기하고 임대인과의 임대차계약을 해지할 수 있다고 해석하여야 할 것이다.

(나) 임대인 지위의 묵시적 양도

임대인 지위의 승계는 양도인(임대인)과 양수인 사이의 묵시적 합의에 의하여서도 가능하나, 양수인이 임차인에 대하여 차임의 청구를 하거나, 차임증액의 교섭을 하는 등 승계의 사실을 추정할 수 있는 구체적인 사실이 있는 경우에 한하여 인정하여야 할 것이다. 따라서 임차인이 있다는 사실을 아는 것만으로는 임대인 지위양도의 묵시적 합의를 인정하기는 어렵다 할 것이다.[25]

---

24) 학설 중에는 임대인의 채무는 개인적 성질이 희박하며, 임차인으로서도 양수인이 계약상의 지위를 승계하는 것이 유리하다는 점을 고려하여, 임대인과 양수인 사이의 계약만으로 임대인의 지위를 양도하는 것을 긍정하는 견해도 있다(곽윤직(채권총론), 402; 김주수, 270 참조).

(다) 주택임대차법의 특칙

주택임대차법은 "임차주택의 양수인(그 밖에 임대할 권리를 승계한 자를 포함한다)은 임대인의 지위를 승계한 것으로 본다"고 규정함으로써(동법 3조 4항), 당사자 사이에 합의가 없더라도 임차주택의 양수인 등 임대할 권리를 승계한 자는 임대인의 지위를 승계한 것으로 간주하고 있다. 이는 '법률의 규정에 의한 계약상의 지위의 이전'이라고 할 수 있다.

(2) 임대인의 의무

1) 목적물의 사용·수익의무

(가) 목적물인도의무

임대인은 목적물을 임차인에게 인도하고 계약존속 중 그 사용, 수익에 필요한 상태를 유지하게 할 의무를 부담한다(623조). 따라서 임대인이 목적물을 제3자에게 인도한 경우, 또는 목적물의 진정한 소유자가 나타나서 임차인이 목적물을 사용·수익하는 것이 불가능하게 된 경우, 임대인이 목적물을 제3자에게 양도하여 임차인이 제3자에게 대항할 수 없게 된 경우 등 임대인의 사용·수익의무가 이행불능의 상태가 된 때에는, 임차인에 대한 임대인의 채무불이행책임이 발생한다(대법원 1978.9.12.선고, 78다1103 판결 등).[26] 다만, 임대차계약은 유상계약이므로, 채무불이행책임에 관한 제390조 이하의 일반규정의 특칙이라고 할 수 있는 「타인권리 매도인의 담보책임」에 관한 제570조 내지 제573조의 규정이 우선적으로 준용되어야 할 것임은 전술한 바와 같다(567조).

(나) 방해제거의무

임대인은 제3자의 무단점유 등 방해를 제거하여 임차인이 목적물을 사용·수익하는 데 지장이 없도록 하여야 한다(623조).

(다) 수선의무(修繕義務)

(A) 임대인의 수선의무의 범위 임대인의 수선의무는 목적물의 사용·수익에 필요한 한도에 그친다. 판례는 '목적물에 파손 또는 장해가 생긴 경우, 그것이 임차인이 별비용을 들이지 아니하고도 손쉽게 고칠 수 있을 정도의 사소한 것이어서 임차인의 사용·수익을 방해할 정도의 것이 아니라면 임대인은 수선의무를 부담하지 않지만, 그것을 수선하지 아니하면 임차인이 계약에 의하여 정하여진 목적에 따라 사용·수익할 수 없는 상태라면 임대인이 그 수선의무를 부담한다'고 한다(대법원 2000.3.23.선고, 98두18053 판결 등).[27] 이러한 취지에서, 대법원판결

25) 同旨: 김주수, 270 참조.
26) 같은 취지: 대법원 1972.6.27.선고, 71다1848 판결.
27) 같은 취지: 대법원 2004.6.10.선고, 2004다2151·2168 판결; 대법원 2008.3.27.선고, 2007다91336·91343 판결.

중에는 임차주택의 방바닥이 갈라져 그 틈새로 연탄가스가 스며들어 임차인이 사망한 사건에서 임대인의 수선의무를 인정할 수 없다는 이유로 임대인의 과실을 부인한 사례가 적지 않다(대법원 1978.1.24.선고, 77도3465 판결 등).[28)]

임대인의 수선의무를 발생시키는 목적물의 고장은 계약체결 전부터 존재하던 것이든 그 이후에 발생한 것이든 상관없다. 또한 임대인의 수선의무를 면제하는 특약은 사회질서에 반하지 않는 한 유효하며, 수선의무면제의 특약은 임대인의 필요비상환의무(626조 1항)를 면제하는 효과를 가진다고 해석된다. 또한 판례는 '임대인의 수선의무는 특약에 의하여 이를 면제하거나 임차인의 부담으로 돌릴 수 있으나, 그러한 특약에서 수선의무의 범위를 명시하고 있는 등의 특별한 사정이 없는 한 그러한 특약에 의하여 임대인이 수선의무를 면하거나 임차인이 그 수선의무를 부담하게 되는 것은 통상 생길 수 있는 파손의 수선 등 소규모의 수선에 한한다 할 것이고, 대파손의 수리, 건물의 주요 구성부분에 대한 대수선, 기본적 설비부분의 교체 등과 같은 대규모의 수선은 이에 포함되지 아니하고 여전히 임대인이 그 수선의무를 부담한다'고 한다(대법원 2008.3.27.선고, 2007다91336·91343 판결 등).[29)]

(B) 임차인의 보존행위인용의무 위에서 살펴본 바와 같이, 임대인은 임대목적물에 대한 수선의무를 부담하므로, 임대인이 임대물의 보존에 필요한 행위를 하는 때에는 임차인은 이를 거절하지 못한다(624조). 그러나 임대인이 임차인의 의사에 반하여 보존행위를 하는 경우에 임차인이 이로 인하여 임차의 목적을 달성할 수 없는 때에는 계약을 해지할 수 있다(625조).

(C) 임대인의 수선의무 불이행의 효과 임대목적물의 수선이 불가능한 경우에는, 임대차계약은 이행불능으로 인하여 종료된다. 그런데 '임대인이 수선의무의 이행을 지체하는 경우에 임차인은 이에 상응하여 차임지급의무의 이행을 거절할 수 있는가, 다시 말하여 수선의무와 차임지급의무는 동시이행관계에 있는가?' 하는 것이 문제된다. 이에 대하여는 학설의 대립이 있으나, ① 차임지급이 선급인 경우에는, 고장의 비율에 따라 동시이행의 항변이 가능하지만, ② 차임지급이 후급인 경우에는, 다시 두 경우로 구분하여 목적물의 전부가 사용불능인 경우에는 차임지급의무를 면하고, 일부불능에 그친 경우에는 차임의 감액청구가 가능하다고 해석하여야 할 것이다.[30)]

(라) 안전배려의무 · 도난방지의무 등 「보호의무」

'임대인에게 임차인의 안전을 배려할 의무 또는 도난방지의무 등의 보호의무가 인정되는

---

28) 같은 취지: 대법원 1983.9.27.선고, 83도2096 판결; 대법원 1984.1.24.선고, 81도615 판결; 대법원 1985.3.12.선고, 84도2034 판결; 대법원 1989.9.26.선고, 89도703 판결. 다만, 대법원판결 중에는 같은 유형의 사건(임차주택의 방바닥이 갈라져 그 틈새로 연탄가스가 스며들어 임차인이 사망한 경우)에서 임대인의 공작물책임(758조)을 인정한 사례가 있다.

29) 같은 취지: 대법원 2008.3.27.선고, 2007다91336·91343 판결.

30) 同旨: 김주수, 266 참조.

가?' 하는 것이 문제된다. 이에 대하여, 판례는 '통상의 임대차관계에서의 임대인의 의무는 특별한 사정이 없는 한 단순히 임차인에게 임대목적물을 제공하여 임차인으로 하여금 이를 사용·수익하게 함에 그치는 것이며, 임차인의 안전을 배려하여 주거나 도난을 방지하는 등의 보호의무까지 부담한다고 볼 수 없다'고 한다(대법원 1999.7.9.선고, 99다10004 판결).[31] 그러나 '공중접객업인 숙박업을 경영하는 자가 투숙객과 체결하는 숙박계약은 숙박업자가 고객에게 숙박을 할 수 있는 객실을 제공하여 고객으로 하여금 이를 사용할 수 있도록 하고 고객으로부터 그 대가를 받는 일종의 일시사용을 위한 임대차계약으로서, 여관의 객실 및 관련시설, 공간은 오로지 숙박업자의 지배 아래 놓여 있는 것이므로, 숙박업자는 통상의 임대차와 같이 단순히 여관의 객실 및 관련시설을 제공하여 고객으로 하여금 이를 사용수익하게 할 의무를 부담하는 것에서 한 걸음 더 나아가 고객에게 위험이 없는 안전하고 편안한 객실 및 관련시설을 제공함으로써 고객의 안전을 배려하여야 할 보호의무를 부담하며, 이러한 의무는 숙박계약의 특수성을 고려하여 신의칙상 인정되는 부수적인 의무로서 숙박업자가 이를 위반하여 고객의 생명, 신체를 침해하여 손해를 입힌 경우 불완전이행으로 인한 채무불이행책임을 부담한다'고 한다(대법원 1994.1.28.선고, 93다43590 판결 등).[32] (☞ 채권총론 편, 제4장 제1절 「채무불이행의 유형」)

2) 비용상환의무

(가) 필요비의 상환

임차인이 임차물의 보존에 관한 필요비를 지출한 때에는 임대인에 대하여 그 상환을 청구할 수 있다(626조 1항). 여기서 「필요비」라 함은 '임차물의 보존에 필요한 비용'을 말하는데, 목적물의 통상의 용도에 적합한 상태로 보존하기 위하여 지출된 비용(예컨대, 낡은 기와를 가는 것, 도로보수, 성토작업 등)도 이에 포함된다. 이러한 필요비는 임대인의 수선의무를 대행한 것이라고 할 수 있으므로, 유익비와는 달리 지출 즉시 상환청구가 가능하며,[33] 지출가액의 현존 여부와 관계없이 지출된 비용 전액의 상환을 청구할 수 있다.

(나) 유익비의 상환

임차인이 유익비를 지출한 경우에는 임대인은 임대차 종료 시에 그 가액의 증가가 현존한 때에 한하여 임차인이 지출한 금액이나 그 증가액을 상환하여야 한다. 이 경우에 법원은 임대인의 청구에 의하여 상당한 상환기간을 부여할 수 있다(626조 2항). 여기서 「유익비」라 함

31) 판례평석: 이상욱, "임대인의 임차인에 대한 안전배려의무", 법률신문 3009호(법률신문사, 2001/9), 14 참조.

32) 판례평석: 김상용, "채무자의 보호의무위반으로 인한 불완전이행의 성립", 사법행정 35권 7호(한국사법행정학회, 1994/7), 39 이하; 이순동, "안전배려의무", 재판과 판례 4집(대구판례연구회, 1995/8), 161 이하.

33) 同旨: 김상용, 299; 김증한/김학동, 381; 송덕수, 254 참조.

은 '목적물의 개량을 위하여 지출한 비용, 즉 목적물의 객관적 가치를 증가시키는 데 들어간 비용'을 말한다(대법원 1980.10.14.선고, 80다1851·1852 판결 등).[34)]

유익비의 상환을 청구하기 위해서는 지출에 의한 목적물의 개량이 임차물의 구성부분이 되어 그 소유권이 임대인에게 귀속되어야만 한다. 즉, 개량물이 임차물과 별개의 소유권의 객체가 되어 그 소유권이 임차인에 귀속된 경우에는, 부속물매수청구권이나 철거권의 대상이 될 수 있을 뿐 유익비상환청구권의 객체가 될 수 없다. 또한 '유익비에 관한 지출금액 또는 현존 증가액에 대한 증명책임은 임차인에게 있다'는 것이 판례의 입장이다(대법원 1962.10.18.선고, 62다437 판결).

(다) 제척기간

임차인의 비용상환청구권은 임대인이 목적물의 반환을 받은 날로부터 6개월 이내에 행사하여야 한다(654조, 617조).

(라) 유치권의 발생

임차인의 비용상환청구권은 점유하고 있는 물건에 관하여 발생한 채권이므로, 임차인은 유치권을 행사할 수 있다고 해석된다(320조). 그러나 유익비에 관하여 법원이 상환기간을 허락한 때에는 유치권은 소멸한다. 또한 임대차가 종료한 후에는 임차인의 점유는 원칙적으로 불법점유가 되므로, 그 후에 지출한 비용에 관하여는 유치권이 인정되지 않는다(320조 2항). 다만, 주택임대차의 경우에는 임대차가 종료한 경우에도 임차인이 보증금을 반환받을 때까지는 임대차관계는 존속하는 것으로 간주되므로(주택임대차법 4조 2항), 그 기간 중에 지출한 비용의 상환을 위하여 임차인의 유치권이 성립한다고 해석하여야 할 것이다.

(마) 원상회복의 약정은 비용상환청구권의 포기로 간주

임대차계약에서 '임차인이 계약종료 시에 목적물을 원상으로 복구하여 반환할 것'을 약정하는 경우가 많은데, 판례는 '이러한 약정은 임차인이 필요비 또는 유익비의 상환청구권을 포기하기로 한 취지의 특약이라고 보아야 할 것이므로, 임차인은 유치권을 주장할 수 없다'는 입장을 취하고 있다(대법원 1975.4.22.선고, 73다2010 판결 등).[35)] 그 이유에 대해서는, '이러한 약정은 임차인이 건물의 현상대로 사용할 것을 전제로 한 것이므로, 건물소유자의 승낙 없이 한 수리에 소요된 비용에 대하여는 건물소유자에게 대항할 수 없다는 취지의 특약으로 보아야 한다'고 설명하고 있다(대법원 1962.2.22.선고, 4294민상486 판결). 또한 판례는 '「임차인이 임차건물을 증·개축하였을 시는 임대인의 승낙유무를 불구하고 그 부분이 무조건 임대인의 소유로 귀속된다」고 약정한 경우에, 이 약정은 임차인이 원상회복의무를 면하는 대신 투입비용의 변

34) 같은 취지: 대법원 1991.8.27.선고, 91다15591·15607 판결; 대법원 1991.10.8.선고, 91다8029 판결.
35) 같은 취지: 대법원 1978.9.12.선고, 78다810·811 판결(요민 I·1001).

상이나 권리주장을 포기하는 내용이 포함된 것으로서 특별한 사정이 없는 한 유효하므로, 임차인은 부속물매수청구권을 행사할 수 없고, 유익비의 상환을 청구할 수도 없다'고 한다(대법원 1983.2.22.선고, 80다589 판결 등).[36] 그러나 임차인의 원상회복의무는 당사자의 약정과 상관없이 제654조에 의하여 당연히 인정되는 것이며, 임대인의 비용상환청구권은 일종의 부당이득반환청구권의 성질을 가진 것으로서 임차인의 원상회복의무와는 별도의 규정(626조)에 의하여 인정되는 것이므로, '당사자의 원상회복의 약정은 별다른 의미가 없는 당연하고도 주의적인 약정에 불과하다'고 해석하여야 할 것이다. 따라서 당사자의 원상회복의 약정을 임차인이 비용상환청구권을 포기한 것으로 간주하고 있는 종래의 판례이론은 그 타당성이 매우 의문시된다. 다만, 대법원판결 중에는 '유익비상환청구권 포기에 관한 당사자의 의사가 제반사정에 비추어 임대차계약서의 문언과는 다르게 약정한 취지로 인정되는 경우에는 그 임대차계약서상 유익비상환청구권의 포기약정을 제한하여 해석할 수 있다'고 판시한 사례도 있다(대법원 1998.10.20.선고, 98다31462 판결).

■ 유익비상환청구권 포기에 관한 당사자의 의사가 제반사정에 비추어 임대차계약서의 문언과는 다르게 약정한 취지로 인정되는 경우, 그 임대차계약서상의 약정을 제한하여 해석할 수 있는지 여부(적극) [1] 임대차계약서는 처분문서로서 특별한 사정이 없는 한 그 문언에 따라 의사표시의 내용을 해석하여야 한다고 하더라도, 그 계약 체결의 경위와 목적, 임대차기간, 임대보증금 및 임료의 액수 등의 여러 사정에 비추어 볼 때 당사자의 의사가 계약서의 문언과는 달리 명시적·묵시적으로 일정한 범위 내의 비용에 대하여만 유익비상환청구권을 포기하기로 약정한 취지라고 해석하는 것이 합리적이라고 인정되는 경우에는 당사자의 의사에 따라 그 약정의 적용 범위를 제한할 수 있다. [2] 임야 상태의 토지를 임차하여 대지로 조성한 후 건물을 건축하여 음식점을 경영할 목적으로 임대차계약을 체결한 경우, 비록 임대차계약서에서는 필요비 및 유익비의 상환청구권은 그 비용의 용도를 묻지 않고 이를 전부 포기하는 것으로 기재되었다고 하더라도 계약당사자의 의사는 임대차 목적 토지를 대지로 조성한 후 이를 임차 목적에 따라 사용할 수 있는 상태에서 새로이 투입한 비용만에 한정하여 임차인이 그 상환청구권을 포기한 것이고 대지조성비는 그 상환청구권 포기의 대상으로 삼지 아니한 취지로 약정한 것이라고 해석하는 것이 합리적이다. (대법원 1998.10.20.선고, 98다31462 판결)[37]

3) 임대인의 담보책임

(가) 권리의 하자로 인한 임대인의 담보책임

임대차는 유상계약이므로, '목적물이 타인의 소유에 속하여 임대의 목적을 달성할 수 없는 경우에는 타인권리 매도인의 담보책임에 관한 규정이 준용되어(567조, 570~573조), 임차인은 임대인에 대하여 차임의 감액을 청구하거나 계약을 해지할 수 있고, 손해가 있는 경우에는

36) 판례평석: 이상문, "임차인의 임차건물을 증·개축하였을 시는 임대인의 승낙유무에 불구하고 무조건 임대인의 소유로 약정의 의미", 대법원판례해설 3호(법원행정처, 1988/8), 45 이하. 같은 취지: 대법원 1981.11.24.선고, 80다320·321 판결; 대법원 1983.5.10.선고, 81다187 판결.

37) 판례평석: 이준현, "임대차계약시 임차인의 비용상환 등의 청구에 대해 별도의 특약을 한 경우 그 특약의 의미에 대한 대법원판결의 비판적 검토", 인권과 정의 316호(대한변호사협회, 2002/12), 103 이하.

선의의 임차인은 손해의 배상을 청구할 수 있다'는 것은 이미 전술한 바와 같다. 또한 민법은 매매목적물의 일부가 멸실한 경우의 매도인의 담보책임에 관한 제574조의 특칙을 규정하여, '임차물의 일부가 임차인의 과실 없이 멸실 기타 사유로 인하여 사용, 수익할 수 없는 때에는 임차인은 그 부분의 비율에 의한 차임의 감액을 청구할 수 있다'고 규정하고(627조 1항), 이 경우 '그 잔존부분으로 임차의 목적을 달성할 수 없는 때에는 임차인은 계약을 해지할 수 있다'고 규정하고 있다(627조 2항). 한편 판례는 '실제로는 571평의 토지를 임대하였으나, 목측으로 350평이라 하여 계약을 한 경우, 임대인은 그에 비례한 임료를 더 청구할 수 있을지언정 그를 이유로 계약을 해지할 수는 없다'고 한다(대법원 1967.12.29.선고, 67다2365 판결).

(나) 임대인의 하자담보책임

임대차 목적물의 품질이나 성능에 하자가 있는 경우에는, 특정물매도인의 하자담보책임에 관한 제580조의 규정이 준용된다(567조). 그러므로 임대목적물의 하자로 인하여 목적달성이 불가능한 경우에는 임차인은 계약을 해지할 수 있고, 하자에도 불구하고 목적달성이 가능한 경우에는 '손해배상(차임의 감액)'만을 청구할 수 있다(580조, 575조). 또한 목적물의 하자로 인하여 이행이익의 손해 내지 확대손해가 발생한 경우에는, 임대인의 귀책사유를 요건으로 하여 채무불이행의 일반규정(390조)에 의한 손해배상을 청구할 수 있다고 해석하여야 할 것이다. (☞ 제2장 제2절 「매매계약」)

(다) 수선의무와의 관계

임대차계약에 있어서는 임대인의 사용·수익의무의 일환으로 「수선의무」가 인정되고 있는데, 이는 임대인의 하자담보책임의 일종인 하자보수의무의 성격을 가지고 있다고 할 수 있다. 따라서 이 문제는 다음과 같이 해석하는 것이 타당하다고 생각한다. 즉, ① 수선이 가능한 경우에는 임차인은 임대인에 대하여 수선을 청구할 수 있으며, 임차인은 수선을 청구하는 대신에 담보책임으로서 차임의 감액청구를 할 수 있다. ② 수선이 불가능한 경우에는 임대인의 담보책임으로서 계약해지와 손해배상만이 문제될 뿐이며, 책임의 내용은 위 (나)에서 설명한 바와 같다고 할 것이다.

2. 임차인의 권리와 의무

(1) 임차인의 권리

1) 임차권

(가) 임차권의 의의 및 법적 성질

임차권은 임차물의 사용·수익청구권, 즉 임차인이 임대인에 대하여 임차물을 사용·수익할 수 있도록 해달라고 청구할 수 있는 상대적 권리인 채권에 지나지 않는다. 그러나 특히 부동산임대차에서의 임차인 보호라는 사회적 요청에 따라 임차권에 대항력이 부여되는 등 점차 그 효력이 강화되는 것이 세계적인 추세임은 전술한 바와 같다. 우리나라도 「주택임대차법」에 의하여 주택의 임차인이 주택의 인도와 주민등록을 마친 때에는 임차권을 등기하지 않았더라도 제3자에게 임차권을 주장할 수 있으며(동법 3조 1항), 상가임대차의 경우에는 「상가임대차법」에 의하여 임차인이 건물의 인도와 세법(부가가치세법 8조, 소득세법 168조 또는 법인세법 111조)에 따른 사업자등록을 신청하면 그 다음 날부터 임차권을 제3자에게 주장할 수 있는 대항력이 생긴다(동법 3조 1항). 그 뿐만 아니라 위와 같은 대항요건을 갖추고 임대차계약증서상에 확정일자를 갖춘 주택이나 상가건물의 임차인에 대하여는 민사집행법에 의한 경매 또는 국세징수법에 의한 공매 시에 「순위에 따른 보증금의 우선변제권」(대지를 포함한 임차주택의 환가대금에서 후순위권리자 기타 채권자보다 우선하여 보증금을 변제받을 권리)을 부여하고 있다(주택임대차법 3조의2 2항, 상가임대차법 5조 2항). 특히 경매신청의 등기 전에 대항력을 갖춘 임차인에게는 임대차보증금 중 일정액에 대하여 그 설정의 순위에 관계없이 우선변제권을 부여하는 「최우선특권」을 인정하는 등(주택임대차법 8조, 상가임대차법 14조) 임차인의 지위를 강화하고 있다.[38] 학설은 이와 같이 부동산임차인의 보호를 위하여 임차권이 강화된 결과 물권에 가까운 효력이 인정되고 있는 현상을 「임차권의 물권화경향」이라고 부르고 있다.

임차권의 보호에 관한 법률적 쟁점은 다양한데, 우선 '대항력을 취득한 임차권의 법적 성질을 어떻게 볼 것인가?' 하는 것이 문제된다. 이에 대하여는 학설이 갈리는데, ① 대항력이 인정되는 부동산임차권이라 할지라도 임차권의 본질은 어디까지나 채권이라는 견해(채권설), ② 등기된 부동산임차권의 경우는 물권으로 보아야 한다는 견해(물권설), ③ 임차권의 법적 성질은 채권이지만, 점차 물권에 근접하고 있는 물권화경향에 있는 채권이는 견해(물권화설)의 대립이 그것이다.

이 문제와 관련하여, 판례는 '등기된 임차권의 경우에는 임대차기간이 종료한 후에도 임차권자는 임차보증금을 반환받기까지는 임대인이나 그 승계인에 대하여 임차권등기의 말소를 거부할 수 있음은 물론, 임차권등기가 원인 없이 말소된 때에는 그 방해를 배제하기 위한 청구를 할 수 있다'고 판시한 바 있으나(대법원 2002.2.26.선고, 99다67079 판결), 이 판결이 등기된 임차권의 법적 성질을 물권 또는 「물권화경향에 있는 채권」으로 본 것이라고 단정하기는 어렵다.

일반적으로 「부동산임차권의 물권화(物權化)」라 함은, '① 임차권의 대항력(임차인이 임대인 이외의 제3자에 대하여서도 임차권을 주장할 수 있는 효력), ② 임차권에 기한 침해배제청구권,

38) 주택임대차법의 제정과정에 관하여는 이시윤, "주택임대차법의 태생경위와 그 문제점", 대한변협신문 614호(대한변호사협회, 2016/11), 9 참조.

③ 임차권의 양도·전대(轉貸)의 자유, ④ 임차권의 존속보장이라는 4가지 측면에서 임차권에 물권에 가까운 효력이 인정되는 것'을 말하는데,[39] 물권의 본질은 물건에 대한 배타적 지배권(채무자의 이행행위가 개재되지 않더라도 권리실현이 가능한 권리)이라는 점에서 찾아야 할 것인데, 비록 대항력이 인정된 임차권이라 할지라도 물권으로서의 배타적 지배권성은 인정되지 않는다는 점에서, 임차권은 그 효력이 강화되고 있기는 하지만 여전히 채권으로서의 본질을 가지고 있다고 할 것이다(채권설). 이러한 관점에서 학설 중에는 '선진국에 비하여 아직도 임차인 보호에 크게 미흡한 입법이라고 평가할 수밖에 없는 우리 민법상의 임차권은 물론이고, 임대차계약에 관한 특별법(주택임대차법·상가임대차법 등)상의 임차권을 과연 「물권화경향에 있는 채권」이라고 부를 수 있는지도 의문'이라는 견해도 있다.[40]

(나) 임차권의 범위

임차인은 계약 또는 목적물의 성질에 의하여 정하여진 용법으로 임차물을 사용·수익하여야 한다(654조, 610조 1항). 특히 임차인은 임대인의 승낙 없이 임차물을 타인에게 용익시킬 수 없으며(629조), 임차권의 범위를 벗어나는 임차인의 사용·수익은 채무불이행책임을 발생시킨다.

(다) 임차권의 보호

임대차계약에 있어서 경제적 약자인 임차인을 보호하기 위하여 민법은 임차권등기제도를 두어 임차권에 대항력을 부여하는 등의 배려를 하고 있으나, 사적 자치의 원칙을 이념으로 하는 민법상의 제도만으로는 임차인 보호에 미흡할 수밖에 없다. 그러므로 주택임대차법과 상가임대차법 등의 특별법에 의하여 주택임차인과 상가건물임차인을 보호하는 제도가 시행되고 있다. 이하에서는 부동산임차권의 대항력, 임차권에 기한 침해배제청구권, 임차권의 양도·전대의 자유, 임차권의 존속보장 등 민법과 주택임대차법과 상가임대차법상의 임차권 보호제도에 관하여 살펴보기로 한다.

(A) 임차권의 대항력

a) 대항력의 의의 임차권은 채권이므로 원칙적으로 제3자에 대한 대항력이 없다. 즉, 임대차계약에 있어서는 목적물의 소유권이 제3자에게 양도되면 임차인은 임차권을 가지고 양수인에게 대항할 수 없는 것이 원칙이다('매매는 임대차를 깨뜨린다'는 로마법 이래의 법언은 이를 의미한다). 그러나 이러한 원칙을 관철하면 임차인의 지위는 극히 불안해지고, 나아가서는 임대차관계의 안정이라는 사회·경제적 이익을 해할 우려가 있다. 따라서 각국은 임차권의 대항력을 인정함으로써 임차인 보호와 임대차관계의 안정을 꾀하고 있다.

---

39) 고상룡, "임차권의 물권화(상)", 고시연구, 1985/12, 87 참조.
40) 곽윤직, 337 참조.

b) 입법례

(i) **독일민법** 2001.6.19.부터 시행된 「사용임대차법의 재편, 단순화 및 개혁을 위한 법률」(Gesetz zur Neugliderung, Vereinfachung und Reform des Mietrecht)에 의하여 건물임대차의 경우에는 특별한 요건 없이 계약의 성립에 의하여 법률상 당연히 임차권의 대항력이 발생하는 것으로 규정하고 있었던 「사용임차인보호법」(Mietershutzgesetz: MSchG)의 규정은 민법전에 통합되었다. 그 결과 독일민법상 주거(Wohnraum)의 사용임대차에 있어서는 법률상 당연히 임차권의 대항력이 인정되는 '양도는 임대차를 깨뜨리지 아니한다(Kauf bricht nicht Miete)'는 원칙이 지배한다(BGB §566).[41] 즉, 독일민법은 임대인이 임대목적물인 주거공간을 임차인에게 인도한 후 이를 제3자에게 양도한 경우, 양수인은 임차인에게 그의 소유권에 기하여 목적물의 반환을 청구할 수 없으며, 임차인은 그가 종전 임대인에게 가지고 있던 권리를 양수인에게 주장할 수 있다.

(ii) **스위스채무법** 독일민법과 마찬가지로, 스위스채무법도 임대차계약 체결 이후에 목적물의 소유권이 양도된 모든 경우에 있어서 임차권의 대항력을 인정하고 있으며(OR Art. 261(1)),[42] 주거 및 상가임대차의 경우에는 그 자신, 가까운 친척 또는 인척을 위하여 긴급히 사용할 필요가 있는 경우와 공용수용의 경우를 제외하고는 임대차계약의 해지를 금지하는 등 주택과 상가건물의 임차권의 존속을 절대적으로 보장하고 있다(OR Art. 261(2)·(4)).

(iii) **일본민법** 1898년에 시행된 「명치(明治)일본민법」은 '부동산의 임대차는 이를 등기한 때에는 이후 그 부동산에 대한 물권을 취득한 자에 대하여서도 효력이 생긴다'고 규정함으로써, 등기한 부동산임차권에 한하여 대항력을 인정하고 있었다(동법 605조). 그러나 민법 제정 이후 임차권등기를 요하는 민법상의 대항력제도가 불합리하다는 비판이 제기됨에 따라, 일본정부는 ① 「건물보호에 관한 법률」(1910)을 제정하여, 건물소유를 위한 토지임대차의 경우에

---

41) 독일민법 제566조(매매는 임대차를 깨뜨리지 아니한다) (1) 임대인이 임대한 주거공간을 임차인에게 인도한 후 이를 제3자에게 양도한 때에는, 양수인은 그가 소유권을 가지는 기간 동안 임대차관계에서 발생하는 권리와 의무에 관하여 임대인에 갈음한다. (2) 양수인이 그 의무를 이행하지 않는 경우, 임대인은 양수인이 배상하여야 하는 손해에 대하여 선소의 항변권을 포기한 보증인과 같은 책임을 진다. 임차인이 임대인의 통지에 의하여 소유권의 이전을 안 경우에, 임차인이 해지를 할 수 있는 최초의 기한에 해지를 하지 아니한 때에는, 임대인은 그 책임을 면한다.

42) 스위스채무법 제261조(J. 소유자의 교체 I. 물건의 양도) (1) 사용임대차계약 체결 후 임대인이 임대목적물을 양도하거나 강제집행 또는 파산절차에 들어간 경우에는, 사용임대차관계는 그 물건에 대한 소유권과 함께 양수인에게 이전된다. (2) 그럼에도 불구하고 새로운 소유자는 a. 주거 및 상가의 임대차의 경우에는 그 자신, 가까운 친척 또는 인척을 위하여 긴급히 사용할 필요가 있는 경우에 한하여 법정의 유예기간을 두고 법정의 해제기간을 준수하여 임대차관계를 해지할 수 있으며, b. 다른 물건의 임대차에서는 조기의 계약해소를 가능하게 하는 어떠한 합의도 없는 때에는, 법정의 유예기간을 두고 법정의 해제기간을 준수하여 임대차관계를 해지할 수 있다. (3) 새로운 소유자가 전 임대인과의 계약보다 더 일찍 임대차계약을 해지한 때에는 그로 인하여 임차인에게 발생한 모든 손해를 배상할 책임이 있다. (4) 공용수용이 결정된 경우는 예외로 한다.

는 임차권등기가 없더라도 건물등기에 의하여 토지임대차에 대항력이 발생하는 제도를 실시하였으며(동법 1조),[43] ② 「차가법(借家法)」(1921)을 제정하여, 주택임대차의 경우에는 임차권을 등기하지 않더라도 임차건물의 인도만 있으면 임차권의 대항력이 발생하도록 하였는데(동법 1조),[44] 현행 「차지차가법(借地借家法)」도 같은 취지의 규정을 두고 있다(동법 31조).[45] 또한 ③ 「농지조정법(農地調停法)」(1938) 및 「농지법(農地法)」(1952)을 제정하여, 농지의 경우에도 인도에 의하여 임차권의 대항력이 발생하는 것으로 규정하고 있다.

c) 임차권의 대항력이 인정되는 경우

(ⅰ) **등기된 부동산임차권** 민법은 '당사자 사이에 반대약정이 없는 경우에 부동산임차인은 임대인에 대하여 그 임대차등기절차에 협력할 것을 청구할 수 있다'고 규정하고(621조 1항), 부동산등기법에 부동산임차권을 등기할 수 있는 것으로 규정하는 동시에 그 등기사항을 구체적으로 규정하고 있다(동법 3조 8호, 74조). 또한 민법은 부동산임차권을 등기한 경우에는 제3자인 양수인에 대해서도 임차권을 주장할 수 있는 대항력이 발생하는 것으로 규정하고 있다(621조 2항). 이러한 부동산임차권의 등기제도 및 등기된 부동산임차권의 대항력을 인정한 민법 제621조의 규정은 전술한 구 의용민법 제605조에서 유래된 만주민법 제589조[46]의 규정을 계수한 것이다. 그러나 거래의 실제에서는 임대인이 임차권의 등기를 꺼리고 임차인도 이를 강제한다는 것이 여의치 않아 실효성이 없는 제도가 되고 말았다.[47] 이에 임차권의 등기제도를 규정하고 있는 민법 제621조를 개정하여 특히 '건물임대차의 경우에는 인도하는 것만으로도 대항력이 발생하는 것으로 할 필요가 있다'는 입법론이 제기된 바 있다.[48]

이러한 이유로 임차인을 실질적으로 보호하기 위하여 특별법인 주택임대차법과 상가임대차법이 제정되었다. 주택임대차법과 상가임대차법에 따르면, 주택과 상가건물의 경우에는 임차권등기가 없더라도 임차권의 대항력이 인정되며(주택임대차법 3조 1항~3항, 상가임대차법 3조 1

---

43) 이는 우리 민법 제622조에 해당하는 제도인데, 현행 「차지차가법(借地借家法)」도 이를 계승하여 같은 내용의 규정을 두고 있다(동법 10조).

44) 일본의 「차가법(借家法)」은 1992.7.31자로 폐지되었는데, 이에 따라 동법 제1조는 「차지차가법(借地借家法)」(1992) 제31조 제1항에 통합되었다. 그 입법경과에 관한 상세는 고상룡, "임대차법의 문제점과 그 개정방향", 고시연구, 1992/8, 109 참조.

45) 2017년 개정 일본 차지차가법(借地借家法) 제31조(건물임대차의 대항력) 건물의 임대차는 그 등기가 없더라도 건물의 인도가 있는 경우에는 그 후 그 건물에 대하여 물권을 취득한 자에 대하여 그 효력이 생긴다.

46) 만주민법 제589조: 부동산의 임차인은 임대인에 대하여 그 임대차의 등록을 함에 대하여 협력할 것을 청구할 수 있다. 부동산의 임대차는 이를 등록한 때에는 이후 그 부동산에 대하여 물권을 취득한 자에 대해서도 그 효력을 발생한다.

47) 임대인이 임차권등기절차에 협력하지 않는 경우에 임차인은 임차권을 피보전권리로 한 처분금지가처분을 신청하여 가처분등기를 집행(기입)한 후에 임차권설정등기이행청구의 본안승소판결을 받아 임차권등기를 함으로써 이를 강제할 수는 있다(대법원 1988.4.25.선고, 87다카458 판결).

48) 고상룡, 전게논문(주 44), 109 참조.

항·2항), 대항력을 갖춘 임차인은 「보증금 중 일부에 대한 최우선변제권」(최우선특권)이 인정되며(주택임대차법 8조, 상가임대차법 14조), 대항요건과 임대차계약증서의 확정일자를 갖추면 「순위에 따른 보증금의 우선변제권」(우선특권)이 부여된다(주택임대차법 3조의2 2항, 상가임대차법 5조 2항). 또한 임대차계약이 종료된 경우에도 보증금을 반환받지 못한 임차인을 위하여 「임차권등기명령제도」(주택임대차법 3조의3, 상가임대차법 6조)가 시행되고 있다.

① **임차권등기의 효력** : 부동산임차권이 등기된 경우에는 목적물의 소유권이 제3자에게 양도된 때에도 임차인은 양수인에 대하여 임차권의 효력을 주장할 수 있는 대항력이 발생한다(621조 2항).[49] 즉, 임차권이 등기되면 목적물이 양도된 후에도 양수인과 임차인 사이에서 임대차관계가 계속 존속하게 된다. 그러므로 제621조 제2항의 반대해석상, 임차권등기를 하지 아니한 임차인은 양수인이 임대차의 존재를 알면서 목적물의 소유권을 양수한 경우에도 양수인에게 대항할 수 없다(대법원 1977.12.13. 선고, 77다115 판결). 나아가 판례는 '임차인이 부동산에 대한 임대차계약을 체결하고 임차권을 피보전권리로 한 처분금지가처분등기를 집행(기입)한 후에 강제경매신청에 의한 경매개시결정이 이루어지고 그 경매의 결과 제3자가 부동산을 경락받았다 하더라도, 임차인이 임차권설정등기이행청구의 본안승소판결을 받아 그 판결이 확정되면, 임차권설정등기를 경료하였는지의 여부에 관계없이 선행된 가처분등기와 위 확정판결에 기하여 그 경락인은 가처분권리자의 권리보전과 상용되지 아니하는 범위 내에서 그 권리를 취득하는 것으로 확정된다 할 것이고, 따라서 임차인은 임대인의 지위를 포괄승계한 경락인에 대하여 임차보증금의 반환을 청구할 수 있다'는 입장을 취하고 있다(대법원 1988.4.25. 선고, 87다카458 판결).[50]

임차권등기의 대항력의 구체적인 내용에 관한 명문규정은 없으나, '부동산등기법에 임차권의 등기사항으로 규정되어 있는 임대차의 존속기간, 차임의 지급시기, 임대보증금의 약정은 이를 등기하여야 양수인에게 대항할 수 있다'고 해석하여야 할 것이다(부동산등기법 74조 2~4호).[51][52]

---

49) '임대차등기의 존부에 대한 증명책임은 임차인에게 있다'는 것이 판례의 입장이다(대법원 1969.1.28. 선고, 68다1399 판결).

50) 판례평석: 김오수, "임차권보전을 위한 처분금지가처분의 효력과 등기(Ⅰ)·(Ⅱ)·(Ⅲ)", 사법행정 29권 12호(한국사법행정학회, 1988/12), 54 이하(Ⅰ), 사법행정 30권 3호(한국사법행정학회, 1989/3), 56 이하(Ⅱ), 사법행정 30권 4호(한국사법행정학회, 1989/4), 46 이하.

51) 부동산등기법 제74조(임차권 등의 등기사항) 등기관이 임차권 설정 또는 임차물 전대의 등기를 할 때에는 제48조에서 규정한 사항 외에 다음 각 호의 사항을 기록하여야 한다. 다만, 제3호부터 제6호까지는 등기원인에 그 사항이 있는 경우에만 기록한다. 1. 차임(借賃) 2. 범위 3. 차임지급시기 4. 존속기간. 다만, 처분능력 또는 처분권한 없는 임대인에 의한 「민법」 제619조의 단기임대차인 경우에는 그 뜻도 기록한다. 5. 임차보증금 6. 임차권의 양도 또는 임차물의 전대에 대한 임대인의 동의 7. 임차권설정 또는 임차물전대의 범위가 부동산의 일부인 때에는 그 부분을 표시한 도면의 번호

52) 주택임대차법 제3조의4(민법에 따른 주택임대차등기의 효력 등) ② 임차인이 대항력이나 우선변제권을 갖추고 민법 제621조 제1항에 따라 임대인의 협력을 얻어 임대차등기를 신청하는 경우에는 신청서에 부동산등기법 제74조 제1호부터 제6호까지의 사항 외에 다음 각 호의 사항을 적어야 하며, 이를 증

또한 민법 제621조에 따른 주택임대차등기의 효력에 관하여는 「임차권등기명령」에 관한 주택임대차법 제3조의3 제5항 및 제6항의 규정이 준용되므로(주택임대차법 3조의4 1항), 민법 제621조에 따른 임차권등기를 마친 주택임차인은 주택임대차법 제3조 제1항·제2항 또는 제3항에 따른 대항력과 제3조의2 제2항에 따른 우선변제권을 취득한다(주택임대차법 3조의3 5항, 6항). 다만, 임차인이 임차권등기 이전에 이미 대항력이나 우선변제권을 취득한 경우에는 그 대항력이나 우선변제권은 그대로 유지되며, 임차권등기 이후에는 제3조 제1항 또는 제2항의 대항요건을 상실하더라도 이미 취득한 대항력이나 우선변제권을 상실하지 아니한다(주택임대차법 3조의3 5항). 또한 민법 제621조에 따른 임차권등기가 끝난 주택(임대차의 목적이 주택의 일부분인 경우에는 해당 부분으로 한정한다)을 그 이후에 임차한 임차인은 제8조에 따른 우선변제를 받을 권리가 없다(주택임대차법 3조의3 6항). 같은 취지의 규정은 상가임대차법에도 있다(동법 7조).[53]

② **임차권등기명령** : 임차권등기명령제도는 1999.1.21. 법률 제5641호로 개정된 주택임대차법에 의하여 신설된 제도인데, 임대차계약기간이 종료되었음에도 불구하고 임대인으로부터 아직 보증금을 돌려받지 못한 임차인을 보호하기 위하여 임대인의 의사와는 관계없이 법원이 강제로 임차권등기를 명령할 수 있도록 한 제도이다.

주택임대차법상의 「임차권등기명령」의 절차와 그 효력은 다음과 같다. 즉, ㉠ 임대차계약기간이 종료되었으나 아직 보증금을 돌려받지 못한 임차인은 임차주택의 소재지를 관할하는 지방법원·지방법원지원 또는 시·군 법원에 임차권등기명령을 신청할 수 있다(주택임대차법 3조의3 1항). ㉡ 임차권등기명령의 신청서에는 신청의 취지 및 이유, 임대차의 목적인 주택(임대차의 목적이 주택의 일부분인 경우에는 해당 부분의 도면을 첨부한다), 임차권등기의 원인이 된 사실(임차인이 주택임대차법 제3조 제1항·제2항 또는 제3항에 따른 대항력을 취득하였거나 제3조의2 제2항에 따른 우선변제권을 취득한 경우에는 그 사실), 그 밖에 대법원규칙으로 정하는 사항을 적어야 하며, 신청의 이유와 임차권등기의 원인이 된 사실을 소명하여야 한다(동법 3조의3 2항). ㉢ 임차권등기의 촉탁, 등기관의 임차권등기 기입 등 임차권등기명령을 시행하는 데에 필요한 사항은 대법원규칙으로 정하며(동조 7항), 임차인은 임차권등기명령의 신청과 그에 따른 임차권등기와 관련하여 든 비용을 임대인에게 청구할 수 있다(동조 8항). ㉣ 임차권등기명령의 집

명할 수 있는 서면(임대차의 목적이 주택의 일부분인 경우에는 해당 부분의 도면을 포함한다)을 첨부하여야 한다. 1. 주민등록을 마친 날 2. 임차주택을 점유한 날 3. 임대차계약증서상의 확정일자를 받은 날

53) 상가임대차법 제7조(민법에 따른 임대차등기의 효력 등) ① 민법 제621조에 따른 건물임대차등기의 효력에 관하여는 제6조 제5항 및 제6항을 준용한다. ② 임차인이 대항력 또는 우선변제권을 갖추고 민법 제621조 제1항에 따라 임대인의 협력을 얻어 임대차등기를 신청하는 경우에는 신청서에 부동산등기법 제74조 제1호부터 제6호까지의 사항 외에 다음 각 호의 사항을 기재하여야 하며, 이를 증명할 수 있는 서면(임대차의 목적이 건물의 일부분인 경우에는 그 부분의 도면을 포함한다)을 첨부하여야 한다. 1. 사업자등록을 신청한 날 2. 임차건물을 점유한 날 3. 임대차계약서상의 확정일자를 받은 날

행에 따른 임차권등기를 마치면, 임차인은 주택임대차법 제3조 제1항 또는 제2항에 따른 대항력과 동법 제3조의2 제2항에 따른 우선변제권을 취득한다. 다만, 임차인이 임차권등기 이전에 이미 대항력이나 우선변제권을 취득한 경우에는 그 대항력이나 우선변제권은 그대로 유지되며, 임차권등기 이후에는 주택임대차법 제3조 제1항·제2항 또는 제3항의 대항요건을 상실하더라도 이미 취득한 대항력이나 우선변제권을 상실하지 아니한다(동조 5항). ㉤ 임차권등기명령의 집행에 따른 임차권등기가 끝난 주택(임대차의 목적이 주택의 일부분인 경우에는 해당 부분으로 한정한다)을 그 이후에 임차한 임차인은 제8조에 따른 우선변제를 받을 권리가 없다(동조 6항).

(ii) **지상건물을 등기한 경우의 토지임차권** 건물의 소유를 목적으로 하는 토지임대차는 이를 등기하지 아니한 경우에도 임차인이 그 지상건물을 등기한 때에는 제3자에 대하여 임대차의 효력이 생긴다(622조 1항). 즉, 임차지 위에 건축된 임차인 소유의 건물에 대한 소유권보존등기에 의하여 토지임차권에 대항력이 부여된다.[54] 다만, 판례는 ① '토지임차권자인 건물의 소유자로부터 그 건물을 양수한 자는 건물을 양수하였다는 사실만으로 법률상 당연히 그 건물의 전 소유자의 임차권으로써 토지 소유자에게 대항할 수 있는 것은 아니며(대법원 1968.7.31. 선고, 67다2126 판결 등),[55] 토지임차인으로부터 건물을 양수한 자가 토지소유자의 동의를 얻어 건물의 전 소유자인 토지임차인의 임차권을 양수한 경우에 한하여 건물양수인은 임대인이나 그 토지의 제3취득자에게 토지임차권으로 대항할 수 있다'고 한다(대법원 1966.9.27.선고, 66다1224 판결 등).[56] 또한 ② '토지의 소유자인 임대인으로부터 토지를 양수한 새로운 토지소유자가 지상에 건물이 있음을 알고 토지를 취득하였다거나, 위 토지취득 후 건물소유자가 건물등기를 하였다고 하더라도, 새로운 토지소유자가 토지를 양수할 당시 건물소유를 목적으로 한 토지의 임차인이 그 지상건물을 등기하지 않았다면 새로운 토지소유자에게 그 임차권을 주장할 수 없으며(대법원 1964.6.16.선고, 63다1097 판결 등),[57] ③ 제622조 제1항의 규정은 임대차계약이 유효하게 존속중임을 전제로 한 규정이므로(대법원 1967.11.28.선고, 67다1775 판결 등),[58] 건물소유를 목적으로 한 토지임대차가 적법하게 종료된 경우에는, 그 종료 이후의 토지점유는 권원 없는 점유로서 설사 그 지상건물에 대하여 소유권보존등기를 한 사실이 있다 하더라도 제622조 제1항의 규정은 적용될 여지가 없다'고 한다(대법원 1965.2.16.선고, 64다1243 판결).

---

54) 이는 일본의「借地借家法」제10조의 규정을 모범으로 한 것임은 전술한 바와 같다(전게 주 43 참조).

55) 판례평석: 김재덕, "민법 제622조에 관한 관견", 법조 22권 4호(법조협회, 1973/4), 78 이하. 같은 취지: 대법원 1974.5.28.선고, 74다212 판결; 대법원 1996.2.27.선고, 95다29345 판결.

56) 같은 취지: 대법원 1970.3.10.선고, 70다14 판결.

57) 같은 취지: 대법원 1965.12.21.선고, 65다1655 판결; 대법원 1974.7.16.선고, 74다472 판결; 대법원 2003.2.28.선고, 2000다65802·65819 판결.

58) 같은 취지: 대법원 1965.2.16.선고, 64다1243 판결.

(iii) **인도와 주민등록을 마친 주택임차권** 주택의 임대차는 그 등기가 없는 경우에도 임차인이 주택의 인도와 주민등록을 마친 때에는 그 다음 날부터 제3자에 대하여 효력이 생긴다(주택임대차법 3조 1항). 또한 임차주택의 양수인(그 밖에 임대할 권리를 승계한 자를 포함한다)은 임대인의 지위를 승계한 것으로 본다(동조 3항). 이는 '부동산임차권의 대항력이 발생하기 위해서는 임차권의 등기를 요한다'는 민법의 원칙(621조 2항)에 대한 중대한 예외를 인정한 것으로서, 반대약정이 없는 경우에 한하여 임대인의 「임차권등기절차에의 협력의무」를 인정함으로써 실효성이 없는 제도가 되어버린 민법상의 임차권의 대항력제도 대신에 주택의 인도와 주민등록이라는 간편한 절차를 통하여 임차권의 대항력이 발생하도록 함으로써, 임차인의 권리를 실질적으로 보호할 수 있게 된 획기적인 방안이라고 할 것이다.

학설 중에는 주택임대차법이 '주민의 이동상황 파악'이라는 행정목적을 위하여 만들어진 주민등록제도를 사법상의 거래인 주택임대차에서 등기에 갈음하여 임차권의 대항력취득의 요건인 공시수단으로 활용하는 것에 대하여 비판하고, '주택의 인도만으로 주택임차권의 대항력을 인정하자'는 견해가 있다.[59] 이는 나름대로 일리 있는 견해라고 할 수 있으나, 주택임대차법에 따른 주택임차권의 대항력은 일종의 담보물권이라고 할 수 있는 보증금 중 일부에 대한 최우선특권(동법 8조)과 확정일자의 순위에 의한 보증금(전액)에 대한 우선변제권(3조의2)의 발생요건이 되고 있으므로, 주택의 인도만으로써 임차권의 대항력을 인정하는 것은 자칫 주택을 담보로 하는 금융시장에 큰 혼란을 초래할 위험이 있으므로 신중할 필요가 있다고 할 것이다. 또한 독일이나 일본 등 외국의 경우와 달리, 우리나라의 주택임대차에 있어서는 고액의 임대보증금이 수수되고 있다는 현실을 감안할 때, 인도만을 요건으로 임차권에 대항력을 부여하여 임차인의 주거권을 확보하여 주는 것도 중요하지만, 그보다는 임차인의 보증금반환청구권을 확보해주는 것이 가장 중요한 법적 과제라고 할 것이다. 이러한 두 가지 현실적인 문제를 고려할 때, 주택임대차에서 등기를 대신하는 간편한 공시수단으로서 주민등록법상의 전입신고를 요건으로 주택임차권에 대항력을 부여하고 있는 현행 주택임대차법의 대항력제도는 긍정적으로 평가할 수 있다고 생각된다. 이러한 관점에서, 이하에서는 주택임대차법이 규정하고 있는 대항력의 취득요건에 관하여 살펴보기로 한다.

① **주거용(住居用)건물** : 임차인이 주택임대차법 제3조 제1항·제2항 또는 제3항의 규정에 의한 대항력을 취득하기 위해서는 임차인이 점유하는 건물부분이 '주택임대차법 소정의 주거용 건물'인 「주택」에 해당하여야 한다. 왜냐하면 주택임대차법은 주거용건물의 전부 또는 일부의 임대차에 한하여 적용되는 것이기 때문이다(동법 2조 본문). 다만, 주택임대차법은 '임차주택의 일부가 주거 이외의 용도로 사용되고 있는 경우'에도 적용되므로(동법 2조 단서), 임차주택

59) 고상룡, 전게논문(주 44), 111 참조.

의 전부가 주거용 건물일 필요는 없다.[60)]

문제는 '임차인이 점유하고 있는 부분이 주거용 건물에 해당하지 아니하는 경우에도 주택임대차법이 적용되는가?' 하는 것이다. 이에 대하여, 판례는 '임차주택의 일부가 주거외의 목적으로 사용되는 경우에도 주택임대차법 제2조의 규정에 의하여 동법의 적용을 받는 주거용 건물에 포함되지만, 거꾸로 비주거용 건물의 일부를 주거의 목적으로 사용하는 경우에는 이를 주거용 건물이라 할 수 없으므로, 이러한 건물은 위 법률의 보호대상에서 제외된다'는 입장을 확립하고 있다(대법원 1987.4.28.선고, 86다카2407 판결 등).[61)] 다만, '주택임대차법 제2조 소정의 주거용 건물에 해당하는지 여부는 임대차목적물의 공부상의 표시만을 기준으로 할 것이 아니라 그 실지용도에 따라서 정하여야 하고, 건물의 일부가 임대차의 목적이 되어 주거용과 비주거용으로 겸용되는 경우에는 구체적인 경우에 따라 그 임대차의 목적, 전체 건물과 임대차목적물의 구조와 형태 및 임차인의 임대차목적물의 이용관계 그리고 임차인이 그곳에서 일상생활을 영위하는지 여부 등을 아울러 고려하여 합목적적으로 결정하여야 한다'고 한다(대법원 1996.3.12.선고, 95다51953 판결 등).[62)] 이러한 기준에 따르면, '건물이 공부상으로는 단층작업소 및 근린생활시설로 표시되어 있으나, 실제로 甲은 주거 및 인쇄소 경영 목적으로, 乙은 주거 및 슈퍼마켓 경영 목적으로 임차하여 가족들과 함께 입주하여 그곳에서 일상생활을 영위하는 한편 인쇄소 또는 슈퍼마켓을 경영하고 있으며, 甲의 경우는 주거용으로 사용되는 부분이 비주거용으로 사용되는 부분보다 넓고, 乙의 경우는 비주거용으로 사용되는 부분이 더 넓기는 하지만 주거용으로 사용되는 부분도 상당한 면적이고, 위 각 부분이 甲·乙의 유일한 주거인 경우에는 주택임대차법 제2조 후문에서 정한 주거용 건물에 해당한다'고 한다(대법원 1995.3.10.선고, 94다52522 판결). 그리고 '이러한 기준에 따라서 임차인의 점유부분이 주택임대차법 제2조 소정의 주거용 건물에 해당하지 아니한다고 판단되는 이상 동법은 적용되지 않으므로, 채권자가 임차인이 건물을 점유하고 있다는 사실을 알고 근저당권을 취득하였다고 하더라도 위 근저당권자가 당연히 임대인의 지위를 승계하는 것은 아니'라고 한다(대법원 1988.12.13.선고, 87다카3097 판결).

② **주택의 인도와 주민등록** : 주택의 임차인이 임차권의 대항력을 취득하기 위해서는 주택을 인도받고 주민등록을 마쳐야 하는데, 이 경우 전입신고를 한 때 주민등록이 된 것으로 본

---

60) 제정 당시의 주택임대차법(1981.3.5. 법률 제3379호)은 "이 법은 주거용건물(이하 "주택"이라 한다)의 전부 또는 일부의 임대차에 관하여 이를 적용한다"라고만 규정하고 있었기 때문에, '임차주택의 일부가 주거 이외의 용도로 사용되고 있는 경우에도 동법이 적용되는가?' 하는 것이 동법의 해석상 문제되었다. 이러한 문제를 없애기 위하여 1983.12.30. 법률 제3682호로 동법 제2조를 개정하여, "그 임차주택의 일부가 주거외의 목적으로 사용되는 경우에도 또한 같다"는 규정이 추가되었다.

61) 같은 취지: 대법원 1996.3.12.선고, 95다51953 판결.

62) 같은 취지: 대법원 1995.3.10.선고, 94다52522 판결.

다. 다만, 주택임차권의 대항력은 전입신고를 마친 그 다음 날부터 발생한다(주택임대차법 3조 1항). 이 요건과 관련하여, 실제사건에서는 주로 공시수단인 주민등록에 관한 문제가 발생하고 있다. ㉠ 임차인의 착오 등으로 주민등록이 잘못 기재된 경우 : 판례는 '착오 등에 의하여 주민등록이 잘못 기재된 경우에 그 주민등록이 어떤 임대차를 공시하는 효력이 있는가의 여부는 일반사회통념상 그 주민등록으로 당해 임대차건물에 임차인이 주소 또는 거소를 가진 자로 등록되어 있는지를 인식할 수 있는가의 여부를 기준으로 결정하여야 하므로, 임차인이 착오로 임차건물의 지번과 다른 지번에 주민등록을 위한 전입신고를 하였는데, 그 후 관계공무원이 직권정정을 하여 실제지번에 맞게 주민등록이 정리되었다면, 위 임차인은 주민등록이 정리된 시점에서 대항력을 취득한다'는 입장을 취하고 있다(대법원 1987.11.10.선고, 87다카1573 판결 등).[63] 이러한 기준에 따라, 대법원은 '주민등록부에 "대구 수성구 범어동 204의1 아파트 5호"로 기재된 임차인의 주민등록은 등기부상 "대구 수성구 범어동 204의1 아파트 1호"인 건물에 관한 임차권의 유효한 공시방법으로 볼 수 없으며(대법원 1990.5.22.선고, 89다카18648 판결), "충북 단양군 매포읍 평동리 258의1 연립주택 가동 1층 102호"에 대한 미등기전세권자가 주소로 연립주택 동·호수 등의 표시 없이 그 지번만을 신고하여 주민등록이 되었다면, 그 주민등록으로는 일반사회통념상 그 미등기전세권자가 그「연립주택 가동 102호」건물에 주소를 가진 자로 등록되었다고 제3자가 인식할 수 없으므로 그 건물에 관한 미등기전세의 유효한 공시방법으로 볼 수 없다'고 판시한 바 있으며(대법원 1995.4.28.선고, 94다27427 판결), '신축중인 연립주택 1층 소재 주택의 임차인이 현관문에 잘못 표시된 대로 "1층 201호"라고 전입신고를 하였으나 사실은 그 주택은 공부상 1층 101호인 경우에는, 위 전입신고로는 1층 101호에 대한 대항력을 발생하지 않는다'고 판시한 바 있다(대법원 1995.8.11.선고, 95다177 판결). 다만, 판례는 '이른바「다가구용 단독주택」은 이를 공동주택으로 볼 근거가 없어 단독주택으로 보아야 하므로, 임차인이 위 건물의 일부나 전부를 임차하고 전입신고를 하는 경우에는 지번만 기재하는 것으로 충분하고 위 건물 거주자의 편의상 구분하여 놓은 호수까지 기재할 의무나 필요가 없으므로, 임차인이 실제로 위 건물의 어느 부분을 임차하여 거주하고 있는지 여부의 조사는 단독주택의 경우와 마찬가지로 위 건물에 담보권 등을 설정하려는 이해관계인의 책임하에 이루어져야 할 것이며, 임차인이 전입신고로 지번을 정확히 기재하여 전입신고를 한 이상 일반 사회통념상 그 주민등록으로 위 건물에 임차인이 주소 또는 거소를 가진 자로 등록되어 있는지를 인식할 수 있어 임대차의 공시방법으로 유효하다'고 한다(대법원 1997.11.14.선고, 97다29530 판결 등).[64] 나아가 판례는 '임차인이「다가구용 단독주택」인 같은 건물 내에서 이사를 하면서 호

63) 판례평석: 이공현, "주택임대차법상 대항력요건으로서의 부실한 주민등록", 대법원판례해설 8호(법원행정처, 1988/12), 165 이하. 같은 취지: 대법원 1989.6.27.선고, 89다카3370 판결; 대법원 1995.4.28.선고, 94다27427 판결.

수를 변경한 전입신고를 다시 한 경우에도 원래의 전입신고가 유효한 공시방법이 된다'고 한다(대법원 1998.1.23.선고, 97다47828 판결). ㉡ 담당공무원의 착오로 지번이 다소 틀리게 기재된 경우 : 판례는 임차인이 착오를 일으킨 경우와는 달리, '담당공무원의 착오로 지번이 다소 틀리게 기재된 경우(예컨대, "안양동 545의5"로 기재되었어야 할 주민등록표상의 신거주지 지번이 담당공무원의 착오로 "안양동 545의2"로 기재된 경우)에는, 임차인이 임차건물 소재지 지번으로 전입신고를 올바르게 하였다면 그 주민등록에 대항력을 인정하는 데 문제가 없다'고 한다(대법원 1991.8.13.선고, 91다18118 판결). ㉢ 임차인이 주민등록을 하지 않고 임차인의 배우자만 주민등록을 한 경우 : 판례는 '주택임대차법의 입법취지나 주택의 인도와 주민등록이라는 공시방법을 요건으로 하여 대항력을 부여하고 있는 동법 제3조 제1항의 취지에 비추어 볼 때, 주민등록이라는 대항요건은 임차인 본인뿐만 아니라 그 배우자나 가족의 주민등록을 포함한다'고 한다(대법원 1987.10.26.선고, 87다카14 판결 등).[65)]

③ **주민등록의 존속** : 주택임차권의 대항력이 유지되기 위해서는 그 대항요건인 주민등록이 계속 존속되어야 한다. 판례도 '주택임차권의 대항력을 유지하기 위하여서는 주택의 인도 및 주민등록이라는 대항요건은 계속 존속하고 있어야 한다'는 입장을 취하고 있다(대법원 1987.2.24.선고, 86다카1695 판결 등).[66)] 이는 물권의 공시방법인 등기와 임차권의 대항력을 취득하기 위한 요건인 주민등록의 다른 점이다. 이러한 취지에서, 판례는 '주택임차인이 그 지위를 강화하고자 별도로 전세권설정등기를 마친 경우라고 하더라도, 주택임차인이 주택임대차법 제3조 제1항의 대항요건을 상실하면 이미 취득한 주택임대차법상의 대항력 및 우선변제권은 상실된다'고 한다(대법원 2007.6.28.선고, 2004다69741 판결 등). 다만, '임차인이 그 가족과 함께 그 주택에 대한 점유를 계속하고 있으면서 그 가족의 주민등록은 그대로 둔 채 임차인만 주민등록을 일시 다른 곳으로 옮긴 경우라면, 전체적으로나 종국적으로 주민등록의 이탈이라고 볼 수 없는 만큼 임대차의 제3자에 대한 대항력을 상실하지 아니한다'고 한다(대법원 1989.1.17.선고, 88다카143 판결 등).[67)] 반대로 '주택임대차법상 대항력을 갖춘 임차인이 임차주택에 관하여 전세

64) 판례평석: 김동윤, "다가구용 단독주택의 경우 주택임대차법상의 대항력 취득요건으로서 주민등록의 기재 정도", 대법원판례해설 29호(법원도서관, 1998/6), 222 이하. 같은 취지: 대법원 1998.1.23.선고, 97다47828 판결; 대법원 1999.5.25.선고, 99다8322 판결; 대법원 2002.3.15.선고, 2001다80204 판결.

65) 판례평석: 고상룡, "주택임대차법상 주민등록과 대항요건", 법률신문 1754호(법률신문사, 1988/5), 11; 이공현, "주택임대차법상 대항력요건으로서의 주민등록대상자", 대법원판례해설 8호(법원행정처, 1988/12), 155 이하. 같은 취지: 대법원 1988.6.14.선고, 87다카3093·3094 판결.

66) 판례평석: 윤천희, "주택임차권의 대항력의 득실에 관한 문제(상)·(하)", 판례월보 200호(판례월보사, 1987/5), 46 이하(상), 판례월보 201호(판례월보사, 1987/6), 49 이하(하); 이재곤, "주민등록의 퇴거와 주택임차권의 대항력 상실", 대법원판례해설 7호(법원행정처, 1988/12), 79 이하; 한정덕, "주택임차권의 대항력요건으로서의 주민등록에 관하여" 대법원판례해설 10호(법원행정처, 1989/12), 165 이하. 같은 취지: 대법원 1998.1.23.선고, 97다43468 판결; 대법원 2000.9.29.선고, 2000다37012 판결.

67) 판례평석: 권용우, "주택임차권의 대항력의 취득과 존속", 판례월보 224호(판례월보사, 1989/5), 33 이

권설정등기를 경료하였다거나 전세권자로서 배당절차에 참가하여 전세금의 일부에 대하여 우선변제를 받았다는 사유만으로는 변제받지 못한 나머지 보증금에 기한 대항력 행사에 어떤 장애가 있다고 볼 수 없다'고 한다(대법원 1993.12.24.선고, 93다39676 판결 등).[68] 한편 판례는 '대항력을 갖춘 주택임차인이 임대인의 동의를 얻어 적법하게 임차권을 양도하거나 전대한 경우, 임차권의 양수인이나 전차인이 임차인의 주민등록퇴거일로부터 주민등록법상의 전입신고기간 내에 전입신고를 마치고 주택을 인도받아 점유를 계속하고 있다면, 비록 위 임차권의 양도나 전대에 의하여 임차권의 공시방법인 점유와 주민등록이 변경되었다 하더라도 원래의 임차인이 갖는 임차권의 대항력은 소멸되지 아니하고 동일성을 유지한 채로 존속한다'고 한다(대법원 1988.4.25.선고, 87다카2590 판결).

▪ **주택임차인이 그 지위를 강화하고자 별도로 전세권설정등기를 마친 경우, 주택임차인이 주택임대차법 제3조 제1항의 대항요건을 상실하면 이미 취득한 주택임대차법상의 대항력 및 우선변제권을 상실하는지 여부**(적극) 주택임차인이 그 지위를 강화하고자 별도로 전세권설정등기를 마치더라도 주택임대차법상 주택임차인으로서의 우선변제를 받을 수 있는 권리와 전세권자로서 우선변제를 받을 수 있는 권리는 근거규정 및 성립요건을 달리하는 별개의 것이라는 점, 주택임대차법 제3조의3 제1항에서 규정한 임차권등기명령에 의한 임차권등기와 동법 제3조의4 제2항에서 규정한 주택임대차등기는 공통적으로 주택임대차법상의 대항요건인 '주민등록일자', '점유개시일자' 및 '확정일자'를 등기사항으로 기재하여 이를 공시하지만 전세권설정등기에는 이러한 대항요건을 공시하는 기능이 없는 점, 주택임대차법 제3조의4 제1항에서 임차권등기명령에 의한 임차권등기의 효력에 관한 동법 제3조의3 제5항의 규정은 민법 제621조에 의한 주택임대차등기의 효력에 관하여 이를 준용한다고 규정하고 있을 뿐 주택임대차법 제3조의3 제5항의 규정을 전세권설정등기의 효력에 관하여 준용할 법적 근거가 없는 점 등을 종합하면, 주택임차인이 그 지위를 강화하고자 별도로 전세권설정등기를 마쳤더라도 주택임차인이 주택임대차법 제3조 제1항의 대항요건을 상실하면 이미 취득한 주택임대차법상의 대항력 및 우선변제권을 상실한다. (대법원 2007.6.28.선고, 2004다69741 판결)[69]

(ⅳ) **동산임차권의 대항력** 독일민법은 '동산의 소유자는 제3자가 물건을 점유하고 있는 경우에도 양수인에게 그 물건에 대한 반환청구권을 양도함으로써 인도에 갈음할 수 있다'고 규정하고(BGB §931),[70] '이 경우에 그 물건의 점유자는 양도된 청구권에 대하여 가지는 항변으로써 신소유자에게 대항할 수 있다'고 규정함으로써(BGB §986Ⅱ),[71] 양수인에 대한 동산임차권자

하. 같은 취지: 대법원 1996.1.26.선고, 95다30338 판결.

68) 판례평석: 김진수, "대항력 있는 주택임차인의 우선변제청구", 판례연구 7집(부산판례연구회, 1997/1), 97 이하. 같은 취지: 대법원 1993.11.23.선고, 93다10552·10569 판결.

69) 판례평석: 조용현, 대법원판례해설 68호(법원도서관, 2007/12), 210 이하; 오시영, "전세권과 주택임대차의 대항력과 우선변제권 비교", 민사법학 44호(한국민사법학회, 2009/3), 127 이하.

70) 독일민법 제931조(반환청구권의 양도) 제3자가 물건을 점유하고 있는 경우, 소유자는 양수인에게 그 물건의 반환청구권을 양도함으로써 인도에 갈음할 수 있다.

71) 독일민법 제986조(점유자의 항변사유) (1) 점유자는 그 자신 또는 간접점유자가 소유자에 대하여 점유할 권리가 있는 경우에는 물건의 반환을 거절할 수 있다. 간접점유자가 소유자에 대하여 점유자에게 점

의 대항력을 인정하고 있다. 국내에서도 '우리 민법에는 이러한 규정이 없으나 형평의 원칙상 독일민법과 마찬가지로 해석하여야 한다'는 견해가 있다.[72] 그러나 부동산임차권의 경우에도 등기 등을 요건으로 하여 예외적으로만 인정되는 임차권의 대항력을 명문규정이 없는 동산임차권에서도 인정하는 것은 무리한 해석이라고 생각된다. 「채권의 대항력」은 「채권의 상대적 효력의 원칙」에 중대한 예외를 인정하는 것이므로 엄격하게 해석할 필요가 있기 때문이다.[73]

d) 임차권의 대항력이 미치는 제3자(양수인)의 범위 「임차권의 대항력」이라 함은 '임차인이 임대인(양도인)으로부터 목적물의 소유권을 양수한 제3자(양수인)에 대하여 임차권의 효력을 주장할 수 있는 것'을 말하므로, 주택임대차법 제3조의 규정에 의하여 주택의 인도와 주민등록을 마침으로써 대항력을 취득한 주택임차인은 임차주택의 양수인에 대하여 임차권의 효력을 주장할 수 있다. 문제는 '주택임차인이 대항력을 주장할 수 있는 양수인의 범위를 어디까지로 볼 것인가?' 하는 것인데, 판례에서 문제된 사례를 중심으로 살펴보기로 한다.

(i) 미등기건물의 사실상 소유자로서의 권리를 행사하고 있는 자 판례에 따르면, 양수한 건물이 미등기인 관계로 그 건물에 대하여 아직 소유권이전등기를 경료하지는 못하였으나 그 건물에 대하여 사실상 소유자로서의 권리를 행사하고 있는 자는 임차인에 대한 관계에서는 주택임대차법 제3조 제3항 소정의 「주택의 양수인」으로서 임대인의 지위를 승계한 것으로 보아야 한다(대법원 1987.3.24.선고, 86다카164 판결 등).[74] 건물이 미등기건물이거나 등기가 이루어질 수 없는 사정이 있다고 하더라도 그 건물이 주거생활의 용도로 사용되는 주택에 해당하는 이상 주택임대차법의 적용대상이 되기 때문이다(대법원 2007.6.21.선고, 2004다26133 전원합의체판결 등).[75]

유를 이전할 권리가 없는 경우에는, 소유자는 점유자에게 물건의 점유를 간접점유자에게 이전할 것을 청구할 수 있으며, 간접점유자가 그 점유를 이전받을 수 없는 경우에는 소유자 자신에게 점유를 이전할 것을 청구할 수 있다. (2) 제931조에 따라 반환청구권의 양도에 의하여 양도된 물건을 점유하는 사람은 양도된 청구권에 관하여 자신이 가지는 항변사유로써 새로운 소유자에게 대항할 수 있다.

72) 김증한, 244; 김주수, 274 참조.

73) 同旨: 곽윤직, 328 참조.

74) 판례평석: 이재곤, "주택임대차법 제3조 제2항에서 임대인의 지위를 승계한 것으로 보는 임차주택의 양수인", 대법원판례해설 7호(법원행정처, 1988/12), 89 이하. 같은 취지: 대법원 2007.6.21.선고, 2004다26133 전원합의체판결.

75) 판례평석: 지영난, "미등기주택을 임차하여 주택임대차법상 대항력 및 확정일자를 갖춘 임차인이 그 주택 대지환가대금에 대한 우선변제권을 행사할 수 있는지 여부", 대법원판례해설 68호(법원도서관, 2007/12), 180 이하; 김상윤, "미등기주택임차인의 대지환가대금에 대한 우선변제권 행사 가부", 재판과 판례 16집(대구판례연구회, 2007/12), 237 이하; 최종원, "대지의 경매와 미등기주택 임차인의 우선변제권", 재판실무연구2008(광주지방법원, 2008/1), 155 이하; 최환주, "미등기주택 임차인의 대지환가대금에 대한 우선변제권", 민사법학 43-1호(한국민사법학회, 2008/12), 83 이하; 이정일, "미등기주택 임차인의 우선변제권", 판례연구 20집(부산판례연구회, 2009/2), 217 이하. 같은 취지: 대법원 1987.3.24.선고, 86다카164 판결; 대법원 1995.10.12.선고, 95다22283 판결; 대법원 1999.4.23.선고, 98다49753 판결; 대법원 2012.7.26.선고, 2012다45689 판결.

또한 '주택임대차법은 반드시 임차인과 주택 소유자인 임대인 사이에 임대차계약이 체결된 경우에 한하여 적용되는 것이 아니라, 주택 소유자는 아니더라도 주택에 관하여 적법하게 임대차계약을 체결할 수 있는 권한을 가진 임대인과 임대차계약이 체결된 경우도 포함된다'고 한다(대법원 2012.7.26.선고, 2012다45689 판결).

(ii) **후순위저당권의 실행으로 임차부동산이 경락되어 선순위저당권과 함께 임차권이 소멸한 경우의 경락인**(매수인) '임차권의 목적인 부동산에 1번 저당권이 설정된 후에 주택임차인이 대항력을 취득하였는데, 그 주택임차권보다 나중에 설정된 저당권이 실행되어 목적물이 경락된 경우, 임차인은 그 경락인에게 대항할 수 있는가, 다시 말하면 그 경락인은 주택임대차법 제3조 소정의 "양수인"에 해당하는가?' 하는 것이 문제된다. 이에 대하여, 판례는 과거 '후순위저당권자에게는 대항할 수 있는 임차권이더라도 소멸된 선순위저당권보다 나중에 등기되었거나 대항력을 갖춘 임차권은 저당권과 함께 소멸한다'는 입장을 취하고 있었는데(대법원 1987.2.24.선고, 86다카1936 판결 등),[76] 그 이유는 '근저당권설정등기와 제3의 집행채권자의 강제경매 사이에 대항력을 갖춘 주택임차인이 경락인에게 대항할 수 있다고 한다면, 경락인은 임차권의 부담을 지게 되어 부동산의 경매가격은 그만큼 떨어질 수밖에 없고 이는 임차권보다 선행한 담보권을 해치는 결과가 되어 설정 당시의 교환가치를 담보하는 담보권의 취지에 맞지 않게 된다'는 것이었다(대법원 1987.3.10.선고, 86다카1718 판결).[77] 그러나 이러한 해석은 주택임차권에 대항력을 부여하여 임차임을 보호하고자 한 주택임대차법의 취지를 살릴 수 없다는 비판에 직면하였다. 그리하여 1999.1.21. 법률 제5641호로 주택임대차법이 개정되어 '보증금이 전액 변제되지 아니한 대항력이 있는 임차권은 경락에 의하여 소멸되지 않는다'는 내용의 제3조의5[78]가 신설됨으로써 이러한 문제가 해결되었다. 또한 판례는 '대항력과 우선변제권을 겸유하고 있는 임차인이 배당요구를 하였으나 순위에 따른 배당이 실시된 결과 배당받을 수 없는 보증금 잔액이 있는 경우에는, 그 잔액에 대하여 경락인에게 동시이행항변권을 주장하여 임차권을 행사할 수 있다'는 입장을 확립하고 있다(대법원 1997.8.22.선고, 96다53628 판결 등). 다만, '이 경우 임차인은 경락인에게 대항하여 보증금 전액을 반환받을 때까지 임대차관계의 존속을 주장할 수 있을 뿐이고, 임차인의 우선변제권은 경락으로 인하여 소멸하는 것이므로, 제2

76) 판례평석: 양상훈, "1번저당권 설정 후에 대항력을 취득한 주택임차권보다 후에 설정된 저당권의 실행으로 목적물을 경락받은 자가 주택임대차법 제3조 소정의 양수인에 해당하는지 여부", 대법원판례해설 7호(법원행정처, 1988/12), 99 이하. 같은 취지: 대법원 1990.1.23., 89다카33043 결정; 대법원 1999.4.23.선고, 98다32939 판결; 대법원 2000.2.11.선고, 99다59306 판결.

77) 판례평석: 이영애, "저당권설정등기와 강제경매신청 사이에 대항력을 갖춘 임차권의 대항력", 대법원 판례해설 7호(법원행정처, 1988/12), 71 이하. 같은 취지: 대법원 1999.4.23.선고, 98다32939 판결.

78) 주택임대차법 제3조의5(경매에 의한 임차권의 소멸) 임차권은 임차주택에 대하여 「민사집행법」에 따른 경매가 행하여진 경우에는 그 임차주택의 경락(競落)에 따라 소멸한다. 다만, 보증금이 모두 변제되지 아니한, 대항력이 있는 임차권은 그러하지 아니하다.

경매절차에서 우선변제권에 의한 배당을 받을 수는 없다'고 한다(대법원 2001.3.27.선고, 98다4552 판결).[79]

▪ **대항력과 우선변제권을 겸유하고 있는 임차인이 배당요구를 하였으나 순위에 따른 배당이 실시되더라도 배당받을 수 없는 보증금 잔액이 있는 경우, 그 잔액에 대하여 경락인에게 동시이행의 항변을 할 수 있는지 여부**(적극) 주택임대차법상의 대항력과 우선변제권의 두 가지 권리를 인정하고 있는 취지가 보증금을 반환받을 수 있도록 보장하기 위한 데에 있는 점, 경매절차의 안정성, 경매 이해관계인들의 예측가능성 등을 아울러 고려하여 볼 때, 두 가지 권리를 겸유하고 있는 임차인이 먼저 우선변제권을 선택하여 임차주택에 대하여 진행되고 있는 경매절차에서 보증금 전액에 대하여 배당요구를 하였다고 하더라도, 그 순위에 따른 배당이 실시될 경우 보증금 전액을 배당받을 수 없었던 때에는 보증금 중 경매절차에서 배당받을 수 있었던 금액을 공제한 잔액에 관하여 경락인에게 대항하여 이를 반환받을 때까지 임대차관계의 존속을 주장할 수 있다고 봄이 상당하며, 이 경우 임차인의 배당요구에 의하여 임대차는 해지되어 종료되고, 다만 같은 법 제4조 제2항에 의하여 임차인이 보증금의 잔액을 반환받을 때까지 임대차관계가 존속하는 것으로 의제될 뿐이므로, 경락인은 같은 법 제3조 제2항에 의하여 임대차가 종료된 상태에서의 임대인의 지위를 승계한다. (대법원 1997.8.22.선고, 96다53628 판결 등)[80]

(iii) **임차권자보다 먼저 마쳐진 가압류 등기에 기한 본안판결의 집행에 의하여 소유권을 취득한 경락인** 판례는 '부동산에 대하여 가압류등기가 마쳐진 후에 그 채무자로부터 그 부동산을 임차한 자는 가압류집행으로 인한 처분금지의 효력에 의하여 가압류사건의 본안판결의 집행으로 그 부동산의 소유권을 취득한 경락인에게 그 임대차의 효력을 주장할 수 없다'고 한다(대법원 1983.4.26., 83다카116 결정 등).[81]

(B) 임대차보증금에 대한 임차인의 우선변제권

a) 임대차보증금(전세금)반환청구권을 보호할 필요성 우리나라에서는 임대차계약을 체결할 때 고액의 보증금이 수수되는 관행이 존재한다. 이와 같이 임대차계약 체결 시에 수수되는 임대차보증금은 원래 계약종료 시에 목적물반환의무를 부담하고 있는 임차인의 반환채무 및 목적물의 훼손 등으로 인한 손해배상채무의 이행을 확보함과 동시에, 연체된 차임이 있는 경우에는 그 연체차임에 충당하기 위한 것이다. 그러나 우리나라의 임대차거래의 관행상 수수되는 고액의 보증금은 실질적으로 임대인이 부동산을 이용하여 금융을 얻는 방편이 되고 있

---

79) 같은 취지: 대법원 2006.2.10.선고, 2005다21166 판결.

80) 판례평석: 성낙송, "우선변제권을 행사한 임차인의 경락인에 대한 지위", 민사판례연구(20)(민사판례연구회, 1998/6), 193 이하; 이헌숙, "대항력 있는 임차인이 임차목적물의 경매절차에서 우선변제청구를 하였으나 환가대금이 보증금액에 모자라게 되는 경우 경락인에 대한 지위", 재판과 판례 7집(대구판례연구회, 1998/12), 303 이하; 윤경, "제1경매절차의 주택임차인의 제2경매절차에서의 지위", 법조 50권 6호(법조협회, 2001/6), 39 이하. 같은 취지: 대법원 1997.8.29.선고, 97다11195 판결; 대법원 1998.6.26.선고, 98다2754 판결; 대법원 1998.7.10.선고, 98다15545 판결; 대법원 2001.3.23.선고, 2000다30165 판결; 대법원 2001.3.27.선고, 98다4552 판결; 대법원 2006.2.10.선고, 2005다21166 판결.

81) 판례평석: 이재성, "가압류된 주택을 임차한 임차인의 지위", 판례월보 160호(판례월보사, 1984/1), 137 이하. 같은 취지: 대법원 1987.6.23.선고, 86다카2408 판결.

으며, 임차인은 차임의 일부를 보증금의 이자와 상계함으로써 차임지급의 부담을 더는 결과가 된다고 할 수 있는데, 이를 「보증금의 차임지급기능」이라고 한다.[82)]

이와 같이 「차임지급기능」을 수행하고 있는 임차인의 보증금반환청구권을 법률상 확보해 주어야 하는 당위성은 단순히 임차인의 「투하자본의 회수」를 보장한다는 이익형량적 측면에서가 아니라, 보증금이 없으면 주거권을 확보할 수 없는 우리나라 특유의 현실을 고려한 영세임차인의 생존권을 보장하기 위한 헌법이념(34조 1항)을 구현하기 위한 것이라고 할 수 있다. 왜냐하면 고액의 임차보증금의 지급이 임대차계약의 전제가 되고 있는 상황에서 임차인의 보증금반환채권의 확보가 제대로 이루어지지 않는다면, 임차인의 생존의 기초가 되는 주거권이 보장되기 어렵기 때문이다.

〈참고〉 임대차보증금

1. 의의 및 법적 성질

임차권의 대항력과 보증금반환채권의 확보를 위한 우선변제권의 인정은 별개의 문제라고 할 수 있으나, 보증금계약은 임대차계약과 동시에 이루어지는 것이 보통이고, 설사 별개로 체결된다고 할지라도 임대차계약의 유효한 성립을 전제로 하는 임대차계약의 종된 계약이므로, 보증금계약상의 권리를 임대차와 분리하여 양도하는 것은 허용되지 않는다(다만, 임차인의 채권자가 보증금반환청구권을 압류하는 것은 가능하다). 또한 임차인이 보증금지급의무를 이행하지 않는 경우에는, 임대인은 임차물의 인도를 거절하거나 임대차계약을 해지할 수 있다.

2. 보증금에 의하여 담보되는 임차인의 채무

특약이 없는 경우, 보증금에 의하여 담보되는 임차인의 채무는 임대차계약의 성립 시부터 임차물의 반환시까지 임대차계약에 기하여 발생하는 모든 채무, 즉 연체차임 및 지연이자, 목적물의 멸실·훼손으로 인한 손해배상채무이다.

3. 임대인의 보증금반환의무

임대차계약이 종료되면 임대인은 보증금에서 임차인의 연체차임·손해배상 등 보증금에 의하여 담보되는 임차인의 채무를 공제한 잔액을 임차인에게 반환할 의무를 진다. 그런데 이러한 임차인의 보증금반환청구권은 임대인의 반대채권의 부존재를 정지조건으로 하여 목적물의 명도 시에 발생한다고 해석하는 견해(정지조건설)와 임대인의 반대채권의 발생을 해제조건으로 하여 계약종료 시에 이미 발생한다고 해석하는 견해(해제조건설)가 대립하고 있다. 양 설의 차이점은 증명책임에 있어서 「정지조건설」을 취하면 임차인이 정지조건의 성취(반대채권의 부존재)를 증명할 책임을 부담하게 되고, 「해제조건설」을 취하면 임대인이 해제조건의 성취(반대채권의 발생)를 증명할 책임을 부담한다는 데 있다. 임차인에게 보다 유리한 「해제조건설」을 취하는 것이 바람직하다고 할 것이다.

4. 임대인의 보증금반환의무와 임차인의 목적물반환의무의 동시이행관계

임대차계약이 종료하면 임대인에게는 보증금반환의무가 발생하고, 임차인에게는 임차물반환의무가 발생한다. 그러나 전자는 보증금계약상의 채무이며, 후자는 임대차계약상의 채무로서 동일한 쌍무계약에 의하여 발생하는 상호의존적 견련관계에 있는 채무라고 할 수 없다. 따라서 동시이행항변권에 관한 제536조

---

82) 이은영, "임대차의 보증금 및 권리금", 고시연구 14권 12호, 1987/12, 46 참조. 「채권적 전세(미등기전세)」는 보증금의 차임지급기능을 극대화한 것으로서, 보증금(전세금)이 극한으로 증가하여 그 이자가 차임액과 대등하게 된 경우라고 볼 수 있다.

가 당연히 적용될 수는 없다. 그러나 판례는 공평의 원칙상 양 채무의 동시이행관계를 인정하여야 한다고 해석하고 있음은 앞에서 살펴본 바와 같다(대법원 1977.9.28.선고, 77다1241·1242 전원합의체판결 등). (☞ [10] 쌍무계약의 특수한 효력)

임대인의 보증금반환의무의 발생시기와 보증금의 피담보채무의 범위를 별개의 문제로 보는 견지에서, 임대인의 보증금반환의무와 임차인의 목적물반환의무의 동시이행관계를 인정하고, 「해제조건설」의 입장에서 '임대차종료 후 명도 시까지 사이에 발생한 손해배상채무도 보증금에 의하여 담보된다'고 해석하는 것이 타당하다고 할 것이다.

b) 보증금(전세금) 중 일정액에 대한 우선특권

(i) **원 칙** 주택의 임차인은 「보증금 중 일정액」을 다른 담보물권자보다 우선하여 변제받을 권리가 있다(주택임대차법 8조 1항 1문). 이를 「주택임차인의 우선특권」이라고 한다. 주택임대차법 시행령에 따르면, 주택임차인의 우선특권이 인정되는 「보증금 중 일정액」의 범위는, 서울특별시는 3,700만원, 「수도권정비계획법」에 따른 과밀억제권역(서울특별시는 제외한다), 세종특별자치시, 용인시 및 화성시는 3,400만원, 광역시(「수도권정비계획법」에 따른 과밀억제권역에 포함된 지역과 군지역은 제외한다), 안산시, 김포시, 광주시 및 파주시는 2,000만원, 그 밖의 지역은 1,700만원이다(동시행령 10조 1항).

「보증금 중 일정액」에 대한 주택임차인의 우선특권은 일종의 법정담보물권이라고 할 수 있는데, 임차인이 주택임대차법 제8조에 의한 「보증금 중 일정액」에 대한 우선특권을 인정받기 위해서는 다음 두 가지 요건을 갖추어야 한다. 즉, 임차인은 주택에 대한 경매신청의 등기 전에 동법 제3조 제1항의 요건(주택의 인도와 주민등록)을 갖추어 대항력을 취득하여야 하며(주택임대차법 8조 1항 2문), 그 임대차보증금이 서울특별시는 1억 1,000만원, 「수도권정비계획법」에 따른 과밀억제권역(서울특별시는 제외한다), 세종특별자치시, 용인시 및 화성시는 1억원, 광역시(「수도권정비계획법」에 따른 과밀억제권역에 포함된 지역과 군지역은 제외), 안산시, 김포시, 광주시 및 파주시는 6,000만원, 그 밖의 지역은 5,000만원 이하이어야 한다(동법시행령 11조). 이와 같이 보증금반환채권에 우선변제권을 인정하는 주택임차인의 우선특권이 인정되는 소액임차인 및 보증금의 범위와 기준을 정함에 있어 지역별로 차이를 두고 있는 주택임대차법시행령의 규정이 헌법상의 재산권이나 평등권을 침해하는 것으로서 위헌인지 여부가 문제되었으나, 헌법재판소는 이를 합헌이라고 판시한 바 있다(헌법재판소 2000.6.29.선고, 98헌마36 전원재판부결정).

(ii) **임차인의 우선특권이 인정되는 범위** 「보증금 중 일정액」에 대한 임차인의 우선특권은 무제한 허용되는 것이 아니고, '주택가액의 2분의 1에 해당하는 금액'에 한하여 허용된다. 즉, 임차인의 보증금 중 일정액이 주택가액의 2분의 1을 초과하는 경우에는 주택가액의 2분의 1에 해당하는 금액까지만 우선변제권이 인정된다(주택임대차법시행령 10조 2항). 예컨대, 서울특별시에 소재하는 주택가격이 5,000만원인 甲 소유의 주택을 乙이 보증금 3,000만원에 임차하여

살고 있다면, 우선특권이 인정되는 임차인 乙의 「보증금 중 일정액」은 3,000만원이 아니라 2,500만원으로 제한된다. 이는 주택임차인의 우선특권제도가 선순위저당권자 등의 정당한 이익을 해하게 되는 등 담보물권제도와 충돌함으로써 금융의 경색이 발생하는 것을 방지하기 위한 것이다. 여기서 말하는 「주택가격」은 '낙찰대금에다가 입찰보증금에 대한 배당기일까지의 이자, 몰수된 입찰보증금 등을 포함한 금액에서 집행비용을 공제한 실제 배당할 금액'이라고 한다(대법원 2001.4.27.선고, 2001다8974 판결).

(iii) **임차주택에 2인 이상의 임차인이 존재하는 경우** 이 경우에는 우선특권이 인정되는 「보증금 중 일정액」을 2인 이상의 임차인에게 분배하여야 하므로, 그 분배의 기준이 필요하다. 이에 대하여, 주택임대차법시행령은 "하나의 주택에 임차인이 2명 이상이고, 그 각 보증금 중 일정액을 모두 합한 금액이 주택가액의 2분의 1을 초과하는 경우에는 그 각 보증금 중 일정액을 모두 합한 금액에 대한 각 임차인의 보증금 중 일정액의 비율로 그 주택가액의 2분의 1에 해당하는 금액을 분할한 금액을 각 임차인의 보증금 중 일정액으로 본다"고 규정하고 있다(동시행령 10조 3항).

<설례> 주택가격 2억원인 서울특별시 소재 甲 소유의 방 3개짜리 주택에 乙, 丙, 丁 3인이 각각 보증금 5,000만원(甲), 4,000만원(乙), 3,000만원(丙)에 각각 방 한 칸씩 임차하여 거주하고 있는 경우, 갑·을·병이 우선변제를 받을 수 있는 보증금 중 일정액은 얼마인가?

주택임대차법시행령 제10조 제3항에 따라서 임차인 乙, 丙, 丁이 우선변제를 받을 수 있는 보증금 중 일정액은 3인의 임차인 乙, 丙, 丁의 보증금 중 일정액을 모두 합한 금액(甲: 3,700만원 + 乙: 3,700만원 + 丙: 3,000만원 = 1억 400만원)이 주택가액의 2분의 1(1억원)을 초과한 1억 400만원이므로, 주택가격의 2분의 1(1억원)을 임차인의 보증금 중 일정액의 비율로 분배한 금액인 甲과 乙은 약 3,558만원(1억원 × 3,700만원/1억 400만원), 丙은 약 2884만원(1억원 × 3,000만원/1억 400만원)이 각 임차인의 보증금 중 일정액이 된다.

한편 임차인이 「보증금 중 일정액」에 대한 우선특권의 혜택을 보기 위하여 임대인이 임차인과 짜고 임차권을 의도적으로 분할하는 것을 방지하기 위하여, 주택임대차법시행령은 '하나의 주택에 임차인이 2명 이상이고 이들이 그 주택에서 가정공동생활을 하는 경우에는 이들을 1명의 임차인으로 보아 이들의 각 보증금을 합산한다'고 규정하고 있다(동시행령 10조 4항). 대법원판결 중에는 '피고와 피고의 딸이 동일한 주택을 별개로 임차하였으나 이들이 함께 거주하고 있는 경우에는 이들은 주택임대차법시행령 제10조 제4항 소정의 「가정공동생활을 하는 자」에 해당한다'고 보고, '이들의 임대차보증금 합산액이 위 시행령 제4조의 우선변제를 받을 수 있는 소액보증금의 범위를 초과함에도 불구하고, 피고를 주택임대차법상 우선변제를 받을 수 있는 임차인으로 보고 한 배당은 부적법하다는 원고의 주장에 대한 판단을 하지 아니한 채 단순히 피고의 임대차보증금이 위 시행령상의 우선변제를 받을 수 있는 소액보증금에 해당한다는 사실만을 들어 원고의 청구를 배척한 원심판결은 판단유탈의 위법이 있다'고 판시한 사례가 있다(대법원 2001.5.15.선고, 2001다18513 판결). 또한 하급심판결 중에는 '임차인이 실질적으로는 임대인으로부터 임차건물 전부를 보증금 3,500만원에 일괄하여 임차하였으면서도, 주택임대차법상의 소액임차인으로 보호받을 목적으로 임대인과의 사이에 형식상 임차보증금을 소액임차인의 임차보증금 한도액 이하로 하는 자신 명의의 임대차계약서(보증금 1,500만원)와 처 명의의 임대차계약서(보증금 2,000만원)를 허위로 작성하여 이를 근거로 자신 명의로 1,500만원, 처 명의로 2,000만원의 임차보증금에 관하여 각각 따로 배당요구를 한 경우, 위 임대차계약서에 의한 의사표시는 소액임차인 보호에 관한 주택임대차법상의 제한규정을 회피하기 위한 허위의 의사표시로서 통정허위표시 내지 탈법행위에 해당하여 무효이므로, 임차인 및 그의 처 명의의 배당요구는 신의칙상 그 적법성을 시인받을 수 없는 부적법한 배당요구이며, 또한 임차인이 뒤늦게 임대인과 사이에 실질적으로 체결된 진정한 임대차계약에 기한 배당요구로서의 효력이 있다고 주장하는 것은 신의칙상 허용되지 아니한다'고 판시한 사례가 있다(대구지법 2001.5.16.선고, 2000나12202 판결).

c) 순위에 따른 우선변제권

(ⅰ) **원 칙** 주택임대차법 제3조 제1항, 제2항 또는 제3항의 대항요건[83]과 임대차계약증서(3조 2항 및 3항의 경우에는 법인과 임대인 사이의 임대차계약증서를 말한다)상의 확정일자를 갖춘 임차인은 민사집행법에 따른 경매 또는 국세징수법에 따른 공매를 할 때에 임차주택(대지를 포함한다)의 환가대금에서 후순위권리자나 그 밖의 채권자보다 우선하여 보증금을 변제받을 권리가 있다(동법 3조의2 2항). 이는 주택임차인의 보증금회수를 위하여 주택임차인에게 임대차계약증서상의 확정일자를 요건으로 하여 저당권자와 마찬가지의 법적 지위(순위에 따른 우선변제권)를 부여한 것이다.

83) 주택임대차법 제3조(대항력 등) ① 임대차는 그 등기가 없는 경우에도 임차인이 주택의 인도와 주민등록을 마친 때에는 그 다음 날부터 제삼자에 대하여 효력이 생긴다. 이 경우 전입신고를 한 때에 주민등록이 된 것으로 본다. ② 주택도시기금을 재원으로 하여 저소득층 무주택자에게 주거생활 안정을 목적으로 전세임대주택을 지원하는 법인이 주택을 임차한 후 지방자치단체의 장 또는 그 법인이 선정한 입주자가 그 주택을 인도받고 주민등록을 마쳤을 때에는 제1항을 준용한다. 이 경우 대항력이 인정되는 법인은 대통령령으로 정한다. ③ 중소기업기본법 제2조에 따른 중소기업에 해당하는 법인이 소속 직원의 주거용으로 주택을 임차한 후 그 법인이 선정한 직원이 해당 주택을 인도받고 주민등록을 마쳤을 때에는 제1항을 준용한다. 임대차가 끝나기 전에 그 직원이 변경된 경우에는 그 법인이 선정한 새로운 직원이 주택을 인도받고 주민등록을 마친 다음 날부터 제삼자에 대하여 효력이 생긴다.

(ⅱ) 순위에 따른 우선변제권의 행사요건

① **대항요건과 확정일자** : 임차인이 주택임대차법 제3조의2 소정의 보증금의 회수를 위한 「순위에 따른 우선변제권」을 행사하기 위해서는 우선 동법 제3조 제1항·제2항 또는 제3항 소정의 대항요건(주택의 인도와 주민등록)을 갖추어야 한다. 또한 임대차계약증서(3조 2항 및 3항의 경우에는 법인과 임대인 사이의 임대차계약증서를 말한다)상의 확정일자를 갖추어야 한다. 그러므로 '임차인이 임대차보증금의 일부만을 지급하고 주택임대차법 제3조 제1항에서 정한 대항요건과 임대차계약증서상의 확정일자를 갖춘 다음 나머지 보증금을 나중에 지급한 경우에는, 대항요건과 확정일자를 모두 갖춘 때를 기준으로 임차보증금 전액에 대해서 순위에 따른 우선변제권을 취득한다'고 할 것이다(대법원 2017.8.29.선고, 2017다212194 판결).[84] 여기서 "임대차계약증서상의 확정일자"라 함은 '민법부칙 제3조[85]가 규정하는 확정일자'를 의미하는데, 실무상 공증인사무소, 법원이나 등기소, 동사무소(주민센터)에서 계약서의 내용을 장부에 기재한 후 확정일자인(印)을 찍어주는 방식으로 간단하고 신속하게 처리되고 있다.

② **주택의 인도** : 임차인은 임차주택을 양수인에게 인도하지 아니하면 주택임대차법 제3조의2 제2항에 따른 보증금을 받을 수 없다(동법 3조의2 3항). 여기에서 「주택의 인도」라 함은 '주택에 대한 점유의 이전'을 말하는데, 「점유」는 '사회통념상 어떤 사람의 사실적 지배에 있다고 할 수 있는 객관적 관계를 가리키는 것으로서, 사실상의 지배가 있다고 하기 위해서는 반드시 물건을 물리적·현실적으로 지배할 필요는 없고, 물건과 사람의 시간적·공간적 관계, 본권관계, 타인의 간섭가능성 등을 고려해서 사회통념에 따라 합목적적으로 판단하여야 한다'는 것이 판례의 입장인데, '주택의 인도 여부를 판단하기 위해서는 임대인이 임차인에게 현관이나 대문의 열쇠를 넘겨주었는지, 자동문 비밀번호를 알려주었는지, 이사를 할 수 있는지 등도 고려하여야 한다'고 한다(대법원 2017.8.29.선고, 2017다212194 판결). 또한 '여기서 "임차인은 임차주택을 양수인에게 인도하지 아니하면 경매 또는 공매절차에서 보증금을 받을 수 없다"는 것은 경매 또는 공매절차에서 임차인이 보증금을 수령하기 위해서는 임차주택을 명도한 증명을 하여야 한다는 것을 의미하는 것이고, 임차인의 주택명도의무가 보증금반환의무보다 선이행되어야 한다는 의미는 아니'라고 한다(대법원 1994.2.22.선고, 93다55241 판결).

---

84) 판례평석: 이준현, "주택임차인의 우선변제권과 임차보증금의 지급", 서강법률논총 8권 2호(서강대법학연구소, 2019), 143 이하,

85) 민법부칙(1958.2.22. 법률 제471호) 제3조(공증력 있는 문서와 그 작성) ① 공증인 또는 법원서기의 확정일자인 있는 사문서는 그 작성일자에 대한 공증력이 있다. ② 일자확정의 청구를 받은 공증인 또는 법원서기는 확정일자부에 청구자의 주소, 성명 및 문서명목을 기재하고 그 문서에 기부번호를 기입한 후 일자인을 찍고 장부와 문서에 계인을 하여야 한다. ③ 일자확정은 공증인에게 청구하는 자는 법무부령이, 법원서기에게 청구하는 자는 대법원규칙이 각각 정하는 바에 의하여 수수료를 납부하여야 한다. ④ 공정증서에 기입한 일자 또는 공무소에서 사문서에 어느 사항을 증명하고 기입한 일자는 확정일자로 한다.

③ **우선변제의 순위** : 경매에 따른 환가대금을 배당함에 있어서 우선변제의 순위와 우선변제권의 내용이 문제된다. 판례에 따르면, ㉠ 대항요건과 확정일자를 갖춘 임차인이 주택임대차법 제8조 제1항에 의하여 보증금 중 일정액의 보호를 받는 소액임차인의 지위를 겸하는 경우에는, 먼저 소액임차인으로서 보호받는 보증금 중 일정액을 우선 배당하고 난 후 나머지 보증금채권액에 대하여 순위에 따른 우선변제를 하여야 한다(대법원 2007.11.15.선고, 2007다45562 판결). 다만, 보증금 중 일정액에 대하여 우선특권이 있는 소액임차인이 설사 당해 임대차목적물의 경매절차에서 보증금 중 일정액을 배당받지 못한 경우라고 하더라도, 경락인에 대하여 보증금의 우선변제를 요구할 수는 없다(대법원 1988.4.12.선고, 87다카844 판결 등). ㉡ 임차주택에 가압류채권자가 있는 경우에는, 임차인이 확정일자를 부여받은 날짜가 가압류채권자의 가압류일자보다 늦은 경우에는 가압류채권자가 선순위자라고 보아야 하며, 저당권자보다 선순위의 가압류채권자가 있는 경우에도 선순위의 가압류채권자와 저당권자는 채권액에 비례한 평등배당을 받을 수 있는 법리이므로, 선순위의 가압류채권자와 순위에 따른 우선변제권이 인정되는 임차인은 우선변제권이 없는 선순위의 가압류채권자와 평등배당의 관계에 있다(대법원 1992.10.13.선고, 92다30597 판결).[86] ㉢ '전세계약을 체결하고 주택임대차법상의 대항력을 갖춘 임차인이 전세권설정등기까지 경료하였는데, 그 후 선순위근저당권이 실행되어 전세권이 소멸하는 경우에는 임차권의 대항력도 상실하는가?' 하는 것이 문제된다. 이에 대해서는, '대항력을 갖춘 임차인이 우선변제를 받을 수 있는 권리와 전세권자로서 우선변제를 받을 수 있는 권리는 근거규정 및 성립요건을 달리하는 별개의 것이므로, 대항력을 갖춘 임차인이 임차주택에 관하여 전세권설정등기를 경료하였다거나 전세권자로서 배당절차에 참가하여 전세금의 일부에 대하여 우선변제를 받았다는 사유만으로는 변제받지 못한 나머지 보증금에 기한 대항력 행사에 어떤 장애가 있다고 볼 수 없다'고 한다(대법원 1993.12.24.선고, 93다39676 판결 등).[87] 특히 '임차인이 전세권설정등기를 한 이유가 주택임대차법 소정의 임차인의 대항력을 갖추었지만 그의 지위를 강화시키기 위한 것이었다면, 전세권이 선순위근저당권의 실행에 따른 경락으로 인하여 소멸된다 하더라도 그 때문에 주택임대차법상의 대항력까지 상실되지는 않으며(대법원 1993.11.23.선고, 93다10552·10569 판결 등),[88] 주택임대차법상 임차인으로서의 지위와 전세권

86) 판례평석: 김상용, "주택임대차에 있어서 순위에 의한 우선특권", 사법행정 34권 3호(한국사법행정학회, 1993/3), 76 이하; 윤홍근, "주택임대차법에 의한 우선변제권의 발생시기", 민사판례연구(16)(민사판례연구회, 1994/5), 121 이하; 김충원, "주택임대차법상의 우선변제권", 판례연구 9집(서울지방변호사회, 1996/1), 149 이하.

87) 판례평석: 김진수, "대항력 있는 주택임차인의 우선변제청구", 판례연구 7집(부산판례연구회, 1997/1), 97 이하. 같은 취지: 대법원 1997.8.22.선고, 96다53628 판결; 대법원 2007.6.28.선고, 2004다69741 판결; 대법원 2010.6.24.선고, 2009다40790 판결.

88) 같은 취지: 대법원 1993.12.24.선고, 93다39676 판결; 대법원 2007.6.28.선고, 2004다69741 판결.

자로서의 지위를 함께 가지고 있는 자가 그중 임차인으로서의 지위에 기하여 경매법원에 배당요구를 하였다면, 배당요구를 하지 아니한 전세권에 관하여는 배당요구가 있는 것으로 볼 수 없다'고 한다(대법원 2010.6.24.선고, 2009다40790 판결).

(C) 임차권의 대항력과 임차인의 보증금반환채권과의 관계

a) 임차인의 보증금반환채권 임대인에 대한 임차인의 보증금지급채무는 임대차계약에 종된 계약인 보증금계약의 효력으로서 발생하는 것이므로, 임대차계약 종료 시에 발생하는 임차인의 보증금반환채권은 임대차계약상의 권리인 임차권과는 개념상 별개의 권리이다. 그러므로 임차권의 대항력과 임차인의 보증금반환채권을 확보해주기 위한 우선변제권의 인정 여부도 이론상 별개의 문제이다. 판례도 임차권의 대항력과 우선변제권을 개념상 별개의 문제로 보아야 한다는 전제하에, '대항력을 갖춘 임차인은 임차주택의 양수인에게 대항하여 보증금의 반환을 받을 때까지 임대차관계의 존속을 주장할 수 있는 권리와 보증금의 일정액에 관하여 임차주택의 가액으로부터 우선변제를 받음과 동시에 임차목적물을 인도할 수 있는 권리를 겸유하고 있으며, 이 두 가지 권리 중 하나를 선택하여 행사할 수 있으므로, 임차인이 임차주택의 경매 당시 우선변제권을 행사하지 아니하였다 하더라도 그 임차보증금에 기한 대항력 행사에 어떤 장애가 있다고 할 수 없다'고 한다(대법원 1986.7.22.선고, 86다카466·467·468·469 판결 등).[89] 또한 '임차인이 경매절차에서 배당요구신청을 하였다가 이를 취하하였다 하여, 이를 그 권리(양수인에게 대항하여 보증금의 반환을 받을 때까지 임대차관계의 존속을 주장할 수 있는 권리와 보증금의 일부에 대하여 임차주택의 가액으로부터 우선변제를 받음과 동시에 임차목적물을 명도할 수 있는 권리)의 포기라고 볼 수는 없으며(대법원 1987.2.10.선고, 86다카2076 판결),[90] 이러한 법리는 강제경매에 의한 경락의 경우에도 마찬가지로 적용되므로, 임차인이 당해 경매절차에서 권리신고를 하여 소액보증금의 우선변제를 받는 절차를 취하지 아니하였다고 하여 임차주택의 경락인에게 그 임대차로써 대항할 수 없다거나 임차보증금반환채권을 포기한 것으로 볼 수는 없다'고 한다(대법원 1992.7.14.선고, 92다12827 판결 등).[91]

한편 판례는 '임차인이 먼저 우선변제권을 선택하여 임차주택에 대하여 진행되고 있는 경매절차에서 보증금 전액에 대하여 배당요구를 하였다고 하더라도, 그 순위에 따른 배당이

89) 판례평석: 이홍복, "임차주택의 경매 시 우선변제권을 행사하지 아니한 임차인의 대항력", 대법원판례해설 6호(법원행정처, 1987/7), 81 이하; 이재성, "주택임대차법 제3조와 경락인의 주택명도청구", 이재성판례평석집 9권(한국사법행정학회, 1988/4), 258 이하. 같은 취지: 대법원 1987.2.10.선고, 86다카2076 판결; 대법원 1992.7.14.선고, 92다12827 판결; 대법원 1993.12.24.선고, 93다39676 판결; 대법원 1997.8.22.선고, 96다53628 판결.

90) 판례평석: 이주흥, "대항력 있는 소액임차인의 배당요구 철회와 경락인의 임차보증금반환채무의 인수 여부", 민사판례연구(10)(민사판례연구회, 1988/3), 130 이하.

91) 같은 취지: 대법원 1986.7.22.선고, 86다카466·468·469 판결; 대법원 1987.2.10.선고, 86다카2076 판결.

실시될 경우 보증금 전액을 배당받을 수 없었던 때에는 보증금 중 경매절차에서 배당받을 수 있었던 금액을 공제한 잔액에 관하여 경락인에게 대항하여 이를 반환받을 때까지 임대차관계의 존속을 주장할 수 있으며(주택임대차법 3조의5 단서), 이 경우 임차인의 배당요구에 의하여 임대차는 해지되어 종료되고, 다만 주택임대차법 제4조 제2항에 의하여 임차인이 보증금의 잔액을 반환받을 때까지 임대차관계가 존속하는 것으로 의제될 뿐이므로, 경락인은 동법 제3조 제2항(현행법 3조 4항)에 의하여 임대차가 종료된 상태에서의 임대인의 지위를 승계한다'는 입장을 확립하고 있음은 전술한 바와 같다(대법원 1997.8.22.선고, 96다53628 판결 등).[92] 다만, '대항력을 갖춘 임차인이 저당권설정등기 이후에 임대인과 보증금을 증액하기로 합의하고 초과부분을 지급한 경우, 저당권설정등기 후에 건물주와의 사이에 임차보증금을 증액하기로 한 합의는 건물주가 저당권자를 해치는 법률행위를 할 수 없게 된 결과 그 합의당사자 사이에서만 효력이 있는 것이고 저당권자에게는 대항할 수 없다고 할 수밖에 없으므로, 임차인은 위 저당권에 기하여 건물을 경락받은 소유자의 건물명도청구에 대하여 증액 전 임차보증금을 상환받을 때까지 그 건물을 명도할 수 없다고 주장할 수 있을 뿐이고, 저당권설정등기 이후에 증액한 임차보증금으로써는 소유자에게 대항할 수 없다'고 한다(대법원 1990.8.24.선고, 90다카11377 판결 등).[93]

b) 주택임대인의 지위승계 주택임대차법은 '임차주택의 양수인(그 밖에 임대할 권리를 승계한 자를 포함한다)은 임대인의 지위를 승계한 것으로 본다'고 규정함으로써(동법 3조 4항), 양수인의 임대차계약상의 지위승계, 즉 법률의 규정에 의한 「계약인수」를 인정하고 있다. 여기서 '양수인이 임대인의 지위를 승계한다는 것이 임대인의 임차인에 대한 보증금반환채무도 승계하는 것을 의미하는가?' 하는 것이 문제되는데, 이에 대하여 판례는 '임차인이 주택임대차법상의 대항력을 갖춘 후 임대부동산의 소유권이 이전되어 그 양수인이 임대인의 지위를 승계하는 경우에는, 임대차보증금반환채무도 부동산의 소유권과 결합하여 일체로서 이전하며, 이에 따라 양도인의 보증금반환채무는 소멸한다'는 입장을 확립하고 있다(대법원 1987.3.10.선고, 86다카1114 판결 등).[94] 그러므로 '양수인이 임차인에게 보증금을 반환하였다 하더라도 이는 자신의 채무를 변제한 것에 불과할 뿐, 양도인의 채무를 대위변제한 것이라거나, 양도인이 위 금

---

92) 전게 주 80 참조.

93) 판례평석: 지대운, "임차보증금 증액의 후순위근저당권자에 대한 효과", 법률신문 2010호(법률신문사, 1991/3), 11; 김상용, "임차보증금의 증액과 경락인에 대한 대항력", 민사판례평석(1)(법원사, 1995/3), 445 이하. 같은 취지: 대법원 2010.5.13.선고, 2010다12753 판결.

94) 판례평석: 이재성, "임대주택을 양도한 자의 임차인에 대한 보증금반환책임", 이재성판례평석집 10권(한국사법행정학회, 1989/7), 501 이하; 이영애, "임대인 지위의 승계와 임대차보증금 반환채무", 대법원판례해설 7호(법원행정처, 1988/12), 63 이하. 같은 취지: 대법원 1989.10.24.선고, 88다카13172 판결; 대법원 1994.3.11.선고, 93다29648 판결; 대법원 1995.5.23.선고, 93다47318 판결; 대법원 1996.2.27.선고, 95다35616 판결.

액 상당의 반환채무를 면함으로써 법률상 원인 없이 이익을 얻고 양수인이 그로 인하여 위 금액 상당의 손해를 입었다고 할 수 없다'고 한다(대법원 1993.7.16.선고, 93다17324 판결 등). 또한 '주택임대차법 제3조 제4항에 의한 임차인지위의 이전(계약인수)은 법률의 규정에 의하여 당연히 발생하는 효력이므로, 그 주택에 임차인에 우선하는 다른 권리자가 있더라도 임차인의 동의는 불필요하다'고 한다(대법원 1996.2.27.선고, 95다35616 판결). (☞ 채권총론 편, 제6장 제2절「채무인수」)

c) **경매에 의한 임차권의 소멸** 임차주택에 대하여 민사집행법에 따른 경매가 행하여진 경우, 그 임차주택이 경락되어 매수인(경락인)에게 소유권이 이전되면 주택임차권은 소멸하는 것이 원칙이다. 그러나 경매를 신청한 담보물권자 또는 채권자보다 우선하는 대항력을 가진 임차권은 경락에 의한 소유권이전에도 불구하고 소멸하지 않는다. 다만, 보증금의 변제를 원하는 임차인에게 보증금이 모두 변제되면 대항력 있는 임차권도 소멸한다(주택임대차법 3조의5). 판례도 '대항력과 우선변제권의 두 가지 권리를 겸유하고 있는 임차인이 먼저 우선변제권을 선택하여 임차주택에 대하여 진행되고 있는 경매절차에서 보증금 전액에 대하여 배당요구를 한 경우에는 임차인의 배당요구에 의하여 임대차는 해지되어 종료되며, 다만 주택임대차법 제4조 제2항에 의하여 임차인이 보증금의 잔액을 반환받을 때까지 임대차관계가 존속하는 것으로 의제될 뿐이므로, 경락인은 동법 제3조 제2항에 의하여 임대차가 종료된 상태에서의 임대인의 지위를 승계한다'는 입장을 취하고 있음은 전술한 바와 같다(대법원 1997.8.22.선고, 96다53628 판결 등). 나아가 판례는 '주택임대차법상의 대항력과 우선변제권의 두 가지 권리를 함께 가지고 있는 임차인이 우선변제권을 선택하여 제1경매절차에서 보증금 전액에 대하여 배당요구를 하였으나 보증금 전액을 배당받을 수 없었던 때에는 경락인에게 대항하여 이를 반환받을 때까지 임대차관계의 존속을 주장할 수 있을 뿐이고, 임차인의 우선변제권은 경락으로 인하여 소멸하는 것이므로 제2경매절차에서 우선변제권에 의한 배당을 받을 수 없다'고 한다. 따라서 주택임대차법 제3조의5조 단서에서 말하는 '경락에 의하여 소멸하지 아니하는 임차권'의 내용에는 대항력뿐만 아니라, 우선변제권도 당연히 포함된다고는 말할 수 없다(대법원 2006.2.10.선고, 2005다21166 판결 등).

■ **대항력과 우선변제권을 겸유하고 있는 임차인이 임대인을 상대로 보증금반환청구소송을 제기하여 승소판결을 받고 그 확정판결에 기하여 강제경매를 신청하였으나 그 경매절차에서 보증금 전액을 배당받지 못한 경우, 후행 경매절차에서 우선변제권에 의한 배당을 받을 수 있는지 여부**(소극)

[1] <u>주택임대차법상의 대항력과 우선변제권의 두 가지 권리를 함께 가지고 있는 임차인이 우선변제권을 선택하여 제1경매절차에서 보증금 전액에 대하여 배당요구를 하였으나 보증금 전액을 배당받을 수 없었던 때에는 경락인에게 대항하여 이를 반환받을 때까지 임대차관계의 존속을 주장할 수 있을 뿐이고, 임차인의 우선변제권은 경락으로 인하여 소멸하는 것이므로 제2경매절차에서 우선변제권에 의한 배당을</u>

받을 수 없는바, 이는 근저당권자가 신청한 1차 임의경매절차에서 확정일자 있는 임대차계약서를 첨부하거나 임차권등기명령을 받아 임차권등기를 하였음을 근거로 하여 배당요구를 하는 방법으로 우선변제권을 행사한 것이 아니라, 임대인을 상대로 보증금반환청구소송을 제기하여 승소판결을 받은 뒤 그 확정판결에 기하여 1차로 강제경매를 신청한 경우에도 마찬가지이다. [2] 보증금이 전액 변제되지 아니한 대항력 있는 임차권은 소멸하지 아니한다는 내용의 주택임대차법 제3조의5 단서를 신설한 입법취지가 같은 법 제4조 제2항의 해석에 관한 종전의 대법원판례(대법원 1997.8.22.선고 96다53628 판결 등)를 명문화하는 데에 있는 점 등으로 보아, "임대차가 종료된 경우에도 임차인이 보증금을 반환받을 때까지 임대차관계는 존속하는 것으로 본다"라고 규정한 같은 법 제4조 제2항과 동일한 취지를 경락에 의한 임차권 소멸의 경우와 관련하여 주의적·보완적으로 다시 규정한 것으로 보아야 하므로, 소멸하지 아니하는 임차권의 내용에 대항력뿐만 아니라, 우선변제권도 당연히 포함되는 것으로 볼 수는 없다. (대법원 2006.2.10.선고, 2005다21166 판결)[95]

(D) 임차권에 기한 방해배제청구권 임대차부동산이 제3자에 의하여 불법으로 점유되어 임차권의 실현이 방해되고 있는 경우에, '임차인은 채권자대위권을 행사하여 임대인의 물권적 청구권을 대신 행사함으로써(404조), 불법점유자에 의한 임차부동산에 대한 방해배제를 청구할 수 있다'고 해석하는 데는 이설이 없다(대법원 1964.12.29.선고, 64다804 판결 등).[96] 문제는 '임차인이 채권자대위권을 행사하여 임대인의 물권적 청구권을 대신 행사하는 것이 아니라, 임차권에 기한 그 자신의 권리로서 방해배제청구권을 행사할 수 있는가?' 하는 것인데, 이에 대해서는 견해가 대립되고 있다.

a) 학 설 학설 중에는 '임차권에 기한 방해배제청구권을 일반적으로 인정하여야 한다'는 견해도 있으나,[97] '등기된 임차권을 포함하여 대항력을 취득한 임차권에 한하여 방해배제청구권을 인정하여야 한다'는 것이 지배적인 견해이다.

b) 판례의 입장 구 의용민법하에서 대법원은 임대차계약 성립 후 임차인이 목적물을 인도받기 전에 제3자가 목적물을 점유한 사례에서, '임차인이 임차인의 자격으로 직접 그 제3자에게 명도를 청구할 수 없음은 임차권의 채권적 성질상 당연한 것'이라는 이유로 임차권에 기한 방해배제청구권을 부인한 바 있다(대법원 1957.12.19.선고, 4290민상637 판결). 그러나 최근에는 '임차권이 등기된 경우에는 임대차기간이 종료한 후에도 임차권자는 임차보증금을 반환받기까지는 임대인이나 그 승계인에 대하여 임차권등기의 말소를 거부할 수 있음은 물론, 임차권등기가 원인 없이 말소된 때에는 그 방해를 배제하기 위한 청구를 할 수 있다'고 판시함으로써(대법원 2002.2.26.선고, 99다67079 판결), 등기된 임차권의 경우에는 임차권에 기한 방해배제청구권을 인정하는 입장을 취한 바 있다.

c) 학설·판례의 검토 임차권을 등기하거나 건물소유를 위한 토지임대차에서 건물등기

95) 같은 취지: 대법원 1998.6.26.선고, 98다2754 판결; 대법원 2001.3.27.선고, 98다4552 판결.
96) 같은 취지: 대법원 1957.1.24.선고, 4289민상351 판결; 대법원 1962.1.25.선고, 4294민상607 판결.
97) 고상룡, 전게논문(주 44), 153 참조.

를 하는 등 임차권이 대항력을 취득한 경우에도 그 임차권이 물권이 되는 것은 결코 아니며, 법률이 임차인을 보호하기 위하여 「계약의 상대적 효력의 원칙」에 대한 예외를 인정하여 임차인으로 하여금 임차권을 임대차계약관계의 제3자인 양수인에게도 주장할 수 있도록 한 것에 불과하다. 또한 주택임대차법과 상가임대차법에 의하여 임차인에게 우선특권 및 순위에 따른 우선변제권이 인정되는 등 대항력을 갖춘 임차권에 담보물권적 효력이 인정되고는 있으나, 그렇다고 하여 이들 임차권의 본질이 물권으로 전환된 것은 결코 아니다. 따라서 본질상 채권인 '임차권의 효력으로써 제3자에 대하여 물권적 청구권의 일종인 방해배제청구권을 행사할 수 있다'고 하는 것은 무리한 해석이다. 또한 임차인은 채권자대위권에 의하여 채무자인 임대인의 제3자에 대한 물권적 청구권(방해배제청구권)을 대위행사할 수 있다고 보는 통설·판례의 입장에 따르면, 임차권 자체의 효력으로 방해배제청구권을 인정할 실익도 그다지 크지 않다. 이러한 관점에서, '등기된 임차권의 경우에 임차권자는 임차권에 기한 방해배제청구권을 직접 행사할 수 있다'는 취지의 판례의 타당성은 매우 의문스럽다. (☞ 채권총론 편, 제2장 제3절 「제3자의 채권침해」)

(E) 임차인의 처분권 보장 : 임차권의 양도와 전대

a) 임차권의 양도 「임차권의 양도」라 함은 '법률행위에 의하여 임차권이 그 동일성을 유지하면서 양수인에게 이전되는 것'을 말한다. 이는 임차권이 종래의 임차인으로부터 벗어나 양수인에게 귀속하는 「이전적(移轉的) 승계」라는 점에서, 임차권이 종래의 임차인(전대인)에게 그대로 귀속하고 전차인의 임차권은 이를 기초로 새롭게 발생하는 데 그치는 「설정적(設定的) 승계인 「전대(轉貸)」와 개념상 구별된다. 임차권도 채권의 일종으로서 재산권이므로 양도가 가능하며(449조), 원칙적으로 당사자 사이의 합의만으로써 양도의 효력이 인정되어야 할 것이나(450조), 민법은 계속적 계약관계인 임대차의 특성을 고려하여, '임대인의 동의 없이는 임차권을 양도할 수 없으며(629조 1항), 이에 위반하여 임차인이 임차권을 무단으로 양도한 경우에는 임대인은 계약을 해지할 수 있다'고 규정하고 있다(629조 2항). 여기서 임대인의 「동의」라 함은 '임차인에 대하여 임차권을 승계적으로 이전할 수 있는 권능을 부여하는 임대인의 의사표시'를 의미하지만, 임대인의 동의는 양도계약의 효력발생요건이 아니라 임차권양도의 대항요건에 지나지 않으므로, 임대인의 동의가 없어도 임차권양도의 효력에는 지장이 없다(대법원 1986.2.25.선고, 85다카1812 판결). 또한 第629조는 임의규정이므로 당사자 사이에 '임대인의 동의 없이 양도할 수 있다'는 특약을 하는 것은 가능하다. 임대인의 동의는 임차인 또는 양수인에 대하여 개별적으로 하는 것이 보통이나, 일반적으로도 할 수 있고, 사전에 또는 사후에 할 수도 있다. 또한 양수인에 대하여 차임을 청구하거나 차임을 지급받거나 차임의 증액을 청구하는 경우 등과 같은 묵시적 동의도 유효하다고 할 것이다(대법원 1980.1.15.선고, 79다

2059 판결). 또한 임차인의 신뢰보호를 위하여 한번 한 동의는 철회할 수 없다고 할 것이다.[98)]

(i) **임대인의 동의가 있는 경우의 법률관계** 임대인의 동의를 얻어 임차권이 양도되면, 임차권은 일체로서 동일성을 유지하면서 양수인에게 이전한다. 따라서 임차권의 양도인인 임차인은 임대차관계에서 완전히 벗어나며, 차임지급의무 등 임대차계약에서 발생하는 모든 의무는 양수인에게 이전된다. 그러나 연체차임채무나 임차인의 보관의무위반으로 인한 손해배상채무 등은 특약이 없는 한 양수인에게 이전되지 않는다.

(ii) **임대인의 동의가 없는 경우의 법률관계** 민법은 '임대인의 동의가 없으면 임차인은 임차권을 양도하지 못한다'고 규정하고 있다(629조 1항). 그러나 임대인의 동의가 없더라도 양도인(임차인)과 양수인 사이에서는 임차권양도계약은 유효하게 성립하며, 임차권은 양도계약의 효력에 의하여 양수인에게 이전한다. 그러므로 '임차인은 그 양도계약을 해제 또는 취소하지 않는 한 양수인에 대하여 임차목적물의 인도를 청구할 권리가 없으며, 임대인의 승낙 없음을 이유로 임대인에 대하여 목적물인도를 청구할 권리도 없다(대법원 1955.7.7.선고, 4288민상50 판결). 또한 양도인은 양수인에 대하여 임대인의 동의를 얻어 줄 의무를 부담하므로(대법원 1986.2.25.선고, 85다카1812 판결 등),[99)] 양도인이 임대인의 동의를 얻지 못하여 계약의 목적을 달성할 수 없는 경우에는 양수인은 채무의 이행불능을 이유로 양도계약을 해제하거나(546조) 손해배상(390조)을 청구할 수 있다(대법원 1993.6.25.선고, 93다13131 판결 등). 다만, 임대인의 동의가 없으면 임차권 양도의 효력을 임대인에게 주장할 수 없다.

■ **임차보증금반환채권의 양도에 대하여 임대인이 동의하지 아니하는 것으로 확정되는 경우의 법률관계** [1] 주택건설촉진법에 의하여 아파트분양 후 일정기간 동안 임차권의 양도가 금지되어 있다 하더라도, 이는 매수인이 분양자에게 양도 사실로 대항할 수 없다는 것이지, 당사자 사이의 사법상의 임차권의 양도계약의 효력까지 무효로 한다는 것은 아니다. [2] 임차권의 양도가 금지된다 하더라도 임차보증금반환채권의 양도마저 금지되는 것은 아니므로, 양도인은 양수인에 대하여 그 채권의 양도에 관하여 임대인에게 통지를 하거나 그에 대한 승낙을 받아 주어야 할 의무를 부담한다. [3] 임차보증금반환채권의 양도는 유상계약으로서, 임차보증금반환채권의 양도에 대하여 임대인이 동의하지 아니하는 것으로 확정되는 경우, 민법 567조에 의하여 매매에 있어서의 매도인의 담보책임에 관한 규정이 준용된다 할 것이므로, 양도인은 자신의 의무가 이행불능으로 확정됨에 귀책사유가 없다 할지라도 담보책임의 법리상 이행불능으로 인한 양수인의 손해를 배상하여야 할 것이고, 이로 인한 양수인의 손해는 임차보증금

---

98) 이와 같이 '임차권의 양도에 임대인의 동의를 요하도록 한 현행민법의 태도는 타당한가?'에 대해서는, 주택임대차의 경우에는 임차인이 누구인가에 따라서 가옥의 손상도에 차이가 있을 수 있는 등 임대인에게 중요한 이해관계가 있다는 점에서 그 합리성이 인정될 수 있으나, 토지임대차의 경우에는 임차인이 누구인가는 별로 문제가 되지 않는다는 점과 임차인의 투하자본회수에 매우 불리하다는 점에서, 임대인의 이익만을 일방적으로 고려한 불합리한 규정이라는 입법론상의 비판이 있다(고상룡, 상게논문, 153~155 참조).

99) 판례평석: 권오곤, "건물임대차명의변경청구와 소의 이익", 민사판례연구(9)(민사판례연구회, 1987/2), 225 이하. 같은 취지: 대법원 1993.6.25.선고, 93다13131 판결.

상당액이다. (대법원 1993.6.25.선고, 93다13131 판결)[100)]

① **임대인과 임차인(양도인) 사이의 관계** : ㉠ 임대인의 동의가 없으면 임대인에 대하여 임차권양도의 효력을 주장할 수 없으므로, 임대인과 임차인(양도인) 사이에서는 종전의 임대차계약이 여전히 유효하다. 따라서 임대인은 임차인(양도인)에 대하여 차임청구권을 행사할 수 있다. ㉡ 임대인은 임차인이 동의 없이 임차권을 양도한 것을 이유로 계약을 해지할 수 있다(629조 2항). 다만, 이 해지권은 임차인의 변경으로 인하여 임대인에게 불이익이 생길 우려에 기한 것이므로, 양도계약의 체결만으로는 해지권을 행사할 수 없으며, 양수인이 현실로 목적물의 용익을 개시한 때에 발생한다.[101)] ㉢ 양수인의 행위(예컨대, 실화 등)로 인하여 손해가 발생하면, 임차인(양도인)은 임대인에 대하여 채무불이행(목적물보관의무위반)으로 인한 손해배상책임을 져야 한다(391조).

② **임대인과 양수인 사이의 관계** : ㉠ 양수인은 임대인에게 임차권 양수의 효력을 주장할 수 없으므로(대법원 1985.2.8.선고, 84다카188 판결), 양수인의 사용·수익은 임대인에 대하여 불법점유가 된다. 따라서 임대인은 양수인에 대하여 소유권에 기한 방해배제를 청구할 수 있다. 다만, 임대인이 임차인과 사이의 임대차계약을 해지하지 않는 한, 목적물을 임차인에게 반환하도록 청구할 수 있을 뿐이다. ㉡ 임대인은 양수인에 대하여 불법점유를 이유로 손해배상을 청구하지는 못한다. 왜냐하면 임차인과의 사이에서 임대차계약은 유효하고 이에 따라 차임청구권을 임차인에게 계속 행사할 수 있으므로, 임대인에게 손해가 있다고 할 수 없기 때문이다.

b) 임차권의 전대 「임차권의 전대(轉貸)」, 즉 「전대차(轉貸借)」라 함은 '임차인이 제3자(전차인)에게 다시 임대차하는 것'을 말한다. 전대차는 임대인과 임차인 사이의 임대차관계는 그대로 존속하면서 임차인과 전차인 사이에 새로운 임대차관계가 발생한다는 점에서, 임차인이 임대차관계에서 이탈하는 「임차권의 양도」와 구별된다. 즉, 전대차에서 전차인의 임차권은 임차인의 임차권을 기초로 하여 성립하는 것이다(설정적 승계).

임차권양도의 경우와 마찬가지로, 임차인은 임대인의 동의가 없으면 전대할 수 없으며, 임차인이 임대인의 동의 없이 전대한 경우에 임대인은 임대차계약을 해지할 수 있다(629조). 「전대에 대한 임대인의 동의」는 전대의 대항요건으로서(대법원 1959.9.24.선고, 4291민상788 판결),

---

100) 판례평석: 이진성, "양도금지된 임차권양도인의 임차보증금반환채권양도인으로서의 양도계약상 의무와 담보책임", 대법원판례해설 19-1호(법원행정처, 1993/12), 107 이하; 이근식, "신시가지 임대아파트 분양권의 변칙양도행위의 법적 성질 및 양도인의 의무와 하자담보책임", 판례월보 280호(판례월보사, 1994/1), 28 이하; 소재선, "양도금지된 임차권 양도인의 임차보증금반환 채권양도인으로서의 양도계약상 의무와 담보책임"「로스쿨계약법」(청림출판, 2006/3), 501 이하. 같은 취지: 대법원 1993.11.9.선고, 92다43128 판결; 대법원 1995.11.7.선고, 94다1890 판결; 대법원 2013.2.28.선고, 2012다104366·104373 판결.

101) 同旨: 김주수, 278 참조.

'임차인에 대하여 목적물의 용익권한을 설정적으로 이전할 수 있는 권능을 부여하는 의사표시'이다. 임차권양도와 마찬가지로, 전대차는 임대인의 동의가 없어도 임차인과 전차인 사이에서는 유효하게 성립하지만, 임대인에 대해서는 전대에 의한 임차권의 취득을 주장할 수 없다.

(ⅰ) 임대인의 동의가 있는 경우의 전대차의 법률관계

① **임차인과 전차인 사이의 관계** : 임차인과 전차인 사이의 관계는 전대차계약의 내용에 따라 결정된다. 즉, 전대차계약이 유상인 경우에는 임대차관계가 성립하지만, 무상인 경우에는 사용대차가 성립한다. 따라서 전대차계약에 의하여 임대차관계가 성립하는 경우에 전차인은 임차인에 대하여 임차인으로서의 권리를 가지고 의무를 부담한다.

② **임대인과 임차인 사이의 관계** : 전대차에도 불구하고 임대인과 임차인 사이의 관계는 아무런 변동이 없다. 즉, 임대인은 차임의 청구나 해지권 등의 권리의 행사를 임차인에게 하여야 한다. 이 경우 '전차인의 과실로 인하여 손해가 발생하는 경우에 임차인이 이행보조자책임에 관한 제391조에 의하여 무과실책임을 부담하는가?' 하는 것이 문제되는데, '임대인의 승낙을 얻어서 임차인이 전대를 한 경우에도 종래의 임대차계약은 그대로 존속하고, 임차인은 여전히 임대인에 대하여 목적물보관의무를 부담하므로, 전차인이 임차물을 보관하는 것은 동시에 임차인을 위하여 그 보관의무를 이행하는 것이라고 할 수 있다는 이유를 들어 전차인도 「이용보조자」에 해당한다'는 것이 통설적 견해이다. 다만, 통설은 '임대인의 동의가 없는 전대의 경우와는 달리, 임차인은 전차인의 선임·감독에 과실이 있는 경우에 한하여 책임을 진다'고 해석하고 있다.[102] 그러나 이 경우에 전차인은 임대인에 대하여 직접 목적물에 대한 보관책임을 지므로(630조 1항), 구태여 이용보조자책임에 관한 제391조를 적용할 필요는 없다고 할 것이다. (☞ 채권총론 편, 제4장 제1절 「채무불이행의 유형」)

③ **임대인과 전차인 사이의 관계** : ㉠ 전대에 대한 임대인의 동의는 전차인의 용익권능을 적법하게 하는 의미를 가질 뿐이지, 이에 의하여 임대인과 전차인 사이에 임대차관계가 성립하는 것은 아니다. 따라서 전차인은 임대인에 대하여 목적물의 수선청구, 비용상환청구권 등의 임대차계약상의 권리를 행사할 수 없다. 그러나 전차인은 임대인에 대하여 직접 의무를 부담하는 「편면적 권리관계」가 성립한다(630조 1항). 이는 물론 임대인을 보호하기 위하여 특별히 인정된 효과이다.[103] ㉡ 전차인이 임대인에게 직접 부담하는 의무로서는 차임지급의무·목적물보관의무·목적물반환의무 등을 들 수 있다(대법원 1964.9.8.선고, 64다381 판결). 이 중 가장 중요한 것은 차임지급의무임은 물론이다. 다만, 전차인이 전대차계약에서 정해진 이상의 의무를

---

102) 곽윤직, 337; 김주수, 282 참조.
103) 김주수, 282 참조.

부담할 이유는 없는 것이므로, 원래의 차임액이 전대의 차임액보다 큰 경우에는 전차인의 차임지급의무는 전대차계약에서 정해진 차임액을 한도로 한다. 반대로 원래의 차임액이 전대의 차임액보다 적은 경우에는 원래의 차임액을 한도로 한다. 이 경우, 전차인이 임대인에게 차임을 지급하면 그 한도에서 임차인(전대인)의 임대인에 대한 차임지급의무와 전차인의 전대인(임차인)에 대한 차임지급의무는 소멸한다. 반대로 전차인이 전대인(임차인)에게 차임을 지급하면 그 한도에서 임대인의 전차인에 대한 차임지급청구권은 소멸한다. 그러나 이러한 이론을 관철하는 경우에는 전대인과 전차인이 통모하여 미리 전대인에게 차임을 지급함으로써 임대인의 전차인에 대한 차임지급청구권을 쓸모없는 것으로 만들 우려가 있으므로, 민법은 '전차인은 전대인에 대한 차임의 지급으로써 임대인에게 대항하지 못한다'고 규정하고 있다(630조 1항 단서). 따라서 임대인의 청구가 있으면 전차인은 차임을 이중으로 지급할 수밖에 없다. 그러나 '전대차계약에서 정하여진 차임지급시기 이후에 전차인이 전대인(임차인)에게 차임을 지급한 경우에는 임대인에게 대항할 수 있다'고 해석하여야 할 것이다.[104] ㉢ 전대차는 원래의 임대차관계를 기초로 성립한 것이므로, 원래의 임차권이 기한의 만료, 채무불이행으로 인한 해지 등을 이유로 소멸하는 경우에는 전대차도 같이 소멸한다. 그러나 이 경우 전차인을 보호하기 위하여 민법은 몇 가지 예외규정을 두고 있다. 그리고 이들 규정은 이른바 「편면적 강행규정」으로서, 이들 규정에 위반하는 약정으로서 전차인에게 불리한 것은 그 효력이 없다(652조). 첫째, 임대인과 임차인의 합의로 계약이 종료된 경우, 즉 임대차가 합의해지된 경우에도 전대차는 소멸하지 않는다(631조). 둘째, 임대인이 임대차계약을 해지한 경우에도 이를 전차인에게 통지하지 않으면 해지로써 전차인에게 대항할 수 없다(638조 1항). 또한 해지의 효력은 전차인에게 해지의 통지가 도달한 날로부터 토지 또는 건물 기타 공작물의 임대차의 경우에는 6월이 경과한 때, 동산의 임대차의 경우에는 5일이 경과한 때부터 그 효력이 발생한다(635조 2항). 셋째, 건물 기타 공작물의 소유 또는 식목, 채염, 목축을 목적으로 한 토지임차인이 적법하게 그 토지를 전대한 경우에, 임대차 및 전대차의 기간이 동시에 만료되고 건물, 수목 기타 지상시설이 현존한 때에는 전차인은 임대인에 대하여 전전대차와 동일한 조건으로 임대할 것을 청구할 수 있다. 이 경우, 임대인이 임대할 것을 원하지 아니하는 때에는 임대인은 상당한 가액으로 건물, 수목 기타 지상시설의 매수를 청구할 수 있다(644조, 283조 2항). 지상권자가 그 토지를 임대한 경우에도 마찬가지이다(645조, 283조 2항). 넷째, 건물 기타 공작물의 임차인이 적법하게 전대한 경우에, 전차인이 그 사용의 편익을 위하여 임대인의 동의를 얻어 이에 부속한 물건이 있는 때에는, 전차인은 전대차 종료 시에 임대인에 대하여 그 부속물의 매수를 청구할 수 있으며, 전차인이 임대인으로부터 매수하였거나 그 동의를 얻어 임차인으

104) 同旨: 곽윤직, 338; 김주수, 283 참조.

로부터 매수한 부속물에 대하여도 전차인의 「부속물매수청구권」이 인정된다(647조).

(ii) **임대인의 동의가 없는 경우의 전대차의 법률관계**

① **임차인**(전대인)**과 전차인의 관계** : 임대인의 동의가 없어도 전대인(임차인)과 전차인 사이에서는 전대차계약은 유효하게 성립한다. 따라서 임차인은 전차인에게 목적물을 용익시킬 의무와 차임청구권을 갖는다.

② **임대인과 임차인의 관계** : 임대인의 동의가 없는 전대차임에도 불구하고 임대인과 임차인 사이의 임대차관계는 영향을 받지 않는다. 다만, 임대인은 임차인의 무단전대를 이유로 계약을 해지할 수 있을 따름이다(629조 2항). 여기서 임대인이 임차인과의 임대차계약을 해지할 수 있는 「무단전대」라고 하기 위해서는 '전차인이 목적물의 전부 또는 일부에 대하여 독립된 용익권자로서의 지위를 취득하는 정도의 전대'를 말한다. 따라서 건물의 소부분을 전대하는 경우에는 임대인의 동의를 요하지 아니한다(632조).

전대차에 관한 우리 민법의 규정에 대하여는 입법론적 비판과 함께, 임대인의 해지권을 제한하는 새로운 해석론이 시도되고 있다. 즉, '임차인이 임대인의 동의 없이 전대를 하더라도 그것이 임대인에 대한 배신행위라고 인정할 수 없는 특별한 사정이 있는 경우에는, 임대인의 동의 없는 무단전대라는 이유로 임대차계약을 해지할 수 없다'는 견해가 그것이다.[105)] 판례도 처음에는 '임차인이 임대인의 동의 없이 목적물을 전대한 이상, 그것이 임차인의 배신행위라는 특단의 사정이 없어도 임대인은 그 계약을 해지할 수 있다'는 입장을 취하였으나(대법원 1972.1.31.선고, 71다2400 판결), 그 후 '「무단전대」를 이유로 한 임대인의 해지권의 행사에 제한을 가하여야 한다'는 것으로 그 입장을 전환하였다(대법원 1993.4.27.선고, 92다45308 판결 등).

▪ **임대인의 동의 없는 전대가 임대인에 대한 배신적 행위라고 볼 수 없는 경우에도 해지할 수 있는지 여부**(소극)　[1] 제629조는 임차인은 임대인의 동의 없이 그 권리를 양도하거나 전대하지 못하고, 임차인이 이에 위반한 때에는 임대인은 계약을 해지할 수 있다고 규정하고 있는바, 이는 민법상의 임대차계약은 원래 당사자의 개인적 신뢰를 기초로 하는 계속적 법률관계임을 고려하여 임대인의 인적 신뢰나 경제적 이익을 보호하여 이를 해치지 않게 하고자 함에 있으며, 임차인이 임대인의 승낙 없이 제3자에게 임차물을 사용·수익시키는 것은 임대인에게 임대차관계를 계속시키기 어려운 배신적 행위가 될 수 있는 것이기 때문에, 임대인에게 일방적으로 임대차관계를 종지시킬 수 있도록 하고자 함에 있다. [2] <u>임차인이 임대인으로부터 별도의 승낙을 얻은 바 없이 제3자에게 임차물을 사용·수익하도록 한 경우에 있어서도, 임차인의 당해행위가 임대인에 대한 배신적 행위라고 인정할 수 없는 특별한 사정이 있는 경우에는, 위 법조항에 의한 해지권은 발생하지 않는다.</u> (대법원 1993.4.27.선고, 92다45308 판결)[106)]

---

105) 고상룡, 전게논문(주 44), 82 참조.

106) 판례평석: 김숙, "건물소유를 목적으로 한 토지임대차의 무단양도에 있어서 계약해지권을 제한하는 이른바 배신행위이론을 적용한 사례", 대법원판례해설 19-1호(법원행정처, 1993/12), 164 이하; 조윤신, "임차권의 무단양도·전대와 해지권의 제한", 재판과 판례 6집(대구판례연구회, 1997/12), 215 이하. 같은 취지: 대법원 1993.4.13.선고, 92다24950 판결; 2007.11.29.선고, 2005다64255 판결; 대법원 2010.6.10.

③ **임대인과 전차인의 관계** : 전대에 대한 임대인의 동의가 없는 경우에는, 전차인은 자기의 임차권(전차권)을 가지고 임대인에게 대항할 수 없다. 반면에 임대인은 전차인에 대하여 소유권에 기한 방해배제를 청구할 수 있다. 그러나 임차인에로의 반환을 청구할 수 있을 뿐임은 무단양도의 경우와 같다.

(F) 임차권의 존속 보장 독일·프랑스·영국 등 주요 선진국들의 임대차법은 임차인에게 「법정임차권」(statutory tenancy)을 인정하거나, 정당한 사유가 없으면 임대인의 해지권을 인정하지 않거나, 법원의 판결에 의하여서만 임차인을 퇴거시킬 수 있도록 하는 등, 주로 임차권의 존속보장에 중점을 두고 있다.[107] 그러나 우리나라는 이러한 외국의 입법례와는 달리, ① 주택임차권의 최단존속기간을 2년으로 규정하고(주택임대차법 4조 1항), 상가건물의 경우에는 최단존속기간을 1년으로 규정하되 임차인에게 최대 10년 동안 「계약갱신요구권」을 인정함으로써 실질적으로 최단존속기간을 10년으로 규정하고(상가임대차법 9조 1항, 10조), ② 임대인이 계약갱신거절의 통지를 하지 아니한 경우 등에는 존속기간의 정함이 없는 임대차로 간주하는 이른바 「묵시의 갱신제도」를 두고(주택임대차법 6조, 민법 639조 1항),[108] ③ 임대인이 임대차계약을 해지한 경우에 그 해지의 효력은 임차인이 해지의 통고를 받은 날로부터 6개월이 지나야 그 효력이 발생하도록 하는 「해지통고제도」(635조)에 의하여 임차권의 존속기간을 보호하는 소극적 태도를 취하고 있다.

입법론으로서 선진국의 입법례를 본받아 임차권의 존속기간을 보다 확실하게 보호할 수 있는 방안이 마련되어야 할 것이라고 생각하지만, 우리나라에서는 외국의 경우와는 달리 고액의 보증금의 수수관행이 존재하며, 나아가 미등기전세가 일반화되어 있다는 점에서, 입법정책적 수단을 선택함에 있어서는 보증금의 폭등을 방지하는 수단을 마련하는 등 신중한 고려가 필요하다고 할 것이다.

■ **주택임대차법 제4조 제1항에 정한 최소 2년간의 임대차기간 보장 규정의 의미** [1] 주택임대차법 제4조 제1항은 같은 법 제10조의 취지에 비추어 보면 임차인의 보호를 위하여 최소한 2년간의 임대차기간을 보장하여 주려는 규정이므로, 그 규정에 위반되는 당사자의 약정을 모두 무효라고 할 것은 아

선고, 2009다101275 판결.

107) 임차권의 존속보장을 위한 외국의 입법례에 대하여서는 고상룡, "임차권의 물권화(하)", 155 이하; 소재선, "현행 독일민법상 주택임차인 해약고지보호와 사회적 조항", 민사법학 11·12호(한국민사법학회, 1995), 384 이하 참조.

108) 임대인이 갱신거절의 통지를 하지 아니함으로써 갱신된 것으로 간주되는 경우의 임대차의 존속기간에 대하여 2009.5.8. 법률 제9653호로 개정되기 전의 주택임대차법 제6조 제2항은 갱신된 주택임대차의 "존속기간은 정하지 아니한 것으로 본다"고 규정하고 있었기 때문에, 동법 제4조 제1항을 적용하여 그 존속기간을 2년이라고 해석할 것인가, 아니면 민법 제635조의 규정이 적용되어 임대인이 자유롭게 해지할 수 있고 해지통고 후 6개월이 경과하면 임차권이 소멸한다고 해석할 것인가 하는 것이 문제되었으며, 판례는 전자의 견해를 취하고 있다(대법원 1992.1.17.선고, 91다25017 판결).

니고, 그 규정에 위반하는 약정이라도 임차인에게 불리하지 않은 것은 유효하다. [2] 임차인이 주택임대차법 제4조 제1항의 적용을 배제하고 2년 미만으로 정한 임대차기간의 만료를 주장할 수 있는 것은 임차인 스스로 그 약정 임대차기간이 만료되어 임대차가 종료되었음을 이유로 그 종료에 터잡은 임차보증금 반환채권 등의 권리를 행사하는 경우에 한정되고, 임차인이 2년 미만의 약정 임대차기간이 만료되고 다시 임대차가 묵시적으로 갱신되었다는 이유로 같은 법 제6조 제1항, 제4조 제1항에 따른 새로운 2년간의 임대차의 존속을 주장하는 경우까지 같은 법이 보장하고 있는 기간보다 짧은 약정 임대차기간을 주장할 수는 없다. (대법원 1996.4.26.선고, 96다5551·5568 판결)[109]

(G) 임차권의 승계

a) 의 의 임차권도 재산권의 일종이므로, 임차인이 사망한 때에는 임차권은 그 상속인에게 상속되는 것이 원칙이다(1005조). 따라서 임차권의 상속인은 목적물을 사용·수익할 수 있게 된다. 다만, 상속인의 사용·수익으로 인하여 목적물의 상태가 현저히 훼손될 우려가 있는 경우에는, 임대인에게 해지권이 발생하는 경우도 있을 수 있다.[110] 그런데 주택임대차에서 임차인의 사망 시에 임차인의 상속인이 임차인과 동거하고 있었던 경우에는 별다른 문제가 발생하지 않으나, 임차인의 상속인이 아닌 사실혼배우자나 사실상의 양자 등이 임차인과 동거하고 있었던 경우에는 상속권이 없는 이들 동거인은 임차인의 사망으로 인하여 임차주택에 계속 거주할 수 있는 법적 근거를 상실하게 되므로, 이들을 어떻게 보호할 것인가 하는 문제가 발생한다. 또한 후순위상속인인 직계존속이나 방계혈족이 임차인과 동거하고 있었던 경우에도 마찬가지의 문제가 발생한다. 이러한 경우에 '상속의 법리를 배제하여 상속권이 없거나 후순위의 상속권밖에 없는 임차인의 동거인으로 하여금 임차주택에 계속하여 거주할 수 있도록 하는 것'을 「임차권의 승계」라고 한다.

b) 입법례 영국, 독일, 일본 등의 선진국에서는 오래전부터 일반적 상속의 법리와는 다른 독자적 원리에 기한 임차권승계제도가 확립되어 있다.[111] 즉, ① 영국에서는 1920년 「차가법」(Increase and Mortgage Interest(Restriction) Act)이 제정된 이래 임차권승계가 인정되고 있으며(Rent Act, 1968), ② 독일에서도 1923년의 「임차인보호법」(Mieterschutgesetz: MschG) 제19조에 의하여 동거가족의 거주권이 보호되기 시작한 이래 임차권승계가 인정되고 있다.[112] ③ 일본도 1966년 「차가법(借家法)」을 개정하여 임차권승계를 인정하는 규정을 신설하여 동거가족의 거주권을 보호하기 시작하였다(동법 7조의2).[113][114]

---

109) 같은 취지: 대법원 2001.9.25.선고, 2000다24078 판결.

110) 김주수, 310 참조.

111) 임차권의 승계에 관한 비교법적 고찰은 고상룡, "임차권의 승계제도", 법조 28권 1호(법조협회, 1979/1), 313 이하; 동, 「부동산임대차법의 연구」(대한민국학술원, 2019/12), 392 이하 참조.

112) 「임차인보호법」은 1960년에 폐지되었으나, 동법의 규정은 민법전에 편입되어 동거가족의 거주권은 여전히 보호되고 있다(BGB §569(2), §569a, §569b).

113) 일본 차가법 제7조의2(내연의 처 등의 거주권) ① 거주의 용도로 사용되는 건물의 임차인이 상속인 없이 사망한 경우에 있어서, 그 당시 혼인 또는 입양의 신고를 하지 아니하였더라도 임차인과 사실상부

우리나라도 이러한 외국의 입법례를 본받아 1983.12.30. 주택임대차법을 개정하여 임차권승계에 관한 제9조[115]를 신설하였다. 임차권승계에 관한 주택임대차법 제9조는, ① 임차인이 상속인 없이 사망한 경우에는 그 주택에서 가정공동생활을 하던 사실상의 혼인관계 있는 자가 임차인의 권리와 의무를 승계하며(동조 1항), ② 임차인이 사망한 때에 상속인이 그 주택에서 가정공동생활을 하고 있지 아니한 경우에는 그 주택에서 가정공동생활을 하던 사실상의 혼인관계에 있는 자와 2촌 이내의 친족은 공동으로 임차인의 권리와 의무를 승계한다는 것을 주된 내용으로 하고 있다(동조 2항).[116]

c) 주택임대차법 제9조의 입법취지 및 임차권승계의 법리구성

(ⅰ) **주택임대차법 제9조의 입법취지** 동조의 입법취지에 대한 정부 측의 「제안이유」는 다음과 같다.[117]

> 안 제9조의 입법취지는 계약당사자인 임차인이 사망한 경우 동거하는 사실상의 혼인관계 있는 자가 그 임차인의 상속권자가 아니기 때문에 뜻하지 아니하게 주거터전을 잃게 되는 것을 보호하려는 것입니다. 그러나 개정안 제9조는 동거하는 사실상의 배우자를 법률상의 재산상속인보다 우선시킴으로써 기존의 상속법질서에 정면으로 배치된다고 보이기 때문에 이 조문을 전면 수정하였는바, 첫째로 사망한 임차인에게 상속권자가 없는 경우에 그 주택의 임차권을 동거하는 사실상의 배우자가 승계할 수 있도록 하고, 둘째 사망한 임차인에게 상속권자가 있는 경우에도 그 임차주택에 동거하는 상속인이 없는 경우에 한하여 동거하는 사실상의 배우자에게 2촌 이내의 친족과 공동으로 승계권을 주도록 수정하였습니다.

이에 따르면, '주택임대차법 제9조의 취지는 임차인의 사망 시에 동거하는 사실혼배우자가 상속권이 없음으로 인하여 주거터전을 잃게 되는 것을 방지하고, 상속의 법리와 조화를 이루는 범위에서 임차권승계를 인정한다'는 두 가지로 요약할 수 있다.

부 또는 양친자와 마찬가지의 관계에 있는 동거자가 있는 때에는, 그 자는 임차인의 권리의무를 승계한다. 다만, 상속인이 없이 사망하였음을 안 후 1개월 이내에 임대인에 대하여 반대의 의사를 표시한 때에는 그러하지 아니하다. ② 전항 본문의 경우에는 건물의 임대차관계에 기하여 발생한 채권 또는 채무는 동항의 규정에 의하여 임차인의 권리·의무를 승계한 자에게 귀속한다.

114) 일본 차가법 제7조의2는 「차지차가법(借地借家法)」(1991.10.4. 법률 제90호) 제36조에 그대로 계승되었는데, 동조는 제목만 「거주용건물의 임대차의 승계」로 다를 뿐, 구 차가법 제7조의2와 같은 내용이다.

115) 주택임대차법 제9조(주택 임차권의 승계) ① 임차인이 상속인 없이 사망한 경우에는 그 주택에서 가정공동생활을 하던 사실상의 혼인 관계에 있는 자가 임차인의 권리와 의무를 승계한다. ② 임차인이 사망한 때에 사망 당시 상속인이 그 주택에서 가정공동생활을 하고 있지 아니한 경우에는 그 주택에서 가정공동생활을 하던 사실상의 혼인 관계에 있는 자와 2촌 이내의 친족이 공동으로 임차인의 권리와 의무를 승계한다. ③ 제1항과 제2항의 경우에 임차인이 사망한 후 1개월 이내에 임대인에게 제1항과 제2항에 따른 승계 대상자가 반대의사를 표시한 경우에는 그러하지 아니하다. ④ 제1항과 제2항의 경우에 임대차 관계에서 생긴 채권·채무는 임차인의 권리의무를 승계한 자에게 귀속된다.

116) 입법 당시의 예상과는 달리, 이 제도를 시행한 지 36년이 지난 현재까지 임차권승계와 관련된 대법원 판례가 단 한 건도 나오지 않고 있는 점은 법사회학적 관점에서 연구의 대상이라고 할 것이다.

117) 국회사무처, 「제119회 국회회의록」, 1983년 제21호, 4 이하 참조.

(ⅱ) **임차권승계의 법리구성** ‘주택임대차에 있어서의 임차권승계를 상속의 법리와 관련하여 어떻게 이론구성할 것인가?’ 하는 문제에 대해서는 과거 일본민법학에서 다음과 같은 많은 논의가 이루어졌다.118)

① **원용설**(援用說) : 이는 ‘상속인이 존재하지 않거나 불명인 경우에는, 상속인이 아닌 사실상의 혼인관계에 있는 자가 상속인에게 귀속한 임차권을 원용하여 자기의 거주권을 주장할 수 있다’는 견해이다. 일본의 판례가 채택하고 있는 법리이다.119)

② **가단설**(家團說) : 이는 ‘임대차계약의 실체는 임대인과 법인 아닌 사단의 일종이라고 할 수 있는 임차인의 가정공동체인 「가단(家團)」과 사이에 성립하는 것이라고 파악하는 견해’이다.120) 이 견해에 따르면, ‘가단 내지 가정공동체의 대표자에 해당하는 임차인이 사망하더라도 임대차계약의 동일성은 상실되지 않으며, 가단 내지 가정공동체의 대표자만 변경된다’고 한다.

③ **권리남용설** : 이는 ‘임차권도 재산권인 이상 원칙적으로 상속의 원리에 따라서 상속인에게 상속되지만, 상속인이 없는 경우에는 「가단적(家團的) 승계」가 표면화되어 동거인이 임차권을 승계한다’는 견해이다.121) 이 견해는 동거인의 거주권을 보호하기 위하여 ‘상속인이 사망한 임차인의 동거인에 대하여 상속인이 인도청구를 하는 것은 권리남용이 된다’고 하는데, 폐지된 일본의 구 「차가법」 제7조의2와 이를 계승한 「차지차가법」 제36조의 규정은 이 견해에 입각하고 있다. 이 견해에 따르면, ‘동거인을 퇴거시키는 것이 권리남용이 되는 경우에는 상속인은 임차목적물을 동거인에게 양도하거나 전대하여야 하며, 동거인은 원래 임차인과 함께 목적물을 사용·수익하고 있었던 자이기 때문에 임대인은 동의 없는 임차권의 양도·전대라는 항변을 제기하지 못하며, 임대인은 동거인에 대한 임차권의 양도·전대가 이루어질 때까지는 상속인과 동거인의 어느 편에 대하여도 차임의 지급을 청구할 수 있다’고 한다.

④ **거주권설**(居住權說) : 이는 ‘임차인의 동거인은 「사회적(생존권적) 기본권」으로서 임차인이 사망한 후에도 계속하여 당해 주택에서 거주할 수 있는 고유의 권리인 「거주권」을 가진다’는 견해이다.122) 국내에서도 이 견해를 주택임대차법 제9조의 이론적 근거로서 주장하는 학자들이 있다.123)

---

118) 「임차권의 승계」에 관한 일본학설에 대한 상세는 고상룡, “借家權の承繼(一)(四·完)”, 法學協會雜誌 96권 3호, 242 이하; 101권 8호, 1200 이하 참조.

119) 일본최고재판소 1950.7.24.판결; 일본최고재판소 1967.4.28.판결; 일본최고재판소 1968.7.19.판결(사실혼배우자의 경우); 일본최고재판소 1962.12.25.판결(사실상의 양자의 경우).

120) 來栖三郎/高橋康之, “判民昭和25年度27事件評釋”判例民事法 4권 2호, 156 이하; 星野英一, 「借地借家法」, 法律學全集(26)(有斐閣, 1965), 593~596 참조.

121) 加藤一郎, “家屋賃借權の相續”「總合判例硏究叢書(民法1)」(有斐閣, 1959), 237 이하 참조.

122) 鈴木錄彌, 「居住權論」(有斐閣, 1959), 81 이하 참조.

123) 고상룡, 전게논문(주 44), 100; 김주수, 310 참조.

생각건대, '임차권승계는 사망한 임차인의 동거가족의 헌법상의 권리인 「사회권(생존권)적 기본권」의 일종인 「주거권」을 보호하기 위하여, 법률이 일정한 범위에서 상속의 법리를 제한 내지 배제하는 사회법적 원리에 의하여 인정한 제도'라고 보아야 할 것이다(주거권설). 즉, 임차권승계는 임차인의 동거가족의 사회권적 기본권인 주거권을 보호하기 위하여, '상속인이 존재하지 않는 상속재산은 국고에 귀속된다'는 민법 제1058조에 대한 특례를 인정한 것이며, '상속인이 있는 경우에는 임차인과의 동거 여부와 관계없이 상속인이 임차권을 상속한다'는 상속법의 원칙(1000조 이하)을 제한하여, '임차인이 사망할 당시에 임차인과 별거하고 있었던 상속인은 사실혼배우자와 공동하여서만 임차권을 상속할 수 있다'는 특례를 인정한 것이라고 보아야 할 것이다.[124] 결국 상속인이 아닌 임차인의 동거인이 임차권을 승계하는 법이론적 근거는 「동거가족의 거주권 보호」라는 사회법적 고려에 기인하는 것이라고 할 것이다.

d) 임차권승계의 요건

(ⅰ) **임차인의 상속인이 없는 경우** 임차인이 상속인 없이 사망한 경우에는 그 주택에서 가정공동생활을 하던 사실상의 혼인관계에 있는 자가 단독으로 임차인의 권리와 의무를 승계한다(주택임대차법 9조 1항). 여기서 "사실상의 혼인관계에 있는 자"라 함은 '사실혼관계의 배우자'를 의미하므로, 임차인과의 사실혼관계의 성립이 문제된다.

① **사실혼의 의의** : 일반적으로 혼인이 성립하기 위해서는, 당사자 사이에 혼인의 합의가 있을 것(815조 1호), 당사자가 혼인적령(만 18세)에 달하였을 것(807조), 미성년자인 경우에는 부모 또는 미성년후견인의 동의를 받을 것(808조 1항), 피성년후견인의 경우에는 부모나 성년후견인의 동의를 받을 것(808조 2항), 법률상 금지되는 근친혼이 아닐 것(809조), 중혼이 아닐 것(810조), 「가족관계등록법」에 정한 바에 따라서 신고할 것(812조) 등을 요한다. 「사실혼」은 위 혼인의 일반적 성립요건 중 혼인신고만을 결한 경우를 가리키는 것이 보통이나, 기타의 요건을 결한 경우에도 「선량한 풍속 기타 사회질서」(103조)에 반하지 않는 한, 사실혼관계로서 법의 보호를 받을 필요가 있다고 인정되는 경우가 있다. 예컨대, '혼인적령미달자의 경우, 미성년자나 피성년후견인이 부모 등의 동의를 얻지 아니한 경우, 근친혼을 금지하고 있는 민법 제809조를 위반한 경우(다만 8촌 이내의 혈족끼리의 근친혼과 같이 무효혼인 경우는 제외된다), 전혼이 사실상 이혼상태에 있는 경우의 중혼 등과 같은 경우에는 사실혼관계로서 보호되어야 한다'는 것이 통설이다. 따라서 '사실혼관계는 주관적 요건으로서 사실상의 혼인의사와 객관적 요건으로서 부부공동생활이라고 인정될 수 있는 사회적 실체만 있으면 성립한다'고 할

124) 주택임대차법 9조 2항의 반대해석상 '임차인의 사망 당시 상속인이 임차인과 동거하고 있는 경우에는, 상속의 일반법리가 그대로 적용된다'고 할 것이다.

수 있다.

② **사실혼의 주관적 요건**(사실상의 혼인의사) : 혼인의 일반적 성립요건 중에서 가장 중요한 것은 '혼인당사자의 혼인할 의사'라고 할 수 있는데, 여기서 「혼인할 의사」라 함은 '사회통념상 일반적으로 부부관계로서 인정되는 남녀 간의 정신적·육체적 결합을 의미하는 부부관계를 성립시킨다는 의사'를 말한다. 혼인의 의사는 사기·강박에 의하지 아니한 당사자의 자유로운 결정에 의한 것이어야 함은 물론이다(816조 3호). 그러므로 동거하지 않을 것을 조건으로 하는 합의, 동성(同性) 간에 동거하기로 하는 합의, 당사자 사이에 정신적·육체적 결합을 할 의사 없이 다른 목적의 달성을 위하여 혼인신고를 하여 법률상 혼인의 외형을 만드는 「가장혼인(假裝婚姻)」의 경우에는 당사자 사이에 혼인의사가 없다고 보아야 할 것이다. 판례는, 상대방과의 합의 없이 그의 인장을 위조하여 신고한 혼인(대법원 1983.9.27.선고, 83므22 판결), 자식의 장래를 걱정하여 호적상으로만 혼인하기로 합의하여 신고한 경우(대법원 1975.5.27.선고, 74므23 판결), 부모 등 제3자가 당사자의 명의로 한 혼인신고는 혼인의 의사가 없는 혼인으로서 무효라고 한다(대법원 1956.8.4.선고, 4289민상235 판결). 판례가 '사실혼관계의 주관적 성립요건으로서 법률혼을 성립시킬 의사까지 요구하는지'의 여부는 분명하지 않지만,[125] 사실혼관계의 성립요건으로서는 당사자가 '사실상의 혼인관계'의 성립을 의욕하는 것으로 충분하다고 보아야 할 것이다.

③ **사실혼의 객관적 요건**(부부공동생활체) : 한편 사실혼관계가 성립하기 위하여는 객관적 요건으로서 「부부공동생활」이라고 인정될 수 있는 사회적 실체가 존재하여야 하는데, 과연 '어떠한 남녀관계를 부부공동생활체라고 볼 것인가?' 하는 것이 문제된다.

판례에서 제시된 부부공동생활체의 인정기준은 남녀의 동거형태, 특히 「간헐적 정교(情交)관계」에 불과한 것으로 볼 것인가의 여부, 결혼식의 거행 여부, 자녀의 출산 여부 등을 들 수 있는데, 우선 '당사자의 동거형태가 간헐적 정교관계에 불과한 것으로 보아야 하는 경우에는 이를 사실혼관계로 볼 수 없다'는 것이 확립된 판례의 입장이다(대법원 1986.3.11.선고, 85므89 판결). 또한 결혼식의 거행 여부도 부부공동생활체 여부를 판별하는 데 있어서 중요한 고려요소가 될 수 있으나(대법원 1963.1.24.선고, 62다823 판결), 결혼식을 거행하지 않았다고 하여 사실혼관계가 인정될 수 없는 것은 아니라고 한다(대법원 1987.2.10.선고, 86므70 판결). 또한 자녀의 출산 여부도 부부공동생활체 여부를 판별하는 하나의 고려요소라고 할 것이지만(대법원 1987.2.10.

125) 판례는 「혼인의 합의란 법률혼주의를 택하고 있는 우리나라 법제하에서는 법률상 유효한 혼인을 성립케 하려는 합의를 말하는 것이므로, 비록 양성 간의 정신적·육체적 관계를 맺는 의사가 있다는 것만으로는 혼인의 합의가 있다고 할 수 없다」고 하여(대법원 1983.9.27.선고, 83므22 판결), 민법 제815조 제1호의 「혼인의 의사」는 '법률혼을 성립시킬 의사를 의미한다'고 해석하고 있다. 또한 '혼인의사는 혼인신고서를 작성할 때는 물론이고 혼인신고서를 호적공무원에게 제출할 때에도 존재하여야 한다'는 것이 판례의 입장이다(대법원 1983.12.27.선고, 83므28 판결).

선고, 86므70 판결), 자녀의 출산에도 불구하고 사실혼관계를 인정하지 않은 경우도 많다(대법원 1986.3.11.선고, 85므89 판결). 결국 판례는 당사자의 동거형태, 결혼식의 거행 여부, 자녀의 출산 여부 등을 종합적으로 고려하여 부부공동생활체의 여부를 판단하고 있다고 할 수 있는데, 이러한 판례의 태도는 타당하다고 생각된다. 학설 중에는 '임차권을 승계하는 사실혼배우자는 주택임대차법 제3조의 대항력과의 관계로 보아 임차인의 주민등록표상의 동거인으로 등재되어 있을 것을 필요로 한다'는 견해도 있으나,[126] '주민등록표상의 동거인으로 등재되어 있는지의 여부는 가정공동생활체의 여부를 판단하는 하나의 기준에 불과하다'고 보아야 할 것이다.

(ⅱ) **임차인의 상속인이 있는 경우**

① **상속인이 임차인과 가정공동생활을 하고 있었던 경우** : 상속인이 임차인과 가정공동생활을 하고 있는 경우에 대하여는 명문규정이 없으나, 주택임대차법 제9조 제2항의 반대해석상 '이 경우에는 상속의 법리가 그대로 적용되어 동거상속인이 임차권을 상속한다'는 것이 전제되어 있다고 할 것이다. 따라서 이 경우에는 사실혼배우자는 임차권을 승계할 수 없으며, 상속인이 여러 명인 경우에는 상속분의 비율에 따라 임차권을 공동으로 상속한다(1007조). '이 경우에는 사실혼배우자가 상속권자와 가정공동생활을 하고 있는 상태였으므로, 사실혼배우자의 주거생활의 안정을 염려할 필요가 없다는 관점에서 이와 같이 규정한 것'이라고 설명되고 있으나,[127] 이는 피상적인 관찰로서 '임차인이 사망한 경우에도 사실혼배우자와 상속권자가 평화롭게 가정공동생활을 한다는 보장은 없다'고 할 것이다. 따라서 이 경우에도 사실혼배우자에게 상속인과 공동으로 임차권승계의 권리를 부여하는 명문규정을 둘 필요가 있다고 생각된다. 한편 '동거상속인이 상속을 포기한 경우(1019조 이하)에는, 주택임대차법 제9조 제2항에 따른 사실혼배우자와 공동으로 하는 임차권승계의 권리도 당연히 소멸하는가?' 하는 것이 문제되는데, 이에 대해서는, 임차권의 승계권도 소멸한다고 해석하는 견해[128]도 있으나, 주택임대차법 제9조 제2항에 따른 사실혼배우자와 공동으로 하는 동거상속인의 임차권승계의 권리는 사회법적 고려에 기한 독자적인 권리라고 볼 수 있으므로, '상속인의 상속포기는 임차권의 승계에 영향을 미치지 아니한다'고 해석하는 것이 타당하다고 할 것이다.[129]

② **상속인이 임차인과 가정공동생활을 하고 있지 아니한 경우** : 주택임대차법은 '임차인이 사망한 때에 사망 당시 상속인이 그 주택에서 가정공동생활을 하고 있지 아니한 경우에는 그 주택에서 가정공동생활을 하던 사실상의 혼인관계에 있는 자와 2촌 이내의 친족이 공동으로 임

126) 윤천희, 전게논문(주 66), 209 참조.
127) 상게논문, 210 참조.
128) 민법주해(15)/민일영, 283 참조.
129) 同旨: 고상룡, 전게논문(주 111), 324 참조.

차인의 권리와 의무를 승계한다'고 규정하고 있다(동법 9조 2항). 이는 사실혼배우자의 주거생활의 안정을 보호하기 위하여 상속의 법리를 제한적으로만 인정하여,[130] 사실혼배우자와 임차권을 공동으로 승계할 상속권자의 범위를 2촌 이내의 친족으로 제한한 것이다. 따라서 '임차인 사망 당시 사실혼배우자 이외에 동거친족이 없고 동거하지 아니하는 상속권자 중 2촌 이내의 친족이 없는 경우(동거하지 아니하는 3촌 이상의 상속권자만 있는 경우)에는 사실혼배우자가 단독으로 임차권을 승계한다'고 해석된다.[131] 여기서 "2촌 이내의 친족"이라 함은, 민법상의 친족의 범위(767조, 777조)에 속하는 자 중에서 임차인의 직계비속(子, 子婦, 女婿, 孫子, 孫婦, 外孫子, 外孫婦, 外孫婿), 직계존속(父母, 祖父母, 配偶者의 父母, 外祖父母), 배우자,[132] 형제자매와 그 배우자를 의미하며, '임차권승계의 제도적 취지에 비추어 「사실상의 양자」도 여기에 포함된다'고 해석하여야 할 것이다.[133] 한편 '사망한 임차인에게 1촌의 친족과 2촌의 친족이 있는 경우에는, 1촌의 친족들만이 사실혼배우자와 공동으로 임차권을 승계한다'고 해석하여야 할 것이다.[134] 그 이유는 2촌 이내의 동거하지 아니하는 친족이 임차권을 승계하는 것은 본래의 임차권의 상속에 해당하므로, 상속순위에 관한 민법 제1000조 제2항의 규정이 적용되어야 할 것이기 때문이다. 따라서 '같은 1촌의 친족 중에서도 직계비속이 직계존속에 우선하여 사실혼배우자와 공동으로 임차권을 승계한다'고 해석하여야 할 것이다.[135]

(iii) **임차권승계권의 포기** 임차권의 승계인은 임대차와 관련된 임차인의 권리는 물론 채무까지도 모두 포괄적으로 승계하게 되므로(주택임대차법 9조 4항), 임차인의 채무가 채권을 초과하는 경우에는 뜻하지 않게 임차인의 채무만을 승계하는 결과가 될 수도 있다. 그러므로 임차권의 승계인이 임차권승계 여부를 자유롭게 결정할 수 있도록 할 필요가 있다. 이러한 필요에 따라 주택임대차법은 '임차권의 승계인은 임차인의 사망일로부터 1개월 이내에 임대인에 대하여 반대의 의사(승계권을 포기한다는 의사표시)를 표시함으로써 승계권을 포기할 수 있다'고 규정한 것이다(동조 3항). 이때의 「1개월」이라는 기간은 제척기간이라고 해석된다.

e) 임차권승계의 효과

(i) **주택임차권(거주권)의 승계** 임차권승계의 효과는 승계권자가 임대인에 대하여 임대차계약의 잔여기간 동안 목적물인 임차주택을 사용·수익하도록 청구할 수 있는 권리인 임차권, 즉 남은 임대차계약기간 동안 임차주택에 계속 거주할 수 있는 권리(거주권)를 승계하는 것이

130) 「임차권의 공동승계제도」는 상속의 법리를 배제한 것으로 볼 수도 있다.
131) 윤천희, 전게논문(주 66), 211 참조.
132) 다만, 사실혼배우자와 임차권을 공동승계하는 상속권자로서 배우자가 문제되는 경우는 발생할 수 없다.
133) 同旨: 고상룡, 전게논문(주 111), 326; 윤천희, 전게논문(주 66), 210 참조.
134) 同旨: 윤천희, 상게논문, 212 참조.
135) 同旨: 상게논문, 212 참조.

라는 점에 대해서는 의문이 없다. 그러나 주택임대차법은 '임차인의 권리와 의무를 승계한다'고 규정하고 있을 뿐이어서(동법 9조 1항, 2항), '구체적으로 어떠한 권리와 의무가 임차권승계인에게 승계되는가?' 하는 문제가 발생한다.

(ii) **임대차관계에서 생긴 채권의 승계**

① **보증금반환청구권의 승계** : 문제는 '임차인의 보증금반환청구권이 승계인에게 승계되는가?' 하는 것인데, 이에 대해서는 「거주권설」의 입장에서 보증금반환청구권은 승계의 객체가 되지 않고 상속인에게 상속된다는 견해와,[136] '동거가족의 보호라는 임차권승계제도의 취지에 비추어 보증금반환청구권도 승계된다'고 해석하는 견해[137]가 대립되고 있다.

생각건대, 「거주권설」의 입장에서 재산상의 청구권인 보증금반환청구권은 동거가족에게 승계되지 아니하고 상속인에게 상속된다는 주장은 논리적이기는 하지만, '주택임대차의 현실을 무시한 지나치게 형식적인 해석'이라는 비판을 면하기 어렵다고 생각된다. 즉, 고액의 임차보증금이 차임의 지급기능을 수행하고 있는 우리나라 특유의 주택임대차의 현실을 감안할 때, 임차권승계에 의하여 잔여기간 동안의 거주권만이 보장되는 데 그친다고 한다면, 「동거가족의 생존권 보호」라는 임차권승계의 제도적 취지를 달성할 수 없다고 할 것이다. 그러므로 '임차인의 보증금반환청구권도 승계의 객체가 된다'고 해석하여야 할 것이다.

② **그 밖의 임대차관계에서 생긴 임차인의 권리** : 임차권의 승계인은 임차인의 보증금반환청구권 이외에도 하자담보책임상의 권리를 비롯하여, 목적물의 수선청구권(623조), 비용상환청구권(626조), 부속물매수청구권(646조) 등의 권리도 모두 승계한다.

(iii) **임대차관계에서 생긴 채무의 승계** 승계인은 임대차관계에서 생긴 채무를 승계하므로(9조 4항), 임대차계약상의 채무인 당해 주택을 계약 및 용법에 따라 사용·수익하여야 할 의무와 차임지급의무는 물론 연체차임채무도 승계한다. 그러나 임차인과 임대인 사이의 금전대차관계와 같이, 임대차관계와는 직접적인 관계가 없는 채무는 승계되지 않는다고 할 것이다.

2) 부속물매수청구권

(가) 의 의

임차인의 「부속물매수청구권」이라 함은 '건물 기타 공작물의 임차인이 그 사용의 편익을 위하여 임대인의 동의를 얻어 이에 부속한 물건이나 임대인으로부터 매수한 부속물이 있는 경우, 임대차 종료 시에 임대인에 대하여 그 부속물의 매수를 청구할 수 있는 권리'를 말한다(646조). 전술한 바와 같이, 임차인이 목적물에 부속시킨 물건이 임차물에 부합되지 아니하여 독립한 소유권의 객체가 되는 경우에는, 임차인의 비용상환청구권은 인정되지 아니한다. 그

---

136) 고상룡, 전게논문(주 44), 105 참조.
137) 민법주해(15)/민일영, 284; 윤천희, 전게논문(주 66), 214 참조.

러나 이 경우에도 부속물은 목적물의 편익에 이바지하는 상태에서만 그 가치를 유지할 수 있는 경우가 대부분이며, 부속되어 있는 임차목적물로부터 분리하게 되면 그 가치를 상실하거나 그 가치가 크게 훼손되기 마련이다. 이러한 점을 고려하여, 민법은 임차물의 경제적 가치를 유지하고 임차인의 투하자본의 회수를 보장해주기 위하여 임대인에게 부속물의 매수를 강제하고 있다. 임차인의 부속물매수청구권을 인정한 제646조에 위반하는 당사자의 약정으로서 임차인에게 불리한 것은 그 효력이 없는 이른바 「편면적 강행규정」이다(652조).

■ 제646조에 위반되는 임차인에게 불리한 약정이 아니라고 한 사례 건물임차인인 피고들이 증·개축한 시설물과 부대시설을 포기하고 임대차 종료 시의 현상대로 임대인의 소유에 귀속하기로 하는 대가로 임대차계약의 보증금 및 월차임을 파격적으로 저렴하게 하고, 그 임대기간도 장기적으로 약정하고, 임대인은 임대차계약의 종료 즉시 임대건물을 철거하고 그 부지에 건물을 신축하려고 하고 있으며, 임대차계약 당시부터 임차인도 그와 같은 사정을 알고 있었다면, 임대차계약 시 임차인의 부속시설의 소유권이 임대인에게 귀속하기로 한 특약은 단지 부속물매수청구권을 배제하기로 하거나 또는 부속물을 대가 없이 임대인의 소유에 속하게 하는 약정들과는 달라서 임차인에게 불리한 약정이라고 할 수 없다. (대법원 1982.1.19.선고, 81다1001 판결)

(나) 부속물매수청구권의 법적 성질

부속물매수청구권은 청구권이 아니라 형성권이다. 즉, 부속물매수청구권은 임차인의 단독의 의사표시인 '매수청구권의 행사'에 의하여 부속물에 대한 매매계약이 성립하고 동시에 그 효력이 발생하는 '일종의 형성권'이라고 보아야 할 것이다.

(다) 부속물매수청구권의 발생요건

(A) 건물 기타 공작물의 부속물일 것 「부속물」이라 함은 '건물에 부속된 물건으로 임차인의 소유에 속하고 건물의 구성부분이 되지 아니한 것으로서 건물의 사용에 객관적인 편익을 가져오게 하는 물건'을 말하는 것이므로, 독립한 소유권의 객체가 될 수 없는 건물 자체의 수선 내지 증·개축 부분이나 임대인의 소유에 속하기로 한 부분은 특별한 사정이 없는 한 건물 자체의 구성부분을 이루는 것으로서 독립된 물건이라고 볼 수 없으므로, 부속물매수청구권의 대상이 될 수 없다(대법원 1983.2.22.선고, 80다589 판결 등).[138] 또한 '부속된 물건이 오로지 임차인의 특수목적에 사용하기 위하여 부속된 것일 때에는 매수청구권의 대상이 되는 물건이라고 할 수 없으며, 부속물매수청구권의 객체인 부속물인지의 여부를 결정하는 「당해 건물의 객관적인 사용목적」은 그것이 일반주택인가 점포 또는 빌딩인가 등 그 건물 자체의 구조와 임대차 당시 당사자 사이에 합의된 사용목적 기타 건물의 위치, 환경 등 제반사정을 참작하여 객관적으로 정하여진다'는 것이 판례의 입장이다(대법원 1977.6.7.선고, 77다50·51 판결 등).[139]

---

138) 같은 취지: 대법원 1982.1.19.선고, 81다1001 판결.
139) 같은 취지: 대법원 1991.10.8.선고, 91다8029 판결; 대법원 1993.2.26.선고, 92다41627 판결; 대법원

(B) 임대인의 동의가 있었거나 임대인으로부터 매수한 것일 것 건물의 임차인이 임대인에게 부속물매수청구권을 행사하기 위해서는 부속물을 건물에 설치하는 데 대하여 임대인의 동의가 있었거나 그 부속물을 임대인으로부터 매수한 것이어야 한다(646조). 여기서 "임대인의 동의"라 함은 '임차인이 부속물을 건물에 부속시키는 데 대한 동의'를 가리키며, 그 법적 성질은 준법률행위인 「의사의 통지」이다. 또한 여기서의 "임대인의 동의"는 임차인 소유의 부속물이 건물에 부속되어 있는 데 대한 동의를 의미하는 것에 불과하므로, 반드시 임차인 자신이 부속물을 부속시켰을 필요는 없다고 할 것이다.

한편 '임차인이 부속물을 임대인으로부터 매수한 경우에는, 그 부속물이 건물의 객관적인 이용가치를 증가시키는가의 여부에 관계없이 부속물매수청구권이 인정된다'고 해석하는 견해[140]가 유력하다. 또한 판례는 '점포의 최초임차인이 임대인 측의 묵시적 동의하에 유리출입문, 새시 등 영업에 필요한 시설을 부속시킨 후, 그 점포의 소유권이 임차보증금반환채무와 함께 현 임대인에게 이전되고 점포의 임차권도 임대인과 사이에 시설비 지급 여부 또는 임차인의 원상회복의무에 관한 아무런 논의 없이 현 임차인에게 전전승계되어온 경우에는, 특별한 사정이 없는 한 종전 임차인의 지위를 승계한 현임차인은 임대인에 대하여 부속물매수청구권을 행사할 수 있다'고 한다(대법원 1995.6.30.선고, 95다12927 판결).

(라) 부속물매수청구권 행사의 방법과 그 효과

임차인의 매수청구권의 행사에 대해서는 특별한 방식이 요구되고 있지 않다. 그러므로 '임차인이 임대인에 대하여 부속물매수청구권 행사의 의사표시를 하면, 제646조의 규정에 의하여 부속물에 대한 매매계약이 당연히 성립한다'고 할 것이다. 다만, 매매목적물인 부속물의 가격은 임차인이 부속물매수청구권을 행사할 당시, 즉 부속물이 임차물에 부속되어 있는 상태에서의 시가 상당액이라고 할 것이다.[141]

3) 지상물매수청구권

(가) 의 의

건물 기타 공작물의 소유 또는 식목, 채염, 목축을 목적으로 한 토지임대차에서는 임대차기간이 만료된 때 그 토지 위에 임차인 소유의 건물, 수목 기타 지상시설(이하 「지상물」로 약칭)이 현존한 경우, 임차인은 임대차계약의 갱신을 청구할 수 있으며, 만약 임대인이 임대차계약의 갱신을 원하지 아니하는 때에는 임차인은 상당한 가액으로 지상물의 매수를 임대인에게 청구할 수 있다(643조, 283조).

1993.10.8.선고, 93다25738·93다25745 판결.

140) 同旨: 곽윤직, 376 참조.

141) 同旨: 곽윤직, 376 참조.

(나) 지상물매수청구권의 행사요건

토지임차인의 지상물매수청구권은 건물의 소유를 목적으로 한 토지 임대차의 기간이 만료되어 그 지상에 건물이 현존하고 임대인이 계약의 갱신을 원하지 아니하면 되는 것이지, 그 지상건물이 객관적으로 경제적 가치가 있는지 여부나 임대인에게 소용이 있는지 여부는 요건이 아니다(대법원 2002.5.31.선고, 2001다42080 판결). 또한 판례는 '지상건물에 근저당권이 설정되어 있는 경우에도 임차인의 지상물매수청구권은 인정된다'고 하는데, 이 경우에 건물의 매수가격은 건물 자체의 가격 외에 건물의 위치, 주변토지의 여러 사정 등을 종합적으로 고려하여 매수청구권 행사 당시 건물이 현존하는 대로의 상태에서 평가된 시가상당액을 의미하고, 여기에서 근저당권의 채권최고액이나 피담보채무액을 공제한 금액을 매수가격으로 정할 것은 아니라고 한다(대법원 2008.5.29.선고, 2007다4356 판결 등).[142] 다만, 매수청구권을 행사한 지상건물 소유자가 근저당권을 말소하지 않는 경우 토지소유자는 민법 제588조에 의하여 위 근저당권의 말소등기가 될 때까지 그 채권최고액에 상당한 대금의 지급을 거절할 수 있다. 또한 지상물매수청구권은 임대차계약의 효력으로 인정되는 것이므로, 임차인의 채무불이행을 이유로 임대차계약이 해지되어 계약의 효력이 소멸한 경우에는 지상물매수청구권을 행사할 수 없음은 당연하다(대법원 2003.4.22.선고, 2003다7685 판결 등).[143]

(다) 지상물매수청구권의 행사방법

지상물매수청구권의 행사방식에 특별한 제한은 없다. 따라서 판례는 '임차인의 지상물매수청구권은 재판상으로 뿐만 아니라 재판 외에서도 행사할 수 있으며, 그 행사의 시기에 대하여도 제한이 없으므로, 임차인이 자신의 건물매수청구권을 제1심에서 행사하였다가 철회한 후 항소심에서 다시 행사할 수도 있다'고 한다(대법원 2002.5.31.선고, 2001다42080 판결).

(라) 지상물매수청구권 행사의 효과

지상물매수청구권이 행사되면 임대인과 임차인 사이에서는 임차지상의 건물에 대하여 매수청구권 행사 당시의 건물시가를 대금으로 하는 매매계약이 체결된 것과 같은 효과가 발생한다(대법원 2002.11.13.선고, 2002다46003·46027·46010 판결).

4) 철거권

임차인은 부속물매수청구권이나 지상물매수청구권을 행사하지 아니하고 부속물이나 지상물을 철거할 수도 있는데, 이를 임차인의 「철거권」이라고 한다(654조, 615조).

---

142) 같은 취지: 대법원 1972.5.23.선고, 72다341 판결; 대법원 1987.6.23.선고, 87다카390 판결; 대법원 1988.9.27.선고, 87다카1029 판결; 대법원 2002.11.13.선고, 2002다46003·46027·46010 판결.

143) 같은 취지: 대법원 1972.12.26.선고, 72다2013 판결; 대법원 1991.4.23.선고, 90다19695 판결; 대법원 1994.2.22.선고, 93다44104 판결; 대법원 1996.2.27.선고, 95다29345 판결; 대법원 1997.4.8.선고, 96다54249·54256 판결; 대법원 2003.4.22.선고, 2003다7685 판결.

5) 권리금

상가임대차법은 「권리금」을 '임대차 목적물인 상가건물에서 영업을 하는 자 또는 영업을 하려는 자가 영업시설·비품, 거래처, 신용, 영업상의 노하우, 상가건물의 위치에 따른 영업상의 이점 등 유형·무형의 재산적 가치의 양도 또는 이용대가로서 임대인, 임차인에게 보증금과 차임 이외에 지급하는 금전 등의 대가'라고 정의하고 있다(동법 10조의3 1항).[144] 동조에서 규정하는 바와 같이, 권리금은 임차인이 임대인에게 지급하는 경우도 있을 수 있으나, 일반적으로는 임차권양도 시에 양수인으로부터 양도인에게 지급되는 경우가 대부분이다. 이 경우 권리금은 임대인과는 전혀 관계가 없는 임차인 사이의 금전의 수수에 불과하다. 이런 이유에서, 판례는 '권리금이 임차인으로부터 임대인에게 지급된 경우에도, 그 유형·무형의 재산적 가치의 양수 또는 약정기간 동안의 이용이 유효하게 이루어진 이상 임대인은 그 권리금의 반환의무를 지지 아니한다'는 입장을 확립하고 있었다(대법원 2001.4.10.선고, 2000다59050 판결 등).

■ **영업용건물의 임대차에 수반하여 지급되는 권리금의 법적 성질 및 임대인이 권리금반환의무를 부담하는지 여부**(원칙적 소극) 영업용 건물의 임대차에 수반되어 행하여지는 권리금의 지급은 임대차계약의 내용을 이루는 것은 아니고 권리금 자체는 거기의 영업시설·비품 등 유형물이나 거래처, 신용, 영업상의 노하우(know-how) 또는 점포 위치에 따른 영업상의 이점 등 무형의 재산적 가치의 양도 또는 일정 기간 동안의 이용대가라고 볼 것이다. <u>권리금이 임차인으로부터 임대인에게 지급된 경우 그 유형·무형의 재산적 가치의 양수 또는 약정기간 동안의 이용이 유효하게 이루어진 이상 임대인은 그 권리금의 반환의무를 지지 아니한다.</u> 다만 <u>임차인은 당초의 임대차에서 반대되는 약정이 없는 한 임차권의 양도 또는 전대차의 기회에 부수하여 자신도 그 재산적 가치를 다른 사람에게 양도 또는 이용케 함으로써 권리금 상당액을 회수할 수 있을 것이다. 따라서 임대인이 그 임대차의 종료에 즈음하여 그 재산적 가치를 도로 양수한다든지 권리금 수수 후 일정한 기간 이상으로 그 임대차를 존속시켜 그 가치를 이용케 하기로 약정하였음에도 임대인의 사정으로 중도 해지됨으로써 약정기간 동안의 그 재산적 가치를 이용케 해주지 못하였다는 등의 특별한 사정이 있을 때에만 임대인은 그 권리금 전부 또는 일부의 반환의무를 진다</u>고 할 것이다. (대법원 2001.4.10.선고, 2000다59050 판결)[145]

상가임대차계약의 존속기간은 기본적으로 1년에 불과하므로(상가임대차법 9조 1항),[146] 막대

144) 상가임대차법 제10조의3(권리금의 정의 등) ① 권리금이란 임대차 목적물인 상가건물에서 영업을 하는 자 또는 영업을 하려는 자가 영업시설·비품, 거래처, 신용, 영업상의 노하우, 상가건물의 위치에 따른 영업상의 이점 등 유형·무형의 재산적 가치의 양도 또는 이용대가로서 임대인, 임차인에게 보증금과 차임 이외에 지급하는 금전 등의 대가를 말한다. ② 권리금 계약이란 신규임차인이 되려는 자가 임차인에게 권리금을 지급하기로 하는 계약을 말한다.

145) 같은 취지: 대법원 2000.9.22.선고, 2000다26326 판결; 대법원 2002.7.26.선고, 2002다25013 판결; 대법원 2008.4.10.선고, 2007다76986·76993 판결; 대법원 2011.1.27.선고, 2010다85164 판결; 대법원 2013.12.26.선고, 2013다63257 판결.

146) 상가임대차법 제9조(임대차기간 등) ① 기간을 정하지 아니하거나 기간을 1년 미만으로 정한 임대차는 그 기간을 1년으로 본다. 다만, 임차인은 1년 미만으로 정한 기간이 유효함을 주장할 수 있다. ② 임대차가 종료한 경우에도 임차인이 보증금을 돌려받을 때까지는 임대차관계는 존속하는 것으로 본다.

한 권리금을 지급하고 전 임차인으로부터 임차권을 양수하여 영업을 시작한경우에는 불과 1년 만에 권리금과 인테리어 등 시설에 투자한 자금을 회수하는 것은 사실상 불가능한 것이 현실이다. 그러므로 권리금 등 상가임대차를 둘러싸고 발생하는 임대인과 임차인 사이의 분쟁을 방지하기 위해서는 임차인에게 투하자금을 회수할 수 있는 충분한 임대차기간을 보장해 줄 필요가 있다고 할 것이다. 이런 이유에서 2019.4.17.부터 시행된 개정 상가임대차법(2018.10.16. 법률 제15791호)은 임차인에게 임대차계약의 갱신요구권을 인정하고(동법 10조 1항),[147] 임대인은 정당한 사유 없이 임차인의 갱신요구를 거절할 수 없으며, 개정 전 5년이었던 계약갱신요구권을 최대 10년까지로 연장함으로써(동법 10조 2항), 임차인에게 권리금 등 투하자금을 회수할 수 있는 상당한 기간을 보장하고 있다.

다른 한편 상가임대차법은 ① 임대인에게 '임차인이 주선한 신규임차인이 되려는 자에게 권리금을 요구하거나 권리금을 수수하는 행위' 등 권리금계약에 따라 주선한 신규임차인이 되려는 자로부터 임차인이 권리금을 지급받는 것을 방해하는 행위 등을 금지하고, 이를 위반하는 경우에는 임차인은 임대인에게 손해배상을 청구할 수 있도록 하고 있다(상가임대차법 10조의4).[148] 또한 ② 국토교통부장관으로 하여금 「표준권리금계약서」를 정하여 그 사용을 권장할

147) 상가임대차법 제10조(계약갱신 요구 등) ① 임대인은 임차인이 임대차기간이 만료되기 6개월 전부터 1개월 전까지 사이에 계약갱신을 요구할 경우 정당한 사유 없이 거절하지 못한다. 다만, 다음 각 호의 어느 하나의 경우에는 그러하지 아니하다. 1. 임차인이 3기의 차임액에 해당하는 금액에 이르도록 차임을 연체한 사실이 있는 경우 2. 임차인이 거짓이나 그 밖의 부정한 방법으로 임차한 경우 3. 서로 합의하여 임대인이 임차인에게 상당한 보상을 제공한 경우 4. 임차인이 임대인의 동의 없이 목적 건물의 전부 또는 일부를 전대한 경우 5. 임차인이 임차한 건물의 전부 또는 일부를 고의나 중대한 과실로 파손한 경우 6. 임차한 건물의 전부 또는 일부가 멸실되어 임대차의 목적을 달성하지 못할 경우 7. 임대인이 다음 각 목의 어느 하나에 해당하는 사유로 목적 건물의 전부 또는 대부분을 철거하거나 재건축하기 위하여 목적 건물의 점유를 회복할 필요가 있는 경우 가. 임대차계약 체결 당시 공사시기 및 소요기간 등을 포함한 철거 또는 재건축 계획을 임차인에게 구체적으로 고지하고 그 계획에 따르는 경우 나. 건물이 노후·훼손 또는 일부 멸실되는 등 안전사고의 우려가 있는 경우 다. 다른 법령에 따라 철거 또는 재건축이 이루어지는 경우 8. 그 밖에 임차인이 임차인으로서의 의무를 현저히 위반하거나 임대차를 계속하기 어려운 중대한 사유가 있는 경우 ② 임차인의 계약갱신요구권은 최초의 임대차기간을 포함한 전체 임대차기간이 10년을 초과하지 아니하는 범위에서만 행사할 수 있다. ③ 갱신되는 임대차는 전 임대차와 동일한 조건으로 다시 계약된 것으로 본다. 다만, 차임과 보증금은 제11조에 따른 범위에서 증감할 수 있다. ④ 임대인이 제1항의 기간 이내에 임차인에게 갱신 거절의 통지 또는 조건 변경의 통지를 하지 아니한 경우에는 그 기간이 만료된 때에 전 임대차와 동일한 조건으로 다시 임대차한 것으로 본다. 이 경우에 임대차의 존속기간은 1년으로 본다. ⑤ 제4항의 경우 임차인은 언제든지 임대인에게 계약해지의 통고를 할 수 있고, 임대인이 통고를 받은 날부터 3개월이 지나면 효력이 발생한다.

148) 제10조의4(권리금 회수기회 보호 등) ① 임대인은 임대차기간이 끝나기 6개월 전부터 임대차 종료 시까지 다음 각 호의 어느 하나에 해당하는 행위를 함으로써 권리금계약에 따라 임차인이 주선한 신규임차인이 되려는 자로부터 권리금을 지급받는 것을 방해하여서는 아니 된다. 다만, 제10조 제1항 각 호의 어느 하나에 해당하는 사유가 있는 경우에는 그러하지 아니하다. 1. 임차인이 주선한 신규임차인이 되려는 자에게 권리금을 요구하거나 임차인이 주선한 신규임차인이 되려는 자로부터 권리금을 수수하는 행위 2. 임차인이 주선한 신규임차인이 되려는 자로 하여금 임차인에게 권리금을 지급하지 못하게 하는 행위 3. 임차인이 주선한 신규임차인이 되려는 자에게 상가건물에 관한 조세, 공과금, 주변 상가건물의

수 있도록 하고(상가임대차법 10조의6),[149] 권리금에 대한 감정평가의 절차와 방법 등에 관한 기준을 고시할 수 있도록 하고 있다(동법 10조의7).[150]

(2) 임차인의 의무

1) 차임(임차료)지급의무

임차인은 목적물을 사용·수익하는 대가로서 차임지급의무를 부담한다(618조). 매매의 경우와는 달리, 차임은 반드시 금전이어야 하는 것은 아니므로, 금전 이외의 다른 물건을 차임으로 지급하기로 하는 약정도 유효하다(대법원 1959.7.23.선고, 4291민상725 판결).

(가) 차임액을 규제할 필요성

민법은 차임액에 대하여는 아무런 규제도 하고 있지 아니하다. 따라서 당사자는 차임액을 자유롭게 약정할 수 있는 것이 원칙이다. 그러나 다른 나라와는 달리 우리나라에서는 임대차계약 체결 시 고액의 보증금이 수수되는 관행이 지배하고 있으며, 보증금이 차임지급의 기능을 수행하고 있으므로, 보증금을 포함한 차임액에 대한 직접적인 규제가 이루어지지 않고서는 임차인의 실질적인 보호는 불가능하다고 생각된다. 따라서 「임대료규제법」을 제정하거나 주택임대차법을 개정하여 보증금을 포함하여 차임액에 대한 강력한 규제제도를 시행할 필요가 있다는 견해[151]에 찬성한다.

(나) 차임감액청구권 또는 계약해지권

(A) 일부멸실 등으로 인하여 목적물을 사용·수익할 수 없는 경우

a) 임차인의 귀책사유가 없는 경우 임차물의 일부가 임차인의 과실 없이 멸실 기타 사유

차임 및 보증금, 그 밖의 부담에 따른 금액에 비추어 현저히 고액의 차임과 보증금을 요구하는 행위 4. 그 밖에 정당한 사유 없이 임대인이 임차인이 주선한 신규임차인이 되려는 자와 임대차계약의 체결을 거절하는 행위 ② 다음 각 호의 어느 하나에 해당하는 경우에는 제1항 제4호의 정당한 사유가 있는 것으로 본다. 1. 임차인이 주선한 신규임차인이 되려는 자가 보증금 또는 차임을 지급할 자력이 없는 경우 2. 임차인이 주선한 신규임차인이 되려는 자가 임차인으로서의 의무를 위반할 우려가 있거나 그 밖에 임대차를 유지하기 어려운 상당한 사유가 있는 경우 3. 임대차 목적물인 상가건물을 1년 6개월 이상 영리목적으로 사용하지 아니한 경우 4. 임대인이 선택한 신규임차인이 임차인과 권리금 계약을 체결하고 그 권리금을 지급한 경우 ③ 임대인이 제1항을 위반하여 임차인에게 손해를 발생하게 한 때에는 그 손해를 배상할 책임이 있다. 이 경우 그 손해배상액은 신규임차인이 임차인에게 지급하기로 한 권리금과 임대차 종료 당시의 권리금 중 낮은 금액을 넘지 못한다. ④ 제3항에 따라 임대인에게 손해배상을 청구할 권리는 임대차가 종료한 날부터 3년 이내에 행사하지 아니하면 시효의 완성으로 소멸한다. ⑤ 임차인은 임대인에게 임차인이 주선한 신규임차인이 되려는 자의 보증금 및 차임을 지급할 자력 또는 그 밖에 임차인으로서의 의무를 이행할 의사 및 능력에 관하여 자신이 알고 있는 정보를 제공하여야 한다.

149) 상가임대차법 제10조의6(표준권리금계약서의 작성 등) 국토교통부장관은 임차인과 신규임차인이 되려는 자가 권리금 계약을 체결하기 위한 표준권리금계약서를 정하여 그 사용을 권장할 수 있다.

150) 상가임대차법 제10조의7(권리금 평가기준의 고시) 국토교통부장관은 권리금에 대한 감정평가의 절차와 방법 등에 관한 기준을 고시할 수 있다.

151) 고상룡, 전게논문(주 44), 113 참조.

로 인하여 사용·수익할 수 없는 때에는, 임차인은 그 부분의 비율에 의한 차임의 감액을 청구할 수 있다(627조 1항). 임차인의 차임감액청구권은 형성권으로서, 임대인의 승낙이 없더라도 즉시 감액의 효력이 발생한다. 또한 제627조는 강행규정으로서 이에 위반하는 당사자의 약정으로서 임차인에게 불리한 것은 효력이 없다(652조). 여기서 "임차인의 과실 없이 사용·수익할 수 없는 때"라 함은 '불가항력 또는 쌍방불귀책사유로 인하여 임차물의 일부가 사용·수익할 수 없게 된 경우[152]와 임대인의 귀책사유로 인하여 임차물의 일부를 사용·수익할 수 없게 된 경우'를 말하는데, 이러한 경우에도 이행불능에 관한 제390조의 규정이나 위험부담에 관한 제537조나 제538조의 규정이 적용되지 않고 제627조가 적용된다는 데 그 의의가 있다. 즉, 임차인은 그 잔존부분으로 임차의 목적을 달성할 수 있는 한 계약을 해지할 수 없고, 차임의 감액을 청구할 수 있을 뿐이다. 그러나 잔존부분만으로는 임차의 목적을 달성할 수 없는 경우에는 임차인이 계약을 해지할 수 있음은 물론이다(제627조 제2항).

b) 임차인의 귀책사유가 있는 경우 민법은 임차인 자신의 귀책사유로 인하여 목적물의 일부를 사용·수익할 수 없는 경우에 관하여는 규정을 두고 있지 않다. 그러나 제627조의 반대해석상 '임차인은 차임의 감액을 청구할 수 없으며, 그 잔존부분으로 임차의 목적을 달성할 수 없는 때에는 임대인의 사용·수익의무는 임차인의 귀책사유로 인한 후발적 불능으로 인하여 소멸하지만 임차인의 차임지급의무는 존속한다'고 할 것이다(538조 1항). 대법원은 '임차인의 귀책사유로 인하여 임차건물을 사용하지 못한 경우, 임차인은 그 사용·수익이 불가능한 기간에 대하여도 약정한 차임을 임대인에게 지급할 의무가 있다'고 판시한 바 있다(대법원 1987.12.8.선고, 87다카1104 판결).

(B) 목적물의 전부멸실로 인하여 사용·수익할 수 없는 경우

a) 불가항력 내지 쌍방불귀책사유로 인한 전부멸실의 경우 이 경우에는 이행불능으로 인하여 임대인의 사용·수익의무가 소멸하며, 동시에 임차인의 차임지급의무도 소멸하므로(537조), 임대차계약관계는 종료한다.

b) 임대인의 귀책사유로 인한 전부멸실의 경우 이 경우에는 임대차계약은 유효하게 존속한다. 그러나 임차인은 임대인의 채무불이행(이행불능)을 이유로 계약을 해지하고 손해배상을 청구할 수 있다(546조, 551조). 비현실적인 가정이기는 하지만, '만약 임차인이 임대차계약을 해지하지 않으면 임차인의 차임지급의무는 계속 존속하는 것인가?' 하는 것이 문제된다. 이론상으로는 이 경우 임대인의 사용·수익의무는 손해배상의무로 전환되어 동일성을 유지하며 존속하며, 임차인의 차임지급의무도 소멸하지 않는다고 해석하여야 할 것이나, 이 경우에는

152) 이 경우에는 제627조의 규정은 위험부담에 관한 제537조의 특칙으로서의 성질을 갖는데, 임차물의 숨은 하자로 인하여 사용·수익이 불가능한 경우에는 하자담보책임에 관한 제567조(제580조를 준용)의 특칙으로서의 성질도 갖는다고 생각된다.

임대차관계는 종료하며 손해배상의 문제로 처리하여야 할 것이다.[153)]

c) 임차인의 귀책사유로 인하여 목적물이 전부 멸실한 경우 이 경우에 위험부담에 관한 제538조 제1항의 규정을 적용하면, 임대인은 차임의 지급을 청구할 수 있으며 채권자인 임차인은 계약의 소멸을 주장할 수 없다는 결론이 될 것이다. 그러나 '이 경우에는 채무자인 임대인도 이행불능을 이유로 임대차계약을 해지할 수 있다고 하여야 하지 않을까?' 하는 의문이 생긴다. 그 이유는 쌍무계약인 임대차계약에서 채권자인 임차인의 귀책사유로 인하여 채무의 이행불능상태가 야기된 것이기는 하지만, 계속적 계약인 임대차계약의 특성을 고려할 때 이미 목적물이 멸실하여 임차인의 사용·수익이 불가능한 상태에서 임대차계약관계를 계속 유지시킨다(임차인의 차임지급의무는 계속 존속한다)는 것은 무의미할 뿐만 아니라 당사자 사이의 형평에도 문제가 있기 때문이다. 그러므로 '이 경우에는 위험부담에 관한 제538조 제1항의 적용이 배제되어 임대차관계는 법률상 당연히 종료되며,[154)] 만약 임대인에게 손해가 발생한 경우에는 임차인이 손해배상책임을 져야 할 것이다.

(다) 사정변경으로 인한 차임증감청구권

임대목적물에 대한 공과부담의 감소 기타 경제사정의 변동으로 인하여 차임이 상당하지 아니하게 된 때에는 임차인은 장래에 대한 차임의 감소를 청구할 수 있으며, 임대인도 차임의 증액을 청구할 수 있다(628조). 이 경우의 임차인의 차임감액청구권은 형성권으로서 재판상으로는 물론 재판외에서의 청구도 가능하다고 해석되고 있다.[155)] 제628조의 규정은 신의칙의 파생원칙인 「사정변경의 원칙」이 입법화된 것이라고 할 수 있다. 또한 제628조는 그에 위반하는 약정으로 임차인에게 불리한 것(임차인의 감액청구권을 배제하거나 제한하는 것)은 그 효력이 없는 이른바 「편면적 강행규정」이므로(652조), 임대인의 차임증액청구권을 배제하거나 제한하는 약정은 그 효력이 인정된다. 다만, 일시사용을 위한 임대차에서는 차임증감청구권이 인정되지 않는다(653조). 또한 주택임대차법은 주택임차인의 보호를 위하여 민법 제628조의 규정에 대한 특칙을 두고 있는데, 주택임대차에서 차임 또는 보증금의 증액청구는 약정한 차임 또는 보증금의 20분의 1의 금액을 초과하지 못하며, 임대차계약 또는 약정한 차임 또는 보증금의 증액이 있은 후 1년 이내에는 차임 또는 보증금의 증액청구를 할 수 없다(동법 7조).

2) 임차물보존의무

임차인은 전형적인 특정물채무자로서 임차물을 임대인에게 반환하기까지 「선량한 관리자의 주의」로써 보존할 의무가 있다(374조). 민법은 임차인의 임차물보존의무와 관련하여 임차

---

153) 同旨: 곽윤직, 378; 김주수, 290; 김증한/안이준, 379 참조.

154) 同旨: 곽윤직, 378; 김주수, 291 참조.

155) 이러한 현행민법의 태도에 대하여 입법론상의 의문을 표시하고, 차임증감청구권을 재판에 의하여 효력이 발생하는 것으로 전환하는 것이 타당하다는 견해도 있다(김주수, 293 참조).

인에게 다음과 같은 두 가지의 종된 의무를 규정하고 있다.

(가) 통지의무

임차물이 수리를 요하거나 임차물에 대하여 권리를 주장하는 자가 있는 경우에는, 임차인은 지체 없이 임대인에게 이를 통지하여야 한다. 그러나 임대인이 이미 그 사실을 알고 있는 경우에는 그러하지 아니하다(634조).

(나) 임대인의 보존행위 인용의무

임대인이 임대물의 보존에 필요한 행위를 하는 경우에는, 임차인은 이를 거절할 수 없다(624조). 그러나 임대인이 임차인의 의사에 반하여 보존행위를 하는 경우에 임차인이 그로 인하여 임차의 목적을 달성할 수 없는 때에는, 임차인은 계약을 해지할 수 있다(625조).

3) 임차물반환의무

임대차계약이 종료한 때에는, 임차인은 임차물을 임대인에게 반환하여야 한다. 전술한 바와 같이, 임차인은 임차물을 원상으로 회복하여 반환하여야 한다(654조, 615조).

제4장

노무제공형계약

제 1 절　고용계약
제 2 절　도급계약
제 3 절　여행계약
제 4 절　현상광고계약
제 5 절　위임계약과 사무관리
제 6 절　임치계약

제 1 절 고용계약

[41] Ⅰ. 서 설

1. 고용계약의 의의

「고용계약(雇傭契約)」(Dienstvertrag; contrat de travail)이라 함은 '노무자가 상대방인 사용자에 대하여 노무(勞務)를 제공할 것을 약정하고, 사용자는 그 대가로서 보수를 지급할 것을 약정함으로써 효력이 생기는 계약'을 말한다(655조). 고용계약은 「노무제공형계약」(노무공급계약)의 대표적인 유형의 계약으로서, 노무자의 입장에서는 보수를 받고 노무를 제공하는 계약이고, 사용자의 입장에서는 보수를 주고 노무자의 노동력을 이용하는 계약이다.

민법은 「노무제공형계약」으로 고용(655~663조)·도급(664~674조)·현상광고(675~679조)·위임(680~692조)·임치(693~702조)의 5개 유형의 전형계약에 대하여 규정하고 있었는데, 2016.2.3.부터 여행계약에 관한 규정(674조의2~674조의9)을 민법전에 추가하는 내용의 개정민법(2015.2.3. 법률 제13125호)이 시행됨으로써, 현재는 6개 유형의 노무제공형계약이 존재한다.

고용계약은 '노무자의 노무(노동)의 제공 그 자체를 급부의 목적으로 하는 계약'으로서, '일정한 일의 완성을 급부의 목적으로 하는 계약'인 「도급계약」(664조)이나, '수임인에게 일정한 사무의 처리를 맡기는 계약'인 「위임계약」(680조)과 개념상 구별된다. 그러나 실제사건에서는 노무의 제공을 목적으로 하는 당해 계약이 고용·도급·위임 중 어느 계약의 유형에 속하는가에 대해 판별하는 것이 어려운 경우가 많다.

2. 고용계약의 법적 성질

(1) 낙성·불요식계약

고용계약은 당사자 사이의 합의만 있으면 성립하는 낙성계약이며, 그 합의에 어떠한 방식도 요구되지 않는 불요식계약이다.

(2) 쌍무·유상계약

1) 쌍무계약

고용계약의 효력은 노무자가 사용자에 대하여 노무제공의무를 지고, 사용자는 그 대가로서 보수지급의무를 지는 것인데(655조), 노무자의 노무제공의무와 사용자의 보수지급의무는 상호의존적 견련관계(대가관계)에 있으므로, 고용계약은 쌍무계약이다. 그러므로 노무자의 노무제공의무와 사용자의 보수지급의무는 동시이행관계에 있으며(536조), 위험부담의 법리가 적용되며(537조, 538조), 당사자 일방의 채무불이행이 있으면 상대방은 계약을 해지할 수 있다(543조, 550조).

2) 유상계약

고용계약에서 노무자의 급부(노무의 제공)와 사용자의 보수지급은 대가적 관계에 있으므로, 고용계약은 전형적인 유상계약이다.

3. 고용계약의 사회적 작용

(1) 민법상의 고용계약

사람은 생존을 위하여 재화가 필요하다. 그런데 산업화된 현대사회에서 자영업을 영위하는 사람들을 제외한 대부분의 사람들은 자기와 가족들의 생존을 위하여 필수적인 재화의 취득을 타인에게 고용되어 노무(근로)를 제공하고 그 대가로서 취득하는 보수(임금)에 의존하고 있다. 그러므로 노무자(근로자)가 노무를 제공하고 사용자는 그 대가로서 보수를 지급하는 법률관계인 고용계약(근로계약)은 대단히 중요한 작용을 수행하는 법률적 수단이다.

현행민법은 고용계약에 관하여 매우 간단한 9개 조의 조문을 두고 있을 뿐이다. 이는 근대민법의 기본원리인 「사적 자치의 원칙」에 따라, 고용계약을 자유롭고 평등한 지위에 있는 양 당사자(노무자와 사용자)가 이성적인 판단에 기한 합의에 의하여 성립하는 전형계약의 일종으로 관념한 결과라고 할 수 있다.[1] 그러나 민법의 기본원리인 「사적 자치의 원칙」은 사용자와 노무자 사이의 경제력의 차이를 전혀 고려하지 아니하고 인간을 자유롭고 평등하며 이성적이고 합리적인 존재로만 파악하는 비현실적인 인간관에 입각한 것이기 때문에, 경제적 강

1) 노동에 대한 규제의 역사에 대해서는 김형배, 559~561 참조.

자인 사용자가 일방적으로 제시하는 근로조건을 수동적으로 받아들일 수밖에 없는 고용계약의 현실을 규율하기에는 너무나 미흡하다고 하지 않을 수 없다.

(2) 고용계약(근로계약)에 대한 특별한 규제의 필요성

고용계약은 노무(노동)의 급부를 목적으로 하는 것인데, 인간의 노동은 그 인간 자신의 인격과 유리되어 급부될 수 없는 특징을 가진 것이어서, 고용계약에서의 사용자의 노무자에 대한 지휘·명령권은 필연적으로 노무자의 인격에 대한 부당한 지배와 간섭을 야기하기 마련이다.[2] 1789년의 프랑스대혁명 이후 인간이성에 대한 절대적 신뢰를 철학적 기초로 하는 「사적 자치의 원칙」이 확립되자, 이를 법적 기반으로 한 자유시장경제체제와 과학기술의 발전에 따른 산업혁명에 의하여 자본주의경제는 비약적으로 발전하였다. 그러나 자본주의경제의 발전은 동시에 일부계층에 의한 「부(富)의 독점」과 「빈부격차의 심화」라는 병폐에 따른 사회적 갈등을 유발하여 사회주의 내지 공산주의 사상이 대두되었다. 이러한 사회적 계층 사이의 갈등과 대립은 결국 1917년 「러시아 공산주의 혁명」을 촉발시키고 말았다. 이에 영국·프랑스·독일·스위스 등 서구 자본주의국가에서는 인간이성에의 절대적 신뢰에 대한 비판에 입각한 철학사상인 실증주의철학과 이에 영향을 받은 실증주의법철학이 대두되어 「사적 자치의 원칙」에 대한 근본적 회의와 비판론이 제기되었다. 특히 「사적 자치의 원칙」을 기초로 하여 수립된 민법상의 고용계약에 대한 노동자들의 강력한 비판에 직면하여 각국은 고용계약에서 노동자의 인간으로서의 존엄과 가치를 실현할 수 있는 제도를 마련하기 시작하였다. 구체적으로는, 우선 경제적 약자인 노동자의 지위를 강화시켜 사용자와 대등한 교섭능력을 확보해줄 수 있는 제도적 장치로서 노동자들에게 노동3권(단결권·단체교섭권·단체행동권)을 인정하고, 고용계약에서의 사적 자치를 포기하여 법률에 의하여 고용계약에서 사용자가 준수하여야 할 고용조건의 최저기준을 정하는 근로기준법·산업재해보상보험법 등의 「노동입법」이 제정되었다. 그런데 이러한 노동입법은 국가의 행정적 감독과 이를 위반하는 사용자에 대한 처벌에 의하여 입법의 목적을 달성하는 공법적 색채가 농후하여 「사적 자치의 원칙」을 기본원리로 하는 민법을 틀에서 벗어나는 것이었다. 또한 노동입법은 민법상의 고용계약에도 많은 영향을 미쳐서, 독일민법은 고용계약에 임금청구권에 대한 특칙(BGB §615, 616)[3]과 노동자에 대한

2) 我妻榮(中二), 546 참조.

3) 독일민법 제615조(수령지체 시의 보수) 노무청구권자가 노무의 수령을 지체한 경우에는, 의무자는 그 지체로 인하여 급부하지 못한 노무에 대하여 약정된 보수를 추후급부의무를 부담하지 않고 청구할 수 있다. 그러나 그가 노무급부를 하지 아니함으로 인하여 절약하였거나 자신의 노무를 달리 사용함으로써 취득하거나 악의적으로 취득하지 아니한 것의 가액을 공제하여야 한다. 제616조(일시적 장애) 노무급부의무자는 그의 일신상의 사유로 인하여 비교적 짧은 기간 동안 그의 과책 없이 노무급부를 하지 못하게 된 것 때문에 그의 보수청구권을 상실하지 않는다. 그러나 그 장애기간 동안 법률상 의무에 기하여 성립한 질병보험 및 사고보험으로부터 취득한 금액은 공제되어야 한다.

사용자의 보호의무 등에 대한 규정(BGB §617~619)을 두고 있으며, 스위스채무법은 이러한 경향이 한층 더 확대·강화하여 임금청구권(OR Art. 332~336, 340) 및 사용자의 보호의무에 관한 규정을 두고 있을 뿐만 아니라(OR Art. 339, 344), 집단적 노동계약(OR Art. 322, 323)·취업규칙(OR Art. 321)·표준노동계약(OR Art. 324) 등에 관한 규정까지 두고 있다. 그러나 이러한 민법전의 규정만으로는 오늘날의 복잡한 고용관계를 규율하는 데 불충분하므로 많은 특별법이 제정되기 마련이고, 이들 일련의 특별법의 체계가 「노동법」이라는 독립된 법분야를 형성하고 있는 것이 각국의 공통된 현상이다.

(3) 고용계약(근로계약)에 개입할 국가의 헌법상 의무

우리나라도 위에서 살펴본 서구 선진국의 입법례를 모범으로 하여 헌법에서 근로자의 노동3권을 보장하고(헌법 33조 1항),[4] 근로조건의 기준을 인간의 존엄성이 보장될 수 있도록 법률로써 정하도록 한 헌법의 규정(32조 3항)에 근거하여 근로기준법 등의 법률을 제정하여, 고용계약(근로계약)에서 근로자의 이익이 침해되지 않도록 하고 있다. 우선 헌법은 모든 국민에게 「근로의 권리」가 있음을 선언하고, 국가의 근로자의 고용의 증진과 적정임금의 보장에 노력할 의무를 규정하고 있다(32조 1항).[5] 또한 동조 제3항에서는 국가의 「근로조건의 기준에 관한 법률을 제정할 의무」를 부과하고 있다. 이에 따라 근로기준법(2007.4.11. 법률 제8372호로 제2차 전부개정)·최저임금법(1986.12.31. 법률 제3927호로 제정)·임금채권보장법(1998.2.20.법률 제5513호로 제정)·고용보험법(2007.5.11. 법률 제8429호로 전부개정)·산재보험법(1994.12.22. 법률 제4826호로 전부개정) 등의 법률이 제정되어 노동자(이하에서는 법전상의 용어인 「근로자」를 사용하기로 한다)들이 「인간으로서의 존엄과 가치」를 실현할 수 있는 근로조건의 기준을 정하고, 근로자의 고용의 증진과 적정임금을 보장하기 위한 제도적 장치를 마련하고 있다.[6] 또한 헌법은 제32조 제4항에서 여성근로자의 「특별한 보호를 받을 권리」 및 「고용·임금 및 근로조건에 있어서 부당한 차별을 받지 아니할 권리」를 보장하고 있으며, 이를 실현하기 위한 제도적 장치로서 남녀고용평등법

---

4) 헌법 제33조 ① 근로자는 근로조건의 향상을 위하여 자주적인 단결권·단체교섭권 및 단체행동권을 가진다. ② 공무원인 근로자는 법률이 정하는 자에 한하여 단결권·단체교섭권 및 단체행동권을 가진다. ③ 법률이 정하는 주요방위산업체에 종사하는 근로자의 단체행동권은 법률이 정하는 바에 의하여 이를 제한하거나 인정하지 아니할 수 있다.

5) 헌법 제32조 ① 모든 국민은 근로의 권리를 가진다. 국가는 사회적·경제적 방법으로 근로자의 고용의 증진과 적정임금의 보장에 노력하여야 하며, 법률이 정하는 바에 의하여 최저임금제를 시행하여야 한다. ② 모든 국민은 근로의 의무를 진다. 국가는 근로의 의무의 내용과 조건을 민주주의원칙에 따라 법률로 정한다. ③ 근로조건의 기준은 인간의 존엄성을 보장하도록 법률로 정한다. ④ 여자의 근로는 특별한 보호를 받으며, 고용·임금 및 근로조건에 있어서 부당한 차별을 받지 아니한다. ⑤ 연소자의 근로는 특별한 보호를 받는다. ⑥ 국가유공자·상이군경 및 전몰군경의 유가족은 법률이 정하는 바에 의하여 우선적으로 근로의 기회를 부여받는다.

6) 노동법의 발전과 현행 노동법의 체계에 관하여는 김형배, 563~566 참조.

(2007.12.21. 법률 제8781호로 전부개정)이 제정·시행되고 있다.

한편 근로기준법은 제2조 제4호에서, "근로계약이란 근로자가 사용자에게 근로를 제공하고 사용자는 이에 대하여 임금을 지급하는 것을 목적으로 체결된 계약을 말한다"고 규정함으로써, 근로계약(Arbeitsvertrag)을 민법상의 고용계약(Dienstvertrag)과 개념상 구별하고 있다. 그러나 현대계약법에서는 근로계약과 고용계약은 적용법률과 용어가 다를 뿐 그 실질은 같은 것이다. 다만, 상시 4인 이하의 근로자를 사용하는 사업 또는 사업장 또는 동거하는 친족만을 사용하는 사업 또는 사업장과 가사사용인에 대하여는 근로기준법이 적용되지 않고 민법상의 고용계약에 관한 규정이 적용되므로(근로기준법 11조),[7] 그 구분을 위하여 「근로계약」은 '근로기준법이 적용되는 경우의 고용계약'이라고 용어를 구분하여 사용할 필요는 있다. 본서에서도 이러한 기준에 따라 「고용계약」과 「근로계약」의 용어를 구분하여 사용하기로 한다.

[42] Ⅱ. 고용계약의 성립요건

1. 고용의 합의

고용은 낙성계약이므로, 당사자 사이에 고용의 합의만 있으면 고용계약은 성립한다. 고용은 노무자의 노무제공의무과 사용자의 보수지급의무를 요소로 하는 계약이므로, 노무의 제공과 보수의 지급에 관한 합의가 요구된다.

(1) 노무의 제공에 대한 합의

고용계약은 노무자 자신에 의한 노무의 제공 그 자체를 목적으로 하는 계약이므로, 노무자 자신이 스스로 노무를 제공하지 않고 타인으로 하여금 노무를 제공하도록 하는 계약은 고용계약이 아니다.

1) 고용계약 성립 여부의 판단기준

고용계약에서 사용자는 노무자를 지휘·감독할 수 있는 권능을 가지며, 노무자는 자주성을 잃고 종속적 지위에 들어가게 된다. 그러므로 고용계약의 성립 여부는 사용자가 노무자를 지휘·감독할 수 있는 권능을 가지고 있는지 여부에 의하여 결정되며, 사용자에게 노무자에 대한 지휘·감독권이 없는 경우에는 고용계약이라고 할 수 없다. 이와 관련하여, 판례는 '근로기준법상의 근로자에 해당하는지 여부는 근로자가 사업 또는 사업장에 임금을 목적으로 종

---

7) 근로기준법 제11조(적용범위) ① 이 법은 상시 5명 이상의 근로자를 사용하는 모든 사업 또는 사업장에 적용한다. 다만, 동거하는 친족만을 사용하는 사업 또는 사업장과 가사(家事) 사용인에 대하여는 적용하지 아니한다. ② 상시 4명 이하의 근로자를 사용하는 사업 또는 사업장에 대하여는 대통령령으로 정하는 바에 따라 이 법의 일부 규정을 적용할 수 있다. ③ 이 법을 적용하는 경우에 상시 사용하는 근로자 수를 산정하는 방법은 대통령령으로 정한다.

속적인 관계에서 사용자에게 근로를 제공하였는지 여부에 따라 판단하여야 하며, 종속적인 관계가 있는지 여부는 업무의 내용이 사용자에 의하여 정하여지고 취업규칙·복무규정·인사규정 등의 적용을 받으며 업무수행 과정에서도 사용자로부터 구체적이고 직접적인 지휘·감독을 받는지 여부, 사용자에 의하여 근무시간과 근무장소가 지정되고 이에 구속을 받는지 여부, 근로자 스스로가 제3자를 고용하여 업무를 대행케 하는 등 업무의 대체성 유무, 비품·원자재·작업도구 등의 소유관계, 보수가 근로 자체의 대상적(對償的) 성격을 갖고 있는지 여부와 기본급이나 고정급이 정하여져 있는지 여부 및 근로소득세의 원천징수 여부 등 보수에 관한 사항, 근로제공관계의 계속성과 사용자에의 전속성의 유무와 정도, 사회보장제도에 관한 법령 등 다른 법령에 의하여 근로자로서의 지위를 인정받는지 여부, 양 당사자의 경제·사회적 조건 등을 종합적으로 고려하여 판단하여야 한다'는 입장을 확립하고 있다(대법원 1996.4.26. 선고, 95다20348 판결 등).[8)]

이러한 기준에 따라, 판례는 '정식운전기사로 취업하기 위하여 구비서류를 제출하고 단체협약과 취업규칙이 정한 수습기간 중 일당제 대무(代務)운전기사로 근무하여온 근로자(대법원 1994.1.11.선고, 92다44695 판결),[9)] 신문사와 1년 단위의 위탁계약을 갱신하면서 신문판매 확장업무를 수행한 자(대법원 1996.10.29.선고, 95다53171 판결), 방송회사 소속 T.V.관현악단원(대법원 1997.12.26.선고, 97다17575 판결), 자기 소유의 버스를 수영장 사업주의 명의로 등록하고 수영장에 전속되어 수영장이 정한 운행시간 및 운행노선에 따라 회원운송용으로 왕복운행하면서 매월 정액을 지급받은 자(대법원 2000.1.18.선고, 99다48986 판결 등),[10)] 지입제 학원버스 운전기사(대법원 2007.9.6.선고, 2007다37165 판결), 기존 중공업회사에 소속된 크레인, 이동장비 등의 유지보수 등 공무보전부의 업무를 수행하는 부서가 종합정비회사로 분사된 경우, 분사된 종합정비회사의 대표이사(대법원 2004.3.11.선고, 2004두916 판결) 등은 근로기준법상의 근로자에 해당한다'고 한다. 또한 판례는 '근로제공자가 기계·기구 등을 소유하고 있다고 하여 곧 자기의 계산과 위험부담하에 사업경영을 하는 사업자라고 단정할 것은 아니'라고 한다(대법원 2000.1.18.선고, 99다48986

8) 판례평석: 강성태, "근로기준법상 근로자의 결정", 노동판례 비평: 대법원 노동사건 판례 경향 분석 및 주요 판례 평석 1호(민주사회를위한변호사모임, 1997/6), 57 이하. 같은 취지: 대법원 1996.7.30.선고, 95누13432 판결; 대법원 1996.7.30.선고, 96도732 판결; 대법원 1996.9.6.선고, 95다35289 판결; 대법원 1997.2.14.선고, 96누1795 판결; 대법원 1997.11.28.선고, 97다7998 판결; 대법원 2000.1.28.선고, 98두9219 판결; 대법원 2000.3.23.선고, 99다58433 판결; 대법원 2001.8.21.선고, 2001도2778 판결; 대법원 2002.7.26.선고, 2000다27671 판결; 대법원 2004.3.11.선고, 2004두916 판결; 대법원 2005.4.14.선고, 2004도1108 판결;

9) 판례평석: 김기섭, "시용기간의 법률관계", 노동법률 39호(중앙경제사, 1994/8), 14 이하.

10) 판례평석: 강기탁, "근로기준법상의 근로자의 범위: 생산수단을 소유한 노무공급자와 회사의 임원의 경우", 노동판례비평: 대법원 노동사건 판례경향 분석 및 주요판례평석 제5호(민주사회를위한변호사모임, 2001/8), 77 이하. 같은 취지: 대법원 2007.9.6.선고, 2007다37165 판결.

판결). 그러나 '양복점의 재봉공(대법원 2001.8.21.선고, 2001도2778 판결)과 같이, 주로 경영주의 작업장에서 작업을 하지만 그의 지시감독을 받지 않고 독자적으로 제품을 완성하여 그 작업량에 따른 보수를 지급받는 자(대법원 1984.12.26.선고, 84도2534 판결), 회사로부터 직접적이고 구체적인 지휘·감독을 받음이 없이 각자의 재량과 능력에 따라 업무를 처리하는 생명보험회사의 외무원(대법원 1990.5.22.선고, 88다카28112 판결), 학습지 제작·판매회사와 업무위탁계약을 체결하여 회원 모집 및 유지관리, 회비 수금 등 업무를 수행하고 실적에 따라 수수료를 지급받는 교육상담교사(대법원 1996.4.26.선고, 95다20348 판결 등), 골프장의 캐디(대법원 1996.7.30.선고, 95누13432 판결 등),[11] 유흥업소의 접대부(대법원 1996.9.6.선고, 95다35289 판결), 레미콘회사와 운반계약을 체결하고 운송량에 따라 금원을 지급받는 레미콘차량 운전자(대법원 1997.2.14.선고, 96누1795 판결), 예비군수송협회에 자기 소유의 버스를 기증하고 그 회원으로 가입하여 버스관리자로 지정받아 이를 직접 관리·운행하여온 자(대법원 1997.11.14.선고, 97누13016 판결) 등은 근로기준법상의 근로자에 해당하지 않는다'고 한다.

2) 전문적 노무제공을 목적으로 하는 계약의 특수성

의사가 환자를 치료하는 노무 또는 변호사가 의뢰인을 위하여 변호하는 활동을 하는 노무 등 전문적이고도 고급의 노무를 제공하는 것을 내용으로 하는 계약에서는 사용자에게 지휘·명령의 권능이 없는 경우가 일반적이므로, 고용계약이 아니라 위임이나 도급이라고 보아야 할 것이다.[12] 그러나 특정한 환자를 치료하는 것을 내용으로 하는 치료계약의 법적 성질은 위임이라고 보아야 하지만, 의사와 병원 사이의 일정기간 근무하기로 하는 계약은 고용계약이 된다. 사용자는 의사의 전문적인 의학지식의 적용에 대하여 구체적으로 지시할 수는 없지만, 병원의 경영상 필요한 지휘·감독의 권한을 가진다고 보아야 하기 때문이다. 법무법인과 변호사와의 관계도 마찬가지이다. 교수가 대학에서 강의를 담당하며 근무하기로 하는 계약은 고용계약이지만, 책임시간 이외에 특정한 강연을 하기로 하는 것은 위임계약에 해당한다.[13] 판례도 사립학교 교원의 임용을 위한 계약을 고용계약으로 보고, '계약의 일반적 법리에 따라 계약체결에 관한 당사자들의 의사표시에 무효 또는 취소의 사유가 있으면 그 상대방은 이를 이유로 당연히 그 임용계약의 무효·취소를 주장하여 그에 따른 법률효과의 발생을 부정하거나 소멸시킬 수 있으며, 또한 이러한 계약에 조건을 붙일 수도 있고, 그 계약이 조건부일 때에는 당연히 그 조건의 성취 여부에 따라 그 계약의 효력이 좌우된다'고 한다(대법원 1994.8.26.선고, 94다15479 판결 등).[14]

11) 판례평석: 김형진, "근로기준법상 근로자의 판단기준", 특별법연구 5권(박영사, 1997/6), 472 이하; 강성태, 전게논문(주 8), 57 이하.
12) 同旨: 곽윤직, 239 참조.
13) 同旨: 곽윤직, 239 참조.

(2) 보수지급에 대한 합의

고용계약은 노무자의 노무제공에 대한 대가로서 사용자가 보수를 지급하는 것을 내용으로 하는 쌍무·유상계약이다(655조). 따라서 보수에 관한 약정이 없는 경우에는 고용계약이 아니라, 무명계약의 일종이다. 즉, 보수에 대한 합의는 고용계약의 본질적 부분을 구성한다. 그러나 보수지급에 관한 약정이 반드시 명시적으로 이루어져야 하는 것은 아니므로, 거래의 관습에 맡겨져 있다고 인정될 수 있는 경우에는 당사자 사이에 보수지급의 합의가 있는 것으로 보아야 한다(대법원 1999.7.9.선고, 97다58676 판결). 하급심판결 중에는 '첩(妾)이 부(夫)의 부재중에 부(夫)가 경영하는 업체의 대표자로서 그 업체의 운영에 관여하였더라도 다른 특별한 사정이 없는 이상 아내 또는 동거인으로서 단지 정의(情誼)상 부(夫)의 일을 도와온 것이라고 보는 것이 상당하므로, 그 근로제공에 대한 보수를 청구할 수 없다'고 판시함으로써, 고용계약의 성립을 부정한 사례가 있다(대구고법 1976.4.15.선고, 75나795 판결).

2. 고용계약의 당사자

(1) 민법상의 고용계약

민법상 고용계약은 당사자의 일방인 노무자가 상대방에 대하여 노무를 제공할 것을 약정하고 상대방인 사용자가 이에 대하여 보수를 지급할 것을 약정함으로써 성립하는 낙성·불요식·쌍무·유상계약이다(655조). 즉, 고용계약의 당사자인 사용자와 노무자는 대등한 지위에서 합리적인 판단에 의하여 법률의 특별한 제한이 없는 한 자유롭게 고용계약의 내용을 결정할 수 있으며, 당사자의 자격에 대해서도 아무런 제한이 없다.

(2) 근로기준법상의 근로계약

헌법은 여자의 근로에 대하여 특별한 보호를 할 것과 부당한 차별을 받지 않도록 할 것(동법 32조 4항), 연소자의 근로를 특별히 보호할 것(동조 5항), 그리고 국가유공자·상이군경 및 전몰군경의 유가족에게 우선적으로 근로의 기회를 부여할 것을 규정하고 있다(동조 6항). 이러한 헌법규정에 따라 제정된 근로기준법은 여성과 연소자의 근로를 보호하고, 국가유공자등에게 우선적으로 근로의 기회를 부여하기 위하여 다음과 같은 제도를 마련해 놓고 있다.

1) 미성년근로자를 보호하기 위한 제도

민법에는 미성년자의 고용계약에 관한 특별한 규정이 없고, 고용계약의 당사자가 될 수 있는 최저연령을 제한하고 있지도 않으므로, 행위능력에 관한 일반규정에 의하게 된다. 그러므로 미성년자는 법정대리인인 친권자의 동의를 얻어 직접 고용계약을 체결할 수 있으며(5조

14) 같은 취지: 대법원 1996.7.30.선고, 95다11689 판결; 대법원 1997.12.23.선고, 97다25477 판결; 대법원 2000.12.22.선고, 99다55571 판결.

1항), 법정대리인(친권자 또는 미성년후견인)이 미성년자를 대리하여 사용자와 고용계약을 체결할 수 있다고 할 것이다. 다만, 고용계약은 미성년자의 행위를 목적으로 하는 채무를 부담하는 법률행위이므로, 법정대리인인 친권자 또는 미성년후견인이 대리인으로서 사용자와 고용계약을 체결하는 경우에는 미성년자 본인의 동의를 얻어야 한다(920조 단서, 949조 2항). 그러나 너무 어린 아동을 혹사시키거나 의무교육에 지장을 초래하는 결과가 되는 고용계약은 반사회적 법률행위로서 무효가 될 수도 있다(103조).

한편 근로기준법이 적용되는 상시 5인 이상의 근로자를 사용하는 사업 또는 사업장의 경우, 사용자는 다음과 같은 사항을 준수하여야 한다.

(가) 15세 미만 미성년자의 근로금지

사용자는 원칙적으로 15세 미만인 미성년자(「초·중등교육법」에 따른 중학교에 재학 중인 18세 미만인 자를 포함)와는 근로계약을 체결할 수 없다(동법 64조 1항 본문).[15] 다만, 15세 미만인 미성년자라고 하더라도 대통령령으로 정하는 기준에 따라 고용노동부장관이 발급한 취직인허증을 지닌 자와는 근로계약을 체결할 수 있다(동조 1항 단서).

(나) 18세 미만 미성년자의 근로보호

사용자는 18세 미만의 미성년자와 도덕상 또는 보건상 유해·위험한 사업에 사용하는 내용의 근로계약을 체결할 수 없다(근로기준법 65조 1항).[16]

(다) 미성년자의 근로계약

친권자나 후견인은 미성년자의 근로계약을 대리할 수 없다(근로기준법 67조 1항).[17] 그러므로 미성년자는 법정대리인인 친권자나 후견인의 동의를 얻어 본인이 직접 사용자와 근로계약을 체결하여야 한다. 이는 친권자나 후견인이 법정대리권을 남용하는 것을 방지하기 위한 것임은 물론이다. 한편 사용자는 18세 미만인 사람과 근로계약을 체결하는 경우에는 제17

15) 근로기준법 제64조(최저연령과 취직인허증) ① 15세 미만인 사람(「초·중등교육법」에 따른 중학교에 재학 중인 18세 미만인 사람을 포함한다)는 근로자로 사용하지 못한다. 다만, 대통령령으로 정하는 기준에 따라 고용노동부장관이 발급한 취직인허증을 지닌 사람은 근로자로 사용할 수 있다. ② 제1항의 취직인허증은 본인의 신청에 따라 의무교육에 지장이 없는 경우에는 직종을 지정하여서만 발행할 수 있다. ③ 고용노동부장관은 거짓이나 그 밖의 부정한 방법으로 제1항 단서의 취직인허증을 발급받은 사람에게는 그 인허를 취소하여야 한다.

16) 근로기준법 제65조(사용금지) ① 사용자는 임신 중이거나 산후 1년이 지나지 아니한 여성(이하 "임산부"라 한다)과 18세 미만자를 도덕상 또는 보건상 유해·위험한 사업에 사용하지 못한다. ② 사용자는 임산부가 아닌 18세 이상의 여성을 제1항에 따른 보건상 유해·위험한 사업 중 임신 또는 출산에 관한 기능에 유해·위험한 사업에 사용하지 못한다. ③ 제1항 및 제2항에 따른 금지 직종은 대통령령으로 정한다.

17) 근로기준법 제67조(근로계약) ① 친권자나 후견인은 미성년자의 근로계약을 대리할 수 없다. ② 친권자, 후견인 또는 고용노동부장관은 근로계약이 미성년자에게 불리하다고 인정하는 경우에는 이를 해지할 수 있다. ③ 사용자는 18세 미만인 사람과 근로계약을 체결하는 경우에는 제17조에 따른 근로조건을 서면으로 명시하여 교부하여야 한다.

조[18])에 따른 근로조건을 서면으로 명시하여 교부하여야 하며(근로기준법 67조 3항), 법정대리인의 동의를 얻어 미성년자가 직접 체결한 근로계약이라고 하더라도 친권자, 후견인 또는 고용노동부장관은 그 근로계약이 미성년자에게 불리하다고 인정하는 경우에는 이를 해지할 수 있다(동조 2항).

2) 여성근로자를 보호하기 위한 제도

근로기준법은 여성근로자를 보호하기 위하여, ① 임산부(임신 중이거나 산후 1년이 지나지 아니한 여성)는 도덕상 또는 보건상 유해·위험한 사업에 사용하지 못하며, ② 임산부가 아닌 18세 이상의 여성은 임신 또는 출산에 관한 기능에 유해·위험한 사업에 사용할 수 없도록 하고 있다(동법 65조 2항).

3) 국가유공자 등에 대한 특별채용제도

국가유공자법(1984.8.2. 법률 제3742호로 제정)은 '동법 제30조 제1호에 해당하는 취업지원 실시기관으로서 기관장이 일반직공무원등의 임용권을 가지고 있고, 일반직공무원등의 정원이 5명 이상인 국가기관등은 일반직공무원등의 정원에 대하여 대통령령으로 정하는 채용비율 이상으로 취업지원 대상자를 일반직공무원등으로 채용하여야 한다'고 규정하고(동법 32조 1항),[19]) '아직 위 채용비율 이상으로 취업지원 대상자를 일반직공무원등으로 채용하지 아니한 국가기관등의 장은 일반직공무원등을 신규로 채용할 때 일반직공무원등의 채용에 관한 다른 법령의 규정에도 불구하고 국가보훈처장으로부터 취업지원 대상자를 추천받은 경우 그 추천받은 취업지원 대상자 중에서 선택하여 특별 채용하여야 한다(동조 2항).

---

18) 근로기준법 제17조(근로조건의 명시) ① 사용자는 근로계약을 체결할 때에 근로자에게 다음 각 호의 사항을 명시하여야 한다. 근로계약 체결 후 다음 각 호의 사항을 변경하는 경우에도 또한 같다. 1. 임금 2. 소정근로시간 3. 제55조에 따른 휴일 4. 제60조에 따른 연차 유급휴가 5. 그 밖에 대통령령으로 정하는 근로조건 ② 사용자는 제1항 제1호와 관련한 임금의 구성항목·계산방법·지급방법 및 제2호부터 제4호까지의 사항이 명시된 서면을 근로자에게 교부하여야 한다. 다만, 본문에 따른 사항이 단체협약 또는 취업규칙의 변경 등 대통령령으로 정하는 사유로 인하여 변경되는 경우에는 근로자의 요구가 있으면 그 근로자에게 교부하여야 한다.

19) 국가유공자법 제32조(국가기관등의 채용의무) ① 제30조 제1호에 해당하는 취업지원 실시기관으로서 기관장이 대통령령으로 정하는 일반직공무원과 일반군무원(이하 "일반직공무원등"이라 한다)의 임용권을 가지고 있고 일반직공무원등의 정원이 5명 이상인 기관(이하 "국가기관등"이라 한다)은 일반직공무원등의 정원에 대하여 대통령령으로 정하는 채용비율(이하 "채용비율"이라 한다) 이상으로 취업지원 대상자를 일반직공무원등으로 채용하여야 한다. 이 경우 일반직공무원등의 정원은 그 일반직공무원등에 대한 임용권을 가지는 국가기관등에 포함된 것으로 본다. ② 제1항에 따른 채용비율 이상으로 취업지원 대상자를 일반직공무원등으로 채용하지 아니한 국가기관등의 장은 일반직공무원등을 신규로 채용할 때 일반직공무원등의 채용에 관한 다른 법령의 규정에도 불구하고 국가보훈처장으로부터 취업지원 대상자를 추천받은 경우 그 추천받은 취업지원 대상자 중에서 선택하여 특별 채용하여야 한다. ③ 국가보훈처장은 제2항에 따른 취업지원 대상자를 추천할 때 복수로 하여야 한다. 다만, 추천대상자가 채용예정인원과 같거나 그 보다 적은 경우에는 복수로 추천하지 아니한다. ④ 제2항에 따른 취업지원 대상자의 추천의뢰절차, 추천기준, 특별 채용 등에 필요한 사항은 대통령령으로 정한다.

3. 고용계약의 내용상 제한

(1) 근로기준법에 의한 제한

고용계약의 내용에 대해서는 민법에 특별한 규정이 없으므로, 당사자가 자유롭게 그 내용을 정할 수 있다. 그러나 '상시 5명 이상의 근로자를 사용하는 모든 사업 또는 사업장'의 경우에는 근로기준법이 적용되며(근로기준법 11조), 근로기준법이 정하는 기준에 미치지 못하는 근로조건을 정한 근로계약은 그 부분에 한하여 무효이고(동법 15조 1항),[20] 무효로 된 부분은 근로기준법에서 정한 기준에 따라야 하므로(동조 2항), 임금, 근로시간과 휴식, 근로자의 안전과 보건, 재해보상, 퇴직금, 해고 등 근로조건에 관한 사항은 모두 근로기준법의 규정에 따라야 함은 후술하는 바와 같다.

(2) 단체협약에 의한 제한

한편 노동조합이 있는 경우에는 사용자와 노동조합 사이에 근로조건에 관하여 단체협약을 체결하게 되는데, 이 경우에는 근로기준법에 우선하여 단체협약이 적용된다. 즉, 근로계약관계에 적용되는 법원(法源)은 단체협약·취업규칙·근로기준법·근로계약·민법의 순으로 적용된다.

[43] Ⅲ. 고용계약의 효력

1. 노무자(근로자)의 의무

(1) 노무제공의무

1) 제공하여야 할 노무의 내용

노무자가 제공하여야 할 노무의 내용은 고용계약에 의하여 정하여지며, 노무자는 고용계약에서 약정한 내용의 노무를 제공할 의무만을 부담할 뿐이므로, 사용자가 노무자에 대하여 약정하지 아니한 노무의 제공을 요구한 때에는, 노무자는 계약을 해지할 수 있다(658조 1항). 그러나 고용계약에서 약정한 노무가 특수한 기능을 요하는 경우에 노무자가 그 기능이 없는 때에는, 사용자는 계약을 해지할 수 있다(동조 2항).

2) 노무제공의무의 일신전속성

노무제공의무는 원칙적으로 노무자의 일신전속적 급부의무이다. 따라서 노무자는 사용자의 동의 없이 제3자로 하여금 자기에 갈음하여 노무를 제공하게 하지 못하며, 사용자도 노무

---

20) 근로기준법 제15조(이 법을 위반한 근로계약) ① 이 법에서 정하는 기준에 미치지 못하는 근로조건을 정한 근로계약은 그 부분에 한정하여 무효로 한다. ② 제1항에 따라 무효로 된 부분은 이 법에서 정한 기준에 따른다.

자의 동의 없이는 그 권리(노무제공청구권)를 제3자에게 양도하지 못한다(657조 1항, 2항). 이에 위반하여 노무자가 사용자의 동의 없이 제3자로 하여금 자기에 갈음하여 노무를 제공하게 한 경우에는 사용자는 고용계약을 해지할 수 있으며, 사용자가 노무자의 동의 없이 그 권리(노무제공청구권)를 제3자에게 양도한 때에는 노무자는 계약을 해지할 수 있다(동조 3항).

이와 관련하여, 사용자가 근로자를 그가 고용된 기업으로부터 다른 기업으로 적을 옮겨 다른 기업의 업무에 종사하게 하는 이른바 「전적(轉籍)」의 유효성 여부가 문제된다. 「전적」은 사용자가 노무자에 대한 노무제공청구권를 제3자에게 양도한 경우에 해당되기 때문이다.

이에 대하여, 판례는 ① '전적은 근로자가 종래에 종사하던 기업과 사이의 근로계약을 합의해지하고 이적하게 될 기업과 사이에 새로운 근로계약을 체결하는 것이거나, 근로계약상 사용자의 지위를 양도하는 것이라고 보아야 할 것인데, 사용자가 기업체의 경영자로서 근로자의 노동력을 업무목적을 위하여 이용·처분할 권리는 그 근로자와 사이의 근로계약에 의하여 비로소 취득하는 것이어서, 그 계약관계를 떠나서는 근로자의 노동력을 일방적으로 처분할 수 있는 권한이 사용자에게 있다고 볼 수 없을 뿐더러, 강행법규로 보이는 제657조 제1항이 "사용자는 노무자의 동의 없이 그 권리를 제3자에게 양도하지 못한다"고 규정하고 있는 점 등에 비추어 보면, 전적은 동일 기업 내의 인사이동인 전근이나 전보와 달라, 특별한 사정이 없는 한 근로자의 동의를 얻어야 효력이 생긴다'고 한다(대법원 1993.1.26.선고, 92누8200 판결 등).[21] 다만, ② '근로자의 동의를 전적의 요건으로 하는 이유는, 근로관계에 있어서 업무지휘권의 주체가 변경됨으로 인하여 근로자가 받을 불이익을 방지하려는 데에 있다고 할 것인바, 다양한 업종과 업태를 가진 계열기업들이 기업그룹을 형성하여 자본·임원의 구성·근로조건 및 영업 등에 관하여 일체성을 가지고 경제활동을 전개하고, 그 그룹 내부에서 계열기업 간의 인사교류가 동일기업 내의 인사이동인 전보나 전근 등과 다름없이 일상적·관행적으로 빈번하게 행하여져 온 경우, 그 그룹 내의 기업에 고용된 근로자를 다른 계열기업으로 전적시키는 것은, 비록 형식적으로는 사용자의 법인격이 달라지더라도 실질적으로 업무지휘권의 주체가 변동된 것으로 보기 어려운 면이 있으므로, 사용자가 기업그룹 내부의 이와 같은 전적에 관하여 미리(근로자가 입사할 때 또는 근무하는 동안) 근로자의 포괄적인 동의를 얻어 두면 그때마다 근로자의 동의를 얻지 아니하더라도 근로자를 다른 계열기업으로 유효하게 전적시킬 수 있다'고 한다(대법원 1993.1.26.선고, 92누8200 판결 등).[22] 그러나 ③ '기업그룹 등과 같이 그 구성이나 활동 등에 있어서 어느 정도 밀접한 관련성을 갖고 사회적 또는 경제적 활동을 하는 일단의 법인체 사이의 전적에서도 그 법인체들 내에서 근로자의 동의를 얻지 아니하고 다

21) 같은 취지: 대법원 1993.1.26.선고, 92다11695 판결; 대법원 1996.4.26.선고, 95누1972 판결; 대법원 1996.12.23.선고, 95다29970 판결; 대법원 2006.1.12.선고, 2005두9873 판결.

22) 같은 취지: 대법원 1993.9.14.선고, 92누18825 판결.

른 법인체로 근로자를 전적시키는 관행이 근로계약의 내용을 이루고 있다고 인정하기 위하여서는, 그와 같은 관행이 그 법인체들 내에서 일반적으로 근로관계를 규율하는 규범적인 사실로서 명확히 승인되거나, 그 구성원이 일반적으로 아무런 이의도 제기하지 아니한 채 당연한 것으로 받아들여 기업 내에서 사실상의 제도로서 확립되어 있지 않으면 안 된다'고 한다(대법원 2006.1.12.선고, 2005두9873 판결 등).[23)]

3) 노무제공의 방법에 대한 사용자의 지시권과 노무자의 복종의무

(가) 사용자의 지시권 : 지휘·명령권

노무자가 제공하여야 할 노무의 내용과 방법은 고용계약에 의하여 추상적으로 정하여져 있으나, 그 구체적인 실현은 사용자의 지시(지휘·명령)에 의하여 이루어지는데, 이를 「사용자의 지시권」이라고 한다.[24)] 다만, 사용자의 노무자에 대한 지시권(지휘·명령권)은 고용계약의 내용, 취업규칙, 거래의 관행, 법률의 규정, 신의칙 등에 의하여 인정되는 범위 내에서 행사되어야 하며, 그 권한의 범위를 초과하여서는 안 된다. 따라서 노무자는 사용자가 법률로 금지되거나 선량한 풍속 기타 사회질서에 반하는 내용의 노무의 제공을 요구하는 경우 또는 산업안전보건법(1981.12.31. 법률 제3532호로 제정) 등 노동보호법규에 반하는 노무의 급부로서 노무자의 생명이나 신체상의 위험을 초래할 수 있는 경우에는 노무의 제공을 거절할 수 있다(산업안전보건법 51조, 52조).[25)]

(나) 노무자의 복종의무

노무자는 정당한 권한 범위 내에서 행사되는 사용자의 지시(지휘·명령)에 따라서 노무를 제공할 의무가 있는데, 이를 노무자의 「복종의무」라고 한다. 노무자가 복종의무를 위반하여 사용자에게 손해를 끼친 경우에는 사용자는 채무불이행으로 인한 손해배상을 청구할 수 있으며(655조, 390조), 노무자가 계속 노무제공을 거절하는 경우에는 고용계약을 해지할 수 있다.[26)] 그러나 근로계약의 경우에는 정당한 이유 없이 사용자가 근로자를 해고(근로계약의 해지)하는

---

23) 판례평석: 박형준, "기업간 배치전환(전적)", 조세 270호(조세통람사, 2010/11), 131 이하; 권오성, "전적(轉籍)의 유효요건에 관한 연구", 판례연구 20집 1호(서울지방변호사회, 2006/10), 46 이하. 같은 취지: 대법원 1993.1.26.선고, 92누8200 판결; 대법원 1993.1.26.선고, 92다11695 판결; 대법원 1996.12.23.선고, 95다29970 판결; 대법원 2005.1.14.선고, 2003다28477 판결.

24) 곽윤직, 243; 김형배, 581 참조.

25) 산업안전보건법 제51조(사업주의 작업중지) 사업주는 산업재해가 발생할 급박한 위험이 있을 때에는 즉시 작업을 중지시키고 근로자를 작업장소에서 대피시키는 등 안전 및 보건에 관하여 필요한 조치를 하여야 한다. 제52조(근로자의 작업중지) ① 근로자는 산업재해가 발생할 급박한 위험이 있는 경우에는 작업을 중지하고 대피할 수 있다. ② 제1항에 따라 작업을 중지하고 대피한 근로자는 지체 없이 그 사실을 관리감독자 또는 그 밖에 부서의 장(이하 "관리감독자등"이라 한다)에게 보고하여야 한다. ③ 관리감독자등은 제2항에 따른 보고를 받으면 안전 및 보건에 관하여 필요한 조치를 하여야 한다. ④ 사업주는 산업재해가 발생할 급박한 위험이 있다고 근로자가 믿을 만한 합리적인 이유가 있을 때에는 제1항에 따라 작업을 중지하고 대피한 근로자에 대하여 해고나 그 밖의 불리한 처우를 해서는 아니 된다.

26) 김형배, 583 참조.

것은 금지되므로(근로기준법 23조),[27] 근로자가 노무제공을 거절한다는 사유만으로는 해고할 수 없으며, 해고의 정당한 이유가 있어야 한다. 판례에 따르면, '근로기준법에서 사용자의 해고권을 제한하고 있는 정당한 이유라 함은 사회통념상 고용계약을 계속시킬 수 없을 정도로 근로자에게 책임 있는 사유가 있다든가 부득이한 경영상의 필요가 있는 경우를 의미하는 것으로서, 근로계약이나 취업규칙 등에 해고에 관한 규정이 있는 경우, 그것이 위의 근로기준법에 위배되어 무효가 아닌 이상 그에 따른 해고는 정당한 이유가 있는 해고'라고 한다(대법원 1987.4.14.선고, 86다카1875 판결 등).[28] 다만, '취업규칙 등의 징계해고사유에 해당하는 경우라도 이에 따라 이루어진 해고처분이 당연히 정당한 것으로 되는 것은 아니며, 사회통념상 고용관계를 계속할 수 없을 정도로 근로자에게 책임 있는 사유가 있는 경우에 행하여져야 정당성이 인정되는 것이고, 사회통념상 당해 근로자와의 고용관계를 계속할 수 없을 정도인지는 당해 사용자의 사업의 목적과 성격, 사업장의 여건, 당해 근로자의 지위 및 담당직무의 내용, 비위행위의 동기와 경위, 이로 인하여 기업의 위계질서가 문란하게 될 위험성 등 기업질서에 미칠 영향, 과거의 근무태도 등 여러 가지 사정을 종합적으로 검토하여 판단하여야 할 것'이라고 한다(대법원 1998.11.10.선고, 97누18189 판결 등).[29]

이러한 관점에서, 대법원은 ① '근로자가 승진과 관련하여 직장 상사에게 부당한 언동을 하고 책상서랍을 던져 상사에게 신체적 위협을 가하였으며, 동료사원과의 대화내용을 몰래 녹음하는 등 회사 내 복무질서를 문란하게 하였다면, 근로자가 비위행위에 이르게 된 동기와 경위, 비위행위의 내용, 해고 이후의 정황 등 여러 사정에 비추어 근로자의 책임 있는 사유로 사회통념상 고용관계를 계속할 수 없는 상황에 이르게 되었다'고 판시한 바 있으며(대법원 2011.3.24.선고, 2010다21962 판결), ② '부하직원들로 하여금 사실과 다르게 문서를 작성하도록 하여 직원들의 시간외근무수당 및 휴일근무수당을 받아 이를 사적인 용도로 사용하고, 그 직위를 이용하여 직원들 명의의 신용카드를 빌린 후 현금서비스를 통해 금원을 인출한 후 만기에 갚지 않아 물의를 일으켰으며, 평소 근무태도가 불성실하였을 뿐만 아니라 부서의 여성직원들에게 성적인 희롱 혹은 위협적인 발언을 자주 하였다는 이유로 징계위원회 의결을 거쳐 직원을 해고한 것은 정당하다'고 판시한 바 있다(대법원 2003.7.8.선고, 2001두8018 판결). 또한 ③ '회

---

27) 근로기준법 제23조(해고 등의 제한) ① 사용자는 근로자에게 정당한 이유 없이 해고, 휴직, 정직, 전직, 감봉, 그 밖의 징벌(懲罰)(이하 "부당해고등"이라 한다)을 하지 못한다. ② 사용자는 근로자가 업무상 부상 또는 질병의 요양을 위하여 휴업한 기간과 그 후 30일 동안 또는 산전(産前)·산후(産後)의 여성이 이 법에 따라 휴업한 기간과 그 후 30일 동안은 해고하지 못한다. 다만, 사용자가 제84조에 따라 일시보상을 하였을 경우 또는 사업을 계속할 수 없게 된 경우에는 그러하지 아니하다.

28) 판례평석: 양태종, "징계해고와 정리해고에 있어서의 정당한 이유", 대법원판례해설 7호(법원행정처, 1988/12), 167 이하. 같은 취지: 대법원 1990.4.27.선고, 89다카5451 판결; 대법원 1990.12.7.선고, 90다카23912 판결; 대법원 1991.3.27.선고, 90다카25420 판결; 대법원 1998.11.10.선고, 97누18189 판결.

29) 같은 취지: 대법원 2002.5.28.선고, 2001두10455 판결; 대법원 2003.7.8.선고, 2001두8018 판결.

사가 경영합리화를 위한 경영상의 필요에 따라 일부 임원직 및 그에게 전속배치된 운전사직을 폐지하고 해고회피의 노력 후 적절한 통지와 협의를 거쳐 인사관리규정을 적용하여 폐지된 임원에게 전속배치된 운전기사를 해고한 것이 그의 채용과정이나 근무형태의 특수성에 비추어 볼 때 합리적으로 보인다면 그 해고는 정당하다'고 판시하였으며(대법원 1991.1.29.선고, 90누4433 판결), ④ '노동조합의 위원장인 근로자가 징계사유 이외에도 해고를 전후한 각종 비위행위를 통하여, 방법 및 절차의 적법성과 직장질서를 외면하고 노동조합 활동을 빙자하거나 이에 편승하여 불필요한 개인적 감정의 비행으로써 사회통념상 회사와의 신뢰관계를 반복적으로 훼손한 경우에는, 근로관계를 계속할 수 없는 중대한 사유가 있다고 볼 여지가 충분하다'고 한다(대법원 2002.5.28.선고, 2001두10455 판결). 그러나 ⑤ '정신병원 간호조무사들의 1일 집단결근을 이유로 주임간호조무사에 대하여만 해고처분을 한 것은 형평의 원칙에 반하여 징계권을 남용한 것으로서 무효'라고 판시한 바 있으며(대법원 1998.11.10.선고, 97누18189 판결 등), ⑥ '단순한 생산직 육체노동자로 채용된 근로자의 학력부실기재행위가 학교이름만 조금 다르게 기재한 것뿐으로 그 채용 시 학력이 전혀 문제가 되지 아니하였다면, 사용자가 그 사실을 알았더라도 고용계약을 맺지 아니하였거나 적어도 동일조건으로는 계약을 맺지 아니하였을 것으로 볼 수 없으므로, 이는 적법한 해고사유가 될 수 없다'고 판시한 바 있다(대법원 1989.5.9.선고, 88다카4918 판결).

4) 노무자의 선관주의의무

노무자는 선량한 관리자의 주의를 다하여 노무를 제공하여야 한다.[30] 따라서 노무자가 선관주의의무를 위반하여 사용자에게 손해를 입힌 경우, 사용자는 노무자의 채무불이행을 이유로 손해배상을 청구할 수 있는 것이 원칙이다(390조). 다만, 화물자동차의 운전이나 건설기계의 조작 등 그 노무를 제공함에 있어서 항상 사용자나 제3자에게 손해를 줄 위험이 따르는 이른바 「위험작업」(gefahrgeneigte Arbeit)의 경우에까지 선관주의의무 위반을 이유로 노무자에게 모든 책임을 묻는 것은 형평의 원칙에 비추어 타당하지 않으므로, 노무자(근로자)의 책임을 제한할 수 있는 이론구성이 요구된다.

이에 관하여, 독일연방노동법원(Bundesarbeitsgerichthof: BAG)은 '위험한 작업 또는 손해가 발생하기 쉬운 작업에 종사하는 근로자에게는 주의의무를 낮추어 주어야 한다'는 입장을 확립하고 있으며, 학설도 '위험작업의 수행에서 근로자의 실수로 발생한 손해는 기계가 고장을 일으킨 경우와 마찬가지로 「경영위험」(Betriebsrisiko)에 속하는 것이므로, 원칙적으로 사용자가 부담하여야 한다'는 견해가 지배적이다.[31] 또한 근로자의 책임제한의 단계를 구분하여,

30) 同旨: 곽윤직, 243; 김상용, 338; 송덕수, 327 참조.
31) 근로자의 책임제한에 관한 독일이론에 대하여는 이종복, "위험작업에 종사하는 근로자의 책임제한", 「사법관계와 자율」, 1993, 270 이하; 하경효, "근로자의 책임제한법리에 대한 연구", 법정고시, 1995/12,

'근로자의 「극히 경미한 과실」(leichteste Fahrläßigkeit)로 인하여 사용자에게 발생한 손해에 대하여는 근로자의 면책을 인정하고, 「보통의 과실」(normale Fahrläßigkeit)이 있는 경우에는 사용자와 근로자가 손해를 분담하여야 하며, 근로자의 고의 또는 중대한 과실이 있는 경우에 한하여 근로자의 손해배상책임이 인정된다'는 것이 독일판례의 입장이다.[32)]

국내에서도 이러한 독일의 이론을 도입하여 '노무자와 사용자가 함께 위험에 대한 책임을 나누어야 하며, 구체적인 경우에 노무의 위험성이나 노무자의 과실 정도·지위·경험·능력 등을 고려하여 노무자의 책임의 정도를 결정하여야 한다'는 견해가 있다.[33)] 타당한 견해라고 생각된다. 판례도 직접적으로 노무자(근로자)의 주의의무 경감을 인정하고 있지는 않으나, 사용자의 노무자에 대하여 '제반사정에 비추어 손해의 공평한 분담이라는 견지에서 신의칙상 상당하다고 인정되는 한도 내에서만 손해배상이나 구상권을 행사할 수 있다'는 입장을 확립함으로써(대법원 1987.9.8.선고, 86다카1045 판결 등),[34)] 노무자의 주의의무를 경감한 것과 마찬가지의 결론을 이끌어내고 있다.[35)]

(2) 성실의무(충실의무)

고용계약은 계속적 계약으로서 당사자인 사용자와 노무자의 인적 신뢰가 중요한 의의를 가진다. 이러한 특성을 반영하여, 고용계약의 당사자는 서로 상대방의 신뢰를 배반하지 않을 신의칙상의 의무를 부담한다. 특히 노무자는 노무제공의무 등 사용자에 대한 자신의 의무를 성실하게 이행할 신의칙상의 의무인 「성실의무」(Treupflicht) 또는 「충실의무」를 부담하는데,[36)] 이는 사용자의 「배려의무」(Fürsorgepflicht)에 대응되는 의무라고 할 수 있다.[37)]

노무자의 성실의무는 그 내용에 따라 다시 비밀유지의무·경업피지의무·고지의무 등으로 분류할 수 있는데, 노무자가 이러한 의무를 위반한 경우에는 사용자는 고용계약을 해지하고 손해배상을 청구할 수 있다.

1) 비밀유지의무

노무자는 '노무를 제공하는 과정에서 알게 된 사용자의 사업 또는 경영상의 비밀(기술개발, 신용관계, 제품의 판로, 고용관계 등)을 제3자에게 누설하지 아니할 의무'를 부담한다. 이러한

88 이하; 김형배, 589~590 참조.
32) 김상용, 338~339; 김형배, 590 참조.
33) 곽윤직, 243; 김형배, 588~590 참조.
34) 같은 취지: 대법원 1991.5.10.선고, 91다6764 판결; 대법원 1991.5.10.선고, 91다7255 판결; 대법원 1992.9.25.선고, 92다25595 판결; 대법원 1994.12.13.선고, 94다17246 판결; 대법원 1996.4.9.선고, 95다52611 판결; 대법원 2001.1.19.선고, 2000다33607 판결.
35) 김상용, 339 참조.
36) 곽윤직, 244; 김상용, 339; 송덕수, 327 참조.
37) 김형배, 586~587 참조.

비밀유지의무는 고용관계가 종료된 이후에도 유지된다.[38]

2) 경업피지의무(競業避止義務)

상업사용인은 영업주의 허락 없이 자기 또는 제3자의 계산으로 영업주의 영업부류에 속한 거래를 하지 못한다(상법 17조 1항).[39] 이를 상업사용인의 「경업피지의무」라고 한다. 즉, 상인에게 고용된 상업사용인은 사용자의 허락 없이 자기 또는 제3자의 계산으로 사용자의 영업부류에 속하는 거래를 해서는 안 된다는 부작위의무를 부담한다. 또한 상업사용인이 아닌 경우에도 특약이 있는 경우에는 노무자의 경업피지의무가 인정될 수 있다. 그리고 이러한 노무자의 경업피지의무는 고용관계가 종료된 이후에도 유지된다.[40]

3) 고지의무(告知義務)

노무자는 '신의칙상 노무를 제공하는 과정에서 사용자의 자재·원료·기계 등의 설비에 결함이 있는 등 문제가 있다는 사실을 알게 된 경우에는 이를 사용자에게 알려서 사용자로 하여금 적절한 조치를 취할 수 있도록 고지할 의무'인 「고지의무」를 부담한다.[41]

2. 사용자의 의무

사용자는 노무제공의 대가로서 노무자에게 보수를 지급할 의무(보수지급의무)가 있으며(655조), 노무자의 안전을 배려하여 생명·신체의 침해로부터 노무자를 보호할 의무(보호의무)가 있다.

(1) 보수지급의무

1) 보수의 종류와 금액

(가) 민법의 원칙

보수의 종류와 금액에 관하여 민법에 특별한 규정이 없으므로, 보수의 종류와 금액은 고용계약에서 합의한 내용에 따른다. 보수는 금전으로 지급하는 것이 보통이지만, 금전 이외의 것으로 지급하기로 하는 약정이 있는 경우에는 이에 따라 지급하면 되고, 특별한 약정이 없

38) 同旨: 김상용, 339; 김형배, 587 참조.

39) 상법 제17조(상업사용인의 의무) ① 상업사용인은 영업주의 허락 없이 자기 또는 제3자의 계산으로 영업주의 영업부류에 속한 거래를 하거나 회사의 무한책임사원, 이사 또는 다른 상인의 사용인이 되지 못한다. ② 상업사용인이 전항의 규정에 위반하여 거래를 한 경우에 그 거래가 자기의 계산으로 한 것인 때에는 영업주는 이를 영업주의 계산으로 한 것으로 볼 수 있고 제3자의 계산으로 한 것인 때에는 영업주는 사용인에 대하여 이로 인한 이득의 양도를 청구할 수 있다. ③ 전항의 규정은 영업주로부터 사용인에 대한 계약의 해지 또는 손해배상의 청구에 영향을 미치지 아니한다. ④ 제2항에 규정한 권리는 영업주가 그 거래를 안날로부터 2주간을 경과하거나 그 거래가 있은 날로부터 1년을 경과하면 소멸한다.

40) 同旨: 김상용, 339; 김형배, 587 참조.

41) 同旨: 김상용, 339; 김형배, 588 참조.

는 경우에는 관습에 따라 지급하여야 한다(656조 1항). 근로계약의 경우, 임금은 통화(通貨)로 직접 근로자에게 그 전액을 지급하여야 한다. 다만, 법령 또는 단체협약에 특별한 규정이 있는 경우에는 임금의 일부를 공제하거나 통화 이외의 것으로 지급할 수 있다(근로기준법 43조 1항).[42]

(나) 보수액의 산출방법과 최저임금제도

보수액의 산출방법에는 시간제(정액제: 일급, 주급, 월급, 연급)와 도급제(성과급), 장려가급제(奬勵加給制) 등 여러 가지 방법이 있다. 가장 일반적인 방법은 월급제(月給制)라고 할 수 있으나, 사적 자치의 원칙상 어떠한 방법도 가능하다. 주의할 것은 근로기준법이 적용되는 고용계약의 경우, 즉 근로자를 사용하는 모든 사업 또는 사업장에는 '근로자의 생활안정과 노동력의 질적 향상을 꾀함으로써 국민경제의 건전한 발전에 이바지하는 것'을 목적으로 하여 제정된 최저임금법(1986.12.31. 법률 제3927호로 제정)이 적용된다는 점이다. 최저임금법에 의한 최저임금제의 내용을 간략하게 살펴보기로 한다.

(A) 최저임금제의 의의 「최저임금제」라 함은 '근로자의 최소한의 인간다운 생활을 보장하기 위하여 임금의 최소한을 정하여 이를 강제하는 제도'를 말한다. 최저임금제는 동거하는 친족만을 사용하는 사업과 가사사용인을 제외하고 근로자를 사용하는 모든 사업 또는 사업장에 적용된다(최저임금법 3조 1항).[43]

(B) 최저임금의 결정 기준과 최저임금액 최저임금의 결정은 근로자의 생계비, 유사 근로자의 임금, 노동생산성 및 소득분배율 등을 고려하여 정한다. 이 경우 사업의 종류별로 구분하여 정할 수 있다(최저임금법 4조 1항).[44]

최저임금액은 시간·일(日)·주(週) 또는 월(月)을 단위로 하여 정하되, 일·주 또는 월을 단위로 하여 최저임금액을 정할 때에는 시간급(時間給)으로도 표시하여야 한다(최저임금법 5조 1항). 다만, 1년 이상의 기간을 정하여 근로계약을 체결하고 수습 중에 있는 근로자(단순노무업무로 고용노동부장관이 정하여 고시한 직종에 종사하는 근로자는 제외한다)로서 수습을 시작한 날부터 3개월 이내인 자에 대하여는 대통령령으로 정하는 바에 따라 동조 제1항에 따른 최저임금

42) 근로기준법 제43조(임금지급) ① 임금은 통화로 직접 근로자에게 그 전액을 지급하여야 한다. 다만, 법령 또는 단체협약에 특별한 규정이 있는 경우에는 임금의 일부를 공제하거나 통화 이외의 것으로 지급할 수 있다.

43) 최저임금법 제3조(적용 범위) ① 이 법은 근로자를 사용하는 모든 사업 또는 사업장(이하 "사업"이라 한다)에 적용한다. 다만, 동거하는 친족만을 사용하는 사업과 가사(家事) 사용인에게는 적용하지 아니한다. ② 이 법은 「선원법」의 적용을 받는 선원과 선원을 사용하는 선박의 소유자에게는 적용하지 아니한다.

44) 최저임금법 제4조(최저임금의 결정기준과 구분) ① 최저임금은 근로자의 생계비, 유사 근로자의 임금, 노동생산성 및 소득분배율 등을 고려하여 정한다. 이 경우 사업의 종류별로 구분하여 정할 수 있다. ② 제1항에 따른 사업의 종류별 구분은 제12조에 따른 최저임금위원회의 심의를 거쳐 고용노동부장관이 정한다.

액과 다른 금액으로 최저임금액을 정할 수 있다(동조 2항). 또한 임금이 통상적으로 도급제나 그 밖에 이와 비슷한 형태로 정하여져 있는 경우로서 동조 제1항에 따라 최저임금액을 정하는 것이 적당하지 아니하다고 인정되면 대통령령으로 정하는 바에 따라 최저임금액을 따로 정할 수 있다(동조 3항).

(C) 최저임금의 결정 절차 고용노동부장관은 매년 8월 5일까지 최저임금을 결정하여야 하는데, 이를 위하여 매년 3월 31일까지 최저임금위원회에 최저임금에 관한 심의를 요청하여야 한다(최저임금법 8조 1항).[45] 최저임금위원회는 고용노동부장관으로부터 최저임금에 관한 심의 요청을 받은 경우 이를 심의하여 최저임금안을 의결하고 심의 요청을 받은 날부터 90일 이내에 고용노동부장관에게 제출하여야 한다(동조 2항). 고용노동부장관은 최저임금위원회로부터 최저임금안을 제출받았을 때에는 지체 없이 사업 또는 사업장(이하 “사업”이라 한다)의 종류별 최저임금안 및 적용 사업의 범위를 고시하여야 한다(동법 9조 1항, 동법시행령 8조). 근로자를 대표하는 자나 사용자를 대표하는 자는 제1항에 따라 고시된 최저임금안에 대하여 이의가 있으면 고시된 날부터 10일 이내에 이의제기의 사유와 내용을 분명하게 적은 이의제기서를 고용노동부장관에게 제출하여 이의를 제기할 수 있다(동법 9조 2항, 동법시행령 9조).[46]

(D) 최저임금의 효력 사용자는 최저임금의 적용을 받는 근로자에게 최저임금액 이상의 임금을 지급하여야 하며, 최저임금의 적용을 받는 근로자와 사용자 사이의 근로계약 중 최저임금액에 미치지 못하는 금액을 임금으로 정한 부분은 무효로 하고, 이 경우 무효로 된 부분은 이 법으로 정한 최저임금액과 동일한 임금을 지급하기로 한 것으로 본다(최저임금법 6조 1항,

---

45) 최저임금법 제8조(최저임금의 결정) ① 고용노동부장관은 매년 8월 5일까지 최저임금을 결정하여야 한다. 이 경우 고용노동부장관은 대통령령으로 정하는 바에 따라 제12조에 따른 최저임금위원회(이하 “위원회”라 한다)에 심의를 요청하고, 위원회가 심의하여 의결한 최저임금안에 따라 최저임금을 결정하여야 한다. ② 위원회는 제1항 후단에 따라 고용노동부장관으로부터 최저임금에 관한 심의 요청을 받은 경우 이를 심의하여 최저임금안을 의결하고 심의 요청을 받은 날부터 90일 이내에 고용노동부장관에게 제출하여야 한다. ③ 고용노동부장관은 제2항에 따라 위원회가 심의하여 제출한 최저임금안에 따라 최저임금을 결정하기가 어렵다고 인정되면 20일 이내에 그 이유를 밝혀 위원회에 10일 이상의 기간을 정하여 재심의를 요청할 수 있다. ④ 위원회는 제3항에 따라 재심의 요청을 받은 때에는 그 기간 내에 재심의하여 그 결과를 고용노동부장관에게 제출하여야 한다. ⑤ 고용노동부장관은 위원회가 제4항에 따른 재심의에서 재적위원 과반수의 출석과 출석위원 3분의 2 이상의 찬성으로 제2항에 따른 당초의 최저임금안을 재의결한 경우에는 그에 따라 최저임금을 결정하여야 한다.

46) 최저임금법 제9조(최저임금안에 대한 이의 제기) ① 고용노동부장관은 제8조 제2항에 따라 위원회로부터 최저임금안을 제출받은 때에는 대통령령으로 정하는 바에 따라 최저임금안을 고시하여야 한다. ② 근로자를 대표하는 자나 사용자를 대표하는 자는 제1항에 따라 고시된 최저임금안에 대하여 이의가 있으면 고시된 날부터 10일 이내에 대통령령으로 정하는 바에 따라 고용노동부장관에게 이의를 제기할 수 있다. 이 경우 근로자를 대표하는 자나 사용자를 대표하는 자의 범위는 대통령령으로 정한다. ③ 고용노동부장관은 제2항에 따른 이의가 이유 있다고 인정되면 그 내용을 밝혀 제8조 제3항에 따라 위원회에 최저임금안의 재심의를 요청하여야 한다. ④ 고용노동부장관은 제3항에 따라 재심의를 요청한 최저임금안에 대하여 제8조 제4항에 따라 위원회가 재심의하여 의결한 최저임금안이 제출될 때까지는 최저임금을 결정하여서는 아니 된다.

3항).[47] 또한 사용자는 최저임금법에 따른 최저임금을 이유로 종전의 임금수준을 낮추어서는 아니 된다(동조 2항).

2) 보수의 지급시기

(가) 후불급(後拂給)의 원칙

민법은 보수의 지급시기에 관하여, '보수는 약정한 시기에 지급하여야 하며 시기의 약정이 없으면 관습에 의하고 관습이 없으면 약정한 노무를 종료한 후 지체 없이 지급하여야 한다'고 규정하고 있는데(656조 2항), '이는 고용계약에 의한 보수는 후불급이 원칙이므로, 노무자는 특별한 약정이나 관습이 없는 경우에는 동시이행항변권을 행사할 수 없다'는 것을 의미한다(대법원 2002.8.23.선고, 2000다60890 판결). 따라서 주급·월급·연급 등 기간제로 보수를 약정한 경우에는 그 기간이 지난 후에 보수청구권을 행사할 수 있다. 그러나 '기간의 중간에 고용관계가 종료되면 노무를 제공한 일수에 비례하여 보수지급의무가 발생한다'고 해석하여야 할 것이다. 연급(연봉제)의 경우에는 보수액 자체는 연(年) 단위로 정해지나, 보수의 지급은 연봉을 12개월로 나누어 매월 일정한 시기에 지급하는 것이 일반적이다.

근로기준법이 적용되는 근로계약의 경우에는, 임금은 통화(通貨)로 직접 근로자에게 그

---

47) 최저임금법 제6조(최저임금의 효력) ① 사용자는 최저임금의 적용을 받는 근로자에게 최저임금액 이상의 임금을 지급하여야 한다. ② 사용자는 이 법에 따른 최저임금을 이유로 종전의 임금수준을 낮추어서는 아니 된다. ③ 최저임금의 적용을 받는 근로자와 사용자 사이의 근로계약 중 최저임금액에 미치지 못하는 금액을 임금으로 정한 부분은 무효로 하며, 이 경우 무효로 된 부분은 이 법으로 정한 최저임금액과 동일한 임금을 지급하기로 한 것으로 본다. ④ 제1항과 제3항에 따른 임금에는 매월 1회 이상 정기적으로 지급하는 임금을 산입한다. 다만, 다음 각 호의 어느 하나에 해당하는 임금은 산입하지 아니한다. 1. 근로기준법 제2조 제1항 제8호에 따른 소정(所定)근로시간(이하 "소정근로시간"이라 한다) 또는 소정의 근로일에 대하여 지급하는 임금 외의 임금으로서 고용노동부령으로 정하는 임금 2. 상여금, 그 밖에 이에 준하는 것으로서 고용노동부령으로 정하는 임금의 월 지급액 중 해당 연도 시간급 최저임금액을 기준으로 산정된 월 환산액의 100분의 25에 해당하는 부분 3. 식비, 숙박비, 교통비 등 근로자의 생활 보조 또는 복리후생을 위한 성질의 임금으로서 다음 각 목의 어느 하나에 해당하는 것 가. 통화 이외의 것으로 지급하는 임금 나. 통화로 지급하는 임금의 월 지급액 중 해당 연도 시간급 최저임금액을 기준으로 산정된 월 환산액의 100분의 7에 해당하는 부분 ⑤ 제4항에도 불구하고「여객자동차 운수사업법」제3조 및 같은 법 시행령 제3조 제2호 다목에 따른 일반택시운송사업에서 운전업무에 종사하는 근로자의 최저임금에 산입되는 임금의 범위는 생산고에 따른 임금을 제외한 대통령령으로 정하는 임금으로 한다. ⑥ 제1항과 제3항은 다음 각 호의 어느 하나에 해당하는 사유로 근로하지 아니한 시간 또는 일에 대하여 사용자가 임금을 지급할 것을 강제하는 것은 아니다. 1. 근로자가 자기의 사정으로 소정근로시간 또는 소정의 근로일의 근로를 하지 아니한 경우 2. 사용자가 정당한 이유로 근로자에게 소정근로시간 또는 소정의 근로일의 근로를 시키지 아니한 경우 ⑦ 도급으로 사업을 행하는 경우 도급인이 책임져야 할 사유로 수급인이 근로자에게 최저임금액에 미치지 못하는 임금을 지급한 경우 도급인은 해당 수급인과 연대하여 책임을 진다. ⑧ 제7항에 따른 도급인이 책임져야 할 사유의 범위는 다음 각 호와 같다. 1. 도급인이 도급계약 체결 당시 인건비 단가를 최저임금액에 미치지 못하는 금액으로 결정하는 행위 2. 도급인이 도급계약 기간 중 인건비 단가를 최저임금액에 미치지 못하는 금액으로 낮춘 행위 ⑨ 두 차례 이상의 도급으로 사업을 행하는 경우에는 제7항의 "수급인"은 "하수급인"으로 보고, 제7항과 제8항의 "도급인"은 "직상수급인(하수급인에게 직접 하도급을 준 수급인)"으로 본다.

전액을 지급하여야 한다. 다만, 법령 또는 단체협약에 특별한 규정이 있는 경우에는 임금의 일부를 공제하거나 통화 이외의 것으로 지급할 수 있다(동법 43조 1항). 또한 임금은 매월 1회 이상 일정한 날짜를 정하여 근로자에게 직접 지급하여야 한다. 다만, 임시로 지급하는 임금, 수당, 그 밖에 이에 준하는 것 또는 대통령령으로 정하는 임금(정근수당, 근속수당, 장려금, 능률수당 또는 상여금, 그 밖에 부정기적으로 지급되는 모든 수당)에 대하여는 그러하지 아니하다(동법 43조 2항, 동법시행령 23조).[48]

(나) 전차금의 상계 금지

「전차금(前借金)」이란 '취업 후에 수령하게 될 임금을 담보로 근로계약 체결 시에 사용자가 근로자에게 대여하는 금전'을 말하는데, 전차금은 사용자가 근로자를 불리한 조건의 근로관계에 장기간 구속되도록 하기 위한 수단으로 악용되기 때문에, 이를 규제할 필요가 있다. 근로기준법은 '사용자는 전차금이나 그 밖에 근로할 것을 조건으로 하는 전대(前貸)채권과 임금을 상계하지 못한다'고 규정함으로써(동법 21조), 사용자가 전차금채권으로써 임금채무와 상계하는 것을 금지하고 있다. 이와 같이 전차금채권과 임금채권을 상계하는 것은 금지되지만, 근로기준법 제21조의 반대해석상 '사용자가 근로자에게 미리 임금을 지급하는 선급(先給)은 유효하다'고 할 것인데, 사용자가 노무자에게 미리 지급하는 금전이 전차금에 해당하는지 여부는 그 금전의 액수·대여기간·금리 등을 종합적으로 고려하여 판단하여야 할 것이다.[49]

이와 관련하여, 판례는 '기업체에서 비용을 부담하여 직원을 해외에 파견하여 위탁교육훈련을 시키고 일정한 의무재직기간 이상 근무하지 아니한 때에는 그 부담한 교육비용의 전부 또는 일부를 상환하도록 하는 규정은 근로기준법에서 금지하고 있는 근로자의 자유의사에 반하는 근로를 강요하는 것이거나 전차금 기타 근로할 것을 조건으로 하는 전대채권과 임금을 상계하기로 하는 내용에 해당하지 않는다'고 한다(대법원 1992.2.25.선고, 91다26232 판결 등).[50]

3) 위약금 예정의 금지

근로기준법은 사용자가 근로자와 사이에 근로계약 불이행에 대한 위약금 또는 손해배상액 예정계약을 체결하는 것을 금지하고 있다(동법 20조).[51] 이는 전차금 또는 전대채권과 임금채권의 상계를 금지한 것과 마찬가지로 근로자의 임금채권을 보장하기 위한 제도이다.

---

48) 근로기준법 제43조(임금지급) ② 임금은 매월 1회 이상 일정한 날짜를 정하여 지급하여야 한다. 다만, 임시로 지급하는 임금, 수당, 그 밖에 이에 준하는 것 또는 대통령령으로 정하는 임금에 대하여는 그러하지 아니하다.

49) 同旨: 김형배, 592 참조.

50) 같은 취지: 대법원 1996.12.6.선고, 95다24944, 24951 판결; 대법원 1996.12.20.선고, 95다52222, 52239 판결.

51) 근로기준법 제20조(위약 예정의 금지) 사용자는 근로계약 불이행에 대한 위약금 또는 손해배상액을 예정하는 계약을 체결하지 못한다.

이와 관련하여, 판례는 '기업체에서 비용을 부담·지출하여 직원을 해외에 파견하여 위탁 교육훈련을 시키면서 일정 임금을 지급하고 이를 이수한 직원이 교육 수료일자부터 일정한 의무재직기간 이상 근무하지 아니할 때에는 기업체가 지급한 임금이나 해당 교육비용의 전부 또는 일부를 상환하도록 하되 의무재직기간 동안 근무하는 경우에는 이를 면제하기로 한 약정 중에서 교육비용의 전부 또는 일부를 근로자로 하여금 상환하도록 한 부분은 근로기준법에서 금지한 위약금 또는 손해배상을 예정하는 계약이 아니므로 유효하지만, 근로자가 파견된 해외회사에게 근로를 제공한 것은 파견한 기업체의 노무지휘권에 따른 것으로서 이는 곧 파견한 기업체에 대한 근로의 제공이라고도 할 수 있으므로, 그 기간 중에 파견한 기업체가 근로자에게 지급한 기본급 및 수당은 임금이라 할 것이고, 따라서 근로자가 의무복무기간을 근무하지 아니할 경우에 파견한 기업체로부터 지급받은 기본급 및 수당을 반환하여야 한다는 약정은 근로자에게 근로의 대가로 지급한 임금을 채무불이행을 이유로 반환하기로 한 약정으로서 실질적으로는 위약금 또는 손해배상을 예정하는 계약이라고 할 것이므로 근로기준법 제24조에 위반되어 무효'라고 한다(대법원 1996.12.6.선고, 95다24944·24951 판결 등).[52]

4) 위험부담의 법리의 적용

쌍무계약에서 당사자 일방의 채무가 쌍방불귀책사유로 인하여 이행불능이 되어 소멸하면 타방 당사자의 채무도 소멸하는 것이 원칙이다(537조). 이를 쌍무계약에서의 대가위험의 부담에 관한 「채무자주의의 원칙」이라고 하는데, 위험부담에 관하여 채무자주의를 원칙으로 하는 이유는 쌍무계약에서의 양 당사자의 채무가 상호의존적 견련관계에 있기 때문이다.

이러한 위험부담에 관한 채무자주의의 원칙을 고용계약에 적용하면, '고용계약에서 노무자의 채무가 당사자 쌍방의 책임 없는 사유로 이행할 수 없게 된 때에는 사용자의 보수지급의무는 소멸하는 것이 원칙이므로(537조), 노무자는 사용자의 보수지급의무의 이행을 청구할 수 없다'는 결론에 도달하게 된다. 다만, 쌍무계약에서의 채무자주의의 원칙에는 다음과 같은 두 가지 예외가 인정되는데, 고용계약과 관련되는 범위에서 서술하기로 한다. (☞ [10] 쌍무계약의 특수한 효력)

(가) 사용자의 귀책사유로 인하여 노무제공의무가 이행불능이 된 경우

(A) 보수청구권의 존속 민법은 '쌍무계약의 당사자 일방의 채무가 채권자의 책임 있는 사유로 이행할 수 없게 된 때에는 채무자는 상대방의 이행을 청구할 수 있다'고 규정함으로써(538조 1항 본문), 채무자주의의 원칙에 대한 예외를 인정하고 있다. 채권자의 귀책사유로 인한 이행불능의 문제는 채무자가 노무를 공급할 의무를 부담하는 고용·도급·위임·임치 등의 이른

---

52) 판례평석: 강성태, "교육훈련비 등의 상환약정의 효력", 노동법률 111호(중앙경제사, 2000/8), 45 이하. 같은 취지: 대법원 1996.12.20.선고, 95다52222, 52239 판결; 대법원 2004.4.28.선고, 2001다53875 판결.

바 「노무공급형계약」에서 주로 문제되는데, 이 규정에 의하여 고용계약에서 사용자의 귀책사유로 인하여 노무제공의무가 이행불능이 된 경우에는 사용자의 보수지급의무는 소멸하지 않고 존속한다(대법원 1981.12.22.선고, 81다626 판결 등).[53] 다만, 제538조 제1항의 반대해석상 채무자에게도 귀책사유가 있는 경우에는 위험부담의 문제는 발생하지 않으며, 손해배상에 관한 과실상계(396조)의 문제만 남는다.[54] 즉, 제538조의 "채권자의 책임 있는 사유"라 함은 채무자에게는 책임이 없고 채권자에게만 책임이 있는 사유를 의미한다. 그런데 제538조 제1항의 "채권자의 책임 있는 사유"를 채무자의 귀책사유와 마찬가지로 '고의·과실에 의한 의무의 위반'이라고 해석한다면, 채권자의 귀책사유로 이행불능이 되는 경우는 있을 수 없게 된다. 왜냐하면 채권자는 채무의 이행에 대하여 아무런 의무도 부담하지 않는 것이 원칙이기 때문이다. 여기서 학설과 판례는 제538조 제1항의 "채권자의 책임 있는 사유"를 "이행불능을 발생시킨 사유가 채권자에게 귀속되는 「지배영역」(zurechenbare Sphäre) 안에 존재하는 경우"라고 하거나,[55] "채권자의 어떤 작위나 부작위가 채무자의 이행의 실현을 방해하고, 그 작위나 부작위는 채권자가 이를 피할 수 있었다는 점에서 신의칙상 비난받을 수 있는 경우"를 의미한다고 해석함으로써, 그 개념을 「채무자의 귀책사유」보다 넓게 해석하고 있다(대법원 2004.3.12.선고, 2001다79013 판결).[56]

이러한 취지에서, 대법원은 '① 고용계약이나 근로계약에서 사용자의 부당해고로 인하여 근로자가 노무급부의무를 이행하지 못한 경우(대법원 1969.3.31.선고, 69다135 판결 등),[57] ② 소송대리인 선임계약에서 소송의뢰인이 정당한 사유 없이 소송대리인의 소송수행을 방해한 경우(대법원 1974.12.24.선고, 73다800 판결), ③ 도급인과 협력하여 그 지시감독을 받으면서 영상물을 제작하여야 하는 영상물제작공급계약에서 도급인의 영상물제작에 대한 협력의 거부로 수급인이 독자적으로 성의껏 제작하여 납품한 영상물이 도급인의 의도에 부합되지 아니하게 됨으로써 결과적으로 도급인의 의도에 부합하는 영상물을 기한 내에 제작하여 납품하여야 할 수급인의 채무가 이행불능케 된 경우(대법원 1996.7.9.선고, 96다14364 판결),[58] ④ 고속버스 내의 광고매

---

53) 같은 취지: 대법원 1969.3.31.선고, 69다135 판결; 대법원 1989.5.23.선고, 87다카2132 판결; 대법원 1992.3.31.선고, 90다8763 판결; 대법원 1992.5.22.선고, 91다22100 판결; 대법원 1992.11.13.선고, 92다16690 판결; 대법원 1992.12.8.선고, 92다39860 판결; 대법원 1993.9.24.선고, 93다21736 판결; 대법원 1993.12.21.선고, 93다11463 판결; 대법원 1995.11.21.선고, 94다45753·45760 판결; 대법원 2002.5.31.선고, 2000다18127 판결. 다만, 판례는 '해고기간 중 근로자가 징역형의 선고를 받아 상당기간 구속된 경우에는 해고가 무효라 하더라도 구속기간 동안에는 근로자가 근로의 제공을 할 수 없는 처지였다고 할 것이므로, 구속기간 동안의 임금은 청구할 수 없다'고 한다(대법원 1995.1.24.선고, 94다40987 판결).

54) 양창수, "위험부담", 고시연구 17권 12호, 1990/12, 48; 이은영, 143; 황적인, 122 참조.

55) 양창수, 상게논문, 47 참조.

56) 김동훈, "쌍무계약에서 채권자 귀책사유의 의의", 법조 54권 8호(법조협회, 2005/8), 241 이하; 同, "위험부담의 법리와 신의칙", 고시연구 31권 7호, 2004/7, 209 이하; 곽윤직, 70 참조.

57) 같은 취지: 대법원 1991.5.14.선고, 91다2656 판결.

체를 제작·관리하는 대가로 얻은 광고유치·부착권을 위임하는 대신 수임인이 광고매체제작비 등을 지급하기로 약정하였으나, 수임인이 광고주를 유치하지 못하여 광고를 부착하지 못한 경우(대법원 1994.9.27.선고, 93다2230 판결)는 채권자의 귀책사유로 인하여 이행불능이 발생한 경우에 해당된다'고 판시한 바 있다.

(B) 「중간수입」의 공제(사용자의 이익반환청구권) 여부 채권자의 귀책사유에 의하거나 또는 채권자지체 중에 당사자 쌍방의 책임 없는 사유로 인하여 채권자가 위험을 부담하는 경우(이행불능으로 채무를 면한 채무자가 상대방의 반대급부를 청구할 수 있는 경우), 채무자가 자기의 채무를 면함으로써 이익을 얻은 때에는 이를 채권자에게 반환하여야 한다(538조 2항). 여기에서 "채무를 면함으로써 얻은 이익"이라 함은, 채무를 면함으로써 지출하지 않아도 되는 운임·재료구입비·도구의 소모 등과 같은 비용을 의미하는데, 특히 '사용자의 귀책사유로 인하여 해고된 근로자가 해고기간 중에 다른 직장에 종사하여 얻은 이익인 이른바 「중간수입」이 여기에 해당하는가?' 하는 것이 문제된다.

이에 대하여, 판례는 ① '무효인 해고처분으로 인하여 노무공급채무를 이행할 수 없게 된 경우, 노무자는 채권자인 사용자의 반대급부의무인 임금의 지급을 청구할 수 있으며(대법원 1981.12.22.선고, 81다626 판결 등), 이 경우에 근로자는 채무를 면함으로써 얻은 이익을 사용자에게 상환하여야 하며, 그 상환하여야 할 이익은 채무를 면한 것과 상당인과관계에 있는 것에 한한다'고 한다(대법원 1993.5.25.선고, 92다31125 판결). 또한 ② '해고된 근로자가 해고기간 중에 다른 직장에 종사하여 얻은 이익인 중간수입은 제538조 제2항에서 말하는 "채무를 면함으로써 얻은 이익"에 해당하므로, 사용자는 해고기간 중의 임금을 지급함에 있어서 이를 공제할 수 있다'고 한다(대법원 1996.4.23.선고, 94다446 판결).[59] 다만, '근로자가 해고기간 중에 노동조합기금으로부터 지급받은 금원은 그가 노무제공의무를 면한 것과 상당인과관계에 있는 이익이라고 볼 수 없다'고 한다(대법원 1991.5.14.선고, 91다2656 판결 등).[60] 또한 대법원판결 중에는 '해고되기 전부터 처(妻)의 주도로 경영하던 과수원에서 부업으로 얻은 수입은 제538조 제2항 소정의 공제하여야 할 채무를 면한 것과 상당인과관계 있는 이익이라고 볼 수 없다'고 판시한 사례도 있다(대법원 1993.5.25.선고, 92다31125 판결). 그러나 부당해고를 당한 근로자가 다른 직장에서 얻은 중간수입에 대하여 제538조 제2항의 규정을 적용하여 임금에서 공제하여야 한다는 판례의 입장에는 찬성할 수 없다. 왜냐하면 민법이 '채무자가 자기의 채무를 면함으로써 얻은 이익

58) 판례평석: 김동훈, "영상물제작공급계약: 소프트웨어공급계약 등에 관한 판례연구", 민사법학 15호(한국민사법학회, 1997/4), 364 이하.

59) 판례평석: 조한중, "부당면직된 국회공무원의 일실수입에 포함되는 급여의 범위", 대법원판례해설 25호(법원도서관, 1996/11), 104 이하; 김형배, "부당해고를 이유로 복직된 근로자에 대한 중간이득공제: 공무원연금관리공단사건", 노동판례평석집 II(한국경영자총협회, 1997/12), 168 이하.

60) 같은 취지: 대법원 1991.12.13.선고, 90다18999 판결.

을 채권자에게 상환하여야 한다'고 규정한 것은 채무를 면함으로써 얻은 이익은 채무자의 '부당이득'으로 볼 수 있다는 데 근거를 두고 있는 것인데, 부당해고를 당한 근로자가 다른 직장에서 얻은 중간수입을 채권자에게 상환하여야 할 '부당이득'이라고 보는 것은 근로자의 생존권과 직결되는 근로계약의 특수성을 고려할 때 바람직하지 않기 때문이다. 이러한 문제를 고려하여, 대법원은 '중간수입을 공제할 수 있는 경우라고 하더라도 근로자의 최저생활을 보장하려는 취지에서 사용자의 귀책사유로 인하여 휴업하는 경우에는 휴업기간 중 당해 근로자에게 그 평균임금의 100분의 70 이상의 수당을 지급하도록 규정하고 있는 근로기준법 제46조[61]의 규정을 고려하여, 근로자의 평균임금의 100분의 70 상당의 휴업수당의 한도에서는 이를 이익공제의 대상으로 삼을 수 없다'는 입장을 취하고 있다(대법원 1991.6.28.선고, 90다카25277 판결 등).[62] 그러나 근로자의 중간수입을 '부당이득'으로 볼 수 있다고 하더라도, 근로기준법 제46조가 보장하고 있는 '휴업수당의 70% 한도에서는 부당이득으로 공제할 수 없다'는 판례의 논리는 수긍하기 어렵다. 왜냐하면 근로기준법 제46조는 사용자에게 귀책사유가 없는 사유로 인하여 사용자가 부득이 휴업을 한 경우에도 근로자의 생존권을 보장하기 위하여 평균임금의 70% 또는 통상임금에 해당하는 휴업수당을 근로자에게 지급할 사용자의 의무를 규정한 조항으로서, 사용자의 귀책사유로 인한 부당해고의 경우에 적용될 성질의 규정이 아니기 때문이다.[63]

(나) 사용자의 수령지체 중에 「노무제공의무」가 이행불능이 된 경우

채권자의 수령지체 중에 당사자 쌍방의 책임 없는 사유로 이행할 수 없게 된 경우에는, 채권자의 귀책사유로 인하여 이행불능하게 된 경우와 마찬가지로, 채무자는 상대방의 이행을 청구할 수 있다(538조 1항 단서). 학설 중에는 '채권자의 수령지체 중에는 채무자는 고의 또는 중대한 과실이 없으면 불이행으로 인한 모든 책임이 없으므로(401조), 채권자지체 중에 채무자의 경과실로 인하여 이행불능이 발생한 경우에도 제538조 제1항 단서가 적용되어 채권자가 위험을 부담한다(고용계약에서는 사용자의 보수지급의무는 소멸하지 않는다)고 해석하여야 한다'

61) 근로기준법 제46조(휴업수당) ① 사용자의 귀책사유로 휴업하는 경우에 사용자는 휴업기간 동안 그 근로자에게 평균임금의 100분의 70 이상의 수당을 지급하여야 한다. 다만, 평균임금의 100분의 70에 해당하는 금액이 통상임금을 초과하는 경우에는 통상임금을 휴업수당으로 지급할 수 있다. ② 제1항에도 불구하고 부득이한 사유로 사업을 계속하는 것이 불가능하여 노동위원회의 승인을 받은 경우에는 제1항의 기준에 못 미치는 휴업수당을 지급할 수 있다.

62) 판례평석: 박순성, "위법하게 해고된 근로자의 임금청구와 중간수입공제", 민사판례연구(14)(민사판례연구회, 1992/5), 131~164; 최세모, "부당해고된 근로자의 임금 등의 청구소송에 있어 중간수입의 공제", 대법원 판례해설 16호(법원행정처, 1992/10), 37 이하. 같은 취지: 대법원 1991.12.13.선고, 90다18999 판결; 대법원 1992.7. 24.선고, 91다44100 판결; 대법원 1993.11.9.선고, 93다37915 판결; 대법원 1996.4.23.선고, 94다446 판결.

63) 同旨: 김형배, 593 참조.

는 견해가 있다.[64] 그러나 제401조의 규정취지는 '수령지체가 성립하면 채무자의 과실로 인한 이행불능이 발생하더라도 그 채무불이행책임(손해배상·계약해제)을 면제해 준다는 것이지, 상대방의 채무소멸의 효과를 규정한 제537조의 예외를 인정하겠다는 것은 아니라고 할 것이므로, "수령지체 중에 당사자 쌍방의 책임 없는 사유로 이행할 수 없게 된 때"가 아니라 채무자의 경과실로 이행불능이 발생한 경우에도 상대방의 채무는 소멸하지 않는다고 해석하는 것은 해석론의 범위를 초과하는 것'이라는 비판을 면하기 어렵다. 그러므로 '수령지체 중에 채무자의 과실로 이행불능이 된 경우에는 채무자주의의 원칙(537조)이 적용되어, 상대방의 채무는 소멸한다'고 해석하여야 할 것이다.

(다) 이른바 「영역설」과 그 문제점

'고용계약관계에서 원자재의 부족, 교통의 두절, 공장의 소실, 노동조합의 파업 등 당사자의 행태에 의하지 아니한 이른바 「경영상의 장애」(Betriebsstörungen)로 인하여 근로자의 근로제공의무의 이행 자체는 가능하지만 채권자가 이를 수령하는 것이 현실적으로 무의미한 경우, 이를 급부의무의 이행불능으로 보아 위험부담의 문제로 처리할 것인가, 아니면 채권자지체라고 할 것인가?' 하는 것이 문제된다. 만약 이를 급부의 이행불능으로 보는 경우에는 위험부담의 원칙인 제537조가 적용되어 채무자인 근로자는 사용자에 대하여 임금을 청구할 수 없게 되는 이른바 「무노동·무임금의 원칙」이 성립한다. 그러나 이를 채권자지체라고 할 수 있다면, 채권자지체 후의 이행불능 시의 위험부담에 관한 제538조 제1항 제2문의 규정이 적용되어 근로자는 임금의 지급을 청구할 수 있게 된다.

이에 관하여, 국내의 통설은 독일에서 발전한 이론인 「영역설」(Sphärentheorie)[65]에 따라서, '급부를 불능 또는 무의미하게 만든 급부장애의 원인이 채권자의 지배하에 있는 위험영역(Risiko- und Gefahrenkreis) 내에서 발생한 경우에는 수령불능으로서 채권자지체가 되고, 채무자의 지배영역 또는 중립영역에서 발생한 경우에는 이행불능으로 위험부담의 문제가 된다' 고 해석하고 있다.[66]

(A) 급부장애가 채권자의 지배영역에서 발생하였으나 채권자의 귀책사유가 없는 경우 채권자지체의 본질을 채권자의 귀책사유를 요하는 채무불이행책임으로 파악하는 종래의 통설적 견해에 따르면, '이 경우에는 채권자지체책임 자체가 성립하지 않으므로, 위험부담의 원칙인 제537조가 적용되어 채무자와 채권자의 채무는 동시에 소멸한다'고 해석하여야 한다. 그러나 채권자지체책임을 채권자의 무과실책임으로 파악하는 견해에 따르면 채권자지체가 성립하므로, 채권자가 반대급부의무를 지는 위험을 부담하게 된다(538조 1항 2문). 예컨대, 의사가 왕진을 갔

64) 양창수, 전게논문(주 54), 48 참조.
65) 독일에서의 「영역설」에 대하여는 김형배(채권총론), 310 이하 참조.
66) 곽윤직(채권총론), 98; 송덕수(채권총론), 209; 현승종(채권총론), 140 참조.

으나 환자가 이미 사망한 경우, 채권자인 환자의 유족들은 왕진료를 부담하여야 한다. 그러나 이러한 해결책은 부당하다는 비판[67]에 직면하게 된다.

(B) 급부장애가 채권자의 지배영역에서 발생하였다고 볼 수 없는 경우(이른바 「경영장애」의 경우) 「영역설」을 취하는 학자들은 '원료의 부족·단전으로 인한 조업중단·정부에 의한 생산중단명령과 같은 이른바 「경영상의 장애」의 경우에도 그 급부불능의 발생사유는 원칙적으로 채권자의 지배영역에 있다'고 해석하고 있다. 그러나 엄밀하게 말하면, 이는 채권자의 지배영역 내에서 발생한 급부장애라고 할 수 없을 뿐만 아니라, 채권자지체의 성립요건으로 채권자의 귀책사유를 요한다고 보는 종래의 통설적 견해에 따르면, 경영장애 사유를 채권자의 지배영역에 속한다고 보더라도 채권자지체 자체가 성립하지 아니하므로, 위험부담의 원칙상 채무자인 근로자의 임금지급청구권을 인정할 수 있는 근거가 없다는 문제가 발생한다.[68] 물론 채권자지체책임을 무과실책임으로 파악하는 「법정책임설」이나 「절충설」에 따르면 귀책사유와 관계없이 채권자지체의 성립을 인정할 수는 있으나, '경영장애를 채권자의 지배영역 내에서 발생한 급부장애라고 할 수 있는가?' 하는 이론상의 문제는 여전히 남게 된다.

이러한 문제를 해결하기 위하여 「영역설」의 이론상의 문제점을 지적하고, '직접 민법규정에 의하여 경영장애의 문제를 해결하여야 한다'는 주장[69]이 제기되고 있는데,[70] 이들은 채권자지체의 본질에 관한 「법정책임설」 내지 「절충설」의 입장에서 채권자가 위험을 부담하여야 하는 제538조를 근거로 하여, ① 「채권자의 지배영역에 속하는 사유」를 채권자의 귀책사유로 확대해석하거나(538조 1항 전단), ② '경영장애의 경우, 사용자의 불수령(不受領)으로 인하여 채권자지체가 먼저 발생하고 급부불능이 된다'고 해석함으로써(538조 1항 후단), 근로자의 임금청구권을 인정하고자 한다. 그러나 이러한 해석론은 어떻게든지 근로자의 임금청구권을 인정하고자 하는 목적에서 나온 것으로서, '그 결론에는 찬성하나, 제538조 제1항의 합리적 해석론이라고 보기는 어려운 것이 아닌가?' 하는 의문은 여전히 남는다. 이는 입법적인 해결이 필요한 문제라고 생각한다. (☞ [10] 쌍무계약의 특수한 효력)

5) 고용계약이 무효·취소된 경우의 부당이득반환법리의 제한

고용계약이 무효·취소된 경우에는 사용자의 보수지급의무는 처음부터 발생하지 않았던 것으로 된다. 그러므로 '무효·취소된 고용계약에 기하여 보수가 지급된 경우, 사용자는 노무자에 대하여 부당이득을 이유로 지급된 보수의 반환을 청구할 수 있고, 사용자 역시 노무자

---

67) 곽윤직(채권총론), 98 참조.
68) 김형배(채권총론), 310 참조.
69) 하경효, "민법 제538조의 해석·적용에 관련된 문제점", 고시연구 21권 3호, 1994/3, 45 이하; 김형배(채권총론), 311 참조.
70) 이에 관한 상세는 하경효, "고용계약에 있어서의 반대급부위험의 부담", 민사법학 9·10호(한국민사법학회, 1993), 294 이하.

에 의하여 제공된 노무급부를 반환하여야 하는 쌍무적 법률관계가 성립한다'고 할 것이다(741조). 그러나 고용계약이 무효·취소된 경우의 법률관계를 이와 같이 처리하는 것은 별로 의미가 없다. 왜냐하면 지급된 보수는 그것이 타당하게 산정되었다면 급부된 노무제공의 가치에 상응하는 것이므로, 상계처리가 가능할 것이기 때문이다. 그러므로 계속적 계약관계인 고용계약에서는 소급효가 인정되지 않는 해지만이 가능한 것처럼, '고용계약의 무효·취소의 경우에도 소급효는 인정되지 않으며, 이미 지급된 보수에 대한 사용자의 부당이득반환청구권은 인정되지 않는다'고 해석하는 데 학설이 일치한다.[71] 다만, 그 이론구성에는 견해가 일치하지 않고 있다.

일부 학설은 독일의 「사실적 계약관계이론」을 이 경우에 적용하여, '계약이 무효·취소된 경우에는 「사실적 고용관계」(das faktische Arbeitsverhältnis)가 성립되어 사용자의 부당이득반환청구권은 인정되지 않는다고 해석하여야 한다'고 주장한다.[72] 그러나 「사실적 계약관계론」은 '계약은 합의에 의하여 성립한다'는 계약법의 근본원칙을 파괴할 우려가 있으므로, 채택할 수 없는 이론이며, 현재 국내에서는 이를 찬성하는 견해는 거의 찾아보기 어렵다는 점은 이미 앞에서 상세히 논한 바 있다.[73] (☞ [4] 계약의 성립요건과 사실적 계약관계론)

사견으로는, 이 문제는 합의가 없는 경우에도 계약의 유효한 성립을 의제하는 「사실적 고용관계」의 이론을 도입하여 해결하고자 할 것이 아니라, '계속적 계약관계인 고용계약의 특성을 고려하여 소급효를 제한하고 있는 해지에 관한 제550조의 규정을 유추적용하여야 할 것'이라고 생각한다.

6) 근로자의 임금채권 보호제도

(가) 임금채권의 일부에 대한 우선특권

근로기준법은 근로자의 임금채권 중 최종 3개월분의 임금과 재해보상금채권에 대한 우선특권(최우선변제권)을 부여하여, '사용자의 총재산에 대하여 질권 또는 저당권에 따라 담보된 채권, 조세·공과금 및 다른 채권에 우선하여 변제되어야 한다'고 규정하고 있다(동법 38조 2항).[74][75]

71) 김주수, 330; 김증한/김학동, 474; 김형배, 594; 이은영, 492 참조.

72) 곽윤직, 241; 장재현, 368 참조.

73) 현재로서는 「사실적 계약관계론」을 우리 민법의 해석론으로 도입할 것을 정면으로 주장하는 견해는 장재현, 92~93이 유일하다.

74) 근로기준법 제38조(임금채권의 우선변제) ① 임금, 재해보상금, 그 밖에 근로관계로 인한 채권은 사용자의 총재산에 대하여 질권 또는 저당권에 따라 담보된 채권 외에는 조세·공과금 및 다른 채권에 우선하여 변제되어야 한다. 다만, 질권 또는 저당권에 우선하는 조세·공과금에 대하여는 그러하지 아니하다. ② 제1항에도 불구하고 다음 각 호의 어느 하나에 해당하는 채권은 사용자의 총재산에 대하여 질권 또는 저당권에 따라 담보된 채권, 조세·공과금 및 다른 채권에 우선하여 변제되어야 한다. 1. 최종 3개월분의 임금 2. 재해보상금

75) 원래 근로기준법에서는 근로자의 최종 3년간의 퇴직금에 대해서도 우선특권을 부여하고 있었으나, 헌법재판소의 위헌결정(1997.8.21. 94헌바19·95, 헌바34·97, 헌가11 전원재판부결정)에 의하여 2007.1.26.

이는 물론 근로자의 생존권을 보호하기 위하여 임금채권의 일부에 일종의 담보물권적 효력을 인정한 것으로서, 주택임대차법이나 상가임대차법에서 소액임차인의 임차보증금 중 일부에 대하여 우선특권을 인정하고 있는 것과 같은 취지라고 할 수 있다.

(나) 임금채권에 대한 우선변제권

근로기준법에 의하여 우선특권이 인정되는 근로자의 임금채권 중 최종 3개월분의 임금과 재해보상금채권을 제외한 나머지 근로자의 근로관계로 인한 채권에 대해서는 우선변제권이 인정되지 않는 것이 원칙이다. 즉, 질권 또는 저당권에 따라 담보된 채권과 질권 또는 저당권에 우선하는 조세·공과금채권은 근로자의 임금채권 등 근로관계로 인한 채권보다 우선하여 변제를 받는다(근로기준법 38조 1항 단서). 그러나 임금채권 등 근로관계로 인한 채권은 사용자의 총재산에 대하여 질권 또는 저당권에 따라 담보된 채권 외에는 조세·공과금 및 다른 채권에 우선하여 변제를 받을 권리가 있다(동조 1항 본문).

(다) 임금채권에 대한 압류의 제한

민사집행법은 '① 병사의 급료채권의 전액, ② 급료·연금·봉급·상여금·퇴직연금, 그 밖에 이와 비슷한 성질을 가진 급여채권의 2분의 1에 해당하는 금액(다만, 그 금액이 국민기초생활보장법에 의한 최저생계비를 감안하여 대통령령이 정하는 금액에 미치지 못하는 경우 또는 표준적인 가구의 생계비를 감안하여 대통령령이 정하는 금액을 초과하는 경우에는 각각 당해 대통령령이 정하는 금액), ③ 퇴직금 그 밖에 이와 비슷한 성질을 가진 급여채권의 2분의 1에 해당하는 금액'에 대해서는 압류를 금지하고 있다(동법 246조 1항 4호, 5호).[76]

의 근로기준법개정(법률 제8293호)에 의하여 동법 제37조 제3항이 삭제됨으로써 이 제도는 폐지되었다.

76) 민사집행법 제246조(압류금지채권) ① 다음 각 호의 채권은 압류하지 못한다. 1. 법령에 규정된 부양료 및 유족부조료 2. 채무자가 구호사업이나 제3자의 도움으로 계속 받는 수입 3. 병사의 급료 4. 급료·연금·봉급·상여금·퇴직연금, 그 밖에 이와 비슷한 성질을 가진 급여채권의 2분의 1에 해당하는 금액. 다만, 그 금액이 국민기초생활보장법에 의한 최저생계비를 감안하여 대통령령이 정하는 금액에 미치지 못하는 경우 또는 표준적인 가구의 생계비를 감안하여 대통령령이 정하는 금액을 초과하는 경우에는 각각 당해 대통령령이 정하는 금액으로 한다. 5. 퇴직금 그 밖에 이와 비슷한 성질을 가진 급여채권의 2분의 1에 해당하는 금액 6. 주택임대차법 제8조, 같은 법 시행령의 규정에 따라 우선변제를 받을 수 있는 금액 7. 생명, 상해, 질병, 사고 등을 원인으로 채무자가 지급받는 보장성보험의 보험금(해약환급 및 만기환급금을 포함한다). 다만, 압류금지의 범위는 생계유지, 치료 및 장애 회복에 소요될 것으로 예상되는 비용 등을 고려하여 대통령령으로 정한다. 8. 채무자의 1월간 생계유지에 필요한 예금(적금·부금·예탁금과 우편대체를 포함한다). 다만, 그 금액은 「국민기초생활 보장법」에 따른 최저생계비, 제195조 제3호에서 정한 금액 등을 고려하여 대통령령으로 정한다. ② 법원은 제1항 제1호부터 제7호까지에 규정된 종류의 금원이 금융기관에 개설된 채무자의 계좌에 이체되는 경우 채무자의 신청에 따라 그에 해당하는 부분의 압류명령을 취소하여야 한다. ③ 법원은 당사자가 신청하면 채권자와 채무자의 생활형편, 그 밖의 사정을 고려하여 압류명령의 전부 또는 일부를 취소하거나 제1항의 압류금지채권에 대하여 압류명령을 할 수 있다. ④ 제3항의 경우에는 제196조 제2항 내지 제5항의 규정을 준용한다.

(라) 하수급인의 임금지급채무에 대한 도급사업자의 연대책임

근로기준법은 사업이 여러 차례의 도급에 따라 행하여지는 경우, 즉 하도급에서의 근로자의 임금채권을 보호하기 위하여 원래의 도급계약에서의 수급인이 하수급인과 연대하여 책임을 지도록 규정하고 있다(동법 44조).[77] 특히 이러한 임금체불의 문제가 주로 건설업에서 문제된다는 점을 고려하여, 건설업에서의 공사하도급의 경우에는 다시 이에 대한 특별규정을 두고 있다(동법 44조의2).[78]

(마) 퇴직급여보장제도

근로자의 안정적인 노후생활 보장에 이바지함을 목적으로 제정된 「근로자퇴직급여보장법」(2005.1.27. 법률 제7379호로 제정: 이하 「퇴직급여법」으로 약칭)은 사용자에게 퇴직급여제도를 설정할 의무를 부과하고(동법 4조),[79] 만약 사용자가 퇴직급여제도를 설정하지 아니한 경우에는 법률의 규정에 의한 퇴직급여제도를 설정한 것으로 간주하고 있다(동법 11조).[80] 여기서 「퇴직급여제도」라 함은 '확정급여형퇴직연금제도, 확정기여형퇴직연금제도 및 퇴직급여법 제8조에 따른 퇴직금제도를 말한다(동법 2조 6호).

---

77) 근로기준법 제44조(도급 사업에 대한 임금 지급) ① 사업이 한 차례 이상의 도급에 따라 행하여지는 경우에 하수급인이 직상 수급인의 귀책사유로 근로자에게 임금을 지급하지 못한 경우에는 그 직상 수급인은 그 하수급인과 연대하여 책임을 진다. 다만, 직상 수급인의 귀책사유가 그 상위 수급인의 귀책사유에 의하여 발생한 경우에는 그 상위 수급인도 연대하여 책임을 진다. ② 제1항의 귀책사유 범위는 대통령령으로 정한다.

78) 근로기준법 제44조의2(건설업에서의 임금 지급 연대책임) ① 건설업에서 사업이 2차례 이상 「건설산업기본법」 제2조 제11호에 따른 도급(이하 "공사도급"이라 한다)이 이루어진 경우에 같은 법 제2조 제7호에 따른 건설사업자가 아닌 하수급인이 그가 사용한 근로자에게 임금(해당 건설공사에서 발생한 임금으로 한정한다)을 지급하지 못한 경우에는 그 직상 수급인은 하수급인과 연대하여 하수급인이 사용한 근로자의 임금을 지급할 책임을 진다. ② 제1항의 직상 수급인이 「건설산업기본법」 제2조 제7호에 따른 건설사업자가 아닌 때에는 그 상위 수급인 중에서 최하위의 같은 호에 따른 건설사업자를 직상 수급인으로 본다.

79) 퇴직급여법 제4조(퇴직급여제도의 설정) ① 사용자는 퇴직하는 근로자에게 급여를 지급하기 위하여 퇴직급여제도 중 하나 이상의 제도를 설정하여야 한다. 다만, 계속근로기간이 1년 미만인 근로자, 4주간을 평균하여 1주간의 소정근로시간이 15시간 미만인 근로자에 대하여는 그러하지 아니하다. ② 제1항에 따라 퇴직급여제도를 설정하는 경우에 하나의 사업에서 급여 및 부담금 산정방법의 적용 등에 관하여 차등을 두어서는 아니 된다. ③ 사용자가 퇴직급여제도를 설정하거나 설정된 퇴직급여제도를 다른 종류의 퇴직급여제도로 변경하려는 경우에는 근로자의 과반수가 가입한 노동조합이 있는 경우에는 그 노동조합, 근로자의 과반수가 가입한 노동조합이 없는 경우에는 근로자 과반수(이하 "근로자대표"라 한다)의 동의를 받아야 한다. ④ 사용자가 제3항에 따라 설정되거나 변경된 퇴직급여제도의 내용을 변경하려는 경우에는 근로자대표의 의견을 들어야 한다. 다만, 근로자에게 불리하게 변경하려는 경우에는 근로자대표의 동의를 받아야 한다.

80) 퇴직급여법 제11조(퇴직급여제도의 미설정에 따른 처리) 제4조 제1항 본문 및 제5조에도 불구하고 사용자가 퇴직급여제도나 제25조 제1항에 따른 개인형퇴직연금제도를 설정하지 아니한 경우에는 제8조 제1항에 따른 퇴직금제도를 설정한 것으로 본다.

(A) 퇴직금제도

a) 퇴직금제도의 설정 사용자는 계속근로기간 1년에 대하여 30일분 이상의 평균임금을 퇴직금으로 퇴직하는 근로자에게 지급할 수 있는 퇴직금제도를 설정하여야 하며, 사용자는 주택구입 등 근로자의 요구가 있는 경우에는 대통령령으로 정하는 사유로 근로자가 퇴직하기 전에 당해 근로자가 계속 근로한 기간에 대한 퇴직금을 미리 정산하여 지급할 수 있다. 이 경우, 미리 정산하여 지급한 후의 퇴직금 산정을 위한 계속근로기간은 정산시점부터 새로이 기산한다(퇴직급여법 8조).[81)]

b) 퇴직금의 지급시기 사용자는 근로자가 퇴직한 경우에는 그 지급사유가 발생한 날부터 14일 이내에 퇴직금을 지급하여야 한다. 다만, 특별한 사정이 있는 경우에는 당사자 간의 합의에 의하여 지급기일을 연장할 수 있다(퇴직급여법 9조).

c) 퇴직금의 단기소멸시효 퇴직금을 받을 권리는 3년간 행사하지 아니하면 시효로 인하여 소멸한다(퇴직급여법 10조). 이는 노역인(勞役人)의 임금채권의 소멸시효를 1년으로 규정하고 있는 민법 제164조 제3호에 대한 특칙이라고 할 수 있다.

d) 퇴직금채권을 위한 근로자의 우선특권 및 우선변제권 최종 3년간의 퇴직금은 사용자의 총재산에 대하여 질권 또는 저당권에 의하여 담보된 채권, 조세·공과금 및 다른 채권에 우선하여 변제되어야 한다(퇴직급여법 12조 1항 본문).[82)] 퇴직금은 사용자의 총재산에 대하여 질권 또는 저당권에 의하여 담보된 채권을 제외하고는 조세·공과금 및 다른 채권에 우선하여 변제되어야 한다. 다만, 질권 또는 저당권에 우선하는 조세·공과금에 대하여는 그러하지 아니하다(동조 1항 단서). 우선특권이 인정되는 퇴직금은 계속근로기간 1년에 대하여 30일분의 평균임

---

81) 퇴직급여법 제8조(퇴직금제도의 설정 등) ① 퇴직금제도를 설정하려는 사용자는 계속근로기간 1년에 대하여 30일분 이상의 평균임금을 퇴직금으로 퇴직 근로자에게 지급할 수 있는 제도를 설정하여야 한다. ② 제1항에도 불구하고 사용자는 주택구입 등 대통령령으로 정하는 사유로 근로자가 요구하는 경우에는 근로자가 퇴직하기 전에 해당 근로자의 계속근로기간에 대한 퇴직금을 미리 정산하여 지급할 수 있다. 이 경우 미리 정산하여 지급한 후의 퇴직금 산정을 위한 계속근로기간은 정산시점부터 새로 계산한다.

82) 퇴직급여법 제12조(퇴직급여등의 우선변제) ① 사용자에게 지급의무가 있는 퇴직금, 제15조에 따른 확정급여형퇴직연금제도의 급여, 제20조 제3항에 따른 확정기여형퇴직연금제도의 부담금 중 미납입 부담금 및 미납입 부담금에 대한 지연이자, 제25조 제2항 제4호에 따른 개인형퇴직연금제도의 부담금 중 미납입 부담금 및 미납입 부담금에 대한 지연이자(이하 "퇴직급여등"이라 한다)는 사용자의 총재산에 대하여 질권 또는 저당권에 의하여 담보된 채권을 제외하고는 조세·공과금 및 다른 채권에 우선하여 변제되어야 한다. 다만, 질권 또는 저당권에 우선하는 조세·공과금에 대하여는 그러하지 아니하다. ② 제1항에도 불구하고 최종 3년간의 퇴직급여등은 사용자의 총재산에 대하여 질권 또는 저당권에 의하여 담보된 채권, 조세·공과금 및 다른 채권에 우선하여 변제되어야 한다. ③ 퇴직급여등 중 퇴직금, 제15조에 따른 확정급여형퇴직연금제도의 급여는 계속근로기간 1년에 대하여 30일분의 평균임금으로 계산한 금액으로 한다. ④ 퇴직급여등 중 제20조 제1항에 따른 확정기여형퇴직연금제도의 부담금 및 제25조 제2항 제2호에 따른 개인형퇴직연금제도의 부담금은 가입자의 연간 임금총액의 12분의 1에 해당하는 금액으로 계산한 금액으로 한다.

금으로 계산한 금액으로 한다(동조 3항).

(B) **퇴직연금제도의 설정** 사용자는 퇴직금제도를 설정하는 대신에 「확정급여형퇴직연금제도」(퇴직급여법 13조)[83] 또는 「확정기여형퇴직연금제도」(동법 19조)[84]의 둘 중 하나의 퇴직연금제도를 설정할 수 있다.

(2) 노무자(근로자) 보호의무 내지 안전배려의무

독일민법은 '사용자가 노무급부의 장소·설비·기계·기구를 공여하여야 하는 경우에는 노무의 성질이 허용하는 범위 내에서 노무자의 생명 및 건강에 위험이 발생하지 않도록 주의할 의무를 부담한다'고 하는 명문규정을 두고 있다(BGB §618 I).[85] 스위스채무법도 독일민법과 유사한 규정을 두고 있다(OR Art. 328).[86]

---

83) 퇴직급여법 제13조(확정급여형퇴직연금제도의 설정) 확정급여형퇴직연금제도를 설정하려는 사용자는 제4조 제3항 또는 제5조에 따라 근로자대표의 동의를 얻거나 의견을 들어 다음 각 호의 사항을 포함한 확정급여형퇴직연금규약을 작성하여 고용노동부장관에게 신고하여야 한다. 1. 퇴직연금사업자 선정에 관한 사항 2. 가입자에 관한 사항 3. 가입기간에 관한 사항 4. 급여수준에 관한 사항 5. 급여 지급능력 확보에 관한 사항 6. 급여의 종류 및 수급요건 등에 관한 사항 7. 제28조에 따른 운용관리업무 및 제29조에 따른 자산관리업무의 수행을 내용으로 하는 계약의 체결 및 해지와 해지에 따른 계약의 이전에 관한 사항 8. 운용현황의 통지에 관한 사항 9. 가입자의 퇴직 등 급여 지급사유 발생과 급여의 지급절차에 관한 사항 10. 퇴직연금제도의 폐지·중단 사유 및 절차 등에 관한 사항 11. 그 밖에 확정급여형퇴직연금제도의 운영을 위하여 대통령령으로 정하는 사항

84) 퇴직급여법 제19조(확정기여형퇴직연금제도의 설정) ① 확정기여형퇴직연금제도를 설정하려는 사용자는 제4조 제3항 또는 제5조에 따라 근로자대표의 동의를 얻거나 의견을 들어 다음 각 호의 사항을 포함한 확정기여형퇴직연금규약을 작성하여 고용노동부장관에게 신고하여야 한다. 1. 부담금의 부담에 관한 사항 2. 부담금의 납입에 관한 사항 3. 적립금의 운용에 관한 사항 4. 적립금의 운용방법 및 정보의 제공 등에 관한 사항 5. 적립금의 중도인출에 관한 사항 6. 제13조 제1호부터 제3호까지 및 제6호부터 제10호까지의 사항 7. 그 밖에 확정기여형퇴직연금제도의 운영에 필요한 사항으로서 대통령령으로 정하는 사항 ② 제1항에 따라 확정기여형퇴직연금제도를 설정하는 경우 가입기간에 관하여는 제14조를, 급여의 종류, 수급요건과 급여 지급의 절차·방법에 관하여는 제17조 제1항, 제4항 및 제5항을, 운용현황의 통지에 관하여는 제18조를 준용한다. 이 경우 제14조 제1항 중 "제13조 제3호"는 "제19조 제6호"로, 제17조 제1항 중 "확정급여형퇴직연금제도"는 "확정기여형퇴직연금제도"로 본다.

85) 독일민법 제618조(보호조치의무) (1) 노무청구권자는 그가 노무의 실행을 위하여 제공하여야 하는 장소, 장비나 기구를 설치 및 유지하고 또한 자신의 명령 또는 지시하에 행하여지는 노무급부를 지휘하면서 노무급부의 성질상 허용되는 한도 내에서 생명과 건강에 대한 위험으로부터 노무자가 보호되도록 하여야 한다. (2) 의무자가 가정적 공동생활에 받아들여진 경우에는 노무청구권자는 거실과 침실, 식사 및 노동시간과 휴식시간에 관하여 의무자의 건강, 풍기 및 종교를 고려하여 필요한 시설과 규율을 정하여야 한다. (3) 노무청구권자가 의무자의 생명과 건강에 관하여 부담하는 의무를 이행하지 않는 경우에는 그의 손해배상의무에 관하여 불법행위에 관한 제842조 내지 제846조의 규정이 준용된다.

86) 스위스채무법 제328조(Ⅶ. 노무자의 인격의 보호 1. 원칙) (1) 사용자는 고용관계 중 노무자의 인격을 존중하고 보호하며, 그 건강을 적절히 고려하고 윤리의 준수에 유의하여야 한다. 특히 사용자는 여성근로자들과 근로자가 성적인 부담을 가지지 않도록 배려하여야 하며, 성적인 부담의 피해자가 더 이상의 손해를 입지 않도록 배려하여야 한다. (2) 사용자는 개개의 고용관계를 참작하고 노무급부의 본질상 공정하게 기대되는 범위에서 노무자의 생명과 건강, 그리고 인격적 완전성을 보호하기 위하여 경험상 필요하고, 기술상 가능하고, 사업 또는 경영의 형편상 상당한 조치를 취하여야 한다.

우리 민법은 사용자의 보호의무 내지 안전배려의무에 관한 명문규정을 두고 있지 않으나, '사용자는 고용계약(근로계약)에 수반되는 신의칙상의 부수적 의무로서 피용자인 노무자(근로자)가 노무를 제공하는 과정에서 생명·신체·건강을 해치는 일이 없도록 인적·물적 환경을 정비하는 등 필요한 조치를 강구하여야 할 보호의무 내지 안전배려의무를 부담하며, 사용자가 이를 위반함으로써 노무자(근로자)가 손해를 입은 경우에는 이를 배상할 책임이 있다'고 해석하는 데 학설의 견해가 일치하고 있다.[87] 판례도 근로계약에 수반하는 신의칙상의 부수적 의무로서 사용자의 보호의무를 인정하고 있다(대법원 1999.2.23.선고, 97다12082 판결 등). 다만, 판례는 「보호의무」를 '근로계약에 수반되는 사용자의 신의칙상의 부수적 의무'라고 보고 있으며, 그 위반에 기한 책임을 사용자의 계약위반에 기한 채무불이행책임으로 다룬 경우도 있으나(대법원 1999.2.23.선고, 97다12082 판결 등), 대부분의 경우에는 이를 불법행위책임의 문제로 다루고 있다는 점에 유의할 필요가 있다. 즉, 판례는 ① '근로자가 입은 신체상의 재해에 대하여 사용자에게 보호의무 위반을 이유로 불법행위책임을 지우기 위하여는 사용자에게 당해 근로로 인하여 근로자의 신체상의 재해가 발생할 수 있음을 알았거나 알 수 있었음에도 불구하고 그 회피를 위한 별다른 안전조치를 취하지 않은 과실이 있음이 인정되어야 하고, 위와 같은 과실의 존재는 손해배상을 청구하는 근로자에게 그 입증책임이 있다'고 하며(대법원 2000.3.10.선고, 99다60115 판결 등),[88] ② '보호의무위반을 이유로 사용자에게 손해배상책임을 인정하기 위하여는 그 사고가 피용자의 업무와 관련성을 가지고 있을 뿐 아니라 그 사고가 통상 발생할 수 있다고 하는 것이 예측되거나 예측할 수 있는 경우라야 할 것이고, 그 예측가능성은 사고가 발생한 때와 장소, 가해자의 분별능력, 가해자의 성행, 가해자와 피해자의 관계 기타 여러 사정을 고려하여 판단하여야 할 것'이라고 한다(대법원 2001.7.27.선고, 99다56734 판결 등).[89]

이러한 취지에서, 대법원은 ① '사용자가 피용자로 하여금 주·야간으로 일을 하게 하여 과로와 수면부족 상태를 초래하고, 그러한 상태에서 장거리운전까지 하게 함으로써 교통사고를 일으켜 상해를 입게 한 경우, 피용자에 대한 보호의무를 위반하였다고 할 것'이라고 판시한 바 있다(대법원 2000.5.16.선고, 99다47129 판결).[90] 그러나 ② '야간에 회사 기숙사 내에서 발생한 입사자들 사이의 구타행위에 대해서는 회사의 보호의무위반이나 불법행위상의 과실책임을 인정할 수 없다'고 판시한 바 있으며(대법원 2001.7.27.선고, 99다56734 판결), ③ 회사 차량으로 배달업무를 담당하던 피용자가 직원들과의 회식을 마친 후 음주상태에서 차량을 운전하여 귀가하

87) 곽윤직, 245~246; 김상용, 343~344; 김증한/김학동, 488; 김형배, 596~597; 송덕수, 328; 이은영, 503 참조.

88) 같은 취지: 대법원 2006.4.28.선고, 2005다63504 판결.

89) 같은 취지: 대법원 2006.9.28.선고, 2004다44506 판결.

90) 판례평석: 김종기, "사용자의 보호의무 위반과 손해배상책임", 판례연구 13집(부산판례연구회, 2002/2), 371 이하.

다가 전복사고를 일으켜 차량에 적재되어 있던 인화물질로 발생한 화재로 사망한 사건에 대한 판결에서, '그 전복·화재사고와 피용자의 업무 사이에 관련성이 있다고 보기는 어렵고, 따라서 사용자의 보호의무 불이행으로 인한 손해배상책임을 인정할 수는 없다'고 판시한 바 있다(대법원 2006.9.28.선고, 2004다44506 판결).[91)]

■ **사용자가 피용자의 안전에 대한 보호의무를 지는지 여부**(적극) [1] 사용자는 근로계약에 수반되는 신의칙상의 부수적 의무로서 피용자가 노무를 제공하는 과정에서 생명, 신체, 건강을 해치는 일이 없도록 물적 환경을 정비하는 등 필요한 조치를 강구하여야 할 보호의무를 부담하고, 이러한 보호의무를 위반함으로써 피용자가 손해를 입은 경우 이를 배상할 책임이 있다. [2] 인화성 물질 등이 산재한 밀폐된 신축 중인 건물 내부에서 용접작업 등 화재 발생 우려가 많은 작업을 하던 중 화재가 발생하여 피용자가 사망한 경우, 공사수급인은 건물의 점유자로서 그 보존상의 하자에 따른 불법행위로 인한 손해배상책임을, 사용자는 피용자의 안전에 대한 보호의무를 다하지 아니한 채무불이행으로 인한 손해배상책임을 각 부담하며, 그 채무는 부진정연대채무의 관계에 있다고 할 것이다. (대법원 1999.2.23.선고, 97다12082 판결)[92)]

(3) 「산업안전보건법」에 따른 사업주의 의무

근로자의 안전과 보건을 유지·증진함을 목적으로 제정된 특별법인 「산업안전보건법」(2019.1.15. 법률 제16272호로 전부개정)은 사업주에게, ① 동법과 동법에 따른 명령으로 정하는 산업재해예방을 위한 기준, 근로자의 신체적 피로와 정신적 스트레스 등을 줄일 수 있는 쾌적한 작업환경의 조성 및 근로조건 개선, 해당 사업장의 안전 및 보건에 관한 정보를 근로자에게 제공함으로써 근로자의 안전 및 건강을 유지·증진시키고 국가의 산업재해 예방정책을 따라야 할 의무(동법 5조),[93)] ② 「안전보건관리책임자」(동법 15조)[94)]와 「관리감독자」(동법 16조)[95)]를 두

91) 판례평석: 권영문, "민법상 사용자의 안전배려의무", 判例研究 19집(부산판례연구회, 2008/2), 571 이하.

92) 판례평석: 송오식, "사용자의 피용자에 대한 보호의무", 민사법학 18호(한국민사법학회, 2000/5), 405 이하. 같은 취지: 대법원 2000.5.16.선고, 99다47129 판결; 대법원 2001.7.27.선고, 99다56734 판결; 대법원 2006.9.28.선고, 2004다44506 판결.

93) 산업안전보건법 제5조(사업주 등의 의무) ① 사업주(제77조에 따른 특수형태근로종사자로부터 노무를 제공받는 자와 제78조에 따른 물건의 수거·배달 등을 중개하는 자를 포함한다. 이하 이 조 및 제6조에서 같다)는 다음 각 호의 사항을 이행함으로써 근로자(제77조에 따른 특수형태근로종사자와 제78조에 따른 물건의 수거·배달 등을 하는 자를 포함한다. 이하 이 조 및 제6조에서 같다)의 안전 및 건강을 유지·증진시키고 국가의 산업재해 예방정책을 따라야 한다. 1. 이 법과 이 법에 따른 명령으로 정하는 산업재해 예방을 위한 기준 2. 근로자의 신체적 피로와 정신적 스트레스 등을 줄일 수 있는 쾌적한 작업환경의 조성 및 근로조건 개선 3. 해당 사업장의 안전 및 보건에 관한 정보를 근로자에게 제공 ② 다음 각 호의 어느 하나에 해당하는 자는 발주·설계·제조·수입 또는 건설을 할 때 이 법과 이 법에 따른 명령으로 정하는 기준을 지켜야 하고, 발주·설계·제조·수입 또는 건설에 사용되는 물건으로 인하여 발생하는 산업재해를 방지하기 위하여 필요한 조치를 하여야 한다. 1. 기계·기구와 그 밖의 설비를 설계·제조 또는 수입하는 자 2. 원재료 등을 제조·수입하는 자 3. 건설물을 발주·설계·건설하는 자

94) 산업안전보건법 제15조(안전보건관리책임자) ① 사업주는 사업장을 실질적으로 총괄하여 관리하는 사람에게 해당 사업장의 다음 각 호의 업무를 총괄하여 관리하도록 하여야 한다. 1. 사업장의 산업재해

어야 할 의무, ③ 사업장에 「안전관리자」(동법 17조)[96]를 두어야 할 의무, ④ 사업장에 「보건관리자」(동법 18조)[97]를 두어야 할 의무 등을 부과하고 있다.

[44] Ⅳ. 고용계약의 종료

1. 고용 종료의 사유

(1) 고용기간의 약정이 있는 경우

1) 약정된 고용기간의 만료

민법은 고용계약의 기간에 대하여 아무런 규정을 두고 있지 않다. 따라서 '고용기간은 당사자의 합의에 의하여 자유롭게 정할 수 있다'고 해석된다. 만약 고용기간의 약정이 있는 경

예방계획의 수립에 관한 사항 2. 제25조 및 제26조에 따른 안전보건관리규정의 작성 및 변경에 관한 사항 3. 제29조에 따른 안전보건교육에 관한 사항 4. 작업환경측정 등 작업환경의 점검 및 개선에 관한 사항 5. 제129조부터 제132조까지에 따른 근로자의 건강진단 등 건강관리에 관한 사항 6. 산업재해의 원인 조사 및 재발 방지대책 수립에 관한 사항 7. 산업재해에 관한 통계의 기록 및 유지에 관한 사항 8. 안전장치 및 보호구 구입 시 적격품 여부 확인에 관한 사항 9. 그 밖에 근로자의 유해·위험 방지조치에 관한 사항으로서 고용노동부령으로 정하는 사항 ② 제1항 각 호의 업무를 총괄하여 관리하는 사람(이하 "안전보건관리책임자"라 한다)은 제17조에 따른 안전관리자와 제18조에 따른 보건관리자를 지휘·감독한다. ③ 안전보건관리책임자를 두어야 하는 사업의 종류와 사업장의 상시근로자 수, 그 밖에 필요한 사항은 대통령령으로 정한다.

95) 산업안전보건법 제16조(관리감독자) ① 사업주는 사업장의 생산과 관련되는 업무와 그 소속 직원을 직접 지휘·감독하는 직위에 있는 사람(이하 "관리감독자"라 한다)에게 산업 안전 및 보건에 관한 업무로서 대통령령으로 정하는 업무를 수행하도록 하여야 한다. ② 관리감독자가 있는 경우에는 「건설기술 진흥법」 제64조 제1항 제2호에 따른 안전관리책임자 및 같은 항 제3호에 따른 안전관리담당자를 각각 둔 것으로 본다.

96) 산업안전보건법 제17조(안전관리자) ① 사업주는 사업장에 제15조 제1항 각 호의 사항 중 안전에 관한 기술적인 사항에 관하여 사업주 또는 안전보건관리책임자를 보좌하고 관리감독자에게 지도·조언하는 업무를 수행하는 사람(이하 "안전관리자"라 한다)을 두어야 한다. ② 안전관리자를 두어야 하는 사업의 종류와 사업장의 상시근로자 수, 안전관리자의 수·자격·업무·권한·선임방법, 그 밖에 필요한 사항은 대통령령으로 정한다. ③ 고용노동부장관은 산업재해 예방을 위하여 필요한 경우로서 고용노동부령으로 정하는 사유에 해당하는 경우에는 사업주에게 안전관리자를 제2항에 따라 대통령령으로 정하는 수 이상으로 늘리거나 교체할 것을 명할 수 있다. ④ 대통령령으로 정하는 사업의 종류 및 사업장의 상시근로자 수에 해당하는 사업장의 사업주는 제21조에 따라 지정받은 안전관리 업무를 전문적으로 수행하는 기관(이하 "안전관리전문기관"이라 한다)에 안전관리자의 업무를 위탁할 수 있다.

97) 산업안전보건법 제18조(보건관리자) ① 사업주는 사업장에 제15조 제1항 각 호의 사항 중 보건에 관한 기술적인 사항에 관하여 사업주 또는 안전보건관리책임자를 보좌하고 관리감독자에게 지도·조언하는 업무를 수행하는 사람(이하 "보건관리자"라 한다)을 두어야 한다. ② 보건관리자를 두어야 하는 사업의 종류와 사업장의 상시근로자 수, 보건관리자의 수·자격·업무·권한·선임방법, 그 밖에 필요한 사항은 대통령령으로 정한다. ③ 고용노동부장관은 산업재해 예방을 위하여 필요한 경우로서 고용노동부령으로 정하는 사유에 해당하는 경우에는 사업주에게 보건관리자를 제2항에 따라 대통령령으로 정하는 수 이상으로 늘리거나 교체할 것을 명할 수 있다. ④ 대통령령으로 정하는 사업의 종류 및 사업장의 상시근로자 수에 해당하는 사업장의 사업주는 제21조에 따라 지정받은 보건관리 업무를 전문적으로 수행하는 기관(이하 "보건관리전문기관"이라 한다)에 보건관리자의 업무를 위탁할 수 있다.

우에는 계약의 구속력에 의하여 고용기간 동안에는 당사자가 고용계약을 해지할 수 없으며, 고용기간이 종료되면 고용계약은 법률상 당연히 종료된다. 그러나 민법은 고용계약의 묵시적 갱신을 인정함으로써 이러한 원칙에 대한 예외를 인정하고 있다. 즉, 고용기간이 만료한 후 노무자가 계속하여 그 노무를 제공하는 경우에 사용자가 상당한 기간 내에 이의를 하지 아니한 때에는 전(前) 고용과 동일한 조건으로 다시 고용한 것으로 본다(662조 1항 본문). 다만, 고용계약이 묵시적으로 갱신된 경우에는 전(前) 고용에 대하여 제3자가 제공한 담보는 기간의 만료로 인하여 소멸한다(동조 2항).[98]

민법상의 고용계약과는 달리, 근로기준법은 근로계약기간에 관하여, '근로계약은 기간을 정하지 아니한 것과 일정한 사업의 완료에 필요한 기간을 정한 것 외에는 그 기간은 1년을 초과하지 못한다'고 규정하고 있다(동법 16조). 그 입법취지에 대하여, 판례는 '근로기준법 제16조의 입법취지는 장기의 근로기간을 정함으로 인하여 근로자가 퇴직의 자유를 제한 당하게 됨으로써 장기간 근로의 계속을 강요당하는 것을 방지할 목적으로 근로자 보호를 위하여 1년을 초과하는 근로계약기간 부분의 근로관계에 있어서 근로자에게 퇴직의 자유를 보장하려는 것에 있고, 근로계약기간은 단지 근로계약의 존속기간에 불과할 뿐, 근로관계에 있어서 임금·근로시간·후생·해고 등 근로자의 대우에 관하여 정한 조건을 의미하는 근로기준법 소정의 근로조건에 해당하지 아니하므로, 근로계약 당사자는 원칙적으로 이를 임의로 정할 수 있으며, 따라서 1년을 초과하는 근로계약기간을 정하여 근로계약을 체결하였다 하더라도 그 계약기간의 정함 자체는 유효하므로, 약정기간 범위 내에서는 사용자는 근로기준법을 근거로 단순히 근로자에게 1년의 기간이 경과하였음을 이유로 근로관계의 종료를 주장할 수 없고, 다만 근로자로서는 1년이 경과한 후에는 언제든지 당해 근로계약을 해지할 수 있다 할 것이며, 한편 근로계약기간을 정한 경우에 있어서 근로계약 당사자 사이의 근로관계는 특별한 사정이 없는 한 그 기간이 만료함에 따라 사용자의 해고 등 별도의 조처를 기다릴 것 없이 당연히 종료된다'고 한다(대법원 1996.8.29.선고, 95다5783 전원합의체판결 등).[99] 다만, 판례는 '단기의 근로계약이 장기간에 걸쳐서 반복하여 갱신됨으로써 그 정한 기간이 단지 형식에 불과하게

98) 근로계약의 묵시적 갱신에 대하여는 남효순, "고용계약에 있어서 고용기간에 관한 제문제", 서울대법학 43권 3호(서울대법학연구소, 2002/9), 171 이하 참조.

99) 판례평석: 조성혜, "1년을 초과하는 근로계약 기간을 정한 근로계약의 효력", 노동법률 68호(중앙경제사, 1997/1), 20 이하; 김형진, "1년을 초과하는 근로계약기간을 정한 근로계약의 효력", 대법원판례해설 27호(법원도서관, 1997/7), 385 이하; 최성주, "1년을 초과하는 기간을 정한 근로계약의 효력", 부산법조 15호(부산지방변호사회, 1997/12), 293 이하; 민중기, "1년을 초과하는 근로계약기간을 정한 근로계약의 효력", 윤관대법원장 퇴임기념 「국민과 사법」(박영사, 1999/1), 598 이하; 김선수, "1년을 초과하는 근로계약기간을 정한 근로계약의 효력", 노동법연구 6호(서울대노동법연구회, 1997/8), 537 이하. 같은 취지: 대법원 1992.10.27.선고, 92누9722 판결; 대법원 1995.6.30.선고, 95누528 판결; 대법원 1995.7.11.선고, 95다9280 판결; 대법원 1998.1. 23.선고, 97다42489 판결.

된 경우 등 계약서의 내용과 근로계약이 이루어지게 된 동기 및 경위, 기간을 정한 목적과 당사자의 진정한 의사, 동종의 근로계약 체결방식에 관한 관행, 그리고 근로자 보호법규 등을 종합적으로 고려하여 그 기간의 정함이 단지 형식에 불과하다는 사정이 인정되는 경우에는 계약서의 문언에도 불구하고 그 경우에 사용자가 정당한 사유 없이 갱신계약의 체결을 거절하는 것은 해고와 마찬가지로 무효로 된다'는 입장을 확립하고 있다(대법원 2006.2.24.선고, 2005두5673 판결 등).[100]

2) 해지의 통고

(가) 3년을 경과한 경우의 해지통고권

고용의 약정기간이 3년을 넘거나 당사자의 일방 또는 제3자의 종신까지로 된 때에는, 각 당사자는 3년을 경과한 후 언제든지 계약해지의 통고를 할 수 있으며, 이 경우에는 상대방이 해지의 통고를 받은 날로부터 3월이 경과하면 해지의 효력이 생긴다(659조).

(나) 부득이한 사유가 있는 경우의 해지통고권

고용기간의 약정이 있는 경우에도 부득이한 사유가 있는 때에는 각 당사자는 계약을 해지할 수 있다. 다만, 그 사유가 당사자 일방의 과실로 인하여 생긴 때에는 상대방에 대하여 손해를 배상하여야 한다(661조).

(2) 고용기간의 약정이 없는 경우

1) 해지의 자유

고용기간에 대해서는 민법에 특별한 규정이 없으므로, 당사자가 고용기간을 정하지 아니할 수도 있다. 이와 같이 고용기간에 관한 약정이 없는 경우에는 당사자는 상대방에 대하여 언제든지 해지를 통고할 수 있다.

2) 해지통고 제도

고용기간의 약정이 없는 경우에는 각 당사자는 자유롭게 계약을 해지할 수 있으나(660조 1항), 이 경우에도 계약은 해지에 의하여 즉시로 효력이 발생하는 것이 아니라 상대방이 해지의 통고를 받은 날부터 1개월이 경과하여야 효력이 발생한다(동조 2항). 다만, 주급(週給), 월급 등 기간으로 보수를 정한 경우에는 상대방이 해지의 통고를 받은 당기(當期)가 지난 후 다시 1기를 경과하여야 해지의 효력이 생긴다(동조 3항).

(3) 권리의무의 일신전속성에 기한 고용계약의 해지

민법은 고용계약에 있어서의 권리의무의 일신전속성을 고려하여, 사용자는 노무자의 동

100) 같은 취지: 대법원 1998.1.23.선고, 97다42489 판결; 대법원 2007.9.7.선고, 2005두16901 판결; 대법원 2007.10.11.선고, 2007두11566 판결; 대법원 2010.6.24.선고, 2007다31471 판결.

의 없이 그 권리를 제3자에게 양도하지 못하며(657조 1항), 노무자도 사용자의 동의 없이 제3자로 하여금 자기에 갈음하여 노무를 제공하게 하지 못하도록 규정하고 있다(동조 2항). 이에 위반하여 사용자가 노무자의 동의 없이 그 권리를 제3자에게 양도한 경우에는 노무자는 고용계약을 해지할 수 있으며, 노무자가 사용자의 동의 없이 제3자로 하여금 자기에 갈음하여 노무를 제공하게 한 경우에는 사용자는 고용계약을 해지할 수 있다(동조 3항). 해지통고의 경우와는 달리, '이 경우의 해지는 상대방에게 해지의 의사표시가 도달하는 즉시 효력이 발생한다'고 할 것이다(111조 1항).

(4) 제658조에 의한 고용계약의 해지

사용자가 노무자에 대하여 약정하지 아니한 노무의 제공을 요구한 때에는 노무자는 계약을 해지할 수 있으며, 약정한 노무가 특수한 기능을 요하는 경우에 노무자가 그 기능이 없는 때에는 사용자는 계약을 해지할 수 있다(658조). '이 경우의 해지도 상대방에게 해지의 의사표시가 도달하는 즉시 효력이 발생한다'고 해석하여야 할 것이다(111조 1항).

(5) 사용자의 파산

사용자가 파산선고를 받은 경우에는 임금의 지급이 불확실해지므로, 고용기간의 약정이 있는 경우라고 하더라도 노무자 또는 파산관재인은 계약을 해지할 수 있다(663조 1항). 이 경우에는 사용자뿐만 아니라 노무자도 계약해지로 인한 손해의 배상을 청구하지 못한다(663조 2항).

(6) 노무자의 사망

명문규정은 없으나, '노무자가 사망한 경우에는 고용계약관계는 종료된다'고 해석하여야 할 것이다.[101] 노무제공의무는 노무자의 「일신전속적 급부의무」일 뿐만 아니라, 고용관계는 인적 신뢰관계에 기초를 두고 있는 계약관계이므로 상속인에게 승계되는 것은 타당하지 않기 때문이다. 그러나 '사용자가 사망한 경우에는 노무자는 사용자의 상속인을 위하여 노무를 제공할 의무를 부담한다'고 해석하여야 할 것이다. 즉, 고용계약에서의 사용자의 권리·의무는 상속인에게 포괄적으로 승계된다. 다만, 노무의 내용이 사용자의 개성에 중점을 두고 있는 경우(예컨대, 사용자를 교육시키거나 간호하는 급부)에는 사용자의 사망에 의하여 고용계약관계가 종료된다고 해석하여야 할 경우도 있을 수 있다.

101) 同旨: 곽윤직, 248; 송덕수, 330 참조.

2. 고용 종료 후의 법률관계

고용은 인적 신뢰관계를 기초로 하는 계속적 계약이므로, 계약이 종료되는 경우에도 당사자에게 신의칙상의 일정한 의무가 존속한다고 해석하여야 할 경우가 있다. 예컨대, 노무자는 계약 종료 후 업무를 후임자에게 인수인계할 의무를 부담하며, 경업피지의무는 고용이 종료된 이후에도 상당한 기간 동안 존속된다고 해석하여야 할 것이다.

사용자는 고용 종료 후 노무자가 타인과 사이에 새로운 고용계약을 체결할 수 있도록 편의를 제공할 의무를 부담한다. 근로기준법은 이를 명문으로 규정하여 사용자의 노무자에 대한 금품청산의무(동법 36조)[102]·재직증명서 등 근로자를 사용한 사실을 기재한 증명서를 교부할 의무(동법 39조)[103]·근로자의 취업을 방해하지 아니할 의무(동법 40조)[104] 등을 규정하고 있다.

---

102) 근로기준법 제36조(금품 청산) 사용자는 근로자가 사망 또는 퇴직한 경우에는 그 지급 사유가 발생한 때부터 14일 이내에 임금, 보상금, 그 밖의 모든 금품을 지급하여야 한다. 다만, 특별한 사정이 있을 경우에는 당사자 사이의 합의에 의하여 기일을 연장할 수 있다.

103) 근로기준법 제39조(사용증명서) ① 사용자는 근로자가 퇴직한 후라도 사용 기간, 업무 종류, 지위와 임금, 그 밖에 필요한 사항에 관한 증명서를 청구하면 사실대로 적은 증명서를 즉시 내주어야 한다. ② 제1항의 증명서에는 근로자가 요구한 사항만을 적어야 한다.

104) 근로기준법 제40조(취업 방해의 금지) 누구든지 근로자의 취업을 방해할 목적으로 비밀기호 또는 명부를 작성·사용하거나 통신을 하여서는 아니 된다.

제 2 절 도급계약

[45] Ⅰ. 서 설

1. 도급계약의 의의

「도급계약」(Werkvertrag; contrat d'entreprise)은 '당사자 일방(수급인)이 어느 일을 완성할 것을 약정하고 상대방(도급인)이 그 일의 결과에 대하여 보수를 지급할 것을 약정함으로써 효력이 생기는 계약'이다(664조).

(1) 일의 완성을 목적으로 하는 계약

도급계약은 고용계약과 마찬가지로 「노무제공형계약」(노무공급계약)의 일종이나, 고용계약과 달리 수급인의 단순한 노무제공의 대가로서 보수를 지급하는 것을 목적으로 하는 것이 아니라, 「일의 완성」(예컨대, 건축공사계약에서의 건물의 완공)을 대가로 보수를 지급하기로 하는 계약이다. 따라서 수급인이 제3자를 사용하여 일을 완성시키더라도 상관이 없으며, 반대로 수급인이 아무리 많은 노무를 제공하더라도 「일의 완성」이라는 결과가 없으면 도급인의 보수지급의무는 발생하지 않는다. 이 점에서 도급계약에서의 수급인의 의무는 전형적인 「결과채무」(l'obligation de résultat)에 해당한다. (☞ 채권총론 편, 제4장 제1절 「채무불이행의 유형」)

(2) 일의 완성에 대하여 보수를 지급하는 계약

도급계약은 수급인의 일의 완성에 대하여 보수를 지급하기로 하는 계약이다. 즉, 도급계약에서 수급인의 일의 완성과 도급인의 보수지급은 대가적 관계에 있다. 이와 관련하여, 대법원은 '토석채취허가를 받은 자와의 계약에 의하여 동 허가명의자의 비용과 책임하에 토석을 채취하고 그 채취된 토석의 일부를 동 허가명의자에게 분배하기로 하는 계약은 임대차계약의 일종인 광업법상의 덕대계약이 아니라, 일종의 도급계약에 해당한다'고 판시한 바 있다(대법원 1983.8.23.선고, 82다카1596 판결).

2. 도급계약의 법적 성질

(1) 낙성·불요식계약

도급계약은 당사자 사이의 합의만 있으면 성립하는 낙성계약이며, 그 합의에 어떠한 방식도 요구되지 않는 불요식계약이다. 그러나 도급계약의 가장 중요한 유형이라고 할 수 있는 건축·토목 등의 건설공사계약이나 기계나 부품 등의 개발·설계계약 등의 경우에는 오히려 계약서를 작성하는 것이 일반적이다. 예컨대, 건설산업기본법(1996.12.30. 법률 제5230호로 건설업법 전부개정)이 적용되는 건설공사에 관한 도급계약은 반드시 계약서등을 작성하여야 하며(동법 22조 2항),[1] 이에 위반하여 도급계약을 계약서로 체결하지 아니하거나 계약서를 교부하지 아니한 건설사업자에게는 500만원 이하의 과태료를 부과한다(동법 99조 2호). 다만, '건설산업기본법의 규정은 건설공사도급계약을 서면에 의해서만 계약이 성립하는 요식계약으로 만들고자 하는 것이 아니라, 건설업자들로 하여금 건설공사도급계약을 서면으로 작성하도록 함으로써 분쟁을 사전에 방지할 목적으로 둔 것에 불과하다'고 보아야 할 것이므로, 건설산업기본법에 규정한 방식에 따라 서면으로 체결되지 않았다고 하여 건설공사도급계약이 성립되지 않았다고 단정할 수는 없다'고 할 것이다.[2]

(2) 쌍무·유상계약

1) 쌍무계약

도급계약의 효력은 수급인이 도급인에 대하여 「일을 완성할 의무」(이하 「일 완성의무」로 약칭)를 부담하고, 도급인은 그 대가로서 보수지급의무를 지는 것인데(664조), 수급인의 일 완성의무와 도급인의 보수지급의무는 상호의존적 견련관계(대가관계)에 있다. 따라서 도급계약은 전형적인 쌍무계약으로서, 수급인의 일 완성의무와 도급인의 보수지급의무는 동시이행관계에 있으며(536조), 위험부담의 법리가 적용되며(537조, 538조), 일방 당사자의 채무불이행이 있으면 상대방은 계약을 해제할 수 있다(543~549조, 551~553조).

2) 유상계약

도급계약에서 수급인의 급부(일의 완성)와 도급인의 급부(보수지급)는 대가적 관계에 있으

---

1) 건설산업기본법 제22조(건설공사에 관한 도급계약의 원칙) ② 건설공사에 관한 도급계약의 당사자는 계약을 체결할 때 도급금액, 공사기간, 그 밖에 대통령령으로 정하는 사항을 계약서에 분명하게 적어야 하고, 서명 또는 기명날인한 계약서를 서로 주고받아 보관하여야 한다.

2) 同旨: 곽윤직, 251; 김상용, 351; 김증한/김학동, 496; 김형배, 614; 송덕수, 330 참조.

므로, 고용계약은 유상계약이다. 따라서 특별한 규정이 없는 한 매매계약에 관한 규정이 준용된다(567조).

3. 도급계약의 사회적 작용

(1) 도급계약의 중요성

대량생산·대량소비를 특징으로 하는 현대산업사회에서는 일의 완성을 목적으로 하는 도급계약은 매매계약에 비하여 그 중요성이 떨어진다고 말할 수 있다. 그러나 도급계약은 고도로 공업화·산업화된 현대사회에서도 중요한 기능을 수행하고 있다. 왜냐하면 공업화된 현대산업사회에서도 철도·도로·항만·공항·주택단지 등의 사회간접자본인 인프라(infra)를 구축하기 위한 대형건설공사는 반드시 필요한데, 이러한 대형건설공사의 발주(發注)는 정부가 도급인이 되는 도급계약에 의할 수밖에 없기 때문이다. 또한 이러한 대형국책건설사업 이외에도 전문적 기술이나 기능이 요구되는 일에 관한 계약(건축공사계약, 기계나 공장 등의 설계계약, 운송계약 등)에 대한 수요는 대단히 클 뿐만 아니라, 과학의 발달과 사회적 환경의 변화에 따라 전문적 지식과 노동력을 필요로 하는 새로운 유형의 일에 관한 계약(예컨대, 출판계약, 출연계약, 연구용역계약 등)이 새롭게 탄생하고 있고, 이들 새로운 유형의 일에 관한 계약은 단순한 노동력의 제공을 목적으로 하는 고용계약이 아니라, 전문가에 의한 일의 완성을 목적으로 하는 도급계약에 해당하기 때문이다.

(2) 특별법에 의한 도급계약의 규율

건설·운송·설계·출판 등에 관하여는 오늘날 많은 특별법이 제정되어 있다. 예컨대, 가장 중요한 도급계약의 유형인 토목공사나 건축공사를 목적으로 하는 건설도급계약에 관하여는 건설산업기본법, 건축법(2008.3.21. 법률 제8974호로 제2차 전부개정) 등 많은 특별법이 제정되어 있기 때문에, 민법의 도급계약에 관한 규정이 실제로 적용되는 일은 거의 없다.

[46] Ⅱ. 도급계약의 성립

1. 도급의 합의

도급은 낙성계약이므로, 당사자 사이에 도급의 합의만 있으면 도급계약은 성립한다. 도급은 수급인의 일완성의무와 사용자의 보수지급의무를 요소로 하는 것이므로, 완성된 일의 결과와 보수의 지급에 관한 합의가 요구된다.

(1) 일의 완성에 대한 합의

도급계약은 일의 완성을 목적으로 하는 것이므로, 당사자 사이에 완성된 일의 결과에 대한 합의가 있어야 한다. 여기서 「일」이란 '수급인의 노무에 의하여 생긴 결과'를 말하는데, 일의 종류에 대하여는 민법에 특별한 규정이 없으므로, 건축물이나 도로·교량·항만 등을 건설하는 일은 물론, 자동차나 항공기 등 기계를 설계하는 일이나, 질병의 치료·물건의 운송·연구보고서의 작성·강연·연주 등의 무형의 일도 도급의 목적이 될 수 있다.

한편 도급계약은 낙성·불요식계약이므로, 원칙적으로 계약서 등 서면의 작성은 필요하지 않다. 그러나 가장 중요한 도급계약의 유형이라고 할 수 있는 건설공사계약이나 기계나 부품 등의 개발·설계계약 등의 경우에는 오히려 계약서를 작성하는 것이 일반적이라는 점은 전술한 바와 같다.

(2) 보수지급에 대한 합의

도급계약은 수급인의 완성된 일의 결과에 대한 대가로서 도급인이 보수를 지급하는 것을 내용으로 하는 쌍무·유상계약이므로(664조), 보수에 관한 약정이 없는 경우에는 도급계약이 아니라 일종의 무명계약이다. 즉, 보수에 대한 합의는 도급계약의 본질적 구성부분이다. 그러나 보수지급에 관한 약정이 반드시 명시적으로 이루어져야 하는 것은 아니므로, 거래의 관습에 맡겨져 있다고 인정될 수 있는 경우에는 당사자 사이에 보수지급의 합의가 있는 것으로 보아야 할 것이다. 이와 관련하여, 대법원은 '장기간에 걸친 대규모 건설하도급공사에 있어서는 특별한 사정이 없는 한 공사금액 외에 구체적인 공사시행 방법과 준비, 공사비 지급방법 등과 관련된 제반 조건 등 그 부분에 대한 합의가 없다면 계약이 체결되지 않았으리라고 보이는 중요한 사항에 관한 합의까지 이루어져야 비로소 그 합의에 구속되겠다는 의사의 합치가 있었다고 볼 수 있고, 하도급계약의 체결을 위하여 교섭당사자가 견적서, 이행각서, 하도급보증서 등의 서류를 제출하였다는 것만으로는 하도급계약이 체결되었다고 볼 수 없다'고 판시한 바 있다(대법원 2001.6.15.선고, 99다40418 판결).[3]

2. 도급계약의 당사자

도급계약에서 일의 완성의무를 부담하는 자를 「수급인」이라하고, 일의 완성에 대한 대가로서 보수지급의무를 부담하는 자를 「도급인」이라고 부르는데, 건축법은 건축물의 설계나 공사시공 또는 공사감리를 할 수 있는 자의 자격을 제한하고 있으므로, 도급계약의 일종인 건

---

3) 판례평석: 拙稿, "건설공사의 하도급계약의 성립과 계약교섭의 부당파기로 인한 손해배상책임", 고시계 50권 10호, 2006/10, 47 이하. 같은 취지: 대법원 2003.4.11.선고, 2001다53059 판결.

축물의 설계계약이나 공사감리계약의 당사자가 될 수 있는 자격도 이에 따라 제한되며, 건축도급계약에 있어서 도급인과 수급인에 해당하는 당사자의 명칭도 건축법에 따로 규정되어 있다.

(1) 건축물의 설계계약

건축허가를 받아야 하거나 건축신고를 하여야 하는 건축물 또는 주택법의 규정에 따른 리모델링을 하는 건축물의 건축등을 위한 설계는 건축사가 아니면 할 수 없다(동법 23조).[4] 그러므로 건축법 제23조 소정의 건축물의 설계계약에 있어서는 건축주가 도급인이 되고 설계를 할 수 있는 건축사가 수급인이 될 수밖에 없다(건축법 15조).[5]

(2) 건축물의 시공계약

건축물의 시공계약의 도급인은 건축주가 되고, 수급인은 건설산업기본법 제16조[6]의 규

---

4) 건축법 제23조(건축물의 설계) ① 제11조 제1항에 따라 건축허가를 받아야 하거나 제14조 제1항에 따라 건축신고를 하여야 하는 건축물 또는 주택법 제66조 제1항 또는 제2항에 따른 리모델링을 하는 건축물의 건축등을 위한 설계는 건축사가 아니면 할 수 없다. 다만, 다음 각 호의 어느 하나에 해당하는 경우에는 그러하지 아니하다. 1. 바닥면적의 합계가 85제곱미터 미만인 증축·개축 또는 재축 2. 연면적이 200제곱미터 미만이고 층수가 3층 미만인 건축물의 대수선 3. 그 밖에 건축물의 특수성과 용도 등을 고려하여 대통령령으로 정하는 건축물의 건축등 ② 설계자는 건축물이 이 법과 이 법에 따른 명령이나 처분, 그 밖의 관계 법령에 맞고 안전·기능 및 미관에 지장이 없도록 설계하여야 하며, 국토교통부장관이 정하여 고시하는 설계도서 작성기준에 따라 설계도서를 작성하여야 한다. 다만, 해당 건축물의 공법 등이 특수한 경우로서 국토교통부령으로 정하는 바에 따라 건축위원회의 심의를 거친 때에는 그러하지 아니하다. ③ 제2항에 따라 설계도서를 작성한 설계자는 설계가 이 법과 이 법에 따른 명령이나 처분, 그 밖의 관계 법령에 맞게 작성되었는지를 확인한 후 설계도서에 서명날인하여야 한다. ④ 국토교통부장관이 국토교통부령으로 정하는 바에 따라 작성하거나 인정하는 표준설계도서나 특수한 공법을 적용한 설계도서에 따라 건축물을 건축하는 경우에는 제1항을 적용하지 아니한다.

5) 건축법 제15조(건축주와의 계약 등) ① 건축관계자는 건축물이 설계도서에 따라 이 법과 이 법에 따른 명령이나 처분, 그 밖의 관계 법령에 맞게 건축되도록 업무를 성실히 수행하여야 하며, 서로 위법하거나 부당한 일을 하도록 강요하거나 이와 관련하여 어떠한 불이익도 주어서는 아니 된다. ② 건축관계자 간의 책임에 관한 내용과 그 범위는 이 법에서 규정한 것 외에는 건축주와 설계자, 건축주와 공사시공자, 건축주와 공사감리자 간의 계약으로 정한다. ③ 국토교통부장관은 제2항에 따른 계약의 체결에 필요한 표준계약서를 작성하여 보급하고 활용하게 하거나 「건축사법」 제31조에 따른 건축사협회(이하 "건축사협회"라 한다), 「건설산업기본법」 제50조에 따른 건설사업자단체로 하여금 표준계약서를 작성하여 보급하고 활용하게 할 수 있다.

6) 건설산업기본법 제16조(건설공사의 시공자격) ① 종합공사를 도급받으려는 자는 해당 종합공사를 시공하는 업종을 등록하여야 한다. 다만, 다음 각 호의 어느 하나에 해당하는 경우에는 해당 종합공사를 시공하는 업종을 등록하지 아니하고도 도급받을 수 있다. 1. 전문공사를 시공하는 업종을 등록한 건설사업자가 전문공사에 해당하는 부분을 시공하는 조건으로 종합공사를 시공하는 업종을 등록한 건설사업자가 종합적인 계획, 관리 및 조정을 하는 공사를 공동으로 도급받는 경우 2. 전문공사를 시공하는 업종을 등록한 건설사업자가 2개 이상의 전문공사로 구성되나 종합적인 계획, 관리 및 조정 역할이 필요하지 아니한 소규모 공사로서 국토교통부령으로 정하는 공사를 도급받는 경우 3. 전문공사를 시공하는 업종을 등록한 건설사업자가 전문공사와 그 부대공사를 함께 도급받는 경우 4. 2개 업종 이상의 전문공사를 시공하는 업종을 등록한 건설사업자가 그 업종에 해당하는 전문공사로 구성된 복합공사를 하도급 받는 경우 5. 발주자가 공사품질이나 시공상 능률을 높이기 위하여 필요하다고 인정한 경우로서 기술적 난이도, 공사를 구성하는 전문

정에 따른 건설공사의 시공자격이 있는 공사시공자가 된다. 그리고 공사시공자는 건축법 제15조 제2항의 규정에 따라 건축주와 공사시공자 사이에 체결된 공사시공계약에 따라 성실하게 공사를 수행하여야 하며, 건축법과 동법에 따른 명령이나 처분, 그 밖의 관계법령에 맞게 건축물을 건축하여 건축주에게 인도하여야 한다(동법 24조).[7)]

(3) 건축물의 공사감리계약

건축주는 대통령령으로 정하는 용도·규모 및 구조의 건축물을 건축하는 경우, 건축사나 대통령령으로 정하는 자를 공사감리자로 지정하여 공사감리를 하게 하여야 하므로(건축법 25조),[8)] 건축물의 공사감리계약에 있어서는 건축주가 도급인이고, 공사감리자가 수급인이 된다.

공사 사이의 연계 정도 등을 고려하여 대통령령으로 정하는 경우 ② 전문공사를 도급받으려는 자는 해당 전문공사를 시공하는 업종을 등록하여야 한다. 다만, 다음 각 호의 어느 하나에 해당하는 경우에는 해당 전문공사를 시공하는 업종을 등록하지 아니하고도 도급받을 수 있다. 1. 종합공사를 시공하는 업종을 등록한 건설사업자가 이미 도급받아 시공하였거나 시공 중인 건설공사의 부대공사로서 전문공사에 해당하는 공사를 도급받는 경우 2. 발주자가 공사의 품질이나 시공의 능률을 높이기 위하여 필요하다고 인정한 경우로서 기술적 난이도, 해당 공사의 내용 등을 고려하여 대통령령으로 정하는 경우 ③ 제1항 제3호 및 제2항 제1호에 따른 부대공사는 주된 공사에 따르는 종된 공사로 그 범위와 기준은 대통령령으로 정한다. ④ 제1항 및 제2항에 따른 도급계약의 방식에 관한 구체적인 사항은 국토교통부령으로 정한다.

7) 건축법 제24조(건축시공) ① 공사시공자는 제15조 제2항에 따른 계약대로 성실하게 공사를 수행하여야 하며, 이 법과 이 법에 따른 명령이나 처분, 그 밖의 관계 법령에 맞게 건축물을 건축하여 건축주에게 인도하여야 한다. ② 공사시공자는 건축물(건축허가나 용도변경허가 대상인 것만 해당된다)의 공사현장에 설계도서를 갖추어 두어야 한다. ③ 공사시공자는 설계도서가 이 법과 이 법에 따른 명령이나 처분, 그 밖의 관계 법령에 맞지 아니하거나 공사의 여건상 불합리하다고 인정되면 건축주와 공사감리자의 동의를 받아 서면으로 설계자에게 설계를 변경하도록 요청할 수 있다. 이 경우 설계자는 정당한 사유가 없으면 요청에 따라야 한다. ④ 공사시공자는 공사를 하는 데에 필요하다고 인정하거나 제25조 제5항에 따라 공사감리자로부터 상세시공도면을 작성하도록 요청을 받으면 상세시공도면을 작성하여 공사감리자의 확인을 받아야 하며, 이에 따라 공사를 하여야 한다. ⑤ 공사시공자는 건축허가나 용도변경허가가 필요한 건축물의 건축공사를 착수한 경우에는 해당 건축공사의 현장에 국토교통부령으로 정하는 바에 따라 건축허가 표지판을 설치하여야 한다. ⑥ 「건설산업기본법」 제41조 제1항 각 호에 해당하지 아니하는 건축물의 건축주는 공사 현장의 공정 및 안전을 관리하기 위하여 같은 법 제2조 제15호에 따른 건설기술인 1명을 현장관리인으로 지정하여야 한다. 이 경우 현장관리인은 국토교통부령으로 정하는 바에 따라 공정 및 안전관리 업무를 수행하여야 하며, 건축주의 승낙을 받지 아니하고는 정당한 사유 없이 그 공사 현장을 이탈하여서는 아니 된다. ⑦ 공동주택, 종합병원, 관광숙박시설 등 대통령령으로 정하는 용도 및 규모의 건축물의 공사시공자는 건축주, 공사감리자 및 허가권자가 설계도서에 따라 적정하게 공사되었는지를 확인할 수 있도록 공사의 공정이 대통령령으로 정하는 진도에 다다른 때마다 사진 및 동영상을 촬영하고 보관하여야 한다. 이 경우 촬영 및 보관 등 그 밖에 필요한 사항은 국토교통부령으로 정한다.

8) 건축법 제25조(건축물의 공사감리) ① 건축주는 대통령령으로 정하는 용도·규모 및 구조의 건축물을 건축하는 경우 건축사나 대통령령으로 정하는 자를 공사감리자(공사시공자 본인 및 공정거래법 제2조에 따른 계열회사는 제외한다)로 지정하여 공사감리를 하게 하여야 한다. ② 제1항에도 불구하고 건설산업기본법 제41조 제1항 각 호에 해당하지 아니하는 소규모 건축물로서 건축주가 직접 시공하는 건축물 및 주택으로 사용하는 건축물 중 대통령령으로 정하는 건축물의 경우에는 대통령령으로 정하는 바에 따라 허가권자가 해당 건축물의 설계에 참여하지 아니한 자 중에서 공사감리자를 지정하여야 한다. 다만, 다음 각 호의 어느 하나에 해당하는 건축물의 건축주가 국토교통부령으로 정하는 바에 따라 허가

[47] Ⅲ. 도급계약의 효력

1. 수급인의 의무

(1) 일을 완성할 의무

수급인의 주된 급부의무는 「일을 완성할 의무」이다. 즉, 수급인은 계약에서 정하여진 내용의 일을 완성할 의무가 있다.

1) 일의 착수시기

도급계약에서 일의 착수시기가 정해져 있음에도 불구하고 수급인이 일에 착수하지 않는 경우에는 도급인은 채무불이행을 이유로 계약을 해제할 수 있는 것이 원칙이다(544조, 545조).

권자에게 신청하는 경우에는 해당 건축물을 설계한 자를 공사감리자로 지정할 수 있다. 1. 「건설기술 진흥법」 제14조에 따른 신기술을 적용하여 설계한 건축물 2. 「건축서비스산업 진흥법」 제13조 제4항에 따른 역량 있는 건축사가 설계한 건축물 3. 설계공모를 통하여 설계한 건축물 ③ 공사감리자는 공사감리를 할 때 이 법과 이 법에 따른 명령이나 처분, 그 밖의 관계 법령에 위반된 사항을 발견하거나 공사시공자가 설계도서대로 공사를 하지 아니하면 이를 건축주에게 알린 후 공사시공자에게 시정하거나 재시공하도록 요청하여야 하며, 공사시공자가 시정이나 재시공 요청에 따르지 아니하면 서면으로 그 건축공사를 중지하도록 요청할 수 있다. 이 경우 공사중지를 요청받은 공사시공자는 정당한 사유가 없으면 즉시 공사를 중지하여야 한다. ④ 공사감리자는 제3항에 따라 공사시공자가 시정이나 재시공 요청을 받은 후 이에 따르지 아니하거나 공사중지 요청을 받고도 공사를 계속하면 국토교통부령으로 정하는 바에 따라 이를 허가권자에게 보고하여야 한다. ⑤ 대통령령으로 정하는 용도 또는 규모의 공사의 공사감리자는 필요하다고 인정하면 공사시공자에게 상세시공도면을 작성하도록 요청할 수 있다. ⑥ 공사감리자는 국토교통부령으로 정하는 바에 따라 감리일지를 기록·유지하여야 하고, 공사의 공정이 대통령령으로 정하는 진도에 다다른 경우에는 감리중간보고서를, 공사를 완료한 경우에는 감리완료보고서를 국토교통부령으로 정하는 바에 따라 각각 작성하여 건축주에게 제출하여야 하며, 건축주는 제22조에 따른 건축물의 사용승인을 신청할 때 중간감리보고서와 감리완료보고서를 첨부하여 허가권자에게 제출하여야 한다. ⑦ 건축주나 공사시공자는 제3항과 제4항에 따라 위반사항에 대한 시정이나 재시공을 요청하거나 위반사항을 허가권자에게 보고한 공사감리자에게 이를 이유로 공사감리자의 지정을 취소하거나 보수의 지급을 거부하거나 지연시키는 등 불이익을 주어서는 아니 된다. ⑧ 제1항에 따른 공사감리의 방법 및 범위 등은 건축물의 용도·규모 등에 따라 대통령령으로 정하되, 이에 따른 세부기준이 필요한 경우에는 국토교통부장관이 정하거나 건축사협회로 하여금 국토교통부장관의 승인을 받아 정하도록 할 수 있다. ⑨ 국토교통부장관은 제8항에 따라 세부기준을 정하거나 승인을 한 경우 이를 고시하여야 한다. ⑩ 주택법 제15조에 따른 사업계획 승인 대상과 「건설기술 진흥법」 제39조 제2항에 따라 건설사업관리를 하게 하는 건축물의 공사감리는 제1항부터 제9항까지 및 제11항부터 제14항까지의 규정에도 불구하고 각각 해당 법령으로 정하는 바에 따른다. ⑪ 제2항에 따라 허가권자가 공사감리자를 지정하는 건축물의 건축주는 제21조에 따른 착공신고를 하는 때에 감리비용이 명시된 감리계약서를 허가권자에게 제출하여야 하고, 제22조에 따른 사용승인을 신청하는 때에는 감리용역계약내용에 따라 감리비용을 지불하여야 한다. 이 경우 허가권자는 감리계약서에 따라 감리비용이 지불되었는지를 확인한 후 사용승인을 하여야 한다. ⑫ 제2항에 따라 허가권자가 공사감리자를 지정하는 건축물의 건축주는 설계자의 설계의도가 구현되도록 해당 건축물의 설계자를 건축과정에 참여시켜야 한다. 이 경우 「건축서비스산업 진흥법」 제22조를 준용한다. ⑬ 제12항에 따라 설계자를 건축과정에 참여시켜야 하는 건축주는 제21조에 따른 착공신고를 하는 때에 해당 계약서 등 대통령령으로 정하는 서류를 허가권자에게 제출하여야 한다. ⑭ 허가권자는 제11항의 감리비용에 관한 기준을 해당 지방자치단체의 조례로 정할 수 있다.

다만, 도급계약은 일의 완성을 목적으로 하는 계약이므로, 일의 착수가 다소 지연되더라도 약정기일까지 일의 완성이 가능한 경우에는 계약을 해제할 수 없다.[9)]

도급계약에서 보수의 지급은 후불급(後拂給)이 원칙이므로, 수급인은 도급인이 보수를 지급하지 않는다는 이유를 들어 일의 착수시기를 지체하여서는 안 된다. 다만, 당사자 사이에 보수의 일부를 미리 지급하기로 하는 선급(先給)의 약정이 있거나, 건설공사에서 일반화되어 있는 기성고(旣成高)에 따라 공사대금을 지급하기로 하는 약정이 있거나, 거래의 관습이 있는 경우에는, 보수의 일부가 지급될 때까지 일의 착수를 지연하더라도 이행지체가 성립하지 않는다.

2) 일의 방법

(가) 도급인의 지시·감독

수급인은 도급계약의 내용에 따라 자신의 책임 아래 일을 완성하여야 하므로, 원칙적으로 도급인의 지시·감독에 따를 의무가 없다. 그러나 수급인이 일을 완성하기 위해서는 도급인이 공급한 재료를 사용하여야 하는 경우 등 도급인의 지시·감독이 필요한 경우가 있을 수 있고, 완성된 일의 소유권은 결국 도급인에게 귀속될 것이기 때문에, 도급인은 특약이 없더라도 계약의 목적인 일의 완성을 위하여 수급인에게 적절한 지시·감독을 할 권한이 있다고 할 것이다.[10)]

(나) 제3자에 의한 일의 완성

(A) 이행보조자를 사용하는 경우 고용계약과는 달리, 도급은 노무의 제공 그 자체를 목적으로 하는 것이 아니라 일의 완성을 목적으로 하는 계약이므로, 수급인은 특약이 있거나 일의 성질상 자신이 직접 하지 않으면 안 되는 경우를 제외하고는 제3자를 사용하여 일을 완성할 수 있다. 다만, 수급인이 제3자를 사용하여 일을 완성하는 경우에는 이행보조자책임에 관한 제391조의 규정이 적용되어, 수급인은 자신에게 귀책사유가 없는 경우에도 직접 일을 한 제3자의 고의·과실에 대하여 책임을 진다.

(B) 이행대행자(履行代行者)를 사용하는 경우

a) 원칙(하도급이 허용되는 경우) '수급인이 제3자로 하여금 독립하여 일의 전부나 일부를 완성하는 경우'를 「하도급(下都給)」이라고 하는데, 하수급인은 수급인의 이행보조자가 아닌 이행대행자(履行代行者)에 해당하지만, 일의 완성이 계약의 목적인 도급계약에서는 특별한 약정이 없는 한 수급인이 이행대행자인 하수급인을 사용하는 것은 원칙적으로 자유롭다. 이를 「하도급 자유의 원칙」이라고 한다. 이와 같이 하도급이 허용되는 경우, 그 법률관계는

9) 同旨: 곽윤직, 253; 김상용, 351; 김주수, 362; 김증한/김학동, 501; 김형배, 615 참조.
10) 同旨: 곽윤직, 254; 김상용, 352; 김주수, 363; 김증한/김학동, 501; 김형배, 615; 송덕수, 332 참조.

다음과 같다. 즉, ① 하도급은 도급인과 수급인 사이의 법률관계(원도급계약)에는 영향을 주지 않는다. 따라서 수급인은 도급인에 대하여 일을 완성할 의무를 부담한다. ② 수급인은 이행대행자인 하수급인의 고의·과실에 대하여 자신에게 귀책사유가 없더라도 책임을 져야 한다(391조). 다만, 도급인이 하도급에 대하여 동의하였거나 부득이한 사유가 있는 경우에는 「수임인의 복임권(復任權) 제한」에 관한 제682조의 규정을 유추적용하여, '수급인은 원칙적으로 하수급인의 선임·감독상의 과실에 대하여서만 책임을 진다'고 해석된다.[11] ③ 수급인과 하수급인 사이의 관계는 일반적 도급계약의 법률관계와 다르지 않다. 이러한 취지에서 대법원은 '하도급공사계약에서 하도급공사금액을 도급공사금액의 88퍼센트로 하기로 약정한 경우, 도급계약의 공사금액이 건축공사비의 12.7퍼센트에 해당하는 공과잡비가 계상되어 결정된 것이라면, 하수급인의 하도급금액도 건축공사비의 88퍼센트 해당금액에만 그치는 것이 아니라, 여기에 그 금액(88퍼센트 해당금액)에 12.7퍼센트에 해당하는 공과잡비를 합한 금액이 되어야 한다'고 판시한 바 있다(대법원 1986.7.22.선고, 85다카1352 판결).

b) 예외(하도급이 허용되지 않는 경우) 도급계약의 목적인 일의 성질상 수급인이 직접 일을 수행하여야 하거나 수급인이 직접 이행보조자를 지휘·감독하여 일을 완성하여야 하는 경우, 또는 당사자 사이에 하도급 금지의 약정이 있는 경우에는 하도급이 허용되지 않는다. 이러한 경우에는 하도급에 의하여 이행대행자를 사용한 그 자체가 채무불이행이 된다. 그러나 하도급계약이 당연히 무효가 되는 것은 아니며, 도급인은 수급인의 채무불이행을 이유로 계약을 해제하고 손해배상을 청구할 수 있을 뿐이다.

c) 건설하도급계약의 특칙 도급계약의 목적인 일의 수행과정 또는 완성된 목적물에 하자가 있는 경우에는 대형참사가 야기될 수도 있는 토목·건축 등 건설공사의 특성을 고려하여, 건설산업기본법은 건설하도급계약의 체결에 대하여 다음과 같은 제한을 두고 있다.

(ⅰ) 수급인과 하수급인의 자격제한 2021.1.1.부터 건설공사의 수급인 또는 하수급인의 자격은 건설산업기본법 제16조의 시공자격을 갖춘 건설업자로 제한된다(동법 25조 1항·2항).[12] 또

11) 同旨: 김상용, 352; 김증한/김학동, 504; 김형배, 615 참조.

12) 건설산업기본법 제25조(수급인 등의 자격 제한) ① 발주자는 도급하려는 건설공사의 종합적인 계획·관리·조정의 필요성, 전문분야에 대한 시공역량, 시공기술상의 특성 및 현지여건 등을 고려하여 제16조의 시공자격을 갖춘 건설업자에게 도급하여야 한다. ② 수급인은 제16조의 시공자격을 갖춘 건설업자에게 하도급하여야 한다. ③ 발주자 또는 수급인은 공사특성에 따라 제23조 제1항에 따라 공시된 시공능력과 공사실적, 기술능력 등을 기준으로 수급인 또는 하수급인의 자격을 제한할 수 있다. ④ 시설물안전법에 따른 1종시설물 및 2종시설물에 대한 인가, 허가, 승인 등의 처분을 하는 국가기관 또는 지방자치단체의 장은 해당 건설공사의 규모, 구조안전의 필요성 등을 고려하여 시공자의 시공능력이 현저하게 부적합하다고 인정하는 경우에는 발주자에게 시공자의 교체를 권고할 수 있다. ⑤ 국토교통부장관은 다음 각 호의 어느 하나에 해당하는 수급인에 대하여는 대통령령으로 정하는 바에 따라 벌점을 부과하고 이를 관리하여야 한다. 1. 제82조 제2항 제6호, 제98조의2 제1호 및 제99조 제6호에 따라 처분을 받은 자 2. 근로기준법 제44조의2 제1항을 위반하여 같은 법 제109조 제1항에 따른 처벌을 받은

한 발주자 또는 수급인은 공사특성에 따라 시공능력과 공사실적, 기술능력 등을 기준으로 수급인 또는 하수급인의 자격을 제한할 수 있으며(동조 3항), 시설물안전법에 따른 1종시설물 및 2종시설물에 대한 인가, 허가, 승인 등의 처분을 하는 국가기관 또는 지방자치단체의 장은 해당 건설공사의 규모, 구조안전의 필요성 등을 고려하여 시공자의 시공능력이 현저하게 부적합하다고 인정하는 경우에는 발주자에게 시공자의 교체를 권고할 수 있다(동조 4항).

(ii) **건설업자의 직접시공의무** 건설업자는 1건 공사의 도급금액이 일정금액(현재 50억원) 미만인 건설공사를 도급받은 경우에는, 그 건설공사의 도급금액 산출내역서에 기재된 총 노무비 중 대통령령으로 정하는 비율에 따른 노무비 이상에 해당하는 공사를 직접 시공하여야 한다(건설산업기본법 28조의2,[13] 동법시행령 30조의2).

(iii) **건설공사의 일괄하도급 금지** 건설업자는 그가 도급받은 건설공사의 전부 또는 주요부분의 대부분을 다른 건설업자에게 하도급할 수 없다(건설산업기본법 29조 1항 본문). 다만, 건설업자가 국토교통부장관이 정하는 바에 따라 공사현장에서 인력·자재·장비·자금 등의 관리, 시공관리·품질관리·안전관리 등을 수행하고 이를 위한 조직체계 등을 갖추고 있는 경우, 발주자가 공사의 품질이나 시공상의 능률을 높이기 위하여 필요하다고 인정하여 서면으로 승낙한 경우로서 건설공사에 관한 설계를 포함하여 건설공사를 도급받은 건설업자가 하도급하는 경우 또는 도급받은 공사를 전문공사를 시공하는 업종별로 분할하여 각각 해당 전문공사를 시공하는 업종을 등록한 건설업자에게 하도급하는 경우이거나 도서지역 또는 산간벽지에서 행하여지는 공사를 당해 도서지역 또는 산간벽지가 속하는 특별시·광역시·도 또는 특

자 3. 산업안전보건법 제29조 제3항을 위반하여 같은 법 제9조의2에 따라 산업재해 발생건수등이 하수급인과 함께 공표된 자(이 법 제29조의3 제1항 제4호 가목부터 다목까지의 사업장에 한정한다) 4. 하수급인에게 산업재해 발생 사실을 은폐하도록 교사 또는 공모하여 산업안전보건법 제68조 제1호에 따라 처벌을 받은 자 ⑥ 제5항 각 호에 해당하는 처분 또는 처벌 등에 관한 법령을 담당하는 행정기관의 장은 해당 처분 또는 처벌 등을 받은 건설사업자가 발생한 경우 그 사실을 국토교통부장관에게 통보하여야 한다.

13) 건설산업기본법 제28조의2(건설공사의 직접 시공) ① 건설업자는 1건 공사의 금액이 100억원 이하로서 대통령령으로 정하는 금액 미만인 건설공사를 도급받은 경우에는 그 건설공사의 도급금액 산출내역서에 기재된 총 노무비 중 대통령령으로 정하는 비율에 따른 노무비 이상에 해당하는 공사를 직접 시공하여야 한다. 다만, 그 건설공사를 직접 시공하기 곤란한 경우로서 대통령령으로 정하는 경우에는 직접 시공하지 아니할 수 있다. ② 제1항에 따라 건설공사를 직접 시공하는 자는 대통령령으로 정하는 바에 따라 직접시공계획을 발주자에게 통보하여야 한다. 다만, 전문공사를 시공하는 업종을 등록한 건설업자가 전문공사를 도급받은 경우에는 그러하지 아니하다. ③ 발주자는 건설업자가 제2항에 따라 직접시공계획을 통보하지 아니한 경우나 직접시공계획에 따라 공사를 시공하지 아니한 경우에는 그 건설공사의 도급계약을 해지할 수 있다. ④ 국가, 지방자치단체 또는 대통령령으로 정하는 공공기관이 발주하는 공사의 발주자는 제2항에 따라 직접시공계획을 통보받은 경우 제1항 본문에 따른 직접 시공의 준수 여부를 확인하고 이를 국토교통부장관에게 보고 또는 통보하여야 한다. 다만, 관계 법령에 따른 감리가 있는 건설공사의 경우에는 감리를 수행하는 자로 하여금 그 준수 여부를 확인하게 할 수 있다. ⑤ 제4항에 따른 직접 시공 준수 여부 확인의 방법, 절차 및 그 밖에 필요한 사항은 국토교통부령으로 정한다.

별자치도에 있는 중소건설업자 또는 법 제48조의 규정에 의하여 등록한 협력업자에게 하도급하는 경우에는 예외적으로 「건설공사의 일괄하도급」이 허용된다(동조 1항 단서, 동법시행령 31조).[14]

(다) 재료의 공급

일의 완성에 필요한 자재나 재료를 누가 제공하느냐 하는 것은 당사자의 약정에 따라야 할 것인데, 수급인이 도급인이 제공하는 자재나 재료를 사용하여 일을 완성하여야 하는 경우에는, 수급인은 제공된 자재나 재료를 선량한 관리자의 주의로써 보관하여야 하며(374조), 일을 완성하고 남은 자재나 재료를 도급인에게 반환하여야 한다. 또한 '도급인이 제공한 재료에 하자가 있거나 일을 완성하는 데 부적당한 경우에는, 수급인은 도급인에게 이러한 사실을 통지하여 적당한 다른 재료를 제공해줄 것을 요청하여야 하며, 이러한 통지의무를 게을리 함으로써 발생하는 재료의 하자로 인한 책임은 수급인이 부담한다'고 할 것이다.[15] 참고로 스위스채무법은 이러한 법리를 명문으로 규정하고 있다(OR Art. 365Ⅱ).[16]

한편 '당사자의 약정에 의하여 수급인이 도급인이 제공하는 자재나 재료만을 사용하여 일을 완성하도록 되어 있는 경우에, 수급인 이러한 약정에 따르지 않고 자신이 소유한 재료를 사용하여 일을 완성한 때에는 완성된 일의 결과에 하자가 없더라도 채무불이행책임을 져야 하는 경우도 있을 수 있다'고 할 것이다.[17]

(2) 완성물인도의무

도급의 목적인 일의 완성이 건물이나 교량 등의 구조물 기타 물건을 만드는 것을 내용으로 하는 경우에는, 수급인은 완성된 물건을 도급인에게 인도할 의무를 부담한다(665조 1항). 이를 수급인의 「완성물인도의무」 또는 「목적물인도의무」라고 하는데, 이는 일완성의무의 한 내용을 이룬다고 보아야 할 것이다.[18]

---

14) 건설산업기본법 제29조(건설공사의 하도급제한) ① 건설업자는 그가 도급받은 건설공사의 전부 또는 대통령령이 정하는 주요부분의 대부분을 다른 건설업자에게 하도급할 수 없다. 다만, 건설업자가 도급받은 공사를 대통령령이 정하는 바에 의하여 계획·관리 및 조정하는 경우로서 대통령령으로 정하는 바에 따라 2인 이상에게 분할하여 하도급하는 경우는 예외로 한다.

15) 同旨: 김증한/김학동, 502 참조.

16) 스위스채무법 제365조(재료에 관하여) (1) 수급인이 재료를 공급받은 경우에는, 그는 도급인에 대하여 그 물건의 품질과 하자담보에 대하여 매도인과 마찬가지의 책임을 진다. (2) 수급인은 도급인으로부터 공급받은 재료에 대하여 모든 주의를 다하여야 하며, 그에 대한 사용보고서를 작성하고, 사용하고 남은 모든 재료를 도급인에게 돌려주어야 한다. (3) 일을 수행하는 과정에서 도급인이 교부한 재료 또는 지정된 건축지반에 하자가 있음이 드러나거나, 일의 적당하거나 적시에 수행하는 것을 위태롭게 만드는 그 밖의 관계가 나타난 때에는, 수급인은 도급인에게 즉시 그에 관하여 통지를 하여야 하며, 그렇지 않으면 그로 인한 불이익은 그 자신이 부담한다.

17) 同旨: 김주수, 364 참조.

18) 同旨: 곽윤직, 254; 김형배, 616 참조.

1) 하자 없는 완전한 물건의 인도의무(완전물인도의무)

수급인의 완성물인도의무는 단순히 완성된 목적물의 점유만을 도급인에게 이전할 의무에 그치는 것이 아니라, 「하자 없는 완전한 물건」(mangelfreie Werke)을 인도하여야 할 의무를 포함한다.[19] 그러므로 수급인이 인도한 완성물에 하자가 있는 경우(당사자가 합의한 품질과 성능을 가지고 있지 아니한 경우)에는 수급인의 완성물인도의무의 불완전이행으로서 채무불이행 책임을 면할 수 없다. 학설 중에는 수급인의 완성물인도의무를 도급인의 「검수의무」(檢收義務; Abnahmepflicht)와 관련지어 설명하는 견해가 많으며,[20] 판례도 '목적물의 인도는 완성된 목적물에 대한 단순한 점유의 이전만을 의미하는 것이 아니라 도급인이 목적물을 검사한 후 그 목적물이 계약내용대로 완성되었음을 명시적 또는 묵시적으로 시인하는 것까지 포함한다'고 함으로써(대법원 2006.10.13.선고, 2004다21862 판결 등),[21] 이러한 견해를 지지하는 것으로 보인다. 그러나 수급인의 완성물인도의무와 도급인의 검수의무는 이론상 별개의 개념이라고 할 것이므로, 이러한 견해에는 찬성할 수 없다.

2) 완성물의 소유권이전의무

(가) 완성물의 소유권 귀속에 관한 특약이 없는 경우

'도급인이 공급한 재료를 사용하여 완성한 목적물의 소유권은 당사자의 특별한 약정이 없는 이상 언제나 도급인에게 귀속한다'고 해석하는 데는 이설이 없다(대법원 1963.1.17.선고, 62다743 판결).[22] 즉, 이 경우에는 가공(加工)에 관한 제259조의 규정은 적용되지 않는다. 그러나 수급인이 자신의 재료를 사용하여 일을 완성한 경우, 특히 목적물이 건물인 경우에 그 소유권 귀속에 대해서는 견해가 대립하고 있다.

(A) 학 설

a) 수급인소유설(受給人所有說) 이는 '완성물이 건물인 경우를 포함하여 수급인이 자신의 노력과 재료를 사용한 경우에는 완성물의 소유권은 항상 수급인에게 귀속되며, 수급인은 도급인에게 완성물의 소유권을 이전할 의무를 진다'는 견해이다.[23]

b) 분류설(分類說) 이는 '완성물이 대체물인 동산인 경우에는 자신의 노력과 재료를 사용한 수급인에게 완성물의 소유권이 귀속되지만, 완성물이 부대체물인 경우 특히 건물인 경우에는 수급인이 자신의 노력과 재료를 사용한 경우에도 그 소유권은 항상 도급인에게 귀속한다'는 견해이다.[24]

---

19) 同旨: 곽윤직, 254; 김상용, 373 참조.
20) 곽윤직, 254~255; 김상용, 352; 김주수, 364~365; 김형배, 616; 송덕수, 334 참조.
21) 같은 취지: 대법원 2019.9.10.선고, 2017다272486·272493 판결.
22) 곽윤직, 255~256; 김상용, 353; 김증한/김학동, 508; 김형배, 618 참조.
23) 김기선, 259; 김현태, 235~236; 이태재, 295 참조.
24) 김상용, 353; 김주수, 367; 김증한/김학동, 508; 김형배, 620~621 참조.

(B) 판례의 입장 판례는 '수급인의 노력과 출재로 건축 중이거나 완성한 건물의 소유권은 수급인이 원시적으로 취득하는 것이 원칙이나(대법원 1973.1.30.선고, 72다2204 판결 등),[25] 건축도급계약에서 특약이 있거나 특별한 사정이 있는 경우에는 수급인의 노력과 재료에 의하여 건물이 완공되었더라도 그 소유권은 원시적으로 도급인에게 속한다'고 한다(대법원 1990.4.24.선고, 89다카18884 판결 등).[26] 또한 판례는 완성물의 소유권이 도급인에게 귀속한다고 볼 수 있게 하는 특약이나 특별한 사정이 인정되는 범위를 비교적 넓게 인정하고 있다.[27]

(C) 학설·판례의 검토 '건물도급계약에서 수급인의 노력과 출재(出財)로 완성된 건물의 소유권 귀속에 관하여 당사자 사이에 특약이 없는 경우에는 수급인이 완성된 건물의 소유권을 원시적으로 취득한다'는 종래의 통설적 견해와 판례의 기본적 입장은 물권법이론에 충실한 것으로서 기본적으로 타당하다고 할 수 있다. 그러나 비판론이 지적하는 바와 같이, 건물도급계약의 이행으로서 수급인이 자신의 노력과 비용을 들여서 건축공사를 하는 경우에도 그 건축허가는 건축주인 도급인 명의로 되어 있는 것이 일반적인데, 이러한 경우에는 완성된 건물의 소유권은 처음부터 건축주인 도급인에게 귀속한다고 하는 것이 건물도급계약의 목적과 당사자의 의사 및 거래관념에 부합하는 해석이라고 할 것이다. 또한 수급인이 완성된 건물의 소유권을 원시적으로 취득한다고 해석하는 경우, 수급인은 건물 소유권 취득에 따른 취득세와 등록세 등의 세금을 부담하여야 하여야 할 뿐만 아니라, 도급계약상 수급인은 도급인에게 소유권이전의무를 부담하는 관계로 도급인에게 소유권이전등기를 해주어야 하고, 이에 따른 양도소득세를 부담하여야 하는 등의 경제적 불이익을 감수하여야 한다. 또한 수급인의 보수청구권은 완성된 건물에 대한 유치권(329조), 건물인도와 보수지급 사이의 동시이행항변권(536조), 저당권설정청구권(666조)을 행사함으로써 충분히 확보될 수 있으므로, 수급인의 보수청구권을 확보해 주기 위하여 굳이 수급인의 소유권취득을 인정할 필요는 없다고 할 것이다. 그러므로 건물도급계약의 경우에는 당사자 사이에 특약이 있거나 특별한 사정이 없는 한 수급인의 노력과 비용으로 건물이 완공된 경우에도 그 건물의 소유권은 항상 도급인이 원시적으로 취득한다고 해석하는 것이 타당하다고 할 것이다.

(나) 완성물의 소유권 귀속에 관한 특약이 있는 경우

당사자 사이에 완성물의 소유권 귀속에 관한 특약이 있는 경우에는 그 약정에 따라야 할

---

25) 같은 취지: 대법원 1963.1.17.선고, 62다743 판결; 대법원 1980.7.8.선고, 80다1014 판결; 대법원 1983.2.8.선고, 81도3137 판결; 대법원 1999.2.9.선고, 98두16675 판결.

26) 같은 취지: 대법원 1992.3.27.선고, 91다34790 판결; 대법원 1992.8.18.선고, 91다25505 판결; 대법원 1996.9.20.선고, 96다24804 판결; 대법원 1997.5.30.선고, 97다8601 판결; 대법원 2003.12.18.선고, 98다43601 전원합의체판결; 대법원 2005.11.25.선고, 2004다36352 판결; 대법원 2010.1.28.선고, 2009다66990 판결.

27) 김형배, 620 참조.

것인데,[28] 이러한 특약은 반드시 명시적인 것이 아니더라도 상관이 없다. 결국 도급계약의 당사자 사이에 완성물의 소유권을 수급인에게 귀속시키기로 하는 특약이 있다고 인정되는 경우에는, 수급인은 완성물의 소유권을 보수의 지급과 상환하여 도급인에게 이전할 의무가 있다고 해석하여야 할 것이다. 이러한 취지에서, 판례도 '건물도급계약에서 특약이 있거나 특별한 사정이 있는 경우에는 수급인의 노력과 재료에 의하여 건물이 완공되었더라도 그 소유권은 원시적으로 도급인에게 속한다'는 입장을 취하고 있음은 전술한 바와 같다(대법원 1990.4.24. 선고, 89다카18884 판결 등). 다만, 판례는 당사자 사이에 건물소유권을 도급인에게 귀속시키기로 하는 특약이 있는 것으로 보아야 하는 경우를 비교적 넓게 인정하여, '도급인 명의로 건축허가가 되어 있고, 도급인이 건물 소유권을 취득함을 전제로 한 약정이 있다면, 수급인이 그 노력과 재료를 들여 공사를 하였다 하더라도 그 건물의 원시적 소유권은 도급인에게 귀속시키기로 합의한 것으로 보아야 할 것'이라고 한다(대법원 1985.5.28.선고, 84다카2234 판결 등).[29] 예컨대, 대법원은 '건축허가 명의가 도급인 측으로 되어 있고, 도급인이 공사대금을 미지급할 때에는 그 미지급한 금액에 대하여 완성된 건물로 대물변제하거나 또는 수급인에게 그 건물 소유권에 대한 가등기를 하여 주기로 하는 등 도급인이 완성된 건물의 소유권을 취득함을 전제로 한 약정이 있다면, 수급인이 그의 노력과 재료를 들여 위 공사를 80%가량 진행하고 중단할 당시 사회통념상 독립한 건물의 형태를 갖추고 있었다 하더라도 그 건물의 소유권을 도급인에게 귀속시키기로 하는 합의가 있다고 할 것'이라고 판시한 바 있다(대법원 1992.3.27.선고, 91다34790 판결 등).[30]

3) 도급인의 보수지급의무와의 동시이행관계

수급인의 완성물인도의무는 도급인의 보수지급의무와 동시이행관계에 있다(536조). 그러므로 도급인이 수급인의 채무불이행을 이유로 예정된 손해배상을 청구하기 위해서는 수급인에 대한 보수를 제공하여야 한다(대법원 1964.10.28.선고, 64다591 판결).

(3) 수급인의 하자담보책임

1) 의 의

도급인은 완성된 목적물 또는 완성 전에 성취된 부분에 하자가 있는 때에는 수급인에 대하여 상당한 기간을 정하여 그 하자의 보수를 청구할 수 있으며(667조 1항 본문), 하자보수에 갈

28) 김주수, 365; 김증한/김학동, 507 참조.

29) 판례평석: 김용담, "도급건축물의 소유권귀속", 민사판례연구(8)(민사판례연구회, 1986/5), 111 이하. 같은 취지: 대법원 1962.7.6.선고, 4292민상876 판결; 대법원 1979.6.12.선고, 78다1992 판결; 대법원 1990.4.24.선고, 89다카18884 판결; 대법원 1992.3.27.선고, 91다34790 판결; 대법원 1996.9.20.선고, 96다24804 판결.

30) 같은 취지: 대법원 1990.4.24.선고, 89다카18884 판결.

음하여 또는 하자보수와 함께 손해배상을 청구할 수도 있다(동조 2항). 또한 도급인은 완성된 목적물의 하자로 인하여 계약의 목적을 달성할 수 없는 때에는 계약을 해제할 수 있다(668조 본문). 이와 같이 완성되었거나 성취된 부분에 하자가 있는 경우에 수급인이 지는 책임을 「수급인의 하자담보책임」이라고 한다.

2) 수급인의 하자담보책임의 법적 성질

수급인은 하자 없는 완전한 물건을 인도할 의무를 부담하므로, 수급인이 인도한 물건에 하자가 있다는 것은 수급인이 일완성의무를 다하지 못한 것을 의미한다. 즉, 수급인의 하자담보책임은 수급인의 일완성의무의 불이행, 즉 채무불이행책임으로서의 성질을 가진다.[31] 특정물매도인의 하자담보책임의 본질을 채무를 완전히 이행하였음에도 불구하고 유상계약인 매매계약의 특성을 고려하여 법률이 특별히 인정한 법정책임이라고 보는 「법정책임설」을 주장하는 학자들도 수급인의 하자담보책임은 채무불이행책임의 성질을 가지는 것으로 보는 견해(채무불이행책임설)가 지배적이다.[32] 그러나 대법원은 집합건물법 제9조[33]에 정한 집합건물 분양자의 담보책임의 법적 성질에 관하여, '집합건물법 제9조는 건축업자 내지 분양자로 하여금 견고한 건물을 짓도록 유도하고 부실하게 건축된 집합건물의 소유자를 두텁게 보호하기 위하여 집합건물 분양자의 담보책임에 관하여 민법상 도급인의 담보책임에 관한 규정을 준용하도록 함으로써 분양자의 담보책임의 내용을 명확히 하는 한편 이를 강행규정화한 것으로서, 같은 조에 의한 책임은 분양계약에 기한 책임이 아니라 집합건물의 분양자가 집합건물의 현재의 구분소유자에 대하여 부담하는 법정책임이므로, 이에 따른 손해배상청구권에 대하여는 민법 제162조 제1항에 따라 10년의 소멸시효기간이 적용된다'고 판시한 바 있다(대법원 2008.12.11.선고, 2008다12439 판결).

3) 하자담보책임의 발생요건

(가) 완성된 목적물의 하자

수급인의 하자담보책임은 완성된 목적물 또는 완성 전의 성취된 부분에 하자가 있는 때에 발생한다(667조 1항).

(A) 하자의 개념 민법은 매도인의 하자담보책임에서와 마찬가지로, 수급인의 하자담보책임에서도 하자의 개념에 대하여 아무런 규정도 두고 있지 않으므로, 하자의 개념이 문제된다.[34] 수급인의 하자담보책임은 수급인이 하자 없는 완전한 일완성의무를 위반한 데 기한 채

---

31) 同旨: 정광수, "도급인의 지시와 수급인의 고지의무에 관한 고찰", 안암법학 11호(안암법학회, 2000/8), 229; 김주수, 375; 김형배, 622; 이은영, 518; 장재현, 385 참조.

32) 김증한/김학동, 517; 이태재, 302 참조.

33) 집합건물법 제9조(담보책임) ① 제1조 또는 제1조의2의 건물을 건축하여 분양한 자의 담보책임에 관하여는 민법 제667조부터 제671조까지의 규정을 준용한다. ④ 제1항의 분양자의 담보책임에 관하여 이 법과 민법에 규정된 것보다 매수인에게 불리한 특약은 효력이 없다.

무불이행책임이라고 보아야 할 것이므로, 여기에서의 「하자」라 함은 '완성물의 품질·성능이 당사자가 합의한 내용과 일치하지 않거나, 당사자가 도급계약에서 전제하고 있는 용도 또는 그 물건의 일반적·객관적인 용도에 적합하지 아니한 경우 또는 그러한 가치에 미치지 못하는 상태'를 의미한다고 할 것이다.[35] 특히 건물도급계약에서의 하자는 건물의 균열·처짐·비틀림·누수 등과 같은 「물리적 하자」뿐만 아니라, 건폐율·용적률을 현저하게 위반하여 건축법상 철거·이전·개축 등의 조치를 면할 수 없는 「법률적 하자」를 포함하며, 건물 자체에는 하자가 없으나 일조·통풍·관망·굉음·진동·악취 등과 같은 「환경적 하자」도 포함한다. 또한 수급인이 도급인이 제시한 설계도·시방서 등에 따르지 않고서 건물을 건축한 경우도 건물의 하자라고 할 수 있을 것이다.[36]

판례도 「건축물의 하자」의 의미를 '완성된 건축물에 공사계약에서 정한 내용과 다른 구조적·기능적 결함이 있거나, 거래관념상 통상 갖추어야 할 품질을 제대로 갖추고 있지 아니한 것'이라고 파악하고, 하자 여부의 판단은 '당사자 사이의 계약 내용, 해당 건축물이 설계도대로 건축되었는지 여부, 건축 관련 법령에서 정한 기준에 적합한지 여부 등 여러 사정을 종합적으로 고려하여 결정하여야 할 것'이라고 한다(대법원 2010.12.9. 선고, 2008다16851 판결).

하자는 완성된 일에 존재하는 것이어야 하며, 일이 미완성인 상태에서는 하자담보책임을 물을 수 없다. 즉, 아직 일이 완료되지 아니한 상태에서는 이행지체로 인한 손해배상(지체상금 기타 위약금)을 청구할 수는 있으나 하자담보책임을 물을 수는 없다. 반대로 일이 일단 완성된 경우에는 하자담보책임을 물을 수는 있으나, 지연배상을 청구할 수는 없다.[37] 따라서 하자담보책임에서는 일의 완성 여부가 중요한 의의를 가진다.

이에 대하여, 판례는 건축도급계약에서 미완성과 구별되는 하자의 개념을 '공사가 당초 예정된 최후의 공정까지 일응 종료하고 다만 그것이 불완전하여 보수를 하여야 할 경우'라고 정의하고, '건축공사에서 예정된 최후의 공정이 일단 종료하였는지 여부는 당해 건물건축도급계약의 구체적 내용과 신의성실의 원칙에 비추어 객관적으로 판단할 수밖에 없다'고 한다(대법원 1996.2.23. 선고, 94다42822·42839 판결 등).[38] 다만, '공사가 여러 개의 부분공사 또는 공정으

34) 이준형, "수급인의 하자담보책임에 있어 하자의 개념", 민사법학 25호(한국민사법학회, 2004/3), 91 참조.

35) 同旨: 김형배, 622; 이은영, 520 참조.

36) 건물의 하자에 대하여는 이상태, "건축수급인의 하자담보책임에 관한 연구", 박사학위논문(서울대학교대학원, 1991/8), 78; 윤인태, "집합건물 분양자의 하자담보책임 -특히 아파트를 중심으로-", 판례연구 12집(부산판례연구회, 2001/6), 181; 최명구, "건축도급계약에서 물건의 하자의 개념", 중앙법학 8집 3호(중앙법학회, 2006/ 10), 261 이하; 박수곤, "주택하자담보책임의 법이론의 발전과 내용 -사법을 중심으로-", 토지법학 24-1호(한국토지법학회, 2008/6), 299~300 등 참조.

37) 同旨: 이은영, 520 참조.

38) 같은 취지: 대법원 1997.10.10. 선고, 97다23150 판결; 대법원 1997.12.23. 선고, 97다44768 판결; 대법원

로 구분되어 있고, 도급인과 수급인 사이에서 부분공사 또는 공정의 종료에 따라 그 공사비용의 적합 여부에 대한 검사를 하고 기성고에 따라 공사대금을 지급하기로 하는 약정이 있는 경우에는, 그 부분공사 또는 공정의 종료와 검사의 완료로써 일단 해당 공사는 종료된 것으로 보고, 그 후에 발견된 시공상의 흠결은 하자보수의 대상이 되는 하자로 봄이 상당하다'고 한다(대법원 2006.4.28.선고, 2004다39511 판결).

(B) 하자의 존재시기 수급인의 하자보수책임은 완성 전의 성취된 부분에 하자가 있는 경우에도 인정되는데(667조), 수급인의 하자담보책임이 인정되는 "완성 전의 성취된 부분"이라 함은 '도급계약에 따른 일이 전부 완성되지는 않았지만 하자가 발생한 부분의 작업이 완료된 상태'를 의미한다(대법원 2001.9.18.선고, 2001다9304 판결).

(나) 도급인이 제공한 재료의 성질 또는 지시에 기인하지 아니한 하자

목적물의 하자가 도급인이 제공한 재료의 성질 또는 도급인의 지시에 기인한 때에는 수급인의 하자담보책임은 발생하지 않는다. 다만, 목적물의 하자가 도급인이 제공한 재료의 성질 또는 도급인의 지시에 기인한 경우에도 수급인이 그 재료 또는 지시의 부적당함을 알고 도급인에게 고지하지 아니한 때에는 수급인은 하자담보책임을 진다(669조). 그러므로 '건물도급계약에서 수급인의 하자담보책임을 묻기 위해서는 건물의 하자가 공사재료 또는 시공의 불량 기타 도급계약위반으로 인한 것인지 여부 및 하자의 범위를 확정하여야 한다'는 것이 판례의 입장이다(대법원 1987.11.10.선고, 87다카876 판결). 또한 판례는 '건축도급계약에서 수급인이 설계도면의 기재대로 시공한 경우에는 도급인의 지시에 따른 것과 같아서 수급인이 그 설계도면이 부적당함을 알고 도급인에게 고지하지 아니한 것이 아닌 이상, 그로 인하여 목적물에 하자가 생겼다 하더라도 수급인에게 하자담보책임을 지울 수는 없다'고 하며(대법원 1996.5.14.선고, 95다24975 판결), '수급인이 공사 도중에 발생한 사정을 감리인에게 고하고 그의 지시에 따라 원래의 설계도서대로 공사를 계속한 것이라면, 완성된 건물에 설계도서의 결함으로 인한 하자가 발생하였다 하더라도 수급인이 설계도서의 부적당함을 알면서 이를 고지하지 아니한 것이라고 할 수 없다'고 한다(대법원 1995.10.13.선고, 94다31747·31754 판결 등).[39]

(다) 하자담보책임의 면책특약

수급인의 하자담보책임에 관한 민법의 규정은 임의규정이므로, 당사자 사이에 수급인의 하자담보책임을 면제하는 특약(면책특약)이 있는 경우에는 하자담보책임을 물을 수 없다. 다만, 당사자 사이에 면책특약이 있는 경우에도 수급인이 하자 있음을 알고 고지하지 아니한 경우에는 하자담보책임을 면하지 못한다(672조). 나아가 판례는 '수급인이 악의인 경우에 면책

2006.4.28.선고, 2004다39511 판결.

39) 같은 취지: 대법원 1996.5.14.선고, 95다24975 판결; 대법원 2016.8.18.선고, 2014다31691·31707 판결.

특약의 효력을 제한하고 있는 제672조의 규정은 수급인의 담보책임기간을 단축하기로 하는 등 법률상의 담보책임을 제한하는 약정을 한 경우에 유추적용할 수 있다'는 입장을 취하고 있다(대법원 1999.9.21.선고, 99다19032 판결).[40]

(라) 권리행사기간

(A) 원 칙 도급인은 목적물의 인도를 받은 날부터 1년 내에, 목적물의 인도를 요하지 아니하는 경우에는 일의 종료한 날로부터 1년 내에 수급인에 대하여 하자의 보수, 손해배상, 계약의 해제 등 수급인의 담보책임을 물을 수 있는 권리를 행사하여야 한다(670조). 제670조에서 규정하고 있는 권리행사기간의 법적 성질에 대하여, 판례는 '여기서 1년이라는 기간은 재판상 청구를 위한 출소기간이 아니라, 재판상 또는 재판외에서 권리를 행사하면 충분한 권리행사기간인 제척기간이므로(대법원 2004.1.27.선고, 2001다24891 판결 등),[41] 그 기간이 도과하면 도급인의 하자담보추급권은 당연히 소멸한다'고 한다(대법원 2009.5.28.선고, 2008다86232 판결 등).[42] 다만, 판례는 '하자보수에 갈음하는 손해배상청구권은 소멸시효의 대상이 되는 것이므로, 시효완성 여부가 문제되는 시점으로부터 역산하여 10년 내에 하자가 발생하거나 인도된 것이 아니라면 그 손해배상채권은 소멸시효의 완성 또는 제척기간의 도과로 소멸한 것으로 보아야 할 것'이라고 한다(대법원 2009.6.11.선고, 2008다92466 판결 등).[43]

(B) 공작물수급인의 하자담보책임에 대한 특칙 토지·건물 기타 공작물의 수급인은 목적물 또는 지반공사의 하자에 대하여 인도 후 5년간 담보책임을 지며, 특히 목적물이 석조, 석회조, 연와조(煉瓦造), 금속 기타 이와 유사한 재료로 조성된 것인 때에는 인도 후 10년간 담보책임을 진다(671조 1항). 다만, 하자로 인하여 목적물이 멸실 또는 훼손된 때에는 도급인은 그 멸실 또는 훼손된 날로부터 1년 내에 제667조의 권리를 행사하여야 한다(671조 2항).

(C) 권리행사기간에 관한 「건설산업기본법」의 특칙 「건설산업기본법」과 동법시행령은 건설공사의 목적물에 하자가 있는 경우의 수급인의 하자담보책임의 존속기간에 관한 특별규정을 두어, 건설공사의 목적물의 구조에 따라 각각 존속기간을 달리 규정하고 있다. 즉, 건설공사의 수급인은 ① 건설공사의 목적물이 벽돌쌓기식구조, 철근콘크리트구조, 철골구조, 철골철근콘크

40) 판례평석: 김창보, "수급인이 알고 고지하지 아니한 사실에 대하여는 담보책임을 면하지 못한다는 민법 제672조의 규정이 담보책임기간단축약정의 경우에도 유추적용되는지 여부", 대법원판례해설 33호(법원도서관, 2000/5), 11 이하.

41) 같은 취지: 대법원 1990.3.9.선고, 88다카31866 판결; 대법원 2000.6.9.선고, 2000다15371 판결; 대법원 2009.5.28.선고, 2008다86232 판결; 대법원 2011.3.24.선고, 2010다44644 판결; 대법원 2011.4.14.선고, 2009다82060 판결; 대법원 2011.7.28.선고, 2010다36568 판결; 대법원 2012.4.12.선고, 2010다65399 판결.

42) 같은 취지: 대법원 2010.1.14.선고, 2008다88368 판결; 대법원 2011.3.24.선고, 2010다44644 판결; 대법원 2011.7.28.선고, 2010다36568 판결; 대법원 2012.4.12.선고, 2010다65399 판결.

43) 같은 취지: 대법원 2009.2.26.선고, 2007다83908 판결; 대법원 2013.11.28.선고, 2012다202383 판결.

리트구조, 그 밖에 이와 유사한 구조로 된 것인 경우에는 건설공사의 완공일과 목적물의 관리·사용을 개시한 날 중에서 먼저 도래한 날로부터 10년, ② 그 이외의 구조로 된 것인 경우에는 건설공사 완공일과 목적물의 관리·사용을 개시한 날 중에서 먼저 도래한 날로부터 5년의 범위에서 공사의 종류별로 대통령령으로 정하는 기간에 발생한 하자에 대하여 담보책임이 있다(동법 28조 1항).[44] 이에 따라 동법시행령은 공사의 종류별 하자담보책임기간을 별표에서 상세하게 규정하고 있다(동법시행령 30조, 별표4).

4) 수급인의 하자담보책임의 내용(效果)

(가) 하자보수

(A) 의 의　완성된 목적물 또는 완성 전의 성취된 부분에 하자가 있는 때에는, 도급인은 수급인에 대하여 상당한 기간을 정하여 그 하자의 보수를 청구할 수 있다(667조 1항 본문). 여기서 「하자보수」라 함은 '하자를 치유하여 하자 없는 완전한 물건으로 만드는 것'을 말하는데, 이는 수급인의 '하자 없는 완전한 물건의 급부의무를 의미하는 일완성의무의 연장'이라고 할 수 있다.[45]

하자보수는 상당한 유예기간을 정하여 청구하여야 하며, 하자가 중요하지 아니한 경우에 그 보수에 과다한 비용을 요할 때에는 하자보수청구는 인정되지 않는다(667조 1항 단서). 이에 따라 판례는 '도급인이 하자보수를 청구한 경우, 법원은 보수하여야 할 하자의 종류와 정도를 특정함과 아울러 그 하자를 보수하는 적당한 방법과 그 보수에 요할 비용 등에 관하여 심리하여 그 하자가 중요한 것인지 또는 그 하자가 중요한 것은 아니더라도 그 보수에 과다한 비용을 요하지 않는 것인지를 가려보아 수급인의 하자보수책임을 인정할 수 있는지 여부를 판단하여야 할 것'이라고 한다(대법원 2001.9.18.선고, 2001다9304 판결).

---

44) 건설산업기본법 제28조(건설공사 수급인 등의 하자담보책임) ① 수급인은 발주자에 대하여 다음 각 호의 범위에서 공사의 종류별로 대통령령으로 정하는 기간에 발생한 하자에 대하여 담보책임이 있다. 1. 건설공사의 목적물이 벽돌쌓기식구조, 철근콘크리트구조, 철골구조, 철골철근콘크리트구조, 그 밖에 이와 유사한 구조로 된 것인 경우: 건설공사의 완공일과 목적물의 관리·사용을 개시한 날 중에서 먼저 도래한 날로부터 10년 2. 제1호 이외의 구조로 된 것인 경우: 건설공사 완공일과 목적물의 관리·사용을 개시한 날 중에서 먼저 도래한 날로부터 5년 ② 수급인은 다음 각 호의 어느 하나의 사유로 발생한 하자에 대하여는 제1항에도 불구하고 담보책임이 없다. 1. 발주자가 제공한 재료의 품질이나 규격 등이 기준미달로 인한 경우 2. 발주자의 지시에 따라 시공한 경우 3. 발주자가 건설공사의 목적물을 관계 법령에 따른 내구연한 또는 설계상의 구조내력을 초과하여 사용한 경우 ③ 건설공사의 하자담보책임기간에 관하여 다른 법령(민법 제670조 및 제671조는 제외한다)에 특별하게 규정되어 있는 경우에는 그 법령에서 정한 바에 따른다. 다만, 공사 목적물의 성능, 특성 등을 고려하여 대통령령으로 정하는 바에 따라 도급계약에서 특별히 따로 정한 경우에는 도급계약에서 정한 바에 따른다. ④ 하수급인의 하자담보책임에 대하여는 제1항부터 제3항까지를 준용한다. 이 경우 "수급인"은 "하수급인"으로, "발주자"는 "수급인"으로, "건설공사의 완공일과 목적물의 관리·사용을 개시한 날 중에서 먼저 도래한 날"은 "하수급인이 시공한 건설공사의 완공일과 목적물의 관리·사용을 개시한 날 중에서 먼저 도래한 날"로 본다.

45) 同旨: 김형배, 625 참조.

(B) 수급인의 하자보수의무와 도급인의 보수지급의무의 동시이행관계 수급인의 하자보수의무와 도급인의 보수지급의무는 동시이행관계에 있으므로, 도급인은 수급인이 하자보수의무를 이행할 때까지 공사비지급채무의 이행을 거절할 수 있다(대법원 1987.9.22.선고, 85다카2263 판결 등).

▪ **도급인의 하자보수청구권과 수급인의 보수지급청구권이 동시이행관계에 있는지 여부**(적극) 도급인과 연립주택 건축업자 간의 분양위임계약이 비록 건축업자의 도급인에 대한 공사금채권의 회수를 위한 방법으로 이루어졌다 하더라도, 건축업자가 시공한 연립주택건축공사에 하자가 있음이 준공검사 후에 새로이 발견되었다면, 도급인으로서는 수급인인 건축업자에게 하자의 보수를 청구할 수 있을 뿐만 아니라 하자의 보수에 갈음하여 또는 하자보수와 함께 손해배상청구도 할 수 있는 것이고, 이들 청구권은 다른 특별한 사정이 없는 한 건축업자의 공사비청구권과 동시이행관계에 있으므로, 도급인으로서는 수급인이 하자보수 또는 하자로 인한 손해배상채무를 이행할 때까지 공사비지급채무의 이행을 거절할 수 있다 할 것이다. (대법원 1987.9.22.선고, 85다카2263 판결)[46]

(나) 하자보수에 갈음하는 손해배상

도급인은 하자보수에 갈음하여 손해배상을 청구할 수 있다(667조 2항). 여기서 말하는 "손해배상"이라 함은 이행이익의 배상을 의미하는 본래의 「손해배상」(Schadensersatz)을 가리키는 것이 아니라, '하자보수를 청구하는 대신에 하자보수에 소요되는 비용상당액을 지급하는 것'을 의미하는 것이라고 할 것이다. 또한 이 경우의 수급인의 손해배상의무와 도급인의 보수지급의무는 동시이행관계에 있고, 도급인은 수급인에 대한 손해배상채권을 자동채권으로 하여 수급인의 보수지급채권과 상계할 수 있으므로(대법원 1989.12.12.선고, 88다카18788 판결 등), 여기에서 말하는 "하자보수에 갈음하는 손해배상"은 매도인의 하자담보책임으로서의 대금감액을 의미하는 손해배상과 실질적으로 동일한 기능을 수행한다.[47] 특히 '하자가 중요하지 않음에도 불구하고 하자를 보수하는 데 과다한 비용이 소요되는 경우에는 하자보수청구권이 인정되지 않으므로(667조 1항 단서), 도급인은 수급인에 대하여 「하자보수에 갈음한 손해배상」만을 청구할 수 있다'고 할 것이라는 점에 유의하여야 한다(동조 2항). 이 경우의 "손해배상"도 '무과실의 대금감액적 의미의 손해배상'을 의미한다. 구체적으로는 '하자 없는 완전한 물건의 가액에서 하자 있는 상태에서의 물건의 가액을 공제한 금액'이 될 것이다.

한편 '하자가 중요한 경우에는 하자보수에 과다한 비용이 소요되더라도 하자보수청구권이 인정된다'고 할 것이므로(667조 1항 단서의 반대해석), '하자보수에 과다한 비용이 소요되더라도 그 비용 전액을 「하자보수에 갈음한 손해배상」으로 청구할 수 있다'고 해석하여야 할 것이다. 판례도 '완성된 건물 기타 토지의 공작물에 중대한 하자가 있고 이로 인하여 건물 등이

---

46) 같은 취지: 대법원 1989.12.12.선고, 88다카18788 판결; 대법원 1991.12.10.선고, 91다33056 판결; 대법원 2001.6.15.선고, 2001다21632·21649 판결; 대법원 2007.10.11.선고, 2007다31914 판결.
47) 同旨: 이은영, 524 참조.

무너질 위험성이 있어서 보수가 불가능하고 다시 건축할 수밖에 없는 경우에는, 특별한 사정이 없는 한 건물 등을 철거하고 다시 건축하는 데 드는 비용 상당액을 하자로 인한 손해배상으로 청구할 수 있다'고 한다(대법원 2016.8.18.선고, 2014다31691 판결 등).[48]

(다) 계약해제

(A) 해제의 요건

a) 하자로 인한 계약목적의 달성불능 도급인은 완성된 목적물의 하자로 인하여 계약의 목적을 달성할 수 없는 경우에 한하여 계약을 해제할 수 있다(668조 본문). 여기서 "하자로 인하여 계약의 목적을 달성할 수 없는 때"라 함은 '하자가 중대한 경우만을 의미하는 것이 아니라, 하자보수가 불가능한 경우 또는 하자보수는 가능하지만 보수에 오랜 시간이 소요되기 때문에 해제권을 인정하는 것이 타당한 경우를 포함한다'고 할 것이다.[49] 즉, '하자가 중대한 경우에도 하자보수에 의하여 계약의 목적을 달성할 수 있는 때에는 특별한 사정이 없는 한 도급계약을 해제하는 것은 허용되지 않는다'는 것이다.[50] 또한 '중대한 하자로 인하여 계약의 목적을 달성할 수 없는 경우라고 하더라도, 하자보수에 과다한 비용을 요하지 않는 한, 도급인은 계약해제와 하자보수청구 중 선택이 가능하다'고 해석하여야 할 것이다(667조 1항 단서). 학설 중에는 '하자가 중대하여 계약의 목적을 달성할 수 없는 경우에는 도급인은 하자보수의 최고 없이 바로 계약을 해제할 수 있다'고 해석하는 견해도 있으나,[51] '이 경우에도 하자보수가 가능한 경우에는 도급계약을 해제하려면 제544조에 따라서 상당한 기간을 정한 하자보수의 최고를 요한다'고 해석하는 견해가 지배적이다.[52] 대법원은 '수급인의 공사중단이나 공사지연으로 인하여 약정된 공사기한 내의 공사완공이 불가능하다는 것이 명백하여진 경우에는 도급인은 그 공사기한이 도래하기 전이라도 계약을 해제할 수 있지만, 그에 앞서 수급인에 대하여 위 공사기한으로부터 상당한 기간 내에 완공할 것을 최고하여야 하고, 다만 예외적으로 수급인이 미리 이행하지 아니할 의사를 표시한 때에는 위와 같은 최고 없이도 계약을 해제할 수 있다'고 판시함으로써(대법원 1996.10.25.선고, 96다21393·21409 판결 등), 최고를 요한다는 입장을 취한 바 있다.

b) 건물 기타 공작물의 특칙 건물 기타 토지의 공작물의 경우에는 완성된 목적물의 하자로 인하여 계약의 목적을 달성할 수 없는 경우에도 계약을 해제할 수 없다(668조 단서). 그 이유는 도급계약의 목적물인 건물 기타 토지의 공작물이 완성된 경우에 하자를 이유로 도급

48) 같은 취지: 대법원 1998.3.13.선고, 95다30345 판결.
49) 이은영, 525 참조.
50) 김상용, 356; 김형배, 632 참조.
51) 송덕수, 345; 이은영, 525 참조.
52) 곽윤직, 260; 김상용, 356; 김주수, 378; 김증한/김학동, 521; 김형배, 632~633 참조.

인의 해제권을 인정하는 경우에는 수급인이 완공된 건물이나 토지의 공작물을 철거하여야 하는데, 이는 수급인에게 너무 큰 부담을 줄 뿐만 아니라, 사회경제적으로도 큰 손실을 초래하기 때문이다.53) 따라서 건물 기타 토지의 공작물이 목적물인 경우에 해제를 금지하는 제668조 단서의 규정은 강행규정이라고 해석되고 있다.54) 그러나 '건물을 사용할 수 없을 정도로 하자가 중대한 경우에는 이러한 건물을 철거하지 않고 방치하는 것이 오히려 더 큰 사회경제적 손실을 가져올 수도 있으므로, 제668조 단서는 입법론상 타당하지 않다'는 비판이 제기되고 있다.55) 나아가 '하자담보책임의 효과로서의 계약해제는 인정될 수 없지만, 일반채무불이행책임의 효력으로서는 계약해제를 인정할 수 있다'는 견해도 있다.56)

한편 '완성된 건물 기타 공작물에 대하여는 하자로 인하여 계약의 목적을 달성할 수 없는 경우에도 계약을 해제할 수 없다'는 제668조 단서의 규정에도 불구하고, 판례에 따르면 해제를 인정한 것과 실질적인 차이는 없다고 할 것이다. 왜냐하면 이 경우에 해제의 효과인 원상회복은 「건물의 철거」를 의미하는데, 판례는 '도급인은 건물 등을 철거하고 다시 건축하는데 드는 비용 상당액을 하자로 인한 손해배상으로 청구할 수 있다'는 입장을 취하고 있으므로(대법원 2016.8.18.선고, 2014다31691 판결 등), 철거의 주체만 다를 뿐 사실상 도급인의 해제를 인정한 것과 마찬가지의 결과가 되기 때문이다.

(B) 해제의 효과 도급인이 계약을 해제한 경우의 효과에 대해서는 특별한 규정이 없으므로, 일반규정인 제548조에 따라서 당사자에게 원상회복의무가 발생한다고 해석하여야 할 것이다. 따라서 도급인과 수급인은 각자 이미 이행한 급부를 상대방에게 반환하여야 한다. 해제의 효과인 원상회복의 효력에 대해서는 견해가 대립하고 있으나, 판례에 따르면 해제에 의한 원상회복에는 물권적 효력이 인정되므로(물권적 효력설), 중대한 하자로 인하여 도급계약이 해제된 경우에 각 당사자의 원상회복청구권은 물권적 청구권의 일종이라고 할 것이다. (☞ 제1장 제4절 「계약의 해제와 해지」)

한편 '도급인이 중대한 하자를 이유로 계약을 해제한 경우, 원상회복과는 별도로 수급인을 상대로 손해배상을 청구할 수 있는가?' 하는 것이 문제된다. 이에 대해서는 특별한 규정이 없으므로 일반규정인 제551조에 의하여 손해배상을 청구할 수 있다고 해석하여야 할 것이나, 제551조는 채무자의 귀책사유를 전제로 한 규정이므로, '손해발생에 대하여 수급인의 귀책사유가 있는 경우에 한하여 손해배상을 청구할 수 있다'고 해석하여야 할 것이다.57)

---

53) 곽윤직, 261; 김상용, 356; 김주수, 378 참조.
54) 곽윤직, 261; 김상용, 356; 김주수, 378; 김형배, 634 참조.
55) 이상태, "건축수급인의 하자담보책임에 관한 연구" 박사학위논문(서울대학교대학원, 1991/8), 93; 이준형, "수급인의 하자담보책임에 관한 연구" 박사학위논문(서울대학교대학원, 2001/2), 229; 박수곤, 전게논문(주 36), 306 참조.
56) 이상태, 상게논문, 136 이하 참조.

(라) 손해배상

도급인은 하자보수에 갈음하거나 하자보수와 함께 손해배상을 청구할 수 있다(제667조 제2항). 「하자보수에 갈음한 손해배상」에 대해서는 앞에서 설명하였으므로 생략하고, 이하에서는 「하자보수와 함께 하는 손해배상」에 대해서만 설명하기로 한다. 이 경우의 "손해배상"은 '하자를 원인으로 하여 발생한 이른바 「하자손해」'를 의미하는데, 도급계약에서 수급인의 하자담보책임의 본질은 채무불이행책임으로 보아야 할 것이므로(채무불이행책임설), 여기에서의 손해배상의 범위는 하자로 인하여 발생한 이행이익의 손해는 물론이고, 하자로 인하여 발생한 도급인의 생명·신체 등의 확대손해에도 미친다고 할 것이다. 문제는 '이행이익의 배상 내지 확대손해의 배상을 의미하는 손해배상의 귀책요건'인데, 이에 관하여서는 매도인의 하자담보책임에서와 마찬가지로 견해가 복잡하게 갈린다. (☞ 제2장 제2절 「매매계약」)

(A) 학 설

a) 무과실의 신뢰이익배상설 이는 '수급인의 하자담보책임으로서의 손해배상은 무과실책임이므로, 그 범위도 신뢰이익의 배상에 그치는 것이 원칙이며, 이행이익의 배상은 수급인에게 귀책사유가 있는 경우에 한한다'고 해석하는 견해이다.[58]

b) 무과실의 이행이익배상설 이는 '수급인의 하자담보책임으로서의 손해배상은 무과실책임이지만, 손해배상의 범위는 이행이익을 포함한 전손해의 배상에 미친다'는 견해이다.[59] 이 견해는 매매와 달리 무과실의 이행이익의 배상을 인정하여야 하는 이유를 '매매에서는 매매의 목적인 특정물을 인도함으로써 매도인의 채무는 완료하는 데 비하여, 도급에서는 하자가 없는 완전한 일을 하는 것이 수급인의 채무 내용이므로, 그 배상책임은 하자로 인하여 생기는 모든 손해에 미친다고 하는 것이 타당하기 때문'이라고 설명한다.

c) 과실책임설 이는 '수급인의 하자담보책임으로서의 손해배상은 이행이익의 배상을 포함하는 것이지만, 이행이익의 배상을 위해서는 수급인의 과실을 필요로 한다'는 견해이다.[60]

d) 손해구별설 이는 '하자로 인한 손해를 「광의의 하자손해」(Mangelschaden im weiteren Sinne)와 이행이익의 손해를 포함한 「하자결과손해」(Mangelfolgenschaden)으로 구분하여,[61] 「광의의 하자손해」는 무과실책임이나 「하자결과손해」는 과실책임으로서 수급인의 귀책사유를 요한다'는 견해이다.[62]

---

57) 곽윤직, 260; 김주수, 378; 김형배, 633 참조.
58) 곽윤직, 258; 송덕수, 342 참조.
59) 김증한/안이준, 470; 김현태, 241 참조.
60) 김주수, 374 참조.
61) 「광의의 하자손해」와 「하자결과손해」의 개념구별에 관하여는 정광수, "수급인의 하자담보책임에 관한 연구", 박사학위논문(고려대학교대학원, 1995/8), 220 이하 참조.

(B) 판례의 입장 판례는 '수급인의 하자담보책임은 민법 제667조에 의하여 특별히 인정된 무과실책임'이라고 하여, 기본적으로 하자담보책임으로서의 손해배상을 수급인의 귀책사유가 필요 없는 무과실책임으로 파악하고 있다(대법원 1999.7.13.선고, 99다12888 판결 등).[63] 이러한 기본적 입장에 비추어 볼 때, '판례는 하자담보책임으로서의 손해배상의 범위는 원칙적으로 「신뢰이익의 손해」에 한정되는 것으로 파악하고 있다'고 생각된다. 다만, 판례는 하자로 인한 '신뢰이익의 손해'라는 표현 대신에 '하자로 인하여 입은 통상의 손해'라고 표현하고 있을 뿐인데, 구체적으로는 '도급인이 하자 없이 시공하였을 경우의 목적물의 교환가치와 하자가 있는 현재의 상태대로의 교환가치와의 차액'이라고 한다(대법원 1998.3.13.선고, 97다54376 판결 등). 또한 판례는 '수급인의 하자담보책임에 의한 하자보수의무와 채무불이행책임에 의한 손해배상의무는 별개의 권원에 의한 것으로 경합적으로 인정된다'는 입장을 취하고 있으며(대법원 2004.8.20.선고, 2001다70337 판결 등),[64] 이러한 법리를 전제로 하여 '제667조 제2항 소정의 하자담보책임을 넘어서 수급인이 도급계약의 내용에 따른 의무를 제대로 이행하지 못함으로 인하여 도급인의 신체·재산에 발생한 이른바 「하자확대손해」는 수급인이 자신에게 귀책사유가 없었다는 점을 스스로 입증하지 못하는 한 도급인에게 그 손해를 배상할 의무가 있다'는 입장을 취하고 있다(대법원 2007.8.23.선고, 2007다26455·26462 판결 등).[65] 이러한 판례의 입장을 종합하면, '판례는 「손해구별설」에 가까운 입장을 취하고 있다'고 할 수 있을 것이다.

■ **하자가 중요하지 아니하면서 보수에 과다한 비용을 요하는 경우, 손해배상청구의 방법과 통상손해의 범위 및 그 손해액 산정방법** 도급계약에 있어서 완성된 목적물에 하자가 있을 경우에 도급인은 수급인에게 그 하자의 보수나 하자의 보수에 갈음한 손해배상을 청구할 수 있으나, 다만 하자가 중요하지 아니하면서 동시에 보수에 과다한 비용을 요할 때에는 하자의 보수나 하자의 보수에 갈음하는 손해배상을 청구할 수는 없고 하자로 인하여 입은 손해의 배상만을 청구할 수 있다고 할 것이고, 이러한 경우 하자로 인하여 입은 통상의 손해는 특별한 사정이 없는 한 도급인이 하자 없이 시공하였을 경우의 목적물의 교환가치와 하자가 있는 현재의 상태대로의 교환가치와의 차액이 된다 할 것이므로, 교환가치의 차액을 산출하기가 현실적으로 불가능한 경우의 통상의 손해는 하자 없이 시공하였을 경우의 시공비용과 하자 있는 상태대로의 시공비용의 차액이라고 봄이 상당하다. (대법원 1998.3.13.선고, 97다54376 판결)[66]

(C) 학설·판례의 검토 매매계약에서와는 달리, 민법은 수급인의 하자담보책임의 내용으

62) 이상태, 전게논문(주 55), 91; 정광수, 상게논문, 220; 김증한/김학동, 524; 김형배, 629 참조.

63) 판례평석: 권대우, "도급계약내용의 변경과 수급인의 손해배상책임", 민사판례연구(23)(민사판례연구회, 2001/2), 339 이하. 같은 취지: 대법원 1980.11.11.선고, 80다923·924 판결; 대법원 1990.3.9.선고, 88다카31866 판결; 대법원 2004.8.20.선고, 2001다70337 판결.

64) 판례평석: 김규완, "도급하자담보책임법과 일반채무불이행법", 민사법학 28호(한국민사법학회, 2005/6), 201 이하. 같은 취지: 대법원 2007.8.23.선고, 2007다26455·26462 판결.

65) 같은 취지: 대법원 2004.8.20.선고, 2001다70337 판결; 대법원 2005.11.10.선고, 2004다37676 판결.

66) 같은 취지: 대법원 1998.3.13.선고, 95다30345 판결; 대법원 2009.6.25.선고, 2008다18932·18949 판결.

로서 하자보수와 손해배상을 명확하게 구분하여 규정하고 있다. 따라서 매도인의 하자담보책임으로서의 손해배상에서와 같이 이를 대금감액으로 해석한다든지 대금감액적 의미에서의 신뢰이익의 배상이라고 해석할 필요는 없다. 또한 '수급인의 하자담보책임으로서의 손해배상의 범위는 하자로 인하여 발생한 이행이익의 배상은 물론, 하자로 인하여 발생한 도급인의 생명·신체 등의 확대손해의 배상에 미친다'고 해석하여야 할 것이다. 다만, 채무불이행책임법 체계와의 정합성을 고려하면, 이 경우의 손해배상에는 수급인의 귀책사유를 요한다고 해석하여야 할 것이다. 이러한 관점에서, 「하자확대손해」는 제667조의 "손해배상"에 포함되는 것이 아니라 일반채무불이행책임에 기한 것이라는 전제하에 양 책임의 경합을 인정하는 판례의 입장은 이론상 문제가 있다. 왜냐하면 수급인의 하자담보책임은 본질상 채무불이행책임의 일종에 속하는 것인데, 유상계약의 특성을 고려하여 법률이 이를 무과실책임으로 규정하였을 뿐만 아니라, 단기의 제척기간을 두어 법률관계의 조속한 안정을 꾀하고 있다는 점을 고려하면, 양 책임의 경합을 인정하는 것은 수급인의 하자담보책임에 관한 특별규정을 둔 입법취지를 전혀 살릴 수 없기 때문이다. 따라서 일반적 채무불이행책임(주로 「적극적 채권침해론」의 적용)과의 경합을 인정하는 것은 이론적 측면에서나 실제적 측면에서나 타당하지 않다. 다만, 수급인이 하자를 알고 고지하지 않는 등 불법행위책임이 성립할 수 있는 경우에, 수급인의 하자담보책임과 불법행위책임의 경합을 인정하는 것은 이론상 가능하다고 생각된다.

2. 도급인의 의무

사용자는 계약의 목적인 일을 완성한 결과에 대한 대가로서 수급인에게 보수를 지급할 의무를 부담한다(664조). 또한 명문규정은 없으나, '도급인이 수급인이 제공한 완성물을 검수할 의무(檢收義務)가 있는가?' 하는 것이 문제된다.

(1) 보수지급의무

1) 보수의 종류와 금액

보수의 종류와 금액에 관하여 민법에 특별한 규정이 없으므로, 보수의 종류와 금액은 도급계약에서 합의한 내용에 따른다.

(가) 보수의 종류

보수는 금전으로 지급하는 것이 보통이지만, 금전 이외의 것으로 지급하기로 하는 약정이 있는 경우에는 이에 따라 지급하면 되고, 특별한 약정이 없는 경우에는 관습에 따라 지급하여야 한다(665조 2항, 656조 2항).

(나) 보수액의 결정방법

(A) 보수액에 관한 약정이 있는 경우 금전으로 보수를 지급하기로 약정한 경우에도 구체적

인 보수액을 결정하는 방법에는 여러 가지가 있을 수 있다. 즉, 당사자가 보수금액을 일정액으로 정하여 변경을 허용하지 않는 방법(이를 「정액도급(定額都給)」이라고 한다)과, 처음에 대략적인 보수액을 정해놓고 나중에 정확한 보수액을 확정하는 방법(이를 「개산도급(槪算都給)」이라고 한다), 그리고 계약체결 시에는 보수액을 정하지 않고 나중에 보수액을 결정하는 방법이 있다. 「개산도급」은 다시 개산액을 최고액으로 정하여 그 이상의 보수 산출은 허용하지 않는 경우(최고개산액), 개산액을 최저액으로 정하여 개산액 미만의 보수액 산출을 허용하지 않는 경우(최저개산액), 그리고 개산액을 최고액이나 최저액으로 정하지 않는 경우(단순개산액)로 분류할 수 있는데, 정액도급에서는 수급인이 보수액보다 많은 비용과 노력을 지출한 경우에도 보수의 증액을 청구할 수 없으나, 개산도급의 경우에는 최종적인 보수액을 산출하기 위해서는 보수액의 정산이 필요하다는 점에 구별의 의의가 있다. 다만, 학설 중에는 '정액도급의 경우에도 계약체결 시에 예상할 수 없었던 경제사정의 변경이나 천재지변 등의 불가항력에 의하여 약정된 보수액으로는 일의 완성이 불가능하거나 현저히 곤란하게 된 경우에는 신의칙에 기한 사정변경의 원칙을 적용하여 보수액의 증액을 인정하여야 한다'는 견해가 많으며,[67] '개산도급의 경우 특히 최저개산액과 단순개산액에 있어서 비용의 증가로 인하여 보수액이 지나치게 증가하는 경우에는 수급인의 고지의무를 인정하여야 하며, 경우에 따라서는 도급인의 해지권을 인정하여야 한다'는 견해가 있다.[68]

외국의 입법례 중에는 이에 관한 명문규정을 두고 있는 경우가 있다. 예컨대, 독일민법은 '수급인이 개산액의 정확성을 보증하지 아니한 「개산도급」(최저개산액 또는 단순개산의 경우)의 약정이 있는 경우에는, 개산액을 훨씬 초과하는 비용이 소요되지 않으면 일이 수행될 수 없다는 사실이 드러난 때에는 도급인은 수급인이 이미 지출한 비용을 상환하고 계약을 해제할 수 있다'고 규정하고 있으며(BGB §650),[69] 스위스채무법도 비슷한 취지의 규정을 두고 있다(OR Art. 375).[70] 나아가 스위스채무법은 '정액도급의 경우에도 사정변경이 있는 경우에는 법관의 재량으로 보수의 증액 또는 계약해제를 명할 수 있다'고 규정하고 있다(OR Art. 373 Ⅱ).[71]

---

67) 김상용, 358; 김증한/김학동, 527~528; 김형배, 638 참조.

68) 김상용, 359; 김형배, 638 참조.

69) 독일민법 제650조(비용의 개산) (1) 그 계약이 개산(槪算)에 기초를 둔 경우에, 수급인이 개산의 정확성을 담보하지 아니하고, 또한 그 일이 개산액의 중대한 초과 없이는 수행될 수 없다는 사실이 드러난 경우에는, 도급인은 이를 이유로 계약을 해지할 수 있으나, 수급인은 제645조 제1항에서 규정한 한도에서는 청구권이 있다. (2) 그러한 기대 이상으로 개산액의 초과가 발생한 경우에는, 수급인은 지체 없이 도급인에게 통지를 하여야 한다.

70) 스위스채무법 제375조(C. 종료 I. 비용개산의 초과에 기한 해제) (1) 비용의 지출이 수급인과 약정한 개산액을 도급인의 관여 없이 지나치게 초과한 경우에는, 도급인은 일의 수행 중 또는 일의 수행 후 계약을 해제할 권리가 있다. (2) 도급인의 토지와 대지 위에 지어진 건축물의 경우에는, 도급인은 보수액의 적당한 감액을 청구하거나, 그 건축물이 아직 완공되지 아니한 때에는 수급인이 이미 수행한 노무에 대한 적당한 보상을 하는 것을 요건으로 하여 일의 속행을 금지하고 계약을 해제할 수 있다.

(B) 보수액에 관한 약정이 없는 경우 당사자 사이에 보수액의 약정이 없는 경우에는 거래의 관행에 의하여 보수액을 결정하여야 하며(656조 1항의 유추적용), 완성물의 객관적 가치에 의하여 보수가 결정되어야 하는 것은 아니다.[72] 수급인이 받는 보수에는 공사의 완성을 위하여 실제 소요된 제비용 이외에 수급인의 적정한 이윤이 포함되어야 할 것이다(대법원 1965.11.16.선고, 65다1176 판결).

2) 보수지급시기

(가) 후불급(後拂給)의 원칙

당사자 사이에 보수의 지급시기에 관한 약정이 있는 경우에는 보수는 약정한 시기에 지급하여야 하며, 보수의 지급시기에 관한 약정이 없으면 관습에 의하고, 관습이 없으면 완성된 목적물의 인도와 동시에 지급하여야 한다(665조 1항 본문, 2항, 656조 2항). 그러나 목적물의 인도를 요하지 아니하는 경우에는 그 일을 완성한 후 지체 없이 지급하여야 한다(665조 1항 단서). 즉, 보수지급시기에 관하여 당사자 사이에 특약이나 관습이 없는 경우에는 후불급이 원칙이므로, 수급인은 보수의 지급이 없다는 이유로 일완성의무의 이행을 거절할 수 없으며, 반대로 수급인은 도급인이 보수를 지급할 때까지는 동시이행항변권을 행사하여 완성물의 인도를 거절할 수 있다. 문제는 '수급인의 채권자가 일의 완성 이전에 보수지급청구권을 압류하거나 전부명령을 받을 수 있는가?' 하는 것인데, 판례는 '수급인의 공사금청구채권은 전부명령의 대상이 될 수 있으나, 공사금채권은 공사의 정도 기타에 의하여 상호 결산 시에 확정적으로 결정되는 것이므로, 공사가 완료되기 전에 전부명령이 있었을 경우에는 공사금채권이 결산에 의하여 구체적으로 확정되었을 경우에 그 공사금채권을 표준으로 하여 전부의 효력도 확정된다'는 입장을 취하고 있다(대법원 1962.4.4.선고, 62다63 판결).

(나) 선급(先給) 또는 분할급의 특약이 있는 경우

당사자 사이에 보수의 지급시기에 관하여 선급 또는 전급(前給)의 특약이 있는 경우, 수급인은 보수의 지급이 있을 때까지 일의 착수를 거절할 수 있고, 분할급의 특약이 있는 경우에는 보수 일부의 지급이 있을 때까지는 나머지 일의 수행을 거절할 수 있다고 할 것이다.[73] 특히 건축도급계약의 경우에는 분할급의 일종이라고 할 수 있는 기성고(旣成高)에 따라 공사

---

71) 스위스채무법 제373조(2. 보수의 최고액 a. 정액의 인수) (1) 사전에 보수액이 확정금액으로 정해진 경우, 수급인은 이 금액으로 일을 끝낼 의무가 있으며, 그가 예상한 것보다 더 많은 노력이나 더 큰 비용을 지출한 경우에도 보수의 증액을 청구할 수 없다. (2) 그럼에도 불구하고 예상할 수 없었거나 양 당사자가 받아들인 요건에서 배제된, 일의 완성을 방해하거나 지나치게 어렵게 만드는 비정상적인 사정이 발생한 경우에는, 법관은 그의 재량으로 금액의 증액 또는 계약의 해제를 허가할 수 있다. (3) 일을 완성하는 데 예상보다 노력이 덜 들어간 경우에도 도급인은 보수 전액을 지급하여야 한다.

72) 同旨: 곽윤직, 262; 김형배, 639 참조.

73) 동지: 곽윤직, 262; 김상용, 359; 김형배, 640 참조.

대금을 지급하기로 하는 약정이 있는 경우가 많은데, 이 경우에는 수급인이 공사를 완료하지 못한 상태에서 공사도급계약이 해제된 경우의 원상회복의무의 내용 및 기성고에 따른 공사대금의 산정방법이 문제된다.

(A) 공사가 완료되지 못한 상태에서 계약이 해제된 경우 판례는 '건축도급계약에서 수급인이 공사를 완성하지 못한 상태에서 도급인의 채무불이행을 이유로 계약이 해제되었더라도 공사가 상당한 정도로 진척되어 그 원상회복이 중대한 사회적·경제적 손실을 초래하게 되고, 완성된 부분이 도급인에게 이득이 되는 때에는, 도급계약은 미완성 부분에 대해서만 실효된다고 볼 것이므로, 수급인은 해제한 때의 상태 그대로 건물을 도급인에게 인도하고 도급인은 완성 부분에 상당한 보수를 지급하여야 한다'는 입장을 취하고 있다(대법원 1992.12.22.선고, 92다30160 판결 등).[74] 또한 판례는 '소프트웨어의 개발·공급계약이 중도에 해제된 경우에도 계약의 해석에 따라서는 해제 당시까지의 보수지급청구권을 인정할 수도 있다'고 한다(대법원 1996.7.30.선고, 95다7932 판결).

(B) 기성고에 따라서 하수급인에게 지급해야 할 수급인의 공사비의 액수 판례는 '기성고에 따라서 하수급인에게 지급하여야 할 수급인의 공사비의 액수는 수급인과 하수급인과 사이의 하도급약정에 따른 하도급금액을 기준으로 할 것이 아니라, 원래의 도급계약에서 약정된 총공사비를 기준으로 하여 기성고의 비율을 곱한 금액이어야 할 것'이라고 한다(대법원 1986.9.9.선고, 85다카2517 판결 등).[75] 그러나 '공사도급계약에서 설계 및 사양의 변경이 있는 때에는 그 설계 및 사양의 변경에 따라 공사대금이 변경되는 것으로 특약하고, 그 변경된 설계 및 사양에 따라 공사가 진행되다가 중단되었다면, 설계 및 사양의 변경에 따라 변경된 공사대금에 기성고의 비율을 적용하는 방법으로 기성고에 따른 공사비를 산정하여야 할 것'이라고 한다(대법원 2003.2.26.선고, 2000다40995 판결). 또한 '기성고의 비율은 이미 완성된 부분에 소요된 공사비에다가 미시공 부분을 완성하는데 소요될 공사비를 합친 전체공사비 가운데 이미 완성된 부분에 소요된 비용이 차지하는 비율'이라고 한다(대법원 1989.4.25.선고, 86다카1147·1148 판결 등).[76]

3) 부동산공사 수급인의 저당권설정청구권

(가) 제도의 취지와 실효성 여부

부동산공사의 수급인은 보수에 관한 채권을 담보하기 위하여 그 부동산을 목적으로 한 저당권의 설정을 청구할 수 있다(666조). 이는 구 의용민법에는 없던 규정인데, 현행민법이 독

74) 같은 취지: 대법원 1989.12.26.선고, 88다카32470·32487 판결; 대법원 1992.3.31.선고, 91다42630 판결.

75) 같은 취지: 대법원 1989.4.25.선고, 86다카1147·1148 판결; 대법원 1989.12.26.선고, 88다카32470·32487 판결.

76) 판례평석: 장윤기, "건축공사 도급계약이 중도해제된 경우의 법률관계(지체배상금약정과 관련하여)", 대법원판례해설 11호(법원행정처, 1990/7), 193 이하. 같은 취지: 대법원 1989.12.26.선고, 88다카32470·32487 판결; 대법원 1989.12.26.선고, 88다카32470·32487 판결.

일민법의 규정(BGB §648 I)[77]을 모범으로 하여 신설한 것이다.[78] 수급인의 저당권설정청구권을 인정한 제666조의 입법취지에 대하여, 대법원은 '부동산공사에서 그 목적물이 보통 수급인의 자재와 노력으로 완성되는 점을 감안하여 그 목적물의 소유권이 원시적으로 도급인에게 귀속되는 경우 수급인에게 목적물에 대한 저당권설정청구권을 부여함으로써 수급인이 사실상 목적물로부터 공사대금을 우선적으로 변제받을 수 있도록 하는 데 있다'고 설명하고 있다(대법원 2008.3.27.선고, 2007다78616·78623 판결). 그러나 학설 중에는 이 제도의 실효성에 대하여 의문을 제기하는 견해가 많다.[79] 그 이유는, ① 우리 민법은 독일민법과 달리 토지와 건물을 별개의 소유권의 객체로 하고 있기 때문에, 건물건축의 경우에는 수급인이 건물에 대해서만 저당권을 가지게 되므로, 도급인이 토지의 소유자가 아니고 임차인에 불과한 경우에는 실효성이 떨어지며, ② 건물이 아닌 시설물공사의 경우에는 토지 위에 저당권을 설정하게 되나, 이 경우에는 선순위의 저당권자가 있을 수 있으므로 실효성이 의문이라는 것이다.

그러나 우리 법제하에서는 토지소유권의 귀속과 관계없이 건물에 저당권이 설정될 수 있으므로, 제666조에 의하여 건물공사 수급인은 항상 건물에 제1순위의 저당권을 취득하게 되고, 도급인이 소유자가 아닌 경우에도 경락인이 임차권 등 토지사용권을 승계하게 되므로 저당권 행사에 전혀 지장이 없다고도 볼 수 있으므로, 이 제도가 반드시 실효성 없는 제도라고 단정할 수는 없다고 생각된다.[80]

(나) 「수급인의 저당권설정청구권」의 법적 성질 및 행사요건

(A) 법적 성질 제666조에 의한 「수급인의 저당권설정청구권」은 물권적 청구권이 아니라 단순한 채권적 청구권에 불과한 것으로서, 수급인의 저당권설정의 청구에 응하여 도급인이 승낙을 하여야 저당권설정의 물권적 합의가 이루어지고, 이에 기하여 저당권설정등기가 경료되어야 비로소 저당권이 설정되는 것이라고 해석되고 있다.[81]

(B) 청구권의 주체와 상대방 수급인의 저당권설정청구권을 행사할 수 있는 자는 '부동산공사(택지·공단부지의 조성공사와 같은 토목공사와 건물 기타 건축물의 공사에 한한다)의 수급인'이다. 판례에 따르면, 건물신축공사에 관한 도급계약에 따라서 수급인이 자기의 노력과 출재로 건물을 완성하여 소유권이 수급인에게 귀속된 경우에는, 수급인으로부터 건물신축공사 중 일

---

77) 독일민법 제648조(건축수급인의 보전저당권) (1) 건축물 또는 건축물의 일부의 수급인은 그의 계약상의 채권을 위하여 도급인의 건축부지에 보전저당권의 설정을 청구할 수 있다. 아직 일이 완성되지 아니한 때에는, 보수 중 이미 급부한 노무에 상응하는 부분을 위하여, 그리고 보수 중에 포함되지 아니한 지출을 위하여 보전저당권의 설정을 청구할 수 있다.

78) 김상용, 359; 김증한/김학동, 531; 김형배, 641 참조.

79) 곽윤직, 263; 김상용, 360; 김형배, 641 참조.

80) 同旨: 김증한/김학동, 533 참조.

81) 곽윤직, 263; 김상용, 360; 김증한/김학동, 532; 김형배, 641 참조.

부를 도급받은 하수급인도 수급인에 대하여 제666조에 따른 저당권설정청구권을 가진다(대법원 2016.10.27.선고, 2014다211978 판결). 저당권설정청구권의 상대방은 토지 또는 건물의 소유자인 도급인이다. 따라서 '도급인이 저당권의 객체인 토지나 건물의 소유권을 양도한 경우, 수급인의 보수채권은 존속하지만(대법원 1993.3.26.선고, 91다14116 판결),[82] 제666조의 저당권설정청구권은 소멸한다'고 해석된다.[83] 그러므로 수급인은 미리 가등기에 의하여 저당권설정청구권을 보전하여야 하는데, 토목공사의 경우에는 토지에 대한 가등기가 가능하지만, 건물건축공사의 경우에는 건물이 완공되기 전에는 가등기를 할 수 없으므로, 가등기에 의하여 수급인이 저당권설정청구권을 보전한다는 것은 기대하기 어렵다.[84]

(C) 저당권의 객체와 피담보채권 저당권의 객체는 도급계약의 목적물인 건물 또는 그 부지인 토지이며, 피담보채권은 수급인의 보수청구권이다.

(2) 도급인의 수취의무(受取義務)

1) 의 의

'도급인은 수급인이 완성물을 인도하면 이를 수령하여 목적물에 하자가 존재하는지 여부를 검사한 후 이상이 없는 경우에는 수급인이 도급계약상의 의무를 완전히 이행하였음을 확인할 의무'가 있는데, 이를 도급인의 「수취의무」(Abnahmepflicht) 또는 「검수의무(檢收義務)」라고 한다. 이는 채권자의 수령의무의 일종으로서, 이를 게을리하면 도급인은 수령지체(채권자지체)책임을 지게 된다(400~403조).

2) 입법례

독일민법은 도급인의 「수취의무」를 명문으로 규정하여, '일의 성질상 수취가 배제된 경우가 아닌 한 도급인은 계약에 적합한 제작물을 수취할 의무가 있으며, 중요하지 않은 하자를 이유로 수취를 거부할 수 없다'고 규정하고 있다(BGB §640).[85] 스위스채무법도 '수급인은 일의 인도가 있은 후 즉시 통상적인 거래의 관행에 따라서 그 물건의 품질을 검사하고 모든 하자에 대하여 수급인에게 알려야 할 의무가 있다'고 규정하고 있다(OR Art. 367 I).[86]

---

82) 판례평석: 최병조, "토지매수인에 의한 지상물철거행위의 법률효과", 민사판례연구(16)(민사판례연구회, 1994/5), 131; 박종원, "건설도급계약에 의한 기성부분과 이에 대한 토지매수인의 철거", 법학연구 19집(한국법학회, 2005/10), 113 이하.

83) 곽윤직, 263; 김상용, 360; 김형배, 642 참조.

84) 김형배, 642 참조.

85) 독일민법 제640조(수취) (1) 도급인은 일의 성질상 수취가 배제된 경우가 아닌 한 계약에 적합한 제작물을 수취할 의무가 있다. 중요하지 않은 하자를 이유로 수취를 거부할 수 없다. 도급인이 인수할 의무가 있음에도 불구하고 수급인으로부터 그에게 요구된 인수를 상당한 기간 동안 하지 아니한 때에도 수취를 거부할 수 없음은 마찬가지이다. (2) 도급인이 제1항 제1문에 따라 하자가 있는 일을 수취한 때에는, 그는 수취할 때에 하자로 인한 권리를 유보한 때에 한하여 제634조 제1호 내지 제3호에서 적은 권리를 가진다.

우리 민법은 독일민법이나 스위스채무법이 규정하고 있는 「수취의무」나 「하자고지의무」를 명문으로 규정하고 있지는 않으나, 일의 완성을 목적으로 하는 도급계약의 성질상 도급인의 수취의무(검수의무)나 하자고지의무는 신의칙에 의하여 인정되는 도급인의 당연한 의무라고 해석하여야 할 것이다.[87]

3) 법적 성질

'도급인의 수취의무의 법적 성질을 어떻게 볼 것인가?'에 대해서는 견해가 대립되고 있다. 학설 중에는 '도급인은 인도된 목적물의 하자 여부를 점검하고 하자를 발견한 때에는 이를 수급인에게 고지할 의무가 있는바, 이러한 도급인의 의무는 권리로서의 성질을 함께 가지고 있으며 법적으로 강제할 수 없고, 단지 그 위반행위에 대하여 불이익이 가해지는 데 불과한 것이므로, 법적 의무(Rechtspflicht)가 아니라 「책무」(責務; Obligenheit)에 해당한다'고 주장하는 견해가 있다.[88] 그러나 '우리 민법의 해석상 「책무」와 「법적 의무」를 구별하는 것이 가능하며, 과연 구별의 필요성이 있는가, 그리고 구별하여야 한다면 그 기준은 무엇인가?' 하는 것은 문제이다. 우선 「책무」와 「법적 의무」의 차이는 그 위반 시에 강제이행청구권과 소구권이 부여되는가, 그 위반에 기한 손해배상청구권 및 계약해제권이 부여되는가의 여부에 있다고 할 수 있는데, 「책무」 위반의 경우에는 이러한 권리가 상대방에게 부여되지 않는 반면에, 「법적 의무」 위반 시에는 이러한 권리가 당연히 인정된다고 한다. 도급인의 수취의무(검수의무)의 법적 성질을 「책무」라고 보는 견해는 '도급인이 수취의무를 이행하지 않는 경우에도 이는 자기의 권리를 행사하지 않은 것에 불과하므로, 수급인에게는 이행청구권이나 소구권이 부여될 수 없고, 해제권 및 손해배상청구권도 인정할 수 없다'고 주장한다. 그러나 법적 의무를 위반한다고 해서 항상 계약해제권이 부여되는 것은 아니며, 법적 의무라고 하더라도 부수적 의무 위반의 경우에는 계약해제권이 인정될 수 없다는 것은 확립된 판례의 입장이다. 그러므로 해제권의 인정 여부는 양자를 구별하는 결정적인 기준이 되지 못한다. 또한 매수인의 등기수취의무와 같이 채권자의 협력의무의 이행청구가 법률상 허용되는 경우도 있다(대법원 2001.2.9. 선고, 2000다60708 판결).[89][90] 따라서 이행청구권이나 소구권의 인정 여부 역시 양자를 구

86) 스위스채무법 제367조(4. 하자에 대한 책임 a. 하자의 확인) (1) 도급인은 일의 인도가 있은 후 즉시 통상적인 거래의 관행에 따라서 그 물건의 품질을 검사하고 모든 하자에 대하여 수급인에게 알려야 한다. (2) 각 당사자는 전문가에 의하여 일을 검사하고 감정서를 발급받는 데 들어간 비용을 청구할 권리가 있다.

87) 同旨: 김증한/김학동, 533~534; 김형배, 642~643 참조.

88) 김상용, 360; 김형배, 643 참조.

89) 「등기수취청구권」에 관한 상세는 김황식, "등기청구권에 관한 연구(Ⅰ)", 사법논집 11집(법원행정처, 1980), 174 이하; 同, "등기수취청구권(상)·(하)", 사법행정 24권 12호(한국사법행정학회, 1983/12), 43 이하(상); 사법행정 25권 1호(한국사법행정학회, 1984/1), 52 이하(하) 참조.

90) 안철상, "등기상 이해관계 있는 제3자의 승낙을 구하는 소송", 민사재판의 제문제 13권(한국사법행정

별하는 결정적인 기준이 될 수 없다. 결국 「책무」와 「법적 의무」를 구별하는 명확한 기준은 존재하지 않으며, 설사 양자를 구별한다고 해도 「책무」 위반은 귀책사유와 관계없이 불이익을 감수하여야 하는 지위를 말하는 것인데, 이는 도급인의 과실 여부에 관계없이 인정되는 무과실책임인 수취의무 위반에 기한 채무불이행책임을 인정하는 것과 결과적으로 동일하다. 따라서 도급인의 수취의무의 법적 성질을 설명하기 위하여 굳이 「책무」와 「법적 의무」를 구별하는 독일민법학 특유의 이론[91]을 도입할 필요는 없다고 생각한다. (☞ 채권총론 편, 제4장 제1절 「채무불이행의 유형」)

4) 「수취의무」 위반의 효과

도급인이 「수취의무」를 위반하여 목적물의 수령을 거절하거나 검수를 하지 아니한 경우에는 도급인에게 채권자지체책임이 발생한다.

(가) 채무자의 주의의무 경감 : 채무불이행책임의 불성립

도급인의 채권자지체가 성립한 이후에는 수급인은 고의 또는 중대한 과실이 없으면 불이행으로 인한 모든 책임이 없다(401조). 따라서 도급인의 수령지체로 인하여 목적물이 멸실 또는 훼손된 경우에도 수급인에게 고의 또는 중대한 과실이 없는 한, 수급인은 채무불이행책임을 지지 않는다.

(나) 도급인의 채무불이행책임의 인정 여부

채권자지체책임의 본질에 관해서는 통설이 「채무불이행책임설」과 「법정책임설」, 「절충설」 등의 학설이 대립하고 있는데, 그에 따라서 채권자지체의 효과로서 채무자의 손해배상청구권 및 계약해제권을 인정할 수 있는가의 여부에 대한 결론이 달라진다. 이에 관한 상세는 채권총론 편에서 다루었으므로, 여기서는 도급에 특유한 문제를 간략하게 정리해 두는 데 그치기로 한다. (☞ 채권총론 편, 제4장 제1절 「채무불이행의 유형」)

우선 채권자지체책임의 본질을 채무불이행책임의 일종으로 보는 종래의 통설적 견해(채무불이행책임설)에 따르면, 도급인의 수령지체가 성립하면 수급인은 도급인에게 손해배상을 청구할 수 있으며, 계약을 해제할 수도 있다. 즉, 도급인이 목적물을 수령할 수 있는 경우에는, 수급인은 상당한 기간을 정하여 도급인에게 수령을 최고하고 그 기간 내에 수령이 없으면 계약을 해제할 수 있으며(544조), 도급인의 수령이 불가능한 경우 또는 도급계약의 목적이 절대적 정기행위인 경우에는 최고 없이 도급계약을 해제할 수 있다(545조, 546조). 이 경우 수급인은 손해배상을 청구할 수도 있다(390조, 551조).

학회, 2004/12), 226 이하.

91) 이를 "독일법학 특유의 과도한 분리·절단의 고립적 사고"라고 비판적으로 평가하는 견해도 있다(조규창, "민법 제390조와 적극적 채권침해 -통설에 대한 비판적 고찰-", 후암곽윤직교수화갑기념 「민법학논총」, 박영사, 1985, 353 참조).

채권자지체책임의 본질을 법정책임으로 파악하는 견해(법정책임설)에 따르면, '채권자지체의 효과는 제400조 내지 제403조의 규정에 의한 효력이 인정될 뿐 채무불이행의 효과인 손해배상이나 계약해제는 인정될 수 없다'고 해석하게 된다. 다만, '도급계약의 경우에는 도급인의 수취의무가 인정된다'고 해석하는 「절충설」(수취의무설)은 수취의무 위반으로 인한 도급인의 손해배상책임을 인정하며, '수취의무 위반으로 인하여 채권관계의 유지가 신의칙상 기대될 수 없는 경우에는 도급계약의 해제도 인정된다'고 해석한다.[92]

(다) 이자의 발생정지와 증가비용의 부담

도급인의 수취의무 위반에 기한 채권자지체 중에는 지연배상의 약정이 있더라도 수급인은 이자를 지급할 의무가 없다(402조).

(라) 증가비용의 부담

도급인의 수취의무 위반으로 인하여 임치료, 보험료 등 목적물의 보관 또는 변제의 비용이 증가된 때에는, 그 증가액은 도급인의 부담으로 한다(403조).

(마) 도급인의 위험부담

도급인이 수취의무를 위반하더라도 수급인의 급부의무 자체가 소멸되는 것은 아니므로, 도급인의 지체상태가 해소되면 수급인은 다시 채무를 이행하여야 한다. 다만, 도급인의 수령지체(수취의무 위반) 중에 목적물의 소유권이전이 불가능하게 된 경우에는 수급인의 급부의무는 소멸한다. 그러나 채권자의 수령지체 중에 당사자 쌍방의 책임 없는 사유로 이행할 수 없게 된 때에는 채권자가 위험을 부담하는 것이므로(538조 1항 2문), 도급인이 수취의무를 위반하여 채권자지체가 성립한 이후에 수급인의 급부의무가 이행불능이 된 경우에는, 수급인은 도급인에 대한 보수지급청구권을 잃지 않는다.

[48] Ⅳ. 도급계약의 종료

도급계약은 「일의 완성」을 목적으로 하는 계약이므로, 일의 완성에 의하여 목적을 달성하여 종료된다. 도급계약의 목적인 일의 완성에는 일정한 기간이 소요되기 마련이지만, 도급계약은 기간의 경과에 의하여 계약의 효력이 소멸하는 계속적 계약은 아니다. 따라서 고용계약과는 달리 도급계약은 기간의 경과에 의하여 계약이 소멸하지는 않는다. 민법은 도급계약의 특유한 종료원인으로서 도급인의 임의해제와 도급인이 파산한 경우의 수급인 측의 해제의 두 가지를 규정하고 있다.

---

92) 김형배(채권총론), 316 참조.

1. 도급인의 해제의 자유

도급인은 수급인이 일을 완성하기 전에는 언제든지 수급인의 손해를 배상하고 계약을 해제할 수 있다(673조). 학설 중에는 민법이 도급인에게 자유로운 해제권의 행사를 인정한 것에 대하여 부당한 입법이라고 비판하는 견해도 있으나,[93] '도급계약의 목적인 일의 완성은 오로지 도급인을 위한 것이므로, 일의 완성이 도급인에게 무의미하거나 불필요하게 된 경우에는 수급인으로 하여금 계속 일을 수행하도록 할 필요가 없을 뿐만 아니라, 도급인으로 하여금 도급계약의 구속으로부터 벗어날 수 있도록 해 줄 필요가 있다'는 점에서, 제673조는 타당한 규정이라고 할 것이다.[94] 다만, 이로 인하여 수급인이 손해를 입는 것은 허용될 수 없으므로, 민법은 수급인의 손해를 배상하는 것을 요건으로 하여 자유로운 도급인의 계약해제권을 인정한 것이다.

(1) 해제의 요건

도급인이 제673조의 규정에 따라 도급계약을 해제하기 위해서는, 수급인이 일을 완성하기 전이어야 하며, 수급인의 손해를 배상하여야 한다. 학설 중에는 손해배상의 산정이 복잡하다는 이유를 들어 '손해배상을 제공할 필요는 없다'고 해석하는 견해가 있으나,[95] "손해를 배상하고"라고 규정하고 있는 법문의 해석상 '손해배상을 하지 않으면 해제의 효력이 발생하지 않는다'고 보아야 할 것이다.[96]

(2) 해제의 효과

학설 중에는 '제673조의 해제는 소급효가 인정되지 않는다고 해석하여야 하므로, 해지(Kündigung)를 의미한다'는 견해가 많다.[97] 그러나 도급계약은 기간의 경과에 의하여 계약이 종료되는 계속적 계약이 아니므로, 제673조의 해제를 소급효가 인정되지 않는 해지라고 해석할 근거는 없다고 생각된다. 우리 민법은 기본적으로 소급효가 인정되는 「해제」와 소급효가 인정되지 않는 「해지」를 용어상 구별하여 사용하고 있기 때문이다. 그러므로 제673조의 해제에 의하여 도급계약은 소급적으로 소멸하여 아직 이행하지 아니한 급부는 더 이상 이행할 필요가 없게 되고, 이미 이행한 급부는 원상회복하여야 한다(548조).

---

93) 이은영, 528 참조.
94) 同旨: 곽윤직, 265; 김형배, 653~654 참조.
95) 곽윤직, 265; 김상용, 363; 김주수, 386; 김증한/김학동, 535 참조.
96) 同旨: 김형배, 656; 송덕수, 350 참조.
97) 김상용, 363; 김형배, 655 참조.

2. 도급인의 파산

도급인이 파산선고를 받은 때에는 수급인 또는 파산관재인은 계약을 해제할 수 있다(674조 1항 1문). 도급인이 파산한 경우에는 보수지급채무가 이행불능 상태가 되므로, 수급인이 일의 완성을 위하여 노력한다는 것이 무의미하기 때문이다. 따라서 수급인은 도급계약을 해제하고, 일의 완성된 부분에 대한 보수 및 보수에 포함되지 아니한 비용에 대하여 파산재단의 배당에 가입할 수 있다(674조 1항 2문). 이미 파산선고를 받은 도급인은 보수지급채무를 이행할 수 없는 상태이므로 수급인이 도급인을 상대로 손해배상을 청구하는 것도 무의미하다. 이러한 취지에서, 민법은 "각 당사자는 상대방에 대하여 계약해제로 인한 손해의 배상을 청구하지 못한다"고 규정하고 있다(674조 2항).

[49] Ⅴ. 제작물공급계약

1. 의 의

「제작물공급계약(製作物供給契約)」(Werklieferungsvertrag)이라 함은 '당사자 일방(제작자)이 상대방(주문자)의 주문에 따라서 전적으로 또는 주로 자기 소유에 속하는 자재 또는 원료를 사용하여 제작한 물건을 공급할 것을 약정하고, 상대방은 이에 대하여 보수를 지급하기로 하는 계약'을 말한다.[98] 장인(匠人)이 전통의상이나 공예품을 주문받아 자신의 공방(工房)에서 주문받은 대로 제작한 물건을 주문자에게 공급하는 경우가 전형적인 「제작물공급계약」이라고 할 수 있다.

2. 법적 성질

제작물공급계약의 법적 성질에 대해서는 견해가 대립하고 있다.

(1) 학 설

1) 혼합계약설

이는 '제작물공급계약은 물건의 제작이라는 측면에서는 도급계약으로서의 성질을 가지고 있고, 제작물의 공급이라는 측면에서는 매매계약으로서의 성질을 가지고 있는 일종의 혼합계약이라는 견해'이다.[99]

98) 곽윤직, 251; 김상용, 364 참조.
99) 김상용, 364; 김증한/김학동, 499~500; 김현태, 234; 김형배, 664; 윤철홍, 275; 이은영, 511 참조.

2) 분류설

이는 '제작물이 대체물인 때에는 매매계약으로 보아야 하지만, 제작물이 부대체물인 경우에는 도급계약으로 보아야 한다'는 견해이다.[100]

(2) 판례의 입장

판례는 '제작물공급계약은 그 제작의 측면에서는 도급의 성질이 있고 공급의 측면에서는 매매의 성질이 있어, 대체로 매매와 도급의 성질을 함께 가지고 있다'고 하면서도(혼합계약설), 다른 한편 '이에 적용되어야 할 법규는 계약에 의하여 제작·공급하여야 할 물건이 대체물인 경우에는 매매에 관한 규정이 적용된다고 할 것이나, 물건이 특정의 주문자의 수요를 만족시키기 위한 부대체물인 경우에는 당해 물건의 공급과 함께 그 제작이 계약의 주목적이 되어 도급의 성질을 띠는 것이므로, 도급에 관한 규정이 적용되어야 한다'고 하여, 결과적으로 「분류설」에 따르고 있다(대법원 1996.6.28.선고, 94다42976 판결 등).[101]

(3) 학설·판례의 검토

「혼합계약설」에 대해서는, '혼합계약설에 따르면 어떤 경우에 어떤 법규를 적용할 것인가 하는 문제가 발생하며, 매매와 도급의 규정을 모두 적용하여야 한다고 하면 그 결과가 반드시 타당하다고 할 수 없다'는 비판이 제기되고 있다.[102] 그러나 판례의 입장에서 보듯이, 제작물공급계약을 매매와 도급의 성질이 혼재된 혼합계약으로 보더라도 문제되는 법률관계(주로 하자담보책임)에 적용되어야 할 법규를 정하는 문제는 별개의 문제로 처리할 수 있을 뿐만 아니라, 「채무불이행책임설」의 입장에서 '매도인의 하자담보책임으로서 하자보수의무를 인정할 수 있다'는 견해를 취하면, 적용법규에 따라 결과가 크게 달라지지 않는다. (☞ 제2장 제2절 「매매계약」) 문제는 '제작물공급계약의 본질을 혼합계약이라고 보면서도, 제작물이 대체물인 경우에는 매도인의 하자담보책임에 관한 규정이 적용되고, 부대체물인 경우에는 수급인의 하자담보책임에 관한 규정이 적용된다고 보는 판례의 입장이 과연 타당한가?' 하는 것이다.

생각건대, '제작물이 부대체물인 경우에는 언제나 일의 완성이 계약의 목적이 되므로 도급계약이고, 제작물이 대체물인 경우에는 언제나 권리의 이전이 계약의 목적이 되므로 매매계약이 된다'는 견해는 「사적 자치의 원칙」이 지배하는 계약법에서는 성립될 수 없는 이론이라고 할 것이다. 그러므로 이 문제는 제작물의 성질에 따라 일률적으로 결정될 문제가 아니

---

100) 곽윤직, 251~253; 김상용, 365 참조.

101) 판례평석: 김민중, "제작물공급계약", 「로스쿨계약법」(청림출판, 2006/3), 620 이하. 같은 취지: 대법원 1987.7.21.선고, 86다카2446 판결; 대법원 2006.10.13.선고, 2004다21862 판결; 대법원 2010.11.25.선고, 2010다56685 판결.

102) 곽윤직, 252 참조.

라 당사자의 의사해석의 문제로 보는 것이 타당하다고 생각한다. 즉, 당사자의 의사가 일의 완성을 목적으로 한다고 인정되는 경우에는 제작물이 대체물인건 부대체물이건 상관없이 도급계약이라 할 것이고, 반대로 당사자의 의사가 일의 완성 그 자체를 목적으로 하는 것이 아니라 권리의 이전을 목적으로 하는 것이라고 해석되는 경우에는 매매계약으로 보아야 할 것이다. 물론 인도된 제작물이 대체물인 경우에는 당사자의 의사가 일의 완성 그 자체를 목적으로 하는 것이 아니라 권리의 이전을 목적으로 하는 것이라고 해석되는 경우가 대부분일 것이나, 이는 이론상 별개의 문제라고 할 것이다.

제 3 절 여행계약

[50] Ⅰ. 총 설

1. 여행계약의 의의

「여행계약」(Reisevertrag)은 '당사자 한 쪽(여행주최자)이 상대방(여행자)에게 운송, 숙박, 관광 또는 그 밖의 여행 관련용역을 결합하여 제공하기로 약정하고 상대방이 그 대금을 지급하기로 약정함으로써 효력이 생기는 계약'을 말한다(674조의2). 원래 「여행」이라 함은 '휴가를 이용하여 관광 등의 목적으로 주거지를 떠나서 다른 장소로 이동하는 행위와 그에 부수하는 행위를 포함하는 행위를 총칭하는 개념'이나, 민법상의 여행계약은 '여행업자인 여행주최자가 일반인인 여행자에게 여행을 위한 운송, 숙박, 관광 등의 용역을 결합하여 제공하는 것(이른바 「패키지여행」)을 급부의 목적으로 하는 계약'만을 가리키고, 여행에 필요한 운송이나 숙박 등에 관한 중개만을 목적으로 하는 「여행중개계약」은 제외되므로,[1] 일반적인 여행의 개념과 여행계약에 있어서의 "여행"의 개념은 다소 차이가 있다.

국민소득이 증가하고 여가시간이 늘어남에 따라 여행을 즐기는 인구가 크게 늘어나면서 여행과 관련된 법적 분쟁도 급격하게 증가하고 있다. 특히 여행업자와의 계약을 통하여 운송·숙박 등 여행에 필요한 용역을 일괄적으로 제공받기로 하는 이른바 「패키지여행」에서 여행업자와 여행자 사이의 분쟁이 끊이지 않고 있다. 종래 여행계약을 직접 규율하는 법률이 없었기 때문에, 여행업자의 계약취소거부, 여행일정의 일방적인 임의변경, 추가요금 부당청구 등 여행자의 피해사례가 빈발하고 있었음에도 불구하고, 공정거래위원회가 제정한 「여행업 표준약관」에 의존하여 분쟁을 해결하는 것 이외에는 방법이 없었다. 2015.2.3. 민법전에

1) 지원림, "여행계약에 관한 개정민법의 시행에 즈음하여", 법률신문 2016.2.11.자, 11 참조.

독립된 전형계약으로서 「여행계약」에 관한 절(제9절의2)이 신설됨으로써(법률 제13125호, 2016.2.4. 시행), 이제 여행계약에 관한 법률문제는 민법에 의하여 해결될 수 있게 되었다.

2. 여행계약의 법적 성질

(1) 낙성·불요식계약

여행계약은 당사자의 합의만 있으면 성립하는 낙성계약이며, 계약의 성립에 특별한 방식이 필요 없는 불요식계약이다. 그러나 거래의 실제에서는 공정거래위원회가 제정한 「국내여행표준약관」(표준약관 제10020호), 또는 「국외여행표준약관」(표준약관 제10021호)에 따른 여행계약서를 작성하는 것이 일반적이다.

(2) 쌍무·유상계약

여행주최자의 용역제공의무와 여행자의 대금지급의무는 상호의존적 견련관계(대가관계)에 있으므로, 여행계약은 쌍무계약이다. 또한 여행주최자에 의하여 제공되는 급부인 여행용역과 여행자에 의하여 제공되는 급부인 대금은 대가관계에 있으므로, 여행계약은 유상계약이다.

(3) 독립적 유형의 혼합계약

여행계약은 「여행」이라는 일의 완성을 목적으로 하는 도급계약이라고 볼 수 있는 측면이 있다.[2] 그러나 여행계약이 목적으로 하는 급부의 내용은 여행과 관련된 운송·숙박·관광안내·음식의 제공 등 다양할 뿐만 아니라, 시간적으로도 일정한 시점에 완성되는 것이 아니라 여행 일정이 종료될 때까지 지속적으로 제공되는 특성을 가진다. 그러므로 여행계약은 도급계약과는 그 법적 성질을 달리하는 독립적인 유형의 계약으로 보는 것이 타당하다고 할 것이다.[3] 민법전 제3편(채권) 제2장(계약)에 독립된 절로서 여행계약의 절(제9절의2)을 신설한 개정민법은 이러한 견해에 따른 것이다.

[51] Ⅱ. 여행계약의 성립

1. 여행계약의 당사자

여행계약의 당사자는 여행주최자와 여행자이다. 「여행주최자」는 '상대방인 여행자에게

---

2) 김윤구, "여행계약의 연구", 법학연구 4권(충북대법학연구소, 1992), 110 이하; 최광준, "여행계약에 관한 일고찰", 법학연구 42권 1호(부산대법학연구소, 2001/12), 6; 송덕수, 352 참조.

3) 同旨: 민법주해(16)/서민, 274; 김상용, 458; 김형배, 855; 오시영, 638; 이은영 544 참조.

운송, 숙박, 관광 또는 그 밖의 여행 관련 용역을 결합하여 제공하는 자'를 말한다. 그러므로 여행자와 여행주최자 사이에서 여행계약을 중개하거나 주선하는 여행사 등의 「여행모집인」은 여행주최자가 아니다. 또한 여행주최자와의 계약에 따라서 여행과 관련한 운송, 숙박 등의 개별적인 용역을 제공하는 자도 여행계약의 당사자인 여행주최자라고 할 수 없다. 한편 여행주최자는 영리를 목적으로 하는 상인인 경우가 대부분이지만, 반드시 상인이어야 하는 것은 아니다.

2. 여행계약의 합의

여행계약이 성립하기 위해서는 여행계약의 본질적 구성요소인 '운송, 숙박, 관광 또는 그 밖의 여행 관련 용역을 결합하여 제공하는 것'과 여행대금에 관하여 당사자인 여행주최자와 여행자 사이에 합의가 있어야 한다(674조의2). 그러므로 '여행 관련 용역 중에서 운송, 숙박, 관광 등의 어느 하나만을 제공하기로 하는 합의'는 민법상의 여행계약이라고 할 수 없고, 이에 대해서는 여행계약에 관한 민법의 규정이 적용되는 것이 아니라 개별적인 용역계약에 관한 법률이 적용된다. 그러나 민법상의 여행계약이 되기 위해서는 운송, 숙박, 관광 등의 여행관련용역의 전부를 목적으로 하여야만 하는 것은 아니고, 두 가지 이상의 여행관련용역을 결합하여 제공하기로 하는 경우(예컨대, 운송과 숙박을 결합한 용역을 제공하거나, 숙박과 관광을 결합한 용역을 제공하는 경우)도 포함하므로, 이러한 경우에도 여행계약에 관한 민법의 규정이 적용된다.

여행계약은 낙성·불요식의 계약이므로 당사자의 합의만 있으면 성립하나, 거래의 실제에서는 공정거래위원회가 제정한 「국내여행표준약관」 또는 「국외여행표준약관」에 따른 여행계약서를 작성하는 것이 일반적임은 전술한 바와 같다. 이러한 표준약관에 따른 여행계약에 대해서는 약관규제법이 적용됨은 물론이다.

[52] Ⅲ. 여행계약의 효력

1. 여행주최자의 의무

(1) 여행관련 용역을 제공할 의무

여행주최자는 여행계약에서 약정한 내용에 따라 운송·숙박·식사·관광안내 등 여행관련 용역을 제공할 의무가 있다(674조의2). 이러한 용역제공의무는 계약서에 명시된 내용뿐만 아니라, 여행계획서·여행안내책자 등에서 여행의 내용으로 표시된 사항도 기준이 된다.

(2) 여행관련 부수의무

여행주최자는 주된 급부의무인 여행관련 용역의 제공의무 이외에도 여행에 관련된 정보를 사전에 충분히 조사하여 여행자가 불편이 없도록 제공할 의무를 부담하며, 여행기간 중 여행자의 생명·신체·재산 등에 침해가 발생하지 않도록 선량한 관리자의 주의를 다하여야 한다. 이와 관련하여 「관광진흥법」은 여행자를 보호하기 위하여 문화체육관광부령으로 정하는 바에 따라 해당 여행지에 대한 안전정보를 서면으로 제공할 것과, 여행일정표 및 약관을 포함한 여행계약서 및 보험 가입 등을 증명할 수 있는 서류를 여행자에게 내주어야 할 의무 등을 규정하고 있다(동법 14조).[4)]

한편 대법원은 기획여행에 참여한 여행자가 여행지에서 놀이시설을 이용하다가 다른 여행자의 과실에 의한 행위로 인하여 상해를 입은 사건에 대한 판결에서, '여행업자는 통상 여행 일반은 물론 목적지의 자연적·사회적 조건에 관하여 전문적 지식을 가진 자로서 우월적 지위에서 행선지나 여행시설의 이용 등에 관한 계약 내용을 일방적으로 결정하는 반면, 여행자는 그 안전성을 신뢰하고 여행업자가 제시하는 조건에 따라 여행계약을 체결하게 되는 점을 감안할 때, 여행업자는 기획여행계약의 상대방인 여행자에 대하여 기획여행계약상의 부수의무로서, 여행자의 생명·신체·재산 등의 안전을 확보하기 위하여, 여행목적지·여행일정·여행행정·여행서비스기관의 선택 등에 관하여 미리 충분히 조사·검토하여 전문업자로서의 합리적인 판단을 하고, 또한 그 계약 내용의 실시에 관하여 조우할지 모르는 위험을 미리 제거할 수단을 강구하거나 또는 여행자에게 그 뜻을 고지하여 여행자 스스로 그 위험을 수용할지 여부에 관하여 선택의 기회를 주는 등의 합리적 조치를 취할 신의칙상의 주의의무를 진다'고 판시하고, 나아가 '여행업자가 내국인의 국외여행 시에 그 인솔을 위하여 두는 관광진흥법 소정의 국외여행인솔자[5)]는 여행업자의 여행자에 대한 안전배려의무의 이행보조자로서

---

4) 관광진흥법 제14조(여행계약 등) ① 여행업자는 여행자와 계약을 체결할 때에는 여행자를 보호하기 위하여 문화체육관광부령으로 정하는 바에 따라 해당 여행지에 대한 안전정보를 서면으로 제공하여야 한다. 해당 여행지에 대한 안전정보가 변경된 경우에도 또한 같다. ② 여행업자는 여행자와 여행계약을 체결하였을 때에는 그 서비스에 관한 내용을 적은 여행계약서(여행일정표 및 약관을 포함한다. 이하 같다) 및 보험 가입 등을 증명할 수 있는 서류를 여행자에게 내주어야 한다. ③ 여행업자는 여행일정(선택관광 일정을 포함한다)을 변경하려면 문화체육관광부령으로 정하는 바에 따라 여행자의 사전 동의를 받아야 한다.

5) 관광진흥법 제13조(국외여행 인솔자) ① 여행업자가 내국인의 국외여행을 실시할 경우 여행자의 안전 및 편의 제공을 위하여 그 여행을 인솔하는 자를 둘 때에는 문화체육관광부령으로 정하는 자격요건에 맞는 자를 두어야 한다. ② 제1항에 따른 국외여행 인솔자의 자격요건을 갖춘 자가 내국인의 국외여행을 인솔하려면 문화체육관광부장관에게 등록하여야 한다. ③ 문화체육관광부장관은 제2항에 따라 등록한 자에게 국외여행 인솔자 자격증을 발급하여야 한다. ④ 제3항에 따라 발급받은 자격증은 다른 사람에게 빌려주거나 빌려서는 아니 되며, 이를 알선해서도 아니 된다. ⑤ 제2항 및 제3항에 따른 등록의 절차 및 방법, 자격증의 발급 등에 필요한 사항은 문화체육관광부령으로 정한다.

당해 여행의 구체적인 상황에 따라 여행자의 안전을 확보하기 위하여 적절한 조치를 강구할 주의의무를 진다고 할 것이므로, 국외여행인솔자의 과실이 있는 경우에는 여행업자 및 국외여행인솔자는 그 손해를 배상하여야 한다'고 판시한 바 있다(대법원 1998.11.24.선고, 98다25061 판결 등).

■ 기획여행업자가 여행자에게 부담하는 안전배려의무의 내용 및 기획여행업자의 안전배려의무 위반을 이유로 손해배상책임을 인정하기 위한 요건 [1] 기획여행업자는 통상 여행 일반은 물론 목적지의 자연적·사회적 조건에 관하여 전문적 지식을 가진 자로서 우월적 지위에서 행선지나 여행시설의 이용 등에 관한 계약 내용을 일방적으로 결정하는 반면, 여행자는 그 안전성을 신뢰하고 기획여행업자가 제시하는 조건에 따라 여행계약을 체결하는 것이 일반적이다. 이러한 점을 감안할 때, 기획여행업자가 여행자와 여행계약을 체결할 경우에는 다음과 같은 내용의 안전배려의무를 부담한다고 봄이 타당하다. 즉 기획여행업자는 여행자의 생명·신체·재산 등의 안전을 확보하기 위하여 여행목적지·여행일정·여행행정·여행서비스기관의 선택 등에 관하여 미리 충분히 조사·검토하여야 한다. 그에 따라 기획여행업자는 여행을 시작하기 전 또는 그 이후라도 여행자가 부딪칠지 모르는 위험을 예견할 수 있을 경우에는 여행자에게 그 뜻을 알려 여행자 스스로 그 위험을 수용할지를 선택할 기회를 주어야 하고, 그 여행계약 내용의 실시 도중에 그러한 위험 발생의 우려가 있을 때는 미리 그 위험을 제거할 수단을 마련하는 등의 합리적 조치를 하여야 한다. [2] 기획여행업자의 안전배려의무 위반을 이유로 손해배상책임을 인정하기 위해서는, 문제가 된 사고와 기획여행업자의 여행계약상 채무 이행 사이에 직접 또는 간접적으로 관련성이 있고 그 사고 위험이 여행과 관련 없이 일상생활에서 발생할 수 있는 것이 아니어야 하며, 기획여행업자가 그 사고 발생을 예견하였거나 예견할 수 있었음에도 불구하고 그러한 사고 위험을 미리 제거하기 위하여 필요한 조치를 다하지 못하였다고 평가할 수 있어야 한다. 이 경우 기획여행업자가 취할 조치는 여행일정에서 상정할 수 있는 모든 추상적 위험을 예방할 수 있을 정도일 필요는 없고, 개별적·구체적 상황에서 여행자의 생명·신체·재산 등의 안전을 확보하기 위하여 통상적으로 필요한 조치이면 된다. (대법원 2017.12.22.선고, 2015다221309 판결)[6]

(3) 하자담보책임

민법은 "여행에 하자가 있는 경우에는 여행자는 여행주최자에게 하자의 시정 또는 대금의 감액을 청구할 수 있다"고 규정하는 등 여행주최자의 하자담보책임에 관한 4개조의 명문 규정을 신설하였다(674조의6~9).

1) 하자담보책임의 발생요건

(가) 여행의 하자

여행주최자의 하자담보책임은 여행에 하자가 있는 경우에 발생한다(674조의6). 민법은 「여행의 하자」의 개념에 대하여 규정을 두지 않고 학설·판례에 위임하고 있다.

여행주최자의 하자담보책임은 여행자에게 완전한 여행관련 용역을 제공할 여행주최자의 급부의무 위반에 기한 채무불이행책임의 일종이라고 보아야 할 것이므로(채무불이행책임설), 여행주최자의 하자담보책임에 관한 제674조의6 이하의 규정은 채무불이행책임에 관한 일반규정(390조 이하, 546조 이하)에 대한 특칙이라고 보아야 할 것이다. 그러므로 매도인의 하자담보

6) 같은 취지: 대법원 2007.5.10.선고, 2007다3377 판결; 대법원 2011.5.26.선고, 2011다1330 판결.

책임에 있어서와 마찬가지로, 「여행의 하자」 개념도 「주관설」에 따른 주관적 하자개념이 되어야 할 것이다. 즉, 「여행의 하자」라 함은 '실제로 제공된 여행관련 용역의 내용과 품질이 여행계약에서 약정한 내용과 품질에 미치지 못한 경우'를 말한다. 이 경우에 여행주최자가 사전에 행한 여행광고나 여행을 위하여 제공된 여행안내서 등에서 제시된 내용도 하자 여부를 판단하는 약정 내용과 품질에 포함되어야 할 것이다. 또한 여행계약에서 약정하지 아니한 부분의 용역은 그 종류의 여행이 일반적으로 갖추어야 할 내용과 품질을 기준으로 하자 여부를 판단하여야 할 것이다. 여행에 하자가 있다고 할 수 있는 경우는 예컨대, 약속된 것보다 낮은 등급이 호텔이 제공된 경우, 음식의 종류와 품질이 약정된 것보다 낮은 경우, 약속한 관광코스의 일부가 생략된 경우 등을 들 수 있다.

(나) 권리행사기간

여행주최자의 하자담보책임을 물을 수 있는 여행자의 권리는 여행 기간 중에도 행사할 수 있으나, 늦어도 계약에서 정한 여행 종료일부터 6개월 내에 행사하여야 한다(674조의8). 이는 권리의 존속기간인 제척기간이며, 반드시 소의 제기에 의하여 권리를 행사할 필요는 없고, 소송 외에서 권리를 행사하여도 무방한 「권리행사기간」이라고 할 것이다.

2) 하자담보책임의 내용

(가) 시정청구

여행에 하자가 있는 경우에는 여행자는 여행주최자에게 하자의 시정을 청구할 수 있다(674조의6 1항 본문). 「하자의 시정」이라 함은 매매계약이나 도급계약에 있어서의 「하자보수」에 해당하는 개념으로서, '하자를 치유하여 하자 없는 상태로 만드는 것'을 말한다. 다만, 그 시정에 지나치게 많은 비용이 들거나 그 밖에 시정을 합리적으로 기대할 수 없는 경우에는, 여행자는 하자의 시정을 청구할 수 없다(동조 1항 단서). 이러한 경우에는 하자의 시정을 청구하는 대신 대금감액을 청구하거나 손해배상을 청구하여야 한다. 또한 즉시 시정할 필요가 있는 경우를 제외하고 하자의 시정 청구는 상당한 기간을 정하여 하여야 한다(동조 2항). 여행자의 시정청구에 응하여 하자를 시정하여야 하는 여행주최자의 의무는 무과실책임이다.

(나) 대금감액

여행에 하자가 있는 경우에는 여행자는 여행주최자에게 대금의 감액을 청구할 수 있다(674조의6 1항 본문). 여행자는 하자의 시정청구와 선택적으로 대금감액을 청구할 수 있다. 즉, 시정청구에 갈음하여 손해배상을 청구하거나 시정 청구, 감액 청구와 함께 손해배상을 청구할 수 있다(동조 3항). 여행주최자의 대금감액의무도 무과실책임이다.

(다) 손해배상

여행자는 하자의 시정청구, 대금감액청구에 갈음하여 손해배상을 청구하거나, 하자의 시정청구, 대금감액청구와 함께 손해배상을 청구할 수 있음은 전술한 바와 같다(674조의6 3항). 민법은 이 경우의 「손해배상」의 의미와 귀책요건에 대한 명확한 규정을 두고 있지 않으므로, 매도인의 하자담보책임에서와 마찬가지로 학설상 논란의 여지가 있다. '이 경우의 "손해배상"은 여행주최자의 귀책사유를 요하는 이행이익의 배상을 의미한다'고 할 것이다.

(라) 계약해지

여행자는 여행에 중대한 하자가 있는 경우에 그 시정이 이루어지지 아니하거나 계약의 내용에 따른 이행을 기대할 수 없는 경우에는 계약을 해지할 수 있다(674조의7 1항). 여행계약은 일정한 기간 동안 계약의 효력이 지속되는 계속적 계약이므로, 해제가 아닌 해지를 인정한 것이다. 그러므로 해지에 의하여 여행계약은 장래에 행하여 효력이 소멸되며, 소급효는 인정되지 않는다.

(A) 여행주최자의 대금청구권 소멸　여행계약이 해지된 경우에는, 여행주최자는 대금청구권을 상실한다. 다만, 여행자가 실행된 여행으로 이익을 얻은 경우에는 그 이익을 여행주최자에게 상환하여야 한다(674조의7 2항).

(B) 여행주최자의 조치의무　여행주최자는 계약의 해지로 인하여 필요하게 된 조치를 할 의무를 지며, 계약상 귀환운송의무가 있으면 여행자를 귀환운송하여야 한다(674조의7 3항 1문). 여행자의 귀환운송의 경비는 여행주최자가 부담하는 것이 원칙이나, 상당한 이유가 있는 때에는 여행주최자는 여행자에게 그 비용의 일부를 청구할 수 있다(동조 3항 2문).

이와 관련하여, 대법원은 '여행자가 해외여행계약에 따라 여행하는 도중 여행업자의 고의 또는 과실로 상해를 입은 경우, 계약상 여행업자의 여행자에 대한 국내로의 귀환운송의무가 예정되어 있고, 여행자가 입은 상해의 내용과 정도, 치료행위의 필요성과 치료기간은 물론 해외의 의료 기술수준이나 의료제도, 치료과정에서 발생할 수 있는 언어적 장애 및 의료비용의 문제 등에 비추어 현지에서 당초 예정한 여행기간 내에 치료를 완료하기 어렵거나, 계속적·전문적 치료가 요구되어 사회통념상 여행자가 국내로 귀환할 필요성이 있었다고 인정된다면, 이로 인하여 발생하는 귀환운송비 등 추가적인 비용은 여행업자의 고의 또는 과실로 인하여 발생한 통상손해의 범위에 포함되고, 이 손해가 특별한 사정으로 인한 손해라고 하더라도 예견가능성이 있었다고 보아야 한다'고 판시한 바 있다(대법원 2019.4.3.선고, 2018다286550 판결).

(마) 하자담보책임의 존속기간

여행주최자의 하자담보책임의 존속기간은 계약에서 정한 여행 종료일부터 6개월이다(674조의8). 여행자는 여행 기간 중에도 제674조의6과 제674조의7에 따른 여행주최자에 대하여 책임을 물을 수 있는 권리를 행사할 수 있으나, 늦어도 계약에서 정한 여행 종료일부터 6개월 내에는 그 권리를 행사하여야 한다.

(바) 강행규정

제674조의3, 제674조의4 또는 제674조의6부터 제674조의8까지의 규정을 위반하는 약정으로서 여행자에게 불리한 것은 효력이 없다(674조의8).

2. 여행자의 대금지급의무

여행계약은 쌍무·유상계약이므로, 여행주최자의 여행관련 용역제공의 대가로서 여행자가 여행대금을 지급할 의무가 있음은 당연하다(674조의2). 또한 여행자는 약정한 시기에 대금을 지급하여야 하며, 그 시기의 약정이 없으면 관습에 따르고, 관습이 없으면 여행의 종료 후 지체 없이 지급하여야 한다(674조의5).

[53] Ⅳ. 여행계약의 종료

여행계약은 여행주최자가 약정한 여행관련 용역을 완전하게 이행하면 계약의 목적을 달성하여 종료된다. 또한 당사자가 계약을 종료하기로 합의한 경우에는 합의해지계약의 효력으로 여행계약이 종료되는 등 일반적인 계약종료의 사유가 발생하면 종료된다. 민법은 그 밖에 여행계약의 특수성을 고려하여 「여행 개시 전의 해제」와 「부득이한 사유에 의한 해지」를 여행계약이 종료사유로 규정하고 있다.

1. 여행 개시 전의 해제

여행사의 여행계약약관에는 여행자의 사전 해제·해지권을 제한하는 조항이 있는 경우가 많은데, 이는 불공정약관조항으로서 약관규제법에 의하여 무효가 될 수 있다(약관규제법 9조). 민법은 약관규제법의 불공정약관조항 무효규정과는 별개의 강행규정을 두어 여행자에게 여행 개시 전의 여행계약해제권을 부여하고 있다(674조의9). 즉, 여행자는 여행을 시작하기 전에는 언제든지 계약을 해제할 수 있다. 다만, 여행자는 상대방에게 발생한 손해를 배상하여야 한다(674조의3). 이 경우의 손해배상은 '무과실의 신뢰이익배상'이라고 해석하는 견해가 있으나, 여행자의 귀책사유를 요하는 이행이익의 배상이라고 해석하여야 할 것이다.

2. 부득이한 사유로 인한 여행계약의 해지

여행 도중에 부득이한 사유가 발생한 경우에는, 각 당사자는 계약을 해지할 수 있다. 다만, 그 사유가 당사자 한쪽의 과실로 인하여 생긴 경우에는 상대방에게 손해를 배상하여야 한다(674조의4 1항). 이 경우의 손해배상도 이행이익의 배상을 의미한다고 해석하여야 할 것이다. 또한 해지로 인하여 발생하는 추가 비용은 그 해지 사유가 어느 당사자의 사정에 속하는 경우에는 그 당사자가 부담하고, 누구의 사정에도 속하지 아니하는 경우에는 각 당사자가 절반씩 부담하여야 한다(동조 3항).

부득이한 사유로 여행계약이 해지된 경우에도 계약상 귀환운송의무가 있는 여행주최자는 여행자를 귀환운송할 의무가 있다(674조의4 2항).

제4절 현상광고계약

[54] Ⅰ. 서 설

1. 현상광고의 의의

「현상광고(懸賞廣告)」(Auslobung; promesse de récompence)라 함은 '당사자 일방(광고자)이 어느 행위를 한 자에게 일정한 보수를 지급할 의사를 표시하고, 이에 응한 자(응모자)가 그 광고에 정한 행위를 완료함으로써 그 효력이 생기는 계약이다(675조).

(1) 광고에 정한 행위의 완료를 목적으로 하는 계약

현상광고계약은 고용계약이나 도급계약과 마찬가지로 「노무제공형계약」(노무공급계약)의 일종이다. 그러나 단순한 노무제공의 대가로서 보수를 지급하는 것을 목적으로 하는 계약이 아니라, 응모자의 「광고에 정한 행위의 완료」에 대가로서 보수를 지급하기로 하는 계약이라는 점에서 고용계약과는 구별되며, 일의 완성을 대가로 보수를 지급하기로 하는 도급계약과 유사하다. 또한 현상광고에서는 광고에 정한 행위(이하 「지정행위」라고 칭함)는 계약의 상대방인 응모자가 제3자를 사용하여 완료하더라도 상관이 없으며, 반대로 응모자가 아무리 많은 노무를 제공하더라도 「지정행위의 완료」라는 결과가 없으면 광고자의 보수지급의무는 발생하지 않는다는 점에서도 현상광고는 고용계약과 구별되며 도급계약과 유사하다.

(2) 지정행위의 완료에 대하여 보수를 지급하기로 하는 계약

현상광고계약은 광고에 응한 상대방의 지정행위의 완료에 대하여 보수를 지급하기로 하는 계약이다. 즉, 현상광고계약에서 응모자의 지정행위의 완료와 광고자의 보수지급은 대가적 관계에 있다.

2. 현상광고의 법적 성질

(1) 요물계약

학설 중에는 현상광고의 법적 성질을 단독행위라고 주장하는 견해가 있다.[1] 이 견해는 광고가 있었음을 알지 못하고 지정행위를 완료한 경우에도 보수청구권에 관한 규정을 준용하고 있는 제677조의 규정과 광고의 철회를 규정하고 있는 제679조의 규정을 근거로 들어, '현상광고는 지정행위를 완료하는 자에게 보수를 지급한다는 불특정다수인에 대한 광고자의 일방적 의사표시에 의하여 효력이 발생하는 단독행위'라고 주장하고 있다. 이러한 주장도 일리가 있으나, 현상광고의 법적 성질을 '계약으로 볼 것인가, 아니면 단독행위라고 보아야 할 것인가?' 하는 문제는 '민법 제정 당시 우리 민법의 입법자가 현상광고를 어떠한 성질의 법률행위로 파악하고 있었는가?' 하는 점과, '어느 견해가 현상광고에 관한 현행민법의 규정을 모순 없이 잘 설명할 수 있는가?' 하는 두 가지 점을 검토하여 결정할 문제라고 생각한다.

우선 민법의 입법자는 현상광고의 본질을 계약으로 파악하여 이를 전형계약의 일종으로 규정한 것임은 부인할 수 없는 사실이며, 이는 민법초안의 심의과정에도 잘 나타나 있는데, 「민법안심의록」은 현상광고에 관한 민법초안의 심의경과를 다음과 같이 기술하고 있다.[2]

> 초안이 현행법에서 계약총칙에 규정하였던 현상광고를 타의 유명계약과 같이 독민(獨民)·만민(滿民)의 입법례에 따라 각칙에 일절(一節)을 설(設)하여 규정한 것은 타당하다.
>
> (제677조의 심의경과) 계약총칙에 규정한 현행법하에서는 양 설로 나뉘어 있으며, 단독행위설에 의하면 승낙의 의사 없이 행위를 완료한 경우도 이에 해당한다는 결론에 도달하나 다수설인 계약설에 의하면 주관적 합치, 즉 승낙의 의사를 가지고 행위를 완료하여야 한다는 결론에 도달한다. 현행법하에 있어서도 제529조 이하의 규정은 단지 특수의 요청방법에 의한 계약으로 현상광고를 해석함이 타당하였던바, 초안은 이를 계약각칙에 규정함으로써 계약의 일종임을 밝힌 관계로 더욱 주관적 일치, 즉 승낙의 의사를 가지고 행위를 완료하여야 한다는 결론에 도달한다. 따라서 요청 있음을 알지 못하고 행위를 한 경우는 본조와 같은 특별규정이 필요하게 된 것이다.

이상의 심의경과에서 알 수 있는 바와 같이, 입법자는 현상광고의 법적 성질을 당사자의 주관적 합치가 필요한 계약으로 파악하여(계약설), 보수수령권자에 관한 제676조의 규정을 "광고 있음을 알지 못하고 광고에 정한 행위를 완료한 경우"에 준용하는 제677조의 규정을 둔 것이다. 따라서 제677조의 규정을 이유로 우리 민법상의 현상광고의 본질을 단독행위로

---

1) 곽윤직, 267~268; 김상용, 371; 김주수, 390; 송덕수, 361 참조.
2) 「민법안심의록」, 394~395 참조(원문을 한글로 변환하였음).

보아야 한다는 주장은 입법취지를 무시한 해석론이라는 비판을 면하기 어렵다.[3)]

결국 현상광고는 광고자가 지정행위를 한 응모자에게 보수를 지급할 의사를 표시하고, 응모자가 이에 응하여 광고에서 지정한 행위를 완료함으로써 성립하는 계약으로서, 청약의 의사표시에 해당하는 광고자의 의사표시(일정한 행위를 한 자에게 보수를 지급할 의사표시)와 승낙의 의사표시를 포함하는 응모자의 이행행위인 지정행위의 완료에 의하여 성립하는 요물계약이라고 보아야 할 것이다.[4)] 다만, 우수현상광고(678조)의 경우에는 광고자의 광고행위를 불특정다수인의 지정행위를 유인하는 청약의 유인에 불과한 것으로 보아야 하는 경우가 있을 수 있는데, 이 경우에는 상대방의 응모행위를 청약의 의사표시로, 당선자를 결정하는 광고자의 의사표시를 승낙의 의사표시로 보아야 할 것이다.

한편 「단독행위설」을 주장하는 학자들은 원래 계약에서 청약의 의사표시는 철회할 수 없는 것이 원칙인데, 현상광고에서는 제679조에서 광고를 철회할 수 있도록 규정하고 있다는 점을 또 다른 학설의 근거로 들고 있다. 그러나 「계약설」의 관점에서 보면, 광고자의 광고행위는 청약의 의사표시에 불과한 것인데, 제679조는 누군가에 의하여 지정행위가 완료되기를 기다려야 하는 광고자의 처지를 고려하여 광고자의 의사표시 철회를 인정할 필요가 있기 때문에 둔 규정으로서, 「청약의 구속력의 원칙」을 규정한 제527조의 특칙이라고 볼 수 있는 것이다. 또한 입법론적 관점에서는 '청약의 의사표시를 자유롭게 철회할 수 있는 것을 원칙으로 하고 예외적으로 구속력을 인정할 것인가(청약 철회자유의 원칙), 청약의 의사표시는 철회할 수 없음(청약의 구속력)을 원칙으로 하고 예외적으로 철회할 수 있는 경우를 규정할 것인가?' 하는 것은 입법정책의 문제로서, 우리 민법은 후자의 원칙을 채택하였을 뿐이다. 즉, 「청약의 구속력의 원칙」은 절대적인 원칙이라고 할 수 없으며, 이를 규정한 제527조의 입법론적 타당성에 대해서는 많은 의문이 제기되어 개정의 필요성이 강하게 제기되고 있는 실정이다.[5)] 따라서 「청약의 구속력」을 절대적인 원칙으로 전제하고, 광고의 철회를 인정하고 있는 제679조를 근거로 현상광고의 법적 성질을 단독행위라고 파악하는 것은 본말이 전도된 이론이라고 할 것이다.

(2) 편무계약

위에서 살펴본 바와 같이, 현상광고계약은 당사자의 의사의 합치만으로는 성립하지 아니하며, 지정행위를 한 자에게 보수를 지급할 의사표시인 광고에 응한 상대방(응모자)이 광고에

3) 同旨: 민법주해(15)/오종근, 487; 이은영, 556~557 참조.
4) 同旨: 민법주해(15)/오종근, 487; 김증한/김학동, 538~539; 김형배, 723; 이은영, 555; 이정렬(하), 585 참조.
5) 「2013년 민법개정시안」은 청약의 구속력을 규정한 제527조를 삭제하고 「청약철회의 자유」를 전제로 한 제529조의 규정을 신설할 것을 제안하고 있다. (☞ 제1장 제2절 「계약의 성립」)

서 지정한 행위를 완료함으로써 성립하는 요물계약이다. 따라서 계약이 성립한 시점에서 보면 광고자의 보수지급의무만이 남게 되는데, 이러한 이유에서 현상광고는 광고자만이 의무를 부담하는 편무계약에 해당한다. 또한 요물계약인 현상광고에서는 쌍무계약의 효력인 동시이행항변권(536조)과 위험부담의 법리(537조, 538조), 채무불이행으로 인한 계약해제(543조 이하)가 문제될 여지가 없다.

(3) 유상계약

현상광고계약에서 응모자의 급부행위(지정행위)의 완료와 광고자의 급부(보수의 지급)는 대가적 관계에 있으므로, 현상광고계약은 유상계약이다. 따라서 특별한 규정이 없는 한 매도인의 하자담보책임 등 매매계약에 관한 규정이 준용된다(567조).

(4) 불요식계약

현상광고계약은 광고자가 지정행위를 한 자에게 보수를 지급할 의사표시인 광고를 하고, 응모자가 광고에서 지정한 행위를 완료함으로써 성립하는 요물계약이나, 그 광고의 방식이나 지정행위의 완료에 특별한 방식을 필요로 하지 않는 불요식계약이다.

3. 현상광고계약의 기능 및 사회적 작용

현상광고는 종래 실종된 사람이나 분실한 귀중품을 찾거나, 학술·문학·예술의 진흥을 위하여 학술논문·문학작품·미술품·발명품의 공모 등에 주로 이용되어 왔을 뿐, 매매계약이나 도급계약에 비하여 그 법률적 중요성은 떨어진다고 할 수 있다.[6] 그러나 대량생산·대량소비를 특징으로 하는 현대산업사회에서 광고는 상행위의 일종으로서 대중의 소비를 촉진하는 매우 중요한 경제적 기능을 수행하고 있으며(상법 46조 7호),[7] 유상계약인 현상광고계약도 경품광고 등을 통하여 광고의 경제적·사회적 작용의 일부를 담당하고 있다.

[55] Ⅱ. 현상광고계약의 성립

현상광고계약은 당사자의 의사의 합치만으로는 성립하지 아니하는 요물계약으로서, 광고자가 지정행위를 한 자에게 보수를 지급할 의사표시인 광고를 하고, 응모자가 광고에서 지정한 행위를 완료함으로써 성립한다.

---

6) 同旨: 곽윤직, 267 참조.
7) 김증한/김학동, 537 참조.

1. 광 고

여기에서 「광고(廣告)」라 함은 '지정행위를 한 자에게 일정한 보수를 지급하기로 하는 불특정다수인에 대한 의사표시'를 말한다.

(1) 불특정다수인에 대한 의사표시

현상광고에서의 「광고」라 함은 '불특정다수인에 대한 의사표시'를 말한다. 따라서 특정인에 대한 의사표시는 설사 그것이 신문이나 방송 등의 매스컴에 의하여 이루어진 경우라도 현상광고계약의 청약의 의사표시인 「광고」가 될 수 없다. 그러나 「불특정다수인」에 대한 의사표시라면 상대방의 범위를 일정하게 제한하는 것은 상관이 없다. 또한 광고의 방법에 대하여는 특별한 제한이 없다.[8] 신문·잡지 등의 정기간행물에 의하거나, TV·라디오 등의 방송을 이용하여 광고하는 경우가 대부분이지만, 불특정다수의 청중에게 구두로 고지하는 것도 여기에서의 「광고」라고 할 수 있다.

(2) 지정행위의 표시

광고에는 상대방이 하여야 할 행위를 구체적으로 표시하여야 하는데, 이를 「지정행위」라고 한다. 지정행위의 종류에는 제한이 없다. 그러나 광고는 상대방이 하여야 할 일정한 행위(지정행위)를 구체적으로 표시하여야 하므로, '발육상태가 가장 좋은 유아에게 상금을 준다'는 경우와 같이, '어떠한 사실상태 그 자체에 대하여 일정한 이익을 준다'는 내용의 광고는 민법상의 현상광고에 해당하지 않는다.[9] 그러나 이러한 광고는 현상광고에 관한 규정이 유추적용될 수 있는 현상광고와 유사한 무명계약(無名契約)이라고 할 수 있다. 또한 '지정행위 완료에 조건이나 기한을 붙일 수 있다'는 것이 판례의 입장이다(대법원 2000.8.22.선고, 2000다3675 판결).[10]

(3) 보수지급의 의사표시

현상광고계약은 응모자가 광고에서 지정한 행위를 완료한 데 대한 대가로서 광고자가 지정행위를 한 응모자에 대하여 보수를 지급하는 것을 내용으로 하는 유상계약이므로(675조), 광고에는 반드시 보수지급의 의사표시가 포함되어야 한다. 다만, 광고에서 보수액을 확정할 필요는 없고, 확정할 수 있는 기준이 제시되면 충분하다. 또한 보수지급의 내용과 방법에는 제한이 없으므로, 금전 기타 유가물(有價物)의 지급은 물론 여행이나 해외연수 등의 경제적 이

---

8) 同旨: 민법주해(15)/오종근, 491; 곽윤직, 268; 김증한/김학동, 539; 이은영, 558; 이정렬(하), 586 참조.
9) 同旨: 민법주해(15)/오종근, 491; 곽윤직, 269; 김증한/김학동, 540; 이정렬(하), 586 참조.
10) 판례평석: 안기환, 대법원판례해설 제35호(법원도서관, 2001/6), 49 이하; 정기웅, "제보로 범인이 검거되었을 때 현상금을 지급하겠다는 경찰의 광고에 대하여 시민이 범인을 제보한 경우의 법률관계", 고시계 48권 5호, 2003/5, 79 이하; 조성민, "현상광고의 지정행위에 대한 조건의 부가와 완료의 의미", 「로스쿨계약법」(청림출판, 2006/3), 561 이하.

익을 주는 것도 상관이 없다. 그러나 명예로운 칭호를 부여하거나 상장을 수여하는 데 그치는 것은 보수라고 볼 수 없다.[11)]

(4) 광고의 철회

광고는 불특정다수인에 대한 청약의 의사표시에 해당하므로 철회할 수 없는 것이 원칙이다(527조). 그러나 민법은 현상광고계약의 특수성을 고려하여 지정행위의 완료기간을 정하지 아니한 때에 한하여 광고의 철회를 허용하고 있다. 즉, 광고에서 지정행위의 완료기간을 정하지 아니한 때에는 지정행위를 완료한 자가 있기 전에 그 광고와 동일한 방법으로 광고를 철회할 수 있으며(679조 2항), 전(前) 광고와 동일한 방법으로 광고를 철회할 수 없는 때에는 그와 유사한 방법으로 철회할 수 있다(동조 3항 본문). 광고가 철회되면 현상광고의 효력은 장래에 향하여 소멸하므로, 광고자의 보수지급의무는 소멸한다. 다만, 광고자가 전 광고와 동일한 방법으로 광고를 철회할 수 없어서 그와 유사한 방법으로 철회한 경우에는 철회한 것을 안 자에 대해서만 그 효력이 있으므로(동조 3항 단서), 광고자는 철회가 있었음을 모르고 지정행위를 완료한 자에 대하여 보수를 지급할 의무가 있다.

민법은 "광고에 그 지정한 행위의 완료기간을 정한 때에는 그 기간만료 전에 광고를 철회하지 못한다"고 규정하고 있으나(679조 1항), 지정행위의 완료기간이 경과하면 현상광고의 효력은 소멸하는 것이므로, 광고의 철회 자체가 문제되지 않는다.

2. 지정행위의 완료

(1) 의 의

현상광고계약은 응모자가 광고에서 지정한 행위를 완료함으로써 성립하는 「요물계약」이므로, 「지정행위의 완료」는 현상광고계약의 구성요소인 승낙의 의사표시를 포함하는 이행행위이다.

(2) 광고에 응하여 지정행위를 완료하였을 것

'현상광고는 응모자가 광고에 응하여 지정행위를 완료함으로써 성립하는 요물계약'이라고 보는 「계약설」의 입장에서는, 광고 있음을 알지 못하고 지정행위를 한 경우(이를 「광고부지(不知)의 행위」라고 한다)에는 현상광고계약 자체가 성립하지 않고, 「준현상광고」로서 현상광고에 관한 규정이 준용될 수 있을 뿐이다(677조). 다만, 「단독행위설」을 취하는 견해에 따르면, 광고 있음을 모르고 지정행위를 한 경우에도 단독행위인 현상광고가 성립한다. 이러한 견해의 대립은 이론적인 것에 불과하며, 해석론상의 결과에는 차이가 없다고 할 수 있으나, 현행

11) 同旨: 민법주해(15)/오종근, 492; 곽윤직, 269 참조.

민법의 해석론으로서는 「요물계약설」이 타당하다고 할 것임은 전술한 바와 같다.

[56] Ⅲ. 현상광고계약의 효력

1. 광고자의 보수지급의무

광고자는 지정행위를 완료한 자에게 보수를 지급할 의무가 있다(675조). 문제는 '보수지급의무가 언제 발생하는가?' 하는 것과, '보수를 수령할 권한이 있는 자가 여러 명인 경우에는 어떠한 기준과 방법에 의하여 보수를 지급할 것인가?' 하는 것이다.

(1) 보수지급의무의 발생시기

현상광고계약의 성립시기와 그 효력으로서 광고자의 보수지급의무가 발생하는 시기에 대해서는 견해가 대립하고 있다.

1) 지정행위 완료시설

이는 '광고자의 보수지급의무는 상대방이 지정행위를 완료한 때에 발생한다'고 보는 견해이다.[12] 이 설은 「계약설」의 입장에서 '현상광고는 광고자가 어느 행위를 한 자에게 일정한 보수를 지급할 의사를 표시하고 이에 응한 자가 그 광고에 정한 행위를 완료함으로써 성립한다'고 규정하고 있는 제675조의 해석상 '지정행위의 완료는 광고자의 현상광고계약의 청약의 의사표시에 대한 상대방의 승낙의 의사표시로서, 현상광고계약은 지정행위의 완료에 의하여 성립한다'고 전제한 후, '광고자의 보수지급의무는 계약이 성립하는 지정행위 완료 시에 발생하는 것은 계약법의 이론상 당연하다'고 주장한다.[13]

한편 계약의 성질을 단독행위로 보는 「단독행위설」의 입장에서는 '광고자의 보수지급의무는 지정행위를 완료한 때'라고 해석할 수밖에 없다.[14]

2) 인지시설(認知時說)

이는 「계약설」을 취하면서도 '상대방이 지정행위의 완료를 광고자에게 통지하거나 광고자가 이를 알게 된 때에 보수지급의무가 발생한다'고 해석하는 견해이다.[15] 이 견해는 '지정행위가 완료된 사실을 모른 경우에도 광고자의 보수지급의무가 발생하고, 이행지체의 책임을 진다고 해석하는 것은 부당하다'는 점을 근거로 들고 있다.

---

12) 민법주해(15)/오종근, 493; 제4판 주석민법(4)/윤진수, 481; 김증한/김학동, 542 참조.
13) 제4판 주석민법(4)/윤진수, 481 참조.
14) 곽윤직, 270; 김상용, 373; 김주수, 393; 송덕수, 362 참조.
15) 김형배, 727; 이은영, 559; 이정렬(하), 589 참조.

3) 학설의 검토

현상광고의 법적 성질은 '광고자가 어느 행위를 한 자에게 일정한 보수를 지급할 의사를 표시하고 이에 응한 자가 그 광고에 정한 행위를 완료함으로써 성립하는 요물계약'이라고 보아야 할 것이므로(계약설), 특별한 약정이 없는 한 '광고자의 보수지급의무는 현상광고계약이 성립한 때, 즉 상대방이 지정행위를 완료한 때에 발생한다'고 보는 것이 이론상 타당하다고 할 것이다. 그러나 '지정행위가 완료된 사실을 광고자가 전혀 모른 상태에서 광고자의 보수지급의무가 발생하고, 즉시 이행지체책임이 발생한다'는 결론은 광고자에게 지나치게 가혹한 결과가 되므로, '광고자의 보수지급의무는 지정행위를 완료한 때에 발생하나(675조),[16] 광고자의 이행지체책임은 응모자가 지정행위의 완료를 광고자에게 통지하거나 광고자가 이를 알게 된 때에 비로소 발생한다'고 해석하여야 할 것이다(387조 1항 후단·2항).

(2) 지정행위를 완료한 자가 여러 명인 경우, 보수청구권자

'지정행위를 완료한 자가 여러 명인 경우에는 그중 누가 보수청구권을 취득하는가?' 하는 문제에 대하여, 민법은 제676조에서 다음과 같이 우선순위와 기준을 제시하고 있다.

1) 먼저 지정행위를 완료한 자

지정행위를 완료한 자가 여러 명인 경우에는, 먼저 그 행위를 완료한 자가 단독으로 보수청구권을 취득한다(676조 1항). 그러나 전술한 바와 같이, 지정행위가 완료된 사실을 광고자가 모른 경우에도 광고자의 보수지급의무가 발생하고, 즉시 광고자의 이행지체책임이 발생한다는 것은 광고자에게 가혹한 결과가 되므로, '광고자의 보수지급의무는 여러 명의 응모자 중 가장 먼저 지정행위가 완료된 때에 발생하나(676조 1항), 광고자의 이행지체책임은 응모자가 지정행위의 완료를 광고자에게 통지하거나 광고자가 이를 알게 된 때에 비로소 발생한다'고 해석하여야 할 것이다(387조 1항 후단·2항).

2) 여러 명의 지정행위가 동시에 완료된 경우

여러 명이 동시에 지정행위를 완료한 경우에는 각각 균등한 비율로 보수청구권을 취득한다(676조 2항 본문). 이 경우에도 '광고자의 이행지체책임은 응모자가 지정행위의 완료를 광고자에게 통지하거나 광고자가 이를 알게 된 때에 비로소 발생한다'고 해석하여야 할 것이다. 그러나 보수가 그 성질상 분할할 수 없거나, 광고에 1인만이 보수를 받을 것으로 정한 때에는 추첨에 의하여 결정한다(동조 2항 단서). 다만, 제676조는 강행규정이 아니므로 광고자가 달리 정할 수 있다.

---

16) '지정행위에는 조건이나 기한을 붙일 수 있다'고 할 것인바(대법원 2000.8.22.선고, 2000다3675 판결), 지정행위에 조건이나 기한을 붙인 경우에는 그 조건이 성취된 때 또는 기한이 도래한 때에 보수지급의무가 발생함은 물론이다.

2. 우수현상광고의 특칙

(1) 의 의

「우수현상광고」라 함은 '지정행위를 완료한 자가 여러 명인 경우에 그 중 우수한 자에 한하여 보수를 지급하기로 하는 현상광고'를 말한다(678조 1항). 이는 광고자가 우수한 결과를 얻기 위해서 하는 현상광고의 일종으로서, 지정행위를 완료한 자 중에서 가장 우수하다는 판정을 받은 당선자에게만 보수를 지급한다는 점에 그 특색이 있다. 그러므로 우수현상광고에 있어서의 지정행위는 여러 사람이 각자 독립하여 완료할 수 있는 성질의 행위이어야 하며, 각자의 행위의 우열을 비교할 수 있는 성질의 것이어야 한다.[17)]

전술한 바와 같이, 현상광고는 상대방의 지정행위의 완료에 의하여 성립하는 요물계약이므로, '광고자의 광고는 청약의 의사표시에 해당하고, 상대방의 지정행위의 완료가 승낙의 의사표시에 해당한다'고 볼 수 있으나, 우수현상광고에서는 '광고자의 광고는 청약의 유인에 불과하고, 응모자의 지정행위의 완료 및 응모가 청약의 의사표시이며, 광고자의 판정에 의한 당선자의 결정이 승낙의 의사표시에 해당한다'고 보아야 할 것이다. 즉, '현상광고계약은 광고자의 우수판정 시에 성립한다'고 해석하여야 할 것이다.[18)]

(2) 계약의 성립

1) 응모(應募)

우수현상광고는 그 광고에 응모기간을 정한 때에 한하여 그 효력이 생기는 것이므로(678조 1항), 정해진 응모기간 내에 광고의 상대방이 지정행위를 완료하여 응모를 한 후 광고자의 판정에 의하여 당선자가 선정되는 때에 비로소 현상광고계약이 성립한다. 여기서 「응모」라 함은 '광고자에 대하여 지정행위를 완료하였다는 사실을 통지하는 것'을 말하는데, 응모는 광고가 있었다는 사실을 알고 광고자에 대하여 하여야 한다. 응모는 지정행위를 완료한 후에 하는 경우가 보통이나, 「현상경기대회」와 같이 먼저 참가신청을 하고 지정행위의 완료가 나중에 이루어지는 경우도 있을 수 있다. 응모의 의사표시는 지정된 응모기간 내에 광고자에게 도달하여야 그 효력이 발생한다(111조).

2) 판 정

(가) 판정의 의의

우수현상광고에서는 광고자 측의 판정에 의하여 당선자가 선정되어야 광고자의 보수지급의무가 발생한다. 여기서 「판정」이라 함은 '응모자가 행한 지정행위의 결과의 우열을 가리

---

17) 제4판 주석민법(4)/윤진수, 490 참조.
18) 同旨: 제4판 주석민법(4)/윤진수, 489; 이은영, 560 참조.

는 행위'를 말한다.

(나) 판정자

판정을 하는 자(판정자)는 '광고 중에 정한 자'이나, 광고 중에 판정자를 정하지 아니한 때에는 광고자가 판정한다(678조 2항). 광고에서 정한 판정자가 판정을 할 수 없거나 판정을 하지 않는 경우에도 광고자가 판정을 할 수 있다고 해석된다.[19] 판정자가 여러 명인 때에는 다수결에 의하여 판정하여야 할 것이다.

(다) 판정 및 판정에 대한 이의

광고 중에 다른 의사표시가 있거나 광고의 성질상 판정의 표준이 정하여져 있는 때를 제외하고는 '우수한 자가 없다'는 판정은 할 수 없다(678조 3항). 민법은 '응모자는 판정에 대하여 이의를 할 수 없다'고 규정하고 있으나(동조 4항), 이는 판정자가 그의 주관적 평가에 따라서 자유롭게 응모자의 상대적 우열을 결정할 수 있다는 취지를 나타내는 것에 불과하며, 판정 자체에 하자가 있는 경우(착오나 사기·강박에 의한 판정)에는 판정의 취소를 주장할 수 있고,[20] 판정이 지나치게 불공정하거나 선량한 풍속 기타 사회질서에 반하는 경우에는 판정의 무효를 주장할 수 있다고 할 것이다.[21]

(3) 계약의 효력

1) 광고자의 보수지급의무

우수현상광고계약이 성립하면 광고자는 당선자에 대하여 보수지급의무를 부담한다(678조 1항). 여러 명의 응모자가 동등하게 우수하다는 판정을 받은 경우에는 각각 균등한 비율로 보수를 받을 권리가 있다. 그러나 보수가 그 성질상 분할할 수 없거나 광고에 1인만이 보수를 받을 것으로 정한 때에는 추첨에 의하여 결정하여야 함은 전술한 바와 같다(678조 5항, 676조 2항).

2) 광고자의 손해배상책임

현상광고자가 상대방의 지정행위의 완료를 불가능하게 함으로써 손해를 입힌 경우에는, 제750조의 요건하에 불법행위책임이 발생할 수 있음은 물론이다.[22] 문제는 '당선자에게 실시설계권을 부여하기로 한 건축설계 우수현상광고에서 광고자는 반드시 당선자와 실시설계계약을 체결할 의무가 있는가?' 하는 것인데, 대법원은 '광고자는 당선자 이외의 제3자와 설계계약을 체결하여서는 아니 됨은 물론이고, 당사자 모두 계약의 체결을 위하여 성실하게 협의

---

19) 제4판 주석민법(4)/윤진수, 494; 송덕수, 363 참조.
20) 同旨: 제4판 주석민법(4)/윤진수, 496; 곽윤직, 272 참조.
21) 同旨: 곽윤직, 272; 김형배, 731 참조.
22) 同旨: 민법주해(15)/오종근, 493 참조.

하여야 할 의무가 있으므로, 광고자가 일반 거래실정이나 사회통념에 비추어 현저히 부당해 보이는 사항을 계약내용으로 주장하거나 경제적 어려움으로 공사를 추진할 수 없는 등으로 인하여 계약이 체결되지 못하였다면, 당선자는 이를 이유로 광고자에게 손해배상책임을 물을 수 있다'고 판시한 바 있다(대법원 2002.1.25.선고, 99다63169 판결 등).[23)]

23) 판례평석: 윤경, "건축설계 우수현상광고의 당선보수인 '기본 및 실시설계권'의 의미", 대법원판례해설 40호(법원도서관, 2002/12), 71 이하. 같은 취지: 대법원 2003.4.11.선고, 2001다53059 판결.

제 5 절　위임계약과 사무관리

[57] Ⅰ. 서 설

1. 위임의 의의

「위임(委任)」(Auftrag; mandat)이라 함은 '당사자 일방(위임인)이 상대방(수임인)에 대하여 사무의 처리를 위탁하고 상대방이 이를 승낙함으로써 그 효력이 생기는 계약이다(680조).

(1) 일정한 사무의 처리를 목적으로 하는 계약

위임계약은 수임인이 위임인이 위탁한 일정한 사무의 처리를 목적으로 하는 계약이므로, 고용계약이나 도급계약과 마찬가지로 「노무제공형계약」(노무공급계약)의 일종이라고 할 수 있다. 그러나 위임계약은 '수임인이 자신의 책임과 자율적 판단으로 가장 적합한 방법이라고 생각되는 방법으로 위탁받은 사무를 처리하는 것을 내용으로 하는 계약'이라는 점에서, 사용자의 지휘·감독 아래 단순한 노무를 제공하는 것을 목적으로 하는 고용계약과 구별된다.

위임계약은 「일정한 사무의 처리」를 목적으로 한다는 점에서, 「일의 완성」을 목적으로 하는 도급계약과 유사하다. 그러나 일의 완성을 위하여 제3자(이행보조자나 이행대행자)를 사용하는 것이 원칙적으로 자유로운 도급계약과는 달리, 단순한 일의 완성이 목적이 아니라 수임인에 대한 절대적인 신뢰관계를 기초로 수임인에게 일정한 사무의 처리를 위탁하는 것을 내용으로 하는 위임계약에서는 수임인이 직접 위임사무를 처리하여야 하며, 위임인의 승낙이나 부득이한 사유 없이 제3자로 하여금 수임인에 갈음하여 위임사무를 처리하는 것이 금지된다는 점에서 도급계약과 구별된다(682조 1항).

(2) 인간적 신뢰관계를 기초로 하는 계약

위임계약은 수임인 개인의 인격이나 지식수준·기량 등에 대한 위임인의 신뢰관계를 기초로 하여 이루어진다는 점에서, 타인의 노무를 목적으로 하는 고용계약이나 일의 완성만을 목적으로 하는 도급계약과는 차이가 있다. 이러한 의미에서 위임계약은 「전문가계약」이라고 할 수 있다. 위임계약의 이러한 특성에 기하여 수임인에게는 위임의 내용에 따라 선량한 관리자의 주의로써 위임받은 사무를 처리하여야 하는 고도의 주의의무가 부과되며(681조), 위임인의 청구가 있는 때에는 위임사무의 처리상황을 보고하고 위임이 종료한 때에는 지체 없이 그 전말을 보고하여야 하는 등의 부수적 의무가 부과된다(683조).

2. 위임계약의 법적 성질

(1) 낙성·불요식계약

위임은 위임인과 수임인의 합의만 있으면 성립하는 낙성계약이며, 합의에 특별한 방식이 요구되지 않는 불요식계약이다. 위임계약에서는 수임인이 위임인을 위하여 법률행위를 대리하는 것이 위탁사무인 경우가 많은데, 이 경우에는 위탁사무를 처리하기 위하여 대리권의 수여(수권행위)가 필요하고, 이 수권행위가 있었음을 증명하기 위하여 위임장이 작성되는 경우가 많다.[1] 그러나 위임장의 작성이 위임계약의 성립요건이 되는 것은 아니다.

〈참고〉 수권행위의 법적 성질

수권행위(授權行爲)에 의하여 대리권이 발생하는 임의대리에 있어서 수권행위와 그 기초가 되는 위임계약과의 관계에 대해서는, ① '양자가 별개의 법률행위이므로 그 효력도 별개로 정해진다'고 보는 견해(이를 「무인성설(無因性說)」이라고 한다)와, ② '수권행위는 위임계약을 기초로 하는 것이므로 기초적 법률관계인 위임계약이 무효·취소되거나 해제에 의하여 소멸된 경우에는 수권행위 자체에는 무효사유가 없더라도 무효가 된다'고 보는 견해(이를 「유인성설(有因性說)」이라고 한다)가 대립하고 있으나, 수권행위의 무인성을 인정할 만한 법적 근거가 없을 뿐만 아니라, '법률행위(수권행위)에 의하여 수여된 대리권은 원인된 법률관계의 종료에 의하여 소멸한다'고 규정하고 있는 제128조 제1문은 수권행위의 유인성을 전제로 하는 규정이라고 보아야 할 것이므로, 「유인성설」의 입장이 타당하다고 할 것이다. (☞ 민법총칙 편, 제6장 제12절 「법률행위의 대리」)

(2) 편무·무상계약

위임계약은 원칙적으로 무상계약이다. 즉, 위임인은 수임인에 대하여 위임사무의 처리를 청구할 권리가 있으나, 수임인은 위임인에 대하여 보수를 청구할 수 없다(680조). 따라서 위임계약은 수임인만이 의무를 부담하는 편무계약이며 무상계약이다. 그러나 거래의 실제에서는

1) 예컨대, 위임사무가 부동산등기신청인 경우에는 등기신청정보와 함께 수임인의 대리권을 증명하는 정보를 등기소에 제공하여야 하는데(부동산등기법 24조 1항 1호, 부동산등기규칙 46조 1항 5호), 이 경우 등기권리자와 등기의무자의 위임장이 대리권을 증명하는 서면이 된다.

특약에 의하여 또는 거래의 관습에 의하여 위임계약을 유상계약으로 해석하여야 하는 경우가 대부분이고, 무상으로 타인에게 사무의 처리를 부탁하는 위임계약은 경제적·사회적으로 별 의미가 없는 호의관계에 불과한 경우가 많으므로, 민법이 위임계약의 법적 성질을 편무·무상계약으로 규정한 것은 거래의 현실과 동떨어진 낡은 유물(遺物)에 불과하다.

3. 위임계약의 사회적 작용

위임은 타인의 전문적 지식과 경험을 이용할 수 있는 법률적 도구로서 로마법 이래로 어느 사회에서나 중요한 작용을 수행하여 왔다. 그러나 위임계약의 사회적 중요성은 농업을 경제적 기반으로 하는 전통사회에 비하여 광공업과 서비스업을 기반으로 하는 복잡한 현대산업사회에서 더욱 커지고 있음은 물론이다. 또한 생활에 필요한 대부분의 일을 자신이 직접 수행하지 않으면 안 되었던 전통사회에서는 위임계약이 필요한 일도 병의 치료와 소송수행 등 제한적인 영역에 그치는 것이었으나, 현대산업사회에서는 타인의 전문적인 지식과 경험을 이용하지 않고서는 일을 처리할 수 없는 영역이 무한히 확대되어 가고, 이에 따라 전문적 지식과 경험을 가지고 타인의 일을 처리해주는 것을 직업으로 하는 전문적 직업영역이 의사나 변호사와 같은 전통적인 직업에서 변리사·세무사·회계사·공인중개사 등으로 계속 확대되어 가는 경향에 있다.

[58] Ⅱ. 위임계약의 성립

1. 위임의 합의

전술한 바와 같이, 위임계약은 낙성계약이므로 당사자인 위임인과 수임인의 「위임의 합의」에 의하여 성립한다. 그러나 민법상의 위임계약은 원칙적으로 무상계약이므로 보수지급에 관한 합의도 필요없다. 또한 위임계약은 불요식계약이므로 특별한 방식을 필요로 하지 않는다.

2. 위임계약의 성립 여부가 문제된 경우

위임계약은 당사자 사이에 위임의 합의만 있으면 성립하는 낙성계약이나, 실제사례에서는 위임계약의 성립 여부와 관련하여 당사자 사이에 과연 「위임의 합의」가 있는지 여부가 문제되는 경우가 많다. 이하에서는 판례에서 위임계약의 성립을 부인한 몇 가지 사례를 소개하는 데 그치기로 한다.

(1) 이른바 「헤드헌터」와 후보자와의 법률관계

대법원은 '간부급 인재나 전문인력 등을 기업에 물색·소개해 주고 그 채용계약의 체결을 돕는 업무를 목적으로 하는 인재소개업체(이른바 헤드헌터)가 구인기업의 의뢰를 받아 후보자를 물색·추천하고 면접을 주선하며 채용조건 협상에 참여하는 등의 용역을 수행하는 것은, 구인을 의뢰한 기업과 체결한 용역계약의 이행행위에 해당하나, 채용을 원하는 후보자가 인재소개업체에게 구인기업에의 지원 의사를 밝히는 것은, 일반적으로 그 구인기업에 채용되기 위해 채용절차를 대행하고 있는 인재소개업체에게 그 절차에 응할 의사를 표시한 것에 불과할 뿐 그것만으로 후보자가 인재소개업체에게 자신의 채용알선 또는 채용협상 등에 관한 어떤 권한을 위임하였다거나 위임할 의사가 있었다고 볼 수는 없으므로, 다른 특별한 사정이 없는 한 인재소개업체와 후보자 사이에서 위임 등의 계약관계가 성립하였다고 할 수는 없으며, 인재소개업체와 채용을 원하는 후보자 사이의 특약이 없는 한, 구인기업과 후보자 사이에 채용계약이 체결된 경우 후보자가 인재소개업체에 대하여 구인기업에서 근무해야 할 계약상 또는 신의칙상의 의무를 부담한다고 볼 수는 없고, 후보자가 채용계약을 일방적으로 해제하였다고 하여 인재소개업체에 대하여 손해배상책임을 진다는 상관행(商慣行)의 존재를 인정할 수도 없다'고 판시함으로써(대법원 2007.10.26.선고, 2005다21302 판결),[2] 위임계약의 성립을 부인한 바 있다.

(2) 경찰이 의료기관에 긴급구조요청을 한 경우의 법률관계

대법원은 '경찰관이 경찰관직무집행법에 따라 응급의 구호를 요하는 자를 보건의료기관에게 긴급구호요청을 하고, 보건의료기관이 이에 따라 치료행위를 하였다고 하더라도, 국가와 보건의료기관 사이에 국가가 그 치료행위를 보건의료기관에 위탁하고 보건의료기관이 이를 승낙하는 내용의 치료위임계약이 체결된 것으로는 볼 수 없다'고 판시함으로써(대법원 1994.2.22.선고, 93다4472 판결), 위임계약의 성립을 부인한 바 있다.

(3) 「콘도미니엄시설 이용계약」의 법률관계

대법원은 '콘도미니엄시설의 공유제회원은 콘도미니엄시설 중 객실의 공유지분에 대한 매매계약 이외에 콘도미니엄시설 전체를 관리·운영하는 시설경영기업과 사이에 시설이용계약을 체결함으로써 공유지분을 가진 객실 이외에 콘도미니엄시설 전체를 이용할 수 있게 되는바, 공유제회원과 콘도미니엄시설 전체를 관리·운영하는 시설경영기업 사이의 시설이용계

---

2) 판례평석: 이철기, "헤드헌터의 구직자에 대한 청구권", 경원법학 2권 1호(경원대법학연구소, 2009), 67 이하; 이준형, "헤드헌팅의 법률관계 -헤드헌팅 계약과 관련한 법률적 문제점-", 판례실무연구Ⅸ(박영사, 2010), 657 이하; 이연갑, "헤드헌팅의 법률관계 -미국법상 인재소개업을 둘러싼 법률관계-", 판례실무연구Ⅸ(박영사, 2010), 693 이하.

약은 회원이 계약에서 정한 바에 따라 콘도미니엄시설 전체를 이용하는 것을 주된 목적으로 하는 것으로서, 공유제회원이 시설경영기업과 사이에 시설이용계약을 체결하면서 시설경영기업에 대하여 자신이 공유지분을 가진 객실에 대한 관리를 위탁하고 그에 소요되는 관리비와 회원들 상호 간에 콘도미니엄시설의 이용을 조정하는 사무처리에 소요되는 비용을 지급하였다고 하더라도 이는 회원이 콘도미니엄시설 전체를 이용하는 데에 전제가 되거나 그에 부수되는 것으로서 이로써 공유제회원과 시설경영기업과 사이의 시설이용계약이 민법상의 위임계약에 해당된다고 할 수는 없고, 따라서 시설경영기업이 파산선고를 받는다고 하여 회원과 시설경영기업 사이의 시설이용계약이 당연히 종료된다고 할 수 없다'고 판시함으로써(대법원 2005.1.13.선고, 2003다63043 판결),[3] 위임계약의 성립을 부인한 바 있다.

[59] Ⅲ. 위임계약의 효력

1. 수임인의 의무

(1) 위임사무 처리의무

수임인은 위임인으로부터 위탁받은 사무를 처리할 의무가 있으며(680조), 위임계약의 내용에 따라 선량한 관리자의 주의로써 위임사무를 처리할 의무가 있다(681조).

1) 위임계약의 내용에 따라 위임사무를 처리할 의무

민법은 제681조에서, "수임인은 위임의 본지에 따라 선량한 관리자의 주의로써 위임사무를 처리하여야 한다"고 규정함으로써, 수임인의 「위임의 본지에 따라 위임사무를 처리할 의무」를 인정하고 있다. 여기서 「위임의 본지(本旨)에 따라 위임사무를 처리한다」는 것은 '위임계약의 내용에 따라서 위임의 목적과 위탁된 사무의 성질에 따라서 합리적으로 처리한다'는 것을 의미한다.[4] 문제는 '위임계약에서 수임인은 위임인의 지시에 따를 의무가 있는가?' 하는 것인데, '수임인은 원칙적으로 위임인의 지시에 따라야 하지만, 위임인의 지시가 사무처리에 적합하지 않거나 위임인에게 불이익한 결과를 가져올 우려가 있는 경우에는 위임인에게 그러한 사실을 통지하고 지시의 변경을 요구할 수 있으며, 급박한 사정이 있는 경우에는 지시의 변경을 기다리지 않고 형편에 따라 필요한 조치를 할 수 있다'고 해석된다.[5] 수임인이 위임인의 지시가 부적합함을 알면서도 지시에 따라 사무를 처리한 경우에는 선관주의의무 위

---

3) 판례평석: "콘도회원계약", 「로스쿨계약법」(청림출판, 2006/3), 628 이하; 송호영, "공유제 콘도미니엄의 시설관리운영계약상의 법률관계", 스포츠와 법 10권 3호(한국스포츠법학회, 2007), 309 이하.

4) 同旨: 민법주해(15)/이재홍, 537; 제4판 주석민법(4)/정현수, 531; 곽윤직, 275; 김형배, 677 참조.

5) 민법주해(15)/이재홍, 537; 제4판 주석민법(4)/정현수, 532; 곽윤직, 276; 김형배, 679; 송덕수, 366 참조.

반으로 인한 손해배상책임을 질 수 있다(대법원 2006.9.28.선고, 2004다55162 판결 등).[6)]

2) 수임인 자신이 스스로 사무를 처리할 의무

위임은 수임인에 대한 신뢰를 기초로 사무의 처리를 위탁하는 것이므로, 수임인은 자신이 스스로 사무를 처리하여야 하며, 타인에게 일을 맡겨서는 안 된다(682조 1항). 이를 「자신복무(自身服務)의 원칙」이라고 한다.[7)] 그러나 위임인의 승낙이 있는 경우에는 이를 금지할 이유가 없으며, 경우에 따라서는 타인에게 사무의 처리를 맡기는 것이 합리적인 경우도 있다. 이러한 취지에서, 민법은 수임인의 복위임권(復委任權)을 인정하여, '위임인의 승낙이 있거나 부득이한 사정이 있는 경우에는 제3자로 하여금 자기에 갈음하여 위임사무를 처리할 수 있다'고 규정하고 있다(682조 1항).

(가) 복위임권을 행사한 수임인의 책임

수임인이 제682조 제1항의 규정에 따라 제3자에게 위임사무를 처리하게 한 경우에는 제121조의 규정이 준용되어, ① 수임인이 위임인의 승낙이 있거나 부득이한 사유가 있는 경우에 복위임권을 행사하여 복수임인(復受任人)을 선임한 경우에는, 복수임인의 선임감독에 관하여 고의·과실이 있는 때에 한하여 위임인에게 책임을 지며(682조 2항, 121조 1항), ② 수임인이 위임인의 지명에 의하여 복수임인을 선임한 경우에는, 그 부적임 또는 불성실함을 알고 본인에 대한 통지나 그 해임을 태만한 때에 한하여 책임을 진다(682조 2항, 121조 2항).

(나) 복수임인과 위임인 사이의 관계

수임인이 제682조 제1항의 규정에 따라 복위임권을 행사한 경우에 복수임인과 위임인 사이의 관계에 대하여, 민법은 복대리인에 관한 제123조의 규정을 준용하고 있다(682조 2항).

(A) 복수임인의 대리권 위임사무의 처리를 위하여 수임인에게 대리권이 수여되었으나, 수임인이 복위임권을 행사하여 복수임인을 선임한 경우에는, 복수임인이 위임인의 복대리인으로서 위임인을 위하여 대리권을 행사할 수 있음은 이론상 당연하다. 이러한 취지에서, 민법은 제682조 제2항에서 복대리인의 권한에 관한 제123조 제1항의 규정을 준용하고 있다. 그러므로 대리권의 수여를 수반하지 않는 위임계약에 있어서는 제123조 제1항의 규정이 준용될 여지가 없다고 할 것이다.

(B) 수임인과 동일한 권리·의무 복수임인은 위임인이나 제3자에 대하여 수임인과 동일한 권리·의무가 있다(682조 2항, 123조 2항). 즉, 수임인의 복위임에 의하여 위임인과 복수임인 사이

---

6) 판례평석: 이범균, "법무사가 의뢰인의 지시에 따르는 것이 위임의 취지에 적합하지 않거나 오히려 의뢰인에게 불이익한 결과가 되는 경우, 법무사가 의뢰인에게 부담하는 설명·조언의무의 내용", 대법원 판례해설 63호 (법원도서관, 2007/7), 169 이하. 같은 취지: 대법원 2011.9.29.선고, 2010다5892 판결; 대법원 2012.12.27.선고, 2010다57473 판결.

7) 민법주해(15)/이재홍, 538; 제4판 주석민법(4)/정현수, 531; 곽윤직, 276; 송덕수, 368 참조.

에는 위임계약과 같은 법률관계가 발생하게 된다. 따라서 위임인은 복수임인에게 사무처리·보고 등의 의무를 이행할 것을 직접 청구할 수 있고, 복수임인은 위임인에 대하여 직접 보수청구권과 비용상환청구권을 행사할 수 있다. 다만, 복수임인과 위임인 사이의 법률관계는 위임인과 수임인 사이의 본래의 법률관계를 한도로 하며, 또한 수임인과 복수임인 사이의 복위임계약에서 정한 범위에 한정되게 된다. 그리고 수임인이 복위임권을 행사한 경우에도 위임인과 수임인 사이의 본래의 위임계약관계에는 변화가 없다.

(다) 수임인의 지위양도 금지의무

위임은 위임인과 수임인 사이의 인적 신뢰관계에 기한 계약이므로, 수임인의 지위는 임의로 양도하지 못한다. 다만, 특약이 있거나 위임인의 동의가 있는 경우에는 예외적으로 수임인의 지위를 양도할 수 있다.

(라) 이행보조자책임

위임인은 자신이 스스로 위임사무를 처리하여야 하는 것이 원칙이나, 특별한 약정이 없는 한 이행보조자를 사용하는 것은 가능하다. 다만, 이행보조자를 사용한 경우에는 자신에게 과실이 없더라도 이행보조자의 고의·과실에 대하여 채무불이행책임을 져야 한다(391조).

3) 선관주의의무(善管注意義務)

수임인은 「선량한 관리자의 주의」로써 위임사무를 처리하여야 하는 고도의 주의의무를 부담한다(681조). 이러한 수임인의 선관주의의무는 위임이 무상계약이든 유상계약이든 가리지 않고 인정되는데, 무상계약인 위임계약에 있어서도 수임인에게 선관주의의무가 인정되는 이유는 위임계약이 수임인에 대한 절대적인 신뢰에 기초를 둔 계약이기 때문이다.

(2) 수임인의 부수적 의무

1) 보고의무

수임인은 위임인의 청구가 있는 때에는 위임사무의 처리상황을 보고하고, 위임이 종료한 때에는 지체 없이 그 전말을 보고하여야 한다(683조).

2) 취득물의 인도의무

수임인은 위임사무의 처리로 인하여 받은 금전 기타의 물건 및 그 수취한 과실을 위임인에게 인도하여야 한다(684조 1항).

3) 취득권리의 이전의무

수임인이 위임인을 위하여 자기의 명의로 취득한 권리는 위임인에게 이전하여야 한다(684조 2항).

4) 소비한 금전의 이자를 지급할 의무

수임인이 위임인에게 인도할 금전 또는 위임인의 이익을 위하여 사용할 금전을 자기를 위하여 소비한 때에는 소비한 날 이후의 이자를 지급하여야 하며, 그 외의 손해가 있으면 배상하여야 한다(685조).

(3) 특별위임계약에 있어서의 수임인의 의무

민법은 위임계약을 무상계약으로 규정하여 수임인의 선관주의의무(681조)와 보고의무(683조) 등의 부수적 의무와 보수청구권(686조)과 비용상환청구권(688조) 등의 권리에 관한 매우 추상적이고 간략한 규정을 두고 있을 뿐이어서, 복잡하게 분화되어 있는 현대산업사회에서의 전문적 직업영역에서의 위임계약을 적절하게 규율하지 못하고 있다. 왜냐하면 의사·변호사·법무사·세무사·회계사·공인중개사 등 전문직업영역에서 활동하는 전문가들은 직역마다 그들 고유의 직업윤리와 업무상의 특성을 달리하고 있기 때문이다. 그러므로 민법상의 위임계약에 관한 규정과는 별개로 특별법을 제정하여 각 전문적 직업영역 별로 위임계약을 적절하게 규율할 필요가 있다. 이러한 필요에 응하여 현재 많은 특별법(특별 위임계약법)이 제정되어 있다. 그러므로 실제거래에서 민법의 위임계약에 관한 규정이 직접 적용되는 경우는 드물다고 할 수 있다. 위임계약에 관한 특별법으로서 대표적인 것으로는 의료법·약사법·변호사법·법무사법·변리사법·세무사법·공인회계사법·공인중개사법 등을 들 수 있는데, 이 중에서 가장 대표적인 특별위임계약법이라고 할 수 있는 의료법과 변호사법의 규정을 중심으로 위임인에 대한 의사와 변호사의 의무를 간략하게 소개하기로 한다.

1) 의료법에 따른 의료인의 의무

(가) 진료계약체결의무

의료인은 정당한 사유 없이 진료계약의 체결을 거절하지 못하며(의료법 15조 1항),[8] 이를 위반한 자는 1년 이하의 징역이나 1천만원 이하의 벌금에 처한다(의료법 89조 1호). 이는 인간의 생명과 건강을 다루는 진료계약의 특성을 고려하여 진료계약에서의 계약체결의 자유를 전면적으로 제한한 것으로서, 인간으로서의 존엄과 가치를 실현하기 위한 법의 이념을 구현하기 위한 부득이한 조치라고 할 것이다. 특히, 의료법은 의료인에게 「응급의료법」에서 정하는 바에 따라 응급환자에게 최선의 처치를 하여야 할 의무를 부과하고 있다(의료법 15조 2항).

(나) 진료계약상의 부수의무

(A) 진단서 등 증명서 교부의무 의사·치과의사 또는 한의사는 자신이 진찰하거나 검안한 자에 대한 진단서·검안서 또는 증명서 교부를 요구받은 때에는 정당한 사유 없이 거부하지 못하며(의료법 17조 3항),[9] 의사·한의사 또는 조산사는 자신이 조산한 것에 대한 출생·사망 또

8) 의료법 제15조(진료거부 금지 등) ① 의료인 또는 의료기관 개설자는 진료나 조산 요청을 받으면 정당한 사유 없이 거부하지 못한다. ② 의료인은 응급환자에게 「응급의료에 관한 법률」에서 정하는 바에 따라 최선의 처치를 하여야 한다.

는 사산 증명서 교부를 요구받은 때에는 정당한 사유 없이 거부하지 못한다(의료법 17조 4항). 이에 위반한 자는 500만원 이하의 벌금에 처한다(의료법 90조).

(B) 처방전의 작성·교부의무 의사나 치과의사는 환자에게 의약품을 투여할 필요가 있다고 인정하면 약사법에 따라 자신이 직접 의약품을 조제할 수 있는 경우가 아니면 보건복지부령으로 정하는 바에 따라 처방전을 작성하여 환자에게 내주거나 발송하여야 한다(의료법 18조 1항).[10] 또한 처방전을 발행한 의사 또는 치과의사(처방전을 발행한 한의사를 포함한다)는 처방전에 따라 의약품을 조제하는 약사 또는 한약사가 약사법 제26조 제2항에 따라 문의한 때에는 즉시 이에 응하여야 한다(의료법 18조 4항). 이에 위반한 자는 500만원 이하의 벌금에 처한다(의료법 90조).

(C) 정보누설금지의무 의료인이나 의료기관 종사자는 의료·조산 또는 간호를 하면서 알게 된 다른 사람의 정보를 누설하거나 발표하지 못하는 등 정보누설금지의무를 부담한다(의료법 19조).[11] 이를 위반한 경우에는 3년 이하의 징역이나 3천만원 이하의 벌금에 처한다(의료법 88조).

(D) 태아의 성 감별행위 금지의무 의료법은 태아의 성(性) 감별을 목적으로 임부를 진찰하

---

9) 의료법 제17조(진단서 등) ③ 의사·치과의사 또는 한의사는 자신이 진찰하거나 검안한 자에 대한 진단서·검안서 또는 증명서 교부를 요구받은 때에는 정당한 사유 없이 거부하지 못한다. ④ 의사·한의사 또는 조산사는 자신이 조산한 것에 대한 출생·사망 또는 사산 증명서 교부를 요구받은 때에는 정당한 사유 없이 거부하지 못한다.

10) 의료법 제18조(처방전 작성과 교부) ① 의사나 치과의사는 환자에게 의약품을 투여할 필요가 있다고 인정하면 약사법에 따라 자신이 직접 의약품을 조제할 수 있는 경우가 아니면 보건복지부령으로 정하는 바에 따라 처방전을 작성하여 환자에게 내주거나 발송(전자처방전만 해당된다)하여야 한다. ② 제1항에 따른 처방전의 서식, 기재사항, 보존, 그 밖에 필요한 사항은 보건복지부령으로 정한다. ③ 누구든지 정당한 사유 없이 전자처방전에 저장된 개인정보를 탐지하거나 누출·변조 또는 훼손하여서는 아니 된다. ④ 제1항에 따라 처방전을 발행한 의사 또는 치과의사(처방전을 발행한 한의사를 포함한다)는 처방전에 따라 의약품을 조제하는 약사 또는 한약사가 약사법 제26조 제2항에 따라 문의한 때 즉시 이에 응하여야 한다. 다만, 다음 각 호의 어느 하나에 해당하는 사유로 약사 또는 한약사의 문의에 응할 수 없는 경우 사유가 종료된 때 즉시 이에 응하여야 한다. 1. 「응급의료에 관한 법률」 제2조 제1호에 따른 응급환자를 진료 중인 경우 2. 환자를 수술 또는 처치 중인 경우 3. 그 밖에 약사의 문의에 응할 수 없는 정당한 사유가 있는 경우 ⑤ 의사, 치과의사 또는 한의사가 약사법에 따라 자신이 직접 의약품을 조제하여 환자에게 그 의약품을 내어주는 경우에는 그 약제의 용기 또는 포장에 환자의 이름, 용법 및 용량, 그 밖에 보건복지부령으로 정하는 사항을 적어야 한다. 다만, 급박한 응급의료상황 등 환자의 진료상황이나 의약품의 성질상 그 약제의 용기 또는 포장에 적는 것이 어려운 경우로서 보건복지부령으로 정하는 경우에는 그러하지 아니하다.

11) 의료법 제19조(정보 누설 금지) ① 의료인이나 의료기관 종사자는 이 법이나 다른 법령에 특별히 규정된 경우 외에는 의료·조산 또는 간호업무나 제17조에 따른 진단서·검안서·증명서 작성·교부 업무, 제18조에 따른 처방전 작성·교부 업무, 제21조에 따른 진료기록 열람·사본 교부 업무, 제22조 제2항에 따른 진료기록부등 보존 업무 및 제23조에 따른 전자의무기록 작성·보관·관리 업무를 하면서 알게 된 다른 사람의 정보를 누설하거나 발표하지 못한다. ② 제58조 제2항에 따라 의료기관 인증에 관한 업무에 종사하는 자 또는 종사하였던 자는 그 업무를 하면서 알게 된 정보를 다른 사람에게 누설하거나 부당한 목적으로 사용하여서는 아니 된다.

거나 검사하는 행위를 금지하고, 태아의 성 감별을 목적으로 하는 다른 사람의 행위를 도와주는 행위도 금지하고 있을 뿐만 아니라, 임신 32주 이전에 태아나 임부를 진찰하거나 검사하면서 알게 된 태아의 성(性)을 임부, 임부의 가족, 그 밖의 다른 사람에게 알리는 행위를 금지하고 있다(의료법 20조).[12] 이를 위반한 자는 2년 이하의 징역이나 2천만원 이하의 벌금에 처한다(의료법 88조의2).

(E) 진료기록 관리의무

a) 진료기록부 보존의무 의료인은 진료기록부 등을 갖추어 두고 그 의료행위에 관한 사항과 의견을 상세히 기록하고 서명하여야 하며, 진료기록부등을 보건복지부령으로 정하는 바에 따라 보존하여야 한다(의료법 22조).[13] 이에 위반한 자는 500만원 이하의 벌금에 처한다(의료법 90조).

b) 진료기록 간수의무 의료인이나 의료기관 종사자는 의료법 제21조 제2항에 규정된 경우 이외에는 환자가 아닌 다른 사람에게 환자에 관한 기록을 열람하게 하거나 그 사본을 내주는 등 내용을 확인할 수 있게 하여서는 아니 된다(의료법 21조 2항). 이에 위반한 자는 3년 이하의 징역이나 3천만원 이하의 벌금에 처한다(의료법 88조).

(F) 부당한 경제적 이익 등의 취득 금지의무 의료인, 의료기관 개설자 및 의료기관 종사자는 약사법 제47조 제2항에 따른 의약품공급자로부터 의약품 채택·처방유도·거래유지 등 판매촉진을 목적으로 제공되는 금전, 물품, 편익, 노무, 향응, 그 밖의 경제적 이익을 받거나 의료기관으로 하여금 받게 하여서는 아니 되며, 「의료기기법」 제6조에 따른 제조업자, 같은 법 제15조에 따른 의료기기 수입업자, 같은 법 제17조에 따른 의료기기 판매업자 또는 임대업자로부터 의료기기 채택·사용유도·거래유지 등 판매촉진을 목적으로 제공되는 경제적 이익등을 받거나 의료기관으로 하여금 받게 하여서는 아니 된다(의료법 23조의5).[14] 이에 위반한 자는

---

12) 의료법 제20조(태아 성 감별 행위 등 금지) ① 의료인은 태아 성 감별을 목적으로 임부를 진찰하거나 검사하여서는 아니 되며, 같은 목적을 위한 다른 사람의 행위를 도와서도 아니 된다. ② 의료인은 임신 32주 이전에 태아나 임부를 진찰하거나 검사하면서 알게 된 태아의 성(性)을 임부, 임부의 가족, 그 밖의 다른 사람이 알게 하여서는 아니 된다.

13) 의료법 제22조(진료기록부 등) ① 의료인은 각각 진료기록부, 조산기록부, 간호기록부, 그 밖의 진료에 관한 기록(이하 "진료기록부등"이라 한다)을 갖추어 두고 환자의 주된 증상, 진단 및 치료 내용 등 보건복지부령으로 정하는 의료행위에 관한 사항과 의견을 상세히 기록하고 서명하여야 한다. ② 의료인이나 의료기관 개설자는 진료기록부등[제23조 제1항에 따른 전자의무기록을 포함하며, 추가기재·수정된 경우 추가기재·수정된 진료기록부등 및 추가기재·수정 전의 원본을 모두 포함한다. 이하 같다]을 보건복지부령으로 정하는 바에 따라 보존하여야 한다. ③ 의료인은 진료기록부등을 거짓으로 작성하거나 고의로 사실과 다르게 추가기재·수정하여서는 아니 된다. ④ 보건복지부장관은 의료인이 진료기록부등에 기록하는 질병명, 검사명, 약제명 등 의학용어와 진료기록부등의 서식 및 세부내용에 관한 표준을 마련하여 고시하고 의료인 또는 의료기관 개설자에게 그 준수를 권고할 수 있다.

14) 의료법 제23조의5(부당한 경제적 이익등의 취득 금지) ① 의료인, 의료기관 개설자(법인의 대표자, 이사, 그 밖에 이에 종사하는 자를 포함한다. 이하 이 조에서 같다) 및 의료기관 종사자는 약사법 제47조

3년 이하의 징역이나 3천만원 이하의 벌금에 처한다. 이 경우 취득한 경제적 이익등은 몰수하고, 몰수할 수 없을 때에는 그 가액을 추징한다(의료법 88조 2호).

(G) 의료광고의 제한 의료인 등(의료기관 개설자, 의료기관의 장 또는 의료인)은 '의료법 제53조에 따른 평가를 받지 아니한 신의료기술에 관한 광고, 환자에 관한 치료경험담 등 소비자로 하여금 치료 효과를 오인하게 할 우려가 있는 내용의 광고, 거짓된 내용을 표시하는 광고 등' 의료법 제56조 제2항 각 호에 해당하는 의료광고를 하지 못한다(의료법 56조 2항).[15] 이에 위반한 자는 1년 이하의 징역이나 1천만원 이하의 벌금에 처한다(의료법 89조).

제2항에 따른 의약품공급자로부터 의약품 채택·처방유도·거래유지 등 판매촉진을 목적으로 제공되는 금전, 물품, 편익, 노무, 향응, 그 밖의 경제적 이익(이하 "경제적 이익등"이라 한다)을 받거나 의료기관으로 하여금 받게 하여서는 아니 된다. 다만, 견본품 제공, 학술대회 지원, 임상시험 지원, 제품설명회, 대금결제조건에 따른 비용할인, 시판 후 조사 등의 행위(이하 "견본품 제공등의 행위"라 한다)로서 보건복지부령으로 정하는 범위 안의 경제적 이익등인 경우에는 그러하지 아니하다. ② 의료인, 의료기관 개설자 및 의료기관 종사자는 「의료기기법」 제6조에 따른 제조업자, 같은 법 제15조에 따른 의료기기 수입업자, 같은 법 제17조에 따른 의료기기 판매업자 또는 임대업자로부터 의료기기 채택·사용유도·거래유지 등 판매촉진을 목적으로 제공되는 경제적 이익등을 받거나 의료기관으로 하여금 받게 하여서는 아니 된다. 다만, 견본품 제공등의 행위로서 보건복지부령으로 정하는 범위 안의 경제적 이익등인 경우에는 그러하지 아니하다.

15) 의료법 제56조(의료광고의 금지 등) ② 의료인등은 다음 각 호의 어느 하나에 해당하는 의료광고를 하지 못한다. 1. 제53조에 따른 평가를 받지 아니한 신의료기술에 관한 광고 2. 환자에 관한 치료경험담 등 소비자로 하여금 치료 효과를 오인하게 할 우려가 있는 내용의 광고 3. 거짓된 내용을 표시하는 광고 4. 다른 의료인등의 기능 또는 진료 방법과 비교하는 내용의 광고 5. 다른 의료인등을 비방하는 내용의 광고 6. 수술 장면 등 직접적인 시술행위를 노출하는 내용의 광고 7. 의료인등의 기능, 진료 방법과 관련하여 심각한 부작용 등 중요한 정보를 누락하는 광고 8. 객관적인 사실을 과장하는 내용의 광고 9. 법적 근거가 없는 자격이나 명칭을 표방하는 내용의 광고 10. 신문, 방송, 잡지 등을 이용하여 기사 또는 전문가의 의견 형태로 표현되는 광고 11. 제57조에 따른 심의를 받지 아니하거나 심의받은 내용과 다른 내용의 광고 12. 제27조 제3항에 따라 외국인환자를 유치하기 위한 국내광고 13. 소비자를 속이거나 소비자로 하여금 잘못 알게 할 우려가 있는 방법으로 제45조에 따른 비급여 진료비용을 할인하거나 면제하는 내용의 광고 14. 각종 상장·감사장 등을 이용하는 광고 또는 인증·보증·추천을 받았다는 내용을 사용하거나 이와 유사한 내용을 표현하는 광고. 다만, 다음 각 목의 어느 하나에 해당하는 경우는 제외한다. 가. 제58조에 따른 의료기관 인증을 표시한 광고 나. 「정부조직법」 제2조부터 제4조까지의 규정에 따른 중앙행정기관·특별지방행정기관 및 그 부속기관, 「지방자치법」 제2조에 따른 지방자치단체 또는 「공공기관의 운영에 관한 법률」 제4조에 따른 공공기관으로부터 받은 인증·보증을 표시한 광고 다. 다른 법령에 따라 받은 인증·보증을 표시한 광고 라. 세계보건기구와 협력을 맺은 국제평가기구로부터 받은 인증을 표시한 광고 등 대통령령으로 정하는 광고 15. 그 밖에 의료광고의 방법 또는 내용이 국민의 보건과 건전한 의료경쟁의 질서를 해치거나 소비자에게 피해를 줄 우려가 있는 것으로서 대통령령으로 정하는 내용의 광고 ③ 의료광고는 다음 각 호의 방법으로는 하지 못한다. 1. 「방송법」 제2조 제1호의 방송 2. 그 밖에 국민의 보건과 건전한 의료경쟁의 질서를 유지하기 위하여 제한할 필요가 있는 경우로서 대통령령으로 정하는 방법 ④ 제2항에 따라 금지되는 의료광고의 구체적인 내용 등 의료광고에 관하여 필요한 사항은 대통령령으로 정한다. ⑤ 보건복지부장관, 시장·군수·구청장은 제2항 제2호부터 제5호까지 및 제7호부터 제9호까지를 위반한 의료인등에 대하여 제63조, 제64조 및 제67조에 따른 처분을 하려는 경우에는 지체 없이 그 내용을 공정거래위원회에 통보하여야 한다.

2) 변호사법에 따른 변호사의 의무

(가) 위임계약 체결의 자유의 제한

(A) 변호사의 수임제한 법무사법 등 공익적 성격을 가지는 전문직역에 관한 특별법이 법무사 등 전문직역 종사자들의 계약체결의 자유를 제한하는 규정을 두고 있는 것(법무사법 20조 1항)[16]과는 달리, 변호사법에는 이러한 규정이 없다. 오히려 변호사법은 '당사자 한쪽으로부터 상의를 받아 그 수임을 승낙한 사건의 상대방이 위임하는 사건 등' 공정한 업무의 수행이 의심되는 경우에는 사건의 수임을 금지하고 있다(동법 31조 1항).[17] 또한 법관, 검사, 장기복무 군법무관, 그 밖의 공무원 직에 있다가 퇴직하여 변호사 개업을 한 "공직퇴임변호사"는 국선변호 등 공익목적의 수임과 사건당사자가 민법 제767조에 따른 친족인 경우의 수임을 제외하고는 퇴직 전 1년부터 퇴직한 때까지 근무한 법원, 검찰청, 군사법원, 금융위원회, 공정거래위원회, 경찰관서 등 국가기관이 처리하는 사건을 퇴직한 날부터 1년 동안 수임할 수 없다(동법 31조 3항). 특히 공무원·조정위원 또는 중재인으로서 직무상 취급하거나 취급하게 된 사건을 수임한 변호사는 1년 이하의 징역 또는 1천만원 이하의 벌금에 처해지며(동법 113조), 위임계약도 무효가 된다.

판례에 따르면, ① '제1심에서 법관으로서 취급한 사건을 제2심에서 소송대리인으로서

16) 법무사법 제20조(위임에 따를 의무 등) ① 법무사는 정당한 사유 없이 업무에 관한 위임을 거부할 수 없다. ② 법무사는 당사자 한쪽의 위임을 받아 취급한 사건에 관하여는 상대방을 위하여 서류를 작성하지 못한다. 다만, 당사자 양쪽의 동의가 있는 경우에는 그러하지 아니하다.

17) 변호사법 제31조(수임제한) ① 변호사는 다음 각 호의 어느 하나에 해당하는 사건에 관하여는 그 직무를 수행할 수 없다. 다만, 제2호 사건의 경우 수임하고 있는 사건의 위임인이 동의한 경우에는 그러하지 아니하다. 1. 당사자 한쪽으로부터 상의를 받아 그 수임을 승낙한 사건의 상대방이 위임하는 사건 2. 수임하고 있는 사건의 상대방이 위임하는 다른 사건 3. 공무원·조정위원 또는 중재인으로서 직무상 취급하거나 취급하게 된 사건 ② 제1항 제1호 및 제2호를 적용할 때 법무법인·법무법인(유한)·법무조합이 아니면서도 변호사 2명 이상이 사건의 수임·처리나 그 밖의 변호사 업무 수행 시 통일된 형태를 갖추고 수익을 분배하거나 비용을 분담하는 형태로 운영되는 법률사무소는 하나의 변호사로 본다. ③ 법관, 검사, 장기복무 군법무관, 그 밖의 공무원 직에 있다가 퇴직(재판연구원, 사법연수생과 병역의무를 이행하기 위하여 군인·공익법무관 등으로 근무한 자는 제외한다)하여 변호사 개업을 한 자(이하 "공직퇴임변호사"라 한다)는 퇴직 전 1년부터 퇴직한 때까지 근무한 법원, 검찰청, 군사법원, 금융위원회, 공정거래위원회, 경찰관서 등 국가기관(대법원, 고등법원, 지방법원 및 지방법원 지원과 그에 대응하여 설치된 검찰청법 제3조 제1항 및 제2항의 대검찰청, 고등검찰청, 지방검찰청, 지방검찰청 지청은 각각 동일한 국가기관으로 본다)이 처리하는 사건을 퇴직한 날부터 1년 동안 수임할 수 없다. 다만, 국선변호 등 공익목적의 수임과 사건당사자가 민법 제767조에 따른 친족인 경우의 수임은 그러하지 아니하다. ④ 제3항의 수임할 수 없는 경우는 다음 각 호를 포함한다. 1. 공직퇴임변호사가 법무법인, 법무법인(유한), 법무조합 또는 「외국법자문사법」 제2조 제9호에 따른 합작법무법인(이하 이 조에서 "법무법인등"이라 한다)의 담당변호사로 지정되는 경우 2. 공직퇴임변호사가 다른 변호사, 법무법인등으로부터 명의를 빌려 사건을 실질적으로 처리하는 등 사실상 수임하는 경우 3. 법무법인등의 경우 사건수임계약서, 소송서류 및 변호사의견서 등에는 공직퇴임변호사가 담당변호사로 표시되지 않았으나 실질적으로는 사건의 수임이나 수행에 관여하여 수임료를 받는 경우 ⑤ 제3항의 법원 또는 검찰청 등 국가기관의 범위, 공익목적 수임의 범위 등 필요한 사항은 대통령령으로 정한다.

행한 대리행위는 소송대리권이 없는 사람이 소송을 대리하는 것과 마찬가지로 본인의 추인이 없는 이상 무효'이며(대법원 1962.1.31.선고, 4294민상517·518 판결 등). ② '동일한 변호사가 형사사건에서 피고인을 위한 변호인으로 선임되어 변호활동을 하는 등 직무를 수행하였다가 나중에 실질적으로 동일한 쟁점을 포함하고 있는 민사사건에서 위 형사사건의 피해자에 해당하는 상대방 당사자를 위한 소송대리인으로서 소송행위를 하는 등 직무를 수행하는 것은 변호사법 제31조 제1호의 수임제한규정을 위반한 행위'라고 한다(대법원 2003.5.30.선고, 2003다15556 판결 등). 다만, ③ '수임제한에 관한 변호사법의 규정을 위반하여 소송행위를 하였다고 하더라도 당사자가 아무런 이의도 하지 아니한 이상, 그 소송행위는 소송법상 완전한 효력이 생긴다'고 한다(대법원 1995.7.28.선고, 94다44903 판결 등).

(나) 광고의 제한

(A) 광고의 내용에 대한 규제　변호사의 광고를 엄격하게 금지하는 국가도 있으나, 우리나라에서는 변호사의 광고가 원칙적으로 허용되고 있다(변호사법 23조 1항).[18] 다만, 변호사의 업무에 관하여 거짓된 내용을 표시하는 광고, 국제변호사를 표방하거나 그 밖에 법적 근거가 없는 자격이나 명칭을 표방하는 내용의 광고, 객관적 사실을 과장하거나 사실의 일부를 누락하는 등 소비자를 오도하거나 소비자에게 오해를 불러일으킬 우려가 있는 내용의 광고, 소비자에게 업무수행 결과에 대하여 부당한 기대를 가지도록 하는 내용의 광고, 다른 변호사 등을 비방하거나 자신의 입장에서 비교하는 내용의 광고, 부정한 방법을 제시하는 등 변호사의 품위를 훼손할 우려가 있는 광고, 그 밖에 광고의 방법 또는 내용이 변호사의 공공성이나 공정한 수임 질서를 해치거나 소비자에게 피해를 줄 우려가 있는 것으로서 대한변호사협회가 정하는 광고는 금지된다(동조 2항). 또한 변호사법 제23조 제1호 및 제2호에 위반하여 광고를 한 자는 1년 이하의 징역 또는 1천만원 이하의 벌금에 처하며(동법 113조), 동조 제3호 내지 제7호에 위반하여 광고를 한 자에 대해서는 처벌규정은 없으나, 변호사징계위원회에 의한 징계

18) 변호사법 제23조(광고) ① 변호사·법무법인·법무법인(유한) 또는 법무조합(이하 이 조에서 "변호사등"이라 한다)은 자기 또는 그 구성원의 학력, 경력, 주요 취급 업무, 업무 실적, 그 밖에 그 업무의 홍보에 필요한 사항을 신문·잡지·방송·컴퓨터통신 등의 매체를 이용하여 광고할 수 있다. ② 변호사등은 다음 각 호의 어느 하나에 해당하는 광고를 하여서는 아니 된다. 1. 변호사의 업무에 관하여 거짓된 내용을 표시하는 광고 2. 국제변호사를 표방하거나 그 밖에 법적 근거가 없는 자격이나 명칭을 표방하는 내용의 광고 3. 객관적 사실을 과장하거나 사실의 일부를 누락하는 등 소비자를 오도하거나 소비자에게 오해를 불러일으킬 우려가 있는 내용의 광고 4. 소비자에게 업무수행 결과에 대하여 부당한 기대를 가지도록 하는 내용의 광고 5. 다른 변호사등을 비방하거나 자신의 입장에서 비교하는 내용의 광고 6. 부정한 방법을 제시하는 등 변호사의 품위를 훼손할 우려가 있는 광고 7. 그 밖에 광고의 방법 또는 내용이 변호사의 공공성이나 공정한 수임 질서를 해치거나 소비자에게 피해를 줄 우려가 있는 것으로서 대한변호사협회가 정하는 광고 ③ 변호사등의 광고에 관한 심사를 위하여 대한변호사협회와 각 지방변호사회에 광고심사위원회를 둔다. ④ 광고심사위원회의 운영과 그 밖에 광고에 관하여 필요한 사항은 대한변호사협회가 정한다.

(제명, 3년 이하의 정직, 3천만원 이하의 과태료, 견책) 사유가 된다(동법 90조, 91조 2항 1호).

(B) **공무원과의 연고관계 등의 선전 금지** 변호사나 그 사무직원은 법률사건이나 법률사무의 수임을 위하여 재판이나 수사업무에 종사하는 공무원과의 연고 등 사적인 관계를 드러내며 영향력을 미칠 수 있는 것으로 선전하여서는 아니 된다(변호사법 30조). 이를 위반하여 공무원과의 연고관계 등을 선전한 자는 변호사징계위원회에 의한 징계(제명, 3년 이하의 정직, 3천만원 이하의 과태료, 견책) 사유가 된다(동법 90조, 91조 2항 1호).

(다) **위임계약의 부수의무**

(A) **품위유지의무** 변호사는 그 품위를 손상하는 행위를 하여서는 아니 되며, 그 직무를 수행할 때에 진실을 은폐하거나 거짓 진술을 하여서는 아니 된다(변호사법 24조). 변호사가 직무의 내외를 막론하고 변호사로서의 품위를 손상하는 행위를 한 경우에는 변호사징계위원회에 의한 징계(제명, 3년 이하의 정직, 3천만원 이하의 과태료, 견책) 사유가 된다(동법 90조, 91조 2항 3호).

이와 관련하여, 대법원은 '변호사가 재일교포간첩의 국가보안법 위반사건을 수임한 후, 일본에 거주하는 간첩의 처가 위 사건의 보수로 3회에 걸쳐 보내온 일화 합계 1백만엔을 영수하여 그 중 70만엔을 서울시내 암달러상을 통해 교환하는 등 외국환관리법을 위반하고, 4회에 걸쳐 법원직원들에게 합계 65,000원을 증뢰하고 위 간첩에 대한 판결문, 공판조서 등의 사본을 받아 위 간첩의 구원회원에게 교부하여 조총련의 반한선전에 이용되게 하고, 위 간첩의 형사사건 기록을 열람하면서 그 증거물 압수조서를 임의로 필사하여 일본대사관 직원에게 상세히 알려줌으로써 일본 내 한국공관이 수사활동을 한다고 일본정계 및 동 재야법조계가 비난하게 되는 등 물의를 야기한 것은 변호사로서의 품위를 손상한 것'이라고 판시한 바 있다(대법원 1984.5.23., 83두4 결정).

(B) **비밀유지의무** 변호사 또는 변호사이었던 자는 법률에 특별한 규정이 있는 경우 이외에는 그 직무상 알게 된 비밀을 누설하여서는 아니 된다(변호사법 26조). 이에 위반하여 직무상 알게 된 비밀을 누설한 자는 변호사징계위원회에 의한 징계(제명, 3년 이하의 정직, 3천만원 이하의 과태료, 견책) 사유가 된다(동법 90조, 91조 2항 1호).

(C) **수임장부의 작성·보관의무** 변호사는 수임에 관한 장부를 작성하고 보관하여야 하며, 그 장부에는 수임 받은 순서에 따라 수임일, 수임액, 위임인 등의 인적 사항, 수임한 법률사건이나 법률사무의 내용, 그 밖에 대통령령으로 정하는 사항을 기재하여야 한다(변호사법 28조). 이에 위반하여 장부를 작성하지 아니하거나 보관하지 아니한 자는 2천만원 이하의 과태료를 부과한다(동법 117조).

(D) **변호인선임서 제출의무** 변호사는 법원이나 수사기관에 변호인선임서나 위임장 등을 제출하지 아니하고 재판에 계속 중인 사건 또는 내사 중인 사건을 포함하여 수사 중인 형사

사건에 대하여 변호하거나 대리할 수 없다(변호사법 29조의2). 조세를 포탈하거나 수임제한 등 관계 법령에 따른 제한을 회피하기 위하여 변호사선임서 제출의무를 위반하여 변호하거나 대리한 자는 1년 이하의 징역 또는 1천만원 이하의 벌금에 처한다(동법 113조 4호).

(E) 계쟁권리의 양수금지의무 변호사는 계쟁권리를 양수하여서는 아니 된다(변호사법 32조). 이에 위반하여 계쟁권리를 양수한 자는 3년 이하의 징역 또는 2천만원 이하의 벌금에 처하며, 이 경우 벌금과 징역을 병과할 수 있다(동법 112조 5호). 다만, 판례는 '이러한 양수금지의무는 단속규정에 불과하여 양수행위의 사법상의 효력에는 영향이 없다'고 한다. 또한 '여기서 "계쟁권리"라 함은 바로 계쟁 중에 있는 그 권리이며, 계쟁목적물이었던 부동산 자체를 계쟁권리라 할 수 없다'고 한다(대법원 1985.4.9.선고, 83다카1775 판결).

(F) 독직행위(瀆職行爲) 금지의무 변호사는 수임하고 있는 사건에 관하여 상대방으로부터 이익을 받거나 이를 요구 또는 약속하여서는 아니 된다(변호사법 33조). 이에 위반한 자는 7년 이하의 징역 또는 5천만원 이하의 벌금에 처하며, 이 경우 벌금과 징역은 병과할 수 있다(동법 109조).

2. 위임인의 의무

(1) 보수지급의무

민법상의 위임계약은 원칙적으로 무상계약이다. 즉, 수임인은 특별한 약정이 없으면 위임인에 대하여 보수를 청구하지 못한다(686조 1항). 그러나 실제거래에서는 대부분의 위임계약은 보수지급의 특약이 있는 것이 보통이며, 명시적인 보수지급의 약정이 없는 경우에도 위임인의 보수지급의무를 인정하여야 하는 경우가 많다. 이러한 취지에서, 판례는 '변호사에게 계쟁사건의 처리를 위임함에 있어서 그 보수지급 및 수액에 관하여 명시적인 약정을 아니하였다 하여도, 무보수로 한다는 등 특별한 사정이 없는 한 응분의 보수를 지급할 묵시의 약정이 있는 것으로 봄이 상당하며(대법원 1993.11.12.선고, 93다36882 판결 등),[19] 이 경우 그 보수액은 사건수임의 경위, 사건의 경과와 난이 정도, 소송물가액, 승소로 인하여 당사자가 얻는 구체적 이익과 소속 변호사회 보수규정 및 의뢰인과 변호사 간의 관계, 기타 변론에 나타난 제반사정을 참작하여 결정함이 상당하다'고 한다(대법원 1995.12.5.선고, 94다50229 판결 등).

1) 보수지급의 방법

보수의 지급방법에 관하여는 민법에 특별한 제한이 없으므로, 당사자의 약정에 의하여 사무처리의 결과로 위임인이 취득하게 되는 권리의 일부를 보수로 지급하기로 하는 것도 가능하다. 또한 변호사의 소송위임에서는 사무의 처리가 성공한 때에만 보수를 지급하기로 하

19) 같은 취지: 대법원 1993.2.12.선고, 92다42941 판결.

는 이른바 「성공보수」의 약정이 있는 경우가 많다. 판례는 종래 '성공보수약정은 유효하다'는 입장을 취하여 왔으나(대법원 2009.7.9.선고, 2009다21249 판결 등), 대법원은 2015.7.23.선고, 2015다200111 전원합의체판결에 의하여 그 입장을 전환하여, '형사사건에서의 성공보수약정은 선량한 풍속 기타 사회질서에 위배되는 것으로서 무효'라고 판시한 바 있다.

■ **형사사건에 관한 성공보수약정이 선량한 풍속 기타 사회질서에 위배되는 것으로 평가할 수 있는지 여부**(적극) 형사사건에 관하여 체결된 성공보수약정이 가져오는 여러 가지 사회적 폐단과 부작용 등을 고려하면, 구속영장청구 기각, 보석 석방, 집행유예나 무죄 판결 등과 같이 의뢰인에게 유리한 결과를 얻어내기 위한 변호사의 변론활동이나 직무수행 그 자체는 정당하다 하더라도, 형사사건에서의 성공보수약정은 수사·재판의 결과를 금전적인 대가와 결부시킴으로써, 기본적 인권의 옹호와 사회정의의 실현을 사명으로 하는 변호사 직무의 공공성을 저해하고, 의뢰인과 일반 국민의 사법제도에 대한 신뢰를 현저히 떨어뜨릴 위험이 있으므로, 선량한 풍속 기타 사회질서에 위배되는 것으로 평가할 수 있다. 다만 선량한 풍속 기타 사회질서는 부단히 변천하는 가치관념으로서 어느 법률행위가 이에 위반되어 민법 제103조에 의하여 무효인지는 법률행위가 이루어진 때를 기준으로 판단하여야 하고, 또한 그 법률행위가 유효로 인정될 경우의 부작용, 거래자유의 보장 및 규제의 필요성, 사회적 비난의 정도, 당사자 사이의 이익균형 등 제반 사정을 종합적으로 고려하여 사회통념에 따라 합리적으로 판단하여야 한다. 그런데 그동안 대법원은 수임한 사건의 종류나 특성에 관한 구별 없이 성공보수약정이 원칙적으로 유효하다는 입장을 취해 왔고, 대한변호사협회도 1983년에 제정한 '변호사보수기준에 관한 규칙'에서 형사사건의 수임료를 착수금과 성공보수금으로 나누어 규정하였으며, 위 규칙이 폐지된 후에 권고양식으로 만들어 제공한 형사사건의 수임약정서에도 성과보수에 관한 규정을 마련하여 놓고 있었다. 이에 따라 변호사나 의뢰인은 형사사건에서의 성공보수약정이 안고 있는 문제점 내지 그 문제점이 약정의 효력에 미칠 수 있는 영향을 제대로 인식하지 못한 것이 현실이고, 그 결과 당사자 사이에 당연히 지급되어야 할 정상적인 보수까지도 성공보수의 방식으로 약정하는 경우가 많았던 것으로 보인다. 이러한 사정들을 종합하여 보면, 종래 이루어진 보수약정의 경우에는 보수약정이 성공보수라는 명목으로 되어 있다는 이유만으로 민법 제103조에 의하여 무효라고 단정하기는 어렵다. 그러나 대법원이 이 판결을 통하여 형사사건에 관한 성공보수약정이 선량한 풍속 기타 사회질서에 위배되는 것으로 평가할 수 있음을 명확히 밝혔음에도 불구하고 향후에도 성공보수약정이 체결된다면 이는 민법 제103조에 의하여 무효로 보아야 한다. (대법원 2015.7.23.선고, 2015다200111 전원합의체판결)[20]

2) 보수액의 결정기준

국민건강보험법에 의한 의료수가(醫療酬價)와 같이 법률에 의하여 수임인의 보수액이 결정되는 경우도 있으나, 보수액은 일반적으로 당사자 사이의 특약에 의하여 결정된다. 다만, 보수액에 관한 특약이 없는 경우에는 거래의 관습과 제반사정을 고려하여 결정하여야 할 것이다. 이러한 취지에서, 판례는 '변호사의 소송위임사무처리에 대한 보수에 관한 약정이 없는

---

20) 판례평석: 윤진수, "형사사건 성공보수 약정 무효 판결의 장래효에 대한 의문", 법률신문 4340호(법률신문사, 2015), 11; 장윤순, "형사사건에 관한 성공보수금약정의 효력에 관한 연구", 동아법학 69호(동아출판부, 2015), 297 이하; 김제완, "형사사건 변호사 성공보수약정 무효화에 대한 비판적 고찰", 인권과 정의 457호(대한변호사협회, 2016), 6 이하; 김태봉, "형사사건에 관한 성공보수약정과 사회적 타당성", 법학논총 37집 3호(전남대법학연구소, 2017), 9 이하.

경우에는, 법원은 사건수임의 경위, 사건의 경과와 난이정도, 소송물가액, 승소로 인하여 당사자가 얻는 구체적 이익과 소속 변호사회 보수규정 및 의뢰인과 변호사 간의 관계 기타 변론에 나타난 제반사정을 참작하여 결정하는 것이 상당하다'고 하며(대법원 1981.7.28.선고, 80다2485 판결 등),[21] 세무사의 세무대리업무처리에 대한 보수에 관하여도 같은 입장을 취하고 있다(대법원 2006.6.15.선고, 2004다59393 판결).

3) 보수의 감액

판례는 '위임계약에 있어서 약정된 보수액이 부당하게 과다하여 신의성실의 원칙이나 형평의 원칙에 반한다고 볼만한 특별한 사정이 있는 경우에는, 예외적으로 상당하다고 인정되는 범위 내의 보수액만을 청구할 수 있다'는 입장을 확립하고 있다(대법원 1995.4.25.선고, 94다57626 판결 등).

4) 보수의 지급시기

보수의 지급시기는 당사자의 약정으로 자유롭게 정할 수 있는 것이 원칙이나, 특약이 없는 경우에는 위임사무의 처리가 종료한 후에 지급하는 것이 원칙이다. 즉, 수임인은 위임사무를 완료한 후가 아니면 이를 청구하지 못한다(686조 2항 본문). 그러나 기간으로 보수를 정한 경우에는, 사무처리가 종료된 경우에도 그 기간이 경과한 후에야 이를 청구할 수 있으며, 반대로 사무처리가 종료되지 않은 경우에도 그 기간이 경과하면 보수를 청구할 수 있다(686조 2항 단서).

이와 관련하여, 판례는 '환자에 대한 의사의 치료비채권은 개개의 진료가 종료된 때에 발생한다'는 전제하에, '3년의 단기소멸시효의 적용을 받는 의사의 치료비채권은 특약이 없는 한 그 개개의 진료가 종료될 때마다 각각의 당해 진료에 필요한 비용의 이행기가 도래하여 그에 대한 소멸시효가 진행된다고 해석하여야 하며, 장기간 입원 치료를 받는 경우라 하더라도 다른 특약이 없는 한 입원 치료 중에 환자에 대하여 치료비를 청구함에 아무런 장애가 없으므로, 퇴원 시부터 소멸시효가 진행된다고 볼 수 없다'고 한다(대법원 2001.11.9.선고, 2001다52568 판결 등).

5) 위임의 중도에 종료된 때의 보수지급의무

수임인이 위임사무를 처리하는 중에 수임인의 책임 없는 사유로 인하여 위임이 종료된 때에는, 수임인은 이미 처리한 사무의 비율에 따른 보수를 청구할 수 있다(686조 2항). 이는 위임은 일의 완성을 목적으로 하는 것이 아니라, 사무의 처리를 목적으로 하는 것이기 때문이다.

---

21) 같은 취지: 대법원 1995.12.5.선고, 94다50229 판결.

(2) 비용선급의무(費用先給義務)

위임사무의 처리에 비용을 요하는 때에는, 위임인은 수임인의 청구에 의하여 이를 선급하여야 한다(687조).

(3) 필요비상환의무

수임인이 위임사무의 처리에 관하여 필요비를 지출한 때에는 위임인에 대하여 지출한 날 이후의 이자를 청구할 수 있다(688조 1항).

(4) 수임인이 부담한 채무를 변제할 의무

수임인이 위임사무의 처리에 필요한 채무를 부담한 때에는, 위임인에게 자기에 갈음하여 이를 변제하게 할 수 있고, 그 채무가 변제기에 있지 아니한 때에는 상당한 담보를 제공하게 할 수 있다(688조 2항). 이를 위임인에 대한 수임인의 「대(代)변제청구권」이라고 한다.

(5) 손해배상청구권

수임인이 위임사무의 처리를 위하여 과실 없이 손해를 받은 때에는, 위임인에 대하여 그 배상을 청구할 수 있다(688조 3항).

[60] Ⅳ. 위임계약의 종료

1. 위임계약의 종료원인

(1) 위임계약의 해지

위임계약은 각 당사자가 언제든지 해지할 수 있다(689조 1항). 이를 「위임계약의 상호해지의 자유」라고 한다. 다만, 당사자 일방이 부득이한 사유 없이 상대방의 불리한 시기에 계약을 해지한 때에는 그 손해를 배상하여야 한다(689조 2항).

위임인의 해지권을 포기하는 약정은 무효라고 할 것이다. 무상수임인의 해지권 포기도 마찬가지이다. 그러나 유상계약인 위임에 있어서는 수임인의 해지권 포기는 사회질서에 반하는 것이 아닌 한 유효하다고 할 것이다.

(2) 당사자 일방의 사망 또는 파산, 수임인에 대한 성년후견개시심판

위임계약은 당사자 사이의 인적 신뢰에 기초하는 계속적 계약이므로, 당사자 일방의 사망 또는 파산으로 인하여 종료한다. 수임인이 성년후견개시의 심판을 받은 때에도 위임계약은 종료한다(690조).

2. 위임 종료 시의 특별조치

(1) 수임인 등의 긴급사무처리의무

위임 종료의 경우에, 급박한 사정이 있는 때에는 수임인, 그 상속인이나 법정대리인은 위임인, 그 상속인이나 법정대리인이 위임사무를 처리할 수 있을 때까지 그 사무의 처리를 계속하여야 한다. 이 경우에는 위임의 존속과 동일한 효력이 있다(691조).

(2) 위임종료의 대항요건

위임종료의 사유는 이를 상대방에게 통지하거나 상대방이 이를 안 때가 아니면 이로써 상대방에게 대항하지 못한다(692조).

[61] Ⅴ. **사무관리**

1. 서 설

(1) 의 의

「사무관리」(Geschäftsführung ohne Auftrag; gestion d'affaires)라 함은 '법적 의무 없이 타인을 위하여 사무를 관리하는 것'을 말한다(734조 1항). 원래 권한 없이 타인의 일에 간섭하는 것은 위법한 행위로서 불법행위를 구성하는 것이지만(750조), 예외적으로 타인을 위하여 사무를 처리해 주는 것이 사회관념상 필요하고 타당한 결과를 가져오는 경우에는, 이를 적법행위로 인정하여 본인과 타인의 사무를 처리해 준 관리자 사이의 법률관계를 적절하게 규율할 필요가 있는바, 이것이 사무관리제도이다.

민법은 사무관리를 적법행위로 인정하여 위임계약과 유사한 법적 효력을 인정하고 있다. 즉, 법률상의 의무 없이 타인의 사무를 관리하는 자는 위임계약에서의 수임인과 마찬가지로, ① 관리사무의 처리상황을 본인에게 보고할 의무(738조, 683조), 사무처리로 인하여 받은 금전 기타의 물건 및 그 수취한 과실을 본인에게 인도하고, 본인을 위하여 자기의 명의로 취득한 권리를 본인에게 이전할 의무(738조, 684조), 본인에게 인도할 금전 또는 본인의 이익을 위하여 사용할 금전을 자기를 위하여 소비한 때에는 소비한 날 이후의 이자를 지급하고, 그 외에 손해가 있으면 손해배상을 할 의무가 인정되며(738조, 685조), ② 본인을 위하여 필요 또는 유익한 채무를 부담한 때에는 본인에게 자기에 갈음하여 이를 변제하게 할 수 있고, 그 채무가 변제기에 있지 아니한 때에는 상당한 담보를 제공하게 할 수 있다(739조 2항, 688조 2항).

한편 사무관리자는 그 사무의 성질에 좇아 가장 본인에게 이익 되는 방법으로 이를 관리하여야 하며(734조 1항), 본인의 의사를 알거나 알 수 있는 때에는 그 의사에 적합하도록 관리할 의무가 있다(동조 2항). 만약 관리자가 이러한 의무를 위반하여 사무를 관리한 경우에는, 관리자는 과실 없는 때에도 이로 인한 손해를 배상할 책임이 있다(동조 3항 본문). 또한 관리자가 본인을 위하여 필요비 또는 유익비를 지출한 때에는 본인에 대하여 그 상환을 청구할 수 있으며(739조 1항), 관리자가 사무관리를 함에 있어서 과실 없이 손해를 받은 때에는 본인의 현존이익의 한도에서 그 손해의 보상을 청구할 수 있다(740조).

(2) 사무관리의 제도적 필요성과 사회적 기능

타인의 부탁이 없는데도 권한 없이 타인의 일에 간섭하는 것은 위법행위로서 불법행위를 구성하는 것이 원칙이다. 그러나 법률이 타인의 일에 간섭하는 것을 예외 없이 금지한다면 결국 아무도 남의 일을 도와주려고 하지 않을 것이고, 이는 경우에 따라서는 그 타인에게 회복할 수 없는 손해를 야기할 수 있다. 개인의 힘만으로 사회생활의 모든 필요한 일들을 할 수는 없으며, 남의 힘을 빌려야 하는 경우가 있기 마련이다. 물론 타인과의 합의에 의하여 고용, 도급, 현상광고, 위임 등의 계약을 통하여 남의 힘을 빌릴 수 있으나, 이러한 계약관계가 없는 경우에도 타인을 위하여 사무를 처리해 주도록 하는 것이 사회관념상 필요하고 타당한 결과를 가져오는 경우에는 법률이 이를 적법행위로 인정함으로써 본인과 관리자 사이에서 발생하는 비용상환청구권 등의 문제를 적절하게 규율할 필요가 있다. 사무관리는 이러한 사회적 필요성에 기하여 인정되는 제도인 것이다.[22] 다만, 사무관리는 타인의 자유에 대한 부당한 간섭이 될 가능성이 있다는 점에 유의할 필요가 있다. 현행민법은 사무관리자의 손해보상청구권을 인정함으로써 사무관리를 장려하면서도(740조), 다른 한편으로는 타인의 자유에 대한 부당한 간섭이 될 수 있는 사무관리의 위험성을 고려하여 관리자의 보수청구권은 인정하지 않고 있다.[23]

2. 사무관리의 법적 성질

(1) 준법률행위

사무관리는 법률상 의무 없이 타인의 사무를 관리한다는 사실에 의하여 관리자와 본인 사이에 법률이 정한 일정한 법률관계가 발생하며, 이러한 법률효과의 발생을 당사자가 의욕하였는지 여부는 묻지 않는 준법률행위의 일종이다. 후술하는 바와 같이, 사무관리가 성립하기 위해서는 관리자에게 본인을 위하여 사무를 관리할 의사, 즉 「관리의사」가 있어야 하나, 이는 사무관리에서 생기는 법률효과의 발생을 의욕하는 '효과의사'가 아니라, 사무관리의 이

22) 곽윤직, 335; 송덕수, 433 참조.
23) 김증한/김학동, 670 참조.

익을 본인에게 귀속시키려는 '사실상의 의사'에 불과하다.

(2) 사실행위

사무관리를 구성하는 행위는 이웃집 아이나 동물을 돌봐주는 행위와 같은 사실행위일 수도 있고, 다친 사람을 병원에 데려가서 진료계약을 체결하는 행위와 같은 법률행위일 수도 있다. 그러나 사무관리를 구성하는 행위가 법률행위인 경우에도 사무관리 자체가 법률행위가 되는 것은 아니고, 그 법률행위를 수단으로 하여 타인의 사무를 관리하는 행위가 사무관리가 되는 것이다. 즉, 사무관리는 일정한 법률효과의 발생을 의욕하는 의사표시를 구성요소로 하는 법률행위가 아니라, 관리자가 타인을 위하여 사무를 처리하였다는 사실 자체에 기하여 법률이 일정한 법률효과를 부여하는 「준법률행위」에 해당하며, 준법률행위 중에서도 「비표현행위」인 「사실행위」에 해당한다.[24]

3. 사무관리의 성립요건

(1) 타인 사무의 관리행위

1) 사 무

사무관리의 객체는 「사무」이다. 여기서 「사무」라 함은 '널리 사람의 생활상의 이익에 영향을 미치는 모든 일'을 말한다. 그러므로 사실적 행위이든 법률적 행위이든, 계속적인 행위이든 일시적인 행위이든, 재산적 행위이든 비재산적 행위이든 관계없이 사무관리의 객체인 「사무」가 될 수 있다. '단순한 「부작위」는 사무가 될 수 없다'는 견해도 있으나,[25] 일정한 행위를 하지 않는 부작위도 법적 관점에서는 「행위」에 속하는 것이므로, 부작위를 사무관리의 객체인 「사무」에서 제외할 필요는 없다고 할 것이다.

2) 타인의 사무

사무관리가 성립하기 위해서는 사무가 타인의 것이어야 한다. 사무의 일부는 타인의 사무이고, 일부는 자기의 사무인 경우에는 그 타인의 사무부분에 한하여 사무관리가 성립한다.

사무는 타인의 채무를 변제한다든지, 타인의 집을 수선하는 등의 「객관적 타인사무」와, 자기 집을 수선하거나 자기의 채권을 변제받기 위하여 추심하는 경우와 같은 「객관적 자기사무」, 그리고 식료품이나 약품을 구매하는 경우와 같이, 사무의 성질상 누구의 사무인지가 객관적으로 정하여지지 않은 「중성(中性)의 사무」로 분류할 수 있는데, 객관적 타인사무를 관리

---

24) 곽윤직, 336; 김증한/김학동, 670 참조. 준법률행위인 「사실행위」는 다시 외부적 결과의 발생만 있으면 법률이 일정한 효과의 발생을 인정하는 「순수사실행위」와 외부적 결과의 발생 이외에 어떤 의식과정이 따를 것을 요구하는 「혼합사실행위」로 구분되는데, 사무관리는 「혼합사실행위」에 속한다. (☞ 민법총칙 편, 제6장 제1절 「법률행위의 의의와 종류」).

25) 제4판 주석민법(5)/최수정, 337 참조.

한 경우에 사무관리가 성립하는 것은 당연하며, '객관적 자기사무에 대해서는 관리자가 타인의 사무라고 오신한 경우에도 사무관리는 성립하지 않는다'는 점에 대해서는 학설[26]과 판례의 견해가 일치한다(대법원 1995.3.3.선고, 93다36332 판결 등).

■ **보험회사가 보험약관상의 면책규정에 해당한다는 사실을 모르고 피해자에게 보험금을 지급한 경우, 불법행위자와의 관계에서 사무관리가 성립하는지 여부**(소극) [1] 보험회사가 보험계약의 보험약관상 면책규정에 해당하여 보험금지급의무가 없다는 것을 알지 못하고 보험자로서 피해자에게 보험금을 지급하였다면 피해자에게 그 반환을 구할 수 있고, 따라서 피해자가 그 보험회사에 대하여 부당이득반환의무가 있는 이상 불법행위자에 대한 손해배상채권은 여전히 존속하므로, 보험회사의 그 보험금 지급으로 이득을 본 것이 없다는 이유로 보험회사의 불법행위자에 대한 부당이득반환청구를 배척한 것은 정당하다. [2] 위 [1]항의 경우, 보험회사는 자신의 채무를 이행한다는 의사 내지는 피보험자를 위한 사무관리를 한다는 의사로 보험금을 지급하였다고 할 것이고, 따라서 보험회사의 보험금 지급으로 불법행위자와의 관계에서 사무관리가 성립할 여지는 없다. (대법원 1995.3.3.선고, 93다36332 판결)[27]

문제는 중성의 사무인데, '이 경우에는 관리자의 의사에 따라 타인을 위하여 하는 의사를 가지고 사무를 관리하는 경우에는 타인의 사무를 관리하는 행위로서 사무관리가 될 수 있고, 자기 자신을 위하여 하는 때에는 자기의 사무가 되므로 사무관리가 성립하지 않는다'고 해석하는 것이 통설적 견해이다.[28]

3) 관리행위

사무관리는 타인의 사무를 관리하여 그 타인에게 발생할 수 있는 손해를 방지하고 이익을 얻게 할 목적에서 인정되는 제도이므로, 여기서의 「관리」의 의미를 좁게 해석하여 '보존·개량행위'로 한정할 필요는 없다. 따라서 사무관리는 「좁은 의미에서의 관리」인 보존·개량행위 뿐만 아니라 본인의 의사에 반하지 않는 한 처분행위를 포함하는 넓은 의미로 해석하여야 할 것이다.[29] 또한 사무관리에 있어서의 「관리」에는 기존의 권리관계를 처리하는 것뿐만 아니라, 본인에게 새로운 권리를 취득시키는 것도 포함한다.[30]

(2) 관리의사

사무관리가 성립하기 위해서는 관리자에게 타인을 위하여 관리한다는 의사, 즉 「관리의사」가 있어야 한다(734조 1항). 여기서 「타인을 위하여 관리한다는 의사」라 함은 '관리의 사실상의 이익을 타인에게 귀속시키려는 의사'를 말하며, 관리행위의 법률효과를 본인에게 귀속시킬 의사까지는 필요 없다.[31]

---

26) 김상용, 496; 김증한/김학동, 672; 송덕수, 435 참조.
27) 같은 취지: 대법원 1995.9.15.선고, 94다59943 판결.
28) 同旨: 제4판 주석민법(5)/최수정, 335; 김증한/김학동, 672; 김상용, 496; 송덕수, 435 참조.
29) 同旨: 김증한/김학동, 672; 제4판 주석민법(5)/최수정, 337 참조.
30) 同旨: 김증한/김학동, 672; 제4판 주석민법(5)/최수정, 337 참조.

학설 중에는 주관적 관리의사는 사무관리의 성립요건이 아니라는 견해도 있으나(이를 「객관설」이라고 한다),[32] 사회생활에서의 상부상조(相扶相助)의 협동정신에 기하여 인정되는 사무관리의 제도적 취지에 비추어, '사무관리가 성립하기 위해서는 타인을 위하여 관리한다는 의사를 요한다'고 해석하는 견해(이를 「주관설」이라고 한다)가 타당하다고 생각된다.[33] 판례도 '사무관리가 성립하기 위해서는 타인을 위하여 사무를 처리하는 의사, 즉 관리의 사실상의 이익을 타인에게 귀속시키려는 의사가 있어야 한다'는 입장을 확립하고 있다(대법원 1994.12.22. 선고, 94다41072·41089 판결 등).[34]

「관리의사」는 자신의 이익을 위한 의사와 병존하더라도 무방하며, 외부에 표시되거나 사무관리 당시에 확정되어 있을 필요도 없다(대법원 2013.8.22.선고, 2013다30882 판결). 또한 관리행위를 할 당시에는 그 타인이 누구인지 모르더라도 상관이 없다(예컨대, 주인을 잃은 개를 맡아서 길러 주는 경우). 그러므로 본인이 누구인지에 관하여 착오가 있는 경우에도 본인을 위한 사무관리가 성립한다고 할 것이다.[35]

(3) 사무처리의무의 부존재

사무관리는 '의무 없이 타인을 위하여 사무를 관리하는 것'을 말하므로(734조 1항), 사무관리가 성립하기 위해서는 관리자에게 법률상의 관리의무가 없어야 한다. 즉, 법률의 규정이나 계약에 의하여 본인에 대하여 사무를 관리할 법률상의 의무를 부담하는 경우에 사무관리는 성립하지 않는다. 예컨대, 친권자나 후견인이 자녀나 피후견인을 위하여 사무를 관리하는 경우, 또는 사용자가 근로자의 업무상 부상에 대한 치료비를 지급하는 경우와 같이 자신의 법률상의 의무를 이행하는 경우에는 사무관리가 성립하지 않는다(대법원 1998.5.12.선고, 97다54222 판결). 그러나 사무관리의 요건으로서의 '의무의 부존재'는 관리자와 사무처리의 이익이 귀속하는 본인과의 관계에서의 의무의 부존재를 가리키는 것이므로, 사무처리자가 제3자에 대하여 의무가 있고 그 의무의 이행으로서 사무를 처리한 경우에는 결국 자신의 의무를 이행한 것에 불과하므로, 설사 본인에게 그 사무처리의 이익이 귀속된다고 하더라도 사무처리자와 본인 사이에 사무관리가 성립하지는 않는다. 반대로 채무자의 부탁 없이 보증인이 된 자가 채무를 이행한 경우에는, 채권자에 대한 관계에서는 자신의 의무를 이행한 것에 불과하지만 제3자인 채무자에 대한 관계에서는 의무 없이 사무를 처리한 것이므로, 사무관리가 성립한다.[36]

---

31) 同旨: 김상용, 497; 제4판 주석민법(5)/최수정, 337 참조.
32) 이은영, 665 참조.
33) 同旨: 제4판 주석민법(5)/최수정, 338; 김상용, 496; 김증한/김학동, 672~673; 송덕수, 436 참조.
34) 같은 취지: 대법원 1995.9.15.선고, 94다59943 판결; 대법원 1997.10.10.선고, 97다26326 판결.
35) 同旨: 김상용, 497; 송덕수, 436 참조.
36) 제4판 주석민법(5)/최수정, 333 참조.

(4) 본인에게 불리하거나 본인의 의사에 반하지 않을 것

사무관리는 본인의 의사에 반하더라도 성립할 수 있으나(739조 3항), 관리의 계속이 본인의 의사에 반하거나 본인에게 불리함이 명백한 때에는 관리를 중단하여야 한다(737조 단서). 또한 관리자가 본인의 의사를 알거나 알 수 있는 때에는 그 의사에 적합하도록 관리하여야 한다(734조 2항). 이러한 민법의 규정을 종합하면, '처음부터 본인의 의사에 반하는 것이 명백한 때에는 사무관리는 성립하지 않는다'고 해석하여야 할 것이다.[37] 판례도 '사무관리의 성립요건으로 본인의 의사에 반한다는 것이 명백하지 아니할 것을 요하며(대법원 1997.10.10.선고, 97다26326 판결 등),[38] 본인이 사무관리의 목적인 사무를 직접 관리하겠다는 의사가 의부에 명백히 표현된 경우에는, 비록 사무관리자에게 그 관리를 종료하여 줄 것을 내용으로 하는 의사표시를 하지 않았더라도 사무관리는 종료된다'고 한다(대법원 1975.4.8.선고, 75다254 판결).

4. 사무관리의 효과

(1) 일반적 효과

1) 위법성의 조각

정당한 권한 없이 타인의 사무에 간섭하는 것은 위법한 행위로서 불법행위가 되는 것이 원칙이나, 그것이 사무관리로 인정받는 경우에는 위법성이 조각되어 적법행위가 된다.

2) 사무관리의 추인

사무관리가 성립한 이후에 본인이 사무의 처리를 위탁하여 본인과 사이에 위임계약이 성립한 경우에는, 위임에 관한 당사자의 약정 또는 위임계약에 관한 민법의 규정이 적용됨은 물론이다. 그러나 본인이 단순히 사무관리를 추인하였을 뿐 관리자와 사이에 특별한 약정이 없는 경우에는, 그 사무관리가 본인의 의사에 반하는 것이었더라도 추인에 의하여 본인의 의사에 반하지 않는 사무관리로 전환되는 효력이 있을 뿐이다.

3) 사무관리와 대리관계

위임계약과는 달리, 사무관리가 법률행위를 목적으로 하는 경우에도 대리권의 수여가 있는 것으로 다루어지지는 않는다. 즉, 관리자가 본인을 대리하여 법률행위를 한 경우에는 원칙적으로 무권대리행위가 되며, 본인에게 법률행위의 효과가 귀속되지 않는다. 다만, 본인이 사무관리를 추인하면 무권대리행위를 추인한 것과 마찬가지로 대리행위의 효과가 본인에게 귀속한다고 할 것이다.[39]

---

37) 同旨: 김상용, 500; 김증한/김학동, 676; 송덕수, 438 참조.
38) 같은 취지: 대법원 1981.10.24.선고, 81다563 판결.
39) 同旨: 제4판 주석민법(5)/최수정, 344; 송덕수, 438 참조.

(2) 관리자의 의무

1) 관리개시통지의무

관리자가 관리를 개시한 때에는 지체 없이 본인에게 통지하여야 한다. 그러나 본인이 이미 이를 안 때에는 그러하지 아니하다(736조). 본인이 통지에 반응하여 직접 관리하기를 원하거나 관리자의 변경을 원하는 경우에는, 사무관리자는 관리를 중단하여야 한다(737조 단서). 반대로 본인이 사무관리자가 계속 관리하기를 원하여 사무처리를 위임한 경우에는 그때부터 위임계약이 성립한다. 문제는 본인이 사무관리의 통지에 대하여 아무런 반응도 하지 않은 경우인데, 이 경우에도 본인의 의사를 알 수 있는 경우에는 본인의 의사에 따라 선량한 관리자의 주의로써 관리를 계속하여야 하며(734조 2항), 이를 위반하여 본인에게 손해가 발생한 경우에는 손해배상책임을 진다고 할 것이다.

2) 관리의 방법

(가) 본인의 의사에 적합한 방법으로 관리할 것

관리자가 본인의 의사를 알거나 알 수 있는 때에는 그 의사에 적합하도록 관리하여야 한다(734조 2항). 본인의 의사가 객관적으로 본인에게 가장 적합한 방법이 아닌 경우에도 그것이 위법하거나 사회질서에 어긋나는 것이 아닌 한 그 의사에 따라야 한다.

(나) 본인에게 가장 이익이 되는 방법으로 관리할 것

관리자가 본인의 의사를 알 수 없는 때에는 그 사무의 성질에 좇아 가장 본인에게 이익되는 방법으로 이를 관리하여야 한다(734조 1항).

(다) 손해배상의무

관리자가 이러한 관리방법의 기준에 위반하여 사무를 관리하였기 때문에 본인에게 손해가 발생한 경우에는 과실 없는 때에도 그 손해를 배상할 의무가 있다(734조 3항 본문). 그러나 그 관리행위가 공공의 이익에 적합한 때에는 중대한 과실이 있는 경우에 한하여 손해배상책임이 있다(동조 3항 단서). 대법원판결 중에는 피고인 이웃 레스토랑의 주방장이 원고가 경영하는 이 사건 레스토랑에 들렀다가 마침 손님이 들어와서 식사가 되느냐고 묻자 식사를 주문할 것으로 알고 주방에 들어가 기름용기 등이 올려져 있는 가스레인지에 불을 켜 놓았다가, 손님이 식사를 주문하지 아니하고 음료수만을 주문하여 위 가스레인지의 불이 불필요하게 되었음에도 불구하고 가스레인지의 불을 끄지 아니하고 줄여만 놓은 채 레스토랑을 나가는 바람에 가스레인지 위의 기름용기가 과열되어 기름이 용기 밖으로 넘치면서 화재가 발생한 사건에서, '피고가 원고를 대신하여 손님이 주문할 음식의 조리를 위한 준비로 위 가스레인지를 점화하여 원고의 사무를 개시한 이상 위 가스레인지의 사용이 필요 없게 된 경우, 스스로 위 가스레인지의 불을 끄거나 위 레스토랑의 종업원으로 하여금 그 불을 끄도록 조치하는 등 원고에게 가장 이익되는 방법으로 이를 관리하여야 함에도 이를 위반하였으므로, 피고는 사무관리자로서 이로 인하여 발생한 이 사건 손해에 대하여 본인인 원고가 입은 손해를 배상할 책임이 있다'고 판시한 사례가 있다(대법원 1995.9.29.선고, 94다13008 판결).

3) 관리계속의무

관리자가 임의로 관리를 중단하는 경우에는 오히려 사무관리가 개시되었기 때문에 손해가 발생하는 경우가 있을 수 있기 때문에, 관리의 계속이 본인의 의사에 반하거나 본인에게 불리함이 명백한 때를 제외하고는 관리자는 본인, 그 상속인이나 법정대리인이 그 사무를 관리하는 때까지 관리를 계속하여야 한다(737조).

4) 위임에 관한 규정의 준용

사무관리는 '위탁 없는 위임'에 비유할 수 있을 정도로 위임계약과 유사하며, 사무관리자의 지위도 위임계약에 있어서의 수임인의 지위와 비슷하다. 그러므로 위임계약에 있어서의 수임인의 보고의무(683조), 취득물 등의 인도의무(684조), 금전소비의 책임(685조)에 관한 규정은 사무관리에 준용된다(738조). 본서에서 사무관리를 위임계약과 함께 묶어 해설하는 이유는 여기에 있다.

(가) 보고의무

관리자는 본인의 청구가 있는 때에는 관리사무의 처리상황을 보고하고 사무관리가 종료한 때에는 지체 없이 그 전말을 보고하여야 한다(738조, 683조).

(나) 취득물 등의 인도, 이전의무

관리자는 관리사무의 처리로 인하여 받은 금전 기타의 물건 및 그 수취한 과실을 본인에게 인도하여야 하며, 관리자가 본인을 위하여 자기의 명의로 취득한 권리는 본인에게 이전하여야 한다(738조, 684조).

(다) 금전소비의 책임

수임인이 위임인에게 인도할 금전 또는 위임인의 이익을 위하여 사용할 금전을 자기를 위하여 소비한 때에는, 소비한 날 이후의 이자를 지급하여야 하며, 그 외의 손해가 있으면 배상하여야 한다(738조, 685조).

(3) 본인의 의무

1) 비용상환의무

관리자가 사무관리를 위하여 비용을 지출한 경우에는 부당이득을 이유로 그 비용의 상환을 청구할 수 있다(741조). 그러나 이는 관리자의 보호에 충분하지 못하므로 민법은 사무관리의 특칙을 규정하고 있다. 다만, 그 상환의 범위는 사무관리가 본인의 의사에 반하는지 여부에 따라 다르다.

(가) 사무관리가 본인의 의사에 반하지 않는 경우

이 경우에는 관리자가 본인을 위하여 지출한 필요비 또는 유익비의 전액을 상환하여야 한다(739조 1항). 또한 관리자가 본인을 위하여 필요하거나 유익한 채무를 부담한 때에는, 관리자는 본인에게 자기에 갈음하여 이를 변제하게 할 수 있고, 그 채무가 변제기에 있지 아니한 때에는 상당한 담보를 제공하게 할 수 있다(739조 2항, 688조 2항).

(나) 사무관리가 본인의 의사에 반하는 경우

관리자가 본인의 의사에 반하여 관리한 때에는, 본인의 현존이익의 한도에서 필요비 또는 유익비의 상환청구를 할 수 있을 뿐이며(739조 3항·1항), 관리자가 본인을 위하여 필요 또는 유익한 채무를 부담한 경우에도 현존이익의 한도에서 관리자는 본인에게 자기에 갈음하여 이를 변제하게 할 수 있고, 그 채무가 변제기에 있지 아니한 때에는 상당한 담보를 제공하게 할 수 있을 뿐이다(동조 3항·2항, 688조 2항).

2) 손해보상의무

관리자가 사무관리를 함에 있어서 과실 없이 손해를 받은 때에는, 본인의 현존이익의 한도에서 그 손해의 보상을 청구할 수 있다(740조).

5. 준사무관리

(1) 의 의

「준사무관리」라 함은 '법률상의 의무 없이 타인의 사무를 관리하고 있으나, 관리자가 타인을 위하여 관리한다는 관리의사가 없는 경우'를 말한다. 이를 「부진정사무관리」(Unechte Geschäftsführung)라고도 한다. 준사무관리에는 '타인의 사무를 자기의 사무로 오신하여 관리행위를 하는 경우'를 가리키는 「오신(誤信)사무관리」와 '타인의 사무임을 알면서도 이를 자기의 사무라고 주장하면서 관리행위를 하는 경우'인 「불법관리(不法管理)」[40]의 두 가지 유형이 있는데, 오신사무관리는 타인의 사무를 관리한다는 의사가 없는 경우이므로, 사무관리의 성립요건에 관한 통설·판례의 입장인 「주관설」에 따르면 사무관리가 성립하지 않는다. 그러므로 준사무관리는 오로지 「불법관리」에 국한하여 문제된다고 할 수 있다.

(2) 오신사무관리

「오신사무관리」는 타인의 사무를 자신의 사무로 잘못 알고 처리하는 것이다. 이는 타인의 사무를 관리한다는 「관리의사」가 결여된 경우이므로, 통설·판례의 입장인 「주관설」에 따

---

40) 이를 「무단관리」라고도 한다(제4판 주석민법(5)/최수정, 371 참조).

르면 사무관리의 성립요건을 충족할 수 없으므로, 사무관리에 관한 규정이 적용될 여지가 없고 오신관리자와 본인과의 관계는 전적으로 부당이득법에 의하여 규율된다.[41)]

(3) 불법관리 : 무단관리

독일민법은 준사무관리에 관하여, '오신사무관리에는 사무관리에 관한 규정을 준용할 수 없으며, 반대로 불법관리의 경우에는 본인은 몇 가지 사항에 관하여 사무관리자와 동일한 의무의 이행을 불법관리자에게 청구할 수 있도록 규정하고, 본인이 이를 청구한 때에는 본인의 의사에 반하는 사무관리자와 동일한 비용상환의무가 있다'고 규정하고 있다(BGB §687).[42)] 그러므로 독일민법의 해석상 타인의 물건을 자기의 물건처럼 멋대로 고가로 판다든지, 타인의 건물을 무단으로 임대하여 비싼 차임을 받는다든지, 타인의 특허권을 무단으로 행사하여 높은 이익을 얻는 등의 「불법관리」의 경우, 본인은 불법관리자에 대하여 불법행위로 인한 손해배상을 청구하는 방법 이외에도, 사무관리에 관한 규정에 따라 불법관리로 인하여 얻은 이익을 전부 자기에게 이전해줄 것을 청구할 수 있게 된다. 그러나 독일민법과 같은 명문규정이 없는 우리 민법하에서는 사무관리에 관한 규정을 준용할 수 있는지의 여부를 둘러싸고 견해가 대립하고 있다.

1) 학 설

(가) 긍정설

이는 '불법관리의 경우에는 사무관리에 관한 규정을 적용할 수 있다'는 견해이다.[43)] 이 견해는, ① '불법의 결실을 불법행위자에게 그대로 보유하게 하는 것은 공평의 원칙이나 일반적 정의감에 비추어 타당하지 않다'는 점, ② 준사무관리를 인정하면 '불법행위 또는 부당이득의 성립요건, 특히 관리자가 얻은 이익만큼의 손해가 있었다는 사실을 증명하여야 하는 부담을 덜 수 있다'는 점, ③ '불법행위에 기한 손해배상청구권은 단기의 소멸시효에 걸리므로, 위법한 관리자가 적법한 관리자보다 유리하게 된다는 불균형을 극복할 수 없다'는 점을 근거로 들고 있다.[44)]

(나) 부정설

이는 불법관리에 사무관리에 관한 규정을 적용하게 되는 「준사무관리」의 개념을 부정하

---

41) 同旨: 제4판 주석민법(5)/최수정, 372 참조.

42) 독일민법 제687조(부진정사무관리) (1) 어떤 사람이 타인의 사무를 자신의 사무로 오신한 경우에는, (사무관리에 관한) 제677조 내지 제688조의 규정은 적용되지 않는다. (2) 어떤 사람이 타인의 사무인 줄 알면서도 자신의 사무로서 관리하는 경우에는, 사무관리에 관한 권리가 없다. 그러나 본인은 제677조, 제678조, 681조, 제682조에서 인정되는 청구권을 행사할 수 있다. 이 경우, 본인은 관리자에 대하여 제684조 제1항의 의무를 부담한다.

43) 김증한/김학동, 686~687 참조.

44) 상계서, 686 참조.

는 견해이다.[45] 이 견해는, ① 불법행위를 적법행위인 사무관리로 다루는 것은 타당하지 않다는 점,[46] ② 관리자의 특수한 재능으로 얻게 된 것까지를 반환하게 하는 것은 본인을 지나치게 보호하는 것이므로 부당하다는 점,[47] ③ 본인이 그 사무를 관리하였더라면 얻을 수 있었을 것이라고 객관적으로 인정되는 범위의 것만을 본인에게 돌려주는 것이 바람직하며, 이러한 결과는 부당이득반환 또는 불법행위로 인한 손해배상제도에 의하여 충분히 달성할 수 있다는 점을 근거로 들고 있다.[48]

2) 판례의 입장

현행민법하에서 판례가 준사무관리의 개념을 인정한 사례는 발견할 수 없으나, 구 의용민법하의 대법원판결 중에는 준사무관리의 개념을 인정한 사례가 있다(대법원 1957.7.25.선고, 4290민상290 판결).

3) 학설·판례의 검토

「불법관리」의 본질은 불법행위에 지나지 않는 것이므로, 「긍정설」의 주장은 결국 '불법관리에 대하여 사무관리의 법리를 적용하여 불법행위로 얻은 이익을 전부 본인에게 돌려주고 관리자에게는 비용상환청구권만을 허용하자는 것'이라고 할 수 있다. 이러한 주장은 입법론으로서는 충분히 논의의 가치가 있다고 생각되나, 불법행위에 해당하는 불법관리를 적법행위인 사무관리로 다루자는 것은 명문규정이 없는 현행민법하에서는 받아들이기 어려운 무리한 해석론이라고 생각된다.

45) 곽윤직, 343; 김상용, 506; 송덕수, 442 참조.
46) 곽윤직, 343; 김상용, 506 참조
47) 곽윤직, 343 참조.
48) 상게서, 343 참조.

제 6 절 임치계약

[62] Ⅰ. 총 설

1. 임치계약의 의의

「임치계약」(Verwahrung; dépôt)이라 함은 '임치인(Hinterleger)이 수치인(Verwahrer; dépositaire)에 대하여 금전이나 유가증권 기타 물건의 보관을 위탁하고 상대방이 이를 승낙함으로써 그 효력이 생기는 계약'을 말한다(693조). 구 의용민법에서는 이를 「기탁(寄託)」이라고 칭하였으나(동법 657조),[1] 현행민법은 그 명칭을 「임치(任置)」로 변경하였다.[2]

임치계약은 임치인이 물건의 보관을 위탁하고 수치인이 이를 승낙함으로써 성립하는 계약이라는 점에서 물건의 보관을 사무처리의 내용으로 하는 「위임계약」이라고 할 수 있으며(680조), '물건의 보관'이라는 일의 완성을 목적으로 한다는 점에서 「도급계약」이라고도 할 수 있다(664조).

임치는 수치인이 물건을 보관하는 것을 목적으로 하는 계약인데, 여기서 「보관」이라 함은 '물건을 자신의 지배하에 두고 그 원상을 유지하는 것'을 말한다. 수치인이 물건을 보관하기 위해서는 자신이 관리하는 창고 등의 장소를 제공하는 것이 일반적이나, 장소의 제공이 임치계약의 필수적 성립요건은 아니다(단순히 장소의 제공만을 목적으로 하는 계약은 임치계약이 아니라 사용대차 또는 임대차계약이라고 할 것이다). 또한 수치인이 목적물을 보관하여 원상을 유지하기 위해서는 이에 필요한 기술적 용역을 제공하여야 하므로, 임치계약은 「노무제공형계약」(노무공급계약)의 일종이라고 할 수 있다.

---

1) 구 의용민법 제657조: 기탁(寄託)은 당사자의 일방이 상대방을 위하여 보관을 할 것을 약속하여 어떤 물건을 수취함으로 인하여 그 효력이 생긴다.

2) 계약의 명칭을 「기탁」에서 「임치」로 변경한 이유는 확실치 않다(「민법안심의록」, 404 이하 참조).

2. 임치계약의 법적 성질

(1) 낙성계약

구 의용민법은 임치계약을 수치인이 물건을 수취함으로써 성립하는 요물계약으로 규정하고 있었으나(동법 657조), 현행민법은 임치계약을 치인과 수치인 사이에 물건의 보관을 내용으로 하는 임치의 합의만 있으면 성립하는 낙성계약으로 규정하고 있다(693조).

(2) 불요식계약

임치계약은 합의에 특별한 방식이 요구되지 않는 불요식계약이다. 그러나 거래의 실제에서는 계약서를 작성하는 것이 일반적이다.

(3) 편무·무상계약

민법상의 임치계약은 원칙적으로 무상계약이다. 즉, 임치인은 수치인에 대하여 임치물의 보관을 청구할 권리가 있으나, 수치인은 임치인에 대하여 보수를 청구할 수 없다(693조). 따라서 임치계약은 수치인만이 보관의무를 부담하는 편무계약이며 무상계약이다. 그러나 거래의 실제에서는 특약에 의하여 또는 거래의 관습에 의하여 임치계약을 유상계약으로 해석하여야 하는 경우가 많으며, 상법상의 임치계약은 유상계약이 원칙이다(동법 61조, 62조). 또한 '무상으로 물건의 보관을 위탁하는 임치계약은 법적 구속력이 없는 호의관계에 불과하다'고 해석하여야 하는 경우가 대부분이다.

3. 임치계약의 사회적 작용

타인에게 물건의 보관을 위탁하는 임치계약은 사회적·경제적으로 매우 중요한 작용을 한다. 다만, 대부분의 임치계약관계는 상법 등 특별법에 의하여 규율되고 있는 것이 현실이다. 예컨대, 창고업자나 목욕탕 등 공중접객업소에 물건을 맡기는 경우에 대하여는 상법의 규정이 적용되고(상법 62조, 155~168조), 은행 등 금융기관에 돈을 맡기는 소비임치계약에 대해서는 소비대차에 관한 규정이 준용되는 등(702조), 실제거래에서 임치계약에 관한 민법의 규정이 적용되는 경우는 드물다.

[63] Ⅱ. 임치계약의 성립

1. 임치의 합의

임치계약은 낙성계약이므로, 당사자인 임치인과 수치인의 임치의 합의만 있으면 성립한다. 또한 임치계약은 불요식계약이므로 특별한 방식을 요하지 않으며, 묵시적 합의에 의하여서도 성립한다. 또한 민법상의 임치계약은 원칙적으로 무상계약이므로 보수지급에 관한 합의도 필요 없다. 판례도 묵시적 합의에 의한 임치계약의 성립을 인정하여, '선하증권이 발행된 화물의 해상운송에 있어서 화주의 의뢰를 받은 하역회사가 화물을 양하하여 통관을 위해 지정장치장에 입고시켰다면, 운송인 등과 지정장치장 화물관리인 사이에는 화물에 관하여 묵시적인 임치계약관계가 성립한다'고 한다(대법원 2006.12.21.선고, 2003다47362 판결 등).[3] 다만, 판례는 '공중접객업자가 이용객들의 차량을 주차할 수 있는 주차장을 설치하면서 그 주차장에 차량 출입을 통제할 시설이나 인원을 따로 두지 않았다면, 그 주차장은 단지 이용객의 편의를 위한 주차장소로 제공된 것에 불과하고, 공중접객업자와 이용객 사이에 통상 그 주차차량에 대한 관리를 공중접객업자에게 맡긴다는 의사까지는 없다고 봄이 상당하므로, 공중접객업자에게 차량시동열쇠를 보관시키는 등의 명시적이거나 묵시적인 방법으로 주차차량의 관리를 맡겼다는 등의 특수한 사정이 없는 한, 공중접객업자에게 선량한 관리자의 주의로써 주차차량을 관리할 책임이 있다고 할 수 없다'고 함으로써, 공중접객업자와 이용객 사이에 차량에 대한 임치계약의 성립을 부정하고 있다(대법원 1992.2.11.선고, 91다21800 판결 등).[4]

2. 임치의 목적물

임치의 목적물은 '금전이나 유가증권 기타 물건'이다(693조). 금전 등의 소비물을 임치하고 계약에 의하여 수치인이 임치물을 소비할 수 있는 경우에는 「소비임치」가 성립되어 소비대차에 관한 규정(598~608조)이 적용된다(702조).

문제는 '부동산도 임치계약의 목적물이 될 수 있는가?' 하는 것이다. 이에 대해서는 독일민법(BGB §688)[5]이나 스위스채무법(OR Art. 472)[6]과 같이, 임치의 목적물을 동산으로 한정하는 명문규정을 두고 있는 것이 일반적인 입법례이다.[7] 그러나 우리 민법은 목적물을 동산으로 제한하고 있지 않으므로 '부동산도 임치계약의 목적물이 될 수 있다'고 해석하는 견해가 통설이다.[8] 그러나 '부동산은 임치계약의 목적물이 될 수 없다'고 해석하는 견해도 없지 않

3) 판례평석: 전지환, "지정장치장에 보관중인 화물의 불법반출에 대한 책임", 판례연구 19집(부산판례연구회, 2008/2), 777 이하. 같은 취지: 대법원 2004.1.27.선고, 2000다63639 판결.
4) 판례평석: 김택주, "공중접객업자의 책임", 상사판례연구 10집(한국상사판례학회, 1999/12), 282 이하. 같은 취지: 대법원 1992.2.11.선고, 91다21800 판결.
5) 독일민법 제688조(임치에 있어서의 계약전형적 의무) 임치계약에 의하여 수치인은 임치인으로부터 인도받은 동산을 보관할 의무를 진다.
6) 스위스채무법 제472조(A. 임치 일반 I. 개념) (1) 임치계약에 의하여 수치인은 임치인에 대하여 임치인이 자기에게 맡긴 동산을 인수하여 안전한 장소에 보관할 의무를 부담한다. (2) 수치인은 보수가 명시적으로 약정되었거나 사정에 따라서 기대되는 경우에 한하여 보수를 청구할 수 있다.
7) 프랑스민법도 제1918조에서 '고유한 의미에서의 임치계약은 동산만을 목적으로 할 수 있다'고 규정하고 있다.
8) 민법주해(15)/전효숙, 617; 제4판 주석민법(4)/안법영, 714; 김증한/김학동, 569; 김형배, 698; 송덕수,

다.[9] 우리 민법이 일반적인 입법례에 따라 임치계약의 목적물을 동산으로 한정하지 아니한 이유는 정확히 알 수 없으나, 구 의용민법 제657조의 입법이유를 통하여 우리 민법의 입법자 의사를 추측할 수는 있다. 「민법수정안이유서」는 동조의 입법이유를 다음과 같이 기술하고 있다(밑줄은 저자 주).[10]

> (이유) 본조는 임치의 성질과 임치로부터 생기는 주요한 의무를 규정한 것이다. 임치가 요물계약임은 제국의 법률에 있어서 일반적으로 인정되는 바이나, 오로지 스위스채무법만이 이를 낙성계약으로 하였다. 본안에서는 종래의 예에 따라 임치를 일종의 요물계약으로 하였다. 또한 임치의 목적물은 동산에 한정되는 것으로 하는 것은 기성법전 기타 다수의 입법례에서 보는 바로서 오로지 오스트리아민법만은 반대의 주의를 채택하여 임치의 목적물은 동산 또는 부동산일 수 있는 것으로 하였다. 본안에 있어서는 임치의 목적물은 동산에 한하는 것으로 할 이유를 인정하지 아니하므로 기성법전의 주의를 채택하지 아니하였다. 또한 기성법전에 있어서는 프랑스민법 기타의 법전에 따라 임치를 무상계약으로 하였으나, 거래가 빈번한 오늘날에 있어서 임치를 무상으로 하는 것은 극히 실제에 적합하지 아니하므로, 독일민법초안 및 스위스채무법의 주의에 따라서 수탁자는 보수를 받을 수 있는 것으로 하였다. 또한 기성법전에 있어서는 수치인은 임치인의 요구가 있는 때에는 임치물의 반환을 할 수 있음을 임치의 필수적 요소로 하였으나, 본안에 있어서는 이러한 주의를 채용하지 않았다. 그러나 원칙으로서는 제670조에서 수치인은 임치인의 청구에 의하여 임치물을 반환하여야 할 의무를 부담한다는 것을 규정하였으나, 일정한 기한이 도래할 때까지는 임치물의 반환을 청구할 수 없는 것으로 하는 것이 편리한 경우가 없지 않으므로, 특약으로써 그 적용을 피할 수 있는 것으로 하였다.

이러한 입법자 의사에 따르면, '부동산도 임치의 목적물이 될 수 있다'고 해석하여야 할 것이다. 그러나 "부동산의 임치"란 그 부동산을 관리한다는 것 이상의 다른 의미를 찾을 수 없으므로, 당사자가 부동산의 임치를 합의하더라도 이는 결국 '목적물인 부동산의 관리에 필요한 노무의 제공을 내용으로 하는 고용이나 도급 또는 위임계약을 의미한다'고 해석하여야 할 것이다.

[64] Ⅲ. 임치계약의 효력

1. 수치인의 의무

(1) 임치물보관의무

수치인은 임치인으로부터 인도받은 임치의 목적물을 임치인에게 반환할 때까지 원상대로 유지하여야 하는 「보관의무」를 부담한다(693조).

383; 이은영, 581 참조.

9) 김상용, 397 참조.

10) 「민법수정안이유서」, 568~569 참조.

1) 선관주의의무

수치인의 보관의무는 전형적인 특정물인도채무에 해당하므로, 수치인은 선량한 관리자의 주의로써 목적물을 보존하여야 하는 「선관주의의무」를 부담한다(374조). 다만, 무상임치의 경우, 민법은 무상수치인의 주의의무를 감경하여, "보수 없이 임치를 받은 자는 임치물을 자기 재산과 동일한 주의로 보관하여야 한다"고 규정하고 있다(695조). 무상임치도 수치인에 대한 절대적인 신뢰에 기초를 둔 위임계약의 일종이라고 볼 수 있으나, 무상수치인에게 「선관주의의무」라는 고도의 주의의무를 부과하는 것은 가혹한 결과를 가져올 수 있다는 이유에서 위임계약과는 달리 그 주의의무를 감경한 것이다(대법원 1996.12.20.선고, 95다19843 판결 등).

▪ **건물의 명도집행 시 채권자가 집행관으로부터 목적외 동산을 위탁받아 보관하던 중 그 목적외 동산이 멸실된 경우, 채권자의 손해배상책임 인정 여부**(한정적극) 집행관이 (구)민사소송법 제690조에 의한 건물명도청구의 집행 시 집행목적물인 건물 내에 있는 채무자 또는 제3자 소유의 집행목적외 동산을 스스로 보관하지 않고 채권자의 승낙을 얻어 채권자에게 보관하게 한 경우, 채권자의 그 보관에 관한 권리나 의무는 원칙적으로 집행관과의 사이에 체결된 임치계약 등 사법상의 계약에 의하여 정하여진다고 할 것이므로, 채권자가 집행관과의 약정에 따라 그 동산을 보관하던 중 이를 분실한 경우, 채권자가 그 보관에 필요한 계약상의 주의의무를 다하였다고 인정되는 때에는 집행관이나 그 동산의 소유자 등에 대하여 계약상의 손해배상책임은 물론 불법행위로 인한 손해배상책임까지도 부담하지 않지만, 이 경우 채권자가 보관상의 주의의무를 제대로 이행하지 못한 과실의 정도가 불법행위의 요건을 충족시킬 수 있고, 또한 그 보관상 주의의무의 위반행위가 구체적인 태양이나 정도 등에 비추어 위법하다고 인정되는 경우에는, 달리 특별한 사정이 없는 한 채권자는 집행관이나 그 동산의 소유자 등에 대하여 불법행위로 인한 손해배상책임을 진다. (대법원 1996.12.20.선고, 95다19843 판결)[11]

2) 수치인 자신이 목적물을 보관할 의무

수치인은 임치인의 승낙이나 부득이한 사유 없이 제3자로 하여금 자기에 갈음하여 보관사무를 처리하게 하지 못한다(701조, 682조 1항). 즉, 수치인은 자신이 스스로 목적물을 보관할 의무를 부담한다. 그러나 임치인의 승낙이 있는 경우에는 제3자의 보관을 금지할 이유가 없으며, 경우에 따라서는 타인에게 보관사무를 맡기는 것이 합리적인 경우도 있다. 이러한 취지에서, 민법은 위임의 경우와 마찬가지로 수치인의 복임권(復任權)을 인정하여, 임치인의 승낙이 있거나 부득이한 사정이 있는 경우에는 제3자로 하여금 자기에 갈음하여 보관사무를 처리할 수 있도록 하고 있다.

(가) 복임권을 행사한 수치인의 책임

수치인이 제3자에게 위임사무를 처리하게 한 경우에는 복대리에 관한 제121조의 규정이 준용되어, ① 임치인의 승낙이 있거나 부득이한 사유가 있는 경우에 복임권을 행사하여 복수치인을 선임한 경우에는, 복수치인의 선임감독에 관하여 고의·과실이 있는 때에 한하여 임치

11) 같은 취지: 대법원 2008.9.25.선고, 2007다1722 판결; 대법원 2008.12.11.선고, 2008다54617 판결.

인에게 책임을 지며(701조, 682조 2항, 121조 1항), ② 수치인이 임치인의 지명에 의하여 복수치인을 선임한 경우에는, 그 부적임 또는 불성실함을 알고 본인에 대한 통지나 그 해임을 태만한 때에 한하여 책임을 진다(121조 2항).

(나) 복수치인과 임치인 사이의 관계

수치인이 복임권을 행사한 경우에 복수치인과 임치인 사이의 관계에 대하여는, 복대리인에 관한 제123조의 규정이 준용된다(701조, 682조 2항).

(A) 복수치인의 대리권 보관사무의 처리를 위하여 수치인에게 대리권이 수여되었으나, 수치인이 복임권을 행사하여 복수치인을 선임한 경우에는, 복수치인이 임치인의 복대리인으로서 임치인을 위하여 대리권을 행사할 수 있다(701조, 682조 2항, 123조 1항).

(B) 수치인과 동일한 권리·의무 복수치인은 임치인이나 제3자에 대하여 수치인과 동일한 권리·의무가 있다(701조, 682조 2항, 123조 2항). 즉, 수치인의 복임권 행사에 의하여 임치인과 복수치인 사이에는 임치계약과 같은 법률관계가 발생한다. 따라서 임치인은 복수치인에게 사무처리·보고 등의 의무를 이행할 것을 직접 청구할 수 있고, 복수치인은 임치인에 대하여 직접 보수청구권과 비용상환청구권을 행사할 수 있다. 다만, 복수치인과 임치인 사이의 법률관계는 임치인과 수치인 사이의 본래의 법률관계의 범위 내로 제한되며, 수치인과 복수치인 사이의 법률관계는 복임계약에 따른다. 그리고 수치인이 복임권을 행사한 경우에도 임치인과 수치인 사이의 임치계약관계에는 변화가 없다.

(다) 수치인의 지위양도 금지의무

임치계약은 임치인과 수치인 사이의 인적 신뢰관계에 기한 계속적 계약이므로, 수치인은 특약이 있거나 임치인의 동의가 없는 한 수치인의 지위를 임의로 양도하지 못한다고 할 것이다.

(라) 이행보조자책임

수치인은 자신이 스스로 보관사무를 처리하여야 하는 것이 원칙이나, 특별한 약정이 없는 한 이행보조자를 사용할 수 있다. 다만, 이행보조자를 사용한 경우에는 자신에게 과실이 없더라도 이행보조자의 고의·과실에 대하여 채무불이행책임을 져야 한다(391조).

(2) 수치인의 부수적 의무

1) 임치물의 사용금지의무

수치인은 임치인의 동의없이 임치물을 사용하지 못한다(694조).

2) 통지의무

수치인은 임치물에 대한 권리를 주장하는 제3자가 수치인에 대하여 소를 제기하거나 압류한 때에는, 지체 없이 임치인에게 이를 통지하여야 한다(696조).

3) 취득물 등의 인도의무와 취득한 권리의 이전의무

수치인은 보관사무의 처리로 인하여 받은 금전 기타의 물건 및 그 수취한 과실을 임치인에게 인도하여야 하며, 임치인을 위하여 자기의 명의로 취득한 권리는 임치인에게 이전하여야 한다(701조, 684조).

4) 소비한 금전의 이자를 지급할 의무

수치인이 임치인에게 인도할 금전 또는 임치인의 이익을 위하여 사용할 금전을 자기를 위하여 소비한 때에는, 소비한 날 이후의 이자를 지급하여야 하며, 그 외의 손해가 있으면 배상하여야 한다(701조, 685조).

(3) 임치물반환의무

1) 임치물 자체를 반환할 의무

임치계약이 종료된 때에는, 특별한 약정이 없는 한 수치인은 임치물 그 자체를 임치인에게 반환하여야 한다. 문제는 '대체물인 임치물이 전부 멸실한 경우, 수치인이 임치물과 동종·동량의 물건으로 반환할 의무가 있는가?' 하는 것이다. 이에 대하여, 판례는 '임치물이 전부 멸실한 경우에는, 그로 인한 손해배상책임은 별론으로 하고, 그것이 누구의 귀책사유로 인한 것이었든지 임치물반환의무는 이행불능이 되고, 임치한 물건이 대체물인 경우에도 그와 동종동량의 물건을 인도할 의무가 있다고 할 수 없다'고 한다(대법원 1967.4.25.선고, 67다2 판결 등).[12)]

2) 임치물의 반환장소

임치물은 그 보관한 장소에서 반환하여야 한다. 그러나 수치인이 정당한 사유로 인하여 그 물건을 전치한 때에는 현존하는 장소에서 반환할 수 있다(700조).

2. 임치인의 의무

(1) 보수지급의무

임치계약은 원칙적으로 무상계약이므로, 특별한 약정이 없으면 수치인에 대한 임치인의 보수지급의무는 인정되지 않는다(701조, 686조 1항). 다만, 실제거래에 있어서는 보수지급의 특약이 있는 경우가 보통이며, 보수지급의 약정이 없더라도 임치인의 보수지급의무를 인정하여야 하는 경우가 있을 수 있다. 그러나 대법원은 '임치계약에 있어서 수치인은 특별한 약정이 없으면 임치인에게 대하여 임치료를 청구할 수 없으므로, 창고업자가 보관하고 있던 물건을 수사기관이 압수영장에 의하여 압수한 후 계속하여 그대로 창고업자에게 보관을 명한 것이라

---

12) 같은 취지: 대법원 1976.11.9.선고, 76다1932 판결.

면, 보관을 명한 수사기관과 수치인인 창고업자 사이에 임치료에 대한 특별한 약정이 없는 경우에 해당하여, 그 수사기관이 속한 국가에게 임치료지급의무가 없다'고 판시한 바 있다(대법원 1968.4.16.선고, 68다285 판결).

1) 보수지급의 방법

보수지급의 약정이 있는 경우에는 수치인은 보수의 지급을 청구할 수 있는데(701조, 686조 1항), 보수의 지급방법에 관하여는 특별한 규정이 없으므로, 당사자의 약정에 따라 보관사무의 결과로 수치인이 취득하게 되는 권리의 일부를 보수로 지급하기로 하는 것도 가능하다.

2) 보수의 지급시기

보수의 약정이 있는 경우에 보수의 지급시기에 대해서는 당사자가 자유롭게 정할 수 있으나, 보수지급시기에 관한 특별한 약정이 없는 경우에는 임치사무가 종료한 후에 지급하는 후불급(後拂給)이 원칙이다. 즉, 수치인은 임치사무를 완료한 후가 아니면 이를 청구하지 못한다. 그러므로 기간으로 보수를 정한 경우에는 임치사무가 종료된 경우에도 그 기간이 경과한 후에야 이를 청구할 수 있으며, 반대로 임치사무가 종료되지 않은 경우에도 그 기간이 경과하면 보수를 청구할 수 있다(701조, 686조 2항 단서).

3) 임치가 중도에 종료된 때의 보수지급의무

수치인이 임치사무를 처리하는 중에 수치인의 책임 없는 사유로 인하여 임치계약이 종료된 때에는, 수치인은 이미 처리한 사무의 비율에 따른 보수를 청구할 수 있다(701조, 686조 3항).

(2) 비용선급의무

임치사무의 처리에 비용을 요하는 때에는, 임치인은 수치인의 청구에 의하여 이를 선급하여야 한다(701조, 687조).

(3) 필요비상환의무

수치인이 임치사무의 처리에 관하여 필요비를 지출한 때에는, 임치인에 대하여 지출한 날 이후의 이자를 청구할 수 있다(701조, 688조 1항).

(4) 수치인이 부담한 채무를 변제할 의무

수치인이 임치사무의 처리에 필요한 채무를 부담한 때에는, 임치인에게 자기에 갈음하여 이를 변제하게 할 수 있고, 그 채무가 변제기에 있지 아니한 때에는 상당한 담보를 제공하게 할 수 있다(701조, 688조 2항).

(5) 손해배상의무

임치인은 임치물의 성질 또는 하자로 인하여 생긴 손해를 수치인에게 배상하여야 한다. 그러나 수치인이 그 성질 또는 하자를 안 때에는 그러하지 아니하다(697조). 이는 임치인이 부담하는 일종의 하자담보책임이라고 할 수 있는데, 하자담보책임은 유상계약에 한하여 인정되는 것이 원칙이나, 물건의 보관을 내용으로 하는 임치계약의 특성을 고려하여 임치물의 성질 또는 하자로 인하여 생긴 수치인의 손해에 대하여 임치인의 배상책임을 인정한 것이다.

[65] Ⅳ. 임치계약의 종료

1. 임치계약의 해지

(1) 기간의 약정이 있는 경우

각 당사자가 언제든지 해지할 수 있는 위임계약과 달리, 임치기간의 약정이 있는 때에는 수치인은 부득이한 사유 없이 그 기간만료 전에 계약을 해지하지 못한다(698조 본문). 그러나 임치인은 언제든지 계약을 해지할 수 있다(698조 단서).

(2) 기간의 약정이 없는 경우

임치기간의 약정이 없는 때에는 각 당사자는 언제든지 계약을 해지할 수 있다(699조). 이 경우에 임치인의 해지권을 포기하는 내용의 사전약정은 무효라고 할 것이다. 무상수치인의 해지권 포기의 약정도 마찬가지이다. 그러나 유상임치에 있어서는 수치인의 해지권 포기의 약정은 사회질서에 반하는 것이 아닌 한 유효하다고 할 것이다.

2. 당사자 일방의 사망 또는 파산

위임계약과 달리(690조), 임치계약에 있어서는 '당사자 일방의 사망 또는 파산으로 인하여 계약이 당연히 종료된다'는 규정이 없으므로, 임치계약의 효력은 상속인 또는 파산관재인과의 사이에서 계속 유지된다고 할 것이다.

[66] Ⅴ. 특수한 임치계약

1. 소비임치계약

「소비임치계약」은 '임치계약의 목적물이 소비물인 경우'를 말한다. 금융기관에의 예금계약은 소비임치의 전형적인 경우라고 할 수 있다(대법원 1985.12.24.선고, 85다카880 판결). 소비임치계약은 수치인이 목적물의 소유권을 취득하여 이를 소비하고 임치계약 종료 시에 받은 물건과 동종·동질·동량의 물건을 반환하여야 할 의무가 발생한다는 점에서 소비대차계약과 그 성질이 유사하므로, 소비대차에 관한 규정이 준용된다(702조). 그러나 소비대차는 차주의 이익을 위하여 목적물이 소비되는 것임에 반하여, 소비임치의 경우에는 임치인의 이익을 위하여 수치인이 목적물을 소비하는 것이라는 점에서 차이가 있으므로, 민법은 임치인의 이익을 보호하기 위하여 '반환시기의 약정이 없는 때에는 임치인은 언제든지 그 반환을 청구할 수 있다'는 특칙을 두고 있다(702조 단서).

2. 혼장임치계약

「혼장임치(混藏任置)계약」은 '곡물이나 기름 또는 술 등의 대체물을 보관하기로 하는 계약'을 말한다. 혼장임치에 있어서는 수치인이 임치의 목적물을 자신이 보관하고 있는 동종·동질의 다른 물건과 혼합하여 보관하고 있다가 그와 동량의 물건을 반환하게 되며, 수치인이 임치물의 소유권을 취득하지 않으므로 소비해서는 안 된다는 점에서 소비임치와 차이가 있다.

제 5 장

그 밖의 유형의 계약

제 1 절 조합계약

[67] Ⅰ. 총 설

1. 조합계약의 의의

「조합계약」(Gesellschaftsvertrag; contrat de société)이라 함은 '2인 이상이 상호출자하여 공동사업을 경영할 것을 약정함으로써 그 효력이 생기는 계약'을 말한다(703조 1항).

조합계약의 효력으로 공동사업을 경영하는 공동체인 조합이 출현하게 되는데, 조합계약의 결과로서 출현하는 「조합」(Gesellschaft; société)은 단체가 아니라 조합계약을 실행하기 위하여 조합의 구성원이 공동으로 경영하는 사업체에 불과하다.[1] 이러한 의미에서 조합은 구성원과 독립한 권리의무의 귀속주체로서의 성질을 가진 단체인 「사단」(Verein; association)과 개념상 구별된다.[2] (☞ 민법총칙 편, 제4장 제1절 「법인의 의의와 종류」)

2. 조합계약의 법적 성질

(1) 낙성·불요식계약

조합계약이 성립을 위해서는 '당사자 사이에 상호출자하여 공동사업을 경영할 것을 약정하는 합의' 이외에 다른 요건은 요구되지 않으며, 그 합의에 특별한 방식이 요구되지 않는 낙성·불요식계약이다.

---

1) 제4판 주석민법(5)/임채웅, 33 참조.
2) 사단과 조합의 구별에 관하여는 민법주해(16)/김재형, 6~14 참조.

(2) 편무·유상계약

1) 편무계약

조합계약을 쌍무계약이라고 보는 견해도 있으나, 조합계약의 당사자인 조합원의 출자의무가 다른 조합원의 출자의무와 상호의존적 견련관계(대가관계)에 있다고 보는 것은 적절하지 않으며, 조합계약에는 쌍무계약의 특수한 효력인 동시이행항변권(536조)과 위험부담의 법리(537조, 538조)가 적용되지 않으므로, 쌍무계약성을 인정할 실익도 없다. 즉, '조합계약에 있어서는 다른 조합원이 출자의무를 부담하기 때문에 나도 출자의무를 부담한다'는 상호의존적 견련관계를 인정할 수 없으며, 조합원의 출자의무는 조합의 공동목적을 달성하기 위한 전제조건일 뿐이라고 할 것이다. 이와 같이 조합계약은 쌍무계약이 아니므로, 조합원의 출자의무 상호 간에 동시이행관계는 인정되지 않으며, 위험부담의 법리도 적용되지 않는다는 것이 통설적 견해이다. 이러한 취지에서, 판례도 '조합계약에 있어서는 계약의 해제·해지에 관한 규정이 적용될 수 없으며, 다만 조합원의 탈퇴·제명·해산이 인정될 수 있을 뿐'이라고 한다(대법원 1994.5.13.선고, 94다7157 판결 등).[3]

2) 유상계약

조합계약이 유상계약인지 여부에 대해서도 견해가 갈리며, 조합계약의 유상계약성을 부인하는 견해(편의상 이를 「부정설」이라 칭하기로 한다)가 많다.[4] 「부정설」은 '조합계약에는 유상계약의 특징인의 하자담보책임에 관한 규정이 없다'는 점과, '공동목적을 위하여 부담하는 조합원의 출연의무 상호 간에 대가성을 인정하는 것은 적절하지 않다'는 점을 논거로 한다.

생각건대, 조합원의 출자의무의 이행인 급부 상호 간에 대가관계를 인정하는 것이 이론상 적절하지는 않다. 그러나 조합원이 출자의무의 이행으로 인도한 물건이나 권리에 하자가 있는 경우에는 매도인의 하자담보책임에 관한 규정이 유추적용되어야 할 것이므로, 조합계약을 유상계약으로 보는 것이 실제문제를 해결하는 데 있어서 유용하다고 할 것이다.

3. 조합계약의 사회적 작용

조합은 단체가 아닌 계약관계에 불과하므로, 공동사업을 수행할 수 있는 능력은 법인이나 법인격 없는 사단 또는 재단에 비교할 수 없을 정도로 미약하다. 다만, 엄격한 법률의 규정에 따라서만 설립될 수 있는 법인 등 단체와는 달리, 조합계약은 비교적 자유롭고 간단한 절차에 따라서 조합체를 설립할 수 있다는 점에서, 작은 규모의 공동사업을 수행함에 있어서

---

3) 같은 취지: 대법원 2007.4.26.선고, 2005다62006 판결; 대법원 2009.6.11.선고, 2009다21096 판결; 대법원 2015.6.11.선고, 2013다29714·29721 판결.

4) 김상용, 414; 김형배, 738; 송덕수, 397 참조.

는 조합원 사이의 인적 결합관계에 의존하는 조합이 오히려 장점이 될 수 있다.

[68] Ⅱ. 조합계약의 성립 : 조합설립의 합의

1. 공동목적 : 공동사업의 경영

조합계약은 낙성계약이므로, 2인 이상이 상호출자하여 공동사업을 경영할 것을 약정하는 「조합설립의 합의」만 있으면 성립한다(703조). 조합계약이 성립하기 위해서는 조합원 간에 '공동사업의 경영'이라는 공동목적이 있어야 한다. 이와 관련하여, 판례는 '조합계약이 성립하기 위해서는 2인 이상이 특정한 사업을 공동경영하는 약정이 있어야 하며, "공동의 목적 달성"이라는 정도의 합의를 가지고는 조합계약이 성립하였다고 할 수 없다'는 입장을 취하고 있다(대법원 2007.6.14.선고, 2005다5140 판결 등). 예컨대, '여러 명이 부동산을 공동으로 매수한 경우에, 부동산의 공동매수인들이 전매차익을 얻으려는 공동의 목적 달성을 위하여 상호 협력한 것에 불과하고, 이를 넘어 공동사업을 경영할 목적이 있었다고 인정되지 않는 경우에는, 공동매수인 사이의 법률관계는 공유관계에 불과할 뿐 민법상 조합관계에 있다고 볼 수 없으며, 전매차익을 획득하기 위하여 부동산을 공동매수한 것이 공동사업을 위하여 동업체에서 매수한 것이라고 할 수 있기 위해서는 적어도 공동매수인들 사이에서 매수한 토지를 공유가 아닌 동업체의 재산으로 귀속시키고, 공동매수인 전원의 의사에 기하여 전원의 계산으로 처분한 후 이익을 분배하기로 하는 명시적 또는 묵시적 의사의 합치가 있어야만 한다'고 한다(대법원 2012.8.30.선고, 2010다39918 판결).

2. 공동의 출자의무

조합계약이 성립하기 위해서는 계약에 참여하는 모든 당사자가 출자의무를 부담하여야 하며, 당사자 중의 일부만이 출자의무를 부담하는 경우에는 조합계약은 성립하지 않는다. 이 경우에는 '조합원이 상호출자하여 공동사업을 경영한다'고 할 수 없기 때문이다.

출자의 종류에는 특별한 제한이 없으므로, 금전 기타의 재산은 물론이고 경제적 가치가 있는 노무나 경영상의 노하우 등도 출자의 목적물이 될 수 있다(703조 2항).

[69] Ⅲ. 조합계약의 효력

조합계약은 공동으로 출자한 재산을 바탕으로 조합원들이 협력하여 공동사업을 경영하는 것을 목적으로 하는 계속적 계약이므로(703조 1항), 공동사업을 경영하는 과정에서 매우 복잡한 법률관계를 발생시킨다. 조합계약의 효력으로 발생하는 복잡한 법률관계를 전부 기술하는 것은 불가능할 뿐만 아니라 불필요하다고 할 것이므로, 이하에서는 조합의 법률관계를 크게 「조합의 업무집행관계」와 「조합의 재산관계」로 나누어 기술하는 데 그치기로 한다.

1. 조합의 업무집행관계

(1) 조합의 대내적 관계

1) 일부조합원만이 업무집행에 참여하는 경우

(가) 업무집행자의 선임

모든 조합원은 각자 조합의 업무집행에 참여할 권리가 있으며, 이는 조합원 고유의 권리라고 할 수 있다. 그러나 조합계약으로 일부의 조합원을 업무집행자로 정할 수 있으며, 조합계약으로 업무집행자를 정하지 아니한 경우에는 조합원의 3분의 2 이상의 찬성으로써 업무집행자를 선임할 수 있다(706조 1항). 판례에 따르면, '여기서 말하는 "조합원"은 조합원의 출자가액이나 지분이 아닌 조합원의 인원수를 의미한다'고 한다. 다만, '제706조의 규정은 임의규정이므로, 당사자 사이의 약정으로 업무집행자의 선임을 조합원의 인원수가 아닌 그 출자가액 내지 지분의 비율에 의하도록 하는 등 그 내용을 달리 정할 수 있고, 그와 같은 약정이 있는 경우에는 그 정한 바에 따라 업무집행자를 선임하여야만 유효하다'고 한다(대법원 2009.4.23. 선고, 2008다4247 판결).

(나) 업무집행의 결정

업무집행자가 여러 명인 때에는 업무집행은 그 과반수로써 결정하여야 하나(706조 2항 2문), 조합의 통상적 업무는 각 업무집행자가 단독으로 할 수 있다(동조 3항 본문). 다만, 그 사무를 완료하기 전에 다른 업무집행자가 이의를 제기한 때에는 즉시 통상적 업무의 집행을 중지하여야 한다(동조 3항 단서). 또한 판례에 따르면, '제706조의 규정은 임의규정이므로 당사자 사이의 약정으로 업무집행방법의 결정을 조합원의 인원수가 아닌 그 출자가액 내지 지분의 비율에 의하도록 하는 등 그 내용을 달리 정할 수 있고, 그와 같은 약정이 있는 경우에는 그 정한 바에 따라 업무집행방법을 결정하여야만 유효하다'고 한다(대법원 2009.4.23. 선고, 2008다4247 판결).

그런데 민법은 조합의 업무집행을 다수결로 정하도록 규정하고 있는 제706조 제2항의 규정과는 달리, 조합원의 공동소유를 합유로 규정하고 "합유물을 처분 또는 변경함에는 합유자 전원의 동의가 있어야 한다"고 규정하고 있는바(272조), 이러한 양 규정을 모순 없이 합리적으로 해석하는 방안이 문제된다. 이에 대하여 판례는 '조합재산의 경우 그 처분·변경에 관한 행위는 조합의 특별사무에 해당하는 업무집행으로서, 이에 대하여는 특별한 사정이 없는 한 제706조 제2항이 제272조에 우선하여 적용되므로, 조합재산의 처분·변경은 업무집행자가 없는 경우에는 조합원의 과반수로 결정하고, 업무집행자가 수인 있는 경우에는 그 업무집행자의 과반수로써 결정하며, 업무집행자가 1인만 있는 경우에는 그 업무집행자가 단독으로 결정할 수 있다'는 입장을 취하고 있다(대법원 2000.10.10.선고, 2000다28506·28513 판결 등).[5] 그러나 판례의 이러한 입장은 제272조의 규정을 완전히 무시하는 해석으로서, 그 결론의 현실적 타당성 여부를 떠나서 해석론의 범주를 초과한 것이 아닌가 하는 의문을 지울 수 없다.

(다) 업무집행조합원의 법적 지위

(A) 위임에 관한 규정의 준용 민법은 위임인과 수임인과의 법률관계를 규정한 제681조 내지 제688조의 규정을 조합업무를 집행하는 조합원에 준용하고 있는데(707조), 이는 조합계약에 있어서 업무집행조합원과 다른 조합원과의 관계는 위임계약에 있어서의 수임인과 비슷한 관계에 있다고 할 수 있기 때문이다. 다만, 대법원판결 중에는 피고인이 공동으로 토지를 매수하여 그 지상에 창고사업을 하는 내용의 동업약정을 하고 동업재산이 될 토지에 관한 매매계약을 체결한 후 소유권이전등기 업무를 처리하면서 다른 동업자(甲) 몰래 매도인과 사이에 위 매매계약을 해제하고 甲을 배제하는 내용의 새로운 매매계약을 체결한 다음 제3자 명의로 소유권이전등기를 마친 사안에서, '피고인과 甲은 2인 이상이 상호출자하여 공동사업을 경영할 것을 내용으로 하는 조합계약을 체결한 것이고, 피고인은 부동산의 소유권이전등기 등 업무에 관하여 동업체인 조합에 대하여 선량한 관리자의 주의로 사무를 처리해야 할 의무가 있으므로 조합의 사무를 처리하는 자의 지위에 있다고 할 것인데도 그 임무에 위배하여 위와 같이 소유권이전등기를 마침으로써 위 조합에 대한 배임행위를 한 것으로 보아야 한다'고 판시함으로써, 피해자를 甲이라고 본 원심은 배임죄의 피해자 특정에 관한 법리를 오해한 위법이 있다는 이유로 파기·환송한 사례가 있다(대법원 2011.4.28.선고, 2009도14268 판결). 위 대법원판결은 조합에 대하여 권리능력의 귀속주체성을 인정한 것처럼 오해될 우려가 있어서 그 타당성이 매우 의문스럽다.

한편 조합의 업무를 집행하는 조합원에 대해서는 위임계약에 관한 규정이 준용되고 있으나, '업무집행자인 조합원은 정당한 사유 없이 사임하지 못하며, 다른 조합원의 일치가 아니면 해임하지 못한다'는 점에서(708조), 자유롭게 계약을 해지할 수 있는 위임계약상의 수임인과는 그 법적 지위를 달리한다(689조 참조).

(B) 업무집행의 전행(專行) 업무집행자는 그에게 맡겨진 업무범위 내에서는 그 업무를 전행할 수 있으며(706조 3항 본문), 조합의 업무를 집행하는 조합원은 그 업무집행의 대리권 있는 것으로 추정한다(709조). 여기서 "전행할 수 있다"는 것은 '전권을 가지고 그 업무를 단독으로

---

5) 판례평석: 김기정, "조합재산의 처분·변경과 조합의 업무집행", 대법원판례해설 35호(법원도서관, 2001/6), 97 이하. 같은 취지: 대법원 1998.3.13.선고, 95다30345 판결; 대법원 2010.4.29.선고, 2007다18911 판결.

집행할 수 있다'는 것을 의미하므로, 다른 조합원은 통상사무라고 하더라도 이를 집행할 수 없다고 할 것이다. 다만, 다른 조합원 또는 다른 업무집행자(업무집행자가 여러 명인 경우)는 업무집행자가 그 사무를 완료하기 전에 이의를 제기할 수 있으며(706조 3항 단서), 각 조합원은 언제든지 조합의 업무 및 재산상태를 검사할 수 있다(710조).

2) 모든 조합원이 업무를 집행하는 경우

(가) 업무집행의 결정

업무집행자가 없는 경우에는 모든 조합원이 업무를 집행할 권한을 가지는데, 이 경우 조합의 업무집행은 조합원의 과반수로써 결정하여야 한다(706조 2항 1문). 주식회사와는 달리, 이 경우의 과반수(過半數)는 특약이 없는 한 출자금액이 아니라 조합원의 인원수를 기준으로 한다.

(나) 통상사무의 전행(專行)

조합의 통상사무에 대해서는 다수결의 원칙이 적용되지 않는다. 즉, 조합의 통상사무는 각 조합원이 단독으로 집행할 수 있다(706조 3항 본문). 그러나 그 사무의 완료 전에 다른 조합원의 이의가 있는 때에는 즉시 중지하여야 한다(동조 3항 단서).

(다) 위임에 관한 규정의 준용

조합업무를 집행하는 조합원은 조합에 대한 관계에서는 위임계약에 있어서의 수임인과 유사하므로, 수임인의 법적 지위에 관한 제681조 내지 제688조의 규정이 준용된다(707조).

(A) 조합업무를 집행하는 조합원의 의무　조합업무를 집행하는 조합원은 선량한 관리자의 주의로써 조합업무를 집행하여야 하며(707조, 681조), 다른 조합원의 승낙이나 부득이한 사유 없이 제3자로 하여금 자기에 갈음하여 조합업무를 처리하게 하지 못한다(707조, 682조 1항). 만약 조합업무를 집행하는 조합원이 법률의 규정에 따라 제3자에게 조합의 업무를 처리하게 한 경우에는, 복대리인을 선임한 대리인의 책임에 관한 제121조의 규정이 준용된다(707조, 682조 2항). 그 밖에 조합업무를 집행하는 조합원은 위임인(다른 조합원)의 청구가 있는 때에는 위임사무의 처리상황을 보고하고 위임이 종료한 때에는 지체 없이 그 전말을 보고하여야 하며(707조, 683조), 조합업무의 처리로 인하여 받은 금전 기타의 물건 및 그 수취한 과실을 조합에게 인도하여야 하고, 조합을 위하여 자기의 명의로 취득한 권리는 조합에 이전하여야 한다(707조, 684조). 만약 조합업무를 집행하는 조합원이 조합에 인도할 금전 또는 조합의 이익을 위하여 사용할 금전을 자기를 위하여 소비한 때에는 소비한 날 이후의 이자를 지급하여야 하며 그 외의 손해가 있으면 배상하여야 한다(707조, 685조).

(B) 조합업무를 집행하는 조합원의 권리　조합업무를 집행하는 조합원은 특별한 약정이 없으면 조합에 대하여 보수를 청구하지 못하는 것이 원칙이나(707조, 686조 1항), 조합업무를 집행

하는 조합원이 약정에 따라 보수를 받을 경우에는 조합업무처리를 완료한 후가 아니면 이를 청구하지 못한다. 그러나 기간으로 보수를 정한 때에는 그 기간이 경과한 후에 이를 청구할 수 있다(동조 2항). 조합업무를 집행하는 조합원이 조합업무를 집행하는 중에 그의 책임 없는 사유로 인하여 약정기간이 종료된 때에는 조합원은 이미 처리한 업무의 비율에 따른 보수를 청구할 수 있다(동조 3항). 조합업무의 처리에 비용을 요하는 때에는, 조합은 조합업무를 집행하는 조합원의 청구에 의하여 이를 선급하여야 하며(707조, 687조), 조합업무를 집행하는 조합원이 조합업무의 처리에 관하여 필요비를 지출한 때에는 조합에 대하여 지출한 날 이후의 이자를 청구할 수 있다(707조, 688조 1항). 조합업무를 집행하는 조합원이 조합업무의 처리에 필요한 채무를 부담한 때에는 조합에게 자기에 갈음하여 이를 변제하게 할 수 있고, 그 채무가 변제기에 있지 아니한 때에는 상당한 담보를 제공하게 할 수 있다(동조 2항). 조합업무를 집행하는 조합원이 조합업무의 처리를 위하여 과실 없이 손해를 받은 때에는 조합에 대하여 그 배상을 청구할 수 있다(동조 3항).

(2) 조합의 대외적 관계

1) 이른바 「조합대리」

조합은 조합원을 구성원으로 하는 단체로서의 실질을 가지고 있으나, 법률상으로는 조합원과 별개·독립한 권리·의무의 귀속주체가 될 수 없다. 또한 조합은 법인격 없는 사단도 아니므로 비법인사단의 법리가 적용될 수도 없다. 그러므로 조합이 제3자와 법률행위를 하기 위해서는 조합원 전원이 주체가 되어 조합원 전원의 이름으로 하여야 하는 것이 원칙이다. 그러나 이는 실제상 매우 불편하므로, 조합의 실무에 있어서는 '조합원 중 1인 또는 수인이 다른 조합원의 대리인이 되어 제3자와 법률행위를 하는 것'이 보통인데, 이를 「조합대리」라고 한다.

이와 같이 조합의 대외적 업무는 조합대리에 의하여 이루어지는 것이 보통인데, 조합대리의 업무를 수행하는 대리인의 대리권은 대내적 업무집행의 권한과는 개념상 별개의 법률행위인 수권행위(대리권수여행위)에 의하여 발생하는 것이다. 그러나 실제로는 수권행위는 조합계약 속에 포함되어 일체로서 행해지는 것이 보통이다. 이러한 점을 고려하여, 민법은 '조합의 업무를 집행하는 조합원은 그 업무집행의 대리권이 있는 것으로 추정한다'고 규정하고 있다(709조). 그러므로 조합계약으로 업무집행자를 정하였거나 조합원 3분의 2 이상의 찬성으로 업무집행자를 선임한 경우에는(706조 1항), 그 업무집행조합원이 조합의 목적을 달성하는 데 필요한 모든 행위를 할 대리권이 있는 것으로 추정된다. 또한 전술한 바와 같이, 업무집행자가 여러 명인 경우에 조합의 통상업무 이외의 사항에 관한 결정은 업무집행자의 과반수로써 결정하여야 하나(706조 2항), 대리인이 여러 명인 경우에도 대리는 「단독대리」가 원칙이므로(119조),

업무집행자의 1인이 과반수의 동의 없이 대리행위를 한 경우에도 당연히 무효가 되는 것이 아니라 「권한을 넘은 대리행위」로서 상대방이 그 권한이 있다고 믿을 만한 정당한 이유가 있는 때에는 대리행위의 효력이 발생하는 표현대리가 될 수 있다(126조). 다만, 대법원은 '제709조는 임의규정이므로 당사자 사이의 약정에 의하여 조합의 업무집행에 관하여 조합원 전원의 동의를 요하도록 하는 등 그 내용을 달리 정할 수 있고, 그와 같은 약정이 있는 경우에는 조합의 업무집행은 조합원 전원의 동의가 있는 때에만 유효하다 할 것이어서, 조합의 구성원이 위와 같은 약정의 존재를 주장·입증하면 조합의 업무집행자가 조합원을 대리할 권한이 있다는 추정은 깨지고 업무집행자와 사이에 법률행위를 한 상대방이 나머지 조합원에게 그 법률행위의 효력을 주장하기 위하여는 그와 같은 약정에 따른 조합원 전원의 동의가 있었다는 점을 주장·입증할 필요가 있다'고 판시한 바 있다(대법원 2002.1.25.선고, 99다62838 판결).

한편 '조합계약에서 업무집행자를 정하지 않았거나 업무집행자를 선임하지 않은 경우에는 모든 조합원이 각각 단독으로 모든 조합원을 대리할 권한이 있는 것으로 추정된다'고 할 것이다(709조). 그러므로 '일부 조합원이 통상사무가 아닌 사항을 조합원 과반수의 동의를 얻지 않고 단독으로 대리행위를 한 경우에도 당연히 무효가 되는 것이 아니라, 권한을 넘은 대리행위로서 상대방이 그 권한이 있다고 믿을 만한 정당한 이유가 있는 때에는 대리행위의 효력이 발생한다'고 할 것이다(126조).

대리에 있어서의 「현명주의(顯名主義)의 원칙」상 모든 조합원을 대리할 권한이 있는 것으로 추정되는 업무집행자는 본인인 모든 조합원의 이름을 밝혀야 할 것이다(115조). 그러나 이는 지나치게 번잡하므로, 판례는 '상대방이 알 수 있을 정도로 조합의 명칭과 대리관계를 밝히면 충분하다'는 입장을 취하고 있다(대법원 1970.8.31.선고, 70다1360 판결 등). 나아가 '상법 제48조[6]의 해석상 조합대리에 있어서의 법률행위가 조합에게 상행위가 되는 경우에는 조합을 위한 것임을 표시하지 않았다고 하더라도 그 법률행위의 효력은 본인인 조합원 전원에게 미친다'고 한다(대법원 2009.1.30.선고, 2008다79340 판결).

2) 조합의 당사자능력

'조합은 법률상 권리·의무의 귀속주체가 될 수 없으므로, 소송상의 당사자능력도 인정되지 않는다'고 할 것이다(대법원 1991.6.25.선고, 88다카6358 판결 등). 그러므로 '소의 제기 또는 응소에 있어서 조합은 조합원 전원이 공동하여서만 원고가 되고 피고가 될 수 있다'고 할 것이다. 즉, 조합의 소송 또는 조합을 상대로 하는 소송은 '소송목적이 공동소송인 모두에게 합일적으로 확정되어야 할 공동소송'인 「필수적 공동소송」이 될 수밖에 없다(민사소송법 67조 이하). 다

6) 상법 제48조(대리의 방식) 상행위의 대리인이 본인을 위한 것임을 표시하지 아니하여도 그 행위는 본인에 대하여 효력이 있다. 그러나 상대방이 본인을 위한 것임을 알지 못한 때에는 대리인에 대하여도 이행의 청구를 할 수 있다.

만, 조합에 소송법상의 당사자능력이 인정되지 않음으로써 발생하는 이러한 소제기 또는 응소의 번잡함은 「선정당사자제도」(민사소송법 53조)[7]에 의하여 회피되고 있다.

2. 조합의 재산관계

조합은 사실상 그 구성원인 조합원과의 별개·독립의 단체로서 활동하지만, 법률상으로는 단체로서의 실체로 인정되지 않으며, 독립된 권리·의무의 귀속주체성(법인격)도 인정되지 않는다. 그러므로 사실상의 실체인 조합이 공동사업을 하는 과정에서 취득한 재산(이를 「조합재산」이라고 부른다)은 법률상 조합 자체에 귀속될 수 없고, 조합원의 공동소유가 될 수밖에 없다(민법은 이를 「합유(合有)」라고 한다). 그러나 이러한 법률상의 지위와는 달리, 조합은 사실상 독립된 경제주체로서 활동을 하며 고유의 조합재산을 취득한다. 또한 조합의 소유형태인 「합유」는 조합원의 공동소유의 일종으로 규정되어 있고(271조 이하), 조합원의 소유지분도 「합유지분」이라는 형태로 인정되고 있기는 하지만(273조), 조합원의 합유지분은 합유자 전원의 동의 없이는 처분할 수 없고(273조 1항), 조합체의 해산이나 합유물 자체를 양도하는 경우 이외에는 「합유물의 분할」도 허용되지 않는 등(273조 2항, 274조) 실질적으로는 '법률상으로도 조합이 조합재산을 소유하고 있다'고 할 수 있는 측면이 있다.

(1) 조합재산의 합유

1) 합유의 의의

「합유」라 함은 '여러 명이 조합체로서 물건을 소유하는 형태'를 말한다(271조 1항). 여기서 "조합체로서"라 함은 '조합의 구성원으로서' 물건을 공동으로 소유한다는 것을 의미한다. 즉, 합유의 개념을 규정한 제271조 제1항은 합유는 공동소유의 일종이며, 소유권의 주체는 조합이 아니라 조합원이라는 점을 명확히 한 규정이다. 이와 같이 「합유」는 '조합원의 공동소유'를 의미하고, 「공동소유」는 곧 지분에 의한 소유를 의미하는 것이므로, 합유에 있어서는 조합원의 소유지분인 「합유지분」이 인정된다(273조 1항).

(가) 합유의 객체

「일물일권주의」의 원칙상 합유의 객체는 조합재산을 구성하고 있는 개개의 물건이라고 보아야 할 것이다. 그러나 학설은 '전체로서의 조합재산도 합유의 객체가 된다'고 해석하는 것이 통설적 견해이며,[8] 판례도 '조합원의 지분에 대한 압류를 허용하고 있는 제714조에서

7) 민사소송법 제53조(선정당사자) ① 공동의 이해관계를 가진 여러 사람이 제52조의 규정에 해당되지 아니하는 경우에는, 이들은 그 가운데에서 모두를 위하여 당사자가 될 한 사람 또는 여러 사람을 선정하거나 이를 바꿀 수 있다. ② 소송이 법원에 계속된 뒤 제1항의 규정에 따라 당사자를 바꾼 때에는 그 전의 당사자는 당연히 소송에서 탈퇴한 것으로 본다.

8) 민법주해(16)/김재형, 127; 제4판 주석민법(5)/임채웅, 117 참조.

규정하고 있는 조합원의 지분이란 전체로서의 조합재산에 대한 조합원 지분을 의미하는 것이고, 조합재산을 구성하는 개개의 재산에 대한 합유지분에 대하여는 압류 기타 강제집행의 대상으로 삼을 수 없다'는 입장을 취하고 있다(대법원 2007.11.30., 2005마1130 결정 등).

(나) 합유지분의 처분금지

조합원의 소유지분인 「합유지분」은 인정되고 있으나, 공유(共有)와는 달리 합유지분의 처분은 허용되지 않는다(273조 1항). 민법은 '조합원 전원의 동의가 있으면 합유지분을 처분할 수 있다'고 규정하고 있으나, 합유지분의 처분을 허용하는 것은 공동사업의 경영을 목적으로 하는 조합의 본질에 어긋나고, 조합 경영에 중대한 지장을 초래할 수 있으므로, '조합원 전원의 동의가 있더라도 합유지분의 처분은 허용되지 않는다'고 해석하여야 할 것이다. 또한 「전체로서의 조합재산에 대한 합유지분」의 개념을 인정하더라도 전체로서의 조합재산에 대한 합유지분의 처분도 허용될 수 없으며, 이 경우에는 전체로서의 합유지분의 처분을 허용할 것이 아니라 조합원의 탈퇴절차에 따라야 할 것이다.

(다) 합유재산의 분할금지

합유자는 조합체의 해산 또는 합유물의 양도로 인하여 합유가 종료되는 경우(274조 1항) 이외에는 합유물의 분할을 청구하지 못한다(273조 2항).

(라) 준합유

용익물권·담보물권·채권 등 소유권 이외의 재산권에 대해서는 합유에 관한 규정이 준용되는데(278조), 이를 「준합유」라고 한다.

2) 합유물의 보존행위와 처분·변경행위

(가) 합유물의 보존행위

합유물을 처분 또는 변경함에는 합유자 전원의 동의가 있어야 하나, 합유물의 보존행위는 조합원 각자가 할 수 있다(272조). 여기서 「보존행위」라 함은 '합유물의 멸실·훼손을 방지하고 그 현상을 유지하기 위하여 하는 사실적·법률적 행위'를 말한다. 예컨대, '합유물에 관하여 경료된 원인무효의 소유권이전등기의 말소를 구하는 소송은 합유물에 관한 보존행위로서 합유자 각자가 할 수 있다'고 할 것이다(대법원 1997.9.9.선고, 96다16896 판결). 판례는 '민법이 합유재산의 보존행위를 각 합유자 단독으로 할 수 있도록 한 취지는, 그 보존행위가 긴급을 요하는 경우가 많고, 다른 합유자에게도 이익이 되는 것이 보통이기 때문'이라고 한다(대법원 2013.11.28.선고, 2011다80449 판결 등).

(나) 합유물의 처분·변경행위 : 제272조와 제706조 제2항의 관계

민법은 제272조에서 '합유물의 처분·변경에는 조합원 전원의 동의를 요한다'고 규정하고 있는데, 제706조 제2항에서는 '조합의 업무집행은 조합원의 과반수로써 결정하며, 업무집행

자가 여러 명인 때에는 그 과반수로써 결정한다'고 규정하고 있다. 「합유물의 처분·변경」도 조합의 업무에 속한다고 할 것이므로 제272조와 제706조 제2항의 규정은 모순된다고 할 수 있는데, 판례는 '조합재산의 처분·변경에 관한 행위는 조합의 특별사무에 해당하는 업무집행으로서, 이에 대하여는 특별한 사정이 없는 한 제706조 제2항이 제272조에 우선하여 적용되므로, 조합재산의 처분·변경은 업무집행자가 없는 경우에는 조합원의 과반수로 결정하고, 업무집행자가 여러 명 있는 경우에는 그 업무집행자의 과반수로써 결정하며, 업무집행자가 1인만 있는 경우에는 그 업무집행자가 단독으로 결정할 수 있다'는 입장을 취하고 있음은 전술한 바와 같다(대법원 2010.4.29.선고, 2007다18911 판결 등).

3) 조합원의 합유지분과 조합재산의 구별

(가) 합유지분에 대한 압류의 효력

민법은 제714조에서, "조합원의 지분에 대한 압류는 그 조합원의 장래의 이익배당 및 지분의 반환을 받을 권리에 대하여 효력이 있다"고 규정함으로써 합유지분에 대한 압류를 허용하고 있다. 그러나 전술한 바와 같이, 판례는 여기에서의 「조합원의 지분」은 조합재산을 이루는 개개의 물건에 대한 합유지분을 의미하는 것이 아니라 전체로서의 조합재산에 대한 조합원의 합유지분을 의미하는 것이므로, 조합재산을 구성하는 개개의 재산에 대한 조합원의 합유지분에 대하여는 압류 기타 강제집행의 대상으로 삼을 수 없으며(대법원 2007.11.30., 2005마1130 결정 등), 조합원 개인의 채권자가 그 조합원의 조합재산에 대한 합유지분을 압류하더라도 그 효력은 그 조합원이 장래에 받을 이익배당과 지분의 반환을 받을 권리에 대해서만 효력이 있다고 할 것이며, 조합의 채권은 조합원 전원에게 합유적으로 귀속하는 것이므로 특별한 사정이 없는 한 조합원 중 1인에 대한 채권으로써 그 조합원 개인을 집행채무자로 하여 조합의 채권에 대하여 강제집행을 할 수 없다'는 입장을 취하고 있다(대법원 2001.2.23.선고, 2000다68924 판결).

(나) 조합의 채무자의 상계금지

조합의 채무자는 조합원 개인에 대한 채권으로 조합에 대한 채무를 상계하지 못한다(715조). 예컨대, 조합으로부터 부동산을 매수하여 조합에 대하여 잔금채무를 지고 있는 자가 조합원 중의 1인에 대하여 개인적으로 채권을 가지고 있는 경우에도, 그 채권과 조합에 대한 잔금채무를 상계할 수 없다(대법원 1998.3.13.선고, 97다6919 판결).

(2) 조합채무의 합유적 귀속

조합원이 공동사업을 경영하는 과정에서 조합이 부담한 채무는 조합원에게 합유적으로 귀속한다고 할 것이다. 다만, 민법은 「채무의 합유적 귀속」에 대하여 특별한 규정을 두지 않고 이를 학설·판례에 위임하고 있다.

1) 조합재산에 의한 공동책임

조합의 채권자는 조합재산으로부터 변제를 받을 권리가 있음은 당연하다. 즉, 조합원은 공동으로(합유적으로) 조합채무를 변제할 책임을 부담한다.

2) 조합원 개인재산에 의한 책임

조합원은 조합채무에 대하여 개인재산으로 변제할 책임을 부담한다. 다만, 「분할채무의 원칙」상 특별한 약정이 없는 이상, 조합채무는 각 조합원에게 양적으로 분할되어 귀속한다고 할 것이다(408조). 이러한 취지에서, 민법은 '조합채권자는 그 채권발생 당시에 조합원의 손실부담의 비율을 알지 못한 때에는 각 조합원에게 균분하여 그 권리를 행사할 수 있다'고 규정하고(712조), '조합원 중에 변제자력이 없는 자가 있는 때에는 그 변제할 수 없는 부분은 다른 조합원이 균분하여 변제할 책임이 있다'고 규정하고 있다(713조). 다만, '조합채무가 조합원 전원을 위하여 상행위가 되는 행위로 인하여 부담하게 된 것이라면, 상법 제57조 제1항[9])을 적용하여 조합원들의 연대책임을 인정하여야 한다'는 것이 판례의 입장이다(대법원 1998.3.13. 선고, 97다6919 판결 등).

(3) 공동사업으로 인한 손익의 분배

조합의 사업으로 인하여 생긴 이익과 손실도 모든 조합원에게 합유적으로 귀속한다. 문제는 그 귀속의 비율인데, 조합계약에 이에 관한 약정이 있으면 그에 따라야 함은 물론이다. 만약 이익 또는 손실의 어느 한 쪽에 대해서만 분배의 비율을 정한 때에는, 그 비율은 이익과 손실에 공통된 것으로 추정하며(711조 2항), 당사자 사이에 손익분배에 관한 약정이 없는 경우에는 손익분배의 비율은 각 조합원의 출자가액에 비례하는 것으로 한다(711조 1항). 다만, '조합원 간의 내부사정인 조합원 간의 약정이나 출자가액을 조합채권자가 쉽사리 알 수 있는 사정이 아니므로 조합원에 대하여 균분하여 권리를 행사하는 조합채권자에 대하여 손실부담의 비율이 이와 다른 조합원이 있는 경우에는 그 조합원이 이를 주장·입증할 책임이 있다고 보아야 한다'는 것이 판례의 입장이다(대법원 1975.5.27. 선고, 75다169 판결).

손익분배의 시기에 대하여는 민법에 특별한 규정이 없으므로, 조합계약으로 정해진 시기에 손익을 분배하여야 할 것이다. 문제는 조합계약에 손익분배의 시기를 정하지 않은 경우인데, 영리를 목적으로 하는 조합의 경우에는 이익의 분배가 조합의 업무에 해당하므로, '업무집행조합원이 조합의 업무집행규정에 따라 이익분배의 시기를 결정할 수 있다'고 할 것이다.

---

9) 상법 제57조(다수채무자간 또는 채무자와 보증인의 연대) ① 수인이 그 1인 또는 전원에게 상행위가 되는 행위로 인하여 채무를 부담한 때에는 연대하여 변제할 책임이 있다. ② 보증인이 있는 경우에 그 보증이 상행위이거나 주채무가 상행위로 인한 것인 때에는 주채무자와 보증인은 연대하여 변제할 책임이 있다.

그러나 비영리조합의 경우에는 이익의 분배가 조합의 업무에 해당한다고 할 수 없으므로, '조합원 전원의 합의가 있을 때 또는 청산 시에 한하여 이익을 분배할 수 있다'고 할 것이다.

손실의 분배의 시기에 대하여 조합계약에서 정한 바가 없으면, '조합의 해산 또는 청산 시에 조합재산으로 조합채무를 완전히 변제할 수 없는 경우에 한하여 조합원이 손실을 부담한다'고 해석하여야 할 것이다. 조합이 계속 중에는 조합원에게 출자의무 이상의 부담을 지울 수 없기 때문이다.

[70] Ⅳ. 조합원의 탈퇴와 조합원의 지위 양도

1. 조합원의 탈퇴

(1) 탈퇴의 의의

조합계약에 있어서는 일반계약과는 달리 조합원의 채무불이행을 이유로 조합계약을 해제하고 상대방에게 그로 인한 원상회복의 의무를 부담지울 수는 없으며, 조합의 해산청구를 하거나 조합으로부터 탈퇴를 하거나 또는 다른 조합원을 제명할 수 있을 뿐이다(대법원 1994.5.13.선고, 94다7157 판결 등).[10)]

조합원의 「탈퇴(脫退)」라 함은 '조합원이 조합의 존속 중에 조합원으로서의 지위 내지 자격을 벗어나는 것'을 말한다. 특정 조합원이 탈퇴하더라도 조합 그 자체는 나머지 조합원에 의해 동일성을 유지하며 존속하는 것이므로, '탈퇴는 잔존 조합원이 동업사업을 계속 유지·존속함을 전제로 한다'고 할 것이다(대법원 2007.11.15.선고, 2007다48370·48387 판결). 조합에의 「가입(加入)」은 탈퇴와 반대로 '조합원이 아니었던 자가 새로이 조합원의 지위를 획득하는 것'을 말한다.

'조합은 단순한 계약관계에 불과한 것이므로, 조합 자체의 단체로서의 독립성은 인정될 수 없다'는 입장을 관철하면, '조합에서의 「탈퇴」와 조합에의 「가입」은 조합계약의 중대한 내용변경을 의미하므로 조합원 전원의 동의를 얻은 경우에 한하여 할 수 있다'고 해석하거나, 조합원의 가입이나 탈퇴가 있는 경우 조합은 해산되어야 한다'고 해석하여야 할 것이다. 그러나 이러한 해석은 사회적·경제적으로 사실상 독립된 단체로서 활동하고 있는 조합의 실질을 무시하는 불합리한 해석이라는 비판을 면하기 어렵다고 할 것이다. 이러한 취지에서, 민법은 조합원의 탈퇴는 가능하다'는 것을 전제로 하여, 이에 관한 특별규정을 두고 있다.

---

10) 같은 취지: 대법원 1988.3.8.선고, 87다카1448 판결; 대법원 2007.4.26.선고, 2005다62006 판결; 대법원 2009.6.11.선고, 2009다21096 판결; 대법원 2015.6.11.선고, 2013다29714·29721 판결.

(2) 탈퇴권의 법적 성질

'조합에서 탈퇴할 수 있는 권리인 탈퇴권이 채권자대위권(404조)의 객체가 될 수 있는가?' 하는 것이 문제된다. 이에 대하여 대법원은 '민법상 조합원은 조합의 존속기간이 정해져 있는 경우 등을 제외하고는 원칙적으로 언제든지 조합에서 탈퇴할 수 있고(716조), 조합원이 탈퇴하면 그 당시의 조합의 재산상태에 따라 다른 조합원과 사이에 지분의 계산을 하여 지분환급청구권을 가지게 되는바(719조), 조합원이 조합을 탈퇴할 권리는 그 성질상 조합계약의 해지권으로서 그의 일반재산을 구성하는 재산권의 일종이라 할 것이고 채권자대위가 허용되지 않는 일신전속적 권리라고는 할 수 없다. 따라서 채무자의 재산인 조합원 지분을 압류한 채권자는, 당해 채무자가 속한 조합에 존속기간이 정하여져 있다거나 기타 채무자 본인의 조합탈퇴가 허용되지 아니하는 것과 같은 특별한 사유가 있지 않은 한, 채권자대위권에 의하여 채무자의 조합 탈퇴의 의사표시를 대위행사할 수 있다 할 것이고, 일반적으로 조합원이 조합을 탈퇴하면 조합목적의 수행에 지장을 초래할 것이라는 사정만으로는 이를 불허할 사유가 되지 아니한다'고 판시한 바 있다(대법원 2007.11.30., 2005마1130 결정).

(3) 탈퇴의 종류와 요건

1) 임의탈퇴

(가) 탈퇴의 요건 및 시기

(A) 조합의 존속기간이 정해지지 않은 경우 조합계약으로 조합의 존속기간을 정하지 아니하거나 조합원의 종신까지 존속할 것을 정한 때에는, 각 조합원은 언제든지 탈퇴할 수 있다. 다만, 부득이한 사유 없이 조합의 불리한 시기에 탈퇴하지 못한다(716조 1항). 대법원판결 중에는 '여기서 「부득이한 사유」에 해당하는지 여부는 조합원 일신상의 주관적인 사유 및 조합원 개개인의 이익뿐만 아니라 단체로서의 조합의 성격과 조합원 전체의 이익 등을 종합적으로 고려하여 판단하여야 하는바, 증권시장의 안정을 도모함을 목적으로 하여 설립된 조합인 「증권시장안정기금」의 공익단체로서의 성격과 설립목적, 업무내용 등에 비추어 볼 때, 조합원인 회사가 자금사정의 악화 등 주관적인 사정만으로는 이를 조합에서 탈퇴할 수 있는 부득이한 사유에 해당한다고 볼 수 없다'고 판시한 사례가 있다(대법원 1997.1.24.선고, 96다26305 판결).

(B) 조합의 존속기간이 정해져 있는 경우 조합계약으로 조합의 존속기간이 정해져 있는 경우에는, 부득이한 사유가 있는 경우에 한해서 탈퇴할 수 있다(716조 2항).

(나) 탈퇴의 의사표시

조합의 업무집행자가 정해져 있는 경우에도 탈퇴는 다른 조합원 전원에 대한 의사표시로써 하여야 한다. 그러나 조합계약에서 탈퇴의사의 표시 방식을 따로 정한 경우에는 그에 따라야 할 것이다(대법원 1997.9.9.선고, 96다16896 판결).

2) 당연탈퇴

조합원이 탈퇴의 의사표시를 하지 않더라도 조합원이 사망하거나 파산한 경우, 조합원에 대한 성년후견이 개시되거나 조합으로부터 제명된 경우에는 당연히 탈퇴된다(717조).

(가) 조합원의 사망

조합원이 사망하면 당연히 탈퇴한 것이 된다(717조 1호). 즉, 조합원의 지위는 상속되지 않는다. 판례에 따르면, '조합원 중 일부가 사망한 경우, 특별한 약정이 없는 한 조합재산인 부동산은 잔존 조합원이 2인 이상일 경우에는 잔존 조합원의 합유로 귀속되고, 잔존 조합원이 1인인 경우에는 잔존 조합원의 단독소유로 귀속된다'고 한다(대법원 1994.2.25.선고, 93다39225 판결 등).

(나) 조합원의 파산·성년후견의 개시

조합원이 파산하거나 조합원에 대한 성년후견이 개시되면 그 조합원은 당연히 탈퇴한 것이 된다(717조 2호). 그러나 판례는 '조합계약에서 파산하더라도 조합에서 탈퇴하지 않기로 하는 약정은 무효라고 할 것이나, 파산한 조합원이 제3자와의 공동사업을 계속하기 위하여 그 조합에 잔류하는 것이 파산한 조합원의 채권자들에게 불리하지 아니하여 파산한 조합원의 채권자들의 동의를 얻어 파산관재인이 조합에 잔류할 것을 선택한 경우까지 탈퇴금지의 약정을 무효라고 할 것은 아니'라고 한다(대법원 2004.9.13.선고, 2003다26020 판결 등).

(다) 제 명

조합으로부터 제명되면 그 조합원은 당연히 탈퇴한 것이 된다(717조 4호). 다만, 조합원의 제명은 정당한 사유 있는 때에 한하여 다른 조합원의 일치로써 이를 결정하여야 하며(718조 1항), 조합원의 제명결정은 제명된 조합원에게 통지하지 아니하면 그 조합원에게 대항하지 못한다(동조 2항). 제명의 정당한 사유로는 출자의무의 불이행 등 채무불이행(대법원 1997.7.25.선고, 96다29816 판결), 조합의 업무집행에 있어서의 부정행위 등을 들 수 있을 것이다.

(4) 탈퇴의 효과

탈퇴한 조합원은 조합원으로서의 지위를 당연히 상실한다. 그러나 조합 그 자체는 나머지 조합원에 의해 동일성을 유지하며 존속한다(대법원 2007.11.15.선고, 2007다48370·48387 판결). 다만, 조합원이 탈퇴하면 그 당시의 조합의 재산상태에 따라 다른 조합원과 사이에 지분의 계산을 하여 지분을 환급하여야 한다(719조 1항). 그러나 탈퇴 당시에 완결되지 아니한 사항에 대하여는 완결 후에 계산할 수 있으며(동조 3항), 탈퇴한 조합원의 지분은 그 출자의 종류 여하에 불구하고 금전으로 반환할 수 있다(동조 2항).

조합원의 일부가 탈퇴하더라도 조합 자체는 존속하는 것이 원칙인데, '2인 조합에서 조합원 1인이 탈퇴하는 경우에도 이러한 원칙이 적용될 수 있는가?' 하는 것이 문제된다. 이에 대하여, 판례는 '2인 조합에서 조합원 1인이 탈퇴하는 경우 조합관계는 종료되지만 특별한 사정이 없는 한 조합은 해산되지 아니하고, 조합원의 합유에 속하였던 재산은 남은 조합원의 단독소유에 속하게 되어 기존의 공동사업은 청산절차를 거치지 않고 잔존자가 계속 유지할 수 있다'는 입장을 확립하고 있다(대법원 2006.3.9.선고, 2004다49693·49709 판결 등).[11]

2. 조합원 지위의 양도

민법에 명문규정은 없으나, '조합계약에 특약이 있거나 조합원 전원의 동의가 있는 경우에는 조합원의 지위의 포괄적 양도가 가능하다'고 해석하는 것이 통설·판례의 입장이다. 즉, 판례는 '민법상 조합에서 조합원 지분의 양도는 원칙적으로 다른 조합원 전원의 동의가 있어야 하지만, 다른 조합원의 동의 없이 각자 지분을 자유로이 양도할 수 있도록 조합원 상호 간에 약정하거나 사후적으로 지분 양도를 인정하는 합의를 하는 것은 유효하다'고 한다(대법원 2016.8.30.선고, 2014다19790 판결).

[71] Ⅴ. 조합의 해산 및 청산

1. 조합의 해산

(1) 해산의 의의

조합의 「해산(解散)」이라 함은 '조합의 소멸을 위하여 목적사업을 위한 적극적인 활동을 중지하고 조합재산을 정리하는 단계에 들어가는 것'을 말한다(대법원 2007.11.15.선고, 2007다48370·48387 판결). 그러나 조합이 해산되더라도 청산절차가 종료될 때까지는 조합은 소멸하지 않고 존속한다.

(2) 해산사유

명문규정은 없으나, '존립기간의 만료, 조합이 목적의 달성 또는 달성의 불능 그 밖에 조합계약에서 정한 사유가 발생한 경우에는 조합은 해산한다'고 할 것이다(77조 1항의 유추해석). 다만, 민법은 이러한 경우 이외에도 '부득이한 사유가 있는 때에는, 조합원은 조합의 해산을 청구할 수 있다'고 규정하고 있다(720조).

(3) 해산절차

조합의 해산을 위한 특별한 절차는 요구되지 않는다. 즉, 존립기간의 만료, 조합의 목적 달성 또는 달성 불능 그 밖에 조합계약에서 정한 사유가 발생한 경우에는 법률상 당연히 해산의 효력이 발생한다. 다만, 제720조의 「부득이한 사유」가 있음을 이유로 조합원이 해산을

11) 같은 취지: 대법원 2013.5.23.선고, 2010다102816·102823 판결.

청구하는 경우에는, 다른 조합원 전원에 대한 해산의 의사표시가 필요하다고 할 것이다. 이와 관련하여, 판례는 '조합계약에 있어서는 조합의 해산청구를 하거나 조합으로부터 탈퇴를 하거나 또는 다른 조합원을 제명할 수 있을 뿐 조합계약을 해제 또는 해지할 수는 없는 것이므로, 조합원 사이의 불화·대립으로 인하여 신뢰관계가 깨어지고 특정조합원의 탈퇴나 제명으로도 조합업무의 원활한 운영을 기대할 수 없게 된 상황에서 특정조합원이 다른 조합원에게 해지통고를 한 것이라면, 조합의 소멸을 동반하는 조합의 해산청구로 볼 수 있다'고 한다(대법원 2015.6.11.선고, 2013다29714·29721 판결 등).[12)]

2. 조합의 청산

(1) 청산의 의의

조합의 「청산」이라 함은 '해산한 조합의 재산관계를 정리하는 것'을 말한다. 청산절차가 종료되면 조합의 법률관계는 종료하고 조합은 소멸한다. 다만, 청산절차는 조합의 재산관계를 조합원 사이에 공평하게 처리하는 것을 목적으로 하는 것이며, 청산절차가 끝난 이후에도 조합원은 조합채무에 대하여 개인재산으로 무한책임을 부담하는 것이므로, 조합의 잔무로서 처리할 일이 없고, 잔여재산의 분배절차만이 남아 있을 때에는 따로 청산절차를 밟을 필요가 없다고 할 것이다(대법원 1991.2.22.선고, 90다카26300 판결 등).[13)] 판례는 '이 경우, 각 조합원은 자신의 잔여재산분배비율의 범위 내에서 그 분배비율을 초과하여 잔여재산을 보유하고 있는 조합원에 대하여 바로 잔여재산의 분배를 청구할 수 있다'고 한다(대법원 1998.12.8.선고, 97다31472 판결 등).[14)]

(2) 청산인

조합의 청산사무는 청산인이 집행하는데, 조합이 해산한 당시의 모든 조합원이 공동으로 청산인이 되거나, 조합원의 과반수로써 결정하여 선임한 자가 청산인이 된다(721조). 후자의 경우에는 조합원이 아닌 자를 선임할 수도 있다. 다만, 조합원 중에서 청산인을 정한 때에는, 청산인은 정당한 사유없이 사임하지 못하며 다른 조합원의 일치가 아니면 해임하지 못한다(723조, 708조).

---

12) 같은 취지: 대법원 1996.3.26.선고, 94다46268 판결.

13) 판례평석: 정재훈, "2인조합의 해체사유와 해체시 조합원간의 법률관계", 재판과 판례 5집(대구판례연구회, 1996/12), 231 이하.

14) 판례평석: 민병훈, "조합관계의 종료와 잔여재산 분배", 민사판례연구(22)(민사판례연구회, 2000/2), 252 이하. 같은 취지: 대법원 1991.2.22.선고, 90다카26300 판결; 대법원 1995.2.24.선고, 94다13749 판결; 대법원 2000.4.21.선고, 99다35713 판결; 대법원 2009.4.23.선고, 2007다87214 판결; 대법원 2011.1.27.선고, 2008다2807 판결.

(3) 청산절차

1) 청산인의 직무와 권한

청산인의 직무는 현존사무의 종결, 채권의 추심 및 채무의 변제, 잔여재산의 인도 등이며, 청산인은 그 직무를 행하기 위하여 필요한 모든 행위를 할 수 있다(724조, 87조). 청산인이 여러 명인 경우에는, 청산사무의 집행은 청산인의 과반수로써 결정한다(722조, 706조 2항 2문).

2) 잔여재산의 분배

청산인의 직무 중 가장 중요한 것은 잔여재산을 조합원에게 분배하는 것이라고 할 수 있는데, 잔여재산은 각 조합원의 출자가액에 비례하여 이를 분배하여야 한다(724조 2항). 그러나 청산절차가 종료되지 않으면 잔여재산을 분배할 수 없는 것이 원칙이다. 즉, '조합원들에게 분배할 잔여재산과 그 가액은 특별한 약정이 없는 이상 청산절차가 종료된 때에 비로소 확정되므로, 청산절차가 종료되지 아니한 상태에서는 잔여재산의 분배를 청구할 수 없다'고 할 것이다(대법원 2005.12.8.선고, 2004다30682 판결 등).[15] 다만, 전술한 바와 같이, '조합의 잔무로서 처리할 일이 없고 잔여재산의 분배만이 남아 있을 때에는, 따로 청산절차를 밟을 필요 없이 각 조합원은 자신의 잔여재산 분배비율의 범위 내에서 그 분배비율을 초과하여 잔여재산을 보유하고 있는 조합원에 대하여 잔여재산의 분배를 청구할 수 있다고 할 것인데(대법원 1995.2.24.선고, 94다13749 판결 등), 이러한 분배청구가 가능하기 위해서는 조합의 전체 잔여재산의 내역과 그 정당한 분배비율 및 조합원 각자의 현재의 잔여재산 보유내역 등이 먼저 확정될 수 있어야 한다'는 것이 판례의 입장이다(대법원 2015.6.11.선고, 2013다29714·29721 판결).

15) 같은 취지: 대법원 2009.4.23.선고, 2007다87214 판결; 대법원 2013.10.11.선고, 2011다47084·47091 판결.

제 2 절 종신정기금계약

[72] Ⅰ. 총 설

1. 종신정기금계약의 의의

「종신정기금계약」(Leibrentenvertrag; rente viagère)이라 함은 '당사자 일방(종신정기금채무자: 이하 「정기금채무자」로 약칭)이 자기, 상대방 또는 제3자의 종신까지 정기로 금전 기타의 물건을 채권자인 상대방 또는 제3자에게 지급할 것을 약정함으로써 그 효력이 생기는 계약'을 말한다(725조). 예컨대, ① 甲이 아무런 대가 없이 乙에게 매월 100만원씩 甲 또는 乙이 죽을 때까지 지급하기로 약정하거나, ② 甲이 그 소유의 부동산을 乙에게 10억원에 매도하고, 乙이 그 대금지급방법으로 甲이 죽을 때까지 매월 100만원씩 지급하기로 약속하는 경우 등이 그 예이다.

이와 같이 종신정기금계약은 당사자 일방이 상대방에게 종신정기금의 지급의무를 부담하는 것을 그 효력으로 하는 계약이나, 이는 매매나 임대차와 같은 독립된 거래상의 계약유형이 아니라 어떠한 거래계약으로부터도 발생할 수 있는 「지급의 방식」(Zahlungsmodalität)에 불과하다.[1)]

2. 종신정기금계약의 법적 성질

(1) 낙성·불요식계약

종신정기금계약은 정기금채무자와 상대방 사이에 상대방 또는 제3자의 사망 시까지 금전 기타의 물건을 지급하기로 하는 합의만 있으면 성립하는 낙성계약이며, 계약의 성립에 특별

1) 민법주해(16)/최병조, 195 참조.

한 방식을 요하지 않는 불요식계약이다.

독일민법은 종신정기금계약을 서면의 작성이 요구되는 요식계약으로 규정하고 있으나 (BGB §761),[2] 우리 민법은 구 의용민법[3]의 입법주의를 계승하여 낙성·불요식계약으로 규정하였다.

(2) 유인계약(有因契約)

종신정기금계약은 민법상 독립된 유형의 전형계약으로 규정되어 있으나, 다른 전형계약과는 달리 그 자체로서는 의미가 없으며, 매매·증여·소비대차·고용·위임 등의 계약의 효력으로 발생한 채무의 이행수단으로서만 의미를 가지는 특수한 계약이다.[4] 즉, 종신정기금계약은 유인계약으로서 원인행위인 계약이 유효한 경우에 한하여 효력을 발생하며,[5] 원인행위인 계약이 무효·취소·해제된 경우에는 종신정기금계약도 무효가 된다.[6]

(3) 유상·쌍무계약 또는 무상·편무계약

종신정기금계약은 유상·쌍무계약일 수도 있고 무상·편무계약일 수도 있다.

1) 무상·편무계약인 경우

정기금채무자가 아무런 대가없이 종신정기금을 지급하기로 약정한 경우는 증여계약의 이행수단으로서 종신정기금계약이 체결된 것이라고 보아야 하는데,[7] 이 경우의 종신정기금계약은 무상·편무계약의 성질을 가진다.

2) 유상·쌍무계약인 경우

매매계약에 있어서 매매대금의 지급방법 또는 고용·위임계약에 있어서의 보수지급방법으로서 종신정기금이 약정된 경우와 같이, 채무자의 정기금지급채무가 상대방 당사자가 부담하는 채무와 상호의존적 견련관계에 있다고 인정되고, 그 채무의 이행으로 이루어지는 급부 상호 간에 대가관계가 인정되는 경우에는 종신정기금계약은 유상·쌍무계약으로 보아야 한다.[8]

---

2) 독일민법 제761조(종신정기금약정의 방식) 종신정기금의 약정이 내용을 이루는 계약이 유효하기 위해서는 다른 방식에 대한 약정이 없는 한 서면에 의한 약정의 수여를 요한다. 전자적 형태의 종신정기금 약정은 그 약정이 가족법상의 부양의 약정이 기여하는 것인 한 배제된다.
3) 구 의용민법 제689조: 종신정기금계약은 당사자의 일방이 자기, 상대방 또는 제3자의 사망에 이르기까지 정기적으로 금전 기타 물건을 상대방 또는 제3자에게 급부할 것을 약정함으로써 그 효력이 생긴다.
4) 김증한/김학동, 642 참조.
5) 민법주해(16)/최병조, 197 참조.
6) 제4판 주석민법(5)/한삼인, 170; 김상용, 443; 김증한/김학동, 643 참조.
7) 민법주해(16)/최병조, 196 참조.
8) 김상용, 442; 김증한/김학동, 642 참조.

3. 종신정기금계약의 사회적 작용

종신정기금계약은 정기금매매(Rentenkauf)에서 분화되어 발달한 제도로서[9] 과거 서양에서 노후생활의 보장수단으로 많이 이용되었으나, 국민연금 등 사회보장제도가 일반화되어 있고, 개인연금 등 연금보험제도가 발달한 현대사회에서는 종신정기금의 법률관계는 강행법규인 특별법에 의하여 규율되고 있으므로 민법상의 종신정기금계약은 존재가치가 거의 없으며, 실제로도 거의 이용되고 있지 않다.

[73] Ⅱ. 종신정기금계약의 성립

1. 종신정기금계약의 당사자

종신정기금계약의 당사자는 종신정기금지급의무를 부담하는 정기금채무자와 상대방이다. 다만, 계약의 당사자인 상대방이 항상 채권자가 될 필요는 없으며, 제3자를 정기금채권자로 하는 종신정기금계약도 성립할 수 있다(725조).

2. 종신정기금 지급의 합의

종신정기금계약은 낙성계약이므로, 당사자 사이에 「종신정기금 지급의 합의」만 있으면 성립한다. 또한 종신정기금계약은 불요식계약이므로 특별한 방식을 요하지 않으며, 묵시적 합의에 의하여서도 성립한다.

(1) 특정인의 종신(終身)까지 지급하기로 하는 합의

종신정기금계약은 정기금지급채무가 '채무자 본인, 상대방 또는 제3자의 종신까지만 존속한다'는 점에서 다른 계약의 유형과 구별된다(725조). 즉, 종신정기금계약에 의한 정기금지급채무는 '특정인의 사망까지라는 불확정기한이 붙어있는 기한부채무'이다. 그러므로 채무자가 이행하여야 하는 급부의 총량이 특정인의 사망이라는 불확정한 시간에 달려있는 사행적(射倖的) 성격이 없지는 않으나, 생계부양 등 경제적으로 보호의 가치가 있는 이익에 기여하는 계약이므로, 「사행계약」이라고 할 수는 없다고 할 것이다.[10]

종신정기금계약은 누구의 종신을 기한으로 약정하는가에 따라서 그 의미가 달라지는데, ① 채무자 자신의 종신까지로 약정하는 종신정기금계약은 채무자의 사망 이후에도 계속하여 정기금지급채무가 존속하는 것이 적절하지 않은 경우에 이용되며,[11] ② 채권자인 상대방의

9) 민법주해(16)/최병조, 193 참조.
10) 同旨: 상게서, 197~198 참조.
11) 정기증여(定期贈與)에 대해서는 명문규정이 있다(560조).

종신까지로 약정하는 종신정기금계약은 채권자의 노후를 보장하기 위한 경우에 이용되는데, 가장 의미가 있는 유형의 종신정기금계약이라고 할 수 있다. 독일민법(§759 I)[12]이나 스위스채무법(OR Art. 516 II)[13]이 '의심스러운 경우에는 채권자의 종신까지'로 약정한 것으로 간주하거나 추정하는 명문규정을 둔 이유는 이 때문이다.[14]

정기금채무의 기한인 「종신(終身)」은 제729조의 해석상 '채무자의 귀책사유로 인하지 아니한 사망'을 의미한다고 할 것인데, 정기금채무자의 귀책사유로 인하여 채무의 종기로 약정한 자가 사망한 경우에는, 법원은 정기금채권자 또는 그 상속인의 청구에 의하여 상당한 기간 채권의 존속을 선고할 수 있으며(729조 1항), 정기금채권자 또는 그 상속인은 정기금채무자가 정기금채무의 원본을 받은 경우에는 그 원본의 반환을 청구할 수 있으며(다만, 이미 지급을 받은 채무액에서 그 원본의 이자를 공제한 잔액을 정기금채무자에게 반환하여야 한다), 손해배상을 청구할 수도 있다(동조 2항, 727조).

(2) 정기적으로 지급하기로 하는 합의

종신정기금계약은 종신까지 정기적으로 금전 기타의 물건을 지급하기로 하는 합의에 의하여 성립한다. 즉, 정기적인 채무의 이행이 계약의 본질적 요소이다. 여기서 「정기적」이라 함은 '일정한 시간적 간격을 두고 급부가 규칙적으로 반복되는 것'을 말한다. 그러므로 정기금채무는 전형적인 「회귀적 급부」에 속하며, 종신정기금계약은 이러한 회귀적 급부의무를 발생시키는 「계속적 계약」이다. (☞ [2] 계약의 종류)

3. 종신정기금계약의 목적물과 지급의 시기

(1) 지급의 목적물

종신정기금계약의 효력으로 발생하는 채권의 목적물은 금전 기타의 대체물이다. 민법은 종신정기금계약의 목적물에 관하여 단순히 "금전 기타의 물건"이라고만 규정하고 있으나(725조), 정기적(회귀적)으로 급부하여야 하므로 결국 목적물은 대체물로 한정된다.[15] 실제거래에서 금전 이외의 대체물을 종신정기금의 목적물로 약정하는 경우는 거의 없다고 할 수 있다.

---

12) 독일민법 제759조(정기금의 기간과 금액) (1) 종신정기금을 승낙한 자는 의심스러운 경우에는 채권자가 생존하는 동안 그 정기금을 지급할 의무를 진다. (2) 정기금으로 정해진 금액은 의심스러운 경우에는 정기금의 연간액이다.

13) 스위스채무법 제516조(A. 종신정기금계약 / I. 내용) (1) 종신정기금은 정기금채권자, 정기금채무자 또는 제3자의 종신까지로 설정할 수 있다. (2) 확정된 약정이 없는 경우에는 정기금채권자의 종신까지로 약정된 것으로 추정한다. (3) 정기금채권자 또는 제3자의 종신까지로 설정된 종신정기금은 달리 약정되지 아니한 경우에는 정기금채권자의 상속인에게 이전된다.

14) 민법주해(16)/최병조, 198 참조.

15) 상게서, 200; 제4판 주석민법(5)/한삼인, 168; 김상용, 444 참조.

(2) 지급의 시기

정기금의 지급은 매기(每期)마다 반복적·규칙적으로 이루어져야 하는데, 그 지급시기에 대해서는 독일민법처럼 「선급의 원칙」을 명문으로 규정한 입법례도 있으나(BGB §760),[16] 이러한 규정이 없는 우리 민법의 해석으로는 '매기가 종료된 후에 지급하는 후급(後給)을 원칙으로 한다'고 해석하여야 할 것이다(후급의 원칙).

[74] Ⅲ. 종신정기금계약의 효력

종신정기금계약의 효력은 정기적으로 금전 기타의 대체물의 급부를 청구할 수 있는 채권(정기금채권)·채무가 발생하는 것이다. 종신정기금계약에 관한 규정은 단독행위인 유증에 의한 종신정기금채권에 준용된다(730조).

1. 종신정기금채권의 발생

종신정기금계약이 성립하면, 그 효력으로 종신정기금채권이 발생한다. 즉, 정기금채권자는 정기금채무자에게 계약에서 정한 대로 정기적으로 일정한 시기에 금전 기타의 대체물을 지급할 것을 청구할 수 있다(725조). 종신정기금채권은 위와 같은 내용의 추상적인 채권인 「기본채권」과 정기적으로 일정한 시기에 이행기가 도래함으로써 구체화되는 채권인 「지분적 채권」으로 구분되는데, 「지분적 정기금채권」의 발생시기는 매기간이 경과한 후에 지급하여야 하는 후급이 원칙이라고 할 것임은 전술한 바와 같다. 또한 「후급의 원칙」상 정기금채권이 급부의 표준이 된 단위기간의 중간에 소멸한 경우(정기금채무자가 사망한 경우 등)에는, 잔존일수에 비례하여 단위기간의 정기금에서 공제한 후 지급하여야 한다(726조).[17]

2. 정기금채무의 불이행

정기금채무의 이행지체에 대해서는 채무불이행책임에 관한 일반규정이 적용된다. 즉, 정기금채무자가 채무의 이행을 지체하는 경우에는, ① 정기금채권자는 이행지체를 이유로 손해배상을 청구할 수 있고(387조), ② 채무의 강제이행을 법원에 청구할 수 있으며(389조), ③ 정기금채권자가 계약의 당사자인 경우에는 상당한 기간을 정하여 이행을 최고한 후 계약을 해제

16) 독일민법 제760조(선급) (1) 종신정기금은 선급하여야 한다. (2) 금전에 의한 정기금은 3개월분을 선급하여야 한다; 다른 정기금의 경우에는 그 선급이 행해져야 할 단위기간은 정기금의 성질과 목적에 따라 정해진다. (3) 채권자가 정기금이 선급되어야 할 단위기간의 개시 시에 생존한 때에는 그 단위기간의 전액이 그에게 귀속된다.

17) 「선급의 원칙」을 취하고 있는 독일민법은 '채권자가 정기금이 선급되어야 할 단위기간의 개시 시에 생존한 때에는 그 단위기간의 전액이 그에게 귀속된다'고 규정하고 있다(BGB §760Ⅲ).

할 수 있다(544조). 다만, 민법은 종신정기금계약이 유상·쌍무계약인 경우(정기금채무자가 정기금채무의 원본을 받은 경우)에 있어서 정기금채무의 이행지체로 인한 계약해제에 관한 특칙을 규정하고 있다. 즉, 정기금채무자가 정기금채무의 지급을 해태하거나 기타 의무를 이행하지 아니한 때에는, 정기금채권자는 계약을 해제하고 지급한 원본의 반환을 청구할 수 있음은 물론인데, 이 경우 정기금채권자는 정기금채무로부터 이미 지급을 받은 채무액에서 그 원본의 이자를 공제한 잔액을 정기금채무자에게 반환하여야 한다(727조). 이는 당사자의 편의를 위한 규정이라고 할 수 있다. 또한 민법은 정기금채무의 이행지체로 인한 계약해제의 경우, 정기금채무자의 원본반환의무와 정기금채권자의 '원본의 이자를 공제한 잔액을 반환할 의무'는 동시이행관계에 있다는 점과(728조). 원본의 반환청구권과는 별개로 손해가 있는 경우에는 손해배상을 청구할 수 있도록 하고 있다(727조 2항).

[75] Ⅳ. 종신정기금계약의 종료

종신정기금계약은 계약에서 정한 특정인(채무자·상대방·제3자)이 사망할 때까지 존속한다. 다만, 위 특정인의 사망이 정기금채무자의 책임 있는 사유로 인한 때에는, 법원은 정기금채권자 또는 그 상속인의 청구에 의하여 상당한 기간(생존하였을 기간) 채권의 존속을 선고할 수 있다(729조 1항). 그러나 정기금채권자는 채권의 존속선고를 청구하지 않고 제727조의 규정에 의한 해제권을 행사할 수도 있다(동조 2항).

제 3 절　화해계약

[76] Ⅰ. 총 설

1. 화해계약의 의의

「화해계약」이라 함은 '당사자가 서로 양보하여 당사자 간의 분쟁을 끝낼 것을 약정함으로써 그 효력이 생기는 계약'을 말한다(731조). 예컨대, 甲은 乙에 대하여 1억원의 금전채무의 이행을 청구하였으나, 乙이 '1억원의 채무 중 이미 4,000만원을 변제하여 채무는 6,000만원만 남아있다'고 항변하고 있었는데, 소송 도중 서로 양보하여 8,000만원의 채무가 남아있는 것으로 합의하고 소를 취하하는 경우와 같다.

2. 화해계약의 법적 성질

(1) 낙성·불요식계약

화해계약은 당사자의 합의만 있으면 성립하는 낙성계약이며, 합의의 성립에 특별한 방식을 요하지 않는 불요식계약이다. 다만, 실제거래에 있어서는 화해계약서를 작성하는 것이 일반적이다.

(2) 쌍무·유상계약인지 여부

1) 쌍무계약인지 여부

화해계약이 성립하기 위해서는 서로 양보하여 합의점을 찾아야 하며, 양 당사자는 합의한 내용대로 이를 이행할 의무를 부담하는데, '이러한 양 당사자의 화해계약상의 의무는 상호의존적 견련관계(대가관계)에 있다고 할 수 있으므로, 화해계약은 쌍무계약'이라고 주장하는 견해가 있다.[1] 그러나 후술하는 바와 같이, 화해계약의 효력은 합의의 내용대로 새로운 법률관계를 창설하는 데 그치는 것이며, 새롭게 창설된 법률관계로부터 발생한 의무는 화해계약의 효력이 아니라 새롭게 창설된 법률관계의 효력인 것이다. 또한 화해계약에서 쌍무계약의 특수한 효력인 동시이행항변권이나 위험부담의 법리가 문제될 여지도 전혀 없다. 그러므로 화해계약은 쌍무계약이라고 볼 수 없으며, 그렇다고 하여 화해계약을 당사자의 일방만이 의무를 부담하는 편무계약이라고 볼 필요는 없다고 할 것이다.

2) 유상계약인지 여부

학설 중에는 '화해계약에서 「서로 양보하여 합의한다」는 것은 서로 손실을 입는 것을 의미하는 것이므로, 화해계약은 유상계약'이라고 주장하는 견해가 있다.[2] 그러나 화해의 결과인 합의의 내용은 경제적·객관적으로는 어느 한 쪽만이 손해를 보는 결과가 되므로(예컨대, 위 사례에서 甲이 乙에 대하여 1억원의 채권을 가지고 있는 것이 사실이라면, 乙의 채무를 8,000만원으로 합의한 화해계약에 의하여 乙은 2,000만원의 이익을 보게 되나, 甲은 아무런 이익도 얻지 못하게 된다), 화해계약을 유상계약이라고 볼 수는 없다고 할 것이다. 또한 화해계약의 효력으로서 「급부의무자의 담보책임」이 문제될 여지도 없다는 점에서도 화해의 유상계약성은 부인되어야 할 것이다.

3. 화해계약의 사회적 작용

현대사회에서 법적 분쟁은 재판에 의하여 해결하는 것이 원칙이다. 그러나 재판에 의한 분쟁의 해결은 소송의 결과에 따라서는 당사자 사이에 감정적 앙금을 남길 가능성이 크다. 그러므로 사회의 평화를 유지하기 위한 수단으로서는 재판절차에 의하는 것보다는 서로 양보할 수 있는 합의점을 찾아 화해할 수 있도록 하는 것이 바람직하다.

화해의 이러한 장점 때문에, 당사자가 소를 제기한 경우에도 법원이 사건을 조정절차에 회부하여 화해를 유도하는 것이 적극 권장되고 있으며(민사조정법 6조),[3] 각종 특별법에 의한 다양한 형태의 분쟁조정위원회[4]가 설치되어 정식재판절차에 들어가기 전에 반드시 조정절차를 거쳐야 하는 경우가 늘어나고 있다.

---

1) 곽윤직, 333; 김상용, 446 참조.
2) 곽윤직, 333; 김상용, 446 참조.
3) 민사조정법 제6조(조정 회부) 수소법원은 필요하다고 인정하면 항소심 판결 선고 전까지 소송이 계속 중인 사건을 결정으로 조정에 회부할 수 있다.
4) 주택임대차분쟁의 조정을 위하여 설치된 「주택임대차분쟁조정위원회」(주택임대차법 14조 이하)·환경분쟁을 조정하기 위하여 설치된 「환경분쟁조정위원회」(환경분쟁조정법 4조 이하)·의료분쟁조정법에 의한 「의료분쟁조정위원회」(의료분쟁조정법 19조 이하) 등이 좋은 예이다.

[77] Ⅱ. 화해계약의 성립

1. 화해의 합의

화해계약은 낙성·불요식계약이므로, 분쟁의 당사자 사이에 「화해」의 합의만 있으면 화해계약은 성립한다. 다만, 화해계약은 당사자 사이에 법적 분쟁을 해결하기 위한 것이므로, 당사자 사이에 법적 분쟁은 아직 발생하지 않았으나 불확실한 법률관계를 확정하기 위하여 협의를 통하여 법률관계의 내용을 확정한 경우에는, 민법상의 화해계약이 성립하는 것이 아니라 화해계약과 유사한 무명계약이 성립하는 데 불과하다. 또한 재판상의 화해와 동일한 효력이 있는 조정(민사조정법 29조)이 성립하기 위해서는 조정조서의 작성이 필요하지만(민사조정법 28조),[5] 민법상의 화해계약의 성립에는 특별한 방식이 요구되지 않는다. 이와 관련하여, 대법원은 '소송계속 중에 당사자 쌍방이 소송상의 화해를 하기로 하고 화해내용을 서면에 정하여 법정에 제출하였으나, 담당재판부가 화해내용이 계속 중인 소송물과 다소 차이가 있어 화해조서는 작성하지 아니한 채 쌍방이 위 화해약정내용대로 이행하면 될 것으로 생각하고 계속 중인 소송을 청구의 인낙에 의하여 종료시킨 경우에는, 소송상의 화해는 성립되었다 할 수 없지만, 민법상의 화해계약은 성립되었다고 할 수 있으므로, 당사자 쌍방은 위 화해약정내용대로 이를 이행하여야 할 사법상 의무가 있다'고 판시한 바 있다(대법원 1991.6.14.선고, 90다16825 판결).

2. 법적 분쟁의 해결을 위한 합의

당사자가 '서로 양보하여 합의를 하였다'고 할 수 있기 위해서는, 합의 이전에 당사자 사이에 법적 분쟁이 있었을 것이 요구된다. 이와 관련하여, 대법원은 ① '퇴직금지급률을 인하·조정하는 퇴직금지급규정의 개정에 대하여 노사 간에 다툼이 있어, 그 판단을 같은 분쟁에 대하여 이미 퇴사한 직원들이 제기하여 계속(係屬) 중인 소송의 확정판결에 따르기로 하는 등의 합의를 하였다면, 그 합의는 새로운 법률관계를 확정하여 일체의 분쟁을 끝내기로 한 화해계약에 해당한다'고 판시한 바 있으며(대법원 1995.12.12.선고, 94다22453 판결 등), ② '문제의 합의 이전에 원고는 도로공사로 인한 소음으로 인하여 양계장이 피해를 입었다고 주장하고, 피고는 손실보상 사유에 해당하지 않는다거나 공사로 인한 소음 정도가 기준에 미달하여 손해배상책임이 없다는 취지의 주장을 하여 왔고, 원고가 피고를 상대로 손실보상 또는 손해배상을 청구하는 내용의 소를 제기하여 제1심 재판이 진행되는 상황에서, 원고가 이 사건 소를 취하하는 대신 쌍방이 환경분쟁조정위원회의 결정에 승복하여 배상금액을 즉시 지급하기로

---

5) 민사조정법 제28조(조정의 성립) 조정은 당사자 사이에 합의된 사항을 조서에 기재함으로써 성립한다.

합의하였다면, 이는 환경분쟁조정위원회의 결정에 따라 원·피고 사이에 양계장 피해를 둘러싼 분쟁을 종식시키기로 하는 내용의 화해계약에 해당한다'고 판시한 바 있다(대법원 2004.6.25. 선고, 2003다32797 판결).

[78] Ⅲ. 화해계약의 효력

1. 법률관계를 확정하는 효력

화해계약이 성립하면 합의 이전에 당사자 사이에 다툼이 있었던 법률관계는 계약의 내용에 따라 확정된다. 그러므로 화해계약이 성립하기 전에 당사자가 각자 주장하던 법률관계는 더 이상 주장할 수 없게 된다. 다만, 화해계약에 의하여 확정되는 효력이 발생하는 것은 당사자가 다투고 있었던 사항 중에서 서로 양보하여 확정하기로 합의한 사항에 한하며, 당사자가 다투지 않고 있었던 사항이나 화해계약의 전제로서 서로 양해하고 있었던 사항에 대해서는 확정의 효력이 발생하지 않는다.

2. 화해의 창설적 효력

'화해계약의 법률관계를 확정하는 효력은 진실한 권리관계와 일치하는 부분에 한하여 발생하는 것인가(인정적 효력설), 아니면 진실한 권리관계와 일치하는지 여부와 관계없이 종래의 법률관계를 소멸시키고 합의한 내용대로 법률관계를 새롭게 창설하는 것인가(창설적 효력설)' 하는 문제에 대해서는 견해가 대립한다. 이에 대하여, 민법은 「창설적 효력설」을 채택하여, "화해계약은 당사자 일방이 양보한 권리가 소멸되고 상대방이 화해로 인하여 그 권리를 취득하는 효력이 있다"고 규정하고 있다(732조). 다만, 제732조는 임의규정이라고 보아야 할 것이므로, 결국 화해계약이 「창설적 효력」을 가지는 것인지의 여부는 당사자의 의사에 달려있다고 할 수 있다.

대법원도 이러한 취지에서, 부실기업에 대한 「기업개선작업안」에 대한 금융기관들의 합의의 효력에 관하여, '금융기관들 사이에 채무자인 기업에 부실징후가 발생할 경우 법원이 관여하는 법정 회생절차에 들어가는 대신 주채권은행 주도하에 기업개선작업에 착수하여 당해 기업에 대한 채권금융기관들로 구성된 협의회를 소집하여 채권액 기준 3/4 이상의 채권을 보유한 채권금융기관의 찬성으로 채권재조정 등을 내용으로 하는 기업개선작업안을 의결하고, 나아가 주채권은행이 협의회 소속 다른 채권금융기관들의 대리인 겸 본인으로서 당해 기업과 위와 같이 확정된 의결 내용을 이행하기 위한 기업개선작업약정을 체결하는 방식의 일종의 사적 정리에 관한 사전합의가 이루어진 상태에서, 채무자인 특정 기업에 대하여 부실징

후가 발생하여 주채권은행이 사전합의된 바에 따라 관련된 채권금융기관들의 협의회를 소집하여 기업개선작업안을 의결하고 이어 주채권은행과 당해 기업 사이에 그 의결 사항의 이행을 위한 기업개선작업약정이 체결되었다면, 이는 위와 같은 사전합의에 따른 것이어서 달리 무효로 볼 만한 특별한 사정이 없는 한 그 약정에 따른 채권재조정 등 권리변경의 효력은 채권금융기관협의회의 구성원으로서 결의에 참여하여 기업개선작업안에 반대한 채권금융기관에도 당연히 미친다'고 판시하고, '사적 정리절차에 따른 기업개선작업약정은 민법상 화해계약에 유사한 성질을 갖는 것이어서 채권금융기관들이 양보한 권리는 기업개선작업약정의 효력이 발생한 시점에 소멸하고 당해 기업 등은 그에 갈음하여 그 약정에 따른 새로운 권리를 취득하게 되는 것이므로, 보통 채권금융기관들이 기업개선작업의 성공을 기대하면서 양보를 하기 마련이라고 하더라도 채권금융기관들과 당해 기업 사이에 기업개선작업의 중단이 기존 양보한 권리에 미치는 효과에 관하여 달리 특별한 합의를 하였던 경우를 제외하고는 기업개선작업이 중단되었다는 사정만으로 채권금융기관들이 종전에 양보한 권리가 당연히 되살아난다고 할 수는 없고, 이처럼 양보한 권리가 되살아나지 아니하여 채권금융기관들이 그만큼 손해를 보게 되어 채권금융기관협의회의 구성원이 아닌 다른 채권자들과의 사이에 불균형이 발생한다고 하더라도 이는 법원이 관여하는 법정 정리절차 대신 사적 정리절차를 선택할 때에 이미 감수하기로 한 위험이 현실화된 것에 불과하여 결론을 달리할 만한 사정이 되지 못한다'고 판시한 바 있다(대법원 2007.4.27.선고, 2004다41996 판결).

3. 계약의 착오취소와의 관계

화해계약은 착오를 이유로 하여 취소하지 못한다(733조 본문). 이는 '화해계약이 성립되면 그 창설적 효력에 의하여 종전의 법률관계를 바탕으로 한 권리의무관계는 소멸되고, 화해계약의 당사자 사이에서는 새로운 법률관계가 발생하는 것이므로, 화해계약의 구성요소인 의사표시에 착오가 있다는 이유로 계약의 취소를 인정하는 것은 타당하지 않다'는 점에서 인정된 제도라고 할 것이다(대법원 2004.8.20.선고, 2002다20353 판결). 그러나 「당사자의 자격」이나 「화해계약의 목적인 분쟁 이외의 사항」은 '분쟁의 전제 또는 기초가 된 사항으로서 당사자 쌍방이 예정한 것이어서 상호 양보의 내용으로 되지 않고 다툼이 없는 사실로 양해된 사항'이라고 할 것이므로, 당사자의 자격에 관한 착오에 기하여 화해계약을 체결하였거나, 계약의 목적인 분쟁 이외의 사항에 관한 착오에 기하여 화해계약을 체결한 경우에는, 화해계약을 취소할 수 있다'고 할 것임은 이론상 당연하다. 제733조 단서는 이러한 법리를 명문으로 규정한 것이다.

(1) 화해당사자의 자격에 관하여 착오가 있는 경우

화해당사자의 자격에 관하여 착오가 있는 경우에는 화해계약을 취소할 수 있다(733조 단서). 「화해당사자의 자격에 관한 착오」는 '화해계약의 동기의 착오'라고 할 수 있는데, 대법원판결은 동기의 착오에 관한 확립된 판례의 법리를 적용하여, '불법으로 소유권이전등기를 넘겨받은 자가 상대방을 토지소유자의 적법한 상속인으로 잘못 알고 토지소유권을 환원시켜 주기로 하는 합의에 이른 것이라면, 상대방이 적법한 상속인이라는 점은 그와 같은 합의를 하게 된 동기에 해당하고, 만약 이러한 동기가 그 합의 당시에 표시되었다면 이는 합의내용의 중요부분에 착오가 있는 경우에 해당한다고 할 것이므로, 화해계약의 취소가 가능하다'고 판시한 바 있다(대법원 1994.9.30.선고, 94다11217 판결).

(2) 화해의 목적인 분쟁 이외의 사항에 착오가 있는 경우

화해계약의 목적인 분쟁 자체에 착오가 있는 경우에는 착오를 이유로 계약을 취소할 수 없으나, 화해의 목적인 분쟁 이외의 사항에 착오가 있는 경우에는 화해계약을 취소할 수 있다(733조 단서). 판례에 따르면, 여기서 「화해의 목적인 분쟁 이외의 사항」이라 함은 '분쟁의 대상이 아니라, 분쟁의 전제 또는 기초가 된 사항으로서 쌍방 당사자가 예정한 것이어서, 상호 양보의 내용으로 되지 않고 다툼이 없는 사실로 양해된 사항'을 의미한다(대법원 1995.12.12.선고, 94다22453 판결 등). 문제는 '화해계약의 목적인 분쟁 자체에 착오가 있는 경우는 어떤 경우인가?' 하는 것인데, 여기서는 판례에서 착오취소의 여부가 문제된 사례들을 살펴보는 데 그치기로 한다.

1) 착오취소가 인정된 경우

대법원판결 중에서 '화해의 목적인 분쟁 이외의 사항에 착오가 있는 때에 해당한다'는 이유로 착오취소가 인정된 사례는 다음과 같다. 즉, 대법원은 ① '교통사고에 가해자의 과실이 경합되어 있는데도 오로지 피해자의 과실로 인하여 발생한 것으로 착각하여, 치료비를 포함한 합의금으로 실제 입은 손해액보다 훨씬 적은 금원인 금 700만원만을 받고 일체의 손해배상청구권을 포기하기로 합의한 경우, 그 사고가 피해자의 전적인 과실로 인하여 발생하였다는 사실은 쌍방 당사자 사이에 다툼이 없어 양보의 대상이 되지 않았던 사실로서 화해의 목적인 분쟁의 대상이 아니라 그 분쟁의 전제가 되는 사항에 해당한다'고 판시하였으며(대법원 1997.4.11.선고, 95다48414 판결), ② '환자가 의료과실로 사망한 것으로 잘못 알고 의사와 환자유족 사이에 의사가 일정의 손해배상금을 지급하고 유족은 민형사상의 책임을 묻지 않기로 화해가 이루어졌으나, 그 후 부검 결과 사인이 치료행위와는 무관한 것으로 판명된 경우, 위의 사인(死因)에 관한 착오는 화해의 목적인 손해배상의 액수, 민·형사사건의 처리문제 등에 관한 것이 아니고 다툼의 대상도 아니고, 상호 양보의 내용으로 된 바도 없는 그 전제 내지 기초에 관한 착오에 해당한다'고 판시하였다(대법원 1990.11.9.선고, 90다카22674 판결 등). ③ '의사의 치료행위 직후 환자가 사망하여 의사가 환자의 유족에게 거액의 손해배상금을 지급하기로 합의하였으나 그 후 환자의 사망이 의사의 치료행위와는 전혀 무관한 것으로 밝혀진 경우, 의사에게 치료행위상의 과실이 있다는 점은 위 합의의 전제이지 분쟁의 대상은 아니'라고 한다(대법원 2001.10.12.선고, 2001다49326 판결). ④ '실제로는 보험금에 관한 권리가 원고들에게 귀속됨에도 피고가 착오로 자신에게 귀속되는 것으로 잘못 알고 있었고, 피고로부터 그러한 말을 들은 원고들 역시 위 보험금에 관한 권리가 피고에게 귀속되는 것으로 잘못 알고 있었다면, 위 보험금에 관한 권리가 피고에게 귀속된다는 사실은 화해의 목적인 분쟁의 대상이 아니라 그 전제사항으로 당사자 사이에 예정된 것이어서 상호 양보의 대상이 되지 않고 다툼이 없는 사실로 양해된 사항이었음이 명백하고, 또한 그것이 원고들의 의사표시에 있어 법률행위의 내용의 중요부분에 해당하는 것 역시 분명하여 원고들은 착오를 이유로 위 의사표시를 취소할 수도 있다'고 한다(대법원 2007.12.27.선고, 2007다70285 판결).

한편 판례는 '화해계약이 사기로 인하여 이루어진 경우에는, 화해의 목적인 분쟁에 관한 사항에 착오가 있는 때에도 제110조에 따라 이를 취소할 수 있다'고 함으로써(대법원 2008.9.11.선고, 2008다15278 판결), 사기취소와 제733조 단서에 의한 화해계약의 취소는 경합한다는 입장을 취하고 있다.

2) 착오취소가 인정되지 아니한 경우

대법원판결 중에서 '착오가 화해의 목적인 분쟁에 관한 것'이라는 이유로 취소를 인정하지 아니한 사례는 다음과 같다. 우선 판례는 '불법행위로 인한 손해배상에 관하여 가해자와 피해자 사이에 피해자가 일정한 금액을 지급받고 그 나머지 청구를 포기하기로 하는 합의가 이루어진 때에는, 그 후 그 이상의 손해가 발생하였다 하더라도 다시 그 배상을 청구할 수 없는 것이 원칙이므로, 불법행위로 인한 손해배상과 관련하여 당사자 사이에 합의나 화해가 이루어진 경우, 그 목적으로 된 사항에 관하여는 엄격하게 해석함이 타당하다'고 한다(대법원 2003.10.10.선고, 2003다19206 판결 등). 이러한 관점에서, 대법원은 ① '계약 당사자 사이에 수술 후 발생한 새로운 증세에 관하여 그 책임 소재와 손해의 전보를 둘러싸고 분쟁이 있어 오다가 이를 종결짓기 위하여 합의에 이른 경우, 가해자의 수술행위와 피해자의 수술 후의 증세 사이의 인과관계의 유무 및 그에 대한 가해자의 귀책사유의 유무는 분쟁의 대상인 법률관계 자체에 관한 것으로서, 가해자는 피해자의 수술 후의 증세가 가해자의 수술행위로 인한 것이 아니라거나 그에 대하여 가해자에게 귀책사유가 없다는 등의 이유를 들어 그 합의를 취소할 수 없다'고 한다(대법원 1995.10.12.선고, 94다42846 판결 등). ② '이 사건 합의 이전에 원고의 손실보상 또는 손해배상청구에 대하여 피고는 손실보상 사유에 해당하지 않는다거나 공사로 인한 소음 정도가 기준에 미달하여 손해배상책임이 없다는 취지의 주장을 하여 왔고, 이에 대하여 원고가 이 사건 소송을 제기하여 제1심 재판이 진행되는 상황에서 이 사건 합의를 한 것이므로, 이 사건 합의에서 손실보상 또는 손해배상책임 유무는 단순히 분쟁의 전제 또는 기초가 된 사항으로 쌍방 당사자가 예정한 것이어서 상호 양보의 내용으로 되지 않고 다툼이 없는 사실로 양해된 사항이 아니라, 화해의 목적인 분쟁의 대상 그 자체에 해당한다고 봄이 상당하므로, 이 사건 공사로 인한 양계 피해가 없다는 사유로는 이 사건 합의를 취소할 수 없다'고 판시하였다(대법원 2004.6.25.선고, 2003다32797 판결).

4. 화해와 후발손해와의 관계

불법행위로 인한 손해배상에 관하여 가해자와 피해자 사이에 피해자가 일정한 금액을 지급받고 그 나머지 청구를 포기하기로 합의가 이루어져 화해계약이 성립한 경우에는, 화해의 「창설적 효력」에 의하여 그 후 피해자에게 합의된 금액 이상의 손해가 발생하였다고 하더라도 다시 그에 상당하는 손해배상을 청구할 수 없는 것이 원칙이다(732조). 그러나 판례는 '그 합의가 손해발생의 원인인 사고 후 얼마 지나지 아니하여 손해의 범위를 정확히 확인하기 어려운 상황에서 이루어진 것이고, 후발손해가 합의 당시의 사정으로 보아 예상이 불가능한 것으로서, 당사자가 후발손해를 예상하였더라면 사회통념상 그 합의금액으로는 화해하지 않았을 것이라고 보는 것이 상당할 만큼 그 손해가 중대한 것일 때에는, 당사자의 의사가 이러한 손해에 대해서까지 그 배상청구권을 포기한 것이라고 볼 수 없으므로, 다시 그 배상을 청구할 수 있다'는 입장을 확립하고 있다(대법원 1997.4.11.선고, 97다423 판결 등). 다만, 대법원은 '불법행위로 인한 손해배상에 관하여 가해자와 피해자 사이에 권리포기의 약정 또는 이른바 부제소합의가 이루어진 경우, 당사자 의사의 합리적 해석을 통하여 위 합의의 효력을 일부 제한함으로써 피해자가 그 합의 이후 발생한 후발적 손해에 대하여 추가배상을 청구할 수 있다고 하더라도, 위 합의 당시 인식하거나 예견할 수 있었던 범위 내의 손해에 관하여는 여전히 위 합의의 효력이 미친다 할 것이므로, 피해자가 추가로 지급을 구할 수 있는 손해의 범위는 합의 후 현재 나타난 최종적 내지 고정적 후유증상 등을 기초로 피해자가 입은 소극적 손해, 적극적 손해 및 위자료 등을 포함한 전체 손해 중에서 합의의 효력이 여전히 미치는 손해, 즉 합의 당시 인식하고 있었거나 예견할 수 있었던 손해 부분을 그 성질에 따라 해당 손해항목별로 공제하는 방식에 의하여 정하여야 한다'고 판시한 바 있다(대법원 1999.6.22.선고, 99다7046 판결).

찾아보기

저자약력

김대정(金大貞)

- 성균관대학교 법정대학 법률학과, 동 대학원 졸업(민사법전공)
- 법학박사(성균관대)
- 전북대학교 법과대학 교수, 법과대학장
- 독일 프라이부르크대학 객원교수
- 사법시험·변호사시험·행정고시·외무고시·입법고시 등 출제위원
- 한국민사법학회 회장
- 현재 : 중앙대학교 법학전문대학원 교수

〈주요저서 및 논문〉

- 민법총칙(2012)
- 채권총론(2019)
- 계약법(상)(2007)
- 계약법(2019)
- 매도인의 담보책임에 관한 연구(박사학위논문)
- 계약교섭의 부당파기로 인한 손해배상책임
- 채무불이행법과 하자담보책임법의 통합 모색
- 특정물채무자의 현상인도의무에 관한 연구
- 채무불이행법체계의 재점검
- 변제의 법적 성질 및 구성요건에 관한 입법론적 고찰
- 총유에 관한 민법규정의 개정방안
- 민법개정시안에서의 법인설립에 관한 입법주의의 전환
- 현행법상 이자제한에 관한 연구
- 계약해제의 본질 및 효과
- 매도인의 담보책임에 관한 민법규정의 개정을 위한 일제언

계약법

초판발행 2020년 9월 10일

지은이 김대정
펴낸이 안종만·안상준

편 집 박가온
기획/마케팅 이영조
표지디자인 조아라
제 작 우인도·고철민·조영환

펴낸곳 (주) 박영사
서울특별시 종로구 새문안로3길 36, 1601
등록 1959. 3. 11. 제300-1959-1호(倫)
전 화 02)733-6771
f a x 02)736-4818
e-mail pys@pybook.co.kr
homepage www.pybook.co.kr
ISBN 979-11-303-3701-2 93360

정 가 45,000원